美洲历史

许海山 主编

线装书局

图书在版编目(CIP)数据

美洲历史/许海山主编.—北京:线装书局,2006.9
ISBN 7-80106-609-X

Ⅰ.美... Ⅱ.许... Ⅲ.美洲—历史 Ⅳ.K700

中国版本图书馆 CIP 数据核字(2006)第 095623 号

美洲历史

主　　编:许海山
责任编辑:易　行　孙嘉镇
版式设计:李虎生
出版发行:线装书局
地址:北京市鼓楼西大街41号(100009)
电话:010-64045283　64041012
网址:www.xzhbc.com
印　　刷:三河市腾飞胶印厂
开　　本:787×1092　1/16
印　　张:35.25
字　　数:834 千字
版　　次:2006 年 9 月第 1 版　2006 年 9 月第 1 次印刷
印　　数:1-5000 册
书　　号:ISBN 7-80106-609-X
定　　价:95.00 元

《美洲历史》编委会

主　　　编：许海山
执行主编：李少林
编　　　委：王达林　王飞鸿　李晓玲　刘正梅　莫秀清
　　　　　　李全国　黄军装　杨惠娟　刘泽旗　鲍海龙

前　言

　　世界上各个文明都是特定的人群在不同的具体历史条件下活动的产物,都有其自身发生和发展的演变过程,都有其自身的特点。历史上的一切文明成就都是对全人类文明作出的宝贵贡献,都应得到充分承认和尊重。没有哪一种文明可以自诩为天生优越,高人一等。那种以自我为中心,总是以自己的文明的价值观和标准去衡量别的文明,甚至横加干涉,显然是文化霸权的表现,而且也是不可能实现的幻想。

　　我们也不能同意美国亨廷顿教授提出来的关于"文明的冲突"的理论。亨廷顿的理论以文明作为未来世界之间关系的基础和冲突的主要根源,而对政治、经济、思想等因素显然有所忽视。即使在谈到文明时,亨廷顿也过多地重视其"冲突"的一面,而对文明之间的交流、融合的倾向注意不够。从世界文明发展的整个过程来看,各个不同文明之间的矛盾和碰撞虽然是经常发生的现象,但并不一定会发展成不可调和的冲突。恰恰相反,各个不同文明之间的和平共存、相互影响、相互渗透乃至交融互变,才是世界文明发展的常态现象和主流。在世界已经进入21世纪的社会变革时代,我们更应致力于促进不同文明的和平共存、相互交流和共同发展,彼此取长补短,使我们这个世界更加绚丽多彩。

　　世界各大洲的文明发展都不相同,历史文化特征的差异也较大。相对来说本书要讲述的美洲文明史又很有特点。自发现新大陆之后,美洲的文明发生了剧烈的演变,欧洲各国的殖民入侵几乎把美洲本土的玛雅文明和印加文明洗荡殆尽;到了近代文化发展时期,代之以欧洲多国混合的殖民政治和殖民经济,并且在新大陆上发展了区别于欧洲的美洲文明。所以,就历史延续性来说,美洲文明具有巨大断裂感和跳跃性的发展特征,古代文化与近代主流文明几乎没有因果关联。

　　文明是广泛意义上的文化,包括精神文明和物质文明两个方面,即一定地域的社会历史组合体中人们有目的的活动方式及其成果的总和。美洲文明则是生活在美洲这片土地上的各民族群体和人们有目的的生活方式及一切成果的总和。美洲历史起源于原生的美洲土著人类,哥伦布发现新大陆后,欧洲列强纷至沓来,开始了对美洲的瓜分和殖民统治。南美主要被西班牙、葡萄牙等欧洲老牌殖民国家瓜分和统治,北美则被英法等新生殖民帝国所瓜分,因此,南北美洲的殖民地时期的历史文化也有很大不同。

　　从近代到现代形成的美洲文明呈现出两大特征:多源性和多元化。"自史前时代起,新大陆就是种族与民族的汇合中心"。其种族和民族来自亚洲、欧洲和非洲,还有大洋洲。各种族和民族均将其自身的文明带至美洲,在新的环境里相互汇合、融合,形成了一种新型的文明。北美的代表性文明是美国文明,南美的文明则被称为"梅斯蒂索文明"。"梅斯蒂索"一词在西班牙语、葡萄牙语中意为"混血的"、"杂交的"。美洲文明体现在文明的载体——多种族混合而成的美洲人与其物质生产及其生产方式、精神产品及其表现形式诸方面。美洲文明不同于亚洲文明、欧洲文明和非洲文明,又不失亚洲文明、欧洲文明和非洲文明的印痕,丰富多彩,异彩纷呈。

　　美洲文明的多源性和多元化特征又决定了它的另外两大特性:开放性和独创性。美洲文明极少保守性和排他性,善于引进其他文明发展的最新成果,具有极大的亲和力;然而,它又绝非是生吞活剥,而是吸收、消化,变为己有,根据自身发展的需要,创造出美洲型的新成果,表现出了极强的融合力。多源和创新并举是美洲文明兴盛发展之根本。

　　美洲若从地理上划分,应为北美洲和南美洲两大部分,但从人文历史上划分,则应为北美史(美国、加拿大)和拉丁美洲史。因为美国以南的所有美洲各国,包括北美洲的墨西哥、中美洲、南美洲和西印度群岛的绝大多数国家,从 15 世纪开始,先后沦为西班牙和葡萄牙的殖民地达 300 年。这些国家不仅共同创造了美洲最古老的文明,而且又深受拉丁语系的西班牙和葡萄牙的社会制度、风俗习惯、宗教信仰和文化传统的影响,故被称为拉丁美洲。由此,本书把美洲史分为上、下两部阐述,上部为拉丁美洲史;下部为北美史,主要讲述美国和加拿大历史。

目 录

上部 拉丁美洲史

导　言 ……………………………………………………………………… 3

第一章　拉丁美洲的地理环境与文明发育 …………………………… 5

第一节　拉丁美洲名称的确定 ………………………………………… 5
一、"拉丁美洲"命名之前 …………………………………………… 6
二、拉丁美洲命名的确立 …………………………………………… 7

第二节　拉美印第安人 ………………………………………………… 8
一、拉美印第安人综述 ……………………………………………… 8
二、玛雅人 …………………………………………………………… 11
三、阿兹特克人 ……………………………………………………… 13
四、印加人 …………………………………………………………… 15

第三节　拉美的地理特征和自然环境 ………………………………… 18
一、地理与人口 ……………………………………………………… 18
二、地理特征与文明发育 …………………………………………… 19

第四节　拉丁美洲区域的划分及其文化特色 ………………………… 20
一、拉美文明的区域划分 …………………………………………… 20
二、人种来源与区域文化特征 ……………………………………… 21

第二章　拉丁美洲古代文明 ……………………………………………… 25

第一节　古代文明概况 ………………………………………………… 25
一、拉丁美洲土著的起源 …………………………………………… 25
二、拉丁美洲古代文明发展概况 …………………………………… 26

第二节　阿兹特克文明 ………………………………………………… 32
一、前阿兹特克文明 ………………………………………………… 32

  二、阿兹特克文明 ·· 36
 第三节 玛雅文明 ·· 41
  一、历史发展阶段 ·· 41
  二、农业——生存的基础 ·· 42
  三、贸易——发展的活化剂 ·· 42
  四、社会组织与政治体制 ·· 43
  五、神话与宗教 ··· 44
  六、文化成就 ·· 44
 第四节 印加文明 ·· 47
  一、前印加文明 ··· 47
  二、印加文明 ·· 52

第三章 美洲的"发现"与殖民地的形成 ································ 59

 第一节 哥伦布发现新大陆 ··· 59
  一、海洋探险和扩张的政治经济前提 ··· 59
  二、哥伦布发现新大陆 ··· 60
  三、其他探险者 ··· 61
 第二节 拉丁美洲的被征服 ··· 62
  一、征服西印度群岛 ·· 63
  二、征服墨西哥 ··· 64
  三、征服秘鲁 ·· 67
  四、征服巴西 ·· 71
  五、美洲的发现与被征服的意义 ·· 72
 第三节 西班牙殖民统治时期的美洲 ·· 73
  一、西班牙的殖民专制统治与行政制度 ·· 73
  二、殖民统治时期的土地关系 ··· 77
  三、殖民统治时期的农业、工矿业和商业 ·· 79
  四、殖民统治时期的教会 ··· 86
  五、殖民统治时期的文化与教育 ··· 90
  六、英、法、荷等国对拉丁美洲的掠夺 ··· 94
  七、拉丁美洲人民的反抗 ··· 97
 第四节 葡萄牙殖民统治时期的巴西 ·· 101
  一、殖民统治的行政机构 ··· 101
  二、殖民统治时期的经济 ··· 103
  三、殖民统治时期的宗教和文化 ··· 105

四、欧洲列强对巴西的争夺 ································· 106
　　五、奴隶劳动和奴隶的反抗 ······························· 107

第四章　拉美近代文明的形成（1492年~18世纪末） ········ 111

第一节　欧洲殖民政治的形成 ································· 112
　　一、西班牙美洲殖民地 ··································· 112
　　二、葡萄牙美洲殖民地 ··································· 114
　　三、法国美洲殖民地 ····································· 115
　　四、荷兰美洲殖民地 ····································· 115
　　五、丹麦美洲殖民地 ····································· 115
　　六、英国美洲殖民地 ····································· 115

第二节　欧洲在南美殖民经济的发展 ························· 116
　　一、西班牙美洲殖民地 ··································· 116
　　二、葡萄牙美洲殖民地 ··································· 118
　　三、法国美洲殖民地 ····································· 119
　　四、荷兰美洲殖民地 ····································· 119
　　五、英国美洲殖民地 ····································· 120

第三节　新型社会形势 ······································· 120
　　一、西班牙美洲殖民地 ··································· 120
　　二、葡萄牙美洲殖民地 ··································· 123
　　三、法国美洲殖民地 ····································· 124
　　四、荷兰美洲殖民地 ····································· 124
　　五、英国美洲殖民地 ····································· 125

第四节　欧洲基督教的传入与发展 ····························· 125
　　一、西班牙美洲殖民地 ··································· 126
　　二、葡萄牙美洲殖民地 ··································· 127
　　三、法国美洲殖民地 ····································· 127
　　四、荷兰美洲殖民地 ····································· 128
　　五、英国美洲殖民地 ····································· 128

第五节　欧洲殖民文化的融合 ································· 128
　　一、西班牙美洲殖民地 ··································· 128
　　二、葡萄牙美洲殖民地 ··································· 135
　　三、法国美洲殖民地 ····································· 138
　　四、荷兰美洲殖民地 ····································· 139
　　五、英国美洲殖民地 ····································· 139

第五章 拉丁美洲的独立运动 ……………………………………………… 141

第一节 独立运动的背景 …………………………………………… 141
一、独立运动的历史前提 …………………………………………… 142
二、殖民地社会矛盾进一步尖锐化 ………………………………… 142
三、独立运动思想的传播 …………………………………………… 144
四、西班牙和葡萄牙统治力量的削弱 ……………………………… 145

第二节 独立运动风潮 ……………………………………………… 145
一、海地独立运动 …………………………………………………… 145
二、西班牙美洲殖民地的独立运动 ………………………………… 148
三、巴西独立 ………………………………………………………… 157

第三节 独立运动的成就 …………………………………………… 159
一、拉丁美洲独立运动的特点 ……………………………………… 160
二、拉美地区三个独立运动中心的特点 …………………………… 160

第六章 拉丁美洲近代文明的发展（18世纪末~20世纪初） …………… 163

第一节 欧洲启蒙思想的传播与实践 ……………………………… 165
一、哲学思想和政治思想 …………………………………………… 165
二、经济思想 ………………………………………………………… 167
三、教育思想 ………………………………………………………… 167
四、科学技术 ………………………………………………………… 169

第二节 民主共和、功利主义和实证主义思想的传播 …………… 171
一、民主共和思想 …………………………………………………… 171
二、宪章制度的移植 ………………………………………………… 172
三、"考迪罗"现象 ………………………………………………… 173
四、政教分离与信仰自由 …………………………………………… 174
五、"文明与野蛮"之争 …………………………………………… 175
六、功利主义、实证主义的传播与实践 …………………………… 176

第三节 欧洲文学在拉美的传播与发展 …………………………… 179
一、新古典主义诗歌和独立运动的歌手 …………………………… 179
二、浪漫主义文学 …………………………………………………… 184
三、高乔文学 ………………………………………………………… 185
四、后期浪漫主义文学和现实主义文学 …………………………… 187
五、现代主义文学 …………………………………………………… 191

第四节　拉美的建筑与艺术 ··· 194
一、建筑 ··· 195
二、艺术 ··· 195

第七章　第一次和第二次世界大战后的拉丁美洲 ··· 199

第一节　第一次世界大战后拉美的政治经济情况和反抗斗争 ·········· 199
一、政治经济情况 ··· 199
二、工人阶级政党的诞生 ··· 201
三、20年代人民群众的斗争 ··· 203
四、世界资本主义经济总危机年代的社会矛盾 ······································· 204

第二节　三十年代拉丁美洲的反美和反法西斯斗争 ·························· 206
一、拉美的经济情况 ··· 206
二、罗斯福的"睦邻政策" ··· 207
三、反法西斯斗争和人民阵线 ··· 208
四、工人运动 ··· 210

第三节　二战爆发后拉美的经济发展、政治进程与国家关系 ·········· 211
一、美国在战后对拉丁美洲各国控制的加强 ··· 212
二、封建奴役的继续 ··· 216
三、经济的迟滞与发展 ··· 218

第四节　民族解放运动的高涨 ··· 220
一、人民革命力量的成长 ··· 220
二、战斗之火在燃烧 ··· 221

第八章　拉丁美洲现代文明（20世纪） ··· 225

第一节　拉美的现代政治思潮 ··· 227
一、民族主义思潮 ··· 227
二、社会主义思潮 ··· 234

第二节　经济理论的发展 ··· 245
一、普雷维什的"中心—外围"理论 ··· 245
二、依附论 ··· 247
三、新自由主义 ··· 248

第三节　现代文学的发展 ··· 250
一、现实主义与先锋派并行发展时期（1910~1959年） ······················· 250
二、文学"繁荣"时期（1960~1998年） ··· 251
三、拉美文学的基本特征 ··· 252

第四节 现代建筑与艺术 ·········· 253
一、现代建筑 ·········· 253
二、墨西哥壁画运动和20世纪拉美绘画 ·········· 254
三、拉美电影百年沧桑 ·········· 258
四、拉美音乐、舞蹈 ·········· 259

第五节 拉美的民族一体化运动 ·········· 262
一、拉丁美洲的民族构成 ·········· 262
二、拉美印第安人现状 ·········· 263
三、拉美国家对印第安民族的政策 ·········· 264

下部 北美史

导 言 ·········· 271

第一章 北美的自然地理条件和早期居民 ·········· 273
第一节 自然地理条件和生态环境 ·········· 273
第二节 北美的史前文化 ·········· 276
第三节 森林地带的印第安人 ·········· 278
第四节 勇猛的易洛魁人 ·········· 280
第五节 平原上的印第安人 ·········· 283
第六节 商人与渔民们 ·········· 285
第七节 困顿的北极猎人 ·········· 288

第二章 法兰西殖民统治下的北美 ·········· 293
第一节 新大陆的发现 ·········· 293
第二节 法兰西与土著人的斗争 ·········· 298
第三节 斗争后的和平年代 ·········· 300
第四节 和平时期的社会发展状况 ·········· 305
第五节 英法的七年之争 ·········· 309

第三章 大英帝国殖民统治下的北美 ·········· 315

第一节　英国"犯民"移民北美与美洲封建制度的建立 ……………………… 315
一、英国涉足北美与美洲封建制度的建立 …………………………………… 315
二、詹姆斯敦 …………………………………………………………………… 316
三、普利茅斯 …………………………………………………………………… 317
四、马萨诸塞海湾 ……………………………………………………………… 317
五、与南美的区别 ……………………………………………………………… 318
六、与印第安人的关系 ………………………………………………………… 318

第二节　殖民地状况以及和宗主国的关系 ……………………………………… 319
一、殖民地的政治自治 ………………………………………………………… 319
二、宗教自由的趋势 …………………………………………………………… 320
三、经济的区域特征 …………………………………………………………… 320
四、人口文化状况 ……………………………………………………………… 321

第四章　独立战争与美利坚合众国的建立 ………………………………………… 323

第一节　独立战争的爆发 ………………………………………………………… 323
一、英国加强对殖民地的控制 ………………………………………………… 323
二、殖民地对宗主国的抵抗 …………………………………………………… 324
三、《独立宣言》 ……………………………………………………………… 325
四、独立战争 …………………………………………………………………… 326

第二节　联邦宪法的诞生与合众国的草创 ……………………………………… 327
一、对于新国家的设想 ………………………………………………………… 327
二、邦联政府的软弱 …………………………………………………………… 328
三、联邦党人和宪法的通过 …………………………………………………… 330

第三节　首届总统华盛顿与合众国的初期治理 ………………………………… 331
一、汉密尔顿的经济纲领 ……………………………………………………… 331
二、代表不同利益集团之间的党争 …………………………………………… 331
三、亚当斯时期 ………………………………………………………………… 332
四、1800年的革命 ……………………………………………………………… 333
五、购买路易斯安那 …………………………………………………………… 333
六、第二次对英战争 …………………………………………………………… 333
七、和睦时期和门罗宣言 ……………………………………………………… 334

第四节　杰克逊时期与社会改革运动 …………………………………………… 335
一、1824年的选举与新的党争 ………………………………………………… 335
二、杰克逊时期 ………………………………………………………………… 335
三、工业革命与棉花王国 ……………………………………………………… 337

四、改革时代 338

第五章　美国西部扩张与南北战争 341

第一节　西进运动与墨西哥战争 341
　　一、西进运动 342
　　二、密苏里妥协 342
　　三、废奴运动 343
　　四、兼并得克萨斯与俄勒冈 344
　　五、墨西哥战争 345
　　六、1850年妥协 345

第二节　南北集团利益的冲突 346
　　一、堪萨斯内战 346
　　二、共和党的诞生 347
　　三、德雷德·斯科特案 348

第三节　林肯当选与南北战争的爆发 348
　　一、林肯当选总统 349
　　二、南方分离 350
　　三、南北战争 351
　　四、《解放宣言》 353

第四节　战后对南方的重建与安抚 354
　　一、约翰逊的重建政策 354
　　二、国会的重建与安抚政策 354
　　三、重建时期 355
　　四、重建的结束 356
　　五、南方的状态 357

第五节　战后资本主义的发展 358
　　一、铁路网的建成 358
　　二、科技发明 359
　　三、大企业和劳资矛盾 359
　　四、城市化进程 360
　　五、边疆的结束 361
　　六、农民反抗运动 363
　　七、镀金时代的政治 364
　　八、帝国主义的海外扩张 366

第六章　20世纪美帝国的崛起与全球霸权 369

第一节 "进步时代"的矛盾与改革 ………………………………… 369
一、进步与贫困 …………………………………………………………… 369
二、民间改革潮流 ………………………………………………………… 370
三、市政改革 ……………………………………………………………… 371
四、罗斯福的"公平施政" ……………………………………………… 371
五、从罗斯福到塔夫脱 …………………………………………………… 373
六、威尔逊的"新自由" ………………………………………………… 373

第二节 一次大战与大萧条 ……………………………………………… 374
一、从中立到参战 ………………………………………………………… 374
二、凡尔赛和约与国际联盟 ……………………………………………… 375
三、战后赤色恐惧 ………………………………………………………… 376
四、汽车与爵士乐的时代 ………………………………………………… 377
五、"大萧条" …………………………………………………………… 379
六、罗斯福的"新政" …………………………………………………… 380

第三节 从二次大战到美苏冷战 ………………………………………… 382
一、从孤立到介入 ………………………………………………………… 382
二、反法西斯的胜利 ……………………………………………………… 384
三、冷战的开始 …………………………………………………………… 385
四、麦卡锡主义 …………………………………………………………… 386
五、从杜鲁门到艾森豪威尔 ……………………………………………… 387

第四节 面对当代的挑战 ………………………………………………… 389
一、肯尼迪的"新边疆"精神 …………………………………………… 389
二、约翰逊的"伟大社会" ……………………………………………… 390
三、马丁·路德·金与60年代的黑人民权运动 ……………………… 391
四、青年反主流文化 ……………………………………………………… 392
五、女权运动 ……………………………………………………………… 393
六、越战泥潭 ……………………………………………………………… 394
七、水门事件 ……………………………………………………………… 395
八、新保守主义的兴起 …………………………………………………… 397

第七章 美国的多元化移民社会与美国民主 …………………………… 399

第一节 美国的移民政策 ………………………………………………… 400
一、殖民者 ………………………………………………………………… 400
二、老移民 ………………………………………………………………… 401
三、新移民 ………………………………………………………………… 401

  四、移民政策的变迁 ………………………………………………………………… 402
 第二节 一体多元的美国人民 …………………………………………………………… 403
  一、人口构成 ………………………………………………………………………… 403
  二、土著 ……………………………………………………………………………… 404
  三、欧裔 ……………………………………………………………………………… 406
  四、非裔 ……………………………………………………………………………… 408
  五、亚裔 ……………………………………………………………………………… 409
  六、拉美裔 …………………………………………………………………………… 410
 第三节 合众国宪法 ………………………………………………………………………… 411
  一、宪法的目的和理论依据 ………………………………………………………… 411
  二、三权分立 ………………………………………………………………………… 412
  三、权力制衡 ………………………………………………………………………… 413
  四、政教分离与军政分离 …………………………………………………………… 414
  五、公民的自由权 …………………………………………………………………… 414
  六、宪法的民主化修正 ……………………………………………………………… 414
 第四节 联邦制与司法制度 ………………………………………………………………… 415
  一、双重政府 ………………………………………………………………………… 416
  二、国会 ……………………………………………………………………………… 417
  三、白宫 ……………………………………………………………………………… 418
  四、联邦政府的立法决策程序 ……………………………………………………… 419
  五、总统与国会的选举产生 ………………………………………………………… 419
  六、州政府的构成与运作 …………………………………………………………… 421
  七、地方政府 ………………………………………………………………………… 422
  八、法治传统 ………………………………………………………………………… 424
  九、双重司法系统 …………………………………………………………………… 425
  十、法的种类 ………………………………………………………………………… 427
 第五节 党争与合作 ………………………………………………………………………… 428
  一、政党的产生和发展 ……………………………………………………………… 428
  二、民主党与共和党 ………………………………………………………………… 429
  三、小党 ……………………………………………………………………………… 430
  四、政党的组织与运作 ……………………………………………………………… 430
  五、政党与政府 ……………………………………………………………………… 431

第八章 飞速发展的美国经济、科技与文化艺术 ………………………………………… 433
 第一节 经济体制与经济自由制度 ………………………………………………………… 433
  一、经济发展与结构改革 …………………………………………………………… 433

二、自由主义的经济体制 …………………………………………………… 434
　　三、政府对宏观经济的调控 ………………………………………………… 435
　　四、企业的经营管理 ………………………………………………………… 436
　　五、经济实力 ………………………………………………………………… 437
　　六、经济分布 ………………………………………………………………… 439
　　七、国民收入 ………………………………………………………………… 439
　　八、社会保障 ………………………………………………………………… 440

第二节　科学技术与发明创造 …………………………………………………… 441
　　一、科技发展 ………………………………………………………………… 441
　　二、科研体系 ………………………………………………………………… 443
　　三、政府投入 ………………………………………………………………… 443
　　四、科学普及 ………………………………………………………………… 444

第三节　教育体系 ………………………………………………………………… 444

第四节　文学艺术 ………………………………………………………………… 446
　　一、殖民时期的文化艺术 …………………………………………………… 446
　　二、民族文化的形成 ………………………………………………………… 446
　　三、南北战争后的文学 ……………………………………………………… 446
　　四、一次大战后的文学 ……………………………………………………… 447
　　五、二次大战后的文学 ……………………………………………………… 447

第五节　大众文化 ………………………………………………………………… 448
　　一、传媒的发展 ……………………………………………………………… 448
　　二、媒体自由权被政府控制和金钱购买和支配 …………………………… 449
　　三、电影业与好莱坞 ………………………………………………………… 449
　　四、新好莱坞 ………………………………………………………………… 451
　　五、奥斯卡奖 ………………………………………………………………… 452

第九章　美国的宗教信仰与科学精神 …………………………………………… 453

第一节　早期宗教 ………………………………………………………………… 453
　　一、清教发起与衰落 ………………………………………………………… 453
　　二、第一次宗教狂热运动 …………………………………………………… 454
　　三、第二次宗教狂热运动 …………………………………………………… 455
　　四、达尔文思想对宗教的打击 ……………………………………………… 456
　　五、教派的联合趋向 ………………………………………………………… 457

第二节　近代宗教与垮掉的一代 ………………………………………………… 458
　　一、宗教的失落 ……………………………………………………………… 458

二、垮掉的一代 ··· 459
　　三、新教 ··· 460
　　四、天主教 ··· 462
　　五、犹太教 ··· 463
　　六、东正教 ··· 463
　　七、其他宗教 ··· 463
第三节　主要哲学与社会思潮 ·· 464
　　一、超验主义 ··· 464
　　二、个人主义 ··· 465
　　三、自由主义 ··· 467
　　四、实用主义 ··· 468

第十章　从英国殖民统治到加拿大自治 ······························ 471

第一节　战胜法国后的北美 ·· 473
　　一、英军战胜法军 ·· 473
　　二、取胜的各种原因 ··· 474
　　三、占领与让步 ·· 474
　　四、美国独立时期 ·· 475
　　五、英格兰人稳居加拿大 ·· 476
　　六、加拿大人对本土的认识 ··· 477
　　七、一些不受欧洲人影响的人 ·· 477

第二节　加拿大政体的建立 ·· 478
　　一、加拿大的经济体系 ·· 478
　　二、与英国的贸易关系 ·· 478
　　三、自由贸易的发展 ··· 479
　　四、殖民地与英国的政治关系 ·· 479
　　五、英国的总督和加拿大的议会 ······································· 480
　　六、趋于自治 ··· 481

第三节　来自世界各地的加拿大移民 ······································· 482
　　一、欧洲移民 ··· 482
　　二、美国移民 ··· 483
　　三、英国移民 ··· 484
　　四、移民的推动作用 ··· 484
　　五、艰难的移民 ·· 484
　　六、移民中的精英 ·· 485

第四节 加拿大趋于自治 ·· 486
一、多元而分散的加拿大 ·· 486
二、政治特征 ··· 486
三、文化特征 ··· 487
四、地理特征 ··· 487
五、联邦的成立与议会的改革 ·· 488
六、经济问题 ··· 489
七、政治问题 ··· 489
八、加拿大国家成立 ··· 490

第十一章 加拿大曲折的建国之路 ·· 491

第一节 加拿大的联邦政治 ·· 491
一、联邦政治的形成 ··· 491
二、联邦政治的框架 ··· 492
三、加拿大的建国过程 ·· 492
四、政治文化和政治思想的渊源 ··· 493
五、交通运输问题 ··· 494
六、移民问题 ··· 494
七、经济的发展 ··· 495
八、其他方面的发展 ··· 496

第二节 加拿大的工农业 ··· 496
一、农业大国 ··· 497
二、一战的推动作用 ··· 498
三、步入工业社会 ··· 499

第三节 一战时的社会发展状况 ·· 500
一、加拿大的社会主义 ·· 500
二、劳工运动 ··· 502
三、加拿大的自由主义 ·· 503
四、加拿大的民族主义 ·· 504

第十二章 二战后加拿大的飞速发展 ·· 505

第一节 经济的复苏 ··· 506
一、经济腾飞的体现 ··· 506
二、经济增长的原因 ··· 506
三、教育事业 ··· 507

美洲历史

  四、科技的发展 …………………………………………………………………… 508
  五、人口增长状况 …………………………………………………………………… 508
  六、工业和贸易的发展 ……………………………………………………………… 509
  七、经济的发展历程 ………………………………………………………………… 509
  八、制造业 …………………………………………………………………………… 510
  九、其他方面的发展 ………………………………………………………………… 510
  十、加拿大与美国的密切关系 ……………………………………………………… 511

第二节 加拿大的公正与公平 …………………………………………………… 514
  一、经济特点 ………………………………………………………………………… 514
  二、具体措施 ………………………………………………………………………… 514
  三、帮助弱者 ………………………………………………………………………… 515
  三、加拿大的财政转移 ……………………………………………………………… 516

第三节 文学艺术的发展 …………………………………………………………… 517
  一、20世纪上半叶的文学 …………………………………………………………… 517
  二、当代文学 ………………………………………………………………………… 518

第十三章 加拿大的政治与宪法 ………………………………………………… 521

第一节 建国以来的加拿大 ………………………………………………………… 521
  一、建国初期（1870~1920） ……………………………………………………… 521
  二、1920年到第二次世界大战结束（1920~1945） ……………………………… 523
  三、第二次世界大战的影响和战后移民（1945~1968） ………………………… 524
  四、多元文化主义的胜利（1968~1989） ………………………………………… 525

第二节 加拿大的宪法 ……………………………………………………………… 528
  一、加拿大宪法的产生和发展 ……………………………………………………… 528
  二、加拿大宪政制度的主要特征 …………………………………………………… 531
  三、议会 ……………………………………………………………………………… 534
  四、总理和内阁 ……………………………………………………………………… 536
  五、司法制度 ………………………………………………………………………… 537
  六、公民的基本权利 ………………………………………………………………… 539

上 部

拉丁美洲史

隋唐

工艺美术史

导　言

　　从传统习惯说,拉丁美洲是指从墨西哥湾格兰德河往南,一直到南美洲极南端的合恩角为止全长1万多公里的大陆和沿海岛屿。整个拉丁美洲可分为四个组成部分:北美洲的墨西哥、中美洲、西印度群岛及南美洲。

　　拉丁美洲处于北纬32度和南纬56度之间,面积2070多万平方公里,占全世界陆地总面积13.8%,比整个欧洲加上美国的总和还要大。除北面以格兰德河与美国接界而外,其他三面都为大西洋和太平洋所环绕。境内的地形、地质构造、土壤和气候等都非常复杂。这儿有世界上水量最大的河流——亚马逊河;有世界上落差最大(979米)的瀑布——安赫尔瀑布;还有世界上最大的平原——亚马逊平原(面积约560万平方公里)。阿根廷的大草原一望无际,安第斯的山峰高耸云霄。全境百分之八十以上地区都处在热带和亚热带。

　　拉丁美洲的居民主要有:土著人即印第安人;白人即欧洲移民的后裔;黑人;混血种人。混血种人又有各种不同的名称:如白人和印第安人的混血种称为梅斯蒂索人,白人和黑人的混血种称为穆拉托人,黑人和印第安人的混血种称为桑波人。此外还有一定数量的华侨(或华裔)、日本人和印度人等。这些人种在各个国家和各个地区的分布,是不完全相同的。

　　拉丁美洲的历史分为两个时期。第一个是印第安人的时期,第二个是西班牙、葡萄牙及其他欧洲殖民者入侵以后的时期。

　　印第安人远在欧洲殖民者到达美洲1万年或2万5千年以前就在美洲定居下来。他们从事辛勤而艰巨的劳动,以高度的智慧和开创精神,付出大量血汗,积累无数宝贵的经验,使拉丁美洲逐步开拓出来,并曾建立起相当高的文化,对人类的物质和精神文明,作出了重要贡献。他们是美洲原来的主人,对美洲文明起了先驱者和奠基者的作用。

　　从1492年哥伦布第一次在美洲登陆之日起,至1826年拉丁美洲绝大部分地区获得独立时为止的300多年间,拉丁美洲地区是西班牙、葡萄牙和法国等殖民统治的时期。这时期,西、葡、法等殖民统治者对拉丁美洲的自然资源进行疯狂的掠夺,对土著印第安人和以后从非洲运来的黑人,实行极其残酷的统治和奴役。他们掠夺印第安人的土地和财富,屠杀印第安人民,破坏印第安人传统的社会制度和文化。他们把西、葡的封建大庄园制度、农奴制度和奴隶制度,强加在印第安人和黑人的头上。他们对土生白人也予以歧视和排斥。他们对殖民地的工业、农业和商业,实行严格垄断。与此同时,印第安人、黑人和各种混血种人,则对西、葡殖民主义者的强暴统治和奴役,进行顽强的抵抗,发动了千百次的起义。土生白人中的爱国志士和分立主义者,由于不满宗主国的种种压抑,也曾参加反殖民统治和独立运动的行列。这种激烈的种族矛盾和阶级斗争,象一根红线,贯串着整个殖民统治时期拉丁美洲的历史。最后,西班牙、葡萄牙和法国的殖民统治终于被推翻,绝大部分拉丁美洲地区建立了民族独立国家。

　　拉丁美洲文明是人类历史发展进程中各种文明碰撞、交流、融会的结果,极富文化底蕴,极具历史韵味,颇有特色。其特色体现在其诞生、发育的地理、自然环境和历史、人文背景中。因此,本书着重阐述地理、自然环境和历史、人文现象对拉丁美洲文明发育的影响,以展示其丰富的内涵和奇异的风貌,并将其摆放在世界历史的形成和发展中进行考察和阐述,以呈现其与其他文明共生、共存、共荣的关系。

本书收集现有的学界研究成果,力图准确的向读者介绍一个真实的拉丁美洲、一个色彩斑斓的拉丁美洲文明。

第一章

拉丁美洲的地理环境与文明发育

　　拉丁美洲古文明主要是玛雅文明,自欧洲诸国进入拉美施行殖民统治之后,玛雅文明基本消失,之后的拉美文明混杂着欧洲诸国的文明和语言特征,并形成几个不同的文明区块。本章就"拉丁美洲"这一名称的来历、含义和地理环境、自然气候特征,以及欧洲殖民文化的进入后的文明发展,来叙述拉丁美洲区域的文明划分及各区域的文化特色。

第一节　拉丁美洲名称的确定

　　"拉丁美洲"一词是南美历史发展的产物。可以毫不夸张地说,"拉丁美洲"这一名称的提出和确定,伴随着欧洲强国对美洲的殖民时期的文明发展全过程。

　　拉丁美洲这一名称,系根据这一地区的历史、语言和文化因素而来。这个地区从16世纪初开始,长期遭受属于拉丁语系的西班牙、葡萄牙和法国的殖民统治。因此,19世纪初独立运动以后,各国都以拉丁语系的语言为官方语言:巴西为葡萄牙语,海地为法语,其他国家都为西班牙语。当然,这些国家所使用的拉丁语言,已夹杂了印第安人和黑人的土语的大量词汇;与西班牙、葡萄牙及法国的原来语言,不完全相同。在宗教方面,拉丁美洲国家也与欧洲大多数拉丁语系的国家一样,以天主教为主要信仰。天主教在拉丁美洲各国曾经拥有非常大的势力。

　　在传统的风俗习惯与文化艺术方面,拉丁美洲同样渗透了浓厚的西班牙、葡萄牙、法国以及意大利的色彩。西班牙和葡萄牙的影响,更是根深蒂固。由于这些因素,人们一般把这个地区称为拉丁美洲。

　　但是,拉丁美洲这一名称并不完全切合实际情况。这块土地的原有主人是印第安人。他们在欧洲殖民者侵入前,已创造了相当高度的文明。他们仍然说着自己的语言,有自己的风俗习惯。黑人也同印第安人一样,在很多方面保存着非洲社会的传统。在中美洲和加勒比海一些国家中的黑人,不少是说英语的。印第安人、混血种人和黑人占有拉丁美洲总人数的三分之二。因此,无论就拉丁美洲的人口、文化、社会经济各方面而言,印第安人、黑人和混血种人及其影响都占有很大的比重。白种人在整个居民中只是居于少数地位,使用拉丁官方语言的人也只是少数。

　　由此可见,拉丁美洲这一名称,是就外来征服者和统治者的角度提出的,并不完全符合当地长久的历史条件和大多数劳动人民的实际情况,所以显然是不够妥当的。但是,由于这个名称使用已久,已经成为学术上所通用的一种习惯,所以就继续沿用下来了。至于其他的一些名称如"西班牙美洲"、"印第安美洲"、"阿非利加美洲"以及"伊比利亚美洲"等,同样是不够全面、准确的。

一、"拉丁美洲"命名之前

"拉丁美洲"(AmericaLatina)一词系由一名词"美洲"(America)和一形容词"拉丁的"(latino)组成。形容词"拉丁的"表明了名词"美洲"的文化特色。因此,欲明了"拉丁美洲"这一名称的形成,必须首先知晓"美洲"这一名称的确定。

"美洲"这一名称的提出和确定有其特定的历史背景,是历史时代的产物。这一名称的提出和确定可分为三个阶段:无概念、无名称阶段;有概念、无名称阶段;有概念、有名称阶段。

第一阶段:1492年8月,哥伦布指挥船队驶离西班牙向西航行,10日发现新陆地,以为到了亚洲,遂称新陆地为"诸印度"(lasIndias)。他一直到1506年去世也没有意识到他所到之处是另一新陆地。"诸印度"这一名称很快被欧州人接受。西班牙国王也正式钦定了这一名称。这时,世人既没有"美洲"这个概念,更没有"美洲"这一名称。

第二阶段:1501~1503年,意大利人亚美利哥·韦斯普奇(1454~1512年)奉葡萄牙国王之命,两次西航到巴西海岸探察,沿南大西洋海岸南下,曾航行至拉普拉塔河口。他返回葡萄牙后,给佛罗伦萨的朋友写过两封信,叙述自己的航行经历和所见所闻。1504、1506年,两封信先后公开发表,并被翻译成数种文字,广为传阅。他在第二封信中明确地写道:"我们可以确切地称哥伦布发现的陆地'为新大陆'。""新大陆"这一概念首次问世。欧洲人的地理观念随之发生变革。哥伦布发现的新陆地不再被认为是亚洲,而是一块不同于欧洲、亚洲和非洲的新陆地。从而也就产生了真正意义上的"美洲"概念,但名称尚未确定。

第三阶段:1507年,德国地理学家马丁·瓦尔德泽米勒(1470~1518年)根据地理新发现,对托勒密所绘世界地图作了修订,绘制出一幅新世界地图。托勒密的地图上,印度洋外有一块陆地连接着非洲和亚洲。新世界地图将这块陆地同非洲和亚洲分离,并在陆地南部标上了"亚美利加"的字样。这样,瓦尔德泽米勒就为新大陆定了名。他在为托勒密的《宇宙志》一书作的序中写道:"亚美利哥·韦斯普奇发现了世界的第四部分……我看不会有人反对根据发现者亚美利哥的名字称之为'亚美利哥之地'或'亚美利加'的。"欧洲人普遍接受了他的意见,"亚美利加洲"(简称"美洲")这一名称遂流传于世。

"新大陆"一词沿用至今,与"美洲"一词互用。而"诸印度"一词则不再广泛使用了,只有西班牙在其殖民统治期间还正式使用这一名称,但已不是指整个大陆,而是仅指其属地了。

"美洲"在人类文明史的发展进程中逐步形成了几个各具文化特色的不同的"美洲":

按地理位置分,有南美洲、中美洲和北美洲。有时也以巴拿马海峡为界分为南美洲和北美洲(包括中美洲)。

按地理政治分,有南美洲(从墨西哥到阿根廷)和北美洲(包括美国、加拿大)。自18世纪末、19世纪初法国、西班牙和葡萄牙美洲殖民地独立运动开展后,"南美洲"一直系指美国以南的美洲地区,政治含义极深。

按语言文化分,有6个美洲:英语美洲、法语美洲、西班牙语美洲、葡萄牙语美洲、荷兰语美洲、丹麦语美洲。通常只分四大美洲:英语美洲、法语美洲、西班牙语美洲和葡萄牙语美洲。这种分法有一定的缺陷,忽略了其他语种(诸如欧洲其他语言、亚洲各语种——例如汉语和日语、非洲语言,特别是土著语言)的存在。

按种族—文化分,有撒克逊美洲和拉丁美洲。前者系指原英属美洲殖民地,其名称源自欧洲的一个种族集团——撒克逊人,其文化具有撒克逊文化的特征;后者系指原西班牙、葡萄牙和法国的美洲殖民地,其名称源自欧洲的另一种族集团——拉丁人,其文化具有拉丁文化的特征。

可以将上述4种分法合并成两种:地理和地理-政治;语言-文化和种族-文化。按地理和地理——政治分,有南美洲和北美洲;按语言-文化和种族-文化分,有撒克逊美洲和拉丁美洲。从地理、政治、语言、文化、种族诸方面综而观之,美洲大陆上存在着两个"美洲":南美洲——拉丁美洲和北美洲——撒克逊美洲。也就是说,从政治文化上讲,"南美洲"是与"拉丁美洲"相通、相同的,而"北美洲"则是与"撒克逊美洲"相通、相同的。

起初,"拉丁美洲"一词的提出和使用是同"撒克逊美洲"一词相对应的。后来,"拉丁美洲"一词逐渐独立使用,成为国际组织和机构用以在政治—文化上称呼南美洲的专门术语,同时舍弃"撒克逊美洲"一词,直接使用"北美洲"这一专门术语指称墨西哥以北的美洲地区。

二、拉丁美洲命名的确立

"拉丁美洲"一词出现在19世纪中叶,同"美洲"一词一样,其提出和确定亦有其特定的历史背景,是历史时代的产物,也经历了无概念无名称、有概念无名称和有概念有名称这三个阶段。

"拉丁美洲"这一概念和名称的孕育始自18世纪末、19世纪初拉丁美洲地区殖民地独立运动时期。当时通用的名称有"新大陆"、"美洲"和"南美洲"。这"新大陆"和"美洲"并非指整个西半球,而只指西半球的一部分——今拉丁美洲地区。这"南美洲"包括中美洲和墨西哥,即美国以南的地区。也就是说,在地理和地理—政治意义上,已明确出现了两个美洲:"北美洲"和"南美洲"。"拉丁美洲"这一概念和名称尚未萌生。

19世纪30年代,出现了"拉丁美洲"这一概念。这一概念首先出现在法国学者的一些著作中;尔后,一些活动在欧洲(主要在法国巴黎和西班牙马德里)的原西属美洲的学者接受了这一概念,以区别西半球存在着的不相同的文明,从语言—文化、种族—文化上区分出两个"美洲",最后于60年代初正式确定了"拉丁美洲"这一名称。

1836年,法国著名学者米歇尔·歇瓦利埃在其《北美通信集》的"序言"中正式提出了"拉丁美洲"这一概念。他说欧洲分为拉丁欧洲和条顿欧洲。前者包括南方各民族,信仰天主教,使用拉丁语;后者包括北方的大陆人和英国人,信仰新教,使用日耳曼语。"这拉丁和日耳曼两支系移植到了新大陆。南美洲同南欧一样,信仰天主教,讲拉丁语。北美洲属于信仰新教的盎格鲁-撒克逊人。"随之出现了一个新的词语:"具有拉丁文化特性的美洲",以区别于"撒克逊美洲"。

"拉丁美洲"这一概念提出之时,正值美国加紧向南扩张,策动移民墨西哥得克萨斯地区的美国人武装暴动(1835年)、宣告"独立"(1837年),正式兼并得克萨斯地区(1845年),入侵墨西哥(1846年),割取墨西哥1/2的领土(达230万平方公里)。1853年,美国一名叫威廉·沃克的扩张主义者纠集170余名冒险分子武装入侵墨西哥的下加利福尼亚和索诺拉地区,宣布建立共和国,被墨西哥军队赶走。1855年,他又在美国政府的支持下,招募一伙武装分子,冒险侵入尼加拉瓜,翌年操纵大选,成为尼加拉瓜总统。美国立即宣布承认沃克政权。

美国的扩张主义行径引起了南部美洲人的警惕。南部美洲人的"拉丁意识"日益增长。1856

年,哥伦比亚著名学者何塞·马丽亚·托雷斯·卡伊塞多发表了一首题为《两个美洲》的长诗,第九段开头吟道:"拉丁美洲人哟/面对着撒克逊人"。这是南部美洲人首次使用"拉丁美洲"这一概念。"拉丁美洲"这一概念及其语言表现形式在南部美洲迅速传播开来。

1861年年底、1862年年初,法、英、西班牙武装入侵墨西哥,更强化了南部美洲人的"拉丁意识"。1862年,阿根廷著名学者卡洛斯·卡尔沃在巴黎出版了一部11卷本法文著作,书名为《拉丁美洲各国条约、协定、协议、停战议定书及其他外交文件总集》;1864~1867年,他又在巴黎出版了一部5卷本西班牙文著作,书名为《拉丁美洲革命历史纪要:1808年至承认这一广袤大陆的独立》。

人们注意到,两部书的书名中"拉丁美洲"一词已复合化,形容词"latino"已名词化,与"美洲"组成一复合名词"拉丁美洲"。"拉丁美洲"这一名称就此正式确立。他的使用法为拉丁美洲人广泛接受。1868年,托雷斯·卡尔塞多出版《文人传记与文学评论》第三卷,使用的副标题为《评拉丁美洲主要政论家、史学家、诗人和文学家》,而他在1863年出版的头两卷中使用的副标题为《评西班牙美洲主要诗人和文学家》。

"拉丁美洲"这一名称起初只是"西班牙美洲"的代称。1874年,波多黎各人欧亨尼奥·马丽亚·德·奥斯托斯发表了一篇题为《拉丁美洲》的文章,提出给南美洲、中美洲、墨西哥和安的列斯群岛起个共同的名字,并主张启用"拉丁美洲这一名称。至此,"拉丁美洲"这一概念有了一个确定的语言表现形式,"拉丁美洲"这一名称也就随之诞生、确定了。

"拉丁美洲"这一名称在国际组织和机构中一直沿用至20世纪70年代。然而,60、70年代,原英属安的列斯诸岛屿中一些岛屿(诸如特立尼达和多巴哥、牙买加、巴巴多斯、巴哈马联邦、格林纳达、圣卢西亚、圣文森特和格林纳丁斯、多米尼加联邦等)和圭亚那先后脱离英国,宣告独立,加勒比地区政治、经济形势的发展、变化在国际上受到广泛的关注,其政治、社会、文化、语言的特色受到了人们的普遍重视。国际组织和机构渐次将"拉丁美洲"改称为"拉丁美洲和加勒比地区",以表明加勒比地区在语言、文化、种族上有别于拉丁美洲其他地区的特殊性。

就其地域范畴而言,"加勒比地区"有大、中、小之分。大范畴的加勒比地区包括加勒比海诸岛(即安的列斯群岛)和墨西哥、中美洲、哥伦比亚和委内瑞拉;中范畴的加勒比地区系指加勒比海内诸岛;而小范畴的加勒比地区则仅指已获得独立的原英属和尚未独立的英属加勒比海诸岛,通常称之为"西印度群岛"。

所以,美国之南的地区又开始被称为南美,包括拉丁美洲和西印度群岛,这样南美与北美南北对应,合在一起就是整个美洲。

第二节 拉美印第安人

整个美洲的土著民族统称为印第安人,分布在整个美洲,拉美的印第安土著又根据生活群落分为玛雅人、阿兹特克人、印加人。他们分别具有自己的文明体系和文化生活区域,下面分别做简单介绍。

一、拉美印第安人综述

印第安人是美洲原来的主人。当哥伦布第一次到达美洲时,印第安人在南北美洲的总人数,估计已达一千四百万至四千万人。

对于印第安人,过去有许多误会。首先,由哥伦布取的这个名字本身就是由误解产生的。哥伦布把他所"发现"的美洲误认为印度,所以当地居民也被称之为"印度人"或"印第安人"(即印度的居民)。其实,不论从哪一方面说,"印第安人"与印度人都没有任何关联。其次,过去有一种比较流行的说法,把美洲土人称之为红种人。这也是误会,因为印第安人的皮肤实际上并不红,只是他们常把红色颜料涂在面部而已。此外,关于印第安人的来源,曾有许多假定:有说由非洲而来,有说由南太平洋岛屿而来,有说由欧洲北部经过冰岛而来,有说系美洲土生土长的人种。在一个相当长的时期内,不少人甚至认为印第安人属于犹太人,说他们是传说中失踪的十族的后裔。议论纷纷,莫衷一是。

印第安人到底从何而来?他们到底是属于什么人种?经过各国学者长期考察与研究以后,现在一般都认为,印第安人是从亚洲东北部去的。根据人类学上确定的材料证明:印第安人的头发硬而直,汗毛稀少,颧骨比较突出,颜面宽阔,皮肤系黄色(从浅黄直到红棕),这种身体形象与蒙古人种最为接近。因此可以肯定,印第安人是属于蒙古人种的一支。近来还有一些人以为,除蒙古人种外,有一部分印第安人(主要在南美)属于澳大利亚——美拉尼亚人种,是与蒙古人种同时或更早越过南太平洋的岛屿移入美洲的。

关于蒙古族移入美洲的时间,也有不同说法。一种说法是在末次冰川时期,约2万五5千年以前,他们或者由于追踪野兽,或者由于气候骤变,无以谋生,乃沿着日出的方向,从戈壁沙漠出发,经西伯利亚步行至亚洲东北角的尖端迭日涅夫角。由于当时白令海峡的海面比现在低69米,他们很可能就是沿陆地继续步行到达阿拉斯加的。另一种说法是:在大约1万2千至1万5千年以前,他们在白令海峡是从冰上行走或经过航行而到达阿拉斯加的。白令海峡只有97公里宽,中间还有小岛,无论从冰上步行或水上航行,都不会有太多困难。不管哪一种说法较为正确,但有一点可以肯定,即移民决非一次,而是分批陆续到达美洲的。他们到达阿拉斯加以后,又经过长期的不断迁移和推进,终于散布到南北美洲的全境。

最初来到美洲的印第安人以渔猎为生。他们有石头做的(可能是没有经过磨制的)工具,能使用弓箭,已学会取火,能饲养家犬,会编制渔网和利用兽皮制衣服,也能使用独木舟或革制小船,还可能有陶制食具。在这一基础上,他们由北而南,在美洲各地建立起自己的各种生活和社会制度,创造了大量的文化财富。

印第安人的分布非常广泛,种族也非常复杂。当哥伦布来到美洲时,印第安部落的数目,简直多得无法数清。各个部落和各个种族之间,各有各的语言、方言和肤色。语言和方言多到1700种,故有"语言博物馆"之称。肤色则由全黑一直到浅黄,深浅很不一致。他们的分布情况大致如下:在极北部是爱斯基摩人和阿留申人;爱斯基摩人主要住在由阿拉斯加至格陵兰的北美洲北极海岸。在阿拉斯加内陆地区及加拿大,则有阿塔巴斯干人和阿尔贡根人。在美国境内主要有易洛魁人、苏人(一名达科他人)、梭雄人、马斯科基人(一名克里克部落)、庞泥人以及摩其村落人等。在墨西哥有阿兹特克人、托尔特克人和查波特克人。在下墨西哥和中美洲有玛雅人。在加勒比海区域有加勒比人。在委内瑞拉、哥伦比亚及周围各地有奇布查人。在秘鲁、厄瓜多尔和玻利维亚等安第斯高原一带有印加人。在亚马逊尼亚有阿拉瓦人。在亚马逊河口有图比人。在巴拉圭、阿根廷和下巴西有瓜拉尼人。在智利有阿拉乌干人。

上部 拉丁美洲史

美洲地区非常辽阔,各地的地理情况又非常复杂。1492年哥伦布"发现美洲"前,印第安人为了适应各地不同的自然环境,已经形成了阶级社会以前的各类社会经济组织、生活方式和文化形式。他们组成了为数众多的各种部落集团,彼此间的联系不多。他们的生活方式多种多样,由采集、渔猎、游牧到农业,几乎全都具备。如居于极北部的爱斯基摩人和阿留申人,以猎取海象、海豹为生;居于北美西部沿海一带的特令基特人、海德人及其周围部落,主要依靠渔业为生;加利福尼亚的印第安人靠采集野生果实为生;达科他人靠猎取野牛为生。在北美洲,只有西南部和东南部一带地区的印第安人,才知道从事农业。在拉丁美洲区域,特别是墨西哥、中美洲和秘鲁等地的印第安人则不但从事农业,而且出现了城市、商业和各种较复杂的社会生活方式,形成整个美洲印第安人经济文化发展的高峰。

各种印第安人在社会经济发展方面,尽管各不相同,但是全都属于一个总的模型,即部落公社制的模型。这种部落公社多半采取母系氏族的形式,但也有一些部落已处于由母系氏族向父系氏族过渡的阶段,有一些已达到父系氏族阶段,甚至有一些已组成部落联盟。一个部落的成员,通常聚居在一个村落,他们多半是被血缘联系在一起的亲属,人口的数量从500到3000。有些部落,包括几个村落在内,人口总数达1万,或者还要多一些。至于像阿兹特克、玛雅和印加这样大的部落联盟,其人数当远远超过此数。

印第安人的这种部落公社里设有议事会。土地为部落所公有,由议事会掌管,其他公共事务也由议事会决定。议事会把土地分配给各氏族,再由氏族分配给各家庭使用。耕种方式很原始,一般是用火烧去树木和杂草,然后用木制或石器工具去耕种。耕种时按照年龄和性别分工,进行集体劳动,老年人和村长是这种生产的组织者和监督者,劳动产品平均分配,不过对于一些年老体弱和在劳动中出力较多的人,在进行分配时往往予以照顾。

这种部落公社里的各个成员所享受的权利是一样的。首领和酋长是部落全体成员意志的执行者,由氏族全体男女成员在议事会中选出。首领和酋长的地位并不比普通氏族成员高,只是职务不同罢了。民主是这种部落组织的基本原则。平等、互助、友爱和团结的气氛渗透到所有部落成员之间。妇女受到很大尊敬。它的全体成员都是自由人,都有相互保卫自由的义务;在个人权利方面平等,不论酋长或军事首领都不能要求任何优越权;他们是由血族关系结合起来的同胞。自由、平等、博爱,虽然从来没有表述为公式,但却是氏族的根本原则,而氏族又是整个社会制度的单位,是有组织的印第安人社会的基础。印第安人具有那种受到普遍承认的强烈的独立感和自尊心。

不过,印第安人的社会,仍然同世界其他各地的原始部落社会一样,在部落与部落之间,经常为猎场、水道、河谷和湖泊的所在地、燧石产地、盐、灌溉用水以及其他争端,发生相互侵夺和战争的现象。在南美,过去还有极个别印第安部落存在食人的习俗,这种习俗同战争或宗教仪式有关。欧洲殖民主义者往往夸大这一点,说印第安人是"食人生番",竭其诬蔑、歪曲之能事。

有些印第安人,如玛雅人、阿兹特克人和印加人等,生产方式已较进步,耕种时已知道灌溉和使用肥料,印加人还能用青铜铸成斧头、镰刀和棒槌,生产力得到较大的发展,农业和手工业分离,剩余产品和交换关系开始出现,已经形成一些相当大的城市和相当高的文化。同这种生产力的情况相适应,他们的土地公有制开始瓦解。酋长和高级僧侣已经把一部分土地据为私有。社会上已初步出现所谓贵族、平民(工、农、商)和奴隶三个等级。"国王"拥有很大权力,国家的形式也在初步形成中。印加人的私有制度虽不如阿兹特克人那么发达,但在"国王"、酋长,高级教士同一般人民之间,生活上出现了明显的差别。根据这种情况,关于玛雅、阿兹特克和印加等发展较高的印第安人的社会形态问题,产生了两派不同的意见。

一派认为这些印第安人的社会既然出现了阶级、奴隶、私有制和城市以及发展了相当高的文化等,"国王"已经拥有很大的权力。他的生活享受也很高,大城市的规模达到十万人以上,文化发展到能创造文字和历法,外科手术能运用麻醉剂,能把金属炼成合金。能制造精美的手工艺品,能建造规模宏大的金字塔以及先于旧大陆而发明了数学上的"零"等,所有这些决不是原始公社制的社会形态阶段所能达到的,事实上世界上所有其他地区的原始公社也从没有达到过。因此这些印第安人的社会形态已经超越了原始公社,进入了初期奴隶制的阶段。

另一派人则认为,决定社会形态向另一种社会形态转变,其主要标志是物质资料的生产方式。生产方式包含着生产资料归谁所有和由谁支配,也包含着人们怎样组织和从事物质资料的生产。根据已有的材料研究,玛雅、阿兹特克和印加等发展较高的印第安人的社会形态,虽然出现了上述现象,但社会结构的基层组织仍然是公社和氏族,生产资料基本上属于公有。集体生产劳动和平均分配产品仍然是社会生产关系的重要特征。整个社会的生产主力是公社成员的自觉劳动。奴隶虽然已有相当大的数目,但主要是作为家庭奴仆或其他公益事业的奴隶来使用,并不是作为物质资料生产的主要劳动力来使用的。这同奴隶制社会中由奴隶承担主要物质资料生产重担的现象有着根本区别。而且这些印第安人的社会主要是由部落的议事会来统治的。"国王"和酋长虽然拥有很大的权力,但他是由部落议事会军事首领以及首要的僧侣选出的,而且可以由他们罢免,这同奴隶制社会形态完全由奴隶主实行绝对统治,奴隶只是被当作会说话的工具,奴隶主对奴隶拥有生杀大权;奴隶社会中的国王,其权力主要来自暴力或世袭,他的地位是至高无上的情况有所不同。

因此,研究古代印第安人的著名学者摩尔根和福斯特等,都认为阿兹特克和印加人的社会是属于部落联盟的性质,是处在部落公社向奴隶制社会过渡的阶段,也就是恩格斯所说的军事民主阶段,它并没有超过部落公社制性质的范围。至于西班牙殖民者和西方学者一般所称的玛雅"王国"、阿兹特克"帝国"及印加"帝国",也只是一种部落联盟性质的社会形态,与阶级社会中的国家有所不同。

印第安人虽然在社会组织方面处在比较低的阶段,但在文化上却有着重要的贡献,其中以玛雅文化、阿兹特克文化和印加文化的发展程度最高。

二、玛雅人

玛雅人发展的历史,按其特征可以分为两个时期,第一个时期为南部玛雅,第二个时期为北部玛雅。

南部玛雅人住在今天的危地马拉、赤阿帕斯和洪都拉斯一带。远在公元前2500年至公元前1000年前,这儿已有了很高的文化(前古典时期的奥尔梅克文化)。公元前1000年左右,发展了农业;公元前后更出现了城市。他们培植了玉米、番茄、南瓜、豆子、甘薯、辣椒、可可、香兰草和烟草等重要农作物。其中以玉米的培植最为重要,玉米产量高,营养价值高,成为玛雅人(也是阿兹特克人和印加人)的主要粮食。此外,玛雅人还知道饲养火鸡、狗和蜜蜂。

手工业和商业也很发达。他们用陶土制成器皿,用燧石和黑曜石制成各种工具和武器,用棉花织成布匹。他们知道用金、银、铜和锡等元素制成合金,再把这些合金制成各种器皿和装饰品。每个村落和城市都辟有广场,作为相互交易之所,并有客栈,可供带货商人住宿,交易在一定日期进行。市场上的商品主要有棉布、蜜、蜡、燧石武器、盐、鱼以及奴隶,还可以买到其他各种日用品和食品。至公元后的八个世纪中,各个不同的玛雅部族一共建立了一百多个城市,其中大的城市如帕伦克,科帕等还同其他远地的印第安族通商,甚至同南美洲的哥伦比亚地区也可能建有直接或间接的商务联系。商品的交换一般将可可豆作为媒介,定为通用的货币。

玛雅人擅长建筑和艺术。他们用石料建立许多非常富丽堂皇的庙宇、陵墓和雄伟的纪念碑。至今,在玛雅族古城的遗址上,还保存了卓越的建筑古迹。他们在庙宇上为我们留下了各种颜色的图画和美丽生动的雕刻。在博南帕克遗留下来的壁画(公元8世纪),画出了古代战争的场面。画中的人物形象千姿百态,栩栩如生,成为世界壁画艺术的著名宝藏之一。玛雅的城市中,每隔相当时限(一般是20年),就要建立一些石柱(纪念碑),在这些石柱上刻有题词,记载着各种重要的事情。根据这些题词,可以相当准确地断定各城市的兴起和毁灭的时期。据已有的发现和统计,立柱的时间先后共达1200多年,最早一块著名的石柱,建于公元328年,最后一次立柱是在1516年,立于图卢姆(Tulum)。玛雅人的道路和围墙建筑也相当出色;各个城市之间都有道路连接,各个公共建筑物差不多都有坚固的围墙。在图卢姆至今还留有一面长达716米、宽6米和高3~5米的古墙。

玛雅人在天文学和数学方面有很高的造诣。他们创造了相当准确的历法。他们知道四种计时法,其中一种把一年定为365天,一种把一年分为18个20天的月,外加5天作为禁忌日。他们知道月亮,金星和其他行星运行的周期,能计算出日食的时间。他们运用"太阴计算法"推算金星的年份,1000多年的误差不超过一天,比同时期的我国和欧洲计时更为准确。

他们的计数法是根据手和脚的20个指(趾)头而产生的20进位制;他们在时间的计算方面创造了一种数学体系,结果发现了"0",在表示数目上,他们用了三个符号:"点"表示1,"横"表示5,画一"贝壳"表示零。将"零"的符号应用到数字的计算上去,他们要早于旧大陆800百年。玛雅人的文字系一种象形文字,一般是刻在巨大的石头建筑物如石柱、祭台、金字塔以及陶器上的铭文,同古埃及、中国,巴比伦的象形文字体系大体是一致的。语言很丰富,共有3万词汇。他们用树皮制成的纸和鞣制过的鹿皮写书。书籍的内容主要是历史、科学和仪典。有些书籍还记载着有关当时社会和人民生活各方面的情况。西方学者对于玛雅文字,长期只能认识其中的少数,现已扩大到三分之二。据说已有人找到解释玛雅文字的钥匙。但要把玛雅文字全部译出,还要作进一步努力。

在宗教方面,玛雅人的原始信仰是崇拜自然神,以后逐渐演变,而有雨神(称为查克)、五谷神、死神、战神、北方星神、风神以及四方神等等。最高之神为太阳神伊察纳,他被尊为上帝的化身,居于诸神之上,是"白昼"和"黑夜"的主宰以及文字和书籍的创造者。玛雅人也有天空和地狱的说法。在天上,有一个天堂,那儿住着天堂之神伊斯塔,天堂里面充满欢乐,没有疾病,没有痛苦,没有忧愁,有的只是非常丰美可口的食物和饮料,各种圣树,郁郁葱葱,奇花异草,芬芳四溢,供人欣赏和休憩。在地下,则有一个地狱,称之为米特纳,那儿由魔鬼和死神乌豪统治。他用饥饿、严寒、无止境的劳累和悲伤等非常残酷的方式折磨着人们。死后的命运如何,不仅取决于一个人在人世间的行为,而且取决于一个人在社会上的地位(如祭司死后升入第三重天),部分取决于死的方式。

玛雅人的文明是美洲印第安人文化的摇篮,对后来的托尔特克和阿兹特克人的文化,都有很大的影响,所以玛雅人被称为是"新世界的希腊人"。这个文明的全盛时期是在公元4世纪至10世纪。在9世纪末和10世纪初的50年间,玛雅各城市所有的建筑突然遭到毁灭。城市被遗弃,丛林被封闭,这些一度富有革新精神的、丰富多采的、数百年来造就了大批学者、艺术家、能工巧匠的文化变成了废墟。原因直到目前尚未查清:或由于外来打击,或由于瘟疫,或由于气候骤变,或由于不科学的耕作方法使地力耗尽,或由于其他影响,还不能作最后肯定。

不过,玛雅文明虽遭破坏,并非所有玛雅人都不存在了。在经历这次灾难后,一部分玛雅人迁往尤卡坦半岛北部。他们从10世纪末起,又在这个新的家乡开始了一次玛雅文化的复兴,在好些方面达到了同前期相媲美的程度。这时期的僧侣,用几千本手抄本来记载玛雅人的传说。可惜,这些手抄本后来由于被西班牙神甫认为是异端邪说而大部分被毁坏了,保留下来的只有其中的三部,至今已成为研究玛雅文化的珍宝。同时,西班牙人却在所谓《奇拉·巴拉丛书》中保存了玛雅语言——但用西班牙符号——和有关玛雅传统知识的很多材料,这就是北部玛雅时期。至15世纪初,这种复兴的现象又趋于没落,至于原在危地马拉地区一带的古玛雅文明,则始终未再恢复,当年的坛庙和金字塔完全弃诸荒野丛林之中。

三、阿兹特克人

继玛雅人之后,阿兹特克人也曾创造了较高的文化。阿兹特克人是一个比较年轻的印第安部族,属于纳瓦部落集团的一支。据说他们最初住在"海岛"上,地点可能是墨西哥西部。他们在很长的一个时期内,作为雇佣兵向不同的酋长出卖劳役。他们把传说的家乡称为"阿斯特兰",阿兹特克的名字即由此而来。

首先在墨西哥盆地建立起文明的不是阿兹特克人。大约在公元5~10世纪,托尔特克人就以特奥蒂华坎为首都,在墨西哥盆地建立了相当高度的文明。托尔特克人从事农业,他们种植各种农作物如玉米、豆类、辣椒、棉花等,他们能织出质地优良的棉布,制造出精美的陶器,并建立了非常宏伟的金字塔。继托尔特克族之后,还有其他各部族,其中比较著名的有"奇奇梅克"人,他们也在墨西哥盆地建立过自己的文化。这些部族对以后阿兹特克人的文化都有过一定的影响。

大约从11世纪中叶开始,阿兹特克人即逐渐向墨西哥盆地迁移。据说,他们的部族神维济洛波奇特利指示他的祭司们说,如果在一个地方见到一只老鹰立在一颗仙人掌上啄食一条蛇(这就是今天墨西哥的国徽),该处就是他们永久的居留地。14世纪初,这个部落在酋长特诺的率领下,到达特斯科科湖畔。1325年,他们在特斯科科湖中两个小岛上开始建立一个城市,这就是后来阿兹特克的著名首都——特诺奇蒂特兰城。

阿兹特克人在特斯科科湖畔定居以后,继续不断向外扩张,此后百余年中,他们用武力先后征服了托尔特克、阿托米等部族,至1437年,建立了北美洲当时最为强大的部落联盟,其"国王"蒙特苏马一世(1440~1469年)被称为蒙特苏马大帝。它的幅员非常辽阔,东西两方分别伸展到墨西哥湾和太平洋,总人口达600余万。被征服的各个部族必须向阿兹特克的"国王"纳贡,贡物中包括金、首饰、皮毛、各种奇异鸟类、棉织品、可可以及蜂蜜等贵重物品。恩格斯曾经指出:阿兹特克人所领导的联盟的社会制度乃是"三个部落的联盟,它征服了其他几个部落并使之朝贡;它由联盟议事会和联盟军事酋长来管理"。

在西班牙殖民者到达之前,阿兹特克正处于开始由盛而衰的时期。首都特诺奇蒂特兰已经非常繁华。全城有6万幢房屋,10~30万以上人口。而同一时期的伦敦,却只有大约20万居民。城市建筑在特斯科科湖中的各个岛上。各个岛屿之间,有平坦而宽阔的堤坝相互联系。堤坝由石头和水泥建成,其宽度可由10~12人并行。其中有一条大堤,长达7里,比我国西湖中的苏堤和白堤的工程还要浩大。城市饮水供应很周全。到处有花园和屋顶花园,巨大的公共建筑物上,涂以石膏,白光耀眼,瑰丽壮观。街道宽广,市场上的货物应有尽有。市内还有1000名清洁工。在主要街道上通宵都有熊熊的灯火照耀。特诺奇蒂特兰是当时世界上人口最多和最为热闹的城市之一。根据跟随科尔特斯第一次进入这个城市的迪亚斯·卡斯蒂略(1492~1581年)在《墨西哥的发现与征服》一书中的描述,它的繁华程度超过同时期的君士坦丁堡以及意大利的任何城市。不过,在基层社会组织方面,阿兹特充人同其他印第安部族一样,依然共同领有土地,依然住在由有亲属关系的数家族组成的大住宅之中。族长系由推选产生。他们的饮食也是共同进行的。一般每天只有一次正规的聚餐,当聚餐的时候,家族成员分别用餐,男子在先,妇女小孩在后。

阿兹特克人非常讲究尚武精神。军队组织得很好,以勇敢善战著称。男子从15岁开始,必须受严格的军事训练。战争时期,以所获俘虏的多少来进行奖励。如:不能出征,不能提供俘虏,则任何人都不能戴上王冠。首领系由部族会议选出,权力很大,已经拥有近于阶级社会中的那种统治权力,生活也非常奢侈。"国王"的住处有三个大院落,100间房屋,房屋中都要用香炉熏香。据卡斯蒂略说,阿兹特克的"国王"蒙特苏马每顿饭必须用30种以上不同的菜肴。这些饭菜还要用火锅以保持适当的温度。此外,蒙特苏马的后宫中还拥有姬妾千人和各种各样的奇禽异兽,专门供他享乐。

在宗教方面,阿兹特克人相信灵魂永生和一种由至高无上的主宰统治一切的观念。他们崇拜自然神,如太阳神、月神、云神、雨神、花神和玉米神等。他们用十字架作为宗教的象征,祭神时以战俘作牺牲。"国王"被当作神的化身看待。他们的宗教情绪很强,仅仅首都一个城市,就修建了40个坛庙,庙宇中养有5千个僧侣。

阿兹特克人的文化主要是从托尔特克人和玛雅人那儿学习和吸收过来的,与玛雅文化有许多相似之处,但也有自己的某些特点。他们的文字,大体说来,同玛雅属于同一类型。不过,文字还只发展到绘画文字的阶段,但已含有象形文字的成分。在历法知识方面,他们知道一年为365天,每逢闰年补加一天。在医学方面,他们知道利用各种药草,如用洋地黄治心脏病,用奎宁治疟疾,并能用一种叫"亚乌特利"的植物做麻药以及土法麻醉,比欧洲医生在采用这些药物上要早好几百年,欧洲医生所用的许多药物还是从印第安人那里学来的。他们同样是伟大的建筑家和优秀的手工业者,其所建堡垒、桥梁和庙宇,都非常壮丽。他们的金字塔比古代埃及的金字塔还要雄伟。阿尔班峰地区的废墟,伸延约24平方公里。托尔特克的月亮金字塔和太阳金字塔遥遥相望,太阳金字塔的塔基有3437平方米,高有42米。今天登上宏伟的太阳金字塔俯瞰四周,还可以看到层层叠叠的被称为"金字城"的古老庙宇和宫殿。

阿兹特克人已能制作多种精美的陶器和纺织品,金、银、铜、锡等各种装饰品及金属工具。1520年,一个文艺复兴时代的德国艺术家杜勒,在评论蒙特苏马送给西班牙国王的礼物时说道:"我一生从未看见过这样合我心意的东西。因为我在这当中看到了珍异的艺术品,我惊奇辽远地方的那些人的聪明才智"。不过,在绘画和雕刻等艺术方面,阿兹特克人的成就不如玛雅人。

在农业方面,阿兹特克人也和玛雅人一样,以培植玉米为主,但对于其他农作物也很注意。他们已能把1200种植物进行分类。他们的农业生产率较高,这是阿兹特克"帝国"人口较为稠密的主要原因。在饲养方面,他们只有狗、火鸡、鹅和鸭。在商业方面,除城市的商店及定期举行的市集以外,还有各种商队。在初期,还没有货币,采取以物易物的交易方法;发展到后来,其商品已具有一般的价值形态,并用可可豆、锡,甚至金砂作为货币。

四、印加人

在南美洲,文化发展得最高的是印加人。印加人是安第斯高原地带克丘亚族的一支,说克丘亚语。他们的"王"称为印加。西班牙殖民者最初同这一支人接触时,错误地以他们的"王"的称号来称呼这个部族,于是印加人的名字就被沿用下来了。

克丘亚族、阿伊马拉族和莫奇卡族(或奇穆族)等三个部族,很早就散居在安第斯高原。他们先后在这个地区建立了各种不同程度的文明。根据考古学所发现的遗迹来判断,在公元最初几个世纪内,这个地区的农业即有相当发展。他们不但同玛雅人和阿兹特克人一样,以玉米作为基本食粮,而且还种植马铃薯。在畜牧业方面,他们最大的成就是驯服了骆马。骆马对于他们的日常生活起着非常重要的作用,毛可衣,肉可食,筋可做绳索,皮可作斗篷,骨头代替木材,粪用作肥料。

关于这个地区的具体历史进程,由于目前研究得很不够,所以还不十分明确。大体说来,从公元前1200年~公元前850年,在北部高原地区,出现了查文文化,掌握了彩陶、建筑,石刻和加工黄金的技术。从公元前1000年中叶~公元5世纪,南部沿海地区出现了帕拉卡斯文化和纳斯卡文化,在这儿曾发现几百具完整无缺的木乃伊,还有许多精莠的刺绣织物以及多色彩陶等。差不多与帕拉卡斯和纳斯卡文化同时,在北部沿海,出现了莫奇卡文化(或早期奇穆文化)。人们已知道用金、银、铜制成合金;这时期的陶器制作水平很高,陶环上有各种各样非常精美和生动的绘画和雕纹,在这儿还发现了渠道和下水道的遗址。公元6~10世纪,出现了蒂瓦纳科文化。蒂瓦纳科位于的的喀喀湖东南21公里处,建有工程浩大的太阳门,这是用整块巨大的中长石做的门,上有被光线围住的人形浅浮雕,是古代美洲最珍贵的遗迹之一。蒂瓦纳科系一个宗教中心。在11~15世纪,北部沿海地区的奇穆族又强盛起来,出现了昌昌文化,昌昌是奇穆的首都,所以也就是后期的奇穆文化。昌昌占地约18平方公里。这时期青铜、铜、金和银的制品非常多,金属熔炼和锻造的技艺是这种文化的最高技艺。印加人的文明就是在这一系列的文化传统基础上创建起来的。

与阿兹特克一样,印加族也是一支相当年轻的部族。他们起先住在库斯科盆地,从13世纪起,开始向外扩张。关于印加族的起源,印加人曾流传这样一个故事:太阳神在的的喀喀湖中的岛上,创造了一个男人及其妻子,使他们成为王与王后,然后把他们送到安第斯肥沃的谷地库斯科。王与王后用他们父亲(太阳)的名义,走遍了谷地,把人民召集在一起,共同建筑库斯科城。从此以后,印加族就以库斯科为中心,逐渐向外扩张。15世纪中叶起,他们先后在"国王"帕查库蒂(1438年起执政)及其儿子托帕印加(1471年执政)领导下,征服土地愈来愈广。至1450年,他们所占领的土地,已超过今天秘鲁共和国的面积。1525年,印加"帝国"已发展到它的极盛时期,统治的面积出哥伦比亚到智利中部(其中包括秘鲁、玻利维亚和厄瓜多尔),南北长达4828公里,东西由太平洋沿岸深入亚马逊丛林,成为一个包括可能达1000万人口的美洲空前的大"国"。由于他们在战争中的成功,有时被称为"新世界的罗马人"。

印加人长于组织。他们的政府由中央到地方形成一套完整的体系。他们把整个印加"帝国"的名称叫做"塔瓦蒂苏约",系"统一"的意思,也是"四方"的意思。这个"帝国"以库斯科为中心,分成四个大行政区,每区叫做一个苏约,每个苏约下分若干省,每省再分若干艾卢。在中央允许之下,各地方可以有某种程度的自由。地方长官每隔一定时期,被召到中央汇报工作。"国王"常往全国各地巡视,了解情况并检查工作,还容许沿途人民进行申诉。被征服者的土地,1/3留给被征服者,1/3分给印加人,其余1/3留给"国王"本人。被征服者的神也被吸收过来,但只能处于从属的地位。为了防止被征服者的反抗,在被征服地区建立交通网和要塞,并把他们的首领迁到库斯科,便于管理和控制。此外,印加人还对被征服各部族实行同化政策,规定他们必须学习克丘亚的官方语言。至西班牙人到来时,印加的各个村落,差不多都有一部分人能说克丘亚语。政府官吏到任何地方去,都不要用翻译人员。这种语言上的一致,大大有助于"帝国"的统一和巩固。

印加人的土地制度,同其他印第安部族一样,基本上属于部落公有制,但有其本身的若干特点。基层单位是公社,称为艾卢:同一艾卢的成员或者共同居住于一个村落内,或者散居在许多邻近的小村落里,后者较为普遍。在滨海一带城市式的大村庄里,往往还设有专门的艾卢区。艾卢内的成员都属于同一血统的亲属,受同一氏族神的保护。土地被分成三部分,一份属太阳(僧侣),一份属"国王",一份属人民(即公社地)。所有这三份土地,都由艾卢的成员负责耕种。耕作的程序:最先耕太阳和"国王"的土地,然后耕村社成员的份地(包括老人、病人以及鳏寡孤独的土地),最后才轮到收成归村社所有的土地。耕作时村社成员由长老率领,彼此互相帮助。在商业方面,总的说来,交换和贸易还不太发达,没有金属货币,没有统一的度量衡,不少地方还实行物物交易。不过,在沿海和山区居民之间的交换则颇为兴隆,每当收获季节之后,在规定时期内,这两个地区的居民在一定的地点会合,进行集市贸易。从山区运来的货品主要是肉,毛皮、金、银以及金属制品;从沿海地区运来的货品,则主要是谷物,蔬菜、果品、棉花以及鸟粪等。

印加人非常注意公共建筑和公益事业。水利灌溉工程和道路尤享盛名。他们修建了为数众多的水渠,能把水引到很远的地方;在安第斯山的斜坡上,他们开辟了一层层的梯田。这些梯田的下端,筑有一道拦护土壤的石基。山溪中的水,可以通过水渠引进各块梯田,有些梯田的边上还建有水闸。由于这种灌溉制度,再加上他们已知道使用肥料(特别是鸟类),所以农业得到良好的发展。他们培养了近40种经济作物,马铃薯和玉米的产量尤为丰富。

在道路工程方面,他们修建了以首都库斯科为中心通往全国各重要区域的道路网。有两条大道,一条沿海而行,另一条由海岸通到高原地区,全长达2414~3219公里,贯穿了整个国境,还有许多支路。这些道路宽达4.5米,在通过灌溉系统之处,道旁筑有围墙;穿过河流或峡谷时,架有桥梁;遇到河面过宽时,则利用浮桥或渡船,路面平坦坚固,两旁绿树成荫。每隔相当距离,都设驿站,驿站里有贮藏室,贮藏武器、衣物和食品,以供军用。

驿站有卫士守卫,并有屯田,供其自给。一旦中央有命令,每站备有专人负责接力递送,由库斯科到基多,只需8天即可到达。在关口和险要地点,还建有古堡、要塞和烽火台(遇有战事消息,则举起烽火信号,4小时内,可以传达3千公里)。这种道路除供传达命令和"国王"巡行外,还给行军和商旅提供了很多方便。据洪堡(1767~1835年)说:"印加人的道路是历来人类所造成的最有用和最艰巨的工作。"蒲列斯科德甚至说它"可以吓倒现代最勇敢的工程师。"这些评语,固然不免夸张,但是印加大道是可以同我国古代的驿道及古罗马的著名大道相媲美的。此外,印加人对城市建筑,也曾作过出色贡献。库斯科的太阳庙,规模宏大,装潢精美,庙周用坚石砌成,墙面用金板贴角,过道用黄金铺地,门亦用金制成,是一个名副其实的金窟,称为黄金花园。庙内的金像和金饰,其技巧接近"文艺复兴"时代的制品。太阳庙至今仍被誉为世界奇观。

在宗教方面，印加人特别崇拜太阳，自称为太阳的儿女们。首都的太阳庙是最大的礼拜中心。印加族的祖先被认为起源于太阳，印加王更是太阳的化身。其他一些星宿也被崇拜，不过地位较为次要。

在科学技术方面，印加人同玛雅人、阿兹特克人一样，也有许多建树。他们虽然不知道铁的使用（所有印第安人都不知道用铁），但已能用各种方法加工金属，如熔炼矿石，铸造，锻造，模铸，制金属板，冲压，镶嵌，镶接，焊接，铆接以及隔板涂瓷釉等。他们已广泛地使用铜器，并能利用铜和锡的合金，提高铜的硬度。金属器皿特别可观，根据发掘出来的材料，一个贵族的坟墓中，往往藏有几十磅到几百磅用金、银做成的各种器皿或装饰品。陶器与纺织品更是巧夺天工，每个时代都具有别出心裁的不同风格。如1000年前留下来的一幅地毯，每2.5厘米含绒纱500根，而欧洲中世纪都只有100根；在南部沿海皮斯科附近出土的木乃伊套服，被称作是"世界纺织品的奇迹之一"。

在外科医学上，印加人已能进行解剖并使用麻醉剂。他们已能进行开脑的手术，知道利用奎宁和可可豆治病。他们所制作的木乃伊，至今还保存得完整无缺。在数学和天文学方面，印加人虽比玛雅人与阿兹特克人稍逊一筹，但也创造了自己的历法。在文字方面，印加人只知道结绳记事，这种方法叫做"基普"，即在一条主绳上结了很多小绳，打结表明数字，用颜色、长度的不同排列来表明人口、税收和军事行政事迹。印加人与阿兹特克人的社会情况一样，劳动人民创造了很高的文化，享受这些文化成果的只是少数统治者。

总之，在西班牙殖民者到达美洲以前，印第安人以其辛勤的劳动和智慧，在广大美洲大陆上，已建立自己独特的文化。这个文化与旧大陆各古代文化的主要不同点之一，在于旧大陆的古代文化都发源于大河流域，如埃及的尼罗河，美索不达米亚的幼发拉底河和底格里斯河，印度的恒河以及中国的黄河等；美洲虽然也有同样的大河流域，如北美洲的密西西比河和南美洲的亚马逊河，但其文化发源地却不在大河流域，而是在盆地，如北美洲的阿兹特克文化起源于墨西哥盆地，南美的印加文化起源于库斯科盆地。此外，旧大陆居民的主要粮食是麦类和水稻，而印第安人则主要依靠玉米，因而又被称为"玉米文化"。

虽然，由于印第安人和古代世界文明的中心相距太远，无法联系，又由于他们没有马，不知道使用铁、犁和车轮，因而，比亚洲、欧洲大陆较发达的区域来说，他们的生产方式和文化要较为落后一步；但是，我们对印第安人对于古代世界所起的作用及其所占的地位，却应有足够的估计。正如摩尔根在《古代社会》一书中所指出的："美洲印第安人诸部落的历史和经验，多少可以代表我们的远祖处于相等状况下的历史和经验。印第安人的制度、技术，发明和实际经验构成人类记录的一个部分，其价值特殊宝贵之处在于它们的意义远远超出了印第安人本族的范围。"

所以一般学者都称它为世界的一个"秘密文化的实验室"。今天人类生活的许多必需品，如马铃薯、玉米、番茄、向日葵、烟草、马纽卡、可可、橡胶、火鸡和羊驼等几十种经济作物和家畜，家禽等，都是由印第安人首先培植、提供而后再传到欧洲各地。他们所栽培的粮食作物，比世界上所有的其余部分合并起来还要繁多，其中仅玉米就有七百多种变种。这些经济作物和家禽的提供与推广，大大丰富了人类的物质和经济生活，给人类文化带来了巨大的贡献。特别是早期欧洲殖民者和移民，他们所受印第安人的惠赐最多。他们向印第安人学会了如何去开发原始森林，如何准备土地来耕种，如何用鱼头作肥料，如何去捕杀野兽，如何用兽皮做衣服，用桦木皮造独木舟以及如何在沙滩上烤蛤蜊等。印第安人的足迹,也变成了移民者的道路。总之,他们向印第安人学会了如何在新世界中过日子。有些西方学者对于这些视而不见,反而认为印第安人是"低等民族",是天生的被统治者,是愚昧不灵的动物,那是对印第安人的极大侮辱,完全抹杀与歪曲了事实的真相。

第三节 拉美的地理特征和自然环境

地理、自然环境是孕育文明的母体。要认识某个文明,必须首先了解孕育出这个文明的地理、自然环境。某个特定的地理、自然环境,必然孕育出某种具有其地域特色的文明。因此,地理学成了研究文明的一个重要内容。拉丁美洲文明在其孕育、发展进程中,深受其地理、自然环境的影响。

一、地理与人口

拉丁美洲地处西半球南半部,北起墨西哥与美国交界处的格兰德河,南至合恩角,全长13500公里,最宽处达5000余公里,东濒大西洋,西临太平洋,拥有无数座大大小小的岛屿。岛屿集中在加勒比海,组成大安的列斯群岛(包括古巴岛、圣多明各岛、波多黎各岛和牙买加岛)和小安的列斯群岛(包括巴哈马群岛、特立尼达岛、多巴哥岛、巴巴多斯岛、巴布达岛、安提瓜岛、圣卢西亚岛、圣维森特岛、格林纳达岛、多米尼加岛、马提尼克岛、瓜德罗普岛、阿鲁巴岛、库腊索岛、托图加岛,等等);此外,散布在大西洋和太平洋中比较重要的岛屿有马格丽塔岛、马尔维纳斯群岛、加拉帕戈斯群岛、复活节岛和胡安费尔南德斯群岛等。总面积为2070万平方公里,人口4.9951亿(1998年统计数)。现有33个独立国家,另有13个尚未独立的地区(除法属圭亚那位于南美大陆外,其余均为加勒比海的岛屿,分属英国、美国、法国与荷兰管辖)。

向东,拉丁美洲通过大西洋中的岛屿同欧洲、非洲相连;向西,通过太平洋中的波利尼西亚群岛和密克罗尼西亚群岛与大洋洲和亚洲相通;向北,通过美国、加拿大与亚洲接近。与外界联系的便利,密切了拉丁美洲同其他地区的文化交流。

除乌拉圭和阿根廷南部、智利南部及墨西哥北部外,拉丁美洲其他地区均位于北回归线和南回归线之间。也就是说,拉丁美洲大部分地区处于热带,只有一小部分地区属于温带。

拉丁美洲虽然大多地处热带,但气候却不单一。这是特殊的地形所致。

拉丁美洲的地形特殊在哪里?特殊在山脉以及由山脉所形成的高原和山间谷地上。面对拉丁美洲地图,首先映入眼帘的是那绵延不断、纵贯南北的山脉。那高耸的山脉犹如拉丁美洲地区的脊梁,南起合恩角,在智利境内升高,向北延伸,纵贯南美洲西部;进入中美洲后,山势降低,沿西海岸向北;延至墨西哥特万特佩克地峡后,主脉向西转而沿西海岸朝北进入美国境内。

在南美洲的一段山脉称为"安第斯山"。最高峰阿孔卡瓜(Aconcagua)峰,海拔7040米,位于智利和阿根廷交界处。安第斯山在玻利维亚分成东西两支脉,并列向北延伸,通过秘鲁西部,进入厄瓜多尔;两支脉间形成高原地带。高原上沟谷相连,山路崎岖,交通不便,且有数十座火山(包括活火山和死火山),然而却是人类从事生产、经济活动的场所,印加文明和前印加文明多半孕育、发达于此。两支脉进入哥伦比亚后,东支又分成两条支脉:东面一条支脉进入委内瑞拉,形成一片高原,西面一条支脉向加勒比海延伸。西支脉进入中美洲,沿西海岸北行,形成一片高地,高地上有火山活动。山脉进入墨西哥渐次增高,过特万特佩克地峡后分成两支:东支称东马德雷山脉,向东沿墨西哥湾向北伸展;西支为主脉,称西马德雷山脉,向西沿西海岸北上;两支山脉之间形成一中央高原;阿兹特克文明及前阿兹特克文明大多孕育、发达于此。

二、地理特征与文明发育

对拉丁美洲文明孕育和发达有影响的另一条山脉纵卧在巴西东海岸,从塞阿拉和伯南布哥州的北海岸起,向南穿过巴伊亚和米纳斯吉拉斯州,进入南里约格兰德州境内,形成一片巴西高原。就其地质年龄而言,东部山脉比西部山脉古老,没有造山运动引起的火山喷发以及地震的产生。这一切更有利于人类的居住和生产活动。

拉丁美洲的山脉调整了活动在热带的人类生活地域,以其高度改变了纬度低的不利条件。高原上和坝子里凉爽舒适,为人们提供了一个居住和从事生产活动的理想场所,为古老文明的孕育和发达创造了一个绝佳的环境。

在影响拉丁美洲文明的孕育和发达方面,除山脉这一因素外,拉丁美洲地形还有几个值得重视的因素。其一是平原。热带平原有委内瑞拉的亚诺斯平原,地跨阿根廷、巴拉圭和玻利维亚三个国家的格兰查科平原,地跨乌拉圭、巴拉圭和巴西的平原;温带平原有阿根廷的潘帕平原。这些平原广袤千里,杂草丛生,是发展畜牧业和粮食作物的上佳之地。

其二是河流水系。拉丁美洲的水系以山脉而分。有重大经济价值的水系均在南美洲的安第斯山脉以东。那儿有五大水系:

①亚马逊河——世界最大水系,发源于秘鲁境内的安第斯山,流经巴西北部,注入大西洋;有一千多条大大小小的支流,流域面积达700多万平方公里,约占南美总面积的40%;遍布热带雨林,素有"地球之肺"雅称。

②拉普拉塔河——由巴拉那河及乌拉圭河汇合而成,南下注入大西洋;巴拉那河及乌拉圭河均发源于巴西高原,惠及巴西、巴拉圭、乌拉圭和阿根廷四国的文明发展。

③马格达莱纳河——发源于哥伦比亚南部的安第斯山脉,向北流入加勒比海。

④奥里诺科河——发源于委内瑞拉与巴西交界的帕里马山,向西进入哥伦比亚,转而向北流入委内瑞拉境内,在中部卡伊卡拉市折向东,注入加勒比海;沿途汇入大小数百条支流。

⑤圣弗朗西斯河——发源于巴西高原的南部,在高原上由南向北流,到伯南布科州境内折向东注入大西洋,为人类在巴西高原的生活提供了便利。

五大水系的特点是流程长,流域面积广。而安第斯山以西的河流则流程短,大多注入太平洋,水流湍急,不利航行,其经济价值不如山脉以东的五大水系。中美洲与墨西哥的河流亦如此。

其三是沙漠地带。同亚洲、非洲和澳大利亚相比,拉丁美洲的沙漠面积不大;巴西东北部、墨西哥北部和阿根廷巴塔哥尼亚地区由于干旱形成了几块半沙漠地带,真正意义上的沙漠地处智利和秘鲁的太平洋沿岸,从智利首都圣地亚哥向北一直延伸到秘鲁的北部边疆。智利北部的阿塔卡马大沙漠是世界上最干旱的地区,终年无雨,寸草不生;然而却堆积了层层鸟粪,生产了含量颇丰的硝石矿,甚具经济价值。秘鲁沿岸的沙漠地带点缀着片片绿洲。这些绿洲的生成得益于源自安第斯山的流水。绿洲被开辟成了甘蔗、棉花、葡萄种植园,对秘鲁经济和社会的发展具有重大意义。

其四是热带雨林。从墨西哥的特万特佩克地峡到地跨阿根廷、巴拉圭和玻利维亚的格兰查科平原,覆盖着成片的热带雨林;其间最为突出的是亚马逊流域的大面积热带雨林。丛林中生长着极有价值的树木,出产优质木材、橡胶、树脂、水果和药材;繁衍着世间稀有的鸟、兽。然而,森林原始,枝繁叶茂,相互缠缠绕绕;阴雨绵绵,暑气难消,蚊虫肆虐,毒蛇活跃;疟疾、黄热病流行。这一切不利于人类的生存、庄稼的种植和家畜及家禽的饲养。

拉丁美洲特殊的地形决定了它的气候状况。从南到北、从东到西、从低到高,气候状况差异显著。安第斯山上终年积雪,寒气逼人。高原、坝子温和湿润,凉爽宜人。安第斯山脉以西太平洋沿岸,赤道以北雨水丰沛,草木繁茂,大地葱茏;赤道以南的秘鲁、智利海岸则干旱少雨,沙漠连片。影响全球气候的奇特的"厄尔尼诺"间歇肆虐秘鲁沿岸沙漠地带:每10年左右,太平洋中有股洋流从北沿秘鲁海岸南下,带来暖湿气团,致使海洋、沙漠地带气候异常,鱼儿游离沿海水域,以鱼为食的鸟儿、海豹大批死亡;暴雨倾注,毁坏房屋、道路和桥梁。这种现象通常发生在圣诞节前后,因而得名"幼年耶稣",音译为"厄尔尼诺"。

安第斯山脉以东,亚马逊河流域海拔很低,许多地方与海平面一样高,为一辽阔的热带丛林,多雨,高温,潮湿。阿根廷南部(包括潘帕平原和巴塔哥尼亚高原)及智利中、南部,气候温和,雨量充沛。

中美洲虽地处热带,但山势不高,加上洋流、季风的影响,气候、植被类似温带。墨西哥中央高原南部地势较高,气候偏干燥;北部地势较低,气候偏湿润;高原以北地区干旱,多仙人掌和灌木丛。

气候是直接影响农作物的生长、家畜的牧养和人类从事生产活动的最重要的因素之一。拉丁美洲地域辽阔,加之地形复杂,各地区的气候差异很大。这保证了热带、亚热带和温带作物的栽培;造就了各种类型的植被:诸如热带雨林、热带和温带大草原、稀疏林木、荒漠植物等;繁衍出了特殊类型的动物:诸如羊驼、食人鱼、美洲豹、蝴蝶等等;决定了人类从事生产活动的地域:例如,印第安人世世代代生活在高原上、坝子里,适应了山区的气候,欧洲殖民者强制他们到沿海低地、平原地区劳动时,由于不适应潮湿、闷热的环境,死亡甚众。

拉丁美洲特殊的地理、自然环境孕育出了其具有特色的文明。世界其他地区的古代文明多半发祥于大河流域,埃及、印度、西亚、中国等古代文明的发达莫不受惠于大河(尼罗河、印度河、底格里斯河、幼发拉底河、黄河等);而拉丁美洲的古代文明则发祥在高原上、坝子里,其近代文明的发达同样与高原、坝子紧密相连。

第四节 拉丁美洲区域的划分及其文化特色

拉丁美洲文明并非整齐划一,而是呈多元化,有着区域的特色。那么,如何划分拉丁美洲的文明区域呢?可以根据地理、自然环境来划分,也可以根据政治、经济来划分,也可以根据文化来划分,还可以根据种族来划分。然而地理、自然环境、政治、经济、文化、种族等均非文明的核心要素,划分起来费力、复杂,又难以做到确凿、明了。文明的核心是语言,因此,我们拟根据语言来划分拉丁美洲的文明区域。

一、拉美文明的区域划分

根据官方语言使用的情况,可以将拉丁美洲分成西班牙语地区、葡萄牙语地区、英语地区、法语地区及荷兰语地区。

上述5个地区文明发展的历史进程不同,文化特色各异。其主要决定因素有四:

其一,原宗主国和现宗主国的影响。从1492年起,拉丁美洲各地区先后沦为西班牙、葡萄牙、荷兰、英国、法国和美国的殖民地,形成原西班牙美洲:包括今墨西哥、中美洲(伯利兹除外)、南美洲(巴西除外)、加勒比海中的古巴岛、圣多明各岛(亦称海地岛)东部的多米尼加共和国;原葡萄牙美洲,即今巴西;英属美洲:包括今圭亚那、伯利兹及加勒比海中已独立和尚未独立的群岛及岛屿;法属美洲:包括今海地、法属圭亚那和加勒比海中的马提尼克和瓜德卢普两个岛屿;荷属美洲:包括今苏里南及荷属安的列斯与阿鲁巴诸岛屿;美属波多黎各岛和维尔京群岛。宗主国的政治制度、经济结构、思想意识、价值观念、风俗习惯、文学艺术、宗教信仰、科学技术等无不影响其属地政治、经济、社会的发展。

其二,种族的构成。拉丁美洲是个种族大熔炉,来自世界各地的种族人群共同生活,通婚繁衍后代,一起从事经济活动,携手共建当地的文明。由于历史原因,各地区的种族构成不同。不同的种族构成使各地区的文化展现出了各自的特色。

其三,地理、自然条件。各地区地理、自然环境不同,文明发展条件殊异,从而导致了各自文化所具有的特色。

其四,国际政治、经济格局的演变。拉丁美洲从变成殖民地的那天开始、从独立那刻以来,政治、经济、社会各方面的发展无不受国际政治、经济格局的影响;由于各地区所受的影响不同,文明的历史发展进程各异,文化上表现出的特征亦不相同。

二、人种来源与区域文化特征

在拉丁美洲,这一地区的种族构成也最复杂,有印第安人、欧洲白人、非洲黑人和混血种人,还有亚洲人和犹太人。印第安人是土著,拉丁美洲古代文明的创造者。欧洲白人以西班牙人及其后裔为主,另有意大利人、法国人、德国人和斯拉夫人及其后裔。非洲黑人多半来自非洲中部和西部地区。混血种人分梅斯蒂索人(印第安人同白人生的混血儿)、穆拉托人(白人同黑人生的混血儿)和桑博人(印第安人同黑人生的混血儿),还有白人同梅斯蒂索人、穆拉托人或桑博人生的后代以及这一类混血种人同另一类混血种人的后代。

亚洲人多半来自西亚(如叙利亚、黎巴嫩)、中国、日本和韩国。由于西班牙语地区辽阔,各国的种族构成又有所不同,大致可分为4个类型:第一种类型是印第安人口较多的国家。它们是危地马拉、厄瓜多尔、秘鲁和玻利维亚。第二种类型是混血种人(梅斯蒂索人)较多的国家。它们是墨西哥、洪都拉斯、尼加拉瓜、萨尔瓦多、哥伦比亚、委内瑞拉和巴拉圭。第三种类型是黑人和混血种人(穆拉托人)较多的国家。它们是巴拿马和多米尼加共和国。第四种类型是白人占多数的国家。它们是阿根廷、智利、古巴、乌拉圭和哥斯达黎加。白人主要来自西班牙和意大利。

从总体上看,西班牙语地区国家的政治、经济、文化发展水平在拉丁美洲是比较高的。但由于国家众多,大小不等,其政治制度、经济发展水平、文化教育程度等方面是有差别的。政治制度方面,有实行资本主义制度的国家,也有实行社会主义制度的国家。在经济发展水平方面,工业比较发达的国家有阿根廷、乌拉圭、委内瑞拉、智利、哥伦比亚和墨西哥;经济发展滞后的是古巴、玻利维亚、巴拉圭、厄瓜多尔和秘鲁。文化教育方面,教育比较发达的国家有阿根廷、智利、哥伦比亚、乌拉圭和墨西哥;普及教育比较好的国家是古巴、智利和墨西哥;出版业比较发达的国家是阿根廷和墨西哥;文盲率较低的国家有古巴、阿根廷、乌拉圭、哥伦比亚和智利(均在17%以下),而文盲率比较高的国家是玻利维亚和危地马拉(占总人口的65%以上)。

在宗教信仰方面,西班牙语地区比较严格,各国深受原宗主国西班牙的影响,绝大多数人是天主教徒。

历史上,国际政治、经济格局的演变影响着西班牙语地区国家政治、经济以及文化的发展。18世纪美国独立战争和法国大革命向原西班牙美洲殖民地输送了"启蒙思想",从政治思想上武装了殖民地的爱国者们,激发他们走上了反对殖民统治、争取独立的武装斗争。19世纪英、法、德等欧洲国家工业的发展,导致了世界经济的发展,促使西班牙语地区各国融进国际经济体系,参与国际生产分工,充当工业品的售销市场,为工业国家生产原料和食品。20世纪社会主义阵营的形成和民族解放运动的高涨及新兴国家的崛起,引发了西班牙语地区民族主义(特别是经济民族主义)的兴起和发展,参与了反帝、反霸的斗争,导致了政治上的多元化:诞生了社会主义国家——古巴,出现了一些反民主、反自由的军事独裁政权,成立了一批争民主、争自由的群众组织、政治组织。随着生产国际化、经济国际化的发展及苏联、东欧社会主义国家的解体,西班牙语地区各国均调整了政治、经济发展战略,走上了争取世界和平、国家发展的道路。

葡萄牙语地区:巴西是拉丁美洲最大的国家,总面积达851.2万平方公里,为原宗主国葡萄牙的93倍。东南部为一高原地带,通称"巴西高原",与海岸平行。北部为一广袤的大平原,世界第一大河亚马逊河流经其间,丛林密布,多雨潮湿。除亚马逊河外,巴西还有两大水系:圣弗朗西斯科河与巴拉那河。前者流经巴西高原和东北部干旱(半沙漠)地区;后者同乌拉圭河及巴拉圭河滋润着巴西南部平原地区。巴西河流的流程大多长于西班牙语地区的河流,经济价值也较高。

巴西的种族构成同西班牙语区差不多,也有印第安人、欧洲白人、非洲黑人、混血种人、亚洲人和犹太人。

巴西为一联邦共和国,工农业比较发达,工业化程度较高,是拉丁美洲第一经济大国。大多数人口信仰天主教,但宗教信仰环境比较宽松,能容忍其他宗教的存在。

巴西历史上受葡萄牙和英国的影响较大。法国大革命对巴西独立运动的影响较弱;18世纪末、19世纪初,宗主国葡萄牙在英国的支持下,控制了巴西的独立进程。独立后,巴西有别于实行共和制的西班牙语地区的国家,实行了君主立宪制,维持奴隶制。随着英国及欧洲其他一些国家工业化的发展和国际经济体系的完善,19世纪下半叶,贩卖奴隶和奴隶制已不符合生产的要求,巴西在英国的压迫和国内民众的抗争下,于1888年5月废除了奴隶制,并于1889年11月废除帝制,实行共和,建立了联邦共和国。20世纪里,巴西同西班牙语地区国家一样,民族主义盛行,一方面坚持反帝、反霸立场,一方面追随西方"冷战"政策,反对社会主义的古巴。随着国家经济的发展和国际政治、经济新形势的出现,80、90年代巴西着力调整国家发展战略和外交政策,以促进国家经济的发展和国际政治、经济新秩序的建立。

英语地区的独立国家原先均为英国殖民地。这些原殖民地,加上尚未独立的加勒比海岛屿(美属维尔京群岛除外),又都是英国在17~18世纪里利用自己的经济实力,通过军事或外交手段先后从西班牙人手中抢占的。英国在这些地区和岛屿开辟热带作物种植园,实行奴隶制,从非洲贩卖来黑奴从事生产活动,还从印度和中国招募劳工参加劳动。19世纪上半叶英国宣布废除奴隶制,黑人、印度人和华人留下继续从事生产劳动。因此,这一地区的种族构成大多以黑人和黑白混血种人为主,另有少数印度裔、华裔和白人。唯有圭亚那例外,以印度裔和黑人为主,华裔、白人仅占少数。这一地区的种族构成复杂,宗教信仰亦呈多元,天主教、新教、印度教、伊斯兰教、犹太教等同在。在40~50年代亚、非、拉民族解放运动高涨的形势下,各殖民地人民开展谋求独立的斗争,加之美国对这些地区和岛屿的政治、经济渗透势头不断增强,英国被迫于60~70年代先后让美洲殖民地实行"自治"和"独立"。这些独立国家现多半为英联邦成员国,尚未完全摆脱殖民地经济地位。

美属维尔京群岛从16世纪起曾先后沦为西班牙、荷兰、英国、法国和丹麦的殖民地;1917年,美国以2500万美元从丹麦手里购得。群岛人口以黑人和黑白混血种人为主,信仰天主教和新教,靠旅游业为生。

法语地区的海地和其他尚未独立的岛屿,是法国在17世纪用武力从西班牙手里抢占的。法国将这些岛屿开发成热带作物(主要是甘蔗、咖啡、可可和香蕉)种植园,利用非洲黑奴从事劳动生产。

1789年法国大革命爆发后,海地黑人在法国启蒙思想的直接影响下,揭竿而起,要求自由、民主和人权,争取解放。1804年年初,海地正式宣布独立,成为拉丁美洲第一个推翻殖民统治和废除奴隶制的国家。海地种族构成比较简单,90%的人口是黑人,其余10%为黑白混血种人。官方语言为法语,然而只有10%的人讲法语,其他人通用克里奥约语(即当地的一种语言)。绝大多数人信仰天主教,但仍受非洲古代的一种宗教伏都教的影响。经济、社会发展滞后,文化教育不发达,全国文盲率超过65%。海地是拉丁美洲最落后的国家之一。

法属圭亚那位于南美洲东北部,濒临大西洋,是法国和欧洲宇航研究中心、火箭和卫星发射基地,引世人瞩目。17世纪初,法国从西班牙手中强占该地,将其辟为热带作物种植园和政治犯流放地。种族比较复杂,有白人、印第安人、梅斯蒂索人、黑人、亚裔(包括华人、日本人和越南人)。多数人信仰天主教。

荷兰语地区的苏里南和尚未独立的加勒比海岛屿,是荷兰人在17世纪从西班牙手里抢占的。苏里南总面积为16万平方公里,地形复杂,中部地势平坦,南部为圭亚那高原,北部是沿海低地。种族构成比较复杂,有印第安人、白人、黑人、亚洲人(包括印度人、爪哇人、华人及黎巴嫩人)和混血种人。荷兰语是官方语言,但民众间通用苏里南语——一种多种族语言的混合语。由于种族多元,宗教信仰也复杂,除天主教外,还有印度教和伊斯兰教。1975年11月,苏里南正式宣布独立,农业(以水稻种植、香蕉栽培为主)和采矿业(以铝土开采、加工为主)是国家经济两大支柱。

第二章
拉丁美洲古代文明

一个多世纪来，一大批研究人员（包括考古学家、人类学家、人种学家、人种历史学家、语言学家、古文字学家、地理学家、数学家、天文学家、生物学家等）在拉丁美洲进行了大量的考古发掘和实地考察，对其古代文明进行了广泛而又深入的研究，取得了丰硕的成果。事实证明，拉丁美洲有着辉煌璀璨的古代文明，实乃世界古代文明中心之一。本编首先就拉丁美洲古代文明的创造者——拉丁美洲土著的起源问题作一陈述；而后介绍拉丁美洲古代文明的发展概况；接着重点说明三大文明——阿兹特克文明、玛雅文明和印加文明；最后探讨一下拉丁美洲古代文明与华夏文明的关系。

第一节　古代文明概况

讲述拉丁美洲古代文明，首先涉及的一个问题就是其创造者——拉丁美洲土著的起源问题。因此，本章在陈述拉丁美洲古代文明发展概况前，先谈一谈其创造者——拉丁美洲土著的起源问题。

一、拉丁美洲土著的起源

1884年，阿根廷著名古生物学家、人类学家弗洛伦蒂诺·阿梅吉诺（1854～1911年）提出，阿根廷的潘帕地区是哺乳动物进化的中心、人类的摇篮。也就是说，他认为拉丁美洲土著起源于本土。他的这一学说是对此前各种臆断、假说（诸如犹太人后裔说、大西洋洲人后裔说、鞑靼人后裔说、埃及人后裔说、巴比伦人后裔说、腓尼基人后裔说、迦南人后裔说等）的否定和批驳。

阿梅吉诺的学说引起了拉丁美洲境内外学术界的广泛兴趣。专家们对他提出的依据进行了研究验证，结果否定了他的结论。他在埃尔莫索山发掘出的一根股骨不是人类的骨骼，而是某种猫科动物的骨骼；同时发掘出的一块颈椎骨也不是猿人的骨骼，而是现代人的骨骼。他在布宜诺斯艾利斯发现的一块头盖骨，经复原证实不是猿人的头骨，而是属于蒙古人种。地质学家们还指出他把发现遗骨的地质层所属年代推算得太久远了。

阿梅吉诺的"本土说"被否定了。那么，拉丁美洲土著的祖先来自何方？他们是什么时候到的拉丁美洲？他们是怎么到的拉丁美洲？他们属于哪个种族？

根据考古和DNA（脱氧核糖核酸）资料的分析，当今在拉丁美洲土著的起源问题上形成了两大学派:"亚洲人"学派和"澳大利亚人"学派。前者认为:距今约5万年前,属于蒙古人种的亚洲人通过连接亚洲和美洲的陆桥进入北美地区;约2.1万年前,北美地区的亚洲人后裔进入墨西哥,而后向南迁徙,经过中美洲地峡,进入南美洲大陆,直达火地岛,四散于拉丁美洲各地。其依据为:①的旧克罗处发现了一处古人类遗址,经碳14测定,其年代当在5万年以前;②在墨西哥首都墨西哥城以东40公里处的特拉帕科亚发现了一古人类遗址,碳14测定确定其存在的年代在2.1万年前;经抽样测试分析,拉丁美洲土著和蒙古人身上的基因变体相同,均为四类。后者("澳大利亚人"学派)认为:最先进入拉丁美洲的不是蒙古人种的亚洲人,而是生活在今澳大利亚的土著。他们约在1万~1.4万年前漂洋过海踏上南美大陆,而后四散于美洲各地。其依据为:20世纪初在巴西、哥伦比亚出土了1~1.4万年前的古人类头盖骨,通过复原进行比较、研究、分析,确认其不是蒙古人种的头盖骨,而与澳大利亚土著祖先的头颅相似。

在拉丁美洲土著起源问题的研究上,历来是众说纷纭,百花齐放。但随着考古发掘工作的深入和遗传学的发展,国际学术界占上风的意见是:①由于至今在拉丁美洲没有发现类人猿的遗迹,拉丁美洲土著的祖先不可能是土生的,而是从其他大陆迁徙过去的;②通过DNA的抽样测试分析,排除了拉丁美洲土著的祖先与非洲人和欧洲人的祖先同宗的可能性,确认了同亚洲蒙古人种的同一性;③冰川时期(前7~1.2万年),亚洲东北部与美洲西北部有陆桥相连;蒙古人种的亚洲人经过这陆桥进入北美地区,而后南下进入拉丁美洲;④最早进入美洲的亚洲人是一批猎手,他们是追捕猎物(鹿、马、山羊、野牛等)通过白令陆桥的,也是为了追捕猎物而向南进入墨西哥,而后到达南美洲的;⑤根据考古资料测定,亚洲人进入墨西哥的时间约在2.1万年前,进入南美洲的时间约在1~1.4万年前。

二、拉丁美洲古代文明发展概况

拉丁美洲幅员辽阔,各地区的古代文明发展程度不一;而拉丁美洲古代文明的发展又源远流长,呈现出了不同的历史阶段。因此,为了能比较全面地了解拉丁美洲古代文明的发展状况,拟从"纵"(历史发展进程)和"横"(各地区发展的不同程度)两方面进行陈述。

1. **历史发展阶段**

通常将拉丁美洲古代文明历史发展的下限断在15世纪末、16世纪初,上溯至首批追猎者进入拉丁美洲的远古时期。这期间大致分为5个历史发展阶段。

第一阶段为"石器时期",从首批追猎者2.1万年前进入墨西哥的远古时期开始到约公元前6000年。这一时期,人类分成小群体,在拉丁美洲四处移荡,过着狩猎、采集的生活,使用着简单的磨削石器工具。当然,这些群体的生活并不是一成不变的。它们的活动范围逐渐固定下来,在地理环境、自然条件的影响下,各地狩猎、采集的对象和手段趋于特殊化。例如,活动在河、湖、海边的人群逐渐专靠捕鱼为生了。而植物生长随季节变化,动物的活动规律亦呈季节性。这就导致了两大变革:其一,出现了定居的村落;其二,开始培植野生植物、驯养动物,以供食用。

第二阶段为"古代时期",约从公元前6000年~公元前2000年。人类定居生活的发展是这一时期的明显特征。最早的定居村落首先出现在河、湖、海边(诸如山谷和河谷地带、加勒比海和太平洋沿岸)。原因是这些地方有着丰富的食物资源,且能供长年食用,利于定居。定居的人群不断培养野生植物和驯养动物,墨西哥高原地区开始栽种玉米、南瓜、菜豆等作物,南美地区则开始种植木薯、马铃薯等作物。这些固定的食物来源又导致了永久定居的生活。其结果是人口不断增加,村落由小变大,为拉丁美洲的文明发展奠定了基础。

第三阶段为"前古典时期",约从公元前 2000 年到公元 250 年。通常又将这一时期分为三个时期:早期(约前 2000~前 1000 年)、中期(约前 1000~前 400 年)和晚期(约前 400~250 年)。总的说来,拉丁美洲发达的文明肇始于这前古典时期的早期。当时具有代表性的文明是墨西哥湾沿海低地的奥尔梅克文明和南美安第斯高原上的查文文明。这些早期的文明在前古典时期中期有了大发展,开始出现了初期的社会等级(权贵和非权贵集团)、复杂的宗教和经济制度。这些宗教和经济制度是酋长的权力基础;而酋长已是世袭的了。这些宗教和经济制度以及酋长的地位,构成了日后拉丁美洲文明发展的基础。在前古典时期晚期出现了文字。

第四阶段为"古典时期",约从公元 250~1000 年。通常也将这一时期分为三个时期:早期(250~600 年)、晚期(约 600~800 年)和末期(约 800~1000 年)。这一时期,文明之花在墨西哥、中美洲和南美洲普遍开放,出现了比较复杂的政治组织——国家。各国人口众多,市镇形成,专业工匠诞生,出现了社会分工,同时出现了比较复杂的社会等级——阶级和维护政治权威的专政工具(诸如军队和"宫廷"卫士)。最早的国家出现在墨西哥和中美洲高原和低地地区(诸如墨西哥谷地的特奥蒂瓦坎和瓦哈卡谷地的阿尔万。而最著名的国家则是玛雅诸城邦。玛雅地区具有相对比较发达的文化。

第五阶段为"后古典时期",约从公元 900~1500 年。这一时期又分为两个时期:早期(约 900~1200 年,与"古典时期"的末期有 100 年的重叠)和晚期(约 1200~1500 年)。其特征是人口的不断增加、市镇的不断发展、战争的频仍和国家的扩张。墨西哥和中美洲有强盛的托尔特克"帝国"和后来的阿兹特克"帝国";南美洲安第斯山中部地区有奇穆"帝国"和印加帝国。

2. 发展程度不同的各个地区

拉丁美洲古代文明发展到"后古典时期"晚期,各地区呈现出了发展程度不一的特征。根据当时文化发展的程度,大体上分为以下五大地区:安第斯山中部地区和中部美洲地区(指今墨西哥和中美洲北部地区);环加勒比地区;安第斯山南部地区;热带丛林地区;狩猎—采集地区。

(1)安第斯山中部地区和中部美洲地区

安第斯山中部地区包括今秘鲁及玻利维亚和厄瓜多尔的部分地区。中部美洲地区包括今墨西哥和中美洲的危地马拉、洪都拉斯、伯利兹与萨尔瓦多。这两个地区孕育了拉丁美洲的三大文明——阿兹特克文明、玛雅文明和印加文明,形成了两大帝国——阿兹特克"帝国"(并不是一个政治统一的实体)和印加帝国。政治生活、社会生活趋于"制度化",出现了强有力的行政机构;建筑、服饰、艺术风格逐渐失去了地方特色,出现了趋同现象;许多物质生产活动形成了规模。这三大文明、两大帝国体现了拉丁美洲古代文明的最高成就,下文将辟专门章节分别详述。

(2)环加勒比地区

环加勒比地区包括安第斯山北部地区、中美洲(今危地马拉、洪都拉斯、伯利兹和萨尔瓦多除外)、委内瑞拉部分地区、大安的列斯群岛和玻利维亚东部地区。这一地区处于三大文明、两大帝国之间,文化、社会发展深受其影响,形成了许许多多大大小小的酋长国。

各酋长国均由若干村落组成。酋长国形成的条件为:①有各种各样的农作物,保证食物的供应;②丰富的食品(包括农作物和海、河、湖中的水产品)有了剩余,使一部分人可以从生产活动中分离出来,从事行政、军事、宗教和手工技艺活动;③有了长期固定的耕地和村落;④人口增多,出现了没有血缘关系的人们杂居的大型村落;⑤国家机构的设立、神庙的存在、战争的需要和社会阶级的形成,使一些村落的联系得以加强。

这些酋长国主要从事农业生产活动。高原和灌木丛生的半干旱低地是种植业发达的地区,山上修有梯田;降雨量少的地区(如厄瓜多尔的卡尼亚里酋长国、哥伦比亚的奇布查酋长国、委内瑞拉的蒂莫特酋长国和库马纳戈托酋长国以及安的列斯群岛上的阿拉瓦克酋长国),筑有灌溉工程。由于自然条件不同,各酋长国种植的作物也不尽相同:安第斯山北部地区种植木薯、玉米、白薯、马铃薯、豆类、花生,还生产菠萝、鳄梨、木瓜等水果;中美洲和委内瑞拉也种植这些作物。厄瓜多尔高原上的酋长国还栽种棉花和龙舌兰,用于纺织,与沿海地区交换食盐。玻利维亚东部低地的莫霍、鲍雷、马纳西和鲍纳卡等酋长国种植南瓜、玉米、木薯、菜豆、白薯、花生、烟草、棉花等作物。大安的列斯群岛上主要是刀耕火种,许多作物一年两熟;主要作物有菜豆、木薯、玉米、白薯、辣椒、南瓜以及多种水果。

这些酋长国食用的肉类主要来源于捕鱼和狩猎。哥伦比亚的戈隆酋长国挖池塘蓄水养鱼,用以对外交换。山区、林间是狩猎的场所,鹿、兔、鸟、野土拨鼠、野猪等均为猎获对象。狩猎武器主要是叉、投石器和木棍,有些地方也使用弓箭。

这些酋长国的人也会利用野生植物:采集野果充饥,砍取枝条编织筐、篮、席子、拖鞋等。

这些酋长国还盛产食盐,供人们食用、交易和祭祀。

酋长国内村落之间有道路相通。山间峡谷之上架有吊桥。河上有独木舟往来,用于交通运输。

这些酋长国已形成了社会阶层。分为4个阶层:酋长、贵族、平民和"奴隶"。酋长是最高统治者,享有最高权威。他可以召集武士进行战争;可以征集赋税,以供应作战的武士。酋长的家是村民们聚会的场所,也往往是供奉神祇的地方。他妻妾成群,穿着华丽。贵族是酋长国内各村落或地区的统治者。他们中的一些人是酋长的亲属;其他人不是荣立战功的武士,就是从事宗教活动的祭司。平民是一般的老百姓,从事农耕活动,向酋长纳税,为酋长盖房、种地。酋长国内尚未形成真正意义上的"奴隶阶级";这里的奴隶仅指战争中的俘虏,男子用以献祭,女子纳为妾;用于经济目的的奴隶尚未出现。

这些酋长国普遍信神敬神。根据祭祀活动的形式,大致可分为三种类型:①安第斯山北部地区、中美洲和委内瑞拉的各酋长国均塑有神像,供奉在特定的庙宇里,定期由世袭的祭司主持祭祀典礼;②大安的列斯群岛上的人认为"神人一体":每个人都有自己的保护神;神的威力随人的社会地位的提高而增加;酋长的保护神就是酋长国的最高神祇。③玻利维亚东部地区有以人们自己的家为神庙的,在家里供奉神祇。

这些酋长国在印加、玛雅和阿兹特克文明的影响下,物质文明也达到了一定的程度。这体现在制陶、纺织、冶炼和建筑技艺方面。陶器制品种类繁多,形状各异,有三脚碗、托架碗、水果盘、连体器皿、马镫口壶、叫壶、陶凳、陶笛、陶哨、陶纺锤、陶甬,等等。陶器上的装饰,有的是雕刻的,有的是绘画的;刻的、画的是人像、动物和几何图形。使用的色彩,有单色的、双色的、三色的和杂色的。

各酋长国均有棉织业和棉制品(诸如棉毯、斗篷、无袖长衫、棉带、披肩、短裤等)。通常在织物上绘画或打印着色成图。使用的织机有竖形织机和双杆织机。毛纺的原料需要进口,所以毛纺业不发达。

厄瓜多尔和哥伦比亚生产金、银、铜和铂。生产方法是在河里淘洗。采用冷鎚法打制金、银、铂制品;还用金和铜制成合金。这些金属比较软,不适于制成武器或工具,大多制成了饰物、人像、神像、器皿。由于制造这些物品费时费工,价值昂贵,只供酋长和贵族阶层使用。

这些酋长国的公共工程(诸如道路、桥梁、水渠、球场等)已有一定的水准。村落间都有道路相通;各村落又均有道路与周围田野相连。平原的道路平直宽阔,山间峡谷有索桥架设。造桥的材料有藤蔓、木头和竹子。在厄瓜多尔、哥伦比亚、委内瑞拉等地,水渠纵横田野,用以浇灌庄稼和果树;玻利维亚东部地区在联结各村落和田野的大道旁开凿有运河,收获季节独木舟来往穿梭,将收割的庄稼运回村子。在中美洲、大安的列斯群岛和安第斯山北部地区均建有球场,进行体育活动。球似当今的曲棍球,由橡胶制成,富有弹性。

(3)安第斯山南部地区

安第斯山南部地区包括今智利和阿根廷西北部。智利北部为沙漠地带和山区。沙漠地带干旱少雨,阿塔卡马族人生活在片片绿洲上;阿根廷西北部山区生活着迪亚基塔族人。智利南部为山谷地带,阿劳坎人繁衍生息其间。阿塔卡马族人在沙漠绿洲上开渠筑坝,从事农耕,种植玉米、菜豆、南瓜、葫芦、辣椒等作物,饲养羊驼。他们同沿海居民和安第斯山中部的人有贸易往来。他们生产陶器制品、纺织品、木材制品、皮革制品,打制石器、骨器、铜器、金器和银器,还用藤条编制筐、篮。

受自然环境影响,阿塔卡马族人居住分散,村落比较小,通常按血缘关系集中居住,由族中年长者为首领。尚未出现社会等级的分化。为了抵御外族入侵,村落外均筑有保护墙。宗教气息不浓,没有神庙,也没有崇拜的偶像;但人死后的葬礼非常隆重,体现了一种祖先崇拜。

迪亚基塔人在山坡上砌筑梯田,扩大种植面积。他们饲养骆马和羊驼,用它们的毛织成斗篷、齐膝短大衣等制品。他们是制陶能手,又能用铜或青铜打制新月形小刀、星头拐杖、凿子、镊子、针、护腕等物件。

由于水源短缺,人口居住分散,村落很小。房屋多半用坚固耐久的石块垒砌而成。

迪亚基塔族人具有完好的社会、军事组织。为了抵御外族入侵,他们在山上筑有堡垒、防御墙,墙上开有射箭孔,还选好了撤退的道路。为了保证水的供应,堡垒中均凿有水井。村落之间还存在着军事合作关系。为了反抗共同的敌人,往往联手作战。

迪亚基塔族人中尚未出现社会阶层。他们崇敬雷、电,认为它们具有超自然的力量。从他们的石刻和陶器饰图上看,他们持"神人一体"观。他们敬畏巫师,认为巫师是具有超自然力的人。巫师能治病,还主持祭祀活动,祈求农业丰收,用敌人的头颅祭献太阳,祈求太阳神的宽恕。

阿劳坎族人按地区划分为"皮昆切人"(意即"北方人")、"马普切人"(意为"土地的主人")和"维利切人"(意即"南方人")。他们使用同一种语言,拥有相同的文化。

皮昆切人生活在科金博谷地到比奥比奥河之间,大多居住在便利灌溉和农耕的河谷地带,村落一般很小。他们也在山坡上开辟梯田种植庄稼。主要的农具是木棍和木耙。使用骆马的粪作肥料。种植玉米、菜豆、南瓜、辣椒、花生等作物。耕种、收获、修渠、筑坝、盖房架屋时盛行互助。通常是耕种、收获时同村人帮忙,盖房、修渠时邻村人也出手帮忙。饲养骆马驮运什物。纺织、制陶、编织、冶金业均甚发达。

皮昆切人的住房通常呈长方形,草顶,篱笆墙。盛行大家庭,往往二三十人同居一处。数个家庭组成一个村落,由一村长统管。村长是世袭的。各村落在政治上是自治的。各家各户有权耕种自己的土地,但周围的树林、草场乃至骆马群,都是公有的。灌溉水渠的开凿和管理需要各个村落的合作,土地的占用和劳力的出工由村长们负责安排。

皮昆切人中出现了早期的社会阶层。家长、村长有了一定的权力;一些拥有剩余财产的人也享有一定的权力。在有权力的人下面,是缺少多余财富和没有什么社会影响的平民。作战时,村长们临时拥有控制权。皮昆切人信巫术。巫师们既是医生,又是祭司,主持宗教祭祀活动。巫师的职务是世袭的。

马普切人和维利切人生活在比奥比奥河以南的土地上。他们主要以农耕为生。他们毁林、烧荒,刀耕火种。主要种植玉米、马铃薯、南瓜、豆类、辣椒。他们通常在毁林烧荒、种植、收获时实行互助。农耕的主要劳动力是妇女。

马普切人和维利切人饲养骆马和土拨鼠。骆马的用途很广,肉可食,祭祀时献祭,毛用以织成斗篷、毯子,平时用作驮畜。骆马是财富的象征。谁家拥有的骆马多,谁家就是富户。

他们具有制作陶器、石器、木器的高超技艺。编织、印染技术也令人叹服。

马普切人和维利切人居住的房舍用木杆支撑,茅草盖顶。他们是父系社会,实行一夫多妻制。父系亲属聚居于一大房舍里,各家有自己的居室和炊事房。各房舍家族平时自己管理自己,由族长统管生产活动;战时各大家族结成联盟,推选军事首领,共同御敌。

马普切人和维利切人的族长享有一定的权力和权威。他负责分配劳动力、安排生产活动和互助合作等事宜。他无权征税,但可以向族人要求送点礼、提供点食物。族长通常都是"乌尔门"(Ulmen,意即"富有的人")。在权力与财富的基础上,他们享有了较高的社会地位,并由此形成了早期的社会阶层。

马普切人和维利切人信巫术。他们平常崇信各种神灵。巫师们召唤他们的神灵帮忙驱除恶魔、医治疾病。巫师治病时,往往进入迷糊状态,搓揉、拿捏病人的患疾处,在病人的四周吹烟、喷水;还敲打手鼓,装神弄鬼,喃喃自语。巫师一职是父子相传的。

(4) 热带丛林地区

热带丛林地区包括今巴西、巴拉圭、圭亚那、苏里南、法属圭亚那、小安的列斯群岛和哥伦比亚、中美洲及委内瑞拉的部分地区。人们以种植、狩猎、捕鱼为生。妇女从事种植活动,刀耕火种,种植木薯、白薯、玉米、花生、菜豆、棕榈、葫芦、棉花等作物。男子出外狩猎和捕鱼。

热带丛林地区的物质文明发展程度较低。人们不会冶金术,不懂雕塑、修桥和铺路。人们的"发明创造"只是为了适应热带丛林生活的需要。纺织使用竖机,以棉花为原料。主要生产布带和吊床。还有用树皮制布的。使用的容器一般用陶土烧制,或用葫芦做成。热带丛林地区生长着一种橡胶树。当地人将树汁制成橡胶。他们很可能是制胶的首创人。他们用橡胶制造指环、人像、皮管和皮球。热带丛林地区有多种乐器,各有各的用场。响葫芦归巫师专用。长号(约2米或2.5米长)通常用于送葬或祭祖。长长的木鼓敲来传递消息。还有各种笛子、簧管、铃铛等,用以娱乐。

热带丛林地区社会以血亲族群村社为基础。村社的大小不一,视各地人口密度而定。亚马逊流域西北部,河网密布,交通不便,往往一大通间房舍(茅草盖顶)就是一个村落。房舍里居住着一大家人,有老祖父、儿子和儿媳、孙子和孙媳;往往是四代同堂。实行异族通婚。村里人往往超过百人。巴西东部沿岸交通便利,食物丰富,人口众多,村社规模则比较大,往往有数间房舍(即数家人家),人口达2000~3000人。血亲族群(或大家庭)起着重大的经济、社会作用,因此比村社重要。

为了共同御敌,族群房舍往往数家建于一处,组成村社,周围筑有护村墙。由数间房舍组成的村社有一头人。他的住房通常位于村子的中央。有些地方,村里若死了人,全村都要迁至别处。建在大河边上的大型村落通常有数个血亲族群聚居,一般不常迁移。

热带雨林地区主要是父系社会。一个村社就是一个父系族群,有着共同的祖先。所有的男性成员属于一个秘密组织,参加祭祀祖先。村社规模不大,不需要什么民事监控;因此,也就没有什么政治组织和制度了。头人通常也是巫师。他的主要任务是治病,也主持村中的祭祀活动。人们认为他有超自然的能力,所以对他十分崇敬而畏惧。

(5)狩猎—采集地区

狩猎—采集地区都是些难以种植农作物的地区,包括智利奇洛埃岛以南的寒冷地带。阿根廷的巴塔哥尼亚、潘帕地区、格兰查科东部地区和巴西的马托格罗索部分地区。这些地区干旱贫瘠,或杂草丛生,难以耕种。巴拉圭河上游和委内瑞拉的奥里诺科河三角洲地带一片沼泽,不利于种植业的发展。还有亚马逊河流域的一些地段。这些地区人口很少,过着游牧、渔猎生活,主要靠野生动、植物为生。

生活在狩猎—采集地区的人们以家庭或小族群从事活动,人与人之间的关系以血亲为基础,劳动分工、社会区别以性别、年龄为准,女子采集野生植物,男子狩猎、捕鱼。盛行巫术,人们敬畏鬼神。人们不从事农耕,不饲养家禽、家畜。他们居无定所,不会制陶、纺织、冶金、编筐,没有什么宗教建筑。

人们的生活以觅食为主,深受环境的影响和限制。根据不同的自然条件和觅食的主要方式,狩猎—采集区又可分成几个小区:①智利南部地区:以打鱼、拾贝为生,家庭是生产活动单位和社会活动中心。②火地岛、巴塔哥尼亚和潘帕草原地区:以狩猎、采集为生,但以狩猎为主;已进入父系社会,以父子血亲组成狩猎队。③格兰查科地区:这里有河流,有树林,人们从事狩猎、采集和捕鱼活动;为母系社会。④丛林地区(包括今玻利维亚和巴拉圭部分地区、巴西马托格罗索地区、巴西东部沿海地区、亚马逊河北岸地区、奥里诺科河流域、哥伦比亚东部地区):以采集和狩猎为生,但以采集为主;为母系社会,以母系血亲体系从事采集活动。⑤河流地区(包括巴拉圭河上游地区、巴西马代腊河下游地区、奥里诺科河流域、奥里诺科河三角洲):以捕鱼为生;劳动、社会单位是家庭,有时数个家庭也结成群体从事劳动或社会活动(诸如作战、祭祀等)。

本世纪80、90年代,在阿根廷、巴西、智利、秘鲁、委内瑞拉等国进行了大量考古发掘工作。从出土的史前人类遗迹看来,拉丁美洲各地区的文化发展程度在文明形成之初(即前古典时期早期)大体上是差不多的。但从上述各地区文化发展的不同程度看来,拉丁美洲古代文明在进入历史发展时期后,由于自然、地理、生态环境的影响,各地区出现了文化上的差异,并逐渐发展形成了比较发达的三大文明中心——阿兹特克文明、玛雅文明和印加文明。

第二节 阿兹特克文明

阿兹特克文明的孕育和发展有其特定的地理、历史条件。阿兹特克文明的发祥地是墨西哥谷地。墨西哥各地处于墨西哥中央高原,海拔200米,南北长100公里,东西宽60公里,气候宜人,水草丰盛,为阿兹特克文明的发展提供了一个绝佳的自然环境。而正由于这一绝佳的自然环境,墨西哥谷地又是自古以来人类活动、繁衍生息的一个中心,人类从事劳动、创造的一个基地;这又为阿兹特克文明的发展打下了坚实的文化、物质基础。因此,在陈述阿兹特克文明之前,有必要追溯一下其孕育和发展的历史渊源和文化渊源。

一、前阿兹特克文明

在墨西哥谷地进行的大量考古发掘证实,早在公元前6000年前那儿即有人类定居从事农耕活动。首先种植的是鳄梨、南瓜等;公元前5000～公元前3500年,开始种植玉米、菜豆、辣椒等;公元前2500年出现陶器制品。

出土的墓地、陶罐、石臼、陶制神像和房舍遗址表明,当时人们已经知道磨制和烧煮食物,他们已在崇敬雨神特拉洛克和火神韦韦特奥特尔。出土的石箭镞和骨鱼叉表明他们的渔猎生活状况。出土的骨锥和骨针说明他们已会捻线、织布和缝衣。出土的大批陶俑、石像展示了他们的姿势、服饰、头饰和鞋样,还展示了他们的娱乐活动(诸如舞蹈、玩球等)和拥有的家具(诸如凳子、椅子、摇篮等)。还出土了一座金字塔,高达20米,底座呈圆形,直径135米,正面朝东,有阶梯向上,背面为一斜坡,平顶,上有神庙。这是阿兹特克文明之前最早的一座金字塔。而从出土的玉石及其制品看,在阿兹特克文明兴起前墨西哥谷地的人们早就同其他地区有了贸易往来。

公元前2000年左右,前阿兹特克文化在长期孕育的基础上,发展进入前古典时期。这一历史时期的文明主体是奥尔梅克文明、特奥蒂瓦坎文明和托尔特克文明。这三大文明先后发祥在墨西哥湾沿岸地区和墨西哥谷地,但其发展的影响并不仅仅局限于本地区,而是遍及整个中部美洲地区,具有普遍性和历史延续性。

1. 奥尔梅克文明

奥尔梅克文明发祥的中心地带位于今墨西哥的维拉克鲁斯州和塔巴斯科州,西起帕帕洛阿潘河,东至托纳拉河,面积约1.8万平方公里。西部为洪泛区,东部为沼泽地。气候炎热、多雨,橡胶树林成片。因此,当地人被称为"奥尔梅克人"(意即"橡胶林区人")。

奥尔梅克文明的主体为三个文化点:圣洛伦索文化、拉文塔文化和特雷斯萨波特斯文化。它们的发展、繁荣期有先有后,相互衔接:圣洛伦索文化最早,约在公元前1200～公元前900年间;其次是拉文塔文化,约在公元前900～公元前600年;特雷斯萨波特斯文化最晚,约在公元前500～公元前100年。由这三个文化点组成的奥尔梅克文明呈现出了一些引人注目的特点:

(1)筑墩建房

奥尔梅克人生活的地方常年洪涝。为防水淹,他们挖土筑墩,建房于墩上。考古发掘出土两种土墩:一种呈圆形或方形,面积不大,往往数座土墩集聚一处;一种为长堤状,长达30米。前者为民居遗址无疑;后者根据长堤下方出土的大量石片、石斧等石器判断,当为工匠集体劳动的工棚遗址。

建筑物均为泥垒土砌而成。民居自不必说,就连祭祀中心的底座高台也是土垒的。拉文塔的祭祀台呈圆形,高30米,底座直径128米,坐落在一广场南端,用土10万立方米。

(2) 主食玉米

奥尔梅克人生活的地区土壤肥沃,雨量充沛,一年可种植两季玉米。种植的方式为刀耕火种。

奥尔梅克人已驯养了犬和火鸡。从考古发掘出土的遗骨验证,他们大多食用家犬,同时也食用野鹿和鱼、鳖。

(3) 艺术高超

奥尔梅克人的艺术成就表现在石雕上。其代表作为巨型人头石雕像。总共出土了16尊头像,均为独块巨石雕成,最大者头长3米,重约25吨。它们的形状相似,头部均刻有头盔似的饰物,然而饰物的花式各异,脸部表情也不尽相同,有的严肃,有的嬉笑。

小型石刻技艺亦颇具特色。雕刻的形象大多是人身豹头像。典型的头型是顶部扁平,中间有V型凹槽、狮子鼻,嘴角下咧,呈吼叫或啼哭状。多为写实手法。石刻的用材大多为玉石和蛇纹石。考古发掘还出土了一些泥塑人身像和人身豹头像。泥塑雕像大多涂有一层红颜色。

石碑也表现出了奥尔梅克人的文化水准和宗教信仰。石碑上刻有身着华丽服饰的贵人或人身豹头像。

(4) 文字、历法的始创

1939年1月16日在特雷斯萨波特斯出土了一块石碑(考古编号为石碑c),正面刻有"点"、"横"组成的数字,竖行排列,破译为"公元前31年"。石碑的背面刻有美洲豹的形象。这一石碑的发现揭示:奥尔梅克人是拉丁美洲文明发展进程中创造文字和历法的始祖。

(5) 豹崇拜

从石刻、泥塑的形象中看出,奥尔梅克人崇拜美洲豹。豹是力量和智慧的象征。与此同时,奥尔梅克人还祭祀地神和火神,用活人(儿童)献祭,以祈求风调雨顺、好收成。

(6) 球戏娱乐

奥尔梅克人用橡胶制成球,玩球嬉戏。球戏大多在祭祀典礼时进行,也可能是祭祀典礼的一个组成部分。

(7) 国家雏形

建筑和艺术的辉煌成就表明,奥尔梅克人已生活在一个阶级社会里,已度过了部落时代,进入了国家组织阶段。统治阶级已控制了民众的剩余劳动,已能利用剩余物资役使、供养一批匠人。

一些石刻和石碑上的人像服饰华丽,手持权杖,指上戴有护节器(用以握拳时增强打击力)。他们无疑是握有权势的人物,很可能就是国王或祭司。奥尔梅克人生活的地区没有石头。石头是从上百公里远的图斯特拉山上采集的。搬运数十吨重的石头,是要动用众多劳动力的。无疑,这一艰巨的任务是由下层民众完成的。巨石运到目的地后,由工匠雕刻成形。因此,可以肯定,奥尔梅克人中已出现了等级和社会分工,已有国王、祭司(国王、祭司往往是同一个人)、农民和手艺人。

奥尔梅克文明的影响遍及整个墨西哥和中美洲部分地区,为这些地区文明的进一步发展奠定了基础。在奥尔梅克文明基础上发展起来的、具有代表性的文明,一是特奥蒂瓦坎文明,一是玛雅文明。这里先谈特奥蒂瓦坎文明。下文再专述玛雅文明。

2. 特奥蒂瓦坎文明

特奥蒂瓦坎文明发祥于特奥蒂瓦坎谷地（该谷地与墨西哥谷地毗邻），兴起于公元前200年，发展的中心和基地是一座大型城市（特奥蒂瓦坎城）。文明鼎盛时期（350年左右），特奥蒂瓦坎城面积达20平方公里，人口约20万。

"特奥蒂瓦坎"意为"王者之都"。西班牙人起初以为是埋葬土著国王的地方，所以后来考古发掘出一条街道时就被起名为"亡者之路"。随着考古发掘的拓展，显现出了一座城市的轮廓。

特奥蒂瓦坎城是在一大村落的基础上发展起来的。这一村落占地约6平方公里，构成了特奥蒂瓦坎城的西北部。

根据文化特征，特奥蒂瓦坎文明的发展分为4个历史阶段：特奥蒂瓦坎第一阶段（前200年~公元初年），城市初具规模，居民至少4万~5万人，大部分居住在城的西北部。城市以南北向的"亡者之路"（长2000米，宽40米）为轴心建成；文化成就以金字塔和庙宇建筑为代表。特奥蒂瓦坎第二阶段（公元初年~350年），城市规模扩大，达到了20平方公里的范围；文化成就以建筑、雕刻、制陶为特色。特奥蒂瓦坎第三阶段（350~650年），城市人口达20万，文化发展至鼎盛，建筑、壁画成就辉煌。特奥蒂瓦坎第四阶段（650~750年），走向衰落，最后遭兵燹，人散城亡。

特奥蒂瓦坎文明的最高成就是大型建筑群。"亡者之路"并不是一条街道，而是一组从南到北的方形广场。所谓"广场"，其实是一个个院落，旁边建有庙宇。"亡者之路"最北端为"月亮金字塔"，底部呈长方形，长170米。宽150米。向南200米左右，"亡者之路"的东侧坐落着著名的"太阳金字塔"。这是墨西哥古代最高的建筑物，塔基近似方形，正面底线长225米，两侧底线各长222米，高63米。"亡者之路"最南端的东侧有一方形院落，四周有围墙（高3米，全长400米），被称为"城堡"。其实不是什么"城堡"，而是一组宗教建筑群。围墙实为高台，其上建有庙宇。院落内有一金字塔，为"克察尔科亚特尔神庙"（即"雨神庙"）。"城堡"西边有一组建筑，从考古发现判断是一个手工作坊，是专门制作祭祀用品的。金字塔为"斜坡一层阶"结构，不是通体为斜坡，而分为数层（例如，"太阳金字塔"为6层），层面为精制的石板，两层之间为斜坡，坡面上饰以浮雕。顶层平面上建有庙宇。

"亡者之路"的东西两侧为民居、学校、诊所、宫殿、神职人员用房等建筑物。这些建筑物定性的根据是石柱上的雕刻和墙壁上的绘画。"月亮金字塔"西南边建有一座"格查尔鸟蝴蝶宫"和"美洲豹神庙"。"格查尔鸟蝴蝶宫"因石柱上雕刻着格查尔鸟和蝴蝶而得名；"美洲豹神庙"则因石柱上雕刻有美洲豹而得名。

特奥蒂瓦坎是个绘画世界。民居、宫殿和神庙等建筑物的墙壁均覆盖着绘画。壁画为特奥蒂瓦坎文化的另一巨大成就。绘画的题材有人物、神像、山水、树木、花果、玉米、可可树、蝴蝶、鸟兽、蛇虫等。这些雕刻和绘画展示了当时人们的服装、劳动情景、生活用具、舞蹈姿势、玉器饰物、医药、宗教信仰以及一些象形文字和历法。绘画技法自然简捷，无透视性，以布局的高低错位表示远近。现实手法与抽象手法相结合。画面上出现了一些具有象征意义的符号，传递出某种信息，如雨神手里流出的小圆圈象征着雨水，嘴里流出的小圆圈呈红色，象征着血滴。又如，往往创造出一种人—兽或兽—兽复合体：鸟蛇、双头豹、羽蛇、羽豹、鸟喙人、身着人服的美洲豹等。

从壁画、石刻、陶器上表现出的形象显示，特奥蒂瓦坎人崇信特拉洛克神。特拉洛克是特奥蒂瓦坎的保护神，有两种形象：男性形象主司雨水，是为雨神；女性形象主司河水和湖水，是为水神。

从绘画上的无头人像和豹、鹰嘴里叼着滴血的人心看来,当时是用活人献祭神灵的。

考古发现说明,特奥蒂瓦坎的文化影响遍及今墨西哥全境,更远及今危地马拉。"斜坡——层阶"结构的金字塔、神庙、宫殿中的壁画和陶器均是证明。这种文化的传播多半是通过贸易往来进行的。特奥蒂瓦坎壁画上出现的鸟羽、豹皮和玉石器皿等,无疑是来自热带丛林地区,贝壳及其他海产品均来自沿海地区。特奥蒂瓦坎输出的多半是陶器、石器工具(刀、斧等)。

贸易活动反映了特奥蒂瓦坎经济、社会和政治的发展水平。特奥蒂瓦坎城有400家石器作坊、150家制陶作坊、15家泥人作坊,还有为数不详的木刻作坊、皮革作坊、纺织作坊和制席作坊。城中还有特辟的外乡人(如瓦哈卡人)居住区,专门从事生活用品制作。城中还辟有大市场,进行商品交易活动。

各类作坊和匠人均分布在专属区。农民亦在城内定点居住,因此,他们要走很长的路到田间劳作,种植玉米、菜豆等作物。农民和匠人属平民阶层。他们的街区狭窄,房屋简陋。社会上层包括祭司和贵族。他们生活在祭祀中心周围,居住在宫殿式的房屋里,享用狗肉、火鸡肉。祭司执掌统治大权,以神的名义发号施令,实行神权政治。

3. 托尔特克文明

托尔特克文明兴起于公元950年,离特奥蒂瓦坎城衰落的时间正好是200年。在这期间,特奥蒂瓦坎文明的发展并未中断,在其他地方兴盛起来,并与当地文化结合,具有新的特征。后特奥蒂瓦坎文明主要有三大文化中心:霍奇卡尔科、埃尔塔兴和蒙特阿尔万。霍奇卡尔科位于今墨西哥城南113公里,地处一山坡,占地约25公顷,设有堡垒。筑有梯田,从事玉米种植。建有一"羽蛇金字塔",塔身刻有羽蛇、祭司、象形文字及火的象征物等浮雕;塔顶上的神庙带有飞檐。

考古出土的三块石碑上刻有浮雕,特拉洛克神和其他神灵并列其上,而克察尔科亚特尔神的形象已不再是羽蛇,而是穿着华丽服饰的人形了。埃尔塔兴位于今维拉克鲁斯州东北部,地处墨西哥湾沿岸热带雨林区,盛产玉米、可可和香草。建有"神龛金字塔",方形,底座周长35米,高25米,分6个层阶,每层侧面均有神龛,总共365个。据认为,一个神龛代表一天。"神龛金字塔"以北有一建筑群,为一组宫殿和民居,且有7个球戏场。球赛既是一种娱乐,又是宗教祭祀的一个组成部分。

蒙特阿尔万位于今瓦哈卡城东南方,曾经受过奥尔梅克文化的影响。考古出土一大广场,南北长300米、东西宽200米。广场周围建有金字塔宫殿、球戏场及天体观测所等建筑。金字塔为"斜坡——层阶"结构,表明了特奥蒂瓦坎文化的影响。当地人已使用象形文字和历法。这三大文化中心均对托尔特克文明的兴起和发展产生了巨大影响。

托尔特克文明兴起于图拉。图拉位于今墨西哥城西北64公里处。城池建在山上,山下为特奥特拉尔潘谷地,图拉河流经其间。图拉城虽在山上,但河流、森林、野兽和石材为其发展创造了条件。充分利用这一条件者是托尔特克人。他们吸收了特奥蒂瓦坎文化和后特奥蒂瓦坎文化成果,创建并发展了自己的文明。

图拉城约13平方公里,人口最多时达6万,谷地还生活着约6万人。托尔特克人住房的墙壁不是用石头垒成的,而是用土坯砌成的;房间很小,最大的不过3平方米。城中有石器作坊,原料为坚硬的黑曜石,制造农具和武器,作坊集中在专门街区。设有专门的纺织、制陶作坊,通常都是家庭作业。农民大多居住在谷地,主要从事玉米、菜豆和辣椒的种植。他们还要服兵役,跟随武士出征。

托尔特克人的建筑、石雕和绘画艺术具有新的特征。这新特征集中体现在一座金字塔上。此塔共有五个层阶,顶部平台建有羽蛇神庙。神庙使用人像支柱,屋顶带有飞檐,入口处有柱廊。人像柱为石质,雕刻成武装到牙齿的武士。塔身侧面有绘画和雕像,其主题也是表现战争的,有武装到牙齿的武士和象征战争的动物(诸如美洲豹、鹰、蛇等。它们均叼着滴血的人心)。就连托尔特克人的守护神克察尔科亚特尔也是武士形象。比起特奥蒂瓦坎来,托尔特克的艺术氛围显得阴郁,不那么明快。金字塔的南边为一大广场。广场东端有一大型建筑物,是座宫殿;西端为一球戏场。这里显然是一大祭祀中心。

托尔特克时代,武士国家开始形成,政府趋于世俗化,出现了"两头执政",即有两名最高首领:武士主持政务;祭司主持教务。图拉城邦与另外四大城邦(在今普埃布拉州境内的夸乌奇南科、在今墨西哥州境内的夸瓦潘和在今莫雷洛斯州境内的夸乌纳瓦克及瓦斯特佩克结盟,成立一最高委员会,设在图拉城。在这一联盟中,商人起了重大作用。他们不仅进行商品交易,还相互传递信息。

1150年左右,图拉城邦发生内讧,武士集团和祭司集团相互争斗,联盟瓦解,来自北方的奇奇梅卡人乘机入侵,迫使托尔特克人迁出图拉地区。

二、阿兹特克文明

离开图拉地区的托尔特克人南下北上,分散四方。一部分人迁往尤卡坦半岛;一部分人移居墨西哥谷地的特斯科科湖周围,融入当地的文化和社会。

图拉城衰落后,联盟消失,各部落之间不断相互征伐,目的是要控制四邻,增加纳税人。墨西哥谷地逐渐形成了三大城邦国家:库尔瓦坎、阿斯卡波查尔科和科阿特利昌。它们之间时战、时结盟。它们不断吸收托尔特克文化,延续托尔特克文化的发展,为阿兹特克文明的兴起创造了条件。

1. 阿兹特克历史

1069年,奇奇梅卡人的一支——墨西卡人在他们的首领梅西·查尔丘特拉托纳克统率下,由神鹰威齐洛波奇特利指引,离开故乡阿兹特兰向南迁徙。12世纪末进入墨西哥谷地,沿特斯科科湖向南活动,13世纪初在湖西岸的查普尔特佩克山定居下来。由于他们来自阿兹特兰,所以通常被称为阿兹特克人。他们一共是七大氏族。这时的首领是特诺奇。他死后,部落议事会决定改变统治制度,实行"特拉托阿尼制"(即"酋长制"),推选威齐利威特尔为酋长。1247年,控制着墨西哥谷地的城邦联盟攻打阿兹特克人。威齐利威特尔被俘罹难;阿兹特克人移居库尔瓦坎地区,推选另一名叫特诺奇的人为新酋长。他们英勇善战,帮助库尔瓦坎人征讨其他部落,战无不胜。这引起了库尔瓦坎人的畏惧。1324年(亦说1325年),库尔瓦坎人谋划夜袭他们。他们一获悉库尔瓦坎人的谋划,迅即乘独木舟入湖,逃至长满芦苇的小岛阿卡蒂特拉岛。他们在一处空地上发现两股泉水,一红一蓝,两水交汇处有一岩石,一棵仙人掌生长其上,一只雄鹰立于仙人掌上,双翅伸展,喙叼一蛇,向来人点头致意。他们认为这里是神要他们最终定居的地方,于是立即在岩石处搭起一临时神庙,开始建设自己的定居地,起名为"特诺奇蒂特兰"(意即"石上长仙人掌的地方")。

阿卡蒂特拉岛为一无人荒岛,从未有人提出归属问题;但它离湖西岸的阿斯卡波查尔科城邦国家较近,属它管辖。因此,阿兹特克人不得不臣服于它,向它交税纳贡。

酋长特诺奇着手定居地的规划。他将临时神庙置于中央,划出一方形地块;而后以此为中心划出东西向和南北向的两条线,将小岛分成4个居住区。这两条线后来成了两条大道;4个居住区又分成14个生活区,七大氏族各分得两个生活区(也就是说,各大氏族分成了两个氏族)。

13年后,阿兹特克人发生分裂,一部分氏族离开特诺奇蒂特兰,迁到北面不远处的另一小岛特拉特洛尔科岛,自行发展。特拉特洛尔科也隶属于阿斯卡波查尔科城邦国家。

　　1370年,特洛奇去世;阿卡马皮奇特利当选为酋长。他一边建设特诺奇蒂特兰,使之初具城市规模,一边带领民众协助阿斯卡波查尔科城邦作战,攻打敌对部落。1404年,他去世;部落议事会推选他的儿子威齐利威特尔为酋长。威齐利威特尔为了促进特诺奇蒂特兰的发展,大力开展贸易活动,加强同岛外陆地部落的联系。1415年,威齐利威特尔去世,奇马尔波波卡选为酋长。他指导民众修筑了一条长堤,把小岛同陆地联结了起来。特诺奇蒂特兰从此结束了孤立于陆地之外的境况。

　　1426年,阿斯卡波查尔科城邦国家发生兄弟争位事件,弟弟马斯特拉杀死哥哥塔曜津,又派人暗杀了支持塔曜津的奇马尔波波卡。特诺奇蒂特兰议事会立即推选伊斯科阿特尔为酋长。他开展外交活动,派代表联络各友好部落,结盟攻打阿斯卡波查尔科,赶走马斯特拉,使阿斯卡波查尔科城邦国家在政治上臣服于特诺奇蒂特兰。特诺奇蒂特兰从此成了自主的城市。伊斯科阿特尔开始重组政府,将权力集中在军事首领手中,大力发展农业生产和向岛外扩张,与墨西哥谷地的特斯科科城邦和特拉科潘城邦结成"三方联盟",充当盟主,在墨西哥谷地内外开展扩张、征服活动。伊斯科阿特尔1440年去世,莫特库佐马·伊尔威卡米纳当选为酋长。他继续扩张事业,重建神庙,修筑跨湖长堤和导水槽,大力发展对外贸易。1469年,莫特库佐马·伊尔威卡米纳去世,阿萨亚卡特尔当选为酋长。他除继续出兵征讨敌对部落外,还大力加强市政建设,健全法制,促进艺术的繁荣。他1481年去世;蒂佐克当选为酋长。新酋长首先继续修建神庙。他执政仅5年,即于1486年去世。议事会推选他兄弟阿威佐特尔继位。

　　阿威佐特尔执政期间,通过征战,"三方联盟"的势力范围扩及今墨西哥全境和中美洲部分地区,形成了一个幅员辽阔的大"帝国";道路网连接"帝国"各地,贸易活动频繁,文化交流和人员往来大大增多。1502年,阿威佐特尔去世,莫特库佐马·霍科约津当选为酋长。他不再出征扩大势力范围,集中精力平定叛乱,整顿政治和贸易秩序。1517年,西班牙殖民势力开始向墨西哥渗透,1521年8月占领并捣毁特诺奇蒂特兰城。

　　2. 政府与政治

　　"阿兹特克帝国"并不是严格意义上的帝国。它没有全境统一的行政机构。就是"三方联盟"也没有统一的行政机构;也就是说,墨西哥谷地部落联盟不是政治联盟,而是军事联盟。盟主阿兹特克酋长为最高军事统帅,指导向外扩张、征服活动。扩张、征服的目的不是霸占领土,而是扩大税收的范围和增加纳贡的部落。"三方联盟"不在被征服地区设置行政区域,不派遣行政官员,只划分了38个交税纳贡区,派遣收税官进行监督;战败的部落仍独立存在,自主发展,只是按时向"三方联盟"交税纳贡。由是观之,阿兹特克部落的酋长并不是"阿兹特克帝国"的国王或皇帝,并不享有至高无上的权威。"帝国"境内抗税、拒绝纳贡、杀害收税官的事件层出不穷。这也是"三方联盟"不断派兵四处征讨的原因。

　　阿兹特克部落在特诺奇蒂特兰建立了城邦国家,实行神权政治。它的酋长成了最高统治者——国王,同时也是大祭司,行使宗教最高职能,又是最高军事统帅。他的职务是终身的,但不能由自己的儿子继承;他是由贵族议事会选举出来的。贵族议事会由原部落议事会演变而来。部落议事会由各氏族选派代表组成。城邦国家形成后,氏族居住区成了城邦中的一个行政区,由"氏族"演变成了"街区'，或"生产单位"。氏族首领成了世袭的贵族,由他们组成城邦的贵族议事会。

国王任命一官员辅佐他掌管内政,行使最高法官职权,负责征收贡赋。这一官员的职务名称为西瓦科亚特尔。

"三方联盟"的另外两个成员及其他城邦国家的政治结构同特诺奇蒂特兰相类似。"帝国"境内的一些部落和氏族集团则仍由酋长领导。

3. 社会

特诺奇蒂特兰城邦的社会基层组织是卡尔普利。卡尔普利原是以血缘关系为基础的氏族。城邦国家形成后,卡尔普利的含义发生了变化,或为城市中氏族聚居的街区,或为农村中氏族聚居的村社。卡尔普利独立自治,有自己的保护神、神庙和祭司,有自己的土地和学校,由长者议事会管理一切事务。

特诺奇蒂特兰城邦在形成、发展过程中,发生了阶级区分,出现了两个社会阶级:贵族阶级和平民阶级。贵族阶级包括祭司、军事首领和民政首领。他们拥有私有财产(包括土地),统治着"帝国"、城邦和卡尔普利。平民阶级由劳动者组成。他们是农民、工匠、商人、下级官员。战功卓著者可得高官,跻身于贵族阶级;而贵族不能尽职尽责,则被降为平民。不存在严格意义上的奴隶。后来被西班牙人称为"奴隶"的一些人,在经济活动中不起什么作用。他们中有的人是还不起债务而以劳力抵债,有的人是因犯法被强制服劳役的,还有的人因收成不好、衣食无着而自愿以劳力换饭吃的。债务还清、服役期满或劳动合约到期,他们即告自由。

4. 经济生活

阿兹特克人的经济生活以农业为基础。土地所有制分公有与私有。村社的土地为公共所有,各家的父亲分得一片土地,终身耕种,死后交给村社;如果连续两年不耕种,村社就得收回。贵族的土地为私人所有,由土地所在的村社农民耕种。耕种技术很原始。没有耕畜,没有犁杖。使用"掘土棒"——一种装有石刀片的长柄农具。为了扩大种植面积、增加生产,在湖区采用两种方式造田:(1)围湖造田——在浅滩、洼地堆积污泥和水草,形成小岛,用树枝、芦苇编成护栏植于四周,并在护栏外植树,防止泥土流失。小岛通常呈长方形;小者长20米、宽2米;大者长达百米、宽约20米。(2)挖沟造田——一些小湖很浅,深不过1～2米,开凿深沟,排除积水,形成台地。阿兹特克人称这两种造田方式为"奇南帕"。人工小岛和台地土壤肥沃,一年四季均能种植庄稼和栽培花卉。玉米是主要种植物,其次是瓜类、豆类植物和辣椒。还有生长在缺水干旱地区的龙舌兰。

阿兹特克人的手工业也发展到了一个新水平。各行各业活动在专门的街区。特诺奇蒂特兰最著名的行业是制羽业。原料是外地的贡品;匠人们用之制作成武士的头饰和盾牌。其他重要的行业有金银首饰、器皿制作业和宝石制作业。还有石雕业、纺织业、成衣业、制陶业、木刻业、石器工具制作业等。各行各业的工匠多半来自外地。产品除供应本地外,大部分销往全国各地。

贸易十分活跃。有当地的集市贸易和远距离贸易。特诺奇蒂特兰城中有许多大小广场,均用作商品交易场所。商品来自"帝国"各地,各种商品在广场上分片集中摆摊。商品应有尽有,山货、海产品、日常用品、金银制品、各种食品和饮料、建材、颜料,样样俱全。警卫人员在广场上来回巡视,维持秩序,监督经营活动,处理争端,捉拿扒手、偷窃分子。特诺奇蒂特兰是全"帝国"的商业中心,全国各地的商品运往那里,城里生产的各种手工业品又流向全国各地。从事这种商品贩运活动的商人形成了一个特殊的社会阶层。他们不光从事商业活动,还充当间谍,收集情报,向京师报告,在扩张领土的征服活动中又是先遣人员。因此可以说,贸易和从事贸易活动的商人是"阿兹特克帝国"生存和发展的一大支柱。

5. 宗教和传说

"阿兹特克帝国"宗教的一大特征是众神并存。各氏族、各部落、各行各业均有自己崇敬的神。例如,商人的保护神是亚卡特库特利,制羽匠的保护神是科约特利纳瓦尔,制盐人的保护女神是威斯托酉瓦特尔,湖上捕鸟人的保护神是阿特拉瓦。祭司崇敬克察尔科亚特尔,农民信仰特拉洛克。这与阿兹特克人在扩张领土的征服过程中对各地文化采取兼容并蓄的政策有关。阿兹特克人在得到被征服地区的贡赋时,也接受了当地的信仰。然而,随着"阿兹特克帝国"的建立和发展,特诺奇蒂特兰的地位日显重要,贵族阶级定型,集权体制确立,众神的位置也开始发生变化,出现了不同的层次。一些神的地位高出了其他诸神;特斯卡特利波卡则成了众神之神。在此基础上产生了一则有关人类和世界诞生的传说:

一对神灵夫妇生了4个名叫特斯卡特利波卡的儿子:大儿子是白特斯卡特利波卡,即智慧之神克察尔科亚特尔;二儿子是黑特斯卡特利波卡,记忆之神;三儿子是红特斯卡特利波卡,即丰收之神希佩·托特克;小儿子是蓝特斯卡特利波卡,即意志、行动之神威齐洛波奇特利。威齐洛波奇特利是阿兹特克人的神,其他三位神灵都是其他部落的神。这4位神连成一体,成了人类和世界的创造者。他们共同商议,决定委派克察尔科亚特尔和威齐洛波奇特利创造世界。他们二人创造了火和太阳,又创造了雨神特拉洛克和他的妻子查尔丘特利库埃(即江、湖、河、海之神)、亡者地界之神米克特兰特库特利和他的妻子米克特卡西瓦特尔。他俩还创造了奥霍穆科和他的妻子西帕克托纳尔——这对夫妻生下了平民,过着男耕女织的生活。而后,他俩又创造了历法。

这一传说揭示了阿兹特克人世界观的二元性。这二元性也体现在家庭和国家政治组织中。家庭一夫一妻;政府最高统治者、部落首长的名称"特库特利"为阳性词,行政首脑名称"西瓦科亚特尔"为阴性词,意为"雌蛇"。这也是通奸、渎职要受到严惩的原因。也为社会平和、人们遵纪守法提供了理论依据。

神灵无处不在。阿兹特克人从出生到死亡全部生活受宗教的控制。他们认为神创造人时做出了自我牺牲,而人也要牺牲自己祭祀它们。因此,他们用活人献祭喂神。祭祀典礼由祭司主持,通常用战俘献祭。阿兹特克人不断发动战争,目的之一就是抓俘虏祭祀神灵。

6. 文化

同在宗教方面一样,阿兹特克人在文化上继承了"帝国"境内的一切优秀文化传统,并在此基础上推陈出新,发扬光大。阿兹特克人的文化成就集中体现在教育、科学、语言、艺术、典籍等方面。

(1) 教育

每个卡尔普利都设有各级学校。5年为一级。儿童从出生到5岁进行家庭教育;5~10岁,入启蒙学校;10~15岁,进艺术、职业和军事训练预备学校("青年之家")或进专业预备学校,由专业人员授课。儿童、青少年不分男女,人人有学上,人人要学习。还有一类学校叫"歌唱之家"和"舞蹈之家"。儿童和青少年必须接受歌唱和舞蹈的培训。这类学校是进行公民教育、宗教教育、艺术和社会教育的一种手段。唱歌、舞蹈是祭祀仪式的一个组成部分;唱歌还是一种传颂历史和传统的好方法。在贵族居住的街区也有类似的各级学校,贵族子女接受相同的教育。预备学校毕业后,学习成绩优秀者进入高等学校深造。

高等学校分普通高等学校和专业高等学校。普通高等学校有 4 个专业:生物、医药;数学、天文;法律、政治组织;军事战略战术。学生毕业后到预备学校任教。专业高等学校教授建筑、雕刻、绘画、农业、舞蹈、唱歌、音乐、诗歌和戏剧。

阿兹特克人从孩提时起,即不仅接受自然、历史、法律、宗教、体育、军事和科学等方面的知识、技能教育,还要接受道德教育:爱清洁、守纪律、不说谎、善待人、尊敬长辈、服从法律。家庭和学校在教育方法上强调观察、实验和学以致用。

(2) 科学研究

阿兹特克人对植物学的研究达到了一个相当高的水平。他们建立了植物园,对各种植物的生长过程进行观察,对它的特性和用途进行研究、分类,分别应用于医疗、手工业生产、食品制作等方面。"帝国"境内有 4 大著名植物园,分别设在特诺奇蒂特兰、伊斯塔帕拉潘、特斯科科和瓦斯特佩克四座城池。许多植物园集中研究药用植物学。一些植物园还附设诊所治疗疾病。

在药用植物普遍应用的基础上,各部落均有一所医院,为平民治病。此外,还有一些专科医院,如特诺奇蒂特兰有家医院专门医治肢体残疾患者;库尔瓦坎有家残疾康复中心。

(3) 天文学

阿兹特克人在继承前人天文知识的基础上,经过多年的观察,对天体的运行有了一定程度的了解。他们据此测算出了日食和月食发生的时间,并列出了年表。他们还记录下了水星、土星、金星等一些肉眼能观察到的行星运动周期和轨迹。这些表明,阿兹特克人的数学水平是相当高的,他们具有一套相当精确的计算方法。然而这套计算方法至今尚未释译出来。

(4) 历法

阿兹特克人根据日月运行的规律和季节性的自然现象变化,相当精确地制定了自己的历法。有两种历法:一为"太阳历",一年 18 个月,365 天;一个月 20 天,剩余 5 天,闰年(每 4 年为一个闰年)加一天。一为"月亮历"(亦称"仪式历"),一年 13 个月,260 天;一个月也是 20 天。每 52 年,两种历法重合一次。

阿兹特克历法有 4 个方面的作用。农业方面,确定农耕季节,指导农业生产活动。纪年方面,用以记录历史的发展和历史事件的发生。祭祀方面,确定举行祭祀仪式的日期,指导人们的宗教节日生活。天文方面,记录天体运行规律和天文现象。

(5) 文字

阿兹特克人创造了象形文字,并会造纸,用于书写,为后人留下了一批古籍。文字有表意和象形两种。例如,用火烧神庙或箭穿人像表示某个地方已被征服;用一只鹿角表示鹿。造纸的原料是榕树的纤维。用于书写的材料,除纸张外,还大量应用鹿皮和棉布。还有书写在石头上的。

阿兹特克人使用的计数法是二十进位法。这一方法普遍应用在日常记账、交易买卖、税收登记方面。

(6) 艺术

阿兹特克人在建筑、雕刻和绘画方面的艺术成就并未超过前人,但也有所创新。建筑艺术的代表是金字塔。阿兹特克时期的金字塔继承了特奥蒂瓦坎文化和托尔特克文化的建筑形式,采用了"斜坡层阶"结构。但塔顶建有两座神庙:一供特拉洛克,一供威齐洛波奇特利。为此,金字塔的正面建有双阶梯,分别通到两座神庙。

阿兹特克人雕刻艺术表现在大型石碑和小型石刻上。石碑多半刻着神像或神化了的首领像。石刻多半是神像。雕刻作品中出现了现实生活中的动、植物形象（诸如狗、鸟、蚱蜢、青蛙、野兔、龟、鱼、猴、蛇、葫芦等）。这反映了阿兹特克艺术现实化、世俗化的一面。

阿兹特克人的绘画技艺体现在古手抄书籍上。他们为了记录下历史事件、传递信息、交流思想，在纸和鹿皮、棉布上设计出了各种各样表意和传情的图形。

使用颜色是阿兹特克艺术的一大特征。使用得最多的是红色和黑色。阿兹特克人在雕刻上着色，在手抄书籍上也用颜色，以区别不同的神和物。

阿兹特克文化的发展刚刚起步，就遭受了来自大西洋彼岸的摧残。西班牙人以极其野蛮的手段摧毁了阿兹特克文化，中断了阿兹特克文明的自我发展。

第三节 玛雅文明

玛雅文明孕育、兴起、发展于今墨西哥的尤卡坦半岛、恰帕斯和塔帕斯科两州的大部分地区、今伯利兹、今危地马拉大部分地区、洪都拉斯西部地区和萨尔瓦多。根据地理特征和文化发展状况，这一区域从南到北分为三个地区：①太平洋沿岸平原和山麓地带；②高原——又分为南部高原和北部高原；③低地——又分为南部低地、中部低地和北部低地。太平洋沿岸平原和山麓地带小河、小湖密布，食物资源丰富；盛产可可（可可豆用作货币，输出到墨西哥中部高原地区）；人们利用海水制盐，开展对外贸易，与奥尔梅克有着接触。出现了早期的文明中心（诸如伊萨帕、阿巴赫塔卡利克、埃尔巴乌尔、乔科拉等）。这些文明中心建有贸易市场和神庙，控制着经过这一地带的贸易通道。与此同时，高原气候宜人，谷地适合人类生存繁衍，也出现了早期的文明中心。最主要的中心是危地马拉谷地的卡米纳尔胡尤，以神庙建筑、石雕、陶器、绘画、象形文字展示其文化发展水平。低地丛林密布，雨量充沛，河湖众多，食物资源丰富，利于人类生存、发展。玛雅文明的早期中心出现在中部低地和南部低地，最著名的中心是蒂卡尔和科潘；这些中心衰落以后，北部低地（尤卡坦地区）兴起了奇钦伊察、乌斯马尔和马雅潘三大中心。玛雅文明在低地的发展最具代表性。

一、历史发展阶段

玛雅文明植根于远古石器时代。玛雅的祖先游猎南北，漂流东西。公元前2000年左右，他们开始渐次在海边、高原谷地和平原低地定居，从今墨西哥地区引种玉米和其他作物，从事农耕活动。农业和定点群居孕育着玛雅文明。公元前1000~公元前400年间，玛雅文明诞生，开始了其发展的历史进程。玛雅文明的历史发展可分为三个阶段：早期阶段（约前1000~250年）、中期阶段（250~1200年）和晚期阶段（1200~1500年）。

玛雅文明早期阶段的发展同时兴起于太平洋沿岸、高原地带和中部低地。社会开始发生分化，出现了阶级和阶级剥削及压迫，平等日渐消失。生产不断发展，物资日益丰富，出现了远距离贸易，内部联系密切，与外界接触加强。发展中有了自己的特色。太平洋沿岸和高原地带具有特色的文化反映在大型石碑上。石碑上雕刻有历朝历代的统治者形象、在位时间和一些象形文字说明的历史事件。中部低地具有特色的文化反映在大型石料建筑物（如金字塔和城市的卫城）、大型石铺广场和堤道上。文明发展的中心在纳克贝和埃尔米拉多尔。

在早期阶段发展的基础上,玛雅文明进入中期阶段。这一阶段的特点是大多数早期阶段文明中心的衰落。刻有统治者及其统治时间的石碑消失了。这标志着太平洋沿岸和高原地带的发展中断;中部低地的文明发展中心发生了转移,从纳克贝和埃尔米拉多尔转移到了蒂卡尔。与蒂卡尔同时兴盛的文明中心还有中部低地的帕伦克、博纳帕克和南部低地的科潘等。这些中心的辉煌成就不仅反映在建筑、雕刻、绘画、文化、艺术上,而且反映在政治制度上。最高统治者至高无上,一统天下,君主统治体制得到强化。这一体制的衰落标志着玛雅文明中期阶段的结束和晚期阶段的开始。

改变传统的君主统治体制的,是玛雅人中的普顿族人。普顿人生活在低地西部地区,受今墨西哥地区文化的影响,善战,善航海,善经商,多从事远距离贸易。他们实行一种更有利于强化经济、军事控制的政治制度。这一制度的核心是议事会实行集体统治。以集体统治制度为特征的玛雅文明晚期阶段分别在北部低地和南部高原兴起了新的发展中心。普顿族中的一支伊察人在北部低地建立了奇钦伊察城邦国家,大力发展航海贸易,建立了广泛的沿海贸易联系。公元1200年前后,奇钦伊察衰落,玛雅潘城邦兴盛。14世纪,南部高原也兴起了几个小城邦,比较强盛的是基切、卡克奇克尔和楚图伊尔三个城邦国家。同伊察人一样,基切人、卡克奇克尔人和楚图伊尔人也是普顿族人的分支。他们从北部低地出发,沿贸易通道进入南部高原的阿蒂特兰湖地区,分别建立了三个小城邦。15世纪中叶,北部低地各城邦相互挞伐,征战不已。玛雅潘在战争中被毁。基切、卡克奇克尔和楚图伊尔等城邦也长期混战,相互不和。16世纪,整个玛雅地区被入侵的西班牙人先后占领。

二、农业——生存的基础

玛雅人主要从事农业生产活动。农业是玛雅人生存、发展的基础。

农作物以玉米为主。玉米是玛雅人的主要食粮;其他食用作物有白薯、木薯等。玉米引种自今墨西哥地区;白薯、木薯引种自南美地区。玛雅人除种粮食作物外,还栽培有数十种蔬菜、瓜、豆和果树等植物(诸如苋菜、葫芦、蚕豆、芋头、鳄梨、石榴、木瓜、菠萝、荔枝等)。辣椒、可可和香草也是玛雅人栽种的作物。

传统观点认为玛雅人的种植方式只是刀耕火种。这一观点是片面的。的确,有些地方是使用这种原始的耕作方式的,但玛雅人根据各地的地理环境和气候条件大大改进了耕作方式;大多数地方已不再是广种薄收,而采取了相对集约的生产方式。他们兴修水利,在山坡上开辟梯田,在低洼、沼泽地带修筑台田。他们还在家居周围辟有菜园或果树园,种植果树或菜蔬。他们利用火山灰、鸟粪、人粪肥田增产,用装有长木柄的石铲点种玉米或其他作物籽种。

三、贸易——发展的活化剂

玛雅地区各城邦国家独立发展,政治上尚未形成一体,经济上已互有联系,且出现了生产的分工。经济联系的主要方式是贸易,特别是远距离贸易。贸易往来并不仅仅是物品的交换,而且有人员、思想的交流。这就不仅丰富了玛雅文明发展的内容,还决定着文明中心的兴衰和社会、政治的演变。

贸易分三类,也可以说分三个层次:一为地方集市贸易,即以各城邦为中心的集市;二为区内贸易,即玛雅地区内的各城邦之间的贸易;三为区际贸易,即西北同今墨西哥地区和东南同今中美洲、乃至南美洲的贸易。玛雅地区形成了一个贸易网。这一贸易网由东—西、南—北两支轴线支撑。东西轴线通过太平洋沿岸平原地带,联结着今墨西哥地区和玛雅地区的高原地带及中美洲;南—北轴线通过墨西哥湾和加勒比海沿岸,联结着尤卡坦和中、南部低地,向各市场供应食盐和其他物品。贸易交换的物品有两大类别:日常生活和生产用品(诸如农产品、树皮布、篮、筐、调味品、棉花、颜料、海产品、燧石、龙舌兰、石灰、石碾、石磨、石臼、黑曜石、陶器制品、食盐、蜂蜜、蜡、纺织品、烟草、火山灰等)和非实用物品(诸如琥珀、可可、硃砂、格查尔鸟羽毛、玉石、蛇纹石、豹皮、豹齿、贝壳、鲨鱼牙齿等)。这些物品用以制造神像、献祭和生产权贵穿戴的服饰。

玛雅地区的贸易之所以活跃,原因有二:一是位于从墨西哥地区到中美洲的贸易通道上。从墨西哥运往中美洲的物品有铜、毛皮、陶器制品、纺织品和绿松石等;从中美洲运往墨西哥的物品有棉花、羽毛、金、银、铜、陶器、橡胶等。玛雅人控制着这一贸易,成了名副其实的"中间人"。二是物产丰富,拥有多种外区需要的物品(诸如盐、玉石、格查尔鸟羽毛、黑曜石、可可、蜂蜜、豹皮、蛇纹石等)。玛雅人没有驮畜、车辆,陆地运输靠人力背、扛,水上(包括内河与沿海)运输用船载装。

玛雅人的贸易掌握在商人手中。商人分两类:大多数商人为小贩和行商,只从事玛雅地区内的贸易,在集市上做买卖,或同生产者和消费者直接进行交易;而区际贸易则由大商人操纵。他们都是贵族成员,负责组织、指挥远距离的贸易活动,控制着通过玛雅地区的贸易通道。

玛雅人的主要贸易形式是集市贸易。农村地区多半在宗教节日有集市;城市里天天有集市。集市贸易在专辟的广场上进行;广场上按照商品的种类划分成不同的交易区。政府指定专职官员管理集市秩序、调解纠纷、征收税款。大型集贸中心设有客栈,供远道行商寄宿。

贸易(特别是远距离贸易)为玛雅人积累了财富,打开了思路,为各城邦(特别是大型城邦)的繁荣昌盛和玛雅文明的发展打下了坚实的物质和思想基础。早期和中期的几大文明中心都坐落在贸易轴线上就成了历史的必然。晚期普顿人崛起,沿海贸易日趋发达,陆路和内河贸易逐渐衰落,从而引起了文明中心的转移和盛极一时的城邦的消失,也就进一步证实了贸易对玛雅文明发展的影响。

四、社会组织与政治体制

玛雅社会是以家庭为基础组织起来的。家庭是玛雅社会的核心。实行父权制;但母亲或年龄最长的妇女在家庭中仍保有一定的权威。

若干血亲家庭组成氏族。玛雅氏族以父系近支组成,共同生活在一处,构成了社会的基层组织——氏族公社。

玛雅社会的中心是城市。城市里生活着不同职业、不同社会阶级的人,从事着手工生产、贸易、行政管理、政治统治和宗教活动。

玛雅社会是个阶级社会,分贵族阶级、中等阶级和平民阶级。贵族阶级包括最高统治者及其家族、祭司、军事首领、政府高官、大商人。"中等阶级"系指官吏、商人、武士、工匠等。平民阶级包括仆佣、背侠和农民。他们居住在城市郊外简陋的草棚子里。

玛雅人的政治体制很简单。没有形成什么"帝国",只有城邦国家。各城邦实行世袭制,最高统治者出于一家,集行政、立法、宗教大权于一身。各城邦政治联系松散,主要是经济、贸易联系。城邦的地理位置和面积与其权力和影响力有关。地处贸易通道上或气候适宜、土地肥沃、农业生产率高的地区,经济实力就强,政治影响就大。附近周围的若干小城邦就会与之结成松散的联盟。这一特征在中部低地和南部低地最为明显。而正由于政治联系松散,加上经济利益的驱使,各城邦之间战战和和,分分合合,地方政局始终长期不稳。这是玛雅人政治生活中的又一特征。

五、神话与宗教

玛雅人认为,大地是浮游在大海中的鳄鱼(一说为乌龟)的脊背。大地的中央有棵高大的神树,支撑着天。天上为天堂,有13重,每一重由一位神仙掌管。地下为地狱,有9层,每层也有一位神灵管理。

玛雅人还认为,太阳每天早晨从地狱出来,在东方出现;因此东方是太阳再生的地方。每天中午太阳精力最盛;玛雅人定太阳中午所在的位置为北方。西方是太阳死亡的地方;太阳又回到地狱。玛雅人视地下为南方;太阳在地下与地狱诸神作战,获胜后第二天又在东方再生。

据玛雅人传说,远古时代有两个球戏好手被死神杀害。他们是孪生兄弟。哥哥的两个儿子也是双胞胎。他们长大后也成了球戏好手,一日与地狱诸神赛球,设计杀死地狱诸神,而后变成了太阳和金星,每天早晨从东方升起,每天晚上从西方进入地下。

这些传说揭示了玛雅人对世界的认识。这种认识是从对自然和天体的观察得来的。日月星辰运行有序,周而复始。这使玛雅人崇尚秩序,相信更新、再生,好坏分明。玛雅人的这些认识均反映在他们的建筑布局和艺术作品中。譬如,最高统治者的宫殿大多建筑在城市的中央,表示他是大地的主宰,因为大地是宇宙的中心;北方是太阳中午升天的地方,是天庭之所在,最高统治者死后即葬在宫殿以北,修墓建祠堂,表示他进入了天堂。宫殿和墓地、祠堂之间通常辟有球戏场,以示人间与阴间的联系。球戏和祭祀典礼就在球戏场举行。

玛雅人是多神论者。他们崇信的神无以计数。万物皆有神。不仅是有形的物体有神,无形的东西也有神,就连日期、数目、职业、年龄、性别、颜色、人的生死和自杀也有神。任何一种状态有神,任何一种需求有神,任何一个时刻也有神……一句话,在玛雅人的世界里,神无处不在。主要的神灵是天神、太阳神、雨神、统治者家神、玉米神、死神、北方之星、商人之神、战神、虹神等。神通常都是人身、兽形或半人半兽状。

玛雅人敬神,也祭神。祭神的主要目的在于祈求身体健康、万事如意、风调雨顺、五谷丰登。统治者们通常亲自主持有关城邦命运的大型祭祀典礼,有时还用自己的血献祭神灵,以求家族统治延续不绝。献祭品除人血外,还有食物、玉石及其他珍贵物品、活人等。祭祀典礼除献祭外,还焚香、饮酒和舞蹈。

六、文化成就

玛雅人的文化成就在拉丁美洲古代文明中是最杰出、最灿烂辉煌的。具体表现在建筑、雕刻、绘画、数学、历法、天文和文字诸方面。

1. 建筑

玛雅人的建筑业发达,功能性强,技艺高。他们根据宗教、生活和生产的需要,建筑了不同类别的物体:房屋(包括庙宇、府邸、民居等)、公共场所(诸如广场、球戏场、集市贸易区等)、交通和防护设施(诸如桥梁、大道、码头、堤坝、护墙等)和水利工程(诸如水渠、水库、水井、水槽、梯田、台田、盐场等)。

玛雅平民百姓的房舍多为木柱、草顶、篱笆墙,外涂胶泥,防风御寒;炎热地带则不涂泥,透风纳凉。房屋大多建在高出地面的地基上。

贵族、高官的府邸为长条形或四合院式,通常建筑在比较高的台基上,有台阶、门廊、地下室,门窗呈弧状或葫芦形。墙壁内外饰有胶泥浮雕、壁画或几何图形。府邸多为一层建筑,也有多至五层的建筑。

庙宇建筑在高高的金字塔形的台座上。台座基础呈方形,层层收缩,积层累高,少则二三层,多则至9层,最高达47米。台座用碎石和泥土堆积夯实而成,外砌胶泥砖或石块(再涂石灰或胶泥)。台座的正面或四面筑有台阶,可拾级而上,直抵庙宇。庙宇不是供神的殿堂,而是供最高统治者神位的龛室。室内狭小,无窗,其上建有冠状顶脊,比龛室高出一倍、乃至数倍。外墙壁、顶脊上雕刻有人、兽、神像和铭文。

房屋建筑的布局表明了玛雅社会的面貌。庙宇和府邸建在城市的中心广场周围,与碑石、石座(祭祀时最高统治者的宝座)、球戏场组成宏伟的建筑群。这显示玛雅社会宗教与政治的合一和集权。平民百姓散居在城市的郊外。这更揭示了玛雅社会的阶级区分。

2. 雕刻

按使用的材料分,玛雅雕刻分为石刻、木刻、贝雕、玉雕和骨雕,还有泥雕。

石刻大体上有两种:一为独立石刻;一为房屋和其他建筑物上的饰刻。所谓独立石刻系指石柱、石碑和(平形、圆形或方形的)石座。所谓房屋和其他建筑物上的饰刻系指房屋的门楣、墙壁内外、门窗侧壁、台阶和房顶上的雕刻以及庙宇上的雕刻。玛雅的石刻很少留有空间,总是通体布置得满满当当。雕刻的主体是神像、人像或兽形,空白处填满饰物和铭文。铭文记述雕刻或竖碑的日期,最高统治者出生、结婚、即位和去世的日期及其家族世系,重大历史事件和祭祀典礼等。刻成后通常涂上颜色,用得最多的是暗红色,其次是蓝色。

木刻多用在房屋建筑上。府邸的门楣、房梁上均有雕刻。内容、刻技与石刻相同。另有一种小型独立木刻,多为神像,用以祭祀。

泥雕多用于房屋建筑和墓穴中,用灰泥在墙壁上制成浮雕。内容有人像、飞禽、走兽和蛇,还有铭文。

3. 绘画

多为用以装饰房屋墙壁的壁画,也见诸于陶器及古书抄本。使用的颜色多种多样,红、黄、蓝、白、黑、灰、棕等各色均有。颜料来自植物和矿物。绘画的刷子是鸟羽和兽毛制成的;还发现了形同中国毛笔状的绘画工具。绘画手法完全是写实的,内容丰富多彩,有神话故事、祭祀典礼、战争场景、海边渔村生活情景、审讯战俘、迎接宾客、象形文字等。这一切揭示了当时玛雅人的生活习惯、体型容貌、服饰穿戴、作战武器、房屋形状、宗教信仰、劳动场景等。

4. 数学

玛雅人发明了自己独特的计算法,使用二十进位制,并有了"零"的概念。玛雅人是世界上最早认识"零"的人。他们用三个符号记数:"贝壳"表示"零";"点"表示"1";"横"表示"5"。"点"、"横"组合构成"2"~"19"各数。"19"以上的数用移位表示。当今世界通用的"十进位制"中的"10"是将"1"向左移位、再在其右侧加"0"组成。玛雅人的"20"是将"·"向上移位、再在其下方加

"贝壳符号"组成。第二位为"20",第三位为"2020=400",第四位为"40020=8000",以此向上类推。

玛雅人的数学计算广泛应用在贸易、历法、天文等方面。

5. 天文

玛雅人的天文知识相当丰富。他们通过对太阳运行的观察,确定一年为365.242天,与现代天文学计算的365.2423天几乎完全一致。他们通过对月亮运行的观察,确定每月为29.53020天,与现代天文学计算的29.53059天亦相差无几。他们还对其他行星、恒星和星座进行了观察和记录,并算出了行星绕日运行的周期,如金星运行周期为584天、火星为780天。北极星恒定不动。玛雅人在建造房屋和庙宇时通常都以北极星为基准选定方位,预卜吉、凶。

玛雅人是如何观测星球运行的呢?他们通常利用庙宇进行观察。大多数庙宇都建在高高的金字塔形基座上,凌空而立。庙宇顶端留着缝隙、或在顶上竖两根交叉的木棍,用以观测天体的运行情景,记录太阳、月亮、金星及其他行星升、降的时间和方位。它们在同一个时间、方位第二次升、降时,即为一个周期。

6. 历法

玛雅人通过对天体运动的观测和计算,根据宗教、农事活动和记事的需要,制定出了多种历法,主要的有三种:神历、"阿布"历和轮回历。

神历260天,主卜未来,有20个神灵轮流主司这260天。用这20个神灵与13个数字(1~13的玛雅数字)相配合轮转,以决定某神主司的日期。260天正好一轮。

"阿布"历365天,与现代的"阳历"相似,但分19个月,前18个月各为20天,最后一个月为5天。日有日神,月有月神,最后一个月的5天被视为不吉利的日子。

轮回历为神历260天与"阿布"历365天的组合,两者相配轮转,18980天为一个轮回。一年365天,18980天正好是52年。玛雅人认为52年为一个轮回,以示天地之复始。

还有一个"长纪年历",用以记录历史年代。玛雅人认为世界是会毁灭而又复生的。他们所生活的世界是第5次复生的世界。据石碑铭文推算,这第5次复生的时间是公元前3114年8月11日。世界每隔5200年毁灭、复生一次。

7. 文字

玛雅人的象形文字是拉丁美洲古代文明的骄傲。文字结构很复杂:形象在中间,四周有附加连缀和语尾变化;出现了表意符号;一个字往往就是一句话。句子按动词→实词→主词次序排列。

玛雅文字大多书写在纸上(纸用树皮制成),或者雕刻在石柱、石碑上。壁画、木刻、玉雕、贝雕、骨雕以及陶器上也有铭文。表述的内容相当丰富,有关于天文、占卜、历法、历史、统治者的生平和世系、医药、植物、动物、地图和战争、结盟等事件的记载。

玛雅人的古书抄本绝大部分被西班牙入侵者烧毁了,现仅残存三部,分别收藏在西班牙的马德里、法国的巴黎和德国的德累斯顿。幸好大批石刻未遭破坏,为人类留下了一笔宝贵的古代文明遗产。至今已有85%的现存玛雅文字被诠释、翻译出来;随着研究的深入,玛雅文明的真实面貌将完全展现在世人面前。

第四节　印加文明

印加文明是安第斯山中部地区4000余年文明发展的结晶。4000余年间,安第斯山中部地区文明的发展具有一种文化上的连续性。这一连续性的基础是农业灌溉工程的发展和发达。而文化成就则体现在社会政治体制和陶器制品形态的确立和发展上。根据这一文化成就,可将安第斯山中部地区文明的发展分成以下几个历史阶段:

公元前4700~前1000年为农耕初级阶段,氏族公社形成。

公元前1000~前200年为文明形成阶段,出现了神权政治国家。

公元前200~450年为列国兴盛时期。

公元450~1450年为战国时期。

公元1450~1532年为印加帝国时期。

由是观之,为了充分展示印加文明的辉煌,就必须探究其兴起前安第斯山中部地区文明发展的轨迹,并陈述其成就。

一、前印加文明

安第斯山中部地区分为三个自然地理区:太平洋沿岸区、山区和森林区。太平洋沿岸区从太平洋岸到安第斯山麓。北部较宽,最宽处达200公里;越向南越窄;南北长约1900公里,分布着50余片河谷地带。形成河谷的水流源自安第斯山。这些河谷地带是农业生产基地;而形成河谷的水流又是联结沿岸和内地山区的通道。山区实为海拔4000米左右的高原地带(又分为北部高原、中部高原和南部高原),间有海拔5000~6000米的高山和海拔1500~2500米的谷地。高山区终年积雪,气候寒冷;高原和谷地年降雨量在200~500毫米之间,气候凉爽宜人。森林区位于安第斯山脉以东,为热带雨林区,气候炎热。沿岸区和山区远古时代即有人类活动,是前印加文明孕育、发展的基地。

从考古发现推断,公元前1万年前即有人类在高原和沿岸地带繁衍生息,从事渔猎、采集活动。公元前2300年前,人类开始过定居生活,从事农耕作业。古人类农耕生活的遗址大多是在沿岸地带发掘出来的。古人类遗址瓦卡普里埃塔(位于北部奇卡马谷地)出土了葫芦、棉花、南瓜、菜豆、辣椒、慈菇等作物。这些作物是在河边平地栽种的。当时还没有出现灌溉工程。房屋为半地下式,单间或两间结构,墙壁嵌有鹅卵石,房顶覆以木片。棉花是纺织的主要原料,尚未发明织机,用手搓、捻、编绕、打结,制成布片。用同样的技艺编制席子、筐篮和渔网。在另一古人类遗址埃尔阿斯佩罗(位于北部苏佩谷地)发掘出一组村落。村落一般很小,由数间房屋组成。房屋墙壁用土坯、石块垒就。还发掘出一原始庙宇,坐落在一高台上,四周有围墙。庙宇的出现表明了村落集体祭祀的开始。而出土的原始玉米和陶片证明,当地已进入了农耕时期。这一时期的村落为氏族社会,政治上相互独立。

1. 文明形成时期

这一时期分为两个时期:早期和晚期。早期的特征是文化发展的同一性;晚期的特征是文化发展的差异性。

（1）早期

安第斯山中部地区的先人们进入农耕时期后，开始了农业生产的发展和手工制作技艺的改进过程。公元前1000年左右，安第斯山中部地区进入了文明的形成时期。文明发展的中心是沿岸北部地区和高原北部地区，又以高原北部地区的查文德万塔尔遗址为代表。查文德万塔尔遗址在安卡什谷地的莫斯纳河左岸，为一祭祀中心的建筑群。考古学家和历史学家根据其建筑和出土文物的风格，称之为"查文文化"。查文文化的风格散见于沿岸区和山区各地，显示了这一时期文化发展的同一性。这同一性表现在以下几个方面：

①开沟修渠，出现了农业灌溉工程。农业灌溉工程规模尚小，但已将若干村落（或曰氏族公社）联结了起来。与此同时，种植的作物品种也增多了，有了玉米、花生、木薯、鳄梨等作物。

②村落扩大，出现了大型的建筑。村落由若干独间房舍集聚而成。房舍的墙壁用石块或（方形或锥形的）土坯砌成，茅草盖顶。最引人注目的是庙宇建筑。高耸，宽大，众多房间，阶梯通道，廊柱相间，石块或土坯砌墙，墙面有壁画、雕刻。庙宇建筑的代表作是高原北部地区查文德万塔尔遗址出土的建筑群。这一建筑群为一大型庙宇。基础约23平方米，呈金字塔形上升，高达15米，内分三层，上下有楼梯和扶手；房间面积1～1.5平方米，有走廊相连；有通风孔透气。墙壁用石块和石板砌成，每两层石板加两层石块，交替上砌。石板和石块磨修得整齐美观。墙上有壁画；支柱上雕有人头或兽头像。支柱为石柱，多呈六面形，五面嵌在墙壁里，一面朝外，为浅浮雕头像。最著名的石柱是"雷蒙迪"石柱，形象半人半兽，头顶高冠。这一风格的雕刻在沿岸地区和山区各地均有发现。

③祭祀中心形成，崇拜豹神。庙宇建筑的规模和辉煌证明了祭祀中心的形成。祭祀中心已突破一个村落（或曰氏族公社）的范围，成了若干个村落（或曰氏族公社）朝拜的圣地。这表明信仰的趋同。崇拜豹神是当时宗教信仰的基础。庙宇壁画和石柱上雕刻半人半兽像多半为半人半豹像：有人脸豹身像，有人脸人身兽形四肢像，还有半人半豹面庞像。陶器制品和金属制品上也有类似的形象。

④制作工艺的进步。这表现在日常用品和祭祀物品上。陶器按模型制作，经窑烧而成，造型多样，其上雕有人头或兽头、人像、动物和植物，还有房舍和几何图案。纺织工艺发生了革命性的变化，发明了织布机，速度和效率大大提高；纺织品种类增多，有平面布、锦缎、罗纱、毯子等；织物上出现了豹身、秃鹰图案；还制作出了羽毛头饰和布斗篷，最重大的发明是金、银加热处理工艺，使用锤打、接焊、退火、浮花技术，制成首饰等物件。还发现了新金属品种铜和锡。出现了石雕制品；但只是些浅浮雕，尚未有圆雕。

⑤人们的生活质量大大提高。一些家庭日常用具的发明大大提高了人们的生活质量。石臼、石杵用以捣碎加工食物；石碗、石盒、陶壶、柳条筐篮用以盛物；骨锥、骨针用以缝制衣裳。

⑥出现了国家的雏形。祭祀中心的庙宇由一特殊阶层——祭司掌管。他们不仅主持祭祀活动，还负责指导周围各村落（或曰氏族公社）的农事活动，并负责组织各村落（或曰氏族公社）合作开辟梯田和修筑灌溉工程、共同修筑道路和架设桥梁。在此基础上，祭祀中心及其周围村落（或曰氏族公社）形成了一种超越村落（或曰氏族公社）的社会联系，形成了一种新型的政治组织——神权政治国家。

（2）晚期

在地方生态环境的影响下，早期文化的同一性发生了异变，开始形成具有地方特色的文化中心。比较突出的文化中心有6个：沿岸北部地区的萨利纳尔（位于奇卡马河谷）、高原北部地区的查文德万塔尔和瓦拉斯、沿岸中部地区的昌凯、高原中部地区的查纳帕塔、沿岸南部地区的帕拉卡斯和的的喀喀湖南岸高原上的奇里帕。它们之间的异同综述如下：

①灌溉农业进一步发展。沿岸地区主要在河谷地带的上游狭窄处兴修灌溉工程；高原地带主要修建梯田。开始使用石锹耕种土地。种植的农作物品种增多，又有了菜豆、黄瓜等。与此同时，开始种植古柯，饲养豚鼠，用玉米和一些水果发酵制成一种称之为"奇恰酒"的饮料。

北部沿岸和高原地区的国家形态继续发展完善，祭祀中心的权力增大，加强对灌溉工程的控制和管理，开始发动战争，扩大统治范围。萨利纳尔发明了多种武器，有了矛、投枪、投石器和石弹；山头上还筑起了堡垒。而帕拉卡斯和奇里帕的村落较小，人们居住在半地下式的房舍内。奇里帕房舍很大，内部靠近墙壁分隔成若干小房间。帕拉卡斯的社会等级区分可从墓葬的形式上看出。考古发掘出土的墓葬形式为洞穴式：凿穿岩石，深约7米，形成竖穴，穴底为墓室，内葬木乃伊。木乃伊裹着多层布片。从布片的质量和裹的层次上可以分辨出社会等级之差异。这时的氏族首领拥有了权力，国家形态刚刚萌芽。

②手工制品的地方特色最为显著，特别是陶器的工艺风格尤为突出。萨里纳尔出产的陶器带有白色条形图案，有些陶壶的顶上塑有人像，呈蹲姿，并用泥条同壶嘴相连，形成一把手。昌凯的陶器白底黑彩，即在白色的底上用黑色绘制图形（人形或几何图形）。帕拉卡斯的陶器烧成后，工匠在上面刻图案，再将各种颜料涂入线槽内，现出多彩图像。

③沿岸南部地区的纺织业特别发达。萨利纳尔只用棉花做原料。而帕拉卡斯已开始使用羊驼毛、龙舌兰纤维和人的头发纺织了；织物品种众多，生产出了更为精美的罗纱、花缎、单面布、彩饰布等。

④冶金术有了长足的进步。奇里帕和帕拉卡斯制造出了纯铜物品。昌凯和萨里纳斯有了金铜合金。镀金术、雕刻术和铸造术初步发展。发明了原始的乐器：陶笙、5孔长笛。人们的生活质量进一步提高。人们有了更为精美的日常生活用具：陶壶、陶罐、石碗、皮囊、葫芦瓢、柳条筐和篮等。有了骨刀、骨凿。人们开始注意穿戴。沿岸北部地区有了齐膝长的裙子和各式帽子。帕拉卡斯做出了衬衫、围巾、短裤、腰带、头巾等。

2. 列国兴盛时期

在各地方文化发展的基础上，公元前200～450年间，生产分工扩大，手工业大发展；社会阶级形成，武士—祭司阶级成了社会上层统治阶级；国家形态趋于成熟，出现了一批地方性的国家。文化成就最高、影响最大的国家是帕拉卡斯、高原南部地区的普卡拉、沿岸南部地区的纳斯卡、高原中部地区的雷夸伊、沿岸北部地区的莫奇卡以及沿岸中部地区的利马。它们的文化特征既有相异点、又有雷同处。而通过战争和人员流动，出现了文化融合的现象。现将列国文化之异同综述如下：

（1）农业生产大发展。大部分可耕种、可灌溉的土地都得到了利用。沿岸河谷地带大力兴办水利，挖沟、修渠、建设供水网，不仅供应本河谷各村落的用水，还通过陶制导水管将水引向邻近的一些河谷。高原地区修建了大面积梯田。为了增产，人们乘芦苇筏到近海的小岛上挖取鸟粪肥田。

种植的作物已达数百种，而且沿岸、山区还出现了同一种作物的不同品种。马铃薯、玉米、白薯、花生、南瓜、菜豆等为主要作物,各地区都有大面积的种植。

畜牧业也有了发展。大批放牧骆马和羊驼。骆马和羊驼不仅产毛和肉,还用作运输。

(2)房屋建筑宏伟。各国均兴建了大型庙宇和宫殿。沿岸地区多半用土坯建房,筑在高高的土墩上。最宏伟的建筑物是莫奇卡的"太阳神庙"。土墩底边长228米、宽136米、高18米。土墩上建有一金字塔形的神庙,面积约103平方米,高达23米。神庙用泥柱支撑,柱间用长方形土坯填实。有的庙宇不用土墩,直接建在小山上。高原地区用石块作建筑材料。雷夸伊的庙宇是楼层式的,上下有数层。而普卡拉的宗教中心的石料建筑更是建筑设计的典范。4平方米大小的院落,三面建有石墙小屋;小屋的门朝院子,每个屋内有石板祭坛,院子地底下为两排石砌墓穴。

除宗教建筑外,还有用于战争的建筑。在战略要地修建堡垒,保卫谷地及河谷地带,被围困时用作避难所。

(3)战争已非个人行为,而是国家行为,即战争不再仅仅是为了个人荣誉,或掠夺财物,或捉拿俘虏献祭神灵,而是开始用以扩展疆土了。武士已是全副武装,手持盾牌,戴盔披甲,使用长矛、掷矛、砍刀、金属头槌。作战时吹螺号助战,催动军犬攻敌。

军事首领和高级祭司是同一个人。他也是一国之君。他又是神人合一的人物,代表神治理天下。

(4)形成了一些政教合一的国家。莫奇卡的国家形态比较完善。其疆土包括兰巴耶克、奇卡马、莫切、维鲁、查奥、瓦迈雅尼亚、圣纳那和内佩尼亚等8个河谷地带,总面积达6585平方公里。武士—祭司阶级构成了统治集团。他们掌握、指挥军队,主持祭祀典礼,惩罚敢于冒犯他们的人。国家的上层结构呈金字塔形。国君为最高统治者,是神的代表。他的权力基础是武士和祭司。

农民构成了平民阶级,是社会的基础阶层。他们不仅要耕种田地,还要出劳力修建公共工程:灌溉工程、庙宇、宫殿和堡垒。他们也要参军作战。还有一个中间阶级,由信使、随从、官吏、工匠、医生、奏乐人和舞蹈者等组成。

(5)信奉自然神。世间一切活物和自然现象、自然物体(如山、水等)均被视为神明,加以祀奉。众神之上有个支配一切的最高的神灵。莫奇卡国的最高神灵形象是个皱面、獠牙、长有猫胡的老人。它主司人间生活的方方面面,干预农事活动、战争、驱魔、治病等。

纳斯卡和帕拉卡斯的社会、宗教形态与沿岸北部地区不同。国家组织相对落后;不着力于建筑庙宇、宫殿和堡垒,而专注于纺织业的发展。然而,纺织业的发展远远超越了日常的生活需求,除实用意义外,还具有一种社会宗教意义。人们崇敬亡灵,祭祀亡灵。他们将去世的人内脏掏空,晒干尸体,而后用布匹裹上一层又一层,埋葬于地下。从裹尸布的精美程度和裹尸处理的精细程度上,可看出去世者的社会地位和人们对他的崇敬程度。

(6)手工制品更臻精美。这精美不是表现在技术特色上,而是表现在艺术风格和工艺精湛上。沿岸北部地区的陶器仍为模制,但装饰图案的底色已用白色,图案色彩单调;而纳斯卡的陶器装饰图案用的底色有白,还有红,图案色彩相当丰富,有11种颜色,图案多为动物、植物和人像。沿岸北部地区的图案比较复杂,有人像、飞鸟、走兽、游鱼,更有祭祀仪式、战争场面、人类的日常生活(包括性生活)、农事活动等,揭示了当时社会、宗教、经济、政治生活的各个方面。

纳斯卡的纺织品精美绝伦,编织业也相当发达。而最具特色的是使用的颜色。基本颜色有11种,已发现的色彩多达190余种。纺织品不仅供应本地所需,还远销山区。服装成了列国各社会阶层和职业的不同标志。

金属制品比以前更加普及,不仅有金、银、铜质制品,还有各种合金制品。主要是首饰和祭祀用品;但莫奇卡已用铜制成矛尖、斧头、掘地棒的尖头。

骨雕、贝雕和石雕的工艺水平也大大提高了。主题类似于陶器。

这一时期文化的高度发展归功于国家职能的发挥。国家组织、指导全国性的大型公共工程建设(诸如灌溉工程、梯田、庙宇、宫殿等)和对外扩张活动;而战争、祭祀活动和上层阶级的生活需求则导致了粮食生产的增加和手工制品质量的提高。武士－祭司阶级就是国家的代表;武士、祭司们要求平民百姓提供足够的粮食和精美的物品;平民百姓为他们服务,就是为国家效力。

3. 战国时期

这一时期分为前后两个阶段:前一阶段为蒂亚瓦纳科帝国时期,蒂亚瓦纳科文化占统治地位;后一阶段为列国复兴时期,地方文化得到发展。

(1) 蒂亚瓦纳科帝国时期

列国兴盛时期,主要是国内的发展。土地耕种面积扩大,生产增加,人口增多;手工制造业发达,工匠人数增多;社会、政治、宗教结构确立。列国兴盛时期末期,由于地理、生态条件的限制,土地耕种面积难以再扩展,生产停滞,国内生产已不足所需。比较弱小的国家出兵到邻国抢掠;比较强大的国家则出兵征服邻国,强迫当地人纳税进贡,扩大本国文化和宗教影响。蒂亚瓦纳科国是向外扩张最积极的国家;公元1000年左右,它的文化影响遍及几乎整个安第斯山中部地区。

蒂亚瓦纳科文化兴起于高原南部地区,兴盛于公元3~8世纪;其代表遗址位于的的喀喀湖南岸今玻利维亚境内的的的喀喀镇,离湖约20公里。遗址范围宽广,长约1000米,宽达450米,为一建筑群,内有一些石台、院落、土墩、雕刻的石块、石头建筑、石阶和石门。有些石块重达100吨。石块取自4~5公里远的采石场,加工成长方形,垒砌整齐,用铜锔子连固。主要建筑物设在一座平台上。平台原是一座小山,削平山头成为一石台,面积约65平方米,高达15米;上有房屋和贮水池。可能是座堡垒。另一大型建筑物为一长方形平台,面积约42平方米,有大型竖石板贴面,石板间填有石块。

平台上有一方形凹陷院落,由一巨石凿成的台阶进入。院内有人形石柱和著名的石门——"太阳门"。石门为一长方形巨石,高约3米,门楣上雕有人像、秃鹰和太阳。人像眼睛的下方有一斑或两斑泪痕;考古学、历史学上称之为"流泪之神"。人形石柱呈方形,人呈立姿,面带威严,蓄有胡须,双手置于腹部。这种雕刻风格也见诸于陶器和纺织物上。蒂亚瓦纳科的石刻风格传播最广;石刻除人形石柱外,还有门的饰带和榫在建筑物上的石人头和石兽头。蒂亚瓦纳科文化的特征和艺术风格见诸于今玻利维亚东部的科恰班巴、今秘鲁南部的阿雷基帕、今智利北部的卡拉马、今秘鲁高原的北部地区、中部地区和沿岸地区。这表明了文化的同一性。

文化同一性是通过军事扩张、征服活动形成的。公元9世纪初,蒂亚瓦纳科国开始向外扩张,攻城略地,建立了帝国,实行中央集权。统治阶级不仅横征暴敛,强迫被征服的人们信奉国神——"流泪之神",即太阳神。地方上反抗不断,竭力摆脱外来的信仰和统治;帝国军队四处镇压。灌溉工程废弃,生产下降。12世纪,地方势力复国运动兴起,帝国衰亡。

(2) 列国复兴时期

公元12世纪,蒂亚瓦纳科帝国解体,安第斯山中部地区再次分裂成一大批小国,进入了列国复兴的时期。然而,复兴的国家已非原先国家的再现,出现了兼并现象,新国家的疆域要大于列国兴盛时期的国家;文化也不是原先各国文化的自我恢复,而是融会了包括蒂亚瓦纳科帝国时期文化在内的各早期文化的新型文化的发展。沿岸地区的新匿家都统治着几个邻近的河谷。沿岸北部地区最强大的国家是奇穆国,由9个河谷组成,疆界南至奇永河,北抵通贝斯,首都设在昌昌城。沿岸中部地区的大国是库伊斯曼库国和丘基曼库国。沿岸南部地区的大国是钦查国(包括早先的纳斯卡国)。高原地区有蒂亚瓦纳科国、万卡国、昌卡国等。文化的同一性消失了,各地区出现了新型的文化。沿岸北部地区在保留了其建筑和艺术风格地方特性的同时,还发明了铜砷合金和镀银术。高原北部地区在承继了查文文化传统的同时,建筑了具有新风格的庙宇。沿岸南部地区在坚持发展自己的纺织业和坚持当地墓葬习俗的同时,织物上继续使用蒂亚瓦纳科帝国时期的图案和风格。中部高原地区的制陶工艺有了改进,出现了用"反画法"制出的双色陶壶。

蒂亚瓦纳科帝国崩溃后,最强盛的国家是奇穆国。它在短时间里即整修好灌溉系统,生产得以迅速恢复。它继承了早期莫奇卡文化传统,最大的成就是发明了青铜。用90%的铜和10%的锡制成合金,即成青铜。完全掌握了金属冶炼、锻造技术,还发展了镶嵌工艺,不仅能制作各种首饰(有的首饰上嵌有宝石),还研制出了金盘、银盘、铜盘、青铜盘等(有的盘上有浮雕)。人们用青铜打制成掘地棒的尖头、小刀和针,并打制成短剑、匕首、锤、护胸,供武士使用。纺织品和陶器开始了规模化、标准化的生产。沿用早先的鸟、兽、鱼和几何图形.没有许多新意。这一特色也反映在石雕和壁画上。奇穆人是多神论者,主要崇拜太阳神、月亮神、海神和风神。

城市化势头加剧,人口集中到各大型居民点——市镇的雏形。首都昌昌城位于莫切河谷,面积约28.5平方公里,人口达数十万,为一政治、宗教中心,昌昌城是美洲古代城市建设的典范。规划有致,城内划分10个大区,有街道相隔;街区呈长方形,平均长200~500米、宽100~300米,周围有土墙环绕。区内有住宅、仓库、菜园、墓地、宫殿、庙宇、水渠、水池、会堂、露天市场等。这可能是个民族聚居区。各大区之间还有一些小区,可能是工匠和其他劳动者的居住区。

昌昌城的建筑模式在沿岸地区普遍推广。不仅市镇,就连村落的四周也筑起了围墙。显然,人们居住在围墙内要安全得多。但这一模式在高原地带不多见。那里人口稀少,居住分散。1476年,奇穆国被印加国兼并。

二、印加文明

印加国位于库斯科谷地,兴起于公元12世纪,由11个艾柳组成,讲克丘亚语,建都库斯科城。神话传说称其第一代国君名为曼科·卡帕克。他是太阳的儿子。实行世袭制。第二代国君名为辛奇·罗卡;第三代国君:利奥克·尤潘基;第四代国君:马伊塔·卡帕克;第五代国君:卡帕克·尤潘基;第六代国君:印加·罗卡;第七代国君:雅瓦尔·瓦卡克。这七代君王统治期间为兴国时期,具体情况只有神话传说,史称"传说时期"。从第八代国君维拉科查·印加(1438~1463年)开始,进入"历史时期"。1438年,维拉科查兴兵向外扩张,征服了库斯科谷地和的的喀喀地区。1463年,他儿子帕查库蒂·印加继位,国力鼎盛。他挥师北伐,占领今厄瓜多尔首都基多,一直打到今厄瓜多尔沿海地区。而后,他让他儿子托帕·印加·尤潘基指挥大军沿海岸南下,攻打奇穆国;获胜后,继续向南推进至纳斯卡地区。1471年,帕查库蒂·印加去世,托帕·印加·尤潘基继位。他继位后,继续催师南进,穿过阿塔卡马沙漠地区,一直挺进至今智利中部的毛莱河畔。他的军队在那里受到了阿劳坎人的顽强抵抗。他被迫回师进入今阿根廷北部高原地区,一直打到今图库曼。1493年,瓦伊纳克·卡帕克继位,统一安第斯山中部地区列国,形成一疆域辽阔的帝国。疆土包括今秘鲁、厄瓜多尔、玻利维亚(东部地区除外)以及智利北部和阿根廷西北部。人口约400万。1527年,瓦伊纳克·卡帕克去世;两个儿子瓦斯卡尔和阿塔瓦尔帕争夺王位,爆发内战。1532年,阿塔瓦尔帕夺取王位。同年,西班牙入侵者进入印加帝国,翌年杀害阿塔瓦尔帕,占领库斯科,宣告印加帝国消亡。但印加王朝一直同西班牙入侵者战斗到1572年才告终结。

印加国的兴起和鼎盛得益于安第斯山中部地区早先列国的文化发展。在列国文化发展的基础上,产生了印加文明。印加文明是早先列国文化发展的顶峰,在其自身的发展中有了自己的特色。

1. 经济制度

经济以农业为基础,以土地和水利工程为根本。

普天之下,莫非王土。全国的土地均为国王的财产,由帝国政府分配给农民耕种。土地划分成三部分:庙宇土地、政府土地和农民土地。庙宇土地专门用以供养国神——太阳神庙宇和地方神庙的祭司及其仆役。政府土地专门用以供养帝国王室和从中央到地方各级政府的官员与以备急时之需。农民土地用以维持农民各家各户的生活。这三部分土地均由农民耕种。农民首先耕种庙宇土地,接着耕种政府土地,最后耕种自家的土地。农民土地面积的大小根据一家人口及其他需要而定。农事活动根据节气进行,由政府官员统一指挥。

为了扩大种植面积,帝国政府组织劳力整修梯田。有些地方连45度的山坡上也整出了梯田,种植区域一直延展到海拔4000米左右。

用掘土棒(尖头往往包以金属片)松土;用锹平地、下种。山区用羊驼粪、骆马粪和人粪肥田;沿岸地区用鸟粪作肥料。精耕细作。单位产量比阿兹特克人和玛雅人高出一倍。

农忙时节,抢收抢种,农民互助成风。哪家若劳力短缺、生病、残疾或从军在外,村民都会主动帮忙。有时政府官员也出面组织人力帮忙。目的是不让一分可耕之地撂荒。

水利是粮食生产的命脉。沿岸河谷地带整沟修渠,山区筑坝修导水槽,引水灌溉平川庄稼地和梯田。沟渠纵横,灌溉网络连片,导水槽长达100余公里。据此,有些学者称印加文明为"灌溉文明"。这是不无道理的。

农作物品种达数十种。因地制宜,根据各地的自然条件种植作物。沿岸河谷地带和高原上的谷地里多种植玉米,山区多种马铃薯、木薯、白薯等块茎作物。主要作物有:粮食作物——玉米、黍子等5种;豆类——青菜豆、红菜豆、利马豆等4种;水果类——菠萝、木瓜、鳄梨、黄瓜、石榴、西番莲等14种;块茎类——马铃薯、木薯、白薯、花生、姜等16种;其他类——辣椒、可可、古柯、棉花、烟草、马黛茶、葫芦、芦苇等25种。

帝国也注重发展畜牧业。政府同样划出专门牧场,亦为三部分:庙宇牧场、政府牧场和农民牧场。庙宇牧场上饲养的羊驼、骆马主要用于献祭。政府牧场上放牧的羊驼和骆马主要用于产毛。农民每家最多只能饲养10只羊驼和骆马,主要用于运输。除了羊驼和骆马外,帝国境内没有其他大牲畜。农民家只豢养狗和豚鼠;有些地方还放养着一种鸭,当地称之为麝香鸭。

贸易极不发达。没有货币流通,只有物物交换。收获季节有集市贸易,山区和沿岸地区的人们进行物品交换:山区的产品为毛皮、兽肉、金属制品、山货等;沿岸地区提供蔬菜、水果、棉花、玉米,还有鸟粪。政府控制着粮食的调运,使沿岸地区和山区相互调剂粮食种类,以改变口粮的单一状况。

2. 政治制度

帝国实行强有力的中央集权制。国王和中央政府控制着全国的经济生活、宗教活动和社会生活。

国王拥有至高无上的权力,是神的代表。王室成员处于政治的最上层。他们只俯首于国王。中央集权制得以实行的保证是有一完整的行政体系和交通信息网。

(1)行政体系

印加帝国本名塔万廷苏约(意为"四个联合在一起的地区")。全国分为4个大区(苏约):钦查苏约,包括今厄瓜多尔和秘鲁北部地区;安蒂苏约,包括安第斯山脉以东地区;孔蒂苏约,包括今秘鲁南部沿岸地区;科利亚苏约,包括玻利维亚高原、阿根廷西北部和智利北部。大区下设若干行省(瓦马尼),各省建有省会。各省分为两个专区(萨亚)。专区由若干村落(艾柳)组成。

帝国最高统治者为国王,称为萨帕·印加。国都设在库斯科城。城市由王家建筑师设计、监督修建。有一中心广场,四周建有神庙、宫殿,供王公贵族、祭司及其助手居住。建筑物用石块垒砌。最著名的是太阳神庙。外围辟为街区,有街道相隔,划分给不同社会等级和职业的人居住。有4条大道通往4个大区。城市没有城墙;城外山冈上建有堡垒,最著名的是萨克萨瓦曼堡。此堡为库斯科的防御工事之一,建在城北高于城市200米的小山上,占地4平方公里。依山势建三道石墙,墙高18米,外道墙长550余米。墙内建有瞭望台、粮库、贮水池、武器库和住房。

各省设省会。许多省会是新建的城市。王家建筑师根据库斯科的形制、布局设计建筑了这些新城。

艾柳为行政基础单位,按原村落(或曰氏族公社)而划定。

大区主席称为卡帕克·阿普,由王族成员担任。各省省长也由王族成员担任。王族成员包括国王的兄弟、子嗣及原印加国11个艾柳的成员。他们是"生来的印加人",构成了国王以下的帝国政治最高层。这一政治层面上还有一些"享有特权的印加人"。他们是归顺的非印加国的国君。他们中也有人担任省长之职的。

(2)交通信息网

帝国全境有个交通网。以首都为中心,全国形成了一大信息网络。

有两条大道纵贯南北:一条从通贝斯向南,沿海岸伸展至智利中部地区;另一条穿行于高原地带,北起今厄瓜多尔,南抵今阿根廷西北部。大道两侧均有无数通道联结全国各地。河谷地段和山区谷地的道路有3.5~4.5米宽,为通衢大道;道路两旁有路、障,绿树成荫。沙漠地段的通道都有明显的标志。高原地段道路随地形而变化,或平坦,或斜坡,或穿山洞,或抬级上下。逢水架桥或摆渡;遇峡谷搭索桥。各地均有养路工,专门负责道路的修整,以确保道路的畅通。沿途设有驿站,供信使歇脚。他们完全是步行,每天要走240公里左右的路程。信使专门传递信息,保证下情上达、国王和中央政府命令的下传。道路除用于传递信息外,还有其他一些功能:用于军队的调动、运送粮草、商品运输、国王和政府官员出巡等。

海上交通不发达。南部沿岸地区和的的喀喀湖上有用芦苇捆绑成的筏子。北部沿岸地区有独木舟,可用于沿岸运输。

除行政体系和交通信息网外,还有世袭制、移民制度和司法制度确保了帝国的统治。

(3) 世袭制

印加帝国的世袭制并不是指王位的父子承继，而是一个政治、社会阶层的父子承继，即原先各国统治阶层的子嗣承继，他们享有的特权世代相承。原先各国的国君要将子嗣送到库斯科接受王家教育，以示效忠。这些国君的子嗣们学成后返归故里，继承父位，为帝国服务。

(4) 移民制度

帝国采行"米蒂马制"(移民制度)，将新近征服而又不服统治的村落(或曰氏族公社)或国家迁到政治、社会相对稳定的地区，将归顺、效忠印加国的村落(或曰氏族公社)和国家迁至新近征服的地区。这一制度的实施确保了帝国对征服地的控制，又促进了印加语言和宗教的传播。但移民们原来的宗教、服饰、习俗等仍保留了下来。

(5) 司法制度

帝国以宗教和行政手段强化对臣民的控制，以确保其顺从。

祭司们创建了一套十分完善的忏悔制度，诱使官、民人等向他们忏悔自己的不道德言行的思想活动。冲犯神灵(特别是对国王——神的代表不满)、违反庙规等都是不道德的言行。懒惰、偷窃、凶杀等均为犯罪。最严重的罪行是盗窃国家财产、攻击政府官员。这类罪犯通常要处以极刑。罪犯的审讯工作由政府官员负责。注重证据，根据证人的证词判决。

3. 宗教制度

帝国的宗教体制与政权体制是平行的。两者相互配合，以确保帝国的一统。

帝国有国神。国神是原印加国的主神，名为维拉科查。它是创造之神，是其他神灵和包括天、地、人类在内的万物的创造者，也是人类文明的创造者和传播者。它完成创造任务后即以自己的斗篷为舟楫入海而去，让其他神灵管理世界。这些神灵以太阳神为首。太阳神是庄稼的守护神、国王的祖先，代表维拉科查统治世界。因此，帝国的国神是维拉科查的代表太阳神。国王是太阳神的后代，也就成了太阳神在人世间的代表。他代表太阳神统治帝国。

印加人信奉自然神，对世间万物均奉若神明。一个地方(诸如山顶、洞穴、泉眼、大海、湖泊等)、一件物体(诸如一块石头、先人的遗物等)均成了神地、神物。神灵无数，但它们各有等级。最高者是国神，以下依次为村落(或曰氏族村社)之神、家庭之神。国家级的神灵还有雷神和月亮神。雷神主司降雨；月亮神是太阳神的妻子，主司农事节气。

为了加强统治，国王在全国各地建筑太阳神庙，以统一信仰。神庙内不仅仅供奉太阳神，也供奉各地方的主神，有贵族出身的贞女或尼姑为之服务。太阳神庙是各地的主要神庙，还有其他地方性的神庙。神庙是供奉神祇的地方，不是举行祭祀典礼的地方。

神庙由祭司主持。祭司为神服务，是个特殊的特权阶层。祭司阶层也分等级：国王的一个兄弟为总祭司；以下为高级祭司；再下层为低级祭司。高级祭司由祭司会议推选，无继承权；他们大多为王室成员，主持主要神庙和大型祭祀典礼。下级祭司是世袭的，主持地方上的小型太阳神庙。地方性的神庙由当地平民主持。

祭司的任务是：主持祭祀典礼、宰牲(驼马、或羊驼、或豚鼠)献祭、祷告、占卜、听忏悔、治病疗伤。根据农事节气举行大型祭祀活动。祭祀活动在广场上举行，有一定的程序：祷告，杀牲献祭，献祭品(如古柯、贝壳、黄金、白银等贵重物品)，洒神水，舞蹈，朗诵和演戏，喝奇恰酒。

祭司在帝国的一切事务中发挥着巨大影响。他们利用占卜，参与重大决策、选择王位继承人、决定忏悔的真伪、诊断疾病等。他们利用听忏悔,不仅控制着普通百姓,还控制了贵族等。总之,祭司这一特殊阶层充分发挥了其政治、社会功能,为帝国的一统尽心尽责。

  4. 军事制度

  帝国实行征兵制。兵源来自所有顺从的省份。军队由王室成员指挥。

  帝国军队的主要任务,在于加强对被征服国家的政治控制和保证赋税的征收。再一个任务就是镇压暴乱和反抗。

  所有战俘和战利品一律上交政府官员处理。官兵一律不得将被俘人员沦为自家的奴隶。祭司不得用俘虏献祭。

  官兵论功受赏,赢得荣誉和某些特权。

  5. 社会结构

  帝国的社会结构,实际上就是社会地位和政治权力的结构。根据社会地位和政治权力的划分,帝国存在着两大社会阶级:上层阶级(或曰贵族阶级)和下层阶级(或曰平民阶级),前者是统治者,帝国利益的代表;后者是社会的大多数,农业生产者。

  (1)上层阶级

  阶级内部又分为不同的等级,构成了一个权力金字塔。塔顶是国王。其下为原印加国11个艾柳的成员。再下面是"有特权的印加人"和其他官员。

  政府官员、祭司和军官均出自上层阶级。他们的主要责任是保证帝国的政治安定和社会秩序,以及保证平民百姓受到正当待遇和尽到应尽的义务。

  贵族们不从事体力劳动。他们居住在高大宽敞的宫殿里,穿金戴银,使用银碗、银盘、细陶器皿,有仆役侍候。生活待遇和仆役的多少,根据等级而定。他们以轿代步,要人抬着走;端坐木凳之上,受人参觐;行猎取乐;死后由妻子、仆从陪葬。

  贵族可取几个妻子。不实行族内婚,实行阶级内部婚。因此,妻子多娶自外族、外地。这是用联姻方式确保统治阶级利益的新型制度。国王例外。他必须从自己的亲姐妹中挑选一人为妻,以确保血统的纯净。

  贵族的子嗣接受特别教育,准备将来充当祭司、武士或行政官员。女孩通常在"修道院"受训,而后出嫁,或当高级尼姑,或成为特选女子,在神庙里服务。

  其实,贵族没有私人财产,也没有个人独自的权力。他们的土地、权力、地位、仆役都是国王授予的。他们若有不忠的言行,与庶民同罪。

  (2)下层阶级

  平民以农民为主体。农民不是帝国的纳税人。他们只提供劳动力,为政府和庙宇的土地和牧场耕种、放牧,参加公共工程建设,服兵役,充当贵族的仆役。这些都是他们为帝国应尽的义务。任务完成后,他们返回家乡,过自己自由自在的生活,按当地的习俗过活,信奉本村的神祇。

  农民的住房简陋。一家人挤住在一间长方形的屋子里。屋子既矮又小,没有窗户。山区用石头垒墙,沿岸地区用土坯砌墙。屋顶呈"山"字形,用茅草覆盖。

  移民的住地,房屋群集,直系亲属集中居住一处。村落四周筑有围墙。

  平民的日常生活用品极简单。泥土垒灶,使用陶壶、陶盘、木杯、木勺,用石板、石块,或石臼、石杵加工粮食。

平民就地而眠,席地而坐。凳子是贵族老爷的专座。

平民穿的衣服都是布料。男人着短裤,上身穿无袖齐膝短袍——一块长方形的布,中央开个口用以套头,两边用线缝起即成。妇女穿齐踝的筒裙,上身至腋下,用带子挂在肩上。男女都披皮斗篷和穿皮带鞋。他们不得穿毛料织品,不得得佩戴金、银首饰。

平民中还有一类具有特殊技能的人。其中有一种人叫做"亚纳科纳"。他们从事护卫、土地管理工作,负责公共工程和建筑的设计工作。他们出身平民,也有些人出身贵族。他们不是奴隶,不能被随意买卖。他们为贵族阶级服务,与贵族阶级关系很融洽。另一种具有特殊技能的人是工匠。他们离开了原来的村落,生活在城市中,从事专门劳动,生产金属、纺织品、木制品、石制品、陶器等产品。他们服务的对象主要也是贵族阶级。

6. 科技与文化

帝国的科技和文化发展吸收了早先各国、各地区的成果,出现了集中化、标准化的趋向。各地能工巧匠集中到首都库斯科,根据王家和贵族阶级的需要从事生产劳动。他们的成就体现在建筑、纺织、制陶和冶金等方面。与此同时,文化方面(诸如文学、音乐、医药等)的成就也很突出。

(1) 建筑

帝国的著名建筑是"巨石建筑"。宫殿、庙宇、堡垒、公共澡堂、山区民居,甚至坟墓都用石块垒墙。许多石块重量上吨,有的达数吨。有些石块按其形状就地势放置,有些石块则经加工使用。石块垒砌严丝合缝,就连薄薄的刀片也插不进去。石块加工使用石锤、青铜凿打制,用沙子打磨。房屋多为一层、两层,三层楼房很少见。尚未有弓形结构,多为梁柱结构。房间不大,屋顶盖茅草。建筑风格特征为:石块用凹凸法接合,不用粘合物;石块上有瘤状凸出部(为方便搬运修凿而成);门呈梯形状;最为突出的是墙上有成排的壁龛,彼此相邻。

"巨石建筑"的代表作有上文提及的萨克萨瓦曼以及马丘皮克丘和奥利扬泰坦博城堡。马丘皮克丘城位于库斯科西北约75公里处,建在马丘皮克丘山和瓦伊纳皮克丘山之间的山梁上。城的东、西、北三面均为悬崖,南面筑有两道石墙。外墙开一小门,有条小道从小门通山下。两道石墙之间为梯田。内墙里面为一城池,依山势建筑,有广场、宫殿、庙宇、民居、作坊、兵营等建筑物;建筑物之间有阶梯相通。奥利扬泰坦博城堡位于库斯科城北约50公里处,建在图里马约河与乌鲁班巴河交汇处的山坡上。城堡形状与马丘皮克丘城类似,亦为一依山势修建的建筑群。建筑物上有浮雕,多为蛇、豹形象。这些形象的装饰意义远远超过了早先的宗教意义。

(2) 纺织

较之列国鼎盛时期,帝国时期的纺织技术没有多少进步。普遍使用前莫奇卡国发明的横式织机:将经线绕在两根平行的横杆上,一根固定在木柱上,另一根拴在织工的腰带上。高原南部地区使用一种竖式织机。横式织机用以纺织平布或条纹布;竖式织机用以纺制多种色彩的织毯。纺织原料多种多样。棉花制成质地比较粗糙的布匹。羊驼毛制成比较精细的织物。小羊驼的毛特软,用以织制上等精美毛料。引人注目的是织物上的色彩和图案。色彩种类繁多,有近200种之多,组配和谐、自然。图案多为动物、植物、人像、几何图形;现实主义色彩浓厚,没有了宗教含义。

(3) 制陶

帝国时期的制陶业有两大特点:一为标准化;二为大批量生产。就技术而言,较之列国兴盛时期没有多大提高。陶器(诸如罐、壶、钵、盆等)引人注目的是其装饰图案。同织物上的图案相仿,花、鸟、虫、鱼、人、豹、蛇、羊驼等形象逼真,几何图形讲究对称。图案世俗气息浓重,失去了宗教色彩。

(4) 冶金

矿山为王家所有。劳动力主要是抽调来尽劳动义务的农民。他们定期轮换;期满后即回家乡。在今厄瓜多尔开采白金;在今玻利维亚开采锡。开采出的矿石在高山上熔炼,为的是利用山风煽火。

金属加工工艺已相当先进、完善。工匠们掌握了铸造、锻造、压模、装饰、镶嵌、焊接、铆接等多种技艺,应用锡和铜制成青铜,利用水银和砷制造合金。

用金、银、铜打制首饰。用铜、青铜制成斧、凿、刀、镜、镊、针等工具和棍、剑、匕首等武器。

(5) 文学

帝国时期已有了民间口头文学,包括叙事诗、抒情诗等。其内容多半是非宗教性质的,除少许神话传说外,主要是战争业绩、英雄人物和爱情故事。流传最广的是一则爱情故事:奥利扬泰是王室的一名卫士,平民出身,与公主科伊约相爱私通,向印加国王帕查库蒂求婚。国王不允,将公主关进"修道院"。公主生一女儿。奥利扬泰起兵反叛。帕查库蒂用计俘获奥利扬泰,将其押往太阳神庙献祭。这时帕查库蒂驾崩,托帕·印加·尤潘基继位,赦免奥利扬泰死罪,让他与公主成婚。这一故事18世纪被编写成戏剧。剧本名为《奥利扬泰》。

除民间口头文学外,还有一批宗教文学作品,包括祈祷文和赞美歌。这些都是在祭祀典礼时应用的,赞美神灵,祈求丰收、降福人间。

(6) 音乐、舞蹈

帝国时期音乐已很发达,可惜流传甚少。只有几种乐器流传至今。这些乐器主要用于祭祀和战争,个人拥有的少见。战争时使用的有皮鼓、螺号和骨笛。祭祀时使用的有小手鼓、铜铃和呱嗒板。

舞蹈是祭祀典礼中的一项仪式。表演者穿戏衣,戴面具,娱神、娱己。

(7) 医药

帝国从事医疗工作的有两类人:祭司和巫师。祭司祭祀神灵和祖先,祈求神灵禳灾、祖先保佑。巫师作法驱鬼降妖。两者均懂草药性能,祭祀、作法后授病人以草药治疗。他们已知数百种草药,常用药材有奎宁、古柯、可可、地黄等。

穿颅术是印加帝国医学上的骄傲。做头部手术,取出受伤处的碎骨片。这种医术的发达可能同战争有关。作战时头部受伤者居多;医师在治疗实践中摸索总结出了一套手术方案。应用古柯叶中提炼出的可卡因或奇恰酒作局部麻醉。用铜制小刀开颅。

(8) 天文、历法

帝国在首都库斯科中央广场建有天文观测台,城的东西两侧建有4座观测塔,用以观察天体的运行。根据长期观察的积累,制定了历法。有太阳历和太阴历两种历法。太阳历一年365天;太阴历354天。一年12个月。

(9) 文字

印加帝国没有文字。结绳记事,名为基普。基普以一根横线为主绳,拴上细绳,成排纵向下垂。细绳颜色各异,表示不同的事物。离主绳一定的距离打结,表示不同的数目。按十进位计算,离主绳最远的结为个位数,依此上推,为十位数、百位数、千位数……越靠近主绳的结数目越大。主要用以统计人口、粮食收成、赋税、士兵人数,记录军队行动、民政状况等。

第三章
美洲的"发现"与殖民地的形成

1492年美洲的"发现",是人类历史上的一件大事。它扩大了旧大陆人们的眼界和知识领域,见到了一个极其辽阔、富饶和美丽的新世界。它给欧洲中世纪正趋没落、瓦解的腐朽的封建制度以沉重的打击,使它加速走向崩溃和灭亡。它对当时西欧各国日益成长的资本主义关系,也起了巨大的推进和刺激作用。使人类社会较快地和较早地进入一个新的历史阶段——近代资本主义社会。

但是,美洲的发现并不是偶然的事件,而是由当时的许多客观条件所造成的,哥伦布不过是根据这些客观形势第一个实现了这个伟大任务的先行人物。也从此开始了欧洲列强对美洲的殖民统治。

第一节 哥伦布发现新大陆

在新大陆发现之前,欧洲已开始进入从封建主义向资本主义过渡的时期。在封建制度内部,资本主义的因素已逐渐增长,手工业、商品农业和贸易日益发展,不少商人变成手工工场老板,不少高利贷主日益变成银行家。资本的原始积累在迅速地进行。生产力有着显著的提高。生产力的增长促使人们(特别是大商人资本家)要求新的活动场所。他们要求扩大市场,要求黄金,要求更大的利润。他们特别要求开展对东方(印度、中国和日本)的贸易。黄金、香料(即胡椒、花椒、丁香、肉桂、姜、肉豆蔻)、丝、珠宝——这些曾为马可·波罗所大加宣扬的神奇式的东方产品,差不多已成为当时欧洲商人和贵族骑士们梦寐以求的宝物目的。寻求黄金更是西班牙人横渡大西洋的最大目的。哥伦布在日记中提到,他曾日夜祈求上帝赐给他产金的土地。黄金是当时欧洲人探险队所首先要获得的东西。为此,恩格斯曾指出,地理上的发现,"纯粹为了营利,因而归根到底是为了生产而作出的"。

一、海洋探险和扩张的政治经济前提

专制主义在西欧各国的发展,给地理大发现创造了政治前提。15世纪末,西欧各国如英国、法国、葡萄牙和西班牙,都已开始形成专制主义的统一国家。他们已有力量为这些巨大探险和侵略行动提供所需要的庞大物质手段。哥伦布、麦哲伦、科尔特斯等人的一系列的大规模航行和侵略活动,如果没有得到统一的西班牙专制王朝的支持,便很难有成功的希望。

科学的进步,给地理大发现提供了必要的技术。从12世纪末叶起,中国的指南针已开始传入欧洲。14世纪以后,指南针已在欧洲得到普遍采用。指南针的运用具有非常重要的意义。有了指南针,航海家敢于离开海岸,不沿着海岸的弯曲的航线,而沿着新的较短的航线越过辽阔的海洋,在迷雾和天气不好的时候,可以根据指南针辨明方向;如果没有它,舰队和个别的船只便会在大洋中不辨东西,无法航行。由于指南针在航行中的普遍应用,地图的绘制也比以前大为精确。同时,造船术也有很大的进步,可以调整风力的新型的轻便安全和多桅的帆船已经代替了旧式的小帆船。此外,地圆学说这时已开始得到大多数开明人士的承认。这一学说的传播,加强了远洋航行者的信心和意志。

最后,土耳其人于1453年攻陷君士坦丁堡,也是促使地理大发现的一个直接的推动力。15世纪末叶,土耳其人征服了西亚,切断了欧洲对东方贸易的通路,使欧洲与东方的贸易彻底恶化。过去由中国到欧洲的著名的"丝绸之路"已完全破坏,而另一条经过埃及和红海的航路,也为阿拉伯人所独占。这种情况,大大加强了欧洲商人探索通往东方的新航路的决心。

二、哥伦布发现新大陆

哥伦布(1451~1506年)并不是美洲的第一个发现者。在这以前,印第安人早已遍布南北美洲,成为整个南北美洲的主人。哥伦布也并非第一个到达美洲的欧洲人,因为在10~14世纪间,就有不少勇敢的斯堪的纳维亚人曾经到过美洲。如赖夫·艾力孙及其同伴索菲尼、索弗尔德等,在公元1000年前后,即曾从冰岛出发到达格陵兰、拉布利多、纽芬兰和新英格兰等地,并为我们留下了航行的故事(《文兰旅行记》中对此记载甚详)。在冰岛的古史中和11~12世纪的一些历史记载中,还保存有斯堪的纳维亚人航行到美洲的各种传说。1472年,即哥伦布航行之前20年,在葡萄牙王阿弗梭五世与丹麦王克里斯辛尼一世共同倡议下,以当时的冰岛总督匹宁为首所组成的远征队,也曾到达格陵兰和纽芬兰,葡萄牙人还把这一带叫做"产鳕的地方"。此外,18世纪中叶以后,西方的汉学家歧尼和文宁等人,先后根据中国史籍论证中国僧人在哥伦布"发现美洲"之前1000年,即公元5世纪时,便已到达加利福尼亚海岸及墨西哥。还有一些传说:在6世纪和8世纪时,曾有一些欧洲人从比利牛斯半岛出发,到过美洲;公元792年,爱尔兰人马尔生曾经沿北美洲海岸航行;阿拉伯人在哥伦布之前已几次到美洲探险。至于其他有关在哥伦布以前发现美洲的传说和故事,更是多得不可胜数。不过,所有这些发现美洲的先驱者的事迹,都没有引起人们足够的注意,也不能算作美洲发现的开端。因为他们并没有导致美洲与世界其他地方的经常联系,也没有形成新的地理概念。只有哥伦布这一次"发现",才真正打破了西半球的孤立状态。

哥伦布于1451年出生于意大利热那亚的一个织工家庭,年轻时爱读《马可·波罗游记》,激发了寻找直达中国、印度航路的雄心。14岁时,就曾远航地中海一次;20岁时,投入航海事业,以后移居里斯本。在里斯本与一贵族女子结婚,从其岳父处得到大量航海资料。1485年他又移居西班牙。他刻苦学习天文、地理及船舶驾驶技术,并学会了至少四种语言——意大利语、西班牙语、葡萄牙语和拉丁语。他又确信地圆学说,认为从欧洲海岸西行,最后一定可以到达东方。为了实现这一愿望,他曾先后上书葡萄牙、西班牙,意大利、法国、英国等国王室,请求给以资助,但都未成功。一直到1492年春季,西班牙完成了统一,西班牙女王伊萨伯拉才采纳他的建议。

1492年8月3日拂晓,哥伦布带着西班牙王室致中国皇帝的国书和两个阿拉伯语翻译,率领

第三章 美洲的"发现"与殖民地的形成

"圣玛丽亚"（载重约100吨）、"冰达"（50吨）和"尼娜"（40吨）三条小帆船和船员87名，驶出巴罗斯港，正式开始了"发现"美洲的第一次伟大的航行。由于哥伦布的巨大决心和毅力，经过水手们两个多月的努力，他们在10月12日半夜两点钟发现了陆地。当时舰队的所有人员都兴奋异常，欢声雷动。哥伦布命令从船上放下几只小艇，自己身着海军上将礼服，带领两位船长、一位公证入和王室的监官一起登岸。他们全体跪在地上感谢上帝的"恩赐"，并含着喜悦的热泪伏抱大地。为着他们能够终于踏上这片土地而感到无限幸运。哥伦布在岸上升起西班牙国旗，并以西班牙国王的名义，宣布这个岛屿为西班牙的领土。这个第一次被"发现"的地方就是今天加勒比海中巴哈马群岛中的华特林岛。哥伦布把这个岛定名乃"圣萨尔瓦多"，即基督教所谓"救世主"之意，哥伦布当时误认为这个地方便是印度的一部分。10月12日这个日子，后来就被定为拉丁美洲的"诞生"纪念日。

哥伦布由这个地方继续向南航行，又发现了其他一些小岛。后来又到达古巴和海地等地。第一次航行于1493年3月返回西班牙。此后他又作了第二、第三和第四次的航行，继续发现了牙买加、波多黎各等加勒比海中的其他重要岛屿以及巴拿马和南美洲东海岸的俄利诺科河口等处。但是，哥伦布直到1506年5月临死时为止，始终相信他所发现的地方就是印度。因此，安的列斯群岛和巴哈马群岛一带，至今仍被称为西印度。

哥伦布的航行与发现，向欧洲殖民者和探险者吹响了第一声号角，促使他们掀起了一个纷纷走向新大陆的浪潮。西班牙、葡萄牙、意大利、德国、英国以及荷兰等国探险家的足迹，很快踏遍整个新大陆的沿岸。他们以古巴和海地岛为基地，向西半球整个大陆的四面八方进行开拓。其中特别要提到的是巴尔沃亚、亚美利哥.维斯普奇约（1451～1512年）和麦哲伦（1481～1521年）等人的探险事迹。

三、其他探险者

巴尔沃亚是第一个横穿美洲大陆到达太平洋沿岸的人。他原系为逃债装在食品桶内由西班牙私运到海地来的。1513年9月1日他带领200个西班牙人和1000多个印第安人，开始了著名的穿过巴拿马地峡的长征。虽然他越过的地带不长，但要穿过古木参天的原始森林、无数泥沼、山涧和峭壁。行进时，他们手里还持着沉重的盾牌和火铳。巴尔沃亚终于克服种种困难，于其行程的第25天，即9月26日早晨，登上巴拿马地峡西岸的高峰，望见了波平如镜一望无际的大洋。他是第一个看见东太平洋的欧洲人。他把这个大洋称为"南海"。由于巴尔沃亚的这个发现，哥伦布所"发现"的新世界的伟大意义，才开始真正渗透欧洲的心灵。

亚美利哥·维斯普奇是意大利佛罗伦萨人，后为西班牙服务。他从1499年起参加西班牙人往新大陆的探险活动，曾多次赴美洲详细考察了中美洲、南美洲东北部和巴西及拉普拉塔沿岸，他断定这块大陆不是亚洲，而是新大陆。并编制了最新地图。他于1507年发表的《海上旅行故事集》，受到了极大的欢迎。地图学家华尔西穆勒在其所著《宇宙志导论》一书中，便以亚美利哥的名字称呼这新"发现"的大陆。后来仿照其他大陆亚细亚、欧罗巴、阿非利加等名称的词尾的形式，"亚美利哥"又被改成"亚美利加"。开始，这一名称仅用于南美洲，直到1541年麦卡托的地图上，才通用于整个美洲。

麦哲伦出生于葡萄牙一个破落贵族的家庭，年轻时就热爱航海术，他曾为葡萄牙王室在亚洲西南部马六甲等地作过战,也曾远征过北非,后因在葡萄牙不得意,乃于1517年去西班牙,向西班牙国王卡洛斯一世上书陈述继续寻找通往东方航路的计划,得到了赞许和支持。1519年8月10日,他率领五只船,约二百七十名水手由塞维利亚港出发,渡过大西洋,沿巴西海岸南行。1519~1520年发现拉普拉塔河以南的全部海岸。

1520年10月底,他在南美洲南端带领舰队驶入了一条把大陆和火地岛隔开的海峡。这条海峡很狭隘,他们当时感到非常惊奇,黑水发出铅色的闪光,天空中乌云密布,周围山峰上白雪皑皑,寒气送来了冰雪的气息。据皮伽塔弗描写,他们以为落到了另一个毁灭了的、烧焦了的星球上了。这个海峡后来被称为麦哲伦海峡。1520年11月28日,他通过这一海峡,到达了被他更名为太平洋的"南海"(因为他经过大洋时沿途风平浪静,与风狂雨暴的大西洋成为对照)。从此美洲东海岸的航行发现工作,可以说是全部完成了。

麦哲伦一行进入太平洋后,只剩下3艘船了。在茫茫大洋之上,接连有14个星期不见陆地,饮水和食物都告匮缺。他们受尽饥渴之苦,有19人死于坏血病。1521年春,到达菲律宾群岛。4月27日,麦哲伦在与岛上居民战斗中死亡。其他船员继续航行,到达摩鹿加群岛时,只剩下两艘船了。而有能力装满香料继续去西班牙的仅有"维多利亚"号。这只船在卡诺的领导下,横渡印度洋,绕过好望角向西班牙进发。1522年9月7日抵达西班牙桑卢卡尔港时,只剩下18人了。这是人类第一次环行世界一周的航行。它证明了地球是圆的,美洲系另一大陆。"维多利亚"号所装香料出售后,除付去全部考察费用外,还赚回了一大笔利润。

新航路与新大陆"发现"之后,西班牙和葡萄牙把所有被"发现"的土地据为己有,认为是他们不可分割的财产。这种贪欲与掠夺,不能不引起两国间的矛盾。梵蒂冈教皇为了防止这两个天主教国家之间的冲突,并保护天主教在这些新"发现"的土地上的垄断利益,从1493年起,即对两国不断进行"劝导"、调停和仲裁。1493年5月4日,教皇亚历山大六世规定了两国在所谓非基督世界的分界线。分界线是沿着亚速尔群岛以西100意大利里格处的经线划定的。位于这条经线以西的一切非基督教国土,被宣布为西班牙财产,以东为葡萄牙财产。这项决定为葡萄牙所不满,经过一年的外交谈判,西、葡两国才于1494年6月7日,签订托德西里亚斯条约。根据这项条约,两国接受了教皇把分界线移到佛得角群岛以西370里格处的决定。这一修改,使葡萄牙王室在新大陆得到了对巴西的领有权。此后,托德西里亚斯条约在相当长的一个时期内,成为两国殖民政策的基础,而且明显地形成了两国在欧洲世界以外瓜分权利的理论根据。就这样,在罗马教皇的名义下,这个由印第安人世世代代劳动生息的广阔的世界,便被西班牙和葡萄牙两个天主教国家所瓜分了。

第二节 拉丁美洲的被征服

哥伦布等人并不是作为和平使者来到美洲的,而是作为殖民主义者和征服者的急先锋来美洲寻找和掠夺财富的。在他们背后,有着欧洲封建势力和资本家的积极支持。欧洲统治者急欲向外扩张侵略。西班牙王室想从殖民地获得新的收入来源;好战的小贵族和破产武士想在新的土地上建立起自己的小王国;"宣扬基督福音"的天主教僧侣则要替"上帝"觅取新的活动场所;大商人则要为自己找到更多的贸易市场。此外,还有企图逃避法网的罪犯,肯为低微薪金卖命的雇佣兵,以及那些放荡成性、不堪救药的流氓等,也想把美洲当成他们新的冒险乐园。所有这些统治阶级人物和封建社会的亡命之徒,对于掠夺金银、强占土地、奴役人民的机会,是决不会轻易放过的。虽然印第安人开始以非常友好和慷慨的态度接待他们,甚至把他们当作"神"和"超人"。但他们为了获得财富,却喧宾夺主,恩将仇报,凭借锐利的武器和阴险狡猾的手段,对印第安人实行疯狂的掠夺和屠杀。至1574年,西班牙殖民者已占领美洲大陆近1/3的土地,建立了200多个城镇和移民区,来到美洲的人数达到15万。也就是说,仅仅在哥伦布第一次"发现"美洲以后的70年间,西班牙殖民者和冒险者,便把由合恩角一直向北伸展到今日美国和加拿大边界除巴西而外的大片土地完全征服了(巴西是葡萄牙征服的),并巩固地确立了他们的统治。

一、征服西印度群岛

西班牙殖民者对拉丁美洲的征服,首先是从西印度群岛开始的。哥伦布第一次远征时,在埃斯帕尼奥拉(意即小西班牙岛,即海地岛)岛上建立的第一个小殖民点,很快就被印第安人摧毁,但随之而来的却是规模更大更凶残的征服。哥伦布本人在几次航行中,一方面带去来自各个阶级的移民者,如工匠、士兵、律师、传教士和贵族冒险家,及其在新世界成家立业的一切必需品,如牛、马、羊、猪、鸡等,及建筑工具、谷物和果树的种子;同时,还确立了西班牙人奴役美洲的经济政策。他责令印第安人在规定时间内送交一定数量的黄金,并开始把印第安居民变成奴隶使用。其他殖民者也步着哥伦布的后尘,为了寻找黄金之国,像一群一群凶恶的野兽涌到西印度群岛来。正如十六世纪西班牙著名作家塞万提斯所描写的:"西印度群岛是西班牙的浪子到了山穷水尽地步时的栖身之处,是无家可归的人的教堂,是杀人犯的避难地,是赌棍和骗子的安乐窝,是一般荡妇的收容所,是个吸引大多数人的普遍去处,也是个极少数人的乐园。"

为了在西印度群岛确立永久性的统治,1496年开始,巴托罗梅·哥伦布(系克里斯托佛·哥伦布之弟)即在埃斯帕尼奥拉岛建立圣多明各城,作为西班牙殖民者在美洲的第一个永久根据地。1502年2月,西班牙国王又命大贵族奥瓦多,率领30艘船,2500个殖民者(其中包括73对夫妇和12个传教士)从加的斯出发前往埃斯帕尼奥拉。奥瓦多随身带来了种子、牲畜和农具,正式在圣多明各建立殖民统治机构。此后,哥伦布的大儿子迭戈·哥伦布又于1509年继任奥瓦多的职务。他们二人先后在埃斯帕尼奥拉大力推行殖民统治,至1513年,埃斯帕尼奥拉岛上便已经有了13个殖民城市。

1511年,埃斯帕尼奥拉的督军又派贝拉斯克斯正式占领了古巴。贝拉斯克斯特别残忍而贪婪,他除掠夺印第安人的土地,对印第安人推行委托监护制的奴役外,还整批整批地屠杀那些拒绝交出土地和不愿接受奴役的印第安人。但是,西班牙殖民者并不以占领埃斯帕尼奥拉和古巴为满足,他们继续扩张,在很短时期内,又占领了波多黎各(1508年)、牙买加(1509年)以及其他西印度富饶岛屿。

西班牙殖民者在征服过程中,用尽一切无情的恐怖手段,来镇压印第安人的抵抗。仅仅在几年之间,西印度群岛上的印第安人,不是被殖民者直接杀害,就是死于殖民者所带来的天花、麻疹等传染病,或死于殖民者奴役下的繁重劳役,也有因无法生活而被迫自杀的。巴哈马群岛在12年内,差不多一个印第安人也没有留下。古巴的30万印第安人,至1548年差不多濒于绝迹。海地岛的约25万印第安人只剩下500。这种惨绝人寰的现象,真是有史以来所罕见的。总之,西印度群岛最早被西班牙殖民者所发现,也最早被征服。其土著居民的遭遇也最为悲惨,因为他们不愿做奴隶,而岛小人少,容易被征服,由于无处可逃,所以不到一个世纪,他们便被灭绝了。以后,这里就成了欧洲白人和非洲黑人的居住地。

曾经亲身见到过征服者暴行的著名西班牙天主教神甫拉斯·卡萨斯(1474~1566年)说:"当西班牙人进入印第安人居住地时,老人、儿童和妇女就成了他们逞凶肆虐的牺牲品。他们甚至连孕妇也不饶过,用标枪或剑剖开她们的肚子。他们像赶羊似的把印第安人赶进围栅里,互相比赛,看谁能够灵巧地把一个印第安人一下子砍成两半,或者把他的内脏剜出来。他们把婴儿从母亲怀抱里夺过来,抓住他们的小腿,把他们的脑袋往石头上砸碎,或者把他们扔到就近的河里去,一边说道:'你们该凉快一下啦'。他们把13个印第安人并排地吊起来,在他们的脚下燃火堆,把他们活活烧死,宣告拿他们做祭品来供神,纪念耶稣基督和他的十二位使徒……他们把那些不杀的人砍下手来,嘲弄他们,说:'现在给那些跑到山林里躲避我们的人送信去吧'。遭到最残酷对待的是印第安首领;他们被钉在木栅栏上,然后用慢火烧死。"

"有一回,我亲眼看见,在这种栅栏上烧着五名首领和另外几名印第安人;他们的叫声惊醒了一位睡在附近的西班牙军官,他要求把他们勒死,以便停止嚷嚷。但是他的一个部下(我很熟悉他——他是塞尔维生人),残暴性却胜过这位军官,不愿意结束酷刑;他把印第安人的嘴塞住,为了更增加他们的痛苦,往火堆里又扔上一些木柴。"拉斯·卡萨斯最后总结说:"没有一个人的舌头,能够向人们叙述所有这些嗜血的人所干下的可怕的坏事,他们似乎是人类的公敌。"这是对西班牙殖民者罪行的何等有力的揭露!

西印度群岛被征服以后,欧洲殖民者即以此为基地,继续向美洲大陆展开大规模的探险和侵略活动。在这些活动中,以墨西哥和秘鲁的征服最为重要。因为这两个地区是当时美洲印第安人最富裕、人口最稠密、力量最雄厚和文化最发达之处。他们的被征服,实际上就等于整个美洲印第安人的主力被击溃了。

二、征服墨西哥

墨西哥的被征服发生在1518~1521年。在此以前,西班牙人曾经得到了一些有关玛雅人和阿兹特克人的传闻,并从古巴或埃斯帕尼奥拉出发,对墨西哥和中美洲海岸做过一些探险活动。1512年,一条从巴拿马地区达里安驶回埃斯帕尼奥拉的船只,在尤卡坦海岸遇险,18人上岸,2人保全了性命。其中一人为阿吉拉尔神甫,他在以后科尔特斯征服墨西哥的活动中曾起过一定的作用。1517年,西班牙殖民军官科尔多瓦,在古巴督军贝拉斯克斯的支持下,航行到尤卡坦半岛,从当地玛雅人手中得到相当数量的各种金制器皿。接着,贝拉斯克斯又派他的表兄弟格里哈尔巴作进一步的探险。格里哈尔巴到达尤卡坦和墨西哥海岸,并沿帕鲁科河进入内地,获得了有关阿兹特克宫廷如何富裕的消息。所有这些,都大大刺激了贝拉斯克斯的贪欲。科尔特斯就是在这种情况下,被这位古巴督军遴选出来去寻找这类传闻中的大陆"帝国"的。

科尔特斯出生于西班牙的贵族家庭。1504年到达拉丁美洲,后来做了贝拉斯克斯的秘书。1518年,他正式受命接替格里哈尔巴所未完成的任务。条件是必须自行筹措和担负这一行动的装备和费用。科尔特斯很快就建立了一支武装部队,包括11艘船只、508名步兵、109名水手、约200名古巴印第安土著以及16匹马、10门大炮和其他一些大小枪支。不料筹备工作的顺利成功和其

第三章 美洲的"发现"与殖民地的形成

他一些因素,引起了贝拉斯克斯的忌妒,他撤销了对科尔特斯的任命状。但科尔特斯并不接受撤销的命令,于1518年11月18日把舰队撤出圣地亚哥,继续在古巴沿海一带秘密征集军队。1519年2月,他终于以一个非法司令的身份,离开古巴,向大陆进发。

科尔特斯率领的舰队,沿着科尔多瓦和格里哈尔巴的原有航线,直接向尤卡坦海岸前进。他在科苏梅尔岛上找到了阿吉拉尔神甫。这位神甫已经学会玛雅语言,成为科尔特斯以后同印第安人交涉中的有力助手。不久,科尔特斯在塔巴司科海岸登陆,击败了当地的印第安部族,并获得12个女奴隶作为贡物。其中有一位是阿兹特克一个酋长的女儿,既能说玛雅语言,又能说阿兹特克语言。科尔特斯给她取了一个西班牙妇女的名字——马丽娜,这样,在马丽娜和阿吉拉尔神甫二人的合作下,科尔特斯征服墨西哥所遇到的语言上的困难,便基本解决了。

1519年4月,科尔特斯在今天韦腊克鲁斯地方登陆,建立了西班牙人在墨西哥的第一个城市。他沿袭西班牙中世纪以来的传统习惯,先宣布"辞去"贝拉斯克斯所给予的职位,然后通过市政议会任命他为将军,以使自己的地位合法化。从此以后,他便设法与西班牙王室直接打交道。他在韦腊克鲁斯一共逗留了四个月,一方面把很多掠获物运交西班牙国王,以求得国王的承认,一方面则积极作深入墨西哥的准备。1519年8月中旬,他率领四百名西班牙步兵,正式向墨西哥内地进军。在离开韦腊克鲁斯之前,他采取破釜沉舟的办法,秘密地焚毁了所有的船只,截断自己的归路,以加强部属和士兵们志在必胜的侵略决心。

阿兹特克人第一次同殖民侵略者打交道,丝毫没有对付侵略者的经验。阿兹特克"国王"蒙特苏马二世(1466~1520年)还受到托尔特克的一个预言所影响,该预言说:昔日有一尊神——"白神"克托尔科亚特尔曾被其敌人驱逐,要在他在位期间从东方回来。蒙特苏马二世认为科尔特斯可能就是这位尊神。这种宿命论使他丧失斗志,犹豫不决。这时又正值国势由盛而衰之际,所以他一方面派出少量军队,劝阻科尔特斯的军队不要继续前进,同时又给科尔特斯送去许多金制的艺术品、棉织品、皮披风、皮斗篷等宝贵礼物。但这种态度,不但没有能阻止科尔特斯的推进,反而更刺激了科尔特斯的贪欲,更加强了他实行武力征服的决心。

科尔特斯对这次进攻不但作了军事上的周密布置,而且使用了非常狡猾的外交手腕。他沿途利用"以夷制夷"和"分而治之"的策略,采取贿买、利诱和威胁等手段,把那些对阿兹特克不满的印第安部族,如托托尔克及特拉斯加兰等,全都拉到自己一边与他结成联盟,组成了一支15万人的军队,远远超过阿兹特克军队的数量。

1519年11月8日,科尔特斯的部队进入了特斯科科湖盆地,来到了这个耸立着许多白石神庙的神话般的阿兹特克首都,蒙特苏马打开城门,坐上轿子,在城郊亲自迎接了他。在双方侍卫的保护下,蒙特苏马和科尔特斯并行入城。蒙特苏马把自己城堡的一部分指定给科尔特斯及其部队驻扎,并按照阿兹特克人招待客人的传统习俗说:"这是你的房子"。蒙特苏马这样引狼入室,给阿兹特克招来了无穷的灾难和无法挽回的损失。

科尔特斯在城内住了一个星期以后,感到自己被数万印第安人所包围,处境很不安全。他知道,如果捉住印第安人的领袖,就可使印第安部队的士气沮丧。他采取孤注一掷的办法,当有一天蒙特苏马未带强有力的卫队去见他时,他便借口一部分西班牙人在韦腊克鲁斯附近被阿兹特克的军队所杀,立刻逮捕了蒙特苏马。这一行动给了阿兹特克人极大的打击。尤其是战士,因丧失了军事和宗教上的最高领袖,感到彷徨无主。在相当长的一个时期内,阿兹特克人陷于非常混乱的局面。科尔特斯强迫蒙特苏马向西班牙国王宣誓效忠,并把他作为傀儡,对阿兹特克行使权力。在强力的威胁下,蒙特苏马召开了酋长会议,要他们俯首听命,顺从征服者,并不断命令他的部属,给科尔特斯送去金子和奴仆。这些西班牙殖民者到处搜括,终于在王宫内的花岗石地下室内,发现了由金块、金制品和镶嵌宝石等构成的著名的"蒙特苏马宝藏"。这个宝藏的价值,据估计约达15万金比索。

但是,科尔特斯的统治地位并不巩固。1520年5月,古巴督军贝拉斯克斯派了另一个约1200人的远征队,由纳瓦埃斯率领,来到墨西哥海岸,企图逮捕科尔特斯。科尔特斯获悉这一消息后,把驻守特诺奇蒂特兰和看管蒙特苏马的责任,交给部将阿尔瓦拉多,自己则率领一小队人马,奔向海岸去迎击纳瓦埃斯。他很快就击败了这股敌人,并用金钱把纳瓦埃斯的大部分军队诱降过来,然后迅速地返回特诺奇蒂特兰。

科尔特斯回到特诺奇蒂特兰以后,局势已变得对他非常不利。在他离开的这一段时期内,阿尔瓦拉多曾于阿兹特克人举行的一个最神圣的青玉蜀黍的祭日里,残酷无情地杀死了几个没有武装的阿兹特克贵族和六百名正在欢乐歌舞的印第安人,引起了印第安人的极大仇恨和愤怒。成千上万名全副武装的印第安人汇集到宫殿之前,反击西班牙人。侵略者全被围困在王宫之内,食品和饮水的供应也被切断。科尔特斯感到走投无路。他于1520年6月27日,命令蒙特苏马向人民演说,要求人民停止战斗,但并没有效果。当蒙特苏马攀登到屋顶上,向阿兹特克人民宣布自己是西班牙人的朋友时,人民非常鄙视他,一个战士回答他说:"闭上你的嘴吧!你这个不中用的下流胚,天生下来只配织布纺纱;这些狗徒把你当作俘虏,你真是个懦夫!"于是人民向他扔石头,砸伤了他的头。不久,他因伤重致死。这是他向敌人妥协和投降的下场。

蒙特苏马死后,一场血战开始了。阿兹特克人的包围愈来愈严密,攻击愈来愈激烈。如果不设法突出重围,西班牙殖民者眼看就要坐以待毙。1520年6月30日,一个风雨交加的昏暗的夜晚,科尔特斯的部队,在全身塞满了蒙特苏马宫殿中的黄金和宝石以后(大部分宝藏因无法带走而被留下了),开始突围。阿兹特克战士,并没有放松警惕。等到西班牙人走出王宫,正向预先秘密筑成的一条堤道行进时,忽然间战鼓齐鸣,密集的利箭由四面八方射来。西班牙侵略者在这种沉重打击下,一个个胆战心惊,自相践踏,不少人被淹死在湖里,宝石和辎重也沉入湖底。450名西班牙人,死了一半以上。这就是西班牙殖民者历史上的所谓"忧郁之夜"。

第二天早晨,侥幸逃命的科尔特斯,身边只剩下了2个翻译、1个船工、23名骑兵和一些高级部属以及与他结成同盟的印第安人特拉斯加兰部族的残余士兵。在继续逃亡的途程中,科尔特斯还在阿士巴山谷遭遇到另一次阿兹特克人的袭击。最后,他还是活着逃到了海滨。

这次失败以后,科尔特斯并没有放弃他的野心。在将近一年的时间内,他在韦腊克鲁斯又收拾残兵,重整旗鼓。从古巴和埃斯帕尼奥拉补充了不少武器和其他装备,并利用船只残骸,建造了13条新船。他还同另一些印第安部族结成了联盟。在再次向特诺奇蒂特兰进军之前,他直接指挥的西班牙部队已达1000人,并拥有12门大炮和86匹马的骑兵队。

1521年4月28日,特诺奇蒂特兰的围城战开始了。城内的阿兹特克人,在年轻而英武的新"国王"夸乌特莫克(蒙特苏马的外甥和继承人)——"自天而降的雄鹰"的率领下,勇敢抵抗。他们用钢铁一般的意志和无比顽强的战斗精神,来反击西班牙人的坚甲利炮。虽然,他们的饮水和粮食来源断绝了,殖民者带来的天花又使他们成百成千地死去,但他们还是不气馁,不屈服。围城战一共继续了三个月。城门被打开后,他们依然步步为营,在各个街口和角落进行殊死的巷战。城内伤亡枕藉,惨不忍睹。最后,至1521年8月,这场骇人听闻的大屠杀,终于以绝大部分阿兹特克人的殉难而告结束。特诺奇蒂特兰——新大陆的第一座繁华城市,几百年来印第安人的智慧和劳动的结晶,被毁几达5/6以上。领导这次自卫战的阿兹特克"国王"夸乌特莫克,则受到严刑拷问。他始终拒绝把王宫中的蒙特苏马宝藏的下落告诉殖民主义者,终于以"叛国"的罪名,被送上了断头台。他的尸体被悬挂在森林里的一棵树上示众。为了纪念这位伟大的印第安人战士,墨西哥人民获得独立后在墨西哥城改革大街上给他建立了一座高大的铜像。关于这一次攻城战,威尔格斯曾说:"城陷之前,许多印第安人已经死于饥饿。西班牙人缓缓地向城中心推进,把孱弱的居民成千成千地屠杀,并捉住阿兹特克人的国王。最后,这个城变成一个废墟和一个可怕的屠场。"从此,这个面积辽阔、人口众多、文化悠久、生活富裕的印第安人"王国",便一步步变成西班牙王室的私产,变成一伙凶暴、疯狂的冒险家的领邑了。

科尔特斯胜利以后,按照西班牙的风格,重建了墨西哥城。1522年,他被西班牙国王卡洛斯一世任命为新西班牙的将军。他继续派出部队,向各方推进,并在其征服地区,建立殖民统治机构。1529年,他带了四十个印第安人贵族,许多金、银,美洲的奇珍异兽,以及其他特产回到西班牙。卡洛斯一世优礼接待了他,并封他为"河谷(墨西哥河谷)"侯爵。他的命运比哥伦布要好一些。但当他重回墨西哥以后,他发现自己的权力已被检审庭所限制,成了一个空头将军。1447年死于西班牙。

三、征服秘鲁

继墨西哥被征服之后,西班牙殖民者掠夺西半球的另一大步骤,便是对南美洲大陆印加"帝国"的征服。这件事发生于1531~1533年,离墨西哥的被征服仅仅十年。

最先听到有关南美洲这一富裕"帝国"的消息的,是巴拿马地峡的征服者巴尔沃亚。1511年,一个印第安酋长,当看到巴尔沃亚称量由当地印第安奇布查族人手中得来的金子时,大为惊讶地说:"如果这就是你们远离自己的家乡,冒着生命危险所要追求的东西,我可告诉你们,有一个地方的人民,他们吃喝所用的器皿,都是金制的,那儿的金子有如你们所带的铁一样的便宜。"另一个印第安人,站在太平洋岸的一个沙滩上,弯着腰,作了一个骆马的姿势,告诉巴尔沃亚说:"有一个迷人的地方,那儿有这样一种动物,像你们的马一样驯良。"巴尔沃亚还听说,在南方,有一个被印加王所统治的富裕而神奇的秘鲁国。此外,西班牙殖民者还从其他印第安人处,听来许多有关南方的富裕王国的传说。他们基于自己的主观愿望,把这些传说大肆渲染,说在那一片神话般的土地上,到处都是金穴,国王每天穿一件缀有金沙的新上衣,简直是一个镀金的国王。

1522年,西班牙殖民者安迭戈亚,航行到今天秘鲁共和国的圣米格尔湾。他曾从这儿上岸,进入内地。由于健康关系,他没有能作进一步的考查,但却带回了有关印加"帝国"的确切消息,为后来皮萨罗的征服秘鲁,提供了极有力的线索。

征服印加"帝国"的主要人物为皮萨罗。皮萨罗原是西班牙的一个流氓,一字不识,曾当过牧猪人。1509年,他随奥赫达的远征队,前往巴拿马地峡的达里安,除一件"外衣和刀"而外,身边一无所有。1513年,他随巴尔沃亚参加了横越巴拿马地峡的探险。由于在多次战争中立了功,他在巴拿马得到一个种植园,作为对巴拿马督军佩德拉里亚斯效忠的奖赏。

但是，一向贪婪成性和富有冒险精神的皮萨罗，决不以得到一个种植园为满足。当他第一次追随巴尔沃亚从印第安人处听到有关秘鲁的情况时，就声言要以探寻那个盛产黄金和骆马之国为己任。1522年，当安达戈亚带回印加"帝国"的确切消息以后，他更增强了南进的决心。后来他与逃避凶杀罪的阿尔马格罗及神甫卢克三人合伙，获得督军佩德拉里亚斯的特许去探寻这个神秘的"帝国"。

1524年，皮萨罗对秘鲁的第一次探险行动开始了。他与阿尔马格罗各率领一只船，带了112个西班牙人和若干印第安人奴隶，先后向南美大陆进发。他们一出巴拿马海口就遇到大风暴，后来到达了哥伦比亚沿太平洋的圣胡安河。这次探险虽然没有得到什么成绩，但却获得了少量的黄金，作为筹备第二次航行的基金。

1526年，皮萨罗又与阿尔马格罗重新组织了160人的探险队，进行第二次远征。他们经圣胡安到达厄瓜多尔海岸的加罗岛。在厄瓜多尔海岸登陆。但遭到了印第安人的顽强抵抗，阿尔马格罗因此瞎了一只眼睛。从这次教训中，他们知道要完成这个任务，还必须聚集更多更大的力量。于是，阿尔马格罗返回巴拿马求援。

阿尔马格罗返抵巴拿马以后，巴拿马的督军已换成里奥斯。新的督军不信任皮萨罗与阿尔马格罗，他扣留了阿尔马格罗，并派人召回皮萨罗。皮萨罗不但不听从新督军的命令，反而对同伴说："朋友们！在那边是苦役、饥饿、赤身裸体。倾盆如注的暴雨、荒芜和死亡。在这边是安逸和欢乐；那里是秘鲁和它的财宝，这里是巴拿马和它的穷困；选择吧！诸位，什么是最适合一个勇敢的卡斯提尔人去做的。至于我，我上南方去。"他并以身上的佩剑，在沙上划一条横线，以表示与新督军决绝之意。同伴中有13人决定追随他。

皮萨罗南行抵达印加"帝国"的边境城市通贝斯。他在这儿同印第安人交易，得到了不少黄金和骆马毛，而且还找到了一个印加青年，取名为费利皮略，准备训练作为翻译。但是他知道，新督军既然同他作对，在没有取得更多更大的后援之前，要征服印加"帝国"是绝不可能的。于是他决计返回西班牙，直接向国王乞求支持。1528年年初，他带着几个印第安人，几只羊驼，许多精美布匹、金银器皿和饰品，决定回国去。他先到巴拿马，并随即起程返西班牙。

1529年夏，皮萨罗出现于西班牙国王的宫廷。他在这儿很可能遇到了科尔特斯，并接受了科尔特斯的一些经验介绍和劝告。7月26日，他正式得到国王卡洛斯一世的指令，允许他组织一个较大的远征队。在这个指令中，皮萨罗和阿尔马格罗被许为合法的绅士，阿尔马格罗被任为通贝斯城的司令，卢格神甫被任为通贝斯的主教，而皮萨罗则被任为瓜亚基尔湾以南200里格地区的行政长官、将军和终身的阿德兰塔多。就是在加罗岛上跟随皮萨罗共同战斗的13个属员，也全都被授予骑士的称号。

法定的手续既已完成，皮萨罗就正式着手招兵买马。当时西班牙人一般想去墨西哥，不愿意到一个尚不知底细的地方去冒险，因而皮萨罗的工作进行得很不顺利，只征得自己的四个异母兄弟及少数几个人，于1530年返抵巴拿马。

在巴拿马停留了一年。这期间，皮萨罗的队伍扩大了，而且还得到一个得力助手索托。索托刚率领两艘船从尼加拉瓜开来，把全部人力与物力都投入了这个远征队。

1531年1月，皮萨罗的远征队，包括180人，27匹马，由巴拿马向通贝斯进发。在到达通贝斯以后，发现城市已被毁，乃在离通贝斯几里格外，建立了一座新城，取名为圣米格尔。他在这儿停留了一个时期,一方面休整队伍,一方面收集有关印加"帝国"的情报和资料,等待进击的有利时机。

这时,正值印加"帝国"发生内乱。两兄弟瓦斯卡尔和阿塔瓦尔帕,在父亲卡巴斯——印加二世去世以后,相互争夺印加"王位"。瓦斯卡尔与宗教领袖有较密切的联系,阿塔瓦尔帕则与军队领袖结成联盟。两人之间进行了多次激烈的战斗,结果阿塔瓦尔帕获得胜利,他把瓦斯卡尔囚禁起来,并对支持瓦斯卡尔的王室成员和贵族大肆镇压。这一内争使双方有经验的官员伤亡殆尽;有的地方尸骸遍地,几乎成为无人地带,这样就严重地削弱了印加人的力量。

皮萨罗得悉这种情况以后,认为自己的有利时机已经到来。1532年秋,他率领102名步兵和62名骑兵向南行进了几百公里,越过安第斯险峻的山隘,终于在1532年11月到达印加"帝国"的北部重镇卡哈马卡。11月15日,他的部队没有遇到任何抵抗,就开进了这个城市。市内平静得一无声息,因为所有的人已于事前奉命撤出了,这个本来有1万居民的城市这时已空无一人。

阿塔瓦尔帕带着4万大军,驻扎在离卡哈马卡不远的一个温泉附近。他虽然早已听说有关西班牙人到达通贝斯城的消息,也知道皮萨罗向他的"帝国"前进的行动,但他同样也没有对付殖民侵略者的经验。他既没有主动出击,也没有作任何军事上的布置,反而命令原有的守卫部队撤退,把沿途仓库的粮食、布匹等留给西班牙人。以致皮萨罗得以自由自在地通过了"一夫当关,万夫莫开"、高达3048米的安第斯山险隘。

皮萨罗进驻卡哈马卡城以后,立刻就派索托去阿塔瓦尔帕兵营,要求阿塔瓦尔帕同他会晤。次日,即11月16日,阿塔瓦尔帕只带了一些没有武装的随从,毫无警惕地乘着轿子来了。据说,他之所以这样大意,是由于印第安人的地方官报告说,西班牙人数目无几,而且软弱和拙笨到连不劳累时也不能步行,而只能骑在他们叫做马的大绵羊身上行走。

另一方面,皮萨罗则全副武装,早把陷阱设好。他命令60名骑兵分为3队,埋伏在广场周围。皮萨罗与阿塔瓦尔帕在繁文缛节的仪式下会面以后,一位天主教神甫巴尔维德走到阿塔瓦尔帕前面,手里拿着一本圣经,说道:"……如果你愿意受洗而皈依圣教,并服从督军(指皮萨罗),即像一切基督徒一样行动起来,则督军将保护你,并使当地能有和平和公正。……否则督军就要用残酷的战争来对付你,用火和剑来消灭一切手执长枪的人"。

阿塔瓦尔帕不动声色地让神甫讲完,然后平静地说:"这里的土地和土地上的一切系我的祖父和父亲所有,并传给我的哥哥印加的瓦斯卡尔。现在这一切都归我所有了。我不知道圣·彼得把土地赐给了任何人,即使赐给了,我也不曾知道,也不想知道。我不知道创造天地的人和耶稣基督,只知道这一切是太阳创造的。在这里,太阳是上帝,土地是母亲,帕加卡马是祖先。"又说:"我只尊重太阳神和我的祖先。"

阿塔瓦尔帕拒绝了侵略者的无理要求,并把那本圣经摔在地上。于是神甫巴尔维德拣起那本神圣的福音,片刻也没停留,急忙跑回去把刚刚发生的事报告给皮萨罗,并对西班牙人说:"马上进攻,我宣告你们无罪。"接着,皮萨罗卑鄙地下毒手,命令埋伏的侵略军出击,一刹那间,野炮就发出了巨响,西班牙骑兵和步兵从三面冲了过来,皮萨罗自己率领步兵冲向阿塔瓦尔帕。毫无准备的印第安人,不但没有逃跑,而且集于阿塔瓦尔帕的轿子周围,坚决抵抗。他们人数众多,战死一人,立即出现好几个人补上去。后来有两个西班牙人把阿塔瓦尔帕从轿子中拉了出来,绑架而去。

这一战,据皮萨罗的秘书后来说,一共屠杀了2000人。而印加历史学家蒂图库西则说被害者达1万人。战斗一共进行了半小时,西班牙人除皮萨罗为掩护阿塔瓦尔帕被他的同伴碰伤了手臂外,其他无一入损一毫毛。皮萨罗说:"由于印第安人是解除了武装的,所以他们对任何一个基督徒都丝毫不发生危险地被打败了。"

阿塔瓦尔帕被捕以后,皮萨罗向他勒索巨额赎金。赎金的数目很多:金子必须填满一间长达7米,宽5米和一人多高的房间;银子必须填满二间较小的房间。印第安人为了营救自己的领袖,夜以继日地把黄金从四面八方送到卡哈马卡,其中包括王室的宝藏和全国各地区庙宇中的金块、金饰、金罐、金瓶、金杯等金银器皿。皮萨罗所要勒索的金银数目,很快就达到了。这三个房间共装有:金1.3265万镑,银2.6万镑,其价值至少等于现在的2000万美元。这在当时是一笔空前巨大的数目。历史上从来没有这样一支小小的军队,竟掠夺如此众多的战利品。

勒索的愿望满足以后,皮萨罗不但没有履行自己的诺言,释放阿塔瓦尔帕,反而背信弃义,借口阿塔瓦尔帕谋害兄弟、迷信、与人通奸、密谋反对西班牙人以及其他一些"莫须有"的罪名,把他绞死。他的尸体后来被印第安人从教堂中取走,制成木乃伊,埋到一个至今尚无人知道的地方去了。

处置了阿塔瓦尔帕以后,皮萨罗便派出军队,进占印加全国各地。1533年11月,占领了印加人的古都库斯科。库斯科非常壮丽,当时的人口,估计有20~25万之多。皮萨罗在宫殿、地窖、地下洞穴和陵墓中找到了印加艺术的精品——金银饰物的新宝藏。1535年,秘鲁全境差不多都被征服。由于库斯科地处内地,同巴拿马海上交通不便,再加以皮萨罗为显示其"武功伟绩",他便在利马河畔的一个绿洲,建立了一座新的城市,取名利马,一切按西班牙的传统形式建筑。他为了纪念主显节,便称利马为"诸王之城"。从此,这个西班牙流氓,一变而为印加"帝国"土地上的实际统治者。在这一征服过程中,皮萨罗不但掠夺了印第安人所有的财富,而且任意毁坏了一切有价值的文件与档案,摧毁了印加人雄伟壮丽的庙宇、陵墓和古迹。他使这个古老而富裕的"帝国",变成了一片荒凉。这是人类历史上最大的浩劫之一。

为了建立和维持对印加人民的统治,和缓印加人民的敌对情绪,皮萨罗找出瓦斯卡尔的一个年轻兄弟曼科继承印加的王位。1535年,曼科从西班牙人的控制下逃出去。1535年2月,他率领印加的起义军围攻库斯科。西班牙人损失惨重,为饥饿所迫只好常常闯出城去进行抢劫,以搜寻食物。库斯科的围攻战进行了6个月,曼科终因无法攻克这个城市而撤退到山中去。几年以后,曼科也被西班牙人杀害。曼科死后,他的后裔图帕克·阿马鲁继任起义者领袖,他力图驱逐西班牙侵略者,以恢复旧印加政权。他设法从西班牙占领区运进武器,并学会使用这些武器,但终于在1572年被击败、处死。以后安第斯山高原地区印第安人起义领袖为了纪念这次斗争,常常采用印加的官衔和图帕克·阿马鲁的名字,作为他们争取解放和独立的象征。图帕克·阿马鲁死后,印加人民的有组织的抵抗,便告一段落。

皮萨罗这群贪婪的殖民者也没有得到好结果。他们瓜分由印加人民那里所劫来的大量金银,除以1/5交西班牙王室外,其余部分则因分赃不均而引起激烈的内讧。皮萨罗的老伙伴阿尔马格罗,由于到达卡哈马卡迟了几个月,被分得少一些,便与皮萨罗的下属展开了内战。从这时起,侵略者之间的野蛮冲突,持续了好些年,结果大部分首领,包括阿尔马格罗、皮萨罗的四个兄弟以及皮萨罗本人在内,都被杀死或囚禁。西班牙王室和教会,就在这种明争暗斗的过程中,在秘鲁建立起殖民主义的统治。

征服墨西哥和秘鲁以后,西班牙殖民者先后又以墨西哥、秘鲁为基地,向北向南继续征讨。在墨西哥方面,1524年科尔特斯的部将阿尔瓦那多占领了危地马拉城。1525年,科尔特斯本人又率

第三章　美洲的"发现"与殖民地的形成

领一个远征队进占了洪都拉斯。1533年,科尔特斯派出的另一个远征队到达下加利福尼亚。1542年加布里略到达旧金山湾。在南美洲方面,西班牙殖民者也以秘鲁为基地,继续向南进攻。1535年,阿尔马格罗进入智利。1536~1538年,奎沙达进入哥伦比亚和委内瑞拉。此后西班牙人又继续征服阿根廷、巴拉圭、乌拉圭等地。这样,在短短几十年内,西班牙殖民者就征服了除巴西以外的北起加利福尼亚湾和密西西比河,南至阿根廷和智利南端的美洲大陆。

四、征服巴西

葡萄牙在航海、开拓和殖民事业方面,并不比西班牙逊色,甚至着手得更早一些。不过,葡萄牙早期获得的成功,主要在东方。

1385年,葡萄牙国王若奥一世驱逐了摩尔人,完成了国家的统一。15世纪初,被称为大航海家的亨利王子(1394~1460年)创办了一所航海学校,聘请意大利和葡萄牙的著名科学家,包括宇宙学家、地理学家、数学家和航海家等,以训练驾驶员和航海员。他先后派遣许多人向西、向非洲南海岸航行,发现了佛得角、亚速海以及塞内加尔海岸等。此后,迪亚士(约1450~1500年)于1487~1488年发现了好望角。达·迦马(约1460~1524年)于1498年终于到达了印度。

但是,葡萄牙人对于美洲也并没有置身事外。从"理论"上讲,根据1494年签订的关于所谓非基督世界分界线的托德西里亚斯条约,巴西地区是划归葡萄牙的。1500年3月,葡萄牙航海家加布拉尔率领了一支包括13艘小帆船舰队,在绕道好望角去印度的途中,因进入东南贸易风带,被吹到了南美洲的巴西海岸。4月22日,他在今天的巴伊亚以南322公里处一个名叫塞古罗港的海岸登陆,竖立了一个刻有葡萄牙王室徽章的十字架,表示这块新发现的地区已属葡萄牙王室,并把这块土地取名为"圣十字地"。加布拉尔在这个新发现的地方没有久停。他派了一只船回葡萄牙报告已发现一个大岛,自己仍继续向印度航行。后来,葡萄牙国王又于1501、1503、1516年,先后派遣远征队勘察这块新发现的领土。不过,这个时期,在巴西留居的主要是一些葡萄牙的流放罪犯、犹太人和因船只沉没而活下来的以及由各种原因被遗弃的水手等。这些人大多以印第安妇女为妻,靠贩运巴西木过活,也有一些人从事农业。其中又以犹太人所起作用较为重要。因为在发现和征服初期,葡萄牙人一般都不愿意去巴西,而犹太人因在国内受压迫,所以去的较多。葡萄牙国王曾把采伐巴西木的专利权授给一个犹太贵族多年。但在最初的30年间,葡萄牙人在巴西的进展速度很慢。这主要是由于当时葡萄牙本身很小,只有150人口,没有足够力量从事更多的征服活动。同时,葡萄牙已经拥有了一个富裕的东方,而巴西又没有发现像阿兹特克和印加那样多金的"大帝国",很难引起葡萄牙人足够的注意。

至16世纪30年代,由于被传说中的富裕的"亚马逊人之国"所吸引;法国人在巴西海岸获得巨大利益,并且建立商站,夺取葡萄牙人所建据点;东方殖民地所得香料价格大大下降,葡萄牙企图从巴西加以弥补;西班牙殖民者和冒险家不断向巴西边界进行各方面的探索,出于上述种种原因,所以葡萄牙人乃正式决定大力开拓巴西。1530年,葡萄牙国王若奥三世派大贵族马丁·苏沙率领五艘船和四百名移民带着牲畜、甘蔗和少数非洲黑奴向巴西进发。

1531年1月,苏沙到达巴伊亚海岸,他驱逐了驻在伯南布哥的法国人。1532年1月,他在圣维森特建立了葡萄牙人在巴西的第一个永久性的殖民地。他把土地分给葡萄牙移民。移民们种植甘蔗、小麦、大麦、葡萄以及原印第安人所产的玉米、参茨等作物,圣维森特很快就繁荣起来了。苏沙的部队继续向内地扩张。

1534年,他又建立了皮腊提宁加城,即后来的圣保罗。苏沙的远征,是第一次确定了葡萄牙殖民地同西班牙各属地之间的事实上的分界线。葡萄牙在巴西殖民统治的基础也就从此奠定了。在征服过程中,葡萄牙人采用了与西班牙同样的殖民方式,短期内把广大的巴西整个地区,完全蚕食吞并了。葡萄牙殖民者为了要消灭印第安人的抵抗,除了在作战时大量杀戮以外,还采取了最卑鄙最阴毒的办法,即故意把那些患天花、猩红热病死的人们的衣服,放在树林内,让印第安人取用之后,在他们中间引起足以造成可怕的毁灭性的瘟疫。

五、美洲的发现与被征服的意义

在拉丁美洲被征服过程中,西班牙或葡萄牙殖民者掠夺印第安人的土地,屠杀他们的人民,破坏他们的社会制度,摧毁他们的文化。仅仅到1541年为止,在西、葡殖民者的暴力镇压下,至少有几百万印第安人完全被无辜歼灭了,苟全性命的印第安人,绝大多数也沦于被奴役的地位。英国作家威廉·霍维特曾经写道:"西班牙人在征服美洲过程中,至少屠杀了一千万印第安人。读那些记载,谁也禁不住愤怒,恨不得上苍伸出手来,把这些欧洲暴君从地面上彻底消灭。他们像觅食的野兽,在世界各地巡游,肆意破坏,比任何蛮族更为野蛮地嗜血。"在这一场尖锐性的生死搏斗中,印第安人所处的社会发展阶段较低,部落与部落之间很少联系,缺乏坚强的领导核心和严密的组织,武器又处于劣势,没有马,没有铁,只知道使用石制的武器和工具,这样,他们便不可避免地在西、葡殖民者野蛮的武装侵略和狡猾的分化政策下遭受失败了。从此,西班牙、葡萄牙殖民者就在印第安人的鲜血和枯骨上,建立了非常庞大的殖民帝国,对拉丁美洲进行了长达300年的残酷统治。当然,对拉丁美洲的征服过程决不是一帆风顺的。西班牙和葡萄牙征服者,曾遭到印第安人极其英勇和激烈的抵抗。殖民主义者也为此付出了重大的代价。

但是,另一方面,美洲的"发现"和被殖民,使旧世界与新世界首次建立了联系,开始并逐步形成了世界市场,扩大了商业往来和文化交流,西方经济生活的中心从地中海转移到大西洋。从中世纪以来,一向垄断东西方贸易的意大利诸城市衰落了,代之而起的是葡萄牙的里斯本、西班牙的塞维利亚以及尼德兰的安特卫普等新兴城市。特别重要的是,一个非常辽阔、富饶而美丽的新大陆进入了世界体系。来自其他大陆的大量移民同土著居民的混合,新的民族的形成,使整个人类增添了新的血液、智慧和力量,扩大了无法估量的精神和物质财富。即使对印第安人的社会来说,这种征服的后果,还是具有一定的积极影响的。因为它从根本上摧毁了他们古老的部落公社制,确实把他们推上一个更高的封建—资本主义制度,在印第安人密集生活的那些国家里,印第安人中间慢慢地发展了阶级分化,这种分化是典型的资本主义社会性质的,他们已经产生了相当数量的矿业和农业无产阶级。这样,就大大缩短了印第安社会正常化道路的发展进程。事实上,在被征服的大多数拉丁美洲地区里,那些幸存下来的印第安土著居民,仍然以坚忍不拔的顽强精神,继续生活在自己原来的民族地域之内,发展着自己独特的文化,从而也就促使整个人类社会以更快的步伐向前迈进。

第三节　西班牙殖民统治时期的美洲

自拉丁美洲被征服,到19世纪20年代拉丁美洲爆发战争建立民族独立国家为止,整个300年间,是属于西班牙和葡萄牙的殖民统治时期。这是西班牙和葡萄牙殖民主义者对拉丁美洲人民和资源进行最大限度奴役和掠夺的时期,同时也是拉丁美洲人民对殖民主义者进行反奴役和反掠夺的英勇斗争时期。

西班牙殖民帝国极盛时期的领土面积达到1054万平方公里,超过古罗马帝国的两倍,是西方近代史上第一个最大的殖民国家。它和葡萄牙殖民主义者征服拉丁美洲的最大欲望,是为以王室为首的大贵族与大商业资本家谋夺财富。从征服一开始,殖民主义者即采取了极端野蛮的抢劫方式,攫取了在他们看来一切有足够价值的东西。但这种早期的直接掠夺方式,并未能完全满足西、葡统治者和殖民冒险者的贪欲。为了进一步搜括拉丁美洲的人民和资源,他们建立了一套完整的政治、经济、军事、文化和宗教统治机构,实行了长达300年的殖民统治。

一、西班牙的殖民专制统治与行政制度

对殖民地的统治组织形式与剥削方法,往往是同殖民主义者本身的社会性质和政治经济制度分不开的。16世纪到18世纪末叶,西班牙还是一个专制政体的封建和重商主义的国家,因而它的殖民政策和统治方式,也打上了封建主义、专制主义和重商主义的烙印。

在征服和开拓初期,西班牙王室对殖民地的巨大财富和重要意义还不十分了解,还缺少这种统治经验,不愿意也不可能多从国库拨款进行殖民活动,所以对殖民地征服者的干涉不多,征服者可以享受颇大程度的自主。当时,征服者的部队,一般由他们自己设法筹款组织,王室只处于赞助地位,所以这种军队完全由他们自己指挥,并不属于王室军队系统。他们夺取的财物也归他们自己支配,王室只征收其中的一部分(通常是1/5)。征服者事先与国王订有合同,详细载明了征服者在征服地区所享有的权利及其与王室的关系。

哥伦布于1492年4月17日与伊萨伯拉及斐迪南在圣大非所订的协议书,就是这类合同的第一个例子。该协议一方面肯定,西班牙国王是尚未发现的土地的宗主和统治者,西班牙王室对一切新发现土地有不可缺少的权利;另一方面明确规定,王室赐给哥伦布海军司令和最高总督职位,以统治他所发现的地区,他的继承人和后嗣也被允许拥有这个爵位的一切优先权和特权,他还可以在所辖地区指派官吏,并从该区掠得的一切财富内抽出1/10归自己使用。这就是说,协议书给予"发现者"的权利是很大的。以后,巴尔沃亚、科尔特斯和皮萨罗等,都援用这一先例,成为各自征服地区的阿德兰塔多。

"阿德兰塔多"是西班牙王室在美洲探险与开拓时期所加给那些征服者的一种称号,主要盛行于16世纪20~30年代。它是从西班牙国内在与摩尔人作战时所实施的一种制度抄袭而来的。这种称号,最早可能于1497年授予巴托罗梅·哥伦布,以后大约共有30人拥有过这种称号。在名义上,阿德兰塔多是一种终身职,甚至其子孙也能继承,但实际上,大多数阿德兰塔多只能在几年或者稍多一点时期内维持其地位和权力。他们大多数死于同印第安人的战斗中,或者死于互相之间的

争夺,或者其权力和地位后来又被王室剥夺。

阿德兰塔多的权力极大,在他所统治和控制的地区以内,一切行政、军事、宗教和司法大权,都归他掌握。他对西班牙王室只是一种名义上的服从而已。如一位西班牙大臣在视察这些地区以后曾说:"我觉得,你们(指阿德兰塔多)在力图叫印第安人除你们以外,既不承认别的神,也不承认别的君王。"拉斯·卡萨斯在一封上卡洛斯一世即查理一世的书上也说:"他们(阿德兰塔多)想望在这些或那些省份中夺取最高统治权"。由此可见,早期征服者的地位,不是被征服地区的钦任长官,而是这个地区的封建领主或半独立的土皇帝。

随着殖民地区域的不断扩大,随着殖民地政治经济社会情况的不断发展,西班牙王室对殖民地的统治方式和政策也不断演变。王室了解殖民地的重要性以后,为了防止殖民地征服者因权力过大而引起分裂趋势,便不再容忍他们据地自雄的半独立局面了。在这种情况下,王室过去与征服者所签订的协议书,便变成了一种障碍,妨害王室增强直接支配殖民地财产的权力。王室为此制定了一系列的法令和训令,采取恩威并用的办法,逐步削减征服者的权力,以加强王室在殖民地的统治地位。

西班牙国王菲利浦二世于1571年9月给"印度等地事务委员会"(这儿所指的是西印度)颁发了一个训令,明确指出美洲殖民地在西班牙帝国中的地位及其政治组织的原则。训令中说:"由于印度等地和卡斯蒂尔等王国属于同一国王,所以他们的法律和政府形式应该做到尽量相同。我们的委员为印度等地制定各种法律和制度时,应该以卡斯蒂尔和莱昂王国的法律和制度作标准。如果因这些地区的具体情况不同而有必要作某些变动时,也只能在卡斯蒂尔和莱昂王国原有式样所能允许的范围内加以变换。"

这个训令表面上规定,美洲各殖民地与西班牙国内卡斯蒂尔和莱昂等王国具有同等地位,他们之间的关系只是共戴一个国王。实行上菲利浦二世的目的是:①不把美洲殖民地划为西班牙政府管辖范围内的一个组成部分,只作为王室的私人产业。这样,国王对各殖民地就不但有宗主权,而且有财产权。他是殖民地经济上的唯一所有主,政治上的唯一最高首脑,殖民地的一切设施,必须听从他个人的命令。②对美洲各殖民地的统治,必须按照西班牙国内的统治方式。要把西班牙封建专制王国所具有的中央集权制和一切条例,全都搬到殖民地来。同时还要结合具体情况,把"白种"殖民者残酷压榨"有色"居民的特有办法,补充进去。西班牙美洲殖民地300年间的政治、经济、军事和宗教方面的组织,就是按照这个原则逐步建立起来的。

西班牙的殖民统治机构是一个自上而下的、无所不包的庞大官僚行政系统,是属于一种中央集权的政府机关等级制。从帝国的最高首脑——王室——直到殖民地的每个基层区域,都设有相应的行政组织和管理人员。它不是一下子就建立起来的,而是随着形势的发展逐步形成的。这种统治机构分为两套行政组织,在国内是"印度等地事务委员会",设在首都马德里的宫廷内,每周集会三次,国王可以在任何时候亲自主持会议。在殖民地则采取总督制。

还在1493年5月,当哥伦布第一次航行回来后不久,伊萨伯拉女王就任命卡斯蒂尔政府的大臣丰塞卡一方面协助哥伦布从事第二次航行的准备工作,一方面联系和处理有关新发现地区所发生的事务。1504年,由于这类工作日益增多,王室又为丰塞卡增设了秘书和助手。1524年8月1日,国王卡洛斯一世公布法令,正式成立"印度等地事务委员会",专门主持管理美洲殖民地事务,并任命洛艾萨为这一最高专门机构的第一任主席。"印度等地事务委员会"的成员最初为4个或5

个,至1700年,已增至18或19个,其中有主席、大法官、参议员、首席检察官、书记、神甫、法警、会计、财务官、史学家、宇宙学家、数学家、地图学家以及世界现状学者等。

这个机构在组织上已同帝国政府其他行政机构分离,不受帝国政府的控制,只对国王本人负责。这种作法是同把殖民地看成王室私产的观点一致的。从此以后,"印度等地事务委员会。就成为美洲各殖民地的最高发号施令之所。它的权力极大,涉及殖民地的立法、司法、行政、财政、军事、商业和教会等各个方面。凡是制定政策、颁布法令与训令、委派官员、审核财政收入、审理重要案件等,都经它办理。它当然要遵照国王个人的意志行事,一切都以王室的利益为依据,一切都得经过国王批准。西班牙帝国的首相都对它无权过问。所以当时曾流行一句俗语:"国王是殖民地的绝对宗主,而'印度等地事务委员会'则是国王的喉舌"。"印度等地事务委员会"存在了300年,直至1834年各殖民地建立独立国家时才被取消。

"印度等地事务委员会"为了巩固王室对殖民地的统治,先后颁布了一系列法令。至1635年,这些法令已达40万条以上;1681年,西班牙把它们精简为6400条,编成《印度等地事务委员会法律汇编》。这一汇编后来成为英、法、荷制订殖民法令的范本。

"印度等地事务委员会"设在西班牙,无法对远隔重洋的各殖民地进行直接统治。对各殖民地的直接统治,主要由总督负责。总督是由国王根据"印度等地事务委员会"的呈请加以任命的,总督人选都是王室最亲信和最忠实的大贵族。总督是国王在殖民地的代表。他的地位非常显赫,每当新总督到达殖民地时,都受到近于国王的尊礼。殖民地人民要为他建立凯旋门,举行巨大的游行和宴会以表示欢迎。总督的主要责任是在于保护殖民地,防止印第安人的反抗和外国的入侵,以及为王室维持和增加收入。其具体职责是:任命他所管辖地区内的行政官吏和教会负责人;统率军队;贯彻王室对殖民地各方面的政策;公布法令、训令和公告;管理城市,财政和公益事业;"保护"和"教育"印第安人;以及参与司法等。总督真是集殖民地实际统治大权于一身。他的意志差不多就是殖民地的法律。

为了防止殖民地发生尾大不掉的现象,王室对总督采取了一系列的监视措施。在总督辖区内,设有由王室和"印度等地事务委员会"直接指挥的检审庭,对总督起一定的制约作用。王室经常委任钦差大臣或特派员前往殖民地巡视,听取殖民地各阶层对总督和官吏的申诉,并收集有关资料。

王室往往在总督周围布置许多暗探,随时窥测总督的行动。王室又规定:总督和所有官吏接受国王训令时,一定要发誓表示尽忠职守;总督的任期一般不得超过3年或5年(只有新西班牙第一任总督门多萨及其继任者贝拉斯哥的任期,分别为15年和14年);不能携带已婚子女赴任;不准任用亲属和私人;不准同本地人举行宴会;不准在殖民地购置个人产业。只要总督稍微违背国王的政策和意志,就被召回西班牙并受严厉的处分。总督卸任时,王室还另派官员组成法庭调查他的行政事迹,总督必须听候"询问"并听取当地对他的控诉。但是,实际上,所有这些规定都不起多大作用。由于距离太远,往返动辄几年,王室对总督是鞭长莫及,干涉很不容易。所谓监督、牵制和巡视一类的措施,往往流于形式。

王室派出的这类人员,为自身利害计,常与总督相互勾结,或者受总督的收买和控制,形成官官相护的局面。因而总督不啻天高皇帝远的海外天子,可以为所欲为。而且由于任期短促,机会难再,历届总督莫不对所管辖地区的人民,竭泽而渔,以便卸任返国后,终身受用无穷。据统计,在整个殖民统治时期内,大多数总督都很粗暴,检查、侦察、监禁、流放和处死,成为他们统治的特征。总督的薪金也特别丰厚,达到与王子同等的数目。所以殖民地总督的职位,长期成为西班牙大贵族最热心猎取的对象。

西班牙在美洲殖民地的第一个总督府,设置在墨西哥城,称新西班牙总督。1529年卡斯蒂尔大贵族门多萨被委派担任总督,1535年始到达墨西哥正式就职。他所管辖的范围,名义上包括当时西班牙在新大陆所有的领地,甚至菲律宾也在内,但实际上他的权力仅及于墨西哥、中美洲和西印度群岛。以后,由于印加"帝国"的被征服,王室又于1542年在利马设置第二个总督府——秘鲁总督,以贝拉为第一任总督。秘鲁总督府成立后,在将近两个世纪内,整个巴拿马地峡及西班牙在南美洲的全部殖民地,除委内瑞拉隶属墨西哥总督以外,都归它管辖。

此外,王室又于1718年,在波哥大设立了新格拉纳达总督府,管辖哥伦比亚、委内瑞拉和厄瓜多尔。1776年又设置了拉普拉塔总督府,管辖玻利维亚、乌拉圭、巴拉圭和阿根廷等地。在殖民地统治的后期,还在危地马拉(1527年)、古巴(1777年)、委内瑞拉(1773年)、波多黎各和智利(1778年),分别设置了五个半自治的都督府。都督府并不属于总督辖区,只在某些方面受总督控制。

为了治理方便,在总督与督军的辖区内又划分为较小的行政单位。印第安人居多的区域设置郡守,欧洲移民较多的区域由市长治理,边疆地区则设置省府,由督办镇守。这三者都由总督或督军指派,也有少数由王室直接任命。三者的职位、权力和薪金,基本上是差不多的。他们的任期较短,一般只有一年、三年或五年。虽然王室对他们的限制和规定很多,如赴任前要交出个人的财产清单、任期内不能结婚等,但实际上他们的权力是无限的,可以任意地征税、强收贡物、强迫印第安人劳动等等。

印第安人集中居留的地区,由卡西克掌管。卡西克系由郡守或市长(或者总督、督军)从印第安酋长等上层人物中指派,也有系世袭或选举产生的(经郡守同意)。卡西克可以免除赋税、贡物和徭役,并往往利用其职权使自己发财致富。卡西克一般为西班牙殖民者服务,西班牙殖民者通过他们统治印第安人。西班牙殖民者为了笼络卡西克,往往还采取让卡西克与西班牙人通婚的办法。

检审庭:在总督辖区首府和一些重要城市,往往设有检审庭。这种制度是根据1511年国王斐迪南的命令,于1524年9月14日首先在埃斯帕尼奥拉的圣多明各城正式实行的。以后又推广到其他城市。检审庭的首席官员由国王任命。检审官的数目一般由4个到12个不等,主要视地区的重要性而定。它是殖民地的最高司法机构。检审官不但有权审理司法案件,也有权对行政机关,包括总督在内进行监督,必要时甚至可以传讯总督和督军。在政治上,检审官充当总督的顾问;在检审庭所辖的区域内,他执行总督的命令。在新总督到任以前,总督的职务往往由首府检审庭主席代理。在整个西班牙殖民统治时期,检审庭的数目由初期的5~7个,增加到独立前夕的14个。此外,检审庭只是西班牙王室所直接掌握的法庭,其他还设有商业法庭、教会法庭和军事法庭等,以审理各自领域内特殊性质的有关案件。

市政议会:系一定程度的地方自治体。西班牙殖民者,每征服一地,为了巩固其统治,即建立一个城市。如1496年巴托罗梅·哥伦布在埃斯帕尼奥拉建立圣地亚哥城;1510年巴尔沃亚在巴拿马建立达里城;1519年科尔特斯在墨西哥建立韦腊克鲁斯城;1535年皮萨罗在秘鲁建立利马城;在建立这些城市时,同时也就成立了市政议会。市政议会的职权。包括掌管市政日常事务,施行审判,维持城市治安,讨论税收、公用建筑和有关印第安人的问题,检查监狱、肉店和医院,宣布法律和法令,处理城郊土地。转达对王室政府的请愿以及为国王的生日、儿女婚嫁筹款等事项。城市建设,一般都要按照西班牙的模式和风格,根据法令的规定来设计。每个城市都有一个中央广场,教堂、市政厅、市政议会都要建在其中。市政议会的成员一般有 6~12 名,大城市有时可达 24 名。他们或者由阿德兰塔多、总督及督军指派,或者由当地最有钱的居民阶层中选出,或者由本人用巨款买得(1559 年以后,市政议员的职位由西班牙王室公开出售)。这种市政议会的制度,发轫于 1507 年埃斯帕尼奥拉岛上的 14 个市镇,它们援用中世纪以来西班牙城市的惯例,向西班牙国王提出请求,从而得到同西班牙国内城市一样的权利。但是,由于殖民地政府的干预,市政议会的权力还是有限的;又由于混血种人、印第安人和黑人被排除在外,所以事实上市政议会只被少数有权势者所垄断,徒有民主的形式而已。不过,无论如何,市政议会仍然可以作为本地土生白人权力的一种象征。十九世纪殖民地人民开展独立运动时,爱国人士即首先利用和掌握这一组织,作为武装暴动的发号施令之所。

西班牙殖民地的官僚行政体系,贪污腐败到了极点。殖民地的一切法令、法律、制度和规定,都是从西班牙殖民统治者的利益出发制定的,目的就是保证西班牙王室的绝对统治和西班牙地主资本家无止境的搜刮。政府职位被视为提高社会地位和发财致富的门径,大小官职都可以出卖,大小官员都贪污成风。根据 18 世纪初法国旅行家的报道:"官吏把自己在殖民地的居留时期,看做是他们一生中永远不会再有的幸福时代。在这些年代里,假如他们不置下财产,就会成为大家的笑柄。"敷衍塞责和拖延公事是经常现象。诉讼案件以双方出钱多少作为判决的标准。有些诉讼案件竟拖延到几年几代不能结案。税务官不但因收贿而容许走私,自己也同样走私。

总督本人也不以受贿为耻。西班牙王室为了缓和殖民地人民的反抗,为了欺骗人民以及宣扬王室的所谓"公正",偶尔发布"保护"印第安人和禁止官吏营私舞弊的指令,但殖民地官吏视为具文,并不遵守。他们之间常流行这样一句俗语:"我服从,但不实行"。何况王室这类指令并不真正企图制止殖民地官吏的这些舞弊行为,因为他们在殖民地获得的钱财,大多数都要运回宗主国。事实上,他们的这类贪污和舞弊行为,常得到王室的默许甚至鼓励。

二、殖民统治时期的土地关系

封建土地剥削制度是西班牙殖民统治最重要的支柱之一。西班牙王室为了笼络、安抚和酬谢早期的殖民者,为了继续依靠和通过他们对殖民地人民进行统治,曾按照西班牙的封建土地制度,把由印第安人手中夺取的大批土地,任意分配给王室的亲信或为王室出过力的人,其中包括大贵族、大主教、军事冒险家、大商人以及西班牙社会中各种各样的骑士和食客。例如科尔特斯征服墨西哥以后,就被允许分得 22 个城镇、6.5 平方千米土地以及 11.5 万个印第安居民;皮萨罗征服印加"帝国"以后,也得到同样多的土地和 10 万印第安居民,并且还加封一个贡基斯太侯爵的称号。这两个殖民者的同伙,也都得到了 1 万 3 千平方千米到 2 万 6 千平方千米的土地和相当数量的印第安居民。这些人形成了大土地所有主的恶霸集团,成为殖民地反动统治的核心。王室本身,在每一次分配殖民果实的过程中,也取得大量钱财,并为自己保留了大量的土地。

殖民地的土地剥削制度,虽然前后不完全一样,但可以概括为下列几种形式:

1. 委托监护制

委托监护制是西班牙殖民者最早强加于印第安人的剥削制度。这种制度在西印度群岛开始建立,以后逐渐推广,从 16 世纪末起,便成为印第安人同西班牙殖民者之间土地关系的主要形式。

在1494～1495年，哥伦布即规定：西印度群岛上14岁以上的印第安人，每年必须先后4次，向西班牙殖民统治者提供一定数量的黄金或棉花，作为捐税和贡物，否则必须用自己的无偿劳动来代替，这样就开创了西班牙殖民者剥削印第安人的先例。1499年，西班牙另一殖民者罗尔丹及其同伙，又在西印度群岛采用了一种所谓分配制。按照这种制度，把印第安人首领连同若干数量的印第安人，分别编在每一个征服者的名下，为其耕种田地、开采黄金以及担负其他劳役。这种制度对西班牙王室不利，因为从印第安人那儿剥削来的果实，主要流入征服者的腰包，而不是流入王室的金库。因此，这个制度很快就被废止，而代之以委托监护制。

委托监护制是从西班牙国内抄袭来的。西班牙国王在与南部摩尔人的斗争中，曾允许有战功的骑士，在其新攻占的土地上，施行委托监护制，即一种封建领地制度。1503年，西班牙王室发给西印度督军奥瓦多一个训令，指示他在当地建立一种奴役印第安人的制度，主要内容同西班牙的委托监护制相类似，这是委托监护制搬运到美洲殖民地的开始。1509年，国王斐迪南在另一训令中，又进一步肯定了这种制度。以后，科尔特斯把这一制度推广到新西班牙区，皮萨罗又推广到秘鲁区，就这样逐渐普及于所有西班牙美洲殖民地了。

殖民地委托监护制的具体内容如下：按照这种制度，委托监护主对于土地并不享有所有权，所有权属于西班牙国王。委托监护主只对委托监护地范围内的土地和印第安人有"监护"、利用和管辖之权。他有责任使自己的委托监护地区内的印第安人认识到西班牙的"文明"和基督教福音；而印第安人为了"表示感谢"，应对委托监护主承担一定义务。印第安人名义上为"自由"的人，并被准许分到一小块不良的土地。印第安公社内部的事务，由印第安人的首领卡西克掌管。印第安人不能离开自己的居留地，必须在委托监护地区域以内永久居住。他们每年必须为委托监护主从事一定时期的无偿劳动，或者交付代役租。

在西印度群岛开始实行委托监护制的时候，主要是授给一些对征服或开拓有功的冒险者和军官，作为对他们"功劳"的报酬；或者是授给一些行政官吏和教士，作为他们的薪金的一部分或全部；委托监护制地区的面积，各地有所不同。在农业区，一般在1013公倾以上，在畜牧区，一般在1782公倾以上。一个委托监护主一般被指定给50、100或100个以上印第安人，替他在农场、牧场或矿场上服劳役；服劳役的时间，在矿场中开始是6个月，以后逐渐增多，至18世纪在安第斯山区，一年之内竟增至300天，而留给印第安人自己的劳动时间，却只有65天。至于劳动强度，无论男女，都超过其体力所能胜任。因此，事实上，委托监护制等于奴隶制度；委托监护地区内的印第安人处于奴隶的地位。而且因工作过于劳累，死亡率非常高，生殖率则很低，其结果是，西印度群岛上的印第安人很快就死亡殆尽了。

关于在委托监护制下印第安人受奴役的情况，拉斯·卡萨斯曾作过如下的描写：这些印第安人有几个主人。第一个主人是西班牙国王，他们必须向国王交纳赋税。第二个主人是委托监护主，"……虽然法律对委托监护主为自己征税的数额有所限制，但实际征收的数目是无法计算的。专权者搜括他一切想要的东西，用尽他一切想用的办法，结果，一个印第安人有时竟要交纳二十次赋税；就是在这种情况下，他也不敢抱怨，因为很少可以得到伸张正义的机会"。第三个主人是收税官，他也要替自己收一份税，因为他是不劳动的。第四个主人是酋长，印第安人仍像被征服以前一样地供养着自己的酋长，有些酋长已经成了委托监护主意志的执行者。

委托监护主对西班牙国王也要承担一定的义务。这种义务主要是有关军事和防务方面的。在国王或殖民地政府召唤时,委托监护主必须自备马匹和军装,率领一定数量的军队(数目多少要看授地的大小而定),协助殖民地政府作战。

这种委托监护地被授予后,最初只限于委托监护主本人终身使用,或者至多限于委托监护主的第二代继续使用。但后来委托监护地逐渐变成了世袭的性质。为了永久保持这种委托监护地不受分割,出现了中世纪式的长子继承制度。委托监护制虽于16世纪中叶曾一度被宣布废除,但并没有产生实际效果。直至1720年,这种制度才最后被取消。

2. 大地产制

继委托监护制而起的是大地产制。它同委托监护制的不同之处是大地产主保有对土地的所有权。委托监护制于1720年被取消以后,原有委托监护地内的印第安居民,并没有得到土地。相反,原来委托监护主变成了大地主和大庄园主。他们不但占有名义上属于国王的原有土地,而且把印第安乡村的公地以及公社成员中印第安人的份地也占为己有,从而不断扩大他们自己的地界。在这种情况下,印第安人所处的地位不但没有改善,而且更为恶化。他们为使用小块土地,必须向大地产主付出劳力或实物作为代价。有些人甚至不得不到大农场去作短工,成为大农场主的雇农。大农场主和大地主对待这些印第安雇农特别苛刻。他们往往利用预付工资或在其商店赊购货物的办法,使印第安雇农永远无法偿清债款,世世代代成为他们的债务奴隶。马克思曾就墨西哥的情况阐明债务奴隶制的特征,指出:"在有些国家,特别是墨西哥……,奴隶制采取债役这种隐蔽的形式。由于债务要以劳役偿还,而且要世代相传,所以不仅劳动者个人,而且连他的家族实际上都成为别人及其家族的财产。"

3. 种植园土地制

种植园经济主要盛行于西印度群岛、中美洲和西属南美殖民地大西洋沿岸等热带和亚热带作物地区。这一制度比委托监护制和大地产制还要残酷。种植园主不但占有土地,而且占有土地上的全部劳动者本身。在种植园里劳动的印第安人,都是种植园主的奴隶,可以被任意处置。这种奴隶因工作过于劳累,大批死亡。种植园主却认为,把一个印第安人在工作中累死,替换上另一个,比照顾他便宜得多。

不过,种植园中的奴隶,主要是由非洲掠夺贩运而来的黑人。因为,据说黑人的体质更适于从事热带种植园的繁重而艰苦的工作。黑人和印第安人在种植园中所遭受的压迫,很难用文字言语形容出来。古巴种植园中的很多奴隶,因为忍受不了苦难,宁愿自杀。例如,有一个种植园主发现一个奴隶正在自杀,他为了避免劳动力的损失,向奴隶百般劝解,但无效果。于是这个种植园主自己也拿出一条绳索,装模作样地威胁着要与这个奴隶同时悬梁自尽,这才迫使这个奴隶打消自杀的念头。因为他唯恐与奴隶主一道死去,来世还要遭受他的奴役。由此可以看出,种植园奴隶的悲惨命运已达到怎样严重的地步。

除以上三种主要土地制外,还有印第安人土地制(主要为印第安人的村社公地)、教会土地制、隶属王室制以及少数的小农经济。

三、殖民统治时期的农业、工矿业和商业

西班牙殖民者在掠夺拉丁美洲人民的财富和土地之后,接着就对殖民地的各种经济事业采取一系列的限制、扼杀和压抑政策,使之从属于宗主国的经济利益。在西班牙这种政策下,只有那些

能够为宗主国统治者牟利的东西,才允许发展,否则就被严格禁止。这样,在整个300年殖民统治时期,除贵金属,矿业和某些农作物以外,经济发展十分迟缓。其具体情况如下:

1. 农业

农业是拉丁美洲社会经济的基础。在欧洲殖民者到达之前,这里就已盛产玉蜀黍、马铃薯、番茄、甘薯、花生、烟草、可可、金鸡纳树、牛尾菜根、菠萝、橡胶、颜料树、番石榴以及其他各种各样的农作物。西班牙人来后,又不断从欧洲带来了马、牛、羊、猪等家畜,小麦、水稻、蔬菜、水果等农作物,以及一些比印第安人略为先进的农具。西班牙人为了满足本身生活的需要并维持传统饮食习惯,不得不在殖民地生产一些东西。西班牙人习惯于吃小麦面包、牛羊肉和橄榄油,喜欢饮葡萄酒,爱好穿着丝绸及骑马等,他们就在美洲的居留地周围,种植和栽培小麦、橄榄树、葡萄和蚕桑,饲养马、牛、羊、猪等。由于殖民地的土地辽阔,土壤肥沃,气候适宜,这些作物和家畜,很快得到了发展和繁殖。十六世纪,天主教神甫何塞·阿科斯塔在其所著《印度等地的自然和道德的历史》一书中,记载着这样的事实:……几乎所有西班牙的好东西都在这儿发现了。其中包括小麦,大麦,各种蔬菜,如莴苣、白菜、萝卜、葱、大蒜、荷兰芹、大头菜、胡萝卜、茄子、茅菜、块麦芽、菠菜、埃及豆、豆、扁豆——总之,这一切都生长得很好……

这本书还说,在许多地区可以看到非常茂盛的果树园和葡萄园;秘鲁和新西班牙的蚕丝业,墨西哥、秘鲁、圣多明各和波多黎各的甘蔗糖,以及墨西哥、秘鲁等地的橄榄油等,产量都非常丰富;仅仅在秘鲁的纳塞亚一地,蔗糖业每年所赚到的钱,就达到3万比索以上。

在殖民初期,由于交通不便,为了就地满足殖民者对这些农产品的需要,西班牙王室对殖民地农业曾采取放任政策和一定程度的鼓励政策。如伊萨伯拉和她的继承者,都曾对殖民地农业发生兴趣。王室曾几次指示殖民地的官吏试种和推广小麦。1512年,又曾命令商业局设法在埃斯帕尼奥拉种植稻子。斐迪南和卡洛斯一世曾指示殖民地的行政机构,推广某些农作物,并运去一些种子和各种农具。但是,西班牙的统治阶级,并不真正想在殖民地大大发展农业。在运输条件得到初步改善和殖民地农业发展到足以影响宗主国农业利益时,他们便改变了态度。西班牙政府从宗主国本身的利益出发,根据殖民地各地区的具体情况,从十六世纪末起,采取了下列三种不同的农业政策和措施:

(1)对于一切同宗主国利益相冲突的农作物,严格予以限制。如蚕桑业,1503年由西印度群岛的督军奥瓦多介绍到埃斯帕尼奥拉,随后在新西班牙区的中部和南部得到迅速发展。1541年,新西班牙区的产丝量已超过一万五千磅以上。1543年,在墨西哥城已拥有四十家以上的天鹅绒作坊;墨西哥所出产的各种绸缎,除染色以外,质量都达到欧洲同等水平。但是由于同西班牙本国的蚕桑业有矛盾,至1580年前后,殖民地的蚕丝业即不断受到宗主国的压榨和摧残。1596年和1679年,宗主国更明令禁止殖民地从事蚕桑业,以便使西班牙自己所产的绸缎等丝织品,能以高价在殖民地出售。再加以西班牙商人又从菲律宾运来质好价廉的中国丝绸,使本地丝绸更加无法竞争,这样,已在殖民地成长起来的蚕桑业,很快就衰落下去了。其他如葡萄酒、橄榄油和亚麻等,也以同样的原因,与蚕桑业遭到了同样的命运。只是在个别地区如智利和阿根廷的门多萨等,由于气候与土壤特别适于种葡萄和酿酒,这种禁止政策(关于造葡萄酒)才未生效,并且最后被迫放弃禁止。

(2)对于殖民地人民生活上必需而宗主国又无法供应的农产品,如小麦、大麦和稻等,则准许在保证供应地方市场的限度内发展。殖民地委托监护制的自给自足的生产情况,就是体现达一政策的典型范例。

(3)对于能在宗主国和国际市场上销售并为王室和地主牟取暴利的各种农作物,如蔗糖、棉花、可可、靛蓝和烟草等热带和亚热带作物,则大力发展。例如甘蔗,从哥伦布第二次航行时带到美洲以后,1516年,埃斯帕尼奥拉就建立了第一家糖厂。由于当时欧洲市场上对于糖的需要量很大,价格昂贵,可以获得巨利,王室便尽量设法予以推广。1520年,卡洛斯一世甚至下令免除殖民地为建立糖厂所需各种进口材料的关税。1523年,商业局还特别拨出四千比索,贷给古巴的西班牙居民建立糖厂。这样,蔗糖业很快就在圣多明各、古巴、波多黎各以及新西班牙和秘鲁沿海地区先后发展起来了。根据德国著名地理家洪堡的报告材料,至十八世纪末,新西班牙区的产糖量,已达到2.5吨,其中2/3出口。因此,该地区每年的农业总产值,超过了矿业总产值。其他如棉花、可可、靛蓝、烟草以及金鸡纳树等,也因同样的理由,在一定地区内成为压倒一切的产物。这种因适应宗主国利益而造成的某些作物的畸形发展,使拉丁美洲大多数地区一开始就走上了单一经济的途径。这是西班牙统治者的殖民政策所加给拉丁美洲人民经济生活中的一个恶果,直到1956年为止,这种单一产品制还是造成大多数拉丁美洲国家不能摆脱帝国主义羁绊、发展独立的民族经济的重要原因之一。

除上述农作物外,畜牧业也是殖民地经济中重要的一项。前面已经提到,西班牙殖民者一开始就把马、牛、羊、猪等带来了。以后家畜的作用愈来愈显著。运输需要骡马,耕地需要牛,作战需要马;牛、羊、猪肉可作食用,羊毛又可作衣料,牛脂可以作教堂的蜡烛,皮毛和油脂,可以向宗主国和欧洲市场大量出口。这样,殖民统治者对畜牧业就更加重视起来了。如在埃斯帕尼奥拉,每建立一个新的城市或居留地,事前必须留下一块林场和牧场。后来,"印度等地事务委员会"还制订法令,规定住在牧区的西班牙居民,在分地时,每人可以得到直径1里格、可以养200头牲畜的土地。畜牧业主为了保护他们的利益,组成一种行会"梅斯塔",以保护品种,处理偷盗,解决产权问题等等。由此,畜牧业便在殖民地普遍发展起来。拉普拉塔、俄利诺科河流域和墨西哥北部等一望无垠的大草原,更是马、牛、羊活动的最理想的场所。在这类地区,这些牲畜几乎完全不需要人力照管,可以自由繁殖。根据当时人的报道,西班牙殖民者和牧民常常骑着马,带着绳索和刀子,在这些布满了羊群和马群的原野上自由驰骋,任意猎取这些无人管束的牲畜。他们因此有大批皮货出口。1587年,西班牙一个船队,仅仅从圣多明各就购走35444件皮货,从新西班牙区购走74350件皮货(价值96532比索)。王室从这项交易中,赚取了大量的利润。

总之,农牧业是基础,是本钱少、收效快、最稳定而又最有利可图的行业。矿山一开完就没有了。所以在整个殖民统治时期,农产品的出口金额超过矿产品。

2. 矿业

西班牙殖民者从重商主义的立场出发,首先掠夺金、银、宝石一类的贵重金属。它是西班牙殖民者的主要行业,也是主要目的所在。哥伦布在巴哈马群岛登陆的第二天,即1492年10月13日,就在《日记》上写道:"我注意着,并不辞劳苦地去探听,是否有黄金"。据哥伦布说,1500年的时候,在埃斯帕尼奥拉每个人一天能采集到110个、120个,多至250个西班牙小金币。王室为了从殖民地攫取大量金银,一开始就对采矿业制定了一系列的法规。1550年门多萨的矿业法典、1574年托莱多总督在秘鲁颁布的有关波托西矿业的法令,就是根据王室的意图和指示制定的。王室宣布:殖民地的地下财富归国王所有;一切私营矿业,王室要征收其总收入的五分之一;有些重要矿业,只能归王室直接经营。

　　殖民地的金矿开采并不顺利。除个别地区如智利中部和新格拉纳达而外,发现的金矿资源不甚丰富。大部分金矿因获利不多而相继停办。采矿业的重点是银矿。银矿是1531年~1532年首先在墨西哥的米却肯地区发现的。1550年前后,墨西哥其他地区如萨卡特卡斯、圣路易波托西和瓜那华托等的银矿,也相继被发现。这一时期内,墨西哥提供了全世界用银总量的2/3。此外,西班牙殖民者于1545年在上秘鲁的波托西地区,又发现了比墨西哥更大的银矿。波托西银矿发现后许多年,这里银的产量超过当时全世界银的总产量的1/2。根据波托西皇家商业局的统计材料,在1579年~1635年间,波托西银矿的日产值,平均达到3万比索。王室从这个数目中抽出1/5,计每日可得6千比索,每年约达200万比索。为此,卡洛斯一世于1547年决定建立波托西城。至17世纪中叶,波托西城的人口达到16万,成为当时美洲最大的城市之一。

　　波托西的一个出银子的山头,则被称为地球上最伟大的"光荣洞"。不少波托西矿场主的财产,达到300万美元~500万美元。帕丘卡地区的一个矿场主雷格拉伯爵,献给西班牙国王一艘价值300万美元的兵舰。另一个土生白人矿场主,为了迎接新总督来到利马,竟用银子铺了一个十字路口。这里因产银过多,银子的价值变得比铁还低。西班牙殖民官员蒙特斯克拉罗斯于1612年写信给国王说:"……在这儿,买一束纸要付10个金比索,一个钟要付100金比索,一匹马则要付3000到4000金比索……"

　　关于波托西的产银情况,巴尔玛在《秘鲁传说》一书中曾有这样的描述:"我们有许多无可辩驳的文件,证明从1545年发现含银的矿藏起,到1800年12月31日止,波托西高地的矿产价值共达34万万比索之多。当时只要随便挖一下,俯首便可以拾得财宝。"17世纪40年代前后,波托西的一些大矿场主在女儿结婚时,妆奁很少在50万以下,新娘的床上也要悬挂一些小金条。

　　17世纪以后,哥伦比亚地区的金矿开采逐渐增多,至1800年以前,该地区新开出的黄金总产量已达50万英两。其次,秘鲁瓦卡贝利卡的水银也很丰富,在殖民统治时期中的245年间,其总产值达一亿英镑,成为秘鲁经济的第二大支柱(第一大支柱为银)。此外,哥伦比亚地区的宝石也非常有名,系世界翠玉的中心。至18世纪末,哥伦比亚和巴西所产的宝石占全世界90%。

　　矿床的开采,是通过一种对印第安人的特殊徭役制度进行的。这种制度称为"米塔"。根据这种制度,印第安人每年一定要向殖民当局提供成年男性居民总数的4%(在墨西哥)至14%(在秘鲁),从事强制性的劳役。主要是开采矿产,也有一些是修筑道路与桥梁或在种植园作工。在波托西银矿,这种制度最为典型。依照银矿规定,印第安人虽可领取微薄工资,但是实际上印第安人并没有得到,而被西班牙官吏从中贪污了。这种劳动极其繁重,工作条件非常恶劣。劳动时间每天达到18~22小时。只有到死才能换班,死亡是他们唯一的休息。他们整天呆在矿井中,连免费的空气也不容易享受到。绝大部分印第安人常因繁重劳动或不堪虐待而死去。死亡率高达4/5。由于死亡过多,尸体堆满了矿井口,啄食尸体的乌鸦往往布满了天空。有些人工作未完即死,尸体拖出后只剩下一副骷髅。所以,按照"米塔"制度而被征发的印第安人,往往等于被宣判了死刑,亲友们事前要为他们举行葬礼。这种死亡率甚至使国王和教会也感到惊慌,国王怕失去劳动力来源和纳税者,教会怕失去教徒。他们虽曾采取某些防止措施,先后颁布了一些禁止虐待印第安人的法令,但这种表面文章,丝毫没有实际结果。

　　矿业开采的方式极其原始,技术水平很低,矿井里的水系用皮袋吊出,矿石则由奴隶用袋子背在肩上从矿井里爬上爬下运到地面,开采时连起码的技术规程也不遵守,因此矿产资源被糟蹋和浪费得很厉害。但因矿床非常丰富,1556年以后,又采用了德国人所发明的把水银和银矿石混在一起的汞齐法,所以仍能获得大量的银子。18世纪末,由拉丁美洲每年流往欧洲的贵金属,价值达到4000万美元,成为当时欧洲市场上的主要供应者。至于拉丁美洲地区的其他矿产,如铁、铜、锡、锰、镍等,几乎没有引起西班牙殖民主义者的注意。

3. 工业

工业比农业和矿业远为薄弱,发展缓慢。宗主国为要保护本国工业的利益,只把殖民地当作原料供应地和工业品销售市场,而且还要独占这个市场。它不愿意殖民地有任何足以和本国工业相竞争的现象出现。王室授予西班牙商人向殖民地提供欧洲货物的垄断权,可以得到巨额收入,所以更不愿意殖民地工业有任何发展。它们尤其不希望因此而使殖民地民族资本家和工人阶级日益壮大起来,威胁西班牙的殖民统治。实际上,西班牙一开始就对殖民地工业采取严格的限制政策。

它们对殖民地工业的限制,比对农业彻底得多。各殖民地出产丰富的羊毛和棉花,但被严格禁止生产棉布和毛织品。西班牙商人用极贱的价格收购这类原料,运回本国制成各种工业品,再在殖民地高价销售。如以布匹为例:西班牙商业经纪人在美洲殖民地波多别洛的大市集上买一束棉花,运回西班牙的塞维利亚,卖给尼德兰(即荷兰和比利时,当时欧洲的纺织中心)的纺织业老板织成布匹,再由尼德兰运回塞维利亚,然后又由塞维利亚运回波多别洛的大市集,卖给由利马、布宜诺斯艾利斯等地来的商人。在当时交通运输极端困难的条件下,这种由棉花而换成布匹的过程,如此迂回笨拙和荒诞,真是达到令人无法置信的地步。至于殖民地人民对铁矿石的开采和加工,更被认为是一种犯罪行为,要按法律判刑。其他还有许多行业属于禁止和限制之列,就不一一说明了。

西班牙政府对殖民地工业的严格限制政策,在实施过程中曾经遇到很大困难和阻力。殖民地人口众多,西班牙提供的工业品无法全部满足需要。由西班牙向殖民地运送工业品,往往由于海路太远、保护不周,损坏率高,很不耐用,而且价格昂贵,深为殖民地广大人民群众所不满;甚至上层人物和城市中产阶级也反对这种情况,要求就地制造,自给自足。同时,资本主义已成为世界发展主流,工业已成为社会上不可抑制的新因素。所以尽管西班牙政府的限制政策起了很大作用,仍然不能完全扼杀殖民地工业的生机。不少地区不少企业甚至冲破宗主国的重重阻碍而得到了缓慢发展,只是规模很小,基础很薄弱,产品仅能满足本地市场上的一部分需要而已。

在殖民地工业中,比较普遍的是纺织业。远在欧洲殖民者征服以前,印第安人的纺织业已相当发达。玛雅人、阿兹特克人和印加人等,知道把棉花纺织成布,把骆马毛织成毛织品。西班牙人征服以后,这种纺织业并没有停止。在16世纪,北从瓜达拉哈拉起,南至图库曼止,无论是印第安人聚居的村落或西班牙人聚居的城市,到处都可以看到用棉花、羊毛或骆马毛做原料的纺织作坊。印第安人、梅斯提索人和穆拉托人,一般都穿着土布衣服。由宗主国运来的布匹,只有上层统治人物和较富有的阶级才穿得起。

18世纪末,仅仅秘鲁一地,即拥有棉纺织工场约400家。科恰班巴一个城市的棉纺织业,每年消费棉线即有10磅。至于毛纺织业,由于羊毛来源多,价格低,发展更较普遍。1793年,墨西哥开雷他罗镇的呢绒手工工场达到20家,拥有215台织机和1500名工人,其他还有300家以上的小型作坊。至19世纪,墨西哥的瓜达拉哈拉城已拥有棉织、呢绒和皮革等近百家企业。

由于水路运输业的发展,殖民地的船舶制造业也相应建立起来。瓜亚基尔、布宜诺斯艾利斯、哈瓦那、圣布拉斯和阿卡普尔科等港口，都先后设有船舶制造厂。巴拉圭于1801年内生产了五艘巡洋舰（指帆船时代的）、八艘双桅船以及相当数量的其他船舶。不过，这类船舶只限于在殖民地沿海和内河航行。此外，为了满足本地市场的需要，皮革、金属器皿、陶器、鞋、马鞍、炊具、玻璃、武器、肥皂、蜡烛、装饰品、家具、食品、木工、制瓦和火药等手工业，也得到一定程度的发展。

这类手工业都有自己的组织——行会。它是由征服者从西班牙搬过来的，是按照中世纪行会而组织的。在16、17两个世纪，行会的发展比较普遍，数目也很多。仅仅墨西哥城，这类行会组织就达到100以上。殖民地的重要行会，是由银器匠、金器匠、陶器匠、纺织工人、制帽工人、制蜡烛工人、制马鞍工人等组成的。最早的行会是1537年在墨西哥城建立的银器业行会。它拥有很大的财富。1685年，属于该行会的银器店，发展到71家，几乎全都集中在墨西哥城的一条街上——卡莱圣弗朗西斯科街（CalleSanFrancisc0）。秘鲁也有类似情况，在同一时期内，利马银器业行会所拥有的店铺共达八十家，比墨西哥城还要多。

这种手工业者的行会，一般由土生白人和混血种人组成，印第安人被排除在外，这是因为有许多手工业技术系从印第安人继承而来，如果容许印第安人参加，无论在产品的技巧和价格方面，土生白人和混血种人都难与印第安人竞争。

在殖民统治初期，这些行会，如同欧洲中世纪初期一样，对于维持货品的质量，改进货品的技术，都曾起过一定的推动作用。但是到后来技术需要进一步发展时，行会又变成了一种阻力。墨西哥的行会，一直至1861年才被废止，比欧洲行会的废止要晚得多，这也是造成拉丁美洲工业发展缓慢的因素之一。

总之，由于工、农业的发展，至18世纪后半叶，拉丁美洲已成为新大陆最发达的区域，大大超过同时期内的英属北美殖民地。当美国独立战争的时候，英属13个殖民地的人口只有350万，而拉丁美洲则有2000万。达维亚在《我们美洲人》一书中写道："英国13个殖民地于1783年独立时的全部输出不超过500万美元；单是巴西的出口数量就3倍或4倍于它，若以整个拉丁美洲来说，那就超过它27倍。"又说："18世纪中叶，在费城只有84辆游览车，但是利马却有5千辆，墨西哥还要多些。盎格鲁撒克逊美洲的城市直到19世纪还没有铺石砖的街道和人行道，拉丁美洲在那时以前200年，已经有了。"

4. 商业

殖民地的商业同工业一样，受到宗主国极端严格的限制与垄断。从哥伦布时代起，西班牙征服者就采取欺骗与强制两手并用的方法，经常将一些没有多大价值而又为印第安人所不需要的东西，如纽扣、花边、天鹅绒、丝袜、纸、纸牌、刮脸刀、玻璃碎片以及宗教书籍等，以极昂贵的价钱，换取印第安人的重要物资。殖民帝国的组织建立以后，西班牙殖民者为了长期奴役殖民地人民，才在殖民地建立了一套比较正规的商业和贸易制度。

西班牙殖民者对殖民地的贸易政策达到了极其荒诞的地步、他们根据重商主义的理论，认为殖民地系为宗主国的利益而存在。一切同宗主国利益不相符合的贸易往来，都被列为非法行为。他们因此规定，殖民地只限于同宗主国进行贸易，不能同任何外国往来；甚至殖民地各区域间的贸易，也受到极严厉的限制。外国船只只有得到西班牙政府许可，才能在这里靠岸，否则一经发现。全部商品连同船只本身都要没收。甚至为了躲避风雨而不得不暂时靠岸的外国船只，也要被扣押，船员则被处以无期徒刑。

第三章 美洲的"发现"与殖民地的形成

在西班牙同其美洲殖民地的贸易中,西班牙本国大多数商人也无法染指。因为王室已把这一贸易指定给一小撮西班牙富商大贾专营。其他西班牙商人如想去美洲经商,必须提出有关身份、宗教、诚实、勤勉等证件,经过批准才行。西班牙本国人民如果要去殖民地,也必须领有证明与许可证。斐迪南和伊萨伯拉于1503年在塞维利亚创设了一个"商业局"专管宗主国同殖民地之间的贸易事宜。所有开往殖民地或由殖民地返回西班牙的船只、货品、乘客及全体船员要经过商业局的严格审核和检查,并经商业局的批准。商业局除制定并颁布有关殖民地贸易的条例和法规外,还负责征收关税,收存由殖民地运来的黄金、白银,以及改进航运等。由于商业局直接掌管殖民地的整个经济和王室的大宗收入,关系重大,极为王室所重视。虽然,在行政系统上,商业局受"印度等地事务委员会"的管辖;但在王室授意下,它对某些重要事项,可以超越"印度等地事务委员会",直接向国王请示。商业局一直存在了两个半世纪,至1780年才取消。

西班牙政府对于宗主国同殖民地之间的贸易港口,也有严格的控制。一切开往殖民地的船只只许由塞维利亚起运(1717年改为加的斯);到达殖民地后,只许在韦腊克鲁斯、波托贝略或卡塔赫纳停泊。不但所有货物必须由西班牙船只装运,而且这些船只必须结成船队,并在一定时期航行。自1543年起~17世纪后半期止,为了防止外国海盗的袭击,正式建立了所谓"双船队制",并实行军事护航。所有这类船只都要组织起来,分为两个船队。第一个船队在四、五月间起航,开往韦腊克鲁斯,途中在波多黎各、埃斯帕尼奥拉和古巴停泊,所载货物主要运销墨西哥、中美洲和加勒比海各岛屿。这个船队称为法洛塔。第二个船队在八、九月间起航,开往大陆上的卡塔黑纳。它到达卡塔赫纳后,把信息送到贝略港和利马,货物主要运销南美洲各地。这个船队称为劳斯加莱阿内斯。每队的商船数目不等,一般为40~70艘。另外配有6艘到8艘军舰,实行保护。这些商船同时载运来殖民官员、士兵、教士、商人和马匹。

这些商船到达殖民地以后,即在指定的地点和城市举行大集市。由于韦腊克鲁斯的气候不适宜,第一个船队的集市一般都在墨西哥山区的哈拉帕)举行,第二个船队则在波托贝略举行。殖民地政府为举行这种集市,要花费很长的筹备时间。集市上的买主和卖主,多是从很远的地区赶来的。由西班牙运来出售的商品,有各种纺织品、金属制品、军需品、奢侈品和其他日用品。由美洲运回西班牙的,则主要是金、银、糖、可可、靛蓝以及其他重要土产。在集市举行期间,广场上货物堆积如山,由各地来的商人、伙计、官员、行会代表、妇女、水手、骡夫等云集。商场周围搭起临时的掩护棚,寄宿舍则价格高昂,赌博、斗鸡和酒店盛极一时,大商人、小商人、贩卖商、零售商,互相交易。由官员审批价格。交易中地位最低者为印第安人和货郎。这种市集,有时持续到40天之久。在交易过程中,逐渐出现和形成了一批土生白人和混血种人的中等阶级。

西班牙商船队不准直接开往阿根廷的拉普拉塔河,因此,货物需再从巴拿马转运到利马,然后改用骡马驮运,越过安第斯山脉,陆行4828公里最后才到达布宜诺斯艾利斯。这个笨拙到无法相信的运销方法,使货物运到阿根廷时,成本增加八倍,使从西班牙到布宜诺斯艾利斯的来回时间长达二年之久。

这两个船队在殖民地指定港口卸下并装满货物以后,再到哈瓦那会齐。第二年三月,两个船队一道返回西班牙(从十七世纪中叶起,由于商业的逐渐衰落,事实上并没有完全按照这种规定进行)。这种垄断性贸易的利润极高。有些商人,仅在一次单程航行中所获得的利润额,就高达300%。双船队制持续了两个世纪,至1749年,终因西班牙本身政治经济的衰落而取消。

不过，殖民地的商业，也并非全部能够保险牟利的，管理不善，受雇人员不忠实，航程太远，运费高，遇险翻船，货物损耗，殖民地官吏的勒索以及英、法、荷等国的走私竞争和海盗劫掠等，有时使商人受到重大的打击和损失，加的斯和塞维利亚的大商号因此而宣告破产的也并不少见。

除上述大西洋上的"双船队制"外，在西部太平洋岸还设置一条通往亚洲的贸易航道，即马尼拉大帆船，它也属于总的航船队的一部分，往来于墨西哥港口阿卡普尔科和马尼拉之间。由马尼拉运往美洲的货物，主要是中国的丝绸和瓷器，印度的细棉布、香料、蜜蜡和宝石；由墨西哥运往马尼拉的主要是美洲的土产和银元。

殖民地的商业也有行会组织，主要是进口商人的行会。这种行会同手工业者的行会不同，完全为西班牙人所把持。商业行会的目的，主要在于处理有关商业、运载、市集以及商人之间的合同、争执、破产等问题。为了维持和发展商业的需要，行会有时也集资捐款修建一些道路、桥梁、运河、公共建筑（海关）甚至医院等。著名的墨西哥海关大厦和伯利恒米特的医院就是由商业行会建立起来的。商业行会是殖民地豪富阶层和反动保守的中心之一。

在殖民地统治机构的上述专横压制下，以王室为首的西班牙统治者，通过各种勒索和掠夺方式如征收关税，对殖民地人民课以繁重的捐税（如人头税、印花税、销售税、破产税、土地税等），对商业的垄断，对酒类、纸牌、印花纸等物品的专卖，对金属矿业的独占与开采，对承租这些矿场的企业主征收提成以及推行卖官鬻爵制和天主教会所征收的洗礼费、婚配费、丧葬费、什一税等等，吮吸了拉丁美洲人民大量的膏血，获得了极大的利益。仅在1521～1544年间，每年由美洲运回的黄金，估计达到2900公斤，白银达到30700公斤。1545～1560年间，每年运回的黄金更达5500公斤，白银2.46万公斤。

整个殖民统治时期300年的总收益中，仅矿业一项，即达60亿美元。这在当时是多么令人惊异的一个数目。这笔巨大的现金，对于当时西欧各国资本主义的发展，曾起过极大的刺激和推动作用，是造成16世纪欧洲价格大战的重要因素之一。美洲金银产地的发现，土著居民的被剿灭、被奴役和被埋葬于矿井，对东印度开始进行的征服和掠夺，非洲变成商业性地猎获黑人的场所；这一切标志着资本主义生产时代的曙光。这些田园诗式的过程是原始积累的主要因素。

四、殖民统治时期的教会

天主教会是中世纪欧洲封建社会在精神意识上的统治者。封建主一向把天主教作为封建统治制度最重要的支柱之一。哥伦布"发现"美洲后，罗马教皇就于1493年发布了关于所谓基督教世界的分界线，把新大陆定为天主教的世界。16世纪宗教改革后，虽然有许多国家从天主教中分离出去，信奉了新教。但西班牙与葡萄牙仍然保留天主教制度，并成为天主教最顽固的堡垒。为了巩固对殖民地的统治和弥补天主教在欧洲宗教改革运动后的损失，西班牙王室便凭借统治力量，在罗马教皇的大力支持下，把天主教强加于拉丁美洲人民的头上，使西班牙在美洲的统治，打上天主教的烙印。天主教的教会，成为美洲殖民地统治机构的一部分，其影响所及，遍于政治、经济、文化生活的各个方面，从而使整个拉丁美洲，逐渐变成了天主教的天下。

费尔南多·里奥斯在《西班牙在美洲的行动》一书中说："在那个重大的历史时代，西班牙以两种富于战斗性的行动向前推进。一种是军事上的，一种是精神上的。二者都十分热衷于征服事业。前者的目的在于攫取权力，占领土地和掠夺财富；后者的主要目的则在于赢得基督信徒。二者是相互交织和相互帮助的……彼此都依靠吸收对方的精汁而增强自己一方的力量。洞悉二者的相互关系,是了解西班牙殖民事业的最基本的钥匙"。巴利亚洛沃斯在1606年也说:"我们要注意,我们杀人和伤人,是为着要卫护对我主耶稣基督的信仰。这样,在蒙耶稣恩宠及为他服务中,我们就可以用枪和刀赢得天堂。"从这两段话中可以看出,在征服与统治殖民地的过程中,天主教所扮演的到底是属于那一种性质的角色了。

天主教是伴随着殖民者一起来到美洲的。哥伦布第一次在圣萨尔瓦多登陆时,即一手拿着西班牙国旗,一手拿着十字架。1493年春天,他第一次航行美洲回来后,曾写信给伊萨伯拉女王说:"我们的教主基督赐给我们卓越的国王和王后以这样大的胜利……所有的基督教徒都应该为我们神圣的信仰赢得这么多的人民而欢呼。"他还向西班牙国王保证说:"上帝为西班牙国王不仅保存了新世界的全部金银财宝,而且保存了一笔价值不可估量的财富,即千千万万命中注定要信奉基督教的人。"科尔特斯在侵占墨西哥和有系统地掠夺并屠杀印第安人的时候,也一再声称,他这样做不是出于自私的动机,而是出于"理想的驱使",即要消灭偶像和使当地土著改信基督。几乎在所有殖民地开拓者的意识中,上帝的观念是同掠夺和发财的观念紧密地交织在一起的。

在西班牙国王看来,天主教的僧侣、教会和教义,是成功地征服和统治印第安人,使他们甘心戴上殖民枷锁的不可缺少的工具。在殖民地开拓者侵占土地与消灭印第安人时,天主教僧侣就紧步士兵的后尘,有时还走在士兵的前面,正如一位作家所指出的:"神甫们走在兵士的后面,就如月影伴随人一样"。他们使用基督的说教,来麻痹印第安人的意志,软化印第安人的抵抗,引诱他们接受目前的悲惨命运,以换取所谓来世的"乐园"。总之,天主教僧侣要使"沉沦于异教"的印第安人改变信仰和相信他们的被征服被奴役是出于上帝的意志。关于这一点,"要求书"上表现得最为明显。西班牙和葡萄牙人在每次征服行动中,都用最后通牒的方式把这种"要求书"交给印第安人。"要求书"通知印第安人说:他们本人以及他们的土地,已由教皇分给西班牙国王或葡萄牙国王;他们应承认教会是"圣母和宇宙的主宰",教皇和西班牙国王是"这些岛屿和大陆的主人和君王";如果他们违抗命令,则将受到不可言喻的灾祸和损失,如同"不顾自己的君主并起来反抗时所应受的那样"。

征服拉丁美洲的活动一开始,西班牙国王为了使王室在殖民地的统治权力不受分割,就不断同罗马教皇交涉,获得许多直接管理殖民地教会的权力。1501年11月16日,教皇亚历山大六世颁布训谕,允许西班牙国王在殖民地征收什一税。1508年7月,教皇裘里安斯二世又颁发训谕,给予斐迪南及其继承者享有一种特殊的"推荐权",这种权利包括任命教会高级教士和宗教裁判所审判官、划定教区疆界、批准建筑教堂和修道院、召开宗教会议和大会以及限制教会财产等。不过,这并不是说罗马教皇对美洲殖民地的教会完全撒手不管;事实上,罗马教皇还经常运用天主教的组织力量,避开国家政权的控制,在殖民地按照自己的意志行事。

殖民地教会本身有一整套自上而下的组织机构。它同殖民地的行政机构并行,同样受"印度等地事务委员会"的直接领导,成为殖民地统治制度中的一个主要组成部分。大主教、主教和方丈由国王任命,神甫等较低一级的教士则由总督或督军指派。他们同样是王国官僚机构的成员,许多教会的显贵人物,正式被授予殖民地的官职。在墨西哥,如遇总督缺席,有时就由大主教代行总督职权。大主教的收入,往往比总督还高。

最早来到新大陆的传教士系博伊尔等共约12人。他们是在1493年9月乘哥伦布第二次航行的船只由西班牙启程的。他们到达美洲后,即在埃斯帕尼奥拉建立了美洲的第一个教会组织。1504年,西班牙国王得到教皇允许,可以在西印度群岛建立一个大主教区和两个主教区,但未立即实行。一直到1511年,西印度群岛的圣多明各和波多黎各等地,才正式成立主教区的组织。从此以后,在美洲大陆每开拓一个新的殖民区域,随即就出现了一个新的教会组织。至1545年,已以墨西哥城,利马和圣多明各三个城市为中心建立了三个独立的大主教区。至殖民统治末期,更增至10个大主教区与38个主教区。

从1520年开始,天主教的各类传教会如圣芳济会、多明我派、奥古斯丁派以及耶稣会派等,纷纷前往拉丁美洲活动。这类传教会往往占领一大片土地。在这个区域内,生产关系是封建的,政治关系是专制的。印第安人被当成永远不会长大的成人,担负一切生产重担,他们的家庭生活,衣着、礼貌、道德、休息和娱乐等,都要受到教士们的约束和管制。为了便于传教和宗教节日庆祝活动的需要,神甫们对少数印第安人传授一些有关音乐、赞美诗及乐器演奏的技艺。总之,传教士同印第安人的关系,实际上等于主人和奴隶的关系。传教会甚至实行所谓"宗教婚姻制",殖民地人民结婚时,新妇先要送往神甫家中作一个月的家仆和情妇,以预先训练她作结婚的准备。

此外,传教会还在各地建立了为数众多的修道院和其他寺院。在这些教会和寺院中,有数以万计的神甫,僧侣和修女。仅仅利马一个城市,在16世纪中叶的26500个居民中,就有10%是教士。在巴拉圭,耶稣会的教士活动特别积极,他们曾拥有一个非常大的领地,管辖了71万印第安人,并且建立了所谓"基督教共和国"。关于耶稣会教士活动的掠夺性质,法国大革命前的启蒙大师伏尔泰曾讽刺地写道:耶稣会教士的国家,是一种十分特别的"良知的和公正的典范","神甫们在那里拥有一切,而人民则一无所有"。18世纪后,这类传教会势力才逐渐衰落。

教会对于拉丁美洲的社会生活实行极严格的控制。在所有的城市和村落中,教堂照例要建筑在当地的中心广场上,并且照例是当地的最好最美的建筑物。比较大的城市,如墨西哥城,差不多每隔三、四条街,即有一座教堂。教会的各级教士都是当地社会中的显要人士,一切重要事件,非有他们插手不可。殖民地的人民,一生下来即要接受教会的洗礼,以后无论是受教育、结婚,一直到死,都要受教会的管辖。受洗礼证比出生证还重要,因为按照天主教的逻辑,不受洗礼就不是天主教徒,不是教徒就是"魔鬼",是"异端",其后果便不堪设想。在这种原则指导下,根据历史学家蒙托里拉的统计,仅在墨西哥被征服的头15年内,就有400万以上印第安人被迫接受洗礼。有些教士在一天之内,要给1500个印第安人施行洗礼。

教会把拉丁美洲的文化教育事业,全部掌握在自己手中。所有由外地运到拉丁美洲的书籍,事前都要经过教会的严格审查。各级学校,或系教会建立,或受教会监督。这时期内先后在圣多明各(1538年)、利马(1551年)和墨西哥(1553年)等地成立的大学,也处于教会的严格控制之下。大学中所讲授的主要课程为神学。拉丁美洲出版的书籍,多半与宗教有关。教会用各种方法摧残殖民地文化。此外,教会还控制各种慈善事业,如医院、孤儿院以及济贫所等。

教会不但是殖民地的精神统治者,也是重要的世俗统治者。教会拥有巨大财产。教会通过地理大发现在新世界所获得的东西,比它在欧洲因新教徒的宗教改革而失去的东西更多。各殖民地的最好土地,照例是属于教会的。在殖民统治末期,教会已占有拉丁美洲全部土地的1/3以上,成为最大的地主和地租剥削者。在墨西哥、秘鲁、哥伦比亚和厄瓜多尔,教会更差不多拥有全部地产的一半。1620年,西班矛国王抱怨,利马的女修道院囊括的土地比这个城市剩下的全部土地还要多。1664年，墨西哥市政议会曾上书西班牙国王："如不采取措施加以制止，教会将拥有一切土地。"

根据洪堡的描写：在19世纪初拉丁美洲独立运动前夕，新西班牙区的某些省份内，有4/5的土地归教会所有。此外，教会还向人民征收什一税，经营各种商业、工厂和矿场，放高利贷，贩卖赎罪券，接受馈赠，没收"异教徒"产业以及征收婚丧和洗礼等费。据一位新西班牙总督估计，教会在墨西哥每年有近2200万比索的入款，而西班牙国王在这里的收入只等于它的15.5%。墨西哥大主教仅财产收入每年就达13万美元。教会上层人士的箱子，往往被搜刮来的金银压塌。关于教会对拉丁美洲人民的剥削，巴尔玛在《秘鲁的传说》一书中这样描写："我们所知道，有一个矿井出产的白银，超过全波托西所有的矿井。这个矿井，名叫'炼狱'。自从教会发明或者发现'炼狱'以后，就建筑了一所永远无法填满的无底大金库，以收容信徒们的施舍。他们用弥撒以及其他各种各样的宗教仪式，把钱丢进去，以赎回他们有罪的灵魂，求得幸福。"

在残酷镇压和奴役印第安人与黑人方面，教会也不比世俗的统治者"仁慈"和逊色。教会对印第安人的暴行，在整个殖民统治时期，是层出不穷，数不胜数的。寺院中往往设有拷问印第安人的牢狱，其中备有老虎凳、镣铐、鞭子和其他刑具。16世纪下半叶，在加敦有一个名叫李叶优·德·朗达的圣芳济会传教士，曾焚毁印第安人的手稿，破坏他们的庙宇，并把每一个有"背叛"嫌疑的人打300皮鞭。有6330个印第安人受到他的拷问，被处以肉刑，成为残废，其中有157人立即死去。另一修道士盖洛尼基·梅杰素宣称："教士们为了印第安人的幸福，应该鞭打他们，鞭打对他们是这样必需，犹如面包对于他们的嘴一样。"不少教士甚至认为印第安人是"没有灵魂的动物，像野兽一样不能领会基督教"。

直至1537年，罗马教皇保罗三世才宣布印第安人具有理性，可以变为基督教徒。此外，在教会所拥有的庄园和领地中，印第安人要为这些上帝的圣徒从事奴隶般的劳动，并被这些繁重劳动压得腰弯背驼。教会还经常强迫印第安人用无偿劳动去修建宗教建筑物，仅在墨西哥一地，就修建了12000所教堂。到1632年，在西属美洲修建的教堂已达到7万所。印第安人曾这样形容天主教的残暴："神甫是一只饿狼，他只重金钱，不要荣誉和经文"；"公牛得提防它正面冲来，骡子得提防它后腿踢来，可是神甫得从四面八方去提防他。"至于教会征对待黑人方面，甚至比对待印第安人还要坏。它一直认为，黑人只是"为着做奴隶而生的"。

1569年1月25日，国王菲利浦二世命令在殖民地建立宗教裁判所。利马和墨西哥城的宗教裁判所，先后成立于1570年和1571年。这个机构成立以后，给拉丁美洲人民带来了进一步的灾难。它特别对"异端"、犹太教、巫术、重婚和新教徒等，处罚最重。人民只要稍有不相信天主教的表示，例如怀疑天主教的所谓"奇迹"，就会遭到监禁或被活活烧死。它们控制一切书籍，几乎侦察每一个稍有被怀疑的人，可说是最早实行思想的管制制度。在殖民统治300年间，以"异端"名义被烧死者，在利马有30人，在墨西哥城有41人。成千成百的人被投进监狱。据英国水手菲利浦斯（他在16世纪后半叶，曾在墨西哥被当作"异端"审判）的叙述：一个受宗教裁判所审讯的人，往往被绑在马背上游行示众。宗教裁判所使每一个拉丁美洲人都感到恐惧。甚至这个制度被消灭后的一个相当长的时期内，拉丁美洲人民一回忆起来，仍不寒而栗，毛骨悚然。

从上述情况来看，天主教对拉丁美洲殖民地人民使尽了精神上和物质上的压力，扼住了殖民地人民的咽喉，妨碍了殖民地经济文化的发展，成为殖民统治时期最大的桎梏之一。特别在强迫印第安人、黑人和混血种人改信基督教方面,天主教会更是费尽了心机。虽然,所有的印第安人、黑人和混血种人,几乎全都在名义上皈依了上帝、基督和教会。但是,威力并不能彻底征服人心。一直到今天,古印第安人的传统信仰和非洲黑人的旧有宗教,仍然在基督教义的掩饰下,在大多数的印第安人和黑人中间保存着。他们不过是被迫承认自己是上帝的臣民罢了。

五、殖民统治时期的文化与教育

在殖民统治者和天主教的专横垄断下,殖民地的文化陷于非常闭塞和落后的局面。印第安人、黑人和各种混血种人几乎个个是文盲。就是土生白人的知识也少得可怜,一个秘鲁总督曾说:"学学读书、写字、做祷告就行了,无论哪个美洲人他应该知道的就是这么多了。"据17世纪一个英国旅行家的报导,墨西哥一个土生白人问:英国是否有太阳?英国女人怀孕是否与墨西哥女人一样?当听说英国不是西班牙殖民地的时候,竟大吃一惊,其无知由此可见。但是,基于拉丁美洲政治经济上不断发展的需要和人民追求知识的强烈愿望,基于文艺复兴时代文化和科学的传播势不可当,因此,拉丁美洲的文化生机并没有全部被摧毁。文化和教育事业也有相当的发展。

1. 教育

殖民地的教育完全为天主教所控制。各类学校都由教会或修道院主办。1523年,一个圣芳济会的传教士喀尼特在墨西哥开办了西半球的第一所学校。他招收了一部分印第安人的男孩入学,教以西班牙语文和基督教义,并进行绘画、雕刻等为装饰教堂而用的技艺训练。这种类型的学校,以后在其他各地得到了推广。"印度等地事务委员会"还颁布训令,在殖民地的各个区域建立印第安人的学校。但是,"印度等地事务委员会"的这项训令,殖民地政府并没有认真执行。特别是一些边缘地区,从来就没有过任何类型的学校。即使就已建立起来的一些学校而言,不但设备非常简陋,而且招收的学生,也限于印第安人少数上层分子的子弟。这除笼络印第安人村落的首领外,不过是训练出一批担任教会低级职务的"有色人",使之更顺从地秉承殖民统治者的意图办事而已。至于那些广大的印第安农民和矿工群众,根本没有上学受教育的机会。一个最明显的例子是,18世纪末期,印第安首领西利罗·德·卡斯提里亚,请求殖民政府许可在拉普宜布拉成立一所招收一般印第安人子弟的学校,竟白费了30年工夫;他后来到马德里去控告殖民地官吏时,也一无所得地死在那里了。1547年,殖民当局在墨西哥城又开办了一所梅斯蒂索人的学校,其目的同样也只是为了笼络梅斯蒂索人的上层人士。

为了防止殖民地人民的反抗,西班牙统治者不但对印第安人、梅斯蒂索人和黑人等"有色人种"采取愚民政策,即使对土生白人的教育,也予以严格的控制,不过控制的程度、范围及方式不同罢了。土生白人统治阶层及富裕人士中的子弟受教育的机会比"有色人种"要多得多。一般城市都为他们设有初级学校,有些较大的城市还设有中等学校、专科学校和大学。这些学校大多数是教会设立的;少数虽由王室政府、私人或市政议会所设立,但在管理上与教学内容上同样受到教会的监督。各级学校的教学人员几乎全系教士充任,其中又以耶稣会、多明我派和圣芳济会的教士占绝大多数。各级学校中宗教课程的比例远远大于同时期内北美洲英国殖民地的学校;同天主教思想不同的课程在绝对排斥之列。一些较富裕的土生白人,还往往为其子女聘请家庭教师,或送往寺院受教。

拉丁美洲的第一所大学是根据1538年10月28日罗马教皇的训令在圣多明各成立的。其目的是在殖民地传播天主教思想和培养教士。这所学校的规模不大,开设的课程只限于神学,所以只能算是一所神学的专门学校。两所最早的较完备的大学是墨西哥大学和利马的圣马克大学。它们是根据西班牙国王和罗马教皇的共同指令设立的。它们的成立,比美国最早的一所大学(即哈佛大学,于1636年成立)还要早约80多年。墨西哥大学于1553年1月正式开办,西班牙王室每年补助1000比索。它的组织、规程和教学,都按照西班牙国内萨拉马卡大学的式样,因而具有欧洲中世纪的大学的特色。它所招取的学生,绝大多数是土生白人贵族的子弟。校址设在墨西哥城蒙特苏马的王宫附近。这所大学一共开设24门讲座,除拉丁文、修辞学、哲学、法律、雕刻和神学而外,还有两门医学和两门古印第安语言(阿兹特克语和奥托米语)。全校教授,开始时有两名系检审庭的审判官,其余全都为天主教教士。利马的圣马克大学,基本上与墨西哥大学一致。截至殖民统治末期,拉丁美洲一共拥有12所大学,其中有6所是主要的。

专科学校的设置主要是神学、法律和医学,其中又以神学和法律发展最早。神学最为教会所重视。法律学则是由于殖民统治阶级内部因争夺土地和权利所产生的纠纷而发展起来的。医学的发展较迟,至18世纪前夕才开始设置,比同时期的欧洲要迟得多。医学的教学内容也远为落后,有一大部分还掺杂了一些占星学和迷信的成分在内。1723年,圣马克大学的医学课程中,还在辩论血液到底是否循环的问题。一直至18世纪末,解剖学和其他欧洲近代医学的书籍才被介绍过来,临床学、外科学、产科学和制药学等也才受到较广泛的注意。此外,在1773年,墨西哥城还建立了一所艺术学校,1783年,又创设了一所矿业专科学校。

从18世纪开始,近代哲学、科学开始流传到大学中来。从此,殖民地大学在传播,启发和促进拉丁美洲独立运动和暴动思潮方面起了相当大的作用。

至殖民地结束时止,西班牙美洲一共成立了23所高等学校。在一些主要高等院校中还设有学士、业士、硕士、博士等四种学位,学生读完各有关课程经过考核合格后,可以得到相应的学位。

2. 除学校教育外,殖民统治时期的社会文化和科学研究工作也曾得到某些发展。

(1)图书和出版事业

图书和出版是促进科学和文化发展的主要手段之一。西班牙王室对于殖民地图书和出版事业的控制,甚至比学校教育还严厉。1531年4月4日,王室指示"印度等地事务委员会",对所有开往殖民地的船只及其所装运的书籍,实行严格检查。以后又分别于1543年和1575年重申这个禁令,并责成宗教裁判所具体负责检查工作。一切与天主教论点不符的书籍,都以"异端邪说"或"对印第安人有害"为借口,绝对禁止运往殖民地。运书商和书店老板在起运或出售书籍以前,必须详细开列书目,送呈宗教裁判所审核。他们还要发誓和保证,决不向殖民地任何人或任何机关(包括图书馆在内)销售被核准以外的书籍。宗教裁判所的官员,不但在书籍起运前及装运途中进行检查,而且有权自由出入书店,随时进行检查。根据十八世纪宗教裁判所开列的书目,一共有5420个作者的书籍被禁止出售。在这种严格控制下,由宗主国运往殖民地的书籍,有75%至80%是与天主教有关的,例如神学、祈祷书、教义答问和圣徒传等,此外还有不少是西班牙语文一类的书籍。

西班牙统治者,不但对运往殖民地的书籍要施行检查,而且对殖民地的书店、图书馆、大学以及私人藏书,也不断进行搜查,并规定,如有人保存禁书,财产要没收,人要正法,书要公开焚毁。

但是,宗主国和殖民地比较进步的人士,仍然想尽各种办法,避开政府和教会的检查,运来了一部分他们所需要的书籍。殖民地的一些图书馆中,可见到希腊文和拉丁文的古典作品以及当时在西班牙国内流行的一些有关文学、历史、法律、建筑、数学和医学的书籍。马西尔所建立的一家图书馆,系殖民地最重要的图书馆之一,其藏书超过1000册,其中包括希腊、意大利、葡萄牙、西班牙、法国等国的书籍。马西尔本人是宗教裁判所的负责人,死于1787年。据说塞万提斯的名著《唐·吉诃德》第一版在西班牙发行后,1605年即流传到殖民地。横渡大西洋的旅客,在船舱里往往可读到各种流行的文学作品。至18世纪,政府和教会的检查工作逐渐松弛,甚至连当时英国和法国一些启蒙运动思想家的作品,在殖民地知识界中也比较广泛地流传起来了。

殖民地也拥有自己的印刷业和出版业。最早的印刷所在1533～1534年出现于墨西哥。1537年,《基督教教义概要》一书正式在墨西哥城问世。这是殖民地自己印行的第一本书。1539年,塞维利亚的一个德国籍印书商克罗贝赫尔与一个意大利商人合伙,在墨西哥城开设印刷所,购置了第一台印刷机。从此,殖民地的印刷和出版业就逐渐开展起来了。在整个殖民统治时期,一共设有25处印刷所,这些印刷所出版的书籍,大部分与宗教有关。

殖民地的新闻事业,最初所采取的形式为行政机构及教会在公共建筑上或教堂门口张贴告示(包括法令),或者是告知由欧洲来的邮船的消息。殖民地的杂志,最初于1594年出现于利马,创刊号内容是描写捕获英国著名海盗霍金斯的经过。这个刊物是不定期的,只有当宗主国和当地有重要新闻时,才偶然出一次。定期刊物到1722年1月才第一次在墨西哥城出现。1729年11月和1743年又先后出现于危地马拉和利马。报纸的发行,1790年10月在利马开始。至19世纪初,墨西哥城、波哥大、基多和布宜诺斯艾利斯等地,才相继有报纸出版。所有这些杂志和报纸的质量都不高,印刷水平低,价钱贵,发行数额小,读者对象极为狭隘。

(2) 艺术和文学

美洲的"发现"、征服和开拓,给整个世界和人类增添了无数的新景象和新事物,为文学和艺术的创造提供了无限广阔的新天地。无论在诗歌、散文、戏剧、小说、绘画、雕刻、建筑、音乐和工艺等方面,殖民地人民都作出了出色的成就,表现了特殊的风格。印第安人本来就有着丰富的艺术传统,这种传统在遭受殖民主义者的重大摧残后,并没有完全中断。他们一直保持着古阿兹特克和印加文化的传统,世世代代流传着自古以来的神赞歌和民间英雄的故事。有些民间故事用拉丁文记录了下来。

在这些流传下来的印第安人作品中,如《波波尔——乌》,是基切人的一部神话传说,一部英雄史诗,一部民族历史,也是印第安民族古典文学中最重要的一部杰作。"波波尔——乌"在基切语中,意即《公社之书》。它系17世纪末由西班牙天主教传教士弗朗西斯科·希门尼斯在危地马拉发现的,是一部以基切语为基础而用拉丁字母书写的手稿。希门尼斯用基切文把它完整地书写了出来,并翻译成西班牙文。这部想象丰富、文字优美、充满积极浪漫主义精神的印第安民族古典史诗,可与世界上任何其他民族的神话相媲美,不愧是拉丁美洲文艺遗产中的一颗明珠。其他如《拉比纳尔的武士》,是基切人所创作的一部完整的戏剧;《奥扬泰》,是从15世纪开始,在使用克丘亚语的印第安人中所流传下来的一部古典戏剧。

这些作品的内容都非常生动,充分表现了印第安人的丰富想象力及对本民族英雄人物的热烈赞扬和歌颂。又如英国旅行家斯蒂文森1806年在秘鲁曾看到克丘亚族印第安人穿着奇异的服装,戴着古怪的面具,用自己的民族语言表演民间戏剧。其中有的描写西班牙掠夺者的侵入、暴行和被擒的经过,有的描写"伟大印加"元首阿塔瓦尔帕的被害。至于古玛雅人,他们在文学,特别是在戏剧方面，有许多非常流行的好作品。他们建有石台专门作为演出戏剧的场所。这些戏剧作品虽已佚散，但其中一些为人们所喜爱的剧目仍流传至今，如《不要脸的食客》和《卖瓦罐的人》等。

土生白人的文学作品，也同样丰富多彩。西班牙人来到殖民地以后，活生生的历史需要写成文字，这就形成了编年史；殖民者为了歌颂他们自己的"业绩"，这就产生了史诗。历史和史诗便成为殖民地文学的开端。在殖民统治300年间，曾经产生过不少的优秀作家和作品，其中颇负盛名的作家有克鲁斯、胡安·门多萨、苏尼加、李萨尔第以及伽西拉索·德·拉·维伽等。克鲁斯于1651年生于墨西哥波波山附近的农村，她是一个罕见的早熟的天才，3岁时就学会阅读，9岁时进入总督府，和祖父一起生活。由于她的奇才和美丽，得到总督和总督夫人的宠爱，成为总督夫人的一名宫廷女侍。

总督为了测试她的知识，召集了40名西班牙知名学者向她提问，克鲁斯回答了所有的问题，并使得人人满意，以致总督把她比作是"击退了小船袭击的一艘巨大的西班牙战船"。她16岁时离开宫廷加尔默罗，进入修道院，后来成为一个杰出的人文主义作家。她熟悉好几种语言。她的作品包括14行诗、讽刺诗和喜剧等，其中大部分已散佚，遗留下来的著名作品有长诗《初梦》和散文《答菲洛特亚·德·拉·克鲁斯的信》等。在这些诗歌中，她把世俗精练的形式同宗教神秘的内容结合起来，成为西班牙古典文学不可分割的一部分。她的诗传播很广，被同时代人称为"第十号缪斯"（即智慧和美的化身）。胡安·门多萨是一个多产的剧作家。他一共创作了25个以上的剧本。其中最有名的两个剧本《墙有耳》和《可怀疑的真理》，尤其得到广大人民的喜爱。

在建筑、绘画、雕刻、工艺和音乐方面，殖民地人民表现了独特的风格。印第安人在这一方面很有才华，曾经涌现出不少优秀的建筑师、雕塑家、木刻师和画家。他们往往能把古代阿兹特克和印加人的艺术与从西班牙传入的艺术结合在一起，创造出一种看来非常调和的新的艺术。如墨西哥城的大教堂，于1537年动工，经历了200多年，至1804年才完工，它被称为是保存至今最典型的"文艺复兴式大教堂"。

19世纪末期一个到过南美洲的俄国旅行家伊奥宁，对于阿雷基帕（秘鲁）的古老建筑物的墙饰、圆柱和拱门的浮雕，曾作过如下描写："阿雷基帕的印第安人建筑师……表现了湮没无闻的印加'帝国'时代的风格和艺术构思……他们从新来的外人—欧洲人那里学得他们从旧大陆带来的某些匠意，但又赋予古代秘鲁遗迹所固有的那种特殊的纯朴性和原始的笨拙性……粗壮的蛇盘绕在粗笨的石树的枝橱上；树上长着象甜瓜似的叶子；在这些树下，同样粗壮的野兽——美洲豹、虎，特别是脖子很长的骆马——用后足直立起身子；人张着两臂，拿着钩杖，跟秘鲁有些遗迹上的印加人像一模一样；……欧洲人的风格则表现在葡萄藤浮雕华饰上，——也是笨重而又粗壮的，或者表现在蔓藤花纹或跟阿尔汗布拉宫墙相仿的钟乳石花样上。"

(3) 科学

拉丁美洲人民的科学贡献，主要表现在同殖民地特殊环境有关的一些科学领域中。如历史学、地理学、天文学、植物学、动物学和冶金学等，都得到特殊发展。首先受到注意的是历史学。印第安人的历史、风俗习惯、语言、民间故事、歌曲以及史诗等大量被搜集起来。这些资料经过整理，译成西班牙文，是有关印第安人的非常宝贵的历史材料。关于征服和殖民统治时期的历史，也同样受到了注意。如迪亚斯·卡斯蒂诺所著的《墨西哥的发现和征服》一书，对当时情景的描写，惟妙惟肖，扣人心弦，至今读之，犹有身历其境之感。其他如1571年出版的何塞·阿科斯塔的《印度等地的自然和道德的历史》、17世纪出版的贝尔纳维·科沃的《秘鲁史》以及各种官方文献记录、各区域史、殖民地的法律、法典和旅行家的报导等,都具有相当高的史料价值。

其次是地理学的研究。拉丁美洲的土地辽阔,地形复杂,殖民者为了便于统治,非绘制较详细的地图不可。排除墨西哥城的沼泽、在巴拿马地峡或尼加拉瓜湖泊区开凿运河等建设工程,早在16世纪就引起了殖民地人民的极大关心。1608年,工程师恩里科·马丁内斯正式作出关于墨西哥城沼泽的排水设计。为了开凿巴拿马运河,在整个殖民统治时期,科学家们曾作出20个以上的具体计划。虽然这些计划没有见诸实施,但是,他们在当地的一系列测量、勘察、研究和设计工作,却有着相当大的科学价值。

再次,关于天文学的研究,在16世纪末也已开始。1588年,即西班牙"无敌舰队"覆灭的一年,菲利浦二世曾指示在利马进行日、月食的观测工作。墨西哥城很早就设立了天文观察所。墨西哥大学于1680年开展了对彗星的讨论。墨西哥的著名天文学家贝拉斯克斯、加马和阿尔萨特等,对日食、月食、卫星和木星等的研究,作出了不少成绩。他们经常同巴黎科学院保持密切的联系。19世纪初,在波哥大,正式建立了美洲的第一座天文台。

至于植物学的研究,成绩更大。广大的热带和亚热带地区,植物种类繁多,是植物学家最理想的研究场所。利马、新格拉纳达和墨西哥城,都成立了植物研究机构,危地马拉成立了自然史的博物馆。它们都对殖民地的植物进行了系统的调查、分类和研究。在18世纪西班牙国王卡洛斯四世统治时代,仅仅20年内,这些研究机构就为当时的植物学找出了4000种以上的新品种。在波哥大被称为植物学之父的世界著名植物学家穆蒂斯曾发表不少有价值的著作。他受总督与大主教的委托,组织考察队,写出了新格拉纳达的植物志,他写的关于花卉和植物的大约3000篇解说的收藏,连同他的植物学图书室,成为当时仅次于班克斯在伦敦的世界最大的收藏。在基多,博物学家乌那努埃出版了他的《秘鲁的气候》。

最后,对金、银贵重金属矿的勘探和开采,也在一定程度上推动了冶金学和化学的研究。秘鲁科学家巴尔努博于17世纪末发明了提炼银子的新方法。墨西哥的矿业专科学校专门设置了一个化学实验室。拉瓦特尔的《化学元素》一书的西班牙文译本出版后,马上又在墨西哥出版。此外,数学和几何学的研究工作,随着金属学和天文学的进展,在18世纪也逐渐开展起来了。

上述科学和文化的发展,使拉丁美洲许多城市如墨西哥城、利马、波哥大和基多等,成为当时当地文化的中心。许多外国科学家(包括意大利、法国、德国和英国)在18世纪先后到过这些地区。1735年,巴黎科学院还专门派遣一个科学考察队到基多。1736年,在基多的大学中,正式开设了讲授笛卡儿,莱布尼茨和牛顿的课程。19世纪初,洪堡在美洲进行了5年(1799~1804年)科学考察以后,介绍墨西哥城的科学研究情况说:"没有任何一个新大陆的城市,包括美国所有的城市在内,拥有像墨西哥京城这样大而健全的科学组织。"

但是,就全面情况说,殖民地的文化发展水平,还远较同时期的欧洲和宗主国西班牙为低。

六、英、法、荷等国对拉丁美洲的掠夺

西班牙与葡萄牙在殖民掠夺方面比欧洲其他国家早走一步。16世纪时,他们已成为世界的殖民强国,并把拉丁美洲划为"禁地",不许其他任何国家染指。但是,在英,法,荷等国的资本主义扩张势力相继兴起后,它们对西班牙大帆船从新大陆运回的大量金银财宝,久已垂涎欲滴,西班牙和

葡萄牙要想永远封锁和把持这块"禁地",显然是徒劳的。

早自1493年教皇亚历山大颁布了关于分割世界的敕谕后,欧洲其他列强即怨声载道,对教皇的决定表示不满。法国国王弗朗西斯一世曾声言:"太阳照耀我,也如照耀别人一样。——假使给我看亚当的遗嘱,果真遗嘱中有条款规定,世界瓜分与我无份,我将是幸福的。"1562年,英国政治家威廉·塞西尔爵士对西班牙驻英大使说:"教皇无权划分世界,也无权把国土随便送给他所喜欢的人。"英国女王伊丽莎白更有力地宣布:"海洋和空气为全世界人共同享用,海洋不归属于任何民族或任何个人。"欧洲列强野心勃勃,决心打破西、葡对拉丁美洲的独占局面。他们从不把教皇的敕谕放在眼里,仍然本着自身的力量和愿望行事。就这样,欧洲列强争夺拉丁美洲地区利益的斗争,便成为一种不可避免的趋势。

封建主义、资本主义剥削者争夺殖民地是从来不择手段的。英、法、荷等国在拉丁美洲同西班牙、葡萄牙的斗争范围,涉及政治、经济和军事各个方面,手段则主要是走私、劫掠和公开的战争。

走私是英、法、荷等国早期为打破西、葡垄断拉丁美洲贸易的手段之一。走私是非法的却是和平的贸易,用奴隶和欧洲货物以换取西属美洲的糖、兽皮与银子。当时,西班牙和葡萄牙尚停留于封建发展阶段,国内工业和商品不能满足日益增长的殖民地人民的需要。17世纪末,西班牙的商品只能满足殖民地人民所需的百分之五。而英、法、荷等国资本主义关系发展较早,拥有的商品数量大,品种多,价格便宜,容易打开销路。西班牙和葡萄牙不顾这种客观情况,颁布了具有垄断性质的商业法,严禁其他国家同拉丁美洲进行贸易,这是造成殖民统治时期拉丁美洲各地区大量走私贸易的主要原因。

16世纪中叶起,走私贸易就在西班牙美洲殖民地出现了。以后继续发展,至17世纪中叶,已达到非常广泛的地步。西班牙驻巴拿马的皇家视察员于1624年宣布,当年合法贸易总值只有144.6346万比索,估计走私贸易总值达七百五十九万七千五百五十九759.7559万比索,后者都没有向政府缴纳关税或捐税。当时另一个西班牙视察员也说,每1000吨货物合法地入口,就有7000吨货物非法地入口。《波托西编年史》一书的作者在1656年报道波托西的市场情况时写道:"法国供给各种各样的纺织品、白色带子、金银花边、斜纹哔叽、獭皮帽和各种亚麻布制品;法兰德斯供给挂锦、镜子、雕刻版、贵重桌子、威尔斯亚麻布、花边和一定数量的瓷器;荷兰供给亚麻布和衣服;德国供给银剑和各种亚麻桌布;热那亚供给纸;……佛罗伦萨供给衣服和缎子;……英格兰供给浮花洋布、帽和各种毛织品;塞浦路斯、加的亚和非洲海岸供给白蜡;亚洲供给象牙产品;东印度供给毛服、水晶……和宝石;锡兰供给金刚石;阿拉伯供给香料;波斯、开罗和土耳其供给地毯;……中国供给非凡的丝织衣物……"

进入18世纪以后,走私现象继续扩大。特别是根据1713年乌特勒支和约,英国享有向西班牙美洲输入黑奴和若干工业品的权利以后,走私贸易更加泛滥起来。西班牙政府尽管采取严厉禁止的措施,但一点也没有效果。相反,不但殖民地商人对这种走私予以积极的合作,就是殖民地的官吏,为了获利,也采取视而不见、听而不闻的放任态度。至1761年,根据西班牙一个委员会的报告,仅英国对西班牙美洲的走私贸易,即达到每年6千万比索。至18世纪末,开进西属美洲港口的外国船只,已比西班牙船只多10倍。有时,西班牙的商品,由于价格太贵,无法与私货竞争,甚至被迫又运回西班牙。由此可见,至殖民地独立运动前夕,西班牙对殖民地的贸易垄断,早已名存实亡。

劫掠是英、法、荷等国用以打破西、葡在拉丁美洲的垄断地位的另一重要手段。英、法、荷等国的海盗（实际上当时这些国家的海盗、海军、商人，往往是三位一体。英国不少有名的家族，都是以海盗起家的；不少商业公司，实际是强盗公司。英国国王把海盗绞死或赐爵，要看赃物是否分给国王及所分赃物的多少而定）利用加勒比海中一些曾被西班牙殖民者在土著居民消灭后所放弃的岛屿为基地和隐蔽所，从16世纪中叶开始，或徘徊于大西洋航线的周围，或守候于拉丁美洲各重要港口的附近，用拦路行劫的方式，将西班牙和葡萄牙满载金银的船只全部掠走。他们有时干脆对西、葡所据有的港口，实行突然袭击，烧杀掠夺，无恶不作。他们胆大妄为，行踪飘忽，使西班牙和葡萄牙防不胜防。这种海盗活动时起时伏，忽张忽弛，差不多持续了200年，一直至18世纪中叶以后才告结束。在这期间，有几十个拉丁美洲城市遭到蹂躏，有数以千计的西班牙和葡萄牙船只被抢走，使西班牙和葡萄牙受到极其重大的损失。这真是所谓"强盗遇到贼打劫"。

在所有这些海盗的行径中，又以英国海盗最为活跃。1527年，一个名为"三个主人"的英国船第一次进入圣多明各。从此以后，英国海盗便经常出没于加勒比海，劫掠西班牙和葡萄牙的船只。在英国女王伊丽莎白时代，这种劫掠行为更被英国政府看成是一种防止西班牙天主教侵略与保家卫国的爱国行为。这时期的著名海盗约翰·霍金斯、亨利·摩根和德雷克，事实上都得到英国政府的默许和支持。德雷克被说成是"合法的强盗"和伊丽莎自在海上的"看门犬"。海盗组织的资金和经费，也有一部分来自英国的贵族、资本家和国王。德雷克和拉里的海盗组织，就是靠一家股份公司的资金组织起来的；而这个公司的股东不是别人，就是女王本人、柏立勋爵、勒斯忒和伦敦商业区的很多大银行家。伊丽莎白曾经发誓说："谁要是把德雷克准备在1577年进行远征的事泄露给西班牙的话，就砍掉他的头"。在伊丽莎白女王时代，英国海盗带回的赃物达1200万英镑。

德雷克的活动范围很广。从加勒比海一直到南美洲南端，从美洲的大西洋岸到太平洋岸，到处都可见到他的踪迹。他在前后30年的海盗生涯中，劫掠了西班牙无数的金银财宝。特别是1572～1573年对巴拿马地峡的一次袭击收获最大。在这次袭击中，他用欺骗方法得到那些被称为"避居山野"的逃亡黑人和一些仇视西班牙人的印第安人的配合，把一个运载金银的骡队全部抢光，所获约合10万西班牙币。为了更进一步打击西班牙的海上势力，他甚至潜入西班牙国内的加的斯港，焚毁船坞，号称为"烧掉西班牙国王的胡子"。

1577年，他作了一次抢劫环球的航行，从美洲东海岸，通过麦哲伦海峡到太平洋，在经过瓦尔帕莱索时，曾将整个城市洗劫一空。他在卡亚俄捕获了一条载有150万金币的秘鲁船，到墨西哥海岸，获得更多的载有金银的船只，然后开到加利福尼亚的德雷克湾，作短暂休息，再横渡太平洋，装了一船香料，绕道好望角返英。德雷克成了传奇小说中的一个魔鬼，西班牙殖民地居民的孩子们一听到他的名字就吓得不敢出声。由于他多次"出色地"完成海盗任务，伊丽莎白女王特赐给他爵士和将军的称号。

和英国海盗比较，法国的海盗也并不逊色。法国海盗在16世纪前半叶经常袭击西班牙的商船。1523年，法国海盗胡安·丹戈在亚速群岛之外就劫取了科尔特斯的两艘运输金银的船只。著名的法国海盗克娄克，在加勒比海拥有一个10艘船的舰队。1550年，他抢劫了波多黎各和埃斯帕尼奥拉的一些城市；1555年，一度占领了哈瓦那。法国的另一凶恶海盗罗隆诺亚，加勒比海居民至今还传说着他的恐怖残暴行为。法国派往西印度群岛的一个军事长官李弗西尔，也加入当地的法国海盗组织，并成为其领袖。法国在西印度群岛的一些殖民地如海地、马提尼克和瓜德罗普等，最初都是由海盗登陆占领的。

荷兰的海盗在17世纪特别活跃。当时荷兰拥有全世界商船3/4,号称"海上的马车夫"。16世纪末尼德兰暴动胜利后,一方面基于过去对西班牙统治的仇恨,一方面由于本身资本主义发展的需要,荷兰海盗便不断在美洲海岸袭击西班牙、葡萄牙的船只和港口。1621年"荷兰西印度公司"成立以后,更以公司的"合法"名义掩盖这种海盗行径。1628年,臭名远扬的荷兰海盗海恩劫获了一整队的西班牙运银船只,为他自己和"荷兰西印度公司"获得1500万荷兰币的巨额财富,海恩因而成了"民族英雄",被任命为荷兰海军中将。

关于英、法、荷海盗抢劫西班牙船只的情况,克罗在《拉丁美洲史诗》一书中写道:"在查理一世时代,从西班牙开往美洲的2421艘船只,只有1748艘开回国。其余673艘有些给海盗夺去了,有些被暴风雨毁灭了。后来,虽然建立了护航制度(1561年),但在1623~1636年的13年内,单是荷兰的海盗就抢劫了550艘西班牙船只"。

英、法、荷等国对于西班牙美洲的争夺,并不以走私和劫掠为满足。为了彻底摧毁西班牙对拉丁美洲的统治,它们还发动了大规模的战争以夺取殖民地。英、法、荷把矛头主要指向三个容易进入的地区,即安的列斯群岛、圭亚那和北美,西班牙对这些地区一直是忽视的,对它们只有名义上的宗主权。英国军队于1578年并吞了巴哈马群岛,1609年在百慕大群岛上立足,1625年占领了巴巴多斯岛,1655年占领了牙买加,1797年占领了特立尼达,其他如南美洲圭亚那的一部分,中美洲如洪都拉斯的一部分,也先后被英国攫取。荷兰军队于1600年在圣欧斯塔蒂乌斯登陆,1634年夺取了西印度群岛中的库腊索岛,1667年占领了苏里南(荷属圭亚那)。法国军队1635年第一次占领了马提尼克和瓜德罗普等各岛屿,1697年正式夺取了海地岛的西半部,1795年一度占领了该岛的东半部。此外,法国人也与英国人、荷兰人一样,还夺得了圭亚那的1/3的土地。

上面提到的英、法、荷对西班牙美洲殖民地的这些争夺战,只是就他们已经获得成功的那些次数而言,至于那些为他们所发动而没有获得结果的战争,并不包括在内。总之,在西班牙统治拉丁美洲的300年间,英、法、荷等新起的资本主义强国,通过走私,劫掠和公开的战争,也参与了对拉丁美洲人民的掠夺,加深了拉丁美洲人民的灾难和痛苦。

七、拉丁美洲人民的反抗

拉丁美洲的奴隶劳动,在当时的客观条件下几乎是无法避免的。16世纪初,西班牙和葡萄牙还处于封建制度阶段,国家小,人口少,而其所征服的地区又是如此之大,仅巴西一地,就比葡萄牙大93倍。在这样一个地广人稀而又富饶的新世界,矿场,种植园等,处处都亟待开拓,而西班牙、葡萄牙又无法从其本国调来劳动力,所以贪婪成性的殖民统治者必然要寻找对象供其驱使,印第安人和黑人奴隶劳动便因之而起。

但是,哪里有压迫,哪里就有反抗。压迫愈重,反抗愈烈。殖民主义者的暴行,激起了拉丁美洲人民长期的激烈反抗。西班牙和葡萄牙殖民者的"火"与"剑",无论在征服时期或殖民统治时期,都不能使被压迫的人民屈服。拉丁美洲人民为了保卫自己的土地和维护自己的生存权利,在整个殖民统治时期的三百300年间,曾向殖民统治者掀起过无数次的暴动和起义,他们挣脱西班牙殖民统治的经过,是历史上最伟大的英雄诗篇之一。

1. 印第安人的斗争

首先被作为掠夺和奴役对象的是印第安人,因而首先起来与殖民统治者作斗争的也是他们。

上部 拉丁美洲史

当欧洲殖民者开始出现时,印第安人曾一度陷入惊愕状态,但很快便拿起武器进行战斗,显示出"宁肯战死也不愿意做奴隶"的英雄气概。印第安人的抵抗,遍布整个南北美洲,殖民者每征服一寸土地,都得付出极其惨重的代价。在被征服的地区,印第安人的反抗也没有完全停止。一有机会,他们又重新拿起武器,进行反抗。有少数地区,甚至从来就没有被征服过。在古巴、墨西哥、秘鲁、智利、巴西、委内瑞拉、玻利维亚、哥伦比亚以及拉普拉塔等地区的印第安人,更是不断发动巨大规模的起义。

西印度群岛是西班牙殖民者第一个征服地区。该地区系海上岛屿,印第安人数量不太多,力量不大,双方对比非常悬殊。但印第安人为了保卫家乡和求得生存,与敌人进行了极其壮烈的战斗。其中最突出的例子就是阿多欧的斗争。阿多欧是瓜哈巴小岛上的一个酋长,他的警惕性很高,当听到武装到牙齿的西班牙强盗登陆的消息后,他马上进行迎敌准备。经过一番激烈战斗失败以后,他带领全部落成员撤退到古巴,以自己的亲身经历,向古巴人民控诉了殖民者的血腥暴行,并动员、推动和组织他们参加战斗。他利用古巴的多山地区,采用游击战术,把印第安人分成小股,神出鬼没,不断袭击敌人,使殖民者疲于奔命,被迫龟缩到一个堡垒中达三个月之久。最后由于叛徒的出卖,阿多欧才在奥连特山中的秘密藏身处被殖民者捉住。他始终拒绝把藏金的地方告诉敌人。临刑前,西班牙神甫按照惯例,问他是否愿意接受基督的洗礼?阿多欧问:

"我为什么要作基督徒?"

"我希望你在死时得到上帝的恩惠,能进天堂。"

"那么基督徒也进天堂吗?"阿多欧又问。

"是的。如果他们是好人,在死时如能得到上帝的恩惠,就能进天堂。"

阿多欧以嘲讽的口吻说:"如果基督徒进天堂,我就不愿意进天堂,我不想遇到像基督徒这样残忍恶毒的人……"

阿多欧就这样无畏地被杀害了。继西印度群岛之后,其他各地的印第安人也战斗得很顽强。仅墨西哥在殖民统治时期的大规模起义,有史实可查的即达十余次之多。在智利,由于阿拉乌干人的反抗特别顽强,西班牙殖民者不得不于1611年与他们签订条约,承认其独立。在巴拉圭,起义者曾利用宗教的口号,团结成千上万的人民,发动了神圣的解放战争。

秘鲁地区的起义更为普遍。当地由于印第安人较稠密,文化水平较高,由于皮萨罗的暴行激起了他们不可磨灭的仇恨,所以,他们对古印加"帝国"的怀念,格外强烈;对白种殖民者的斗争,特别坚定而持久。如16世纪30年代到70年代曼科与图帕克—阿马鲁领导的起义,1742年胡安·桑托斯领导的起义,参加者有时多达数万人,致使西班牙殖民者费了九牛二虎之力,才勉强把起义镇压下去。但在殖民统治时期内,印第安人反抗殖民统治者最重要的起义,还是1780～1781年的图帕克—阿马鲁大起义。

图帕克—阿马鲁的姓名为何塞·加夫列尔·孔德雷尼基,他是秘鲁廷塔省通加苏卡村的一个卡西克。被认为是古代"印加帝国"执政者的后裔。年轻时曾受高等教育,接受过法国启蒙思想的影响。他在担任卡西克职务期间,经常为维护印第安人的利益同西班牙郡守斗争,因而得到印第安人的广泛拥护和爱戴。1780年11月4日,通加苏卡村的居民,由于不堪当地郡守阿里亚加的虐待,在图帕克—阿马鲁的领导下,抓住阿里亚加,把他审判处死并夺获了款项、枪支和弹药。于是,一场轰轰烈烈的反西班牙殖民主义的大规模起义,便迅速地在秘鲁许多地区先后爆发起来了。

图帕克—阿马鲁领导的起义具有鲜明的反对种族压迫和反对剥削阶级的性质。他以恢复"印加帝国"为号召,并袭用图帕克—阿马鲁的王号,自称为图帕克—阿马鲁二世,以便摧毁西班牙的殖民统治后,重建独立的秘鲁国家。在起义地区,他下令取消殖民统治者强加于印第安人的人头税和奴役性"米塔"制度,废止强迫性的商品摊派和各种苛捐杂税,夺取庄园主的土地,查封西班牙王室设在各省的国库,打开监狱,释放"罪犯",并建立自己的政权,撤换西班牙官吏,而以印第安人自己遴选出来的人员代之。起义部队得到了各地印第安人的响应,很快发展到6万人,数月内即占领了秘鲁的大部分领土,秘鲁的50个省中,已有20个省为起义军所控制,并且进逼古印第安故都库斯科的城下,使西班牙殖民者陷于惶恐不可终日的境地。

按照当时的战略形势,图帕克—阿马鲁应该乘胜攻下库斯科。因为这样既可消灭西班牙的一部分主力军队,又可获得一个较可靠的根据地,从而大大提高印第安人对赢得战争的信心,进一步加强起义群众的团结和力量。但是图帕克—阿马鲁并没有这样做,却分为几路向总督辖区的首都利马进军。由于行动迟缓,使库斯科的西班牙人有了喘息机会,并从利马及布宜诺斯艾利斯等地调来援军。关于这一点,图帕克—阿马鲁的妻子米卡艾拉——一个杰出的军事家——在起义中起过显著作用曾写信给图帕克—阿马鲁,再三劝告他立即拿下库斯科,不要分散兵力,坐失良机。她又明确指出,起义军队缺乏粮食,旷日持久会使军心涣散。但是,图帕克—阿马鲁没有接受这个忠告。

结果,由于战略上的失策,再加上土生白人的背叛、印第安人的分裂以及武器落后等因素,起义军终于在1781年10月6日,在切卡库巴附近被西班牙军队击溃。图帕克—阿马鲁本人、妻子、两个成年的儿子以及一部分将领也不幸被擒。被捕后,他表现得非常坚强,经受了各种酷刑。他曾对刽子手说:"哪怕你们把我的皮肉撕成碎块,我也不会对你们任何人吐露真情。"殖民者要他供出"同谋",他却回答:"参与同谋的只有你和我:是你,在压迫我的人民;而我,是想把他们解放出来。"不久就英勇牺牲了。西班牙人行刑的方法残酷到了极点,刽子手先割掉图帕克—阿马鲁的舌头,然后四马分尸,把尸体投入火中。这难道不就是殖民主义者一向自吹自擂的所谓"仁慈"和"基督文明"的真正写照么! 图帕克—阿马鲁深深受到印第安人的尊敬和热爱。当他被押赴刑场时,印第安人不顾殖民统治者的威胁,成群地跪在库斯科街道两旁,表示哀悼。

2. 黑人的斗争

继印第安人起来同殖民者进行斗争的是黑人。黑人是作为补充劳动力,被欧洲殖民主义奴隶贩子用极端残酷的手段从非洲掠夺和贩运来美洲的。早在1502年,第一批由非洲运来的黑奴,在圣多明各岛登陆。福斯特引富兰克林的话说:"1517年,有名的西班牙主教拉斯·卡萨斯曾建议每个西班牙移民可带12名黑奴,这就是正式开放对新世界奴隶买卖的表示"。

黑奴是与科尔特斯和皮萨罗同时进入墨西哥和秘鲁的。巴尔沃亚横渡巴拿马地峡时,就有30名黑奴和他在一起。在16世纪,利马的居民中有1/3是黑奴,布宜诺斯艾利斯的居民中也有1/4是黑奴。随着殖民地种植园经济的发展和对劳动力需要的增长,由非洲运来的黑奴也日益增多。差不多每年都有整批整船的黑奴运来,当时非洲西海岸冈比亚河地区萨德拉—列基和尼日尔河口三角洲一带叫做奴隶市场,美洲殖民地的哈瓦那和蒙得维的亚则成了有名的"黑港口"。

根据黑人著名历史学家杜波依斯的估计,向美洲大陆"移植"的黑人,16世纪为90万人,17世纪为275万人,18世纪为700万人,19世纪为400万人,共计约1500万人。他又认为,被贩运到美洲的黑奴,最低限度也有1000万。其中又以运往西印度群岛、巴西和其他热带、亚热带沿海地区的最多,使用奴隶劳动最多的是各类种植园和银矿场。在安的列斯群岛,如圣多明各、牙买加以及巴巴多斯等地,由于印第安居民已被屠杀殆尽,所以被剥削阶级几乎全部都是黑奴。黑奴的数目往往为白人种植园主和自由居民的 8 至 10 倍。

1775 年,牙买加的总人口为 21 万,而黑奴却有 19.2 万。奴隶贸易成为当时利润最大的行业。黑奴被称为"黑色象牙"。英国最大的商业城市之一利物浦就是在奴隶贸易的基础上趋于繁荣的。利物浦港口的奴隶船,在 1630 年只有 15 艘,到 1692 年就增至 132 艘。1774 年,从利物浦开出的 300 只船,运的全是黑奴。在 18 世纪,英国殖民主义者是最大的奴隶贩子,其余如西班牙人,葡萄牙人、荷兰人和法国人等,都曾热衷于这个肮脏罪恶的行业。奴隶贸易一本万利,是资本主义原始积累的重要手段。

黑奴在殖民统治时期所受到的残暴待遇,比印第安人还要悲惨。印第安人至少在形式上是"自由"的,黑人则名义上也是奴隶。黑人不但一无所有,而且本身亦为奴隶主所有。他们只被当作一种会说话的工具,任凭奴隶主处置。鞭打和侮辱是他们的家常便饭。杀死奴隶不负法律上的任何责任。奴隶们每天工作往往达到 18 至 19 小时。由于过度劳累和饮食的粗劣,西印度种植场中的黑奴寿命,据说平均只有 7 年。奥贝特威尔在谈到圣多米尼加岛时写道:"自 1680 年以来,运入殖民地的黑人计有 80 万人……可是现在(1776 年)只剩下 29 万人……几内亚的黑人在这里的劳动生活不会超过 15 年"。

在这种暗无天日的情况下,黑奴实在无法忍受。他们来自非洲的不同地方,各有各的风俗和语言,到美洲后又住得比较分散,因此,他们比印第安人更难于发动大规模起义。但是,被奴役的共同命运终于使他们逐渐团结起来了。如委内瑞拉,还在 16 世纪中叶,就发生了以米盖尔为首的黑奴起义。起义者拥有自己的国王、主教和军队,而且拥有自己的国土,并建立了自己的首都。在 18 世纪的牙买加,黑人成百成千地逃亡山谷,组织游击队,同白人统治者进行不妥协的斗争。

在古巴、海地、墨西哥、中美洲以及其他黑人较多的地区,都曾发生过无数次起义。起义的奴隶有时焚毁种植场,杀死监督人和种植园主,给了殖民者沉重的打击。他们如果无法组织起义,则采取消极的反抗办法,或者实行怠工,或者拒绝生小孩,或者自杀,或者相继逃亡,有些人甚至逃到印第安人的山地,与印第安人携手并肩反抗殖民统治者。不过,黑奴的每次起义也与印第安人一样,终于被白人统治者镇压下去了。正如列宁所说:"奴隶举行过起义,进行过暴动,掀起过内战,但是他们始终未能造成自觉的多数,未能建立起领导斗争的政党,未能清楚地了解他们所要达到的目的"。这是对奴隶起义失败的最精辟的科学分析。

3. 土生白人的斗争

除印第安人和黑人而外,土生白人也常起来反抗西班牙和葡萄牙殖民统治者。土生白人的处境与印第安人和黑人不同,他们中的一部分人是属于剥削阶级或剥削阶级的代理人。但是,在许多方面,他们也受到宗主国和当地统治者的歧视和排斥。他们不满意宗主国对殖民地的垄断和限制政策,不满意宗主国的白人统治者把持殖民地各机构中的一切重要职位。这种不满情绪的发展,使他们逐渐走上分立主义和独立运动的道路。

在殖民统治的三百年中,土生白人起来反抗宗主国统治的武装斗争,层出不穷。根据殖民地编年史的记载,早在 1566 年,墨西哥土生白人就举行了美洲殖民地最初一次的分立主义运动。1580 年,在圣大非(拉普拉塔),又发生了土生白人的第一次武装暴动。1733 年,亚松森的克列奥人起来驱逐西班牙的官吏,成立自己的"自治公社"。1781年,新格拉纳达索科罗城的起义中,克列奥人还与印第安人、黑人及梅斯蒂索人共同携起手来,组成几支联合武装部队。他们为了反对政府的横征暴敛和王家对烟叶的专利权,于1781年3月,向该市的公共建筑发动进攻,并迫使市政议会停征该项赋税。他们选举贝尔维奥为领袖,主张独立,打算建立共和国。他们打败了王家军队,部队很快就增加到两万人,并向波哥大进发。这次运动时间不长,最后还是被镇压下去。此外,在1780~1782年间,在智利和古巴也发生了克列奥人分立主义的积极活动。委内瑞拉人米兰达将军在独立前夕的一些活动,对克列奥人的分立主义运动,更起了有力的促进作用。

第四节 葡萄牙殖民统治时期的巴西

葡萄牙和西班牙的地理位置、民族文化传统以及社会性质发展阶段,大体一致。二者同位于伊比利亚半岛,同属于拉丁民族和拉丁语言系统,宗教信仰同属于天主教,同在15世纪末形成民族统一国家,同在十六世纪成为海外殖民强国,同属于封建主义、专制主义和重商主义的国家。因此葡萄牙对巴西所采取的殖民统治政策,基本上同西班牙对其美洲殖民地的政策是一致的。不过,由于葡萄牙和西班牙,巴西和西属美洲,情况不完全相同,因此,在殖民统治300年内,葡萄牙对巴西所采取的具体政策与巴西的发展,也具有不少特点。

一、殖民统治的行政机构

葡萄牙王室虽然同西班牙王室一样,把殖民地看成王室私产。但是,由于它已经拥有一个富裕的东方殖民地,对于巴西的重视程度,至少在征服初期,不如西班牙王室对其美洲殖民地那样强烈;因此,在葡萄牙王室和中央政府机构以内,没有设置管理巴西事务的独立机构。1580年葡萄牙被强制地合并于西班牙以后,西班牙国王菲利浦三世于1604年按照西班牙"印度等地事务委员会"的样式,也在葡萄牙设立了一个"印度等地事务委员会"。这个委员会的工作分为两部分:一部分管理东方殖民地,一部分专管巴西。1640年葡萄牙重新恢复独立,这个机构仍然被保留下来。

葡萄牙在巴西的统治机构,与西属美洲地区也同样不同。葡萄牙王室本身力量较弱,无法对巴西这样大的殖民地实行严密控制,起初只得听凭巴西各区的开拓者自选领袖,各行其是。1534年起,王室才把巴西分成13个都督府;每一都督府辖区,都是由大西洋岸向西深入内地的一个狭长地带,沿海岸的南北距离约为322公里,再由海岸深入到葡、西两国殖民地不清楚的分界线为止。每一辖区,都由王室任命一个亲信的大贵族统治,作为他们的世袭领地。这些被遴选的大贵族必须自筹费用,自己设法组织军队和输入移民。然后,他们在所辖地区内,可以自由征税,自由分配土地,自己设立法庭,随意奴役印第安人,并按自己的意志创建城市,凭自己的好恶处置居民,等等。

他们只需按照规定向王室缴纳其收入的五分之一,但不得铸造货币与判处葡萄牙居民的死刑(有些甚至也拥有事实上宣判死刑的权力)。他们掌有辖区内政治、经济、军事和司法的全权。他们比西属美洲地区的行政长官拥有更多更大的权力。不过,并非所有被授予辖区督军的人都有足够的财力去巴西建立他们的辖区,事实上只有7个都督府被确立起来,其中又以巴伊亚和伯南布哥两个区域最为成功。与西班牙所属美洲不同,在殖民初期,外国的天主教(甚至新教)可以不被禁止去巴西；外国船只付了1/10的税后，也可以去巴西贸易；除葡萄牙王室所垄断的物资以外，巴西的居民可以自由送货物至葡萄牙帝国范围的任何市场上出卖，甚至可以直接运往外国。

不久，巴西大贵族封建领主割据一方、为所欲为所造成的问题就已明显：建立在各个封建主公开劫掠、各自为政之上的制度，使王室没有可能直接支配殖民地的房获物；况且，各封建主也无力摧毁印第安人的抵抗和保卫各封地不受其他国家殖民者的侵犯。所以从1549年起，葡萄牙王室就在巴西设置了总督，采取中央集权的统治方式，管辖整个殖民地。这是一个统一的领导机构，以巴伊亚为首府，托梅·德·苏沙为第一任总督。

苏沙率领六艘船和1000名左右的人员（其中包括商人、教士、官吏和兵士等）到达巴伊亚后，建立了市政厅、教堂、法院、税务署，还修筑了堡垒，并采取一系列措施以削弱各地区大贵族领主的政治权力。大贵族领主只被允许保留对土地的控制权。为了加强以巴伊亚为中心的领导力量和巩固对殖民地的统治，他还创设了沿海的巡逻制度，向沿海南、北两面扩大殖民区域。此后，葡萄牙的移民便源源不断地接踵而来。为促使官吏和移民能在殖民地长久居留下去，他还把葡萄牙孤儿院中的一批孤女运来巴西，与他们结婚。

1572年，葡萄牙由于感到巴西地面太大，防御上有困难，便将巴西划分为两部分，即南巴西与北巴西。北巴西以巴伊亚为首府，南巴西以里约热内卢为首府。但这一划分并不长久，至1578年，南、北两个巴西又实行合并，恢复以巴伊亚为统一首府的旧制。

1580年，因葡萄牙国王塞瓦斯蒂安在非洲被杀，西班牙国王菲利浦二世因系葡萄牙公主伊萨贝尔（西班牙国王卡洛斯一世之妻）之子，于是就继承了葡萄牙的王位。从此，葡萄牙便合并于西班牙了。不过，这一合并，对葡萄牙和巴西的影响并不大，因为菲利浦只是名义上戴上了葡萄牙的王冠，对于葡萄牙和巴西的治理，一切还是通过葡萄牙人自己去办，所以实际上葡萄牙仍然保持独立性质。1640年，葡萄牙脱离西班牙独立，布拉根柴家族登上了葡萄牙王室的宝座。新的葡萄牙王立即任命了新的总督去巴西。1763年，由于巴西南部的经济发展迅速，南部地区日趋重要，所以巴西总督府的所在地由巴伊亚迁到了里约热内卢。

在司法方面，是按照葡萄牙的模式建立的。在首府巴伊亚，设有一名首席检察官，接管督军所行使的大部分法律职能，并受权解决殖民者和督军之间发生的争端，但他要受葡萄牙王室司法官的监督。初级法院是由当地大庄园主和大种植园主中选举出来的普通法官组成的。西班牙统治时期，又成立了一所最高法院。最高法院有权审理巴西的重要诉讼案件，它是为宗主国的利益服务的。

在地方自治权力方面，巴西同西属美洲地区一样，有地方市政议会的设置。在法律和传统习惯上，这种市政议会享有广泛的权力，其成员或由上级指派，或由当地大贵族，大种植园主、大商人中选出。有些议员甚至还可以继承。市政议会不但享有行政权，也有立法权。它有权监督关税和征税，掌管公共事务，军事防卫并控制警察。它还资助慈善事业，如开办医院、孤儿院等。教会也要依靠它的支持和供应。它在宗主国的首府里斯本，还驻有自己的代表，以维护其利益。所以巴西的市政议会，比西班牙美洲地区市政议会的权力更大，也更缺少民主性。巴西的大贵族，大种植园主完全垄断了市政议会。而劳动大众，主要是印第安人和黑人奴隶，则全部被排除在这种机构以外。

在土地制度方面，一开始就盛行大土地制度。前面已经提到，由于地广人稀，每一个都督府所管辖的地区都大得惊人，这些督军又往往把土地赐给为自己出力最多的人。其次，跟从初期征服者而来的移民,每人也可分得一份份地。由于移民不多,所以他们得到的份地面积很大。后来又由于买卖、相互并吞和对印第安人土地的掠夺,份地主所占有的土地愈来愈多。于是,这种份地制就成为形成巴西大庄园、大种植园制度的因素之一。

巴西大庄园主和大种植园主所占土地面积之大是无与伦比的。有一个种植园主所占的土地比整个葡萄牙还要大。在亚马逊区域,另一家大种植园主的地产同英格兰、苏格兰和爱尔兰的总面积一样大。根据巴西社会学家弗里里的研究:这种种植园不仅是一种土地制度的体现,而且是一整套社会、经济和政治制度的体现;其中包括生产(主要是单一作物经济)、劳工(奴隶制)、运输(主要是牛车和马车)、宗教(天主教)、家庭生活(一夫多妻的家长制)、卫生(主要是指各种沐浴)和政治(寡头族阀主义)。种植园内有家庭、堡垒、银行、教堂、作坊、学校、医院、慈善机构和园主藏娇的金屋。种植园主在场内享有至高无上的权力,甚至可以支配城市和出口贸易。他们过着非常豪华,放荡和荒淫无耻的生活,还多少有点所谓绅士和豪侠的派头,以拥有奴隶和土地而自豪。他们周围有着越来越多的子孙和黑人,以宠爱黑白混血种人取乐,或以玩牌和斗鸡自遣,跟16岁的姑娘结婚,为着土地问题反目争吵,为了争夺女人,在决斗中致死,在家庭的盛宴中酩酊大醉。

在整个殖民统治时期,巴西的局势,就是被这样一小撮富有而跋扈的大封建领主和大种植园主严密控制着。他们比西班牙美洲大庄园主的势力还大。葡萄牙王室,甚至巴西的总督府都对他们无能为力。所以巴西的一位学者对他们有过这样的描写:"巴西实际上不是被里斯本的国王,也不是被巴伊亚的总督统治的,而是被各城市的市政议会,被各地区的统领,被分布在人烟稀少,幅员辽阔各地域内的形形色色的大家族首领所统治的。"

二、殖民统治时期的经济

葡萄牙对殖民地的经济政策,同西班牙一样是从宗主国的利益和重商主义的观点出发,实行严格控制的。整个殖民统治时期,巴西的经济,无论农业、工业、矿业和商业,在葡萄牙的压抑和限制下,没有得到正常的发展,而且一开始就走上了比西属美洲地区更为明显的单一产品制经济的途径。

在发现和征服初期,巴西主要出口一种称为"巴西木"的贵重红木,这种树高15米,直径1米,巴西国名即由此而来。由于这种红木可以提炼出一种在当时被认为是十分贵重的红色染料,所以在16世纪中叶以前,曾大量畅销于欧洲。滥伐和运出这种红木遂成为当时殖民者剥削巴西人民的主要手段。

农业方面:巴西的土地辽阔而富饶,自16世纪中叶开始,农业就逐渐发展起来。渔业、畜牧业和各种农作物,如烟草,棉花、靛蓝、木薯、稻米、可可、玉米、咖啡及菜豆等,都有相当数量的增长。但是,其中以糖业的发展最为重要。1548年,从马留罗来的犹太难民把甘蔗输入巴西。从此以后,一直至17世纪末的百余年间,制糖业成为巴西整个经济的基础。巴西的许多重要城市如巴伊亚、累西腓和阿里尼达等,都是因制糖业的兴盛而建立和发展起来的。1576年,仅巴伊亚一地,即拥有47个制糖厂。1600年,巴西已有将近100个制糖厂专门为葡萄牙而生产。蔗糖已成为巴西的主要出口物资,它给葡萄牙王室、商人和糖场主带来了巨大利润。至17世纪,巴西更是欧洲市场上食糖的主要供应者。除农产品外,畜牧业也有很大的发展。至17世纪中叶,据相当可靠的估计,仅伯南布哥州的圣弗兰西斯科河沿岸,就有80万头牲畜。渔业方面,则以从圣保罗至乌拉圭沿海一带的捕鲸业最为重要。

矿业方面:1694~1696年,米纳斯吉拉斯州发现了大金矿。1729年,圣弗兰西斯科河流域又发现了丰富的金刚石矿。由于米纳斯吉拉斯州维利亚斯河两岸等地的黄金矿藏非常丰富;而且只需露天开采,不要大量投资;一个移民只要拥有十个奴隶,就可以申请开采,所以当这个消息传遍整个巴西的时候,巴西便出现了一个巨大的"采金狂"。成百成千的人群,从四面八方来到新发现的矿区。沿海地区的种植园主,也有不少带着奴隶,一道转入这个新的行业。宗主国的葡萄牙移民也大量拥进;黑奴的输入更是达到顶点,每年平均约有5万人。为了争夺这些矿区,"保罗人"和以维亚纳为首的另一派人于1709~1711年期间发生过激烈的战争。黄金的开采最,在18世纪中叶,每年平均达9000公斤。根据约翰·马成的报道,在1730~1750年间,有些年的黄金产值,至少达到五百万英镑。从1694年开始开采起至18世纪结束止,巴西黄金的总产值,至少不小于10亿美元;金刚石的总产值,也有2000~3000万美元。新城市如乌龙比勒托和迪阿曼蒋纳,就是黄金和金刚石开采业发展中的产物。米纳斯吉拉斯州,一时被称为巴西的"波托西"。"米纳斯吉拉斯"这个词的含义,就是主要矿区(矿井、矿层)的意思。这一个州的建制,也系因金矿而起。

18世纪上半叶的巴西,金和金刚石一度代替制糖业居于主导地位。

但18世纪后半叶,由于金和金刚石矿源的逐渐枯竭,巴西的经济重心,为适应欧洲市场的需要,又重新转到制糖业和棉花种植业。19世纪初,棉花占巴西全部出口货物的1/2。但就整个殖民统治时期的巴西经济来看,还是制糖业所起的作用最大。葡萄牙和巴西的富翁从制糖业中所得到的利润,比从金矿和金刚石矿所得的大10倍。

商业方面,葡萄牙殖民统治者也采用独占巴西贸易的制度。葡萄牙政府对一些最能牟利的产品,如巴西木、盐、酒、造船木、鲸油、黄金以及金刚石等,实行垄断和专营,只是实际效果不大。对巴西的对外贸易,也有严格的限制。最初,商船可以自由进入巴西港口;但从16世纪末起,至1765年止,长期实行与西班牙一样的由军舰护送商船的制度。同时,对贸易港口也有规定。在葡萄牙是里斯本和波尔图,在巴西是巴伊亚、里约热内卢、阿里尼达和帕拉伊巴。这时期,巴西南部同北部之间的相互贸易,也在禁止之列。1750年,葡萄牙政府还建立了两个大公司,独占巴西的贸易,但为时不久,1780年就被迫取消了。

由于葡萄牙本身无法供应巴西的各种商品,所以葡萄牙对巴西的对外贸易限制政策,事实上并没有大的成效。从1650年起不得不准许巴西同外国通商,但所有商品必须经过里斯本转运。英国同巴西的贸易最多。1703年根据《梅托恩条约》,英国获得了与巴西贸易的某些特权。从这个时期起,英国的经济势力就渗透到巴西。在17世纪末和18世纪初,由葡萄牙运往巴西的物品,大部分都是英国货。英国差不多垄断了这个时期巴西对外贸易的1/2,因此,美国史学家里比曾说:"葡萄牙及其在美洲的殖民地,在经济上已变成大不列颠的附属国。"走私现象也很严重。法国,荷兰和英国的走私商人,甚至用武力在巴西沿海建立基地和贸易站。按照葡萄牙法规,除葡萄牙船只可以免税开进巴西港口外,外国船只需缴纳等于货物价值1/2的关税。可是,大批走私商人都逃避了这个苛重的关税负担。葡萄牙政府的贸易限制政策,实际上已被破坏。巴西人民购买这些商品,必须用自己所产的黄金和其他产品支付。进出口货物的差价极大,巴西财富的绝大部分,都因此转入英、法、荷等国新兴商业资本家手中去了。

工业方面,巴西甚至比西属美洲地区的发展还要缓慢。在整个殖民统治时期,只在一些种植园中，拥有小规模的纺织、农具和其他日用品制造业的作坊。这些作坊的生产量不多，一般只能供应本种植园的需要。在畜牧业中心地，有一些小制革厂。巴伊亚曾出现为葡萄牙王室海军服务的造船厂。在南部沿海一带，还有制造商船的造船厂。有些城市能制造陶器和家具。在矿业中心区，金属器皿制造业也有一定程度的发展。总之，葡萄牙的政策是把巴西的工业限于小范围内，以避免其能与宗主国竞争。只有少数几项，由于葡萄牙依赖其供应，才允许巴西有一定的发展。如前面提到的造船业，只是因为葡萄牙系海上强国，对兵舰和商船的需求量大。本国木料无法满足需要而巴西却盛产优良木材，这才得到了发展。

由于工矿业、农业和商业的发展，巴西的人口和城市也在不断发展中。在巴西的葡萄牙居民，1574年只有17000人，1600年已增加到25000～4万万人。1800年，巴西的总人口已达到300万人。18世纪末和19世纪初，巴伊亚、阿里尼达和里约热内卢等，都已成为相当繁华的城市。里约热内卢更成为南美洲海岸著名的港口之一。

三、殖民统治时期的宗教和文化

天主教在巴西起着重要的作用。1551年，罗马教皇颁给葡萄牙国王一项训谕，允许他和他的继承者掌握巴西教会的最高权力。葡萄牙国王有权指派教会高级负责人和征收什一税。罗马教皇这样做的用意，是想通过葡萄牙王室的力量，使天主教在巴西居于统治地位。

1552年，天主教在巴伊亚建立了第一个主教区。从此天主教的势力就逐步发展。1700年，巴西共设立了四个主教区和一个大主教区。至殖民统治末期，主教区更增加到九个。同西属美洲地区一样，巴西已完全变成天主教的天下。

不过同西属美洲地区比较，巴西天主教有以下不同处：①不像西班牙殖民地，天主教在巴西缺乏宗主国的支持，教会主要由本地大地主官僚垄断集团支配。它没有拥有有象在西属美洲地区那样多的土地和财产，它在巴西的社会地位，作用和影响，也远不像西属美洲地区那样大。因此，在19世纪初独立运动后，天主教对巴西政治经济发展的阻力也比对其他拉丁美洲国家为小。②巴西虽然也有宗教裁判所，但它对人民的控制程度不如在西属美洲地区那样深。如书籍的输入比较自由，犹太人和其他非天主教国家的人民也往往被允许入境。③耶稣会传教士在巴西特别活跃。1549年，托梅·德·苏沙来到巴西时，即有6个耶稣会传教士同行。此后耶稣会的势力扩张甚速。耶稣会传教士深入印第安人地区，1554年，一个耶稣会的神甫阿赤他给罗耀拉的报告中提到，他学习了当地印第安人的语言，同时又把西班牙语、基督教义和赞美诗歌等教给了印第安人。他们还建立了所谓耶稣会传教会的村落。这种村落与殖民地其他地区完全隔离。这样，传教士便可强迫印第安人在耶稣会的种植园、制糖作坊以及建筑教堂的工地，从事奴隶性的劳动。至1572年，仅巴伊亚一地，耶稣会至少就建立了10个这样的村落。巴西的教育事业，也几乎全部被耶稣会控制。后来，耶稣会因争夺土地和印第安劳动力，与巴西种植园主发生冲突，才于1759年被驱逐出境。

在文化教育方面，巴西比西属美洲地区还要落后。不但印第安人、黑人和混血种人几乎全是文盲，大多数白种居民也缺乏知识，甚至迷信。除了教会中心地带和大城市，很少见到学校。在整个殖民统治时期，巴西没有一所大学，没有一家印刷所（印刷业到1808年才开始），图书馆很少，更谈不到刊物和报纸。富户子弟要受高等教育时，只有去葡萄牙或欧洲其他国家留学。巴西总督拉弗拉迪亚也不得不承认："我的臣民缺乏教育。他们都放荡不羁。"

巴西的文化教育虽然落后，但也并不是在科学文化方面毫无成就。事实上，无论在历史、文学、诗歌、建筑、雕刻、绘画和音乐各方面，巴西人民都曾作出一些宝贵的贡献。不少历史学家，文学家和诗人，对于当时的社会生活，留下了非常生动的描述。有两部描写印第安人生活的长篇史诗：一部是卡马的《乌拉圭》，一部是杜朗（1722～1784年）的《卡拉穆鲁》，直到今天还在巴西人民的记忆中留下深刻的印象。艺术家利斯沃亚和作曲家毛里西奥，都以他们的卓越作品，大大丰富了巴西人民的艺术生活。此外，在印第安人和黑人中，一直流传着的不少民间故事、歌谣和舞蹈，构成他们艺术生活中不可缺少的一个组成部分。

四、欧洲列强对巴西的争夺

巴西的富裕和辽阔，引起了英、荷、法等国的贪婪和忌妒，它们除在经济上渗入巴西以外，还多次使用武力企图夺取巴西。

法国殖民者很早就对巴西存有觊觎之心。16世纪初，法国海盗捕获了几艘由巴西载运"巴西木"回国的葡萄牙船只。由于为这种红木的巨大利润所吸引，法国海盗的快艇，不久便经常出没于巴西海岸，成为葡萄牙开拓巴西过程中与之争夺红木的劲敌。1530年，法国海盗袭击了伯南布哥的一些地方。1531年，法国海盗虽被马丁·苏沙从伯南布哥驱走，但其侵略野心并未放弃。1555年，法国国王派尼古拉斯·杜拉德率领600人（其中包括天主教徒和胡格罗派）在里约热内卢海湾建立了一个殖民据点。以后，巴西的大陆上也开始出现法国的移民区，法国人占领的地区，被称为"南极的法兰西"。

他们并企图夺取全部巴西。实际上，在一个相当长的时期内，里约热内卢就掌握在法国人手中，直到1567年才被葡萄牙人夺回。1594年，法国著名海盗里弗尔特曾在圣路易修筑军事要塞，并以此为根据地，向巴西内部深入，至1615年，才被葡萄牙人和巴西人民赶往圭亚那。1710年，法国人又一次入侵巴西，并于1711年一度占领里约热内卢，向这个城市勒索了一大笔赎金。

英国殖民者也多次试图武装攫取巴西。早在1530年，英国海盗霍金斯曾连续三次航行巴西。1542年，托马斯·浦德西在巴伊亚建立了一个堡垒。1580～1640年葡萄牙被合并于西班牙期间，英国由于在欧洲与西班牙为敌，更不断袭击巴西海岸。如1592年，英国海盗焚毁和抢劫了阿里尼达和累西腓；1630年，英国开始在亚马逊河河口地区殖民。1703年与葡萄牙签订《梅托恩条约》后，英国在巴西的经济势力更日益扩大了。不过，从整个殖民统治时期来说，由于葡萄牙在外交上已依附英国，由于英国在巴西已经拥有很大的经济特权和利益，所以，英国采用武力争夺巴西的行动，比法国和荷兰少些。

争夺巴西最激烈的是荷兰。荷兰在巴西的冒险开始于1623年，并于1624年占领巴伊亚达一年之久。1629～1630年，荷兰的一个远征大队侵入伯南布哥，占据了阿里尼达和累西腓等较大的城市，以后几年内甚至几乎占领了巴西东北部的全部土地。荷兰统治者在占领区设置了行政机构，累西腓则成了荷兰占领区的首府，"荷兰西印度公司"在这儿获取了巨大的利润。

1641年，葡萄牙脱离西班牙统治重新独立的消息传到巴西以后，巴西的葡萄牙人，积极起来反对荷兰入侵者。广大的印第安人、混血种人和黑人，他们平日虽然遭受葡萄牙富有阶级的剥削与压迫，与这一部分人有矛盾；但是他们更恨后来的荷兰统治者，因此便在共同对付荷兰统治者的前提下，与葡萄牙人携手，参加了保卫巴西的斗争。他们为了避免荷兰军队的蹂躏，往往逃入森林，建立坚固的营垒,并开展游击战争,阻挡了荷兰军队深入内地的道路。在这一斗争中,印第安部落的领袖波蒂,黑人部队的领袖恩里克·迪亚斯,表现得非常英勇,战斗得非常出色。他们与葡萄牙土生白人一道,在没有外援和自力更生的情况下,坚持战斗达14年之久,终于在1654年把荷兰统治者驱逐出境。

虽然,这次战争就葡萄牙统治者而言,他们与荷兰统治者之间的斗争,其性质是属于互相争夺殖民地的斗争,是一种"狗咬狗"的斗争,而且,战争结束以后,胜利果实完全为葡萄牙统治阶层所窃取;在战争中贡献和牺牲最多的广大人民群众(混血种人和黑人)的命运并没有得到改善,但是,这次斗争对巴西人民还是产生了重大的影响,他们第一次作为一支独立的政治和军事力量出现于巴西的舞台,斗争的胜利大大地增强了他们的信心。他们称赞这次战争为巴西历史上的"伊利亚特"。

葡萄牙与西班牙争夺和扩张殖民地领土的斗争,也没有中断。葡萄牙并不遵守1493年罗马教皇敕谕和1494年托德西利亚斯条约所规定的两国在南美洲的分界线。它利用在巴西边区掠夺印第安人的"保罗人",把边界一步步向西推进。后来又宣布,它领有安第斯山以东几乎全部的大陆地区。这样,便超出上述条约规定,而把389万平方千米的领土并入巴西。

五、奴隶劳动和奴隶的反抗

巴西的一个耶稣会传教士若奥·安杜亚尼,曾于1711年报道说:"奴隶是种植园主的手足,没有他们,种植园主就无法经营种植场,或者能为他们自己赚取,积蓄和增加任何一份财产。"在整个殖民统治时期,奴隶制度是巴西种植园的根基。种植园经济和采矿业的发展,完全依靠奴隶的血汗。为了夺取和剥削奴隶,葡萄牙统治者和西班牙殖民者一样,曾对印第安人和黑人犯下了滔天的罪行。

葡萄牙殖民者除了在征服过程中大量屠杀印第安人和夺取他们的土地以外,从16世纪30年代开始,又把印第安人作为奴隶使用。由于这种政策和措施带来了灾难性的后果,所以,1720年葡萄牙政府被迫宣布,不准再把印第安人当作可买卖的奴隶,除非他们是"食人生番",或者是在反对政府的武装暴动中的被捕者。但巴西种植园主并不遵守这个法令,继续夺取更多的印第安奴隶。种植园主和"保罗人"常纠集一帮亡命之徒,组成专门性的"奴隶猎取队",深入巴西西部和南部的腹地和边缘地区,采取欺骗和围剿并用的办法,搜捕那些藏在热带丛林深处的印第安人。根据16世纪耶稣会神甫阿赤他亲限所见,这些奴隶搜捕者们,往往潜行250到300里格以外,用武力和花言巧语把印第安人带到沿海地区,然后彼此瓜分这些印第安人;有些取其夫,有些取其妻,有些取其子,再以高价在拍卖场中售出。不少印第安人的家庭.被这种野蛮的瓜分行为弄得妻离子散,惨不忍睹。第一个这样的远征队,是1504年维斯普奇组织的,他带领了30个移民进入弗里奥角附近的腹地。有些"奴隶猎取队"多达数千人,其中有教士和妇女等;他们携带军旗及其他一切,每次出征常达二三年到五年之久。

从事这种征伐特别多的是"保罗人",这是由于圣保罗在地理上处于有利的地位:蒂埃特河和圣弗兰西斯科河都发源于这一地区,而它们又都流入内地,圣保罗的征伐队可以沿着这两条河径直而下。这种"保罗人"的"奴隶猎取队"的劫掠活动,前后继续约200年。据说,在一次向巴拉圭的进攻中,曾猎取到15000个印第安人奴隶;在1614年到1639年间,"保罗人"驱使30万印第安人做奴隶。因此，连葡萄牙历史学家阿里弗拉·马丁也不得不承认："葡萄牙人适应了南美洲的气候，带来了印第安人的消灭……从1531年起，印第安土著即开始走向消灭的过程。"

印第安奴隶还不能满足日益发展的种植园经济的需要，因此，从1532年起，又开始从非洲运入黑奴。黑奴的人数在巴西增加得特别迅速。至1585年，巴西已拥有14000多黑奴，他们在很大程度上已开始代替了印第安人，成为主要的生产者。据估计：在17世纪，每年平均输入44000黑奴。在18世纪，每年平均输入55000。至于整个殖民统治时期输入巴西的黑奴总数，则有各种估计。有的说至19世纪初已达500万。有的说在1850年停止奴隶贸易前已达到1200万。有的说输入巴西的黑奴比输入西半球其他地区的总和还要多。根据巴西独立前夕1818年的材料统计：在巴西361.79万居民中，白种人占84.3万；印第安人占25.94万；混血种人占62.8万；黑人则有188.75万，约占总人数的一半。某些地区，如在甘蔗种植园最发达的地区之一的巴伊亚，奴隶人数与自由白人的比例是20∶1。

由于许多黑人带来并维持了非洲的传统宗教信仰和风俗习惯，所以17世纪的巴西被称为"新的几内亚"。关于印第安人和黑人在巴西各个时期所起的作用，一个巴西的学者曾概括地说：巴西头两个世纪糖的生产重担，系由印第安人和黑人共同负担；金矿和金刚石采掘时期的重担，则系黑人全面负担；至18世纪，黑人则肩挑了整个巴西"帝国"的重担；19世纪前半期的情况也同样如此。

黑奴在巴西，如同在美洲其他地区一样，遭到葡萄牙殖民统治者和巴西种植园主极端残酷的虐待。当时巴西种植园主流行这样一个口头语：对待奴隶只有施行三个"一"字，即"一条棍子"，"一块面包"和"一片棉布"。面包用以维持奴隶的最低生活需要，棉布用以遮羞，棍子用以驱使他们生产。种植园主和他的监工可以任意鞭打黑奴。一个女奴隶如果拒绝陪伴种植园主或白人监工睡觉，差不多就等于叛变。奴隶每天要从日出工作到日落，农忙时夜间也不得休息。为了防止黑奴逃跑，寝室门窗也要上锁。黑奴无法忍受种种虐待，逃亡不成就吞石灰自杀。

除印第安人、黑人和白人外，在巴西民族的形成过程中，还产生了各种混血种人。无论是征服时期和殖民统治时期，葡萄牙殖民者和由葡萄牙来巴西的移民，男性占绝大多数。这样，就大量发生白人男子与印第安妇女及黑人妇女相结合和通婚的事。这种婚姻开始为王室和教会所反对；后来，由于这种现象太普遍，王室与教会也就予以认可和批准了。在印第安人和黑人之间，也同样有相互通婚的现象。混血种人一般都属于工匠、小土地所有者和小资产者阶层，他们在巴西的人口中占有相当的比例，在殖民地起着重要作用。需要指出的是，与同时期内英属北美13个殖民地的情况相比，印第安人、黑人和混血种人在巴西所受的歧视较小，他们的子女也能进学校，并被一视同仁。巴西的教会在培养担任教职的僧侣方面，对肤色也不加以区别。其他各行各业，混血种人、印第安人和黑人所受的限制也较小。总之，各种族相互融合和同化，已成为巴西殖民统治时期的一个鲜明特色。

印第安人和黑人不断爆发激烈的反抗。早在16世纪中叶，印第安人就曾举行起义。1572年，在众所周知的巴西"七年战争"中，起义的印第安人曾经占据300个村庄，最后有数千人英勇牺牲。1686年，巴西的东北地区爆发了以酋长卡宁德为首拥有15000多人的起义，他们把葡萄牙的军队打得惨败，并迫使葡萄牙统治者于1692年签订条约，保证不再奴役他们。以后，印第安人又在1713年及1750～1756年间分别举行了起义。

黑奴也与印第安人一样，一开始就同葡萄牙统治者进行着不屈不挠的斗争。许多黑奴成批地逃出种植园,在深山丛林和荒野里建立了称为"魁罗波"(即逃奴堡)的自由社会。黑奴的这种行动,受到同命运的印第安人的协助和支持。在黑奴一连串的反抗中,最重要的一次要算1630～1697年间在伯南布哥州所发生的帕尔马雷斯(系棕榈之意)的起义。伯南布哥地区种植园的黑奴,还在荷兰统治时期,就有不少逃往伯南布哥的内地。

1633年,几千个黑奴建立了居留地,继续吸引其他奴隶的到来。1650年,他们按照非洲社会的组织形式,成立了一个有名的联邦,称为帕尔马雷斯共和国。他们选举了自己的领袖,制订了司法制度,分配了土地,种植香蕉、玉米、甘蔗、木薯和豆类等作物,并与邻近地区建立了贸易联系。他们还选择马卡科作为这个共和国的首都。马卡科拥有两千多所建筑物。

至1660年,已有好几万人住在这个国家,过着独立和自由的生活。这个国家的面积差不多与葡萄牙本土一般大。它的领袖甘加·赞巴是一个勇敢而富有才干的人。为了加强防卫,抗击侵略者,他训练了一支10000人的军队,并在马卡科修建坚固的防御工事。他曾率领他的军队不断地反抗荷兰和葡萄牙人的进攻,并曾与"奴隶猎取队"进行了苦斗。葡萄牙统治者费了九牛二虎之力,最后于1695年,才把这个共和国的起义镇压下去。黑奴们在战斗中表现得非常英勇。当马卡科陷落时,他们纷纷从堡垒上跳下悬崖,宁死也不愿重新被套上奴隶的枷锁。甘加·赞巴本人也是在这场殊死的战斗中牺牲的。

除印第安人和黑人奴隶以外,巴西的土生白人,由于不满宗主国的歧视,也不断举行过起义。最早的一次是1660～1666年间在里约热内卢和累西腓发生的斗争。这两个城市的居民,由于不堪虐待和压迫,发动起义,并夺取了政权,但最后还是被镇压下去。1682年,马拉尼昂地区的土生白人,由于反对里斯本一家贸易公司对当地的贸易垄断权,也举行了暴动。1684年,他们在贝克曼的领导下,成立了由贵族、僧侣和商人所联合组成的洪他,并逮捕了地方当局的代表。后来,这次暴动虽遭到镇压,贝克曼也被处决,但贸易垄断权终于被迫取消了。以后,伯南布哥地区的土生白人又于1710～1711年举行了一次大起义。

总之,在殖民统治时期,巴西人民也与西班牙美洲殖民地的人民一样,对殖民统治者进行过无数次英勇而顽强的斗争。这些斗争具有一个共同特点,就是巴西人民的起义大多属于自发性的。他们没有提出反对殖民统治制度和要求独立的明确目标,没有能将自己的愿望同全国的利益结合在一起,没有采取联合统一的行动,缺乏组织性,而往往只限于殖民地居民各个集团和个别阶级的比较狭隘的利益。印第安人由于居住分散,力量难于集中,遇到强敌而无力抗拒时即逃往丛林。黑奴则囿于自己的逃奴堡。土生白人地主则准备把他们所需要的地盘从整个殖民地国土分离出去,或者甚至情愿交给另一个大国去统治;他们一般都不愿与印第安人及黑奴联合。这样,巴西人民的斗争力量分散,最后还是因遭受镇压而归于失败。不过,所有这些斗争所付出的代价决不是白费的,他们的血也不是白流的,其影响所及,从根本上动摇了葡萄牙的殖民统治基础。

第四章
拉美近代文明的形成
（1492年~18世纪末）

1492年8月3日，哥伦布率领由"圣玛丽亚"号、"平塔"号和"尼尼亚"号三艘帆船组成的船队驶离西班牙帕洛斯港，向西进入大西洋，艰难航行70余天，10月12日抵达美洲。翌年5月，教皇亚历山大六世下诏，宣告在亚速尔群岛和佛得角群岛以西100里格（1里格约合3海里）处划一南北走向的分界线，线以西的所有"非基督教土地"归西班牙，以东的所有"非基督教土地"归葡萄牙。1494年6月，西、葡两国在西班牙托德西利亚斯会谈，协议将分界线移至亚速尔群岛和佛得角群岛以西370里格处。这样，今巴西的东部地区就划归葡萄牙。也就是说，西班牙和葡萄牙瓜分了美洲。它们接着在各自分得的领域内积极开展探察、殖民活动，建立各自的殖民帝国，移植、传播具有自身特色的欧洲文明（即伊比利亚文明）。

教皇的诏谕和西、葡两国在美洲的殖民活动引起了西欧其他国家的不满。法国国王法朗西斯一世（1515~1547年在位）声称："上帝创造这些土地，并非仅仅是给西班牙的。"英国女王伊丽莎白一世于1587年亦宣称："朕不承认罗马教皇的特权，更不承认他的权威。朕不承认西班牙人有随意登陆、建房、为河流或海角命名的权利，不承认他们对这些地方拥有产权。这种虚构的产权不能阻止其他国王同这些地方通商，不能阻止他们在西班牙人尚未定居的地方从事殖民活动。"法、英两国派遣探险队到美洲抢占土地，试图开展殖民活动。16世纪成效甚微；17世纪，英、法及荷兰趁国势日盛，在加勒比海和中、南美洲大陆从西、葡控制下夺取、霸占了几个岛屿和几块沿海地区，从事殖民活动，移植、传播具有自身特色的欧洲文明。

西、葡、英、法、荷等国不仅向美洲移植了欧洲文明，还移植了非洲文明和亚洲文明。这些属于东半球的文明移植到美洲后，与拉丁美洲古代文明相会合，并很快相互适应，渐次融合。东、西两半球诸文明的融合，孕育形成了拉丁美洲近代文明。这一文明既不同于欧洲文明，亦不同于拉丁美洲古代文明，而是一种以拉丁美洲古代文明为根底，以欧洲文明为主干，吸收东、西两半球诸文明营养而形成的新型文明。这"新"表现在政治、经济、社会、宗教、文化等各个方面。而由于西、葡、英、法、荷等国在各自的领地上移植、传播的欧洲文明具有各自的特色，加之各地的自然、地理、生态环境及其古代文明有所差异，又形成了各具特色的文化区。因此，本编拟分文化区对拉丁美洲近代文明形成期的政治、经济、社会、宗教、文化等内容进行阐述。

第一节 欧洲殖民政治的形成

15世纪,西欧封建制度即开始衰亡,君主制日益发展,王权不断加强,中央集权制确立。西、葡、法、英、荷等国国王根据自身的利益、本国的政治统治实践和美洲殖民地的具体情况,借鉴、利用拉丁美洲古代文明传统政治制度,在各自的领地上建立起一套完整的具有当地特色的政治统治制度。

一、西班牙美洲殖民地

首先在美洲从事殖民活动的欧洲国家是西班牙。1492年,哥伦布受西班牙国王和王后的派遣西航横渡大西洋抵达美洲。1493年3月返回西班牙;同年9月下旬,再次西航。这次他指挥由17艘船组成的船队,率领1500余人(包括水手、士兵和移民),11月22日抵达今海地岛(哥伦布1492年首次航行美洲时曾到过该岛,并命名为"埃斯帕尼奥拉岛"),开始殖民活动。从此,西班牙开始了在安的列斯群岛和美洲大陆的占领、殖民进程。

到16世纪末,西班牙占有了北起今美国-加拿大边界、南到合恩角的大片美洲土地(巴西除外)。但西班牙人的殖民活动主要在安的列斯群岛、墨西哥、中美洲和南美洲,而又集中在拉丁美洲古代文明比较发达的地区,即阿兹特克"帝国"和印加帝国地区。这些地区人口众多,居住集中,城市、村镇颇具规模,文化程度较高,农业、手工业比较发达,政治统治机制比较完善,为西班牙人的殖民、生存、发展提供了一个理想的社会、文化生态环境。

西班牙国王将君主制和中央集权制移植到美洲殖民地,并借用了拉丁美洲古代文明中的政治统治机制,建立起一套完备的政治统治机构和行政体制。国王卡洛斯一世(1516~1556年在位)将其美洲领土划分成两大总督区:新西班牙总督区(首府设在墨西哥城)和秘鲁总督区(首都设在利马),并于1535年和1542年分别任命了新西班牙总督和秘鲁总督,授权他们到各自的辖区代表国王进行统治。新西班牙总督统辖今墨西哥、中美洲和安的列斯群岛;秘鲁总督管辖整个南美洲(巴西除外)。他们是各自辖区的最高统治者,权限极大,不仅负责行政、财务税收工作,而且还拥有立法权、宗教事务指导权和军队指挥权。

总督区幅员辽阔,不易治理。为了有效地进行控制,总督区又划分成若干个检审庭庭长辖区。新西班牙总督区内设有圣多明各检审庭庭长辖区(1524年设),管辖安的列斯群岛、委内瑞拉和今美国的佛罗里达;墨西哥检审庭庭长辖区(1527年设),管辖墨西哥中部和南部地区;瓜达拉哈拉检审庭庭长辖区(又称新加利西亚检审庭庭长辖区,1550年设),管辖墨西哥北部和今美国西南部地区;危地马拉检审庭庭长辖区(1542年设),管辖中美洲。秘鲁总督区内设有利马检审庭庭长辖区(1542年设),管辖今秘鲁;波哥大检审庭庭长辖区(1549年设),管辖今哥伦比亚;查尔卡斯检审庭庭长辖区(又称拉普拉塔检审庭庭长辖区,1559年设),管辖今玻利维亚、阿根廷、巴拉圭和乌拉圭;基多检审庭庭长辖区(1563年设),管辖今厄瓜多尔;圣地亚哥检审庭庭长辖区(又称智利检审庭庭长辖区,1565年设),管辖今智利。1644年又分设一"布宜诺斯艾利斯检审庭庭长辖区",管辖今阿根廷、巴拉圭和乌拉圭。1786年分设一"加拉加斯检审庭庭长辖区",管辖今委内瑞拉。检审庭庭长代行总督职权。

　　检审庭庭长辖区划分若干行省，设一名省督治理。省督在其辖区内行使行政、司法、军事职权。

　　行省又划分为若干市镇辖区。市镇辖区是最低一级的地方行政单位，以市镇为中心设置。辖区有大有小。比较大的市镇辖区行政长官由西班牙国王直接任命；比较小的市镇辖区行政长官则由总督或检审庭庭长指定。市镇辖区有两类：一为西班牙人市镇辖区；一为土著市镇辖区。前者由早期西班牙殖民者建立的居民点发展而成；后者由土著原来聚居的村镇或后来被殖民当局强制迁徙集中居住的村落发展而成。市镇的设置和发展既承继了欧洲城市发展的传统，也符合土著市镇发展的习俗。这集中体现在城市自治权上。

　　西班牙人市镇建有市政会（或镇政会）。市政会成员通常每年更换一次，由市民推选产生。市政会享有某种程度的自治权，负责维持当地政治、经济秩序；有权组织民团武装，维持市镇治安和保卫所辖地区；有权征收赋税，发展市镇公益事业；有权发布法令，管理当地市场和贸易活动；自行开办学校，招聘教师；可以委派代表觐见西班牙国王，陈述有关市镇发展的各种要求。而至为重要的一点是：如果国王的谕旨不符合市镇辖区的实际情况，市政会可以不予执行！这就给了各市镇自行活动的自由，国王的谕旨若不合市政会的意，市政会就可以不予理睬。这在政治上形成了一种"尊而不从"的历史现象，成了独立意识萌生的温床。遇到影响市镇发展、存亡的重大事件时，市政会则紧急召开"市政会公开会议"，邀集全体市民与会，商讨决策。

　　土著市镇同样组建市政会（镇政会），其成员由印第安人组成。市政会成员定期改选，由现任市政会或土著选民团推定。市政会有权立法，管理地方事务；负责分配土地；征集人头税；管制市场；调配劳动力；可以委派代表觐见西班牙国王，陈诉地方殖民当局的恶行，要求维护土著的权益。当然，土著市政会的自治权是有限的，是在地方殖民当局的庇护下行使的。这里体现了原阿兹特克"帝国"遗风（各部落自治）；而在秘鲁总督区，则仍沿袭原印加帝国的地方行政建制酋长制，任用酋长治理地方事务，并让他们享有与西班牙人通婚和免除贡赋等特权。

　　在土著农业文明发达的地区（如原阿兹特克"帝国"和印加帝国地区），设置土著市镇辖区；而在边远的、前农业文明地区则建立传教区（如巴拉圭、今墨西哥北部地区、今阿根廷东北部地区），委托一些天主教教派（如耶稣会、圣方济各会等）负责筹建居民点，使土著定居下来，以有效地实行区域治理。

　　1700年，西班牙更换王朝，波旁王朝当政。它在美洲领地上强化中央集权，变革政治统治机制，增设总督区，实行郡县制。1739年，正式设立"新格拉纳达总督区"，首府设在波哥大，管辖今哥伦比亚、委内瑞拉、厄瓜多尔和巴拿马等地区。1776年，再设"拉普拉塔总督区"，首府设在布宜诺斯艾利斯，管辖今玻利维亚、巴拉圭、阿根廷和乌拉圭等地。接着又划设了三个都督区：委内瑞拉都督区（1777年设），管辖今委内瑞拉；古巴都督区（1777年设），管辖今古巴、波多黎各、多米尼加共和国和美国的佛罗里达及路易斯安那地区；智利都督区（1778年设），管辖今智利。都督由西班牙国王直接委派，拥有与总督相似的职权。撤销原先的省和市镇辖区的建制，采行郡县制。首先于1764年在古巴试行。1782年在拉普拉塔总督区划设8个郡；1784年在秘鲁总督区划设8个郡；1786年在新西班牙总督区划设12个郡。到1790年，各总督区和都督区内均划设了郡、县。郡有郡守，由西班牙国王委任；县设县令，由郡守提名，总督任命，任期5年。郡守、县令集行政、司法、军事、财政大权于一身。

波旁王朝强化中央集权的另一重要措施是向美洲领地派遣正规军。1771年,已有42995名士兵进入各总督区和都督区。与此同时,为了协助正规军维持地方治安和抵御其他殖民列强的入侵,还在各地区组建民团,由当地民众组成。

中央集权同地方自治这对矛盾不断加深,从而导致了18世纪末、19世纪初西班牙美洲殖民地人民独立意识迅速增强,争取独立、自由、民主运动的蓬勃兴起。

二、葡萄牙美洲殖民地

葡萄牙在巴西实行的政治制度,较之西班牙有其自身的鲜明特点:其一,先后更换了三种制度,以适应新形势的需求;其二,殖民控制松弛,地区自主性强;其三,土著传统机制丧亡。

16世纪初,葡萄牙的经济利益主要在印度和非洲,对巴西不甚重视。1506年,葡萄牙国王开始将15世纪在非洲采行的"贸易代理站制"移植到巴西,在沿海选定几个适当地点(如伯南布哥、巴伊亚、塞古鲁、圣维森特等)设立贸易代理站,租给商人或商人集团从事贸易活动,主要是采伐红木(可从中提取颜料),运往欧洲销售。

在葡萄牙从事贸易活动的同时,法国商船也在巴西沿岸积极从事红木贸易。葡萄牙国王为了维护自身经济利益,决定采取有效措施,切实控制美洲领地。1534年,他将中世纪欧洲的封建制移植到巴西,从亚马逊河口到圣维森特划分成15块封地,分封给12个领主。每块领地均由大西洋岸向西延伸至1494年确定的界线。土地所有权属国王;封地由领主世袭。领主自筹资金,负责招募移民到封地从事垦殖活动。他们在自己的封地上拥有一切政治、经济、司法、军事特权。

然而,由于受封者的财力不济,只有7块(或8块)封地上进行了垦殖活动。就是这7块(或8块)封地上的垦殖活动也大多未能达到国王的要求,未能控制住法国人侵犯的势头。葡萄牙国王于是决定推行中央集权制,强化对巴西的政治控制。1549年,他委派一督抚到巴西代表自己统管一切军政、司法事务。督抚府设在巴伊亚。督抚的主要任务是组织殖民、垦殖活动,建立市镇;保卫海防,制止法国、荷兰在巴西的贸易和殖民活动。在已垦殖的封地上,领主代表督抚行使职权;尚未垦殖的封地和垦殖不善的封地收归国王所有,成立都督区。先后设置了8个都督区:帕拉、马拉尼翁、伯南布哥、巴伊亚、圣保罗、米纳斯吉拉斯、马托格罗索和圣卡塔里纳。都督由国王指派,代表督抚行使职权。

1621年,巴西又分为两大州:巴西州和马拉尼翁州。前者仍由督抚管辖;后者直属国王管理。1640年,葡萄牙国王改派总督,代替督抚。一年后又改派督抚。1663年正式派遣总督。1763年正式建立总督区,彻底废除封建制,褫夺领主的一切特权;马拉尼翁州同巴西州合并,由总督统一管辖;为了便于对整个领地的控制,总督区首府迁至里约热内卢。

葡萄牙同西班牙一样,也将城市建制移植到了巴西,也在巴西设置了传教区。所不同的是巴西的市镇拥有更大、更多的自治权,近乎于独立行事;而传教区的设置范围更广,作用和影响更大。各市镇的市政会和传教区实际上成了巴西的基层政治、行政单位。市政会行使着广泛的权力,享有立法、司法、行政大权,负责征收赋税、市镇建设和管理,负责招募、组建民团,规划地区经济发展。市政会的成员大多是当地的大种植园主、大牧场主、大商人。各市镇均派有代表常驻里斯本,从事维护本地区利益的活动。天主教的耶稣会、圣方济各会等教派,特别是耶稣会,建立传教区,建设土著村落,发展农业文明。教会控制着传教区的一切政治、经济活动和支配着土著劳动力。

三、法国美洲殖民地

16世纪初,法国即开始派遣探险船队到美洲活动,试图从西班牙、葡萄牙手里夺取领土。16世纪里的努力均不成功。17世纪里先后夺取了马提尼克岛(1635年)、瓜德罗普岛(1635年)、今法属圭亚那(1637年在卡宴建立殖民点)和海地(1697年)。

1664年,法国成立"法国西印度公司",在美洲殖民地进行商业殖民。公司的主要活动:其一,招募、安置移民,发展甘蔗种植业;其二,从非洲贩运黑奴充当劳动力;其三,垄断贸易往来。1674年,法国国王撤销公司,直接管辖美洲殖民地。他派遣一名总督和任命一名地方行政长官到各殖民地代表自己进行统治。总督握有行政、军事大权,主要负责抵御其他殖民列强的侵犯。地方行政长官主要负责行政和税收事务。

法国也将欧洲城市发展模式移植到了美洲殖民地。最初的殖民点很快发展成市镇。各市镇设有市政会,其成员均为当地的种植园主,负责处理地方事务(如市镇建设、组织民团维护地方治安等)。18世纪,各殖民地为了维护当地殖民者的统治、经济权益,组建了"高等委员会"和"农业委员会"。这些机构有权派代表向国王提出各种有利于自身发展的请求。

四、荷兰美洲殖民地

1621年,荷兰创办"荷兰西印度公司"。其主要任务是同西班牙和葡萄牙在美洲争夺殖民地、开展贸易活动。1624~1654年间,它曾占据了巴西东北部的巴伊亚、伯南布哥、马拉尼翁地区,后被巴西人赶走。与此同时,它从西班牙手里夺取了库拉索岛、阿鲁巴岛和博内尔岛(1634年),并在今苏里南地区进行殖民活动,1667年正式占领。1791年以前,这些岛屿和地区由公司管辖。公司拥有行政、经济大权,有权任免官员、实施法律。1791年以后,殖民地归荷兰政府直接管辖,由共和国国务会议或国家元首委派总督进行统治。荷兰将共和国代议制移植到美洲殖民地,在各市镇设议会,由殖民者组成。

五、丹麦美洲殖民地

丹麦1671年成立"丹麦西印度公司",旨在到安的列斯群岛同西班牙争夺殖民地。公司先后占领圣托马斯岛(1672年)、圣约翰岛(1684年)和圣克罗伊斯岛(1733年),公司利用殖民地开展奴隶贸易,从非洲贩运黑奴到安的列斯群岛出售。1754年,丹麦国王从公司手中购取上述三岛,继续从事奴隶贸易。1917年,美国以2500万美元的价格从丹麦购得三岛。

六、英国美洲殖民地

英国国王在16世纪初即派探险队、海盗船到美洲从事殖民活动,同西班牙、葡萄牙争夺殖民地,但成效不大。17~18世纪里,趁西班牙殖民帝国衰落之机,在安的列斯群岛地区和美洲大陆沿海地带大肆活动,连续夺得圣基茨岛(1623年)、巴巴多斯岛(1624年)、尼维斯岛(1628年)、蒙塞拉特岛(1632年)、安圭拉岛(1650年)、牙买加岛(1655年)、托尔托拉岛(1666年)、百慕大群岛(1670年)、多米尼加岛(1756年)、格林纳达岛(1762年)、圣文森特岛(1763年)、特克斯和凯科斯群岛(1766年)、今圭亚那(1796年)、特立尼达岛(1797年)、圣卢西亚岛(1803年)。除古巴岛、波多黎各岛和海地岛(又名圣多明各岛)的东部地区外,安的列斯群岛中的其他岛屿大多被英国占领,成了英国殖民地。这些殖民地大多为直属殖民地,归英国国王直接管辖。国王委派总督治理各殖民地;同时在殖民地实行代议制,设立议会机构,由殖民者组成。议会可以决定预算,从而影响着地区的政治事务。

第二节 欧洲在南美殖民经济的发展

欧洲及其他地区的经济成分同拉丁美洲古代文明的经济成分相结合,根据新的需求、新的生活和生产规律,在新的环境里产生了颇具特色的拉丁美洲近代经济。经济层面上多种文明融合的现象远较政治层面明显、突出。这种融合的现象表现在产品、生产技术、劳动制度等方面。

一、西班牙美洲殖民地

西班牙美洲殖民地经济最突出的一点是采矿业的发展,而又主要是金、银的生产。采矿业的发展又带动了其他产业的发展。

1. 采矿业

西班牙殖民者、移民根据拉丁美洲古代文明时期采矿的线索,广泛开展探矿活动,找寻金、银矿藏。16世纪里,先后发现了多处矿藏,主要是白银矿藏。银矿集中在今墨西哥地区和今玻利维亚、秘鲁地区。今墨西哥的白银著名产地在米乔阿肯、萨卡特卡斯、帕丘卡、瓜那华托、松布雷雷特、圣巴巴拉、圣路易斯波托西等处。白银总产量占了当时世界总产量的1/3。1545年,在今玻利维亚发现了当时世界上藏量最丰的银矿;到1603年,其产值已达59000万比索。与此同时,在秘鲁的波尔科、卡斯特罗维雷纳也发现了一些白银矿藏。1563年,在秘鲁的万卡维利卡发现了水银矿藏。1571～1700年,生产水银达682992担,为白银提炼技术的改进和产量的提高做出了重大贡献。16世纪30年代末,在今哥伦比亚的安蒂奥基亚、乔科和考卡等地发现了藏量丰富的金矿。1541年,智利中部也发现了金矿。据不完全统计,1503～1660年,从美洲流入西班牙的白银达16886815303克、黄金181333180克。

矿主使用土著劳力从事开采、熔炼工作。他们主要采用的一种劳动制度为征调制。这是从前印加帝国借用的"米达制"和从前阿兹特克"帝国"借用的"科阿特基特尔制"。政府规定,凡18～50岁的土著都有义务应征到矿山劳动。轮流征调,每期劳动6个月或12个月。

开采技术引自欧洲。早期以开采露天矿脉和浅层矿脉为主。深层矿的采掘完全使用自然掘进的坑道,矿石由工人用袋子装好爬着背或拖到地面。16世纪末,开凿平硐和水平巷道,进行联合开采;用水泵排除矿坑的积水;用绞盘提运矿石,绞盘用人力或畜力带动。

早期粉碎矿石、提炼产品的技术借用自土著。用大型石碾砣在碾盘上粉碎矿石,用熔炼法提炼白银:将粉碎过的矿石投入熔炉中火烧熔化。16世纪50年代,汞齐化法从欧洲传入,白银的提炼就大多应用此法了。黄金生产一般采用淘洗法,将金子同沙砾分开。

1535年,今墨西哥开办了拉丁美洲第一家造币厂。1565年,今秘鲁又开了一家。从此,拉丁美洲有了金、银币的流通。但在偏远地区,古代原始货币可可和特拉科(一种小铜币)仍在使用。

采矿业的发达和货币的流通,促进了农牧业的发展、道路的开通和贸易的繁荣。

2. 以矿山为中心发展起了农牧业

以矿山为中心发展起了农牧业。农牧产品供应矿山生产和生活的需求。这是一种消费农牧业。内部需求的农牧业发展起来后,又发展起了另一种农牧业,即出口农牧业,一种供应外部市场的农牧业。

农业种植的作物除拉丁美洲古代传统作物(如玉米、木薯、甘薯、棉花、可可、烟草、古柯等)外,还从欧洲引种了小麦、水稻、甘蔗、葡萄、橄榄等。畜牧业方面,除继续放牧骆马、羊驼外,从欧洲引进了马、骡、牛、羊、猪等大牲畜。

殖民者、移民们将本土的大庄园制移植到美洲,殖拓了大种植园和大牧场。在古巴等安的列斯岛屿上种植甘蔗,放牧牛、马和猪;在今墨西哥和中美洲种植可可、烟草、甘蔗,养蚕,生产靛蓝;在今墨西哥北部地区发展畜牧业;在南美洲的今委内瑞拉、哥伦比亚、阿根廷和乌拉圭开辟大片牧场,放养马、牛、羊,同时种植烟草、可可和小麦;厄瓜多尔生产靛蓝,种植烟草;今秘鲁种植甘蔗、棉花、小麦和古柯;今智利种植小麦和葡萄;巴拉圭盛产马黛茶和木材。

同大庄园并存的有拉丁美洲古代传统的土地制度:土著村社公有制。此外,"市镇土地所有制"实为拉丁美洲古代文明之遗风。各市镇拥有大片公用土地,由市政会决定如何使用。

大种植园和大牧场的主要劳动力是土著和非洲黑人。实行的劳动制度主要是"委托监护制"、"奴隶制","征调制"和"农奴制"。前二者为引进的制度;后二者是利用土著的制度。所谓"委托监护制",即西班牙国王将某一地区一定数量的土著"委托"给监护人(地主)"监护"。监护人负有保护被监护人并使之皈依天主教的义务,同时有征调他们从事耕种田地的权利。"奴隶制",即黑奴制。在种植园和牧场上劳动的非洲黑人是从非洲贩卖到美洲的奴隶。"征调制"即上文述及的"米达制"和"科阿特基特尔制";不过这里是从事农牧业生产劳动。"农奴制",即一种委身事主从事农奴式劳动的制度。秘鲁地区称从事这种劳动的人为"亚纳科纳",安的列斯岛屿和墨西哥地区则称之为"纳波里奥"、"拉波里奥"或"加尼安"。

除利用欧洲方式大面积垦殖土地外,还继续利用前印加帝国的梯田和阿兹特克"帝国"的"奇南帕"造田法,并继续利用鸟粪作肥料。

3. 手工业

随着市镇的发展,城市人口增多,日常生活需求增长。纺织、粮食加工、制铁、木材、建筑、金银制品、制革、玻璃等行业随之发展起来。西班牙人市镇的工匠来自宗主国。他们不仅带来了技艺、工具、设备(如风箱、织布机、捣布机、碾磨机等),还移植来了行会制度。行会拒土著、黑人于大门之外,但愿收他们为学徒,向他们传授手艺和知识。土著市镇的土著手艺人除保留传统手工艺外,也学习新技艺,并接受了师徒制。

手工业中比较突出的是纺织业。普遍开办了纺织工场,今墨西哥、哥伦比亚、厄瓜多尔、秘鲁、阿根廷的图库曼地区比较发达。劳动制度采用"委托监护制"和"征调制",征调土著从事生产活动。

4. 交通运输

各矿产中心、市镇之间,从各矿产中心和市镇到首府、港口之间均有大道相通。有些大道是利用了古代已有的道路;有些大道则是为了新的需求开通的。陆路运输仍使用人力;但也引进了畜力和运输工具(如牛车、马车等)。水路运输继续使用独木舟和木筏,同时引进了帆船。

5. 贸易

分三个层次:对外贸易、地区之间贸易和区内贸易。对外贸易十分活跃。由于宗主国西班牙实行贸易垄断政策,对外贸易的主要对象是宗主国,通过宗主国进口欧洲的和其他洲的工业产品(诸如呢绒、丝绸、玻璃器皿、瓷器制品、武器、弹药等);同样通过宗主国出口本地的矿产品和农牧产品(如金、银、宝石、蔗糖、小麦、面粉、牛皮、牛脂等)。地区之间的贸易系指各行政区之间的贸易,如今委内瑞拉向今墨西哥出口可可;今智利向今秘鲁出口小麦;今阿根廷向今玻利维亚出口棉花、驮畜、葡萄酒等。区内贸易系指各行政区内的贸易,垄断在市镇长官手里。他们施行一种"商品销售分配制",高价向土著居民强行推销商品(诸如农牧产品、纺织工场生产的布匹和从欧洲进口的一些玻璃球、小镜子之类的不值钱的杂物)。此外,还保存有古代传统的集市贸易。

西班牙美洲殖民地疆域广袤,与宗主国远隔重洋,垄断贸易政策难以切实执行。走私贸易盛行。走私贸易系指殖民地同葡、英、法、荷等国的贸易。这些国家以各自的美洲殖民地(安的列斯岛屿和巴西)为据点,同西班牙美洲殖民地进行贸易往来,形成了固定的通商路线:①牙买加与今哥伦比亚的卡塔赫纳之间;②特里尼达与今委内瑞拉的库马纳和拉瓜伊拉之间;③非洲与拉瓜伊拉之间;④巴西与布宜诺斯艾利斯之间。走私进口欧洲工业产品和非洲黑奴;运走牛皮、烟草、可可、食盐等。

二、葡萄牙美洲殖民地

巴西经济发展呈现出比较明显的单一性和地区生产的专业化。单一性体现在不同时期生产不同的产品上;专业化表现在各地区生产的分工上。

殖民地时期,巴西经济发展大体上经历了这么几个时期:

1. "红木时期"(1500～1550年)

红木亦称巴西木,可从中提取颜料,为当时欧洲纺织印染业所需之原料。葡萄牙人在巴西沿岸从事商业殖民活动,用价格低廉的小商品(玻璃球、小镜子之类)诱使土著砍伐红木,运回欧洲牟利。

2. "蔗糖时期"(1550～1700年)

1534年巴西划分成封地后,在大西洋沿岸地区发展农业生产。重点拓殖甘蔗种植园,发展甘蔗种植业和制糖业。1521年开始在伯南布哥沿海试种甘蔗;1532年在维森特建起第一家制糖厂。1550年以后,甘蔗种植面积在伯南布哥、巴伊亚、里约热内卢等地区不断扩大;制糖厂也越来越多,1580年为120家,1628年达235家,1711年有了528家。甘蔗种植业发展的同时,还发展起了烟草种植业和畜牧业。前者主要产区在巴伊亚、马拉尼翁和帕拉地区;后者主要在南里约格朗德地区。甘蔗和烟草种植园的劳动力起初主要是土著,不久即换成了黑人。劳动制度实行奴隶制。牧场的劳动力主要是混血种人(葡萄牙人同土著混杂的后代)。

3. "黄金时期"(1700～1775年)

17世纪末、18世纪初,米纳斯吉拉斯及其他地区发现藏量颇丰的金矿,"淘金热"迅疾兴起,人潮从沿海地区涌向矿山,致使沿海地区农业萧条、人口锐减;同时还从非洲贩进大批黑奴,平均每年有4万之众进入矿区。1700～1801年,黄金总产量达5万阿罗巴(其中3.55万产自米纳斯吉拉斯,其余产自其他地区)。1729年在金矿区还发现了钻石矿,18世纪里产量达300万克拉。

4. 农业复兴时期

1750年,黄金生产开始呈下降趋势,农业重新受到重视,1775年进入复兴时期,甘蔗、可可、烟草等传统作物大发展,种植地区从伯南布哥、巴伊亚等地区扩展到了里约热内卢、圣保罗等地区。与此同时,这些地区还引种了棉花、小麦、咖啡等新作物。这些传统作物和新作物都是大面积种植的,大多供出口。此外,在一些地区也发展起了供当地人口消费的农作物(如木薯、小麦等)。

根据自然和地理条件以及地区内外的需求,巴西形成了4大经济区,从事专业生产。它们分别是甘蔗种植区、牧区、矿区和林区。甘蔗种植区分布在伯南布哥、巴伊亚、圣保罗和里约热内卢等地区。农业复兴时期,从欧洲等地引进甘蔗优良品种和新式制糖机器,蔗糖产量大幅提高。蔗糖大部分供出口。1790年,出口总额约790643~875000阿罗巴;1807年翻了一番,达到1610201~1720000阿罗巴。牧区分布在南里约格朗德、圣卡塔里纳、巴拉纳、圣保罗等地区,以放牧牛、马为主,生产牛皮、马皮、牛油、牛肉等产品。皮张主要供出口;牛肉、牛脂除供应地区所需外,亦大部分供出口。黄金矿区分布在米纳斯吉拉斯和圣保罗、马托格罗索、戈亚斯、巴伊亚等地区。林区即热带丛林区,遍布亚马逊河流域。殖民者、移民与土著共同生活,以捕鱼、种植木薯为生,并种植咖啡、可可和采集林间的香子兰、桂皮、干石竹花苞、菝葜、香树脂等供出口。

巴西农牧业和采矿业蓬勃发展;工业则相对落后。这主要是宗主国葡萄牙实行重商主义政策的结果。1785年,殖民当局下令禁止巴西生产金、银制品和丝、麻、毛织品;只准生产棉布,供奴隶穿用。一直到1808年葡萄牙王室迁至巴西后,阻碍巴西工业的禁令才被废除。

葡萄牙在巴西实行贸易垄断政策,控制着巴西的贸易和航运。但比起西班牙来,控制较松。巴西贸易的自由度比较大;对外贸易主要是葡萄牙商人控制着,区内贸易则多半由殖民者、移民及其后裔掌握。对外贸易的一个重要内容是奴隶的贩运;葡萄牙商人将巴西出产的蔗糖、糖蜜和烟草运到非洲,交换黑人,将其运至巴西出售为奴,并不时走私运进西班牙美洲殖民地拉普拉塔地区出售。比起西班牙美洲殖民地来,巴西区内商品流通也比较自由、便利。

贸易的开展推动了运输业的发展。陆路运输靠人力和畜力。人力主要是奴隶(土著和黑人)。他们不仅运货,还运人——用吊床、滑竿抬。畜力主要是牛和马。用牛拉车,用马驮驮,组成车队和马帮。水路运输使用土著的独木舟和引进的帆船。

三、法国美洲殖民地

根据宗主国法国和国际市场的需求及殖民地的自然条件,主要发展种植园经济,大面积种植甘蔗、棉花、咖啡、可可、香蕉等供出口的作物。种植园的劳动力主要是来自非洲的黑人。劳动制度为奴隶制。

17世纪和18世纪上半叶,法国实行重商主义政策,垄断贸易,禁止其他国家染指。殖民地只能将蔗糖、咖啡、棉花等产品运往法国,换取所需的工业品。1765年以后,殖民地贸易逐步开放,与邻近的荷属、英属安的列斯岛屿及北美大陆有了正常的贸易交往。

四、荷兰美洲殖民地

荷兰殖民势力1654年被赶出巴西,1664年被赶出北美大陆,只保有了几个安的列斯岛屿(库拉索、阿鲁巴、博内尔等)及圭亚那地区的一部分领地(今苏里南)。殖民地上种植甘蔗和其他热带作物,专供出口。实行奴隶制,役使黑奴从事劳动生产活动。宗主国荷兰倡导海上航行自由和贸易自由,竭力鼓励殖民地同其他国家的美洲殖民地进行贸易。

五、英国美洲殖民地

殖民地为单一经济体制,发展种植园生产,主要种植甘蔗、咖啡、香蕉、棉花、可可等作物,出口以供英国及其北美大陆殖民地之所需。劳动制度为奴隶制,役使黑奴从事生产、运输活动。

英国实行重商主义政策,垄断贸易,殖民地产品只能出口到宗主国及其北美大陆殖民地,进口商品只能来自英国,而且要用英国船只运输。1697年英国成立"海事法庭",以确保其政策的实施。

17～18世纪里英国占有了安的列新群岛中的大部分岛屿。这些岛屿均位于奴隶贸易和蔗糖贸易、运输的主航道上,而且离英国北美大陆殖民地和西班牙、葡萄牙美洲大陆殖民地及西班牙、法国、荷兰所属的安的列斯岛屿都很近,所以备受宗主国的重视。美国独立后,这些岛屿在政治、经济、战略上的价值对英国更为重要,成了英国在美洲发挥作用、加强国际联系的基地。

经过16、17、18世纪的发展和变革,拉丁美洲经济成了典型的殖民地经济。生产活动和经济生活完全受制于宗主国市场、欧洲市场和世界市场的需求,定格为围绕宗主国经济发展而运转的"卫星经济",处在了一种服务性的从属地位。拉丁美洲经济发展的这一定位,构成了拉丁美洲近代文明的一大特色,影响着其日后发展的整个历史进程。

第三节 新型社会形势

欧洲及其他地区文明输入拉丁美洲社会后,与土著文明相融合,形成了一种新型的社会结构。这种新型的社会结构极富特色。其特色集中体现在社会模式、人口的种族构成和社会阶级结构诸方面。

一、西班牙美洲殖民地

殖民地是个以城市为中心的社会,形成了"中心—外围"(或曰"城市农村")这样一种格局。这一社会模式的形成有其历史发展过程;而在这一发展过程中又产生了全新的种族群体和社会阶级结构。

1. 社会模式的定型

15世纪末、16世纪初,西班牙殖民者移民到美洲后即建立殖民点,从事殖民活动。这是西班牙人在人类历史上首次采取的重大行动。建立殖民点,集中居住,一是为了有效地占有土地,二是为了有效地占有资源(包括自然资源和人力资源)。这殖民点就是市镇的雏形;在此基础上发展形成了新兴模式的社会。

16世纪期间,西班牙殖民者先后在安的列斯群岛的众多岛屿和今墨西哥、中美洲、南美洲(巴西除外)建立了上百座市镇,1580年为225座,1630年增至331座。初步形成了一个城市网络。按其规模之大小分为城市、城镇和村镇。一些市镇就建立在原先的古代城址上(如今墨西哥首都墨西哥城和今秘鲁的大城市库斯科。西班牙殖民军入侵时摧毁了原阿兹特克"帝国"的都城特诺奇蒂特兰和原印加帝国的都城库斯科,而后殖民者在原址上兴建了自己的城市),另一些市镇则根据需要择地而建,例如,根据贸易、海运的需要建立了今古巴的哈瓦那、今秘鲁的卡亚俄和今墨西哥的阿卡普尔科;紧随矿业和农牧业的发展而兴建的今玻利维亚的波托西、今阿根廷的图库曼和今墨西哥的圣路易斯波托西和克雷塔罗。这些由西班牙殖民者、移民建立起来的大小市镇,史称"西班牙人市镇",并发展成为地区性的和地方性的政治、经济、宗教、文化中心。

在建立"西班牙人市镇"的同时,还建立了"印第安人市镇"。西班牙殖民当局强制土著"并村归屯",建立新居民点,目的在于有效地控制和征调土著劳动力,在于有利诱导土著皈依天主教。"印第安人市镇"在法律上是同"西班牙人市镇"平等的,但在社会上是不平等的,要根据"委托监护制"、"征调制"等劳动制度向"西班牙人市镇"提供劳力,从事各种劳动(诸如市政建设、公共工程、农业、矿业、运输等方面的劳动),成了"西班牙人市镇"的"外围"。在此基础上,发展形成了以"西班牙市镇"为"中心"、以"印第安人市镇"为"外围"的市镇体制。

一般说来,"西班牙人市镇"是个比较稳定、不断发展壮大的社会实体;而"印第安人市镇"则是个动荡、变异、不断衰落、解体的实体。不断衰落、解体的原因是人口的减少。由于瘟疫的流行和劳累的过度,土著人口急剧减少,原先人口稠密地区减少的数量尤为惊人。墨西哥中部地区1519年有2500万人,1580年减少到了200万人,到1630年只剩下75万人。秘鲁地区,西班牙殖民军入侵时,土著有900万人;1570年减少到了130万人;到1620年只剩下了67.2万人。

印第安人大量死亡后,"印第安人市镇"的土地大面积撂荒,陆续被享有"委托监护权"的殖民者和殖民政府官吏霸占,产生了一种新型的地产制度:大庄园。土著劳力由于不堪忍受劳役和人头税的重负,纷纷流入生活和劳动较有保障的庄园,或成为委身事主而摆脱劳役之苦的"农奴",或成为佃农。进入17世纪,"印第安人市镇"加速解体,大庄园取代了它的位置,成了"西班牙人市镇"的"外围"。这一"外围"的社会职能已不再是像"印第安人市镇"那样,向"西班牙人市镇"提供劳力,而是提供农牧产品了,成了名副其实的农村。以城市为中心的社会模式随之定型,"城市-农村"这一格局亦随之确立。这一新型的社会模式和格局确立后,不断发展、完善,主导着西班牙美洲殖民地政治、经济和社会的运作。而在这一社会模式和格局孕育、成形、发展的历程中,又形成了新型的人口种族构成和社会阶级结构。

2. 人口种族构成

根据统计,1789年西班牙美洲殖民地的人口为1409.1万,分别居住在城市和农村,大致分为5个种族集团:土著印第安人、白人、梅斯蒂索人、穆拉托人和黑人。

这一人口种族构成是来自欧洲、非洲及其他文明地区的人口在美洲与土著人口长期共同生活、共同劳动中相互融会的结果。土著——印第安人是拉丁美洲古代文明的载体,大多生活在农村,主要在大庄园从事农业生产活动。17世纪下半叶,随着农牧业的发展和生活的安定,土著人口停止下降,并逐步回升,到18世纪末、19世纪初占到了西班牙美洲殖民地人口总数的一半左右,为第一大种族集团。土著已不再是古代文明时期的各个分散的族群,已演变结合成一个新的种族群体"印第安人",在以城市为中心的新社会中繁衍生息了。

白人包括西班牙人和克里奥约人。西班牙人来自欧洲,多半是西班牙国王派遣的殖民地官员和商人。克里奥约人是出生在美洲的西班牙人后裔,通称"土生白人"。白人占西班牙美洲殖民地总人口数的1/5左右,多半生活在市镇,构成了殖民地社会的主导种族集团。西班牙人控制着殖民地的政治;克里奥约人控制着殖民地的经济、社会和文化。克里奥约人生在美洲,长在美洲,已扎根在美洲大地上。他们热爱美洲,具有强烈的"美洲情结"。他们已不再是西班牙人,已形成为一个新的种族群体。

黑人来自非洲。他们是被强制移居美洲的。他们被贩运到美洲卖身为奴,主要在种植园劳动,一小部分人在牧场、庄园、矿山上干活和从事家务劳动。他们大多生活在农村。他们来自非洲的不同部族,到美洲后融入了以城市为中心的新社会,形成了又一个新的种族群体。

16世纪下半叶,曾有数千名亚洲人(包括菲律宾人、中国人、日本人、印度人等)同非洲黑人一样被强制贩卖到美洲为奴。他们从菲律宾上船,到墨西哥的阿卡普尔科登上美洲大陆,大多留在了墨西哥,一小部分被送到秘鲁的利马。他们一般从事手工劳动和家务劳动。1597年,西班牙国王菲利普二世下诏禁止贩卖亚洲人为奴,从而中止了强制亚洲人移民美洲的进程。亚洲人在美洲的人数太少,没有形成一个独立的种族群体,融入了其他种族群体。

土著、白人、黑人、加上少数亚洲人之间的通婚,诞生了一个全新的种族群体——混血种人。混血种人又分几个亚种族群体:梅斯蒂索人——土著同白人混血的后代;穆拉托人——白人同黑人混血的后代;桑博人——土著与黑人混血的后代。混血种人中,桑博人数目较小,通常归入穆拉托人群体。人数较多的是梅斯蒂索人和穆拉托人。前者大多生活在城市,从事商业和手工业制造活动;后者多半生活在农村,从事农牧业生产活动。1800年左右,混血种人占到了西班牙美洲殖民地总人口的1/3。

西班牙美洲殖民地领土辽阔,各地区人口种族构成有所差异。大致可分为三个不同类别的地区:①安的列斯岛屿和大西洋沿岸地区——土著几乎全部消失,只有白人、黑人和混血种人了;又由于这些岛屿和地区以种植园经济为主,黑人和穆拉托人也就占了人口的大多数。②新西班牙总督区和秘鲁总督区为古代土著居民定居、人口积聚的地区,新人口种族构成中混血种人和印第安人种族群体人数最多。据统计,1796年,秘鲁总督区人口约1400万,其中白人(包括西班牙人和克里奥约人)占12%、梅斯蒂索人占23%、印第安人占57%、穆拉托和自由黑人占4%、黑奴占4%。19世纪初,新西班牙地区人口约600万,其中西班牙人1.5万、克里奥约人110万、混血种人240万、印第安人230万、黑人不足20万。③古代土著人口稀少的其他一些地区(如今阿根廷、巴拉圭、智利中部、委内瑞拉西部山区、哥斯达黎加等),以白人和梅斯蒂索人为主,印第安人、黑人和穆拉托人所占比例极小。人口种族构成的差异极大地影响着各地区政治、经济、社会的发展进程。

3. 社会阶级结构

殖民地社会阶级结构具有浓重的种族色彩。社会上层阶级系由大庄园主、大牧场主、大种植园主、大商人、矿主和纺织工场主等组成。他们中绝大部分是白人(主要是克里奥约人),另有极少数梅斯蒂索人。殖民政府官吏和土著贵族也属于这一阶级。前者握有行政、司法大权;后者享有西班牙贵族的特权,拥有财富和权势,不纳人头税,协助前者统治土著民众。社会下层阶级系由广大劳动群众组成。他们从事农牧业、矿业生产劳动,从事水陆运输(充当水手、赶牛车、跟骡队或马帮),从事小商小贩活动,从事纺织、成衣制作劳动。他们中的绝大多数是印第安人、梅斯蒂索人、穆拉托人、自由黑人(摆脱了奴隶地位的黑人),另有少数白人。处在社会最底层的是奴隶。还有一个社会中层阶级,系由大庄园上的总管、大种植园上的监工、矿山上的工头、小庄园主、小牧场主、小种植园主、教师、医生、店主、工匠等组成。他们中多半是白人和梅斯蒂索人。

二、葡萄牙美洲殖民地

巴西社会模式的孕育、成形和发展不同于西班牙美洲殖民地。西班牙美洲殖民地社会模式孕育、发展的重心在城市。大庄园主、大种植园主、大牧场主、矿主、大商人等通常均生活在城市,殖民政府机构也设在城市。因此,城市是殖民地政治、经济和社会生活的中心。而巴西社会模式的孕育、发展重心则在种植园、牧场和矿山等经济单位。经济单位里不仅有从事某种特定作物种植或矿产开采的活动,还有农牧产品或矿产品加工厂,还有为生产和生活服务的附属手工业作坊(诸如铁器制造、木工、纺织、制革、成衣等),还有商业活动和宗教活动。在此基础上逐渐形成了市镇。可以说,市镇只不过是经济单位的"衍生物"。小城镇完全服务于当地经济单位;大城市和港口城市则成了进出口货物的集散地。种植园主、牧场主、矿主通常生活在各自的经济单位里。他们居住在"大府第"里。他们在城市里也有住宅,只在进行政治活动或贸易活动时临时歇住一下。因此,巴西社会模式与西班牙美洲殖民地正好相反,形成了"农村-城市"这样一种格局。在这样一种格局中又产生了新型的人口种族构成和社会阶级结构。

1. 人口种族构成

据1798年统计,巴西人口总数约为322万,其中土著25.2万(不包括边境地区的部族)、白人101万、黑人136.1万、混血种人约60万。这一人口种族构成的产生是来自欧洲的白人、非洲的黑人与土著在以经济单位为中心的社会里长期共同劳动和生活的结果。

1500年葡萄牙人航行到巴西时,土著人数约为243.1万人。葡萄牙殖民者在巴西沿海地带开辟甘蔗种植园后,强迫土著从事奴隶劳动,引起了土著的强烈反抗。葡萄牙殖民者组织武装力量进行镇压,土著中一些人逃往内地;一些人被迫留下在种植园里从事繁重劳动。加上瘟疫流行,死亡率极高,人口不断下降,到1798年只剩下了25.2万人。他们通过婚姻和劳动关系完全融入了巴西的政治、经济秩序,成了一个新型的种族群体。另有80万左右(据1819年统计)的土著生活在内地,与殖民体制隔离。

白人包括欧洲人和克里奥约人。欧洲人中大多是葡萄牙人,另有少数西班牙人、犹太人、荷兰人、法国人、意大利人和英国人。克里奥约人是他们在巴西生出的后代。欧洲人中除一些葡萄牙人在殖民政府中供职或从事商业活动,代表宗主国利益外,其他人和克里奥约人一道构成了巴西经济、社会和政治的主体,控制着巴西的经济、社会和地方上的政治。他们有着共同的政治、经济利益,为巴西的发展和进步共同奋斗,心理、感情上已然趋同。他们认定巴西是"我们的祖国"(见巴西人若泽·若阿金·达·马亚1787年3月给美国驻法国公使的信)。他们不再是来自欧洲各国的欧洲人,而是巴西人了。

黑人来自非洲。他们被强制移居巴西,在几乎所有的生产活动以及家庭服务中从事奴隶劳动,构成了巴西社会劳动力的主体。随着甘蔗种植业和黄金开采业的发展,被贩卖到巴西的黑人逐渐增多:16世纪为3万人;17世纪增加到56万人;18世纪高达200万人。黑奴死亡率极高,据统计,整个殖民统治时期贩卖进巴西的黑人约700万,19世纪初只剩不足200万;人口的增加多半是由于不断的贩进。他们已不再是非洲诸部落的黑人,到巴西后被融合进了巴西的经济、社会体制,结合成了一个全新的种族群体。这一种族群体可分为两大类:按出生分,一为巴西生黑人,一为非洲生黑人;按法律地位分,一为自由民,一为奴隶。

混血种人由上述三个种族相互混血而成。他们多半是非婚生人。白人同印第安人混血出生者称梅斯蒂索人,或称马梅卢科人,亦称卡博克洛人;白人同黑人混血出生者称穆拉托人,或称帕尔多人;印第安人同黑人混血出生者称桑博人。沿海地区种植园和矿区劳动力多数是黑人;人口中白人同黑人混血的穆拉托人占多数。内地、亚马逊地区白人同印第安人混血的卡博克洛人和黑人同印第安人混血的桑博人较多。

2. 社会阶级结构

巴西是个奴隶制社会,阶级结构层次分明,且带有种族色彩。社会上层阶级(奴隶主阶级)包括大种植园主、大牧场主、大商人和矿主。他们都是白人,其中克里奥约人占多数。他们构成了巴西的权势集团。当然,葡萄牙殖民政权的官吏亦属这一阶级。他们控制着巴西的政治和部分对外贸易。他们在政治、经济上同克里奥约人形成了相互冲突的集团。社会下层阶级为奴隶阶级,包括黑人和穆拉托人。上层阶级和下层阶级之间还有一个中层阶级,其成员都是普通自由劳动者。他们是白人平民、梅斯蒂索人、自由黑人和印第安人。他们大多经商、从事手工制造、从事农耕活动。印第安人属于这一阶级,但处于最底层。他们在法律地位上,从1611年起即成了自由人,但仍然从事奴隶劳动,没有什么社会权利。

三、法国美洲殖民地

据统计,1791年海地人口总数为534381人,其中白人30381人、黑奴480000人、自由民(包括黑白混血种人和自由黑人)24000人。其他法属安的列斯岛屿1833年人口总数为238966人,其中白人19288人、黑人174218人、自由民(包括黑白混血种人和自由黑人)45460人。白人多半来自法国,另有少数爱尔兰人、荷兰人和德国人。法国人多半为大、小种植园主,爱尔兰、荷兰人和德国人大多从事技术工作或经商。黑奴来自非洲,为种植园中的主要劳动力,处于社会最底层。少数黑奴获解放后成为自由民。白人同黑人混血出生的穆拉托人大多为自由民。他们多半从事手工制造业、小商小贩活动。

诸岛屿的社会模式与巴西相似。庄园主一般生活在各自的庄园上。建有法国贵族式的"大府第"。建筑风格与法国相同,但宽敞明亮、通风性能好,以适应热带炎热气候。奴隶居住的棚屋建在"大府第"附近。大庄园主通常不居住在岛上,而生活在法国,种植园交由代理人总管。代理人居住在"大府第"里。小庄园主除种植甘蔗外,还种植其他作物(如棉花、可可、咖啡等)。他们使用的奴隶劳动力在20人以下。城市都建在海边。17世纪和18世纪上半叶,城市规模很小,只是个贸易站,人口不多。18世纪下半叶,自由民纷纷离开种植园,迁往城市,寻求更宽松的生活、劳动环境。城市人口随之逐渐增多。

法属圭亚那自然条件恶劣,法国人一般不愿移居其间。18世纪末,那儿成了法国政府安置政治犯和刑事犯的流放地。沿海地带开辟为甘蔗种植园,使用黑奴劳动。土著逃至内地深山老林,人数不详。人口中除少数白人外,绝大多数是黑人和黑白混血种人。总人口数估计约万余人。

四、荷兰美洲殖民地

据统计,荷属安的列斯岛屿1833年总人口数为5.6万人,其中白人0.6万、黑人5万。白人来自荷兰,多半为甘蔗种植园主和商人,集中生活在港口城市。黑人来自非洲,在种植园从事奴隶劳动。社会阶级比较简单,由奴隶主阶级和奴隶阶级构成。

今苏里南地区的人口种族构成比较复杂,除白人和黑人外,还有一个黑白混血种人群体。他们多半从事手工制造业、小商小贩活动。白人以荷兰人为主,另有一些葡萄牙人和犹太人。荷兰人多半经营种植园;葡萄牙人和犹太人大多经商。黑人在甘蔗种植园中从事奴隶劳动。一些奴隶不堪忍受非人待遇,成群逃进内地丛林,建立自主村寨。他们成了一支独立的黑人群体,通称为"丛林黑人"。1780年,荷兰殖民当局承认他们为自由民。"丛林黑人"生活在内陆,约占总人口的10%;另外90%的人口集中生活在沿海地区。

五、英国美洲殖民地

据统计,1833年英属安的列斯岛屿人口总数为659146人,其中白人40938人、黑人546161人、自由民(包括黑白混血种人和自由黑人)72047人。同法属、荷属安的列斯岛屿一样,这一人口种族构成是大量使用奴隶劳动力的结果。荷属安的列斯岛屿白人与黑人的比例为0.12:1;法属安的列斯岛屿为0.11:1;而英属安的列斯岛屿仅为0.075:1。白人以英国人为主,另有少数爱尔兰人、法国人和犹太人。白人以所占土地面积之大小和拥有奴隶数目之多寡分为不同阶层。占地4公顷以上、拥有10个以上黑奴者,为种植园主。他们拥有当地的选举权。大种植园主通常生活在英国,种植园交给代理人总管。中、小庄园主一般生活在自己的种植园里。占地4公顷以下,拥有10个以下黑奴者,为小土地占有者。他们属于自由民阶级,没有选举权。少数无地白人生活在市镇上,靠打零工为生。白人中处于社会最底层的是"契约劳工"。他们根据契约,卖身为奴,在某个种植园主的土地上劳动3~5年;期满后成为无地白人。他们通常流入城市,使城市人口不断增加。市镇通常建在海边,起初只是贸易口岸;随着种植园经济的发展和无地白人的增多,市镇不断扩大。商人通常生活在市镇。种植园主和商人构成了殖民地社会的上层阶级。社会的下层阶级为黑奴、"契约劳工"、无地白人、小土地所有者和自由民(黑白混血种人)。黑白混血种人中有少数人成了种植园主。但他们大多流入城市,从事手工制造业和城乡贸易活动。

今圭亚那地区1814年始成为英国殖民地。原为荷兰殖民地。沿海地区辟为甘蔗种植园。土著逃至内地深山丛林。1658年荷兰殖民者从非洲贩运黑人为奴,到种植园劳动。到1770年,黑奴达1.4万人,而白人只有350人。英国殖民统治时期,继续经营种植园,不断贩进黑奴从事生产劳动。1833年黑奴达8.5万人。人口中除黑人、白人外,还有一个黑白混血种人群体。与美洲其他殖民地一样,人口种族群体与社会阶级有着惊人的一致。白人大多是庄园主(或其代理人)和商人,构成殖民地社会的上层阶级,控制着当地的政治、经济、社会生活;黑奴构成社会下层阶级。黑白混血种人为自由民,多半生活在城市,从事手工制造业和小商小贩活动。

第四节 欧洲基督教的传入与发展

基督教的两大派别天主教和基督教新教随同西班牙、葡萄牙、法国、荷兰及英国殖民势力进入美洲后,首要任务是改变土著的信仰,诱导他们皈依天主教、基督教,在思想、精神上对他们加以控制,以巩固殖民统治和扩展基督教世界。在与土著的接触中,为适应新的社会、文化环境,天主教、基督教入乡随俗,与土著传统习俗融合,发生了引人注目的嬗变。而由于教派的不同以及土著社会、文化的差异,天主教、基督教在美洲各地区的嬗变状况亦不相同。

一、西班牙美洲殖民地

西班牙国教为天主教。西班牙国王只准天主教在其美洲殖民地传播,严禁其他教派(如新教、伊斯兰教、犹太教等)传入。他要确保美洲殖民地信仰的纯洁和一统。显然,他的用意并非如此,而是着眼于政治:确保殖民地的巩固,力防其他欧洲国家殖民势力的染指。

天主教传到西班牙美洲殖民地后具有三重职能:宗教职能、政治职能和社会职能。宗教职能表现在两方面:一方面在西班牙市镇照顾殖民者、移民及其后裔(包括克里奥约人和梅斯蒂索人)的宗教生活;另一方面在印第安人市镇、村落传教布道,劝诱印第安人皈依天主教,而后照顾他们的宗教生活。

政治职能也表现在两个方面:一方面就有关殖民问题(诸如战争、和平、奴隶制、传教方式、征收赋税等问题)向国王和殖民当局提出看法和建议;另一方面直接进行殖民扩张和殖民统治活动。

教会(主要是耶稣会)在人口稀少、土著文化发展程度较低、殖民当局难以控制的边远地区(如今墨西哥北部、巴拉圭东部、阿根廷东北部等地区)建立传教区,诱使狩猎、采集的游动的土著族群定居下来,为西班牙国王扩充领土,巩固殖民统治。社会职能表现在三个方面:①举办慈善事业。创办收容所、孤儿院、育婴堂、医院等慈善机构。在此基础上,17世纪建立了一新型济贫教团"贝特莱米塔会",专门从事救护印第安人的工作;②保护印第安人。上书西班牙国王,要求立法维护印第安人的权益,同时不断揭露殖民者剥削、奴役印第安人的暴行;③创办学校,从事教育活动,特别是向印第安人传授知识和生产技能。

天主教在与土著社会、文化接触的过程中出现了"本土化"倾向,形成了当地的特殊的崇敬、礼拜对象。在今墨西哥地区,克里奥约人、梅斯蒂索人和印第安人虔诚地礼拜他们的保护神"瓜达卢佩圣母",并为她专门修建了教堂。今秘鲁、厄瓜多尔、哥伦比亚、玻利维亚、阿根廷、巴拉圭等地区均有专门供奉瓜达卢佩圣母的教堂。今哥伦比亚还建有专门供奉"奇金基拉圣母"的教堂。今秘鲁和委内瑞拉也建有同样的教堂。当地的克里奥约人、梅斯蒂索人和印第安人只礼拜奇金基拉圣母。而今玻利维亚地区的印第安人、梅斯蒂索人又十分虔诚地崇敬、礼拜"科帕卡巴纳圣母",并修建有专门的教堂。在今秘鲁和委内瑞拉也建有供奉她的教堂,供当地的印第安人、梅斯蒂索人和克里奥约人礼拜。

天主教的"本土化"还表现在对拉丁美洲古代文明传统的继承方面。印加帝国时期"太阳神"拥有一份土地。天主教会将其占为己有,承继了"太阳神"享有的特权。

天主教在美洲殖民地的发展过程中,许多克里奥约人、梅斯蒂索人和一些印第安人成了教士。他们构成了教会的下层。高级教职绝大部分由西班牙人担任,殖民统治时期有769名主教,其中只有100来人是克里奥约人。西班牙人构成了教会上层的主体。他们维护宗主国的利益,与教会下层的矛盾不断加深。到18世纪下半叶,美洲出生的教士(特别是耶稣会士)学习、传播欧洲启蒙思想,宣传"理性"、"正义"、"自由"、"平等"和"人权",明确提出"美洲人"、"祖国"这样一些新概念,主张独立、自主。他们对殖民地民众民族意识的形成和独立运动的兴起做出了不可磨灭的历史贡献。例如,秘鲁的耶稣会士胡安·巴勃罗·比斯卡多·伊·古斯曼是积极鼓吹推翻西班牙殖民统治的先驱者之一。今墨西哥地区的米格尔·伊达尔戈、今萨尔瓦多地区的何塞·马蒂亚斯·德尔加多等教士还积极参加了领导民众争取独立的实际斗争。

二、葡萄牙美洲殖民地

葡萄牙的国教也是天主教。葡萄牙国王同样不让其他教派(如新教、伊斯兰教、犹太教等)进入巴西。他这样做的政治目的尤为明显,因为法国和荷兰从16世纪初起不断在巴西沿海活动,力图在巴西建立自己的殖民地。然而,他对天主教徒进入巴西的控制没有西班牙国王那样严格。西班牙国王不准皈依天主教的摩尔人和犹太人移居西班牙美洲殖民地;而葡萄牙国王规定,只要是天主教徒都可以前往巴西。

同在西班牙美洲殖民地一样,天主教在巴西的传播也是由教团主持的。在西班牙美洲殖民地活动的教团主要是圣方济各会、多明我会、圣奥古斯丁会、施恩会和耶稣会。在巴西活动的教团主要是圣方济各会、耶稣会、加尔默罗会和本笃会。由于葡萄牙在巴西的殖民政权较弱,各教团(特别是耶稣会)的作用比在西班牙美洲殖民地上活动的教团要大得多。它们的作用表现在政治、经济、社会和宗教方面。政治上,它们建立传教区,诱使印第安人集中定居,以对所占领土加以实际控制;组织、武装印第安人、黑人和混血种人,抗击法国、荷兰殖民势力的渗透;反对殖民奴役印第安人,保护他们,使他们不致沦为奴隶。经济上,它们在沿海和内地都占有大片土地,经营着庄园、种植园和牧场;并从事贸易、信贷活动,是个名副其实的经济实体;它们又是黑奴制的积极鼓吹者,不光在自己的庄园、种植园和牧场上使用黑奴劳动力,而且还参加奴隶贸易活动。社会上,它们创办慈善机构(诸如孤儿院、医院、女修道院、殡仪馆等);开办学校,培训印第安儿童。宗教上,努力宣讲福音,诱使印第安人皈依天主教,指导他们的宗教生活。

天主教在巴西的"本土化"比在西班牙美洲殖民地显得更深刻,可以说几近发生了"异化"。大种植园主的宗教生活不在市镇上的大教堂,而在自家"大府第"的小教堂。巴西人受了印第安人信仰的影响,对圣徒的崇敬注入了一种亲情,对他们的礼拜犹如对自己祖先的礼拜。兄弟会、教友会等团体在宗教和社会生活中具有重大影响。这些团体带有深深的阶级和种族烙印。分别组建有"白人教友会"、"黑人和穆拉托人教友会"和"印第安人教友会"。天主教和非洲信仰(如坎东布莱教)及土著信仰同时存在。这表现在圣像的画像、舞蹈、教友会的组成、宗教游行等方面。巴西人有个特殊的崇敬、礼拜对象:圣安东尼奥·德·利斯博阿。他是婚约的守护神。而黑人和穆拉托人还有自己崇敬、礼拜的圣徒贝内迪托和圣女埃菲赫尼亚。

1744年,教会发现一些教士参加了共济会。他们接受了欧洲启蒙思想,主张"自由"、"平等"和"人权",开始反对葡萄牙的殖民统治,谋求巴西的独立。

三、法国美洲殖民地

法国国教亦为天主教。法国国王同样派遣教团到美洲殖民地活动。它们是多明我会、耶稣会和圣方济各会。它们的政治职能有限,必须在殖民当局的控制下活动。因此,它们专注于指导白人的宗教生活和在黑人中从事传教布道活动。

法国美洲殖民地上宗教信仰比较自由,不禁止新教教徒和犹太教徒进入,并允许他们建立自己的教堂,做自己的礼拜。与此同时,亦不强制黑人放弃他们的信仰,允许他们的信仰(如海地黑人信仰的伏都教)与天主教共存。而天主教堂也对不同种族的教徒开放。

四、荷兰美洲殖民地

　　荷兰国教为新教。宗教信仰自由是荷兰美洲殖民地的一个特征。在安的列斯岛屿上活动的主要是卡尔文教派和犹太教。它们和平共处,指导各自教民的宗教生活。在今苏里南的土著中从事传教活动的主要是摩拉维亚教派和天主教。它们充分发挥其宗教、社会职能,开办学校,培训土著,教授基督教教义、手工制作和实用技艺。与此同时,黑人的信仰也受到尊重。

五、英国美洲殖民地

　　16世纪30年代,英国教会脱离罗马教廷;英国国王成为宗教领袖。安的列斯岛屿和今圭亚那宗教信仰自由,卡尔文教派、圣公会、公谊会、犹太教、天主教等都在活动。它们大多注重白人的宗教生活,对在黑人中传教布道、劝诱他们皈依基督教不那么感兴趣。因此,非洲部落的信仰得以生存、流传,在同基督教各教派的接触中又融进了某些基督教成分,嬗变出了一些新型的宗教礼仪。黑人修建自己的教堂,供奉、礼拜自己的保护圣徒,用非洲土语或克里奥约语(一种英语、西班牙语和非洲土语的混合语)诵经祷告。

第五节　欧洲殖民文化的融合

　　欧洲殖民者和移民不断从欧洲吸收文化营养,将欧洲文化移植到拉丁美洲。与此同时,他们又注重适应全新的人文、自然、地理环境,承继拉丁美洲古代文化。他们成了欧洲文化的传播者和拉丁美洲古代文化的继承者。他们体现了欧洲文化和拉丁美洲古代文化的融合。而土著在竭力维护、承继拉丁美洲古代文化的同时,也直接或间接地受到了欧洲文化的熏陶。他们同样体现了拉丁美洲古代文化和欧洲文化的融合。拉丁美洲古代文化和欧洲文化的融合,再加上非洲和亚洲文化的滋润,从而孕育、产生了一种颇具特色的拉丁美洲新型文化。

　　欧洲文化源自古希腊、古罗马。它在西班牙、葡萄牙、法国、荷兰和英国的发展具有了当地的特色,表现的形式和内容不尽相同。来自这些不同欧洲国家的殖民者和移民所吸收、移植的欧洲文化只能是他们自己祖国、出生地的文化表现形式和内容。而西班牙、葡萄牙、法国、荷兰和英国美洲殖民地的人文、自然、地理环境亦不尽相同,再加上所受到的非洲和亚洲文化影响的不同,各殖民地则形成了具有其自身特征的文化。这特征反映在教育、语言、科学、文学、艺术(包括建筑、雕刻、绘画、音乐、舞蹈等)诸方面。

一、西班牙美洲殖民地

　　从整体上看,西班牙美洲殖民地是土著古代文化最发达的地区,具有悠久的历史和丰富的文化遗产。这为欧洲文化与土著文化的融合打下了厚实的基础,为新型文化的孕育和发展提供了肥沃的土壤。土著文化遗产极大地丰富了新型文化的表现形式和内容。

　　西班牙殖民者和移民(特别是天主教传教士)在同土著文化的接触中有意无意地或好意歹意

地表现出了某种亲和性。这大大推动了欧洲文化与土著文化的融合,促进了新型文化的形成。两新型文化的发展又得益于市镇的建立和发展、经济(特别是矿业经济)的发展和天主教会的努力。市镇构成了吸引、传播欧洲文化的中心和欧洲文化与土著文化交融的中心。经济的发展为新型文化的发展提供了充足的资金。天主教会传教士积极移植西班牙文化,开办学校、设立图书馆、引进印刷机,传播欧洲文化;他们又对土著历史和文化、习俗、语言进行深入研究,为承继拉丁美洲古代文化遗产做出了特殊贡献;因此,可以说,他们是新型文化发展的主要支持者和推动者。

其他国家和地区的文化对西班牙美洲殖民地新型文化的形成和发展也做出了贡献。穆斯林建筑风格(亦称穆德哈尔风格)、中国建筑材料、非洲音乐和舞蹈、荷兰的哲学思想(如伊拉斯谟学说)、意大利的绘画和文学、法国的启蒙思想和文学、美国的政治思想和独立意识等,不仅丰富了西班牙美洲殖民地新型文化的表现形式和内容,并影响了殖民地政治、社会发展的进程,独立运动的兴起。异域文化大多是通过宗主国西班牙传入的,也有的是殖民地之间传播的(如中国文化是从西班牙殖民地菲律宾传到墨西哥、秘鲁等地的);有的是直接传入的(如走私贸易在输入商品的同时也流入了一批书籍,传播欧洲启蒙思想和美国的独立意识)。

从事文化活动、艺术创作的,不仅有西班牙人和少数其他欧洲国家的人(如来自中欧的传教士和意大利的工程师安东内利),还有克里奥约人(如胡安·鲁易斯·德·阿拉尔孔,诗人,戏剧,修女胡安娜·伊内斯·德·拉克鲁斯,诗人、戏剧家、散文家)、梅斯蒂索人(如加西拉索·德·拉维加,历史学家、文学家)、印第安人(如费尔南多·德·阿尔瓦·伊斯特利尔霍奇特尔,历史学家)、黑人和穆拉托人。克里奥约人、梅斯蒂索人和印第安人在拉丁文学习、植物学研究和建筑、雕塑等方面成就突出;黑人和穆拉托人在音乐、舞蹈方面表现出了突出的才华。

1. 语言

欧洲文化的传播、土著文化的继承以及其他地区和国家文化的移植,都需要一个工具。这个工具就是语言。诸文化在西班牙美洲殖民地融合的过程中,产生了一些独特的语言现象:

(1)通用卡斯蒂利亚语(通称西班牙语)。西班牙国内各地区都有自己的方言。来自西班牙各地区的殖民者和移民搁置本地区的方言,统一使用卡斯蒂利亚方言。殖民地在语言方面出现了比宗主国还统一的现象。

(2)土著语言的统一和推广。阿兹特克"帝国"通用纳瓦语;印加帝国时期通用克丘亚语。西班牙殖民当局和教会将这两种使用范围较广、使用人口较多的语言作为"普通话",在殖民地内推广。墨西哥和中美洲普遍使用纳瓦语;南美洲则普遍使用克丘亚语。

(3)双语制的形成。在人口聚居密度较大的地区(如今墨西哥的尤卡坦地区)、在某些土著语言(如纳瓦语、克丘亚语等)使用的范围较广的地区和在市镇—农村社会结构比较严密的地区(如巴拉圭),逐渐形成了双语制,西班牙语和土著语言同时存在,同时使用。尤卡坦通行西班牙语和玛雅语;巴拉圭通行西班牙语和瓜拉尼语;纳瓦语和西班牙语同时在墨西哥和中美洲存在、通用;克丘亚语和西班牙语同时在南美洲存在、通用。

(4)两种语言相互交流,相互影响,在词汇、语音、书写上发生了巨大变化。西班牙语吸收了土著语言中有关动植物(如西红柿、可可树、火鸡等)、服装(如墨西哥土著女穿的无袖衫、巴拉圭土著妇女穿的无袖长袍等)以及生活、生产方面的专门术语(如墨西哥的颜料油漆店、木瓦工用具店、秘鲁式的炼银炉等),大大扩充了词汇量。而土著语言则吸收了西班牙语中有关动植物、科学技术、数量、宗教观念和一些抽象思维的词语,不仅丰富了词汇量,而且在书写上发生了质的变化,有了用拉丁字母拼写的文字。西班牙语语音变化最明显的一点是将"c"和"z"读作"s"。而整个语调又较之宗主国的西班牙语柔和。

2. 教育

上述语言现象的形成与教育密不可分。殖民地的教育分为两大部分:语言教育和知识教育。根据欧洲传统,负责教育的是教会和传教士。

语言教育的对象:一为印第安人,一为白人。向印第安人教授西班牙语;向白人教授土著语言。教育的目的在于:一使印第安人西班牙化;二培养传教士,到土著人口中传教布道。教育的方式:开办专门学习班、培训班或学校,集中培训土著酋长、贵族及其子嗣。结业后,他们回到自己的市镇和村落,对当地土著传授西班牙语。与此同时,传教士亦负责教授土著西班牙语。传教士在教授西班牙语的同时,也积极学习、研究土著语言。为了推广土著语言(如纳瓦语、克丘亚语)和培训传教士,他们编纂了土著语言—西班牙语词典,用土著语言编写了教科书,开办土著语言学习班,教授土著语言;在学院、大学和修道院里开设土著语言课程,学习、研究土著语言。

知识教育:分城市和农村两个地区。城市教育为学校教育,由教会负责;农村教育由传教士负责。

学校教育早在1505年即已开始。那一年,圣方济各会在圣多明各城开办了殖民地上的第一所学院,教育的对象是西班牙人子嗣和土著子嗣。1523年,在今墨西哥城创办圣弗朗西斯科学院,招收土著子嗣,教授宗教、音乐、绘画、雕刻、拉丁文等课程。1536年又在印第安人市镇特拉尔特洛尔科开办皇家圣克鲁斯学院,尔后在秘鲁开办了库斯科酋长学校,专门培训土著酋长,教授宗教、行政、拉丁文、土著医药等课程。与此同时,各市镇都建立了小学和中学,有市镇公立学校,也有私立学校。随着学校教育的发展和殖民者及移民的增多,殖民地开始创办大学。第一所大学圣托马斯·德·阿基诺大学1538年创办于圣多明各城。在16、17、18三个世纪里,西班牙美洲殖民地先后创办了26所大学。比较著名的大学是16世纪建立的圣托马斯·德·阿基诺大学、墨西哥大学和利马的圣马科斯大学,17世纪建立的基多的圣格雷戈里奥·马格诺大学、今玻利维亚的圣弗朗西斯科·哈维埃尔大学、今阿根廷科尔多瓦的圣伊格纳西奥·德·洛约拉大学,18世纪建立的今委内瑞拉加拉加斯的圣罗莎大学、哈瓦那的圣赫罗尼莫大学。各大学设4个系:艺术系、法律系、神学系和医学系。除医学系外,全部用拉丁语授课。在土著人口众多的地区(如今墨西哥、危地马拉和秘鲁),大学里还专门开设土著语言课。

除大学外,还有许多神学院。这些神学院往往先于大学引进欧洲现代哲学思想(如启蒙思想)。18世纪下半叶,创办了一些新型学校、植物园地和图书馆。在今墨西哥,1768年创办医科学校、1783年创办美术学校、1788年建立墨西哥植物园、1792年创办墨西哥矿业学校;在危地马拉,1796年开设危地马拉自然史博物馆和危地马拉植物园、1797年创办美术学校;在今哥伦比亚,1782年创办波哥大植物园、兴建植物学图书馆、1799年创办波哥大天文台;在今阿根廷,1799年创办布宜诺斯艾利斯航海学校。这些学校和研究机构以学习和研究自然科学为主,用西班牙语教学,培养了一代重实践、重自然、重"理性"的新人。他们大多是克里奥约人和梅斯蒂索人,还有少数印第安人。通过学习和研究,他们更深刻地了解、认识了自己的家园,更加热爱自己的家乡,大大促进了自身民族意识的升华,为18世纪末、19世纪初独立运动的兴起打下了思想基础。

除学校外,还建立、创办了其他类型的文化教育机构,诸如图书馆、印刷厂、报馆等。教会、大学、修道院都有自己的图书馆,收藏有欧洲传统的经院哲学书籍、描述美洲事物的书籍和一些天主教会允许进口和收藏的文化、文学、科学知识图书。还有一些私人图书馆,收藏有教会禁止的图书(如英、法等国启蒙思想家的著作)。印刷厂早在1539年即在墨西哥开办;1583年在秘鲁利马开办了第二家印刷厂;17、18世纪里,各大中城市均有了印刷厂。印刷的内容包括宗教、医药、兽医学、法律、文学、地理、历史等。正式出版发行的报纸出现在17世纪。1600年以前只在墨西哥和秘鲁有种小报,仅刊载欧洲新闻。1667年出版、发行了第一份正式的报纸《墨西哥报》,但还是不定期,一直到1722年才定期发行。1743年,秘鲁创办、发行《利马报》。18世纪末、19世纪初,办报风掀起,许多城市都有了自己的报纸,诸如《经贸知识日报》(秘鲁利马)、《墨西哥日报》、《基多文化最新消息》、《秘鲁信使报》、《新格拉纳达周报》、《加拉加斯学报》、《智利晨报》、《哈瓦那报》、《布宜诺斯艾利斯报》、《危地马拉报》等。这些报纸的口号是"进步",传播欧洲启蒙思想和有关矿业、农业、工业、牧业、艺术、文学、宗教知识和新观点。

3. 科学

在造就交流工具——语言和发展教育的同时,开展了对新大陆的研究,拓展了研究的学科,促进了一些学科的发展。人种学、语言学、历史学、地图学、地理学、植物学、矿物学、医药学等学科尤为突出。

人种学、语言学和历史学研究的对象是土著及其悠久的文化传统。传教士对土著及其语言研究作出了巨大贡献。关于土著研究的杰出著作有圣方济各会士托里比奥·德·贝纳文特著的《新西班牙印第安人史》(1541年出版),叙述了土著的习俗和信仰;迭戈·德·兰达主教著的《尤卡坦记事》(约1560年出版),记述了玛雅人的习俗和文化(特别是象形文字)。关于语言研究的代表作有《西班牙语-墨西哥语词典》(圣方济各会士阿隆索·德·莫利纳编,1571年出版)、《克丘亚语词典》(圣方济各会士多明戈·德·圣托马斯编,1586年出版)、《艾马拉语语法和应用》(卢道维科·贝托尼奥编)、《瓜拉尼语词汇和应用》(耶稣会士安东尼奥·鲁易斯·德·门多萨编,1640年出版)。

著名历史学家有以埃尔南多·阿尔瓦拉多·特索索莫克(约1520~约1600年)和埃尔南多·德·阿尔瓦·伊斯特利尔霍奇特尔(约1568~约1648年)为代表的印第安人、以加西拉索·德·拉维加(1539~1616年)为代表的梅斯蒂索人和以弗朗西斯科·哈维尔·克拉维赫罗(1731~1787年)和胡安·德·贝拉斯科(1727~1792年)为代表的克里奥约人。特索索莫克著有《墨西哥纪年》;伊斯特利尔霍奇特尔著有《奇奇梅卡史》;拉维加的代表作为《秘鲁历史实录》(亦译《王家述评》)。

这三部史书分别详细叙述了墨西哥和秘鲁地区的古代文明和被西班牙征服、殖民的过程。克拉维赫罗的代表作是《墨西哥古代史》,以丰富的史料叙述了阿兹特克"帝国"的历史和西班牙征服墨西哥的过程。贝拉斯科的主要著作是《南美洲基多王国史》,以详尽的史料记录了西班牙征服、统治厄瓜多尔地区的历史,并叙述了当地土著被征服前的社会状况。

历史学还有两大主题:一为自然史,一为殖民统治史。自然史的内容包括殖民地的动植物、自然风光、地理环境等,主要著作有《西印度自然史》(贡萨洛·费尔南德斯·德·奥维埃多著,1535年出版)、《西印度自然和伦理史》(何塞·德·阿科斯塔著,1590年出版)、《西印度探秘》(胡安·德·卡德纳斯著,1591年出版)。殖民统治史是根据殖民政府记录的市镇建设、行政、军事大事记编写的"纪年史"。

哥伦布及其随后的一大批探险者、征服者和殖民者在美洲活动的过程中,写下了无数的"日记"、"报告"和"信件",记录了他们的所见所闻,为航海学、地理学、地图学、天文学、动物学、植物学、矿物学、医药学等的研究提供了丰富的资料。根据这些资料,出版了一批新书。著名的新书有迭戈·里维罗的《地图集》(1529 年出版)、佩德罗·德·梅迪纳的《航海技艺》(1545 年出版)、萨拉戈萨的《西印度通史》(1552 年出版)、奥古斯丁·德·萨拉特的《秘鲁发现征服史》(1555 年出版)——这两部史书中主要记述了美洲的自然、地理风貌——弗朗西斯科·埃尔南德斯的《新西班牙药典》(1628 年出版)。

18 世纪,科学研究再掀高潮,天文、地理和植物等学科特别受重视。出现了一批天文学家、地理学家和植物学家,突出的有华金·贝拉斯克斯·德·卡德纳斯·伊·莱昂(1732~1786 年)、安东尼奥·莱昂·伊·加马(1735~1802 年)、安东尼奥·德·阿尔塞多(1735~1812 年)、何塞·马里亚诺·莫西诺(约 1750~1821 年)、弗朗西斯科·何塞·德·卡尔达斯(1771~1816 年)。他们重实践、重研究、重应用。安东尼奥·德阿尔塞多的《美洲地理 - 历史词典》(6 卷本,1786~1789 年出版)影响最广最大,1812~1815 年在伦敦出了英文版。

16 世纪的研究者、著作者多为西班牙人。他们的目的在于了解新的人文、自然、地理环境,以便更好地征服、殖民、使土著西班牙化、巩固西班牙的殖民统治。而 18 世纪的研究者、著作者多为克里奥约人。他们的目的在于认识家园、了解当地的人文、自然、地理环境,以增强本土意识、促进经济发展。

特别值得一提的是书目学的发展。1753 年,由胡安·何塞·德·埃基亚拉·伊·埃古伦编纂、出版了《墨西哥图书目录》,收集了自 16 世纪以来的印第安人、梅斯蒂索人和克里奥约人的著作,向世人展示了墨西哥美洲人的智慧和文化成就。

4. 文学

与科学研究同步发展的是文学创作。哥伦布及其随后的一大批探险者、征服者和殖民者留下的无数"日记"、"报告"和"信件"不仅仅是珍贵的历史资料,他们对新的人文、自然、地理环境的描绘又极具文学价值。而他们中的一些作家、诗人更创作出了影响深远的史诗。最具影响的是诗人阿隆索·德·埃尔西利亚(1533~1594 年)创作的叙事长诗《阿劳坎之战》。诗中描写并赞扬了今智利地区的土著阿劳坎人抗击西班牙殖民军的入侵、捍卫家园的英勇斗争。这是以美洲题材创作出的第一部文学作品。16、17 世纪,一批西班牙作家移居美洲,从事创作活动。他们中最杰出的是小说家马特奥·阿莱曼(1547~约 1609 年),其代表作为《流浪汉古斯曼·德·阿尔法拉切生平事迹》(1599~1602 年出版)。

15 世纪末、16 世纪上半叶,文学的主题是征服、开拓疆土。作家都是西班牙人。16 世纪下半叶,殖民地进入发展阶段,社会趋于稳定,以矿业为中心的经济日益繁荣。文学也随之进入一个新时期。这个时期的特点是:①以美洲人为主的创作群体的诞生;②美洲意识的形成;③语言风格上多种族成分的混合。16 世纪中叶开始陆续出现了一批美洲出生的作家。他们中有的是殖民者和移民的后裔,有的是梅斯蒂索人。梅斯蒂索人加西拉索·德·拉维加的《秘鲁历史实录》不仅是部历史著作。作者对印加风土人情和神话传说的叙述、特别是他那流畅的文体和作为混血种人的一种特殊的怀乡的感情色彩,使作品极具文学价值和美学意义。因此,《秘鲁历史实录》通常又被视为一部杰出的文学巨著。

克里奥约人中出了不少杰出的作家。他们的成就体现在诗歌和戏剧的创作上。17世纪中叶以前的作品主要是颂扬殖民者的伟业、建设成就和奢侈生活,宫廷式的诗作代替了史诗。典型的诗作有佩德罗·德·奥尼亚(1570~约1643年)的叙事长诗《被征服的阿劳科》(1596年出版)——作者与阿隆索·德·埃尔西利亚大唱反调,歪曲历史,颂扬征服者,蔑视印第安人和土著文化;贝纳尔多·德·巴尔布埃纳(约1562~1627年)的《墨西哥的辉煌》——诗中反映了墨西哥城的繁盛景象和克里奥约人的轻浮、奢华生活。成就卓著的戏剧家是胡安·鲁伊斯·德·阿拉尔孔(约1580~1639年)。他是17世纪西班牙语四大剧作家之一,曾创作20余部喜剧,代表作为《可疑的真理》。他宣传传统道德:尊严、忠诚、感恩、爱他人。他的戏剧风格不同于西班牙的戏剧,总带有一种乡愁,比较含蓄。

17世纪中叶以后,诗歌、戏剧等文学作品中美洲情结不断显现,赞美美洲的河山,同情印第安人,谴责殖民统治。文风大显巴洛克色彩。诗歌成就最为杰出的,当推卡洛斯·德·西古恩萨·伊·贡戈拉(1645~1700年)和修女胡安娜·伊内斯·德·拉克鲁斯(1651~1695年)。前者是个百科全书式的著作家,撰写有考古学、历史学、数学、应用科学、天文学、地理学和人种学等学科的专著。文学才华出众,诗歌代表作有《西印度之春》(1662年出版)和《克雷塔罗的荣耀》(1668年出版)。这些诗作"对文学中奇异的美洲意识——一种基督教的虔诚、偶像崇拜者的神话和爱国热忱相混合的意识——作出了新贡献"。修女同样是个多才多艺的著作家。她在哲学和神学上学识渊博,诗歌、音乐著作颇丰,文风纤巧、犀利,语言精美,感情真挚,有一部长诗《初梦》和三部诗集《卡斯塔利达的洪流》、《修女胡安娜·伊内斯·德·拉克鲁斯著作第二卷》和《墨西哥的凤凰和第十个缪斯的遗作和声誉》,多以爱情、劝诫为内容,以民谣为形式,以殖民地社会为背景,使用了印第安人和黑人所讲的通俗语言。"因此,她的诗歌创作反映了墨西哥多种族社会的全部文化现象。"这种语言、文化的融合在戏剧中表现得更为明显。

戏剧创作成就杰出者是修女胡安娜·伊内斯·德·拉克鲁斯和梅斯蒂索人胡安·德·埃斯皮诺萨·梅德拉诺(1632~1688年)。修女的代表作有喜剧《家庭的责任》、《爱情是个大迷宫》和宗教剧《约瑟的牧杖》。她的这些作品和今墨西哥地区其他剧作者的作品里均融进了印第安人的音乐和舞蹈。埃斯皮诺萨的代表作为宗教寓言短剧《回头浪子》。他的一些剧作都是用克丘亚语写成的,融入了土著人物和故事。18世纪文学的美洲情结愈显厚重。拉法埃尔·兰迪法尔(1731~1793年)的长诗《墨西哥乡村》(1781年出版)最具代表性。作者是名耶稣会士,1767年被谣班牙殖民当局驱逐流亡意大利。长诗描绘了今墨西哥和危地马拉地区的风土人情,充满了作者对故土的眷念、热爱之情。18世纪末,殖民地各地区创办了"文学沙龙"或"读书会"。人们争相阅读埃尔西利亚的《阿劳坎之战》和拉维加的《秘鲁历史实录》,以自己拥有如此美好的历史而倍感自豪,民族意识不断提高。

5. 音乐、舞蹈

与文学发展相关联的是音乐和舞蹈的发展。西班牙美洲殖民地的音乐和舞蹈有三大源头:西班牙、美洲和非洲。源自三地的音乐和舞蹈融为一体,形成了颇具特色的殖民地音乐和舞蹈。从西班牙传入的乐器有多种管乐器和弦乐器(诸如横笛、小号、长号、竖笛、竖琴、风琴、小提琴、吉他等),得到普及的是吉他和竖琴;吉他成了印第安人最喜爱的乐器。从西班牙传入的音乐以宗教音乐为主。宗教音乐是天主教会传教布道的一个绝妙工具。教会为了传授宗教音乐,特地创办音乐学校,培训印第安人。学校除教授音乐外,还教授乐器制作和演奏,培养出了一批作曲家和乐师。

16、17世纪,创作了一种复调、多声部的音乐,用土著语言作词,编写赞美诗,曲调中融入了土著祭祀歌曲的旋律。这类音乐主要在教堂里演唱。教堂里的乐师不仅有白人(主要是克里奥约人),还有印第安人和梅斯蒂索人。唱诗班多半由土著儿童组成。有印第安人乐队和黑人乐队。它们不仅参加宗教典礼活动,还在市镇举行公开音乐会。音乐会除演奏宗教乐曲外,还演奏世俗音乐。世俗音乐取材民间,多半是爱情和幸福的表达,以一种"民谣"最为流行。安的列斯岛屿(古巴、波多黎各、圣多明各等)上的音乐还融入了非洲音乐成分,以其节奏明快和曲尾叠句、重复见长,旋律优美。非洲鼓敲击起来,激扬高亢,与印第安人音乐曲调的幽婉凄清风格迥异。

天主教会举行宗教典礼时,演奏乐曲,有印第安人随舞。土著古代宗教祭祀时都有舞蹈。天主教会承继了土著的这一文化传统。土著不但继续跳自己的传统舞蹈,戴传统的假面具,穿传统的和欧洲传入的服装;他们还同克里奥约人、梅斯蒂索人和穆拉托人一道学会了跳从西班牙和非洲移植到美洲的舞蹈。美洲传统舞蹈、西班牙舞蹈和非洲舞蹈很快就融合产生了新形式的舞蹈:加永巴舞、桑巴拉霍舞、查科纳舞、科里多舞、哈比贝舞、几内奥舞、内格罗舞、内格里托舞等。前五种舞蹈受西班牙舞蹈和美洲土著舞蹈的影响较大;后三种则受非洲舞的影响大。17、18世纪,所有这些新形式的舞蹈都成了西班牙美洲殖民地的民间舞蹈,各种族的人都喜欢跳;有的舞蹈(如查科纳舞、科里多舞等)还传到了西班牙。

6. 造型艺术

在西班牙美洲殖民地,造型艺术的创作和发展特别引人注目。之所以如此,一是由于其风格的多样,二是由于风格的创新。

造型艺术包括建筑、雕塑和绘画。西班牙美洲殖民地的雕塑和绘画多与建筑融为一体,独立的形式不多。而建筑又以宗教建筑物为主,雕塑和绘画的形式和内容亦与宗教密不可分。

宗教建筑物包括大教堂、小教堂、修道院,遍布西班牙美洲殖民地的市镇和农村。16、17、18三个世纪里,仅教堂就建了7万余座,今玻利维亚的波托西市建有32座教堂和10座修道院。教堂、修道院的建筑风格移植自西班牙,式样繁多。16世纪以哥特式为主,兼有伊萨贝尔风格(女王伊萨贝尔时期的建筑式样)、穆德哈尔式(罗马式、哥特式和阿拉伯式融合一体的式样)、"银匠式"(用银丝嵌镶成的花饰,犹如银匠的手艺,故名)和古典主义。

17世纪以巴洛克式为主,装饰繁杂浮华。世界八大著名巴洛克式建筑有4座在西班牙美洲殖民地。它们是墨西哥大教堂的礼拜堂、特波索特兰的耶稣会学院、克雷塔罗的圣罗莎修道院和特斯科的圣塞巴斯蒂安·德·圣普里斯卡教堂。18世纪下半叶以新古典主义为主,反对过分装饰,追求理性、规范和线条的完美。其代表作有塞拉亚卡门教堂、危地马拉大教堂、波哥大大教堂和布宜诺斯艾利斯大教堂。这些风格、样式传入美洲后有了嬗变。建筑的布局和结构都不同于西班牙同类的建筑。修道院大多由一加固的教堂、宽阔的庭院、小礼拜堂、休息室、起居室、游廊和果园组成。四周筑有围墙。教堂由一中殿及一后殿或侧廊组成。

除了布局和结构的变化外,在装饰上也发生了变化。18世纪上半叶,巴洛克式发展成了超巴洛克式:建筑物的正面饰有附件,形成一种"动感";大线条、装饰纷繁、建筑趋于艺术化;大量使用多彩瓷砖装饰墙壁。装饰的变化还表现在对土著和中国文化成分的融合上。中国的瓷砖、瓷片、瓷盘等被镶嵌在墙壁、柱子上;屏风上还有一些中国式的雕花。土著古代建筑物上常用的装饰图案大量使用在教堂的装饰上。这方面的杰作是今秘鲁阿雷基帕的耶稣会教堂。该教堂建于1698年,饰物中有葡萄藤、太阳神、月亮神等图像。今秘鲁、玻利维亚、阿根廷西北部等地区的教堂装饰了一些美洲的动物(如骆马、羊驼、美洲豹、鹦鹉等)和植物、花卉形象。

今墨西哥、危地马拉、厄瓜多尔、哥伦比亚等地区的教堂正门上饰有印第安人面庞的小天使、演奏土著乐器的仙女、穿"彭丘"(一种斗篷:状如一块长方形毛毯,中间开有套头的口子)的天使等。这类建筑物被称之为"梅斯蒂索"建筑。它们的设计师大多是梅斯蒂索人或克里奥约人;建筑工人是印第安人。他们将美洲古代文化成分融入建筑物中是十分自然的。建筑材料大多是就地取材,因袭了古代建筑的习俗。例如,秘鲁沿海一带多应用砖坯、芦苇、黏土筑墙,木料盖顶;内地山区则多用石材,不仅用石块垒墙,还用石板压顶。

除宗教建筑外,殖民政府大厦、达官富豪府第等建筑物也引人注目。这类建筑没有宗教建筑那样宏伟壮观,却也不失富丽堂皇,且洒脱轻盈。这一特征并不表现在外貌上,而是表现在内部的装饰上。内部装饰尽显多种文化融合的风格。门楣和天花板上都有雕花,突显阿拉伯和中国风格;墙壁上挂有中国的丝绸织物;大厅里摆放着中国瓷器制品。

雕塑和绘画是建筑物的一个组成部分,作为建筑物的装饰品显露风采。石刻、木雕、泥塑、绘画主题以宗教内容为主,圣像、圣母像、圣徒像、大主教像、主教像、加上动植物形象,装饰着教堂的正面、顶部、墙壁、柱子、飞檐、圣坛、圣坛后面的屏风、布道坛、壁龛、唱诗班的长排坐椅、教士坐椅等。非宗教题材的雕塑很少,一直到18世纪末才开始创作人物雕像,其代表作是西班牙国王卡洛斯四世骑马雕像(1803年创作)。非宗教题材的绘画比较多,有印加帝国的王公贵族和西班牙殖民总督的人物画像,还有重大历史事件和动植物形象画。雕塑师和画师大多是克里奥约人和梅斯蒂索人,还有一些印第安人。他们的技艺以临摹为主,创新不多,表现的风格移植自西班牙,以穆德哈尔式、巴洛克式和意大利式为主。特别值得提及的是,他们在上漆、着色上采用了中国的描金、配色技艺。

二、葡萄牙美洲殖民地

与西班牙美洲殖民地相比,葡萄牙美洲殖民地的文化有其自身的特点。首先,巴西地区的土著古代文化欠发达,遗产稀少,对新文化的形成和发展影响不那么大。新文化的主要成分是从宗主国移植过来的欧洲文化。其次,巴西社会重心在种植园、牧场和矿区,市镇作用相对较小;因此,文化发展受农村影响大。第三,农村从事生产劳动的劳动力主要来自非洲;因而非洲文化的影响较大。第四,葡萄牙不仅在美洲拥有殖民地,还在亚洲和非洲占有殖民地(如印度的果阿和中国的澳门)。各殖民地文化通过宗主国相互影响;因此,巴西在吸收非洲文化成分的同时,还吸收了一些亚洲文化成分。第五,从事文化活动和创作的主要是葡萄牙人及其后裔克里奥约人和穆拉托人,前两者在科学研究(包括语言)、教育和文学创作方面成就突出;后者在音乐、舞蹈、造型艺术方面成就显著。

1. 科学研究

最早开展科学研究的是耶稣会士。他们为了传播基督教教义、诱使土著皈依天主教,对土著的习俗和语言进行了考察、研究,在人种学和语言学方面作出了贡献。成就突出的是马诺埃尔·达·诺布雷加(1517~1570年)和若泽·德·安希埃塔(1534~1597年)。诺布雷加的代表作为《使异教徒皈依天主教对话录》,述及了土著的风土人情。安希埃塔编纂了首都图皮语语法,全力推广以图皮语为基础的土著普通话。不光在印第安人中推广,也在白人和梅斯蒂索人中推广。形成了土著语普通话和葡萄牙语双语制。这一语言现象一直延续到18世纪中叶。1727年葡萄牙国王下诏禁止使用土著普通话,但受到了巴西人的抵制。1757年,他再次下诏只准讲葡萄牙语,禁绝土著普通话。土著普通话被禁了,但其大量词汇融入了巴西人讲用的葡萄牙语。巴西人讲用的葡萄牙语在发音、语法、词汇、含义和拼写上与葡萄牙人讲用的葡萄牙语有所差异,被语言学家称之为"软绵绵、甜丝丝的葡萄牙语"。

以诺布雷加为代表的一些耶稣会士还撰写了不少有关巴西自然、地理状况的文章〔诸如佩罗·马加良埃斯·德·甘达沃的《论巴西土地》(1576年)、费尔南·卡尔丁的《巴西的气候与地理》(约1584年)、加布里埃尔·索亚雷斯·德·索萨的《1587年记述》〕。然而直到18世纪,才对巴西自然、地理、动植物和矿物进行全面考察和研究。主要著作有乔瓦尼·安东尼奥·安德雷奥尼(1649~1716年)的《巴西的文化及其丰富的药材和矿藏》(1711年出版,共4卷)、若泽·马里亚诺·德·孔塞尚·维洛索(1742~1811年)的《里约热内卢植物志》和《巴西大地产主》(1796~1806年出版,共11卷)以及霍阿金·多·阿莫林·卡斯特罗的《巴西自然史》。1784年,里约热内卢成立《自然史研究室》,集中研究巴西的自然、地理、动植物和矿物。

与自然、地理学同时发展起来的是历史编纂学。主要的历史著作有安布罗西奥·费尔南德斯·布朗丹的《辉煌的巴西对谈录》(1618年出版)、维森特·多·萨尔瓦多的《巴西史》(1627年出版。这是克里奥约人撰写的第一部巴西史)、塞巴斯蒂安·达·罗莎·皮塔的《葡萄牙美洲史》(1730年出版)。

18世纪,在对自然科学开展深入研究的同时,也对政治、经济、社会问题进行了探讨。这方面的研究成果颇丰,主要著作有费利西亚诺·霍阿金·德·苏萨·努内斯的《伦理政治谈》(1758年出版)、若泽·霍阿金·阿塞雷多·科蒂尼奥(1742~1821年)的《经济随笔:葡萄牙及其殖民地的贸易》(1794年出版)、若泽·达·席尔瓦·利斯博阿(1756~1835年)的《贸易权》(1798~1828年出版,共7卷;作者阐述了亚当·斯密的思想主张)、伊波利托·若泽·达·科斯塔·佩雷拉·富尔塔多·德·门多萨(1774~1823年)的《巴西通信》(1808~1823年;作者反对专制主义,主张革新,维护政治和宗教自由,宣扬社会平等、"社会契约"和人权)。

2. 学校教育

从事学术研究的人大多是葡萄牙人,克里奥约人不多。这是由于巴西没有一所正规的大学,只有初等和中等教育;克里奥约人不得不到宗主国上大学;通常在科英布拉大学接受高等教育,谋求学位。

巴西的初等和中等教育于1759年之前一直在耶稣会的控制下。1759年耶稣会士被逐出巴西后,教育由其他教派掌管。耶稣会在巴西总共兴办了10所学院、4所神学院和一所修道院。教授的课程有拉丁文、希腊文和希伯来文以及修辞学、神学和哲学。接受教育的大多是克里奥约人,还有少数梅斯蒂索人和穆拉托人。女孩子只接受家庭教育和宗教教育。印第安人和黑人享受不到受教育的权利。

18世纪下半叶,巴西学校才开设自然科学和经济学课程,开始教授数学、代数、几何、三角、制图、物理、化学、植物学和矿物学。1808年开办一所"经济专科学校",培养经济建设人才。

3. 文学

宗主国葡萄牙和殖民地巴西的学校教育造就了一批文学人才。他们大多是从小跟随父母移居巴西的葡萄牙人和克里奥约人。巴西真正意义上的文学创作始于本托·特谢拉(约1550~约1620年)。他从小移居巴西;其代表作为长诗《装腔作势》(1601年出版),揭露、讽刺了殖民地显要们的言行举止。他的著作对巴西文学的发展有着巨大影响。17世纪和18世纪上半叶出现了一批关注殖民地社会问题的诗人、小说家、戏剧家和散文作家。他们中的代表人物有散文大师安东尼奥·维埃拉(1608~1697年)、诗人格雷戈里奥·德·马托斯(1623~1696年)、诗人马努埃尔·德·博特略·德·奥利维拉(1636~1711年)、小说家努诺·马克斯·佩雷拉(1652~1728年)和诗人、戏剧家安东尼奥·若泽·达·席尔瓦(1705~1739年)。他们的创作风格均为巴洛克式,辞藻华丽、夸张,讲究对句、重复,惯用拉丁语词汇。维埃拉幼年时随父母移居巴西;他的作品语言优美,代表作有三卷《书信集》(1925~1928年出版)和12卷《著作选》(1951~1954年出版)。他的著作充满了对被压迫者——黑人、印第安人和犹太人的同情。马托斯是个克里奥约人,以讽刺诗和爱情诗见长。

他在讽刺诗中讽刺殖民官吏、批评殖民制度。他在抒情诗中赞美爱情和幸福生活,表达出了一种巴西特有的穆拉托人的心理状态。奥利维拉著有《诗乐》,赞颂了巴西的山川风貌、自然景观。佩雷拉的代表作是《美洲奇趣述集》(1728年出版)。这部书是巴西的第一部小说。席尔瓦是犹太人,年纪轻轻就被天主教宗教法庭判以火刑活活烧死。他的诗作和戏剧揭露、批判了殖民地社会不平等的现实。

18世纪下半叶,巴西文学发展进入了一个新时期。思想上受欧洲启蒙思想影响,创作风格上受新古典主义影响,追求理性、平实。这一时期文学成就突出的是"米纳斯吉拉斯派"诗人群体。他们均出生在米纳斯吉拉斯;其代表人物是若泽·德·圣塔里塔·杜朗(1722~1784年)、克劳迪奥·马努埃尔·达·科斯塔(1729~1789年)和若泽·巴西利奥·达·加马(1741~1794年)。杜朗1781年出版长诗《卡拉马鲁》;诗作被认为是一部巴西民族史诗。科斯塔的代表作是长诗《里卡镇》;诗作为一部叙事诗,叙述了米纳斯吉拉斯的开发史。加马的代表作是长诗《乌拉圭》;诗人描绘了美洲的山川风光,表达了对美洲的热爱之情。

4. 音乐、舞蹈

巴西音乐、舞蹈中的土著成分几乎为零,以欧洲成分和非洲成分为主。音乐以宗教音乐为主;舞蹈以民间舞蹈为主。民间舞蹈从非洲舞蹈演变而来,例如当今举世闻名的桑巴舞就源自安哥拉的基松巴舞和刚果的巴图克舞。用非洲鼓伴奏,旋律欢快、激扬。

宗教音乐方面有两点引人注目:其一,完完全全模仿自欧洲;其二,出现了一批穆拉托人乐师和作曲家。他们受的是纯欧洲音乐教育。他们作的曲子一点非洲音乐的影响都没有。他们的代表人物是累西腓的路易斯·阿尔瓦雷斯·平托(1719~1789年)、米纳斯吉拉斯的若泽·霍阿金·埃梅里科·洛沃·德·梅斯基塔(1746~1805年)和里约热内卢的若泽·毛里西奥·努内斯·加西亚(1767~1830年)。他们都在教堂里供职,任乐师,谱写了大量宗教题材的乐曲(诸如晨祷曲、赞美歌、弥撒曲、奏鸣曲、应答连祷曲、圣母颂等)。他们还从事音乐理论创作和教授活动:平托撰写了《视唱艺术》(1761年出版);加西亚1821年编写了《音乐概要》一书;梅斯基塔培养了不少学生,他们在米纳斯吉拉斯地区的一些教堂里供职。

5. 造型艺术

葡萄牙美洲殖民地的造型艺术以建筑为中心,雕塑和绘画主要作为建筑结构的一个组成部分而存在,与建筑物融为一体,起着一种组合功能的作用。风格、式样主要移植自欧洲,还有亚洲的影响。

建筑主要有两大类：宗教建筑和非宗教建筑。非宗教建筑又分两类：民用建筑和军事建筑。

宗教建筑没有西班牙美洲殖民地上的那么多，那么普遍，那么壮观。16、17、18 三个世纪里共修建了 405 座教堂、小教堂和修道院，主要分布在以萨尔瓦多、累西腓和里约热内卢为中心的沿海地带；另有 1/4 分布在以米纳斯吉拉斯为中心的矿产区。建筑用材——青石灰石来自宗主国；风格也借鉴自葡萄牙和其他欧洲国家（主要是意大利和法国）。16 世纪的宗教建筑十分简朴；17 世纪开始重建，式样大体为哥特式，掺进了巴洛克风格；18 世纪更受法国影响，流行洛可可风格。巴洛克风格和洛可可风格表现在建筑物的内、外装饰上。矫饰华丽，而又不失优雅别致。巴西洛可可风格的杰出代表人物是穆拉托人安东尼奥·弗朗西斯科·利斯博阿(1730～1814 年)。他的石雕、木刻、泥塑和绘画装饰在教堂的正面、顶部、墙壁、圣坛及其后面的屏风和布道坛上，装点在庭院里、护墙上。他的作品与整个建筑和周围环境融为一体，布局和谐；他所表现的内容和所使用的色彩起到了一种宗教和美学上的心理效应。他被认为是巴西最伟大的建筑装饰艺术家、现代造型艺术大师。

1808 年葡萄牙王室迁至巴西。巴西建筑风格发生了变化，新古典主义风格取代了巴洛克风格和洛可可风格。新古典主义风格的代表建筑均为非宗教建筑，诸如王宫、国家图书馆、国家博物馆、圣诺阿金神学院、美术学校大楼等。

在此之前，非宗教建筑物有市政厅、行政长官和大主教的宅邸、种植园主、矿主和牧场主的宅院等民用建筑以及要塞和堡垒等军事建筑。比起宗教建筑来，民用建筑式样简朴，装饰简单。军事建筑分布在沿海各城市和港湾，用以抵御其他欧洲殖民列强的入侵和海盗的劫掠。例如，保卫萨尔瓦多的要塞达 15 座之多；保卫瓜纳巴拉湾的堡垒也有 14 座。用料就地取材，都是土筑或石垒建成，外形根据地形和实战需要而定，呈四方形、三角形、多边形、圆形或星形。

为适应热带炎热、多雨天气，巴西宗教建筑和民用建筑普遍采用亚洲式的游廊、栏杆和斜坡状屋顶。室内装饰通常应用中国和印度出产的瓷砖、瓷瓦和瓷片。室内陈设也少不了中国的瓷器制品。政府高官和富裕人家更少不了使用瓷餐具。

三、法国美洲殖民地

法国美洲殖民地的文化是非洲文化、法国文化和土著文化（加勒比文化）在新的地理环境、生活条件下融合形成的一种具有特色的新型文化，有别于非洲文化，亦有别于法国文化。其特色明显地表现在语言和音乐、舞蹈等方面。

1. 语言

法语为各殖民地的官方语言，起到了一种沟通、联络的作用，并保证了法国文化的传播。但法语在新环境里受到了"克里奥约语"的影响，发音、语调、词汇、甚至语法都发生了一定的变化。"克里奥约语"是一种民间用语，以非洲土著语为主干，吸收了西班牙语和法语的一些成分融合而成。

加勒比人语言中的一些词汇融入了马提尼克岛和瓜德卢普岛上的克里奥约语。如"独木舟"、"吊床"等。17 世纪有位天主教神父雷蒙·布雷通对加勒比人的语言进行过研究，著有一部《加勒比语语法》。

2. 科学研究

除传教士对土著语言有研究外，宗主国的学者还在人种学、地理学、历史学方面对殖民地作过研究，留下了一些颇有价值的学术资料。比较重要的有让·巴普蒂斯特·拉巴的《安的列斯群岛游记》(1693~1705年出版。两卷本)和《安的列斯群岛重游记》(1722年出版,6卷本),记叙了当地的自然史及古代和当代居民的来源、习俗、宗教和政治情况;还有梅德里克·路易·埃利·莫罗·德·圣梅里的《圣多明各岛上法国领地的地形、自然、文化、政治和历史记述》(1797~1798年出版,两卷本)。

3. 口头文学

种植园主(包括白人和穆拉托人)通常将子嗣送到法国上学。黑奴孩子的教育由传教士负责;教育内容只限于基督教教义。这一状况有助于口头传授的存在和发展。黑奴通过口头传授将非洲故乡的民间传说、民间故事传给下一代,逐渐形成了一种口头文学,为19、20世纪的"黑人文学"(用克里奥约语写作的文学作品)打下了基础。

4. 音乐、舞蹈

法国音乐和舞蹈随着殖民者和移民传到殖民地。黑人和穆拉托人很快学会了吉他、小提琴、曼陀林等乐器,出了一批乐师、作曲家、歌唱家、演奏家。他们创作并演奏了不少富有地方情调的乐曲(包括小夜曲)。他们中的代表人物之一是穆拉托人约瑟夫·布洛涅(1739年生于瓜德卢普,1799年死于巴黎)。他创作了数十首乐曲,包括小提琴协奏曲、钢琴鸣奏曲、弦乐复奏曲等;他还为歌剧谱曲,在法国及其美洲殖民地上演。

与此同时,非洲音乐和舞蹈的传统融进了宗教仪式和日常生活。黑奴、自由黑人举行宗教祭祀时,吟唱、舞蹈,以纪念自己的祖先和所信奉的神灵,用非洲鼓伴奏。在海地,邻居互助帮忙时亦以鼓乐伴奏。这是非洲黑人的传统习俗。19、20世纪,举行宗教祭祀时吟唱和舞蹈发展成了极具特色的加勒比民间歌舞,不仅深受当地民众的喜爱,还影响了法国歌舞的发展。

四、荷兰美洲殖民地

殖民地的文化融入了非洲、西班牙、葡萄牙和英国文化的成分,形成了一种"克里奥约文化"。这种文化在语言、音乐、舞蹈等方面的特色最突出。

1. 语言

"克里奥约语"在苏里南称"斯拉南通戈语",在库拉索称"帕皮亚门托语",有着非洲语言的句型结构、葡萄牙语和西班牙语的词汇与动词变位以及新的词汇的创造。

2. 音乐、舞蹈

"克里奥约音乐"和"克里奥约舞蹈"分别是源自欧洲和非洲的音乐和舞蹈的融合。劳动时唱的"应答歌"源自天主教教堂的"应答连祷曲",曲调结构简单、歌词重复,旋律变化小是受了非洲音乐的影响。边歌边舞,以鼓伴奏,亦是非洲舞蹈的传统。

3. 教育

殖民地种植园主和富商均将子嗣送回荷兰上学。他们的住宅、货栈简朴,木结构,适应热带气候,通风宽敞。

五、英国美洲殖民地

非洲移民传入的文化成分对殖民地的语言、音乐、舞蹈、文学乃至思想的发展均有深刻影响。非洲文化与英国文化的融合形成了一种新型的"克里奥约文化"。

1. 语言

"克里奥约文化"的核心是克里奥约语。这是非洲土著语言和英语的混合语。句型结构、词汇应用、发音等方面均有其自身的特色。

2. 音乐

基督教圣歌和非洲音乐的融合形成了一种黑人礼拜时唱的"圣歌"。黑奴劳动时唱的歌富有非洲音乐旋律,又带有了伤感成分。牙买加民间舞曲和圭亚那民间舞曲均源自非洲,以鼓伴奏,激越悠扬。

3. 教育

一直到18世纪,殖民地才建立了两所学校:科德林顿学院(在巴巴多斯岛)和沃尔默中等学校(在牙买加岛)。1783年,总共才有39名教师。种植园主通常送子嗣到英国住宿接受教育。黑人(包括奴隶和自由人)没有受教育的权利。

4. 文学

文学创作平庸,比较有影响的是一部无名氏的小说《巫师哈麦尔》。作者很可能是一位熟悉殖民地社会情况的英国人。小说主人公哈麦尔是个黑奴,非洲宗教的化身,反对英国传教士,反对奴隶制,发动奴隶起义。小说揭示了黑奴的苦难和内心的情感,反映了种植园主们的社会危机感。

5. 史地考解

与平庸的文学创作相比,关于殖民地的历史、经济、政治方面的著作颇丰,奴隶制废除前的17、18、19世纪里出版了一大批专著。自然,作者大多是英国人。专著的主题集中在移民、种植园、贸易、奴隶制和黑奴暴动诸方面。具有代表性的著作是w.史密斯的《尼维斯和其他英属美洲背风加勒比岛屿自然史》(1745年出版)、D.帕特森的《格林纳达岛地形志》(1780年出版)、H.马内尔的《牙买加岛黑人待遇考察报告》(1788年出版)、B.爱德华兹的《西印度群岛英国殖民地历史、文化和贸易》(1793年出版)、R.c.达拉斯的《牙买加逃奴史》(1803年出版,2卷本)和J.斯蒂芬的《英国西印度群岛殖民地的奴隶制》(1824~1830年出版)。

6. 建筑

殖民地种植园主没有建造巴西种植园主拥有的那种"大府第"。比较富裕的种植园主住房多为两层小楼。底层有一大厅,用作会客、进餐、举行家庭舞会。主人的卧室也在底层,其他人的卧室在楼上。仆人的房间和厨房在房子的后面。

18世纪末、19世纪初,拉丁美洲现代文明的自我意识增强,开始要求自由生存和自由发展。而殖民统治这一现实恰恰又威胁着它的自由生存,妨碍着它的自由发展。这就直接导致了它与宗主国的矛盾和与宗主国文明的冲突。矛盾和冲突的结果是法国美洲殖民地海地、西班牙美洲殖民地和葡萄牙美洲殖民地独立运动的兴起,拉丁美洲近代文明进入一个新的发展时期。

第五章
拉丁美洲的独立运动

18世纪末叶,西方世界经历了很大的变革。统治人类1000多年的欧洲封建制度,在欧、美两洲大部分地区呈现全面解体和崩溃之势,资本主义独立运动于17世纪中叶以前在尼德兰和英国取得胜利以后,又于1776～1783年及1789～1794年间,分别在北美英属13个殖民地与欧洲大陆的法国获得成功,并先后建立了资本主义的北美合众国和法兰西共和国。

拉丁美洲的独立运动是1790年在海地开始的。至1810年,已蔓延到整个拉丁美洲地区。武装暴动的主要目的在于推翻西班牙和葡萄牙的殖民统治,完成民族独立的任务。不过,正如福斯特所指出的:"在要求民族独立的总的框架里,又面对着许多有关的基本和迫切的任务。其中有建立民主政治的要求,有肃清对工商业的中世纪限制的要求,有废除奴隶制、雇农制的要求,有平均分配土地的要求,有将教会和政府分离的要求。反抗中的各殖民地对这些基本的资产阶级必需条件与纲领的着重点有不同,其实现的程度也各有差异。"

拉丁美洲民族运动,就所涉及的地区、人口和时间而言,要比英、美、法等国的暴动广泛得多。从地区说,这一运动遍及北美洲的墨西哥、中美洲、加勒比海和几乎南美洲的全部,比英、美、法等国革命所涉及的地区总和还要大很多倍。就武装斗争的长期性来说,这一暴动前后持续了将近40年之久。就人口说,被暴动所波及的人口达2000万。因此,这实在是世界近代史上一次有重大意义和影响的武装暴动。西方史学家在编写世界通史时,却往往从"西欧中心论"出发,对这一独立运动很少提到或者竟全然不提,只能表现他们有意贬低和抹杀殖民地人民民族独立运动的一贯偏见而已。

第一节 独立运动的背景

拉丁美洲独立运动不是一次偶然事件。它早已在酝酿中。孕育这次运动的重要因素,是人民大众遭受不可忍受的殖民统治,是资本主义制度要求诞生的不可抗拒的力量。在这次革命以前,印第安人、黑奴、混血种人和土生白人分立主义者已发动无数次的起义和反抗。这些起义和反抗虽遭到失败,但却使拉丁美洲人得到了锻炼,在这些起义中不断地取得经验和教训,也使他们深深地了解到:西方殖民主义者决不甘心自动放弃既得利益退出殖民地,除了武装暴动赶走殖民者,别无出路。世界独立运动的潮流也有巨大影响。因此,这次运动乃是当时历史发展过程中一种不可避免的趋势。

一、独立运动的历史前提

殖民地生产力的发展要求改变旧的生产关系:尽管宗主国百般专横压制,尽管土地所有制与天主教会反对一切工业化的倾向,尽管雇农制与奴隶制的存在妨碍了整个经济的进展;但到18世纪后半叶,某些地区的某些工农业,还是冲破重重障碍和束缚而取得了初步发展。

愈来愈广泛的走私贸易破坏了西班牙的垄断贸易,大大减少了西班牙政府的税收。同时,拉丁美洲的商品经济逐渐发展,西班牙国内经济、政治日益衰落。在这种情况下,西班牙王室被迫逐步放宽对殖民地经济贸易的控制。1750年,放弃了传统的"商船队制"。1765年,卡洛斯三世下令,取消加的斯商人对美洲殖民地的贸易独占权,允许西班牙商人通过9个港口直接同殖民地进行贸易。1778年,西班牙政府又被迫进一步开放了13个西班牙港口和24个殖民地港口。此外,从70年代起,又准许殖民地各个总督辖区直接进行相互贸易;过去所规定的必须由西班牙航队运输全部货物的垄断权被打破了,关税也大大减低了。这些措施的采取,说明西班牙王室对殖民地经济和贸易的垄断制度,日益松弛。

宗主国贸易垄断政策的初步放松,客观上有助于拉丁美洲经济的进一步开展。在墨西哥,1730～1740年间,进入韦腊克鲁斯港口的船只不到200艘;至1785～1795年,已增加到1000艘以上。在巴西,从1795年葡萄牙政府取消对铁矿开采和加工的禁令以后,米纳斯吉拉斯州等地区马上就出现了铁工厂。在1800年以前几年,西属美洲殖民地的矿产总值,每年平均达到3900万比索。在1748～1753年间,西属殖民地的农产品出口总值每年平均为500万皮亚斯特,1802年则增为2700万皮亚斯特,即在半个世纪内,增长5倍以上。根据卡尔沃的估计,西属殖民地与宗主国之间的贸易总额,由1753年的1.79亿法郎增加到1800年的6.385亿法郎。

但是,西班牙贸易垄断政策的初步放松,并不意味着听任拉丁美洲殖民地经济自由发展,而不再加以任何限制。在上述一些指令颁稚以后,西班牙贸易专营政策的基础并没有动摇;殖民地仍然被禁止同任何外国往来;殖民地与宗主国之间的大部分贸易利润仍为宗主国少数商人所攫取;从工农业发展中初步成长起来的新兴商人,资本家和提供出口原料的大农场主仍然受到压抑。在这种情况下,殖民地各阶层对宗主国日益不满,走上了分立主义和武装暴动的道路。推翻宗主国的殖民统治,打破旧的生产关系,解放殖民地的生产力,愈来愈成为殖民地社会的主要课题。

二、殖民地社会矛盾进一步尖锐化

据比较可靠的估计:西属美洲殖民地的全部居民,1788年为1320万,1800年约近1435万,1823年为1678万。此外,加上葡属巴西的300万,法属海地的50余万以及其他英、荷、法等国所属拉丁美洲地区的人口在内,至独立战争前夕,拉丁美洲的全部居民已将近2000万人。

在上述居民中,存在着极严重的社会矛盾和种族歧视。而种族压迫又往往与社会矛盾交织在一起。

"半岛人"暴动前夕共约30万人。其中大部分是来自西班牙的封建贵族、没落地主、高级官吏、军官、天主教上层僧侣和大商贾等。他们霸占了殖民地所有行政、军队、法庭和教会的高级职位,操纵和垄断了殖民地的工商业和对外贸易。当然,出生于西班牙的"半岛人"并不都是富有的,其中有些也陷于穷困的境地。"半岛人"一般自认出身"高贵",不但极端蔑视"有色"居民,甚至也不屑与克列奥人为伍。从美洲回国的西班牙人，散布克列奥人文化和智力都很差的一种说法，他们认为这是在美洲人种混杂的自然结果。"一个没有受过一点教养的可怜的欧洲人，也感到自己要比一个出生于新大陆的白人高一等"。英国旅行家斯蒂文森常常听到"半岛人"这样说：他们会更爱自己的孩子，假如这些孩子是出生在欧洲的话。当时还流行着一句俗话：一个西班牙人来到古巴，可以为所欲为，只是不能生一个西班牙种的儿子。不仅如此，半岛人一般还不愿在殖民地长期居留。他们只把殖民地看作发财致富的场所，当腰缠万贯，徽章镀金以后，大多要"衣锦荣归"。

克列奥人（是西班牙人夫妇双方在美洲所生的子女）：1800年时人数约为300万。他们绝大部分是西班牙人的后裔。少数有地位和富裕的梅斯提索人、印第安的卡西克以及古"印加帝国"王室的后代，也常常被看成克列奥人。克列奥人名义上与"半岛人"处于同等地位，同样是宗主国的公民，但实际上只能担任行政、军队、法庭和教会中的中、下级职位，只能从事某些不重要的工商业。他们在政治、经济和社会各方面，都要受到排斥、歧视和打击，决不能与"半岛人"分庭抗礼。在整个殖民统治时期，克列奥人当上总督和督军的一共只有18人（其中4个总督，14个督军），而"半岛人"却有736人；在706个主教中，克列奥人只有105个，其余全系"半岛人"。不过，克列奥人世世代代住在殖民地，因而积聚了较大的社会经济实力。他们中的上层分子掌握殖民地的大部分土地和一部分矿场，是当地地主集团的核心。有一些人获得了贵族的头衔，有一些人成为市政议会的议员，有一些人充当与贵族地主阶层有密切联系的律师、医生和教师，成为殖民地的第一批知识分子。克列奥人认为自己是财富的生产者，而把"半岛人"看成是寄生虫。

混血种人：拉丁美洲与北美英属殖民地不同，在暴动前夕，已形成一个在人数上居于第二位的混血种居民集团。这些混血种人大多是工匠、店员、零售商、小业主、地产管理人、低级教士、城市游民、"自由"农民以及草原牧区的牧民等。他们构成殖民地小资产者的基本核心。虽然，梅斯提索人和穆拉托人名义上被认为是"自由人"，但并不亨有法律上的公民权利。他们既不能参加市政议会的选举，也不能担任公职。他们的经济地位很不稳定，随时有破产的可能。

印第安人和黑人：印第安人和黑人承担殖民地社会中最沉重的生产劳动，遭受"半岛人"和克列奥地主阶层的残酷剥削。在独立战争前夕，印第安人在加勒比海、乌拉圭、阿根廷、中美洲部分地区以及巴西一带，虽已大部分被殖民统治者消灭，但在其他大多数地区，仍然是人数众多的一个种族。在形式上，印第安人一般维持传统公社的古老生活方式，实质上他们的绝大多数都已成为无地的佃农和债务奴隶。黑人主要集中于加勒比海、中美洲海岸和巴西一带。他们一般是种植园或矿场的奴隶，但也有一部分系家庭仆役。

"半岛人"、克列奥人、混血种人以及印第安人和黑人，总合起来构成殖民统治时期西属美洲的阶级和种族的金字塔。金字塔的顶层是"半岛人"殖民者，他们是殖民地社会的统治者，是各阶层人民的共同敌人。其次是克列奥人，他们虽有不少属于地主阶级，但却与宗主国和"半岛人"有重大矛盾。他们对"半岛人"的歧视非常敏感，对"半岛人"非常嫉妒。他们要求解除宗主国的种种限制，要求与"半岛人"享有实际上的平等。因此，在一定条件下，他们可以参加武装暴动。独立运动的领导人主要是这一批有知识的克列奥人。再次是混血种人，他们在政治上和经济上遭受压迫，具有造反精神。至于印第安人和黑人，则居于殖民地社会金字塔的最低层，是"最被歧视的人"，是"最受污辱和损害的人"，他们所受压迫最深，反抗性也最大。

拉丁美洲当时的社会矛盾带着浓厚的种族矛盾、民族矛盾的色彩。拉丁美洲人民暴动的矛头，主要是指向西班牙和葡萄牙反动的殖民统治者。印第安人、黑人与克列奥地主之间虽然也存在着剥削与被剥削的矛盾,但是居于次要地位。因此,独立战争爆发以后,印第安人、黑人、混血种人和克列奥分立主义者就组成统一战线,为粉碎西班牙和葡萄牙的殖民统治而斗争。

三、独立运动思想的传播

18世纪欧洲启蒙运动及美国和法国的革命思想,对拉丁美洲人民有很大的影响。尽管西班牙、葡萄牙殖民当局和天主教会对殖民地的文化、教育和思想,控制得特别严格;尽管宗教裁判所千方百计堵塞外来的暴动思潮;但是,统治者的任何强制及其所设置的重重障碍,绝不可能阻挡暴动思想的传播。18世纪中叶以后,拉丁美洲与外界接触日趋频繁。欧洲的近代科学、文学和法国唯物主义的哲学,通过多种方式,不断传入。卢梭、伏尔泰、孟德斯鸠、狄德罗以及法国其他启蒙主义者和百科全书派大师的一部分重要著作,在殖民地广泛传诵。在墨西哥,还严生了一个启蒙主义者的哲学流派。

对殖民地独立运动思想影响最深的是美国独立和法国革命,法国革命尤为重要。1794年8月,哥伦比亚人纳里诺把法国革命的《人权宣言》翻译成西班牙文,并在波哥大印发。莫雷诺在布宜诺斯艾利斯翻译了卢梭的《社会契约论》。美国《独立宣言》、潘恩的《常识》、富兰克林及杰弗逊等人关于革命的主张,也引起了拉丁美洲人民很大的反响。美国独立和法国革命本身,更给拉丁美洲人民树立了榜样。土生白人差不多都熟习美国独立和法国革命的历史。法国革命关于"自由、平等和博爱"的口号,成了拉丁美洲先进人物的共同理想。有些著名的独立运动领袖如玻利瓦尔、圣马丁、奥希金斯、贝尔格兰诺等,都在欧洲受过人权思想教育的熏陶。委内瑞拉独立运动的最早推动者和领导者米兰达将军,还亲自与法国革命军并肩作过战。总之,所有知识界中的先进人物,都直接或间接地在法国革命影响下积极参加了拉丁美洲争取独立的武装斗争。

在世界独立运动思想的不断鼓舞下,在知识分子先进人物的积极推动下,研讨殖民地的社会组织,也如雨后春笋,不断兴起。在墨西哥,何塞·利萨尔迪(号称为"墨西哥思想家")团结和领导很多克列奥知识分子,讨论公民教育、废除奴隶制度、印第安人改革、自由贸易、宗教信仰和出版自由等问题。1794年的一天早晨,在墨西哥城的一个公共建筑物上,还发现张贴了称赞法国雅各宾派政府的宣传品。在智利,共和主义者罗哈斯(1743~1816年)组织了秘密团体,阅读和讨论《人权宣言》和《百科全书》。其他如波哥大进步人士所组织的"高尚欣赏俱乐部"、利马进步人士所组织的"爱国者"等,都对当时拉丁美洲独立运动思想的流传起了一定的推动作用。1797年,委内瑞拉瓜伊拉的独立运动者何塞·埃斯帕尼亚和曼努埃尔·瓦尔等,还正式建立了武装暴动组织,准备发动起义,建立委内瑞拉共和国。他们拟订了44条纲领,规定了武装暴动的目标与任务。这些纲领后来成为1811年委内瑞拉独立政府所颁布的宪法的蓝本。

总之,至殖民统治末期,各种族人民之间虽然还存在着这样或那样的矛盾,但由于多年来他们在同一领域、同一环境内共同生活,共同劳动,共同开发,共同对付外敌,彼此之间又相互交往,相互学习,相互通婚,相互融合和同化,因而逐渐形成了共同的风俗习惯、共同的历史文化传统和共同的心理因素,于是一个新的民族也就开始在美洲的土地上出现了。拉丁美洲人民的民族意识已经普遍高涨。某些土生白人作家在其文学作品和历史作品中,已把美洲称为自己的祖国。拉丁美洲人民已不再称自己为西班牙人或葡萄牙人,而是直率地自称为"美洲人"了。

四、西班牙和葡萄牙统治力量的削弱

从地理大"发现"起至17世纪以前,西班牙与葡萄牙是最强大的殖民帝国,但自17世纪以后,西班牙和葡萄牙的地位逐渐为英、荷、法等国所代替。这主要是由于下列诸因素造成的:①英、荷、法的兴起,比西、葡落后一步。但是,英、荷、法在进行殖民主义扩张时,本国资本主义的工业也不断向上发展,而西、葡则始终固守其封建专制制度,国内经济不但没有发展,而且逐渐下降。②西、葡从殖民地掠夺的大量金银,只在初期对本国工商业有某些刺激作用。绝大部分金银都消耗在欧洲等地的战争中,或者消耗在王室和大贵族的骄奢淫逸的生活中。③西、葡两国所需要的工业用品要从英、荷、法等国输入,运往殖民地的商品,也大多从英、荷、法等国采买。结果,每年由殖民地运回的大量金银,一转手又流往英、荷、法等国,所以有人称西班牙只是"黄金的漏斗"。根据1608年"印度等地事务委员会"的材料,当时由美洲殖民地运回的金银,有2/3又流往外国。至十八世纪初,西班牙本身所需要的商品有5/6来自外国,西属美洲殖民地的商品,则有9/10来自外国。这种情况,更促进了英、荷、法经济的发展和西、葡经济的衰落。马克思曾经指出,在卡洛斯一世统治以后,"西班牙政治和社会的衰落表现出可耻的长期的腐化所具有的一切征兆(这些征兆使人联想起土耳其帝国的最坏时期)"。

在拉丁美洲独立战争前夕,西班牙和葡萄牙几乎仍然停留在纯粹农业国的阶段。资本主义十分微弱。国内贸易只限于地方市场。1790年,西班牙的商船和军舰已不及英国的1/10,不及荷兰的1/8,其经济的落后可以想见;再加以封建王朝的专制统治笼罩着整个国土,政治腐败不堪,文化完全为天主教所窒息,占人口绝大多数的农民几乎全是文盲,军队士气沮丧,战斗力非常薄弱。这个在16世纪曾是煊赫一时、号称"一世之雄"的殖民帝国,到18世纪却成为欧洲的病夫,已降落到欧洲二等甚至三等国的地位。

1796年英法战争之际,西班牙被迫与法国签订同盟条约,卷入了对英国的战争。由于英国海军的封锁,西班牙商业愈益衰落。在1805年10月21日特拉法加的战役中,西班牙的舰队与法国的舰队一道,被英国海军全部歼灭。1807年西班牙和葡萄牙被迫参加拿破仑的"大陆封锁体系"后,由于受到英国对海岸的控制和封锁,它们与殖民地间的交通运输完全中断。很明显,西班牙和葡萄牙本身力量及其对殖民地控制的削弱,为拉丁美洲人民挣脱殖民羁绊提供了有利条件。

第二节 独立运动风潮

由于上述种种因素,至18世纪末,拉丁美洲地区就像一座即将爆发的火山。民族解放与独立运动已经迫在眉睫,大有一触即发之势。这场酝酿已久的武装暴动,终于以法国革命为导火线,于1790年首先在海地爆发了。至1810年,西班牙和葡萄牙所属美洲殖民地的人民,也揭竿而起,形成了整个拉丁美洲的巨大独立运动浪潮。

一、海地独立运动

拉丁美洲地区武装暴动首先在海地爆发并不是偶然的。这个位于圣多明各岛西部的美丽而富

上部　拉丁美洲史

饶的地区，自1697年立兹维克条约后，就正式变成了法国的殖民地。法国殖民统治者在这儿大力发展蔗糖、咖啡、靛蓝、棉花、烟草等种植园经济，为了解决劳动力的不足，从非洲运来了大量黑奴。至1779年，在全海地54.5万五千居民中，白种人仅占4万，混血种人和自由黑人占25000，而黑奴却有48万。整个海地经济命脉，完全掌握在一小撮法国殖民者手中。

这一小撮法国殖民统治者包括高级官吏、大种植园主、大商人、军官和高级教士等。他们控制着海地政治、经济、军队和教会中的一切重要职位，残酷压榨黑奴。他们对混血种人和自由黑人也给予种种歧视和压迫，在1789年法国革命以前，殖民统治者规定，不准混血种人和自由黑人穿得与白人一样，不准他们带宝石、乘马车，不准在军队与公共机关供职，甚至不准去巴黎旅行。这种野蛮而荒谬的种族和阶级压迫政策，激起了黑奴、混血种人和自由黑人的仇恨，加深了统治者同被统治者之间的矛盾。这种仇恨与矛盾，便是海地人民发动武装暴动的思想和物质基础；其中受压迫最深、人数又最多的黑奴，更是独立战争爆发和取得胜利的主要力量。1783年，一个驻圣多明各的法国军队司令官德鲁弗雷曾写信给其友人说："一个有奴隶的殖民地是一个遭受攻击和威胁的城市，人们在那儿如同坐在一个火药桶上。"这个司令官看出了当时的海地确实已危机四伏，到了"山雨欲来风满楼"的地步。

海地距美国很近。美国独立战争曾直接给海地人民以很大的鼓舞。但是，最大影响还是来自1789年的法国革命。1789年7月14日，巴黎人民攻占了巴士底狱，第一次举起了欧洲大陆上武装暴动的火炬。8月27日，制宪会议提出人权平等的原则。海地的黑白混血种人和自由黑人，根据这一原则，向法国提出了全部公民权的要求。为了实现这一目的，1790年，在曾留学巴黎、受过激进派雅各宾党人和"黑人之友"社影响的混血种人领袖奥赫的领导下，爆发了第一次混血种人和自由黑人的武装起义。奥赫在起义前曾经声言："我们不愿意在这恶劣的环境下再待下去了……我们能招募到像法国兵那样优良的士兵，我们自己的兵力将使我们受到尊敬和取得独立，一旦我们被迫采取最后的措施，就是成千上万的人渡过大西洋来想使我们退回到先前的状况，那也是徒劳的。"不幸这次起义很快被法国殖民统治者镇压下去，奥赫本人也被处以死刑。但这不过是暴风雨来临的一个前奏。更大规模的独立运动风暴接踵而至。

1791年的夏天，海地再次发生武装暴动。这时，混血种人和自由黑人识破法国统治者的各种欺骗，与黑奴一道，聚集力量，于8月22日在海地北部地区掀起了声势浩大的暴动。满怀愤怒的黑奴，以万马奔腾横扫千军之势，向一向骑在他们头上的压迫者，猛烈攻击。他们焚烧种植园以及种植园主的豪华宅第与别墅，捕杀那些恶贯满盈、为他们恨入骨髓的殖民统治者。据当时目击者布里安·爱德华的估计，仅仅在起义头两个月内，就有2000个白种殖民者被杀死，180个甘蔗种植园和900个咖啡与靛蓝种植园被破坏。不少种植园主逃往圣多明各岛东部的西班牙统治区或西印度其他岛屿。暴动力量发展很快，绝大部分的海地领土，短期内就被起义奴隶控制了。

这次伟大起义的领袖是举世闻名的黑人英雄杜桑·卢维杜尔（1746～1803年）。他原是一个种植园主的奴隶和马车夫，年轻时读过法国启蒙主义者的哲学著作，研究过欧洲古代军事家的战略和战术。他具有卓越的军事才能和勇气，复仇意志非常坚强。他参加起义后，曾向奴隶们号召："兄弟们，朋友们，我是杜桑·卢维杜尔，也许你们已经熟悉我的姓名。我决心报仇，我希望在圣多明各有自由、平等，我正为实现自由、平等而奋斗。我们是你们的骨肉兄弟，快和我们联合起来吧，让我们为一个共同的事业而战斗！"他在战场上坚持同士兵们同甘共苦，同士兵吃一样的饭，露宿也在一起。他曾在战斗中负伤二十多次,深得战士们的爱戴和尊敬。在他领导下,起义的队伍所向披靡,先后战胜了装备优良的法国、西班牙和英国殖民者的军队。1801年1月,他攻下了西班牙殖民者长期盘踞的圣多明各城,控制了全部圣多明各岛,建立了人民政权。接着他又召开议会,制定宪法,改革农业和工商业,宣布解放所有的黑奴。拉丁美洲人民第一次凭借自己的力量,摧毁了殖民主义奴隶制的枷锁。

杜桑·卢维杜尔领导的奴隶起义,震动了整个欧洲的统治者。拿破仑在法国掌握政权以后,便决心镇压这次起义,恢复在海地的统治,企图在美洲重建法兰西殖民帝国。1802年1月,拿破仑派遣黎克勒率领54艘战舰和3万左右士兵,抵达海地,向杜桑·卢维杜尔的起义军大举进攻。

对于一个面积只有2万多平方公里,人口只有50万左右的小国,竟由一个一等强国派出如此庞大的远征部队,这在历史上是少见的。海地人民面临法国殖民统治和奴隶制度复活的危险,一致团结在杜桑·卢维杜尔的周围,对法国侵略者进行坚决的反击。杜桑向海地人民发出烈火一般的号召:"我的孩子们法国派人奴役我们来了。上帝给了我们自由,法国人就没有权利把它抢走。我们要把城市烧光,把粮食毁掉,用大炮把道路轰断,在井水下毒,让白种人看看他们到这儿来一手造成的地狱!"黎克勒因无法在战场上获胜,乃采取反动统治者一贯使用的欺骗伎俩,伪装与起义军进行和谈。他于1802年5月邀请杜桑出席和谈会议,并答应保证杜桑的生命安全。他在给杜桑的信中说:"你将不会发现有比我更诚实的一个朋友。"但在杜桑到达会议地点以后,黎克勒便撕破假面具,背信弃义地逮捕了杜桑,加上镣铐,于1802年7月,押往法国。

这位名赫一时的伟大黑人领袖和杰出战士,由于当时缺乏警惕性,就这样陷入殖民主义者的圈套,丧失了自由,并在1803年死于阿尔卑斯山一个荒凉的法国监狱中。他临死时还宣称:"他们毁灭我,只能使圣多明各的奴隶的自由之树更加得到灌注。这棵树会重新成长起来的,因为它的根很深、很多。"果然,杜桑的预言不久就为英勇的海地人民所证实了。

杜桑之死,在全世界黑人,特别是美洲各国黑人中引起很大震动。噩耗传来,在海地、在美国南部、在整个拉丁美洲的各种植园里,成千上万受奴役的黑人,都为他默默致哀,感到深切的悲痛。在近代史上,他是第一个奴隶出身、领导奴隶群众进行暴动、并用自己的双手摧毁奴隶枷锁、推翻殖民统治而取得辉煌战果的领导者,他是一个出色的政治家、军事家。他的英名广泛流传。海地人民永远怀念他。

杜桑所遭受的不幸虽然给海地独立运动带来了重大的损失,但是已经觉醒和武装起来的海地人民,并没有因为自己领袖的牺牲而气馁。他们继续在杜桑的战友克里斯托夫和戴沙林两位将军领导下,顽强地毫不妥协地进行战斗。法国侵略军因此死伤达35000人之多。1802年11月,黎克勒本人也死于黄热病。1803年10月,法国侵略军终于无法支持而被迫投降。11月29日,海地人民通过了《独立宣言》。它宣布:"圣多明各宣布独立了。我们恢复了我们原有的尊严,维护了我们的权利;我们宣誓,永远不把我们的权利委弃给任何强国。偏见的丑恶的面纱被撕成碎片了。让它永远是这样吧!谁要是敢于把它的血腥的碎片拼凑起来,谁就要遭受祸害。"1804年1月1日,拉丁美洲的第一个民族独立自主的国家正式宣布独立,并采用印第安人的传统地方名称——"海地"作为国名。它揭开了整个拉丁美洲独立运动的序幕。

海地独立运动的成功,其意义和影响是非常深远的。它不但给即将到来的兄弟的拉丁美洲国家独立运动以极大的鼓舞,而且还给整个世界被奴役的人民,树立了光辉的榜样。毛泽东指出:

"国家不分大小,只要充分动员人民,坚决依靠人民,进行人民战争,任何强大的敌人都是可以打败的。"海地独立运动清楚地表明:一切被压迫的人民和奴隶,只要自己紧紧团结起来,坚持武装暴动,任何貌似强大的殖民主义者,包括像拿破仑一世这样的庞然大物在内,不过是一只纸老虎,是完全可以被打倒和被推翻的。

二、西班牙美洲殖民地的独立运动

星星之火,可以燎原。海地独立运动之火,很快就波及整个拉丁美洲大陆。到1810年,大部分西班牙美洲殖民地的人民,已纷纷举起了武装暴动的旗帜。

宗主国的国内形势有利于殖民地的解放运动。1808年,拿破仑的军队越过比利牛斯山,侵入西班牙。3月23日,法军攻下马德里。5月10日,拿破仑逼迫波旁王朝的斐迪南七世退位,由拿破仑的哥哥约瑟夫继任西班牙国王。为了反对拿破仑的入侵及法军在马德里的屠杀行为,西班牙人民立即在各地掀起了大规模的民族解放运动。阿斯土利亚、巴伦西亚、阿拉贡、卡斯梯利亚等地区先后成立"洪他"(委员会),组织全民性的义勇队,进行民族解放斗争。不久,各省的"洪他"又在塞维利亚,成立"中央洪他"。

1809年,约瑟夫与中央洪他的代表都到了美洲殖民地,要求殖民地人民"效忠"。殖民地人民对于西班牙的统治虽然久已不满,但对法国侵略者却更为疑惧。在这种情况下,约瑟夫的代表受到抵制,有些被逮捕,有些被驱逐出境;殖民地的政权,大都由中央洪他的拥护者掌握。很多土生白人企图解除西班牙官吏的权力,转归市政议会掌握,但未实现。有些地区如秘鲁和基多等,还爆发了土生白人的武装起义,也受到镇压。

1810年,西班牙本土大部分地区被拿破仑的军队占领。殖民地人民获悉这一消息以后,武装暴动的烈火便普遍燃烧起来了。在许多大城市,如加拉加斯、基多、波哥大和布宜诺斯艾利斯等,西班牙统治权力都为土生白人领导的起义推翻,政权转归暴动者所掌握的"洪他"。不久,在其他地区如墨西哥、智利等,暴动也同样赢得了胜利。

西属美洲地区的武装暴动大致分为三个阶段。第一个阶段是从1810年~1811年。这是各地普遍发动武装暴动的时期。各地人民暴动情绪高涨,纷纷武装起义。西班牙本身自顾不暇,无力阻挡和扑灭民众的武装暴动。留在殖民地统治机构内的"半岛人",由于失去本国的支持,力量也大为削弱。暴动势力有如摧枯拉朽,很快就粉碎了西班牙的殖民统治机器。至1811年,大陆上除秘鲁和其他一部分地区以外,都初步建立了独立政权。

第二个阶段是从1811年到1815年。这是西班牙军队向各殖民地独立政权进行反扑的时期。西班牙统治者在克服初期精神涣散、惊惶失措的状态以后,又重整旗鼓,进行反扑。这时,新生的政权还缺乏经验,反法同盟的欧洲联军于1815年击败拿破仑以后,国际形势又变得对西班牙统治者有利。因此,到1815年年底,各地新建的暴动政权,大部分又被西班牙军队所摧毁。第三个阶段是从1816年~1826年。这时,起义者吸取了第二阶段中的经验和教训,在一定程度上发动了群众。他们较明显地提出了武装暴动的目标和纲领,得到了群众的支持和拥护。因此,在这一时期内,独立运动虽然也遭受不少挫折和困难,但至1826年,绝大部分地区都赢得了胜利。

关于西属美洲地区独立运动的具体进程,可分三个中心地区予以叙述:

1. **南美洲北部地区**

西属美洲殖民地的武装暴动,最先爆发于委内瑞拉。

第五章 拉丁美洲的独立运动

远在美国独立战争结束之际,米兰达将军即着手进行解放委内瑞拉的计划。米兰达出生于加拉加斯一个有钱人的家庭。他是拉丁美洲土生白人中第一个起来从事独立运动的著名人物,被称为是拉丁美洲独立运动的先驱者。他年轻时曾在西班牙军队中服务,得到过上校军衔。1873年和1874年间,他旅行到美国,在那里会见了刚刚结束战争的许多领袖。以后他又参加过法国内战,在欧洲(英、法、俄)和美国等地渡过长期的政治流亡生活。在伦敦和巴黎,他曾建立西班牙美洲谋反者的中心,主要目的是想寻求外国的援助,发动拉丁美洲的武装暴动。他的这些计划长期得不到实现。后来费了九牛二虎之力,才于1806年2月21日,从纽约率领一艘军舰"里安德号",载有18门重炮、40门野炮、1500支毛瑟枪和260名志愿军(主要是美国公民),向委内瑞拉进发。中途在圣多明各停留一个时期,又得到了两艘不大的纵帆复桅舰。4月27日,这支小舰队到达委内瑞拉海岸后,不幸为西班牙海军所击败。同年8月2日,他重新率领300名志愿军在委内瑞拉科罗城附近登陆,次日便占领了这个城市。他在政府大厦顶上升起红、蓝、黄三色的哥伦比亚国旗,并发出公告,号召人民起来武装暴动和反对西班牙统治。但是,由于准备工作不够,人民没有被及时动员起来,这次起义被西班牙军队镇压下去了。

1808年法军占领马德里的消息传到委内瑞拉以后,加拉加斯的土生白人爱国者,写了一封请愿书给督军,要求把市政厅改为洪他,吸收当地的居民代表参加。这一请求不但没有被接受,反而遭到镇压。

1810年春,法国军队占领了整个西班牙。加拉加斯的爱国者认为西班牙已没有政府,再次决定发动起义。4月18日,爱国者涌到市政厅,要求立即召开会议。19日,会议召开了。在群众的压力下,正式成立了洪他。这意味着,政权已从西班牙殖民当局转到土生白人,即当地的商人,地主和知识分子手中了。

洪他成立以后,立即行动起来。它驱逐了西班牙的督军和其他为人民所憎恨的官吏,改组了司法机关。它宣布:禁止向印第安人征收贡物,停止对各种日用必需品和出口货物征税,实行对外贸易自由,废除贩卖奴隶。它又派代表分赴全国各地,号召人民"为建立西班牙美洲联盟作出贡献"。

为了使新生的政权得到外国的承认和援助,为了向外国购买武器,洪他还向荷兰,美国、牙买加和英国等派遣了自己的专员和代表。派往英国的是玻利瓦尔(1783~1830年)。玻利瓦尔于1783年生于加拉加斯,是委内瑞拉一个富有地主的儿子,年轻时大部分时间住在乡村的庄园里。后来,由于导师罗德里格斯的影响,接受了的启蒙教育,成为当时流行的"独立"、"自由"、"平等"思想的拥护者。16岁时,他去欧洲留学。1805年,他和罗德里格斯在罗马近郊"圣山"旅行,他当时曾立下了砸碎殖民桎梏、"誓死解放祖国"的钢铁誓言,他说:"我以我的人格和生命宣誓,在我没有打破西班牙用以束缚我的祖国的枷锁以前,我的手将不倦地打击敌人,我的心将不会安静。"1806年由欧洲返国以后,他就投入为祖国民族解放事业的战斗。他的家成为加拉加斯爱国青年秘密聚会的中心,他所领导的"爱国社"被称为"土生白人的国会"。1810年的暴动,他是积极的参加者和组织者。这一次他被派往英国。他在伦敦各方面展开了积极的活动,但除购买武器以外,没有得到其他任何效果。这时,米兰达正在英国。玻利瓦尔邀米兰达一道返回祖国,他热情洋溢地对米兰达说:"你为什么不与我们一道回到委内瑞拉去呢?现在已经是返回祖国的时候了。"

1810年12月,玻利瓦尔与米兰达一道回到了委内瑞拉。委内瑞拉的人民热烈欢迎米兰达的归来,加拉加斯的洪他,选举米兰达为独立运动军的统帅,并授予中将军衔。1811年3月2日,加拉加斯召开了第一次国会。7月5日，国会在"爱国社"的敦促下，通过了独立宣言。这是西属拉丁美洲第一个独立宣言。7月7日，正式成立了委内瑞拉共和国，并升起了红、黄、蓝三色的新国旗，红色表示爱国志士洒下的鲜血，蓝色表示他们事业的崇高目标，黄色表示南美洲的土地。同年12月21日，国会又通过了宪法。宪法规定，把这个新国家称之为哥伦比亚，以纪念新大陆的"发现者"哥伦布。

但新政权并没有得到巩固。西部各省如科罗、马拉开波以及圭亚那等，依然为西班牙殖民当局所控制。1812年年初，一个西班牙海军上尉蒙特维尔德，率领约500名武装士兵，从波多黎各开来增援，立即被委内瑞拉西班牙驻军推举为首领。蒙特维尔德的军队向加拉加斯推进。3月23日，蒙特维尔德战败了一小队爱国者的军队，占领了特鲁希略城。3月26日（恰好是复活节），加拉加斯发生了一场剧烈的地震，为新政府所统治的东部各大城市，受到严重损失，人民死亡共达2万人以上。这一灾难给予反动派以可乘之机。蒙特维尔德一面率领军队向东进攻，一面散布蛊惑人心的谣言，使起义军处于不利地位。玻利瓦尔驻守的重镇卡贝略港宣告失守。作为最高统帅的米兰达也失掉了信心，1812年7月，他与蒙特维尔德签订协定，规定所有爱国者将得到宽恕，米兰达和其他爱国领袖被允许离开委内瑞拉。7月30日，蒙特维尔德的军队开进加拉加斯城，米兰达本人逃往拉瓜伊拉港口。

西班牙殖民者并没有按照协定办事。协定的墨迹未干，他们就自食诺言，疯狂地残害爱国者，没收爱国者的财产。连米兰达自己也被西班牙统治者关进监狱，第二年押往波多黎各，再押往西班牙。1816年7月14日，死于西班牙加的斯的狱中。

第一委内瑞拉共和国夭折以后，暴动者和爱国志士并没有灰心和气馁。玻利瓦尔于1812年12月前往当时业已解除西班牙束缚的新格拉纳达的卡塔赫纳城。当地洪他授给他以将军衔，准许他招募志愿军，并供给武器。他在这儿发表了一篇檄文，号召新格拉纳达人支持解放委内瑞拉的事业。檄文中这样说："新格拉纳达人！请你们知道，委内瑞拉在西班牙人手中，就意味着自由新格拉纳达的灭亡。如果我们身受枷锁，那你们也逃脱不了枷锁……我们的敌人会经由委内瑞拉的港口，联合从西班牙得到的援兵，来摧毁你们。请记住，防御导致失败。因此，你们要进攻，要在敌人目前所在的那个地方——委内瑞拉歼灭他们。只有这样，你们才能达到胜利。我们向可恨的奴役者宣布一场决死战斗吧！"

1813年2月初，玻利瓦尔率领了400人的队伍，准备向委内瑞拉进军。当时有人说他太冒险，他回答说："既然西班牙人能够轻易地击败我们，那么，我们为什么不能以一支几百人的队伍去赶走西班牙人呢？要知道，我们是仁义之师，胜利一定属于我们！"接着他就从新格拉纳达东北部的一个小城市库库塔出发，越过安第斯山，奔向自己的祖国。7月，他胜利地攻占了梅里达和特鲁希略城，并庄严地宣布："与西班牙人战斗至死"。他继续前进，一路上打败了西班牙殖民军队。同年8月6日，他的军队顺利地开进祖国的首都。加拉加斯的大街上，到处抛满了鲜花，人们载歌载舞，迎接爱国者的部队。1814年1月，加拉加斯人民成立了第二委内瑞拉共和国，并授予玻利瓦尔以"解放者"的光荣称号。西班牙统治者蒙特维尔德抱头鼠窜，逃到卡贝略港去了。

这时，一方面西班牙殖民者仍然留驻在卡贝略港待援。另一方面，殖民主义野心家博贝斯利用了当地复杂的种族矛盾和群众中的宗教迷信观念，纠集了一支反动军队，向第二共和国进行反扑。1814年6月15日，在拉普埃尔塔一役，博贝斯战败玻利瓦尔的爱国军。爱国军阵亡达1000人以

第五章 拉丁美洲的独立运动

上。被俘的爱国者也全被杀死。博贝斯残酷成性,被称为"草原上的阿提拉"。同年7月10日,由卡贝略港开来的西班牙军进入加拉加斯,第二委内瑞拉共和国又被扼杀。

这时,欧洲方面的局势,也变得对西班牙殖民者有利。拿破仑失败以后,被幽禁的斐迪南七世,于1814年3月返回西班牙复辟。为了实现重建美洲殖民帝国的迷梦,斐迪南七世于1815年初派出了一支10000人的大军,在莫里略率领下,于4月间到达委内瑞拉。这个反动透顶的殖民者,在委内瑞拉和新格拉纳达,对爱国者和人民实行极端残酷的镇压。一时乌云布满了拉丁美洲的天空。拉普拉塔和其他地区,都传来了对暴动不利的消息。西班牙统治者高兴得手舞足蹈。斐迪南七世下令全国教堂鸣钟庆祝美洲战争的结束。欧洲各反动君主也纷纷向他道贺。1815年,是暴动者最为艰苦的一年。

暴动者在遭受一系列的失败以后,并没有放弃战斗。他们从失败中吸取了极为宝贵的教训和经验。玻利瓦尔在拉普埃尔塔一役后,曾一次又一次地向自己的战友们表示:"胜仗的艺术是在败仗中学得的。"1815年5月,他在牙买加避难时,发表了著名的《牙买加来信》,这是一篇声讨殖民压迫的战斗檄文。信中重申解放祖国的决心,歌颂新大陆的远景,号召所有美洲共和国的人民,在同西班牙的斗争中团结起来。

1816年1月,玻利瓦尔离开牙买加前往海地。他在太子港受到海地共和国的领导人佩提翁的欢迎,在佩提翁的帮助下,他于3月和11月,前后两次从海地率领军队返回委内瑞拉。后一次,他接受了战友们的建议,改变战略方向,先不进攻加拉加斯,而占领俄利诺科省,作为武装暴动的根据地。俄利诺科省的地势很好,易守难攻。同时,他又采取了解放黑奴、发动群众等进步措施。1818年春,他与良诺人的新领袖派斯将军在安哥斯徒拉会合。同年10月,在安哥斯徒拉召集了国会,成立了第三委内瑞拉共和国。

玻利瓦尔的目的并不限于解放委内瑞拉。在俄利诺科省休整一个时期和立定脚跟以后,他让派斯将军留守安哥斯徒拉,自己于1819年5月,带领1200名步兵和800名骑兵(其中包括在欧洲和美国招募的志愿兵),向新格拉纳达进发。这是一次非常艰巨的行军。他们越过了荒无人烟、峻峭难行的安第斯山。

为了避免同驻在山中的西班牙岗哨发生接触,他们选择了一条被西班牙人认为是高得无法通行而没有设防的拉皮斯巴隘口进军。部队中的良诺人,习惯于平原上的奔驰,一登上空气稀薄、与天相接的高峰,便感到天晕地转,失去了控制自己的力量。不少人坠入万丈深渊。后来,差不多所有的牲口都在冰冻的小路上倒下去了,有些人员也开始相继死亡,战士们因赤脚行军而流下的鲜血,染红了他们沿途所经过的只能容许一人通过的羊肠小道。然而,他们有着为自由而战斗的钢铁般的意志,终于在两个多月中克服重重困难,把安第斯山抛于背后,到达新格拉纳达高原谷地。西班牙人对此感到万分惊慌。

8月7日,双方在博亚卡河展开了一场十分激烈的遭遇战。结果,爱国军获得彻底胜利。西班牙军的指挥者巴雷罗、大部分军官以及1600名士兵,全部变成了阶下囚。同年12月,一个包括委内瑞拉和新格拉纳达在内的"哥伦比亚共和国",在波哥大宣告成立。玻利瓦尔被选为这个共和国的最高统帅和总统。

此后,玻利瓦尔继续进行战斗,摧毁了盘踞在委内瑞拉境内的西班牙残余势力。1821年6月24日,他在卡拉博博大败西班牙人。7月29日,他的部队重新开进了祖国的首都加拉加斯城。九个月以后,即 1822 年 5 月,他的部将苏克雷将军又在皮钦查一役获得大胜,占领了厄瓜多尔的首府基多城。7 月,玻利瓦尔本人也来到了基多。于是,新格拉纳达、委内瑞拉和厄瓜多尔,便联合一起,成立了统一的"大哥伦比亚"共和国。玻利瓦尔则成为大共和国的最高领袖。从此,南美洲北部沿海和沿安第斯山一带地区,全部获得了解放。

玻利瓦尔领导的武装暴动,在后期获得胜利,主要是由于吸取了初期失败的经验教训,采取了一些发动群众的进步措施。如 1816 年 5 月 23 日,他签署和颁布了废除奴隶制度的法令;1817 年,他在安哥斯徒拉又宣布没收西班牙王室和所有反动派的财产,并答应分配土地给解放战争的参加者;1819 年,他又在委内瑞拉国会中声明,尊重公民自由,取消等级制度,并重申取消奴隶制度。此外,他在波哥大,曾宣布取消封建负担;在秘鲁曾宣布取消印第安人的人头税,规定印第安人有取得公社土地的权利,使"任何一个印第安人,也不能没有相当的一份土地";他还注意到团结各地区的爱国力量,使西班牙军队陷于孤立,更无法实行各个击破的阴谋政策。所以,玻利瓦尔的独立运动军得到了各地人民的支持。成百成千的印第安农民,黑奴、混血种人和穷苦白人的手工业者、城市小资产者等,都踊跃参加独立运动军队。这是独立运动得到最后胜利的可靠保证。

玻利瓦尔对拉丁美洲的影响很大,委内瑞拉人民称他为"祖国之父"。为了争取拉丁美洲的自由和独立,他付出了毕生的心血和精力,因而被拉丁美洲人民给予"解放者"的崇高称号。何塞·马蒂说:"从一代到一代,只要拉丁美洲存在一天,玻利瓦尔的名字的回声就会在我们中间最英勇最诚实的人们的心里响下去。"

2. 南美洲南部地区

独立战争的第二个中心是拉普拉塔地区,包括阿根廷、巴拉圭、乌拉圭和玻利维亚等地。1806~1807 年,阿根廷人民曾先后两次击退英国军队的入侵,增强了对民族独立胜利的信心。1809 年 8 月,土生白人领袖莫雷诺曾写给总督一份著名的《地主谏书》,要求宗主国取消贸易专营制度,给予阿根廷人民与外国自由贸易的权利,这可说是土生白人分立主义者走向反抗行动的先声。1810 年 5 月 22 日,布宜诺斯艾利斯人民发动示威游行,接着召集殖民地市政议会,要求总督辞职。5 月 25 日,在莫雷诺与贝尔格兰诺领导下的独立军,赶走西班牙在拉普拉塔的总督,建立临时独立"洪他",直接控制了阿根廷的整个局势。

阿根廷独立战争不久,独立运动的火种就蔓延到拉普拉塔其他地区。1811 年 5 月,巴拉圭的爱国者举行起义,逮捕西班牙省长,建立"洪他",并于 8 月 4 日宣布独立。同年春,乌拉圭人民在暴动领袖阿蒂加斯的号召下,自动武装起来,到处打击西班牙统治者。阿蒂加斯所率领的独立军,于 5 月在拉斯皮卷斯一役中大败西班牙人,并乘胜直驱蒙得维的亚城郊。

领导拉普拉塔地区独立运动的杰出人物是阿根廷的民族英雄圣马丁将军(1778~1850 年)。圣马丁是一个船主的儿子,1778 年生于乌拉圭河岸的亚佩尤。从 11 岁起,在西班牙军队中服务 22 年。由于在军队服务期间多次授勋,他于 1809 年,被晋级为少校。当他随着部队在加的斯驻扎时,经常与留学西班牙的拉丁美洲进步人士,如奥希金斯、阿尔维亚等相交往,加入了当地的秘密暴动团体"劳塔罗",并立志为阿根廷和拉丁美洲的独立自由而奋斗。阿根廷暴动爆发后,他于 1812 年 3 月 9 日,设法由西班牙回到布宜诺斯艾利斯,立刻投入阿根廷独立运动的战斗。1814 年 1 月,他继贝尔格兰诺成为阿根廷独立军的统帅。

圣马丁不但具有丰富的军事指挥经验与大胆果断的战斗意志,而且有着远大的政治抱负和战略眼光。他认识到,要使拉丁美洲人民的独立事业得到可靠的保证,仅仅在一两个局部地区得到胜利是不够的,而必须首先摧毁西班牙在南美洲最顽固的堡垒——秘鲁,并把西班牙统治者从美洲全部赶出去。他又认为要解放秘鲁,不能取道上秘鲁,因为上秘鲁交通很不方便,当地大部分居民迷信程度较深,不容易发动起来;而必须选择另一条较为顺利的道路。在经过多方考虑以后,他制订了一个由阿根廷西部越过安第斯山,先解放智利,然后再由海上进攻秘鲁的战略计划。

为了实现这个雄伟的计划,他以健康状况不好的名义,辞去了总司令的职务,担任阿根廷西部安第斯山麓库约省的军事长官。1814年8月,他到达库约省的门多萨城。此后三年中,他的全部精力,都放在解放智利和秘鲁的准备工作上面。他详细考察和研究了安第斯山的地形和气候,为行军做好准备;开办了兵工厂和军服厂,生产适合于高山行军的大炮、毛瑟枪、弹药和制服;在门多萨城郊建立了兵营,并亲自训练军官与士兵;宣布解放奴隶,使大批黑人参加到他的队伍中来。

他还注意联系群众,使库约省的农民、工人、商人以及那些对西班牙统治不满的土生白人,都给他以物质上和精神上的支持。不少家庭为军队的运输提供骡马,许多妇女把首饰也捐献出来,圣马丁的夫人则首先变卖了自己的金银首饰作为军费,以为此作出榜样,圣马丁本人的一半薪金也用来装备军队。甚至门多萨城内的55个英国居民也自动组织起来,帮助他工作。门多萨的周围平原各地,人们成群结队地投到圣马丁的麾下,许多智利的爱国志士,也纷纷参加了他的军队。当时在布宜诺斯艾利斯掌握暴动政权的普埃伦东也给予他积极支持,经常为他补充人员、金钱和武器,并任命他为安第斯军总司令。此外,为了孤立敌人和扩大自己的力量,圣马丁还与智利境内佩韦切族的印第安人,结成了反西班牙的联盟。在这一系列的准备工作周密地完成以后,1817年1月18日,圣马丁的第一个远征分队开始行动,向安第斯山出发了。

这次远征是由圣马丁亲自领导的。智利的独立运动领袖奥希金斯也是重要将领之一。军队总数达5000人,其中包括2928名步兵,801名骑兵,120名工程技术人员和1200名志愿兵。5000人中有/3是黑人,其中大部分是奴隶;还有1600匹马,7296匹骡子和261门大炮。很显然,要把这样庞大的一支军队及其辎重,运过高达3962米、终年积雪的山隘,当然不是一件容易的事。经过三个多星期的艰苦行军,他们终于越过了安第斯山。

在这次翻越过程中,牲口死亡达2/3,有一个地方,由于突然小路崩塌,50多个士兵掉入305米的深渊,粉身碎骨。1817年2月12日晨,在智利中部山谷查卡布科镇附近,他们与西班牙军队正面接触。激战几个小时后,西班牙军队就全面崩溃,其最高指挥官、智利督军庞特被俘。同月14日,圣马丁和奥希金斯的军队,在智利人民的欢呼声中开进了圣地亚哥。圣地亚哥的教堂钟声四起,人们从住屋的阳台上把各种鲜花像雨点一样抛向他们。人们首先要求圣马丁出任智利领袖,但他婉言谢绝了,然后奥希金斯被推选为最高长官。圣地亚哥人民为了酬谢圣马丁,特赠给他一袋金子,但他把金子退回,指明用这袋金子在圣地亚哥建立一座公共图书馆。一年以后,即1818年2月12日,奥希金斯正式宣布智利独立。4月5日,圣马丁又在孟普一役,将西班牙在智利境内的残余军队歼灭。从此,智利全部得到解放。

智利解放以后,圣马丁又着手进行解放秘鲁的组织工作。为了取得祖国更多的支援,他曾返回布宜诺斯艾利斯。这时,普埃伦东已经去职。新的波特诺政府要他率领在智利的远征军返回阿根廷,帮助镇压反对派。圣马丁拒绝了这个命令,向新政府辞了职。以后,他专在智利服务。不过,他这次返回也并非全无收获。在这一时期中,他曾派人去美国购得了两艘船。

奥希金斯的智利政府全力支持圣马丁解放秘鲁的计划。为了解决运输上的问题,智利政府从英国购买了一只巡洋舰"劳塔罗"号,加上从西班牙俘获的两只军舰、从美国购买来的两只船,组织了一支"智利海军"。奥希金斯还雇佣英国海军军官柯克兰负责主持这一运输事宜。柯克兰另外捕获了一些西班牙船只,又改装了几艘渔船。至1820年8月,这支舰队已发展到24只船,1600名水手。这是拉丁美洲国家史上的第一支舰队。圣马丁是这支舰队的总司令。8月20日,舰队载运着4400多名士兵(其中1805名系智利人,2313名系阿根廷人,330名系英国、爱尔兰和美国人所组成的志愿兵)和各种辎重,离开瓦尔帕来素向秘鲁进发。临行前,他豪迈地对战士们说:"我们将开始解放秘鲁的伟大事业,这是我们暴动中最伟大日子的黎明。"奥希金斯亲自前往送行,并对最后站在船头上将要离开的四个人说:"三只小船给予西班牙以新大陆的主权,这四个人将从西班牙手中把这种权利夺回来"。

圣马丁的军队到达秘鲁海岸以后,受到了沿海一带居民的热烈欢迎,许多印第安人自动地加入独立运动军队。独立军愈向利马前进,秘鲁人民斗争也就愈好开展。1821年7月,西班牙驻利马的总督被迫逃往东部山区。7月28日,利马人民成立"洪他",宣布秘鲁独立,并授予圣马丁以共和国"保护者"的称号。

利马虽告解放,但秘鲁的独立事业并未完成。盘踞在东部的西班牙军队仍在伺机蠢动。柯克兰又不听指挥,自行把许多船只和水手撤回智利,断绝了圣马丁与智利之间的联系。这时,玻利瓦尔的军队已经解放厄瓜多尔,圣马丁设法与玻利瓦尔取得联系。1822年7月25日,圣马丁到达瓜亚基尔。于是,南美大陆的两位独立运动领袖终于在这一天相会了。关于这次会见,圣马丁曾向玻利瓦尔说:"美洲将不会忘记我们俩人相互拥抱的这一天。"

会谈是在极端秘密的状况下举行的,没有任何其他人参加,也没有留下任何记录。会谈进行了两次,讨论了在秘鲁应该建立的政府形式、秘鲁与北方之间的疆界以及军事指挥关系等问题。由于双方存在着较大的分歧意见,并没有达成协议,但也未公开争吵。会晤的最后一个晚上,两人出席了为欢迎他们而举行的宴会。玻利瓦尔首先祝酒,提议"为南美洲两位最伟大的人物——圣马丁将军和本人干杯",圣马丁则很谦虚,他的回答是:"为迅速结束战争,为本大陆各共和国的成立,为哥伦比亚解放者的健康,干杯!"7月27日晚,圣马丁悄然离开了瓜亚基尔,回到利马。

9月22日,利马召集了国会。圣马丁在国会上发表演说,声称他已完成了作为军事指挥者的任务,决定辞去秘鲁政府首脑的职位。他随即离开利马,回到了智利和阿根廷。1823年,他又离开了阿根廷前往法国。1850年,在法国逝世。对于圣马丁同玻利瓦尔在瓜亚基尔的会晤情况及其引退的真正原因,至今还没有确切查明。

圣马丁为南美洲的独立和解放奋战10年,在战斗中曾多次建立奇勋。阿根廷、智利和秘鲁,都为他树立了纪念碑。他被誉为阿根廷的国父。拉丁美洲人民至今还缅怀和敬仰他。

圣马丁引退以后,全部解放秘鲁的责任,便由玻利瓦尔来承担。1823年9月,玻利瓦尔率领6000名委内瑞拉和哥伦比亚的军队,到达秘鲁境内的卡亚俄。他与秘鲁境内的4000名阿根廷和智利的军队联合在一起,于1824年6月在胡宁一役,同19000名西班牙军展开了白刃战。独立运动军奋勇向前,大获全胜。西班牙军撤退至库斯科,损失达1/3。同年12月9日,苏克雷将军又在阿亚库乔的决战中,继续大败西班牙军,俘虏了秘鲁总督、4个元帅、10个将军和2000名士兵。阿亚库乔一役,标志着西班牙在南美洲的殖民军已完全瓦解。当玻利瓦尔获悉这一胜利消息时,他竟高兴得从椅子上一跃而起,穿着斗篷跳起舞来。此后,苏克雷又率领军队去上秘鲁。

1825年1月25日,上秘鲁宣告独立,为了纪念解放者,改名为玻利维亚。1826年1月23日,西班牙驻在卡亚俄港口堡垒中的残军,向玻利瓦尔投降。从此,秘鲁全境获得解放,西班牙在南美大陆的势力全部被摧毁,300年的殖民统治宣告寿终正寝。

3. 墨西哥和中美洲地区

独立战争的第三个中心是墨西哥。墨西哥是西班牙在美洲殖民地最早的发号施令中心,这里殖民者的力量较强,其统治地位也较巩固。暴动者在城市发难较困难,暴动的中心在小城市和乡村。但另一方面,墨西哥的社会矛盾也最尖锐。长期被奴役的印第安人和梅斯提索人,对西班牙统治者怀有无比的仇恨。因此,墨西哥独立运动,比其他西班牙所属美洲地区更富于群众性。起义者的领导人大都为贫苦农民和下级教士,他们不但要求获得民族独立,而且一开始就提出了解放奴隶、废除贡税以及把土地归还印第安人等符合人民大众利益的进步纲领。

拿破仑入侵西班牙的消息传来以后,墨西哥与加拉加斯、布宜诺斯艾利斯等地区的情况一样,在土生白人中间,产生了要求自治或独立的运动。但是,由于西班牙人在墨西哥的控制极严,他们动用殖民军队,采取先发制人的手段,把一些有名望的自由派土生白人投入监狱,以确保墨西哥总督府及其他重要殖民政府机构忠于西班牙,墨西哥城非但没有能成为独立运动的发祥地,反而变为维护西班牙殖民权力的堡垒,这是土生白人没有组成一个领导全国暴动的"洪他",而只能是分散地在各个地区进行一些活动的主要原因。活动比较突出的是克雷塔罗城。这个城市的爱国者成立了"文学和社交会",经常讨论一些有关独立思想的问题。1808年,这个组织的中心人物之一、一位土生白人地主和民团上尉阿连德把伊达尔戈介绍入会,更加强了这个组织的活动力量。

伊达尔戈于1753年生于墨西哥的巴利阿多里德城的一个中上阶层的土生白人家庭。年轻时即熟习印第安语,曾在墨西哥大学读书,得过神学学位,非常爱好法国文学,深受法国18世纪启蒙主义者的影响。大学毕业以后,他回到故乡,担任圣尼古拉斯学院的哲学和神学教授。1803年起,他担任多洛雷斯地区的神甫职务。从此,他一方面在当地土生白人和梅斯提索人中间,积极鼓吹和传播法国革命有关"独立"、"自由"和"人权"的思想,使多洛雷斯一时有"小法国"之称。另一方面,他又对印第安人采取同情的态度,帮助印第安人种植为法律所禁止的橄榄、桑树和葡萄,制造新的陶器和皮革,建立炼铁厂和车间,并教会他们养蜂等,以改善生活。这一切都大大提高了他在当地的威望,并获得印第安人、梅斯提索人和其他人民大众的信任,为以后发动武装暴动提供了条件。

1810年,由于整个拉丁美洲独立运动形势的发展,克雷塔罗爱国者的活动,更加积极。他们决定发动一场武装暴动,并派人到墨西哥各城市进行联络。伊达尔戈也参加了这一活动,他为此进行了一系列的准备工作:一方面设法弄到了关于制造火药和大炮的书籍,让印第安人制作长矛、砍刀和匕首;另一方面,又和阿连德等同附近各地的土生自人军官接触,试图说服这些军官以及多洛雷斯附近瓜那华托市的驻军,倒向暴动军队。爱国者的所有这些活动都是秘密进行的,他们决定于1810年2月8日这一天在圣璜德洛斯拉哥斯宣布墨西哥独立,因为在那一天,这个地区的大多数人将举行市集。不幸,爱国者的这些计划被泄露,西班牙统治者于1810年9月15日下令逮捕爱国者。

阿连德事前得到这个消息,连夜赶到多洛雷斯与伊达尔戈商讨对策。9月16日拂晓前,他叫醒了伊达尔戈,伊达尔戈认为与其逃跑或俯首就擒,不如立刻提前起义。他率领爱国者以迅雷不及掩耳的手段，首先释放了监狱中的囚犯。天刚亮时，又逮捕了城内所有的西班牙人。在这一切完成以后，他与往常作弥撒一样，敲起了教堂的钟声。当天是星期天，附近的印第安人带着家里人正纷纷来到城镇上的教堂做礼拜。当印第安人齐集后，他登上讲台，向群众高声问道："孩子们，你们愿意成为自由人吗？你们同意夺回300年前被那些可恨的西班牙人夺走的我们祖先的土地吗？"基于几世纪来积压的愤怒，人们同声回答："绞死这些西班牙强盗！"接着，他领导群众高呼："美洲万岁！打倒坏政府！"这便是墨西哥史上著名的"多洛雷斯的呼声"。

在伊达尔戈的号召与领导下，印第安人用事前准备好的棍棒、大刀和大斧作武器，发动了对西班牙统治者的大规模的起义。成千成万的印第安和梅斯蒂索被压迫群众，自动加入起义军的行列，阿连德的民团队也有不少被收编了进来。起义部队在战斗中不断壮大，不久就达到8万人之多，其中包括农民、牧人、矿工，城市小资产者以及一部分克列奥知识分子。他们高举着墨西哥守护圣母——瓜达卢佩圣母的画像作为旗帜前进。伊达尔戈已脱去黑色的神甫服装，穿起民团制服，成为起义部队的司令，阿连德则当他的副手。他们沿途夺取了大农庄的粮食和牲口，杀死了不少作恶多端的庄园主。伊达尔戈下令：①所有奴隶主必须在10天之内完全释放奴隶，违令者处以死刑；②废除印第安人的贡税，以后也不许再征任何赋税；③旧有的一切有关司法文件、记录、契据和诉讼案件等，完全无效。他还宣布将一切从印第安人非法夺取的土地，归还给印第安农村公社。这时，"多洛雷斯的呼声"已响遍了墨西哥的大部分地区。在几个星期内，起义部队势如破竹，席卷了整个墨西哥的北部，并逼近首府墨西哥城。

正当独立军兵临城下，城内防守空虚，西班牙统治者惶惶不可终日之际，伊达尔戈忽然停滞不前，反把军队撤回到瓜那华托（原因不明）。这一行动，无形中给敌人以喘息的机会，同时也部分地影响了独立军的士气。1811年1月17日，西班牙军在以残酷著名的刽子手卡列哈率领之下到达瓜达拉哈拉。伊达尔戈把军队从瓜达拉哈拉城中全部撤出，在雷马河上的卡尔德龙桥边，与西班牙军展开大战；独立军开始战斗得非常英勇顽强，守住了自己的阵地，使敌人无法越雷池一步；但是后来由于敌人的一发炮弹打中了伊达尔戈部队后方的一辆弹药车，弹药爆炸烧着了牧场草地，起义军的营垒中发生大火，一时烟雾弥漫，烈火熊熊，独立军在西班牙军和大火的夹攻下，数以千计的战士死难了，有些战士则仓皇逃跑了，这样，起义军便被迫后退。以后，伊达尔戈在由北部后撤的道路上，与其战友阿连德等，中了叛徒的埋伏，被逮捕递交西班牙。

1811年7月39日，这个为墨西哥劳动人民所热爱的独立运动领袖，慷慨就义。他和他的战友阿连德等的头颅，被送到瓜那华托，悬挂在一个仓库的墙上示众，一直留到1821年暴动胜利后为止。墨西哥人民为了纪念这个为民族独立运动牺牲的伟大战士，称他为"墨西哥独立之父"。

伊达尔戈牺牲以后，已经燃烧起来的独立运动火焰并没有被扑灭。伊达尔戈的一个部属莫雷洛斯继续领导独立运动的斗争。

莫雷洛斯是一个出身贫苦的梅斯蒂索人，年轻时曾在连接太平洋沿岸的阿卡普尔科和墨西哥城的"中国之路"上当马夫。繁重的劳动，使他的身体锻炼得很结实。二十五岁时，他进入伊达尔戈任教的圣尼古拉斯学院读书。1797年，他去一个小教区当神甫，由于办事认真，严于律己，所以深受教区居民的尊敬。1810年9月武装暴动爆发以后，他参加了暴动，1810年9月底，受伊达尔戈之命，率领了二十五位没有带武器的战士去墨西哥南部活动。由于他的军事才能和采取了一些发动群众的措施，很快就建立了一支有训练有纪律的独立军队。伊达尔戈死后，他继承伊达尔戈的遗志,主张废除奴隶制,废除教会与军官的特权,实行种族平等,分割大地产以及建立小土地所有制等。他的部队对西班牙统治者展开了游击战,所到之处,不少城镇,望风而归。曾经打败伊达尔戈和阿连德的屠夫将军卡列哈,在与莫雷洛斯的多次较量中,也一筹莫展,占不到一点便宜。到1813年夏,莫雷洛斯已控制了墨西哥南部的大部分地区。当拿破仑听到莫雷洛斯这一连串军事胜利的消息时,也不禁感叹说:"我要有五个莫雷洛斯,就可以征服全世界。"1813年9月6日,在他们所控制的地区召开了国民议会;11月6日,在奇尔潘兴戈城宣布墨西哥为独立共和国。1814年10月,又通过了共和国的宪法。伊达尔戈曾经想作而来不及作的事业,部分地实现了。但同样不幸的是,莫雷洛斯所领导的部队也在1815年被西班牙军队击溃。他本人也被俘虏,并在同年12月22日就义。

在莫雷洛斯死后几年,墨西哥人民一直坚持游击战争。这时,大多数地主因为害怕农民,仍然支持殖民统治者。但是,由于1820年3月,西班牙国内发生了由自由派所领导的起义,恢复了1812年的宪法,并实行了许多反封建、反教会的措施,如撤销宗教裁判所,接收教会的什一税,允许言论自由以及命令殖民地准许选举等。墨西哥的大地主和高级僧侣惊惶失措,便力求使墨西哥脱离西班牙。领导这个运动的是一个军官伊图尔维德。伊图尔维德于1821年2月24日发表"伊瓜拉计划",提出以"宗教、统一和独立"三项原则为基础的纲领。"伊瓜拉计划"宣布墨西哥已经独立,并规定建立以斐迪南七世或波旁王朝其他代表的君主立宪政体。1821年9月27日伊图尔维德率领军队进驻墨西哥城,次日由伊图尔维德挑选的人物组成政府委员会,该委员会发表了墨西哥脱离西班牙独立的宣言。伊图尔维德得到了初步胜利后,马上背叛农民,并于1822年7月25日自行加冕为皇帝奥古斯都一世。1823年,墨西哥人民又将伊图尔维德推翻。1824年,墨西哥共和国正式成立。

墨西哥暴动波及中美洲各省。殖民统治时期,西班牙王室曾在危地马拉城设置都督府,在墨西哥总督控制下直接统治危地马拉、萨尔瓦多、洪都拉斯、尼加拉瓜和哥斯达黎加五个省。1811年至1814年间,中美洲不少地区的人民纷纷起义,但都被镇压下去了。1821年9月15日,中美洲各省在危地马拉召开"洪他",宣布脱离西班牙独立。由于西班牙在中美洲的驻军很少,这次暴动进行得比较顺利。1822年1月25日,中美洲合并于墨西哥。1823年7月,又脱离墨西哥另组"中美洲共和国联邦"。1824年11月22日颁布宪法。1825年根据宪法召集议会,选举自由党人阿尔塞为联邦第一届总统。危地马拉城定为联邦首府。

三、巴西独立

十八世纪末,由于种植园经济和工商业的日益发展,巴西人民要求摆脱葡萄牙羁绊和争取民族独立的呼声,也日益高涨。美国独立和法国暴动,对巴西人民也起了很大的影响和鼓舞作用。巴西的学生、作家和其他知识分子组成了文学小组和科学会社等新团体,扩大了社会上要求自由和独立的影响。1789年,米纳斯吉拉斯省成立了一个由希尔瓦·洽维厄(即"拔牙者")所领导的秘密组织。它企图推翻葡萄牙的殖民统治,消灭垄断和奴隶制度,建立一个准许言论思想自由和发展民族工业的资本主义共和国。这个秘密组织的成员,大多数是青年知识分子。他们曾经制定暴动纲领,设计国旗,并派人到里约热内卢和圣保罗等大城市鼓动武装暴动。后来由于叛徒的告密,组织遭到破坏,"拔牙者"也于1789年4月被捕,1792年4月21日在里约热内卢就义。"拔牙者"在法庭上表现了宁死不屈的大无畏气概,他的名字成了鼓舞巴西人民继续进行独立斗争的一面旗帜。

1807年年末,葡萄牙与西班牙一样面临拿破仑入侵的危险。为了避免作拿破仑的阶下囚,摄政王若奥亲王率领了皇族(包括他的母亲葡萄牙女王玛丽亚一世)、大贵族和大官吏共1000余人,连同全部国库财产,在英国军舰"保护"下,于1807年11月29日离开里斯本,逃往南美。1808年1月22日在巴西的巴伊亚靠岸,3月7日到达里约热内卢。从此,巴西事实上已变成葡萄牙帝国的中心。为了酬谢英国人的"帮助",葡萄牙王室给予英国人不少特权。1810年,他正式签署了该年的英葡条约,对英国货物比从葡萄牙输入的货物课以更低的关税,并规定英国人在巴西可享有领事裁判权。因此,英国商人源源不断地来到巴西,使巴西的经济进一步从属英国。曼切斯托曾说:"1808年,殖民地(巴西)经济从颓废的母亲中解放出来,又得到了一个富裕的继母。"

王室迁来巴西以后,王室本身及其随来的大批官僚贵族的浩大费用,都要由巴西人民负担。他们占用了里约热内卢全部最好的住宅,垄断了政府的一切高级职位,这就进一步加深了巴西人民与葡萄牙统治者间的矛盾。若奥亲王为了缓和巴西人民日益增长的民族情绪,采取了一些改良措施,如刚抵巴伊亚之际,即宣布开放所有巴西港口,取消王室的垄断专营政策,以及减低进出口货的关税。他还在里约热内卢建立了一座政府印刷厂。开始出版报纸、杂志,进口书籍。建立了剧院、国立图书馆、植物园、军事学院、海运学院、美术学院、化学实验室、医科学校、医院等。1815年底,他又宣布成立"葡萄牙、巴西和阿尔加尔弗联合王国",在名义上把巴西提到与葡萄牙同等的地位。

1816年,玛丽亚女王去世,若奥亲王成为"联合王国"的国王,称为若奥六世。由于拿破仑封锁大陆的政策,巴西这时对欧洲的贸易迅速下降,与阿根廷争夺乌拉圭的战争又引起了新的经济困难,因而巴西人民的不满更形增长。1817年3月6日,伯南布哥的土生白人正式发难。他们赶走当地省长,夺取地方政权,取下葡萄牙国旗,宣布成立共和国。起义者仿照法国革命,在政府内成立公安委员会,以具体领导各项暴动工作,并宣布出版自由,取消等级制度和等级特权,提倡世俗教育。这个新生的独立共和国,还得到邻近三个省的支持。由于这次起义有广大的下层教士参加,所以又被称为"教士的革命"。不幸的是,这次起义只坚持了76天,最后遭到镇压。

1820年,葡萄牙本国发生了资本主义革命,建立了新议会。新议会深恐国王留在巴西,将会降低葡萄牙本国的地位及削弱其对殖民地的统治作用,乃要求若奥六世返国。这时,巴西人民谋求独立的情绪已蔓延全国。甚至巴西的反动地主、教会及殖民地官吏也不愿受葡萄牙资本主义议会的统治。他们为了维护自己的财产,防止人民解放运动的高涨,企图在一定的时机,使巴西与葡萄牙断绝关系,并夺取巴西的统治权。若奥六世在返国前已预感到了这种危险。所以他把儿子佩德罗留在巴西,并密告佩德罗,必要时首先亲自宣布巴西独立,以保持布拉根柴家族的王冠。

若奥六世于1821年4月26日离开巴西,并随身带走了巴西银行的全部现款。佩德罗成为巴西的摄政者。这以后,巴西和宗主国之间的斗争加剧了。葡萄牙取消了巴西关于自由贸易的权利,重新施行重商主义的法律。葡萄牙议会为了进一步降低巴西在帝国中的相对重要性,又要求佩德罗回国。佩德罗根据他父亲临行前的嘱咐和巴西自由派领袖波聂法邱等的忠告,公开拒绝了这一要求。1822年1月9日,他回答葡萄牙议会说:"我将留在这儿"。这便是巴西历史上有名的"我留日"。

葡萄牙决不会轻易放弃巴西,为了恢复对巴西的控制,它企图把巴西分成若干省,每一个省都由宗主国直接管辖,以进行分而治之。1822年3月,葡萄牙又派遣马德拉将军占领巴伊亚。巴西的大庄园主、种植园主、教士、自由派人士、知识分子以及巴西籍的官吏,基于对殖民统治复活的恐惧,乃一致联合起来,组织军队围攻马德拉。7月1日,马德拉被迫撤离巴伊亚。早在同年的5月13日,佩德罗便自称为"巴西的永久守卫者和保护者";7月,他又召集议会,开始起草独立宪法。

1822年9月7日,巴西与葡萄牙进一步决裂。当时,佩德罗同一群军官在旅行途中的圣保罗附近的一条小溪伊皮兰加之畔,接到他妻子从里约热内卢寄来的一封信。信中说:"苹果已经熟了;目前正是收获的时候,否则它就要腐烂了"。与此同时,他又接到葡萄牙议会再度要他回国的消息。于是他抽出宝剑,从制服上摘下葡萄牙的徽章,正式宣布:"葡萄牙议会想把巴西置于被奴役的地位;我们必须立即宣告独立。不独立,毋宁死!我们现在跟葡萄牙分离了。"这便是有名的"伊皮兰加的呼声"。这一天,也便是巴西获得独立的正式日期。1822年12月1日,佩德罗在里约热内卢举行加冕典礼,称为巴西皇帝佩德罗一世。并降下葡萄牙国旗,升起了由绿、金黄和蓝三色的新国旗。在仪式进行时,佩德罗戴上写有"不独立,毋宁死!"的袖章,他还要求所有支持政府的人都佩带这样的袖章。这个消息很快就传到全国各地,于是到处都出现了这样的口号,或者刷在墙上,或者绣在旗帜上,或者印在人们所带的袖章上。1825年,葡萄牙正式承认巴西独立。

葡萄牙力量较弱,事实上已没有任何力量来阻止巴西独立运动。因此,巴西在独立斗争中所遇到外部阻力也较小。但是巴西的暴动力量也很微弱,资本阶层没有能力担当起暴动的领导责任,这就给了葡萄牙王室以可乘之机。葡萄牙王室在巴西独立过程中,看到独立已不可避免,便甩开葡萄牙的资本主义议会,与巴西的大地主、天主教会和高级军官等反动势力结成联盟,并取得英国的帮助,篡夺了政权,以致独立后相当长的时期内,仍能维持在巴西的王位。由于大地主和大种植园主操纵了全部的统治权,巴西独立没有给奴隶、雇农和广大人民群众的处境带来任何改善。对于被压迫,被剥削的人民说,独立只意味着换了一个主人而已。当然,这次暴动毕竟推翻了葡萄牙300来的殖民主义统治,使巴西的社会多少向前推进了一步。

拉丁美洲的独立运动,至1826年,基本上告一段落。除古巴、牙买加、波多黎各和圭亚那等地区以外,绝大多数地区都已摧毁了西班牙、葡萄牙和法国等的殖民主义统治,建立了民族独立的国家。在建立独立国家的过程中,各地区具体条件不同,结果也不同。法属圣多明各和葡属巴西,独立后分别建成了统一国家。西属殖民地却不是这样的。西属殖民地各区域经济发展很不平衡,彼此很少贸易往还,没有形成统一市场,缺少联系在一起的共同经济基础,这是一。西属殖民地过于分散,彼此间交通又非常不便,在这种情况下,各地大封建主据地自雄,阻碍统一,这是二。人民群众根据几百年来导致压迫的经验,对大一统的中央集权也有所疑惧,这是三。所以独立后的西属殖民地,便分裂成为许多国家了。同殖民统治时期分成四个总督区的情况相比,这时更分散得多。

第三节 独立运动的成就

拉丁美洲独立运动中,在绝大多数国家,土生白人地主起着重要的作用。资本阶层和商人虽然参加,但由于本身力量较弱,始终没有成为独立运动过程中的决定性力量。除少数国家外,在独立后的斯特所指出的:"在整个美洲的总的独立运动中,由于各殖民地的经济和政治条件的广泛不同,资本家阶层在不同程度上完成了这总的独立任务中的特殊的方面。"

印第安农民，黑人奴隶和各种混血种人，是构成暴动队伍的基本群众，对独立运动作出了巨大贡献。他们在独立战争后虽然挣脱了西、葡和法国殖民主义的奴役，却没有获得应有的权利，更没有从剥削中解放出来。但是，他们在独立运动过程中相互支援，增强了自己的团结。他们还检阅了自己的力量，锻炼了自己的意志，提高了自己的信心和觉悟，取得了丰富的经验和教训。这为以后开展更广泛更深刻的独立运动准备了条件。

一、拉丁美洲独立运动的特点

（1）拉丁美洲的这次独立运动，在发动暴动之前，拉丁美洲各地区内部，在政治、经济和社会各方面所具备的条件，并不成熟，只是由于拿破仑入侵西班牙和葡萄牙，宗主国失去了对殖民地的控制和镇压力量，这才使殖民地人民的独立运动，大大减少了阻力，从而能较早地和较容易地取得成功，因此，这次暴动，从其内部条件来说，在一定程度上是带有早产的性质。

（2）这次运动，其所涉及的地理范围，除南美洲以外，还包括北美洲的墨西哥、中美洲和加勒比海地区。在这样一个广阔地区，在同一时期(1790～1826年)爆发了武装暴动，并获得成功，建立十多个独立国家，这在整个人类历史上是从来没有过的。其他各地的武装暴动，所涉及的范围，一般只限于一个国家或一个民族之内（国内的少数民族不计在内）。当然，其所以造成这种现象，各地区各国间都存有各自的客观因素，这儿就不加以阐述了。

（3）由于拉丁美洲居民的种族成分多种多样，他们的斗争非常错综复杂，有种族压迫，也有阶层矛盾，斗争具有双重性，二者交织在一起。这种双重斗争互相交织的现象，在别的地区和别的国家也有，但没有像拉丁美洲表现得这样突出，这样普遍。在海地，暴动队伍中，绝大部分或者几乎全部都是黑人和黑白混血种人。在墨西哥，暴动队伍中的绝大部分是印第安和梅斯蒂索的农民、矿工和牧民，独立运动的领导者也大多是下层人士；在南美洲，独立运动的领导者几乎全部都属于土生白人地主和知识分子，而暴动群众却主要是印第安人、黑人、混血种人以及贫穷的白人。列宁说过："一切民族压迫都势必引起广大人民群众的反抗，而被压迫民族的一切反抗趋势，都是民族起义。"拉丁美洲的各族人民就是在反对殖民统治的目标下彼此携起手来的。他们的共同要求，都是把争得民族独立置于首位。因此，民族矛盾是拉丁美洲这次暴动的主要矛盾。

（4）拉丁美洲独立运动还有一个特点，就是独立运动是由外来移民及其后裔领导的。亚洲的反殖民斗争是由当地居民发动的，这是因为当欧洲殖民者侵略亚洲时，亚洲地区的人口本来已很稠密，所以欧洲殖民者不能移民到那里，而只能驻扎少数剥削者进行统治。在非洲，由于各种因素，除个别地区外，欧洲殖民者到那里的移民也不多。在澳洲，欧洲的移民虽多，但那里并未发生或经历过大规模反对殖民统治的武装斗争。而在拉丁美洲，当时居民中的大多数（包括白人、黑人和黑白混血种人）都系外来的移民及其后裔，独立战争主要是由这部分移民领导的。甚至，在美洲土著印第安人占多数的国家里，由于他们刚从原始部落社会脱离不久，也不能领导这次暴动。在由外来移民领导暴动这一点上，唯有北美的英属十三个殖民地和加拿大地区，与拉丁美洲有类似的情况，但它们之间仍有某些区别。

二、拉美地区三个独立运动中心的特点

（1）海地暴动是由黑人奴隶进行的。自由黑人和黑白混血种人数不多。不但暴动群众绝大多

数是黑奴,独立运动领导者也几乎全系黑奴出身而具有民族独立意识的英雄人物,因而暴动比较彻底。他们用自己的双手推翻了殖民统治而赢得独立。它是拉丁美洲第一个独立共和国,是近代史上第一个由黑人建立的国家,也是第一个废除奴隶制度的国家。奴隶们凭借自己的力量,通过武装斗争,打败强大的敌人,建立了新的社会制度,这在历史上还是少见的,其意义是非常深远的。

(2)西班牙美洲地区最为辽阔,人口最多,独立运动所经历的时间最长,情况最为复杂,斗争也最为曲折和激烈。独立运动的领导者主要系土生白人地主和商人集团中的知识分子,其中多数还曾去欧洲留学或工作过,他们大都受过欧洲人文主义和启蒙运动的影响,系独立运动的拥护者和追随者。而构成独立运动队伍的群众却主要是受压迫,受奴役的印第安人、黑人、混血种人和贫穷的白人。与海地和巴西的情况不一样,暴动是分区进行的,他们在战斗中,各区之间彼此相互呼应,相互配合,相互支援。有一个最明显的范例,即当他们要联合力量彻底摧毁西班牙殖民统治最顽固的也是最后的堡垒和据点——秘鲁时,玻利瓦尔和圣马丁两人,一个由北往南,一个由南向北,采取了带决定性的南北夹攻的钳形战略,终于使西班牙美洲得到全面解放。

(3)至于巴西的独立运动,虽然也曾经历过一系列的斗争,但由于巴西的大庄园主、大种植园主的地方势力很强大,而葡萄牙本身力量又很小,它在巴西的驻军也不多,小小的葡萄牙已经统治不了巨大的巴西,因而无法进行实际的战斗。但巴西的大庄园主和大种植园主基于对广大被压迫群众的害怕,以及对葡萄牙自由派议会的不满,便与葡萄牙的贵族妥协,与布拉根柴王室结成联盟,由布拉根柴王室的一个成员,作巴西独立王国的君主,于是巴西便在双方反动统治者相互结合的情况下,没有遇到什么大的阻力,就取得了独立。这儿,需要着重说明的是,巴西在宣布独立时,虽然没有经过流血斗争,但这决不意味着葡萄牙殖民统治者是自动退出历史舞台的。事实上,在巴西宣布独立以前,巴西的各族人民从16世纪后半叶开始,200多年来即已绵延不断地对葡萄牙殖民统治者进行了一次又一次的斗争,有些次的斗争,其规模还是巨大的,牺牲也是惨重的,巴西的土地上曾洒满了为自由和独立而战的各族英雄人民的鲜血。巴西的独立正是由广大人民群众这种百折不挠、长期奋战而取得的结果。

在拉丁美洲范围广泛的武装暴动过程中,各个地区各个国家都涌现出各自杰出的独立运动英雄人物。其中所起作用最为重要的是杜桑·卢维杜尔、玻利瓦尔、圣马丁、伊达尔戈、莫雷洛斯、奥希金斯和苏克雷等。他们可以毫不逊色地置身于世界上伟大的独立运动领袖的行列之中。特别是玻利瓦尔和圣马丁,他俩具有对整个拉丁美洲独立运动的全局战略观点,其所采取的实际军事和政治行动,也是从属这个全局战略的。两人都了解从西班牙统治下解放殖民地的极端必要,他们经过多年的最艰苦的斗争,坚决地追求这个目的。两人也表现了动员人民、领导武装斗争的军事才能,并且在严酷的作战条件下,终于摧毁了西班牙在新世界的军事力量,取得了空前的历史成就。西班牙美洲的每一个国家,都有它自己的民族英雄,但玻利瓦尔和圣马丁却是总的民族解放斗争特出的象征。他们不但是杰出的军事家、战略家,而且是杰出的政治家和思想家。他们的声誉和影响,不但超越了他们本国的国度——委内瑞拉和阿根廷,而且超越了整个拉丁美洲的疆界,他们成为全世界各国不同肤色的人们所广泛传诵的英雄人物。

第六章
拉丁美洲近代文明的发展
（18世纪末～20世纪初）

　　18世纪下半叶，西班牙、葡萄牙等国所属的美洲殖民地生产力进一步发展，社会各种矛盾日益尖锐，在进步的欧洲启蒙思想影响下，拉丁美洲人民经过长期的酝酿，终于在18世纪末和19世纪初掀起独立运动。这一运动遍及拉丁美洲各地，前后持续数十年，卷入斗争的人口达数百万，其波及地区之大，持续时间之长，参加人数之多，在世界殖民地独立运动史上是空前的。

　　拉丁美洲独立战争1790年肇始于法属美洲殖民地海地。海地人民（主要是黑人奴隶）在杜桑·卢维杜尔（1743～1804年）的领导下，经过十几年的艰苦斗争，终于推翻了法国的殖民统治，于1804年1月1日建立起拉丁美洲第一个独立国家。

　　自1810年起，独立战争的火焰蔓延到整个拉丁美洲大陆。在南美洲北部的独立运动于1810年4月首先在委内瑞拉的加拉加斯爆发，领导运动的是西蒙·玻利瓦尔（1783～1830年），独立运动后来又席卷到新格拉纳达、厄瓜多尔、上秘鲁和秘鲁等地。1822年，玻利瓦尔建立包括今委内瑞拉、哥伦比亚、厄瓜多尔、巴拿马的大哥伦比亚共和国。在南美洲南部，独立运动于1810年5月25日首先在布宜诺斯艾利斯爆发，1816年宣布独立，成立拉普拉塔联合省（今阿根廷），领导独立运动的是圣马丁（1778～1850年）。随后，圣马丁又联合智利和秘鲁的暴动者，先后攻入智利（1817年）和秘鲁（1820年）。在圣马丁和玻利瓦尔南北夹击下，西班牙在南美的堡垒一个接一个地被摧毁。1824年12月9日，玻利瓦尔的军队在阿亚库乔战役中击败西班牙殖民军，取得决定性胜利，解放了秘鲁。1825年，上秘鲁宣布独立，命名为玻利维亚，以纪念玻利瓦尔。1826年1月23日，西班牙最后一支军队在秘鲁的卡亚俄港投降。

　　在地处北美的新西班牙（今墨西哥），独立运动爆发于1810年9月16日，领导人是伊达尔戈神父（1753～1811年）和莫雷洛斯神父（1765～1815年）。1821年，前殖民军军官伊图尔维德（1783～1824年）篡夺了独立战争的领导权，带领起义军进入墨西哥城宣布独立，并于次年自封为皇帝奥古斯丁一世。1823年，墨西哥人民推翻伊图尔维德，次年成立共和国。

　　1811～1814年，中美洲各地人民也纷纷起义。1821年，中美洲地区宣布独立。1823年，中美洲联邦正式成立。到1826年，西班牙在拉丁美洲大陆上的殖民体系基本瓦解，独立战争取得了最后胜利。只有古巴等岛屿还没有取得独立。

　　葡萄牙所属巴西地区的独立运动始于1789年由席尔瓦·沙维尔（1748～1792年，史称"拔牙者"）领导的武装起义。1792年该起义遭到破坏，"拔牙者"被捕就义。1817年，伯南布哥州爆发起义;起义者曾一度夺取政权,宣布成立共和国,但最后也遭失败。1808年因拿破仑入侵葡萄牙,葡萄牙国王若昂六世被迫将王室迁到巴西。1820年,葡萄牙国内发生武装暴动,若昂六世被迫于次年应召回国,其子佩德罗(1798~1834年)留在巴西任摄政王。在巴西人民运动的推动下,佩德罗于1822年9月7日宣布巴西独立,自称巴西皇帝佩德罗一世。1825年葡萄牙正式承认巴西独立。

独立战争胜利后,在拉丁美洲先后建立了18个国家:墨西哥、危地马拉、洪都拉斯、萨尔瓦多、尼加拉瓜、哥斯达黎加、海地、多米尼加、委内瑞拉、哥伦比亚、厄瓜多尔、秘鲁、玻利维亚、智利、巴拉圭、乌拉圭、阿根廷和巴西。

拉丁美洲独立运动没有从根本上动摇土地所有制。各国独立后,西班牙和葡萄牙的殖民统治虽已结束,但英国、美国等新殖民主义者却接踵而来。

由于拉丁美洲在19世纪初资本主义还处于萌芽阶段即手工业时期,资本阶层力量很薄弱,资本主义发展水平低;因此,领导拉丁美洲独立运动的是土生白人(克里奥约人)"自由派地主"和商业资本阶层。所谓"自由派地主"是指接受或部分接受启蒙思想的那部分地主。与欧美资本主义暴动不同的是,当时拉丁美洲还没有形成工业资本阶层;因此,拉丁美洲独立运动的领导权不可能落在工业资产阶层手中。这一特点决定了拉丁美洲独立运动反封建、反殖民主义的不彻底性。

尽管拉丁美洲独立运动有种种局限性和不彻底性,但是毫无疑问,这场伟大的暴动仍取得了举世瞩目的成就。首先,经过争取独立的斗争,拉美国家先后摧毁了西、葡、法等国的殖民统治,实现了民族的独立;绝大多数国家取消了君主制,确立了共和政体;许多拉美国家在独立运动期间或独立后,取消了宗教裁判所,限制了教会的特权,有的国家(如玻利维亚、墨西哥等)还实现了政教分离;取消了贵族爵位和某些封建特权,农民部分地取消了封建徭役,有些国家的贫苦农民还分得了土地;不少国家全部或局部地废除了奴隶制度;在经济上,取消了贸易垄断,实行自由贸易;一些拉美国家开始模仿资本主义方式的农场经营办法,农业资本主义的因素开始增长。独立运动为拉美资本主义的发展提供了有利条件。

在拉美独立战争中,除海地、墨西哥等地外,原有封建土地所有制很少有触动。所不同的是,土生白人取代了"半岛人",大量兼并土地,大庄园制盛行。

绝大多数拉美国家在独立后,都以英、法、西班牙、美国等国资本主义宪法为样板,制定了本国的宪法,建立了共和政体和议会。但是,实际上,绝大多数拉美国家的政坛上出现了一批被称为"考迪罗"的军事独裁者。考迪罗大多是出身大地主和军官。他们通过策划军事政变上台,代表大地主阶层实行独裁统治,使共和政体、宪法、议会形同虚设。

拉美各国独立后,英国和美国取代西班牙和葡萄牙,成为奴役拉美各国人民的新殖民主义者。英国和美国通过倾销商品,输出资本,开办企业,霸占土地等方式,大肆掠夺拉美的资源,剥削拉美廉价劳动力,控制拉美各国的主要经济命脉。随着英、美列强的渗入,资本主义生产关系和生产力在拉美有了发展。资本阶层和无产阶级力量开始增长。

从思潮来看,18世纪末至1860年间占主导地位的思潮是法国的启蒙思想和英国的功利主义思潮。1860年至19世纪末,实证主义在拉美广泛传播。与此同时,在19世纪后半期,科学社会主义、无政府主义、无政府工团主义、印第安主义、民族主义对拉美都有不同程度的影响。到 20 世纪初,在拉美,各种思想十分活跃。

拉美地区的独立战争和拉美独立国家的建立,使拉美近代文明的发展进入了一个崭新的阶段。然而,拉美文化结构的演变是渐进的,在漫长的殖民时期所形成的以欧洲—基督教文化为主体的混合文化结构不仅没有被破坏,而且被保存下来,继续成为拉美各独立国家的文化结构中的最重要的组成部分。19 世纪后半叶和 20 世纪初,随着拉美各国政治经济的发展和对外关系的演变,拉美的文化结构也相应发生了一定变化,拉美各国努力创造本民族的新文化。

在拉美民族文化形成过程中,移植过来的欧洲文化、土生土长的印第安文化和非洲黑奴移来的非洲文化经历着碰撞、冲突、调和、融合。因此,拉美各民族的新文化是混合型或杂交型的文化。

这一时期大体可分为三个阶段:第一阶段(18 世纪末~1830 年)为从新古典主义向前浪漫主义过渡时期;第二阶段(1830~1870 年)为后浪漫主义时期;第三阶段(1870 年~20 世纪初)为实证主义时期。

第一节 欧洲启蒙思想的传播与实践

欧洲启蒙思想最早传入拉美是在 17 世纪末。到 18 世纪末、19 世纪初,启蒙思想在拉美广泛传播。在启蒙思想和欧洲、北美独立运动的影响下,西班牙和葡萄牙美洲殖民地在社会、经济、政治、思想、文化等各方面都发生了深刻变革,终于爆发了席卷整个拉美地区的独立战争。在拉美大部分地区获得独立以后,启蒙思想在 1860 年以前,仍在拉美占主导地位。下面分几个方面介绍启蒙思想在拉美的传播与实践。

一、哲学思想和政治思想

早在 18 世纪后半期,西班牙、葡萄牙、法国等国美洲殖民地的一些知识分子在欧洲启蒙思想影响下,努力吸收新思想,积极投身启蒙运动。他们首先向长期垄断殖民地哲学思想的亚里士多德学说开火,否定它的权威。

18 世纪末,西班牙美洲殖民地的启蒙思想家以欧洲启蒙思想"天赋人权"、"理性至上"、"人民主权"、"社会契约"、"社会平等"等理论为武器,开始了对宗主国的批判和对殖民制度的否定,并提出了"独立自主"、"政治自由"、"民主"等主张。

西班牙美洲殖民地独立运动先驱之一、秘鲁人胡安·巴勃罗·比斯卡多-古斯曼于 1791 年发表《致西班牙美洲人的信》。在信中,他指责"西班牙把我们同世界隔离开来","剥夺了我们个人的自由,还褫夺了我们财产的所有权"。他提出:"毋庸置疑,保护人身和财产的自然权利,特别是人身和财产的自由和安全,乃为整个人类社会之基石。尊重并有效地保护每个人的权利,是代表整个社会的政府应尽的义务。"他宣告:"自然、理性和正义已经确定要把我们从这种暴虐的统治下解放出来。"他号召美洲殖民地人民"洒尽热血,维护我们的权利和我们的共同利益"。

新格拉纳达(今哥伦比亚)地区的著名启蒙思想家纳里尼奥 1794 年翻译出版了法国大革命时

期颁布的《人权宣言》。他在西班牙文译本的前言中指责殖民当局实行"愚民政策,散布极其有害的思想,禁止言论自由";要求它"承认主权在民"、"颁布根本大法"、"实行舆论自由"。

拉美独立运动的先驱、委内瑞拉人弗朗西斯科·德·米兰达(1750～1816年)不仅收集、阅读了大量欧洲启蒙学者的著作,而且曾亲自参加美国独立战争(1780～1783年)、参加法国革命军(1792～1793年),任北方军中将,立有战功。1797年,他在巴黎组织南美代表委员会,作为西班牙美洲殖民地的代表同英国谈判援助美洲独立事宜。1798年,他又在伦敦创建"美洲大同盟",积极同拉美各地武装暴动者联络。1806年他从美国组织远征队在委内瑞拉登陆。8月2日,他发表了《告哥伦比亚大陆(即西班牙美洲)人民书》,向殖民地人民控诉殖民统治的暴行及其所造成的恶果,号召1700万殖民地的人民起来,像"北美洲的300万兄弟"那样推翻殖民统治,走上独立大道。

南美独立运动领袖、委内瑞拉民族英雄玻利瓦尔自幼就受其启蒙老师西蒙·罗德里格斯启蒙思想教育的影响,后曾一度访法,深受法国大革命影响。1808年在罗马萨克罗山顶立下打碎西班牙殖民枷锁的誓言。1815年9月6日,玻利瓦尔在委内瑞拉第二共和国失败后在牙买加避难时写了一封长信,即《牙买加来信》,信中详细阐述了拉美独立战争的起因、目标、形势和前景,同时还表明了他主张建立一个统一的美洲国家、实现美洲团结的伟大理想。在这篇历史文献中,玻利瓦尔深刻地揭露了西班牙殖民者的残酷统治和压迫。他指出:"印第安人缴纳的赋税,奴隶们遭受的苦难,农民们所承受的实物税、什一税和其他税收以及其他灾祸,使可怜的美洲人离开自己的家园。"他愤怒地声讨说,殖民者的血腥暴行"在现在看来,是难以置信的,因为似乎超出了人类邪恶的程度",是"令人发指的";"西班牙给我们留下的仇恨比相隔的海洋还深";西班牙殖民统治"这条老的毒蛇仅仅为了发泄毒死人的欲望,去吞噬地球上这块最美丽的地方"。

玻利瓦尔在《牙买加来信》中明确指出,拉美独立战争的性质是正义的,因而它必将获得最后的胜利。他说:"美洲各国现在为争取解放而斗争","这场斗争从本质上来说是最正义的,从结果来说,是古代和现代所进行的所有斗争中最壮丽的和最重要的","其影响之大是难以估量的",这场斗争"最终必将胜利"。

玻利瓦尔反对君主制,主张在独立后的拉美建立资本主义共和制。在《牙买加来信》中,他说:"渴望和平、科学、艺术、贸易和农业的美洲人更喜欢的是共和国,而不是王国。"他总结了委内瑞拉第一、第二共和国失败的经验教训,主张独立后的共和国应当建立中央集权政府,不赞成建立联邦制度。他认为:"完完全全的代议制机构同我们的特点、习惯和目前的文化水平是不相称的"。他表示"不赞成介于人民和代议制之间的联邦制度","也反对贵族和民主混合君主制",主张"在两个对立的极端之间寻找一条折中的道路",即中央集权的共和政体,以保证国家的集中统一和政治上的稳定"。玻利瓦尔的这一主张,在他1819年2月15日在安戈斯图拉国民议会上的演说中作了进一步阐述:"委内瑞拉的政府过去是、现在是、也应当是一个共和政府。它的基础应是人民主权,三权分立,公民自由,禁止奴隶制,废除君主制和特权。"在这一演说中,玻利瓦尔主张在保持三权分立、权力平衡的前提下,加强中央行政权,实行总统制。1826年玻利瓦尔亲自制定的玻利维亚宪法,集中体现了他的这一政治思想。

如同玻利瓦尔及其领导的政府一样,所有拉美新独立的国家都受启蒙运动的理性主义的影响,大多数新政府都是按照美国和法国大革命的共和模式建立起来的。除拉普拉塔地区的领导人以外,几乎所有的暴动领导人都迅速制定一部以社会契约论为基础的宪法。拉美新独立国家最初制定的一些宪法是建立在人民主权的基础之上的,法律是"普遍意志"的表现,普遍的意志是通过代议制政府来贯彻的。几乎所有这些早期的宪法都宣布了不容剥夺的天赋权利(自由、法律面前人人平等、保障、财产等),几乎所有的宪法都谋求通过三权分立和使行政部门比立法机构相对软弱的办法来保护这些权利。1810~1820年卢梭的人民主权说、社会平等说、社会契约说对拉美新独立国家产生了巨大影响,而1820~1860年影响较大的启蒙思想家是孟德斯鸠。孟德斯鸠的三权分立、君主立宪主张对玻利瓦尔等拉美新独立国家领导人产生了重要影响。

二、经济思想

拉美的启蒙思想家在欧洲启蒙思想影响下,探究了美洲殖民地经济落后的原因,提出了相应的改革主张。

墨西哥的曼努埃尔·阿巴德—格伊波主教对殖民地的经济进行了分析,指出殖民地经济落后的原因是土地制度的封建性、长子继承制、经济垄断制、不合理的税收制度,以及限制工业、农业和贸易发展的各种禁令。他就税收、土地、司法权、下层人民的地位等问题提出了一系列的改革主张。他主张:"普遍废除印第安人和混血种人的人头税;废除歧视混血种人的有关法令;将印第安人村社的土地无偿分配给各村镇的印第安人,制定有关的土地法,将大地产主闲置的土地租给村镇,租期20~30年,租赁期间村镇拥有土地所有权,免交商品税及其他各项捐税;允许境内其他各种族人口自由迁居印第安人聚居的村落,允许他们自由在村里建筑新房……允许自由生产棉、毛织物。"

智利的马里亚诺·皮孔—萨拉斯在其《智利地区的工业、农业和贸易状况》一书中认为:"没有贸易自由,生产则受限制,工业则难以起飞,人们的劳动机会则被褫夺。"阿根廷独立运动领导人曼努埃尔·贝尔格拉诺(1770~1820年)在其《农业国发展农业和工业、保护贸易的一般方式》一书中也指出:"一个国家在对内、对外的广泛贸易中愈是接近完全的自由,则愈接近其永久的繁荣。如果贸易受阻,通向繁荣的步伐则延缓、放慢。"

墨西哥和拉美历史上第一位印第安人出身的著名总统贝尼托·胡亚雷斯(1806~1872年)在启蒙思想家伏尔泰、卢梭等影响下,在任总统期间(1858~1872年)于1859年颁布《1859年墨西哥社会改革宣言》,简称《改革法》。《改革法》宣布,无偿没收教堂建筑物以外教会的全部土地财产,把收归国有的教会土地,分成小块出售给农民,废除什一税和教会其他税收,废除教会和军队的特别法庭,解散男修道院等。当时墨西哥教会占有全国一半大地产的土地所有权,改革法打破了封建教权集团对土地的垄断,削弱了封建大地产制,并规定把教会土地通过信贷办法出售给农民,实行局部土改,为资本主义发展扫除障碍。

在欧洲启蒙运动影响下,在19世纪大部分时间里,拉美多数国家占统治地位的上层人物认为进步的经济制度就是资本主义,而主要模式是法国、英国和美国的模式,他们所颁布并实施的宪法、法律正是为了促进资本主义的渗透和发展。在19世纪的实践中,土地所有者尽可能大规模地生产甘蔗、可可、咖啡和其他作物,向国外市场出口。矿山的开发、铁路的修建、港口的扩大、欧洲移民的大量涌入,使拉美的资本主义开始发展。

三、教育思想

西班牙、葡萄牙等国美洲殖民地的启蒙思想家对殖民地的教育制度进行了批判,并提出了改革的主张。在殖民时期，一般大学只有3门课程：哲学、神学和拉丁文。而哲学课只讲亚里士多德的学说，并用拉丁语讲课。秘鲁著名教育家托里比奥·罗德里格斯·德·门多萨在18世纪末提出改革殖民地教育，把亚里士多德赶出课堂，主张将自然史、文学、冶金学、自然法等课程列入教学内容，改变死记硬背、拼命灌输的教学方法，重视培养学生独立思考能力。

委内瑞拉著名学者米格尔·何塞·桑斯1790年在加拉加斯法学院开学典礼上，要求学生必须"深刻理解复杂难懂的'人们的权利'这一问题"，认清"自己祖国的内在和外在的利益，国家的物产和贸易以及同其他国家的关系"，号召学生学习新文化，学习"有实用价值的技艺"。新格拉纳达的弗朗西斯科·安东尼奥·塞亚著文，号召青年"追求真正的科学，面向大自然，研究大自然的奥秘"。

西班牙美洲殖民地的启蒙思想家积极投身实践，在各地创办了新型学校。如在新西班牙创办了医科学校（1768年）、矿业学校（1792年）；在智利，创办了圣路易斯学校（1797年），讲授几何、制图、数学、化学；在拉普拉塔地区，创办了布宜诺斯艾利斯航海学校（1799年）。

拉美各国独立后对教育进行了深刻的改革。不少领导拉美独立运动的领导人，如玻利瓦尔、圣马丁、里瓦达维亚（1780~1845年）等，就是拉美资本主义教育改革运动的先驱者。这些领导人和教育家曾长期受欧洲文化教育的熏陶，深受法国启蒙运动思想和欧美暴动思想的影响，他们都很重视文化教育，强调教育对巩固独立、推动社会进步的重要意义。他们模仿欧洲的教育模式，特别是法国的教育模式，在本国实施教育改革。

玻利瓦尔认为，教育是一个"有教养的社会政治建设的基础"。玻利瓦尔无情地批判了当时拉美的封建殖民主义教育制度，并且学习欧洲的先进教育经验，提出了一套新的教育理论和制度。1825年玻利瓦尔签署了拉美第一个教育法，即《关于新玻利维亚国家教育制度的法令》和《关于收容和教育孤儿法令》。法令宣布建立"共和国总的教育机构"，规定"要立即着手在每个省城建立一所初等学校，设有相应的各个年级，以便接受所有的男女学龄儿童入学"。同时规定玻利瓦尔的老师西蒙·罗德里格斯在丘基萨卡创办的学校为全国模范学校，所有各省学校都要"按丘基萨卡模范学校的样板建校"。玻利瓦尔所倡导的模范学校设置多种职业课程，兼收贫苦儿童入学。然而，由于缺乏社会支持，仅办了几个月便夭折。

曾任阿根廷总统的多明戈·福斯蒂诺·萨米恩托（1811~1888年），在任总统（1868~1874年）前，于1842年在智利创办智利第一所师范学校并协助智利进行教育改革。19世纪初，拉美（当时为西属或葡属殖民地）共有40所大学，大多数为教会控制。独立后，大学逐渐世俗化，进行了改革。如智利大学在委内瑞拉著名学者、被称为"美洲的导师"的安德烈斯·贝略（1781~1865年）领导下，按法国大学模式，于1843年进行改革。阿根廷独立战争领导人里瓦达维亚于1821年创建布宜诺斯艾利斯大学。1827年，大哥伦比亚副总统桑坦德尔（1792~1840年）按照欧洲模式建立了波哥大大学，聘请欧洲专家任教。1833年建立蒙得维的亚大学。1843年建立哥斯达黎加大学。巴西独立后，于1827年创建圣保罗法学院，1830年创建里约热内卢医学院，1856年创建艺术和职业学院。

19世纪下半叶至20世纪初，随着拉美资本主义的发展，拉美各国教育改革进一步深入发展，其核心是建立和实行免费的义务教育制度。

墨西哥是拉美第一个以法律形式确定实施免费普及小学教育的国家。1867年，胡亚雷斯总统颁布了墨西哥《教育组织法》,规定初级教育为免费义务教育。随后,委内瑞拉(1870年)、阿根廷(1884年)、秘鲁(1920年)、智利(1929年)也先后颁布了实施免费的普及小学教育的法令。墨西哥、秘鲁还规定对成年人也实行免费的小学教育。

通过教育改革,拉美各国逐渐确立对教育的领导权,取消教会对学校的垄断。在独立后拉美各国制定的宪法中,一般都强调公民享有受教育的权利,明确了国家对公民实施教育的义务。智利1833年宪法明确规定,国家管理和干预教育的权力大于教会。阿根廷1853年宪法规定,保护公民受教育的权利是国家的义务。1884年阿根廷举行全国第一次教育会议,决定取消学校的宗教教育,免除天主教徒的教师职务,取消神学系。

为加强国家对教育的领导,许多拉美国家相继成立了中央和地方各级教育机构。智利于1842年成立国民教育部,委内瑞拉于1881年成立教育部,阿根廷于1884年建立中央和各省教育机构。20世纪20~30年代,墨西哥、巴西、玻利维亚、洪都拉斯、秘鲁也成立了教育部。

值得一提的是阿根廷。阿根廷政府于1884年颁布了《世俗教育法》,确定对6~12岁儿童进行免费义务教育;1890年颁布了国家对私立学校提供资助的法案,鼓励私人办学;1905年颁布了《扫盲法令》,并在全国开展扫盲运动;1919~1921年进行高等教育改革,在拉美各国率先实行大学自治。由于采取这些措施,阿根廷教育事业发展迅速,使阿根廷成为拉美教育事业最发达的国家之一。

四、科学技术

欧洲启蒙运动对拉美科学技术的影响,主要体现在拉美一些科研机构的陆续建立、欧洲一些科学家亲临拉美,率领拉美科学家从事一系列科学探险、考察和研究活动,既传播了欧洲先进的科学技术,又培养了一批拉美的科学家。而且许多拉美的科学家,除了从事科学研究外,还积极投身到拉美的独立运动。

西班牙美洲殖民地的启蒙思想家早在18世纪末就在殖民地各地区创建了一些科研机构。如1788年在墨西哥创建"墨西哥植物园";1796年在危地马拉城创建"危地马拉植物园",并于1797年建立"自然史博物馆";1799年在波哥大创建"波哥大天文台"。

在葡萄牙美洲殖民地巴西,受启蒙思想影响的巴西人积极创办了科研机构,如1771年在里约热内卢成立了科学研究院等。

18世纪后期至19世纪初,欧洲一些著名科学家,如德国科学家亚历山大·冯·洪堡(1769~1859年)、英国生物学家、进化论的奠基人查理·达尔文、法国生物学家约瑟夫·东贝(1742~1794年)、西班牙植物学家何塞·塞莱斯蒂诺·布鲁诺·穆蒂斯(1732~1808年)等曾长期在拉美各地进行探险、考察。洪堡曾于1799~1804年在西班牙美洲殖民地进行科学考察。1799年他同法国植物学家邦普兰一起,从加拉加斯出发,穿过草原至阿普雷河,泛舟经奥里诺科河及卡西基亚雷河。后短期居住古巴,在古巴进行考察后返回南美,1801年底起从波哥大至秘鲁的特鲁希略,对安第斯山的地质地理、火山、气候、植物、生物及秘鲁沿海洋流进行广泛考察。后又至墨西哥,对其矿业进行研究。他在美洲历时6年的考察旅行对促进欧洲先进科学和自由思想的传播起了重要作用。洪堡考察美洲的成果集中反映在他的《新大陆赤道地区的旅行》(共30卷)一书中,其中不仅反映了他的科学发现,而且也描述了西班牙美洲殖民地的社会、经济和政治情况。

达尔文于1831~1835年乘坐"比格尔"号考察船周游了巴西、阿根廷、智利、秘鲁以及厄瓜多尔的加拉帕戈斯群岛。达尔文在加拉帕戈斯群岛上进行了5个星期的考察,采集了大量的动植物标本,其中有不少动植物是其他岛屿上少见或没有的。他对岛上的各种动植物及其生活环境进行细致考察,系统研究了各种动物因环境变异后而发生的变化,进一步证实了自然条件对物种变化的影响,为他以后创造的进化论找到了根据。在达尔文1859年发表的《物种起源》一书中,详细记载了他在拉美考察的成果。

西班牙植物学家、医生穆蒂斯曾任西班牙国王御医,信奉瑞典植物学家林奈的植物分类理论。1760年赴新格拉纳达,任总督的医生。1783年在总督支持下,他率领植物学考察队从事广泛的植物调查,制作了6849种植物标本,其中有5393种保存至今。他还创建了大型植物园、植物学图书馆、天文馆。穆蒂斯还培养了一批有才华的新格拉纳达的科学家,其中有弗朗西斯科·何塞·德·卡尔达斯(1768~1816年)、安东尼奥·塞亚(1766~1822年)、豪尔赫·塔德奥·洛萨诺(1771~1816年)等。

卡尔达斯博学多才,是新格拉纳达著名地理学家、植物学家、天文学家。19世纪初到厄瓜多尔做植物调查,发现植被随地形高度而变化的现象,被认为是植物地理学的先驱之一。为测量山的高度,根据水的沸点因高度而不同的原理,发明了以温度计改制成的测高仪。1801年发表关于厄瓜多尔植物分布的报告。1802年他在基多结识洪堡和邦普兰,随他们一同考察了皮钦查、钦博拉索等火山。后又参加穆蒂斯组织的植物考察团。考察结束后,被穆蒂斯荐为圣菲天文台(南美第一座天文台)台长(1806年)。1808年创办《新格拉纳达周报》,刊载了许多关于新格拉纳达地理、旅行考察见闻、各地区动植物地图等科学文献。1810年他参加独立运动,被任命为爱国军准将、总工程师。1816年10月被西班牙殖民当局处死于波哥大。

塞亚是一位新格拉纳达科学家,1789~1794年参加穆蒂斯组织的植物考察团。1794年因被指控参与纳里尼奥翻译出版和传送《人权宣言》一事被判刑,1795~1797年被关押在西班牙加的斯监狱。释放后任马德里植物园主任。1815年回到美洲,参加玻利瓦尔领导的爱国军。1819年2月当选为安戈斯图拉国民大会主席。同年当选为大哥伦比亚共和国副总统。著有《哥伦比亚史》以及许多科学文章,被称为"哥伦比亚的富兰克林"。

在拉美各国独立后涌现出来的科学家中,比较著名的有:阿根廷的考古学家弗洛伦蒂诺·阿梅吉诺(1854~1911年),著有:《拉普拉塔人考证》(1880年)等;阿根廷地理学家弗朗西斯科·德·保拉·莫雷诺(1852~1919年),拉普拉塔博物馆创始人;阿根廷生物学家爱德华多·拉迪斯劳·霍姆伯格(1852~1937年),著有:《阿根廷共和国动植物志》;墨西哥地理学家安东尼奥·加西亚·库瓦斯(1832~1911年);墨西哥天文学家弗朗西斯科·迪亚斯·科瓦鲁维亚斯(1833~1889年),墨西哥天文台创始人,著有:《墨西哥共和国大地测量表和天文学新方法》等;哥伦比亚生物学家弗洛伦蒂诺·维加(1833~1890年),著有:《印第安植物学》、《植物考察》、《新格拉纳达的植物学》等;古巴动物学家拉斐尔·阿朗戈(1837~1893年)、古巴医生卡洛斯·胡安·芬莱(1833~1915年);秘鲁医生丹尼埃尔·卡里翁;委内瑞拉医生何塞·格雷戈里奥·埃尔南德斯(1864~1919年);巴西医生奥斯瓦尔多·克鲁斯(1872~1917年)和卡洛斯·恰加斯(1879~1948年)等。

第二节 民主共和、功利主义和实证主义思想的传播

1775年开始的美国独立战争,在精神上给予拉丁美洲人民很大的鼓舞。拉美独立运动的很多领导人,如米兰达、玻利瓦尔、圣马丁、伊达尔戈、奥希金斯(1778～1842年)等,都从美国独立运动中得到深刻启迪,吸取了有益的经验与教训。富兰克林、杰斐逊、潘恩等人的民主共和的资本主义革命思想和主张,美国1776年《独立宣言》,1777年草拟的、1781年施行的《邦联条例》和1787年制定的宪法对拉美产生了重大影响。早在1777年,大陆会议(1774～1775年)宣言的西班牙文译本已在拉美流传。潘恩、杰斐逊、华盛顿等的演说和著作也被译成西班牙文在拉美广为流传。民主共和、功利主义和实证主义思想在拉美得到广泛传播。

一、民主共和思想

许多拉丁美洲人亲身参加了美国独立战争,其中包括拉美独立运动先驱米兰达。米兰达于1780年随西班牙赴北美的远征军到美国,参加美国独立战争。1781年在夺得佛罗里达彭萨科拉城后晋升为中校。1782年4月,米兰达在巴哈马群岛粉碎英军的入侵。第二年,他在美国会见了美国独立战争领袖华盛顿,并结交了汉密尔顿、斯蒂芬·塞尔、鲁弗斯·金等知名人士,同约翰·亚当斯的女婿、总统副官威廉·史密斯建立了真挚的友谊。1784年米兰达在美国形成了"整个西班牙美洲大陆的自由和独立"的构思。

南美独立运动领袖玻利瓦尔始终尊敬华盛顿,称赞美国的独立和进步,把美国描绘为"自由的国土和公民道德之家"。当时美国和西班牙美洲殖民地的贸易不仅是商品的交换,也是进步书籍和思想传播的渠道。美国商人把译成西班牙文的美国《独立宣言》和宪法带到西班牙美洲,将民主共和思想传入这一地区。1810年西班牙美洲人民开始进行争取独立的斗争后,不断从美国建立共和国的经验中寻求启迪。委内瑞拉、墨西哥等国在独立后制定的宪法几乎完全以美国宪法为蓝本,许多拉美新独立国家的领导人都深受北美邻邦民主共和思想的影响。

值得一提的是,法国美洲殖民地海地与美国独立战争的相互影响。1775年美国爆发独立战争;第二年,美国派遣锡拉斯·狄安和富兰克林出使法国,以争取法国支援。法国于1778年2月同美国签订同盟条约,派遣舰队开往西印度群岛,并在海地招募550名黑白混血种人和黑人组成志愿军,开往美国南部的萨凡纳,支援美国独立战争。海地志愿军由于遭到英国猛烈攻击,伤亡惨重,被迫撤回。但是,这些海地人经受了战争的考验,受到了美国独立、民主、共和思想的熏陶,为尔后的海地独立运动培育了一批骨干。美国独立战争的胜利,也给海地及西班牙、葡萄牙美洲殖民地民族解放运动以巨大鼓舞和推动力。

与此同时,美国人民也以实际行动声援拉美人民的独立运动。早在1806年米兰达率领远征队远征委内瑞拉的行动中,就有200多名美国士兵参加。在墨西哥独立战争中,有不少美国人同墨西哥人并肩战斗。在智利独立运动中,美国商人马特奥·霍维尔帮助智利爱国者从美国购买第一部印刷机并请来排字工人,使宣传独立思想的智利第一份报纸《黎明报》在1812年问世。智利独立后,圣马丁和奥希金斯在组织远征秘鲁的海军时,派代表去美国购买巡洋舰和炮舰。一些美国人还

参加了远征秘鲁的行动。美国友好人士经常向拉美独立运动提供资助、武器和各种物资,美国武装民船配合拉美人民在海上拦截、破坏西班牙船只,分散和削弱了西班牙殖民势力。

二、宪章制度的移植

拉美大多数国家在独立战争期间及独立后所颁布的宪法都是按照美国、法国及1812年西班牙加的斯宪法的模式,特别是美、法宪法的模式制定的。拉美国家最早的一些宪法,如1811年委内瑞拉宪法,1811年智利宪法,1811年的新格拉纳达宪法等都是以美国和法国宪法为模式,建立在人民主权的基础上,规定法律是"普遍意志"的表现即多数人表决通过的意见,通过代议制政府来加以贯彻。这些最早的拉美宪法都宣布了不容剥夺的天赋权利(诸如自由、法律面前人人平等,等等)。

19世纪20~30年代,拉美大部分国家的宪法都在不同程度上受西班牙加的斯宪法的影响。如1821年的大哥伦比亚宪法,1830年和1832年的新格拉纳达宪法,1830年的委内瑞拉宪法,1823年和1828年的秘鲁宪法,1826年的阿根廷宪法,1830年的乌拉圭宪法和1828年的智利宪法等。1824年的墨西哥宪法也受西班牙加的斯宪法的影响,但有一个重要的不同点,它采用联邦制(受美国宪法影响)。这一时期上述拉美国家宪法的特点是行政机构受议会支配、权力有限、由多人组成。

1799年法国拿破仑宪法和英国的君主立宪模式在19世纪前半期对拉美国家也有一定影响。如玻利瓦尔制定的玻利维亚宪法,安德烈斯·圣克鲁斯(1792~1865年)制定的秘鲁和玻利维亚联盟宪法(1837年),胡安·何塞·弗洛雷斯(1810~1864年)制定的厄瓜多尔宪法(1845年),1836年墨西哥保守派制定的宪法等。但是,这类宪法生效的时间都比较短。

据统计,拉美各国取得独立后的150年中,共计制定并颁布了180~190部宪法,其中大部分是在1850年以前颁布的。仅委内瑞拉一国,就颁布了22部宪法。

从拉美各国的宪法来看,绝大多数国家都采用中央集权制。只有少数国家,如巴西(自1889年起)、墨西哥(1824~1836年,1857年至现在)、阿根廷(自1853年至今)、委内瑞拉(自1864年至今)、哥伦比亚(1863~1886年)采用或采用过联邦制。几乎所有的原西班牙、葡萄牙美洲殖民地在独立后都采用总统制政体。总统既是国家元首又是政府首脑,总统权力高度集中。总统不是由议会选举,而是定期由选民普选产生;内阁各部部长由总统任命。宪法虽然规定要进行普选,但由于大部分宪法规定选民必须识字、拥有一定财产,因此,实际上将众多的文盲、穷人和印第安人排除在外。

拉美国家的宪法还先后废除了奴隶制(括号内为废除奴隶制的年份):大哥伦比亚共和国(1819年)、哥伦比亚(1851年)、厄瓜多尔(1853年)、委内瑞拉(1854年)、中美洲联邦(1823年)、智利(1823年)、玻利维亚(1826年)、墨西哥(1829年)、乌拉圭(1843年)、阿根廷(1853年)、秘鲁(1854年)、巴西(1888年)。

拉美少数国家曾企图建立君主立宪制,如阿根廷(1814~1818年)、智利(1818年)和墨西哥(1821~1822年,1864~1867年)。阿根廷的曼努埃尔·贝尔格拉诺曾建议让一名印加人后裔任国王,未遂。墨西哥阿古斯丁·德·伊图尔维德曾于1822年5月策划政变,乘机于7月称帝,自封为"阿古斯丁一世",但登基不到10个月(于1823年3月)就被拉下了皇帝宝座;曾一度流亡国外,1824年7月回国后即被人民处决。1864年5月,入侵墨西哥的法国把奥地利皇帝的幼弟马克西米利安大公(1832~1867年)扶上墨西哥皇帝宝座,称"马克西米利安一世"。在墨西哥人民英勇抗击下,法国侵略军被迫于1867年3月撤出墨西哥,同年6月19日,马克西米利安被处决。总的来看,在原西班牙美洲殖民地,君主立宪制从来没有获得成功。

三、"考迪罗"现象

"考迪罗"制是拉美大多数国家在19世纪20年代独立以后至20世纪前期盛行的一种以暴力夺取政权、维持统治的独裁制度。"考迪罗"(又译考迪略)一词在西班牙语为"首领"之意,指拉美各国取得全国或某一地区政权的军事独裁者以及依靠军队支持的独裁统治者。

考迪罗最早产生于拉美独立战争时期。在19世纪初拉美各地争取独立的暴动中,先后涌现出一批军事领袖。他们曾为推翻殖民统治、争取独立做出过不同程度的贡献。独立后,这些军事领袖和各地强有力的地主集团的首领,便成为拉美新独立国家或某一地区的独裁统治者,这就是拉美的第一代考迪罗。第一代考迪罗比较典型的代表有:墨西哥的伊图尔维德·圣安纳(1794~1876年);阿根廷的罗萨斯(1793~1877年);智利的迪戈·波塔莱斯(1793~1837年);巴拉圭的弗朗西亚(1766~1840年)等。

19世纪中叶,第一代考迪罗逐渐消失,另一批军官和地主集团首领通过"选举"或政变等方式登上政治舞台,成为新的考迪罗。这第二批考迪罗的主要代表有:巴拉圭洛佩斯父子卡洛斯·安东尼奥·洛佩斯(1792~1862年)和弗朗西斯科·索拉诺·洛佩斯(1827~1870年),他们在1840~1869年统治巴拉圭长达29年之久;1845~1851年及1855~1862年统治秘鲁的拉蒙·卡斯蒂利亚(1797~1867年);1852~1860年统治阿根廷的胡斯托·何塞·德·乌尔基萨(1801~1870年);1851~1861年统治智利的曼努埃尔·蒙特·托雷斯(1846~1922年);1870~1888年统治委内瑞拉的古斯曼·布兰科(1829~1899年)等。其中有些考迪罗在人民的压力下,做过一些改革和让步,但绝大多数考迪罗实行独裁统治。

考迪罗主义是拉美特有的独裁制度。考迪罗既不同于世袭的封建国王或大地主,又不同于英、美、法通过选举上台的总统和首相,考迪罗大多是通过所谓"暴动"实为政变而取得政权的,考迪罗的"暴动"并未促成经济上和政治上的基本变革,并没有触动大土地制度。

拉美各国在独立后都程度不同地遭受考迪罗主义的危害。考迪罗制度是造成拉美政治经济长期落后的主要因素之一。在考迪罗统治下的拉美各国,苛政横行,内战不断,政变频仍,严重阻碍民主制度的建立和发展。从墨西哥独立(1821年)到19世纪末,墨西哥共有72届政府,只有12届是合法产生的。考迪罗统治的时间长短不一,短则几小时,长则几十年。在有些考迪罗较长的独裁统治时期,政局相对安定,对肃清地方分离主义、促进国家统一和民族经济发展客观上起到了一定的推动作用。但这种稳定往往是不巩固的,在独裁者死后,往往酿成国家长期动荡。

通常认为拉美的考迪罗主义一直在拉美盛行至20世纪前期,有的认为到1910年墨西哥独立战争爆发,有的认为到1930年,有的认为到20世纪中叶。但是,也有人认为,当代拉美国家的一些独裁者,也可算做考迪罗。

拉美各国产生考迪罗主义的主要原因是:西班牙长期的殖民统治所造成的经济落后和强大的地方分离主义势力;拉美独立后继续盛行的大庄园制和大种植园制,土地高度集中,大地主为自身的利益而争权夺利;代表保守势力的强大的教会的存在;欧洲列强势力的渗透和干涉等。考迪罗主义是阻碍拉美进步的主要障碍之一。

四、政教分离与信仰自由

在西班牙美洲殖民地独立战争中,教会统治集团的大部分人都支持西班牙王室,反对殖民地独立。在西班牙美洲,主教一律由西班牙国王任命并从属和服从国王。绝大多数主教都由"半岛人"即出生在西班牙的西班牙人担任,他们完全支持西班牙的利益。也有少数主教明显同情爱国者,如新西班牙(今墨西哥)米却肯的安东尼奥·德·圣米格尔和基多(在今厄瓜多尔)的何塞·德奎罗-凯塞多等。

而多数下层教士,特别是世俗教士,他们多为克里奥尔人,他们的态度总的说来更倾向于支持西班牙美洲自治,并最终支持独立。此外,广大的教区神父同教会上层统治集团之间存在尖锐的矛盾,对"半岛人"垄断教会高级职位普遍不满。少数神父在西班牙美洲的独立战争中,发挥了重大作用,如新西班牙的伊达尔戈、莫雷洛斯;基多有3名神父在1809年发表独立宣言;在波哥大,有3名神父参加1810年洪达(执政委员会),9名神父参加1811年国会。在拉普拉塔(今阿根廷)有16名神父在独立宣言上签名。

在西班牙美洲殖民地独立战争的大部分时间里,罗马教皇坚持与西班牙王室结盟、反对西班牙美洲独立的立场。

独立战争后,在拉美各国,天主教会的势力受到很大削弱。新的共和国一般都承认天主教为国教,但同时又接受容忍异教原则(西班牙语美洲各国独立后与英国签订的条约中往往保证信教自由)。各国先后废除了宗教裁判所。外国商人和手工业者,以及外国传教士将新教带到西班牙语美洲。受启蒙思想和功利主义影响的拉美各国领导人,开始提出国家与宗教分离即政教分离的主张,力图大大缩小教会对世俗权力的影响,他们认为教会的这种权力和影响是独立后实现经济、社会和政治现代化的主要障碍。

在19世纪中叶,政教分离成为整个西班牙语美洲国家的一个中心政治问题,特别是在墨西哥、新格拉纳达、厄瓜多尔、秘鲁和智利。

法国哲学家、自由派教士拉梅内(1782~1854年)对拉美文职政治家对教会的激进态度起了重要影响。拉梅内批评教会只关心金钱、权力,提倡一种原始的、大众的、超天主教会的基督教。他坚持宗教和政治分离,教会和国家分离。他的这种主张在墨西哥、新格拉纳达等国产生了反响。

1854年,墨西哥格雷罗州长胡安·阿尔瓦雷斯(1790~1867年)领导墨西哥人民举行起义,于第二年推翻圣安纳独裁政权。阿尔瓦雷斯任临时总统,任命胡亚雷斯为司法、宗教和公共教育部长。1856年初,议会批准由胡亚雷斯起草的"胡亚雷斯法"。该法规定,废除教会和军队的特设法庭,取消教士和军官不受普通法院审判的特权,剥夺教士的选举权。同年6月,颁布了禁止教会和世俗团体拥有不动产的"莱尔多法"。1857年颁布的新宪法再次规定,禁止教会拥有不动产,宗教界人士不得当选为总统和国会议员。1858~1861年,总统胡亚雷斯领导墨西哥人民进行"改革战争"。1859年,胡亚雷斯政府制定《改革法》,宣布无偿没收教堂建筑物以外的教会的全部土地财产,把收归国有的教会土地,分成小块出售给农民,废除什一税和教会其他捐税,废除教会和军队的特别法庭,解散男修道院;还宣布宗教信仰完全自由,重申政教分离,国家掌握教育和其他民政事务,政府对宗教事务进行干预等等。

哥伦比亚1863年的宪法宣布废除一切宗教法令,并宣布政教分离。秘鲁在1851年废除教会特权。

拉美各国的宪法都先后规定了宗教信仰自由的原则。

巴西的情况和西班牙语美洲国家不同,由于巴西独立运动的相对和平性质和在相当时间里保持君主政体,使巴西教会的权力未受损害。此外,巴西教会的财富、权力和影响一直比较适度。巴西直到1889年11月15日才推翻君主制度,1890年1月7日颁布政教分离法,1891年制定宪法,建立巴西合众国。

五、"文明与野蛮"之争

拉丁美洲大部分地区在1825年以前都已获得独立。拉美新独立国家都先后制定了宪法,成立共和国,宪法规定行政首脑的职责,行政首脑和立法、司法部门分享权力;有限地废除对贸易的种种限制;规定发展公共教育以及宣布在法律面前人人平等,等等。

但是,新国家的独立在许多方面是有名无实的。掌权的上层人物仍然在精神上与原宗主国相连,在文化上依赖于法国,而在经济上屈从于英国。

在欧洲启蒙运动等进步思想影响下,在拉美各国涌现出一批敢于发表意见,主张在拉美推行欧洲式"文明"的自由派学者和政界人士,其中最具有代表性的是阿根廷的"1837年一代人"。他们主张进行自由贸易,实行"竞争取胜",引进欧洲先进技术,推行欧洲式教育。阿根廷"1837年一代人"的思想影响远远超越阿根廷国界,成为当时拉美的主流思想。他们反对阿根廷的独裁者、考迪罗罗萨斯的统治(1835~1852年)。他们将他们与罗萨斯之间的冲突看做是"文明与野蛮"之争。

1837年一代人的代表人物是阿根廷著名作家、教育家、总统(1868~1874年)萨米恩托(1811~1888年)。他于1845年在智利发表了他的成名作、长篇文学传记《法昆多》,又名《文明与野蛮》。萨米恩托通过对军事寡头胡安·法昆多·基罗加生平的剖析,探讨产生考迪罗和独裁者的历史根源,揭露并抨击罗萨斯的残暴统治。法昆多在大草原和小酒店的环境中长大,由于他的凶猛和残忍,外号称作"草原之虎"。少年时代,他殴打要他守纪律的老师;青年时代,他当过雇工,当过兵,开过小差,他一把火烧毁他父母正在熟睡的房子;他当过贼,蹲过监狱,他杀死了曾将他释放的官员;他在打牌时,把一个朋友的脑袋打破;他一斧子劈开了号啕大哭的儿子;他通过背信弃义,逐步高升,成为几个省的指挥官和统治者。而最后法昆多被罗萨斯派人杀死。

作者在《前言》中阐明了为什么将本书取名为"法昆多"的原因:"法昆多·基罗加是阿根廷共和国内战中最有典型性格的角色,是暴动中出现的最具有美洲特色的人物。法昆多·基罗加身上包含着全部动乱的因素,而在他登台之前,这些因素是在各自孤立地起作用;是他,把地方战争变成了全国性战争,经过10年的艰辛、战斗与破坏,他取得了胜利,但是结果却落入了那个杀害了他的人手中。"本书的副标题:"文明与野蛮"是贯串全书的一个基本思想。作者认为:"文明扎根于城市,野蛮控制了乡村。法昆多是'野蛮'的象征。"作者以主要篇幅揭露军事独裁的残酷与野蛮。

萨米恩托认为,正是军事独裁、寡头政治阻碍了社会的进步和文化的发展,使城市贫困,农村没落。为使阿根廷走向文明,必须打倒独裁,消灭野蛮。只有这样,阿根廷才能成为一个独立、民主、富强的国家,才能赶上并超过欧洲的先进资本主义强国。

《法昆多》一书集中体现了萨米恩托的民主思想和战斗精神。它是反对军事独裁统治的锐利武器,同时又是分析阿根廷社会矛盾的钥匙。作者在书中用奔放的语言、充沛的激情讴歌潘帕草原的自然风光和高乔人的生活,从而表达了作者对祖国和人民的热爱,对社会未来进步的信心。作者在书中还提出了一系列发展经济、建设精神文明的主张。

作者认为,"文明"包括法制、社交和保护私有财产。为了做到"文明社交",人们应按照一定的行为准则办事,而"野蛮"是"文明社交"的对立物,法昆多是"野蛮"的象征,他反对文化教育、法律、社会秩序和宗教,毫无法制观念,不考虑公共利益。值得指出的是,萨米恩托站在资本主义民主改良的立场上,认为印第安人应被排除出文明社会之外,笼统地认为高乔人是"野蛮和灾祸"的代名词,这说明了他的思想的局限性。

在19世纪大部分时间中,拉美多数国家占统治地位的上层人物所追求的"文明"和"进步",其实质是承认个人主义、竞争以及不加限制地追求利润的这种自由和民主。后来,"文明"、"进步"这些词汇,则被"现代化"一词所取代,有时候也相互交替使用。拉美各国上层人物所追求的"文明"、"进步",就是尽可能地按照欧洲和北美的发展模式来重建国家,发展资本主义,扩大农作物的种植,加快矿产品的开采,增加出口,从中获取大笔利润。为此,他们允许欧洲移民大量涌入拉美国家。

拉美具有这种"文明"观的人士往往忽视本地区、本国的文化、习俗,忽视本国印第安人。他们常常把本国印第安村庄一律视做"野蛮",把本国的印第安人和主张尊重本国历史、习俗的政治领导人一律视做"野蛮人",这显然是片面的和不公正的。

六、功利主义、实证主义的传播与实践

在19世纪头50年,法国的启蒙思想和英国的功利主义思潮支配了拉美人对社会经济和政治问题的见解。英国功利主义、自由主义政治思想的奠基人边沁(1748～1832年)的著作是当时拉美知识分子经常阅读的著作。"不论是在19世纪20年代的智利报纸上,还是在1830年乌拉圭的制宪会议上,还是在19世纪40年代新格拉纳达政治家的图书馆里,最经常遇到的三位作者是孟德斯鸠、贡斯当和边沁。"

边沁的功利主义把个人利益看做是唯一现实的利益,并把它作为整个道德理论的出发点和归宿,认为社会利益只不过是个人利益的总和。边沁主张建立一种能充分体现功利主义原则的政体。他认为,政体的好坏,要以是否对人有利为前提,以是否能为最大多数人谋取最大的功利为条件,以私利和公利是否能结合为原则。边沁认为,能够体现功利主义原则的是民主制政体。他主张议员的选举应根据普选、平等和秘密选举的原则进行,反对根据财产确定选举资格。边沁还论证了资本主义政治保护自由贸易、自由竞争的原则,主张国家不应干涉私人企业经济活动,只有对经济采取自由放任的原则,自由竞争,自由贸易,才能保障经济的发展。边沁的主张,是符合上升时期的资本阶层利益要求的。边沁的这些主张,对19世纪前半期拉美自由派知识分子和政界人士产生了重要影响。如智利作家、自由党领导人拉斯塔里亚(1817～1888年)在19世纪40年代发表论文,痛斥顽固的封建思想,赞扬同智利已采取的共和主义制度相一致的功利主义价值准则。

据西班牙塞维利亚大学拉美史教授曼努埃尔·科雷亚·马丁内斯的研究,受功利主义影响的拉美知识分子和政界人士主要有:阿根廷的阿尔维迪(1810～1884年)、萨米恩托,委内瑞拉的安德烈斯·贝略、洪都拉斯的塞西利奥·德尔瓦列(1780～1834年)、墨西哥的蒙吉亚大主教(1810～1868年)、路易斯·莫拉(1794～1850年)等。

第六章 拉丁美洲近代文明的发展

到1850年,功利主义在拉美的影响开始削弱,拉美思想家和政治家们日益将实证主义视为引导他们走向现代化的哲学。在19世纪后半期,实证主义在拉美思想界居统治地位。法国实证主义思想之父奥古斯特·孔德(1798～1857年)对拉美起主要影响,而实证主义另一位创始人、英国人赫伯特·斯宾塞(1820～1903年)的影响也不小。

实证主义的传播遍及整个拉丁美洲。这一哲学思想在墨西哥、巴西、阿根廷等国成为领导阶层的主张。在墨西哥,实证主义的首倡者加维诺·巴雷达(1818～1881年)是一位医学教授,1848～1851年在巴黎进修期间曾上过孔德的课,回国后他领导墨西哥国立预科学校,参加胡亚雷斯政府的教育改革委员会,参与制订1867年公共教育改革法,传播实证主义。墨西哥的独裁者迪亚斯(1830～1915年)将实证主义奉为其政权的官方信条,并把巴雷达的门徒集合起来,组成一个既有理论家、又有实干家的组织严密的团体。这个团体被称做"科学家派";其首领初为罗梅罗·鲁维奥,主要成员有:罗森达·皮内达、利曼托尔、巴勃罗·马塞多等。1892年组织政党,拥护迪亚斯连任总统。部分成员曾在政府中任职,为迪亚斯制定政策。科学家派笃信实证主义和社会达尔文主义,主张大量引进外资和技术,并实行西欧、北美式资本主义化的治国方针。

在巴西,本哈明·康斯坦特(1836～1891年)于1871年创建实证主义协会。实证主义在导致佩德罗二世垮台和奴隶制的废除中,起了重要作用。早期的巴西共和主义者是狂热的实证主义信徒,他们有意识地试图将他们对实证主义政策的含义和要点的理解,付诸实行。1889年设计的巴西共和国国旗至今仍印有实证主义的座右铭"秩序和进步"。

在阿根廷,萨米恩托总统于1870年创立了宣传实证主义的巴拉那师范学校。从1870年～1888年,委内瑞拉总统安东尼奥·古斯曼·布兰科在实证主义宗旨的直接或间接影响下进行了治理。他首先强调建立秩序,然后开始追求那意义不明确的进步。古斯曼政府铺设了新的铁路,扩大了港口设施,增加了向欧洲的出口。

墨西哥哲学家莱奥波尔多·塞亚认为:"对西班牙美洲的人民来说,实证主义是能结束长期政治和社会暴力及无政府状态、能建立一种新的思想秩序以取代业已被摧毁的思想秩序的适当的哲学;而对巴西人民来说,实证主义是最能面对社会自然演变的新现实的主义。"

拉美实证主义者从改革教育、制造舆论入手,逐步走上参政道路。拉美各国的实证主义者先后建立过一些专门的组织,如墨西哥的"加维诺·巴雷达方法论协会"(1877年),阿根廷的"80年代人",智利的"启蒙协会"(1872年),玻利维亚的"自由派俱乐部"(1876年)、"地理协会"(1889年)等。同时,实证主义者也创办过一些报刊,宣传实证主义,如墨西哥1898年创办的《自由报》等。

拉美各国实证主义的主要代表人物,除前面已提到的以外,还有墨西哥的谢拉(1848～1912年),智利的拉斯塔里亚(1817～1888年)、拉加里格(1854～1894年)、莱特列尔(1852～1919年),秘鲁的科尔内霍(1866～1942年)、乌加特切(1889～1967年)、比利亚兰,玻利维亚的布斯蒂利奥(1895～1928年),阿根廷的本赫(1875～1918年)、因赫涅罗斯(1877～1925年)、庞塞(1898～1938年),乌拉圭的巴雷拉(1845～1879年),古巴的巴罗纳(1849～1933年),巴西的巴雷托(1840～1923年)等。

拉美各国在独立后相当长时间内,社会动乱、内战频仍,自由派和保守派,联邦派和中央集权派之间斗争不已。拉美需要一种理论来维持社会的安定和发展。而孔德的实证主义恰恰以"秩序和进步"作为其中心思想,孔德企图以"科学方法"来论证资本主义制度下的阶级合作"和社会"团结"的必然性,孔德规定实证哲学的任务是克服社会和思想领域方面的"精神上的无序和混乱状态"。因此,实证主义理所当然地为拉美知识界和政界人士所接受,并在将近半个世纪里成为占主导地位的思想,并且逐渐促使一种新的文化模式的形成。

实证主义给拉美带来一场思想解放运动。拉美知识分子以孔德有关人类社会三阶段(神学、形而上学、实证主义)论对抗经院哲学中的本体论,抛弃对因果关系的神学辨析,强调以生物学、心理学、社会学为基础分析事物的发展规律,以自然科学的发展观取代神学历史观,把历史视做一个不断完善的有机体,从而为社会变革奠定了理论依据。

实证主义为在拉美推行资本主义模式奠定了思想基础。在实证主义思想指导下,拉美国家以欧洲、北美资本主义模式为榜样,大力发展工业生产和铁路建设。巴西是拉美国家中最早使用蒸汽机的国家,于1815年在巴伊亚市建立第一家蒸汽机榨糖厂。到1852年使用蒸汽机的工厂已增加到144家。智利于1839年建立第一家蒸汽机磨面厂,到1863年使用蒸汽机的工厂增至132家。古巴是拉美国家中率先修建铁路的国家,于1839年建成从哈瓦那到古伊内斯长约48公里的铁路。其他拉美国家及其第一条铁路建成的年代分别是:智利(1852年),巴西(1854年),阿根廷(1857年)。铁路的修建对促进拉美各国的经济发展和出口的增长起到了极大的推动作用。

在阿根廷等国,实证主义者大力主张从欧洲移民,从血缘、文化传统上改变本国人口和种族的构成。从1879年~1914年,共有240万欧洲移民(其中3/4来自西班牙和意大利)到阿根廷定居。

实证主义促使拉美各国努力改变高等教育以适应新时代的要求,培养出掌握先进科学,符合经济现代化,稳定、高效政府机构需求的人才。墨西哥的巴雷达将古老的圣伊尔德方索学院改变为国立预备学校,以培养墨西哥知识界和政府部门的精英。阿根廷萨米恩托1870年创办的巴拉那师范学院培养出了一批全国性领袖人物。巴西本哈明·康斯坦特创办的巴西军事学院、智利莱特列尔1889年创立的智利大学教育学院都为本国培养了一批有用人才。拉美的实证主义者推动了拉美的教育改革,调整了教育结构、课程设置,取消或减少了拉丁文的课程,增设了科学知识和专业课,注重培养自由、民主精神。

实证主义虽然不是直截了当的政治理论,但它的教导却为拉美统治阶层精英分子提供了重要的依据。在墨西哥和智利,"科学政治"的概念已正式提出来,而在阿根廷和巴西,并没有正式明确提出。墨西哥的胡斯托·谢拉提出,在科学指导下,国家领导人必须否定半个世纪以来的暴动行动和无政府状态,调解互相冲突的各方并加强统治以满足工业时代的需要,提出"自由、秩序和进步"为座右铭。有些实证主义者还公开呼吁实行独裁统治,以维护社会稳定和秩序。

毋庸置疑,实证主义在拉美也产生了一些消极作用。如大多数实证主义者对印第安土著文化持否定态度,有的甚至视印第安人为劣等民族。有些实证主义者一味追求"秩序",同独裁政府沆瀣一气,如墨西哥"科学家派"中的一些人。实证主义者无力解决日益尖锐的、大量的社会矛盾;由于实证主义者提倡功利主义、物质至上,助长了精神的平庸化。正因如此,在20世纪初,实证主义在拉美受到了以民族主义为主的各种新思潮的冲击,影响逐渐减弱。

第三节 欧洲文学在拉美的传播与发展

18世纪末、19世纪初拉美轰轰烈烈的独立运动造就出一批优秀的文学家。他们以文学为武器,讴歌独立战争的伟大胜利,歌颂共和国的诞生。他们中很多人投身到独立战争中,有的甚至献出了生命。1800年~1830年间,欧洲的古典主义、浪漫主义和现实主义文学流派通过法国、西班牙等国传入拉丁美洲,并得到广泛传播。

一、新古典主义诗歌和独立运动的歌手

古典主义源于17世纪的西欧,特别是法国,因它在文艺理论和创作实践上以古希腊、罗马文学为典范而得名。古典主义的基本特征是:遵循"理性"至上的原则,按照关于"美"的绝对概念创作,不着重抒发个人思想情绪,而着重写一般性的类型、人性和自然;文风要"逼真"、"得体";认为文学的功能在于道德说教、劝善;崇尚古希腊、罗马的大作家,视其作品为圭臬;各种文学体裁有严格的界限和规则;语言简洁、洗练、明朗、精确,切忌烦琐、含糊、晦涩。

古典主义传入拉美后,经过拉美作家的加工和改造,具有新的特点,被称为"美洲新古典主义"。其特点是主张文学应该成为战斗和宣传的工具,"祖国的独立是影响一切诗歌的灵感";重视古代印第安文化的价值,歌颂美洲秀丽的山川风光;在诗歌技巧上,继承西班牙文艺复兴的传统,使用七音节和十一音节交替的自由诗体"席尔瓦";在散文、戏剧方面,在内容和技巧上,也有所创新,朝民族化方向迈出了第一步。

新古典主义在拉美的产生和发展是同该地区独立运动同步进行的,主要流行于19世纪上半叶,到19世纪中期便接近尾声。拉美新古典主义文学中有小说、散文、诗歌,其中诗歌占重要地位。

1. 拉美第一部长篇小说利萨尔迪的《癞皮鹦鹉》

19世纪初,墨西哥独立运动高涨。1810年伊达尔戈发出著名的"多洛雷斯呼声",吹响了独立战争的号角。具有独立思想的作家和政论家何塞·华金·费南德斯·德·利萨尔迪(1776~1827年)写下了大量通讯、诗歌、散文和小说,抨击教会和贵族阶层,宣传独立运动。他的代表作《癞皮鹦鹉》是拉丁美洲西班牙语国家第一部长篇小说。

利萨尔迪生于墨西哥城。受法国大革命和启蒙思想影响,他于1812年创办《墨西哥思想》杂志,积极宣传启蒙思想,主张独立,鼓吹武装暴动,因此,曾两次被殖民当局监禁。出狱后,以小说、戏剧、诗歌为武器,继续宣传独立、自由思想。墨西哥独立后,曾任《官方公报》主编。

1816年他发表长篇小说《癞皮鹦鹉》。小说以第一人称描写一个绰号叫"癞皮鹦鹉"的流浪汉佩里基略·萨尼恩托坎坷的一生;他经历过一千零一次危险,上过学,当过流浪汉、佣人,做过小偷、流氓,最后对自己颠沛流离的一生感到悔恨,临死前成为诚实和正直的人。小说的主题是惩恶扬善。小说通过主人公的见闻和遭遇,揭露了殖民地时期墨西哥社会的黑暗,表达了人民群众要求变革的愿望。作品风格流畅,语言通俗易懂,描写真实细腻,情节曲折生动,通过作品中所描写的形形色色的人物和场景,展现了殖民社会末期墨西哥广阔的生活画卷。

利萨尔迪在这部小说中运用的是流浪汉小说体结构。这种结构15世纪在西班牙、16世纪在

法国曾流行过,但在 19 世纪初已过时。而利萨尔迪当时运用这一曾在宗主国流行过的文学体裁和结构,并不令人奇怪。虽然这种结构比较简单和松散,但却易于表现当时墨西哥社会生活的各个侧面。他在小说中对官员的专横、教会的欺诈和对贩卖黑奴进行了无情的鞭挞和揭露。

2. 诗歌

新古典主义诗歌主要内容包括:歌颂家乡的田园生活和爱情,歌颂独立战争和新生的共和国,歌颂美洲的自然风光,经过整理加工后的民歌、寓言诗等。

下面重点介绍三位具有代表性的诗人和作家、独立运动的歌手奥尔梅多、贝略、埃雷迪亚。

何塞·华金·奥尔梅多(1780~1847 年),生于瓜亚基尔城(该城现属厄瓜多尔,独立战争前属秘鲁总督区)。他 1805 年在利马圣马科斯大学获法学博士学位。后先后任该校及基多圣托马斯大学教授。1811 年作为瓜亚基尔省代表出席西班牙加的斯议会,在议会上慷慨陈词,强烈谴责"米达"徭役制,为印第安人辩护。1814 年主张除非费尔南多七世承认加的斯宪法,否则不承认其为国王。费尔南多七世复位后,奥尔梅多逃离西班牙。

1816 年返回瓜亚基尔,从事古典诗歌研究。1820 年 10 月瓜亚基尔爆发独立战争,11 月当选为洪达(执政委员会)主席。1822 年玻利瓦尔统帅大军抵达瓜亚基尔,解散了执政委员会。1823 年奥尔梅多到秘鲁当选为利马制宪议会议员。1824 年 8 月 6 日,玻利瓦尔亲率大军在胡宁大败西班牙殖民军队。同年 12 月,玻利瓦尔的部下又率爱国军在阿亚库乔大败西班牙殖民军。1825 年 1 月,奥尔梅多写出了《胡宁大捷:献给玻利瓦尔的颂歌》,热情讴歌拉美独立运动领袖玻利瓦尔及独立战争的胜利。1825~1828 年出任秘鲁驻英国和法国全权公使。1830 年当选为厄瓜多尔第一任副总统,因反对弗洛雷斯总统独裁,拒不就任。1835 年任制宪议会主席。

在《胡宁大捷》这首诗中,作者模仿古典主义风格的英雄颂诗,全诗共 906 行,分 7 部分。这首长诗热情奔放,气势磅礴,想象丰富,充分表现了拉美人民争取民族独立的高昂的英雄主义精神,其内容和表达方式远远超越传统的古典主义形式。作品一开始,即以雷鸣、电闪来烘托气氛,描写独立战争的到来。《胡宁大捷》是一首爱国主义和英雄主义的赞歌。奥尔梅多作为一名诗人和独立运动的领导人,以他精湛的艺术修养和对祖国无比的深情,谱写了一曲时代的强音。

安德烈斯·贝略(1781~1865 年),委内瑞拉爱国者、西班牙语美洲新古典主义诗人的杰出代表,文化巨匠,被称为"美洲的导师"。

贝略曾当过拉丁美洲独立战争领袖玻利瓦尔的地理和文学老师。1800 年,当德国著名地理学家洪堡到委内瑞拉考察时,贝略曾给洪堡当翻译兼向导。1808 年,主编《加拉加斯报》,首次报道西班牙人民奋起抗击拿破仑入侵并成立"洪达"等重要新闻。1810 年撰写了《委内瑞拉历史概要》。同年 4 月 17 日,加拉加斯的土生白人废黜了西班牙任命的都督,成立了最高"洪达"。为争取国际上对委内瑞拉解放事业的同情和支持,新生的"洪达"委派玻利瓦尔(主要代表)、门德斯(副代表)和贝略(秘书兼翻译)三人去英国。同年 6 月 6 日,他们乘船离开委内瑞拉。对贝略来说,这次航行竟成为他与祖国和亲友们的永别。

1810 年 7 月,玻利瓦尔一行抵达伦敦。经过一番奔走,虽未能取得英国政府的资助,但得到侨居英国的同胞、拉美独立运动的"先驱者"米兰达的支持。同年 12 月,玻利瓦尔同米兰达回国,而贝略奉命留在伦敦继续完成其外交使命。

在英国的 19 年中,贝略的主要活动一是外交事务,二是文学创作。他先后担任委内瑞拉和大哥伦比亚(1819年成立,包括今委内瑞拉、厄瓜多尔和哥伦比亚3国)驻英使馆的秘书和临时代办。1822~1825年,还兼任智利驻英使馆秘书。他在外交战线上,不辞辛苦,忠于职守,为委内瑞拉和拉丁美洲民族独立事业作出了贡献。

在伦敦,他结识了许多侨居英国的西班牙、拉丁美洲的作家和外交官。他参加了美洲人协会,担任该协会会刊《美洲书评》的编辑。1826年,他又主编《美洲文萃》杂志。这两个刊物积极宣传和声援拉丁美洲各国人民争取独立的斗争,并分别于1823年和1826年发表了贝略的两篇著名诗作《与诗谈论》和《热带农艺颂》。1829年贝略接受智利政府邀请,带着全家去智利。

贝略到智利后,受到智利平托政府的重用,先后担任财政部副部长、外交部长等要职。1833年,智利参议院批准贝略为智利正式公民。1837年,贝略当选为参议员。1843年创建智利大学。

贝略到智利后,一直担任《阿劳坎人》杂志主编。贝略在智利著述甚丰,先后发表了一系列内容广泛的学术著作:《人权原理》(1832年)、《国际法准则》(1844年)、《拉丁文语法》(1846年)、《拉丁美洲用西班牙语语法》(1847年)、《最新宇宙志》(1848年)、《文学史大纲》(1850年)、《民法》(1852年)等。这些著作充分表明,贝略的学识多么渊博,造诣何等精深。西班牙王家科学院院长梅嫩德斯称贝略为"拉丁美洲最伟大的文人"。智利一位著名文学评论家认为,"贝略按其本人的情况,属于独立时代的伟大人物之列:正如玻利瓦尔为解放者,贝略是整个大陆的教育者",他"获得了世界声誉"。委内瑞拉一位评论家说:"贝略像玻利瓦尔一样,他把美洲视为伟大的祖国,为美洲的自由贡献了自己的一切。他以科学的方法和毅力掌握了渊博的知识,使他能够为美洲创造自己真正的文化形式和传统。如果没有这样的文化,解放者们为争取独立所作出的巨大、英勇的努力将会失去作用和在很大程度上遭致失败。"

贝略的《与诗谈论》和《热带农艺颂》这两首诗被统称为"美洲的席尔瓦"。在形式与格调上,"美洲的席尔瓦"具有古典主义诗歌的基本特征。它以维吉尔、卢克莱修、贺拉斯等古罗马诗人为楷模,采用田园牧歌的形式。但是在思想内容上,则与古典主义诗歌迥然不同。贝略以浓烈的美洲格调、鲜明的地方色彩、奔放的热情和丰富的想象力,表达诗人对故乡和祖国的深深的怀念。

《与诗谈论》是一篇想象的游记式牧歌。诗人首先要求诗神缪斯"回到大自然去",丢弃"文明欧洲",到新大陆的瑰丽景色中去,接着就描绘美洲秀丽的河山,歌颂轰轰烈烈的独立战争,表达了诗人对祖国独立的渴望:

是丢弃文明欧洲的时候了,
它不喜欢你粗犷的品格,
飞向哥伦布的世界吧,
将你广阔的天地开拓!
展开强劲的翅膀,
越过浩瀚的大西洋,
飞向另一个天地,
飞向另一个世界,
飞向新的人群。
那里有未开垦的处女地,
几乎披着原始的衣裳。

美洲啊,
太阳神年轻的爱妻,
古老大洋的幼女,
你越过高山峻岭、平原、峡谷,
从寒极到赤道,
景色变幻,万物峥嵘。

这首诗被认为是拉美文学的独立宣言,对后来的拉美文学产生了深远的影响。

在《热带农艺颂》中,贝略用古典抒情诗的形式歌颂美洲热带地区繁荣富足和旖旎风光,号召美洲人民以辛勤的劳动,重建家园,捍卫和平,加强团结:

啊,肥沃的土地
太阳神的恋人
时刻围绕你的情侣
无论在什么地方
都将阳光爱抚的万物孕育!
……
命运的主宰啊,我终于赢得了你的笑颜,
美洲人甩下颈项上外国的锁链,
让他在苍天下巍然屹立,
让你赐予他的自由扎根、蔓延;
亲爱的祖国,
在渴望的口子里
将看到胜利的和平;
……
"这就是那些人的后代,
他们的父辈
曾胜利地翻越安第斯山顶
在博亚卡、在迈普、在胡宁
在阿普里马克光荣的战场上
使西班牙雄狮一蹶不振,丧失了威风。"

20 世纪 50 年代末和 60 年代初在编纂《贝略全集》时,发现了贝略在伦敦创作的内容极为丰富、大量未曾发表的诗稿,其中有很多"美洲席尔瓦"的续篇。例如,诗稿中歌颂拉美独立运动的先驱米兰达:

你高举伟大的战斗旗帜,
召唤人们去斗争。
如今,斗争已经胜利,
为胜利你立下了功勋。

诗稿中表达了对故乡和祖国的思念:

第六章 拉丁美洲近代文明的发展

多少次我在梦幻中看见：
祖国的山川和草原，
还有那阿纳乌科河欢腾的岸边。
童年时代的情景历历在目，
心中的喜悦油然而生。
但这一切很快就无情地消逝，
我悲痛欲绝，泣不成声。

贝略的诗歌创作虽非他的主要成就，但却达到很高水平，成为拉美新古典主义诗歌的代表作。

另一位独立运动的歌手是古巴诗人何塞·马利亚·埃雷迪亚（1803～1839年）。他是一位具有新古典主义和浪漫主义两种文学流派特征的、承上启下的抒情诗人。

埃雷迪亚生于古巴圣地亚哥，其父是一位法官。他天资聪慧，3岁开始读书，8岁开始翻译拉丁文和法文作品。1812年随父到委内瑞拉，进入加拉加斯大学学习拉丁文。1817年回到古巴，进入哈瓦那大学学习法律。后又到墨西哥大学攻读法律。1823年获律师资格。同年回古巴，在马坦萨斯当律师，同时为许多杂志撰稿。

他参加秘密的武装暴动活动，反对西班牙殖民统治，为古巴的解放事业积极热情工作，后被迫流亡到美国。他在美国以教授西班牙语为生，在波士顿、纽约居住了两年。1825年定居在墨西哥，除1836年曾短期回古巴探望母亲外，他在墨西哥生活了13年多。他创办了《虹》、《杂集》等刊物，写了不少诗歌、散文、戏剧和小说。后来他加入了墨西哥国籍，担任议员和最高法院法官等要职。1839年因患肺结核病在墨西哥去世，年仅36岁。

虽然埃雷迪亚是拉美独立运动的歌手，但由于古巴直至1902年才获得独立，埃雷迪亚并没能亲眼看到祖国的独立。他短暂的一生是在流亡中度过的，因此，他的爱国感情常常带有一种忧郁感伤的情调。

埃雷迪亚的诗歌在拉美文坛上占有重要地位，主要代表作有《在乔卢拉的神坛上》（1820年）和《尼亚加拉的颂歌》（1824年）等。《在乔卢拉的神坛上》一诗，作者用新古典主义和浪漫主义结合的手法，描写墨西哥的自然风貌和神坛（金字塔），通过对神坛的描写来提醒世人，要从神坛的经历中吸取教训：

古玛雅的金字塔啊，现在你
已经醒来，不声不响，
这比你无动于衷地睡上几个世纪
比你侍奉的迷信
在地狱的深渊里昏睡要强！
尽管如此，对于我们最近的子孙
你要成为有益的教训；
今天对那对苍天盲目无知的人
请像提坦一般，骄傲地发出轰响，
成为人类愚昧和狂暴
不光彩的榜样。

二、浪漫主义文学

拉丁美洲的浪漫主义文学运动在19世纪初就已开始,如古巴诗人埃雷迪亚的诗歌就具有浪漫主义的特色。但是,作为一种文学运动,浪漫主义在拉丁美洲的流行,主要在1830~1890年。

拉丁美洲的浪漫主义起源于欧洲的浪漫主义,但它具有自身的特点。拉美浪漫主义作家在宣传个人自由的同时,坚决反对独立后在拉美出现的军政头领(考迪罗)的独裁统治,主张实现种族平等,歌颂拉美本身的自然风光,重视发掘古代印第安人的文化遗产。

拉丁美洲的浪漫主义运动大体可分为两个时期:1830~1860年为社会浪漫主义时期,这一时期的拉美作家努力宣扬自由、平等、博爱的思想,积极投身社会变革。1860~1890年为感伤浪漫主义时期。这一时期的拉美作家比较脱离现实社会,力求以纯真的情感来打动读者,讲究写作技巧与形式的完美。

浪漫主义文学在阿根廷、乌拉圭、墨西哥、古巴、智利、巴西等国都得到了发展,产生了一批有影响的浪漫主义作家。

阿根廷在19世纪30年代~50年代初掀起了反对罗萨斯独裁统治的斗争。这是拉丁美洲历史上第一次规模巨大、影响深远的民主主义运动。罗萨斯是拉丁美洲历史上最残暴的独裁者之一,"考迪罗"的典型。在其任内,实行独裁统治,残酷镇压反对派。成千上万具有自由主义思想的知识分子被流放国外。阿根廷人民反对罗萨斯独裁统治的民主运动,对阿根廷的民族文学产生了重大影响。三位杰出的阿根廷作家及其代表作(埃斯特万·埃切维里亚及其小说《屠场》、萨米恩托及其《法昆多》、何塞·马莫尔及其《阿玛利亚》)被认为是拉丁美洲浪漫主义文学的代表作家和经典作品。

1. 埃斯特万·埃切维里亚(1805~1851年)

埃切维里亚出生在布宜诺斯艾利斯。青年时代到巴黎留学。在法国接触到了法国浪漫主义作家和空想社会主义思想家的作品。回国后,他成为阿根廷新文学学派的创始人,同时积极参加反对罗萨斯独裁统治的政治斗争,并担任进步政治组织"五月协会"的领导人。1832年他发表处女作、长诗《埃尔维拉,又名拉普拉塔河的新娘》。1837年发表《诗韵集》,其中包括浪漫主义叙事诗《女俘》。1838年发表了《社会主义原则》。这是阿根廷空想社会主义的最早论文。

作为拉丁美洲浪漫主义文学的先驱,埃切维里亚最重要的作品是短篇小说《屠场》。《屠场》写作于1838~1840年,正式发表于1871年,即作者逝世20年后。这篇作品有着明确的政治目的:借一个屠场的场景来揭露罗萨斯的独裁暴政,把浪漫主义的情节和现实主义的描写结合在一起。

故事发生在布宜诺斯艾利斯的一个屠宰场。正值四旬斋期间,按照执政者命令,一律不准宰杀牲口,造成肉食奇缺。不料天降暴雨,接连几天不停,洪水泛滥,广大市民坐卧不安。在市民要求下,执政者不得不下令开禁,但只准宰杀50头牛。屠夫们一连宰杀了49头牛,但最后一头牛受惊而逃。屠夫们说这头牛不服从命令,一定是个"集权派"(反对罗萨斯的政治派别)。于是,屠夫们出去追赶,把逃走的牛抓了回来宰掉。正在这时,一个集权派的青年骑马经过,被屠夫们看见,就像兀鹫似的向他扑去,把他抓到屠场,残酷地折磨致死。作者笔下的屠场,阴森恐怖,充满血腥味,这正是罗萨斯统治下的阿根廷现实的反映。

2、何塞·马莫尔(1817~1871年)

何塞·马莫尔是另一个积极参加反对罗萨斯独裁统治斗争的阿根廷浪漫主义作家。早年从事新闻工作,积极参加政治活动,1839年因散发反独裁斗争的宣传品而被捕。在狱中,他在牢房的墙上写诗。出狱后,流亡到蒙得维的亚,在乌拉圭创作了他主要的作品。罗萨斯垮台后,回到阿根廷,先后担任参议员、公共图书馆馆长、驻巴西公使等职。

他的主要作品有:剧作《诗人》和《十字军》;诗歌《巡礼者之歌》和《和声》;长篇小说《阿玛利亚》。《阿玛利亚》发表于1851年,是阿根廷文学史上第一部长篇小说。马莫尔的作品充满了浪漫主义的激情,歌颂了作者对祖国的爱和对独裁统治的仇恨。

长篇小说《阿玛利亚》描写一位反对罗萨斯独裁政权的集权派青年爱德华多在逃避追捕时被他的朋友丹尼尔所掩护和搭救。因爱德华多身负重伤,丹尼尔将他送到自己表妹家中养伤。表妹阿玛利亚是位年轻美貌的寡妇。在阿玛利亚悉心照料下,爱德华多伤势渐愈。与此同时,两人也产生了爱慕之情。爱德华多逃脱后,罗萨斯政权下令继续搜捕。一天,正当爱德华多和阿玛利亚在一个隐蔽的地点刚刚举行订婚仪式,罗萨斯爪牙突然破门而入,一对充满朝气和希望的青年被双双杀死。

同萨米恩托的《法昆多》一样,《阿玛利亚》描述的也是文明与野蛮的斗争。所不同的是,《阿玛利亚》以一对年轻人的爱情故事为线索;因此,《阿玛利亚》也可称为爱情小说。小说情节曲折,结构严谨,书中人物有血有肉,栩栩如生。书中还直接描写了独裁者罗萨斯凶狠粗暴地对待他的下属乃至他的亲生女儿的情景。

三、高乔文学

高乔又译加乌乔,是从印第安克丘亚语中的 guacho 演变来的,原意为"孤儿"或"私生子",后指在阿根廷潘帕草原上居住的印欧混血种人。阿根廷潘帕草原包括现阿根廷拉潘帕和布宜诺斯艾利斯两省的全部以及圣菲、科尔多瓦、圣路易斯和门多萨4省的一部分。乌拉圭、巴拉圭、巴西与阿根廷交界地区的一部分居民也被称作高乔人。

高乔文学的产生和发展过程是与拉美新古典主义和浪漫主义文学同步进行的。它富有浓郁的乡土气息、雅俗共赏。高乔文学以描写和反映潘帕草原高乔人的生活、风俗和精神世界为特征。在诗歌和小说方面较为突出。

高乔诗歌最初模仿流浪的高乔行吟诗人以吉他伴奏的歌谣,运用其方言写作,诗体是八行诗。后出现了长篇叙事诗和史诗。史诗中最著名的是伊拉里奥·阿斯卡苏比(1807～1875年)的《桑切斯·维加,又名拉弗洛尔的孪生兄弟》,埃斯塔尼斯劳·德尔坎波(1830～1880年)的《浮士德》,何塞·埃尔南德斯(1834～1886年)的《马丁·菲耶罗》。这三部史诗被称为高乔的三大史诗。

高乔小说在20世纪初期最为繁荣,主要表现因大土地所有制的发展而逐渐消失的高乔人,追忆其往昔的自由生活。主要小说家有阿根廷的爱德华多·古铁雷斯(1851～1889年)及其《黑蚁》(1881年)、《胡安·莫雷拉》(1879年),贝尼托·林奇(1885～1952年)及其《拉克拉》(1919年)等;乌拉圭的爱德华多·阿塞维多·迪亚斯(1851～1924年)及其《孤独》(1894年),哈维尔·德·比亚纳(1872～1925年)及其《高乔姑娘》(1899年),胡斯蒂诺·萨瓦拉·穆尼斯(1897～1968年)及其《穆尼斯纪事》(1921年)等。然而,最出名的是阿根廷的里卡多·圭拉尔德斯(1886～1927年),其《堂塞贡多·松勃拉》(1926年)为高乔小说经典名著。

高乔文学是阿根廷和拉美独立后最早兴起的民族文学潮流,被视为阿根廷民族精神的反映,也代表文学上美洲主义的开始成长。从高乔文学起,拉美作家不仅描绘美洲的自然环境和社会生活,而且开始追求具有民族风格的艺术形式。

1. 埃尔南德斯和《马丁·菲耶罗》

何塞·埃尔南德斯生于布宜诺斯艾利斯省的圣马丁。14 岁时因病居住于其父在潘帕草原的庄园疗养。他不仅恢复了健康,成了出色的骑手,而且也熟悉了高乔人的生活、劳动、风俗和语言。

1853 年,他参加了罗萨斯的养子佩德罗·罗萨斯的军队,1857 年脱离。1859 年再次投笔从戎,加入乌尔基萨的联邦军队,先后参加了塞佩达战役和帕冯战役。1869 年在首都创办《拉普拉塔河报》,维护高乔人的利益,反对政府向潘帕地区移民。1870 年他参加了恩特雷里奥斯省反对萨米恩托斯总统的起义,失败后流亡巴西。1872 年大赦回国,发表了《高乔人马丁·菲耶罗》。1879 年又发表了长诗的续篇《马丁·菲耶罗归来》,合在一起为长篇叙事诗《马丁·菲耶罗》,被认为是三大高乔史诗中最完美的一部。1879 年当选众议员,1881 年后又当选为参议员。其他重要作品还有描写外号为"恰乔"的高乔人考迪罗佩尼亚洛萨的传记《恰乔的一生》及描写本人乡间生活经历的《庄园主的训示》等。

《马丁·菲耶罗》全诗共 7210 行,均用八音节诗句写成。第一部《高乔人马丁·菲耶罗》由主人公以第一人称叙述;第二部《马丁·菲耶罗归来》由其子插叙。全诗描写马丁·菲耶罗一生的不幸遭遇和顽强斗争精神。高乔人马丁·菲耶罗过着无忧无虑的田园生活,后被征入伍戍边。他不甘这种受制于人的生活,开小差逃亡,开始漂泊流浪。后因在小酒店斗殴中杀死一黑人遭警察追捕,得高乔人克鲁斯帮助获救。两人遂成挚友,越过国界,避难于印第安人中间。

第二部描写克鲁斯去世。马丁·菲耶罗救出一被印第安部落俘获的白人妇女,杀死部落酋长后出逃。后回乡与其二子以及克鲁斯之子相会,因无法共同生活而分手,临别时对孩子们进行了一番人生哲理的教育。

《马丁·菲耶罗》具有深刻的现实意义,它生动地反映了 19 世纪末阿根廷社会资本主义化过程中乡村的变化和高乔人的不幸遭遇,歌颂了高乔人的品德和气魄,塑造了自由不屈的高乔人的典型。诗中生动地使用民间语言,获广泛赞誉,在阿根廷和乌拉圭成为家喻户晓、妇孺皆知的文学作品,是阿根廷的民族史诗和阿根廷文学的瑰宝,在拉美文学史上占有重要地位。

2. 圭拉尔德斯和《堂塞贡多·松勃拉》

里卡多·圭拉尔德斯生于布宜诺斯艾利斯。幼时随家去巴黎,10 岁回国后居住在父亲的大庄园中。这使他从小就熟悉了潘帕草原上高乔人的生活和风俗习惯。他曾在布宜诺斯艾利斯大学学习建筑和法律,但没有结业。1910 年再次去巴黎,后多次游历欧洲,并到过印度和日本。他与法国先锋派作家有过交往。1915 年出版第一本诗歌散文集《玻璃铃铛》,具有先锋派倾向。同年发表短篇小说集《死与血故事集》。后发表几部自传性质的小说《拉乌乔》(1917 年)、《罗萨乌拉》(1922 年)等。1922 年沿太平洋海岸旅行,写成《哈伊马卡》(1923 年)。这几部小说充满情感,在语言技巧上颇有新意。

1924 年返回布宜诺斯艾利斯后,与博尔赫斯等共同创办《船头》杂志,并创办出版社,专门出版"马丁·菲耶罗"派诗人的作品。1926 年发表其代表作《堂塞贡多·松勃拉》。此书奠定了他在阿根廷文学史上的地位。次年在巴黎去世,年仅 41 岁。

《堂塞贡多·松勃拉》全书用第一人称写成,由法维奥·卡塞雷斯倒叙自己童年在庄园里的生活:法维奥是一个孤儿,因被高乔人浪漫生活所吸引,逃离抚养他的姑母家庭,跟随高乔牧民堂塞贡多·松勃拉,当了他的徒弟。5年过去了,法维奥经过草原上的风吹日晒,跌打滚爬,成了一个地道道的高乔人,并被堂塞贡多收为"养子"。最后,当法维奥回到原来的村镇时,其生父已死,给他留下了遗产,成为殷富的庄园主。堂塞贡多确信其"养子"已长大成人,便离法维奥而去,重新过他无拘无束、浪迹天涯的生活。

小说情节虽然简单,但作者对潘帕草原上高乔人的生活、风俗、习惯作了十分详尽的描写:庄园、酒店、驯马、斗鸡、赛马、赌博、屠场、决斗、牲畜拍卖、舞会、爱情、友谊……都写得生动活泼,栩栩如生,以特有的乡土气息和民族感情唤起了读者的共鸣。作者力图把古往今来高乔人的一切特点、美德,都集中反映在堂塞贡多一人身上。因此,成功地塑造了一个具有纯朴的男子汉气概和具有自由理想的高乔人的形象。

四、后期浪漫主义文学和现实主义文学

经过了独立后初期的混乱,拉美各国的社会渐趋稳定。拉美各国政府在民主力量高涨的压力下,不得不采取一些改良主义措施。外国资本的大量输入,刺激了拉美各国资本主义经济的发展。与此同时,代表拉美民族文化的克里奥约主义,也开始抬头。

19世纪后期,在拉美民族文学建立的过程中同时有两种不同而又相互联系的文学流派出现:后期浪漫主义和现实主义。后期浪漫主义即感伤浪漫主义力求以纯粹的情感打动读者,重视发掘古印第安文学的遗产,重新肯定西班牙文学的成就,积极引进欧洲新的流派,如帕尔纳斯派和自然主义。在题材方面,这个阶段的作家多以人生哲理、风土习俗或对社会的冷静思考为创作主题。后期浪漫主义的代表作家有巴西诗人安东尼奥·卡斯特罗·阿尔维斯(1847~1871年),哥伦比亚诗人和小说家豪尔赫·伊萨克斯(1837~1895年),秘鲁作家里卡多·帕尔马(1833~1919年)等。

1. 卡斯特罗·阿尔维斯

卡斯特罗·阿尔维斯是巴西最杰出的浪漫主义诗人之一,也是巴西文学史上最优秀的诗人之一。生于巴伊亚州。1864~1868年在累西腓和圣保罗学习法律。15岁时便发表《耶路撒冷的毁灭》一诗。他既继承了巴西第一代浪漫主义诗人贡萨尔维斯·迪亚斯等人的爱国主义传统,同时又深受法国浪漫主义诗人雨果的影响,"自由、平等、博爱"成为诗人反对巴西封建帝制和黑人奴隶制的战斗武器。

他的诗歌猛烈抨击黑人奴隶制度的罪恶,因而赢得了"奴隶的歌手"的称号。如在《黑奴船》一诗中,诗人如实地描绘了贩奴船上的凄惨情景:

像一场《神曲》中的噩梦……后甲板上

点点红色灯光闪烁,

到处都是片片血泊。

镣铐声声作响……皮鞭阵阵呼啸……

一群群夜色般的黑人男子,

恐怖地跳着舞蹈……

昨天在塞拉利昂,

作战,猎狮,

在宽大的帐篷下面
随心所欲地酣睡……
今天又黑又深的船舱,
恶臭、拥挤、肮脏,
瘟疫像美洲豹一样逞狂……
一根锁链把他们拴在一起,
像一条铁蛇令人恐惧。
奴役的枷锁缠绕着身躯,
就这样他们被带往死亡之地,

卡斯特罗·阿尔维斯的诗歌还表达了诗人为寻求一个公正、合理、民主和自由的社会而斗争的决心和对人类美好未来的向往和憧憬。他的诗还讴歌了爱情和大自然绚丽多彩的风光。正当他的文学创作处在顶峰时期时,他先是在打猎时脚受伤截肢,后又患结核病不幸去世,年仅24岁。主要诗作均收在《奴隶集》、《浮沫集》和《保罗·阿方索的瀑布》等诗集中。

2. 豪尔赫·伊萨克斯及其长篇小说《玛丽娅》

豪尔赫·伊萨克斯是哥伦比亚浪漫主义小说家和诗人。生于哥伦比亚考卡省卡利附近一富商兼庄园主家庭。其父为英籍犹太人。他在父亲的庄园中度过童年。11岁去波哥大上中学,后去英国学医。1860~1863年参加内战,支持保守党政府,战争中其父的庄园遭毁。1864年到波哥大,参加文学团体"摩西社"活动,同年发表《诗集》。1864~1865年当过筑路督察。1867年领导保守党周报《共和报》。同年,发表长篇小说《玛丽娅》,轰动哥伦比亚文坛。

此后,他弃文从政。多次当选为众议员。1871年转入自由党。1871~1873年任驻智利领事。1875~1877年任考卡州教育局总监。1876年曾参加镇压保守党反叛的战争。后弃政,致力于热带雨林地区的考察。

伊萨克斯的长篇小说《玛丽娅》带有自传性质。以作者生活过的庄园为背景,以第一人称描写一对青年的爱情悲剧:主人公埃弗拉因和自幼丧母的表妹玛丽娅青梅竹马,两小无猜,友情深厚。后他去波哥大求学。6年后,他回到故乡,惊喜地看到,童年时代的女伴已成为一个亭亭玉立的少女。两人在风景如画的庄园中萌发了真挚的爱情。但是,由于母亲的遗传,玛丽娅患有癫痫病。埃弗拉因的父亲担心爱情会加重玛丽娅的病情,遂决定依旧送儿子去伦敦深造。然而,事与愿违。玛丽娅因未婚夫的远离而忧伤成疾,病危垂亡。当埃弗拉因闻讯从伦敦赶回家中,玛丽娅已抱恨长逝。

这部小说故事情节虽然简单,但描写了热烈纯真、哀婉动人的爱情,心理活动刻画细腻,景色描写犹如田园诗,充满感伤浪漫主义的气息和拉美情调,被称为"美洲之诗",并被公认为拉丁美洲后期浪漫主义的代表作。作者成功地刻画和塑造了纯美圣洁的少女玛丽娅的形象,作者笔下的玛丽娅,已成为痛苦与哀伤的化身。

3. 里卡多·帕尔玛及其《秘鲁传说》

秘鲁的浪漫主义文学出现较晚,主要代表作家是里卡多·帕尔玛。帕尔玛对秘鲁和拉丁美洲文学做出的特殊贡献是,他创造了一种新的文学体裁——"传说",把历史纪事、逸闻传奇、讽刺小品、风俗故事融为一体的独特的体裁。

帕尔玛生于利马。因家境贫寒,加上他有黑人血统而备受歧视。童年是在下层百姓中度过的。20岁进圣马科斯大学攻读法律,不久辍学,在海军服役6年。因反对卡斯蒂利亚政府,被流放智利(1860~1863年)。后任驻巴西帕拉领事,并游历欧、美。1866年回国,参加反对西班牙入侵的卡亚俄保卫战。1868年巴尔塔任总统后,任其秘书,并当选为参议员。后随彼罗拉参加反对文官主义党的斗争。太平洋战争中,他参加保卫利马的战役。1884~1912年任国家图书馆馆长,为重建遭受战火严重破坏的图书馆呕心沥血,为保存和发展民族文化立下不可磨灭的功绩。1887年创建秘鲁语言研究院并任院长。

帕尔玛著述甚丰。除代表作《秘鲁传说》外,他写过诗,出版过诗集《和声》、《西番莲》等。他的诗具有浪漫主义的风格。1911年出版了他的《诗歌总集》。他曾为拉美几国的报刊(诸如秘鲁《邮报》、阿根廷《国家报》等)撰稿。他写过长篇小说《马拉尼翁人》。著有历史论著《利马宗教裁判所纪年》、《驳卡帕神父所著秘鲁史概要》。写过不少语言学论著和文学评论等。

《秘鲁传说》共10集,453篇,其中339篇是讲述殖民地时期的,其余部分讲的是印加王国时期、独立战争时期和共和国时期。按内容可分6类,即宗教故事、世俗生活、戏剧故事、流浪汉文学、历史故事和民间传奇。

通过各自独立成篇的传说,帕尔玛以简洁明快、活泼生动的语言,将一幅幅五彩缤纷的画面连缀在一起,生动形象地再现了从印加帝国到19世纪30年代300多年的历史风貌。通过巧妙的艺术创造,帕尔玛成功地塑造了上至最高统治者、下至市井小民的形形色色人物:总督、主教、法官、神父、贵族、富商、征服者、殖民官员、起义领袖、律师、修士、修女、小手工艺人、奴隶、家仆、妓女等。这些人物经过帕尔玛的天才之手,往往寥寥几笔,便成了栩栩如生、跃然纸上、呼之欲出的艺术形象。

《秘鲁传说》正如帕尔玛本人所说,"是小说又不是小说,是历史又不是历史"。作者借用一些史料,编成故事,最后以谚语、警句告诫读者。作者是站在当前的角度来回首往事;其基本观点是伏尔泰式的启蒙主义思想,如反对教会、反对君主政权等。《秘鲁传说》是秘鲁文学遗产中的瑰宝,是帕尔玛对拉美文学和世界文学的伟大贡献。

19世纪后期和20世纪初,随着拉美国家政局渐趋稳定和经济的发展,拉美的文学也逐渐从浪漫主义、风俗主义、自然主义向现实主义过渡。其特点是:作家对社会现实生活更加关注,善于捕捉现实生活的细节,塑造典型环境中的典型人物,文学语言趋向大众化,艺术风格转向朴实无华,题材多以社会生活和本土风情为主。主要代表作家有:智利的布莱斯特·加纳(1830~1920年)、墨西哥的曼努埃尔·阿尔塔米拉诺(1834~1893年)、古巴的西里洛·比利亚维尔德(1812~1894年)等。

4. 布莱斯特·加纳及其长篇小说《马丁·里瓦斯》

阿尔贝托·布莱斯特·加纳是19世纪末、20世纪初拉丁美洲从浪漫主义向现实主义过渡的重要作家,是智利现实主义文学的开拓者。

布莱斯特·加纳生于圣地亚哥。毕业于军事学校。1847~1851年在法国学习军事工程期间受法国现实主义作家巴尔扎克、斯汤达尔等影响颇深,立志做一个"拉丁美洲的巴尔扎克"。回国后在军校任教,并开始创作小说。1867年出任驻英国大使,后任驻法国大使。长期旅居巴黎,直至病逝。

布莱斯特·加纳的文学创作可分三个时期。青年时期创作的小说《社会一景》、《初恋》、《新婚夫妇》等大多以爱情为题材,属浪漫主义作品。中年时期的主要作品有:《爱情的数学》、《一个傻瓜的理想》和《马丁·里瓦斯》等。这个时期的作品,既以爱情为题材,同时又描写智利的现实社会生活,说明作者从浪漫主义向现实主义的过渡。晚年的代表作有:《在光复时期》和《移民者》。《在光复时期》描写了智利人民于1814~1817年反对西班牙殖民统治的斗争。《移民者》描写智利侨民在巴黎的生活。

长篇小说《马丁·里瓦斯》的主人公马丁·里瓦斯是一个贫穷的外省青年。他在首都圣地亚哥上大学。父亲临终前为了让他完成学业,不得不将他委托给富翁达马索,祈求达马索为马丁提供食宿。马丁虽然寄人篱下,但他自强不息,不自惭形秽,不卑躬屈膝,以诚实、正直赢得了达马索一家的好评,成为达马索的得力助手。他帮助达马索的儿子、花花公子奥古斯丁摆脱了一起有诈骗钱财性质的美人计,又搭救了市民的女儿埃德米拉,后因参加反对保守派的起义而被捕入狱。马丁以他优秀的品格获得了达马索女儿丽奥娜的爱情。在丽奥娜等的搭救下,马丁越狱成功,最后,同丽奥娜一起离开智利,到秘鲁共同生活。

作者对人物的描写十分生动,人物个性突出,栩栩如生,给读者留下深刻印象。作者通过一对青年曲折的爱情故事,描述了19世纪中期智利社会的激烈冲突及各阶层的思想动向、言行、风俗习惯,向读者展现了一幅生动而广阔的社会风情画卷。

5. 曼努埃尔·阿尔塔米拉诺及其《蓝眼盗》

墨西哥作家曼努埃尔·阿尔塔米拉诺生于格雷罗州蒂斯特拉镇一印第安人家庭。曾在托卢卡文学院和莱特兰学院攻读文学和法律。1854年参加反对独裁者圣安纳的起义。1858年参加胡亚雷斯领导的改革战争,后又参加反对法国武装干涉的斗争。曾任议员、最高法院法官和驻巴塞罗那、巴黎的外交官。曾参与创办《墨西哥邮报》、《联邦主义者》、《论坛报》、《共和国报》等报纸和《复活》等杂志。主张维护民族利益,弘扬民族文化,宣传资本主义启蒙思想,提倡发展教育和创作民族文学。主要作品有:小说《克莱门西娅》(1869年)、《山区的圣诞节》(1871年)、《安东尼娅》(1872年)、《冬天的故事》(1880年)和《蓝眼盗》(1901年);诗集《韵集》(1871年)等。

《蓝眼盗》是阿尔塔米拉诺最成功的作品。小说取材于胡亚雷斯政府为推动改革所进行的镇压反叛、平乱、巩固政权的"改革战争"。《蓝眼盗》主要描写4个人物。在胡亚雷斯执政时期,"改革战争"刚刚结束,局势尚未平静。雅乌台小镇上有一个铁匠铺,铁匠尼古拉斯爱上了镇上最漂亮的姑娘曼努埃拉,但曼努埃拉看不上他。而镇上一位纯朴的姑娘蓓拉深深爱上尼古拉斯,但却未被小伙子察觉。这时,一群自称"包银帮"的土匪到镇上明火执仗地抢劫,杀害无辜百姓,搅得鸡犬不宁。其头目"蓝眼盗"性情暴戾,心狠手辣。"蓝眼盗"到镇上,见到曼努埃拉,被其美貌打动,经常送给她一些抢来的珠宝首饰,开始追求她。曼努埃拉贪图钱财,讲究虚荣,竟然被"蓝眼盗"英武的假象所迷惑,拒绝了尼古拉斯的爱情,同"蓝眼盗"私奔。尼古拉斯后来同蓓拉结婚。不久,"蓝眼盗"被官兵抓获送上了绞刑架,而曼努埃拉也发疯而死。

《蓝眼盗》这部小说既有浪漫主义色彩,又有现实主义基础。曼努埃拉和"蓝眼盗"的恋爱悲剧自始至终都富有奇特的浪漫主义色彩。但书中的许多人物都是真实的,如胡亚雷斯总统,剿匪司令马丁·桑切斯等。而尼古拉斯这一人物有许多地方是作者本人的亲身经历。书中所描写的环境和背景也是墨西哥1861~1863年社会历史的再现。

6. 西里洛·比利亚维尔德及其《塞西莉亚·巴尔德斯》

古巴现实主义小说的开拓者西里洛·比利亚维尔德生于比那尔德尔里奥省。11岁到哈瓦那上学。1834年获法学学士学位,短期当过律师,后从事教学和新闻工作。1848年因参加反对西班牙殖民统治的斗争而被捕,翌年越狱逃到美国。在美旅居期间,当过教员,并先后主编过《独立者》周刊、《真理报》等报纸,宣传古巴独立。何塞·马蒂称他是"坚定的爱国者和有益的作家"。1858年回国,致力于文学创作;1860年赴美。1868年10月战争爆发后,他在美国积极声援古巴起义军。1880年短期回国,1894年在纽约逝世。主要代表作有:长篇小说《忏悔者》(1844年)、《两种爱》(1858年)、《塞西莉亚·巴尔德斯》(1882年),短篇小说《塔加纳纳洞穴》(1837年)、《白崖》(1837年)、《死鸟》(1837年)、《金簪》(1838年)、《黑十字架》(1838年)、《特雷莎》(1839年)、《金箭姑娘》(1840年)、《雕花压发梳》(1843年)等。

《塞西莉亚·巴尔德斯》的女主人公塞西莉亚是白人富翁、奴隶贩子甘博亚和穆拉托女人查罗的私生女。为掩人耳目,在她一生下来甘博亚便把她送进育婴堂,生母查罗因此而精神失常。后甘博亚又将塞西莉亚送交外婆何塞法太太抚养。

十多年后,塞西莉亚长成了一个亭亭玉立、娇媚的少女。在一次节日舞会上,她与甘博亚的儿子、大学生莱昂纳多相遇,两人一见钟情,几次接触后,便私订终身。甘博亚和何塞法得知后,想尽一切办法阻挠两个青年人的往来,但均无济于事。两个青年人并不知道彼此有兄妹的血缘关系。在母亲罗莎的纵容下,莱昂纳多与塞西莉亚同居,并生下一个女儿。喜新厌旧的莱昂纳多对塞西莉亚渐渐冷淡,甚至常常寻找各种借口,避而不见,并决定与庄园主的女儿伊莎贝尔结婚。塞西莉亚得知后,感到十分伤心和愤恨。于是,她便怂恿钟情她的、女友内梅西奥的哥哥何塞去破坏婚礼。何塞出于对塞西莉亚的爱,便遵命赶到教堂,不料竟然将新郎莱昂纳多刺死。小说的结尾是悲惨的:塞西莉亚作为杀人犯的同谋被判1年监禁,被关进了精神病院,在那里遇到了阔别20年的生母查罗。伊莎贝尔看破红尘,进了修道院。

《塞西莉亚·巴尔德斯》不仅以其戏剧性的情节打动读者,更重要的是作者在小说中勾勒了一幅广阔的社会画卷,艺术地再现了1812~1831年西属古巴的历史情况,开辟了从风俗主义向现实主义文学过渡的道路。

五、现代主义文学

拉丁美洲的现代主义文学运动开始于19世纪末,结束于20世纪初,持续30多年,在拉丁美洲文学史上占有重要地位。一般将1882年何塞·马蒂(1853~1895年)发表《伊斯马埃利约》诗集作为拉美现代主义文学运动的起点。1888年尼加拉瓜诗人鲁文·达里奥(1867~1916年)发表诗文集《蓝》,标志着这一运动的形成。而1916年鲁文·达里奥的逝世,则象征现代主义在拉美走向没落。

拉美现代主义文学运动的产生基于两种思想倾向:第一,在独立战争后,由于民族资本阶层的软弱性,拉美各国的政权仍操纵在大庄园主和帝国主义的手中,一部分知识分子因看不到出路,感到前途渺茫,悲观消沉,颓唐沮丧,逃避现实。第二,由于民族主义的影响,在文学上急于摆脱西班牙殖民主义的传统束缚,创造自己的民族风格。

拉美现代主义文学运动主要表现在诗歌方面。它的特点一般可以概括为:逃避现实、脱离群众,主张"为艺术而艺术"的唯美主义;追求形式美和节奏的音乐性;追求虚幻的意境,表现感伤的情调;以优美的形象作比喻,运用典雅的语言;描写雅致的珍品和异国的风光。

拉美现代主义诗歌的发展分为3个时期：前期、鲁文·达里奥时期和后期。

前期(1882～1888年)的主要诗人有：古巴的何塞·马蒂、胡利安·德尔·卡萨尔(1863～1893年)，墨西哥的萨尔瓦多·迪亚斯·米龙(1853～1928年)、古铁雷斯·纳赫拉(1859～1895年)，哥伦比亚的何塞·阿森西翁·西尔瓦(1865～1896年)和秘鲁的曼努埃尔·贡萨莱斯·普拉达(1848～1918年)。他们大多为国家的苦难而忧伤。为命运的乖舛而哀叹，作品伤感情绪浓重。现代主义诗人常常描写遥远的异国，如印度、日本、中国，喜欢用天鹅、孔雀、百合花、宝石来象征"纯粹的美"，以幻想的景物追求逃避现实的效果。

鲁文·达里奥时期(1888～1905年)，是指从这位尼加拉瓜诗人发表《蓝》的1888年开始直到他的第三部诗集《生命与希望之歌》于1905年的发表标志着现代主义诗歌的成熟阶段。

后期(1905～1916年)，不少诗人以美洲大陆为题材，着重个人抒情，渲染生与死的神秘，否定天鹅、仙女和盛宴作为美的象征。后期现代主义也称作"新世界主义"。主要诗人有：阿根廷的莱奥波尔多·卢贡内斯(1874～1938年)；墨西哥的阿马多·内尔沃(1870～1919年)，恩里克·贡萨莱斯·马丁内斯(1865～1938年)；哥伦比亚的吉列尔莫·巴伦西亚(1873～1943年)；玻利维亚的里卡多·海梅斯·弗雷雷(1868～1933年)；乌拉圭的胡利奥·埃雷拉－雷西格(1875～1910年)；秘鲁的何塞·桑托斯·乔卡诺(1875～1934年)等。

现代主义在散文方面，最著名的作家是乌拉圭的何塞·恩里克·罗多(1871～1917年)，其代表作是《爱丽儿》(1900年)。

1910年墨西哥革命爆发后，拉美的民族民主运动日趋高涨，知识界悲观消沉情绪开始消除，现代主义诗歌运动随之衰落，到1916年鲁文·达里奥的逝世，基本宣告结束。但其艺术风格对今日拉美诗歌仍有影响。

1. 何塞·马蒂

何塞·马蒂是古巴杰出的民族英雄，古巴独立运动的领袖，卓越的思想家、诗人、散文家和文艺批评家。在诗歌创作和文艺主张上，马蒂堪称拉美现代主义诗歌的开路先锋。

马蒂出身哈瓦那一个贫穷的西班牙下级军官的家庭。在圣巴勃罗中学读书时，受校长和教员门迪维进步思想的影响，立志为祖国独立而奋斗。16岁时，他在自己创办的《自由祖国》刊物上，发表了以古代非洲努比亚青年抗击侵略者故事为题材的诗剧《阿布达拉》，表达了他为祖国解放事业献身的政治抱负。同年10月，西班牙殖民当局以"反叛"的罪名逮捕马蒂，并判处他6年徒刑。马蒂被押送到哈瓦那政治监狱采石场服苦役。1871年被放逐到西班牙。在流放期间，他一边打工，一边攻读法律、哲学和文学，并从事革命工作。

1874年年底回古巴，但殖民当局禁止他上岸，遂于1875年2月经纽约到墨西哥。1877年1月曾一度化名回到哈瓦那，不久移居危地马拉。1878年回国。因组织革命委员会，支持起义军，翌年9月，他再次被捕流放西班牙。1880年年初到美国，在美国侨居了约15年(其间曾到过拉美一些国家)。马蒂在美国的主要活动是为古巴人民新的起义做准备工作，同时他积极从事文学创作，写下了大量不朽的诗篇和散文，他为阿根廷、委内瑞拉等国的报刊撰稿。他曾被阿根廷、乌拉圭、巴拉圭等国任命为驻纽约的总领事。1892年，在美国创建古巴革命党，并当选为党代表(即主席)。1895年3月，马蒂同戈麦斯共同签署了《蒙特克里斯蒂宣言》。同年4月11日，马蒂同戈麦斯等乘船在古巴东方省海滩登陆，投身到古巴第二次独立战争。5月5日，马蒂与马塞奥的起义军在圣地亚哥附近会师。5月19日,在多斯里奥斯与西班牙殖民军战斗中饮弹阵亡。

1882年马蒂在纽约发表的诗集《伊斯马埃利约》被认为是拉美现代主义诗歌的先声。这部诗集是马蒂献给儿子的。共18首诗。诗句色彩鲜明、韵律活泼、格调清新、词汇丰富、句式活泼,深刻、细腻地吟咏了天伦之乐,感人地抒发了父子之情。天真的幼儿虽不在马蒂身边,但却给他以力量、信心和希望。每当他在工作之余或被困惑、苦闷包围时,遥远的爱子便成了他的骑士、雄狮、小国王、王子、征服者和"父亲的保护人"。这种超现实的美丽的意境和男子汉的柔情,使马蒂的诗歌独树一帜。

马蒂于1891年在纽约出版了另一部诗集《纯朴的诗》,共46首,诗句由八音节组成,具有西班牙传统诗歌的遗风。他用纯朴的形式来表达深刻的内容。这部诗集具有浪漫主义和现代主义的双重特点。优美的形象、艺术的雕琢、典雅的辞藻、华美的音韵,使这些朴实的诗句增添了现代主义的色彩。

马蒂另一部诗集《自由的诗》,是后人根据他的笔记和活页手稿整理出来的,写于1878~1882年,在马蒂去世后才发表。在作为这部诗集的前言《我的诗》中,马蒂写道:"我喜爱难得的铿锵的音调,喜爱雕塑般的诗,喜爱像瓷器那样清脆、洪亮,像鸟儿那样飞翔,像流动的熔岩那样灼热、那样气势磅礴的诗。诗歌应该像一把寒光闪闪的宝剑,给读者留下这样一位斗士的形象:他腾空飞奔太阳,在那里把剑入鞘,化成翩翩翅膀。这些诗都出自我的肺腑,是我战士们的锋镝。我的这些诗,从我的脑海中喷涌而出,没有重新加热,重新加工或重新组合,就像夺眶而出的眼泪和从伤口中噗噗流出的鲜血。"

马蒂与大多数现代主义诗人的区别是在于马蒂的诗歌创作和他的革命生涯紧密联系在一起,我们也难以把诗人马蒂和革命家马蒂截然分开。

2. 鲁文·达里奥

尼加拉瓜诗人鲁文·达里奥是拉美杰出的现代主义诗人。原名费利克斯·鲁文·加西亚·萨米恩托。生于尼加拉瓜新塞哥维亚省梅塔帕镇(今达里奥城)。1868年他随父迁居洪都拉斯,曾侨居萨尔瓦多。自幼父母离异,家境贫困,由姑母和叔父抚养。11岁改名达里奥,并开始发表诗作,故有"诗童"之称。1881年到马那瓜,在国立图书馆工作。这期间,他博览群书,并埋头创作。1883年他在总统府秘书处任职。1886年移居智利,在瓦尔帕莱索任海关职员。后相继发表短篇小说《蓝色的鸟》、诗集《牛蒡》、《诗韵》等。1888年出版诗文集《蓝》。它标志着拉美现代主义诗歌新阶段的开端。

自1889年起,达里奥曾多次作为阿根廷《民族报》的记者游历北美和欧洲。在此期间,他结识了许多当地文化界人士,并发表了大量诗作,引起了强烈反响。1893年任哥伦比亚驻阿根廷领事。1896年发表散文集《奇异者》和诗集《世俗的圣歌》(又译《亵渎的散文》)。1898年作为《民族报》记者,再度游历欧洲各国,出版了多部文集。1904年任尼加拉瓜驻巴黎总领事。翌年在马德里出版诗集《生命与希望之歌》,这是他最杰出的诗集。1914~1916年侨居美国。病逝于尼加拉瓜莱昂市。

鲁文·达里奥的三部代表作显示了不同时期的艺术特点。他自己称:"《蓝》标志着我青春的开始,《世俗的圣歌》意味着青春的高峰;《生命与希望之歌》则意味着生命的津液在秋天结出的硕果。"

《蓝》是一部诗文集。它的发表标志着拉美现代主义运动的形成。正如作者自己所说:"蓝对我而言,是梦幻的色彩,艺术的色彩,是古希腊和荷马的色彩,海洋和天穹的色彩,是拉丁文,意为

'蓝色'","我把我的艺术春天的精神花信期浓缩在这天蓝色中"。蓝色已经成为现代主义和鲁文·达里奥的象征和标志。

《世俗的圣歌》标志着现代主义诗歌的成熟,从内容到形式都是现代主义诗歌的典型。诗人把自己比作一个古希腊牧童,没有任何人来听他吹笛,只能自我欣赏。他非常孤独寂寞,便离开家乡,到各国去旅行,寻找爱情。诗人凭着丰富的知识和想象,描写了远方的异国情调:希腊、罗马、法国、德国、西班牙、东方、中国、日本;作者描写了仙女、天鹅、白睡莲、孔雀、女神、丝绸、黄金、菊花、荷花等组成的神话梦幻世界。

《生命与希望之歌》是鲁文·达里奥最优秀的作品。在这部诗集中,诗人不再单纯地注重辞藻的雕琢和韵律的修饰,而是同时想抒发自己的激情。尽管这部诗集仍有逃避现实的倾向,但诗集中不少诗歌表现了诗人对社会的关心,对命运的困惑,对美国侵略扩张企图的批评。从这部诗集开始,在鲁文·达里奥的诗文中,经常出现泛西班牙主义和美洲主义的主题。这部诗集是新世界主义的先声,是现代主义晚期诗歌的标志。

3. 何塞·恩里克·罗多

乌拉圭作家、哲学家、文艺评论家何塞·恩里克·罗多是拉美现代主义运动中最杰出的散文家。他出生于蒙得维的亚一富裕家庭。青少年时期受过人文主义教育,就读于共和国大学。1895年参加创办《全国文学和社会科学评论》杂志,因发表文学评论《即将到来的人》,而一举成名。当过共和国大学教授、国家图书馆馆长、众议员、乌拉圭新闻协会主席。1916年作为《面与面具》杂志的记者出访西班牙、法国和意大利,死于西西里岛巴勒莫。

罗多在为鲁文·达里奥《世俗的圣歌》第二版所写的前言中说到:"我也是一个现代主义者;我全心全意地属于这个伟大的流派;它体现了本世纪末期思想演变的特征和意义;我属于这个流派,它起源于文学上的自然主义和哲学上的实证主义,在保持它们生命力的同时,引导它们向更高的境界转化。"

罗多最重要的名作有《爱丽儿》(又译《阿列尔》),发表于1900年。它是《新生活》的第三卷,主要阐述了他反对美国追求物质财富的功利主义的思想,提出了美洲终将成为一个统一的大国的"美洲主义"观点,在拉美思想文化界产生了较大影响。罗多的其他作品还有《自由主义和雅各宾主义》、《海神普洛特的动机》、《普罗斯佩罗的游廊》、《海神普洛特的新动机》等。

罗多的散文风格和形式是多种多样的,有寓言、分析、推理、轶事、散文诗等。内容和形式统一,思想和风格相融,是罗多散文的基本特色。无论在思想和艺术上,罗多对拉丁美洲都产生了深远的影响。

第四节 拉美的建筑与艺术

在西班牙、葡萄牙等国殖民统治时期,拉丁美洲的建筑和艺术受宗主国的影响,主要是巴洛克建筑和艺术。自18世纪下半叶开始,受欧洲各国特别是法国的影响,新古典主义建筑和艺术逐渐在拉丁美洲流行。到19世纪末、20世纪初,浪漫主义和现实主义对拉丁美洲建筑和艺术产生了重要影响。

一、建筑

19世纪初拉丁美洲的独立战争给拉美国家的建筑革新带来了动力。在阿根廷布宜诺斯艾利斯,有许多建筑是由法国、意大利、英国建筑师营造的。独立战争后,法国、意大利、英国等欧洲国家的不少建筑师来到拉美,在殖民地时期的建筑群旁建造新古典主义风格的大厦。

19世纪拉美建筑过于热衷于模仿法国路易十四时期的凡尔赛和拿破仑时期的巴黎,而忽视了建筑风格的本地化即民族化。此外,由于日益占上风的学院主义,使这一时期的拉美建筑和艺术缺乏活力,在学院派艺术(高雅的艺术)与通俗即民间艺术之间出现了巨大的鸿沟。

19世纪末、20世纪初,拉美出现了一股建造宏伟政府办公大楼、立法机关大厦、豪华剧院、庞大的私人住宅的"建筑热"。随着浪漫主义、现代主义的兴起,新古典主义受到了挑战。风格各异的建筑在拉美各大城市涌现,反映了当时拉美各国在建筑方面兼收并蓄的状况。这一时期,比较杰出的建筑有:阿根廷布宜诺斯艾利斯的科隆大剧院,由意大利建筑师维克托·梅亚诺规划设计,比利时建筑师胡利奥·多马尔(1846~1924年)于1889~1908年建造;国会大厦由梅亚诺于1898~1906年参照美国国会大厦建造;上述墨西哥城的美术宫等。与此同时,一些国家模仿法国巴黎的香榭丽舍大道,在首都建设了豪华的林荫大道,如墨西哥的改革大道,智利圣地亚哥的奥希金斯大道,里约热内卢的布朗库大道和滨海大道等。

二、艺术

19世纪初~20世纪初,拉丁美洲艺术的主线一直在美洲主义即本土主义潮流和欧洲世界主义潮流两者之间摇摆。寻求民族艺术,是拉美各国独立以来的主题,但是,这一目标的实现,是一个漫长的过程。

1. 绘画和雕刻

独立后,拉美国家的多数绘画和雕刻都是模仿性的,主要模仿欧洲的绘画和雕刻风格。拉美各国大城市纷纷创办了美术学院或学校,当时这些学院主要盛行的流派是新古典主义派。

但是,即使在这一时期,拉丁美洲艺术仍可感受到本土和民族主义的影响。拉美各国的画家和雕刻家努力将新古典主义及其他欧洲学院派同拉美的现实相结合,创作出一批以拉美当地"克里奥约"生活特征为题材的优秀作品,其中最突出的是肖像画和风景画。

拉美有不少艺术家曾在法国、意大利等欧洲国家学习绘画、雕刻等艺术。与此同时,欧洲许多艺术家也被新独立的大陆绚丽多彩的风光、习俗所吸引,来到拉美各国进行艺术创作或传授技艺,有的甚至留在了拉美国家,为拉美的艺术发展作贡献。

19世纪拉美最杰出的三位画家是阿根廷的普里利迪亚诺·普埃雷东(1823~1870年)、乌拉圭的胡安·曼努埃尔·布拉内斯(1830~1901年)和墨西哥的何塞·马里亚·贝拉斯科。

普里利迪亚诺·普埃雷东是拉普拉塔联合省(阿根廷前身)最高执政官胡安·马丁·德·普埃雷东将军之子。曾在西班牙学习绘画,后又去巴黎综合工艺学校学习建筑。回国后从事修复首都古建筑的工作。他绘制了200多幅画,其中有半数以上是油画肖像,最著名的是《曼努埃莉塔·罗萨斯》、《贝尔格拉诺将军》等。他还画了不少风景画和反映高乔牧民生活的风俗画,如《乡间小憩》、《贝尔格拉诺下游的洗衣妇》、《高山之路》等。作为建筑师,他还为布宜诺斯艾利斯建造了许多公共建筑物。

胡安·曼努埃尔·布拉内斯生于蒙得维的亚。先后在法国和意大利学习绘画。他是乌拉圭现实主义绘画的开创者。擅长肖像画和历史画，他画的以土生白人生活为题材的风俗画也很著名。主要作品有：《索拉诺·洛佩斯像》、《布宜诺斯艾利斯流行黄热病》、《炮轰派桑杜》、《浴中的苏珊娜》、《暗杀弗洛伦西奥·巴雷拉》、《三十三个不朽者的宣誓》、《萨兰迪之战》等。

何塞·马里亚·贝拉斯科生于墨西哥城附近的特马斯卡尔辛戈。18岁进圣卡洛斯美术学院学习，师从雷乌尔、兰德西奥。曾任美术教师、国家博物馆摄影师、国立美术学校绘画和雕塑督学。1861年获"风景画家"称号。作品具有独特风格。曾在国内外一系列画展中获奖。他一生创作了290多幅作品，主要为其故乡墨西哥谷地的风景画。代表作有《墨西哥山谷》、《从瓜达卢佩山看墨西哥山谷》、《湖上之光》、《墨西哥城郊外漫步》等。

以上述3位画家为代表的拉美优秀画家，逐渐摆脱了学院派的束缚，吸收了浪漫主义、自然主义的某些特点，开始走上了创造具有民族风格和特征的绘画艺术道路。属于这类画家的还有阿根廷的卡洛斯·莫雷尔（1813～1894年），哥伦比亚的拉蒙·托雷斯·门德斯（1809～1895年），委内瑞拉的马丁·托瓦尔－托瓦尔（1828～1902年）和秘鲁的弗朗西斯科·拉索（1829～1869年）等。

19世纪末，新的艺术流派开始在拉美出现。法国印象派在拉美一些艺术家的作品中得到体现，如墨西哥的华金·克洛泽尔（1866～1935年），智利的胡安·弗朗西斯科·冈萨雷斯（1853～1933年）和委内瑞拉的阿曼多·雷韦龙（1889～1954年）等。

值得一提的是，在拉美各国，与学院派艺术同时存在的，是拉美传统的民间朴素自然的艺术。不少拉美艺术家从民间艺术中汲取了营养，创作出优秀的作品。19世纪中叶，版画艺术的发展给拉美非学院派艺术家开辟了一条发挥其才能的道路。墨西哥何塞·瓜达卢佩·波萨达（1851～1913年）是墨西哥著名的版画家。他一生共创作了15000多幅版画，其中大多是以时事和日常生活为题材的漫画和插画。通过这些版画，他向民众宣传国家大事，针砭时弊，被誉为"人民的版画家"。其作品常常画有骷髅和人体骨架，具有风趣、戏谑的特点和墨西哥特色。他发明了一种新的印刷制版工艺。他的版画在内容和风格上常呈表现主义。他是墨西哥20世纪造型艺术的先驱之一，对墨西哥壁画大师奥罗斯科（1883～1949年）、里维拉（1886～1956年）等有很大影响。

2. 音乐

19世纪初，拉美各国相继独立后，许多欧洲音乐家迁居拉美或来拉美演出并从事多种音乐活动。19世纪初～20世纪初，是拉美音乐的浪漫主义时期。在19世纪前半期，拉美舞台上主要演奏的是意大利歌剧，法国的舞剧、小步舞，波兰的马祖卡、波尔卡，奥地利和德国的华尔兹，英国的乡村舞，意大利的塔兰泰拉舞等欧洲乐曲和舞曲。

19世纪中叶，拉美各国开始形成民族音乐概念，开始涌现出一批本国的作曲家，其作曲技法和音乐美学观点倾向于欧－洲浪漫主义乐派，作品大多模仿欧洲音乐大师的作品，但已开始注意从本国民族、民间音乐中取材。与此同时，拉美各国也涌现出了一批知名的歌手和演奏家。

3. 戏剧

19世纪的拉美剧院不仅是文艺活动中心，而且是重要社会活动中心。19世纪拉美的戏剧创作和演出主要集中在墨西哥、阿根廷、秘鲁、巴西等少数几个国家，而且主要在这些国家的首都和省会。

第六章 拉丁美洲近代文明的发展

在墨西哥,早在19世纪20年代墨西哥城就有两家剧院开业。1821年在新建的大剧院首次上演了名为《自由墨西哥》的话剧。20年代,在墨西哥还上演过《带着镣铐的自由人》和《没落的专制主义》等话剧。这个时期墨西哥最杰出的剧作家是曼努埃尔·爱德华多·德·戈罗斯蒂萨(1789~1851年)。他曾出任过外交部长、财政部长,创建了墨西哥国家剧团,并曾率军抗击过美军入侵。19世纪60年代,在墨西哥城上演了费利佩·苏亚雷斯创作的浪漫主义话剧《自由胜利》和华金·比利亚洛沃斯创作的《拉帕特里亚》,这两部话剧都歌颂了墨西哥人民抗击法国侵略者的英勇斗争。

19世纪秘鲁涌现出了两位杰出的剧作家:一位是费利佩·帕尔多(1806~1868年),著有《教育的果实》(1829年);另一位是曼努埃尔·阿森西奥·塞古拉(1805~1871年),著有名剧《卡努托军士》(1839年)和《卡蒂塔夫人》(1856年)等。

巴西喜剧的创始人是路易斯·卡洛斯·马丁斯·佩纳(1815~1848年),著有风俗喜剧《乡村保安官》(1833年编剧,1838年上演)。但是,巴西戏剧真正的开创者是诗人贡萨尔维斯·德·马加良埃斯(1811~1882年),著有剧本《奥尔吉亚托》(1848年)等。

1903年在阿根廷首都布宜诺斯艾利斯上演了可以称得上是拉美第一部真正的现代话剧、乌拉圭剧作家弗洛伦西奥·桑切斯(1875~1910年)创作的《我的法学家儿子》。首演获得巨大成功。桑切斯共写了20部剧本,其作品深刻反映了拉普拉塔地区的社会问题,故被称作"拉丁美洲的易卜生"。19世纪末、20世纪初反映社会问题的剧作家还有阿根廷的罗贝托·派罗(1867~1928年)和墨西哥的费德里科·甘博亚(1864~1939年)等。

第七章
第一次和第二次世界大战后的拉丁美洲

俄国的十月社会主义革命的胜利,开辟了世界无产阶级革命和无产阶级专政的风潮。它把火种撒遍了世界各国,它改变了整个世界历史的方向,划分了整个世界历史的时代。

十月革命给世界被压迫民族解放斗争以极大的影响。它把无产阶级革命运动同被压迫民族的解放运动联合起来。殖民地半殖民地人民反对帝国主义的革命变成了无产阶级社会主义世界革命的一部分。同其他地区的人民一样,遥远的拉丁美洲各国人民,也从十月革命的光辉榜样中,吸取了非常宝贵的经验,得到了无限的鼓舞、光明和希望。

从十月革命到第二次世界大战,二十多年间,拉丁美洲发生了一系列变化,地主阶层的阵地由于各种因素,有了一定程度的削弱,但大土地所有制仍然拥有很大的势力。外国垄断资本,特别是美国垄断资本对拉丁美洲的控制步步加深。由于资本主义的发展,民族资本阶层和工人阶层的力量有所加强,民族资本家在一定程度上还参加到斗争行列中来。工人阶级由于建立了自己的先锋组织,起着愈来愈大的作用。但政权依然掌握在大资本家、大地主和大官僚手中,他们是矛盾的主导方面。所以,从社会性质上看,它仍然属于半殖民地的范畴,人民群众的革命任务,仍然是要为完成资本主义民主革命而奋斗。不过,由于资本主义的发展比较迅速,工人阶级队伍壮大得也比较快,这就为民族解放运动的成长创造了先决条件。

第一节 第一次世界大战后拉美的政治经济情况和反抗斗争

第一次世界大战,是资本主义体系内部各种尖锐化的矛盾所产生的后果,是一次世界帝国主义之间重新瓜分世界的大规模的流血战争。但大战爆发后,拉丁美洲各国一般都没有卷入战争的漩涡。阿根廷、智利、哥伦比亚、墨西哥、巴拉圭、委内瑞拉与萨尔瓦多等七国,始终维持中立。玻利维亚、厄瓜多尔、秘鲁、乌拉圭和多米尼加五国,虽然宣布与德国断绝外交关系,但未正式宣战。古巴、巴拿马、海地、哥斯达黎加、尼加拉瓜、洪都拉斯、危地马拉和巴西等八国,在战争末期,曾追随美国参加对德的战争,但实际上出兵很少,如古巴和巴西所派出的主要是一些飞行员和医疗人员,而且不久大战就结束了。所以,在大战期间,拉丁美洲地区并没有因为战争而受到损失。

一、政治经济情况

大战期间,拉丁美洲各国的经济发生了相当大的变化。在大战以前,大部分拉丁美洲国家在经济上主要依附于欧洲各资本主义国家。大战爆发以后，欧洲各国忙于战争，对拉丁美洲的经济钳制被迫放松了。它们甚至还从拉丁美洲国家抽出一部分资本，提走一部分贷款以及变卖一部分产业。仅在战争的第一年，英国的投资就降至 37 亿美元，法国的投资降至 12 亿美元，减少了 4 亿美元，德国的投资则丧失殆尽。同时，参战各国对原料和粮食的需求大为增加，这为拉丁美洲各国（特别是阿根廷、巴西、智利、墨西哥，其次是乌拉圭和古巴）较快地发展民族工业创造了有利的条件，使拉丁美洲各国的工农业生产一度得到了发展的机会，因而也就一度出现过繁荣局面。

在巴西，农林业产品如大米、茶叶和橡胶等，工业方面如采煤、制鞋业、制帽业和纺织业等，都有较迅速的增长；仅圣保罗一个城市的制帽业工厂，便发展到十九个；战前全靠进口的工业品如纺织品、帽、鞋等，都已达到自给自足的程度；整个战争期间，巴西所创立的新企业，共达 5900 多家。在阿根廷，牛油、肉类和羊毛的输出量，已超过美国和澳大利亚，占世界第一位；小麦的输出量，每年已增至 5010 万公担，占世界第三位，达到了阿根廷历史上最高水平；工业方面如纺织、冶金、造船、电机、水银、石油、木材和采煤等，也都有相当大的发展；至 1920 年，阿根廷的对外贸易，已近 20 亿美元。此外，古巴的制糖业，智利的硝石业和其他一些国家的纺织、食品、木材、石油和制药等工业，都曾有较显著的进展。

第一次世界大战结束以后，由于欧洲市场对进口原料需要的下降，拉丁美洲各国的工农业生产开始萎缩，一度遭到危机。但这次危机所经历的时间不长。特别自 1924 年资本主义世界进入相对稳定时期以后，在整个世界贸易额不断增长的情况下，拉丁美洲的工农业生产量又不断上升。不过，战争和战后时期的经济发展，并没有改变拉丁美洲各国的经济性质。这时期得到增长的，绝大部分属于轻工业、食品工业和其他原料加工工业，重工业很少发展。农业方面的增长，同样限于一两种特殊经济作物，没有改变单一产品制经济的状态。

在上述工农业生产发展的同时，美国的干涉和奴役却步步加深。当欧洲各国忙于战争时，美国便乘机通过贷款、收购土地、直接开办工矿企业和银行等办法，加强了对拉丁美洲经济的控制，同时还对拉丁美洲进行一系列的军事干涉。分述如下：

（1）经济上的渗透

投资：美国对拉丁美洲国家的投资总额，1913 年一共只有 12.4 亿美元，1928 年达到 49 亿美元。

贸易：美国对拉丁美洲的贸易总额，1913 年只有 7.43 亿美元，1919 年则增至 30 亿美元，即增加了 3 倍多。

至于美国在大战期间对加勒比海和中美洲诸国的贸易，增长更为显著。

银行：在战前，美国银行没有一家在南美洲设立分行；战争爆发后不久，即 1914 年 11 月，美国就在布宜诺斯艾利斯开设纽约花旗银行，并给阿根廷以贷款。至 1921 年初，已有 50 家美国银行在南美及加勒比海地区设立分行，其中尤以纽约花旗银行和美洲商业银行的势力最大。美元已代替英镑成为拉丁美洲金融和货币的主宰力量。华尔街的各种垄断企业，战后更是气焰万丈，得寸进尺。它们很快渗透到拉丁美洲各国的内部，控制了主要经济命脉。

（2）军事上的干涉

美国的军事干涉，在战时和战后期间达到了新的高峰。1913 年威尔逊继塔夫脱为美国总统。威尔逊出身大学教授，他高唱"自由与和平"、"平等与尊重"的调子，并说："一个国家的外交政策如果取决于自己的物质利益,将是一种非常危险的事情";但实际上,他在推行侵略政策方面,并不亚于塔夫脱。他在任职的8年(1913~1921年)间,对拉丁美洲进行了一系列干涉。如1914年4月22日,他派军队占领墨西哥的韦腊克鲁斯。1916年9月,他借口17个美国人被杀,又命令陆军军官潘兴率领数千骑兵进入墨西哥,镇压墨西哥农民起义军,并搜捕农民领袖比利亚。这支侵略军一直至1917年才撤出。

又如对加勒比海中美洲诸国的干涉,更为频繁。1915年,美国海军在海地首都太子港登陆,武装占领海地全国,并洗劫国库,屠杀当地居民达2000以上。海地共和国变成了"纽约花旗银行的领土"。1916年,美国又派兵占领多米尼加,使之沦为保护国。1914年,美国强迫尼加拉瓜签订布里安—查莫洛条约,1916年最后批准,获得了在丰塞卡湾等地建立海军基地和通过尼加拉瓜境内开凿一条沟通大西洋和太平洋运河的权利。1919~1920年,美军侵入巴拿马其利基省。1920年,美军又占领了危地马拉城。由此可见,威尔逊的所谓"正义"、"基督教道德"和"弱小民族权利"等,究竟是怎么一回事了。正如列宁所指出的:"威尔逊的理想化的民主共和国,实际上是最疯狂的帝国主义形式,是最无耻地压迫和摧残弱小民族的形式。"

威尔逊下台后,在资本主义暂时局部稳定时期,美国对拉丁美洲的武装侵略,仍没有停止。1924~1925年,美国海军侵入洪都拉斯。1925年,美军占领巴拿马首都。1927年美军侵入尼加拉瓜。

欧洲各帝国主义对拉丁美洲的经济侵略也并没有消除。它们在大战期间,与拉丁美洲各国的联系,曾一度中断。但在大战后,它们又重整旗鼓,再度向拉丁美洲各国渗透。至1928年,英国对拉丁美洲各国的投资达到12.11亿英镑(按当时英镑与美元的比价折合,约为59.6亿美元)。在拉丁美洲进口贸易方面,1928年,英国占16.3%,德国占10.9%,法国占5.9%;在出口贸易方面,英国占19.2%,德国占9.8%,法国占5.3%。

二、工人阶级政党的诞生

第一次世界大战以后,拉丁美洲人民斗争最显著的特点之一,就是各国工人政党的诞生。这是由于下列诸因素产生的:

①大战以后,帝国主义与封建主义的奴役进一步加深,人民生活迅速恶化,各国人民与统治者的社会矛盾尖锐化,阶级斗争日益复杂和激烈。

②大战以后,产业工人数量激增。如阿根廷,在1907年产业工人只有12万,到1920年,已增加到35万人。这就为工人阶级先锋队伍的建立提供了前提。

③大战爆发以后,世界各国社会民主党的右翼领袖,一般都拥护或追随本国大地主和大资本家参加侵略战争,背叛和出卖工人阶级和人民群众的利益。而工人运动中的革命派和社会民主党的左翼,则与列宁一致,采取反对侵略战争的立场。在两方的斗争过程中,革命派进一步认清了社会民主党右翼机会主义者的反动面目,日益感到无法与右翼叛徒在一个政党内存在下去。成立新的真正工人阶级的先锋政党,越来越不可避免。拉丁美洲许多国家内也有与此相类似的情况,这对拉丁美洲各国共产党的成立,起了重大作用。

④1917年俄国十月革命对拉丁美洲各国的民族斗争,起了十分有利的影响。十月革命胜利的消息传来时,拉丁美洲人民无不欢欣鼓舞。许多大城市里,都曾举行庆祝大会和游行。声援十月革

命胜利的贺电,有如雪片似的从拉丁美洲各地汇集到年轻的苏维埃共和国首都——莫斯科。如阿根廷的工人联合会,曾于1918年声明:"我们赞同巩固俄罗斯苏维埃联邦社会主义共和国,它不仅表达了,而且体现了无产阶级最良好的愿望"。蒙得维的亚的工人给苏联人民的贺电中说:"乌拉圭的工人阶级意识到,俄国革命不仅仅是一个俄国的事情,而且是一件具有世界意义的事情。因此,凡是致力于实现世界革命的人,必须给它以迅速的支持"。拉丁美洲的工人阶级,就这样把十月革命的胜利当成自己的胜利,庆祝欢呼。他们知道,从此,社会主义已经不再只是一个理想或理论问题,而是摆在千百万群众眼前的活生生的现实。此外,当帝国主义国家开始干涉苏维埃俄国时,巴西、乌拉圭、阿根廷、智利、墨西哥、秘鲁以及其他几个国家的人民群众,在"不准干涉苏维埃俄国"的口号下,又举行了抗议大会和支持苏维埃俄国的示威游行。

在上述因素的影响下,尤其是在十月革命的光辉照耀下,拉丁美洲各国工人运动中的革命派和各个社会民主党的左翼,大大提高了觉悟。他们要革命,又认识到任何一国的人民群众的革命,必须以列宁所领导的俄国革命为榜样,先建立起工人阶级的先锋组织和战斗组织,通过这个组织的领导和不断斗争,才有获得胜利的可能。于是他们摆脱社会民主主义和无政府工团主义的影响,坚决与攻击十月革命的社会沙文主义和改良主义断绝关系,从社会民主党中分裂出来,在各国先后成立了共产党或工人党,并且几乎全部加入了第三国际。

首先建立共产党的,是工业比较发达和人民群众斗争阵容较强的国家,如阿根廷、墨西哥、乌拉圭、智利,巴西等。阿根廷于1918年1月5日成立国际社会主义党。这是拉丁美洲各国最早的一个工人政党,1920年改名为共产党。此外,墨西哥共产党,成立于1919年。乌拉圭共产党,成立于1920年。智利和巴西的共产党,都成立于1922年。在二十年代,即在1924~1930年间,古巴、尼加拉瓜、厄瓜多尔、洪都拉斯、秘鲁、萨尔瓦多、巴拿马和哥伦比亚等国的共产党,也相继建立。至30年代以后,几乎所有拉丁美洲国家,都建立了共产党或工人党。

拉丁美洲各国共产党和工人党的建立,对于拉丁美洲人民的革命运动,有着很大的影响。它使拉丁美洲的人民革命运动的面貌为之一新。从此以后,拉丁美洲民族民主革命的领导责任,就由资产阶级和小资产者身上,将要逐渐地朝着无产阶级及其政党的肩上的方向过渡了。拉丁美洲的革命性质,正与十月革命以后世界上一切殖民地半殖民地国家的革命性质一样,"不再是属于旧的世界资本主义民主主义革命的范畴,而属于新的范畴了;它就不再是旧的资产阶级和资本主义的世界革命的一部分,而是新的世界革命的一部分,即无产阶级社会主义世界革命的一部分了。"

拉丁美洲各国共产党成立以后,一直就在极端艰苦和困难的条件下开展工作。由于共产党人一开始就为反对帝国主义和封建主义,为人民群众的社会福利事业和自由、民主权利,进行斗争,所以曾遭受到帝国主义和国内反动派的疯狂迫害和镇压。许多国家的共产党,差不多从成立之日起就处于"非法"和地下状态;许多党的领袖被杀害或长期监禁。由于党员人数少,力量不强,又缺少经验,党在建立后的一个相当长的时间内,曾经走过不少弯路。但是,不少共产党人体现了革命者的特有品质,不但没有被当时的恐怖和困难条件吓倒,而且坚持马克思列宁主义的原则,发扬了英勇、果敢和自我牺牲的精神,为人民和崇高的共产主义理想,献出了一切。阿根廷的进步刊物《国际新闻通讯》曾于1921年写道:"国际社会主义党(即共产党)克服了空前的阻碍,它人数少,没有钱,没有宣传工具……但是,它仍然定期出版《国际报》,并由于对马克思列宁主义学说的毫不动摇的信心,它坚持反对强大的敌人。"正因为不少共产党人具有这种为真理而孜孜不倦的战斗精神,所以革命的力量始终在艰苦中前进。

三、20年代人民群众的斗争

20年代拉丁美洲各国共产党的建立,是与当时风起云涌的群众运动分不开的。各国共产党是从群众运动的斗争高潮中诞生的。它诞生后,又反过来推动和领导群众运动继续前进,把群众革命运动推向一个更大的高潮。20年代的拉丁美洲,就是一个充满人民群众革命斗争的时代。

这些巨大的群众革命运动,主要是通过罢工、游行示威和武装起义等方式表现出来的。阿根廷,在1918～1921年的短短三年间,工人就发动了860次大罢工,参加罢工的共达700多万人次。1919年更达到了罢工的高潮。阿根廷历史上有名的"流血的星期"(或"悲惨的星期"),就发生在这一年。1919年1月7日至15日,阿根廷首都布宜诺斯艾利斯的街上,布满了街垒和各种障碍物。罢工工人占领兵工厂,并与正规军直接战斗。好几天内,市内的交通中断,商业停顿,工厂闭歇。整个城市差不多都被工人控制。伊里戈延反动政府派出大批军警,采用极端残酷的方式,才把这次总罢工镇压下去。罢工虽然失败,但阿根廷的劳动人民,始终不忘记这个"流血的星期"的教训。在墨西哥、巴西以及拉丁美洲大多数国家,也发生了与阿根廷相类似的情况。墨西哥的纺织工人、采矿工人和铁路工人,在大战结束后二、三年内,曾举行多次罢工。1922年,墨西哥的几十万农民还发动了一次全国性的总暴动。巴西人民群众在1918～1923年的革命高潮中,赢得了8小时工作日和某些属于资本主义性质的民主自由权利。1922年和1924年,巴西还发生了一些军事起义。1924年的起义部队曾经一度控制了圣保罗州和南里约格朗德州内地。从这些起义中产生的一支武装部队3年间走遍了巴西,为推翻当时的黑暗统治而斗争,从而显示了拉丁美洲人民反抗反动统治者的战斗精神。

拉丁美洲人民群众反对美帝国主义的斗争,在20年代,比以往更为激烈和尖锐。早在拉丁美洲各国独立之初,拉丁美洲人民对北美邻邦就十分警惕。拉丁美洲革命领袖玻利瓦尔于1829年写道:"合众国是秉承天意,以自由为名,要使南美洲陷入贫困的境地……我认为,美洲宁可接受可兰经,也比接受合众国的政体好……""合众国当时既是最坏的,也是最强的。"委内瑞拉作家丰博纳则说:"扬基,扬基,它是我们心灵、文明、个性和独立等各方面的敌人,任何向扬基模仿的行为,对我们说来,都是非常可耻的。"(扬基的英文原文为Yankee,"美国佬"之意,是印第安人最早对新英格兰的英国殖民者的称呼,后来变成了美国的诨名)。

1896年,拉丁美洲人民由于对华盛顿政策的不满,在墨西哥召开了厄瓜多尔、洪都拉斯、多米尼加、墨西哥和其他国家的代表大会,谴责了美国对南美诸国的扩张政策,痛斥了美国干涉他们内政的行为。列宁在《关于帝国主义的笔记》中谈到巴图伊的一本书时也曾指出:"南美人反对把门罗主义解释成美洲是属于北美人的。他们害怕美国,希望独立。"19世纪末和本世纪初,由于美国的横暴干涉,拉丁美洲人民对这个"北方的恶霸"和"扬基帝国主义"增长起了更强烈的仇恨。1903年,巴西作家普拉多发表了以"反美国佬"为主题的作品《美国的假想》,历数美国对拉丁美洲各国的罪恶活动,生动地表达了拉丁美洲人民对美帝国主义的愤怒。1922年8月,在布宜诺斯艾利斯举行了美洲国家关于国际法问题的代表大会,美国代表在会上企图以"美洲人民团结友好"为幌子,加紧实行侵略计划。对此,阿根廷的《国际报》曾经发表评论说:"无产阶级不应当成为这一诺言的牺牲品。和平及各国人民友好的真正敌人是资本主义,在美洲大陆上,战争和仇恨人民的最大危险是来自贪婪险恶的美帝国主义。谁说美帝国主义的意图是善良的,谁就不是和平的保卫者,而是战争和世界毁灭的帮凶。"

当时,拉丁美洲人民的反美斗争,如火如荼地开展。1924年,在危地马拉的美国"联合果品公司"的种植园里,成千上万的雇工举行罢工。在哥伦比亚,属于英、美资本的石油企业的工人,进行了反对非人生活待遇的斗争。同时,许多拉丁美洲国家的人民,为了抗议美国的经济渗透,还展开了一个大规模的抵制美国货的运动。一个具有广泛代表性的"全美洲反帝国主义同盟",在墨西哥工人阶层先进人士的发起下,也于1924年建立了,总部设在墨西哥城。1922~1928年间,阿根廷人民掀起了为保卫石油和其他天然资源免受"美孚油公司"和"伯利恒钢铁公司"侵害的广泛运动,并于1925年建立了"反帝国主义同盟"。为了更有效地打击美国侵略者,工人阶层的先锋战士,认为拉丁美洲人民群众必须团结起来。1927年12月,出席庆祝十月革命十周年纪念大会的阿根廷、智利、乌拉圭、哥伦比亚、古巴、厄瓜多尔、巴西和墨西哥等国的工人代表团,在莫斯科召开会议,会议认为美帝国主义在拉丁美洲的扩张是企图把拉丁美洲国家变成美国资本的殖民地,号召拉丁美洲国家的工人组织在反对美帝国主义的斗争中采取一致行动。

一向为美帝国主义控制的泛美联盟这一御用机构,在拉丁美洲人民反美运动下,也开始失灵了。1923年初在智利圣地亚哥举行的第五次泛美会议上和1928年1月在哈瓦那举行的第六次泛美会议上,都有不少拉丁美洲国家的代表,公开要求美国放弃侵略和干涉的政策。在第六次泛美会议上,这种反美情绪尤为激烈。当时萨尔瓦多政府正式宣布不承认美国为自己的干涉行为作辩护的门罗主义,阿根廷为了抗议美国代表团要讨论干涉问题而撤回了自己的代表。

在20年代拉丁美洲人民的反美斗争中,表现得更突出的是尼加拉瓜人民的武装战争。尼加拉瓜人民手1926~1933年间,在著名的民族英雄桑地诺将军的领导下,聚集革命力量,组织游击队,以大无畏的精神,对美帝国主义海军陆战队的侵入,进行了长期的不屈不挠的殊死战斗。虽然敌我军事力量悬殊,但由于革命战争的正义性,由于桑地诺将军的坚持和对帝国主义侵略行为采取了"针锋相对"的政策,终于迫使侵略军不得不于1933年由尼加拉瓜撤走。桑地诺将军的反美斗争,曾得到国际无产阶级与拉丁美洲各国人民的同情和支持。拉丁美洲各国工人阶级组织了"不许干涉尼加拉瓜委员会",领导募捐和罢工,以支持尼加拉瓜人民的斗争。共产国际第六次代表大会,还通过决议,向尼加拉瓜人民和桑地诺将军的英勇斗争表示敬意。1927年在布鲁塞尔举行的世界反帝国主义代表大会,也对桑地诺将军的起义斗争,表示热烈支持。

四、世界资本主义经济总危机年代的社会矛盾

1929~1933年的经济危机,对于世界资本主义体系是一个极重大的打击。当时,许多国家经济萧条得很厉害,社会矛盾急剧尖锐化,政治力量对比发生显著变化。拉丁美洲各国的民主革命运动,也广泛地展开;工人,农民和广大群众对帝国主义,封建主义和法西斯主义的斗争,空前高涨。

在世界经济危机的条件下,拉丁美洲国家对外国帝国主义的依附特别明显地表现出来了。在这一经济风暴期间,拉丁美洲经济受到极严重的损失。危机发生以后,由于世界市场上对拉丁美洲输出品的需求下降,一向为拉丁美洲经济命脉所系的各种农矿业原料产品,如咖啡、糖、香蕉、铜、锡、银等的出口量,无不急剧下降,对外贸易合同大为减少,以致货物堆积如山,价格大跌,生产情况极端恶化。20个拉丁美洲国家的总产值在1932年估计约下降到1925年的水平。其输出总值,在

1929～1932年间共下降了63.4%，智利和玻利维亚更下降了80%百分之八十。巴西于1931年秋，全部黄金储备（约值1.6亿美元）耗尽，财政宣告破严。

拉丁美洲各国的反动统治者，大地主、大资本家以及帝国主义垄断资本，为了补偿因出口减少而遭受的损失，为了维持产品的高昂价格，将那些卖不出和无人问津的"剩余"物品，例如大批大麦、火腿、牛奶、马铃薯等，或者焚毁在火车头和轮船的锅炉里，或者倾泻到大洋中去。仅仅巴西的咖啡一项，在经济危机期间，就被销毁了4000多万袋。同时，他们又大批解雇工人、降低工人工资和延长工人工作日，企图把危机中所受到的损失，完全转嫁到劳动人民身上。劳动人民的处境更加恶化。工业和农业的失业人数达到500万。劳动人民和统治者之间的矛盾，更加严重和尖锐起来。

拉丁美洲的广大工人群众，采取坚决的革命行动，回答帝国主义和国内反动统治者的无情掠夺和压迫。成百万的农民，展开了反封建、反高利贷和争取土地与自由的斗争。到处爆发了大规模的罢工和武装起义。许多国家完全处于动荡和骚乱的状态中。洪都拉斯"联合果品公司"的农业工人，起来捣毁仓库，打翻装运水果的火车。萨尔瓦多的群众，一致起来抗击美帝国主义的横行霸道。在古巴，独裁者马查多被迫下台。在秘鲁，反动统治者莱吉亚被革命群众所驱逐。

特别在巴西、阿根廷、墨西哥和智利等工业比较发达的国家，阶级斗争更加激烈，群众运动的规模更加浩大。如在巴西，1929年危机开始时，参加罢工的工人还只有3万人，1931年就增加到30万人，1934年更增至100万人以上。据估计，1931年1月到1932年5月，17个月内，巴西发生大罢工90起。其间1931年共56起，每起参加者平均有1724人；1932年前5个月内共34起，参加者共有12.4930万人，每起平均有4千人，比1931年增加一倍多；危机年代的巴西工人的罢工运动，明显上升。巴西农民在1929～1932年间，也与工人一样，大力展开了反封建和争取土地的斗争。在许多州内，农业工人和贫苦农民共同起来袭击集市和运粮的列车，夺取粮食店和面包房，捣毁地主和种植园主的庄园。在马腊尼昂州、帕拉伊巴州、塞阿腊州等地，农民还把一部分地主的土地，加以分配。

工人、农民以外的其他各阶层人民，如小资产者、手工业者、民族资本家以及一般知识分子和自由职业者，也投入斗争行列。不过，在半封建半殖民地的国家中，民族资本家具有两面性，他们一方面同帝国主义、封建主义有矛盾，在一定程度上参加了反帝反封建斗争，但另一方面又同帝国主义、封建主义有千丝万缕的联系，反封建和反帝斗争很不彻底。

反动统治者和帝国主义在日益高涨的人民革命力量面前，采取了十分阴险狡诈的手法。某些统治阶级中的野心家，或者伪装革命，扮演一副自由主义的面孔，钻入群众运动的队伍，高喊几句漂亮口号，骗取人民群众的信任，以夺取政权；或者明目张胆地使用反动派的一贯手法，凭借武装力量，实行军事政变。不管他们所使用的手段如何，他们的目的只有一个，即镇压革命。正如巴西米纳斯吉拉斯州州长安东尼奥·卡尔洛斯德·安德拉德所说，他们是要"抢在人民革命前面先进行革命……以阻止人民进行自己的革命"。由于人民在当时阶级力量对比中还不够强大，无产阶级领导革命的经验还不够成熟，因而，反动统治者的这些阴谋诡计，在好些国家内取得了暂时性的效果。如1930年，在英帝国主义的策划下，玻利维亚确立了加林多的军事独裁。在美国垄断资本的支持下，阿根廷确立了乌里武鲁的独裁。人民群众革命因而暂时遭受挫折。

1929年7月，拉丁美洲各国共产党，为了统一和明确共同的斗争目标，总结和交流彼此的斗争经验，在布宜诺斯艾利斯举行了第一届代表大会。参加这一会议的有阿根廷、巴西、玻利维亚、委内瑞拉、厄瓜多尔、哥伦比亚、古巴、墨西哥、巴拿马、巴拉圭、秘鲁、萨尔瓦多、乌拉圭、危地马拉等国的共产党或共产主义小组的代表。共产国际和法国、美国的共产党,也派代表列席了这个会议。会议讨论了有关拉丁美洲的国际局势和战争威胁、反帝斗争的策略,反帝联盟的活动、工会问题、农民问题、种族问题、青年和妇女运动以及党的建设等重要问题。会议还探讨了拉丁美洲国家革命的性质问题,注意到反动派和法西斯主义进一步发展的危险,以及动员无产阶级和广大人民群众去为民主权利而斗争的必要性。会议决议中指出:由于拉丁美洲国家存在着大庄园制度和其他封建残余以及外国资本的把持,以工人阶层为领导的反帝反封建的资本主义民主革命是不可避免的。这次会议加强了反对外国帝国主义和本国反动派的斗争。此外,会议还谴责了美帝国主义对尼加拉瓜人民所进行的血腥镇压。总之,这次会议促进了拉丁美洲各国人民在反帝斗争中的团结一致,对拉丁美洲各国人民具有重要意义。

第二节 三十年代拉丁美洲的反美和反法西斯斗争

三十年代的拉丁美洲主要是与美国的经济霸权主义和军事霸权主义的斗争,拉美各国团结一致共同对抗美国的经济掠夺和军事压迫。

一、拉美的经济情况

1934年后,资本主义世界经济危机告一段落,进入了"特种萧条时期"。拉丁美洲地区的工农业生产,在危机时期虽比其他资本主义国家遭受更多更大的打击,但1934年后上升也较快。造成这种上升现象主要是由于以下诸因素:

①第一次世界大战期间和战后的二十年代,拉丁美洲的民族资本阶层力量,较前增长,他们强烈要求民族资本主义得到进一步的发展。②单一产品制及其过分依赖外国市场的弱点,危机时期暴露无遗。危机过去后,阿根廷、巴西、墨西哥,智利和哥伦比亚等国的民族资本家,在不同程度上接受了这一教训,力图改变过去的畸形落后状况。

③1934年后不少国家或多或少代表民族资本家利益的政府,开始采取了一些保护和发展民族工业的措施,如实行保护关税、限制进口份额、管制外汇、发放国家津贴、举办低利贷款、将外国企业收归国营、实行公私合营、鼓励多种经济等。个别国家如墨西哥等,还在一定程度上实行了土地改革。

④帝国主义对拉丁美洲的投资,危机期间虽曾一度下降,但随后又继续上升。至1939年,美国在矿山、榨油业、工厂、公用事业、农场、银行等方面的直接投资已达29.63亿美元,占到美国国外直接投资总额的43%。英国在拉丁美洲的投资,达50亿美元;其他帝国主义国家(德国、法国、比利时)在拉丁美洲的投资总共约达20亿美元。帝国主义的这种投资,固然加深了对拉丁美洲的奴役和掠夺,但另一方面,也必然会引起资本主义工业某种程度的发展。

这时期拉丁美洲各国经济的发展在几个工业基础较好的国家,表现得最为明显。如在巴西,某些较重要的工业如钢铁、水泥、煤和印刷业等,都有较大的发展。

二、罗斯福的"睦邻政策"

1933年，罗斯福在资本主义经济危机最严重的时刻，当选为美国总统。当时美国的对外贸易大为缩减，其对拉丁美洲的贸易和投资也大量下降，美国与英、德、日、意等争夺拉丁美洲市场的矛盾日益尖锐化，而拉丁美洲人民反对美国干涉的运动又不断高涨；罗斯福是一个现实主义的资本主义政治家，他觉察到传统的炮舰政策已行不通，为了扩大美国的输出，为了加强对英、德、意、日的竞争能力，为了转移拉丁美洲人民的视线，和缓他们的仇美情绪，他声称要改弦易辙，放弃最粗暴的帝国主义扩张方式而采取所谓"睦邻政策"。

"睦邻政策"这一观念，并不是从罗斯福开始的。早在二十年代，柯立芝总统时期即已开始倡议，后来胡佛总统又加以鼓吹，至罗斯福上台以后，则更大大推进，而付之于具体实施了。1933年3月4日，罗斯福总统在就职演说里提到："在世界政治的领域里，我将使本国遵循睦邻的政策"。同年12月，在蒙得维的亚召开的第七次泛美会议上，美国国务卿赫尔声言："任何一个国家都无权干涉其他国家的内外事务"。

12月28日，罗斯福总统又就睦邻政策发表正式声明，说："合众国的坚定政策，从此以后就是反对武装干涉"。他又说："在将来的某一天，我们的姊妹邻国可能陷入灾难，由于混乱和政府的腐败无能，该国公民或许要求我们给予短暂的帮助，以恢复秩序和稳定。如果发生这样的事情，美国既没有权利也没有义务去单枪匹马地进行干预。美国的责任在于，与其他美洲国家联合起来共同研究可行的对策。若条件允许，可用全体美洲共和国的名义去助一臂之力。由我们单独干涉别国内政的情形必须终止。同其他美洲国家合作，我们半球的秩序要变得好一些，发生不愉快的事情也要少一些"。

接着，他还解释说："在对外政策方面，我将奉献给美国的是睦邻政策。作为珍视自己权利的国家，同样应珍视别国的权利。美国尊重她的义务，尊重她与邻国的神圣协定。我们现在终于认识到我们过去从不理解的东西，即我们之间是相互依存的；我们不能只取于人，而且也应当赋予人"。美国根据这种所谓"睦邻政策"，先后于1934年5月29日，与古巴签订条约，废除了"普拉特修正案"；1934年8月，撤退了在海地的驻军，放弃了干涉巴拿马的某些权利；1940年9月24日，与多米尼加签订新约，废止了对多米尼加的"保护"权等等。1936年12月1日，罗斯福又建议美洲各国在布宜诺斯艾利斯召开了"美洲国家维持和平会议"，通过了关于泛美各国的"协商公约"和"互不干涉内政"的议定书。该议定书载明："缔约各方宣布不能容许其中任何一国以直接或间接方式在任何理由下对任何另一国的内政和外交进行干涉。"

"睦邻政策"，特别是"不干涉"这一点，普遍地受到拉丁美洲各国人民的欢迎，所以曾一度引起某些人的幻想，以为美国从此不再干涉拉丁美洲各国的内政，而真正承认民族平等的原则了。其实，正如毛泽东指出的，帝国主义的"本性是不能改变的，帝国主义分子决不肯放下屠刀，他们也决不能成佛，直至他们的灭亡。"

罗斯福的"睦邻政策"只不过是一种新的殖民政策。它想采用"开明的政治经济政策"，即更多地用经济封锁、财政压力和政治欺骗等方法，来"消除以前的政策所造成的创伤"，维护美国的殖民统治。也就是企图用更隐蔽的手法，以便在当时条件下，达到进一步欺骗和奴役拉丁美洲人民的目的。即就美国统治者大肆吹嘘的所谓取消武装干涉一项来说，罗斯福也并没有真正实行，如1933

年古巴独裁者马查多被推翻与格劳·圣马丁政府上台以后，罗斯福就曾派遣 30 艘兵舰，进行干涉；1932～1935 年罗斯福直接支持玻利维亚对巴拉圭的格兰查科战争；1934 年，美国训练的尼加拉瓜国防军，谋杀了尼加拉瓜的民族英雄桑地诺将军；1935 年，美国积极参与镇压巴西的民族解放运动；1937 年，美国的秘密特务又在巴西制造法西斯政变；1938 年，美国在墨西哥除采取停购白银的手法，企图破坏卡德纳斯政府的国有化政策外，又直接帮助法西斯将军谢迪洛，组织反对卡德纳斯的武装叛乱。甚至为拉丁美洲人民切齿痛恨的各法西斯独裁政府，如尼加拉瓜的索摩查、多米尼加的特鲁希略、危地马拉的乌维科等，都得到罗斯福的优待和支持。

在经济方面，罗斯福政府在"睦邻政策"的掩护下，对拉丁美洲各国大肆渗透。1933 年，美国国务卿赫尔在蒙得维的亚泛美会议上，建议美洲各共和国相互降低关税，彼此签订双边或多边的互惠贸易协定。1934 年 6 月 12 日，美国国会通过一项法律，授权总统与拉丁美洲各国协商互惠条约。至 1943 年止，美国已与拉丁美洲国家签订了 16 个互惠贸易协定，关税一般降低约 30%。这种所谓互惠贸易实际上仅对美国垄断资本有利，美国因此可以利用国内高度发展的工业扼杀拉丁美洲民族工业。这些协定签订以后，美国对拉丁美洲的贸易与投资情况，大大改观。至 1937 年，美国在拉丁美洲的对外贸易中，已经取得很大优势。在邻近的墨西哥、加勒比海及中美洲诸国的对外贸易中，美国所占比重更远远超过了欧洲诸国的总和。

美国对拉丁美洲的投资，至 1939 年，已达到 40 亿美元。这个数目虽比英国要少些（约 50 亿美元），但并不能说明英美两国垄断组织在这些国家中的实际力量对比。英国投资的主要形式是国家贷款和铁路投资，而美国的资本则是投入拉丁美洲国家的工农业主要部门。第二次世界大战以前，美国垄断组织控制了拉丁美洲几乎全部的铁矿开采，将近 90% 的铜矿开采，70% 的白银开采，60% 的锌矿开采，50% 以上的石油、锰矿和白金的开采，33% 以上的铅和黄金的开采，铝土矿和钒的全部开采，以及硝石和锡的大部分开采。此外，为了加紧对拉丁美洲经济的控制，罗斯福上台以后，还于第二年（1934 年）成立了"进出口银行"，专门负责对拉丁美洲举行奴役性的贷款。

福斯特曾指出："事实上，睦邻政策只是把旧的帝国主义改头换面一下，以便更有效地击败增强了的帝国主义竞争。这是实行帝国主义侵略的更有效的方法。它构成了一种制度，拉丁美洲各国在表面上获得了民族独立，但是实质上，总的控制权还是被抓住在美国手里。"

拉丁美洲人民也日益识破了罗斯福和赫尔的欺骗伎俩，洞察了所谓"睦邻政策"的侵略实质。古巴社会学家斐南多·奥蒂斯，在 1940 年著文说："在古巴没有能够把自己从殖民地经济这条毒蛇的纠缠下解脱出来以前，它将不会是真正独立的。这条毒蛇在古巴的土地上长肥，但却绞杀它的居民，缠绕住我们共和国国徽的棕榈树，把它变成美国金元的标记。"这段话反映了拉丁美洲人民对"睦邻政策"的认识。他们从长期的惨痛经验教训中，深知侵略成性的美帝国主义，是决不会放弃侵略的。所谓"睦邻政策"，实质上是与老罗斯福的"大棒政策"和塔夫脱的"金元外交"一脉相承的侵略政策，毫无二致。因此，在睦邻政策宣布以后的年代里，拉丁美洲人民并没有丝毫放松对美帝国主义的警惕和斗争。

三、反法西斯斗争和人民阵线

1933 年希特勒纳粹匪徒在德国攫取政权以后，法西斯主义的魔爪伸向全世界各地。拉丁美洲各国的自然资源十分丰富，经济又很落后，便变成了德、意、日等国法西斯势力争夺市场和战略物资

第七章 第一次和第二次世界大战后的拉丁美洲

的主要对象之一。这个地区,由于大地主与考迪罗主义者的统治,是法西斯势力滋长和发展的温床;德、意、西、葡和日本等国大批移民的存在,又为他们扩张侵略提供了方便。希特勒宣称要把巴西变成一个"新的德国";墨索里尼认为"巴拿马运河是法西斯主义的边界";佛朗哥企图重温"再建西班牙帝国"的旧梦;梵蒂冈的教皇也为虎作伥,到处鼓吹法西斯统治是出于上帝的意旨。法西斯的头子们,都想把整个拉丁美洲囊括到手,使之变成法西斯世界帝国的一个组成部分。

从1933年起,德、日、意等法西斯国家采取各种手段,从政治、经济、军事、外交和文化等方面,齐头并进,向拉丁美洲各国发动了一系列的攻势。

在经济上,它们一方面向拉丁美洲大量投资,另一方面又大量收买大麦、玉米、咖啡、棉花等农产品以及石油、硝石、有色金属、稀有元素等矿产品,从而加强对拉丁美洲经济的控制。德、日,意在与美、英的斗争中是向前进展的。美国保持了阵地,英国则受到法西斯国家和美国的大力排挤。因此1939年,美国的《时代周刊》曾把德国称为美国的"头号竞争者"。

在政治上,德、日、意三国,利用拉丁美洲国家当时对英,美的仇视情绪,尽量扩大自己的势力,其中又以德国为最。纳粹德国为了控制拉丁美洲,其所采取的方式可以说是无所不用其极。如通过设在各国的使馆,外交使团、银行、贸易机构,出版机构、科研机构、无线电广播、学校和团体(在阿根廷设有203所德语学校、301个德国人团体;在巴西设有2000所德语学校和3300个德国人团体)以及派遣考察团、旅行团等,积极开展宣传活动,恶毒攻击共产党和一切进步运动,并把这些机构作为开展间谍活动的中心。千方百计利用德国移民和侨民中的民族情感(德国的移民共约150万~200万人,其中80%是在巴西,阿根廷和乌拉圭)。

一方面鼓励原有移民与本地人结婚,以取得国籍;另一方面又进一步向拉丁美洲各国移民。在移民中建立国社党、青年组织和俱乐部等,大力开展各种秘密活动,使之成为第五纵队的基础。在30年代中期发给移民的一项指令中,详细介绍了使用诱骗、收买、破坏,密谋、暗杀等办法。至第二次世界大战前夕,在巴西的德国移民达80万人,其中有10万系纳粹党徒。

许多拉美国家均有德国的军事参谋团。在阿根廷军队中,德国代表团的势力很大;阿根廷的军队总司令还于1938年应邀访问了德国。巴西的警察机构曾长期控制在纳粹德国手中。1932~1935年,在玻利维亚和巴拉圭所发生的格兰查科战争中,玻利维亚的军队是由德国将军指挥的。用巨额金钱在各国反动阶层中收买和扶植代理人,尽力向他们散布法西斯思想。企图一旦时机成熟就发动政变,建立法西斯傀儡政府。如1940年在乌拉圭破获了一起法西斯暴徒案件,发现叛乱者竟拥有军火库,准备先袭击飞机场、交通枢纽,然后控制全国,并计划先在乌拉圭,后在阿根廷、智利和玻利维亚建立纳粹的"保护国"。

在整个30年代中,一系列法西斯匪徒组织,如长枪会、民族主义行动党、纳粹主义党、整体党、西纳基斯党、军团以及各种无奇不有的名目,在拉丁美洲各国不断涌现。拉丁美洲各国法西斯纳粹的活动,非常猖狂。如阿根廷就有102个纳粹组织,4万名纳粹党徒,仅穿制服的"阿根廷公民集团"的法西斯暴徒就达8000名之多,他们组织了大规模的打手队,到处袭击工农群众和进步民主力量。在巴西、墨西哥、智利、玻利维亚等其他国家内,法西斯分子也在积极活动。纳粹第五纵队几乎钻进了拉丁美洲各国的所有的反动组织。所以意大利法西斯政府机关刊物《领事馆邮报》1938年1月声言:"拉丁美洲的7个国家在法西斯主义保护下日趋稳定,这就是:阿根廷、巴西、玻利维亚、秘鲁、委内瑞拉、巴拉圭和乌拉圭"。同年1月,柏林报纸《攻击报》断言:"拉丁美洲人民已经感觉到，要想摆脱美国的统治，必须得到意大利与德国的支持"。希特勒、墨索里尼和日本军国主义者，变成了拉丁美洲人民的共同仇敌。

面临法西斯的这种严重威胁，拉丁美洲各国共产党人，在1934年10月拉丁美洲各国共产党第三次代表大会的号召下，在1935年共产国际第七次代表大会所制定的新的斗争策略的指导下，与广大人民群众一道，进行了坚决的回击。不少拉丁美洲国家，先后建立了反法西斯的统一阵线和人民阵线，掀起了反法西斯运动的高渐。巴西、智利和墨西哥等国的反法西斯斗争，尤为高涨。巴西人民为了把国家从法西斯整体党的猖狂进攻中拯救出来，于1935年成立了一个包括社会党人、共产党人、学生、工会运动者和自由职业者在内的"全国民族解放联盟"。在智利，由共产党、激进党和社会党人所组成的人民阵线，于1938年的大选中获得胜利，建立了依靠人民阵线所组成的政府。在墨西哥，卡德纳斯政府由于取得人民阵线和其他民主力量的支持，在1934~1940年间，进行了一系列资本主义的民主改革，并获得了相当大的胜利。福斯特曾说："在第二次世界大战以前的5年中，巨大的人民阵线斗争是制止法西斯主义在这些国家蔓延，以及后来取得人民支持，伟大的反法西斯战争（这战争那时已在酝酿）的一个决定因素。"

拉丁美洲人民的反法西斯运动，也对西班牙共和国给予了巨大支援。1936年7月18日，佛朗哥法西斯匪徒正式叛变西班牙共和国政府。不到几天，一个支援西班牙共和国的运动，就席卷了所有的拉丁美洲国家。古巴、阿根廷、巴西、墨西哥、乌拉圭等国家的工人和广大人民群众，捐献大批物资，送到西班牙共和国战斗前线。仅阿根廷的反法西斯主义者所筹措的这种基金，就达几千万比索；阿根廷全国各地还不顾政府当局的阻挠，纷纷举行表示支持的示威游行，并成立支援西班牙的委员会，委员会出版了印数达6万份的《新西班牙报》。巴西人民运去了几十万公斤咖啡、衣服和靴鞋；乌拉圭的工会为此而举行了募捐；古巴人民成立了支援西班牙共和国的儿童协会；哥斯达黎加人民赠送不少咖啡和烟草；墨西哥人民和卡德纳斯政府更不断供给西班牙共和国以武器和弹药。拉丁美洲进步人士并组织志愿队（国际纵队），以高度的自我牺牲和国际主义精神，与西班牙共和国的革命军队并肩作战。许多志士在这一战斗中壮烈牺牲了，传奇般的墨西哥农民运动英雄萨帕塔的名言"宁死勿屈"，变成了西班牙共和国战士的口号。

四、工人运动

在这一时期内，工会运动也取得了不少成绩。拉丁美洲工会有着长期斗争的历史。还在第一次世界大战以前，在秘鲁（1884年）、阿根廷（1890年）、古巴（1890年）、智利（1909年）、墨西哥（1912年）、玻利维亚（1912年）和萨尔瓦多（1914年）等国，都成立了全国工会组织。20世纪20年代，由于伟大的十月社会主义革命的影响，拉丁美洲工会运动得到进一步的发展。1921年"红色工会国际"建立以后，拉丁美洲的先进工人立即在各国建立了左派工会，并与红色工会国际取得了联系。1929年5月，在红色工会国际的推动下，拉丁美洲各国工会在蒙得维的亚召开了代表大会，成立了"拉丁美洲工团联盟"。

拉丁美洲工团联盟成立以后，不久就爆发了1929~1933年的世界资本主义经济危机。为了反对统治者向工农大众转嫁危机损失，为了保护工人的基本权利，拉丁美洲工团联盟与各国共产党人一道，积极组织工人群众，进行顽强的斗争。从1930年3月举行第一次失业工人大示威以后，一直至1933年危机结束为止，墨西哥、阿根廷、巴西、古巴、乌拉圭、哥伦比亚以及其他国家，都掀起了巨大规模的罢工,有些罢工还发展成为武装起义。关于拉丁美洲工团联盟在这一时期所起的作用,福斯特曾有过如下的论述:"它遵循着马克思主义的政策,响起了阶级斗争的清晰的号角……在许多国家作了大量的组织工作,它的领袖们和各组织曾领导了无数次斗争顽强的罢工。它唤醒工人们来反对美帝国主义及其工人代理机构'泛美劳工联盟'的危险。在30年代初期,这个组织勇敢地担负起反对法西斯主义和战争的斗争。拉丁美洲劳工联合会使拉丁美洲的工会在认识、力量和行动方面都提高到新的水平。它为后来的拉丁美洲劳工联盟打下了基础。"

30年代中叶,面对着法西斯与美帝国主义的巨大威胁,为了扩大工人队伍和加强斗争力量,拉丁美洲工团联盟于1936年宣布自动解散,重新组织一个更大规模的工会。1938年9月,这个具有更广泛代表性的工会,即"拉丁美洲劳工联盟",终于在墨西哥正式成立。

拉丁美洲劳工联盟成立以后,绝大多数的拉丁美洲国家劳工联合会,都参加了这一联盟。在联盟大会上建立了中央委员会,作为指导中心。每一个国家也设立了中心。联盟正式宣布,要为建立民主制度,消灭人对人的剥削,消灭半封建残余,提高广大人民的政治和文化水平,反对帝国主义和法西斯主义,为拉丁美洲的政治和经济独立,进行彻底的斗争。联盟还指出,拉丁美洲各国的劳动者应有结社、罢工、签订集体合同和出版自由的权利,所有拉丁美洲各种肤色的人民应该完全平等,并号召所有拉丁美洲工人团结起来,通过各种方式为达到这些目的而努力。至1944年,这个联盟的会员人数,据估计已经达到400万,占拉丁美洲全部工会会员人数的3/4左右。

第三节 二战爆发后拉美的经济发展、政治进程与国家关系

第二次世界大战爆发以后,所有拉丁美洲国家都直接或间接卷入了战争的漩涡。在1941年12月7日珍珠港事变后一个月内,中美洲和加勒比海地区9个国家——古巴、巴拿马、多米尼加、海地、尼加拉瓜、危地马拉、洪都拉斯、萨尔瓦多和哥斯达黎加,都对轴心国宣战。1942年1月在里约热内卢召开的美洲国家外长会议上,除阿根廷和智利外,都同意与轴心国家断绝外交关系。1942年6月1日和8月22日,墨西哥与巴西也相继宣战。在1942-1943年间,只剩下阿根廷一国没有与轴心国断绝外交关系。最后至1945年1月,阿根廷在整个世界形势的压力下,也非常勉强地在表面上与德国断绝了关系。不过,真正出兵参战的只有墨西哥和巴西两个国家。墨西哥派了一个航空队到菲律宾,巴西派了5万人的远征队到意大利前线。在大战过程中,拉丁美洲为盟国提供了大量战略物资和原料。拉丁美洲各国人民积极地开展了反法西斯的斗争,对整个反法西斯战争的胜利,贡献了自己的力量。

反法西斯战争的巨大胜利,使整个世界面貌有了很大的改变。德、日、意法西斯的覆灭、资本主义国家社会矛盾急剧的尖锐化以及欧洲和亚洲一系列人民民主革命的胜利,给世界各国无产阶级革命和世界人民解放事业开辟了有利的大好形势。殖民主义体系在瓦解中。

1949年中国革命的胜利,进一步改变了世界的面貌,极大地影响和推动了人类现代历史的发展。中国的人民革命给帝国主义在亚洲的统治以毁灭性的打击,在很大程度上促进了世界力量对比发生有利于社会主义的变化。它给民族解放运动以新的有力的推动,给各国人民,特别是亚洲、非洲和拉丁美洲的人民以巨大的影响。

在上述世界形势的鼓舞和推动下,在拉丁美洲人民觉悟日益提高的情况下,战后拉丁美洲民族解放运动的风暴,已日益深入到每一角落。拉丁美洲民族解放运动,主要是在反对美帝国主义及其代理人的斗争中成长和壮大起来的,是构成整个战后世界蓬蓬勃勃的民族解放运动的一个重要组成部分。帝国主义者不愿意放弃自己的阵地,企图用各种方法阻止和扼杀殖民地人民的革命运动。其中美帝国主义在战后成为现代殖民主义的重要堡垒。拉丁美洲由于距离美国最近,长期以来受美国的控制特别厉害,所以这个地区反对美帝国主义和争取民族解放的斗争,表现得特别复杂、尖锐和艰巨。

一、美国在战后对拉丁美洲各国控制的加强

第二次世界大战前夕,美国在拉丁美洲的势力,已开始居于首位。大战爆发后,美国垄断资本利用欧洲列强的被削弱,在拉丁美洲各国大肆渗透,加强控制,因而美国在拉丁美洲各方面的势力都有了飞快的发展。其主要表现如下:

1. 经济方面的扩张

美国垄断资本对拉丁美洲国家进行疯狂的经济掠夺与控制;拉丁美洲有美国垄断资本的"奶牛"之称。美国比所有其他资本主义国家都更厉害地榨取拉丁美洲各国的财富,阻碍这些国家的发展。华尔街垄断集团一向把拉丁美洲看成是他们的私人领地,适意的投资场所,原料、燃料和廉价劳动力的供给地。威廉·皮尔逊说:"作为美国的出口市场,拉丁美洲对美国的重要性相当于整个欧洲,比亚、非和大洋洲三洲加起来还要重要。作为美国进口资源的来源地,拉丁美洲各共和国对美国的重要性,甚至还要更大,远远超过欧洲或其他任何大陆。"美国战后在拉丁美洲极力进行掠夺的动机,是一目了然的。

第二次世界大战爆发后,拉丁美洲国家中断了同欧洲的联系,从而使美国在经济上大大获益。仅在战争的第一年,拉丁美洲各国向欧洲的出口就降低了1/2以上;相反,美国在拉丁美洲进口总额中所占的比例却由1939年的40.5%,增至1940年的53.4%。美国对拉丁美洲经济渗透的方式是多种多样的,从扩大投资,贷款,进出口贸易和技术援助:签订贸易协定、攫取经济特权、开设子公司,以至"买少卖多"、"贱买贵卖",无所不用其极。通过这些方式,美国垄断资本无孔不入。1939年9月巴拿马会议之后,美国更借口加强美洲各国的互助与合作,在华盛顿成立了美洲国家财政和经济顾问委员会。接着,美国就以提供资金,装备、技术援助等名义对拉丁美洲实行大量投资。据统计,在1941~1945年间,美国"进出口银行"对拉丁美洲各国的贷款,占该行对外贷款总额的34%;仅1945年,就贷放了5.75亿美元。在拉丁美洲对外贸易方面,美国势力也大为增加。1940年,美国在拉丁美洲的进口总额中占53.4%,出口总额中%44;至1945年,则分别增至58.2%与49.2%。

大战结束以后,美国对拉丁美洲的经济扩张,仍然有增无减。还在1945年2~3月,在墨西哥召开的美洲国家外长会议上,美国制订了一项所谓"克莱顿计划",宣布"互相支援和美洲团结的原则"。该项计划规定,拉丁美洲国家与美国之间的经济来往,要遵守所谓"自由贸易"、"自由投资"和"自由企业"的原则,使美国垄断组织能按最低价格广泛收购原料。这就为华尔街垄断资本在战后进一步侵入拉丁美洲铺平了道路。1949年1月20日,美国总统杜鲁门又在"援助落后地区开发经济"的幌子下,提出了所谓"第四点计划",使"受援"国家的经济更进一步从属于美国。实际上,

第七章　第一次和第二次世界大战后的拉丁美洲

从1945年到1950年,美国对拉丁美洲的投资,即由43亿美元增至63亿美元。其中以贷款和"补助金"名义出现的,从1945年7月1日至1951年12月31日,共达7.86亿美元。这些贷款和"补助金"主要是通过"国际货币基金组织"、"进出口银行。和"国际复兴开发银行"等机构发放的。在对外贸易方面,1951年美国占拉丁美洲各国进口总额的54.5%,出口总额的52.1%。这个比例数虽然与1945年相差无几,但进出口的绝对数量大大增加了。

在大战期间和战后初期,与美国在拉丁美洲经济势力的增长情况相反,其他帝国主义的经济势力都减弱了。德、日、意等轴心国家在拉丁美洲的势力,几乎完全丧失。它们不但在贸易方面差不多完全退出去了,而且已有的投资也完全被拉丁美洲各国政府没收了。其中仅德国的投资被没收的就达十亿美元。英国一方面出口额缩减,另一方面进口原料和粮食的数量大增,以致欠下了某些拉丁美洲国家的债务。为了偿还债务,英国甚至不得不将在阿根廷及其他一些国家的某些企业和铁路,让给这些国家的政府和美国公司。因此,英国在拉丁美洲的投资,由1939年的50亿美元减少到1950年的23亿美元,即缩减了一半以上。在拉丁美洲各国对外贸易方面,英国1939年占进口的10.1%,出口占15.6%,至1951年分别降至7.2%与12.8%。

欧洲各国和日本经济势力卷土重来后,与美国垄断资本发生了激烈的斗争。因此,从这个时候起,美国对拉丁美洲的输出,有时也出现缩减现象。

关于美国掠夺拉丁美洲的严重程度,美国国务院的一位拉丁美洲事务助理国务卿曾从另一角度作了如下的说明。他说:"我们觉得我们的兄弟共和国经常和我们在一起。从清晨你睡醒后喝巴西或哥伦比亚咖啡的时候起,直到深夜你的夫人给你打开玻利维亚精美的罐头时为止,它们都跟我们形影不离。你睡的是用智利青铜或黄铜制的床。委内瑞拉的石油使你享受电力。在你的汽车里有墨西哥来的电池。你吃的是古巴的糖、哥斯达黎加的香蕉、海地的糖酒。你围的是秘鲁羊毛织的围巾,穿的是乌拉圭毛布织的衣服。你的地毯是阿根廷的羊毛制的。你的孩子吃的巧克力糖是厄瓜多尔的可可制的。一句话,你的福利都依靠我们和拉丁美洲的关系。没有拉丁美洲,你们的许多大企业就很难过日子,即使你能够获得原料,价值也非常昂贵。你的早餐没有咖啡和糖就很可怜了。最后,你的儿子没有拉丁美洲原料制成的武器,怎么能够作战呢?

2. 政治上的干涉

美国垄断资本一向把拉丁美洲作为推行殖民政策的实验场所。美国殖民主义者为了控制和奴役拉丁美洲各国,除经济奴役外,还经常采用许多政治策略,如利用各国反动势力、策动军事政变、扶植傀儡政权、建立各种集团、在工人队伍中制造分裂以及运用泛美机构等等,其中以利用在拉丁美洲扶植代理人的方式最为主要。

美国在拉丁美洲各国的代理人,主要是大地主阶级、买办资本家、大官僚政客、高级军官、法西斯分子等。这些人虽只占人口总数中的少数,但拥有很大的经济实力。他们由于自己的统治地位日益动摇,企图与美帝国主义相互勾结,借以维持其统治的延续。美国垄断资本也乘机利用这一小撮反动分子,作为奴役和榨取这些国家的支柱。这样,美帝国主义、大地主和买办官僚资本家,便在奴役和剥削拉丁美洲人民的共同目的下,结为一体。

美国通过其代理人直接掌握拉丁美洲各国的政权,为华尔街垄断资本的利益服务。二次大战后,英国和德国在拉丁美洲的势力大为下降。在美国的威胁利诱下,当地许多亲英集团或亲德集团见风转舵,投到美国的麾下,更使美国在拉丁美洲各国的统治力量得到加强。美国一面控制傀儡政权,如多米尼加的特鲁希略家族、尼加拉瓜的索摩查家族等等;另一方面,对于那些不够听命的政府,却千方百计,策动政变,扶植一个新的更能听命的傀儡,取而代之。如1948年,在秘鲁策动军事政变,使独裁者奥德里亚上台;1952年,在古巴扶植法西斯暴君巴蒂斯塔上台。战后这类政变,层出不穷,花样翻新。

如果这种政变没有成效,美国统治者仍然采取军事干涉的手段。不过,迫于整个世界形势的压力,美国这时期军事干涉的方式,比起19世纪末和20世纪初的那种赤裸裸的炮舰政策已有所不同。在大多数的情况下,它往往自己不出面,只组织和利用一批雇佣军作为炮灰,发动进攻。

在拉丁美洲一些工业比较发达的国家内,工人和农民的力量较大,民族资本家在政权中也拥有一定的力量,甚至已取得领导地位;美国在这些国家中策划颠覆活动,往往难于得逞。于是,美国便经常对这些国家的政府施加压力,迫使它们在一些重大的经济和外交问题上屈从美国的旨意。同时又利用资本家的软弱性与妥协性,采用经济收买的办法,使这些国家的政权变质。美国对智利的魏地拉政府,就采用了这种策略。魏地拉是1946年在人民阵线的支持下上台的,但不久就在美国垄断资本的压力和引诱下,走上了反人民反民主的道路。

美国在运用泛美机构方面,战后也表现得非常突出。还在大战前夕,为了防止德国法西斯势力在美洲的扩张,美国策动美洲各国(加拿大除外)于1938年12月,在利马召开了第八届泛美会议,通过了利马宣言,强调共同防御法西斯侵略和维护不干涉原则,并决定建立"泛美外交部长协商会议"。1939年9月,在德国进兵波兰和英、法对德宣战以后,美洲各国又在巴拿马召开了第一次美洲各国外长会议。1940年7月,在哈瓦那举行了第二次外长会议。1941年12月7日珍珠港事件以后,又于1942年1月15~28日,在里约热内卢召开了第三次外长会议。前三次会议确定了全美洲在第二次世界大战中的中立政策,并规定以环绕西半球大陆482公里内为中立地带。后一次会议(即第三次外长会议),则正式规定美洲实行统一筹划联防事务。实际上美国通过这种联防,大大加强了对拉丁美洲各国的控制。

此外,战后美国还利用联合国的旗帜来给它干涉拉丁美洲和其他国家的活动披上"合法"的外衣。美国的一个研究机构提出报告认为"联合国应该成为我们(美国)表达外交政策的主要途径之一"。与此同时,美国的国际法学者还宣扬什么主权"在国际法领域里已变成了陈腐的观念",来为美国干涉拉丁美洲国家内政提供"理论"上的根据。

3. 美国的军事扩张

美国一向把拉丁美洲看作它的"后院"、"边疆"和"外省",并且认为拉丁美洲在军事上对它具有极重要的战略地位。"美洲国家组织"的一位前秘书长曾说:"两块美洲大陆合并以后,就能成为一个甚至在原子世纪也不能摧毁的天然军事堡垒。如果它们分裂的话,必然会使全世界陷于混乱状态。泛美主义不单纯是拉丁美洲军事上的思想帷幕。泛美主义是这样一个中心,美国控制了这个中心,就有可能对拉丁美洲国家实行军事战略措施方面起决定性的影响。"从这段话中可以看出,美国在军事方面也企图要完全独霸拉丁美洲。

美国对拉丁美洲的军事控制,主要采取下列方式:迫使拉丁美洲各国加入军事集团;迫使它们与美国建立侵略性的双边军事同盟;美国在这些国家的土地上建立军事基地;美国通过各种军事代表团人员直接指挥这些国家的军队,直到进行公开的军事干涉等。

在第二次世界大战前的1938年,美国军事顾问就开始在拉丁美洲各国逐步取代德国和意大利军事代表团的地位。1940年9月2日,美国与英国达成协议,以50艘逾龄的驱逐舰为代价,获得了从纽芬兰、百慕大、巴哈马、牙买加一直到英属圭亚那一带建立军事基地的权利。珍珠港事变时,美国在所有拉丁美洲国家的陆军、空军或海军中,几乎都派遣了军事顾问。1942年1月,美洲各国第三次外长会议,又在美国策动下通过成立"美洲国家防务局",筹划美洲海岸线和交通线的"防卫"工作;同时决定,美国在租借法案下拨款4亿美元为拉丁美洲各国购置战略物资。此后,美国就在泛美"防卫"的招牌下,利用当时反法西斯战争的国际形势,加紧对拉丁美洲的军事控制。至第二次世界大战结束时,美国已在拉丁美洲取得77个军事基地,约为美国在全世界军事基地总数的1/6;修成并控制了1.5万公里的直贯南北的战略公路;控制了整个拉丁美洲的民用和军事航空网;掌握了拉丁美洲两洋沿岸的航运权。

第二次世界大战结束后,美国对拉丁美洲的军事控制不但没有停止,而且在所谓西半球一致反共的借口下继续增强。1945年10月,"美洲国家防务局"提出了"军备标准化方案",要求拉丁美洲各国武装部队都要按照美国军队的标准进行装备和训练。1947年在里约热内卢召开的"美洲国家防御会议"上,美国迫使拉丁美洲各国签订了西半球"联防"公约。公约规定:参加联防公约的任何一国遭到"侵略"和非武装的"威胁"时,各缔约国应立即开会商定具体步骤,一致行动。会议还决定,大战时期的"美洲国家防务局"将成为永久性组织。美国因此把整个拉丁美洲纳入美国战略体系之内,可以继续随意干涉其中任何不听从指挥的国家。美国还先后强迫巴西、秘鲁、哥伦比亚、厄瓜多尔、智利、乌拉圭、古巴、海地、尼加拉瓜、洪都拉斯、多米尼加和危地马拉等十二个国家,同它缔结了双边军事协定,把这些国家更紧地缚在美国的链条上。根据美国助理海军部长汉斯尔的统计数字,截至1954年9月5日止,美国在拉丁美洲共建立了434个军事基地。在上述情况下,美国一方面掠夺和垄断了拉丁美洲的战略物资(包括制造原子弹的铀矿等),另一方面继续派遣军事代表团直接控制各国的武装部队,并在提供经济技术"援助"和"武器标准化"的幌子下,继续向各国推销大量军火。美国也凭借上述一系列的条约和组织,迫使各国扩军备战,以致军费大增,造成财政破产,人民负担空前加重。

4. 文化上的控制

文化腐蚀也是美国对拉丁美洲进行侵略的重要手段。列宁说过:"所有一切压迫阶级,为了维持自己的统治,都需要有两种社会职能:一种是刽子手的职能,另一种是牧师的职能。"刽子手用武力镇压被压迫者的反抗和斗争,而牧师则从精神上毒害被压迫者。美国对拉丁美洲的文化腐蚀,最好地体现了这一"牧师的职能"。在20世纪以前,拉丁美洲受西班牙文化和葡萄牙文化的影响较深。其他如英、法、意、德等国,或者由于贸易上的接触,或者由于大量的移民,也有相当影响。其中以法国的影响较为显著。

前面第六章已经提到,18世纪末法国的启蒙运动和资本主义革命思想,曾对拉丁美洲的独立运动起过重大的鼓舞作用。拉丁美洲各国获得独立后,法国在文化上的影响与日俱增。19世纪中叶以后,拉丁美洲统治阶层中的富裕家庭的子弟和其他知识分子,常到巴黎留学。当时巴黎成了他们最向往最爱慕的地方。法国的哲学、文学、艺术和法律等,都在拉丁美洲广泛传播。拉丁美洲统治阶层中曾经流行这样一种说法:"我们的语言来自西班牙,商品来自伦敦,文化来自巴黎。"这种说法虽不十分确切,但法国文化的重大影响,由此可以想见。

19世纪80年代后,美国对拉丁美洲国家的文化渗透逐步加强。如同其他殖民主义者一样,美国把文化渗透当成政治和经济扩张的有力助手。

美国对拉丁美洲的文化渗透,最早是用宗教或私人慈善事业的面目出现的。两个文化组织——"洛克菲勒基金"和"卡尼吉基金",一开始就参加了这种渗透。洛氏基金委员会于1913年成立后,就以"超阶级"、"超国界"和"超种族"相标榜,在"改善"世界人民健康状态的名义下,大量拨款,在拉丁美洲设置医院、医学院和护士学校,并进行"防治"传染病的工作。从1913年7月1日~1940年12月11日,这个基金委员会向拉丁美洲各国的拨款,共达1139万美元。卡氏基金委员会的活动,主要放在所谓"学术交流"方面。从1917年起,这个基金委员会就一面派遣美国大学教授去拉丁美洲讲学,一面在美国各大学设置拉丁美洲学生的奖学金,在拉丁美洲各国大学设置国际关系俱乐部等等。其他美国垄断组织,有时也拿出利润的极小一部分,从事同样的文化渗透活动。

美国对拉丁美洲的文化渗透,除以私人慈善事业的名义进行外,还利用了"泛美组织"这一机构。1890年在华盛顿召开的第一次美洲国家会议,就通过决议:要建立一个以哥伦布命名的图书馆,负责搜集有关美洲历史、地理的各项私人文献和官方公报。从此以后,美国就利用泛美联盟这一组织,对拉丁美洲进行一系列的文化渗透活动。如美国大量派遣各方面的技术人员和"专家"去拉丁美洲,与当地专家分别举行各种专业会议,同时在拉丁美洲各国成立各种专业机构,搜集情报。在1890~1940年间,泛美组织一共举办了159次这类专业会议,成立了73个带"永久性"的专业组织。

1933年罗斯福总统宣布实施"睦邻政策"以后,除通过私人名义和泛美组织进行文化渗透活动外,又开始了由政府出面直接行动。1936年12月,在布宜诺斯艾利斯召开的美洲各国维持和平会议,根据罗斯福政府的提议,就"如何加强美洲国家之间的文化关系",进行了讨论。为了具体推行文化渗透活动,美国国务院又于1938年正式成立了"美洲国家文化合作委员会"。

第二次世界大战爆发以后,美国统治者对拉丁美洲的文化渗透活动,更加积极。在反法西斯与加强美洲人民"友谊"的幌子下,美国政府成立了"美洲事务协作处",对拉丁美洲各国推销所谓"美国文明"和"美国生活方式"。"美洲事务协作处"设有交通、出版、电影、无线电、新闻、艺术、音乐、教育、医药卫生和旅行等各个部门。美国政府的农业部、商业部和劳工部等,专门对拉丁美洲设置奖学金。美国教育署也附设有美洲教育关系的专门机构。至于美国垄断组织以私人名义进行的文化活动,这时也大大加强了。不但原有洛氏基金和卡氏基金增加了对拉丁美洲学生的奖学金,福特基金等也插手进来了。大战结束后一年内,仅仅在所谓"交换技术"方面,美国就有六百五十名技术人员驻在拉丁美洲各国,而各国也有更多的人员在美国学习。

大战结束以后美国在拉丁美洲的文化活动,范围更大。美国政府同各国签订了各种文化、教育协定;又在各国开设学校,特别是英语学校;收买和控制许多国家的新闻,出版,广播和电视企业。美国的杂志、"美国之音"和好莱坞的影片等,更在拉丁美洲各国广泛流行。美国的某些主要刊物,还专门出了西班牙文版。联合国、美洲国家组织和拉丁美洲各国的天主教会等,几乎都成了这类美国文化的宣传机构。拉丁美洲人民的传统文化,受到了这种文化渗透的严重打击。

但是,美国统治者的这些文化渗透活动,终究是枉费心机的。拉丁美洲人民日益觉悟起来了。他们要求捍卫,发展自己民族文化的优良传统。

二、封建奴役的继续

前面几章中都曾提到,大地产是殖民主义、帝国主义长期以来压迫拉丁美洲人民的基石。第二次世界大战爆发以后,拉丁美洲各国的封建势力也并没有削弱,而是日益从属于美国垄断资本的利益。象在半殖民地一样,那里的"地主和买办资本家完全是国际资本主义的附庸,其生存和发展,是附属于帝国主义的。"

为了维持拉丁美洲国家的封建制度和巩固大地主阶层的地位,美国垄断资本尽量给予各国的大庄园主,大畜牧主,大种植园主和大糖厂主以各种可能的支持。同时,美国垄断资本也采用各种方式,直接掠夺和霸占拉丁美洲各国大量的土地。这样,拉丁美洲各国土地的集中程度,战后比战前更加严重。巴西就是明显的例子。如在1940年,100公顷以下的农场所占有的土地为18.2%,1950年下降为16.5%。而1000公顷以上的大农场的土地面积的比重,则普遍增加。例如1万公顷到10万公顷的大地产,1940年共有1200家,1950年增加到1600家;而它们拥有的土地数量,无论绝对数量、相对数量,都有增长。绝对数量增加了700万公顷。相对数量从13.3%提高到14.3%。

其他拉丁美洲国家也同巴西大致相类似。如在巴拉圭,607个大地主霸占了2500万公顷以上的土地。在玻利维亚,全国所有的肥沃土地,仅属于600户大地主。许多国家内,往往一户大地主所占有的土地,就达数百万公倾。如以整个拉丁美洲的情况而论,5%的大地主占有75%的土地,其中拥有6000公顷以上土地的大地主,只占农村总户数的1.5%,但占有整个拉丁美洲大陆耕地面积的一半。大致可以说,拉丁美洲土地的集中程度是全世界各洲中最高的,拉丁美洲的地主也是全世界地主中最大的。

美国垄断资本在拉丁美洲各国直接掠夺和霸占的土地,非常庞大。如在多米尼加,两个美国公司,"南波多黎各糖业公司"和"西印度糖业公司",通过它们的子公司所控制的土地,等于全国耕地面积的1/3。在墨西哥北部边境地区,美国的公司和私人共拥有400万公顷的土地。

"联合果品公司"在拉丁美洲各国的土地总数更是惊人。1948年末,这个公司仅仅在中美洲各国即拥有226380公倾经过改良的种植地。它还在这个地区内拥有2372公里铁路、336公里电车轨路和7万2082头牲畜。它控制着这些国家的航运。它还有自己的武装、行政系统、警察和法庭,俨然成为中美洲的"国中之国"。这个公司的利润,据它自己公布的数字,1950年为1.34亿美元,1951年为1.21亿美元,1952年为1.03亿美元,实际利润当然要高得多。

在美国垄断资本和大地主的掠夺下,战后拉丁美洲各国的小地主和农民,纷纷破产。绝大部分农民都陷于无地或少地的境地。农民失去土地后,不得不成为大地主的佃农或大农场的农业工人。

美国垄断组织和大地主对农民的剥削方式,虽然与战前差不多,但剥削程度大大加强了。如在乌拉圭,从1940年到1954年,货币地租增长了300%。在厄瓜多尔,印第安佃农的地租,往往高达收成的4/5。最落后的劳役地租,这时仍然在拉丁美洲到处存在。如在哥伦比亚,农民为了租用一小块土地,每年必须为地主耕种104天。西班牙殖民统治时期对印第安人实行的债务奴隶制,也普遍存在。

农业工人也受着残酷剥削。大农场或大种植园所雇佣的农业工人,不是纯粹资本主义生产关系下的雇佣工人,也不完全是农民。他们一般都是征募来的,或者在债务逼迫下出卖劳动力的。他们的工作很不固定。他们大部分是季节性的工人。美国垄断组织和大种植园主为了追求最大限度的利润,往往对农业工人采取以下的剥削措施:①把工资压到最低水平。1953年,危地马拉一个农业工人的工资,比工业工人低两倍。②尽量延长工作时间。在古巴,"美国炼糖公司"的种植园的工人,每天要工作14至16小时,而且很少有休息日。③大量使用女工和童工。在危地马拉的种植园工人中,女工占30%,童工占32%。妇女和儿童的工资,当然远较男工为低。④工资不用国家货币支付,而发给各种不同的、只能在公司辖区内行使的信用券或纸币。工人因此不得不在公司所开设的商店中,按高价购买自己和家人的必需用品。也有实行所谓物品工资制的,用实物支付工资。如古巴的某些种植园的工人所得,只是食糖生产过程中的半成品。巴西某些种植园的工人,仅能获得棉花等。这样,工人就不得不把这类产品再低价转卖给同一企业主或包买主,凭空损失不少。由于这种种情况,农业工人的命运也是非常悲惨的。

封建土地关系与落后的生产技术互为因果。土地集中与封建剥削的加深,不但使农业生产技术长期得不到改进,生产停滞,而且往往造成农业的衰退。封建主只知道用尽一切办法加强榨取。他们宁愿在赌场上倾家荡产,也不肯花钱改进生产技术。外国垄断组织虽有高额利润,同样不肯多花钱用在农业生产的改进上,而汇回本国去了。至于那些小私有者和佃农,缺少生产资料,只有使用最原始、最陈旧的耕作方法。他们在各种剥削下,一贫如洗,没有任何办法改进生产。第二次世界大战后,巴西还有87%的耕地,没有使用任何机器。哥斯达黎加还有80%的农户,主要靠人力耕种。墨西哥只有3%的耕地施肥,智利只有20%。不仅如此,在外国公司和大地主所占有的土地上,还有成千亩成万亩的面积荒废着。几乎占到南美洲大陆面积一半的巴西,已耕地只占全国领土的1.8%。这个比例在智利不到3%,墨西哥是4%,乌拉圭是7%,阿根廷是8%。粮食作物的播种面积战后更是愈来愈小。如在委内瑞拉,玉蜀黍的播种面积,从1948年的36.6万公顷,降到1952年的27万公顷,再降到1954年的25.9公顷。在古巴,玉蜀黍的播种面积从1948年的28万公顷,降到1950年的16.6万公顷,再降到1952年的15万公顷。根据《联合国粮食及农业组织年鉴》的统计,拉丁美洲国家每年的谷类收获量,1934~1938年间平均为2870万吨,1948~1950年间下降为2640万吨。这种情况是美帝国主义与封建势力掠夺的必然结果。

三、经济的迟滞与发展

尽管美帝国主义和封建势力对拉丁美洲的经济施加了种种束缚,但是二次世界大战发生以后,拉丁美洲国家的经济,仍然有相当程度的增长。

1. 工业的发展

①第二次世界大战爆发以后,欧洲各主要帝国主义国家忙于战争。拉丁美洲各国从欧洲进口的工业品减少了,而美国一时又不能完全满足这种进口的需要,拉丁美洲各国的民族工业因此有了较大的国内市场。

②参战各国需要进口大量战略物资和原料,从而给拉丁美洲国家的有关产品造成了广大的国际市场。拉丁美洲出口大增,成为大战期间盟国方面的原料供应者。单以供应美国为例,战争期间,它供应美国的黄被椤和金鸡纳树皮占美国进口总额的100%,鞣料占90%,水银占67%,锡占56%,铜占83%,橡胶43%。

③拉丁美洲各国高价出售工农业产品后黄金外汇储备大为增加。总计18个拉丁美洲国家(海地和巴拿马除外)的黄金外汇储备,从1939年的7.589亿美元,增至1945年的31.439亿美元。这笔积累,有的用来赎回一部分属于外国公司的铁路和工矿企业,有的直接用来创办工矿企业。

④拉丁美洲各国没收了轴心国家的全部企业,购买了英、法等国的部分企业,这使民族资本得以增强。

第七章　第一次和第二次世界大战后的拉丁美洲

基于以上因素,拉丁美洲各国的民族工业,在大战期间,有较显著的上升。从1938年~1947年,制造工业的产量增加了1/3~1/2。其他如工业企业的数目、工业投资额以及工业产品的种类等,都有增长。如在巴西,利用黄金和外汇的盈余,偿还了一部分外债,从英国人手中赎回了一部分铁路,还发展了纺织、化学、冶金和机器制造等工业。巴西工业总产值,1939年只有174亿多克鲁赛罗;1949年则增至492亿多克鲁赛罗。在墨西哥,从1940年~1945年,工业总产量增加25%。其中生铁产量,从1939年的3万9248吨,增至1945年的21.049万吨;钢产量从1939年的14万2178吨,增至1945年的21.46万吨。纺织工业的发展尤为迅速,在1942~1945年间,有15%~20%的棉织物外销到中美洲和西印度群岛。

第二次世界大战结束以后,拉丁美洲各国工业的发展趋势并没有停止。不过,就拉丁美洲整个工业情况而言,仍然以消费品的工业生产占优势。纺织和食品一类的轻工业,依然大大超过了重工业。使用简单工具的手工工场,远远超过了新式大工厂。

上述拉丁美洲国家的工业,一部分是私人资本的,一部分是公私合营的,一部分是国家资本主义国有化企业。资本来源有三:国家预算的投资;国家对外国垄断资本的没收;政府对外资企业和民族资本企业的购买。在这些私营、公私合营和国营企业中,往往还有一些外国资本以各种隐蔽方式渗透进来。因此,这些企业表面上虽然属于民族资本,但实际上不完全是这样的。此外,还有许多重要企业完全为外国垄断资本所有,特别是为美国垄断资本所有。

2. 交通运输业的发展

无论公路、航运、铁路以及邮电等,拉丁美洲各国在大战后都有较显著的增长。至1952年,20个共和国已拥有140万多公里铁路,322万公里公路以及386多万公里电话线。

3. 农业的增长

第二次世界大战发生后,拉丁美洲国家农业的增长,一般都较工业为慢。根据联合国发表的《1955年农业概况》中的调查材料:拉丁美洲的农业生产总值,如以1934~1938年为100,则1949~1950年为119,1954~1955年为135。10余年间,一共只增长了1/3左右。而且农业中这种增长是很不全面、很不平衡的,主要限于咖啡、蔗糖、棉花、可可等传统的单一作物方面。咖啡、原糖和精制糖、原棉、鲜水果(主要是香蕉)、可可和植物纤维等的每年出口总值,如以1934~1938年为100,至1952~1955年间,咖啡增至700%以上,原糖和精制糖400%,原棉350%,鲜水果300%,可可550%,植物纤维200%。至于对人民生活极关重要的粮食作物,一般都停滞不前,甚至略有下降趋势。粮食进口的数量差不多逐年增加。如由美国进口的粮食,1951年比1937~1938年度,即增加了320%。

4. 对外贸易的增长

随着工农业生产的增加,对外贸易额也有相应的增加。如1936~1939年间,拉丁美洲对美国的顺差为2.7亿美元,而在1941~1945年间增至15.29亿美元。对欧洲的情况也是如此。

不过,拉丁美洲国家的进出口总额的增长,并不是健康的。出口的主要是农产品和矿产,进口的主要是工业制成品和粮食。如1944年的出口中,原料和食品占81%,半成品占18%,成品只占1%;而在输入方面,大多数是金属和金属制品、机器和设备、运输工具、矿业燃料、化学品、纸张和纸板、纺织品等。制成品在拉丁美洲各国的进口中,一般占到60%~90%。

拉丁美洲国家和帝国主义各国间的贸易,是不平等的。尤其同美国的不等价交换很明显。如在1928年,美国一部"福特"牌的汽车等于巴西20袋咖啡,但至1949年,美国同样一部汽车便可以换到巴西200袋咖啡了。

5. 城市的发展

由于工农业和对外贸易的增长,城市也有较大的发展。如里约热内卢的人口,1940年只有176万,1956年便增至270万。圣保罗从1950年的200万增加到1956年的290万。墨西哥城至1956年已达到300万。布宜诺斯艾利斯至1956年已将近500万。其他如利马,加拉加斯、圣地亚哥和哈瓦那等,也都达到将近百万或百万以上。拉丁美洲国家人口总数的增长速度,在资本主义世界中是最高的,大约4倍于欧洲,2倍于亚洲。

第四节 民族解放运动的高涨

如上所述,第二次世界大战以后,拉丁美洲的局势起了很大的变化。以反对美帝国主义及其代理人为中心的人民革命力量有显著的增长。战后拉丁美洲各国人民反帝和反封建的斗争,日趋激烈。民族解放运动的号角,差不多响彻了整个拉丁美洲的原野。

一、人民革命力量的成长

战后,在许多拉丁美洲国家,帝国主义者及其代理人虽然仍能控制政权或者在政权中拥有相当力量,但是,人民革命力量已经大大改观。工人、农民、小资产者和民族资本家的力量已经逐渐处于优势。

1. 工人阶层

工人阶层应该是当前殖民地人民革命的领导力量,是革命胜利的最可靠的保证。但在拉丁美洲,由于具体条件不同,工人阶层在各国革命中所起的作用,也各有程度的不同。当时,拉丁美洲的工人阶层存在着以下一些情况:①农业工人,在整个工人阶层内占有很大的比重。根据1952~1953年调查材料,农业工人的数目在巴西约有300万,阿根廷120万,墨西哥140万,危地马拉12万。②工人阶层的种族成分非常复杂。其中有黑人、印第安人、西班牙人、葡萄牙人、法国人、德国人以及各种混血种人等等。黑人与印第安人所受的压迫最深。③大部分国家的工业企业,不集中在大城市,而是分散在各个角落。因此,各企业的工人联系较少。④小手工业和家庭手工业占有很大数量,大型企业的工人较少。⑤在外国垄断资本的工矿业工人、铁路工人、电气工人和电车工人中,已出现一些技术熟练、工资较高的英美籍的工人贵族。

2. 农民阶层

农民是无产阶级的天然的最可靠的同盟军。在拉丁美洲的民主革命中,农民具有非常重要的地位。这是由于:①拉丁美洲各国都以农牧业为主,农民占拉丁美洲总人口70%,在大多数国家中,农民在全人口中居于首位。②拉丁美洲的土地集中程度超过任何其他各洲。农民缺乏土地和受剥削的情况,极其严重。他们要求获得土地的愿望非常殷切,反封建的斗争格外激烈。③拉丁美洲地广人稀,经济落后,而且发展很不平衡。这为农民的武装斗争提供了非常有利的条件。④外国垄断资本在拉丁美洲各国直接掠夺和占有大量土地。这更造成了农民的反帝斗争的要求。⑤农民中的大多数系印第安人、黑人和各种混血种人。他们除遭受阶级压迫外,还遭受种族压迫。他们的反抗性与革命性特别坚强。

上述工人和农民的生活状况,大战发生后日益恶化。在美帝国主义与封建主义的压迫剥削下,各国生活费用不断上涨,工农实际收入则不断减少。如在墨西哥,以1951年同战前1939年比较,生活费上涨4.33倍,但工人名义工资只上涨81%,结果工人实际工资大大下降,只合战前的42%。阿根廷的生活费指数,1951年也比1938年增加4.59倍,巴西同时期增加4.71倍。

3. 小资产者

小资产者是革命的动力之一,是无产阶级可靠的同盟者。在拉丁美洲民族解放运动中,由于经济落后,小资产者人数很多,更是一支重要力量。手工业者、小企业主、小商人、低级职员、自由职业者、知识分子和青年学生等都属于小资产者。他们大多数是各种混血种人,一方面受到帝国主义和大资本家的压迫,生活与经济很不稳定,许多人已走向破产和没落的境地。另一方面,他们还要受白种统治者的种族歧视。因此,他们之中的大多数人,都不满现状,都迫切希望通过民族解放运动,以寻求自身的出路。特别是革命知识分子和青年学生,革命热情高,已日益增多地参加到革命的行列中来了。

4. 民族资产阶层

民族资产阶层也是拉丁美洲民族解放运动中的一个重要因素。随着大战后民族工业的成长,民族资产阶层在拉丁美洲各国的地位、力量和作用,已日益加强。至1956年止,在一些经济比较发达的国家,民族资产阶层的组织和政党,或者已经掌握政权,或者在政权中拥有相当大的力量。如巴西的全国工业联合会和巴西工党左翼,曾一度取得政权;墨西哥的革命组织党,战后也连年执政;阿根廷的庞隆主义党,也曾于1946年、1952年两度执政。至于在那些经济落后的国家内,民族资产阶层的政治力量很小,政权完全为帝国主义及其代理人所支配。

民族资本家,受到帝国主义的压迫,他们一般主张实行保护关税、扩大国内市场和减少对外国特别是对美国的依赖。他们曾经公开主张:通过发展民族经济的途径,争取达到各国的独立自主。从这方面说来,他们具有进步性,是革命力量之一;但是民族资本家有两面性,除革命性而外,同时还有很大的软弱性和动摇性。他们同帝国主义和封建主义有千丝万缕的联系,对人民革命力量的增长又怀着恐惧,因而他们反帝和反封建的斗争很不彻底,经常左右摇摆。不少民族资产阶层的政党,在上台执政以前,为了争取人民的支持,往往能与人民群众相联合,提出某些符合人民大众要求的进步性的竞选纲领;但上台以后,往往又屈服于帝国主义与国内反动派的压力,与他们进行妥协,背叛自己的竞选诺言,走上了反共和压制民主的道路。

上述工人、农民、小资产者、民族资本家等四种革命力量,大战发生后日益增强。工人和农民是革命力量中的主力,他们的民族自立自强的觉悟,普遍高涨。

二、战斗之火在燃烧

帝国主义压迫的加深和人民力量的增长,大大促使阶级矛盾的尖锐化。战后拉丁美洲国家主要存在两大矛盾:一是拉丁美洲民族与美帝国主义之间的矛盾,一是国内封建主义与人民大众之间的矛盾。面对着这些矛盾,拉丁美洲各地人民在战后差不多到处都燃烧起反抗斗争的火焰。以反帝国主义及其代理人为中心的民族解放运动风起云涌,此伏彼起,一直没有中断。

1. 要求经济上独立自主，争取自然资源国有化

拉丁美洲国家主要受美国垄断资本的控制，因而如何摆脱美帝国主义的束缚，便成为拉丁美洲国家民族独立运动的主要课题。第二次世界大战以来，墨西哥、阿根廷和巴西等国，在人民大众的推动下，已在不同程度上采取了发展民族工业与限制外国资本的政策。因此，民族资本在工业中的比重增加了，外国资本的比重下降了。如在阿根廷，民族资本在工业中的比重就已超过外国资本。在巴西，民族资本在重工业中的比重，从 1939 年的 16%，上升到 1956 年的 30% 以上。

许多国家都对外资企业采取了国有化的措施。1945～1948 年间，阿根廷、巴西、厄瓜多尔、古巴以及其他一些国家，曾把为外国资本所据有的主要铁路，收归国有。1952 年，玻利维亚又把英、美垄断资本的三大锡矿公司，收归国有。乌拉圭的运输事业、公用事业和冻肉场，阿根廷的电话、煤气事业、国内航空线以及若干轮船公司，智利的城市公共运输公司等，也都是在这一时期中先后收归国有的。在危地马拉和委内瑞拉，为美国"联合果品公司"所霸占的一部分土地以及其他企业，也被收回来了。

不少拉丁美洲国家还不顾美国的威胁，削减或暂停美货的进口，限制美国的投资，规定外国公司的多数股票必须为自己国民所有，同时又增加拉丁美洲各国之间的相互贸易。这些都有利于民族经济的发展。当然，我们对拉丁美洲一些国家所施行的国有化措施，还不能估计过高。这些措施还很不彻底。某些已经国有化的企业，后来又被美国用其他手法和名义，重新攫走。而且拉丁美洲国家这种国有化企业与社会主义国家的国营企业，根本不同，由于国家政权还掌握在富人手里，实际上仍然为少数大资本家和大官僚集团所控制。

2. 要求在政治上、军事上和外交上摆脱美国的控制，争取废除同美国缔结的不平等协定

第二次世界大战以后，拉丁美洲人民觉悟大大提高，对美帝国主义长期以来的横蛮干涉行为，愈来愈多地表示憎恨和反抗。在人民的压力下，拉丁美洲一部分国家在外交上的民族主义倾向，日益增长。他们在国际活动中再不愿追随美国。墨西哥、危地马拉（指阿本斯政府时期）、海地等国，就曾多次在联大会议上表示了与美国不同的意见。在历次泛美会议和"美洲国家组织"的会议上，他们同美国有时也进行过不同程度的斗争。

3. 广泛地进行组织反对美帝国主义及其代理人的民族民主统一阵线的斗争

为了团结一切可以团结的力量，打击美帝国主义者及其走狗，拉丁美洲国家的工人、农民、小资产者、民族资本家以及一切民主爱国人士已逐步感到建立民族统一阵线的必要。实际上，这种以反对美帝国主义为主要任务的民族统一阵线，有不少的拉丁美洲国家已在开始酝酿中。有些还宣布了自己的斗争纲领。纲领的内容包括：建立民族和民主的联合政府；维护国家的独立和主权；反对美帝国主义的掠夺和干涉；争取外交上的独立和自主；对外资企业逐步实行国有化；发展民族工业等等。有些甚至还提出了实行土地改革的任务。这些为建立民族统一阵线所进行的斗争，大大有助于拉丁美洲人民革命运动的开展。

4. 爆发了轰轰烈烈的群众斗争与武装斗争

拉丁美洲各国的广大民众，已逐渐团结起来，而且日益广泛地向帝国主义和反动派发动了规模巨大的群众斗争和武装斗争。拉丁美洲人民普遍直接行动起来了。

罢工和示威游行是工人阶层和人民群众斗争的重要武器之一。在战后绝大多数的拉丁美洲国家中，罢工运动始终不曾中断，而且规模愈来愈大，次数愈来愈多，总罢工几乎成了经常的现象。

第七章　第一次和第二次世界大战后的拉丁美洲

1953年拉丁美洲各国参加罢工的人数为560万人,1954年为740万人,1955年为910万人,1956年更增为970万人。

罢工的目的,已不限于提高工资和增加福利的经济斗争,而与反对帝国主义和独裁统治的政治斗争紧密结合起来了。如1944年5月,由于总罢工的结果,推翻了萨尔瓦多的独裁政权。同月,厄瓜多尔的里奥独裁政权也倒台了。又如1952年玻利维亚将三大锡矿公司收归国有,也是通过锡矿工人的罢工才得以实现的。至于以反帝反独裁统治和争取人民民主权利为主要内容的示威游行,更经常发生,难以胜数。甚至美帝国主义也不得不承认,美国与拉丁美洲国家人民的关系,已降落到"历史上的最低水平",并为此感到惶惶不安。

在进行罢工和游行示威的同时,武装斗争也越来越成为斗争的重要方式了。武装斗争是斗争的最高形式,是政治斗争的继续。在敌人用武力镇压的情况下,人民群众决不能放弃武装斗争。"各国人民一定也要有两手来对付帝国主义,一手是揭穿帝国主义的和平欺骗,竭力争取真正的世界和平,一手是准备在帝国主义发动战争的时候,用正义的战争来结束帝国主义的不义战争"。在拉丁美洲,由于受帝国主义的控制和奴役特别深,由于长期以来盛行独裁者的恐怖统治,由于人民被剥夺了民主的权利,武装革命斗争更具有重大的现实意义。战时和战后许多拉丁美洲国家的独裁政府,都是在大规模的人民群众斗争和武装斗争下才被赶下台的。如萨尔瓦多的独裁者马丁内斯,危地马拉的独裁者乌维科在1944年的下台,就是这样的。

第二次世界大战以后,拉丁美洲各国人民进行武装斗争已愈来愈频繁。特别从1949年以后,拉丁美洲人民的武装斗争更形高涨。如哥伦比亚的农民,为了争取实行土地改革,于1949年自发地举行了武装起义;1950年,正式组织了游击队。从此,武装斗争的规模逐渐扩大,1952年以后,游击队的人数大为发展。

在古巴,人民对于巴蒂斯塔的独裁统治,也同样实行了武装斗争。1953年7月26日,即巴蒂斯塔上台刚一年之久,古巴的150多位爱国青年,凭借一些零碎破旧的武器,在奥连特省的圣地亚哥城,对当地驻军的蒙卡达兵营,举行了一次袭击;虽然,这次起义暂时被镇压下去,但是古巴人民,并没有因失败而气馁。仅仅三年多的时光,到1956年11月25日,这支起义部队,又重新投入到反巴蒂斯塔独裁统治的战斗中去,并在马埃斯特腊山初步立定了脚跟。

除哥伦比亚和古巴而外,在其他许多拉丁美洲国家的不少地区,工人、农民和广大人民群众的小规模武装起义,也有如繁星一样缀满了黑暗的天空。"美国佬,滚出去",已成为拉丁美洲人民一致的呼声。

总之,第二次世界大战后,国家要独立,民族要解放,人民要革命,已成为不可抗拒的历史潮流。拉丁美洲各国人民的革命是正义的事业,必然得到全世界人民的同情和支持。自由和胜利一定属于全体拉丁美洲人民。

第八章

拉丁美洲现代文明

(20 世纪)

19世纪末、20世纪初,拉丁美洲出现了两次大规模的革命斗争,即古巴独立战争和墨西哥资本主义民主革命。

18世纪初,古巴人民反对西班牙的起义没有成功。在拉美独立战争期间,古巴成了西班牙殖民统治的最后堡垒。古巴人民不堪忍受殖民者的奴役,于1868～1878年和1895～1898年掀起了两次独立战争。正当胜利在望时,美国于1898年发动美西战争,侵入古巴,使古巴人民的胜利果实落入美国之手。美国对古巴实行长达4年的军事占领,直到1901年才承认古巴独立。1902年古巴正式成立共和国。

1910～1917年墨西哥爆发了反对迪亚斯亲美独裁统治的民主主义革命。革命推翻了迪亚斯的独裁统治,资本主义宪政自由派掌握政权。1917年通过的民主宪法是当时拉美最进步的资本主义宪法。这场革命虽然有它的局限性,但它揭开了拉丁美洲现代史的序幕,对拉美新文化的产生和发展产生了重大影响。

第一次世界大战期间(1914～1918年),拉丁美洲各国没有直接卷入战争。欧洲各国对拉美的控制和联系减弱,而美国则乘机加强对拉美的干预和经济扩张。1914年和1916年,美国两次出兵入侵墨西哥,1915年和1916年先后派兵占领海地和尼加拉瓜。一战后,美国对拉美的扩张加剧。

俄国十月社会主义革命的胜利,唤醒了拉美各国人民的民族觉醒。拉美工人阶层开始登上政治舞台。随着马克思列宁主义的传播,1918年拉美第一个无产阶级政党阿根廷共产党(当时称国际社会党)诞生。随后,在拉美其他国家也陆续建立了共产党。

1929～1933年资本主义的经济危机使拉美国家的经济受到沉重打击。危机之后,拉美各国力图改变初级产品出口模式,开始走上进口替代工业化的道路。

第二次世界大战期间(1939～1945年),一些拉美国家先后参加了反法西斯战争,向盟国提供战略物资和原料,拉美国家的进出口贸易和工业有了很大增长。西欧各国在拉美的政治经济势力因战争而大大削弱,美国趁机扩张势力,在政治、经济、军事等方面加强对拉美的控制。

二战后到50年代末是美国在政治、经济、军事和文化各方面对拉美进行全面扩张的时期,美国在拉美地区的霸权地位达到顶峰。1947年,美国迫使拉美国家在里约热内卢签订《美洲共同防务条约》。1948年,在美国操纵下,将"泛美联盟"改组为"美洲国家组织"。1949年,美国又提出"第四点计划",使拉美经济进一步依附美国。美国还通过军事入侵和内部颠覆的方式,干涉拉美国家内政。仅1948～1958年10年中,美国在拉美就策划了16起军事政变和颠覆事件,在拉美一些国家扶植亲美军人政权。美国的所作所为激起了拉美人民反美、反独裁斗争的浪潮。

二战后,拉美民族民主运动进入了一个新阶段。其特点是外抗强权,内争民主,巩固民族独立,发展民族经济。

战后半个多世纪,拉美发生了多次革命。较重要的有:危地马拉革命(1949～1954年),1952年的玻利维亚革命,1959年胜利的古巴革命,1979年胜利的尼加拉瓜革命等。

此外,其他国家和其他方式的民族民主运动也蓬勃发展;运动的规模席卷整个大陆,斗争的范围涉及政治、经济、国际等各个领域。如1964年爆发的巴拿马人民收复运河主权的斗争,1965年多米尼加人民反对美国武装侵略的斗争,60年代末、70年代遍及拉美各国的以收回自然资源主权为主要内容的国有化运动,维护200海里海洋权的斗争,争取建立国际经济新秩序的斗争,80年代拉美的民主化运动和反对超级大国干涉中美洲事务的斗争,推进拉美经济一体化的斗争等等。

战后头30多年,拉美经济发展速度比较迅速。1950～1980年的30年间,拉美地区国内生产总值年均增长5.4%,人均国内生产总值年均增长2.7%,人均总产值由1950年的396美元增加到1980年的2045美元(按1980年市场不变价格计算)。在这30多年,拉美国家实施了进口替代工业化,国家对经济的干预加强;拉美经济结构发生了深刻的变化。但是,在经济取得较迅速发展的同时,也显露出不少问题,如经济发展不平衡,国家对经济干预太多,过分依靠举借外债来发展经济,发展模式不适应世界经济形势和国际经济关系的变化等。

整个80年代,拉美经济出现停滞和衰退,被称做"失去的十年"。1982年从墨西哥开始,拉美地区爆发了债务危机。

20世纪20年代以来,随着拉美政治经济的发展,拉美资产阶级和无产阶级都有较大发展;与此同时,拉美中间阶层亦有增长。拉美的民族民主运动和共产主义运动在斗争中取得了发展。在拉美,政派林立、各种思潮纷繁复杂。这是与拉美特殊的阶层结构、经济社会发展不可分的。

拉美政治思潮大体可分两大类,一类是民族主义思潮,比较有代表性、影响比较大的有:阿普拉主义(秘鲁)、庇隆主义(阿根廷)、瓦加斯主义(巴西)、桑地诺主义(尼加拉瓜)和革命民族主义(墨西哥)等。另一类是社会主义思潮,其中包括主张科学社会主义的古巴社会主义,主张马克思主义要同秘鲁革命实际相结合的马里亚特吉思想,也包括其他类型的社会主义派别,如圭亚那合作社会主义,委内瑞拉争取社会主义运动的新社会主义,拉丁美洲社会民主主义,拉丁美洲基督教社会主义和拉丁美洲的托洛茨基主义等。所有这些政治思潮的理论和实践对拉美的政治、经济、社会和文化的发展都有重大影响。

拉美的经济理论产生时间比较晚,主要有第二次世界大战以后产生的"中心-外围"理论、依附论和拉美新自由主义等。这些经济理论对拉美经济、政治、社会和文化的发展也有重大影响。

20世纪20年代以来,拉丁美洲的文化朝着民族化、现代化和国际化方向不断发展。拉美的文学经历了现实主义与先锋派并行发展、拉美"文学繁荣"时期。60、70年代拉美国家涌现了一批有才华的作家,他们以魔幻现实主义、结构现实主义、心理现实主义、社会现实主义等艺术手法创作的新小说震动了世界文坛。除文学外,拉美在建筑、壁画、绘画、雕塑、电影、音乐和舞蹈等方面,也取得了显著的成就。

拉美的居民中约有90%左右信奉罗马天主教;因此,拉丁美洲被称为天主教的大陆。60年代,拉美天主教会发生了明显的分化,出现一股较有影响的革新势力,形成了拉丁美洲的"解放神学",对教会传统保守势力进行了有力冲击,对人民群众改革现行社会结构的斗争起了鼓舞作用。

拉美现代居民的民族和种族构成极其复杂。拉丁美洲是世界人种的博物馆。就对印第安人的政策而言,在20世纪40年代以前,拉美各国的统治者基本上采取"法律上的人权剥夺,行政上的人权剥夺,军事的杀戮,奴役……"等形形色色的毁灭方法和同化政策。40年代以后,拉美各国对印第安人基本上奉行民族一体化政策。民族一体化政策在一定程度上促进了印第安人的生产发展、社会进步和文化水平的提高,但是民族一体化政策也有不少不足之处。

第一节 拉美的现代政治思潮

随着拉美独立运动的开战,民族主义思潮开始兴起,先后在各主要国家出现了阿普拉主义、庇隆主义、瓦加斯主义、桑地诺主义、革命民族主义等思想运动,之后在独立建国运动中又出现了广泛的社会主义思潮。

一、民族主义思潮

阿普拉主义是秘鲁阿普拉党(APRA)的创始人阿亚·德拉托雷(1895~1979年)提出的一种具有拉美特色的社会主义理论。美国共产党前主席威廉·福斯特称之为"社会民主党在拉丁美洲的一种特殊变种"。美国学者爱德华·J·威廉斯认为阿亚"将修正了的马克思主义同土著主义思潮的要旨糅合在一起……实质上,人民党(即阿普拉党)所主张的是强调社会民主主义的改良主义和民族主义"。

1. 阿普拉主义

阿亚生于特鲁希略城。先后就读于自由大学、库斯科大学和圣马科斯大学。1918年任圣马科斯大学学生联合会主席,领导秘鲁的"大学改革运动"并支持工人的斗争。1923年因领导学生和工人反对独裁政府,被政府驱逐出境。1924年在墨西哥创建美洲人民革命联盟,该联盟的西班牙语缩写为APRA,音译为"阿普拉",故简称阿普拉党。

1924~1931年间,阿亚访问美、英、德、意、苏联、法国和许多拉美国家。在苏联,曾会见列宁夫人克鲁普斯卡娅、斯大林、布哈林和托洛茨基等。1927年出席在布鲁塞尔召开的世界第一次反帝代表大会。1931年回国,同年9月主持召开秘鲁阿普拉第一次代表大会。同年10月,他作为阿普拉党的候选人参加总统竞选失败。1932年阿普拉党被宣布为非法后,他被捕入狱,一年多后被释放。1934~1945年阿普拉党处于非法状态,他也不能公开活动。1945~1948年再次活跃在政治舞台上。1948年部分党员在卡亚俄策动海军起义,反对政变上台的独裁政府。起义失败后,1949年至1954年阿亚逃到哥伦比亚驻秘鲁使馆避难,后流放墨西哥。1962年回国参加大选,他得票居首位,但由于军事当局阻挠,他未能当选。次年再次参加竞选遭到失败。

1978年阿亚当选为立宪议会主席;次年病逝。秘鲁利马有150万人参加了悼念他的活动。阿亚是政治家,也是思想家和理论家。其思想被称为"阿普拉主义"、"阿亚主义"或"印第安美洲主义"。他著述甚多,主要有《争取拉丁美洲的解放》、《论中等阶级的作用》、《反帝主义和阿普拉》、《关于历史时空的研究》、《阿普拉主义30年》等。1977年秘鲁出版了《阿亚全集》共7卷。

阿普拉主义在不同时期主张不尽相同。在阿普拉党成立初期,1926年阿亚曾提出阿普拉的5点最高纲领,即反对美帝(后改为"反帝")、争取拉美政治团结、实现土改和工业国有化、巴拿马运河国际化(后改为"大陆化")、声援全世界被压迫民族和被压迫阶层。阿亚明确规定阿普拉党的性质是"拉美的革命反帝政党",党的宗旨是谋求拉美解放。阿普拉党成立初期,与共产党人合作得比较好。

1927年,阿亚反对列宁关于帝国主义的论述。他认为帝国主义在工业发达国家是资本主义发展的"最后阶段",但在拉丁美洲,则是资本主义的"最初阶段"。拉美资本主义不发达,应先充分发展资本主义,将来再搞社会主义革命。阿亚还强调阿普拉党是多阶层的政党,中产阶级是革命的决定力量。1936年阿亚在《反帝主义与阿普拉》一书中说,阿普拉主义是"对马克思主义的一种真正的历史性的创新",它"既否定又继续包含着马克思主义"。

50年代以后,阿普拉主义基本定型。这时的阿普拉主义,不再提"社会主义"这个目标;不再采用暴力斗争手段,主张通过选举夺权;明确强调马克思主义已"过时",不再提阿普拉主义"继续包含着马克思主义",反对一切帝国主义(包括共产主义的、法西斯的、垄断资本主义的),争取实现"没有帝国的民主的美洲主义"。

阿普拉主义理论体系的核心是"印第安美洲主义"(又译"印第安美洲观")。这是阿亚关于拉丁美洲(主要是秘鲁等印第安人在本国人口中占比较大的国家)的社会经济现实及其未来发展道路的基本观点和主张。阿亚强调"印第安人的存在是我们大陆的基本特征,它最合适的名称应当是"印第安美洲"。他以"印第安美洲"这个概念,反映强烈的大陆民族主义思想。这一主义的要点是:

①认为拉美不像欧洲那样经历过由野蛮时期到封建时期、再到资本主义时期的连续发展阶段,它同时并有着世界社会经济发展的各种形态。

②关于拉美国家的社会结构,阿亚认为必须建立"多阶级"联盟,或"体力劳动者和脑力劳动者的联盟",认为拉美工人阶级"缺乏足够的觉悟去管理国家事务",农民阶级"处于原始阶段,还不可能产生阶级觉悟"。而中产阶级是"反帝斗争的先驱",是这个"多阶层"联盟的领导者。

③认为印第安美洲国家的主要敌人,在外部是帝国主义,在内部是半封建的地主寡头,而造成国家落后的主要根源是帝国主义。

④认为印第安美洲的发展道路是,"从资本主义的帝国主义到民族主义的资本主义,再到社会主义"(50年代以后,阿亚不再提"社会主义")。

⑤认为现阶段的任务和目标是建立"反帝国家",在其保护下,完成资本主义的发展阶段。

第八章 拉丁美洲现代文明(20世纪)

⑥主张建立印第安美洲国家联盟,组织一个强大的拉美反帝运动,提倡"大陆性民族主义"。

阿亚生前,阿普拉党一直未能上台执政。1985年,阿普拉党(又称人民党)主席阿兰·加西亚当选为总统,阿普拉党成为执政党和秘鲁第一大党。1990年加西亚任期届满后卸任,90年代党的力量有所削弱。

2. 庇隆主义

庇隆主义亦称正义主义,是阿根廷前总统(1946~1955年、1973~1974年)胡安·多明戈·庇隆(1895~1974年)提出的一种民族主义思潮。

庇隆生于布宜诺斯艾利斯洛沃斯城一个意大利移民家庭。1911年入军校学习,1929年毕业于高等陆军学校并留校任教官。1936~1938年任驻智利使馆武官。1939年赴意大利考察,并访问法、德、匈等国。1941年回国后在陆军山地部队任职,晋升上校。1943年参与联合军官团发动的政变,政变后先后任劳工和社会保险国务秘书、陆军部长和副总统。1946年当选总统并晋升将军。1945年庇隆为参加总统竞选组织了劳工党、激进公民联盟革新委员会和独立党等3个政党。1947年年底3党合并为唯一革命党。1949年改名为庇隆主义党,1964年改为正义党。

1951年庇隆在大选中连任总统。1955年被政变推翻后长期流亡国外。1973年6月回国,同年9月再次当选为总统,次年病逝。首都布宜诺斯艾利斯有百万群众冒雨为他送葬。

庇隆所提出的庇隆主义在阿根廷有广泛的影响。正义党成为执政党和全国第一大党。在阿根廷有许多人自命为"庇隆主义者",他们竞相争当"正统的"或"真正的"庇隆派。但是,庇隆也是一个颇有争议的人物,对他的评价褒贬不一,众说纷纭。

庇隆主义的核心是庇隆提出的"政治主权、经济独立、社会正义"和"要解放不要依附"等主张。庇隆主义的主要依据是所谓"第三种立场学说"。

什么是"第三立场"呢?庇隆认为,它既是一种社会经济学说,又是一种哲学原则。

作为一种社会经济学说,"第三立场"主张既不搞资本主义,也不实行共产主义,而是搞"正义主义"。庇隆认为无论是资本主义还是共产主义"都是已经过时了的制度",因此,"我们决定创立一个第三立场",即正义主义。庇隆主张在经济上抛弃自由经济,而代之以社会经济。在社会方面,以社会正义为基础。在政治方面,注意寻求个人权利和公众权利之间的平衡。

作为一种哲学原则,"第三立场"主张与各种对抗的力量保持等距离,而处于"理想的协调状态"。庇隆说,"第三立场是一种哲学","可以用来解决当今世界上的政治、社会和经济问题"。

为推行庇隆主义,正义党建立了一个由工人、职业界、中小资产者组成的、以工会为主要支柱的全国性政治运动。在经济上加强国家干预,限制以至牺牲农牧业部门的利益,支持国营和本国私人工业的发展,以逐步改变经济结构,实现国民经济的现代化。同时,庇隆在世时提出由政府、工人和企业主达成社会契约,实行劳资合作,从而在一定限度内进行有利于劳工阶层的国民收入再分配,以实行"社会正义"。在国际问题上,在40、50年代庇隆主张在美苏之间搞"等距离",声称"不偏向任何一方"。70年代,庇隆再次执政后,他将"第三立场",解释为"第三世界",提出"必须摆脱对超级大国的依赖",反对霸权主义。

从庇隆两度执政期间所实施的政策来看,庇隆进行了一些民族主义的改革,为维护阿根廷民族独立、加强第三世界团结反霸采取了一系列措施。正如1974年7月3日中国董必武代主席和周恩来总理在给庇隆夫人的唁电中所说的:"庇隆总统是一位著名的政治活动家,生前曾为维护阿根廷的民族独立和加强第三世界的团结反霸事业进行了积极的努力。"

目前正义党内派系林立。1989年以来,正义党梅内姆政府在经济上奉行新自由主义政策,扩大对外开放,减少国家干预,实行私有化、自由化,扭转了80年代阿根廷经济发展停滞、通货膨胀居高不下的困难局面,经济发展比较快,通货膨胀率已降为1%。与此同时,失业率比较高,一部分人收入下降。目前正义党的主张同当年庇隆的主张已有很大区别,但正义党并没有放弃"政治主权、经济独立、社会正义"的口号,不管党内什么派,仍都打着庇隆和庇隆主义的旗号。

3. 瓦加斯主义

巴西总统(1930～1945年、1951～1954年)热图利奥·瓦加斯(1883～1954年)的思想,又称热图利奥主义或巴西民众主义。

瓦加斯是巴西20世纪任职最长、影响最大的总统。人们对他的评价褒贬各异,有人说他是"穷人之父"、"天才的战略家",也有人说他是"权欲熏心的独裁者"。但是,总的说来肯定他的人居多。

瓦加斯生于南里约格朗德州圣博尔雅市一大牧场主家。1907年毕业于阿雷格里港法学院,后回原籍当律师。1909～1921年为州议员。1922年当选为联邦众议员。1926～1927年任财政部长。1928～1930年任南里约格朗德州州长。1930年他领导自由主义者同盟推翻以佩雷拉·德·索萨为代表的旧农业寡头政府后出任临时总统。1934年正式当选为总统。

任内,瓦加斯建立劳工工商部,大赦政治犯,实行8小时工作制,颁布退休法、稳定职业法,自上而下地组织工会,调解劳资纠纷。1937～1945年推行"新国家"政策,实行专制统治。同时,努力发展民族工业,同美国保持友好往来,互相降低关税。第二次世界大战爆发后,开始保持中立立场,同德国联系甚密。后巴西商船遭德国袭击,1942年1月宣布与德、意、日断交,同年8月派兵对轴心国开战。1945年5月成立巴西工党,同年7月成立社会民主党。同年10月被迫辞职。同年12月当选为联邦参议员。1950年再次当选总统。次年1月就任。任内,建立巴西石油公司、巴西电力公司,限制外资在本国的活动,拒不出兵去朝鲜打仗,受到美国和巴西亲美势力越来越大的压力。1954年8月24日自杀身亡。

瓦加斯主义主要包括以下几个内容:

①"新国家"理论。1937年,瓦加斯主张依靠军队的支持,改变现行制度,彻底修改宪法,建立一个有权威、有效率的,其领袖能一呼百应的政府。同年11月10日,他在军队支持下,取消各个政党、解散议会、终止旧宪法、颁布新宪法、取消总统选举,建立以总统(即瓦加斯)为政权核心的新的政治制度,即瓦加斯所称的"新国家"。

瓦加斯建立"新国家"的目的是要"恢复国家的权威和自由,并自由地建设国家的历史和未来"。瓦加斯还把建立"新国家"作为防止共产主义的一种措施。

"新国家"建立初期,瓦加斯实行了比较严格的专制措施,提出"个人没有权利,只有义务"。但是,瓦加斯的"新国家"与德国纳粹和意大利的法西斯"组合国"不同,它没有走向"组合国主义",而是走向工党主义。瓦加斯比较重视与群众的直接联系,注意改善工人的处境,先后颁布了最低工资法、新劳工法,主张扩大工会自主权。瓦加斯还十分重视人才,将有真才实学的人吸收到政府当部长、州长、市长。巴西学者雅瓜里贝认为,"新国家"虽然是"专断的、非法的,但从实质上看却是民主的,有代表性的、具有工党主义性质的"。

②工党主义。瓦加斯批评资本家的过分剥削,劝说资本家要对工人做出一定让步。他主张政

府要吸引、保护和保障资本,为此,就需要把无产阶级变成一个与国家合作的力量。他主张"资本和劳动之间实现人道主义的妥协"。他认为劳资"不应是对立的东西,而应是为共同的福利联合起来的力量"。他主张工人应建立自己的工会,同时建议资本家也应成立自己的组织。他强调工会应独立自主,反对政府过多干预工会的活动。他强调工党主义是"资本主义和社会主义的中间站",是"各阶级之间的协调一致,是在劳动和人民福利基础上的民主"。他给巴西工党规定的方针是"在工党主义的社会里,既不要无产阶级专政,也不要名流们的专政,不要任何类型的专政……它不搞社会革命,而是争取在更合理、更人道的观念上实现集体和睦"。

③民族主义。瓦加斯主张经济民族主义,主张实行保护民族工业、维护本国资源的政策。瓦加斯认为"钢铁、煤炭和石油是所有国家经济解放的支柱"。强调通过发展国家工业化增强民族自信心,摒弃殖民地自卑感,使巴西民族自立于世界民族之林。1941年他号召全国人民"让我们为一个强大的巴西而劳动"。瓦加斯主张实行指令性经济计划,加强国家对经济的干预和国家参与经济的能力,借以保护和指导本国工业化,促进民族经济的迅速发展。在瓦加斯执政后期,他严厉谴责以美国企业为主的外国财团对巴西的巧取豪夺,下令限制外资利润过多外流,并把合资金融机构置于国家控制之下。

瓦加斯自杀去世至今已40余年,但是,作为巴西政治舞台上的一位重要活动家,他的影响犹在。他所创建的巴西工党,至今仍是巴西主要政党之一,活跃在巴西政治舞台上。巴西学者认为,瓦加斯在整个一生中,"使巴西由一个农业国、权力分散的国家变成一个现代的、中央集权的、向工业化迈进的国家"。

4. 桑地诺主义

奥古斯托·塞萨尔·桑地诺(1893~1934年)是尼加拉瓜著名的民族英雄。桑地诺主义是指桑地诺本人的思想和英雄业绩。此外,桑地诺主义通常也指1961年由卡洛斯·丰塞卡(1936~1976年)创建的以桑地诺命名的桑地诺民族解放阵线(简称桑解阵)的理论与实践。

桑地诺出生在马萨亚省尼基诺奥莫村,其父是庄园主,母亲是家仆。他1921~1922年在洪都拉斯和危地马拉打工。1923年在墨西哥坦皮科一家美国石油公司当机械师,并参加当地反帝爱国斗争。1926年回国,在新塞哥维亚省率领爱国志士宣布起义,参加自由党反对亲美保守党政府的斗争。同年12月,以萨卡沙和蒙卡达为首的自由党人在卡贝萨斯港成立护宪政府,桑地诺立即响应并去该港会见萨卡沙和蒙卡达,要求接济军火,未果。同月美军占领该港,护宪军不战而退。桑地诺于1927年2月返回北部山区开展武装斗争,建立根据地。同年4月,桑地诺被任命为护宪军将军。他组织骑兵击败迪亚斯保守党政府军,打通了进军马那瓜的要道。然而身为护宪军司令的蒙卡达率军向美军投降。在护宪军将领中只有桑地诺拒绝投降。桑地诺在新塞哥维亚省创建尼加拉瓜主权保卫军,坚持抗战长达7年。保卫军占领了大西洋沿岸8个省的广大农村地区,控制了一半以上的国土,迫使美国侵略军于1933年1月全部撤出尼加拉瓜。美国撤出后,桑地诺应立宪政府萨卡沙总统的邀请赴首都马那瓜谈判,1934年2月2日签订"和平协定"。2月21日,第二次谈判的最后一天,国民警卫队头子索摩查(1896~1956年)秉承美国旨意,派人杀害了桑地诺。

在抗击美国侵略军的斗争中,桑地诺逐步形成了他的民族革命的思想。主要内容为:

①提出"自由祖国"概念,以"要祖国,要自由"为革命誓言,反对民族压迫,明确指出美帝国主义是尼加拉瓜人民的主要敌人。

②采取以游击战为主要形式的人民武装斗争,在山区开辟根据地,建立"尼加拉瓜主权保卫军",发动工农群众参加武装斗争。

③提出统一战线政策,建立各阶层和各派政治力量参加国内统一战线。

④积极争取建立中美洲和拉美各国团结一致共同反美的国际统一战线。桑地诺曾几次写信给拉美各国总统,主张成立拉美国家联盟,用玻利瓦尔的拉美主义对抗美国的门罗主义。

桑地诺主义反映了当时尼加拉瓜进步的民族主义思想。

在反对索摩查独裁政权的民族民主运动中,尼加拉瓜的革命者在新的历史条件下,根据尼加拉瓜的实际情况发展了桑地诺思想,使之在一定程度上突破民族主义思想范畴,赋予新的历史意义。这在桑解阵的纲领、路线、政策和行动中都有体现。主要有:

①明确指出桑解阵是工人阶级及其同盟军农民的先锋队,革命的领导力量是工人阶级,动力是工人、农民和小资产者,对象是亲美的独裁统治集团索摩查家族、地主寡头和资本阶层,方向是社会主义。

②在农村和山区建立根据地,通过以游击战为主要形式的武装斗争道路,尔后发动全国起义,夺取政权。革命胜利后,解散旧军队,建立人民军队。

③建立以工农联盟为基础的统一战线,联合一切反索摩查的阶层、政党和群众组织进行斗争,并在联盟中保持桑解阵的领导权。

④积极争取拉美各国以及世界其他地区广泛的国际支援,以孤立索摩查集团。

正因为桑解阵坚持并发展了桑地诺主义,于1979年推翻了索摩查的独裁统治,取得了革命的胜利。

在革命胜利后,桑解阵从1979年7月一直执政到1990年4月,长达近11年。在这11年中,桑解阵把政治多元化、混合经济和不结盟外交确定为建国三原则。桑解阵于1980年召开第一次桑地诺大会,宣布成立桑地诺主义党(仍沿用桑解阵名称),声称其目标"不是部分改革,而是彻底消灭剥削和经济依附,为走向新社会开辟道路"。在1985年后,桑解阵不再提社会主义。1986年由议会通过的第一部宪法规定,尼加拉瓜的基本原则是"政治多元化、混合经济、不结盟、独立、主权和民族自决、捍卫主权、保卫和平和建立公正的国际秩序"。1987年桑解阵主要领导人奥尔特加(1942年~)总统声称:"现在不是搞社会主义的时候。我们的社会模式不是东欧式的,也不是古巴式的,而是斯堪的纳维亚国家的模式。"1990年2月20日,奥尔特加又说:"尼加拉瓜不会像古巴,也不会像美国,从我个人来说,更倾向于社会民主的、非北约组织成员国的北欧国家模式。"

由于尼加拉瓜连年战乱,美国封锁和禁运,经济发展停滞不前,人民生活得不到改善,再加上桑解阵政府在一些政策上的失误,80年代末东欧的剧变,美国对尼加拉瓜反对派的支持等因素,桑解阵在1990年2月25日的大选中失利,同年4月25日交出政权,桑解阵成为国内第一大反对党。在1994、1998年两次大选中,桑解阵由于内部分歧,力量削弱,连续失败。但是,它仍继续是第一大反对党,在工人、农民、知识分子中影响较大。

5. 革命民族主义

革命民族主义是在墨西哥连续执政近70年之久的革命制度党的指导思想。

1910~1917年墨西哥革命后,国内政党林立,统治集团内部派系斗争激烈。1928年9月卡列斯(1877~1945年)总统倡议建立全国统一的政党,以走上体制化道路。翌年3月,全国200多个党派团体的代表宣告成立国民革命党。大会发表了原则宣言，宣布党的纲领为1917年宪法。1934～1940年卡德纳斯(1895～1970年)执政期间，开展了土地改革，实行铁路和石油工业国有化，为墨西哥的现代化发展奠定了物质基础。与此同时，卡德纳斯对国民革命党进行了彻底改组，废除了各地方势力集团平行联合的政党体制，代之以垂直领导、行业分割、相互制约的比较严密的组织形式，总统为党的最高领袖，下设工人部、农民部、人民部和军人部。卡德纳斯的社会改革实践了革命民族主义的基本主张。他是革命民族主义的杰出的先驱者。

1938年国民革命党改名为墨西哥革命党，1946年改名为革命制度党。1972年革命制度党第7次全国代表大会首次把革命民族主义列为党的基本纲领。1979年该党10大的《原则声明》称，正是由于执行了革命民族主义纲领，才取得了今天的成果，今后仍须始终不渝地执行革命民族主义，才能最终实现他们向往的"新社会"。1982～1988年执政的德拉马德里(1934年～)总统强调"革命民族主义将指导我的一切行动"。1984年他在革命制度党12大强调，"党将高举墨西哥大多数人民信奉的意识形态，即革命民族主义的意识形态。"

1988～1994年执政的卡洛斯·萨利纳斯·德·戈塔里(1948年～)总统在经济上奉行新自由主义出口导向的发展模式；在政治上，用"新民族主义"和"社会自由主义"来代替革命民族主义；在外交政策上，抛弃了墨西哥传统的反美立场，"从美国的对手变成美国的伙伴，从与美国冲突转为同美国合作"，墨西哥的外交政策已从传统的"革命、民族主义、反美、讲原则、独立、象征性、理想主义……"转变为"后革命、国际主义、亲美、讲利益、相互依存、实用主义、现实主义……"在1992年5月召开的革命制度党第15次全国代表大会上，已将"社会自由主义"确定为"党和政府实现历史目标、发展民族文化的指导思想"。

革命制度党内对党的指导思想的变更意见不一，分歧严重。1994年12月塞迪略(1951年～)就任总统后不久，墨西哥爆发了严重的经济危机，墨西哥政局也出现动荡，恰帕斯印第安农民与政府的冲突久拖未决。1996年革命制度党召开第17次全国代表大会，会上不少代表对过去几年革命制度党的指导思想和政府的方针政策进行了反思，并提出了批评。经过激烈的争论，大会决定重新恢复"革命民族主义"作为党的指导思想，取消所有"社会自由主义"的提法。但是，革命制度党内围绕党的指导思想的争论并没有结束。在1997年7月举行的墨西哥中期选举中，革命制度党建党以来第一次丢掉了众议院中的多数党的地位。

革命民族主义的基本理论观点是：

①劳动是社会发展的主要动力。劳动应成为公民广泛行使的权利和自觉自愿接受的义务，成为每个公民人格的源泉、民族独立发展的推动力和社会财富分配的根据。

②财富原本属于全民族。在墨西哥要实现国家所有制、社会所有制和私有制，国家拥有对国内一切财富和资源的支配权，有权为公共利益"有偿剥夺"私有财产，限制、调整私有财产和自然资源的使用，以及对经济体制进行改造。

③国家是民族最高利益的代表。

④建立民主、公正、自由、平等的新社会。这是革命民族主义的理想。为实现这一理想和目标，革命民族主义还提出了一系列纲领主张：在政治上，主张调和社会矛盾，实现民族团结。在经济上，实行混合经济制度，加强国营和社会经济部门，发挥国家对经济的计划指导作用。在文化上，保护墨西哥民族传统和习惯，提高公民的民族意识，大力发展教育事业。在对外政策上，主张反帝、反

殖、反霸,捍卫民族独立和主权。

墨西哥革命民族主义认为,墨西哥的民族主义与旧大陆扩张性的民族主义即沙文主义不同,它具有争取解放和反帝的内涵。革命尚未结束,因为革命不仅仅是武装起义和夺取政权,而且包括对社会进行长期、深刻、激进的改造,是经济、文化和政治生活的深刻变化。革命是一个完整的历史时期。

二、社会主义思潮

在拉美的社会主义运动中,出现了广泛的社会主义思潮,主要有古巴社会主义、智利社会主义、马里亚特吉思想的社会主义、圭亚那合作社会主义、委内瑞拉新社会主义、拉丁美洲社会民主主义、拉丁美洲基督教民主主义、拉丁美洲托洛茨基主义。

1. 古巴社会主义

1953年7月26日,以菲德尔·卡斯特罗(1926年~)为首的古巴一批爱国青年,为反对巴蒂斯塔独裁统治,攻打东部的政府军兵营蒙卡达。起义失败后,卡斯特罗等被捕并被判徒刑。1955年因大赦出狱,流亡墨西哥。1956年,卡斯特罗成立革命组织"七·二六运动"。同年11月25日,他率领82人乘"格拉玛号"游艇从墨西哥出发,12月2日在古巴东部奥连特省登陆。随后,他们深入马埃斯特腊山区,在那里建立根据地,开展反政府的游击战争,不久建立了"七·二六运动起义军"。在起义军不断取得胜利的同时,古巴各地的反抗和暴动相继发生。

1957年3月13日,以哈瓦那大学联合会主席安东尼奥·埃切维里亚为首的40多名青年攻打巴蒂斯塔的总统府。失败后,大学生成立"三·一三革命指导委员会",在拉斯维利亚斯省山区开辟一条新的战线。原来主张采用和平方式的人民社会党也在拉斯维利亚斯省组织了一支游击队。"七·二六运动起义军"在全国反独裁力量和斗争的配合和支持下,于1959年1月1日进入哈瓦那,推翻了独裁统治,取得了革命的胜利。

古巴革命的特点是:古巴革命是一次民族民主革命。领导这场革命的是具有激进思想的小资产者及其组织,而不是1925年就已成立的古巴共产党(后改称人民社会党)。卡斯特罗本人在1959年说过,"古巴革命不是红色的极权主义的,而是绿橄榄色的人道主义"。此外,古巴革命的道路是武装斗争的道路,而不是议会斗争或其他和平过渡的道路;古巴革命的道路是在农村开展游击战,然后带动全国的斗争,从农村到城市,直至取得全国胜利。古巴革命的胜利,也是以"七·二六运动"为核心所建立的反对巴蒂斯塔独裁统治各种政治力量联合统一战线的胜利。

古巴革命胜利后,以"七·二六运动"为主体的革命领导力量,于1959年5月和1963年10月进行了两次土地改革;1960年6~10月,将所有美资企业收归国有;由于1960年5~10月,美国先后对古巴采取停止一切经济援助、取消古巴对美国的食糖出口份额、对古巴实行禁运等措施,古巴开始向社会主义国家靠拢。1960年5月,古巴同苏联复交。同年9月,古巴同中国建交。苏联、中国先后开始向古巴提供经援和军援,并购买古巴的糖。1961年1月,美国同古巴断交,美国加紧组织雇佣军入侵古巴。

1961年4月16日,卡斯特罗首次宣布,古巴革命是"一场贫苦人的、由贫苦人进行的、为了贫苦人的社会主义民主革命"。同年,卡斯特罗又宣布古巴是社会主义国家。

就在古巴领导人宣布古巴革命为一场社会主义革命的第二天,4月17日,1000多名美国雇佣军在吉隆滩登陆,对古巴进行武装侵略。古巴军民在卡斯特罗领导下经过72小时的激战,全歼入侵者。

1961年7月,古巴三个组织"七·二六运动"、"三·一三革命指导委员会"和人民社会党合并成古巴革命统一组织,次年5月,又改名为古巴社会主义革命统一党。1965年10月,正式改名为古巴共产党。

古巴的社会主义建设事业并不是一帆风顺的。从外部条件来看,自60年代初起,美国一直对古巴采取贸易禁运、经济封锁、军事威胁、外交孤立等手法,千方百计企图扼杀古巴革命。1964年美国唆使美洲国家组织成员国同古巴断绝外交关系,对古巴实行集体制裁。

从60年代初期起,以卡斯特罗为首的古巴领导人就积极探索和尝试在古巴进行社会主义革命和建设的道路和方法,试图创造出具有古巴特色的社会主义革命和建设的新路子。近40年来的实践表明,古巴在这方面既有成功的经验,也有失败的教训。

在革命胜利后的初期,由于急于改变单一经济结构,古巴政府大幅度削减蔗糖生产,提出迅速实现农业多样化和短期内实现工业化的目标。1963年古巴甘蔗种植面积比1958年减少了25%,当年经济遇到严重困难,社会生产总值下降1.1%。因此,1964年古巴政府又提出了集中力量发展糖业的新的经济发展战略。

1964~1966年,古巴领导层内曾就发展战略和经济体制问题展开过一场辩论。卡斯特罗后来总结这一段经验教训时说:"我们领导经济既没有实行社会主义国家已普遍实行的经济核算制,又放弃了曾一度开始试行的财政预算制,而是采用了一种新的经济簿记制度。在实行这一制度之前,取消了国营企业之间的商品形式和购销关系","看起来我们当时好像在向共产主义的生产和分配方式日益靠近,实际上离建设社会主义基础的正确道路愈来愈远"。

1968年3月,古巴政府发动"革命攻势",接管了几乎全部小商小贩和小企业,消灭了城市中的私营经济。与此同时,扩大了免费的社会服务,取消了工资级别,用精神刺激代替物质刺激,取消了贷款利息和对农民征收的税收。与此同时,又不切实际地提出1970年产糖1000万吨的高指标。为此,耗费大量人力、物力、财力;结果,不仅指标没达到,反而造成国民经济的比例严重失调,经济形势恶化。

70年代前半期,古巴参照苏联的模式,进行了政治经济体制的改革。1972年古巴参加了经互会,同苏联签订了长期经济协定,实现同苏联、东欧的经济一体化。1976年起,古巴开始实施第一个五年计划和新的"经济领导和计划体制"。70年代后期和80年代初,古巴政府逐步放宽了某些经济政策,如建立平行市场,允许在一些服务行业自谋职业,允许开设农民自由市场等,并开始有限度地实行对外开放。

80年代后期,古巴在全国掀起了一场"整顿不良倾向运动",开始了"纠正错误和消极倾向进程",调整和放慢了经济体制改革的步伐,关闭了农民自由市场。卡斯特罗在1986年多次讲话中强调不要照抄别国(指苏联)的经验,要走自己的道路。纠偏运动虽然没有使古巴经济得到预期的发展,1985~1989年经济年均仅增长0.4%;但是,它却保证了卡斯特罗为首的古巴领导人坚持了社会主义方向,避免了模仿当时苏联、东欧国家所搞的放弃社会主义的"改革",使古巴经受住了东欧剧变、苏联解体对它的巨大冲击。

80年代末、90年代初东欧的剧变和苏联的解体,对古巴影响巨大,使古巴失去了政治依托,经济上失去依靠。1990~1993年古巴经济连续4年出现大滑坡,国内生产总值累计下降40%。俄罗斯停止了对古巴的一切援助,双边贸易额大幅度减少。与此同时,美国加剧了对古巴的封锁和禁运,美国于1992年和1996年先后实施托里切利法和赫尔姆斯-伯顿法。

古巴党和政府先后提出"捍卫社会主义"、"拯救祖国、革命和社会主义"的口号,宣布古巴进入"和平时期的特殊阶段"。与此同时,古巴调整了过去以工业化为中心的发展战略,实行新的生存战略,从1993年起推出了一系列重大的改革开放的举措:放宽外国投资条件;对外贸体制进行重大改革,下放权力;宣布私人持有美元合法化;允许在135个行业中建立个体和私营企业;开放农牧业产品市场、工业和手工业产品市场;国营农场合作化;实行财税、物价、银行和外贸体制改革等。与此同时,古巴又调整了外交政策,积极开展多元外交,争取国际社会的支持。

自1994年起,古巴成功地阻止了经济的滑坡,经济逐年增长:1994年为0.7%,1995年2.4%,1996年7.8%,1997年2.5%。政治和社会趋于稳定,国际环境不断改善。到1998年5月,已有190家外国企业在古巴投资,在古巴的外资和合资企业共有650家。古巴同164个国家有外交关系,同138个国家有经贸往来。自1992年起,联合国大会已连续6年通过要求美国取消对古巴经济制裁的决议。1998年1月罗马教皇约翰·保罗二世在访问古巴时,也谴责美国对古巴的封锁是"不公正的,从道义上说,是不能接受的"。

尽管目前古巴还面临种种困难,但是,古巴在逆境中不仅坚持了社会主义,而且取得了进展。

2. 智利社会主义

智利社会主义是指70年代初智利萨尔瓦多·阿连德(1908~1973年)人民团结阵线政府在智利推行的一套社会主义理论和进行的一场试验。

智利是拉美资本主义比较发达的国家,智利也是具有民主传统的国家。1936年,智利激进党、共产党、社会党等组织在反法西斯的旗帜下建立了人民阵线并取得了1938年大选的胜利,成为拉美第一个有广泛群众基础的反帝联合政府。

阿连德生于瓦尔帕莱索的一个中产阶级家庭。早年曾参加和领导学生运动。1932年获智利大学医学博士学位。同年,马马杜克·格罗韦(阿连德的亲戚)等一部分军人夺取政权,宣布建立"社会主义共和国"。尽管它只存在了12天,但对阿连德触动较大。1933年,阿连德参与创建智利社会党,先后担任该党副总书记、总书记和主席。1937年当选为众议员,1938年任人民阵线政府卫生部长。1945年起曾4次当选为参议员,并曾任参议院副议长、议长。阿连德曾作为社会党或人民行动阵线的候选人参加1952、1958、1964年的总统竞选。1970年他再次作为人民团结阵线的候选人,竞选总统获胜,于同年11月就任总统。

智利社会主义的主要理论主张是:

①通过选举和平过渡到社会主义。智利人民团结阵线所设计的具体方案是:首先通过选举取得行政权,第二步再通过选举赢得议会绝对多数而掌握立法权,然后实现政权的社会化即进行社会经济结构的改革。

②在资本主义法制范围内进行社会主义变革。

③多元化的社会结构。阿连德在1971年5月向国会提出的第一个总统咨文中提出要在智利建立世界上"第一个以民主、多元化和自由样式的社会主义"。他认为多元化是马克思主义前辈预言过但没有具体实现的革命道路,是建设社会主义的一种新的方式。他主张要"在民主、多元化,

特别是意识形态多元化中过渡到社会主义"。人民团结阵线所主张的多元化包括建立多党制政府,允许多元化的政治观念和意识形态,建立多元化的经济成分,以公有制为主,公有制、合营和私有制成分并存。

由智利社会党、共产党、激进党、社会民主党、独立人民行动和统一人民行动运动6个组织组成的人民团结阵线提名社会党领导人阿连德作为阵线候选人,在1970年9月大选中得票36.3%,多于民族党的34.9%和基民党的27.8%。根据选举法,在候选人得票均不超过半数的情况下,必须由议会在票数占前两位的候选人中决定总统人选。为了能获胜,阿连德接受了基民党提出的"宪法保障条例"作为交换条件,以取得其支持。"条例"要求新政府尊重原有军警体制,不建立与之平行的武装组织。同年10月24日,在议会投票中,由于基民党的支持,阿连德当选总统,并于11月3日就任总统并成立人民团结阵线政府。

阿连德的人民团结阵线执政后,实施了一系列的改革措施,主要有:

①大规模实行国有化。1971年7月在把外资在智利的最大铜矿公司塞罗、安那康达和肯奈科特收归国有后,又将150家本国私人大型企业(包括银行、外贸公司和铁路运输公司)收归国有。

②大刀阔斧进行土地改革。到1971年11月征收的土地已达240万公顷。在整个执政期间共征收了4287个庄园的822万公顷土地。

③提高人民的收入和改善社会福利。1971年年初把工人最低工资提高50%,职工薪金提高30%,工人最低退休金相当于最低工资的80%。增加对劳动人民的各种补贴,改善医疗与妇幼保健待遇,如免费供应300万儿童和孕妇每天半公升牛奶等。

④在对外关系方面加强了独立性。阿连德政府努力维护国家主权和民族独立,扩大对外政治和经济关系,支持亚非拉民族民主运动。1971年12月在南美国家中率先同中国建交;恢复了同古巴的关系。

阿连德政府的这些改革措施具有重要的进步意义。它削弱和打击了帝国主义和本国大地主、大资本家的势力,使智利在经济上更加独立。在执政头一年,智利国内生产总值增长8%。但是,好景不长。由于改革步子过快、过急,打击面过宽,树敌过多,侵犯了中小资产者和中小农场主的利益,使经济发展受到影响。由于超越限度地增加福利,提高工资,使国家财政开支激增,赤字增加,通货膨胀加剧,市场商品匮乏。美国对智利实行经济封锁,减少或停止向智利贷款和投资,压低铜价,同时极力支持智利国内反政府活动。随着改革的深入,基民党不再支持阿连德政府转而采取对抗态势。人民团结阵线各政党在一些问题上意见不一。再加上人民团结阵线虽建立了政府,但并没有掌握政权,因为行使立法权的议会(在议会中反对派占多数席位)和作为国家机器重要组成部分的军警和法院都控制在反对派手中,政府的决定和意志很难实现。

国内外反动势力的破坏和国内各阶层人民不满情绪的扩大使智利政局日益动荡。1973年9月11日以陆军司令皮诺切特为首的军内反对派策划了军事政变。政变部队袭击总统府,遭到阿连德顽强抵抗。最后阿连德以身殉职。阿连德的社会主义实践以失败告终,给人们留下了深刻的历史教训。

3. 马里亚特吉思想

秘鲁和拉美杰出的马克思主义思想家何塞·卡洛斯·马里亚特吉(1894~1930年)所倡导的具有秘鲁和拉美特色的社会主义思想。

马里亚特吉生于莫克瓜（一说利马）一职员家庭。他幼年丧父，家境清贫。上小学3年级时被迫辍学。14岁时到《新闻报》社当学徒。他勤奋自学，经常给报刊撰稿。后任《我们的时代》报编辑，并创办《理性报》，对当时蓬勃开展的工人运动和大学改革运动表示声援。1917年7月4日，莱吉亚在美国支持下策动政变上台，《理性报》强烈谴责政变，招致镇压，被迫停刊。政变当局勒令马里亚特吉等人离开秘鲁，否则将予以监禁。同年10月至1923年马里亚特吉先后到过法国、意大利、德国、奥地利、匈牙利和捷克等国。在流亡期间，他接触了当时处在高潮的欧洲工人运动和革命运动，阅读了大量马克思、恩格斯、列宁、葛兰西等人的著作，接受了马克思主义，写下了许多政论文章。

1923年回国后，他热情宣传马克思主义，同时运用马克思主义方法研究秘鲁历史和现实，主张马克思主义的普遍真理同秘鲁本国实际相结合，摸索秘鲁革命的道路。1924年他患了骨癌，被截去左腿，但仍坚持在轮椅上工作和写作。1926年创办革命刊物《阿毛塔》和《劳动》杂志。同年加入美洲人民革命联盟。1928年因思想分歧，同阿亚决裂，退出联盟。同年10月7日他创建秘鲁社会党（秘鲁共产党的前身）并任总书记，12月出版《关于秘鲁国情的七篇论文》。1929年创建秘鲁总工会。1930年4月16日病逝于利马，年仅36岁。

马里亚特吉的代表作《关于秘鲁国情的七篇论文》用马克思主义的立场、观点和方法，对秘鲁经济、印第安人、土地、教育、政体和文学等问题作了分析和论述，被公认为拉美马克思主义者的经典作品。

马里亚特吉认为，社会主义是一场世界性的运动，是人类的希望和前途，也是解决秘鲁和拉美问题的答案，"拉丁美洲的未来是社会主义的"。他充分肯定马克思主义对秘鲁和拉美革命的重大指导意义，非常重视把马克思主义同拉美革命实际相结合，并意识到要在拉美的现实中进一步发展马克思主义。他说："我们确实不想在美洲照搬照抄马克思主义，它应该是一种英雄的创造性事业。我们必须用自己的现实和自己的语言创造出印第安美洲的社会主义。"

马里亚特吉认为，西班牙对美洲的征服中断了印第安村社共有制经济的发展进程，建立起封建的生产方式，实行半奴隶制的强迫劳动制度，从根本上堵塞了资本主义在秘鲁社会内部发展的可能性。

马里亚特吉认为，秘鲁的资本阶层是在民族国家形成后才开始发展的。它具有这样几个特征：首先，秘鲁的资本阶层是有产者和食利者，而非生产者。其次，与外国资本联系在一起，成为外国资本在本地的延伸。第三，与封建贵族联系在一起。上述特点决定秘鲁的资本主义只能是外国垄断资本的附庸，不可能独立发展，也不可能根除封建庄园制等前资本主义的生产关系。因此，马里亚特吉认为，建立在旧的经济结构之上并依附于外国资本的秘鲁资本主义不具有历史的进步性。

马里亚特吉认为，随着历史的发展，秘鲁演变成为三种经济因素并存的半封建、半殖民地社会。这三种经济因素是：植根于西班牙征服时期的封建经济、山区残存的印第安村社经济和以沿海地区为先导的资本主义经济，其中，以庄园制为基本特征的封建经济占统治地位。

马里亚特吉认为，在秘鲁通过发展资本主义消除封建制的道路是行不通的，只有进行社会主义革命。他认为，秘鲁革命只能是一场纯粹的社会主义革命，视情况可以加上各种形容词，如"反帝的"、"土地的"、"革命民族主义的"。在反对资本主义的范围内进行反封建的斗争，这就是秘鲁社会主义革命的两重性和特殊性。

马里亚特吉认为,秘鲁革命的中心问题是印第安人和土地问题。他指出,"不首先关心印第安人的权益问题,就不是秘鲁的社会主义,甚至不是社会主义"。他认为,印第安人问题不能仅从政治、法律、种族、文化和道德方面去追究原因,而应追根其土地占有制度,印第安人问题和土地问题实际上是同一个问题。它既是社会经济问题,又是政治问题,只有消灭封建制才能解决。他把印第安人的解放与深刻的社会革命联系起来,从而在秘鲁和拉美树立了第一个正确运用马克思主义分析本国实际问题的范例。

马里亚特吉认为,秘鲁的社会主义革命应由无产阶级来领导,以无产阶级和印第安人运动结成的联盟为基础。建立由受资本主义剥削的各个阶层组成的统一战线来共同完成。而无产阶级政党是引导这场革命的先锋力量。

4. 圭亚那合作社会主义

合作社会主义是圭亚那人民全国大会党(简称"人大党")及其领袖福布斯·伯纳姆(1923~1985年)于70年代提出的一种理论。

圭亚那位于南美洲大陆东北部,原为英国殖民地,1831年起称英属圭亚那,1966年取得独立后定国名为圭亚那。人大党成立于1957年。1970年当时执政的人大党伯纳姆政府将圭亚那改名为圭亚那合作共和国。1974年人大党领袖伯纳姆发表了《莎法亚宣言》,对合作社会主义进一步作了理论阐述,宣称人大党是社会主义政党,要在圭亚那建设合作社会主义。

伯纳姆生于首都乔治敦附近基蒂镇,非洲黑人后裔。1947年毕业于伦敦大学研究院法学系,获法学士学位。1948年获律师资格,加入英国格雷法学会。1947~1948年任伦敦西印度学生联合会主席。1949年回国后在乔治敦开业当律师。1950年与贾根共同创建人民进步党。1950~1955年任该党主席。1953年当选为议员,同年任教育部部长。1957年与贾根决裂,另建人民全国大会党,任领袖。1959年任乔治敦市市长、圭亚那律师协会主席。1964~1966年任英属圭亚那总理。1966年圭亚那独立后任总理至1980年。1980年当选为总统,1985年病逝。

圭亚那在历史上有搞合作社的传统,圭亚那人民普遍存在着向往社会主义的情感。圭亚那的两大政党人民进步党和人大党都主张在圭亚那建立"正义的社会主义社会",在人民群众中影响较大。为了同贾根领导的人民进步党的社会主义相区别,伯纳姆提出了合作社会主义。

伯纳姆合作社会主义的主要论点是:

按照伯纳姆的说法,合作社会主义是:"第一,我们相信社会主义这一意识形态,并且争取建立这样一种制度;第二,我们利用合作制作为主要渠道或工具,来达到这一目标。"

伯纳姆认为,合作社会主义是以马克思主义为指导的,但他表示不愿接受共产主义国家业已准备好的思想和答案,他认为要避免资本主义社会中普遍存在的人剥削人的异化现象,只有实行合作社会主义。

伯纳姆引用马克思和列宁有关合作制生产和合作社与共产主义、社会主义的关系的论述来证明人大党宣称的合作社会主义属于科学社会主义的范畴,而不是"乌托邦"。伯纳姆说:"按照我的理解和认识,只有一种社会主义,这就是以马克思的著作为基础的社会主义。当然,每个国家都可以自由地,我想也是必须根据自己本身的历史、传统和民族的特点,也就是像马克思所说的客观条件来选择达到社会主义的最好的道路",而在圭亚那,这就是合作社会主义。

伯纳姆认为,合作社会主义的基础是合作社。合作社是一种团体,在这个团体中,每个劳动者能直接或间接贡献他的劳动力、技术和思想,最大限度地发挥智慧,有权参与决策和其他经济活动,从而使每个人能在收入和管理等方面处于平等地位。因此,合作社比国有制更为先进和公正。

伯纳姆认为,合作制原则有狭义和广义两层意思。狭义的合作制原则,指的是组织形式,如合作社。广义的合作制原则指的是"思想形式",如合作精神,包括国营企业和各种机构的"民主管理"。后来,他还强调合作制"还应在社会领域和政治领域实行",是"圭亚那民族得以全面发展的统一原则"。

伯纳姆认为,实行合作社会主义的途径是使用和平方式,要独立自主、自力更生走自己的道路,对外要坚持不结盟原则,"不做东方或西方的走卒",要逐步向社会主义过渡。

在伯纳姆任总理和总统近 20 年期间,伯纳姆政府为实现合作社会主义,对圭亚那的政治、经济和社会生活都进行了一系列的改革。

在政治方面,人大党政府对政府官员实行圭亚那化。1980 年新宪法规定,政府官员和议员必须是圭亚那公民;加强了人大党对政府的领导,在党内实行权力高度集中;注意缓和种族矛盾,特别注意搞好同印度族人的团结。

在社会经济方面,对外国企业实行国有化。到 1976 年底,80% 的经济由政府控制;大力发展合作社,到 1981 年共建 1435 个合作社,社员人数达 13.5 万人。但合作经济在国民经济中占的比重不大,约 5%~8%。政府设立了合作社部,伯纳姆亲自兼部长,建立了合作学校,开办了合作银行。

在外交方面,奉行不结盟政策,主张同各国友好,支持各国民族解放运动,反对超级大国对外侵略扩张。1972 年圭亚那同中国建交。

伯纳姆 1985 年去世后,继任总统和人大党领袖的霍伊特多次表示圭亚那不放弃"合作社会主义";但在实际上,霍伊特所采取的措施,如国营企业私有化,强调党政分开,注意发挥个人作用,关闭一些长期亏损的合作社等,同伯纳姆已有很大区别。1992 年,人进党在大选中获胜,人大党成为反对党。人进党政府不再执行合作社会主义的政策。

从合作社会主义实施 20 多年情况来看,它未能很好解决经济发展中出现的问题,合作社经济并没有发挥应有的作用,在政治上缺乏必要的民主。从其实质来看,它并不是社会主义,而是具有强烈民族主义倾向的资本主义。

5. 委内瑞拉新社会主义

新社会主义是委内瑞拉争取社会主义运动主要领导人在 60 年代末至 80 年代中期提出的理论。

委内瑞拉争取社会主义运动成立于 1971 年 1 月,是从委内瑞拉共产党分裂出来的。20 世纪 60 年代末,委共内部发生激烈争论。曾领导和参加过 60 年代反政府武装斗争的政治局委员庞佩约·马盖斯、特奥多罗·佩特科夫不同意总书记赫苏斯·法里亚等否定 60 年代的武装斗争,反对死守"反帝土地革命"的传统公式,反对法里亚等支持苏联侵捷。1970 年 12 月,庞佩约和佩特科夫等 22 名中央委员宣布退出委共,并于 1971 年 1 月正式成立争取社会主义运动。

从佩特科夫发表的《捷克斯洛伐克:社会主义问题探讨》(1969 年)、庞佩约发表的《帝国主义依附性和大庄园制》(1968 年)和《走向新的多数》(1979 年)等著述来看,委内瑞拉争取社会主义运动的新社会主义理论的主要主张是:

①主张"革新"马克思主义理论,保留其真理性内容,克服其"局限性"。认为无产阶级革命和

无产阶级专政的学说已"不适用",提出用"新的社会集团统治"代替"无产阶级专政";认为民主和自由没有阶级性,民主是阶级斗争的历史成果,既反映了统治者的心愿,又反映了人民群众的心愿;"自由既不是资产阶级的,也不是无产阶级的,自由就是自由"。强调经济基础决定上层建筑是"纯经济观点";认为少数服从多数,下级服从上级,是任何团体都自然遵循的原则,不是什么列宁主义的民主集中制。

②批判现存的社会主义模式。认为现存社会主义(包括原苏联、东欧国家)在政治上没有建立起比资本主义更高的民主,在经济上用国有化代替了社会化。认为现存的社会主义有许多弊端,不能鼓舞人们去为变革社会而斗争,必须公开批评这些弊端,以取得本国群众的信任。

③提出建立一个既取代资本主义又取代现存社会主义的新社会主义,即"民主的、多元的、主权的、人民自治的委内瑞拉式的社会主义社会"。在政治上,主张实行多元化的民主,不搞一党专政,而实行多党制,尊重在法律范围内活动的一切政治派别和宗教信仰,允许不同政见和政治反对派存在。在经济上,主张实行社会化的自治经济,把资本主义所有制变为社会所有制,不搞单一的国家所有制,实行多样化的所有制,逐步建立和扩大自治经济。在国际政策方面,主张独立自主的国际政策,支持世界一切争取独立和社会主义的斗争。

争取社会主义运动成立后,利用资本主义代议制民主和合法地位,通过竞选活动和议会斗争宣传自己的纲领主张,扩大自己的影响和力量。自1973年起,争取社会主义运动参加了历次大选,一直保持了国内第三大党的地位,在选举中所得选票和议席数不断有所增加。但是,争取社会主义运动内部有各种流派,思想庞杂,连庞佩约本人也认为,他们党内永远不存在"铁板一块"和"完全一致"。

6. 拉丁美洲社会民主主义

拉丁美洲地区主要的政治思潮之一。社会民主主义又称民主社会主义。19世纪末20世纪初,社会民主主义开始从欧洲传入拉丁美洲,20世纪60年代起,它在拉美的影响不断扩大。目前,拉美地区属于这一思潮的政党已不下40个,有的党是执政党或参政党,有的党曾执过政。

根据拉美的实际情况,属于拉丁美洲社会民主主义思潮的政党有三类:

第一类是参加社会党国际的党。截止1993年底,拉美和加勒比地区共有30个政党参加社会党国际,其中正式成员党17个:阿鲁巴人民选举运动、阿根廷人民社会党、巴巴多斯工党、巴拉圭二月革命党、巴西民主工党、波多黎各独立党、玻利维亚左派革命运动、多米尼加革命党、厄瓜多尔左翼民主党、哥斯达黎加民族解放党、海地民族进步革命党、荷属库腊索岛新安的列斯运动、萨尔瓦多全国革命运动、危地马拉社会民主党、委内瑞拉民主行动党、牙买加人民民族党、智利激进党;咨询成员党11个:秘鲁阿普拉党、哥伦比亚自由党、圭亚那劳动人民同盟、海地全国民主运动大会党、圣基茨-尼维斯工党、圣卢西亚工党、圣文森特和格林纳丁斯工党、委内瑞拉人民选举运动、乌拉圭争取人民政权党、智利民主党、智利社会党;观察员党2个:哥伦比亚"四·一九"民主联盟、尼加拉瓜桑地诺民族解放阵线。

第二类是未加入社会党国际的传统社会党,有10多个:玻利维亚社会党、巴西社会党、哥斯达黎加社会党、厄瓜多尔社会党、厄瓜多尔革命社会党、秘鲁革命社会党、乌拉圭社会党、马提尼克社会党、苏里南社会党、阿根廷统一社会党等。

第三类是既未加入社会党国际,也不属于传统社会党,但信奉民主社会主义的政党,如巴巴多斯民主工党、多米尼加联邦工党、巴西劳工党、哥伦比亚坚定者运动、委内瑞拉争取社会主义运动等。

前苏联的一些学者还把墨西哥革命制度党、阿根廷激进公民联盟等也列入社会民主主义政党范围内。

拉美社会民主主义同欧洲的社会民主主义一样,都批评资本主义,反对共产主义,标榜走"第三条道路";主张阶级合作,反对阶级斗争,宣扬资本主义民主和议会道路,认为资本主义可以"和平长入"社会主义。不同的是,欧洲社会党在最初以科学社会主义学说为指导思想,甚至在共产国际成立后,还以拥护"马克思主义"作为幌子来反对列宁主义,而拉美的社会民主主义,除少数党以外,多数党从一成立就是反对马克思主义的。另外一点不同的是,拉美社会民主主义的政党大多都提倡"第三世界民族主义",许多党并不称作社会党,而称作"选举运动"、"革命运动"、"民族解放阵线"等。拉美社会民主主义政党有传统的社会民主党、具有民族主义倾向的政党和一大批新兴的中产阶级政党。从这些政党的共同特点可以看出拉美社会民主主义的主张:

①主张多元政治,允许不同观点并存,允许各阶层参政,因此应实行多党制和竞选制。

②提倡混合经济,认为自由经济造成贫富悬殊,两极分化,而公有制经济会导致"极权主义",而实现混合经济体制可以实现公有和私有经济共处,国营、私人和合作企业同时发展。

③倡导社会正义,强调国家应起调节者作用,要关心所有人,要尊重个人的权利和自由。

拉美社会民主主义政党认为,要实现民主社会主义,不能只依靠一个阶层,必须依靠"多阶层联盟",其中包括工人、农民、企业主、农场主和中间阶层。主张用"革命的改良",即通过选举、思想教育、对现存社会结构进行和平改造的办法,来实现民主社会主义。

拉美社会民主主义政党认为,民主社会主义的最终目标是建立自由、民主、平等和正义的新社会,认为拉美社会民主主义理论的来源不是马克思主义的思想体系,而是植根于基督教伦理、人道主义和拉美民族解放运动领袖们的思想。拉美多数社会民主主义政党都自称主张第三世界民族主义,提倡拉美民族主义,主张拉美一体化。

拉美社会民主主义政党在执政期间,一般都实行改良主义和民族主义政策。它们把建立和完善议会民主制作为一项首要任务,反对军人执政和个人独裁。对重要经济部门实现国有化或本国化,进行土地改革,推动工业化,发展民族经济,实行社会福利措施,对外实行"多元外交"和"不结盟"政策,强调拉美一体化和第三世界团结,把建立国际经济新秩序作为对外政策的重要目标。80年代后期以来,它们在经济方面的策略有所调整。

拉美社会民主主义自70年代以来呈现联合和发展趋势,主要表现在:队伍不断壮大,60年代加入社会党国际的拉美政党只有6个,70年代中期增至16个,80年代中期增加到20个,1993年增加到30个;群众基础不断扩大,无论是党员人数还是所控制的群众组织人数都有增加;政治影响不断加强,拉美社会民主主义的地区联合加强。1978年成立社会党国际拉丁美洲和加勒比委员会。1986年又成立拉丁美洲社会党协调委员会,该委员会有17个成员党,其中11个党未加入社会党国际。

7. 拉丁美洲基督教民主主义

拉丁美洲基督教民主主义是拉美有重要影响的政治思潮之一。基督教民主主义于19世纪末开始在拉美传播,同时就有萌芽状态的基督教民主主义组织出现。20世纪40年代起,在拉美一些国家建立起一些基督教民主主义政党。60年代以来,它在拉美的影响不断扩大。目前,拉美地区属于这一思潮的政党已不下30个,有的党现在是执政党或参政党,有的曾执过政或参过政。

根据拉美的实际情况,属于拉美基督教民主主义思潮的政党有二类:

第一类是加入基督教民主国际的党。截止1993年,拉美和加勒比地区共有25个政党参加基督教民主国际。其中正式成员党21个:阿根廷基督教民主党、古巴基督教民主党、智利基督教民主党、萨尔瓦多基督教民主党、危地马拉基督教民主党、洪都拉斯基督教民主党、巴拿马基督教民主党、秘鲁基督教民主党、苏里南进步人民党、多米尼加基督教社会改革党、萨巴向风群岛人民运动、海地进步民族民主主义者组合、委内瑞拉基督教社会党、阿鲁巴基督教民主人民党、博内尔爱国联盟、库腊索民族人民党、玻利维亚基督教民主党、厄瓜多尔人民民主党、哥斯达黎加基督教社会团结党、巴拉圭基督教民主党。联系成员党3个:多米尼加自由党、圭亚那民主劳工运动、圣基茨和尼维斯人民行动运动。观察员党1个:秘鲁基督教人民党。

第二类是未加入基督教民主党国际的、但信奉基督教民主主义的政党,约有四五个。

拉美基督教民主主义宣称要走"第三条道路","既唾弃自由资本主义的人剥削人,又唾弃极权国家剥夺人的自由",主张以社会正义反对资本主义,以自由反对共产主义,以天主教教义为其哲学观点和思想理论准则,通过合法的政治行动实现基督教的社会理想。

拉美基督教民主主义的基本主张是:

①认为历史是以"精神为本原"即"精神第一",不承认经济起决定作用及社会发展有一定规律。

②主张建立不同于资本主义制度,也不同于社会主义制度的"共有社会",即"自由、平等、互助、和平的社会",对现有政治经济制度进行改革。在政治上.实行"完全的民主",即个人的民主、多元的民主、共有民主、参与的民主、有机的民主。在经济上主张建立"共有经济"以消灭阶层鸿沟,即限制私有制,多种所有制并存,在经济部门建立共有关系,鼓励工人自治企业发展,让工人入股,参与分红等。

③主张改良,反对暴力。

④主张国际正义,要求强国富国承担更多的义务,以利于穷国弱国的发展和建立国际经济新秩序。

拉美的基督教民主主义有不少党是执政党,如智利基督教民主党曾在1964~1970年、1988年至今执政,委内瑞拉基督教社会党创始人、曾任世界基督教民主联盟(基督教民主国际前身)主席的拉斐尔·卡尔德拉两次任总统(1969~1974年,1994~1999年)。从拉美基督教民主党执政的实践来看,它们所实行的是改良主义和民族主义的政策。

在政治上,坚持代议制民主制度,都按宪法规定期限举行大选,允许反对党合法活动;在经济上,坚持发展民族经济,实行一些改革措施,如在60、70年代实施的土改、国有化、工业化。90年代智利基民党政府提出了"坚持经济增长、消灭贫困"的两大执政目标等。在对外关系上,坚持民主民族主义,实行多元外交;侧重发展同美国的关系,争取美国援助,但力求摆脱对美国的依附,反对美国的控制和干涉。注意加强同欧洲国家的关系,强调拉美地区一体化和发展中国家的团结。

近二三十年来,拉美基督教民主主义势力在拉美发展比较快,力量不断壮大。而且,拉美基督教民主主义政党也能适应时代变化。不断调整战略和策略,有所发展,有所作为。

8. 拉丁美洲托洛茨基主义

拉丁美洲托洛茨基主义是拉美比较有影响的政治思潮之一。作为一种思潮，早在20世纪20年代中期托洛茨基主义产生后不久就流传到拉美。20年代后期在阿根廷就出现了从共产党分裂出来的托派。到30年代，拉美主要国家都出现了从共产党分裂出来的托派组织（即所谓"左翼反对派"）。1936年底，在拉美托派、特别是墨西哥托派的斡旋下，托洛茨基被获准移居墨西哥，1940年8月20日在墨西哥城被杀害。在墨西哥侨居期间，托洛茨基发表了一些有关拉美革命的论述和主张，会见拉美各国的托派代表，对拉美托洛茨基主义的发展起了推波助澜的作用。

第二次世界大战后至50年代中期，除个别国家以外，拉美托洛茨基派处于衰落状态，60、70年代又趋活跃。有些国家的托派组织及其领导人领导了工人运动、农民夺地斗争和武装斗争，在国内政治生活中产生较大影响。1953年后第四国际多次发生分裂。1962年以阿根廷托派分子胡安·波萨达斯（真名是奥米罗·克里斯塔利）在原第四国际拉丁美洲局基础上，成立拉丁美洲第四国际书记处，又称波萨达斯国际，同原第四国际分裂，总部设在墨西哥。80年代中期，在拉美尚有分布于12个国家的30多个托洛茨基主义组织。时至今日，拉美托洛茨基主义在青年学生、小资产者及部分工农中仍有一定影响，而且在一些激进的政党乃至某些共产党人中间，其主张还有一定市场。

拉丁美洲的托洛茨基主义与托洛茨基主义有共同点，也有不同点。基本一致的方面有：

①宣扬超国家的世界主义，否认民族特点。认为任何一场革命都不可能单独取得成功并向社会主义发展，这一切只能在世界范围内发生。

②宣扬平均主义的社会主义，主张在社会主义条件下，"一切不平等都应铲除"。如波萨达斯主张在社会主义社会"谁都不应当拥有汽车，房屋不应属于个人，衣服、鞋子等一切都要实行分配"。

③主张争取社会主义是唯一的斗争内容。波萨达斯不同意单独进行民族的、种族的或其他类似的斗争，主张这些斗争"都要与推翻资本主义的斗争结合起来"，只有打倒了资本主义以后，这些问题方可逐一解决"。

④鼓吹输出革命。60年代，波萨达斯及其追随者曾提出要以"革命"的核战争消灭资本主义的主张。70年代以后，他还认为苏联出兵阿富汗、古巴派兵去非洲等都是为加速世界革命进程而采取的革命行动。这一主张同托洛茨基的"不断革命论"和输出革命的理论是一脉相承的。

拉丁美洲托洛茨基主义与老牌托洛茨基派的不同点主要有：

①关于革命中心，老托派认为世界革命的中心在欧洲，在发达的资本主义国家，而拉美托派、特别是波萨达斯派认为，"殖民地革命在世界革命的总过程中始终处于中心地位"。

②关于农民问题，老托派一直认为"农民反动"，而波萨达斯派则认为，"农民是革命阶级的中心和轴心"，认为农民是当代革命的领导力量。

③关于民族资本阶层和统一战线问题。老托派认为民族资本阶层"都是无产阶级的主要敌人"，反对与之建立任何形式的统一战线。波萨达斯派则认为，落后国家的民族资本阶层有革命的潜力，对这些国家的民族主义政府给予批评性的支持，可与之建立统一战线，并且认为阿连德政府是"革命国家"的样板。

拉美托派同老托派一样，提出要实现"建立中南美苏维埃联邦"的基本目标和实行大陆革命，但不同意老托派在拉美直接进行社会主义革命的主张，认为第一步应先进行反帝的土地革命，然后再不间断地向社会主义前进。

拉美的托洛茨基主义内部分成好几派,有波萨达斯派、统一书记处派、国际委员会派等。有人将坚持老托派观点的称为"无产阶级倾向派",与老托派观点有所不同的称为"民族解放路线派"。从世界范围来看,拉美地区是托洛茨基主义影响较大的地区,几十年来其影响一直存在。

第二节 经济理论的发展

拉丁美洲的经济理论是不同历史时期特定的经济、政治和社会状况的反映。与此同时,经济理论的产生和发展,反过来又对拉美的经济、政治和社会的进程产生影响。早期的拉美经济理论或思潮还没有形成自己一套体系,往往是某种政治思潮的组成内容。在本章第一节介绍政治思潮时,分别谈到了各种政治思潮对经济问题的一些理论和观点。拉美独立的经济理论或思潮的形成是在第二次世界大战之后。

战后到20世纪末,拉美主要的经济理论有"中心－外围"理论(又称发展主义、拉美经委会主义或结构主义)、依附论、新自由主义等。战后到80年代初,在拉美占主导地位的是"中心－外围"理论。80年代以来,占主导地位的是新自由主义。

一、普雷维什的"中心—外围"理论

以阿根廷经济学家劳尔·普雷维什(1901~1986年)为代表的一批拉美经济学家,他们以联合国拉丁美洲经济委员会为中心,从40年代末至80年代中期所提出的一整套关于拉美经济发展道路和方针、政策的理论,又称"拉美经委会主义"、"发展主义理论"或"结构主义"等。其主要代表除普雷维什外,还有巴西的塞尔索·富尔塔多、墨西哥的胡安·诺约拉、智利的奥斯瓦尔多·松凯尔等。

"中心－外围"理论的核心是"中心－外围"论。普雷维什等人认为,拉美不发达的根源是"中心"(西方工业大国)和"外围"(不发达国家或发展中国家)之间在经济上的不平等,以及中心国家对外围国家的剥削。1949年普雷维什发表《拉丁美洲的经济发展及其主要问题》一文,文中提出了被称做"普雷维什命题"的论点,分析了"外围"和"中心"之间不平等关系。普雷维什认为,贸易比价一贯以不利于以生产初级产品为主的"外围"地区,技术进步和提高生产率带来的好处主要落入"中心"之手,"外围"得益甚少,因此双方资本积累能力和生活水平都存在着显著差别。"中心－外围"的国际经济结构的运转服从于"中心"的利益,"外围"国家处于依附的、被剥削的状态。因此,"外围"国家(包括拉丁美洲国家在内)经济发展战略的目标首先是从各个方面打破"中心－外围"结构。普雷维什的这篇文章被称为"拉美经委会宣言"。

普雷维什生于阿根廷北部萨尔塔。1923年毕业于布宜诺斯艾利斯大学经济系,获经济学博士学位。1925~1948年任该校政治经济学教授。1930~1932年曾任财政部副国务秘书。1935~1943年任阿根廷共和国中央银行行长。1948~1962年任联合国拉丁美洲经济委员会首任执行秘书,1962~1964年和1969年任拉丁美洲经济与社会计划研究所所长,1964~1969年任联合国贸易与发展会议首任秘书长并兼任联合国副秘书长。1976年起担任拉美经委会理论刊物《拉美

经委会评论》主编。1983年起任阿方辛(1926年~)总统特别经济顾问,1984年访问中国。1986年病逝。著有《外围资本主义:危机与改造》、《普雷维什在拉美经委会的著作》上、下两卷、《普雷维什全集》三卷本等。

普雷维什的经济理论体系的形成和发展可分为5个阶段。在每个时期,普雷维什根据拉美经济发展的具体情况和所遇到的问题,提出了有针对性的主张:

第一阶段(1948~1953年),初步形成"中心-外围"理论,并提出进口替代工业化发展战略。

第二阶段(1953~1958年),强调各国应制订集中统一的经济发展规划,主张国家应在经济发展中起协调和指导作用。

第三阶段(1958年~60年代初),提倡拉美地区经济一体化,促进本地区经济合作。

第四阶段(60年代~70年代初),主张改变现有国际贸易格局,使工业大国在国际经济关系中对拉美等地区的发展中国家做出一定的让步,以改善拉美各国的外贸地位,促进经济的发展,提出改变国际经济旧秩序,建立国际经济新秩序的主张。

第五阶段(70年代初~1986年),提出"改造外围资本主义"的问题,主张"社会主义和自由主义的结合"。

50年代初期,普雷维什提出外围工业化的理论。他认为,工业化是拉美国家摆脱"外围"地位的唯一手段和根本出路,是"外围"国家经济发展的发动机。要实现工业化应具备3个条件,一是进行大量的投资,二是实施保护主义政策和严格的外汇管制,三是调整国家在税收、工资、利润和就业方面的政策,以刺激本国私人企业的发展。具备了这3个条件便可进行内向发展的"进口替代"工业化。在工业化过程中,外围国家应限制本国已能生产的商品进口,以便节省外汇去购买进口替代工业化所必需的机器设备和原材料。

50年代中期,普雷维什认为,国家应对经济发展进行干预,国家应该制订统一的、具有连贯性的、深思熟虑的长期规划,并将长期规划的目标体现到具体政策中去。国家应进行大规模的公共投资以弥补私人投资的不足,在私人企业无力经营的部门直接经营国营企业,统管大规模基础设施和公共工程,国家通过采取它掌握的财政、税收、货币、信贷等政策来调节国家资本与私人资本的关系,并发挥其指导作用。

50年代后期60年代初,普雷维什提出,由于拉美不少国家的国内市场狭小,生产设备能力闲置,投资不能发挥最佳效益,只有通过地区经济一体化,形成一个广阔的市场,以集体的力量来与"中心"国家抗衡。工业制品在地区内部的自由交换可以克服国内市场狭小的局限性,解决内向型发展带来的不平衡。普雷维什认为,国际市场的自由竞争原则只适用于结构相似的国家之间,而不适应于结构完全不同的"中心"国家和"外围"国家之间。因此,"外围"国家组成集团既可以促进互惠贸易,又可通过专业分工使工业化政策更加合理。

70年代后期,普雷维什在《外围资本主义:危机与改造》一书中提出,"工业化赖以获得推动力的外部条件迫使实行替代进口。替代进口尽管有其缺陷,但它所取得的总产值增长速度比主要来自初级产品出口的进口能力的增长速度要高得多。"他指出,"但是,替代政策不可能无限期地继续下去","当中心国家漫长的繁荣年代——结束了70年代前半期——到来时,拉丁美洲简单替代的可能性已行将耗尽","一项及时的促进制成品出口的政策也获得了非常有利的结果"。这里他提出了模式的转换问题。

普雷维什对"中心"的霸权提出批评。他指出："在中心国家日益增长其技术、经济和政治权力的同时,外围就始终落在后头。这种不断增长的权力还伴随着观念、意识形态和新的文化形式。这些东西在扩散和辐射过程中逐渐向外围扩展……总之,这是中心国家,特别是已成为资本主义超级大国的主要动力中心的经济、政治和战略霸权的历史现象","中心国家,特别是那个资本主义超级大国,使用这些不同的行动和诱导方式,使外围国家程度不同地服从于在中心国家做出的决定,或者被迫采取本来不应采取的决定,或者被迫放弃哪怕是对本国利益有利的决定"。

1980年,普雷维什在第六次世界经济学家大会上作了《外围资本主义的动力及其改造》的发言,提出外围资本主义改造的方法是"社会主义和自由主义的结合"。他解释说："社会主义是指由国家调节积累和分配。自由主义是指在本质上尊重经济自由,而经济自由又是与其哲学本意上的政治自由紧密结合的。"

普雷维什的"中心－外围"理论50、60年代在拉美普遍受到重视和欢迎。60年代后期和70年代,由于进口替代工业化模式的弊病日益显露,这一理论受到来自左、右两方面的批评。一方面,激进的新马克思主义者和"依附论"者批评这一理论和所主张的模式造成了社会弊端;另一方面,新自由主义思潮主张以外向型模式替代原有模式。此外,也有一些年轻经济学家在普雷维什结构主义经济理论基础上,强调将经济目标和社会目标相结合,实行兼顾各社会集团利益的收入分配政策,强调将经济增长和社会公正作为长期发展目标,这些主张被称为"新结构主义"理论,被一些拉美国家政府所采纳或部分采纳。

二、依附论

依附论是20世纪60年代初至70年代中期在拉美、非洲和美国等地出现的关于拉美和第三世界发展问题的一种理论。

依附论的重要特点是从资本主义体系中外围国家的角度研究帝国主义问题,认为帝国主义现象包括了相互联系、互为条件的两个方面:向外扩张的经济中心和作为扩张对象的附属国。帝国主义论研究了帝国主义中心的扩张过程和对世界的统治,而依附论则研究这种扩张的后果。依附论的另一重要特点是在于把依附现象放到帝国主义论的总框架中来考虑,又把它作为帝国主义总进程中的一个特殊现象来研究,以揭示垄断资本在世界范围内的扩张同扩张对象国内部经济和社会结构变化之间的关系,以及资本主义生产方式的运动规律在外围的特殊表现形式。有人把依附论看做是帝国主义论的补充和有机组成部分,并把它称为"新帝国主义论"。

依附论大体可分为"依附论"和"结构主义依附论"两大流派。狭义上的"依附论"是指运用马克思和列宁关于殖民地和经济落后国家对发达资本主义国家的从属关系的论点为依据,研究战后国际关系中新的依附形式的理论,其中包括巴西学者特奥托尼奥·多斯桑托斯的"新依附理论",巴西学者鲁伊·马里尼的"超级剥削理论",秘鲁学者阿尼瓦尔·基哈诺的"边缘化理论",巴西学者费尔南多·卡多佐和智利学者恩索·法莱托的"依附性发展理论",巴西学者瓦尼娅·班比纳的"依附性资本主义理论构成"等。而"结构主义依附论"则包括智利学者阿尼瓦尔·平托的"结构异类化理论",智利学者佩德罗·布斯科维奇的"收入集中理论",巴西学者富尔塔多的"外部依附理论",智利学者奥斯瓦尔多·松凯尔的"支配—从属关系理论"等。

依附论流派繁多,它们比较一致的论点有:

①资本主义已发展成为"中心"-"外围"的世界体系。"外围"(发展中国家)对"中心"(工业大国)具有依附性,即其发展受外国和外部因素所制约;依附性国家和地区在世界资本主义经济体系中始终处于从属地位;它们不能对自身经济的基本决策施加重大影响。

②外围国家的发展是"不发达的发展",它们向工业国家提供原料和廉价劳动力,在经济结构上不可能像工业国家那样实行工业化,它们越发展,对中心国家依附越深,因此不可能出现自由资本主义的前景。

③发达与不发达都是资本主义制度的产物,是互为因果的。中心国家的发达正是由于外围国家的不发达,前者以牺牲后者的利益而得利。外围国家并非因贫穷而造成依附,而是因依附而造成贫穷。

④中心国家的农业革命先于工业革命,而外围国家则在农业革命尚未实现之前就输入了工业革命,因此在外围国家里,前资本主义的农村关系没有崩溃,而是向畸形发展。

⑤拉美等第三世界国家在资本主义国际经济体系中所处的地位,决定了其资本阶层必然要依赖外国资本而不得不向外国利益做出妥协。因此这种社会不可能搞重大改革。这些国家若不脱离世界资本主义体系,不走向社会主义,就不能摆脱对中心国家的基本依附。

依附论揭露了发达国家与发展中国家之间剥削与被剥削的关系,有一定的进步意义和可取之处。但是,并没有正确地运用辩证唯物主义和历史唯物主义的方法科学地分析和解释当代国际经济关系中的各种相互关系和矛盾,而是将许多复杂的现象过于简单化。依附论学者虽然看到了发展中国家在国际经济关系中处于不利地位,但并没有找到和指出摆脱这种地位的途径。

拉美的依附论对非洲(如埃及的阿明的"依附论")、亚洲、欧洲、北美有一定的影响。

三、新自由主义

新自由主义并不是拉美国家的发明。新自由主义是现代资本主义经济理论之一,其主要特点是,反对国家干预经济,强调"自由放任"和私营企业制度。其主要流派有:在20世纪30年代前后开始以美国芝加哥大学为中心形成的芝加哥学派,和第二次世界大战后以联邦德国弗赖堡大学为中心形成的弗赖堡学派等。这两派都认为,资本主义市场价格机制的自发调节作用可使资本主义实现充分就业,并使生产资源得到最优配置,而国家干预经济,则妨碍了个人自由。弗赖堡学派主张建立由竞争价格支配的"社会市场经济"。

早在50年代中期,在新自由主义的发祥地美国芝加哥大学就专为来自拉美的学生设立了一个经济学博士学位计划,其导师是弗里德曼的同事、芝加哥大学教授哈伯格。哈伯格本人是新自由主义的积极推崇者,他曾为拉美3代学生当过导师。芝加哥大学培养的学生,被称做"芝加哥弟子",其中有不少人回到拉美各国后,担任过或正担任着主管经济的部长、中央银行行长和大企业家,如70年代中期,从芝加哥大学回到智利的一些学生在皮诺切特(1915年~)军政府(1974~1990年)中担任重要职务,为推行新自由主义模式立下了汗马功劳。

70年代中期和80年代,由于原来实施的进口替代工业化的模式越来越失灵,一些拉美国家,如智利、阿根廷和乌拉圭等开始进行新自由主义的试验,在不同程度上实行由内向型发展战略即进口替代战略向外向型即面向出口发展战略的转移。但是,这并非在所有的拉美国家都是"灵丹妙药",70年代在阿根廷的新自由主义试验并没有成功。但是,在军政府统治下的智利,新自由主义的试验则收到了显著的成效。

到了80年代后期,由于拉美债务危机和经济危机的加剧,国际货币基金组织和世界银行为保持国际金融体系的稳定,在向拉美国家提供贷款的同时,都要求它们调整经济政策,开放经济。美国提出的贝克计划和布雷迪计划也要拉美债务国进行新自由主义式的经济调整,作为债务谈判、重新安排外债的条件。在此情况下,拉美各国,普遍兴起了新自由主义的改革浪潮。

从80年代后期开始、贯穿整个90年代的拉美新自由主义改革,主要反映在以下几个方面:

（1）贸易自由化。

在进口部门,主要降低关税和非关税壁垒;在出口部门,主要包括取消或放松出口管制,取消或降低出口税,废除或减少出口补贴等。在改革前,大部分拉美国家的关税率在30%以上,到1992年年末,都降低到20%以下。

（2）放松对外资的限制。

投资的领域更加扩大,申报和审批的行政程序、手续更加简化,允许汇出利润的额度进一步提高,给予外资的优惠不断增多。

（3）国有企业私有化。

私有化的途径有公开出售企业股权、向本企业职工转让股权、债务与股权互换（即"债务资本化"）、转让经营权等。90年代拉美的私有化浪潮具有范围广、规模大、外资在私有化中发挥重要作用等特点。

（4）经济体制市场化。

主要指国家减少对经济的干预,积极发挥市场机制调节功能。资本市场、劳动力市场和商品市场的发展速度加快;逐步取消价格控制,减少国家定价的范围;放松对金融部门和外汇制度的管制。

（5）区域经济合作更加活跃。

建立了一些新的一体化组织,如1995年1月1日正式成立的南方共同市场,1989年7月成立的墨西哥、哥伦比亚、委内瑞拉组成的三国集团,1994年7月成立的由加勒比地区25个独立国家和12个未独立地区组成的加勒比国家联盟等。90年代以来,拉美区域经济合作有以下几个新特点:从"封闭型"转向"开放型";一体化形式趋于灵活多样,讲究实效;一体化以贸易为主,逐步向其他领域拓展;社会各阶层开始广泛支持和参与一体化行动;拉美区域合作在一定程度上已成为整个西半球经济合作进程的组成部分。拉美国家已开始同美国、加拿大就建立美洲自由贸易区进行谈判。

拉美新自由主义经济改革在各国具体实施情况不尽相同,有的国家在实施过程中,将新自由主义同新结构主义的某些思想和主张相结合。从实施效果来说,也不一样。但是,总的来看,90年代拉美国家由于实施了以新自由主义为主的经济改革,在经济上取得了积极的成效。主要反映在:

①使拉美摆脱了80年代"失去的10年"的阴影,国内生产总值年均增长率稳步提高。

②逐步理顺国内经济关系,宏观经济趋于稳定。

③国内积累和投资有所回升。

④在对外经济关系方面,区域经济一体化大大加强。

但是,新自由主义的经济改革也暴露出了不少问题:首先,社会收入分配不合理和贫富悬殊的问题有增无减,贫困问题得不到有效解决。第二,对外国资本的依赖性依然很强,国内储蓄率仍相当低。墨西哥由于在1994年以前吸收外国短期投机资本过多、外贸连年逆差等原因,在1994年年底和1995年初爆发了金融危机,这一教训值得深思。第三,对农村经济触动较少。第四,经济结构改革滞后。

上述三种拉美主要的经济理论及其提倡的发展模式,在不同时期对拉美经济发展产生了较大的影响。当然,各个拉美国家在某一时期可能以采用某种理论或模式为主,但同时又采纳另一种理论的某些政策措施。决定一国经济成败有各种因素,因此,不能笼统地说是某种理论或模式的优劣。世界经济形势和国际经济关系在不断变化和发展,经济理论也在不断更新发展。拉美的经济理论在实践中不断创新。

第三节 现代文学的发展

20世纪是拉丁美洲文学的黄金时代:各种文学流派"百花齐放,百家争鸣",优秀作家和作品不断涌现,卡夫列拉·米斯特拉尔、巴勃罗·聂鲁达、加西亚·马尔克斯、奥克塔维奥·帕斯等文学巨匠及其光辉夺目的作品,使拉美文学成为世界瞩目的中心之一。40、50年代形成的拉美魔幻现实主义,60、70年代出现的拉美"文学繁荣"(即所谓"文学爆炸"),轰动了世界文坛。

一、现实主义与先锋派并行发展时期(1910~1959年)

拉美现代文学经历了两个发展时期:第一个时期是从1910年墨西哥革命至1959年古巴革命,是现实主义与先锋派并行发展时期。第二个时期是从1960年至今,是拉美"文学繁荣"时期。

1. 小说

第一个时期,在小说方面,以墨西哥革命(1910~1917年)为题材的作品首先揭开了20世纪小说创作的帷幕。这一题材的小说主要集中在1910~1940年,然而直至今天,墨西哥当代作家中,继续以墨西哥革命为题材进行创作的,仍不乏其人。

墨西哥革命小说的主要代表作家有:马里亚诺·阿苏埃拉,其代表作是《底层的人们》(1915年);马丁·路易斯·古斯曼,其代表作是《鹰与蛇》(1928年)、《考迪罗的影子》;格雷戈里奥·洛佩斯-富恩特斯,其代表作是《我的将军》(1934年);拉斐尔·费利佩·穆尼奥斯,其代表作是《跟随潘乔·比利亚前进!》(1931年);毛里西奥·马格达莱诺,其代表作为《光芒》等。

2. 先锋派诗歌

1916年鲁文·达里奥的去世标志着现代主义诗歌的结束和拉美当代诗歌的开始。在从现代主义向先锋派的过渡时期中,在拉美诗坛上,涌现出一位杰出的女诗人——智利的卡夫列拉·米斯特拉尔。

先锋派源于法国等欧洲国家,作为第一次世界大战后出现的文艺运动,其主旨在于否定传统,锐意创新。因此,许多新的流派,如立体主义、未来主义、表现主义、达达主义、超现实主义,均可包括在先锋派之内。

在欧洲先锋派影响下,拉美也出现了先锋派诗歌和小说。就诗歌而言,主要先锋派诗人有:阿根廷作家和诗人豪尔赫·路易斯·博尔赫斯,秘鲁作家和诗人塞萨尔·巴列霍,智利诗人巴勃罗·聂鲁达,古巴诗人尼古拉斯·纪廉等。他们创作的诗歌的共同特点是:没有循规蹈矩,没有拘泥于某一种流派的束缚,而是从多种流派中吸取营养,博采众长,然后加以加工创造,独树一帜。

3. 先锋派小说

拉美先锋派小说是在欧洲的先锋派文学的影响下产生的。欧洲先锋派的代表作家法国的普鲁斯特、爱尔兰的詹姆斯·乔伊斯、奥地利的卡夫卡等对拉美作家有较大的影响。

从创作手法来看,从 30 年代初开始流行的拉美先锋派小说的结构从传统的单线结构转为复线结构,从传统的自然时空时序转为"心理时间",作者不再设置一个无所不知的叙述者,而由作品中的人物自己讲述自己的感受,人物的性格塑造依靠人物自己的意识流动。从语言方面来看,不少作品受超现实主义和立体派的影响,放弃了传统小说中的常规语言或方言土语,代之以表现潜意识、梦幻、偶感的支离破碎的内心独白、呓语和梦话。

拉美先锋派小说重点描写城市而不是农村,尤其描写城市中下层人民的精神苦闷。但是,同欧洲先锋派文学不同的是,拉美先锋派作家在流露出绝望和虚无思想的同时,也常常宣泄内心的愤懑与不平,深刻地揭露、抨击和批判社会的不公正。他们坚持文学的任务在于植根本土和发扬民族文化。

拉美先锋派小说的代表作家有:危地马拉作家米盖尔·安赫尔·阿斯图里亚斯(1899～1974年),古巴作家阿莱霍·卡彭铁尔,阿根廷作家豪尔赫·路易斯·博尔赫斯,阿根廷作家埃内斯托·萨瓦托,乌拉圭作家胡安·卡洛斯·奥内蒂,墨西哥作家胡安·鲁尔福等。

二、文学"繁荣"时期(1960～1998年)

1960 年以后,在先锋派小说的基础上,拉美小说家更上一层楼,发表了一大批思想内容深刻、艺术手法奇特新颖的作品,造成一派空前繁荣的局面,引起世界文坛的注意,被称为拉美文学"繁荣"(又译文学"爆炸")。

拉美文学"繁荣"的出现是拉美文学自身发展到成熟阶段的结果。此前的拉美各种文学流派犹如涓涓小溪汇聚成一条澎湃的洪流。1959 年古巴革命的胜利无疑地给当时处在彷徨、徘徊、不知向何处去的拉美作家指出了方向,给他们带来了希望。此外,文化教育事业的发展和出版部门的积极推动,特别是西班牙和拉美一些出版商独具慧眼,筹措资金为拉美新小说的出版发行开放绿灯,在把拉美新小说介绍给欧美文坛过程中,起到了重要的桥梁作用。

拉美文学"繁荣"主要反映在新小说的"繁荣"。拉美新小说的特点是:以墨西哥的卡洛斯·富恩特斯、秘鲁的巴尔加斯·略萨、哥伦比亚的加西亚·马尔克斯、阿根廷的胡里奥·科塔萨尔、智利的何塞·多诺索等人为代表的拉美一代新作家,站在新的高度观察和思考拉美不发达的根源。他们认识到,帝国主义的长期压迫与侵略,军事独裁统治,落后的大庄园制是拉美贫困、动乱的根本原因。在这一认识基础上,他们借鉴欧美现代主义和先锋主义的艺术手法,继承和发扬拉美文学传统,大胆地开拓出一条新路,用多种艺术流派如魔幻现实主义、心理现实主义、结构现实主义、社会现实主义、意识流、黑色小说、蒙太奇手法、记录体小说……等,来表现拉美充满矛盾与冲突的神奇的现实,取得了巨大的成功,在世界文坛上产生了强烈反响。

80 年代和 90 年代拉美文学虽然不像 60 年代和 70 年代那样轰轰烈烈,但却更加成熟、扎实了。

60年代蜚声文坛的作家大多数仍活跃在创作第一线上,不断有佳作问世,他们依然是拉美文坛的主力军。与此同时,一批对拉美民族的本体文化有着独特见解的新一代作家已经崭露头角,创作出许多不同题材的作品,引起世界文坛的关注并给拉美文学注入了新的活力。在新旧两个世纪交接时期和下一世纪,拉美文学还将放射出更加灿烂的光芒。

三、拉美文学的基本特征

拉美文学虽然由不同历史时期、不同民族和不同国家的文学组成,但是由于历史的继承性和相互影响,加上语言的相同(西班牙语)或相似(巴西的葡萄牙语与西班牙语相似),它们之间又有不少共同点,大致可以归纳为以下基本特征:

第一,拉美文学是多民族文化不断撞击、冲突、调和、交汇、融合的产物。拉美文学是在以下三种文化的基础上发展起来的:印第安土著文化,西班牙、葡萄牙以及意大利、法国、英国等欧洲文化,非洲黑人文化。这三种文化经过拉美这座熔炉的冶炼,融合成一种崭新的文化。拉美文化善于消化和吸收外来文化,并创造出具有拉美特色的、同时又具有世界性的文学。

第二,拉美文学贴近现实,与社会现实有密切的联系。拉美的文学有现实主义的传统,特别是20世纪以来的拉美文学,是同拉美人民反帝反殖、争取民族独立和解放、发展民族经济、繁荣民族文化息息相关的。不少拉美作家以反映社会现实为己任。不管持何种主义的拉美当代作家,他们置身于相同的拉美社会政治环境,面临共同的社会问题,都有一种使命感和社会责任感。拉美当代新小说家虽然在创作中较多地使用了现代主义的创作手段,但他们都坚持走现实主义的道路。他们的各种主义,可以说是现实主义的不同变种。

第三,不断变革、不断创新是拉美文学的又一特点。20世纪20年代以来,拉美文学不断与旧传统决裂,不断创新,从浪漫主义、现代主义、先锋主义、现实主义,到魔幻现实主义、结构现实主义等,逐渐形成具有拉美特色的民族文学,使西方文坛不得不刮目相看。

第四,拉美文学既具有整体性又具有多样性。由于历史、社会和文化的联系,由于语言、宗教和政治经济结构相似或相同,拉美文学具有整体性即共性。这种整体性既表现在拉美文学的内容、题材上,又表现在它的艺术手法上。

第五,拉美文学的地位和影响引人注目。20世纪的拉美文学家常常同时是政治家、思想家,在社会上有较高的地位。

20世纪60、70年代拉美文学"繁荣"时期,拉美涌现出一大批富有创新精神的作家,他们写出了数量多、质量高的文学作品,其影响远远超出了拉美的范围,使拉美文学跨入了世界文学的先进行列,使拉美小说传遍了世界,成为欧洲国家得到启示的源泉,拉美文学"繁荣"时期的作品在各大洲(包括在中国)的大学里讲授,成为论文题材,被译成世界上几乎所有的文字。

第四节 现代建筑与艺术

20世纪初,拉美建筑的主要倾向是新殖民建筑和新古典主义建筑。新殖民建筑带有拉美民族的特点,其代表建筑有:墨西哥城的司法大厦,危地马拉城的国民宫,利马的大主教宫、总统府和市府大楼等。新古典主义的代表建筑有:由意大利建筑师阿达莫·博阿里设计的墨西哥城美术宫。美术宫于1908年奠基,1934年落成,历时26年之久。美术宫是一座欧洲式的正方形巨大建筑,四周外墙全由洁白的卡拉拉大理石砌成,由12根大理石圆柱支撑的半圆形门廊巍峨壮观,气势磅礴。美术宫既有异国情调,又有民族风格。如美术宫的圆顶中心是墨西哥民族象征——一座展翅的雄鹰的青铜雕像,宫内红色大理石柱子顶端是古代雨神的脸像,演出大厅入口处铁门上饰有印第安人传统的花纹图案或面具浮雕,宫内各层走廊和大厅里陈列着墨西哥现代主要壁画大师色彩斑斓的杰作,使这座绚丽的建筑更放异彩。

一、现代建筑

20年代后期,欧洲的现代主义建筑思潮开始影响到拉丁美洲。1922年在巴西圣保罗组织的"现代艺术周",举办了绘画和雕塑展览和其他文艺活动。1925年,侨居巴西的俄国青年建筑师葛里高利·沃卡夫契克受法国建筑大师勒·柯布西耶思想体系的启发,发表了《功能建筑宣言》。1927年和1931年,他先后在里约热内卢和圣保罗建造了现代化建筑,成为巴西先锋建筑的代表。

拉美现代建筑史上最重大的事件无疑是50年代巴西新首都巴西利亚的建设。1956年库比契克(1902~1976年)政府决定在戈亚斯州海拔1100米的高原上建设新都,定名为巴西利亚。同年,通过竞赛,选取了科斯塔的方案。1957年开始建设,由尼迈耶担任总建筑师。经过3年多时间,1960年4月21日,巴西利亚这座新型都市从荒原上拔地而起,巴西正式将首都从里约热内卢迁到巴西利亚。

巴西利亚规划颇具特色。从空中俯瞰,整个城市的轮廓宛如一架翱翔天宇的大型飞机。新都凭湖而立,宁静的湖水环抱着大部分城市。再靠近一些,可以看到中心市区的交通是呈交叉型的,有东西轴线和南北轴线之分。在大型人工湖的岸边是使馆区和私人住宅区。城市两条主轴线的交汇处,有一座4层的大平台,在不同层次上形成立体交叉道口,以疏导各个方向的交通。整个城市的布局构思巧妙、严谨合理。巴西利亚的建筑风格别致新颖、独具匠心,为巴西利亚赢得了"世界建筑博览会"的称号。

在拉美现代建筑中,古巴也占有重要的地位。1950~1951年设计的哈瓦那共和国广场是拉美现代大型设计新趋势的代表作。1952年根据阿基莱斯·卡帕布兰卡设计建成的审计院大厦被认为是继巴西教育卫生部大厦之后最优秀的公共建筑。1952年马斯·博尔赫斯设计的"热带"夜总会巧妙地将现代的建筑造型和结构同热带繁茂的花木、园林结合起来。1957年马里奥·罗马尼亚奇设计的阿尔瓦雷斯住宅区代表了50年代古巴建筑的趋势,即把先锋派建筑风格同殖民时期古巴的建筑风格结合起来。如在小区建筑群中建一个大的庭院。这不仅是仿古,更重要的是根据古巴气候炎热的特点,建一个院子可以使风能通过双曲抛物面的钢筋混凝土屋顶同院子形成对流。

1959年古巴革命胜利后,古巴政府继承和发扬了古巴现代建筑的特色。如1961～1962年里卡多·波罗设计的美术学校,1965年维托里奥·加拉蒂设计的戏剧学校,其呈曲线的穹顶富有特色。60、70年代建的东哈瓦那居民住宅区、"卡米洛·西恩富戈斯"学校城、"何塞·安东尼奥·埃切维里亚"大学城、国立艺术学校;80年代建的泛美运动会体育场、运动员别墅、大会堂等。

40、50年代阿根廷的建筑师大多受法国建筑师柯布西耶等的影响。1935年,在布宜诺斯艾利斯建成了第一幢摩天大楼卡瓦纳大厦。1942年建筑师阿曼西奥·威廉斯在马尔德普拉德市建了"桥之家",将建筑物的主体建在一个拱形的混凝土上。阿根廷著名的现代建筑代表作有马里奥·罗伯托·阿尔瓦雷斯和马塞多尼奥·奥斯卡尔·路易斯设计的圣马丁剧院(1953～1961年),克洛林多·特斯塔、圣地亚哥·桑切斯和阿尔弗雷多·阿戈斯蒂尼设计的伦敦银行南美分行大楼等,后者大胆地展现了裸露混凝土墙面的豪放的雕塑感,体现了"野性主义"的风格。

不少拉美建筑师在推行现代主义建筑中并不拘泥于模仿欧美建筑形式,而是积极探索地区特点和民族风格。他们将不断挖掘出来的印第安文化、殖民时期的巴洛克建筑风格吸收和糅合到现代主义建筑中。拉美现代主义建筑已趋成熟,已形成自己的特点:空间开阔,形体多样,造型粗犷,色彩浓郁,光影对比强烈,有的有大面积的壁画装饰。不少作品个性强,风格迥异于欧洲、北美的现代化建筑。拉美现代化建筑风格已成为当今多彩的世界建筑潮流中的奇葩。

二、墨西哥壁画运动和20世纪拉美绘画

20世纪拉丁美洲艺术应载入世界艺术史册的当推墨西哥壁画运动。

1. 墨西哥壁画运动

在墨西哥这片盛开古代印第安人奇葩的土地上,经过殖民时期漫长的压抑与沉寂之后,又历经外来的欧洲文化、黑非洲文化和本土文化的撞击、对立和融合,在墨西哥1910～1917年革命洪流的带动下,墨西哥艺术家的创造力像波波卡特佩特尔火山一样爆发出来,形成了一个以振兴和革新民族文化为宗旨、以壁画为主要艺术手段的墨西哥壁画运动。这场运动一直延续到20世纪70年代,给墨西哥和拉美的艺术注入了新的活力,对欧美各国和世界其他地区的艺术亦产生了重要的影响。

墨西哥壁画的历史可追溯到4500多年以前。在墨西哥格雷罗州的胡斯特拉华卡和奥斯托蒂特兰两个山洞里,至今还完好地保存着约创作于公元前2500～前200年间的山洞壁画。在墨西哥南部恰帕斯州乌苏马辛塔河上游的密林深处,1946年在此首次发现有3间玛雅殿堂里保留完好的壁画。据考古学家考证,这是公元7～9世纪的作品,分别反映出征前、出征打仗时和出征后庆祝胜利的情景。彩色壁画上的人物栩栩如生。此外,在特拉斯卡拉州卡卡斯特拉的奥尔梅克遗址,也保留了公元7世纪反映当时战斗情景的彩色壁画。壁画共长22米,是迄今为止,在墨西哥境内所发现的规模最大的古代彩色壁画。在离墨西哥城不远的特奥蒂华坎月亮金字塔遗址附近的"格查尔鸟蝴蝶宫",也保存了古代印第安人的壁画。

墨西哥壁画运动的先驱者是赫拉尔多·穆里略(1875～1964年),其艺名是阿特尔(阿兹特克语,意为"水")。早在1910年阿特尔就提出在室外作壁画的主张。他学习了西方国家绘画艺术的技巧和风格,继承和发扬了印第安传统的艺术,形成了自己独特的艺术风格,创造了不少以现实生活和斗争为题材的壁画。新兴壁画运动创始人还有罗伯托·蒙特内格罗、豪尔赫·恩西索、加夫列尔·费尔南德斯等。

墨西哥画家和雕塑家工会还创办了《大砍刀》杂志作为工会会刊。《大砍刀》杂志提出了壁画运动的基本原则:"艺术不仅是社会状况的反映,而且也是地理界限的表达,艺术家在这个范围内进行创作","民族价值同现代艺术的国际潮流密切相关","支持集体创作活动"。通过多年的实践,壁画家们贯彻了上述基本原则,形成了一种独特的艺术原则和风格,有机地组成一个整体,从而发展成为一个有广泛影响的运动。

墨西哥壁画运动以复兴民族艺术为宗旨,以壁画为主要艺术手段,以本土民俗、风景、历史、现实生活为主要描绘对象。壁画家们采用从欧洲学来的造型手法和技术材料并加以创新,来表达自己的社会理想。墨西哥壁画涉及社会矛盾、现实斗争,具有强烈的时代特征,同时,并不妨碍每个画家保持鲜明的个性。从20年代以来,墨西哥壁画艺术取得了美洲艺术史上空前的成就,涌现了以里维拉、奥罗斯科和西凯罗斯为代表的一大批壁画家,产生了一大批杰作,其杰出的成就已载入世界艺术史册,其影响不仅扩展到不少拉美国家的艺术运动,而且也波及美国。这场壁画运动使衰落了近400年的印第安艺术获得新生。它被誉为"墨西哥文艺复兴运动",成为墨西哥艺术史上最伟大的变革运动。

2. 墨西哥壁画三杰

(1) 里维拉

被誉为"墨西哥壁画之父"的迭戈·里维拉1907年获奖学金游学欧洲各国。他朝拜文艺复兴时期的传世名作,也受近代艺术大师作品的熏陶。起初,他迷恋塞尚印象派的作品,后又倾倒于毕加索、布拉克等立体主义派作品。他与毕加索、布拉克、格里斯、克利等画家结识并交往。这一时期里维拉的作品受印象主义和立体主义影响较深,具有感情强烈,色彩丰富,格调抒情等特点。

1920年里维拉在巴黎遇到西凯罗斯。西凯罗斯向他讲述了参加墨西哥革命的亲身经历。两人一致认为有必要在祖国开展一场广泛的民族艺术运动,用艺术来唤起大众。1920~1921年里维拉同西凯罗斯一起到意大利观摩文艺复兴画家乔托的壁画,从中受到启发。1921年里维拉回到墨西哥。

回国后不久,在新任教育部部长巴斯孔塞洛斯的支持下,里维拉等开始在公共建筑物上画有关民族题材的壁画。

1922年里维拉为墨西哥城国立预科学校"玻利瓦尔"半圆形剧场创作了他的第一幅巨型壁画《创世记》。画面中央是一个伸展着双臂的巨人,象征主宰世界的人类;巨人周围的麦穗象征着人类创造出来的物质世界。这幅画吹响了墨西哥壁画运动的号角。

1923~1928年,他为墨西哥教育部创作了124幅壁画,描绘墨西哥各行各业的工作及墨西哥的各种节庆活动。他以巨大的创作热情,把教育部两幢占两个街段长、一个街段宽、三层楼楼房的墙壁、走廊都画满了壁画。

1926年,他还同时为位于墨西哥城东郊的查平戈国立农业专科学校(现为农业大学)作画,题材是人类生命、历史和社会的发展。其中最有名的是题为《沃土》的裸女画,画的是一个横卧着的硕大的裸女,象征"沉睡的大地母亲",她手里拿着正在发芽的种子,象征蓬勃的生命。里维拉以纤细笔触和深浅不同的色彩画的这幅裸女,显示了他特有的抒情表现手法。评论家称这幅画为"壁画交响乐",认为这是艺术史上最成功的裸体画之一,也是他最杰出的代表作之一。

1948年,他为墨西哥城的普拉多饭店创作了一幅迷人的装饰壁画《阿拉梅达公园星期日下午之梦》。这幅画被认为是他绘画生涯的顶峰。由于壁画上有"上帝不存在"几个字,引起了一场轩然大波,画被遮起,直到1956年,70岁的里维拉同意涂掉这几个字,风波才告结束。1957年11月24日病逝。

(2)奥罗斯科

墨西哥"壁画三杰"之一、独臂画师何塞·克莱门特·奥罗斯科(1883~1949年)1934年为瓜达拉哈拉市政府宫、瓜达拉哈拉大学和卡瓦尼亚斯孤儿院创作了一系列壁画,现已成为该市文化的瑰宝。主要有:歌颂民族英雄伊达尔戈的《为自由而战》、《圣人与普罗米修斯》和《火人》等。他还为墨西哥城国家历史博物馆画了《胡亚雷斯与改革》巨幅壁画,为国家美术宫画了《卡塔尔西斯》,用象征的手法,描绘了炼狱的情景。

40年代中期,年已60的奥罗斯科为最高法院和耶稣医院画壁画,主题是为工人伸张正义。1949年9月7日,在为一公园画《春》的壁画时,感到体力不支,便回家休息,当晚去世。

奥罗斯科的艺术表现手法同里维拉不同,他受西方艺术和现代派艺术的影响较小,受印第安民间艺术影响较深。他的作品富有独创性。他将表现主义的艺术语言、现代版画的表现手法以及渊源于最古老的奥尔梅克艺术的象征手法熔于一炉。他的笔触自由,苍劲有力,在塑造形象时注重思想感情的表达,不卖弄技巧。他创造了以辛辣的讽刺笔调为特色的新的壁画风格。他的一幅幅壁画就像一面面镜子,真实地反映出墨西哥的命运。他所描绘的每个人、每件事都具有强烈的时代意义。他的作品已成为墨西哥绘画艺术的珍品。

(3)西凯罗斯

墨西哥"壁画三杰"之一。戴维·阿尔法罗·西凯罗斯(1896~1974年)1922年投身于壁画运动。在母校国立预科学校创作了《哀悼》、《一个工人的葬礼》等壁画。1944年在美术宫创作了一组题为《新民主》的壁画,这是他的得意之作,采用古典的三联画形式。中联是一个砸碎了枷锁的妇女形象表现反法西斯斗争的胜利。这个敦实强壮的妇女画得极有动感,仿佛她的整个身躯要脱墙而出。1951年,他又在美术宫画了两幅壁画《夸特莫克的再生》和《反对神的英雄夸特莫克》。

50年代,他为墨西哥国立自治大学校长办公楼创作了《文化的蕴涵》、《人民到大学,大学到人民》、《大学生走向文化》等大型壁画。50年代末、60年代初,他为国家历史博物馆绘制了共250平方米、占据整整一个展厅的题为《从波菲里奥的统治到革命》的巨幅壁画。

西凯罗斯70岁时,开始创作他最后一幅题为《地球上的人类朝宇宙进军》的巨型壁画。他完成这幅画后不久,于1974年1月6日死于癌症,终年77岁。

西凯罗斯一生共画了8400多平方米的壁画。同里维拉、奥罗斯科的壁画相比,他的画更具有浪漫而激亢的特色。他的画题材多样,内容丰富,线条粗犷,色彩鲜明,形象突出。他积极寻求和发现新的绘画工具和材料、新的壁画绘制方式。1960年后,他又提出"雕塑壁画"的理论:在一个画面上,既有壁画,又有浮雕;既采用颜料,也使用铜、铁等金属材料。

除里维拉、奥罗斯科和西凯罗斯"壁画三杰"外,在墨西哥壁画运动中,还涌现出一批有才华的、杰出的壁画家。如里维拉的学生胡安·奥戈尔曼等用马赛克彩色的小磁片镶嵌而成的墨西哥国立自治大学图书馆楼四面墙上4000多平方米的壁画,堪称墨西哥壁画一绝,在世界上也绝无仅有。壁画的主题歌颂印第安人文化和哥白尼反对地心学说的斗争。奥戈尔曼还在墨西哥历史博物馆创作了一幅反映墨西哥历史的巨幅壁画和一幅反映卡德纳斯总统将石油资源收归国有的壁画。

另一位壁画家加夫列尔·弗洛雷斯1970年在历史博物馆圆拱屋顶上绘制了歌颂6位少年英勇抗击美国侵略者的壁画。

墨西哥的壁画运动始于20世纪20年代初,在整个20世纪前半期历久不衰,对拉美其他国家和美国的绘画艺术产生了重大影响。1974年西凯罗斯的逝世标志着墨西哥壁画运动的结束。但是,这场壁画运动产生的影响是深远的。它使壁画这一艺术形式在文艺复兴后沉寂了几百年又重新振兴;它使墨西哥艺术以其独具特色在世界上大放异彩,使墨西哥成为"壁画之国"。墨西哥的壁画以其辉煌的成就载入了20世纪世界艺术史册。

3. 20世纪拉美绘画

墨西哥壁画是20世纪拉美现代艺术突出的标志,但并不是唯一的标志。20世纪初,拉美一些国家出现了反对学院派艺术的各种流派。其中最著名的是1922年2月在巴西圣保罗举行的现代艺术周。参加现代艺术周活动和讨论的,不仅有画家、雕塑家,还有作家、音乐家。现代艺术周的组织者没有提出一个明确的纲领;但是他们表达了艺术家们共同的创新的愿望。现代艺术周的举行推动了拉美各国艺术家的艺术创新。一部分拉美艺术家致力于寻找本国真正的艺术价值,而另一部分艺术家则追求世界主义。

拉美一些画家吸收欧洲各种艺术流派如后印象主义、野兽主义、立体主义、表现主义等,并结合本国传统艺术来表现本国政治、社会的题材。主要画家有:巴西的坎迪多·波蒂纳里,塔西拉·多·阿马拉尔,埃米利亚诺·迪卡瓦尔坎蒂;乌拉圭画家佩德罗·菲加利;危地马拉的卡洛斯·梅里达;阿根廷的安东尼奥·贝尔尼;哥伦比亚的亚历杭德罗·奥夫雷贡等。

墨西哥与"壁画三杰"并驾齐驱的艺术大师鲁菲诺·塔马约,他深受欧美印象派的影响,但又致力于对墨西哥艺术源流的深入研究。他的创作灵感主要来源于对墨西哥印第安艺术的领悟。他在近92年的漫长人生旅程中创作了3000件珍贵作品,其中有300幅版画、21件壁画,以及大量的油画、雕刻等。

古巴华裔画家维尔弗雷多·拉姆和智利的罗伯托·马塔是拉美两位世界级的超现实主义画家。拉姆1938~1941年在巴黎结识毕加索和其他超现实主义画家,受其影响甚深。后回国。他擅长风景画和肖像画。作品梦幻、想象和诗意成分浓厚,具有抽象特点。晚期趋于抒情的表现主义。1952年起定居巴黎,死于当地。作品有《残酷的孩子》、《桌上花鸟》、《热带丛林》、《梦幻般的商人》等,均藏于纽约现代艺术馆。马塔1934年去巴黎,参加勒·柯布西耶建筑创作室工作。1935年去西班牙,受超现实主义画家达利影响,转攻绘画。1939~1948年参加超现实主义画家集团。1954年定居巴黎。他为联合国教科文组织大厦作壁画。主要作品有:《倾听生的声音》、《让清新的露水覆盖大地》、《越南》、《亚拉巴马》。

二战后,抽象派艺术对拉美产生较大影响。拉美抽象派画家的主要代表有乌拉圭的华金·托雷斯-加西亚。1930年他在巴黎参与举办第一届国际抽象艺术展和创办《圆和方》杂志。1944年设"托雷斯-加西亚画室"。他将抽象的构图与表意的象形符号相结合,独具风格,并提出"构成主义"艺术理论,对欧洲和南美现代派艺术的发展有一定影响。

阿根廷画家埃米略·佩托鲁蒂的早期作品将未来派与立体派表现方式协调地相结合,独具风格,后期转向抽象绘画。他1930~1947年任拉普拉塔美术博物馆馆长。主要作品有《舞蹈演员》、《风景中的阳光》、《卡普里岛的蓝色岩洞》、《秋日》等。

其他较著名的抽象派画家有阿根廷的苏尔·索拉尔，委内瑞拉的亚历杭德罗·奥特罗等。

总的说来，20世纪的拉美绘画遵循了一条民族化、国际化的道路。世界上任何一种新的艺术表现形式和流派在拉美都有反映，同时，拉美各国艺术家又善于将欧美的现代艺术表现形式同本国传统的象征手法相结合，创造出本民族的优秀绘画作品。

三、拉美电影百年沧桑

电影在拉丁美洲已有一百多年历史。1895年12月28日，法国电影发明家卢米埃尔首次在巴黎公众场合放映了他本人拍摄的电影。这一天被视为电影诞生日。几个月后，电影就传到了墨西哥、阿根廷、巴西等国。拉美电影经过了6个发展阶段：

1. 无声电影时期（19世纪末～20世纪20年代）

拉美的无声电影最早出现在墨西哥、古巴、巴西和阿根廷等国。墨西哥在1916～1923年间，无声电影曾蓬勃发展，而且影片都是有很强的民族特色。古巴和巴西在无声片时期也都拍出过有价值的无声片，并出现过杰出的导演和电影明星。但很快，拉美的无声电影市场就被美国好莱坞所冲垮。

2. 早期有声电影（30年代）

30年代，拉美民族电影业发展较快。1931年墨西哥成立民族电影生产公司，1934年又成立克拉萨电影制片厂。阿根廷也于1932年和1937年分别成立卢米托恩制片厂和阿根廷有声片制片厂。巴西于1930年和1933年先后成立西内迪亚制片厂和巴西维塔制片厂。由于民族电影业的发展，美国好莱坞对拉美电影市场的垄断地位有所削弱。以阿根廷和墨西哥为例，1925年好莱坞影片占据阿根廷电影市场的90%，墨西哥电影市场的95%；而到1937年，分别减少到70%和80%。

3. 电影的黄金时代（40年代）

40年代被誉为拉丁美洲、特别是墨西哥电影的黄金时代。30年代后期及40年代前半期，正值第二次世界大战，美国好莱坞和欧洲电影业处于萧条阶段，西班牙发生了内战，不少电影工作者到拉美，特别是墨西哥避难。而当时，拉美国家政治、经济比较稳定，促进了电影业的发展。

40年代，墨西哥涌现了一批优秀的电影工作者。他们拍摄了一批蜚声墨西哥、美国和拉美影坛的优秀影片。

4. 通往新电影（50年代）

50年代是拉美电影业朝向新电影的重要转折时期。在这一时期，拉美不少国家纷纷成立电影俱乐部、电影协会，拉美一些著名高等学府设立电影系或电影学院，拉美电影工作者、文艺界、知识界及观众对电影的评价、鉴赏能力有显著提高，出现了一些电影评论刊物。巴西、阿根廷、墨西哥、古巴等国的电影工作者积极探索拉美电影发展的道路。他们以意大利等国新现实主义影片为榜样，结合本国实际，在本国开始摄制一些反映本国现实生活，特别是中、下层人民生活的"新电影"。

5. 拉美"新电影"（60年代）

50年代末、60年代初，在拉美出现了"新电影"运动。1959年古巴革命的胜利、1956～1961年执政的巴西库比契克政府和1958～1962年执政的阿根廷弗朗迪西政府制定的发展民族经济的主张和计划对拉美"新电影"运动产生了重要影响。

60年代初，一批巴西青年电影工作者发起"新电影"电影民族化运动，旨在改变"电影殖民化"

状况,冲破欧美电影模式的羁绊,创建深深植根于本民族文化土壤的巴西电影。"新电影"这个词,第一次是出现在格劳贝尔·罗查于1963年发表的论著《巴西电影评述》中。以内尔松·佩雷拉·多斯桑托斯和罗查为代表的巴西电影界新一代人士,在意大利新现实主义和法国"新浪潮"电影的影响下,提出了"摄影机在手,思想在胸"的口号,向传统电影挑战,开始了对电影艺术的创新。他们主张电影"非殖民化",建立真正的巴西主题和艺术形式;要求揭露各种社会矛盾,促进民众的解放和觉醒;争取电影在经济上和商业上获得独立,实现电影创作的真正自由。

6. 军人普遍干政时期的拉美电影(70年代)

自1964年巴西军事政变开始,到70年代乌拉圭(1973年6月)、智利(1973年9月)、阿根廷(1976年3月)等国军人先后通过政变上台,到1976年,除墨西哥、委内瑞拉、哥伦比亚和哥斯达黎加等少数国家以外,大多数拉美国家都是军人当政。一般说来,拉美军政府对电影业都采取干预政策,不少进步的电影工作者被迫流亡国外,军政府对电影实行严格审查和限制,使拉美电影的发展受到影响。拉美的电影工作者,以电影为武器,为本国的民主化进程和民族电影事业的发展做出了不懈的努力。

自从卢米埃尔的经纪人到拉美上演和拍摄电影以来,拉美电影业已走过了整整一百年的历程。在全球化时代,拉美电影业面临种种挑战。然而,一批又一批拉美优秀的电影工作者依然"摄影机在手,思想在胸",锲而不舍地实现电影本体与拉美本土的结合,使电影与本民族的政治、经济、文化相适应和结合,创造出具有本国、本民族特色的电影,使拉美电影成为丰富多样的世界电影中的奇葩。

四、拉美音乐、舞蹈

拉丁美洲的音乐、舞蹈是富有特色的混合性艺术,除具有美洲大陆印第安古老的文化印痕外,曾长期受到西班牙、葡萄牙等欧洲文化和非洲黑人文化的影响。

1. 拉美音乐的民族主义时期

从20世纪初至20世纪50年代是拉美音乐的民族主义时期。20世纪初,拉美各国的民族乐派相继建立,并涌现出许多具有国际影响的民族作曲家。

拉美音乐虽然受欧洲浪漫主义和印象派的影响,但他们都努力发掘和继承本国民间音乐的丰富遗产和传统,并运用了创作实践,作品富有民族特色。美国音乐家尼·斯洛尼姆斯基在《拉丁美洲的音乐》一书的前言中写道,拉美"老一辈作曲家的创作中民族热情奔放,他们提出响亮的口号——巴西化、墨西哥化、智利化,鼓励后人用振奋人心的旋律和植根于民谣的节奏表达本民族的精神。他们的音乐就是标明国籍的护照,一看谱子就可识别作者的国籍,连标题也骄傲地宣布作者的出生国别"。

2. 拉美音乐的现代主义时期

从50年代至今是拉美音乐的现代主义时期。

实际上,早在20世纪20~30年代,就有一些拉美作曲家反对音乐的民族主义,认为音乐是全世界的,实际上是主张全盘欧化。到了50年代,十二音音乐、序列音乐、偶然音乐、电子音乐等现代音乐开始在拉美各国流行,60年代后逐渐占主导地位。一些过去主张音乐民族化的作曲家,放弃了民族主义主张,转向现代主义。

美国音乐家尼·斯洛尼姆斯基在谈到拉美新的一代作曲家的风格趋向时说,"这个变化可大了。拉丁美洲音乐的民间风味的朝气、旋律和节奏的闪烁光彩,一下子成为过时的东西","拉美作曲家追赶世界潮流,以引用本民族的民歌资源为不合时尚……许多拉美青年作曲家一旦尝到先锋派技术的理性美酒,便放弃对本民族的忠诚,而追逐更精练、科学性更强的世界潮流"。

然而,值得一提的是,在拉美现代主义派作曲家中,仍不乏有人努力将现代音乐作曲法同拉美民间音乐相结合,表现拉美的历史和现实的题材。如智利的古斯塔沃·贝塞拉运用偶然音乐技术,根据聂鲁达诗歌改编的交响乐《马丘比丘》,描写1973年阿连德总统以身殉职的交响乐《智利·1973年》。古巴何塞·阿德雷尔(1911~1981年)运用无调性、序列音乐、偶然音乐创作的声乐套曲(康塔塔)《吉隆滩战役的胜利》(1966年)、《司令切(格瓦拉)》(1968年)等。

3. 民间音乐

现代拉美民间音乐是印第安人音乐因素、欧洲民间音乐因素、非洲黑人音乐因素等的混合体。印第安人音乐因素主要体现在五声音阶及许多传统乐器和歌舞音乐体裁的沿用上。欧洲民间音乐的因素体现在七声音阶和欧洲大小调调式、和声及方整性歌曲结构等方面。非洲黑人音乐因素体现在交错叠置和多变的节奏等方面。

由于各种因素的多寡,拉美不同的地区又形成了各自独特的风格:

①加勒比海地区的音乐,主要是受西非黑人音乐特征影响的非洲、印第安人的混合音乐。其特点是节奏复杂,变化多端,节奏胜于旋律,声乐和器乐之间,各种乐器之间,以至鼓手的双手之间的节奏变化,都可以形成错综复杂、疏密有致的音响效果。同时乐手还常以身体摆动和跺足等动作来表明节奏的进行和变换。

②墨西哥的音乐,主要是受西班牙影响的印第安、欧洲的混合音乐。其特点是热情欢快、乐观豪迈、节奏感强。如哈利斯科州的"马里阿契"音乐、南方的马林巴音乐、维拉克鲁斯州的村民音乐和瓦斯特克音乐等。

③中美洲的音乐,是印第安、欧洲、非洲黑人混合性质的音乐。

④安第斯山区的音乐:这一地区包括秘鲁、玻利维亚、厄瓜多尔、智利、哥伦比亚、委内瑞拉等国,这里至今仍流传印加音乐,同时在一些地区也流行印第安、欧洲混合音乐或印第安、欧洲和非洲黑人的混合音乐。

⑤阿根廷、乌拉圭、巴拉圭的音乐,受大量欧洲移民影响。这三国的音乐主要是受欧洲音乐影响而形成的克里奥约(土生白人)音乐。

⑥巴西音乐,主要是受非洲南部班图系黑人和葡萄牙音乐影响而形成的混合音乐。

当前拉美各国正在努力发掘、继承印第安人的传统音乐。拉美民族民间音乐与拉美民间舞蹈密不可分。拉美各国有代表性的歌舞曲富有魅力,在世界各地广为流行。如墨西哥的"哈拉贝",阿根廷的"加托"、"探戈",巴西的"桑巴"和"巴沙诺瓦",古巴的"伦巴"、"坦松"、"哈巴涅拉"、"恰恰恰",智利的"库埃卡",哥伦比亚的"班布戈",秘鲁的"瓦依诺"、"马里内洛"等。

自60年代以来,拉美一些国家出现了新民歌运动。新民歌运动的特征是以拉美民间歌曲、舞蹈和民间乐器为基础,结合流传在美欧的摇滚乐等通俗音乐创作出一种群众喜闻乐见的拉美新民歌。这些新民歌的题材一般都是与现代政治、经济、社会生活密切相关,有的反对军事政变、争取民主自由、揭露社会黑暗。如智利著名的民间歌手比奥莱塔·帕拉及其两个儿女安赫尔和伊莎贝尔。

他们创造了"新歌曲";以及被军政府迫害致死的智利民歌手维克托·哈拉,他创作和演唱了一系列智利新民歌。阿根廷的阿塔瓦尔帕·尤潘基(真名为埃克托尔·罗贝托·恰韦罗)和伊莎贝尔·阿莱兹所创作和演唱的新民歌;古巴巴勃罗·米拉内斯、西尔维亚·罗德里格斯所创作和演唱的古巴新特罗瓦等。

4. 民间舞蹈

同音乐一样,拉美的民间舞蹈也是一种混合性艺术,除具有印第安古老的文化印痕外,曾长期受到欧洲(主要是西班牙、葡萄牙)和非洲文化的双重影响。拉美的民间歌舞既具有共性,又具有个性。按地区分,拉美的民间舞蹈,大致可分以下几类:

①加勒比各国的舞蹈,包括古巴、多米尼加、牙买加等岛国的民间舞蹈,突出体现了非洲歌舞的特色。舞蹈粗犷、豪放、炽热,娱乐性和即兴性很强。舞蹈动作主要是肩部和胯部的抖动,其音乐伴奏以2/4拍多见,节奏强烈。伴奏乐器以打击乐器如鼓等为主。如古巴的"伦巴"、"康加"、"松",牙买加的"瑞盖",特里尼达的"卡里普索"等。

②巴西的舞蹈,主要受葡萄牙和非洲黑人舞蹈的影响,也有少量印第安舞蹈的影响。其特点是二拍子、大调和轻快的速度。巴西民间最流行的群众性舞蹈是桑巴。桑巴是巴西的代表性舞蹈,现已成了巴西舞蹈的代名词。巴西桑巴舞蹈现可分成两类,一类是群众性桑巴,另一类是表演性桑巴。女舞者主要是扭胯动作结合大幅度的造型舞姿,男舞者常以脚下的各种灵巧的动作以显示舞技,并手执各种打击乐器边击边跳。巴西每年2月末举行狂欢节,以里约热内卢的狂欢节最著名。每逢节日,各地都派出桑巴舞的表演队伍,参加全国性的桑巴比赛。这一活动有力地推动桑巴的发展。

③受西班牙民间舞蹈影响较大的拉美民间舞蹈,如墨西哥的"哈拉韦"、"瓦潘戈",智利的"库埃卡",阿根廷的"加托",巴拿马的"坦坡里托"等。这些舞蹈的来源之一是西班牙北部阿拉贡地区的"霍塔"舞和南部安达卢西亚的踢踏舞等。这些舞蹈由多组变换的男女对舞组成,舞者上身动作不多,主要是突出脚下轻盈、高难的踢踏舞步。舞蹈明朗、欢快、热烈,生活气息浓郁,多带有爱情的内容。音乐以3/4、6/8拍为主。伴奏乐器主要是吉他、小提琴、竖琴、钢琴等。女舞者多穿色彩艳丽、宽肥的长裙。在舞蹈进入高潮时,歌舞者时而发出叫喊声助兴。

④多种文化混合性的拉美民间舞蹈,如哥伦比亚的"班布戈"(印第安和欧洲文化的合成)、"昆比亚"(欧洲和非洲的混合型),委内瑞拉的"霍罗波"(西班牙和印第安混合型),秘鲁的。马里内洛"(西班牙和非洲混合型)等。

⑤以印第安人舞蹈为主的民间舞蹈,主要在墨西哥南部、中部和中美洲的危地马拉等国,秘鲁、玻利维亚、厄瓜多尔、智利北部和阿根廷西北部安第斯山地区。这类舞蹈的特点是:大多带有浓厚的宗教色彩,起源于敬神或祭神的舞蹈。有的具有图腾性质,如墨西哥的盖察尔舞,象征美丽、圣洁的一种多色羽毛、长尾的鸟。不少舞蹈与农业、战斗、狩猎、节日有关,如墨西哥的鹿舞、狩猎舞;秘鲁的剪刀舞;阿根廷的"卡尔那瓦里托"等。这些舞蹈一直保持了且歌且舞的传统和较为纯正的印第安的质朴艺术风格。

拉丁美洲富有特色的音乐舞蹈具有强大的生命力和诱人的魅力,已成为世界文化的瑰宝。

第五节 拉美的民族一体化运动

拉丁美洲现代居民的民族和种族构成极其复杂。这与拉丁美洲历史发展的特点相关。拉丁美洲是世界人种的博物馆,这里居住着人类所有三大种族即蒙古人种(土著印第安居民)、欧罗巴人种(欧洲移民及其后裔)、赤道人种即尼格罗—澳大利亚人种(从非洲运来的黑奴的后裔)。这些种族成分的比例和混合程度在拉丁美洲各国不尽相同。但是他们却在殖民压迫中形成了共同的心声,混杂的人种要走向民族一体化运动。

一、拉丁美洲的民族构成

印第安人是美洲原来的主人,曾创造过灿烂的古代文明。从16世纪起,美洲印第安人遭到欧洲殖民者的残酷屠杀,在有些地区(如在加勒比诸岛)被消灭殆尽。一部分被驱逐到山区和热带丛林,有的至今仍过着原始部落生活;另一部分则沦为苦工、贫苦农民和城市贫民。目前印第安人占人口半数左右的国家有玻利维亚(50.51%)、危地马拉(48.02%),占人口比例较高的国家还有秘鲁(38.40%)、厄瓜多尔(24.85%)等。

为了弥补劳动力的短缺,从16世纪初期起,黑人从非洲大量输入拉丁美洲。目前拉丁美洲国家中,黑人占人口80%以上的有格林纳达、海地、牙买加、巴哈马和巴巴多斯等。黑人绝对人数最多的国家是巴西,有一千多万。

白人是欧洲早期殖民者,主要是西班牙和葡萄牙人的后裔。19世纪以后,意大利、德国、荷兰、法国、俄国等也陆续移民到拉丁美洲。目前拉丁美洲国家中,以白人为主的国家有阿根廷、乌拉圭、智利、哥斯达黎加和古巴等。巴西白人占人口的一半左右,约5000多万。

混血种人是现代拉丁美洲居民的重要组成部分。从欧洲殖民者到达拉丁美洲后不久,人数相对少的殖民者就开始同印第安人混合。几个世纪以来,各个不同种族在血缘上的混杂、交融在世界上是空前的,往往很难辨别不少拉美人究竟是哪一个血统的后裔。混血种人可分为印欧混血的梅斯蒂索人、黑白混血的穆拉托人和黑人与印第安人混血的桑博人。梅斯蒂索占人口比例较大的国家有墨西哥、巴拉圭、萨尔瓦多、洪都拉斯等。穆拉托多集中在巴西、西印度群岛和苏里南等。

华侨和华裔在拉美分布很广。从16世纪起,中国商人和工匠开始移居墨西哥、秘鲁等国,19世纪大批"契约华工"移入秘鲁、古巴、巴拿马和西印度群岛。目前,在拉美的华侨和华裔约有二十余万,主要集中在巴西、秘鲁、巴拿马、阿根廷、苏里南、圭亚那和牙买加等。

在拉美,还有近百万日本移民及其后裔,主要居住在巴西。印度移民及其后裔近百万,主要集中在特立尼达和多巴哥、圭亚那和苏里南。韩国移民及其后裔数万人,主要在巴西、阿根廷。在苏里南还有印度尼西亚的爪哇人近十万。此外,在拉美有八九十万犹太人。总之,几乎世界所有人种的居民,各种文化传统都在拉美汇合。正因为如此,人们称拉美是"世界人种的大熔炉"。

1996年拉美地区共有人口4.6亿,其中混血种人约占总人口的一半,白人约占35%,印第安人约占8%,黑人占7%,其他人不到1%。

二、拉美印第安人现状

目前拉美有多少印第安人？由于对印第安人判断的标准不同和材料来源不同，统计数字出入很大。据美洲印第安研究所所长何塞·马托斯·马尔估计，约2740～3740万人。据秘鲁《拉多克》杂志估计，约4895万人。据1992年诺贝尔和平奖获得者、危地马拉印第安人(玛雅基切人)运动活动家里戈贝尔塔·门楚估计，约6000万人。据《印第安美洲》季刊1993年10～12月号估计，3322.04万人。另据总部设在墨西哥的拉美和加勒比印第安民族发展基金会主席鲁道夫·斯塔维哈津估计，拉美共有400个印第安民族，共4000万人。

除南美洲的乌拉圭和一些加勒比地区的岛国外，大多数拉美国家都有印第安人。因此，印第安人问题不仅是拉美主要的民族问题之一，而且也是拉美的基本问题之一。在殖民时期，印第安民族与欧洲异民族之间是统治与被统治、压迫与被压迫的民族关系，印第安民族问题是反抗异民族压迫与剥削的阶级斗争问题。在共和国时期，一方面是印第安民族被压迫、被剥削、受奴役的社会地位没有得到根本的改变；另一方面是种族、民族与文化的同化融合现象，越来越普遍。民族矛盾与阶级矛盾常常相互交织在一起。20世纪50、60年代以来，由于拉美各国工业化、现代化进程不断加快，资本主义市场经济不断发展，印第安人与外界的联系与交往也日益增多。面对民族发展中的巨大差异和种族歧视与民族不平等现象，许多印第安人进行了坚持不懈的斗争，他们的政治觉悟和民族意识有了显著提高。

目前拉美印第安人大致处在以下几种社会经济状况中：

第一种，相当多的印第安农民是印第安公社社员。他们耕种着公社的土地或自己的土地，在当地市场上出售部分产品，其中一部分人从事手工业或矿业。从理论上讲，土地是属于公社集体所有的，社员只有使用权；但实际上，许多公社已将土地分给社员，而且允许其子女继承所分得的土地。拉美印第安公社主要分布在秘鲁、玻利维亚、厄瓜多尔和墨西哥(在墨西哥称为村社)等国。在秘、玻、厄3国共约有1万多个印第安公社，大部分印第安人居住在公社中。仅在秘鲁就有6029个公社，约有800多万印第安人。秘鲁的印第安公社共控制全国60%的耕地，占从事农牧业经济自立人口的21%，占全国农户总数的50%以上。印第安公社仍基本上保持其民族的各种特征，它们受本国宪法及有关法律的保障。公社社员在种族、经济、社会和文化方面是一视同仁的。他们特别强调互助，具有一个定型的民主管理制度，拥有决定公社生活和利益的巨大权力。

第二种，保留地的印第安人，如哥伦比亚的瓜姆比亚诺人，现约有1.6万人，居留在西南部考卡省的一个保留地内。再如智利的马普切人居住在政府专门为他们建立的归化地里。这些保留地社会经济发展水平不一，但一般都设在欠发达的边远地区，同外界联系不多。

第三种，从事采集等原始农业(刀耕火种)、狩猎的半定居或定居的印第安人，主要在亚马逊河和奥里诺科河流域、墨西哥东北部、火地岛等地区和热带丛林中，其中相当一部分人至今仍处在氏族社会解体阶段。近些年来，亚马逊地区涌入不少垦殖者和淘金者，使印第安人的土地被占领、生态环境遭到破坏、生存受到威胁。

第四种，在大庄园、种植园、农场、牧场当长工或短工的印第安人。50、60年代，拉美不少国家实行了土改，原在封建、半封建大庄园替庄园主干活的印第安农民逐渐摆脱了封建契约或债务的束缚，成为在资本主义性质的种植园、农场、牧场的农村工资劳动者。

第五种,小农,包括小土地所有者、占耕农和土改受益户。这些印第安农民,往往一面靠家庭自有劳力在小块土地上谋生,一面在农忙季节外出打短工,往往是亦农亦工。拉美一些国家如秘鲁等国在土改后成立官办的合作社,土地和其他生产资料名义上属全体社员所有,实际上社员必须按期交纳本息,才能耕种土地和使用其他生产资料。

第六种,流入大中城市的印第安人。近二三十年来,随着拉美各国工业化、城市化进程的发展,农村经济日益恶化,大批被贫困所迫的印第安人,纷纷涌入城市谋生。印第安人进城后,男性大多从事建筑工、石油工、矿工、搬运工、小商贩,也有的当警察或当兵,女性大多当女佣、保姆、小商贩,也有为生活所迫沦为妓女。由于不少印第安人居住在城市边缘地区的贫民窟和棚户区,成为城市边缘居民的重要组成部分,绝大多数流入城市的印第安人的社会地位低下,当然也有少数印第安人收入比较高,有的成为受过高等教育的知识分子,有的进入政界,当议员、部长,个别的如玻利维亚艾马拉人桑切斯·德·洛萨达还当上了总统(1993年8月6日就任,1997年卸任),也有的发财致富成为资本家。流入城市的印第安人对城市的社会和经济发展进程,对多元文化社会的形成起了重要作用。

三、拉美国家对印第安民族的政策

拉美独立运动领袖西蒙·玻利瓦尔在独立战争胜利后不久,便以哥伦比亚(包括今哥伦比亚、委内瑞拉、厄瓜多尔和巴拿马4国)共和国总统和秘鲁(包括今秘鲁和玻利维亚)共和国最高执政官名义,颁布了《关于印第安人权利的法令》和《关于给印第安人分配土地的法令》(1825年7月4日),正式承认印第安人同其他公民一样享有平等的权利,并且明确规定,每个印第安人都有享有土地的权利。

但是,在独立战争胜利后几十年内,拉美各国土生白人地主大量兼并和掠夺印第安人的土地,使印第安人成为依附于大庄园主的债务农。19世纪中期,拉美一些国家还承认或授予教会有干预印第安人事务的权利。如阿根廷1853年宪法规定,"政府应该同印第安人保持和平的关系,尽可能使他们皈依天主教",1890年颁布的哥伦比亚一项有关热带丛林印第安人的法律规定,"共和国的一般立法对印第安人不适用……政府将根据宗教当局的意见,确定这些印第安人的统治方式"。

19世纪末、20世纪初,拉美不少国家实行政教分离,政府不得不重新确定它们同印第安人的关系。1895年尼加拉瓜议会通过法律,规定将印第安人"置于共和国保护之下"。1897年厄瓜多尔宪法规定,国家必须"捍卫和保护印第安人"。

然而直至20世纪前半期,拉美不少国家有关印第安人的法律还把印第安人视做"未成年的孩子"。1916年巴西民法将印第安人视做"不承担责任的孤儿",1942年修改后的民法把印第安人视做"年幼者"。1931年智利法律规定,印第安人未经特殊法庭许可不准出售其个人财产,除非他有小学毕业证书。拉美各国认为,印第安人落后,需要教育,需要保护,需要"开化"他们,使他们从"野蛮人"变成文明人。

基于上述思想,从20世纪初起,拉美各国政府先后成立了印第安人保护局或事务局及类似机构,负责监督有关印第安人法律的执行,如1910年巴西成立了印第安人保护局,后改名为印第安事务总局。1946年阿根廷成立印第安人保护局,1952年巴拿马成立印第安事务局。在厄瓜多尔、玻利维亚、智利、哥斯达黎加、委内瑞拉等国也成立了类似的机构。这些机构分属于社会福利部、内务

第八章 拉丁美洲现代文明(20世纪)

部或教育部。

拉美一些国家还先后建立了印第安人保留地,阿根廷于1912年,哥伦比亚于1927年,智利于1931年,巴西于1934年,巴拿马于1946年,委内瑞拉于1947年建立了印第安人保留地或归化地。它们在这些地区实施有关印第安人的法律。保留地一般都设在贫瘠的边远地区,是不可转让的,一般免征土地税。在秘鲁、厄瓜多尔、玻利维亚等印第安人数较多的国家,印第安公社得到了法律的承认。

拉美印第安人问题学者又称印第安主义者。他们中多数人并不是印第安人,他们的主张被统称为印第安主义。但他们的主张并不是始终一贯的,而是在不断演变和发展的。

当代印第安主义产生于20世纪20年代,倡导者是秘鲁阿普拉党创始人和领袖阿亚·德拉托雷(1895~1979年)。阿亚认为,"印第安人的存在是我们大陆的显著特征,我们大陆最适合的名称应当是'印第安美洲'。"

阿亚的印第安美洲主义强烈地反映了大陆民族主义思想。其要点是:①认为拉美没有经历由野蛮到封建,再到资本主义时期的连续发展阶段,它同时并存着社会经济发展的各种形态;②认为"不能把印第安美洲问题简单归结为无产阶级同资产阶级之间的对垒斗争",而必须建立"多阶级"的联盟;③认为印第安美洲国家的主要敌人,在外部是帝国主义,在内部是地主寡头;④认为印第安美洲国家的发展道路是"从资本主义的帝国主义到民族主义的资本主义,再到社会主义";⑤主张建立印第安美洲国家联盟,组织一个强大的拉美反帝运动,提倡"大陆性民族主义"。

秘鲁杰出的马克思主义者、秘鲁共产党的创始人、印第安问题专家马里亚特吉(1895~1930年)在1928年发表的《关于秘鲁国情的七篇论文》一书中的《印第安问题》一文中,首次用马克思主义观点揭示了印第安人问题的实质是经济和阶级压迫问题。他认为,印第安人问题与土地问题是一个问题。对拉美特别对秘鲁来说,土地问题是一切革命的根本问题,不消灭大庄园制就不可能解决土地问题,也就不可能消灭压在印第安民族头上的奴役制。他认为,"印第安人问题只能靠解决社会问题来解决,应该由印第安人自己来解决自己的问题"。他把印第安人的翻身解放与深刻的社会革命联系起来,从而在秘鲁和拉美树立了第一个正确运用马克思主义分析印第安人问题的范例。

20年代墨西哥人类学家曼努埃尔·加米奥在他撰写的《建设祖国》、《迈向一个新的墨西哥》和《关于印第安人问题的几点看法》等著作中,率先提出了民族一体化理论的一些基本思想。他分析了墨西哥1910~1917年的民族革命与墨西哥社会实际的矛盾,认为只有一体化才是印第安人的出路和墨西哥的前途。

但是,在1940年以前,拉美大多数印第安问题学者受法国哲学家和社会学家孔德实证主义的影响,主张把印第安人纳入社会中去,其实质是要同化他们。当时,拉美各国对印第安民族主要采取同化或"并入"政策。如在墨西哥,当时对印第安人实行限制政策,强迫他们学习西班牙语,不准在学校里教印第安语,甚至不准他们穿印第安民族服装,吃印第安人爱吃的食品,迫使他们融进城市文化,穿"文明人"的衣服,吃"文明人"的饭菜等。

1940年在墨西哥总统拉萨罗·卡德纳斯(1895~1970年)倡议下,在墨西哥帕斯夸罗市召开了第一届美洲印第安人问题代表大会。会议通过一项声明,谴责了对印第安人使用的形形色色的毁灭方法和同化政策:"没有什么破坏的方法不用来打击他们(印第安人),而他们与这一切破坏的方法也都进行了对抗;法律上的人权剥夺,行政的人权剥夺,军事的杀戮,奴役,大授地制,强迫劳动,劳役偿债,没收差不多所有的土地,强迫离散,强迫集体移民,强迫改变信仰,宗教迫害……侮辱性的宣传,灭绝人口以铲除土人的领导权和传统,收买领导权,利用开垦权来控制叛卖政府。印第安人的集团生活,印第安人的社会——耐过了所有这些破坏。"

这次会议要求尊重印第安人的传统组织形式,建议美洲各国政府制定保护印第安人法,要求将土地分配给印第安人,鼓励印第安人发展民族艺术,维护印第安人文化,承认印第安语言,明确向美洲各国政府建议对印第安人实行一体化政策。这次大会的不足之处是依然重复对印第安人进行保护的家长主义传统政策。尽管这样,这次大会仍然标志着拉美各国对印第安民族政策的重大转折。

从1940年至80年代中期,拉美国家对印第安人基本上奉行一体化政策。1948年根据帕斯夸罗会议的决议,在墨西哥城成立了美洲印第安研究所。随后,在拉美一些国家,也先后成立了各国的印第安研究机构。这些官方或半官方的机构为本国政府的印第安政策提出了许多重要的建议并在一定程度上得到采纳。

例如,1948年成立的墨西哥全国印第安研究所前所长贡萨洛·阿吉雷·贝尔特兰在50年代发表《涵化》一书,对加米奥的民族一体化理论作了进一步的阐述,在墨西哥建立起一体化理论的基本体系并成为墨西哥政府制定印第安人政策的依据。

墨西哥民族一体化政策是基于以下认识而形成的,即墨西哥是一个由两部分人组成的社会,一方是先进的白人及混血种人,另一方是落后的印第安人。墨西哥要想加快自己的发展步伐,必须使印第安人在政治、经济、社会、文化、语言和教育诸方面与全国协调一致地发展。因此,一体化政策的重点首先是要打破印第安公社与世隔绝及相互隔绝的状态,把印第安人推向全国。为实现这一目标,墨西哥进行了土地改革,将土地分配给印第安人,使他们成为生产经营者,从而使他们与整个社会相联系和结合。

贝尔特兰在谈到民族一体化的最终目标时明确提出:"一体化的最终目标,就是通过在全国所有民族——印第安人和混血种人——中反复宣传祖国感情,以取得相互理解和确立密切关系,使建造包括所有墨西哥人在内的一体化国民的思想收到实效","为了理解印第安政策的核心,我们首先想说明这一政策所要达到的最终目标……是要求生活在国家领土上的不同民族形成一个国民。"

墨西哥官方和部分学术界人士认为,墨西哥是一个种族与移民成分十分复杂的国家,这些不同的成分,称为"民族"。而所有这些不同的成分共同构成了墨西哥这一统一国民。每一个墨西哥公民,既有自己的民族身份,同时又都是墨西哥的"国民"。

所谓一体化政策是多方面的,包括经济社会(印第安人无产阶级化、引进市场机制、移民、"农民化")、文化("涵化"、西班牙语化)、政治(参加非印第安人的政治组织、接受非印第安人的政治统治)、文明(同西方文明相结合、印第安社会"现代化"、引进西方发展和消费模式)、国民(寻求国民一致性,即"墨西哥化"、"秘鲁化"等)等各方面。从总的来看,推行民族一体化的目的是要实现经济和政治现代化的计划,缩短拉美国家同发达国家的距离,通过在全国所有民族群体,包括在印第安人和混血种人中间反复强调祖国("国民")的感情,树立一种能够团结本国人民的统一民族的思想意识。

1958年在日内瓦召开的国际劳工组织会议讨论了印第安民族的一体化问题。接着,在安第斯

第八章 拉丁美洲现代文明(20世纪)

各国也召开了一系列类似的会议,基本上确定了一体化理论所含的内容和目标,提出要进行土地改革,在印第安人聚居的地区发展教育、医药卫生、推广科学技术、修筑公路等,将印第安人并入到资本主义体系之中。

60年代,美洲开发银行曾拨款2000万美元,支持秘鲁政府推行"印第安民族一体化计划"。50~60年代,联合国制定"安第斯行动纲领"在安第斯各国印第安人集中的地区全面贯彻。

为执行一体化政策,墨西哥全国印第安研究所在墨西哥印第安民族居住地区建立了印第安协调中心,到1978年建立了84个。墨西哥政府通过不断增加对该研究所的财政拨款,增加对印第安人的财政支持,用于兴办学校、改善住房、提供医疗保健、技术培训、改良农作物品种和育种、进行基础设施建设等。此外,还在印第安人中间推广双语教育。

应该说,拉美国家奉行的一体化政策比起过去的"同化"政策,无疑是一大进步。一体化政策以承认多元化为基础,提倡不同民族间的接近,符合现代国家与现代社会发展的要求。从实际情况来看,一体化政策在一定程度上促进了印第安人的生产发展、社会进步和文化水平的提高。

但是,一体化理论和政策也有不少不足方面,如对印第安人的特殊性重视不够,把印第安人视为一体化的被动接受者,把印第安人看成是下等人,贬低印第安文化、习俗和传统,企图用白人的文化来改变印第安文化等。因此,一些比较进步的印第安问题学者认为,这种一体化主张实际上是要导致印第安民族的消亡。

自70年代以来,随着一体化实践向纵深发展过程中所产生的许多问题,对一体化理论和政策的批评日益增多。拉美印第安问题学者又提出了一些新的主张,以弥补一体化理论即一体化印第安主义的不足。主要有:

参与印第安主义:最早是由萨洛蒙·纳赫马特等人在1977年出版的《关于印第安主义的七篇论文》一书中提出的。它主张承认和接受本国社会种族多元化的合法性,承认本国存在多种种族和多种文化,主张不是要制定对印第安人的政策,而是要让印第安人参与一起来制定政策。

自治印第安主义:最早是由吉列尔莫·邦菲尔在1970~1981年间提出的,其代表作是《乌托邦和革命》。他主张印第安人应作为一支政治力量在本国、本地区和美洲范围内独立寻找摆脱目前所处绝境的出路,应该把印第安人自身发展的命运交给他们自己来掌握。邦菲尔的这一主张得到了一些国家的采纳。尼加拉瓜桑地诺民族解放阵线执政期间,曾在1987年9月通过了在大西洋地区实行民族自治,在印第安人集中的地区建立自治政府和议会的法律。拉美国家一些印第安运动和组织也以自治印第安主义作为自己的理论基础。

种族发展主义:是1981年联合国教科文组织和拉美社会科学学院联合召开的一次国际会议的声明所提出的,其主要观点是:印第安种族是一个政治行政实体,它有权也有能力对自己所在地区进行自主和自治的管理,决定自己的发展计划;应该通过加强印第安不同文化社会的自主能力来扩大和巩固其文化范围,建立自己公平的权力机构。种族发展主义强调由印第安人自己主宰自己的命运。

上述几种主张已被拉美多数印第安问题学者所接受。1985年10~11月召开的第9届美洲印第安人问题代表大会所通过的新的《印第安行动五年计划》,要求拉美各国政府抛弃对印第安人的一体化原则,承认拉美各国社会多种族和多文化的特点,促进印第安公社的自主发展,要根据印第安人的价值、目标和愿望,制定一项尊重印第安人自主发展的政策。1989年在阿根廷圣马丁召开的第 10 届代表大会,强调印第安文化对印第安民族的存在和发展的重要性,要求各国政府尊重印第安民族文化。大会还呼吁有关方面立即采取有效措施,保护亚马逊地区和其他印第安人地区的生态环境。

  90 年代以来,随着公路网的建立,无线电、电视通讯的扩大,工业化的发展和对边远落后地区的开发,印第安人传统的与世隔绝的状态已有所改变。他们中不少人自觉不自觉地加入了经济现代化的进程。然而,总的说来,在拉美社会结构中,印第安人处于最底层。他们在政治、文化、社会和种族方面,仍继续受到压抑和歧视;他们大部分人生活贫困,营养不足,他们所处的生态环境不断恶化。他们常常受到公开或隐蔽的要消灭他们或强迫他们同化或一体化的威胁。在不少拉美国家,大多数印第安人处于二等公民的地位,在政治、社会和经济生活中缺乏保障。为维护民族权益,拉美一些国家的印第安人进行了和正在进行着不懈的斗争。1994 年年初,墨西哥恰帕斯州印第安农民举行了武装暴动。同年 6 月,厄瓜多尔印第安人举行大规模示威游行,反对有损于印第安农民利益的新农业法。近几年,拉美印第安人越来越积极、大胆地要求在政治上获得同样的公民权利,要求充分分享现代社会的好处。他们强调自己的文化根基,希望建立一个多元文化、多种语言的社会;要求积极参与政治、经济生活,同时强调自治发展。

下部

北美史

不暗

火美虫

导　言

北美历史起源于原生的北美印第安土著民族,随着哥伦布发现新大陆,欧洲列强瓜分了美洲,北美主要由英法等国殖民,随着法英移民和欧洲移民的到来,衍生了法英北美殖民地文化,并在美国独立战争之后,北美分成两个主体部分,一个是美国,一个是加拿大。自美国从英殖民统治者手中独立出来之后,开始了自身独特的文明发展史,而加拿大则继续延续英殖民时期的统治方式,并随世界潮流的演变而逐步发展和变化,和澳大利亚一样,至今依然是英联邦的成员,接受英帝国的保护,在国际上没有太多自己的独立政治地位和军事地位。因此,北美历史自美国独立后就形成了一个分水岭,美国和加拿大逐步形成两个独立的文明体,各自按照自己的轨道发展。

美国建国后脱离了英国的统治,建立了自己的不同于英国的政治制度。而加拿大在早期受过法国的殖民,英国击败法国后,法国在北美的殖民地被迫割让给了英国。在英殖民时期英语一直是加拿大的官方语言,也是使用人数最多、应用范围最广的语言,所以在现代加拿大文明发展过程中英国传统的影响是显而易见的,但是加拿大建国后注重探索和发展自身特色,逐渐形成直到今天的以英法双语多元文化为特色的加拿大现代文化。现代加拿大的议会制度、法律、意识形态和道德准则主要是建立在英国传统之上。

英国的影响最显著地表现在从1763年英国开始统治加拿大到1867年自治领成立的这一段历史时期。加拿大自治领的成立标志着她政治上的成熟。后来随着英国的衰弱,美国的强大,加拿大的成长,特别是由于移民的大量涌入造成的人口结构变化和不列颠人的相对比例不断减小,英国的影响也越来越小。

从起源上讲,加拿大历史文明有土著文明的成分,有法兰西文明的成分,有美国和各大移民群体的影响。这些都和英国传统不同。加拿大政治上的联邦制,双语制,教育上的分省管理制,教育发展的模式和课程设置,对不同文化的宽容态度,利用法律保护少数民族权利,体育项目的发展(比如重美式足球而轻英式足球),以及在国际事务中较为中立的态度,等等,都与英国传统大相径庭。这种中立态度也主要是因为没有自己的军队的缘故。

美国是加拿大唯一的陆上邻国,美、加之间有着横跨北美大陆的世界上最长和最直的边界线。美国在全球各地区有着无孔不入的影响力,对近邻加拿大来说,抵御美国的影响几乎是不可能的,再说两国也的确有许多相似之处。然而,加拿大不是美国,尽管美、加两国有诸多的共同之处,但两国在建国时所走的是相反的路。美国独立战争时,美国背叛英国的统治而独立,加拿大则成了忠于英王的效忠派大本营,这决定了加拿大与美国从根本上的不同。美国在独立战争后脱离英国独立,而加拿大直至今日一直是英联邦成员,英王仍然是加拿大的最高政治权威和国际政治代表。

加拿大原是法国的殖民地,法国在加拿大建立殖民地的目的是遏制英国在北美的扩张。法国在殖民策略上缺乏长远打算,采取保守主义政策并限制移民,这一错误方针导致了本国人口膨胀下失业率增高引起的内部矛盾冲突加剧,最后导致法国革命,随后英国打败法国而夺得了法国在北美的殖民地,使加拿大成了英国和法兰西两大民族为主体的英国殖民地。英国在加拿大的存在是针对新兴的美国。这些历史发展都导致了美、加两国文化的不同。美国是按《独立宣言》所体现的社会契约建立起来的;美国人由一个共同的理想和目标凝聚在一起。他们以"拯救其他民族命运"为幌子,对其他弱小国家却指手画脚,干涉内政,推行侵略政策掠夺他国利益。与美国人的贪婪和霸道行为相比,由于加拿大不是社会契约的产物,所以加拿大人不存在强求一致的压力。加拿大从来没有侵略的意图,在国外也没有军事基地。多年来,加拿大人一心关注自己国内的发展和人民的福利事业。与美国人把个人权利看得至高无上的观点相比,加拿大人更崇尚法律、秩序和社会福利,维护广大民众的群体权利,这与美国维护富人阶级而不同情穷人的做法形成宣明的对比。加拿大对本国持不同政见者的态度比美国更加宽容。加拿大也没有出现过美国那样的种族隔离和严重的种族歧视,虽然不是民选政治,但对广大的下层人民却比民选政治的国家还要仁慈。美国的民主并非是人民做主,而是财团做主,是一种财团们用巨额金钱购买媒体宣传引导民意来打造总统的资本民主。其占绝对多数的下层民众的社会权利反而没有威权治理的加拿大多。

第一章
北美的自然地理条件和早期居民

北美早期历史的发展,受到地理环境的很大影响。北美位于美洲大陆北部,南墨西哥接壤,北至北冰洋,地域辽阔,地貌、气候条件复杂多样。

太平洋沿岸地区依山临海,得太平洋的西风之利,气候温和湿润,植被丰厚。

再东为狭长的山岭地带,有四大山脉自南向北延伸,进入育空地区,其中不少山峦属北美最高峰之列。山中多河流溪涧,可容小舟航行。向东越过落基山脉,是一片广袤的大平原,虽然冬季漫长,无霜期很短,但土地肥沃,雨量适中,宜于农作物生长。由于地理上的阻隔,在欧洲人到来后的很长时期内,这一地区尚不为人知晓,对那些探险家来说,乃是一个神秘而诱人的地方。圣劳伦斯河谷和大湖区气候比较温暖,且雨量充沛,适合发展农业。特别是圣劳伦斯河谷,在北美的早期发展中占有重要地位。圣劳伦斯河连接大西洋圣劳伦斯海湾和五大湖,是最初欧洲人进入美洲内地的主要通道;其流域地区土地肥沃,法国人在北美最早的移民定居点即建立在这里。大西洋沿岸与新英格兰相连的地区称阿卡迪亚,属于美洲海岸平原向北的延伸,也宜于农耕,阿巴拉契亚山脉将它与内地隔开,海岸线十分曲折,港湾众多,海产资源丰富。往北的纽芬兰为天然渔场,那里丰盛的鱼类一度是吸引欧洲人来北美的主要因素之一。

在北美的北部地区有四分之一的地区是属于远古冰川遗迹的地盾区,环绕哈得逊湾呈一个巨大的"U"字形,其北端伸入北极,下部覆盖今魁北克和安大略的大部分。地盾区内丘陵纵横,湖泊密布,岩石嶙峋,虽然森林茂盛,矿藏丰富,但由于农作物无法生长,所以在前工业时代很少人类定居。早期的北美印第安人在块土地上过着与其他大陆不同的生活,直到欧洲人到来之后,北美印第安民族"从天而降"的厄运从此开始了。

第一节 自然地理条件和生态环境

北美洲位于美洲的北部,北为北冰洋,东临大西洋,西濒太平洋,南靠墨西哥及墨西哥湾,总面积将近2000万平方公里。由于本书叙述的北美分两个国家:北部的加拿大和南部的美国。我们就分成北美北部和北美南部来分析北美的地理条件和生态环境。

北美的北部90%以上为陆地,不足10%为内陆江湖,水系十分丰富。北美北部地形大致可以分为六个地区。

下部 北美史

（一）东南部山地，位于圣劳伦斯河的东南部，系美国东部阿巴拉契亚山脉向东北的延伸部分，为低山和丘陵，海拔 500~600 米，最高 1200 多米。这一地区也称大西洋沿海地区，包括大西洋沿岸的四省，即新斯科舍、新不伦瑞克、爱德华王子岛和纽芬兰岛。

（二）圣劳伦斯河谷地区，包括圣劳伦斯河沿岸及安大略湖沿岸地区，为美国中部高平原的一部分。圣劳伦斯河从安大略湖流出，经安大略省，至魁北克出海，流入圣劳伦斯湾，长达 1448 公里，在西北的地盾和东南的阿巴拉契亚山脉之间形成了一条狭长的圣劳伦斯谷地。这里土地肥沃，资源丰富，人口稠密，是加拿大文明的发源地。圣劳伦斯谷地包括魁北克省南部和位于大湖区的南安大略宽广的三角洲。

（三）高地。在地盾构造上属于北美地盾，即坚硬的岩石组成的板块，它环绕着哈得逊湾，东部为北美地盾的凸出部分，成为拉布拉多高原，平均海拔 500~600 米，最高点 1676 米；中部为北美地盾的陷落部分，成为哈得逊湾和哈得逊湾沿岸平原，西部至大熊湖、大奴湖、阿萨巴斯卡湖、温尼伯湖一线，是北美地盾的西部和南部，地形上是一片湖泊成群的高平原，统称加拿大高平原，是北美中部平原的一部分。南部与美国交界处有著名的五大湖。地盾区跨魁北克省、安大略省、马尼托巴省进入西北地区，一直延伸到北冰洋。地盾区内有丘陵、苔原、茂密的森林、肥沃的土地，也有由于冰川融化所形成的纵横交错的湖泊与河流，在地层深处有丰富的矿产资源。长期以来，地盾始终是一个自然障碍，它给交通的开辟造成很大困难。

（四）西中部大平原区，位于大熊湖、大奴湖、阿萨巴斯卡湖、温尼伯湖一线以西直至科迪勒拉山麓，在地形上为一片山麓高原，因其牧草丰美又称大草原，涵盖了马尼托巴省、萨斯喀彻温省和阿尔伯塔三个省。在这一地区，有许多地方适于农耕。在阿尔伯塔和萨斯喀彻温的南部交界处是一片干燥地带，这里适于放牧，畜牧业很发达。

（五）北美最西部是科迪勒拉地区，包括东部落基山脉、西部喀斯喀特山脉和海岸山脉以及两山脉之间的山间高原三部分，是加拿大最高的地区，许多山峰在 4000 米以上，最高峰洛根峰高达 6046 米。这几条山脉宽 400 公里，从美国的北部经不列颠哥伦比亚省，伸向育空地区。许多高山终年积雪，山区交通极为不便。在这里，沿太平洋海岸有海岸平原。弗雷泽河三角洲有加拿大第三大城市温哥华，在温哥华岛有美丽的城市维多利亚。

最后，是北极群岛区，这一地区是加拿大地盾的一部分，由于大陆沉降而形成。这是世界上最大的群岛，大小岛屿数以千计，其中最大的是巴芬岛，其次为维多利亚岛、埃尔斯米尔岛和邦克斯岛等。本地区处于北极圈内，天寒地冻，年平均温度南部为摄氏零下 6 度，北部为零下 20 度，最低可达零下 60 度。

加拿大是一个淡水资源非常丰富的国家。全国河流纵横，湖泊星罗棋布，淡水覆盖面达 78 万平方公里，约占国土总面积的 7.6%。举世闻名的大湖区，即苏必利尔湖、密执安湖、休伦湖、伊利湖、安大略湖，处于美国和加拿大交界之处，除了密执安湖完全在美国境内，其他四湖均属两国共有，湖面的 36% 在加拿大境内，64% 在美国境内。加拿大拥有 92600 多平方公里湖面。五大湖储水量相当于地球上淡水总量的 1/4。加拿大境内的其他大小湖泊多得难以胜数。其中大熊湖、大奴湖的面积都超过了五大湖中的湖泊。此外，还有温尼伯湖、阿瑟巴斯卡湖、赖因迪尔湖、纳帕克图利克湖、温尼伯戈西斯湖和马尼托巴湖，等等。这些湖都在北部和东部，西南部草原上很少有大湖，所以农业用水较困难，主要靠地下水灌溉。

第一章 北美的自然地理条件和早期居民

北美河流众多，其中长达一千公里以上的就有16条。按河的流向，可以分为4大水系，即哈得逊湾水系、北冰洋水系、大西洋水系和太平洋水系。哈得逊湾水系是加拿大最大的水系，流域面积369.5万多平方公里。由许多河流从西面、南面和东面流入哈得逊湾，这一水系中最大的河流是纳尔逊河，长2600公里。北冰洋水系位于北美西北部，流域面积359万平方公里，其主要河流为马更些河，从源头的芬利河到北冰洋入海长达4240公里，是加拿大最长的河流。它流经阿瑟巴斯卡湖、大奴湖和大熊湖。大西洋水系主要指圣劳伦斯河和其支流渥太华河，圣劳伦斯河全长3000公里，把五大湖的湖水排入大西洋，其流量之大在北美仅次于美国的密西西比河。圣劳伦斯河是五大湖的咽喉，它使大西洋的运输可以直达五大湖周围地区。太平洋水系中最大的河流为育空河、哥伦比亚河和弗雷泽河。

由于加拿大地处北半球高纬度地带，全国约有1/5的地区在北极圈内，所以有将近一半的面积是冻土。冬天长，从11月到次年3月；夏天短，从6月到8月。加拿大国土辽阔，各地气候差异较大。太平洋沿岸夏天凉爽少雨，冬季温和多阴雨，温哥华及周围地区是加拿大冬天最温暖的地区。这是由于加拿大西海岸受日本海暖流的影响，又受沿岸山脉的阻挡，暖流在西坡凝集成雨。由于雨量充沛，这里到处是茂盛的植物，终年郁郁葱葱。树木中最负盛名的是道格拉斯杉树，树径宽4～5米，高达90米以上，树干长且直，非常挺拔。在落基山脉东侧的大草原属大陆性气候，因为山脉阻住了西来的暖湿气流，这里冬季长而寒冷，夏季短而炎热，最高气温可达摄氏40多度，雨水偏少。五大湖周围地区冬夏皆凉，气候温和，雨水充沛，农作物生长期长，是重要的农作区。大西洋沿岸夏天气候温和，冬季却相当寒冷。降水量也相当充沛。哈得逊湾沿岸及北冰洋里的岛群属极地气候，只有冬夏，没有春秋。夏天只有两三个月，冬季长达九、十个月。这里是北美最冷的地区，也是降水量最少的地区，全年平均降水为150～400毫米。

而北美南部由东向西可分为5个地理区：东南部沿岸平原分大西洋沿岸平原和墨西哥沿岸平原两部分。这一地带海拔在200米以下，多数由河川冲积而成，特别是密西西比河三角洲，是世界上最大的三角洲，土质黝黑，土壤肥沃。河口附近有一些沼泽地。位于这一地理区的佛罗里达半岛是美国最大的半岛。

阿巴拉契亚山脉位于大西洋沿岸平原西侧，基本与海岸平行，长约2300多公里，一般海拔1000～1500米，由几条平行山脉组成。内地平原呈倒三角形，北起漫长的美国与加拿大边界，南达大西洋沿岸平原的格兰德河一带。西部山系由西部两条山脉所组成，东部为落基山脉，西部为内华达山脉和喀斯喀特山脉。旧褶曲运动后的产物。内华达山脉的惠特尼峰海拔4418米，为美国大陆最高点，喀斯喀特山脉的雷尼尔山海拔4392米，仅次于惠特尼峰。

西部山间高原由科罗拉多高原、怀俄明高原、哥伦比亚高原与大峡谷组成，为美国西部地质构造最复杂的地区。大峡谷位于亚利桑那州西北部，由一系列迂回曲折、错综复杂的山峡和深谷组成，气势雄伟，岩壁陡峭，为世界上罕见的自然景观。

北美南部河流湖泊众多，水系复杂，从总体上可分为三大水系：凡位于落基山以东的注入大西洋的河流都称为大西洋水系，主要有密西西比河、康涅狄格河和赫得森河。其中密西西比河全长6020公里，居世界第三位。凡注入太平洋的河流称太平洋水系。主要有科罗拉多河、哥伦比亚河、育空河等。北美洲中东部的大湖群。包括苏必利尔湖、密歇根湖、休伦湖、伊利湖和安大略湖，总面积24.5万平方公里，为世界最大的淡水水域，素有"北美地中海"之称，其中密歇根湖属美国，其余

4湖为美国和加拿大共有。苏必利尔湖为世界最大的淡水湖,面积在世界湖泊中仅次于里海而居世界第二位。

北美的北部地区物产丰富。地盾地区南部是林区,云杉、五针松等树木终年常绿,林木茂盛。圣劳伦斯河谷地区土地肥沃,雨水充足,是重要的农区,盛产水果、蔬菜、肉类和乳制品等。大西洋和太平洋沿岸水产丰富,盛产鳕鱼、鲑鱼,是世界有名的大渔场。大草原地下蕴含有丰富的矿产,特别是铀、钾、石油和天然气等蕴藏量极为丰富。北极地区则有十几种哺乳类动物,它们为北美早期欧洲人的毛皮贸易和现在生活在这里的爱斯基摩人提供了狩猎对象。

在北美的南部地区,农业、矿产和森林资源丰富,在世界上占有举足轻重的作用。这里的地理位置,气候条件及地形结构都是得天独厚的。农业用地(耕地和牧地)约为4.3亿公顷,占地球全部农业用地的10%左右。雨量充沛,土壤肥沃,粮食产量占世界总产量的1/5,主要农畜产品如小麦、玉米、大豆、棉花、肉类等产量均居世界第一位。

北美南部矿产资源丰富,铁矿石、煤炭、天然气、铅、锌、银、铀、钼、锆等产量均居世界前列,但战略资源如钛、锰、锡、钴、铬、镍等则主要依赖进口。煤炭的总储量为35996亿吨,石油总储量为240多亿吨,天然气储量为56034亿立方米。

南部地区拥有18亿公顷的森林,占全国土地总面积的31.5%左右,主要树种有美洲松、黄松、白松和橡树类。

第二节 北美的史前文化

很久以来,人们都认为,北美是个出现人类比较晚的大洲,后来通过考古的发现,才知道,其实并不然。50年前,人们认为大约在公元前2000年以前才有人类来到北美。现在,根据考古发现,大约在公元前1万年以前在北美的许多地区就有人类出现。有一种说法认为,大约在公元前12000年以前,通过亚洲与北美相接的陆地桥,即白令海峡,第一批移民来到北美,他们在阿拉斯加和育空地区的非冻土地带落下脚来。

此时,这些亚洲的狩猎民族正处于石器工具时代,有各种石制的工具和武器发掘出来可以证实这一点。大约到公元前1万年,阿拉斯加和育空地区的自然环境恶化,第一批亚洲移民的子孙越过洛朗蒂德与科蒂勒拉山脉之间一片正在融化的冰原向南面扩展,渐渐分布于新大陆的中心地带。

到这时,他们大约已经发展到使用尖头投掷石器和其他一些物品,考古学家把这一阶段称为凹槽尖石器文化。这种文化迅速地在西半球可以居住的地区扩展开来,并在不同的地区随环境的不同发生着一些变化。大约到公元前8000年左右,又有一批来自阿拉斯加和育空地区、使用薄刀片状石器的居民向南扩展,并在不列颠哥伦比亚的北部和沿太平洋的北美大部分地区定居下来。

几千年以后,最后这批来自亚洲的移民中最重要的一支,发展成因纽特人和阿留申群岛土著居民的祖先。到公元前9000年,凹槽尖石器文化在北美的大部分地区扩展开来,其派生的文化在南美也建立起来。此时,由于自然环境的变化和存在充足的野兽,包括巨象、乳齿象和其他大型哺乳动物,使这种文化发展得非常迅速。这种文化遗址在以前是冰冻湖的湖边经常被发现。在新斯科舍,发现了这时期的遗址。

遗址显示,北美驯鹿在冰冻的森林苔原被拦截,这一方面说明了当时特殊的自然环境;另一方面也说明了生产和生活是以小家庭为单位的。这类遗址在安大略和蒙大拿也发现过。在育空地区和阿拉斯加,处于旧石器和中石器时代的薄刀片状石器都曾被发现,它们的年代分别是公元前1万年和公元前9000年。但是,其他地方同期的遗址却没有发现这种石器。因此有人推测,凹槽尖石器文化和早期薄刀片状石器文化可能拥有共同的祖先。

在北美,史前文化的遗址非常丰富,从中央高原到不列颠哥伦比亚,再到西北边疆都发现了这类遗址。早期古代文化是出现在圣劳伦斯河谷和大西洋沿岸的一种文化,它标志着从早期石制工具技术向较高一级的转变。这一文化最有特点的工具是在原来V字形尖锐石器的后端增加了较深的槽,以便装上木柄,可以想象,这时出现了矛状的抛掷石器。在大西洋沿岸,那里的居民使用带绳索的渔叉来捕捉海里的大型动物,如海象和鲸鱼等。从新英格兰到俄亥俄河谷,包括上圣劳伦斯河谷和安大略南部,那里的原始人广泛使用V字形投掷尖状石器。

这一时期,北美还存在其他一些原始文化。在马尼托巴的东南部和西北地区的基韦廷,在移动文化的基础上发展出地盾古代文化,这一文化向东发展,占据了几乎所有的北美地盾区。根据遗址考证,人们推断,北美驯鹿和鱼是这些原始居民的主要食物,他们使用的石制工具包括碎石切削器、石刀、尖枪和V形投掷尖物等。他们所穿的想必是特意缝制的衣服。在次北极的河、湖中,使用雪地鞋,开始驾驶树皮独木舟。科蒂勒拉文化是公元前8000年以后出现在不列颠哥伦比亚南部的原始文化。

人们使用叶状投掷尖物、石刀、简单的切削器、圆形石块和核状工具,猎物主要是三文鱼等。海岸薄刀片状文化是这一时期出现在不列颠哥伦比亚中部和北部海岸的原始文化。当地人们是从南部扩展来的,借助于水上工具,在公元前5000年他们到达夏洛特女王岛。他们的生产和生活状况与科蒂勒拉文化相近,而且两种文化产生了交汇。此外,这时期还有北部内地文化和大奴湖北部的阿卡斯塔文化等。到公元前4000年以后,自然环境变化的节奏开始放慢,人类居住的环境也相对固定下来。海平面与现在的水平基本相近,哈得逊湾以西生长植物的地区比现在更往北。

公元前2000年以后,气候变得更冷也更湿润,森林带比现在往南大约300公里。在这一时期,北美原有的几种原始文化继续发展。海岸古代文化是在早期古代文化的基础上发展起来的。此时,人们向纽芬兰和圣劳伦斯河谷上游推进。沿着拉布拉多海岸,一百多米长的长形房屋建立起来,各种石器、切削木头的石斧及半圆形的刀状物都已经使用。此时开始出现精致的骨器:用骨钉固定成的渔叉、骨针等。

在公元前1500年左右,大概是受早期古因纽特人的驱使,海岸古代原始人向拉布拉多南岸转移。地盾古代原始人从魁北克内地向拉布拉多中部海岸和圣劳伦斯海湾北岸渗透。劳伦斯古代文化是与海岸古代文化相交融的文化。人们主要以捕猎大型野兽为生,附带着也吃硬壳果类、小动物和鱼。地盾古代文化在这时期继续向东,在魁北克次北极广大地区扩展。这种原始人除了使用以前的工具以外,大约在公元前1500年左右开始用黑硅岩矿石制造工具。

大约在公元前4000年,天然的铜块和金块开始在大湖区的交换中使用。在基韦廷地区,地盾古代人是以家庭方式居住的。他们的房子中有石头垒成的火炕,房屋的地面是在半地下,而且房屋四周,用较重的石头固定住盖房的材料,使之坚固。中央平原的原始人依赖野牛为生,他们靠精心策划的社会组织进行围猎。野牛群被大批的人赶向悬崖峭壁摔死或驱赶进准备好的栅栏中围歼。

这些人住在帐篷中，帐篷用石头围起来。

到公元前3000年，这部分原始人在数量上有较大增加，居住也更加集中。其影响扩展到马更些河谷以北，向东扩展到大湖区。他们除了使用投掷尖器：切削器、石刀和薄圆石器以外，这时已使用狗拉雪橇。此时出现了一种用碎石子嵌在地上的轮状图形，这是中央平原古人的祛病符咒。这种图形持续了几千年，说明原始人中已流传着一种明确信仰。在墓葬中发现了石器、鹰爪、大湖区的天然铜以及大西洋沿岸的贝壳项链等，这说明当时已有一定的交换。这一时期，除以上几种原始人之外，还有早期奈斯凯朴人（住在不列颠哥伦比亚南部）、早期西北沿海人、北部内地薄刀片状石器人、北部古人和早期古因纽特人等。

公元前1000年~公元500年，北美各地的原始人在原有基础上继续发展，此时大部分原始人都掌握了使用弓箭的技术。从500年到16世纪欧洲人到来这1000年的时间，是考古资料最丰富的时期。此时，人口有很大增加，所以考古学家有可能把史前文化与历史资料结合起来进行综合考察，写出较为详细的历史。

总而言之，在欧洲人到来时，北美原始人已经在这片土地上繁衍生息了几千年，他们共有12种语族，包括更多的语言。农业在安大略南部、圣劳伦斯河谷以至魁北克都成为经常性的生产活动。

第三节　森林地带的印第安人

在原始的北美森林里，居住者当地的印第安人，他们制造简单的生产工具，以狩猎为生，分工分明，过着相对平等的原始生活。他们辛勤劳作，有组织与首领。

从拉布拉多绵延4828多公里的海岸向西扩展，一直到马更些河下游和育空地区，这里拥有广阔的森林。在这片广阔的森林地带，居民的语言尽管有着不同的口音，却主要说两种语言，一种是阿萨巴斯卡语，主要分布在丘吉尔河西北；另一种是阿尔贡金语，分布在丘吉尔河东南。尽管他们彼此不能相互懂得对方的语言，但却面临同样的生存环境，过着大致相同的生活。他们以猎取大、小野兽为生，狩猎工具包括弓、削尖的石箭，尖状石头长矛、陷阱和罗网等。当野兽掉进陷阱或被罗网逮住之后，猎人们就用长矛或弓箭把猎物射死。在河中，他们用鱼钩和鱼线捕鱼，也用小网和栅栏拦住较浅的整个河道来捕鱼。据18世纪欧洲人的记载，印第安人用这些工具捕猎，效率很高。

当时的印第安人已经懂得如何制造工具。他们的男、女工作是有分工的。狩猎用的大部分武器是男人制造，女人制作生活用品，包括石刀、木制或骨制的削刮器、石头刻刀、骨针和木制的或树皮的器皿。18世纪，泥制的陶器质量很差，不能在火上烧煮，所以当时的印第安人吃熟食主要靠石头器皿来煮或烤，或用棍子叉起食品在火上烤。

除了制造那些生活用品之外，印第安女人也负责做衣服。她们通常用各种兽皮缝制长袍或长衬衣，并用豪猪的硬刺、野兽的尾巴等作为装饰。在长袍里面，男人穿兽皮做的马裤，女人穿裙裤。冬天在长袍外面罩一件暖和厚重的大外套。这种大外套一般可以穿很多年。在马更些河谷，外套一般是用兔皮做成。印第安人在床上铺着兽皮，通常是鹿皮或熊皮。印第安人的房屋用树干架成锥子形，上面再盖上鹿皮和树皮。每间屋子可住15个人以上。

需要捕鱼或者渡河的时候，他们发明了一种河上的交通工具——树皮独木舟。这种树皮独木

第一章 北美的自然地理条件和早期居民

舟轻便而易于修理,所以不但为印第安人所使用,也为后来的欧洲人所使用。它在陆地上易于搬运,可以跨过两条河流之间的陆地,也适于在湍急的河水中航行。正是由于这种独木舟轻便而有效,欧洲人很快就深入了北美大陆,进行探险。北部印第安人传统的独木舟体积小,只适于载两个成年人和一到两个小孩,货物也装载得很少,只能运250磅到300磅。

在北美的北部严寒地带,他们也有自己的交通工具。印第安人用雪地鞋、狗拉雪橇和一种偏长的雪橇,在可能的条件下,他们总是沿着冰冻河流的下风头一线行走,以避开坎坷的地面和风的阻力。由于猎人们通常只能喂养一两条狗,所以狗拉雪橇一般也只有一两条狗为动力。在这种情况下,每当迁移狩猎地时,雪橇的运输力是不够的,人们,特别是妇女要用背来背沉重的物品。

当时生活在那里的印第安人,他们的生活范围比较小,生活在一起的都是有血缘关系的人们,所以他们的亲情观念还是十分浓厚的。冬天狩猎的组织规模最小,通常由几个近亲家庭所组成。这样的劳动规模可以保证冬天的狩猎安全和有效。冬天最基本的猎物是麋鹿和北美驯鹿,它们都不是群居动物,所以只要两三个人或四五个人就能很容易地捕获。此外,血缘家族也为生存和生活提供了方便,当一个家庭的男性家长生病或死亡时,其他同族的男性成员可以抚养他的子女长大。

不过值得一提的是,当时印第安人的婚姻。他们的婚姻很简单,当需要结合时,只需征得父母的同意即可。印第安人的贫富不是以财产来衡量,最富有的男人是能力最强的猎手,女人的嫁妆则是健康的身体和心甘情愿地协助丈夫料理家务。当他们性情不合不愿再在一起生活时,只要举行一个和结婚一样简单的仪式就可以分手。印第安人中未婚夫妇和已婚夫妇并没有明显界限,贞洁也不被看成是基本的道德标准。此外,在非常友好的朋友之间,还互相交换妻子过夜,这被看成是一种最牢固的友谊。有些家庭的男主人或女主人死后,他们的子女有时认父母生前的好友为父母,就像基督教徒认教父或教母一样。

他们的每个部落都有自己的首领,他们的领袖是自然形成的。首先,他必须是最好的猎手,已婚,并能言善辩,这样的人就能做冬天的领袖。在夏天,由于群居的人数多一些,就从诸多冬天的领袖中选出最受尊敬的一位做领袖。但是,领袖没有特权,家族中一切事务均由集体决定。当意见不一致时,领袖不能强制,只能说服大家,直至意见取得一致。在对外事务中,领袖以全族人的名义与外族交涉谈判,因此,领袖的口才非常重要。

这些最具有才华的首领,总是在他们为难的时候解决他们部落的困境。印第安人面临最困难的问题是间断性的食物短缺。这种短缺一方面是由于森林大火烧光了森林和野兽;另一方面也由于动物数量的自然波动,即动物数量的自然增多和减少,或动物的迁徙。一般的说,这种食物短缺是地方性的和短时期的,为应付这种局面,北方森林印第安人逐渐形成了解决问题的办法。在家族内部,血缘相近的家庭在彼此需要的时候互相帮助,这种帮助也不必立刻回报。这种分享食物的传统被看成是一种责任;相反,贮存个人物品则被看成是不正当的行为。人们都有帮助别人的愿望,期望领袖们能慷慨对待其他家族。在这种环境下,谁要获得高位不是靠积累财富,而是靠给予别人,才能得到大家的尊重。在不同的部落之间,通过交换也可以解决食物短缺。

如,北方森林印第安人就与相邻的住在安大略南部的易洛魁人实行交换。此外,部落之间在食物短缺时也允许彼此到对方的领地上狩猎。一般情况下,森林印第安人内部不进行交换,因为他们的食物始终比较有限。林地印第安人拥有宗教信仰。个人的信仰是通过幻想来实现的;集体的信仰则通过宗教节日或仪式,例如敲鼓等方式,来寻求美好的愿望或达到某种精神境界。他们相信有

· 279 ·

一种主宰生命的神——曼尼托(即大神)的存在。

印第安人认为,曼尼托无所不在,他们分为不同的等级,是超脱于人的生命历程而独立存在的,并把所有其他生命置于他们的安排和照料之下。每一个曼尼托有着不同的关照物和指令,如一个曼尼托主宰野牛,另一个主宰鹿。这些下级曼尼托要对一个最大的曼尼托负责。出于这种考虑,印第安人尽可能不去说或做任何触犯曼尼托的事。当人们要杀死野兽时,他们总是要说一些话或做一些事,表示对曼尼托的感谢,并祈求允许他们杀死这只野兽。巫师是人与神之间的桥梁,他们被认为有特殊的能力能与精神世界对话。在说阿尔贡金语的印第安人中有一种仪式:巫师坐在一种特制的可以摇动的帐篷中与精神世界对话。在奥吉布瓦人(印第安人中一支)中,巫师作为精神世界的领袖,组成一个神圣的治病驱魔团体,这是林地印第安人中最重要的宗教组织。它的存在关系着整个部落的健康和生存。

第四节　勇猛的易洛魁人

在北美东部,有两支印第安人住在那里。一支是易洛魁人,他们住在现在的安大略省南部和圣劳伦斯河谷周围地区,以农业为生。易洛魁人的社会很大,几千人住在一起,生产能力较强,发展很快,他们虽然在较小的生存范围内活动,却养育了较多的人口,并逐渐形成了较为复杂的政治组织。易洛魁语有几种不同的方言,说不同方言的易洛魁人形成了几种不同的有时甚至是相互充满敌意的部族,如"五部落"或称"易洛魁联盟"。这5个部落是斯纳卡、卡尤嘎、奥内达、昂昂达嘎和摩豪克。此外还有休伦、伊利和纳特拉尔人等。这些部落之间有血缘关系,相互进行贸易,但也相互竞争,有时还发展成战争。

北部易洛魁人与林地印第安人中的阿尔贡金人进行贸易,他们用多余的粮食换取猎物和猎物制品,尽管数量不大,但是却建立起交易的路线和方法。这对于当时的商品流通和信息的交换都起了重要作用,而且为以后欧洲人到来进行皮毛贸易和深入内地奠定了基础。

在不同地区,土著居民的发展相差很大。易洛魁人不像林地印第安人那样到处流动,而是有着固定的住所。他们精心搭盖房屋,集村落而居。以休伦人为例,他们食物的75%是农产品,有玉米、豆类、南瓜和向日葵等,其余25%用鱼和兽类做补充。易洛魁人的村落建在田地附近,每个村落可以居住2000多人。他们已经知道土地休耕,当附近所有土地的地力耗尽时,他们就会找寻新的村落地址和新的耕地。清理土地对于只具有低下生产力的易洛魁人来说是一项艰苦的工作。

曾经有一位来到北美较早的欧洲人这样记载:清理土地时,印第安人"一般由男人们在从地面0.6～1米的高度把树砍倒,然后打掉树干上的所有枝杈,再把剩余的部分用火烧,以便把树烧死,最后把树根挖出、移走。在这之后,由妇女清理树坑之间的土地,再在地面上以一步的间距挖成一个个的圆坑,在每一个坑里,种9～10粒玉米种子。这些种子是他们事先选好、分类并用水浸泡过几天的。一般来说,他们下种的数量很多,足够他们收获出二年到三年的口粮。他们所以生产出这么多的口粮,是为了防止遇上灾荒,也为了向其他部族进行交换,换取他们作为衣服的皮毛和其他生活物品。在开荒以后的几年中,他们会继续利用这些坑进行耕种。在耕种时,只需要用小木铲重新清理一下坑里的松土,种上玉米种子。木铲的形状像耳朵,在'耳朵'的一端有一个把儿。树坑

第一章 北美的自然地理条件和早期居民

之外的土地不耕种,那里的杂草被清除,在一簇簇的玉米秸秆之间留下有规律的横竖交错的小路"。

鱼类是易洛魁人获取动物蛋白的唯一来源。捕鱼一般是成年男性的工作。休伦人住在现在的安大略西姆科县,他们从事渔业的时间一般在秋天,用大约一个月的时间到乔治湾去捕正在产卵的鲱鱼。斯塔达科他人住在现在的魁北克城一带,他们从圣劳伦斯湾中捕鲭鱼、海豹、海鳗和海豚。与其他的易洛魁人不同,这一族人与大海有着息息相关的联系,在播种和收获之间,他们经常远航到加斯佩半岛和贝尔岛海峡去进行捕鱼和采集其他食物的活动,在进行这种远征冒险时,通常是男女老少一齐出动。

易洛魁人的衣服都是野兽的毛皮做成的。对于易洛魁人来说,打猎取得的食物很有限,但是野兽的皮毛是贵重的,它是缝制衣服的主要材料。相对讲,由于易洛魁人人口稠密,所以兽皮总是短缺。为了解决穿衣问题,打猎的人被迫要到很远的地方找寻狩猎机会,而且他们的人数也很多。以休伦人为例,在秋天和晚冬进行打猎的队伍有几百人之多,他们要到离家很远的地方去打猎。在这个季节,白尾鹿聚集成群,休伦人就利用这个机会建起0.8公里长3米高的V字形围鹿栅栏,用大批人力把鹿群驱赶进围栏,再歼灭。这种方法比较有效,每次都能获得相当多的数量。在晚冬狩猎时节,有少量妇女会随同男子去打猎,她们的任务是宰杀捕获的鹿,并把毛皮剥下收拾好。一般情况下,鹿被捕获之后,鹿肉立刻被吃光,有时也有剩余,他们就把鹿肉熏制、晒干带回村庄。冬天,易洛魁人把玉米晒干吊在屋顶上,把鱼晒干或熏好放在树皮做的容器内贮存。

他们住的房子与森林狩猎印第安人住的房子有很大不同。休伦人住的房子有27~30米长,8~9米宽,四壁用树干插进土里,前后两边树干的上端向中间倾斜,并在屋子中央一线用绳子系在一起。在树干搭成房架以后,上面盖上杉树皮。房子两侧有贮存木柴的地方,房子里面靠墙建起高台,屋子中间有贮物架捆在柱子上方,上面放器皿、衣服和其他物品。屋子中间的下方是一排6米长的床,上面铺着兽皮。许多这样的房子聚集成一个村落,休伦人的村落用木桩围起来,以防他人的进入。可以设想,这样一个村落可以居住很多人,房子的使用期也比较长。

另外,休伦人由于比印第安人的活动范围要广阔,于是他们的交通工具相对来说要比印第安人的要先进的多。休论人的独木舟体积大,可以乘坐五六个人,休伦人用它在较为深的河流和波涛汹涌的乔治湾中航行,从事贸易和捕鱼,有时也用它与周围的部落进行战争。当时,休伦人主要与北方的林地印第安人进行贸易。他们用多余的粮食、烟草和渔网换取皮毛、肉类和冬天的衣服。

休伦人乐于交易,这就使他们比阿尔贡金人更加富有。对于个人来说,收集财产是不被鼓励的,但作为以血缘关系组成的集体,积累财产可以使他们保持和提高社会地位,定居的生活为积累财产提供了可能性。财产的积累首先要依靠剩余,有了剩余才可能去进行交换。通过交换,可以获得新的财产,然后,易洛魁人把这部分财产分配给部落的一般成员,由他们使用或进行积累。从事交换的人拥有一种特权,他们一般是男性,这种进行交换的关系和路线要么是他们发现和建立起来的,要么是他们从父亲那里继承的,别人不能随便进行交换。因此,这些人有可能比别人拥有更多的财产。这种交换的特权也并不总是世袭,有时也会把这种交换关系转给其他家族。与阿尔贡金人和讲阿萨巴斯卡语的林地印第安人的核心家庭相比,休伦人的社会更复杂,也具有更高的社会组织。在每一个长房子中,居住着一个扩大的家庭,这是母系社会:由一位女性和她女儿们的家庭,或者一组姐妹们的家庭所组成。子嗣的延续在女性一边,新的家庭也居住在女方的房子里。

休伦人的组织也是围绕家庭建立起来的。许多这种扩大的家庭住在一个村庄里,他们都是一个共同母系祖先的后代,这些共同的后代组成一个家族。依据村庄的大小,有时是几个家族住在一个村子里,有时是一个村庄只有一个家族。每一个家族都有一个部落家族的名称,如:熊、鹰、龟等。一般来说,属于一个家族的许多扩大的家庭总是乐于住在一起,所以有的村庄很大。也有的家族住在不同的村庄却享有一个共同的家族名称,他们之间是亲戚关系。家族内部是禁止通婚的。

与印第安人不同的是,休论人的每个家族有两个首领。其中一位负责民事,另一位负责军事。在这两位领袖中,负责民事的更重要,因为日常生活的各个方面都由他来处理。军事首领只有在战时才有任务。在战时,军事首领的责任是组织进攻的军队与自己的夙敌进行战争。一般来说,这些军队是由上次战争中受到打击的男性家庭成员组成,他们寻找报仇的机会向敌对的村庄发动进攻。在易洛魁人中间,大大小小的战争总是连续不断,但是死的人数却相对很少。战争中,妇女和儿童被抓做俘房,有时胜利的一方折磨敌对方面的男人,却把俘获的妇女和儿童去向敌对方面交换自己被掳去的成员。一般来说,在欧洲人到来之前,以歼灭整个村庄为目的的战争从来没有发生过。

他们在遇到重大事件的时候,通常会组织一个团体,一起来商议。易洛魁人的每一个村庄都有一个议事会,议事会由各家族的民事领袖所组成,负责全村的日常事务。在议事会成员中有一位是全村的代言人,负责与其他村庄进行交涉和协调。但是,所有议事会成员是平等的,他们不必服从其他成员的决定。村庄的行政事务要经过议事会讨论,大家取得一致意见才能决定。在村里,具有聪明才智和受尊敬的老人也参加议事会的讨论。

在休论人的土地上,他们也有自己的区域划分和部落。每一个休伦村庄从属于一个部落,由5个不同的部落组成休伦联盟。每一个部落控制着休伦疆域的一部分领土,部落议事会由每个村庄的民事领袖共同组成,负责整个部落的行政事务。与村庄议事会一样,部落议事会成员的权力是平等的,他们中有一人为部落的发言人。每个部落议事会有一些世袭的责任,如保护本部落的商路畅通,负责村庄之间和部落之间的事务等。在部落之上的议事会是部落联盟,它由相关部落议事会的所有成员所组成。拿休伦部落联盟来说,它的宗旨是使联盟中所有部落和平友好相处,保持共同的商业和军事利益。显而易见,完成这样的任务并非易事。但是,在17世纪早期,管理着拥有25000人口的休伦联盟在这方面却是非常成功的,可见这些政治组织发挥了重要作用。

休论人的生活在当时还是比较丰富的民族。他们有一些公共节日,也有一些私人庆典。最大的庆典是部落联盟一年一度的集会和联盟议事会上任时的庆典。庆祝的方式是跳舞、游戏和举行宴会。休伦人最重要的节日是死人节,它在村庄迁移新址的时候举行,往往会持续10天,届时要把死去祖先的骨头迁往新的住地。在举行这种仪式时要通知其他部落的人参加,来的人越多,他们会觉得脸上越光彩,也会使死者更好的超度。

节日举行时,人们要载歌载舞先庆祝几天,然后在新的村庄附近挖一个大坑,大坑周围和上方搭起许多木架,当迁徙时,死去祖先的骨头装在口袋里放在木架上。待坑整理好,要先铺上兽皮,兽皮之上要放殉葬品,如战斧、水壶、珠子、项链等,要铺满厚厚的一层。在这之后,由首领们站在木架上把祖先的骨头倒在殉葬品上,尸骨上面再铺一层兽皮,兽皮上再盖上树皮和土,最后用大木头压好。在这些事做完之后,他们会继续跳舞,而且脸上带着满意的笑容,相信自己祖先的灵魂已得到妥善的安置,也相信这样做会保佑他们平安和富有。休伦人的庆典除了其本身的意义之外,还有其他方面的作用。举行这种仪式,一方面说明他们尊敬祖先;另一方面,通过这种仪式,也可以使相同

第一章　北美的自然地理条件和早期居民

部落的人认识到自己拥有共同的祖先,应该互相团结。此外,通过邀请相邻部落的人来参加庆典,也可以扩大相互的接触并加强部落联盟内部的联系。

他们也有自己的宗教信仰,休伦人信奉天神,认为它是万物的主宰,既控制着天气,也在人们需要时提供帮助。比天神小一点的神是奥齐,他影响人类的活动。所有的易洛魁人都信奉神,他们祈求神在经济活动和战争中帮助他们,也希望神能帮助他们战胜疾病。他们认为人会得病有三种原因:一是自然原因,二是巫术,第三则是人们心灵的愿望没有实现。为此,他们转向巫师,请他们治愈社会,以解决这些问题。由于梦被看做灵魂的语言,所以,巫师在给病人看病时对梦给以极大的关注。他们采取适当的仪式和举动,往往能有效地对待一些共同的精神的和情绪上的毛病。一般来说,这常常是某种心理治疗的方法,有时是针对个人,有时则针对一批人。

总之,他们的目的是使人们乐天安命,并对未来抱以美好祝愿。

第五节　平原上的印第安人

在北美的平原地带,生活着另外的印第安人。他们和森林里的印第安人的生活有很大的不同。平原印第安人生活在马尼托巴、萨斯喀彻温和阿尔伯塔等地的草原地区。他们的生活与北美其他地方的印第安人极为不同,在长期的狩猎生涯中,他们形成了一种巨大的军事力量。

在这广阔的平原上生长着成千上万的野牛,野牛的繁殖排挤了其他大型动物在这一地区的繁衍。每年冬天和夏天,大批的野牛群按照习惯的路线在一定的地域范围出没,形成自己的活动规律。只是在秋天偶尔发生草原大火,毁坏了冬天的饲料场,或者是由于天气极为反常,使野牛不能在露天的草原出没时,这种有规律的活动路线才会改变。因此,野牛有规律的行踪使平原印第安人的狩猎相对容易。他们在长期的狩猎中,也渐渐发明了一些有效的狩猎方法。在冬天和夏天,平原印第安人采取不同的方法对付野牛群。夏天,最有效的方法是向悬崖驱赶野牛。这样做需要大批人力,成年男子的力量是不够的,往往包括妇女和老人。人们在一个陡然下降的地形处,修成V字形的障碍,然后把野牛从敞开的一端向尖端驱赶。这种障碍有时是用树枝扎成栅栏,有时用石头垒起。其作用一方面阻止野牛向其他方向逃窜;另一方面也是保护猎人不受伤害。选择围杀野牛的地点要有一定的落差,当野牛被驱赶到v字形的顶端时,摔下去要足以使狂奔的野牛摔残或摔死。在驱赶野牛的过程中,大部分猎人在野牛后面把野牛向V字形的顶部,即悬崖处驱赶,在障碍的两侧,要埋伏下一些人大喊大叫,逼迫野牛向预定地点奔跑,有时也故意在围杀地点准备一些饲料,诱导野牛进入埋伏。这种方法很有效,在草原地区使用这种方法也很普遍。

根据考古发现,这种捕杀野牛的场所在许多地区都有。由于野牛群的活动有一定的时间,也有一定的路线,所以可以设想,这种v字形的设施修成之后绝不是使用一次,而且可以加固和完善,并在以后不断的使用。这种方法在平原印第安人中已经沿用了几千年。平原印第安人也用围歼的方法捕杀野牛。据17世纪哈得逊湾公司一个欧洲人的记述,他看见印第安人把一群野牛包围起来,然后逐渐缩小包围圈,最后向野牛射击,使有的野牛倒下,其余的逃散。应该指出的是,在欧洲人到来之后,平原印第安人经过交换获得火枪,他们有时骑马追击野牛群,并用枪向野牛射击。可以看成是两种文明交汇之后产生的一种新狩猎方式。由于野牛是成群的大规模行动,所以捕杀野牛

· 283 ·

也是上百人的有组织的行动,这就形成了一种军事化的狩猎方式。

这样,野牛就成为这些印第安人的主要食物。野牛捕获以后,由老人们宰杀,妇女们剥皮、分割和整理牛肉。在夏天,有很大一部分牛肉要贮存起来,以备冬天食用。妇女们先把牛肉晒干,砸成粉末,然后把牛油在火上炼出来装在生牛皮做的容器中晾凉,再把干牛肉末和牛油搅在一起做成干牛肉饼。在吃这种牛肉饼时,平原印第安人一般要搭配一些野果,这样吃起来味道鲜美,营养也丰富。

当然,平原印第安人也会捕捉其他的动物。首先是红鹿,这种动物体大,重量有1100磅以上。它们活动在树林与草原的交界处。印第安人在冬天捕不到野牛时就捕捉红鹿,他们喜欢这种鹿肉的美味,也用鹿皮做衣服。除此之外,狼、海狸和各种水鸟也是大受欢迎的猎物。海狸皮是很好的毛皮,印第安人用它做冬天的衣服。在早春和秋天,印第安人也捕鱼。如阿斯尼伯恩人和克里人在春天的河流上筑上捕鱼的栅栏,可以捕到大量的鲟鱼,他们把栅栏修在红河和阿斯尼伯恩河等主要河流的狭窄之处,当鲟鱼群从大湖区逆流而上产卵时,很容易就会被捕获。这种鲟鱼重90公斤以上,对于印第安人来说是量大味美的食物。但是,生活在阿尔伯塔南部的黑脚印第安人(据说因为他们穿的鞋为黑色而得名)不用这种方法捕鱼。他们只是乘独木舟沿河捕鱼。自然,用这种方式捕鱼数量要少得多。

平原上丰富的野牛满足了印第安人的很多需求。野牛除了向平原印第安人提供大量的牛肉之外,也提供一些生活用品。妇女们用柔软的牛皮做衣服,男人用带毛发的牛皮制装,牛筋还可以做弓绳。牛胃最有用,可以做器皿和壶,平原印第安人把牛胃装满雪吊在火上熏,可以在寒冷的冬天喝到温水。在冰雪融化之后,他们又可以把牛胃装满水盖上一个塞子当作壶,带着它去打猎。平原印第安人妇女会用牛皮做衣服,也会把牛皮染上颜色。但是,与曼丹妇女相比,她们则显得逊色。曼丹妇女的牛皮手工艺是远近闻名的。随着野稻谷的流通,绘制过的皮革、野牛皮袍子和各种毛皮手工艺制品沿着商路,也从曼丹源源不断地流向北美草原地区。而草原地区未加绘制的皮革、皮袍子和干货则南运到曼丹印第安人部落。

大部分平原印第安人使用牛皮舟,这种船是卵形的,用木棍做成支架,再用牛皮包起来。这种船不能远距离航行,只能过河使用,过河时,人们钻进卵形舟中,一点儿也不舒服。平原印第安人通用的兽力是狗,一个狗拉的雪橇一般可以载75磅货物。在交通工具方面,尽管阿斯尼伯恩人和克里人是后来者,他们却较为先进,使用树皮做的独木舟。

平原印第安人的婚姻不同于森林印地安人和易洛魁人。他们的社会以家庭为基础,婚姻实行一夫多妻制。居高位的男子可以有几个妻子,这些妻子通常是姐妹。冬天的村庄一般有100~400人,他们分散住在一片片的小树林中。在冬天,印第安人非常艰难,有时大雪几乎把帐篷掩埋。村庄的事务由首领和长者议事会负责,大事由全体成员协商讨论后决定,虽然有时也实行强制,但出现矛盾时主要靠说服取得一致意见。夏天的情况有所不同。在夏天,他们住在像休伦人一样大的帐篷中。由于一个村庄有许多帐篷,所以夏天的营地能有上千人。这样多的人住在一起,一方面是夏天的狩猎方式需要大批人力;另一方面也由于在夏天,部落之间经常发生战争,这样大批的人居住在一起,有助于人力的调动。

部落的领导层由男性组成,部落议事会成员都是男性长者,他们的任务是管理村庄内部事务、计划和组织大型的狩猎活动以及确保村庄的安全,防止外部落的袭击。除部落议事会之外还有一位首领,负责召集部落议事会的召开,并主持日常事务。在这样的领导体制下,平原印第安人把部落建成了以男性为主的军事化社会。平原印第安人的社会是男性社会,在这里,男性具有权威。为了追求权力和高位,男性之间展开了激烈的竞争。一旦某人取得高位,他就对下属实行强制性的管理。追求高位的表现是追求财富,只有具备了一定财富的人才能成为有地位的男人。

在欧洲人到来之前,平原印第安人比阔的方式是看谁的帐篷更漂亮。漂亮的帐篷要用 10~12 张野牛皮建成,最好的帐篷要有许多美丽的装饰,这样,男人就依赖妇女做各种手工艺品进行装饰。在欧洲人到来之后,枪和马被引进平原印第安人社会,这使狩猎相对容易了许多,所以那些最能打猎的男性就需要更多的妇女为他做更多的手工艺品,这样也就加速了一夫多妻制的流行。一夫多妻制流行的另一个原因是男性的数量相对要少。除了财富之外,在战争中表现勇敢是男性地位升迁的另一重要因素。在 17 世纪初,马和火枪开始在平原印第安人中使用,这在部落战争中起了很大作用。

首先,马的使用使战争涉及的地域范围扩大,因而使战争的规模扩大;其次,火枪的使用使杀伤力大大增强,因而使男性的死亡率大大增长。这就为一夫多妻制的发展准备了另一个条件。

当然他们也有自己信仰,平原印第安人崇拜太阳,认为太阳是"伟大神灵"的主要体现。一年一度的太阳舞仪式是他们宗教生活中的大事。这种仪式通常在 7 月或 8 月举行。在一次捕杀野牛的狩猎之后,人们要精心准备这次大的盛典。这种仪式要持续 3 天,人们不断地跳舞,宴会上要消耗大量的肉,特别是野牛犊和牛舌头,此时,巫师们也要施展他们的法术。平原印第安人的太阳舞节日与易洛魁人的死人节一样,是一年一度最大的庆典。它在盛夏举行的意思是使每一个家庭一年的狩猎活动有一个新的起点。

第六节　商人与渔民们

北美的西海岸是一片美丽富饶的地带,生活在这里的人们自然更悠然自得。在北美土著居民中,西海岸的印第安各部落最具有经商天赋。在这里,风景优美,食物充足,交通便利,各部落的文化也非常丰富。这里的主要食物是马哈鱼,流通的主要商品也是马哈鱼。这里的马哈鱼有 5 个品种,而且产量丰富,它们生活在靠海的几条河流的下游。除马哈鱼外,沿西海岸还有海豚、海豹、海獭、大比目鱼和鲸鱼。在这 5 种马哈鱼中,红马哈鱼要到大河的上游去产卵,所以游的距离较远。

这就使海岸印第安人有可能捕获大量的马哈鱼。捕捉马哈鱼的方法有很多,在环境允许的情况下,网捞和在河道上设鱼梁(即树枝编成的栅栏)是最有效的方法。此外,坐在窄窄的独木舟上,用长柄的渔钩钓鱼或用浸入水中的渔网兜鱼也是很有效的方法。在鱼打上来之后,由妇女们进行加工,一般来说,人们要把大量的鱼熏制或晾成干鱼,留待冬天食用。

这里的鱼类为渔民们提供了很多资源。细齿鲑鱼是一种含油脂极丰富的小马哈鱼。它的鱼油不但可以食用,也可以照明。纳斯河是盛产这种马哈鱼的场所。海岸印第安人发现了细齿鲑鱼的妙用,他们不但掌握了从鱼中炼油的方法,而且还能把鱼油装好,运往很远的内陆地区。运输油脂的路线有时是崎岖的山路,有时是危险不安全的路,但印第安人却能安全、不泄漏的把油脂送出。这条运油的路线被称为油脂小径,远近闻名。

除了那些丰富的海洋鱼类之外,这里的人们还会在陆地上捕捉其他猎物。太平洋沿岸气候潮湿,浓密的树林中动物不多。在靠内陆的地区狩猎条件比较好。在斯基纳河的中上游,基特克森人(讲西姆山语)和巴宾人(讲阿萨巴斯卡语)除了捕鱼之外,还用一部分时间打猎,他们打山羊、熊和海狸,并把这些兽肉作为庆典仪式上的佳肴,此外,山羊毛和羊角也是他们喜爱的东西。

在北美西海岸地区盛产各式各样的浆果,特别是黑果,味道鲜美,极受印第安人的喜爱。海岸印第安妇女用这种黑果制成果饼,与内地印第安人进行交换,非常受内地印第安人的欢迎。黑果饼制作的过程是这样的:先把黑果晾晒干,然后压碎,再把它放在杉木盒子中,把烧红的石头投入盒子,使压碎渗水的黑果煮烂。准备一些美洲观音莲或美莓果的叶子,把它们弄熟,摆在晾晒用的杉木架子上,把煮烂的黑果酱倒在叶子上铺平,再用小火不断的烤,直到把果饼烤干。烤干的黑果饼被卷成卷儿,再用一根根木棍从卷儿的中央穿过,把棍子架起来继续晾晒,直到大量的黑果饼都做成之后,取下、切碎,装入杉木盒子中就可以运到远方去交换了。海岸印第安人把留给自己用的黑果饼继续挂在架子上晾晒,随吃随拿。

这里的印第安人大都是比较心灵手巧的。他们的木工手艺确实非常好。从他们的房子的建筑上就可以明显看得出来。他们的房子是用杉木造的,房子大,结构复杂,是北美所有印第安人中建造最好的房子。这种房子与易洛魁人的长房子相似,适合多个家庭居住。在一个村庄里,往往有四五个建在空中的房子和六七个建在地上的房子,除此之外,还有一些其他的小房子和小窝棚,这些小房子是用做厨房或整理马哈鱼用的。建在空中的房子是用几根粗壮的柱子插进地里,然后把横木牢牢地固定在柱子上,再在横木上铺地板,盖房子。这种房子一般离地面有 4 米高,30 米或 37 米长,12 米宽。房子之所以建在空中,可能是防潮。在房子的中央,摆放着 4~5 个火炉,其目的一是为了取暖,二是为了烤制鱼肉。可以设想,这些有火炉的房子是直接建在地上的,不可能用木板铺地,因为没有任何材料说到海岸印第安人发明了任何绝热材料,可以使放在木地板上的火炉能与木地板隔绝而不发生火灾。长房子里面的两侧是床铺,每隔 2 米左右用厚厚的杉木板隔开,这是每个小家庭的活动空间。床前是大约 1 米宽的木地板,使室内活动更加舒适。房梁上整齐地挂着晾干或熏制的鱼肉;房顶的两头留有一定的空隙用以透光、冒烟。房屋的内壁还有一些绘制的人物头像,这可能与他们的信仰有关吧。

与其他印第安人相比,海岸印第安人建造了体积最大、性能最好、装饰得也最漂亮的船,这是为了满足捕鱼和贸易的需求。他们把巨大的杉树伐倒,中间挖空,可以做成长 11 米到 21 米的独木舟。可以想象,在当时没有金属工具的情况下,做这些工作是何等的艰难。独木舟分两种,战船是窄一些的,速度很快;商船比较宽,速度相对慢一些。最大的船可以载 70 个人和一些货物,并可以沿海岸航行大约几百公里。他们把船涂成黑色,上面有各种各样白色的鱼的图案,有些船的船头和船尾的上檐,还镶嵌上海獭的牙齿,非常好看。

海岸印第安人的服装比其他印第安人也更加先进。除了皮制的各种服装之外,他们与阿拉斯加南部的印第安人特林基特人一样,已学会了纺织。他们中的西姆山人用野山羊毛织成毯子或斗篷,但是,由于原料的相对短缺和复杂费时的工艺,所以这种毛织品只能供给那些社会地位高、有影响的印第安人享用。普通人只能穿用黄杉树皮纤维织成的服装。在雨天,他们穿着上面有一个洞,可以把头钻出来的圆锥形的服装,并戴杉树皮做的帽子;在冬天则穿海獭皮和其他兽皮缝制的斗篷和手套。他们房屋中最好的家具是用可以压弯变形的木材做成的木箱,其用途既可以放东西又可

第一章　北美的自然地理条件和早期居民

以当坐椅。

与易洛魁人一样,西海岸印第安人的经济和社会组织也是基于血缘关系的宗族组织。但是,他们是以村庄为单位独立活动的,并没有一个部落组织把各个村庄联合起来。有时候,为了战斗和其他方面的需要,相邻村庄联合起来统一行动,但这纯粹是一种自愿的行动,这些村庄之间没有血缘关系做基础,这种联合也不是固定不变。一般来说,每个村庄包括一个或几个家系,每个大房子住一个家族,每个家族包括几个相关的家庭。此时,西海岸印第安人已开始从母系社会向父系社会过渡。在西海岸的北部仍是母系社会,在西海岸南部已进入父系社会,在中部则二者皆有。家族首领,也就是每一座房子的首领掌握着经济活动的各种权力,如渔场或打猎的范围是属于他们的,不允许外人靠近。家族首领非常小心的维护着自己的权力范围。他们也管理内部的经济活动,如打鱼、狩猎。据一位欧洲人的观察,在西海岸某地的村民中,家族首领不允许自己的一部分家人去捕捉海狸,这大概由于海狸在这一带匮乏。这件事显示了家族首领在经济生活中的地位和作用。

这里的印第安人与其他地区的人有很大的不同,他们已经有了等级制度,而且已经进入父系社会。这里的印第安人形成三个等级,第一等级是贵族,首领必须从这一等级中产生;第二等级是平民,平民是绝大多数;第三等级是奴隶,他们是战争中的俘虏或俘虏的后代。人们的社会地位代代相传,父辈的社会地位决定了子女的社会地位,也决定了子女的名号。与地位和名号相联系的是权力的界定和装饰的区分,如在装饰上佩戴某种象征性的饰物等。在一定的条件下,社会地位也允许改变。地位的改变是公开的,这就是闻名于整个北美印第安人社会的炫财冬宴。举行这种宴会完全出于自愿,谁想改变身份,谁就可以主动举行这种仪式。在炫财冬宴上,主人自愿地向他邀请的客人们赠送大量财产,客人们有时也回赠一些。由馈赠财产的多少来决定主人新的社会地位的等级和序列。

一般来说,在这种炫财冬宴上,借助血亲的帮助,请的客人很多,每一个客人都会得到主人的馈赠,客人们在接受主人礼品的同时,也接受了主人新的社会地位和名号。这种炫财冬宴是海岸印第安人一代又一代延续社会地位和名号的一种仪式。此外,海岸印第安人狂热地聚敛财富,通过贸易,他们获得财富;通过炫财冬宴,他们把财富进行再分配,这种再分配是在本村之内,或是本家族之内进行的。有时,邻村遇到不幸,如遇到饥荒或自然灾害,有的富人也举行炫财冬宴,借此向邻村提供帮助。在19世纪欧洲移民到来之后,印第安人还经常举行炫财冬宴。有时一些土著首领为了相互竞争社会地位,不惜馈赠或是毁损大量的财富。

此时,炫财冬宴已发展成为"炫财冬宴战争"。特别是在欧洲人到来之后,印第安人经过与欧洲人进行交易,在靠近贸易中心的地区,印第安人很容易就积聚了不少的财富。这些财富包括印第安人的弓箭、兽皮,也包括欧洲来的小刀、饰品等。炫耀的双方剑拔弩张,争相斗富,气氛非常紧张。海岸印第安人的宗教生活主要在冬天进行。在夸扣特尔人(海岸印第安人中的一个部族)眼中,冬天是敬神的季节,其他季节则是世俗的。这些宗教活动体现为各种各样的仪式,这些仪式由各种各样的宗教团体举行。在海岸印第安人中,宗教团体很多,仅夸扣特尔人中就有18个宗教团体。这些团体都有很强的等级特征,一个团体的成员要有同样的性别和社会地位,每个团体都有一个神圣的祖先崇拜,其成员小心地捍卫着崇拜物的神圣性,企求神的保护。

同社会地位一样,这种宗教上的地位也是世袭的,后代们在一定的年龄参加父母的宗教组织进行活动。在冬天的宗教活动中,由宗教团体的首领主持仪式,如穿各种服装,戴着各种木刻的面具跳舞,这种舞蹈很具有戏剧色彩。通过这类仪式,宗教团体的新成员被介绍加入这个团体。当某个团体举行仪式时,全村的人都被邀请去观看表演,因此,在一定程度上,宗教活动也是娱乐活动。除了宗教崇拜以外,海岸印第安人在日常生活习惯上也有一些禁忌和迷信,表现出他们对精神世界的重视和敬畏。马哈鱼是他们动物食品的唯一来源,所以,他们对马哈鱼特别尊敬。除了马哈鱼之外,他们认为其他动物是不洁净的,他们不但自己不吃这些动物,也不让自己的狗吃。有位欧洲人,他把自己吃过的肉骨头丢在地上,海岸印第安人的一条狗叼起骨头啃起来,他的主人看见后立即打这条狗,让他吐出来。另一位欧洲人把吃剩的鹿的骨头扔到河里,一位印第安人看见了,害怕玷污了河水,会触犯马哈鱼的神灵,立即跳到河里把骨头捡出来,用火把骨头烧掉,还彻底地洗了自己的手。

当欧洲人想乘印第安人的独木舟旅行时,他们拒绝了欧洲人,因为欧洲人带着鹿肉。他们认为把鹿肉放在独木舟上,会被河里的马哈鱼闻到气味,鱼就会舍弃他们,使他们挨饿。因此,他们不让欧洲人乘船。当欧洲人处理了鹿肉,他们很高兴的接纳欧洲人乘船。

这里的印第安人中,文化、艺术与精神信仰是紧密相连的。无论是船头的木雕、房屋前的图腾柱、房屋墙上的壁画、劳动工具上的装饰,还是跳舞的面具,等等,都有一定的意义。一种图形代表一种神灵,这既是宗教信仰,也是文学和传说,又是一种艺术装饰。

如1878年,一位欧洲人在不列颠哥伦比亚女王夏洛特群岛的斯基德盖特·英莱特的海达部落,拍下一个印第安人村落的照片。在那里一共有25座房子,其中有几座无人居住,但是,门前的图腾柱就有53个之多,可见图腾崇拜在海岸印第安人生活中的重要。这些图腾柱很高,要比房屋高出三倍之多。图腾柱是由各种各样的动物的头形组成,有鹰,有鸟,也有牛、马等。每个动物都代表某个家族的纹饰,也是他们信奉的祖先。有些图腾柱非常高大,把许多不同的动物和人在柱上顺次组合,这些组合往往说明了某个家族的历史和传说。根据这些传说,这些家族又形成了自己特有的风俗习惯。因此,各色各样的图腾柱是了解海岸印第安人文化的重要依据。

第七节　困顿的北极猎人

在北美的最北部居住的是因纽特人。他们大约在4000年以前从西伯利亚跨越白令海峡来到北美大陆,以后,他们在北极地区岛屿的沿岸和北美树木生长线以北的地区定居下来。这里气候寒冷,冬天长,黑夜也长,没有树木,所以因纽特人面临严峻的生存考验。在这种艰苦的条件下,因纽特人渐渐掌握了熟练和高超的狩猎技巧,并把这种技巧世代相传。

因纽特人在孩子很小的时候就训练他们如何准确记住野兽在地面上留下的微小痕迹,从这些痕迹看他们是渴了还是累了,是在攻击其他野兽还是疲于奔命,还告诉他们在何种天气下野兽如何反应,等等。徒步跟踪野兽的足迹通常需要几个小时才能追上,因此需要充沛的体力。欧洲人没有在北极地区活动,所以因纽特人也不可能交换到火器来射杀野兽,猎人们只能用长矛、标枪、弓箭,这就需要在非常近的距离攻击。这些严峻的生存条件使因纽特人发展起强壮的身体、机警的头脑和熟练的狩猎技巧。生存永远是因纽特人所面临的首要问题。他们经常面临饥饿的威胁。所以对北极人来说生活是残酷的,当有人不能为集体的生存作出贡献反而成为累赘时,就有可能被杀掉,

第一章　北美的自然地理条件和早期居民

这些人包括老人、残疾人和婴儿。由于抚育孩子的最大愿望是长大后成为猎手，所以女婴比男婴更易于被杀。北极地区气候严寒，猎物随着季节的变化有自己的活动周期。

因纽特人为了生存必须根据猎物的活动周期来进行狩猎，所以他们的生活必须季节性地迁移。春天，冰雪融化，因纽特人不能再在冰上露营，必须转移到内陆宿营地。每年春天，向北部冻土带流动的驯鹿数量非常大，他们有固定的路线，因此，站在驯鹿的必经之路，可以在一个星期的时间里看到驯鹿日夜不断地通过。在这时，因纽特人可以比较容易地用弓箭射杀驯鹿。夏天是捕鲸季节，尤其在7、8月份，每到这时，因纽特人就把帐篷建在海边，出海去捕鲸。秋天，驯鹿向南迁徙，因纽特人大量射杀驯鹿，并把驯鹿肉存放在地下冰层储藏，以备冬天食用。在晚秋和整个冬天，因纽特人把帐篷建在海边的冰雪之上。他们从这里出发，有时走很远去寻找海豹和海象。他们捕捉最多的是海豹，多年来，因纽特人掌握了海豹的习性。冬天，在有海豹的地方，在冰冻的海面上有许多小洞，海豹通过这些小洞进行呼吸。海豹一般可以在水下潜20分钟，20分钟后它们有规律地来到吸气孔进行呼吸，这样，吸气孔不会被封冻上。

因纽特人在捕捉海豹时，在吸气孔放一个浮标，当海豹到来时，水的涌动会使浮标颤动，他们就可以用渔叉向海豹袭击。在北极的中部和东部，因纽特人在冬天用冰雪搭成雪屋。这种雪屋是用骨制或木质的刀把冻硬的雪切成砖形，再搭成圆顶的屋子。雪屋有两种，一种是为了到附近狩猎时临时居住，因此屋子较小，有1.5米高，直径是2米；另一种是长期居住，屋子要大一些，有3米到4米高，直径4米到5米，这样的屋子一般住两个或两个以上的家庭。雪屋的入口处是一条几米长的走廊，它可以防御刺骨的寒风直接吹入屋内。在圆屋顶的下方，有一块活动的雪砖，用于通风换气。雪屋内面积的一半是雪台，上面铺着兽皮，作为床铺。另一半是厨房，用于做饭和烧水。雪屋盖在冰上，特别是那些冰层与下面的海面有空隙的冰上，因为这层隔离空间可以使冰层稍微温暖一些。在马更些三角洲的西部和拉布拉多半岛的南岸，在很久以前曾经是树木丛生的地带，由于气候的变化，使木质结构的地表罩上了一层冰。

这里，冬天的露营地是几家住在一起，每家住一座房子，几座房子围起来，中间有一块露天的土地。夏天，因纽特人住在帐篷里，帐篷有锥形的，也有圆顶的，帐篷上盖着海豹皮或鹿皮。除住房之外，一群因纽特人还经常盖一座大雪屋，作为集体举行活动的场所。因纽特人的衣着和其他生活用品也来源于猎物。鹿皮可以用来做大衣和裤子。一个男人冬季的大衣由四块鹿皮组成，冬季过膝的皮裤由两块鹿皮组成。为了保暖，冬季的衣服是双层的，鹿的内层皮做里，外层皮做面。驯鹿头颅的硬皮是做靴底的理想材料，肚皮下面的细皮可以做成柔软的袜子。鹿角可以做成弓箭和工具，鹿筋可以当线使用。

此外，其他皮，如海豹皮，甚至鸟皮也可以做成衣服。因纽特人还把多块兽皮缝合起来盖帐篷。他们把动物的脂肪炼成油，盛在盆状岩石中来照明或取暖。此外，他们还用兽骨、鸟骨做成各种小装饰品和玩具。

这里的因纽特人有他们的特有的交通工具。他们的运输工具分水上和陆地两种。水上用船，也有两种，一种是单人船，用木架支撑，再用兽皮包上。这种小船灵活方便，适于单人驾驶追捕猎物。猎人可以驾着这种小船在大块儿的浮冰周围划行，或是驾着小船冲向正在游过湖水或河流的驯鹿。另一种是平底船，也是木架结构兽皮包的船，这种船比前一种大，可以乘10个人和装载4吨以上的货物，它用来运输和追捕大的海上哺乳动物，也用来托运帐篷。兽皮船有很多优点，它不但

下部　北美史

体轻,而且在充满浮冰的水面上航行,可以防止被冰刺破。在遇到白鲸和海象时,由于体轻,人们也可以轻而易举地将皮舟拖上浮冰,防止这些动物所带来的伤害。在魁北克北部,有时因纽特人用狗来做船的动力,当他们沿河逆流而上时,船中由两个人掌舵驾船,其余的人在岸上赶着一群狗拖着船向前走。陆地的交通工具是狗拉雪橇。在北极漫长的冬天里,到处是冰天雪地,雪橇是最适合的交通工具。雪橇由木头和骨头做成,为了便于滑动,雪橇的底部安装了鹿角,有时鹿角的下面还装上一块冰。拉雪橇的狗的数量不等,有时多些,有时只有两只,依情况而定。

不同于印第安人,他们的社会以小家庭为基础,即父亲、母亲、孩子以及祖父母。但是,在北极恶劣的自然条件下,小家庭在获得食物方面的能力是非常有限的,许多狩猎活动都需要很多人的通力合作。冬天,在冰冻的水面上观察海豹的吸气孔,捕捉海豹需要多人的合作;春天,在河水中追击受伤的驯鹿,也需要多人的合作;所以,通常是一些有血缘关系的家庭生活在一起。

有趣的是他们在捕猎海豹的时候,这需要猎人们与海豹斗智斗勇。在冬天,住在北极东部及中部的猎人们用冰上的吸气孔来捉海豹,他们先用狗嗅出海豹的吸气孔在什么地方,然后把许多吸气孔封住,迫使海豹到猎人守候的吸气孔来呼吸,猎人身披一张驯鹿皮守在洞口,为了挡风,在洞口的上风头还修一堵冰雪墙。海豹没有其他洞口可以呼吸,都到猎人们设防的洞口来,所以很容易就可以捕到海豹。春天,海豹爬出水面,猎人中有人披上海豹皮,混入海豹群中,模仿海豹的动作,把海豹引入猎人们的埋伏。

另外,他们也会捕捉鲸鱼,捕鲸的时候需要很多人的齐心协力,集体配合。捕捉大个儿的鲸鱼需要渔叉,在北极的东部和中部常见的是一种白色的小鲸鱼,这种鲸鱼暮春在冰海的沿岸出现,一般情况下在海湾的浅水中活动。猎人们根据白鲸的这一特点,或者设下圈套将其捕捉,或者用长矛来捕杀整群的鲸鱼。在秋天湍急的河水中,还有一种北极红点鲑鱼,这种鱼数量很多,每年秋天游向大海。因纽特人往往在河道上筑成一道至二道石头垒成的障碍,拦住红点鲑鱼的归路。

因纽特人的社会组织是在经济生活的基础上建立的。在捕鱼和其他集体活动中,那些最有能力和最富有经验的人充当领导。在捕鲸时,一般由村庄的首领来进行组织,但他的权力一般说来也仅限于此。在魁北克北部,拥有平底捕鲸船的人也是捕鲸活动的组织者,有时,这种权力也可以继承,但参与合作的都是有血缘关系的男性。除此之外,在家庭之上,没有其他的领导。

因纽特社会是以男性为主体的社会。劳动中的合作关系是在男性中建立的,合作者共同分享资源、财富,有时也共同拥有妻子,他们之间相互保护,相互支持。他们重视婚姻。据一位欧洲人在1821年的记载,在北极西部的卡瑞布因纽特人中,谁家的女婴刚一出生,就会有别人家的少年自己找上门来,表明自己将要娶这个女婴为妻。一旦请求被允许,双方就要订一个婚约,在适当的年龄,女孩就会被送到男方的家里去生活。除了这种婚姻方式,在因纽特社会,共妻也是被允许的。有许多方式,包括正式的和非正式的,都可以使共妻的事实存在。在分配集体狩猎和捕鱼的收获方面,因纽特人有一定之规。此外,还有一些仪式,这些都满足了在资源匮乏的情况下在集体中进行食物分配的需求。

他们也有自己的庆典活动。为此,他们建成了专门的场所来举行庆典。最经常的一种庆典是鼓舞盛宴。这种舞蹈由成年男性表演,他们敲着一个大手鼓载歌载舞,歌曲是叙说个人生活的,可能是个人的经历,也可能是个人的感受,有时还是对别人的讽刺。此外,因纽特人还举行游戏和体育运动。这些活动有时是在鼓舞盛宴中间举行,有时是单独举行。在体育比赛中,他们最感兴趣的

第一章　北美的自然地理条件和早期居民

项目是摔跤和拳击,他们认为这种比赛是显示力量的方式。

而他们的宗教信仰也很特别。他们认为任何事物都有灵魂和精神,因此为了不触犯动物的神灵,在狩猎和捕鱼之前,他们要举行仪式,在狩猎之后,他们也有各种禁忌。巫师被看成神和人之间的中介。但是与印第安其他分支不同,神职人员并没有组成什么团体,也没有像北美其他土著人的如死人节、太阳舞、冬季舞会等那样精心设计和举行的宗教仪式。

总而言之,北美自古以来就是一个移民地区,在这片土地上曾发现古生物的化石,却从来没有发现有人种在这里发生和进化。北美的土著居民来源于亚洲,他们经过白令海峡来到北美,并向南面和东面扩展,在以后的漫长岁月中,他们渐渐遍布整个北美大陆。印第安人的文明是在移动中形成的。由于各地的地理环境不同,气候不同,自然界所提供的物质条件不同,印第安人依据自己征服自然的能力在各地渐渐形成不同的生活方式和文化。

同时,北美从来就不是一个封闭的地区,在早期印第安人时代,各个分支部族就通过商业交换相互往来,他们交换着商品,也交流着文化。但是,尽管各地的印第安人有着各自物质和文化上的差异,却也有着共同的特征,这一方面是他们相互融合的结果;另一方面是由于这一阶段,所有印第安人的文明都是与土地紧密联系在一起的,无论是物质生存条件,还是精神世界的信仰,都是直接来源于自然。这是一种非常低下的、从总体上说仅能维持生存的生产力。然而,正是这种生产力却为欧洲人的到来,为进一步开发这片广袤的土地创造了前提条件。

后来野蛮的欧洲人踏上了这片富饶的土地,开始时,他们受到了当地印第安人的热情招待和帮助。可是,残暴的欧洲人无情的把属于这些善良的土著人的土地抢占了,把他们赶到了原始森林里。他们在北美土地上并生存下来后,他们利用印第安人创造的物质条件与西方的商品进行交换,并建立起殖民地。殖民地的建立,一方面使北美的物产和财富源源不断的流向欧洲,从而加速了西方的资本主义发展;另一方面,它吸纳了西方大量的多余人口,缓解了爱尔兰、英国等地的经济困难。正是在这样的基础上,西方文明在北美才一点点的发展起来。从这个意义上说,印第安人时代在北美、甚至欧洲的历史发展中,都应该占有重要的一席之地。

第二章
法兰西殖民统治下的北美

　　传说最早到达北美的是北欧的维京人。此后很可能又有其他地区的人到过这里。但相对说来，在1492年前整个美洲大陆都处于孤立隔绝的状态。克利斯托夫·哥伦布航行美洲，开通了新、旧大陆之间频繁交往的渠道，北美也就开始感受到来自欧洲的冲击。首先到北美探查的是约翰·卡波特（1449/50～1498/99）。他本是威尼斯航海家，受到英国国王的支持和布里斯托尔商人的资助，于1497年5月率18名船员，乘"马修"号向西航行，目的地是东方的亚洲。英王亨利七世授予他统治他所发现的任何地方的权力。但他到达的却是今北美东部海岸，可能是纽芬兰，也可能是布列吞角。

　　他同哥伦布一样，相信自己到达的是亚洲。次年他率300人再度西航，并携带货物准备同东方进行交易。这次他虽未抵达他想象中的富庶之地，但却证实他所到的地方不是亚洲，而是一个新大陆。数年后，卡波特之子塞巴斯蒂安也到过北美，可能通过了哈得逊海峡。他声称自己发现了通向东方的航路，但无人理睬。这些早期航行虽然到达了北美海岸，不过没有在人文和地理方面产生很大后果，因此可以说北美仍未被"发现"。

　　真正开始对北美内陆进行探查的是法国人。法国长期以来一直与西班牙存在矛盾，在对美洲的探查和殖民方面也是如此。1523年法王弗朗西斯一世曾派维拉扎鲁航行到北美海岸，目的是寻找通向亚洲的水道，但未成功。雅克·卡蒂埃（1491～1557）是一个著名的航海家，抱着寻找金银财宝的心愿，决定对圣劳伦斯河谷地区进行探查。他于1534年航抵纽芬兰，穿过贝尔伊斯尔海峡，首次进入北美内地，发现了一个过去欧洲人未曾知晓的地区，并为法国取得对这个地区的领有权。

第一节　新大陆的发现

　　由于科技的逐步发展，到了15世纪，许多欧洲人接受了古希腊人的看法，相信大地是球形的。再加上航海知识的日趋丰富，造船业的发展，绘图本领的提高以及中国航海罗盘的传入和应用，都在思想上和科技上为欧洲向海洋进军创造了条件。中国明朝郑和下西洋的远洋航海到达非洲沿岸的传奇故事早已传入欧洲，加上早期对中国天堂般的描述，这些都激起了欧洲人寻找中国的强烈欲望。以至于哥伦布发现新大陆时以为找到了中国。

但是,如此远距离的航海绝非个人所能完成。而当时欧洲民族国家的兴起以及贸易繁荣所产生的富商,在非洲被瓜分完毕和殖民掠夺的巨大利益鼓励下产生了新的冒险欲望,在巨大利益的驱动下为这样的海上冒险提供了强有力的经济后盾。新王室不仅希望开拓新殖民地市场,获得掠夺和贸易带来的高额利润,而且还想占据新领地,扩大他们的统治范围。于是他们出面投资集资来支持航海探险,还以封赏领地作为鼓励,这就在社会上产生了巨大的参与动力。如此,必要性和可能性的结合使西欧人实现了探索和霸占地球财富的这一历史使命,其中居于领先地位的是葡萄牙和西班牙。他们的探险家驾着船队在各大洋摸索新的路线和通道,探寻和占领尚未发现的财富和土地。他们绕过好望角进入太平洋,到达印度和菲律宾,他们怀着对传说中富足、文明、善良的中国的贪婪和渴望,偶然地发现了美洲。

早在一千多年前,古代北欧人便从格陵兰到达过北美的东北部,至今遗留在北美土地上的北欧古文石刻及其他遗址可作证明。但他们与当地土著发生了冲突,只得离开,并未建立起与美洲的正常联系,也没有引起对地球的新认识。直到1493年哥伦布到达新大陆,美洲和世界其他地方才合二而一,人类才形成了关于地球东西半球的新概念。

哥伦布(1451~1506)生于意大利热那亚的一个个体户织布工家庭。他成年后在里斯本等地当过水手也经过商,并对航海发生了兴趣。当时,关于大地是球形的古代观念已在欧洲流行,如果真是这样,那么从欧洲向西的海路也应该能从相反的方向到达东方的神秘之国中国,哥伦布决定作一次往西去印度的海上冒险。经过向各国王室长达八年的游说和求助努力后,他的神话故事和梦想终于得到西班牙女王伊萨贝拉和她丈夫斐迪南二世的支持,被作为西班牙的使臣,任命为将要发现的海岛和国家的统治者,被授予海军大将和新国家副王的世袭封号,土地分封、领主管理的封建制度依然是欧洲的主要制度。此行的目的不仅是要寻找新的海岛,而且要找到欧洲人梦想中的中国。

1492年,8月3日,他率领90人组成的资源探险队,乘坐三艘单甲板船,从巴洛斯出发,随身还携带着一封西班牙女王伊萨贝拉写给中国皇帝的信。10月12日,陆地终于从漫无边际的大海边出现,他们到达了现今巴拿马的圣萨尔瓦多群岛。哥伦布认为他已经到达印度,故而称当地土著为印度人,他的这一误解导致了东西印度之说。为了避免与真正的印度人相混淆,中文习惯将美洲土著另译为"印第安人"。哥伦布占领该岛后,继续完成未竟的使命去寻找中国,于是又从那里到达古巴和海地。1493年3月,哥伦布凯旋而归,受到西班牙举国欢呼。此后,他还曾三次去过美洲,但至死都以为他到达的是印度。美洲(America)的名称则来自佛罗伦萨人亚美利哥·维斯普齐,他于1500年前后几度到达美洲,并于1504年报道了他的航行,首次宣称这片土地为新大陆,地理书与地图便逐渐以他的名字命名这一新发现的大陆。但是他致死也没有见到过中国皇帝,送达女王要他交给中国皇帝的信件。中国在哥伦布时代以及之后的很多年里,依然是欧洲人遥不可及的神话般的梦想。哥伦布时代的中国,依然是世界文明的遥遥领先者。

早在哥伦布航海的70多年前,郑和下西洋率领了几万人的庞大海军船队和贸易船队,其技术装备水平要比哥伦布的船队先进的多,罗盘在海上的应用由此被阿拉伯商人传入欧洲,才有了哥伦布依靠罗盘进行远洋航海的可能。尽管中国强大的远洋舰队足以征服和占领全球很多国家,但是中国是个高度文明和主张和平的国家,没有欧洲人的那种强烈的掠夺与贪婪欲望,主张以文明来教化蛮夷,而不是以掠夺和屠杀来实现"文明替代蛮夷"。因此中国失去了一次大移民、大殖民建立

第二章 法兰西殖民统治下的北美

日不落帝国的机会,中国的人口膨胀和人口压力再度进入周期性的衰落和最终导致朝代崩溃和饿尸遍野的人口减灭的内部战乱。文明在人口膨胀与减灭的循环中徘徊不前,而欧洲在殖民时期的大移民中解决了人口膨胀对土地的压力,殖民地的物产养活了更多的欧洲人,使欧洲人摆脱了人口膨胀导致的饥饿与战乱,以及由此产生的对文明的不断摧毁,殖民地的资源和产品市场也进一步刺激了欧洲工业的发展,使欧洲顺利进入工业发展的资本主义经济阶段。而中国却因为文化的高度文明和善良,失去了转移人口压力和获得全球资源进入资本主义发展阶段的机会。

欧洲人在北美土地上的入侵是由几个国家进行的,它们主要发生在4个地区:法国人在圣劳伦斯河流域站住了脚;英国人在北美南部的大西洋沿岸,即所谓北美13个州建立了殖民地,他们还在北美北部的哈得逊湾和詹姆斯湾进行毛皮贸易活动;西班牙在墨西哥北部和美洲的西南部从事奴隶贸易;西班牙、英国、俄国,以后还有美国在西部海岸进行争夺。尽管这些国家的占领方式各有不同,但是,在很短的时间内,很快就形成了欧洲人对北美大陆的占领。

16世纪后半期,欧洲的经济环境使毛皮业迅速发展起来,并成为重要的工业部门。毛皮帽子,特别是海狸皮帽成为自16世纪到19世纪中期欧洲的时尚。很快,西欧的海狸就被捕杀灭绝,帽商们转向北美去寻求更加廉价的毛皮。但是,由于从北美到欧洲的远距离运输和海上的风险,毛皮价格居高不下。在这种情况下,一方面为了保证充足的毛皮供应;另一方面也为了使毛皮的价格保持在对某些巨商有利的程度,于是出现了对毛皮业的垄断。1588年,法国国王把对北美毛皮业的垄断权授予雅克·诺埃尔,但是,马上遭到其他毛皮商人激烈的反对,国王只好把授予的垄断权收回。随后,又有一些人通过激烈的竞争获得了垄断权,但也只能在其他人的竞争与反对下维持很短的时间。

与欧洲的毛皮需求相适应,欧洲的毛皮商迅速向北美内地渗透。16世纪上半期,他们用一些新的土著人更需要的物品,如,铁斧、铜壶、衣服和装饰品来换取毛皮。这些物品的实用价值很快被当地土著人所认识,他们对得到这些物品的兴趣骤然提高,结果进一步促进了毛皮与这些物品的交换。到1550年代,欧洲的这些物品已经在北美东部使用阿尔贡金语的整个易洛魁人中普遍出现。在休伦湖和密西根湖地区,16世纪中期,那里的土著人恐怕还从来没有见过欧洲人,可是这些东西却已经流传到他们的手中。据那一时期的考古发现,在16世纪的坟墓中已经普遍有珠子、铜器和铁器被埋葬。

毛皮业的迅速发展在北美引起剧烈的竞争,随之也出现了垄断。欧洲人在某些地区建立起有规律的商业活动,一些专门从事毛皮贸易的土著商人和中间人也随之出现,他们掌握了从欧洲人的商栈到供应毛皮的遥远内地之间的一切毛皮业务。像其他地方的商人一样,他们也根据供求关系随时提高毛皮的价格,还严密地控制毛皮贸易的商路,不允许任何人插手这方面的业务。其他人要从事这方面的业务要经过他们的特许,一般是课以沉重的特许税。在这一时期,欧洲人与印第安人都想控制毛皮贸易。欧洲人想通过取代中间商而降低毛皮的价格,但是,他们屡屡遭到失败。当毛皮贸易的商路不断向北美大陆内部延伸时,运输与贮存毛皮的成本都不断增加,这就使欧洲人获取毛皮必须付出高额代价。为了获得较便宜的毛皮,商路不断向大陆内部延伸,印第安人也不遗余力地捕捉和猎杀动物,以至于在许多地区出产毛皮的动物不复存在。反过来,这种情况又进一步使商路推向大陆深处。

在印第安人中,最早从事毛皮贸易的是魁北克地区的蒙塔格尼人。他们居住在萨格奈河附近。16世纪中期,毛皮贸易开始在这里出现,到16世纪末,萨格奈河下游已成为主要的毛皮贸易中心,欧洲各国的商船定期在这里停泊。蒙塔格尼人是经商的能手,他们控制了北部和西部从拉克·圣-让到拉克·米斯塔西那河和渥太华河上游大片地区的捕捉海狸和交易毛皮的业务。他们也学会了利用欧洲商人相互竞争不断地抬高毛皮的价格。到17世纪初,许多法国商人抱怨说,蒙塔格尼人已经把毛皮的价格抬高到欧洲的毛皮商已很难获利的地步。

正是部分地出于这种原因,1608年,由探险家和制图人萨米埃尔·尚普兰领导的一批法国人在今天的魁北克城一带建立了一个商栈。他沿着圣劳伦斯河谷向西南方向深入,开展那一地区的毛皮贸易,希望获得较便宜的毛皮。他对这一地区的毛皮贸易实行垄断,因为只有垄断才能获得较高的收入,而这种收入正是建立殖民地的物质保证。亨利四世时期,法国国王开始颁发授予贸易垄断权的特许状,获得特许状的人可以获得海外某个地区的贸易和管理的特权,并同时向这里移民和进行经济方面的开发。

尚普兰是作为法国商人格拉维·迪·蓬的同伴来到北美的。他是法国西南部城镇布鲁阿日人,当时23岁,既没有官衔也没有财富,只是在制图方面受过一些专门训练。1603年,他随格拉维·迪·蓬来到圣劳伦斯河的蒙特利尔岛,1604年~1607年他又参加了在斯泰一克鲁瓦岛和芬迪湾皇家港的三年移民项目。但是,皇家港的移民计划很快就被放弃。随后,他领导了在圣劳伦斯河的移民工作。在阿尔贡金语中,"魁北克"一词的含义是"河流最窄的地方",在这里,移民可以控制对内地毛皮贸易的垄断。他抓住这一有利地势,很快就发展起来。而此时,在圣劳伦斯湾原本很发达的捕鱼和捕鲸业却暂时衰落了。

1608年7月,尚普兰和他的同伴在金刚石海角附近扎下营寨,金刚石海角是位于圣劳伦斯河沿岸的一块巨大岩石,它高高的地势可以控制这一地区,在军事上非常重要。随后,他们建了一些设防工事和住宅,他们称之为"魁北克的住所"。冬天来临,魁北克的气候异常寒冷,加之营养不良,很多人患了坏血病,尚普兰一伙28人中有20人死去。但是,正是这伙人在北美大陆建立了法国第一个永久性的殖民点,这个殖民点成为日后新法兰西发展的基础。第二年春天,为了进一步扩大殖民点,尚普兰进行了艰苦的外交和军事活动。

自1500年以来,圣劳伦斯河谷就是一个充满争斗的地区。欧洲来的渔民和商人把船停泊在圣劳伦斯湾,与土著人交换毛皮。土著人中有两股势力,一股是五部落同盟,也称易洛魁同盟,它是具有3万人口以农耕和贸易为生的社会,分布在莫霍克河谷、芬格湖地区,也就是今天的纽约州一带。与五部落同盟有联系的一些小部落也居住在圣劳伦斯河以南的地区。土著中的另一股势力是休伦同盟,他们住在休伦湖的佐治亚湾,也就是圣劳伦斯河以北。休伦同盟大约有2万人,他们与易洛魁人同属一种语言,是易洛魁人中的一支,也是从事农业的社会。

但是,长期以来这两股势力敌对着,争斗着。休伦人与易洛魁人的争斗几乎使圣劳伦斯河的贸易关闭。在这种情况下,休伦人开始寻找其他的商路与法国人进行贸易。在萨格奈河口,有一个蒙塔格尼人的村庄塔多萨克,在尚普兰到来之前,这里已成为土著与法国人交易毛皮的中心。尚普兰为了扩大殖民地和加强殖民地的力量,进而控制整个毛皮贸易,他希望能获得一部分土著人的支持。休伦人喜欢法国人的商品,希望更多的得到它。但是在这之前,法国人的船只能在夏天才停泊在圣劳伦斯河与他们进行贸易,所以休伦人也希望能看到一个永久性的欧洲人的据点。在这种情况下,双方一拍即合,尚普兰决定与休伦人联合起来,并借助他们的力量建立起法国人的殖民据点。他率领法国人参加了蒙塔格尼人对易洛魁人的战争。

第二章 法兰西殖民统治下的北美

1609年春天,在尚普兰的殖民点——"魁北克的住所",三支土著人的队伍:魁北克东部和北部的蒙塔格尼人、渥太华河附近的阿尔贡金人和佐治亚湾附近的休伦人与尚普兰领导的法国人结成政治性的同盟。他们先进行了几天结盟庆典活动,随后就开始向易洛魁人发起进攻。他们沿圣劳伦斯河和黎赛留河而上,来到尚普兰湖。在1609年7月,他们遭遇到易洛魁部队,并在那里与易洛魁人展开战斗。法国人的火器在战争中起了决定性的作用。战争结果,尚普兰与休伦人的同盟取胜。从此,尚普兰在圣劳伦斯河流域建立了永久和稳固的贸易。在以后的6年中,尚普兰又几次对易洛魁人作战,却没有再取得如此全面的胜利。不久,荷兰人在哈得逊河建立了另一条商路,为五部落同盟的毛皮贸易开辟了另一个市场,于是

双方暂时休战,各自进行各自的贸易。以后,以"魁北克住所"为中心的圣劳伦斯河的毛皮贸易兴盛起来。

在各土著部落中,最富于经商的是休伦同盟,尽管与法国人结盟的还有蒙塔格尼人和阿尔贡金人,但是,毛皮贸易却没有在他们的领地上展开。休伦人也是土著人中最强大的,他们很快与法国人结成了亲密的伙伴。1615年,尚普兰得到休伦人的允许,与一伙休伦人从蒙特利尔出发,沿渥太华河而上,经过尼皮辛湖到达休伦湖,这次旅行历时一个月。那年夏天,在一次与易洛魁人的战斗中,尚普兰负了伤,整个冬天,他都与休伦人住在一起。这时,他考察了大湖区及周围水域的地理,根据他自己的亲身考察,也根据当时久住在那里的某些法国人的介绍,如最重要的有艾蒂安·布律莱,在1632年,尚普兰编纂了一张地图。一个世纪以来,虽然欧洲商人和渔民不断与北美印第安人接触,但是,他们的足迹从来也没有超越蒙特利尔。

尚普兰由于与休伦人结盟,有机会深入内地,直至苏必利尔湖那样远的地区。在他的地图上,他记录了所发现的一切,这在加拿大制图史上是一项伟大的杰作。此时,尚普兰已不再是一个地方性的毛皮贸易公司的代理人,他得到法国国王的支持。从1612年起,尚普兰获得法王授予的新法兰西的总督头衔。1618年,他上交给法王路易十三一份关于向北美殖民的计划。计划中他要以魁北克为中心,建立一个新法兰西殖民地。在这个殖民地,他要教化土著人成为天主教徒,还要在这里发展渔业、矿产业、林业和农业,并继续进行毛皮贸易。他的计划宏伟,甚至还指出通过这片殖民地的大湖区,可以打开通往东方的道路。

然而,新法兰西的殖民扩展是缓慢的。1615年,第一批教士到达新法兰西。1617年,新法兰西的第一个农民、法国人路易·艾贝尔和他的妻子及三个子女到达新法兰西。1620年,他们的一个女儿又生下了一个孩子,这说明艾贝尔一家从此在新法兰西这片土地上生息繁衍。但是,殖民的进程很慢,直到1627年,新法兰西的人口还不到100人,妇女的数量更少得可怜。这些新落户的人的生活主要不是靠农业,而依然靠从事毛皮贸易。土著人提供毛皮,法国来的船只提供运输,他们从事一些中间活动。就在那一年,法国首相黎赛留组织了一个"百人公司"从事向新法兰西殖民的任务。百人公司由100家私人公司或贵族所组成,他们也和以前的商人一样从事垄断性的毛皮贸易,但是,他们具有一些政府色彩,更富有,也与王室有着较多的联系。1628年,他们从法国组织了400人到魁北克去,但是途中遭到英国海盗大卫·柯克的袭击。那年夏天,大卫·柯克控制了圣劳伦斯河的贸易,迫使百人公司的船队返回法国。1629年,柯克一伙人又占据了尚普兰的移民据点,把他们驱除出魁北克。

1632年,经过外交谈判,法国恢复了对新法兰西的主权,尚普兰等人又回到北美。然而,新法

兰西的毛皮收入已大大减少，甚至资力雄厚的百人公司也几乎破产。不久，百人公司在圣劳伦斯河魁北克的上游开辟了一个新的商栈，使毛皮贸易重新活跃起来，以后这个商栈发展成新的城镇即三河镇。与此同时，在魁北克，农业开始了，还修了一条街道，教堂也扩建了。新法兰西的人口发展到400人。总之，在17世纪30年代，新法兰西得到了壮大。但是，尚普兰却在1635年去世。由于他在北美为法国建立了第一个永久性的殖民地，是新法兰西的创建者，所以，在北美历史上，他被尊称为"新法兰西之父"。

第二节　法兰西与土著人的斗争

　　欧洲人来到这片土地上不久，法国人曾经派人管理这里的事务，一些天主教徒也主动要求来到这里传播他们的教义，他们尽力感化这里的土著居民。因此从那时开始，在北美的土地上发展起来一些城市，繁荣了这里的经济。不过很多土著居民对他们的感化很反感，尤其是易洛魁人，他们与法兰西人进行着殊死战斗，无奈之下法兰西人不得不改变策略。

　　尚普兰去世以后，法国国王任命一个军事贵族查理·于奥尔·德·蒙莫涅为总督，从法国来到北美。此时，百人公司也接管了行政事务。

　　新法兰西的发展是与整个新大陆一致的，这时糖和烟草在新大陆出现，渔业和各种贸易也发展起来，这吸引了成千上万的人移居新大陆。在百人公司统治下，大约有3000人移民新法兰西，一些家庭获得土地，并得到永久居住权。新法兰西的一些社会机构也建立起来。然而，毛皮贸易获利最丰，仍然是商业方面的唯一吸引力。此时，土著人的公司是主要的，只雇佣了少量的法国工人。在新法兰西很少有人从事农业，男性仍然是居民的主要部分。

　　在新法兰西建立的过程中，宗教起了重要作用。在法国本土，天主教的势力非常强大，许多教士有着极虔诚的宗教信仰。他们主动要求到新法兰西传播天主教，其主要目的甚至不是为了少数法国商人服务，而是为了转变和教化那里的土著居民。1615年，一批传教士抱着这样的雄心来到北美。他们不满足于定居魁北克，而是不辞千辛万苦，乘独木舟沿渥太华河深入内地，来到休伦人居住的地区布教。

　　在某种意义上，可以说正是宗教的力量使蒙特利尔城建立起来。1642年，在一位士兵保罗·肖美代·梅松纳夫和一位能干的修女让娜·芒斯的领导下，一群笃信宗教的人深信自己肩负着神圣的使命，要在北美的荒原上建一座宗教城市。他们试图说服土著人与法国人生活在一起，使他们在生活习惯、工作方式以及服装和外表上都转变成法国人。然而，土著人对蒙特利尔城创建者的苦心并不感兴趣，倒是经济推动了城市的发展。10年以后，他们的梦想彻底失败，蒙特利尔成为法国移民定居的商业城市。

　　耶稣会士选择了另外一种传教策略。为了使土著人转变和归化天主教，他们宁愿生活在土著人中间，学习他们的语言，研究他们的社会。1634年，神父让·布雷伯率领3人一行的传教使团到休伦人的居住地传教，在几年之内，发展成一个阵容强大的耶稣会社区。社区中包括传教士、同教会的教友、仆人和士兵等，共有五十多个法国人。1639年，另一位神父热罗姆·拉勒芒在佐治亚湾附近开始建立一个更加强大的传教使团——圣·玛丽修道院。这里包括一个小礼拜堂、一个医院、养动物的畜舍、为法国和休伦人的修女所住的房舍。它在北美印第安人中为欧洲人传播宗教开辟了一个场所。

这些耶稣会士要么是神学家,要么是自然科学家。他们都怀着极虔诚的信念,克服了生活中难以想象的困难,他们掌握了土著人的语言,了解了土著人的社会生活,给后人留下了许多宝贵的记述。但是,尽管他们付出了巨大的努力,却还是不能被休伦人所理解,休伦人不但不愿意归顺他们的宗教,而且许多人公开表示对他们的敌意。其中的原因是,一方面,休伦人不愿改变自己的社会传统;另一方面,欧洲的传教士无意识地传播了现代社会的疾病。在17世纪30年代,他们把天花和麻疹传给了土著人,有几千人因此丧失了生命。到40年代,休伦人几乎比以前减少了一半。尽管如此,由于得到法国王室和新法兰西当局的支持,耶稣会士却始终住在休伦人中间。由于休伦人是海狸皮的主要提供者和运输者,所以欧洲人与休伦人一直进行着某种形式的合作。

尚普兰时期,由于他加盟休伦人的同盟与易洛魁人打仗,并战胜易洛魁人,使双方曾获得一度的和平。到17世纪40年代,在主要土著民族之间的长期敌对状况始终存在,加之欧洲人的介入,欧洲商品的吸引以及欧洲先进武器的使用,使土著之间的战争进一步升级。1645年至1655年,最强大的易洛魁五部落同盟派遣自己最精锐的部队进行了一场范围广泛的战争,结果打败了易洛魁的所有竞争者。在10年的时间里,休伦、珀顿、纳特拉尔、伊利等人口至少在10000人以上的部族纷纷瓦解。结果,在这些战争之后,毛皮的供应成了问题,扎根于圣劳伦斯河谷之内的法国小社会的存在也成了问题。

1648年,易洛魁人侵入了休伦人的领地。由于传染病使休伦的许多人口丧失;由于易洛魁人的侵入,休伦部落陷入瓦解之中,内部的意见也更加不一致。为寻求解救,一些人参加了天主教组织,许多休伦人第一次接受了洗礼;另外一些人却责备法国人给他们带来了传染病和内部的纷争。由于不能组织有效的反击,1649年,休伦的地盘被易洛魁人占领。一些天主教教士死去,耶稣会士的事业到此完结,一度非常强大的休伦部落也不复存在。许多休伦人被杀,还有大批的人到处流散,也有一些人加入了胜利者易洛魁人的队伍。五部落同盟在打败休伦人之后,继续向其他夙敌进攻,他们所到之处,无论是传教事业还是商业全部被摧毁。法国殖民者已不像尚普兰与休伦结盟时那样锐意进取,他们在强大的易洛魁人面前无所作为,成为一个单纯的旁观者,眼睁睁地看着易洛魁人一个接一个地把土著部族消灭。最后,易洛魁人的锋芒指向了圣劳伦斯河谷的法国殖民地。

1660年和1661年,易洛魁人向新法兰西的各殖民点进攻。他们曾围困了蒙特利尔,劫掠了魁北克附近的奥尔良岛,并沿河而下直至塔杜萨克。由于惧怕,新法兰西的农民不敢耕作,农业凋敝;工人有不少也返回了法国,毛皮贸易受到严重影响,不再盈利。但是,尽管法国人小心翼翼,还是大约有200人死于易洛魁人之手。总的来说,易洛魁战争虽然对新法兰西有伤害,却没有威胁到它的存在。在休伦人失去毛皮贸易中间人的地位之后,阿尔贡金人取代了他们的地位。不久,法国人就准备自己直接到狩猎者手中去收购毛皮了。

易洛魁战争没有摧毁殖民地,却使百人公司的统治归于失败。首先,百人公司遇到极度的财政困难,以后,它又无力抵抗易洛魁人的进犯而陷入崩溃之中。在法国国内,太阳王路易十四在他25岁时,即1663年,从他的顾问们的阴影下解脱出来亲自执政,大权独揽,殖民地也直接划入他的管理范围。新法兰西从一个商业公司的统治而变为由王权直接统治,甚至类似于法国的一个行省。以后,新法兰西按照法王的意愿进行了治理。

第三节 斗争后的和平年代

为了缓解法兰西人与当地土著居民的矛盾，法王与殖民地的易洛魁人结盟，他们缔结了和平，之后的 20 年他们是在和平之中度过的。由于北美当地的毛皮丰富且优质，法国两位勇敢的兄弟探索到了最优质的毛皮，他们想让法王来此地贸易，没有得到回应。这件事情反而被英国人采纳了，他们派遣舰队来到那片盛产优质毛皮的地方。从此占据了这片土地。

英国人的举动激怒了当地的土著人，于是土著居民中的易洛魁人、法兰西人、英国人展开了混乱而纷杂的战争，土著居民损伤惨重，战争不得不又趋于和平。

从 1663 年 ~ 1763 年这 100 年间，新法兰西是在法国国王的统治之下。在这一时期，殖民地的事务归海军大臣管理，无论是路易十四，还是路易十五以及历届海军大臣，都对殖民地的事务给予极大关注。

法王统治新法兰西后使殖民地的地位有所加强，第一个成果是结束了对易洛魁人的战争。为了保卫殖民地，路易十四于 1665 年把卡瑞格南军团派往新法兰西。这是一个有着一千多人的精锐部队。在到达殖民地之后，它对易洛魁部族的居住区进行了进犯，虽然没有取得重创，却迫使易洛魁人与新法兰西以及与它结盟的土著人缔结了和平。1667 年，双方签订了和平协定，这给新法兰西带来 20 年的和平时期。在这 20 年间，新法兰西得到较快的发展。

17 世纪 60 年代，到新法兰西移民的绝大部分是年轻的士兵和男工，因此，殖民地男性公民比女性高出一倍以上。为了保证殖民地男女的人口平衡，并在新法兰西大量繁殖人口，法国国王制定了往新法兰西输送年轻女性的计划，这些被输送的年轻女性被称为"国王的女儿"。从 1663 ~ 1673 年的 10 年间，大约有 775 名妇女被送往新法兰西。借助于政府的帮助，她们中 90% 以上的人在到达后的几个星期或几个月内就找到了丈夫，开始了在殖民地的新生活。到 70 年代中期，殖民地的女性公民比 60 年代增长了一倍。

从 80 年代开始，无论是男性还是女性的大规模移民都结束了。这时，殖民地的人口发展到 10000 以上。以后，虽然还有少量的士兵、劳工，或者妇女来到新法兰西定居，但是，以后新法兰西的人口繁衍主要是依靠此时已经定居的这 10000 多人的自然繁殖。从这些人中，繁衍出加拿大说法语人口的绝大部分。

新法兰西的人口大部分来自法国西部，诺曼底是提供移民的主要地区，与之邻近的佩尔什地区也有许多人来到新法兰西，当时曾两次在那里征兵。1663 年，这两个地方的移民占到移民总数的 1/3。但是，当拉罗舍尔代替了诺曼底的鲁昂作为出发的港口之后，来自南方的移民增多了。在 17 世纪，一半以上的人口来自卢瓦尔河地区。不过，无论是来自北方还是南方，他们大多是大西洋沿岸的居民。作为"国王的女儿"，移民新法兰西的女性移民的来源就不同了。她们不是来自农村，而大部分来自巴黎。此外，有一些士兵也来自巴黎。这样，移民的成分有一半来自城市。城市是商业中心，也是手工业中心，所以这个时期的移民有一半原是从事商业和手工业的，此外，1/3 以上的移民识一些字。但是，尽管如此，在新法兰西这个农业社会，有着城市背景的移民也很快就融入农业的乡村社会中去了，并没有对那里的城市建设做出应有的贡献。

第二章 法兰西殖民统治下的北美

据人口学家估计,从1663年~1773年的100年间,新法兰西的人口出生率在大部分时间高达55%~65%之间,而每年的死亡率仅在25%~30%之间。这样,当时新法兰西的人口自然增长率是30%~35%。按照这样的自然增长率发展,如果以1861年的10000人为基数的话,人口学家估计,几乎不必增加新移民,以后新法兰西的人口就可以自然而然地增长和发展起来。

从自然环境和物质情况来看,新法兰西与法国本土相比要相对富裕。因此,婴儿的存活率要高,3/4以上的婴儿都可以活到成年。此外,新法兰西的妇女一般早婚,一半以上的妇女在20岁以下就结婚。而且,结婚以后只要有能力抚养,马上就生孩子。政府鼓励多生孩子,一般家庭都有7~8个孩子,有一半以上的家庭有10个或10个以上的孩子。妇女结婚以后,如果丈夫去世,一般很快就会再嫁。总之,以上诸多原因都使新法兰西的人口迅速、稳定地增长起来。

新法兰西典型的生活方式是自给自足的小农经济。农民们远离市场,因此,只生产他们生活所需要的东西。面包是主食,小麦就成了主要的农作物,此外,还种植少量的玉米、燕麦、大麦和烟草。每家都有一个菜园,也养一些家禽、家畜,以供应蔬菜、蛋类和肉。一般来说,新法兰西的农民比欧洲当时的农民和城市贫民生活要好些。但是,儿童们不愿接受更多的教育,他们长大以后也会像他们的父母一样在不远的地方去经营一个农场。因此,新法兰西的生活是单调和缺乏变化的。

新法兰西继承了法国本土的领主制度。在法国中世纪,所有的土地都归国王所有,国王又把土地分封给领主,领主不但占有土地,也占有臣民,正所谓没有不是领主的土地。在17世纪的新法兰西,在名义上殖民地的所有土地归法国国王所有,与法国本土一样,国王又把土地授予领主。拥有领主所有权的人要对法国国王或授予他领主所有权的人效忠,但是,他不必付租金。拥有平民身份的人就是佃户,他们要对租赁的土地付租金,在租赁期间,他们也负有一定的义务,如必须去领主的磨房磨面,或者在把土地出租时要向领主付款。一般来说,一个领主有十几个平民,而每一个平民最多只租种一个农场。

教会是最大的领主持有地的主人。一方面,教会的土地是国王授予的;另一方面,教士中许多人有钱有技术,他们可以不断扩大自己的地产。如蒙特利尔岛的絮尔皮森修道会,凭借自己的财富和与上层社会的联系,经营着并不断扩张自己的领主持有地。到19世纪,这个修道会在蒙特利尔有很大的地产。此外,教士个人也可以成为领主持有地的所有者。如拉瓦尔大学的创建者弗朗索瓦·拉瓦尔主教,他是一个贵族,他在魁北克附近的奥尔良岛占有很大的领主持有地。

由于新法兰西的贵族稀少,法王有时也会让普通人晋升为领主贵族。如查理·勒·穆瓦纳,他本是一个小客栈老板的儿子。1641年,他在14岁时作为进驻休伦部落耶稣会士的侍从人员来到新法兰西,以后,在毛皮贸易中积攒了一些钱。由于他在反对易洛魁人的战斗中表现勇敢,作为奖赏他得到蒙特利尔附近的一块领主持有地,以后他渐渐地上升为蒙特利尔地区的重要人物,再后来法国国王授予他贵族称号。1685年他去世时,他给拥有14名成员的家庭留下了很多财产,以后,他的子女中也有人成了非常出色的人物。除战争中表现勇敢之外,商业上的成功也可以获得贵族称号。总之,领主持有地的多少是那个时代人们成功的标志,换句话说,社会地位是与领主持有地的多少紧密相连的。在这一点上,新法兰西继承了法国中世纪的传统,然而这仅仅是一种陈旧的观念。

在实际上,与法国本土不同,领主制度并没有给领主地持有者带来多少实惠,领主从持有地上获得的利益是微小的,租金的收入很低。领主持有地也没有吸引许多佃户,佃户们常常从一个领主的门下转到另一个领主的门下,他们对自己侍奉的领主并没有表现出多少忠诚。在某种意义上可以说法国中世纪那种半人身依附性的领主制从来就没有在新法兰西存在过。

与易洛魁的战争结束以后,新法兰西的毛皮贸易重新建立起来。在战争中取胜的土著人获得进行毛皮贸易的有利条件。1664年,在哈得逊湾从事毛皮贸易的优势地位从荷兰人转到英国人的手中,在哈得逊湾提供毛皮的垄断权也为易洛魁五部落同盟所独占。然而,五部落同盟不满足仅在这一地区的控制权,他们还想控制内地更广大的地区。此外,阿尔贡金人的几个团伙抓住时机也成了中间人。于是,在五部落同盟和阿尔贡金人之间展开了激烈的竞争。这一时期,法国人也不再在蒙特利尔坐享其成了。他们开始深入内地去收集皮毛,成了名副其实的"在树林里奔跑的人",亦称皮货商。

自1660年起,新法兰西继尚普兰之后进一步向内地探险和开发,为了进行毛皮贸易,神职人员和商人进一步扩展了新法兰西的疆域。但是,在地理知识方面,他们的探险并没有超出尚普兰的发现。在这些探险家中,梅达尔·舒阿·格罗塞耶尔和他的妹夫皮埃尔—埃斯普里·拉迪松是西进方面的两个代表。格罗塞耶尔年轻时是进驻休伦人部落传教使团耶稣会的工作人员,这期间他学会了土著人的语言并与许多休伦同盟的人建立了联系。1654年,他独自一人进行了第一次西进,并同时从事收集皮毛的工作,成了第一批"在树林里奔跑的人"。

1659年,他与拉迪松开始做又一次长距离的探险,到1663年,他们到过苏必利尔湖的沿岸地区或许还要远,直至詹姆斯湾。在那里,他们见到了当地的印第安克里人。当时,克里人向渥太华和奥吉布瓦人提供毛皮。从克里人那里,他们了解到最好的毛皮产地是在苏必利尔湖以北,那是一片冰冻的海洋。由此,这两个法国人断定,这就是那个叫亨利·哈得逊的人去过的地方,哈得逊在1611年遭到他同伙的反对被抛弃并死在那里。得知这些情况以后,这兄弟俩想到应该把毛皮贸易深入到这一地区,而且,也许可以通过水路直接把船开到那里,这样就可以省去陆路运输的一些代价,使毛皮的成本更低一些。

他们首先把自己的想法告诉法国政府,希望这一计划能被采纳。但是,时机不对,1663年,让一巴普蒂斯·柯尔伯出任宰相,负责殖民地的事务。他反对向西部扩张,认为殖民地的根基应该建立在农业发展的基础上,他不愿意已经定居的人们再去冒险。格罗塞耶尔和拉迪松并不灰心,他们又去波士顿,最后,跑到英国,终于他们得到英王查理二世朝廷的支持,与英王最贴近的一批大臣觉得这一计划可行。英王的弟弟,约克公爵詹姆斯和他的侄子、王子鲁伯特都愿意出资赞助。

经过一番不太顺利的准备之后,1668年6月5日,两艘探险船终于从泰晤士河起航。这两艘船一个是伊格莱特号,另一个是诺萨克号,都是44吨以下的小船。拉迪松为首的伊格莱特号在中途被迫返航;格罗塞耶尔为首的诺萨克号在9月29日到达詹姆斯湾的南部。船员们在那里度过了冬天,并与克里人进行了成功的毛皮交易。随后,诺萨克号载着一整船最好的冬天的海狸皮成功地返回英国。一下子舆论哗然,各种印刷品争相报道这一消息。英国的投资者们纷纷投资于哈得逊湾的毛皮业。

1669年,另一艘船由拉迪松率领开赴哈得逊湾。随后不断有船到那里去,并在那里建立了永久性的毛皮贸易基地。1670年5月2日,查理二世批准哈得逊湾公司成立,这个冒险公司不但获得了哈得逊湾流域的毛皮贸易的垄断权,而且,它还获得了流入哈得逊湾所有水域的殖民权。这是一片非常广袤的土地,包括今天的魁北克省北部、安大略北部、整个马尼托巴、萨斯喀彻温的大部分、阿尔伯塔南部和西北地区的一部分。为了纪念王子鲁伯特的功劳，英国把这一片广大的地区称为鲁伯特地区。这片土地的面积比英国的15倍、法国的5倍还要大。具有讽刺意味的是，作为英国在北美最成功的殖民地之一的这片土地，竟是由两个法国人发现和促成的。在这之后，哈得逊湾公司在这一地区建立了许多商栈，完全控制了这一地区的毛皮贸易。

哈得逊湾探险的成功，极大地刺激了新法兰西的毛皮商，探险活动也在其他地区展开。皮货商的足迹遍及密西西比、大湖区、尼亚加拉瀑布上游和墨西哥湾等地。从事这些探险活动的有些是私人，也有些是在官方的支持下。所有的探险都与毛皮贸易有关，在寻找毛皮资源动机的驱使下，他们进行探险，在毛皮贸易中获得的利润又支持他们进行新的探险，毛皮贸易的商路不断向内地深入。此时，探险家又获得新的称呼，即旅行者，他们与土著人建立了经常的联系。新商路的开辟改变了一些交换方式，殖民地政府也只好承认这种事实，发给许可证。尽管哈得逊湾公司的贸易相当成功，但是，蒙特利尔却依然非常兴旺，超过哈得逊湾，甚至纽约，始终是北美最繁荣的毛皮贸易中心。有时，蒙特利尔的商人带着交换毛皮的商品，乘独木舟到大湖区去收集毛皮，所有与毛皮交换的商品由蒙特利尔的商人提供，毛皮最终也集中到这里。

随着法国、英国以及土著毛皮商人不断向西部扩展毛皮贸易，易洛魁人认为现存的和平协议已成为反对他们自己的手段，损害了他们的利益，因此到17世纪80年代，战争又起。易洛魁人的首要攻击目标是大湖区周围与法国人结盟的土著民族。但是，他们的打击并没有关闭通向蒙特利尔的商路，相反却使五部落同盟丧失了对安大略南部地区的控制。易洛魁人和其他土著人在打仗时各召集千人以上的队伍，双方都使用欧洲的毛瑟枪以及他们自己的战斧和弓箭，战争从苏·圣玛丽向南打到伊利湖，结果是易洛魁人被迫从他们占有的安大略湖南部地区撤出。到1700年，米西索加部落从休伦湖的北岸迁到了安大略的南部。

1689年，英王威廉三世和法王路易十四相互宣战，新法兰西与易洛魁人的战争也发展到一个新的阶段。易洛魁人从纽约英国殖民地抽出一支精锐的后备力量开到新法兰西人口密集的地区，对法国人展开了攻势。1689年8月5日黎明，在蒙特利尔以西的拉欣，1500名易洛魁士兵袭击了这里的法国居民。他们焚烧了80座房子中的50座，杀死了24名居民，并绑走大约90名俘虏。不久，他们又对新法兰西农业地区进行了袭击。在几年之内，他们杀死居民和家畜，焚烧了房屋和庄稼，使新法兰西每个社区不得不加强设防。1691年，有一百多名居民被杀死。1692年，在易洛魁人对凡尔谢尔的一次袭击中出现了一名女英雄，一个领主的14岁的女儿玛丽·马德莱娜·雅莱和他家的佃户们英勇抵抗，直到蒙特利尔的救兵到来，这个故事在当时传为佳话，给殖民地人民以精神鼓舞。

1690年，由威廉·菲普斯爵士率领的由三十多条军舰组成的舰队从新英格兰出发，来到魁北克，企图给魁北克以重创。但是，当他们到达魁北克之后，发现这个城镇的设防非常坚固，于是很快就撤退了。在那段时间，英国和法国军队之间经常发生冲突，双方有时这方进攻，对方防卫；有时则相反。为争夺哈得逊湾的控制权，双方也在易洛魁人的土地上作战，但是，哪一方都没有取得绝对的成功。1697年，英、法之间缔结了和约，不久，易洛魁人也开始寻求结束战争。

易洛魁人的后方从来没有受到战争的重创，但是，传染病削减了他们的人口。他们从战争中惟一获得的利益就是与英国人的结盟，并能得到来自纽约的供给。战争使他们疲惫不堪。为摆脱困境，他们开始与法国人谈判。1701年，谈判取得显著成果，易洛魁人的五部落同盟与新法兰西缔结了全面的和约,他们承诺在英、法争夺北美殖民地的战争中保持中立。然而,易洛魁人并没有战败,尽管他们受到欧洲传染病的侵袭,他们还将作为一支独立的力量存在下去。

1703~1725年,菲利普·里戈·沃德勒伊任法兰西总督。他任总督之际恰逢西班牙王位继承战刚开始,由于路易十四的野心,使欧洲各国联合起来共同反对法国。因此,新法兰西也不能逃脱战争的厄运。英、法之间在北美又进行了激烈的争夺。1697年的和平协议使哈得逊湾的一部分土地归属法国,一部分归属英国。在大西洋沿岸,1706年和1709年,英、法在纽芬兰岛发生冲突,法国一度占领了以前由英国人控制的纽芬兰。1710年,新英格兰军队占领了阿卡迪亚。1711年,英国试图攻占魁北克城,但遭到失败。

1713年,西班牙王位继承战结束。新法兰西也开始进入一段新的和平时期。由于法国在欧洲战场上的劣势,战后缔结的乌特勒支协议使法国在北美的殖民地做出让步。根据协议,法国在纽芬兰的所有殖民点必须让给英国;英国正式获得阿卡迪亚;法国从哈得逊湾所占领的所有哨所中撤出,英国正式占领哈得逊湾及其水域。除此之外,法国甚至承认英国对易洛魁联盟土地的占有权。然而,英、法之间的交易并没有得到易洛魁人的承认,乌特勒支协议也改变不了他们的地位,他们仍旧住在自己原来居住的地方,甚至比原来更增强了自己的力量。在英、法战争期间,塔斯卡罗拉部落向北迁移,成为易洛魁同盟的一部分,五部落同盟变成了六部落同盟。根据协议,新法兰西也获得一些补偿。虽然纽芬兰归英国所有,但是,居住在岛上的法国渔民仍然有权在岛的北岸捕鱼和晾晒海产品;法国正式得到了布雷顿角和圣·让岛,即后来的爱德华王子岛。总之,尽管新法兰西失去了许多,但是,协议换来几十年的和平时期,这对于新法兰西的发展尤为重要。

到1700年,新法兰西获得较大的发展,大约有15000人居住在魁北克城、蒙特利尔和三河镇。在这三个城市之间,是一个接一个连成一片的农场。借助于土著人的帮助,法国商人和探险家的足迹已到达大草原地区,但圣劳伦斯河以北的广大地区仍然没有欧洲人居住。在新法兰西发展的同时,英国的殖民地新英格兰、纽约、弗吉尼亚和其他殖民地也从大西洋沿岸向西北扩展,这必然会形成一种潜在的危机。

1713年以后,纽芬兰的各港口更加稳固下来,英国人在那里定居的人数也发展起来。战争期间,纽芬兰的港口以及与欧洲的海上联系都受到威胁,这种威胁迫使渔民从季节性居住变成永久的定居者。到18世纪中期,纽芬兰已有7500名定居者,其中包括妇女和儿童,他们形成了永久性的社区,其数量大大超过欧洲流动的渔民(即夏季从欧洲来这里打鱼的人)。纽芬兰的居民都居住在东岸的港口,这里的气候和自然条件不可能进行农业生产,甚至连树木都很难生长,居民的食物和生活用品依靠从国外进口。居民们捕捞鳕鱼、三文鱼和海豹,把它们运往南欧和加勒比地区。虽然纽芬兰一直没有官方的殖民机构,圣·约翰斯开始发展成一个商业港口。

迫于乌特勒支协议的规定,法国人从纽芬兰南岸撤到布雷顿角岛,这个岛改名为皇家岛。为了设立一个权力中心,1713年,法国在东岸的路易斯堡建立了一个权力机构和一支守卫部队。从此,路易斯堡成为这个岛的首府,并发展成新法兰西的重要城镇。路易斯堡以渔业为主,与欧洲的商业往来极其频繁。这里的商人把鳕鱼运到欧洲及加勒比的法属诸岛,如圣多明各和马丁尼克岛;从加勒比地区运回糖、咖啡和朗姆酒;从法国运回纺织品、食物及工业制品。他们把这些商品运到新法兰西换食品,也把这些商品运往新英格兰殖民地去换船、建筑材料和牲畜。尽管法国政府不情愿与竞争对手进行贸易,但与新英格兰的贸易对法国殖民地是重要的,所以始终不曾间断。此外,路易斯堡的商人也与同样处于英国控制下的阿卡迪亚人进行贸易。

虽然阿卡迪亚在1710年落到英国人手中,但是,18世纪初的和平环境却使它很快地发展起来。1700年,这里的人口还不到2000人,1740年就发展到1万人以上。这里土地肥沃,堤坝成功地阻挡了海潮的袭击,农业经常获得丰收。阿卡迪亚人虽然处于英国的统治之下,他们却巧妙地能在新法兰西政府和英国人之间保持一种独立的中立姿态,这为自己的生存和发展获得了时机。

在18世纪,法国的商栈继续向北美中部地区扩展。1701年,法国政府向北美的英国殖民地挑战,授权在大湖区的底特律和路易斯安娜建立新的殖民地,法国试图建立一个从圣劳伦斯河开始,经过大湖区,沿密西西比河而下直到墨西哥湾的大新法兰西殖民地,限制英国殖民主义者向阿巴拉契亚山脉以东的沿海地区发展,与此同时,法国还试图向西和向北扩张,以至于对哈得逊湾公司形成一个包围圈,甚至最终还想打开一条通往太平洋的通道。战争不是扩张的唯一途径,经济渗透有时更有效。这个大力扩张的计划必然需要重新振兴毛皮贸易。此时,除了海狸皮帽以外,欧洲人用其他毛皮做皮衣,如麋、鹿、熊、貂皮等。

这样,新法兰西的毛皮贸易就以前所未有的规模再一次发展起来。与这种发展相适应,在向西扩展的道路上出现了许多军事基地、商栈、特使和向土著人布道的传教使团,他们的足迹越过马尼托巴湖到达了落基山脉脚下。到18世纪二三十年代,不少法国人在底特律、伊利诺伊地区安了家。有人娶了土著人做妻子,一些从事毛皮贸易的"旅行者"也放弃从商开始进行农业生产。

第四节 和平时期的社会发展状况

北美在法兰西的统治之下的时候,社会相对稳定。开始的时候,人们主要居住在城镇惊醒商业活动,随着农业的发展,城镇人口逐渐减少,而农村人口逐渐增加。无论在生活、商业、行政还是宗教等方面,新法兰西继承着法国人的格式。北美土地上的法国人也越来越多,这推动了北美经济的发展。

然而,从整体讲,新法兰西是一个农业社会,它的发展是缓慢的。农村经济的自给自足,乡村人口受教育程度的低下,都极大地限制了社会的发展,使新法兰西陷入一种传统和稳定的社会结构,缺少变化和革新节奏。

在新法兰西,商业中心先于农场而出现。1663年,有1/3以上的人口居住在城镇。但是,以后随着人口的增长,农业不断发展,到新法兰西末期,只有1/5多一点的人口居住在城镇。新法兰西社会是农业社会,蒙特利尔和魁北克比起乡村来,发展要慢得多,在18世纪,路易斯堡却迅速发展起来。

新法兰西的城市人口虽然少,但生活方式却相对奢华。有人说,在新法兰西社会后期,生活在魁北克就像生活在巴黎一样。当时魁北克是新法兰西的首都,1715年,大约有人口2500人,到1750年,大约有6000多人。魁北克是新法兰西最古老也是最庄严的城市,人们说它就像意大利的山城。魁北克城坐落于一块巨大的悬崖之上,圣劳伦斯河从这里缓缓流过,宽阔的河面在这里一下子变窄,魁北克城居高临下,扼住通往北美内地的通路。在巨大岩石的顶部,耸立着雄伟的建筑。在这里有总督的府邸圣路易宫和总督府,有天主教大教堂,有神学院和修道院,也有类似于法国巴黎的主宫医院。军官和行政长官是城市的上层，教士和修女们也很有地位。在河岸码头上，各式的货船在这里停泊，所有运往新法兰西的货物都在这里卸货。商人和小贩们聚集在码头和店铺里接洽生意，打扮漂亮的淑女在社交场合争奇斗艳。魁北克城的设计别具匠心，街道用石头垒起的防火墙把繁华的街市隔开，以备不测，俨然是雄伟的城墙。街道上，居民的住宅也模仿巴黎的式样。总之，18世纪中期的魁北克城是一派繁荣的商业景象，置身于这个城市，使人感到强烈的法国气息。

蒙特利尔当时是第二大城市，有4000人，无论从规模和地位上都不能与魁北克城相比。作为毛皮贸易的中心，它具有边城的氛围：毛皮贩子、士兵和土著商人经常在这里聚集。这里的建筑虽然不像魁北克城那样给人留下深刻印象，但是，绝大部分建筑都是石头砌成的，这可能是由于1721年和1734年发生了两场大火，大火之后很少有人再建木头房子。当时新法兰西的城市没有排水设施、没有石头铺成的街道，也没有公共照明设施，但是，商业气氛很浓。除商业之外，是政府机构和教会势力。新法兰西的一切工业品都是法国生产的，所以新法兰西的城市里没有工业，也没有工人就业的机会。

大多数贵族都有领地，但他们从领地上得到的收入甚微，他们的收入主要依靠在军队的任职。在新法兰西时代的后期，大约有200名到300名军官在任职。军官阶层是一个越来越世袭，越来越具有裙带关系的集团，子承父业，侄从叔业，相互间攀亲嫁娶，盘根错节。在军队中任职既可以得到社会地位，也可以获得生计。这是由于在17世纪，军队中的职位从来不是闲差或是装饰，那是一个战争频仍的年代，正是这些军官们领导了反对英国殖民地的战争、与土著的战争以及争夺哈得逊湾商栈的斗争。在18世纪，他们修建和驻守边疆的军事设施、与土著人进行外交斡旋或是战争、向西部探险并保护了毛皮贸易的畅通。因此，即使在和平时期，他们的任务也是较重的。尽管他们的生活标准远远高于普通居民，但军事贵族并不富有。他们除了在军队中供职之外，还从事着各种形式的商业，或者是投资，有时，他们凭借着领主地位或是商栈的统领地位向下属征税，有的军官甚至克扣应发给士兵的军饷和供应品。当然，军官的商业收益非常有限。

对军官和行政官员来说，工资是极重要的。他们的级别和工资依赖总督对他们的提升和恩宠。因此，为了邀宠，围绕总督的权力，在魁北克建立了一个酷似凡尔赛的小朝廷，甚至在蒙特利尔和路易斯堡，围绕着最高领导也形成了上层社会的生活方式：舞会、晚宴、赌博和各种精心设计的庆典，竭尽优雅和奢华之能事。能参与这种上层社会的活动对于殖民地的官员来说是重要的，这是他们晋升的重要手段。妇女在这种场合往往发挥重要作用，她们一般受的教育比男人要多一些，当她们的丈夫或儿子在边远地区服役时，她们在上层社会往来穿梭，经常会对家人的晋升起重要作用。

殖民地的贵族也像法国巴黎的贵族一样，奢华、炫耀、争奇斗富，往往负债累累。他们比住宅、比吃穿、比时尚、比仆人、马车，等等，他们极少对知识、文学发生兴趣。在教育子女方面，让男孩习武，女孩学礼仪风度。在一生挥霍之后，不少军事贵族在沉重的债务负担压迫下死去。为摆脱这种困境，也有不少贵族与商人联姻。

在一定意义上，城市僧侣是贵族的一个分支。从百人公司统治时期开始，教士就发挥着重要作用，有耶稣会士、稣尔比斯会士、乌尔苏拉会的修女及其他宗教团体。他们在殖民地建立初期，就开始在城镇和乡村传教，那时，许多教士不辞辛苦，深入到边远贫苦的乡村。但是，到18世纪初，教士越来越往城市集中，当时虽然70%的人口居住在乡村，教士中的80%却居住在城镇。神职人员中有许多出身贵族，受过较好教育，而且几乎全部来自法国。到18世纪中期，在魁北克建立了神学院,培养了一支主教辖区的教士队伍。这样,新法兰西4/5的教区神职人员都是本地培养的。

但是,他们中的大多数具有城市背景,不愿意长期生活在乡村。所以,乡村的教士必须巡行在几个教区分散地主持圣事。开办学校和医院的修女团体在各地有所不同,有些文化程度较高,专为社会上层服务;有些则更加平民化,如马格瑞特·布尔热瓦。她早年移民到蒙特利尔,并开办了第一所学校。她所建立的修女团体蒙特利尔"我们的姐妹修道会"就属于平民化的团体,这个修女会的宗旨是对社会各个阶层的女孩进行教育。

城市的上层是贵族,但城市更是商业中心,也养育着一大批商人。各城市的商业有所不同:蒙特利尔是毛皮贸易、魁北克是进出口贸易、路易斯堡是渔业和运输业。在18世纪的新法兰西,许多商品都由海外提供:朗姆酒、蜜糖和咖啡由法属加勒比殖民地供给,奢侈的纺织品和服装、珠宝、葡萄酒、烈性酒以及书籍和艺术品由法国本土供应。在当时,法国港口城市的商人常常派一个儿子押一船货物到魁北克城,所以,在魁北克经常有法国商人居住。在魁北克之外,很少有法国或其他地区的商人落户,他们的资产大部分投到投机和冒险生意中去。商业活动在当时是家庭行为,一些较小的商业,往往是开夫妻店。即使大商人的企业,在丈夫去世之后,他们的遗孀也能继续经营好多年。商人的生活水平高于一般居民,而且殷实程度也在贵族之上。为了谋求社会地位,也为了生意上的方便,他们往往与贵族联姻或合伙做生意。

新法兰西商人的实力及活动规模受到殖民地经济条件的限制。毛皮贸易主要控制在法国的西印度公司手中,它垄断了毛皮的买卖和运输。横跨大西洋的运输是城市之间的贸易,它被垄断在魁北克城几家大商人手中。这些商人有时也开店,供应城市居民一些舶来的商品,但当时殖民地大多数居民还过着自给自足的乡村生活,对外来商品的需求十分有限。尽管如此,新法兰西的商人积极地开发着殖民地,由于受到法国本土大商人的控制,他们的活动空间极为有限。

新法兰西城市中的劳动人民经营着各种行业,有泥瓦匠、木匠、细木家具木匠和铁匠,也有屠宰商、面包师、小旅店老板,等等。此外,还有为社会上层服务的各种职业:假发制作商、裁缝、成衣店老板等。18世纪,新法兰西也出现了一些工业,如30年代在三河市附近建起了圣·莫里斯铸造厂,生产出取暖炉、犁头等铁器,也有制陶手工工场和其他一些手工业。最重要的工业是魁北克城的造船厂,吸收了许多木匠和铜匠在这里做工。总的来讲,殖民地的工业多属于家庭手工业,男性家长是师傅,家里其他成员,包括妻子、女儿等都是帮工,学徒一般由外城市手艺人的儿子来担当。

在城市中,富人和穷人的居住地区没有严格的区分。贵族和商人都有佣人或帮工。佣人有男也有女,女佣人多是北美出生。家内佣人也有奴隶,这种状况从尚普兰时代就开始了。奴隶的来源有些来自加勒比海地区殖民地的种植园,有些是新法兰西军队俘虏的土著人。但是,奴隶劳动从来也没有发展成像美国南部种植园那样大的规模,他们只是作为家内奴隶。在北美,有些奴隶允许结婚,也有少数获得了自由。但总的来说,奴隶的生活是艰难的,生命也很短暂。如马蒂厄·莱维雷是魁北克的一名奴隶,他的职业是刽子手,他一直病了十几年,才三十出头就死去了。

士兵也是城镇中的穷人,他们在法国本土入伍,驻守新法兰西的城镇。和平年代,他们有时受雇做工,有时会寻找机会在新法兰西退伍落户。但是,在新法兰西,军队的训练和纪律都不严格,他们常常偷盗和酗酒,在军人驻扎集中的地方,犯罪率往往较高。

城市和乡村是相互依存的。在新法兰西,城市靠乡村提供食物,一些人不断地往来于城、乡之间,有些乡下人到城里去学徒,乡村的毛皮商与城里的大商人也经常发生联系。新法兰西的城市和乡村有明显的不同,特别是在结婚年龄和出生率方面:城镇人结婚较晚,生孩子也较少,婴儿的死亡率也偏高,这一方面是由于传染病;另一方面可能是新法兰西的城里人也像法国本土的城里人一样,往往把新生下来的孩子送给奶妈去喂养,这样,不适应或不负责的喂养方式增加了婴儿的死亡率。相反,新法兰西乡村人口众多,农民家庭有许多孩子。相对来说,乡村对城市的依赖较少,这是由于乡村能够自给自足。

18世纪初的乡村生活是俭朴的,乡下人对生活要求的标准不高。但值得一提的是,在制造家具方面,他们渐渐发展出一种北美式样的雕花家具,所以,乡村的住宅不仅比城里大,而且有着较多和较好的家具。这常常吸引城里商人用进口商品来进行交换。

新法兰西的法律沿袭了法国的习惯法,农民对于他们财产有关的法律部分有实际的了解。在公证人的登记本上登记着财产处理的情况:土地买卖、出租,工具和牲畜的出租,法定的租金,每年5%的贷款年利率,等等。最重要的法律是有关财产继承方面的,为了保护家庭农场这个在当时唯一的家庭财产,法律中有极为明确的条款规定。在婚姻契约中,同样也有新郎和新娘父母如何帮助新婚夫妇建立自己农场的详细规定。法典虽然主张财产在继承人中平均分配,但是,却不强迫无休止的细分。法律指出,父母可以用赠与和出卖的方式把自己的土地完整地转给一个选中的儿子,但这个儿子必须同意用其他方式补偿其他兄弟姐妹,并许诺赡养父母。

家庭是农民社会的基础,新法兰西的农业扩展也是以家庭为单位。人们鼓励在乡村的某一地区建满农场之后,那里无限膨胀的人口不要留在原地,而要到新的地区去开发。在新开发的地区,并非只有一个家庭,而是由许多家庭一起各自去创业,每个家庭也不止一个男性,领头的人通常是中年,必须结婚10年以上。此外,所有的家庭毫无例外,必须有一个早已开发好的农场。他们把这个农场给一个长子做抵押,换取他的钱财或其他物品,如果他没有钱,就要去借。然后全家用这笔钱财或物品投入新农场的建设。在新法兰西,农场的扩展就是这样,从老的农场和原有的家庭衍生出新的农场和新的家庭,一代又一代,农村社会获得了不断的保持和发展。多年来,农业扩展的这种方式在魁北克保持下来,直至20世纪,许多地方还沿用着这种方式。

总而言之,18世纪前半期的新法兰西几乎沿袭了法国本土的全部旧制度,政治制度是以总督为首的绝对君主制。除总督之外还有行政长官和主教,他们对殖民地各自享有着一部分权力。此外,他们不仅以法王的名义进行统治,而且不经国王同意,随意把个人意愿强加于臣民之上。因此,民众的反抗是不可避免的。在蒙特利尔,当食品匮乏使物价上涨时,妇女们走上街头进行示威,要求政府采取行动。1744年路易斯堡的士兵发生了兵变,反抗军官的压迫。乡下农民也经常抵制皇家的徭役。尽管如此,这些微小的反抗并没有触动社会的根基。

天主教是新法兰西社会的精神支柱,对于少数新教教徒,殖民地采取严格限制的态度。然而,天主教的精神统治并不是铁板一块,它所颁布的布告并不是总能奏效,行政当局经常不顾教会的控制实行自己的一套,自由派贵族也不受教士的管制,甚至农民也起来反对什一税的征收。尽管如此,新法兰西的居民有着浓厚的宗教情绪,甚至在教会势力衰微的时候,他们还是执著于宗教,绝大多数人具有宗教信仰并遵守教规。在人们的日常生活中,教堂参与许多事情:从出生、结婚、庆祝军事上的胜利、庆祝公共节日,到设立医院、学校、慈善机构和工匠行会的成立,等等,直至人的死亡。

像北美其他新大陆一样,新法兰西为个人的发展开辟了广阔天地。自17世纪后期以来,新法兰西社会不断地保持了与外界的接触和交流,特别是魁北克与法国本土保持着频繁的联系,其他地区也与大西洋沿岸各地有着频繁的贸易往来,这些外部条件充分调动了新法兰西内部经济的发展。在新法兰西内部,有着极为丰富的河流和湖泊,这为内部交通提供了便利,毛皮贸易顺着水路向内地深处扩展,其高额利润驱使着年轻人不断西进。在乡村,人口的增长不断使新的土地得到开发。所有这些都为个人的发展提供了广阔的场所和有利的条件。

第五节 英法的七年之争

为了利益的纷争,北美这片平静而富饶的土地,成了英国和法国战争的战场,他们争夺了七年之久,最后由英国的获胜而告终。那段时期,北美的很多土地被他们挣来夺去,当地的土著人民却遭到了被驱赶的命运。

新法兰西——北美北部这片土地上最早的法国殖民地就这样转入英国的手中。然而,这段历史却给未来的这一地区,给在这一地区上形成的国家,留下了永远不可磨灭的痕迹,它既给未来的国家增添了文化的辉煌,也给这一国家的政治生活带来无休止的纷扰。

17世纪后半叶和18世纪前半叶,英国和法国先后进入商品生产阶段,开始了资本主义原始积累。随着商业的扩展,英国和法国在殖民地的争夺也进入一个新时期。这一时期,英、法的王权都有商人资本参与其中。在英国,1688年的光荣革命完成了封建专制向君主立宪制的转变。国家权力的加强,使商业资本在海外的扩张获得了更有力的支持,尤其是在北美和亚洲,英国的殖民地不断扩大。在法国,虽然1789年的大革命还未爆发,但是,金融贵族已经相当富有,封建王权早就开始向第三等级借债。这一时期,金融贵族利用手中的金钱,不但向海外投资,还支持王权进行海外扩张,开辟殖民地。为此,英、法之间在欧洲、北美和亚洲展开了一场世界范围的旷日持久的全面战争。这是一场商业战争,在这场战争中,扩展商业既是进行战争的目的,同时,商业资本的实力对比也是进行战争的基础。英、法之间争夺新法兰西的战争,就是这场世界范围的商业战争的一部分。

在北美,英、法的争夺首先集中于皇家岛的路易斯堡。18世纪中期,法国经过30年的经营,无论是在鳕鱼贸易,还是对大西洋沿岸的设防,路易斯堡都发挥着重要的作用。1744年,英法之间发生了战争,由于路易斯堡曾对英国的捕鱼业造成威胁,所以,大西洋沿岸的英国殖民地对路易斯堡充满仇视,它们把路易斯堡和它所处的皇家岛看成是争夺的首要目标。

1745年5月,装备精良的新英格兰军队在加勒比海英国舰队的护送下忽然到达路易斯堡,接着,对它的堡垒形成了攻势。经过6个星期的围困,到1745年6月底,路易斯堡投降。

英军在路易斯堡的取胜和法军的战败不是偶然的,这是由英法在北美殖民地总的形势决定的。经过17世纪的发展,英国上个世纪在北美建立的小殖民点,如今在大西洋沿岸已经发展壮大成广阔的13个洲,总共有人口100万以上。这里有许多城镇、农场和种植园连成一片,一直伸向遥远的内陆,经济实力相当强大。在北美,虽然新法兰西也获得了较大的发展,但与英国在北美的13个州相比,力量要小得多,而且,鞭长莫及,新法兰西的实力主要在圣劳伦斯河流域。在军事方面,虽然法国人与当地土著有着较稳固的联盟,并且,凭借这一点,在前一阶段英法在北美荒原上进行战争时,法国曾经占过上风。但是,在大西洋沿岸,情况就不同了。相对来讲,法国的力量要弱得多。此外,英国军队是有备而来,新英格兰在几个月中对4000人的军队进行了训练和装备,随后才把它开到北方。法国却毫无准备,猝不及防。

路易斯堡被英军占领之后,皇家岛的法国居民很快被驱逐回法国,大西洋沿岸法国的军事力量也随之被撤销。在路易斯堡陷落之前,新法兰西很大一部分粮食是通过皇家岛的港口出口,因此可以说,路易斯堡是作为圣劳伦斯殖民地对外的军事屏障而存在。皇家岛陷落之后,魁北克城作为出口港口的作用更加上升,新法兰西也愈加重视魁北克城的军事地位。人们在魁北克城开始修筑城墙,加强工事,以防英国的入侵。然而,无论是英国,还是它在北美的殖民地,都没有继续向新法兰西进攻。1749年,双方签订了和平协议,协议恢复了法国对皇家岛的占有,但是,它却没有恢复法国在大西洋沿岸的地位。从英国方面来说,虽然它归还了皇家岛,却在新斯科舍内地加紧扩张自己的势力。

1749年,英国殖民地的2500名移民在两个团兵力的护送下,在谢布科托湾沿岸定居,并建立了哈利法克斯移民点。1753年,为了进一步扩大战果,英国从德国和瑞士吸引了1500名外国新教徒到新斯科舍,建立了卢嫩堡。最初,新建的殖民点由于设防不善,受到新法兰西土著人的侵扰,使一些人遭受痛苦并死亡。后来,在新英格兰人的帮助下,这些殖民点渐渐壮大,一批又一批的新英格兰人来到新斯科舍定居。1752年,一位新英格兰人约翰·布谢尔出版了北美历史上的第一份报纸《哈利法克斯报》。到50年代后期,英国在哈利法克斯海边的山上大修军事设施,把它变成了英国在北大西洋沿岸的主要军事基地。这样,从17世纪20年代英国宣布在北美建立新英格兰开始,经过了大约130年的时间,哈利法克斯终于成为英国在北美的又一殖民地。

作为对哈利法克斯军事力量壮大的回应,法国在路易斯堡建立起一个更大的军事设施来保卫皇家岛的南线。这样,英、法两方面的发展和对立,对处于中立地位的阿卡迪亚形成威胁。此时,阿卡迪亚已发展到12000人,它的四周被英国的领土包围着。18世纪50年代,阿卡迪亚的一些居民移居皇家岛和圣让岛。在纽芬兰,英、法之间的对抗隐约可见。这是因为,虽然英国在那里的殖民地在渐渐发展起来,但却保留了许多法国的渔民。英法之间真正的竞争还在欧洲的鳕鱼市场,1713年,英国夺得对纽芬兰的控制权,这对鳕鱼市场上的竞争是一个极为重要的有利条件,但是,由于法国渔民的存在,法国的鳕鱼贸易在纽芬兰也有力地发展起来。很明显,在这场鳕鱼战中谁胜谁负取决于纽芬兰水域的军事较量,而鳕鱼战对于确立欧洲霸权的作用在这时已远远超过了毛皮贸易。

英、法的利益在新法兰西西南边疆也形成尖锐对立。在1701年易洛魁人采取中立之后,那一地区本来已经平静。但是,到18世纪50年代,英属的宾夕法尼亚和弗吉尼亚继续向西扩张,直到俄亥俄河。而俄亥俄河又为他们开辟了一条通往密西西比河的通道。为了阻止英属殖民地的西进,并与伊利湖南面的土著民族进行贸易,新法兰西政府在俄亥俄河沿岸及其支流建立了堡垒。开始,在英属殖民地和法国与土著人的联盟之间只发生一些小的冲突,但不久就变成了公开的战争。

1754年,新法兰西与英属北美殖民地的边界冲突终于使两军对峙于俄亥俄的边境地区。在新法兰西方面是富有经验、组织良好的海军陆战队;在英属13州方面是灵活机动的民兵。1755年年初,英国派遣了两个军团的正规军到13州殖民地,这还是自1660年易洛魁战争中法国曾派正规军到北美以来的第一次。英国军队由爱德华·布雷多克将军率领,结果,他并没有把新法兰西军队赶出俄亥俄河流域。战争中,他本人阵亡,他的部队在试图占领丢克森要塞时,被一队法国海军和土著人逼迫着按他们事先安排好的路线撤退。法军统帅让-阿尔芒·迪斯考在尚普兰湖南面的一次非决定性战斗中负伤并被俘房。

第二章 法兰西殖民统治下的北美

与此同时，英、法之间的争夺也在新斯科舍地区展开。1748年，路易斯堡重新归属法国后，法国人挑动阿卡迪亚人去反对英国。自1710年阿卡迪亚落到英国人手中之后，英国人一直未能使那里的人们宣誓效忠。阿卡迪亚人不愿效忠的原因是，他们担心这种宣誓可能会迫使他们去参加反对法国的战争。40年来，他们始终在英、法的战争中保持中立状态。1750年，法国人在连接新斯科舍和今天新不伦瑞克的希格内克托海湾的末端，建立了博塞茹尔堡，一些阿卡迪亚人参与了这次行动。英国人在新斯科舍这一边建立了劳伦斯堡。当英法之间的冲突加剧时，英国当局担心阿卡迪亚人会产生叛乱，倾向法国。而且，在1755年英军占领博塞茹尔堡时，的确发现要塞中有阿卡迪亚人。为了防止阿卡迪亚人进一步归顺法国人，英国总督要求他们要么宣誓效忠英国，要么被驱逐出境。英国当局原以为只有少数人会被驱逐出境，但是，阿卡迪亚人根据多年的经验，不相信这次威胁是真的，仍然拒绝宣誓效忠，结果大多数阿卡迪亚人不曾卷入法国人制造的事端，却被无情地驱逐出家园。这是放逐阿卡迪亚人的直接原因。

阿卡迪亚人被放逐的更深刻的原因是18世纪上半期新斯科舍环境的改变。在20~30年代的和平时期，英国统治者为了能在阿卡迪亚站住脚，不惜加强那里人们的中立地位来换取对自己地位的承认。但是到了50年代，哈利法克斯移民点建立，英国军队进驻，英国移民一批又一批的到来使英国人的势力大大加强。此时，英国统治者不再需要得到以前在新斯科舍占优势的法国居民的理解和默许，态度变得强硬起来。对于法国居民来说，为了继续保持一种中立状态，他们采取了不与边境的法国军队合作的态度，以为以此可以向英国当局讨价还价。然而，英国在这一地区势力的加强，使英国当局最后下决心解决阿卡迪亚人的中立问题，这也就是说，英国当局不再容忍阿卡迪亚人的中立立场。

英国驻新斯科舍的执行官查尔斯·劳伦斯负责这一任务。他集中了驻新斯科舍的全部兵力对阿卡迪亚人进行驱逐。1755年6月，劳伦斯雇了一艘商船，他命令英国军队包围了阿卡迪亚人，强迫他们只能带一些随身行李。随后，他们把阿卡迪亚人赶上商船，接着烧掉他们的村庄。到1755年年底，在几个月的时间内，一批又一批的阿卡迪亚人被赶上商船，背井离乡被放逐到其他地区。他们的家园被一个又一个地烧掉，化做一片废墟。从格朗普雷到米纳斯，再到博巴森，沿整个芬迪湾，强迫放逐和焚烧村庄的事不断发生。一些阿卡迪亚人逃跑，躲在树林中，但很快又被抓回，强行赶到船上，放逐到其他地区。据估计，在几个月之内，至少有7000多人被放逐。在随后的几年中，又有几千人被放逐。

对于阿卡迪亚人来说，放逐是一场巨大灾难。在放逐中，他们失去的不仅是家园，而且是他们的权利和生活方式，或者说他们的整个社会。因为在这以前的一个世纪中，他们植根于自己的土地上，在芬迪湾沿岸已经建立起富饶的家园并形成自己的生活方式。在放逐之后，北美没有任何一个殖民地能够接纳全部阿卡迪亚人，他们被分散放逐到几个殖民地。从新英格兰到佐治亚，装载着阿卡迪亚人的商船在大西洋沿岸的不同港口漂泊，饥饿、暴力以及不知名的传染病袭击着这群背井离乡的人。许多家庭在上船时就被拆散，大约有1/3的人在放逐的过程中丧命。在1756~1762年间，有些阿卡迪亚人还被运往欧洲。1758年，因海上失事，大约有700人葬身鱼腹，幸存者则成了法国的难民。

定居在北美的阿卡迪亚人有些融入英国的殖民地，有些又尽快地迁徙到法国在北美的殖民地加勒比地区或圣劳伦斯河流域。1763年，英法之间的七年战争结束以后，有一小部分阿卡迪亚人

下部 北美史

通过陆路或海路,历尽千辛万苦,经过很多年的努力,一点一点地返回到阿卡迪亚的故土。但是,今非昔比,过去美丽富饶的阿卡迪亚早已不复存在。新来的移民早已占据了新斯科舍最富饶的土地,即那些围有堤堰的土地,返回的阿卡迪亚人只能在那些贫瘠的不被人看重的地方建立自己新的家园。经过若干年后,重新建立起来的阿卡迪亚社区的中心向西迁移了,进入到新不伦瑞克。至今,这段悲惨的历史已经过去了200多年,被放逐的苦难却永远留在人们的记忆之中,成为加拿大一段令人伤感的历史。

18世纪中期,为了争夺殖民地,由欧洲主要国家组成的两大交战集团在欧洲、北美以及印度的争夺愈演愈烈,以至于1756年春天,终于爆发了长达七年的战争(1756~1763),史称七年战争。在这场战争中,英、法两国分别是两大集团之首的国家,他们争夺的战场在北美、印度和西印度群岛。1759年,在魁北克城那场具有决定性的战役中,英国取胜,最终决定了英国对圣劳伦斯河流域的占领,从而结束了法国在北美北部长达150年的统治,使这片土地进入英属北美时期。

英国在七年战争中取胜在一定程度上得益于一个重要人物,即威廉·皮特(1708~1778)也称老皮特。1756年11月,在众人的要求下,皮特组阁,成为首相。他制定了战争的策略,认为英国不可能在世界那么广阔的战场上都派出正规军,必须依靠当地的民兵,应该打一场民族战争。与此同时,英国应该拥有海上霸权,从而对各地的民兵进行配合。在这种策略的指导下,他极力恢复和训练民兵,重整和扩大海军。在政治上,他也力求使各政党在这一问题上协调一致,使英国能有一个较为长远的军事策略。为了对付法国,他不遗余力地在世界各个战场上与法国为敌。他派遣远征军到北美,与法国展开在北美的最后争夺。在亚洲,他大力支持英国东印度公司展开对法国东印度公司的争夺。在欧洲,他资助与法国交战的普鲁士,并且用海军封锁法国、炮击法国海岸、破坏船坞。在西印度群岛及非洲,他也命令英国海军向法国军队开战。总之,在这一时期,英国把法国作为主要敌人,在世界各地与之进行殊死的争夺。皮特善于用人,选用一些杰出的陆海军将领,向他们灌输进取的新精神。到1759年,英国在各个战场上都取得了辉煌胜利。在历史上,这一年有"胜利年"的说法,英国在北美最后战胜法国的关键一仗也发生在这一年。

在新法兰西,1755年,皮埃尔·里戈·沃德勒伊继他父亲之后成为新法兰西的总督。他是在北美出生,在新法兰西的环境下长大,深知与土著人结盟的重要。他很快与轻视殖民地民兵的正规军统帅路易-约瑟夫·蒙卡尔发生了矛盾。蒙卡尔是欧洲战争的老将,他坚信自己的能力,对总督沃德勒伊在殖民地战争中积累的经验非但不听,反而冷嘲热讽。在战略上,他与沃德勒伊不一致,他反对把军队铺开去保卫新法兰西广大的疆域,而主张保存实力,按兵不动,根据需要灵活使用兵力。

尽管如此,在1756年和1757年间,战争的优势仍在法军方面。战争首先在西部防线上展开,但是,从路易斯堡大西洋的防御工事到黎塞留河和尚普兰湖的水路,两军都摆开了战场。在战争发展的过程中,整个新法兰西都卷入了战争,土著人也在英、法两军对立中做出了选择,与新法兰西结盟的土著人帮法国打仗,与新法兰西有宿怨的易洛魁人加入到英国一方,其中包括六部落未来的领袖约瑟夫·布兰特·苔茵达尼芝。但是,易洛魁联盟的大部分部族根据协定保持了中立。

对于新法兰西来说,这是一场生死存亡的战争,整个新法兰西都全力以赴。每一个教区从16岁到60岁的男子组成了民团,在夏天,他们经过训练,开赴战场。其他人员,也有许多为战争服务。总之,战争调动了新法兰西1/4的人口,他们不仅与守卫防线的部队和运动作战的陆军共同战斗,而且还在范围广泛的战线上提供军需、看守仓库、修筑道路和碉堡等。

1757年,蒙卡尔将军在与总督沃德勒伊的争执中赢得法王的支持,他获得不受总督的监督而自由行使个人战略的特许权。这样,1758年,新法兰西在战略上发生了转变,战争局势也发生了根本的变化,继俄亥俄河上丢克森要塞的陷落和安大略湖上伏龙特奈克要塞被袭击捣毁之后,法国对西部防线的控制变得虚弱了。在新法兰西的另一端,路易斯堡告急,这一次由新任的英国统帅杰弗里·阿默斯特来指挥,他对这一城镇进行了有条不紊的包围。路易斯堡军民顽强抵抗,直至1758年7月城市陷落。城市被英军占领之后,占领者迫使城里的新法兰西居民(大约有5000居民和5000士兵)渡过大西洋返回法国。这一次,路易斯堡的城市设防被摧毁,渔业和海上贸易都没有恢复,从此,这个城市衰落了。然而,新法兰西边远地区防线的崩溃却增加了中部防线的重要性。在中部防线,即南方靠近尚普兰湖的地区,蒙卡尔将军率领的法军占优势,他们迫使英军节节败退直到卡里永(英国人叫它泰孔德罗加)。这样,在1758年,英军在卡里永的失败以及对路易斯堡的包围和占领,使得英军无力进入新法兰西的心脏地区。

法国有足够的实力来守卫圣劳伦斯河谷、尚普兰湖和安大略湖。1759年,法国有3500名正规陆军,2500名驻守殖民地的海军和15000名民兵。此外,他们的供给也很充足,那年春天组织了二十多船物资运往魁北克。按照常规,这样雄厚的实力即使在那一年不大获全胜,也会给英军以重创。然而,在1759年春天,英国军队开始获得累累战果。到夏天,阿墨斯特将军经过周密部署和有效的作战,不但重新获得卡里永和圣·弗雷德里克要塞,而且几乎是势不可挡地推进到尚普兰湖。同时,英军还占领了尼亚加拉要塞并控制了安大略湖。这样的局势似乎预示着,在1759年和1760年,无论魁北克城那一仗的结果如何,这两面进军的态势都势不可挡,英军还会继续取胜。

在魁北克城,英、法两军备持强大的军队,虎视眈眈的对峙着。150年前,撒缪尔·尚普兰选择了这一地点安营扎寨,建立了城镇,把它作为控制圣劳伦斯河和整个加拿大的天然屏障。在150年之后,蒙卡尔将军也把这里选作抵御外来入侵的咽喉要道,他驻守这里,拥有2200名正规军,1500名海军,还有1万名民兵的协助。在英军方面,军舰把8000名正规军逆河而上运抵魁北克城,其统帅是32岁的陆军准将詹姆斯·沃尔夫。

纵观整个新法兰西战场,从两军的力量对比来看,无论是军事力量、物资供应以及民心所向等,法军都占优势。但是,法军却战败了,究竟是什么原因呢?除了与当时英、法国内的社会状况及它们在世界各地的整个占领态势有关之外,军队的素质不能不说是个重要原因。1759年,沃尔夫在包围魁北克城的时候就曾看到了这一点,他写道:"蒙卡尔将军率领的是一支数量众多却素质低劣的军队,而我率领的却是一支数量不多,素质精良的军队。"

1759年6月,沃尔夫在蒙莫朗西瀑布对法军发起第一次进攻。此时,英军投入的是训练有素、装备精良的军队。而法军方面,由于长期的大量伤亡,补充的却是从民团中抽出的民兵。尽管如此,在开始阶段,蒙卡尔将军率领他的军队打退了英军一次又一次的进攻。看到不能取胜,沃尔夫采取了残酷的手段,他用大炮轰击魁北克城,使魁北克城的大部分地区被炸成瓦砾碎石,许多居民被炸死。他还派遣军队焚烧拜一圣保罗和拉·马尔拜地区,并对魁北克城东部南岸延伸80公里的人口稠密的居民区放火焚烧。到9月,沃尔夫被疾病所困扰,他还与下属发生了争执,在这种情况下,他曾考虑过是否从包围中撤出他的军队。为了最后下决心,他试图作最后一次努力,如若不成功,就撤军。然而,就在这最后一次的努力中,英军凭借海军控制着河道以及沃尔夫对陆军的周密部署,最主要的是法军的疏忽,终于取得了胜利。

1759年9月12~13日深夜,沃尔夫派兵控制住通往魁北克城西部的一条小路。靠着夜幕的掩护,他用小船把一部分军队运到靠近魁北克城的一段狭窄的河道上,这段河道恰巧在一块巨大的石壁下面。在这里,他发现一条小路可以通向悬崖的上端,而这里恰巧是法军防守的薄弱环节。这样,他们通过这条小路悄悄地爬上悬崖,并向法军的设防深处散开。到13日上午,经过一夜的行动,大约有4000英军以及他们的辎重、大炮等从这条小路运抵悬崖上面,散布在阿伯拉罕平原。此时,法军张皇失措,仓皇投入战斗。

开始,沃尔夫成功的登陆并没有使法军溃败。蒙卡尔将军毕竟是有经验的统帅,他立即调来大炮,并动用所有的法军从东、西两侧包围了沃尔夫所占领的滩头阵地。英军失去了退路,蒙卡尔获得了袭击英军的有利地形。接着,蒙卡尔在研究了魁北克东部阵地地形之后,为了不给沃尔夫以休整和重新部署的时间,决定利用手头的所有兵力向英军发起猛攻。在经过一些激烈的冲突之后,两军摆开了阵势。那一天,在阿伯拉罕平原上,沃尔夫指挥的英国军队穿着鲜艳的红色军服,排成一线,面向东,朝向魁北克城。而蒙卡尔率领的法国军队,身穿白色军服,面向西,他们一面前进,一面打着鼓,法军的旗帜随风招展。两支军队面对面的步步逼近,在数量上不相上下,旗鼓相当。

然而,这场从6月就开始酝酿,两军都准备了整整一个夏天的战斗一经打响,其进程却是富有戏剧性的。战斗虽然激烈,却持续了还不到15分钟。训练有素的英国军队经过一阵近距离的射击之后,立即使法军四处溃散。英军统帅沃尔夫本人在战斗中中弹身亡,法军统帅蒙卡尔在撤退时身负重伤,并在第二天死去。尽管作战双方的统帅全都阵亡,英军却在战斗中取胜。几天之后,魁北克城,这个新法兰西的首都落到了英军手中。

魁北克城陷落之后,溃败的法军沿圣劳伦斯河逆流而上,到达蒙特利尔,在法军副帅弗朗索瓦-加斯东·莱维的指挥下,继续战斗到1760年,直至沃德勒伊最终宣布休战并签订了新法兰西投降的协议。对于新法兰西人来说,阿伯拉罕平原的战斗是决定性的,在那之后,他们的苦难接踵而至。为了继续打仗,莱维强迫从13岁的孩子到80岁的老人都出来当兵。1759年,魁北克民兵的数量激增,大大超过预计的数量。但是,1760年,在阿伯拉罕平原战斗之后,大势已去,人们不愿再做无谓的牺牲,因此,出来当兵并不主动。为此,莱维采取了沃尔夫的策略,对那些不愿出来作战的新法兰西的居民强制征兵,并烧掉了他们的房子。战争的最后阶段极为残酷,战火燃遍整个魁北克城和周围地区,每一个社区都在遭受苦难,在这片人口最稠密,也是最古老的殖民地的土地上,英军烧杀抢掠,夺走了所有的粮食、牲畜,并把房屋付之一炬。

据估计,经过这场战争,大约有六到七千人,也就是新法兰西人口的1/10被夺去生命。战争之后,在城市和乡村,饥荒普遍发生,流行病蔓延。战争的伤亡及经济上被剥夺使这里的人民对未来充满恐惧和绝望。战败,对于新法兰西人来说,意味着要遭遇与阿卡迪亚人同样的命运:经受折磨、背井离乡。

第三章
大英帝国殖民统治下的北美

在欧洲历史上，15世纪是一个地理大发现的时代，欧洲大航海、大移民和全球贸易的开端。在此之前，地球的东西半球还互不知晓，只有欧亚大陆和地中海岸的北非这三部分相互来往。美洲的发现可以说是欧洲工业与科技发展的结果，新的科技能力和非洲殖民地的开拓，刺激了资本扩展的强烈欲望，促进了对海外未知领域的探索，从此欧洲人得以疏散密集的人口，不断缓解人口压力，不断的移民和扩张到世界各个角落。所谓"殖民地"的最初概念，就是向海外安置移民进行统治的地方。美洲的发现，为欧洲缓解人口膨胀压力和资本主义生产资料和产品倾销开拓了新的天地。在最初的海上霸主西班牙与葡萄牙人占据了南美之后，进入工业时代的后起之秀英国，开始在打败西班牙海军之后开始了海洋霸权，随后英国开始了海外大移民和殖民地扩展时期，并由此开始，形成了"日不落"大英帝国。北美，也就是美国和加拿大，是大英帝国的早期殖民地和主要殖民地。

第一节　英国"犯民"移民北美与
　　　　美洲封建制度的建立

西班牙和葡萄牙因为海军力量的强大和航海业的发达，抢先移民美洲，但是后起的大英帝国，很快在地中海打败了西班牙海军，成为海洋霸主，于是在美洲大陆上开始了一场欧洲列强的殖民竞争，新西班牙、新尼德兰、新英格兰、新法兰西等地名纷纷在美洲出现。早期美洲移民的分布大致如下：西班牙从中美向南北发展，但以南美为主。法国从北美纽芬兰向南发展，直到路易斯安那，在那里建立了新奥尔良。荷兰于1566年独立于西班牙后，殖民北美东北部哈得孙河下游，建立了新阿姆斯特丹姆，但是最后在北美大地上拓展立国的却是英国移民。

一、英国涉足北美与美洲封建制度的建立

英国最早涉足北美是在1496年，亨利七世派卡波特去美洲探险，卡波特于1497年到达北美。但由于当时英国的玛丽女王和西班牙联合反法，故一时不愿向西班牙在西半球的霸权挑战。信奉基督新教的伊丽莎白女王执政后，英国便想在北美建立基地以袭击西班牙，并夺取那里的财富。英国的经济发展也促使它寻找新市场、开发新路线，向世界各地扩展。1584年，瓦尔特·罗利从女王

处获得建立殖民地的特许状,派侦察船队去北美,到达切萨皮克湾以南海岸,雷利命名该地为"弗吉尼亚",以示对女王的敬意,可是他在那里建立定居点的努力都失败了。1588年,英国在地中海击败了西班牙的无敌舰队,取得了海上支配权,开始向北美移民。此后又通过对荷战争,接管了荷兰在北美东北部的殖民地,改"新阿姆斯特丹姆"为"新约克"即"纽约"。通过七年战争(1756~1763),英国又成功地使法国让出密西西比河以东的广大区域,终于在北美东部沿海地区形成了完整的英国殖民地。

英国在北美殖民的法定形式有三种。最普通的一种是国王颁发皇家特许状,允许一个公司建立殖民地,授予其土地所有权和行政管理权。公司通常是股份制的,由民间私人集资,但国王有权修改和取消特许状,马塞诸塞海湾殖民地就是这样建立的。第二种是国王把一个地区特许给某个个人,由他去创立一个殖民地,例如让巴尔的摩勋爵卡尔弗特创立马里兰,让威廉·宾恩建立宾夕法尼亚。第三种是国王直接统治的皇家殖民地,有好几个殖民地都曾一度属于国王本人,其中包括英国在北美最早的殖民地詹姆斯敦。1606年,詹姆斯一世宣称对北卡罗来纳至纽芬兰的200万平方哩的疆域拥有主权,他特许两个团体前去殖民,各占一半土地以挖掘矿产和开垦耕地,然后将所得财宝的1/5交给国王。其中一个一事无成便失败了,另一个就成了弗吉尼亚的詹姆斯敦。这是美洲最初的土地分封领主管理的封建制度,是欧洲封建制度向美洲的移植。

二、詹姆斯敦

1606年,伦敦的弗吉尼亚公司派遣三艘小船,由约翰·史密斯船长率领去北美冒险。该公司乃私人合资的股份公司,投资者都指望在这类冒险中获利。可是他们并未找到预期的矿藏,104个罪犯移民中只有38人活到了第二年,重新派去的犯人人也很难存活。致死的一个重要原因就是水源不洁,而营养不良的早期罪犯移民自身抗病能力又极差。统治詹姆斯敦的权力属于国王本人,设在当地的参事会并无政府权力,罪犯又难以驾驭,故而管理混乱。伦敦那些急功近利的投资者既不愿在重新选择和坚实居住点上花费财力和精力,也不重视必要的粮食生产,只是迫使他们像西班牙冒险者一样去寻找黄金白银。当他们发现目的达不到时,便不愿再向犯民提供给养。于是这些流放到此的从未务过农的城市罪犯们,其中包括一些贵族绅士和仆人工匠,便不得不自己学种粮食。1610年,新总督戴尔对殖民地实行恐怖的军事管理,逃离者罪犯一旦被抓获将处以火焚或绞刑。

为了改善弗吉尼亚的状况,改组后的伦敦公司决定改革殖民地的管理方式,允许成立代议制议会,给予犯民和犯民后代们更多的自主权,但保留最终决策权。1619年7月,第一次议会召开,决定凡议会所作决议均立即生效,这宣告了北美自治的开始。议会还决定从英国迁去大量犯罪妇女与那些男人做配偶,以利安居乐业,并给予每个犯民20公倾土地,詹姆斯敦从此向真正的殖民地转化。

在弗吉尼亚的移民中,有许多是欧洲的契约奴,以他们到达后的劳动来支付从英国到北美的旅资。契约期限一般为4~7年,期限内可被买卖。这就为大量英国流落街头的单身流浪汉和罪犯找到了生活出路,严酷的法律替代了欧洲的传统道德。这些单身而来的流浪汉和犯妇犯男们构成了美国的早期祖先,也奠定了美国至今依然奉行的独立、自由、叛逆、民主、法制、高犯罪率、个人主义、霸权欲望的文化基础。

三、普利茅斯

第二批移居北美的英国人与詹姆斯敦的移民在成分和动机上都颇不相同,在17世纪二三十年代陆续向马塞诸塞海湾移居的约两万名清教徒大都有着比较明显的宗教原因,他们是具有反叛传统基督教教义的异教徒,被抓来流放到美洲,在美洲形成了最早的新教思想基础。

宗教改革后,罗马教皇在欧洲的统治权受到动摇,各国宗教走向独立,不再给罗马教皇进贡,于是基督教成为英国国教,亨利八世兼任教会领袖,但他无意对教阶组织或仪式教义等作任何实质性的修改。不久,国教内部又出现新的改革派——清教,要求进一步纯洁教会。在伊丽莎白时代,清教徒受到抓捕和迫害,新大陆不仅成了他们最初流放的地方,后来干脆成了他们主动逃避迫害的向往之地,也是他们想象中可以实现自己改革理想的试验地。他们要在那里建立"上帝之城",供全世界仿效,清教传统构成了北美新英格兰传统的基调。

最早去新英格兰的101名新教徒于1620年乘坐"五月花"号木船,经过八周的海上颠簸,终于到达普利茅斯。他们是清教中的激进分子"独立派",主张和英国国教彻底决裂。到了北美,他们面对的是一片蛮荒的草原和森林,严寒和饥饿很快夺走了一半人的生命,其精神上的绝望可想而知。如果没有印第安人的帮助,这些在英国靠祷告生活的人,很难想象他们如何能够生存下来。侥幸活到第二个冬天的人们便开创了"感恩节"的传统。他们感谢上帝,但是他们真正应该要感恩的是北美印第安人。但是他们的恩人,在之后的年代里,很快被新的移民屠杀殆尽。

普利茅斯的移民被称为"朝圣者",他们文化程度较低,很少与外界接触。虽然"五月花"成了美国早期移民的象征,但是他们对美国历史的实际影响却并不大。它的意义在于他们是最早到达美洲的欧洲白人居民,尽管他们在艰苦的环境里很快就死得所剩无几。

四、马塞诸塞海湾

1630年,由约翰·温斯罗普率领的上千名清教移民才真正掀开了英国的移民大潮,从那年起到英国革命爆发的十年间,约有两万人移居马塞诸塞的波士顿附近。这次迁移的发起者是马塞诸塞海湾公司,与弗吉尼亚公司不同的是,这家公司的主要人物都是公理会清教徒,他们将亲自前往北美定居,还要把整个公司迁到那里。他们不主张独立,认为英国国教还没有腐败到不可救药,但是查理一世的迫害使他们不得不到北美荒原来实现自己的宗教自由,建立"山巅之城",完成上帝的使命。

温斯罗普是一个富裕的律师兼地主,他被选为领袖后便着手进行移民的准备。他从詹姆斯敦的失败中吸取教训,物色了各种工匠人才,做好一切定居的准备。他们中绝大部分都是已婚的中产阶级男女,连家带口地迁移。与詹姆斯敦和普利茅斯相比,他们更为成功。移民们得到有效的组织和管理,建立了一个政教合一的社会,很快度过了最初的困难,并迅速扩大起来。第六年,他们就创立了后来成为哈佛大学的一个旨在培养牧师的学校。

在这个自治的"清教共和国"中,教会是精神组织,不行使世俗的政治权力,它最多只能开除一个人的教籍,因为清教徒们汲取了基督教在中世纪黑暗统治的教训,认为一旦教会拥有世俗权力,就会变成另一个腐朽的罗马教廷。这个社会的政教合一主要表现在唯有教会会员才能具有议会议员的选举权和被选举权上。每个人都必须参加教堂的礼拜,但是只有那些能当众叙述自己宗教变化过程,并被教会认可批准的人才能成为正式会员,然后才有资格选举议会议员,这就使政治权力牢牢地掌握在信徒手中,虽然不是在牧师手中。

不仅被迫害的清教徒移民北美,英国破产的无家可归的流浪汉、无钱还债的逃债者和逃犯,以及罪犯劳改队也大量涌入。随着"劣质人群"移民的不断增加,殖民地事务也相对复杂起来,管理难度不断加大,各种繁杂事务不可能再全部集中到波士顿的马塞诸塞大议会来商讨,于是各镇建立自己的镇议会来解决当地的犯罪问题和纠纷事端,几十人的镇子都雇佣警察来治安,美国的法制精神正是罪犯移民们促成的。大议会则改为代表制,每个镇派两名代表参加。大议会一般不干涉各镇事务,这种政治上的自治与他们公理会宗教上的自治大致相仿。清教村落的中心是会堂、教堂,附近是警局,有时也有一片公地,周围是住房,最外面是耕地。组织严密的清教社会是有贵贱之分的,但又包含着一定的平等因素。

新英格兰的气候和土地都不适合耕作,因此移民便向贸易、渔业和手工制造业发展,诸如织布、制铁、制鞋等,后来木材和造船业也很发达,成为美国工业发展的基地。

五、与南美的区别

英国在北美东部沿海陆续建立的殖民地还有马里兰(1634)、新罕布什尔(1635)、特拉华(1638)、康涅狄格(1662)、新泽西(1663)、罗得岛(1663)、南北卡罗来纳(1663)、纽约(1664)、宾夕法尼亚(1682)和佐治亚(1732)等,它们后来成了美国独立后最早的13州。

英国在北美殖民比西班牙和葡萄牙在中南美殖民晚了将近一个世纪,他们殖民的方式也有许多不同,这对北美和南美日后的发展产生了深远影响。首先,西班牙在南美殖民地上建立的是直接政府,相当于把帝国扩展到那里去。而英国实行的是各种自治政府。第二,西班牙的天主教会直接控制着南美的宗教事务,教会的建立和教士的移居都必须得到国王的同意,他们甚至把宗教裁判所也搬去了。而英国的国教则不干涉殖民地的宗教,由教徒们自由组成教会,形成了宗教上的多元化局面。第三,由于西班牙更多地把现成的一套直接照搬过去,因此南美社会具有更多旧世界的痕迹,诸如等级分明和贫富差距。而英国殖民地则比较平等自由。第四,北美没有南美的金银和城市,几乎是一片荒野,除了土地,没有太多可掠夺的对象,这就迫使英国人以移民定居为目的去艰苦创业,开辟自己的天地。第五,南美的印第安人大多定居,分布比较集中,也比较容易统治或驯化成奴。而北美的印第安人大多是游牧的,经常迁徙,人口也少得多,当时在整个切萨皮克地区仅3万左右。他们性格独立,桀骜不驯,这就导致南北美移民和土著的不同关系。北美很少有印第安人奴隶,也很少有白人和印第安人的混血儿,在南美则比较普遍。

六、与印第安人的关系

英国各殖民地移民和印第安人的关系大多经历了一个由好变坏的过程。詹姆斯敦的移民一开始也曾试图和印第安人建立某种联系,让他们皈依基督教,其中最著名的就是约翰·罗尔夫在1614年和波厄坦酋长之女波长洪塔斯缔结的婚姻。酋长去世之后,双方关系逐渐恶化,移民们在要求得不到满足时,便开始使用武力,最后决定把印第安人赶出殖民地,这就激起了印第安人的反抗。1622年他们进行了一次袭击,杀死300多移民。接下去便是20年的相互战斗和残杀,直到1644以移民的胜利告终。印第安人则丧失了他们的首领、联盟和家园,基本上被灭绝。

在普利茅斯,双方的和平共处也不长久。1622年秋,移民便杀害了印第安人的首领。马塞诸塞的清教移民也在1637年便开始大肆杀戮印第安人,焚毁他们的村庄,并把此看作上帝的意愿。移民们自以为有国王的特许状,可以为所欲为,一旦他们站住脚跟,印第安人便成为他们拓展的牺牲品。

第二节 殖民地状况以及和宗主国的关系

从1607年詹姆斯敦的建立到1776年《独立宣言》的发表,英属北美殖民地经历了一个半世纪的变化,人口超过了200万,并且在社会结构和思想方式上逐渐形成了自己鲜明的特点。也从此奠定了北美文化长期依赖的主要思想基础。

一、殖民地的政治自治

殖民地的政治具有明显的英国政治传统。殖民地人民在封建特许状的保证下,享有英国人的种种等级权利,同时又享有许多殖民地的封建领主自治权。英国在法治方面一直处于世界领先,早在1215年,英国的大宪章就明确规定英王不是绝对君主,必须遵守法律;规定只有国会才有权征税;还规定所有的人在法庭上都享有受陪审团审理的权利。到了14世纪,英国"习惯法"出现,保护个人不受政府的侵犯。17世纪的清教革命使英王室的权力进一步被削弱,到光荣革命后,王室完全从属于国会。作为光荣革命的一部分,国会于1689年通过"权利法案",强调国会和公民的权利,北美殖民地的人民也充分享有这些英国人的权利。

殖民地的早期发展正值国王和国会为最高权力争得不可开交之时,因此各地大都能按照自己的愿望,在不受太多干扰的情况下自行其是。英国隔着4828公里的大西洋,可谓鞭长莫及。殖民地都是以王室给予公司或个人特许状的方式建立的领主管理制度,和国会的关系从来不很明确,这也给国会掌权后对它们的治理造成困难,何况殖民地并不认为没有他们代表参与的国会拥有对他们征税的权力。殖民地政府按照移民的要求,绝大多数实行代议制议会,由资本家阶层选举议会代表和执法者,再由议会制定法律,总督的经费也是来自当地议会。这样的资本阶层的自治政府的控制权显然不在英国政府,而是在当地财团,他们对来自英国的干涉向来抱有警惕。弗吉尼亚公司于1619年给予殖民者选举自己的行政机构"下议院"的权利,产生了北美殖民地上第一个民选的政府。随后,新英格兰各殖民地也都产生了具有比较广泛基础的民选政府,他们的市镇议会决定当地事项,同时选举代表参加殖民地每年召开的大议会,决定地区性大事。

尽管各自的方式不同,但是通过代议制议会,殖民地人民普遍享有相当程度的自治权,习惯于通过投票来决定公共事务。康涅狄格和罗得岛是完全自治的,自选议会议员和行政长官。特拉华、马里兰和宾夕法尼亚由英王特许的领主选择行政长官,由符合选举人资格的人来选举议会议员。其他8个殖民地则由英王委派总督,但下议院的议员全部由选民选举产生。殖民地的政治当然还不是现代意义上的民主,选民资格一般是有宗教和财产要求的,基本上属于中产阶级以上的阶层。除了那两个完全自治的殖民地外,殖民地的长官也不是民选的,而且他们有权推翻议会所通过的法律。同时,英王还保留着最后的终审权。但是这种自治已经具有很多上层社会的民主成分,其中最主要的除了权利法外,还体现在政府分为上下两个部分:领主或总督代表王室,议会代表当地利益集团,权力平分秋色,而下层百姓,依然没有自己利益的政治代表,处于被压榨的地步。早期的殖民地政治,主要体现出封建贵族与资本家联合与斗争的半封建半资产阶级民主形式。由于议会是资本家利益的代表,掌握着财权,所以往往能达到资本家们的政治目的。

二、宗教自由的趋势

殖民地早期的宗教各不相同,以弗吉尼亚为首的南方主要是英国圣公会国教,只有马里兰是天主教的避难所,但那里对其他教派也能容忍。北方的纽约是国教,宾夕法尼亚是教友会(亦称贵格会),新英格兰是清教,只有罗得岛从一开始就实行法定的宗教自由。清教徒虽然在英国本土遭受迫害,要求宗教自由,但是当他们在北美实现了自己的自由后,却不允许别人的宗教自由。他们严惩教友会,不准教友们进入他们的殖民地,违者处以割鼻、焚烧、绞刑等酷刑。他们还把自己内部持不同观点的人逐出殖民地。一神论宗教的排他性很强,一旦与政治权力结合,就会干出罪恶的勾当。

但是北美地广人稀,被逐的"异端分子"很容易找到安身立命之处。他们可以重建家园,任何"官方"宗教人士也很难限制他们。随着殖民地人数的日益增加,宗教状况也愈加复杂,最后只剩下相互宽容这一条路了。1636年被马塞诸塞清教徒逐出殖民地的罗杰·威廉斯创立了罗得岛,规定了政教分离的原则,宗教不干预世俗政权。1649年,马里兰也通过了《信仰自由法令》,保证一切基督徒的宗教自由。1682年,宾夕法尼亚保证一切信仰上帝的人的自由。弗吉尼亚则一贯奉行着实际上的宗教宽容。宗教自由和政治自治一样,成为北美殖民地发展的总趋势。

三、经济的区域特征

殖民地经济在一个半世纪中得到了迅速的发展,并由于自然条件的不同,形成了南北中三大经济模式。

以新英格兰为主的北部地区多山,土地贫瘠,气候寒冷,不适合耕作。但是那里森林和水力资源丰富,并且有天然港口,对发展木材工业、造船业、渔业和贸易都极为有利。当时,捕鲸是一项很重要的工业,许多日用品都靠鲸鱼提供。海运的发展逐渐形成了两个三角贸易,一个是与西印度群岛和非洲之间,北美的酒运到非洲,非洲的黑奴运到西印度群岛,西印度群岛的蔗糖运到北美。另一个三角贸易是将北美的木材和粮食运到西印度群岛,再将西印度群岛的蔗糖运往英国,然后将英国的工业品运到北美。新英格兰的商贸相当发达,但是根据1660年英国颁布的"航海条例",北美殖民地的外贸都必须通过英国。

北美中部,也就是美国南部,气候温和,土地广阔而肥沃茫茫草原,比较适合开垦自给自足的家庭农场。那里主要生产粮食,消费后的剩余物资销往其他殖民地和欧洲,大大缓解了欧洲人口压力下粮食紧缺的问题,确保了欧洲顺利向资本主义方向迈进。由于有纽约的港口,北美的粮食出口和工业品进口贸易也得到了发展。

南方炎热的气候和沃土适合大面积耕作。早在1612年,切萨皮克湾的移民就找到烟草作为他们的主要农作物,所以有人说弗吉尼亚是在烟上飘起来的。卡罗来纳地处沼泽湿地,适合种植水稻。这两种作物都是劳动密集型的,而殖民地面临的最大问题就是劳力匮乏。从英国来的白人契约奴一来远远不能满足需求,二来他们在重获自由后,往往加入贫穷的自由民阶层,对种植园主构成威胁,1676年爆发的培根起义就是一次教训。这次美国革命前最大的平民武装暴动,虽然没有纲领口号,但他们在短期内聚集的力量却足以焚烧詹姆斯敦的重要定居点,还赶走了总督。相比之下,黑人奴隶善良而顺从,从来不至于这样危险。因此,自从1619年一艘荷兰贩奴船将第一批20名非洲黑人运到弗吉尼亚后,黑人便被源源不断地运进北美,成为南方种植园的主要劳力。随着人均寿命的延长,蓄养终身的奴隶也显得更加有利可图。

开始的时候,奴隶并不严格地按种族区分,白人中有契约奴,黑人中也有自由人。而且黑奴也并不局限于南方,只是北方农时短,蓄奴不上算,少数黑奴主要也是用来做家务的,日后便被慢慢地自然淘汰。南方种植园经济的发展则促使黑奴人数持续猛增,有时黑白人数之比可以超过二比一。为安全起见,弗吉尼亚的法令一次又一次地严格了种族区分,最后成了凡是黑人一概都是奴隶,白人奴隶则完全绝迹,全面施行种族压迫制度。在美国革命时,南方黑人占到总人口的百分之二十。在残酷剥削奴隶劳动的基础上,奴隶主聚敛了大量的财富,发展了与北方迥然不同的大规模种植园经济以及相关的一整套种族划分的观念和制度。

由于缺乏人才和技术,也由于英国的干预,除了波士顿的造船业外,殖民地工业发展都比较差,主要是作为宗主国的农业基地、原料产地和产品销地。南方生产的烟草和大米等也绝大部分运往英国,换回工业产品和日用品。

四、人口文化状况

殖民地的人口增长极为迅速,除了源源不断的移民外,当地人口的自然增长也很显著,差不多每25年就翻一番。由于物产丰富,食品充足,开荒耕地又急需劳力,故而一般家庭都是多子女的。等子女长大,又很容易获得土地,去经营自己的农场。那里几乎不存在阻止人口增长的客观因素。富兰克林说过,当人们生活在人烟稀少的大地上时,他们的繁殖速度比在拥挤的地方要快出好几倍。

殖民地人民在种族和文化上呈现出十分丰富多彩的局面。移民从欧洲带来了不同的习俗和文化,慢慢以自己的方式去适应新大陆的新环境,学会共同生活,在这过程中又不可避免地相互影响和融合。然而在英属13个殖民地中,英国移民是主体民族,也是政治主宰民族,英语是唯一通用的语言。与欧洲相比,殖民地虽然也有穷人富人之分,但公、侯、伯、子、男的贵族阶级的爵位等级界线不像在欧洲那么明确,也并非不可逾越。再加上殖民地的教育普遍优于欧洲,个人的奋斗发展便有了更好的条件和机会。新英格兰是最早实行义务教育的,早在1647年,马塞诸塞就通过法律,凡居民达50户的市镇,必须配备一名教师。殖民地主要忙于生存和拓荒,他们在文化上理所当然地首先重视普及实用的知识,他们最常读的两本书是圣经和历书。后来慢慢有了报纸,这一传播媒体特别适合殖民地人民的文化水平和特点,发行量之大是惊人的。报纸成了他们生活中的必需品,并且很早就确定了实际上的出版自由原则。

总之,英国对殖民地采取的基本上是一种遥控的统治方式,主要将它视为自己的市场和原料供应地,并不具体地去治理。在殖民时期的一个半世纪中,殖民地人民有足够的自由按照自己的意愿去设计生活,自治的结果在北美大陆形成了一个与欧洲迥然相异的社会,人民以一种新型的方式在思维和生活。这些特点最早在克莱弗克尔的《美国农民书札》中得到了形象的描绘和总结,这个在

下部　北美史

北美当过多年农民的法国人称这里为一个伟大的避难所,欧洲的流浪汉和失业贫民们聚集到此把它建设成自己的乐园:

"这里没有巨室阀阅,没有宫廷,没有帝王,没有主教,没有教会势力,没有少数人享有的那种似乎无形然而有形的政治特权……人人皆知遵法守纪,而无所惮惧其苛暴,也没有大家族势力的仗势欺人,大家都是来自欧洲的客人,在这里人人都得平等相待。在这里无亲无友可以依靠和获得帮助,只有依靠自己的勤奋来生存和致富,个人奋斗的勤奋精神可说深入人心,人们尽可自由行动,没有社会道德传统习俗和宗族亲友的限制拘牵,没有传统道德的约束和制约,不犯法就是合法,法律是唯一的准则,犯罪率极高……"

"这里的人民对他们的政府和教会拥有很大的发言权,而不是像欧洲那样屈服于教会的绝对权威。他们享受着欧洲贫民所不可想象的自由、平等和独立,他们实际上已经成了一个新型的民族——美利坚人,并以此自豪。"

克莱弗克尔总结道:"这美利坚乃是一种新人,他立身行事全然依据一套不同于欧洲的新原则,因此他必将酝酿出种种新的观念,产生出种种新的思想。与昔日那种不得已的怠惰、奴隶般的依附、贫困不堪与凭白出力等不同,他此刻已经进入了一种报酬颇丰、性质迥异的新型劳动——这就是那美利坚人。"

美国人对自己祖先的评价极高,绝口不提美洲白人先民极高的犯罪率和对印第安民族的屠杀,美国史学家们也大都依仗今天的成就来美化美国先民们罪恶的一面。

第四章
独立战争与美利坚合众国的建立

　　1689年后,英法之间爆发了一系列争夺欧洲霸权的斗争,最后以英国在1756年开始的七年战争中大获全胜告终。在北美大陆,英法殖民地为了控制俄亥俄地区也发生了冲突。1757年,英国向北美增兵,与殖民地游击队一起打败法军,夺取了魁北克和蒙特利尔。1763年的巴黎条约结束了法国在北美的殖民权利,法国将其在密西西比河以西的殖民地让给西班牙,将河以东(新奥尔良除外)和加拿大的殖民地让给英国。在殖民地,这场战争又称法印战争。欧洲列强依据自身实力的发展与变化,在全球殖民地瓜分得差不多的时候,开始了互相争夺,在美洲这块肥肉上,他们凭借自身实力的变化,又重新洗牌,调整霸权利益。

第一节　独立战争的爆发

　　在欧洲列强争夺殖民地利益的战争期间,英国无暇更多地管束殖民地,放松了对它各方面的限制。造成这一疏忽的另一个原因是,1760年乔治三世继位后,一直在试图削弱握有大权的辉格党人,在他们权力之争的10年间,殖民地官员调动频繁,政策多变,极不利于对殖民地的控制。现在仗打完了,英国认为殖民地应该为自己在战争中获得的好处付出更多的代价。英国的一些有识之士也意识到,随着法国和印第安人联盟的威胁被解除,殖民地会觉得没有英国也行,因此改组这一庞大的殖民帝国便显得格外迫切。于是从1763年开始,在财政大臣格伦维尔的指挥下,英国对殖民地实施了许多新政策,以图更为直接地控制殖民地的政治、经济,这些政策引起了殖民地人民的普遍不满,激化了双方的矛盾。

一、英国加强对殖民地的控制

　　首先是以更大的力度严格实施已有的法律。英国早就制定过不少有关殖民地的法律,但殖民地人民对不利于自己的法律往往不加理睬,知法犯法,英国也无能力强制执法。如1660~1663年公布的"航海条例"规定,殖民地的运输必须使用英国船只,殖民地的许多物产如烟草、蔗糖、毛皮等只能出口英国。同时规定其他一些物品如茶叶等,只能从英国进口,如果从其他国家进口,则必须向英国付税。但殖民地始终无视这些规定,公开走私。为了执行这一法令,国会宣布英国官员有权搜索一切殖民地的房屋和船只,查禁走私货物。

　　北美印第安人失去法国盟友之后,对英国移民的不断西侵感到恐慌,屡屡对他们进行大规模的袭击和屠杀。在殖民地战后的英国需要巩固和安定现有的统治,为了避免冲突,安抚印第安人,英国于1763年规定,禁止当地财团武装向阿巴拉契亚山的西部入侵。

接着,英国又连续颁布了一系列新的税收法,试图从殖民地增加经济收入。其中"糖税法"(1764)规定,降低从西印度群岛进口殖民地的蔗糖关税;"印花税法"(1765)则要求殖民地一切印刷材料必须购买印花税,这是英国向殖民地直接征收的第一种内部税款,遭到当地人民的强烈抵制。1765年,英国又颁布"供宿法",规定殖民地向当地近万名常驻英军提供给养,理由是驻军的目的在于保卫边境,使殖民者免遭印第安人的侵犯。可是殖民地人民却怀疑军队的存在主要是为了镇压他们。

1767年,英国财政部长汤森提出向殖民地的进口货征收新的进口税,并设常驻波士顿的海关特别委员会。还规定违法者将在海事法庭受审,而且不享有陪审团的待遇。所罚款项的部分可以用来支付给总督,使他能在经济上独立于殖民地的议会。殖民地人民认为,这些规定不仅剥夺了他们作为英国人的合法权利,而且阻碍了殖民地的经济发展。

二、殖民地对宗主国的抵抗

英国国会自以为得计,但他们有所不知,这些在美洲土生土长了几代的殖民地人民,早已丧失了他们先辈对母国的那种感情。何况他们已经自治自理了一个多世纪,习惯了自行其是,所有这些企图加紧控制的措施都使他们感到忍无可忍。他们祖先的经验告诉他们,在举目无亲的新世界里,财产是生命和自由的保障,这种重视私有财产的传统被一代代的继承了下来,其次,他们的先辈来美洲是来掠夺来的,岂能容忍英国政府来掠夺他们的劳动财富。因此征税权关系重大,只有他们派代表参加的议会才有向他们征税的权力。英国议会中没有他们的代表,所以他们不能承认英国议会对他们具有征税权。他们公开怀疑这些新税法是将他们沦为奴隶的第一步。商人船队无视这些法律,仍然不向英国付税就进口货物,甚至还焚烧了一艘英国海军的巡逻舰。拓荒者和种植园主也无视法令,继续越过禁区线到印第安人的领地去开发肯塔基。律师们则谴责允许搜索住宅的法令违反了英国的习惯法。

在抵制英国的行动中,各殖民地认识到了联合起来的必要。早在1754年,7个殖民地的代表便在纽约的奥尔巴尼开过会,一向富于先见之明的富兰克林在会上提出了"奥尔巴尼联盟计划",提议建立殖民地统一议会,以便协调与印第安人的关系以及西部殖民等事项。但是不少殖民地出于自身利益的考虑而表示反对,因而此计划缺乏共同利益的基础而未能获得通过。

印花税法公布后,在马塞诸塞代表的倡议下,9个殖民地的代表于1765年10月聚集在纽约商量对策。他们一致认为殖民地人民应该享有英国公民的一切权利,殖民地的税收应由当地政府,而不是由不受他们影响的英国国会来征收。英国议会对殖民地只有立法权而没有征税权。他们要求废除糖税法和印花税法,并决定以抵制英国货作为报复。他们组织的"自由之子"行动袭击印花税票代销人,迫使他们辞职,当法律生效之日,已无人再敢代售,终于成功地使印花税法于1766年被撤销。

正是来自英国的威胁,促使本来并不团结一致的殖民地发现了他们的共同利益。随着事态的发展,殖民地之间逐渐形成信息网络和经常性的联系,以便随时探讨和组织对抗英国政策的行动。维护共同利益,一致对外的联合行动,促成了美利坚合众国各州殖民地早期合作的基础。美国的各州的高度自治,是有其历史渊源的。

与此同时,群众性的反英活动也渐成声势,波士顿的群众反应尤为激烈,与派驻当地的英军一直处于敌对状态。1770年3月5日,英军向那里的示威群众开枪,打死五人,酿成著名的"波士顿大屠杀"。很快,英国被迫取消了汤森法中除茶叶税外的其他一切税收,这一改变也是由于该法在客观上鼓励了殖民地制造业的发展,从而遭到英国商人的反对。此后,殖民地出现了两年的相对平静。

1773年,不达目的不甘心的英国国会为了帮助东印度公司摆脱财政困难,又通过了"茶叶法",规定对东印度公司运往殖民地的茶叶在英国实行免税,而在殖民地却不免税,这就对殖民地的走私茶叶造成威胁。于是,纽约、费城等港口都拒绝英国茶叶卸货。波士顿总督下令船只不卸货不得离港,结果导致"自由之子"采取极端行动。他们化妆成印第安人登上茶船,将茶叶抛入大海,造成"波士顿倾茶事件"。

英国对殖民地的反抗十分恼火,看到了问题的严重性,决心以更严厉的手段来强制实行控制。国会于1774年通过了更多的法令来限制殖民地的自治,其中包括封锁波士顿港、要求倾茶者赔偿损失、改组马塞诸塞政府,削弱其议会活动、加强驻守殖民地的军队、让波士顿大屠杀中肇事的英军人士回国受审等等。殖民地人民把这一系列法令统称为"不可容忍法"。同年,各殖民地迅速采取行动,在费城召开第一届大陆会议。与会的12个殖民地的代表一致通过向英王乔治三世提出的"权利申诉宣言",要求取消这些不公正法。此时,他们已经不仅反对英国国会的征税权,也反对它的立法权,因为他们意识到,国会通过立法也同样可以对他们实行专制。他们开始了对英国的全面对抗,形势显然已经到了一触即发的地步。在弗吉尼亚,帕特里克·亨利发表了极富煽动性的"不自由,毋宁死"的著名演说,宣布一切缓和事态的企图都不过是徒劳:

"屈服与奴役之外,我们再无别的退路!

我们的枷锁已经制成!

镣铐的叮当声已经响彻波士顿的郊原!

一场杀伐已经无可避免

——既然事已如此,那就让它来吧!"

殖民地开始训练民兵,筹集军火,准备武装保卫自己的家园和自由,宣告脱离英国的统治自立乾坤。

三、《独立宣言》

冲突终于爆发了。1775年4月19日,波士顿的英军去附近的康科德夺取一批武器,并搜捕当地的反英领袖约翰·汉考克和塞缪尔·亚当斯。由于保罗·里维尔马不停蹄一路赶到那里预先通报,马塞诸塞民兵及时出动。英军在列克星敦遇阻,双方交火,美国革命打响了第一炮。当时在费城召开的第二届大陆会议立即开始执行中央政府的职能,命令民兵改编成大陆军,任命乔治·华盛顿(1732~1799)为总司令。

美国革命在一开始并没有明确的独立目标,主要是出于对英国高压政策的反抗,为了维护本地的利益。然而,随着事态的发展,人们的观念慢慢起了变化,越来越多的人在托马斯·潘恩的《常识》一书中看到了殖民地的前途:广阔而富饶的美洲没有必要永远从属于一个只有巴掌大的岛国,不仅乔治三世是个暴君,而且君主制本身就是不合理的。一年之后,他们决定彻底摆脱英国控制,建立自己独立的国家。

1776年7月4日,第二届大陆会议一致通过了《独立宣言》,这一天便成为美国的国庆节。《独立宣言》主要由托马斯·杰斐逊(1743~1826)执笔,成为美国立国精神最重要的文献。宣言分为三部分:首先是阐述对政府概念的理解;其次是针对英国的抱怨和谴责;最后是宣布独立。

《独立宣言》所依据的政治哲学主要是天赋人权和社会契约论。它在一开始就宣称"人生而平等,享受着生命、自由以及追求幸福这些不可让渡的权利"。为了保障个人的这些权利,人民才建立起政府。政府的权力是自下而上来自被治者的授意,一旦政府违背了这一原则,人民便有权改变这种政府,并建立新政府。基于这样的政府理论,《独立宣言》列举了乔治三世的一系列罪行、他对殖民地造成的伤害以及他对政府职能的违背。因此,殖民地有权联合起来,宣布成为独立和自由的州。

《独立宣言》的影响极为深远,它不仅为当时的美国革命提供了新的动力和目标,而且影响到美国的未来,它的精神成为美国宪法的基本原则,在一定历史时期内也推动和鼓舞了世界上其他地区的独立革命,尤其是南美洲各欧洲殖民地的独立建国运动。

四、独立战争

《独立宣言》发表后,英美便处于战争状态。大陆会议联合13个州的力量,好不容易筹建了一支一万多人的军队。但是与英国当时所拥有的世界上最强大的正规军相比,大陆军弱小得十分可怜。它的士兵都是匆匆忙忙招集来的志愿者,从未受过正规军事训练。他们的给养也得不到保证,有的士兵需自费去打仗,家属更得不到照顾,也无抚恤制度。而且,他们大都短期服役,调动频繁,很难进行训练,战斗时经常得靠当地民兵。然而,美军的优点在于其高昂的士气和自觉性,当时的美国可以说是处于全民皆兵的保家卫国状态,只要一发生战事,方圆几公里的农民都会赶来参战。

英军对镇压殖民地的反叛很有信心,战争开始后不久,他们便在纽约港击败了华盛顿领导的美军。美军只能穿过新泽西,渡过特拉华河,退居宾夕法尼亚。华盛顿在1776年底对英军进行了两次成功的袭击,才使士气有所回升。但英军第二年9月又占领了作为当时殖民地政治中心的费城。幸运的是,美方10月间在纽约州北部的萨拉托加击溃英军,俘虏了英军将领,给独立战争带来转机。因为英国曾在美洲夺走了法国的地盘,所以一直暗中支持美洲独立军,以报复英国,法国看到了美方成功的可能,率先公开承认美国的独立,并于1778年与美签约结盟,并获取美国建国后的某些贸易利益,与法国的结盟,大大鼓舞了北美殖民地的独立运动。

但是战争仍然很艰苦,华盛顿率领他的独立军撤出费城后进入福谷,在那里度过了一个极其困难的寒冬,全凭战士们的英勇气概和华盛顿的人格力量才战胜了缺衣少食和信心不足的困难。

在西北战线上,克拉克将军率领一支不足二百人的拓疆民兵,沿着俄亥俄河向西,攻占了一系列的英军边塞,使西北地区归属美方。

在南方,英军曾一度占领好几个沿海城镇,但始终未能摧毁美军。1781年初,英军在卡罗来纳遭到一连串失利,不得不退回到弗吉尼亚的约克敦。华盛顿等到10月,盼望已久的法国海军终于到来,在法国军队的支援下,华盛顿率部迅速南移,围攻约克敦,击败陆上英军,法国海军则截断英军海上退路。英军终于投降,独立战争基本结束。

第四章　独立战争与美利坚合众国的建立

在与英军作战的同时，殖民地内部也经历了一场内战，因为在独立的问题上，各方意见并不一致。当时最激进的大约有 1/3 的人口，称为"爱国者"，他们是独立的中坚力量。另外 1/3 处于犹豫观望状态。再有 1/3 则忠于英国王室，被称为"托利党"，他们大都为上层贵族和有产阶级，他们恐惧战争和新政府会使他们失去既得的财富和利益。但这些人并无组织，当独立战争愈打愈烈后，其中大部分人便逃往加拿大或英国，也有少数人在英军服务。托利党的逃离使地方政府的权力落入爱国者独立派手中，他们修改法律，使政府向更民主的方向发展。托利党人被没收的财产也充实了政府的国库。

在独立战争的过程中，各殖民地高度自治的政府和议会证明了自身的优越性，它们几乎毫不费力便顺利地完成了向独立的转化。独立战争的胜利也表明了他们已经具备拥有联合政府的能力，1781 年达成的《邦联条例》将成为日后筹建新政府的基本纲领。这个刚成立的贫穷的政府凭着坚定的信念发行了战争债券 2.5 亿美元，向民间有偿筹款的同时接受个人捐助。尽管它仍然十分薄弱，只能向拥有实力的各州财团议会提出财政支持的要求，但它毕竟发表了《独立宣言》，统领全部殖民地取得了军事和外交的胜利。

在战争结束后两年的 1783 年 9 月，英、美终于在巴黎签订和约。英国承认美国 13 州的独立，新国家的疆域北以五大湖为界与加拿大遥遥相望，南至西属佛罗里达边界，东临大西洋，西以密西西比河划界。美方则答应归还没收的托利党人财产及所欠英商款项。可以说，美方取得了政权上的全面胜利。

美国革命的结果不仅取得了对英国的独立，并且彻底摈弃君主制和贵族制，大大扩展了美国资本主义民主的进程。这是一场全民介入的战争，又因为宣布了人人生而平等的原则，民众的积极性得到了充分的调动。大多数州通过了保障人民权利的"权利法案"，规定了人民享受言论、出版和宗教信仰等自由，以及接受陪审团的权利；还规定将政府权力尽多地划归立法机构，削弱州长的权力。但是由于传统的影响，许多州的宪法中还包含着对选民财产，甚至宗教信仰的要求，广大的下层穷人被排斥在政治权力之外，美国初期的民主，是资产阶级的有限民主，还没有达到全民民主的程度。但是从当时的历史条件来说，美国革命不仅是一场民族独立战争，也包含着一场与独立平行的真正的社会革命。受其影响，1810 年后民族解放的运动逐渐在拉美掀起，各殖民地纷纷成为独立的国家。

第二节　联邦宪法的诞生与合众国的草创

独立战争的胜利并不意味着新国家的建成，因为在北美这片土地上从未存在过一个统一的国家，独立只是 13 个殖民地的独立，前途如何，仍然是个未知数。是维持 13 个独立的州呢，还是建立一个统一的大国？这是摆在他们面前的第一个问题。第二个问题是，如果成立一个国家，它应该实行什么样的制度，是君主制呢，还是共和制？一系列问题和选择摆在了新国家人民的面前。

一、对于新国家的设想

因为在 1781 年的地球上，人类还从未建立过幅员如此广大的共和国。18 世纪的人一般都认为共和体制不适合辽阔区域,那样中央政府距离人民太遥远,很难受到选民监督,迟早会脱离人民控制,凌驾于人民之上,丧失其共和的本质。关于这两个问题,三百多万独立后的美利坚人充分发表了自己的意见,而且不很困难便达成了一致,那就是建立一个统一的共和国——美利坚合众国。

在联合抗英的过程中,北美人民逐渐超越各自殖民地的视野,将13个州看作统一整体。他们有着共同的利益和目标,采取共同的行动和对策,所以联盟成一个国家是顺理成章的事。各州在独立战争期间,早就纷纷从特许状中删去效忠英王的誓言,重新制定宪法,扩大了公民的政治自由和权利。他们迅速改组政府,废除源自英王的所有权力机构,赶走了总督和效忠派。新政府中增加了接受民众监督的职位数目,使更多的职位从任命改为选举。民众在政府的权力行使中拥有越来越多的发言权,行政权力被牢牢地置于议会的控制之下。各州的政治行动为统一共和的大趋势奠定了基础,但是在如何设计和建立这样一个共和国的具体问题上,还存在着很大的分歧。

二、邦联政府的软弱

1781年通过的"邦联条例"产生了一个相当软弱的一院制国会,实权仍然掌握在各州政府手中。邦联国会只有做出决定的权力,却不具有执行决定的权力。它无权征税,只能向各州要钱,而这种要求经常被拒绝或置之不理,活像一个乞丐。邦联虽然可以发行纸币,但却不能禁止各州像国家一样印制自己独立的纸币,因此无法统一货币。邦联在名义上可以制定法律,但却没有法院去执行法律,只是一个空架子。

每个法律的通过都必须得到13州中的9州同意,而一般情况下很难凑满10个州的代表到会。至于对邦联条例本身的任何修改,则必须得到13州的一致通过。说是邦联,真可谓群龙无首,执法全靠各州,又不存在一个公认的法庭来处理州与州之间的民事纠纷。邦联不能直接征兵建立军队,只能向各州提出要求,因而邦联在军事上也是无能的,不可能有效地对外抵御敌人,对内应付叛乱。邦联也无权管理贸易和协调州际经济关系,州与州之间仍然像国家之间一样关税壁垒,有些州还在内河航运方面发生争执和武装冲突。邦联在外交外贸上也毫无实权可言,无力保护美国商船在地中海的安全,无力反抗西班牙独占密西西比河航行权的企图,也无力迫使英国军队撤出美国领土,甚至不得不依靠英军来镇压印第安人。

这样一个薄弱的邦联所面对的却是立国定邦的大问题,显然它不足担此重任。从1783年独立到1789年新政府成立,这个阶段在美国历史上被称为各州独立的"危机时期"或"关键时期",旧时代已经结束,新秩序却尚未形成,社会处于未定型的过渡时期。首先是经济上困难重重,由于不再受到英国的保护,不再享受英国人的权利,邦联失去不少国际市场,经济状况恶化,但还须偿还英国很多欠款,刚从政治上摆脱英国控制的邦联有可能在经济上重新屈服于英国的统治。一些州自行大量印制纸币,大量发行债券,金融异常混乱,引起通货膨胀,钱币贬值,导致债权人吃亏,债务人得利。经济的困难增加了失业的人数,退役老兵也得不到邦联曾经许诺的服务费。1786年冬,退伍军人谢斯在马塞诸塞领导两千多名西部农民进行武装叛乱,给社会敲响了警钟。新独立的民族处于一种管理无序的混乱状态,不知建立何种未来,所谓的民主自由的宪法成了一纸空文,带来的只是全面的混乱。

不过,面对历史上这一规模空前的共和国,许多人对它的成功也还是心存疑虑,除了害怕政府权力的腐败和失控外,还表现在对民众的缺乏信任上,因为他们对暴君政治和暴民政治感到同样恐

第四章 独立战争与美利坚合众国的建立

惧。在当时展开的有关共和制和君主制的辩论中,大都认为共和国中的公民和君主制中的臣民存在着本质区别。由于共和国的公民享有更多的权利,尤其是选举领导人和影响政策的权利,他们的素质必须大大高于君主制下只需服从的臣民。但是,美国人是否都具有当公民的素质呢?如果他们还不具备这种素质的话,那么民主将如何运作呢?其结果是否有可能比专制还不如呢?他们不愿冒太大的风险,采取了一种兼顾的解决方法,那就是代议制资产阶级民主,也就是间接的富人民主,而非直接富人民主。人民并不直接行使政权,而是通过他们选出的代表来行使权力。大多数穷人被排斥在政治权力之外。

在是否建立一个强有力的中央政府的问题上,辩论要激烈得多,甚至在革命领袖中也存在着明显的歧见。像帕特里克·亨利这样激进的爱国者对此坚决反对,认为强大的中央政府很可能侵犯州权,限制民权。1786年,邦联在马里兰召开会议,商讨贸易管理的权限问题。先到阿纳波利的五个州的代表觉得在邦联的框架中难以解决任何问题,建议第二年在费城召开全体大会,修改"邦联条例",倡议得到支持。这次即将举行的全美制宪会议借鉴了马塞诸塞的经验,马塞诸塞为了制定宪法,曾召开了专门的制宪会议,并由公民直接投票批准宪法,从而将宪法的权威置于立法机构之上,这正是美国当时所需要的根本大法的权威。1787至5月,除罗得岛外的12州的55名代表聚集费城,制宪会议从5月25日一直开到9月17日。与会者大多是律师、银行家、商人资产阶级代表。但这些人都受过良好的教育,谙熟历史、政治和法律,尤其深受洛克和孟德斯鸠等启蒙思想家的影响,对英国的民主进程最有体会。而且他们中的大部分都是富有实际政治经验的革命家、政治家或法官、律师。对这次会议影响最大的华盛顿、富兰克林、麦迪逊(1751~1836)和汉密尔顿。经过三个多月的长时间辩论和协调,费城会议终于克服各种障碍,达成一致,他们废除"邦联条例",重新起草了"联邦宪法",决定成立一个强大的中央联邦政府。这个政府有首脑,有行政机构、立法机构和司法机构。它有权执行法律,有权征税,有权控制贸易和建立军队。这个政府建立在人民而非州政府的基础上,它直接由人民选举产生。它的权力也必须直接向人民行使,而不是通过政府。

宪法的制定是一系列妥协的结果。首先是大州与小州之间的矛盾,在邦联国会中,每个州都享有同等的一票。现在大州提出议员数目按人口比例产生,小州则要求各州享有相同的代表人数。当时的大州如弗吉尼亚,已有人口74万余人,而像罗得岛这样的小州只有不足7万人口,如果议员人数相等,显然很不合理。但若按人数比例,则小州的发言权又太小了。这一矛盾最后以"大妥协"解决,即国会由众参两院组成,众议员按各州人口比例产生,而参议员人数则每州相同。(其次是关于奴隶人口如何计算的问题。)南方蓄奴州提出,在众议员的选举上,奴隶按一般人口计算,而在联邦征税时则不按一般人口计算。北方自然反对这样完全有利于南方的提议,最后妥协的办法是5个奴隶按3个自由人计算,在众议员名额和征税上同等对待。对奴隶制的另一妥协是,国会在1808年前的20年内不干涉奴隶的进口。在对待奴隶制本身的问题上,宪法回避了使用"奴隶"一词,代之以中性的"人"。当时北方反对奴隶制的呼声已经很高,南方也有人谴责它,制宪会议的成员们(亦称美国国父)自然看到奴隶制和《独立宣言》的人权精神的互不相容,但南方的经济和社会已经和奴隶制密不可分,废除奴隶制将引起的震动不是他们当时所能承受的。为了避免冲突,达成一致,制宪者们承认了这一违背人权思想、继续奴役黑人的现状。

第三是关于关税的妥协。南方多为农业州,不愿意联邦政府掌握关税权。北方从事工业和贸易的居多,立场正相反。妥协结果是,联邦政府有权管理外贸,有权对进口货物征税,但无权对出口货物征税。

第四是关于总统的任期和选举方法。有人希望总统为终身制,有人则希望任期不超过三年。有人提出总统由人民直接选举产生,有人则提出由国会选举产生。解决的方案是,总统任期为四年,可以连选连任,由人民直接选举出的人民代表大会选举产生。如果选票在人民代表大会中不能占多数,则由众议院决定,人民最终是以非直接的方式选举总统的。当然,这个具有选举权的人民是指有一定资产和资格的富人,而奴隶和穷人是不被称作"人民"的。

最后一个重点是西部领土的归属问题,根据原先的特许状,弗吉尼亚等少数大州的边界一直延伸到西海岸,而许多跃跃欲试的小州却没有这种权利。最后弗吉尼亚考虑到领土太大不利于自己的共和体制,宣布放弃对西部领土的要求,于是西部领土由联邦政府统一丈量出售,卖给想扩大本州地盘的小州,依然尊重各州"国中之国"的部分割据自治权力。

三、联邦党人和宪法的通过

宪法千辛万苦制定出来后,并不意味着立即生效。"邦联条例"规定,对它的任何修改必须13个州一致通过。但是制宪会议的代表们做出决定,新宪法只要9个州通过,便立即在该9个州内生效,而在未通过的州无效。于是围绕着这部宪法又展开了一场激烈的辩论,它实际上是对美国政治思想和体制在进行基本论证。维护宪法的一方自称"联邦党人",反对的一方统称为"反联邦党人",双方的人数相差并不太大,但是在辩论和活动能力上却相距甚远。联邦党人代表吃的资本家集团的饭,代表的是工商资本家的利益,主要是工商业发达的北方各州代表,他们维护联邦权而非州权,他们认为一个统一的国家能更好地维护法律,促进工商业贸易和国家经济的发展。他们有组织地投入金钱组织大量人力物力来争取达到目的,而且有华盛顿和富兰克林这样德高望重的偶像人物在支持他们。

反联邦党人大多为南方地主阶级和城市小资产阶级代表,他们本能地感到强大的联邦政府会损害州的利益和他们社团的利益,担心它会成为专制暴政,侵犯普通资产阶级公民的人身权利。他们总是对中央政府不放心,认为宪法有利于富豪阶级。

为了解除这类疑虑,联邦党人的杰出代表汉密尔顿、麦迪逊和约翰·杰伊在纽约的报刊上发表了50余篇极富说服力的文章,为一个有中央政府的统一国家辩护,详细说明政府的分权以及各部门之间的制约和平衡,并对宪法进行逐条阐述论证。有才华的政客大都维护富豪阶级,反联邦党人没有这样才华出众的代表为自己进行辩护,其中有些人甚至达不到参加选举代表所要求的财产数额。在他们提出的意见中,只有保护公民权一条被采纳,体现在宪法修正案的前十条即"权利法案"中,作为弥补和保证。此后,反联邦党人便从政治舞台上消失了,美国政治完全掌握在代表大资产阶级的联邦党人一派手中。

各州先后召开了自己的宪法会议来通过宪法。宾夕法尼亚最早于1787年12月12日通过,新罕布什尔于1788年6月21日通过,成为使宪法生效的第9个州。最晚通过的是罗得岛,直至华盛顿就任总统后的1790年5月29日才通过。但是各州决定,只要宾夕法尼亚、纽约、马塞诸塞和弗吉尼亚四大州通过后就于1789年1月举行全国大选。在没有任何异议的情况下,华盛顿当选为美利坚合众国的第一位总统。至此,北美13州终于联合成为具有一个首脑一个政府的主权国家。从各州的独立自治的一盘散沙中开始走向国家权力的集中和统一。

第三节　首届总统华盛顿与合众国的初期治理

1789年4月30日,美国历史上第一位总统华盛顿宣誓就职,这位民族英雄以选举人团全票同意而当选。华盛顿未必是美国革命领袖中最能干或最有思想的,但他的人格力量使他获得了全体国民的一致信任和尊敬。

华盛顿主张建立统一而强大的国家,他任总统后组建了美国第一届实力雄厚的政府,其中汉密尔顿为财政部长,杰斐逊任国务卿。他本人则牢牢把握行政权和外交权,致力于培养总统职位的威信,协调联邦政府的职能,维护国家团结,发展经济,并努力提高新国家的国际地位。

一、汉密尔顿的经济纲领

新成立的共和国所面临的最迫切的问题是经济。汉密尔顿决心依靠联邦政府的力量重建经济秩序,大刀阔斧地促进经济发展。他提出的改造经济的计划旨在建立国家信誉、鼓励投资生产、并提供坚挺的国家货币。具体措施包括:第一,连本带利偿还一切债务,其中包括邦联在战争时期向国内发行的政府债券及私人债务,邦联向法国、西班牙等同盟国所借的外债,也包括各州发行的债券。这些债务都是为独立战争所欠,通过偿还债务,可以提高美国政府在国内外的信誉和威望。第二,通过征税,尤其是对酒类征税,来聚集偿还债务基金。第三,大幅度提高进口工业品的关税,以保护美国的民族工业。第四,集资1000万,建立美国银行,其中国家投资20%,私人投资80%。这个美国银行将发行货币、协助税收、投资生产等,使全国的金融运作起来。

汉密尔顿的这些提议引起了不同的反响。战时的政府债券此时已大量转入投机者的手中,他们是以远低于券面价值的价格向购券人买进的,因此许多人认为无区别地偿还债券有利于投机分子。汉密尔顿却不这么认为,他坚持偿还国债是维护国家威信的必需,不必区分是原持有者还是后来购买者。关于由联邦政府偿还州债的建议,一些已经自己偿清债务的南方州觉得会因此吃亏,汉密尔顿答应给予他们部分补贴,并支持将首都建立在南方作为补偿。国会于是在1790年通过筹集偿债基金法。征酒税的法令虽然也在国会获得通过,却遭到西部农民的反对,并因此引发了1794年宾夕法尼亚的"威士忌起义"。在汉密尔顿的要求下,华盛顿亲率1.5万兵力前往,但发现并无动用武力的需要。在建立国家银行的问题上,华盛顿也全力支持汉密尔顿,签署了法案。只有保护性关税一项,由于农场主和商人都不赞成,汉密尔顿的提议遭到冷遇。

二、代表不同利益集团之间的党争

汉密尔顿的计划表现出他明显的重商主义倾向。他试图通过各种方式扶植投资者,支持工商,并通过国家银行,把工商的利害关系从州转到联邦,从而加强中央政府的财政基础。在对他这一系列经济政策的争辩和立法过程中,美国政坛形成了最早的党派之争。由于汉密尔顿深得华盛顿的信任和支持,他的政见支配着国内外政策。杰斐逊和麦迪逊在反对他的政策时,不得不联合起一个公开的反对派,他们在1791年底创办了自己的一份报纸《国民报》,很快便开始自称"共和党"。以汉密尔顿为首的一派就沿用了"联邦党"的名称,其实此时的两派对共和体制并无任何歧见,但双方都认为对方背叛了共和理想。

他们的分歧主要表现为：联邦党人更多地代表有产者，代表北方的制造业，他们赞成强大的中央政府，反对过度的人民民主。在外交上，他们更倾向英国，反对法国革命。共和党则相反，更代表普通人民的想法，他们不喜欢甚至怀疑强大的中央政府，要求更多的民主。他们反对汉密尔顿的财政计划，更代表南方和西部的农业利益。在外交上，他们比较同情法国革命，攻击政府和英国签订的杰伊条约。由于政见不同，杰斐逊于1793年辞去国务卿之职，回到弗吉尼亚专门从事建党工作。

1796年，华盛顿两期任满后，决定不再争取连任总统。他于9月宣布退休，发表了著名的告别演说。他一再强调政府的统一和民族的团结，因为它们是国人所珍视的独立自由的最好保证。他提醒人民，美国存在着按地域划分党派的危险，要他们警惕党派思想的恶劣影响，提高宗教和道德的力量。在外交政策上，他希望美国和所有国家保持和睦，但不要恶此喜彼，以免卷入与美国利益无关的外国争执之中。他指出，美国应该避免同任何外国订立永久的同盟，而应利用自己远离他国的地理条件，保持中立，多发展贸易。少涉及政治。华盛顿的外交原则大概是美国孤立主义的最早表达，在当时的交通条件下，这对一个刚获独立的弱国来说是十分自然的。华盛顿主动引退，为以后的总统做出榜样。这位国人心目中的头号英雄在为国家服务45年后，回到弗吉尼亚的蒙特弗农庄园，他要在那里"与同胞们愉快地分享自由政府下完善的法律温暖"，因为这就是他"一直衷心向往的目标"。

三、亚当斯时期

联邦党的约翰·亚当斯（1735~1826）在竞选中以多出3票的微弱多数战胜杰斐逊，当选总统。按当时规定，获票第二的杰斐逊成为副总统，这是美国历史上唯一的一次总统和副总统分属不同党派的搭档，他们配合之困难可想而知。虽然刚当选时彼此都表示了友好，但政治上的分歧很快便表现出来。在亚当斯的四年任期内，法国正经历着革命后的巨变。联邦党的政府不同情法国革命，在英法对抗中宣布中立，而美国法律却始终有利于英国，杰伊条约更是激怒了法国，于是法国对美国强硬起来，直至发生海上阻击。联邦党的上层分子都主张开战，但是亚当斯则坚持和平。他几经周折，终于在1799年和拿破仑的法国政府达成协议，停止海战，并取消了1778年的同盟。

尽管亚当斯认为自己作为总统是超越党派之上的，但他还是和其他联邦党人一样，把共和党视为反政府的阴谋集团。在一片反法的声浪中，联邦党控制的国会以国家安全为由，通过了意在削弱共和党的"客籍法"和"反颠覆法"（1798）。"客籍法"把移民归化为公民所需的最低居住年限从5年延长至14年，并规定总统有权将任何涉嫌危害国家的移民驱逐出境，在战时则可以将敌国的移民隔离管束起来。"反颠覆法"规定，对任何反对政府和总统的言论集会处以罚款和监禁。联邦党人企图利用这些法令禁止人民反对他们的执政，因为当时共和党经常集会，而移民又大都倾向共和党。但他们这样做的效果却适得其反，刚刚经历独立战争、大谈天赋人权的美国人自然不会欢迎这种法令，这反倒证明了联邦党真的在实施暴政，背叛美国革命的理想。在麦迪逊和杰斐逊的倡议和参与下，弗吉尼亚和肯塔基分别通过决议，宣布"客籍法"和"反颠覆法"违反宪法，因而无效，不具有法律的约束力。这开创了州政府裁定联邦政府法律违宪无效的先例。与此同时，共和党还加紧了总统竞选的组织和宣传准备。

四、1800年的革命

1800年,共和党在总统和国会的选举中同时获胜,杰斐逊当选为总统,结束了建国后联邦党人的12年执政。杰斐逊是美国民主思想的代表,与联邦党人相比,他对民众具有更多的信任,对民主作为一种政体也更为坚定。但杰斐逊相信,民主对农业社会的自耕农最为适宜。使他感到欣慰的是,他认为美国还将长期维持在农业社会。杰斐逊主张限制政府权力,提倡通过全民教育来提高人民行使和保护自己权利的能力。杰斐逊的当选也被称为"1800年革命",普通民众战胜了有产者上层阶级。在美国历史上,它也是首次通过选举,使政府权力从一个党派过渡到另一个党派的掌握之中。被选举击败的联邦党承认并接受了自己的失败。

杰斐逊在就职演说中强调和睦友爱,宣称"我们都是共和党人,我们都是联邦党人",因为"意见的差异并不就是原则的差异",而大家都是维护联邦与共和的大原则的。在他执政的8年中,杰斐逊厉行节俭之风,尊重人权和州权,他要使联邦政府变得和他一样平易近人。他在否定联邦党的政策时尽量不作过分的举动,主要是缩减政府开支,取消国会对威士忌的征税,裁减原来不多的军队,减少国债,让"反颠覆法"于1801年寿终正寝,把亚当斯在离任前夕匆匆任命的法官否决掉。他大致继续了汉密尔顿的经济政策,照样征税偿债,银行也照样经营。在外交上,他也继承了华盛顿的中立政策,和所有国家保持友好,但不和任何国家结盟。

五、购买路易斯安那

杰斐逊在任内还完成了一件对美国意义重大的事情,那就是从法国购买了面积相当于当时全美国一样大的路易斯安那。1800年,拿破仑从西班牙秘密获得幅员广大的路易斯安那地区。1802年,西班牙宣布要停止美国对新奥尔良的使用权,这对美国贸易极为不利,杰斐逊急忙派人去法国和拿破仑商谈购买新奥尔良事宜。不料拿破仑由于急需对英作战的资金,另外他也考虑到没有军队去保卫这一大片土地,故而决定放弃在北美的野心,主动提出将其在北美的殖民地领土全部卖给美国。杰斐逊虽然明知宪法并未明确规定总统有购买领土的权力,但他生怕拿破仑改变主意,不敢冒险去完成修正宪法所需要的全部程序,笼统地将这一权力归于总统有权与外国订约之列,便立即决定购买。

1803年4月,法美达成协议,美国以1500万美元的低廉价格使自己的版图向西扩大了一倍,而法国在北美的影响则彻底消失了。新领土的获得极大地增加了美国的财富和资源,国民为之欢欣鼓舞,当然它也将根本改变美国国内政治力量的平衡。杰斐逊和国会安排了探险队去探索新领土,以便为拓疆者提供信息。从此,美国的领土延伸到了落基山,密西西比河也不再是国界,它成了一条美国的内陆河,美国的西部淘金热潮也由此兴起。

六、第二次对英战争

像华盛顿一样,杰斐逊两期任满便退隐弗吉尼亚。第四位当选的总统是他的共和党同仁詹姆斯·麦迪逊。当时,欧洲战事正忙,英法对抗,美国想保持中立的愿望很难受到交战国的尊重,美国和西欧贸易的商船遭到英法双方的劫夺,损失惨重。更有甚者,英国还实行强制海员服役,抓走已入美国籍的原英国海员,甚至土生土长的美国人。1807年年底,杰斐逊曾以禁运来对付,但引起国内普遍不满。反对者认为禁止外贸是违宪的,而且极大地损害了商业和农业的利益,国会不得不在1809年年初取消禁运令。麦迪逊上任后仍然面对这一棘手的问题,当外交失败时,以亨利·克莱和约翰·卡尔霍恩等为首的鹰派便要求对英宣战。1812年6月1日,麦迪逊要求国会向英国宣战。国会中以新英格兰为基地的联邦党人一致反对战争,南方和西部的共和党中主战派居多,其中不乏扩张情绪和领土要求,他们还认定英国在支持印第安人跟他们作对。尽管美国对战争全无准备,宣战在两院以多数通过。

战争一开始,美方曾多次企图征服英国的殖民地加拿大,但都以失败告终。而英国试图从加拿大侵犯美国的做法也同样受挫。在海战中,美国的"宪法号"和"美国号"在开始时都打过胜仗,但最终还是敌不过英国的海军,被赶出海域。最大的挫伤发生在1814年8月24日,英军占领了首都华盛顿,烧毁了白宫、国会大厦和其他政府机构的建筑。年底,当英军企图向西南进军时,安德鲁·杰克逊(1767~1845)训练的民兵部队将他们在新奥尔良击败,美军低落的士气回升。但实际上,和平条约已于该战役胜利前的两周在比利时的根特签订,双方同意恢复战前边界原状。

虽然美国谈不上赢得战争,但是随着欧洲战事的结束,引起战争的原因已不复存在,问题便好像解决了一样。对外战争有利于国内团结和民族主义的爱国热情,这次战争的结果极大地增强了美国人的民族感情和爱国热忱,产生了《星条旗》国歌。由于对在进一步驱逐和屠杀印第安人上的胜利,战争还进一步扫清了向西入侵的障碍。战争时期切断了进口物资的供应,因此促进了美国国内民族工业的发展,尤其是新英格兰地区的纺织业和宾州的制铁业。战争也改变了美国国内的政治力量,联邦党人由于反对战争而名声不佳,他们还单独召开了哈特福特会议,要求修改宪法,限制国会和总统在宣战和管制贸易方面的特别权力。在欢庆新奥尔良战役胜利的爱国气氛中,联邦党人被视为自私的地方主义者和对祖国不忠,他们从此再没能在美国政治舞台上独树一帜。

战后,代表财团利益的共和党依据财富集团全国经济贸易的发展需要,已经习惯于更多地从全国而非地方的角度来考虑问题了,他们称这一联邦主义的新观念为"美国体系"。他们在第一个国家银行于1811年夭折后,面对混乱的金融状况,又于1816年设立了第二个美国银行。同年,他们将关税提高25%以保护国内的资产阶级民族工业。他们还动用公共资金来修筑道路,改善交通状况,以促进各地的贸易往来。他们也就战争暴露出的问题采取措施,扩大国防力量,维持一支1万人的常备军。

七、和睦时期和门罗宣言

由于共和党人已经在许多方面采取了联邦主义的立场,联邦党实际上完成了自己的历史使命,终于在政坛上渐渐销声匿迹。1816年,另一位弗吉尼亚的共和党人詹姆斯·门罗(1758~1831)获得几乎南北方的一致拥护而当选总统,四年后又连选连任。门罗的时代出现了所谓的"和睦时期",有明确组织的党争消失,取而代之的是战后的爱国热情和民族团结。全国在外敌临门下,有了共同的目标,可以一致对外。此时美国采取了比较强硬的外交政策,先和英国确定了与加拿大的边境,这个边界的确立是在地图上用尺子画下的直线,它成了世界上最直的国界线。接着又于1819年以500万美元的代价从西班牙手中获得佛罗里达。这时刚战胜拿破仑的欧洲又跃跃欲试重新进入美洲,为了制止欧洲势力乘虚而入的野心,表明美国的立场,门罗于1823年发表宣言。他宣称美国对欧洲的争斗不感兴趣,也不会干涉任何欧洲国家在美洲已经建立的殖民地。但是西半球是西半球人的,欧洲人不能再在此建立新的殖民地,对西半球的任何侵犯将被视为对美国和平与安全的威胁,这就是禁止欧洲干涉西半球的门罗主义。美国人民认为这一宣言显示出本国的实力地位,刚独立的拉美国家也觉得美国在支持他们,故而门罗主义得到西半球的普遍拥护。具有扩张野心的俄国在1824年同意停止从阿拉斯加南侵的行动。

第四节 杰克逊时期与社会改革运动

当门罗任满,美国政治舞台上暂时的一党局面又被打破。由于联邦党不复存在,分歧便从共和党内部爆发出来。在1824年的总统选举中,虽然四位候选人都是共和党人,但其中约翰·昆西·亚当斯(1767~1848)代表北方,威廉·克劳福特代表南方,克莱和杰克逊代表西部。由于无人能在人代会上获得多数支持,克莱转而支持亚当斯。这样,尽管杰克逊获票最多,亚当斯却在众议院表决时以绝对多数通过。但是问题并没有就此解决。

一、1824年的选举与新的党争

当亚当斯任命克莱为国务卿时,杰克逊便攻击他们之间进行了腐败的政治交易。他辞去参议院的职务,另建民主党,表示要回到杰斐逊的立场,并立即着手准备下届总统竞选。亚当斯领导的一派称为国家共和党,他们基本上代表了工商集团的利益,主张强大的联邦政府,实行保护关税,可以说是联邦党观点的某种延续。30年代中叶后他们反对杰克逊的高压统治,称他为"安德鲁一世",自己则改称辉格党,以示反对王权。辉格党是英国18世纪一个以削弱君权为目标的政党名称。

亚当斯在任的四年所遭遇的是一连串的政治挫折。他提出的调拨联邦资金改进国内工程和促进文化教育的计划都一一遭到国会的拒绝。他试图加强和拉美联系的外交努力也被国会挫败,他对佐治亚州企图剥夺印第安人土地的条约使用了否决权,结果遭到州权派的蔑视。1828年,杰克逊在一场相当不客气的竞选中轻而易举地击败了他。亚当斯的下台标志着一个时代的结束,他是美国建国后精英统治中的最后一位总统,他的悄然离去宣告了在一个实行普选制的民主社会中,少数精英终将失去对大众的控制。

二、杰克逊时期

杰克逊是美国历史上第一位出生于阿巴拉契亚山以西的总统。在他之前的六位总统不是生于马塞诸塞,就是来自弗吉尼亚,都是受过良好教育的名门世家子弟。而杰克逊这位新奥尔良的英雄,无论是在出身或教养上,都更接近普通人民。现在美国已经向西扩展了一倍还多,产生了一个更为民主平等的西部,他们要求在政治上有自己的代表,不希望东部的精英永远控制国家的政治,而且他们已经有能力来向东部挑战了。到1820年,已经有8个西部州加入联邦,在44人的参议院中占有16席,还有众议员43人。杰克逊的当选正是西部各州民主化导致的结果,同时又进一步推动了美国民主的发展。大众把杰克逊看作他们自己的总统,把他的当选称作民主政治战胜寡头政治的"1828年革命"。从此,美国的总统候选人都要标榜自己的普通人身份,哪怕他并不那么普通。

杰克逊这位"人民的保护人"也决非一般,虽然他出身贫寒,但是由于颇通致富之道,早已是一个拥有大量土地和一百多个奴隶的有产者。他虽未受过多少正规教育,但无师自通,不仅能读会写,还当过律师和法官。作为政治领袖,杰克逊是华盛顿之后列位总统中最具魄力、魅力和感召力的。

在杰克逊的两任总统期间,美国的政治发生了一系列重要的变化,主要是顺应了社会越来越大众化的趋势,这段时期的特征被归纳为"杰克逊民主",普通人的美德和能力受到前所未有的颂扬,杰克逊信任他们的常识和直觉判断。在政治上,普通民众的参政权大大扩展,中西部率先取消了对选民的财产限制,实行全体成年白人男子的普选权,各州陆续仿效。有些州还增加了选举产生的官员,减少指派官员,并缩短他们的任期。在总统选举中,推选候选人的范围扩大了,由党团秘密会议产生的形式改为全国提名大会。选举人团的人选也从州议会推选改为选民直接选举产生。同时,随着民众参政程度和热情的提高,实际投票人数在合格选民中的比例迅速增长,由1840年的25%上升到1842年的80%,大众的好恶情绪对政治产生了关键的影响。

杰克逊对政党采取了一种完全不同于他所有前任的新姿态,他开创了美国历史上第二个政党制度。对他来说,政党之争不再是消极的政治弊病,而是民主体制中不可避免的现象,而且是能够活跃政治的积极因素。他充分调动和发挥政党的作用,并公开实行"分肥制",即将一部分公职分给自己党派的人作为酬劳,这在以前多少是要回避的。杰克逊却把它看成一件好事,认为这样做可以避免形成一个固定的官僚阶层,而且他觉得普通人完全有能力来承担这些政府职位。党的组织开始变成一个巨大的机器,党的工作者在开动这架机器时不辞辛苦,竭尽全力,以使自己的领袖当选,美国的总统选举变得越来越像过节似的热闹非凡。

作为一个总统,杰克逊无论对错,总是表现得刚毅有力,雷厉风行。他扩大了总统的权力,并能对政府的其他部门施加更大的影响。他使用总统否决权的次数比他所有前任加起来还要多,他时而否定州权,时而藐视最高法院的裁决,但不论怎么做,他都声称是为了维护人民的利益。他认为自己有责任利用总统的职权来打击和取消少数人的特权垄断,捍卫扩大普通人的政治经济权利。他在土地政策上为拓荒者大开方便之门,批准将公共土地分成小块,以逐级降价的优惠方式出售给定居者,并让未经允许便先开垦的"擅自占地者"享受优先购买权,这就使大批无地者获得了自己的农场,鼓励了新业主。维护工人利益的工会也开始出现并扩大,提出自己的政治经济要求。

杰克逊的另一项具有代表性的业绩是毫不留情地摧毁了第二合众国银行。他认为设立国家银行本身就是违宪的,而且坚信这个拥有3500万美元资金、总部设在费城、支行遍布全国的"巨怪"已成为危险的垄断企业,只为东部和外国的少数有产者服务,是特权和垄断的象征。更有甚者,这个巨怪还在进行着反对他的政治活动。1832年,杰克逊否决了国会向银行继续颁发许可证的法案。紧接着他又停止向该银行存入联邦款项,并且逐渐抽走存款,分别存入几十家州的银行,使合众国银行完全失去合众国的支持,终于导致了它在1841年的关闭。

杰克逊是个联邦不干涉主义者,他主张联邦政府的权力有限,避免它变得过分强大。他和杰斐逊一样,厉行节约,缩减政府开支。对无区别地动用联邦资金进行国内改进工程,他基本上持否定态度,致使联邦在开运河修铁路的交通革命时代很少发挥作用。但是当州权威胁到联邦的权威时,他毫不含糊地站在联邦这边。1832年关税法通过后,以副总统卡尔霍恩为首的南卡罗来纳州权派促使该州代表会议通过公告,宣布关税法违宪无效,对该州无约束力,并威胁道,如果联邦动用武力就退出联邦。这是卡尔霍恩效法麦迪逊和杰斐逊,提倡州对国会法令拥有废止权这一理论的具体运用,只是他走得更远罢了。对此,杰克逊决不妥协,他坚决维护联邦政府在宪法范围内的最高权力以及联邦的统一和永恒。他宣称分裂联邦就是叛国,准备动用军队来保证法律的实施。这一危机最后通过一个妥协关税法得以解决,但是对联邦性质的不同看法却并未消除,仍然是危及联邦的一大隐患。

杰克逊的民主当然只对白人男子而言。全体妇女和印第安人,以及绝大多数黑人都不享有选举权。杰克逊对黑奴的命运和妇女的权利都不感兴趣,也没有道德上的忧虑。但他最无顾忌的做法是针对印第安人的,他比他的前任们更有力地执行了把所有印第安人都迁到密西西比河以西的计划,迫使他们签约放弃土地西迁,使用的手段无非是威胁加欺骗。被驱赶的印第安人处境极其悲惨,个别敢于反抗的部落遭到了镇压,佐治亚的切罗基人向最高法院上诉,他们虽然打赢了官司,却还是得不到法律的保护,不得不背井离乡而去,这一迁移到40年代才算基本完成。

三、工业革命与棉花王国

19世纪上半叶,美国南北方在经济上的差距进一步拉大了,不仅从事的生产不同,生产方式和生产关系也形成更为明显的对比。19世纪初,美国基本上是个农业国,500多万人口疏散在辽阔的土地上,其中80%以上是农民,全国没有一个城市的人口达到10万。但半个世纪后,也就是南北战争前夕,全国人口猛增6倍,达到3100多万,而农业人口的比例则降到差不多50%,10万人以上的城市有9个,一场影响深远的工业革命在美国发生了,但主要是在北方,它深刻地改变了北方的经济和社会面貌,人们的观念和生活方式自然也随之改变。

促使这一变革发生的原因是多方面的,包括市场、资金、劳力等条件,而给予最初推动力的恰恰正是最推崇农业共和国的杰斐逊。由于他的禁运政策和稍后的1812年对英战争,英国商品不能进口,便导致一个急需产品的美国市场,而工商业一贯比较发达的东北部又因为外贸受阻而积压了一定的资金,可以用来投资工业。战争又使美国认识到经济独立的必要,决心走自力更生的道路,不仅在政治上,也要在经济上最大限度地减少对欧洲的依赖。于是从1816年起,美国实行保护性关税,照顾民族工业的发展。同时,欧洲的拿破仑战争和爱尔兰的饥荒等事件又把大批移民吸引到了美国,补充了原本不宽裕的国内劳动力市场。

在这样种种有利的条件下,以新英格兰为主的东北部迅速开展了工业革命,到1815年,该地区的工业产值已超过商业。原先单一的家庭手工业作坊被具有相当规模的工厂所替代,首先发展的是纺织工业,随后是制鞋业和制铁业。工业革命的关键就是机械化和专业化,通过高效率运转的机器来替代繁重的手工劳动。需要是创造发明的最大动力,由于美国一向缺乏劳力,所以机械化的需要比欧洲更为迫切,这就促使完成了一大批科技的发明,如高压蒸汽机、动力织布机等,还首创了标准化互换部件系统,将产品的单个生产改为先生产标准化的统一部件,然后成批组装,这样既简化了生产环节,提高了产量,又极大地方便了装配修理。这一生产方法最早用于枪炮和钟表制造,后来推广到其他行业。

工业革命的前提是能源和交通,机器生产需要消耗大量能源,便捷的交通则能把原料和产品运往四面八方,打通全国市场。新英格兰的工业起步得益于它丰富的水力资源,到20年代末,蒸汽动力又代替了水力,燃料则由木材陆续改为用煤。交通革命首先是筑路,将原先的小路扩大改修成大车道,再将大车道联成网络。1807年蒸汽船的发明又推动了水路交通的发展,原有的江河湖泊不够,便大张旗鼓地开凿运河。其中最有代表性的是1825年通航的伊利运河,它东起哈得孙河的奥尔巴尼,西至伊利湖畔的布法罗,全长563多公里。它日夜忙于运输东部的工业品和西部的农产品,同时将成批的移民送往西部领地。

工业革命当然也改变了人们的生产和生活方式,工业生产形成了新的工厂体系。工厂越办越大,难以独资经营,又产生出各种合资企业的形式。工业发展引起新的阶级分化,一些人成了掌握着工厂和经济命脉的资本家,另一些人则成了随时准备靠出卖劳力谋生的雇工,有产者的富裕和无产者的贫困都是原先小农社会中所难以想象的,劳资矛盾随着竞争的加剧而日趋尖锐。同时,随着大量农业人口转成工业人口,造成人口集中,促使了城市化的趋势,而城市又产生了管理治安等方面的一系列新问题。

不过,工业革命的这些变化主要发生在北方,南方在此阶段却演变成了一个棉花王国,不仅固守着农业生产,而且变本加厉地实行奴隶制。南方的烟草、水稻、蔗糖、棉花等生产都是劳动密集型的,由于劳力缺乏,大规模的种植园必须依赖奴隶劳动。1793年,惠特尼发明了轧棉机,能够轻而易举地把棉籽从皮棉中分离出来,棉花种植便马上成了利润极高的产业。南方的生产越来越向单一的棉花发展,西南部新开垦的土地也大多用来种棉花。棉花的种植又反过来强化了奴隶制,于是这一原本应该自行消亡的制度在南方却似乎更加红火起来,棉花王国形成了自己的特征,南北的分歧也随之加大。

四、改革时代

19世纪三、四十年代还是美国历史上一个朝气蓬勃的改革时代,这倒并非杰克逊执政的直接后果。相反,支持改革的往往不是民主党而是辉格党。这场遍及美国,但主要发生在北方的改革与被称为"第二次大觉醒"的宗教复兴运动有关,美国人的思想从传统的加尔文教义中解放出来,不再信奉原罪说、预定论和人的堕落,而是相信人的自由意志,相信人的可完善性和社会的可完善性。他们本着人道主义的精神,以一种天真的乐观主义从各个方面对社会进行改革,以为很快就能扫除人类进步的一切障碍,把美国建成一个至善至美的国家,作为全世界的楷模。改革大都是针对社会弊端所提出的具体纠正方案,尤其是关心社会上不幸者的处境,特点则在于脚踏实地去实验。改革者们对监狱的恶劣条件感到震惊,敦促政府对此加以改革,并将少年犯分开送进教养所,以利于对他们的改造教育。也有人关心精神病人的处境,当时这些病人被作为犯人对待,改革者设法筹建专门的精神病医院给他们进行治疗。他们还为聋哑人和盲人建立专门的学校,帮助他们自食其力。改革者们认为教育是平均个人发展机会,缩小社会等级差距的最佳途径,提倡实行免费公共教育。以马塞诸塞为首,各州纷纷成立教育局,建立公共中学,并发展成人教育。还有不少人把社会上的道德沦丧归咎于饮酒,提倡禁酒、喝凉水,为此成立了全国性的禁酒协会。妇女在这次改革中也很有作为,不仅积极参与禁酒等活动,而且提出了女权的要求。她们于1848年在塞尼卡福尔斯召开了美国第一次女权大会,宣布男女平等的原则,要求和男子一样享受宪法所规定的财产权、就业权、选举权和受教育权。改革当然还包括一个极其重要的部分,那就是废奴运动,女权运动正是在废奴运动的激发下开始的。

美国改革运动的一个特点是其社团性。美国宪法保证人民的结社自由,当人们为了同一个目标奋斗时,他们发现联合起来会有效得多。他们还联合成不同的公有社会,进行社会制度和生活方式的试验,其中有些相当极端。美国这片广袤的处女地无疑是进行社会试验的最好场所,美国人最无历史的负担,最热衷于开辟新天地,接受新事物。这些团体中既有宗教性的,也有傅立叶式的"法郎吉"共产主义社会组织,甚至欧文本人也在1825年来到印第安纳州创建了"新协和"公有企业,但不到两年便失败了。在所有这些试验性社会中最负盛名的还是超验主义者在波士顿附近办的布鲁克农庄,不少美国文化名人参与集股办庄,一面耕作,一面读书,理想着过一种德智体美全面发展的生活,可是他们的试验也只勉强维持了6年左右。南北战争的爆发结束了这个奋发向上的改革时代,虽然许多雄心勃勃的目标并未全部完成,但改革之风确实起到了推动社会进步的作用,大量社会弊端受到关注和治理,人的道德面貌也得到了一定的更新和升华。

第五章

美国西部扩张与南北战争

在美国历史上,关于西部的概念一直都在变化,最初它指的很可能就是纽约和宾夕法尼亚的西部,后来指的也许是俄亥俄一带,然后它不停地迅速西侵,直到太平洋沿岸,现在说的西部主要是指加州一带的西海岸了。从18世纪中叶开始到1890年美国人口调查局宣称未开发的边疆地带已告结束,其间西进运动以汹涌澎湃之势持续了将近一个半世纪,终于完成了从大西洋到太平洋的"天然使命"。美国的版图向西扩展了两倍多,领土从214万平方千米扩大到777万平方千米,基本上是美洲版图上最富饶的土地。从1783年到1860年,平均每三年就有一个新成立的州加入联邦。对美国人来说,西部永远意味着新的边疆、新的土地、新的发财梦想和新的创业机会。

美国的西扩得益于新大陆存在着空旷的无人之区,印第安人过着流动游牧和狩猎生活,没有具体国界的概念,所以也就没有历史遗留下的明确界线。西部人烟稀少的沃土永远是东部不可抗拒的诱惑,似乎任何力量也阻挡不了他们的西侵。对于像阿巴拉契亚山脉、密西西比河、落基山这样的天然屏障,他们不辞辛苦地去跨越。对于其他欧洲殖民势力,他们软硬兼施,或购买,或乘欧洲战乱迫使其出让。对于印第安人就更简单了,一路把他们屠杀和驱赶走就是,能签约逼让最好,不行就用武力入侵。在西进的全过程中,居然只需要和墨西哥一个国家以一场国与国之间的战争来解决问题。这种美国式领土扩张的便捷和顺利,是四周都与邻国接壤的欧亚各国所难以想象的,但是也并非一帆风顺,其中最大的挫折不是来自国外,而是由此打破了国内利益的平衡,引发了内战。

第一节 西进运动与墨西哥战争

最初,北美殖民地的西部边界为阿巴拉契亚山脉,但18世纪中叶就有移民向山脉以西渗透,主要是肯塔基和田纳西。1763年,英王禁令明确规定将山脉以西土地留给印第安人,不许殖民地白人西侵移民。但尽管非法,擅自越界定居者仍源源不绝,还有好几家土地投机公司也积极武装参与。实际上,禁止西侵也是殖民地白人对英国的重要不满之一。独立战争后,美国在1783年的巴黎和约中从英国获得了自阿巴拉契亚山脉至密西西比河的广阔区域,称之为"西北领地"。此后,制定新领地上的土地政策一直是美国历届政府的工作重点。面对独立后西侵的强劲势头,刚成立的政府便通过了几个土地法,规定西部领土为国家公共财产,在那里建立领地制度。领地的土地分成小块出售,以便安置移民。当移民达到一定规模时,就可成立新州,并作为完全平等的成员加入联邦,但是新州必须实行共和制。联邦政府为西侵运动制定了法律保障和规范,从此拉开了向西部全面侵并的序幕。

一、西进运动

1787年的《西北条例》尤为重要,为以后全部西扩的发展模式定下了基本原则。条例规定从领地转变为州的程序如下:首先是组织临时政府,由国会任命总督进行管理。当领地上的自由男性满5000人时,便可自行选举立法机构,并选出国会议员一名,他在国会中享有辩论权,但无表决权。当领地居民达到6万人时,就可以制定州宪法,成立州政府,申请加入联邦,成为合众国的成员。当时准备在西北领地上建3到5个州,禁止蓄奴。

1803年美国购买路易斯安那后,西部边界由密西西比河向西推进到落基山,面积又增加了142万平方千米,为以后8个州的建立提供了基地。

1812年的对英战争为西进驱除了不少障碍,战后的1816~1819年出现了第一次西迁的移民大潮,它于30年代达到高峰。1810年时,美国只有1/7的人住在阿巴拉契亚山以西,到1840年,山西人口已占总人口的48%。移民以最早建州的肯塔基和田纳西为基地,兵分两路同时向西北和西南推进,一般30年就可以完成从领地向州的过渡。西北大湖平原由俄亥俄开始,以每隔10年往西挪一处的速度向印第安纳、伊利诺伊和威斯康星推进。南部海湾平原则由亚拉巴马向密西西比和路易斯安那延伸。

促使移民自发西迁的原因是多方面的,国家的土地政策和交通状况是制约着西迁的重要因素。但总的说来还是东部的推力和西部的引力相互作用的结果。随着社会的发展,东部人口越来越密集,土地基本被占用,社会等级开始出现,没有占领好位置的人要起步的机会自然也就减少。尤其当经济不景气的时候,许多无地的人、失业的人和债务人就只好西迁找出路。南方兴起植棉业后,促使了土地的兼并,不少中小农场主也失去产业,被迫西迁到墨西哥湾一带。但无论什么原因,西部总是意味着自由土地和重新开始的机会,象征着改善生活的可能。加入东部移民大潮的还有大量欧洲移民,对经常陷入战乱和饥荒的欧洲穷人来说,美国是他们向往的天堂。那里没有旧的生产关系,却有着无边的空地。

西进的道路并不平坦,美国的山脉都是南北走向,正好挡住东西通道。最早的开拓者完全靠自然通道,小路崎岖不平,旅途之艰难可想而知。后来有了大车道,移民便扶老携幼,乘着大篷车举家西迁。有时,几家结伴而行,以便相互照顾。就算到了目的地,生活资料和生产资料都会有问题,所以建成一个农场常常要几易其主。先是开拓者在荒原上理出一片地来,然后把它转手给拓荒的农民,拓荒农民将它收拾得初具农场的形状,再卖给真正定居的农民。好在美国人惯于流动,随时准备上路,新机会一出现便不惜背井离"乡"去寻求。这里面还有大量的土地投机在进行,因为国家出售土地有最低数量限制,资金不足的人往往难以购买,投机商便从国家买进大块土地,一转手分成小块,便以高价出售给农民,土地投机是西部开发中的重要环节。

二、密苏里妥协

西北和西南的移民虽然同时进行,却有着完全不同的特点。俄亥俄河以北的移民将近一半来自以新英格兰一带为主的东北部,其余 1/4 来自南方,1/4 为欧洲移民。他们的家庭式农场以生产粮食为主,他们也没有奴隶,成立的州都不准蓄奴。他们依赖联邦获得廉价土地、通畅道路和对印第安人的防卫,因此州权概念比较薄弱,更认同于联邦。俄亥俄河以南的移民主要来自旧南方,他们带着奴隶去拓荒,把棉花和奴隶制一起带到了西南领地所建各州。植棉需要适合的气候和土壤,不可能无限制地向西发展。奴隶又不能进口,只能靠旧南方来供应。所以新南方的作物和制度决定了它不具备西部发展自由开拓的特点,而只能和旧南方认同,它的路必将越走越窄。西南和西北这两种不同的发展趋势日趋明显,影响着美国的政治平衡。到 1819 年时,北方自由州和南方蓄奴州的数目正好相等,各为 11 个。于是,当密苏里申请作为蓄奴州加入联邦时,这一平衡便面临威胁。

当密西西比河还是美国西部边界时,邦联国会曾规定俄亥俄河以北不准蓄奴,以缓和关于奴隶制的矛盾。这一妥协使北方人以为蓄奴已成为南方的地区性问题,由南方人自己去解决。但密苏里位于暧昧的中部,南方的移民带去了上万的奴隶,并且制定了一个允许蓄奴的宪法,要求加入联邦。对此,纽约州的众议员塔尔梅奇提出一项修正案,禁止再向密苏里运入奴隶,并逐步解放那里的全部奴隶。这一修正案遭到南方的愤怒抵抗,使国会陷于瘫痪达一年之久。南方坚持认为国会无权否定密苏里人蓄奴的自由,宪法也无权干涉一个州是否蓄奴。在这一触即发的形势下,国会于 1820 年通过密苏里妥协案,它包括两个方面,一是在接纳蓄奴州密苏里的同时,接纳自由州缅因,以保持南北的平衡。二是对路易斯安那的其余部分沿北纬 36 度 30 分划界,北部永远禁止蓄奴。

三、废奴运动

危机似乎暂时得到了解决,但却丝毫未涉及问题的本质,由此引发了关于奴隶制的大辩论,它比以往任何时候都更加深入地涉及蓄奴制的本质,尤其是其道德层面。一场轰轰烈烈的废奴运动在北方点燃,它为南北战争进行了思想舆论的准备,最终导致了蓄奴制被彻底埋葬。

革命时期,南方的领袖并不为蓄奴制辩护,而是把它看作在当时条件下不得已而为之的一种"必要的弊端"。但现在,南方最重要的代表如卡尔霍恩等,都成了蓄奴制的公开卫士,他们宣称蓄奴制是"有益的好事",是最适合黑人的仁慈制度。为此,他们从圣经、历史、人种等方方面面引经据典。他们还攻击北方的雇佣制,认为它比蓄奴制更为残忍,奴隶从生到死都由他们的主人照管,而雇工只出卖劳力,当他失去劳力时,谁也不管他。照他们的说法,奴隶简直是最快活的人了。南方开动了所有的宣传机器,南方的政治家、思想家、评论家都绞尽脑汁,把自己的智慧浪费在为蓄奴制的辩护上了。

南方的辩护词使北方感到惊讶,一些北方人得到的印象是,南方不仅要永远维持奴隶制,而且还想通过西部,将它扩展到北方,这倒使原本被冷落的废奴运动获得了更多的同情。早期的废奴组织主要由贵格会成员发起,随着北方各州相继废除奴隶制,废奴主义者把目标转向南方,宣传通过给奴隶主补偿来逐步解放奴隶,废除蓄奴制,然后将自由黑人移居非洲。他们这种和平的规劝方式收效甚微。随着形势的发展,更为激烈的废奴派出现了。

1831 年元旦,威廉·加里森在波士顿创办《解放者》报,主张立即解放奴隶,并且不给主人补偿。他和他的同道们也反对移民的解决办法,认为这是对黑人不公。1833 年,废奴主义者组织了全国性的"美国反奴隶制协会",开始有组织的活动。到 1840 年,北方已经建有地方协会 2000 个,会员20万。他们还成立了自由党,推举候选人参加总统竞选。废奴运动成了当时社会改革运动中的重要组成部分,参与者遍及各阶层、各行业、各地区。废奴主义者从道德上对奴隶制进行猛烈抨击,甚至攻击默认奴隶制的宪法,并以《独立宣言》中的天赋人权来为黑奴的权利辩护。他们不仅言辞激烈,而且随时准备将观念付诸行动。他们抵制追捕逃奴,促使一些州通过"人身自由法",禁止官员执行缉奴的法令。他们还帮助南方的黑奴通过"地下铁道"的秘密接头站,一步步逃到北方,或是直接送到禁奴的加拿大。他们让获得自由的黑人现身说法,揭露和控诉奴隶制。关于奴隶制的辩论已经在思想上日趋分裂南北,激进的废奴运动卷入政治后,很快在美国的政治舞台上占有越来越重要的位置。

四、兼并得克萨斯与俄勒冈

1837年,美国发生首次全国性的经济危机,杰克逊的继承人马丁·范布伦(1782~1862)总统在1840年的选举中被击败。辉格党大张旗鼓的竞选活动获胜,威廉·亨利·哈里森(1773~1841)成为总统。但不到一个月,他便死于肺炎,由副总统约翰.泰勒(1790~1862)继任总统。泰勒是个南方共和党人,他反对杰克逊,但同情南方种植园主。辉格党把他提名为副总统是为了争取南方选票,没想到碰上了美国历史上还未出现过的由副总统补缺的难题。泰勒上任后在关税、银行、国内改进工程等诸方面都和辉格党背道而驰,基本上维持了民主党的政策。最后,辉格党不得不将泰勒开除出党,并以内阁总辞职来抗议。1844年,田纳西的民主党人詹姆斯·波克(1795~1849)击败辉格党的克莱,当选为总统。他竞选的口号是"显然天命"——尽早兼并得克萨斯,占领俄勒冈,这无疑迎合了美国当时日益膨胀的扩张主义情绪。

1821年,新独立的墨西哥表示欢迎美国人在其东部省份得克萨斯移民,10年内便有2万白人携带1000黑奴前去定居。1830年,墨西哥政府觉出其不妥,决定禁止继续移民,并提出要解放奴隶。桑塔·安纳将军执政后,双方关系更趋紧张,他不允许存在一个移民希望的地方自治政府。于是,得克萨斯人在1836年3月2日宣布独立。4月,塞缪尔·休斯敦率领的得克萨斯军队打败了前来镇压的墨西哥军队,俘虏了桑塔·安纳,迫使他签约承认得克萨斯独立。墨西哥政府虽然谴责这一条约,并与美国断交,但也无济于事。到9月,这个新成立的得克萨斯共和国通过宪法,选举休斯敦为总统,要求与美国合并。

当时的杰克逊总统是支持合并的,但他即将离任,小心行事,只是承认了得克萨斯的独立,范布伦任总统其间一直不同意合并。北方考虑到奴隶州的增长及美墨关系等因素,对合并持否定态度。于是得克萨斯共和国便转向欧洲寻求支持,这促使泰勒总统重新进行外交努力,但合并条约仍于1844年遭到参议院的否决。直到波克当选后,泰勒终于以民意为由,使两院通过联合决议,同意合并。波克总统一上任便力促其实现。1845年12月,得克萨斯便被接纳为合众国的一个州。

美国对西北部的俄勒冈地区也早有野心。1803年,美国通过购买路易斯安那,取得了法国对俄勒冈的领土要求。1819年,又通过购买佛罗里达获得了西班牙对俄勒冈的领土要求。但在英、美两国之间,俄勒冈的归属始终没有明确。1818年,双方同意将这一地区向两国公民自由开放,10年后又决定不定期延长这一协议。30年代后,美国一些传教士去那里向印第安人传教,发回的信件和报告中描述了俄勒冈的沃土,开始引发"俄勒冈热"。人们从密苏里的独立城出发,沿着俄勒冈小道行走3219公里,才能到达威拉米特山谷。尽管旅途艰辛,却挡不住美国人西进的锐气。到

1845年,已有5000多人到达那里,他们组织了临时政府,要求美国独占俄勒冈。

1845年7月,美国向英国提出按北纬49度划分俄勒冈,遭到英国拒绝,英国坚持沿哥伦比亚河划分。美国的扩张分子又狂热起来,他们得寸进尺,叫嚷"54度40分,否则宁可战争"。最后,英国大概觉得49度与哥伦比亚河之间的这块荒地不值一争,于1846年6月通知美国,接受以49度为界,但保留温哥华岛和在哥伦比亚河上航行的权利。虽然美国还有人持不同意见,但参议院投票通过,并于当月签署条约,从此美国又增加了73万平方千米土地。

五、墨西哥战争

墨西哥难以接受美国对得克萨斯的吞并,更不同意美国规定的边界线。而美国的扩张要求却还未满足,目光已经盯住新墨西哥和加利福尼亚,想一口气完成"显然天命"。

19世纪20年代后,美国商人沿着从独立城出发的圣菲小道去独立后的墨西哥圣菲做生意,但1844年得克萨斯事件后,墨西哥就排斥美国人去那里,这自然只能引起美国人更大的兴趣。也就在20年代前后,新英格兰的商船开始到达加利福尼亚,和印第安人和墨西哥人进行贸易,后来陆续有美国人在那里定居。1842年,在太平洋沿岸的美国舰队未经政府命令,擅自占领了蒙特里城,宣布加利福尼亚并入美国。美国政府为此感到尴尬,不得不向墨西哥政府道歉。

但道歉并不说明美国想放弃对加利福尼亚的占有欲。当得克萨斯提出要以格兰德河为界时,波克总统深表赞同,即派扎卡里·泰勒(1784~1850)将军率领小部队进入有争议地段,并于1846年3月推进到格兰德河。同时,波克派特使去墨西哥城讨论得克萨斯问题,并提出购买新墨西哥和加利福尼亚。美国的无理要求引起墨西哥人民的普遍愤怒,他们拒不接待这位特使。1846年5月9日,波克开始起草战争咨文。当他得知墨西哥军队已于4月25日渡过格兰德河,双方发生小规模战斗时,马上找到借口,在他的咨文中宣称墨西哥已入侵美国领土,让美国人的鲜血洒在美国的土地上。国会很快通过决议,宣布两国处于战争状态,拨款1000万美元,并授权招募5万名志愿兵。

对于这场战争,西南部的民主党人最为积极,东北部的辉格党人则公开表示反对。他们指责这是以强凌弱的侵略战争,而且是为了扩张奴隶制而发动的,这场战争使地区间的矛盾有增无减。

然而,大部分美国人还是支持宣战的,6万志愿兵很快组织起来,他们取得一个接一个的胜利,8月便占领了圣菲,宣布新墨西哥并入美国。加利福尼亚的一些美国移民则举行"起义",宣布加利福尼亚独立。美国海军在蒙特里登陆,挂起美国国旗。到1847年1月,美国已经实际占领了新墨西哥和加利福尼亚。到9月攻入墨西哥城只是为了迫使墨西哥政府承认和接受这些现实。几经周折,《瓜达卢佩—伊达尔戈和约》终于在1848年2月签订,美国的领土要求全部得到满足。条约规定,美国以1500万美元购买加利福尼亚和新墨西哥,并接受该地美国公民对墨西哥未偿债务的要求。墨西哥承认以格兰德河为边界。至此,美国完成了从大洋到大洋的"显然天命",领土比独立时扩大了7倍。5年后的1853年,美国又以1000万美元购买了与墨西哥接壤的一小片土地——加兹登,修筑通往加州的铁路。有美国人称之为"良心钱",是美国侵略墨西哥后内疚的结果。

六、1850年妥协

领土的扩张使暂时平息的关于奴隶制的争论又重新爆发出来。新墨西哥和加利福尼亚的大部分都在密苏里妥协划定的36度30分界线以南,若继续按照这条界线决定奴隶制的去存,那么奴隶制的势力将迅速扩展。对墨西哥开战后不久,国会在讨论购买领地的款项时,便有北方议员提出反对在即将获得的领土上实行奴隶制。宾夕法尼亚的民主党众议员威尔莫特提出一项修正案,规定从墨西哥获得的领土上不准存在奴隶制。威尔莫特附文在众议院两次通过,但被参议院否决。它虽未实现,却迫使美国的各派政治力量进行了重新改组,原先全国性的党派逐步按南北分解,奴隶制问题上升到决定一个人政治态度的关键。民主党分为以卡尔霍恩为首的南部权利派和范布伦领导的自由土地派,辉格党则分为良心辉格党和棉花辉格党,南北对抗已在政治组织上反映出来,并必将造就新的政党。

  1848年的淘金热从全美甚至全世界将大批移民吸引到加利福尼亚,不过一年多的时间,人口便发展到10万。到1849年11月,加利福尼亚通过了禁止奴隶制的州宪法,第二年5月,新墨西哥也通过了禁奴的州宪法,它们都要求作为自由州加入联邦。南部对此反应强烈,发誓宁可分离也不愿奴隶制被排斥在这两个州之外。他们还立即在南方召开了南部各州的代表会议,大有分离之势。

  当时美国政界的三巨头是东北部的丹尼尔·韦伯斯特、西部的克莱和南方的卡尔霍恩。希望和平解决争端的人都请求年迈的克莱能拿出办法。1850年1月底,克莱提出了一揽子的解决方案,满足北方的是接纳加利福尼亚为自由州,在哥伦比亚特区禁止奴隶贸易。安抚南方的是对其余墨西哥割让领地上的奴隶制不加干涉,由当地居住者自行决定,并且通过一项更为严厉的追缉逃奴法替代1793年的逃奴法。国会对提案争辩达七个月之久,克莱要求南北双方为保全合众国而让步,他警告大家内战的可能性。卡尔霍恩认为地区平衡的被破坏是危机的根源,南方的州权受到北方的侵犯,不让奴隶制扩展必然会迫使南方做出选择。韦伯斯特则含泪恳求北方为了国家的统一而接受这一妥协。最后双方终于都以合众国利益为重,在新上任的米勒德·菲尔莫尔(1800~1874)总统的促使下,通过了这一妥协方案。

第二节　南北集团利益的冲突

  1850年妥协达成后,大部分美国人表示接受,但双方的中坚力量都把妥协看作失败。北方的废奴运动因逃奴法的强化而方兴未艾。1852年,斯托夫人的小说《汤姆叔叔的小屋》问世,年内销售即达30万册。该书满怀同情地描写黑奴的悲苦遭遇,揭露奴隶制的惨无人道,产生了巨大的社会效应。随着北方经济的飞速发展,移民的大量涌入,南方黑奴不断逃往北方,南方越来越不安,感到迟早会因地区间的平衡丧失而处于劣势。由于根本问题并未解决,这种平衡是极其脆弱的,一遇风吹草动便会遭到破坏。

一、堪萨斯内战

  1854年年初,风波再次开始。号称"小巨人"的领地委员会主席斯蒂芬·道格拉斯参议员向国会提出堪萨斯—内布拉斯加法案,建议在明尼苏达、艾奥瓦和密苏里以西的路易斯安那购地上建立内布拉斯加领地,在领地内实行"人民主权",即由境内居民来决定是否允许蓄奴的问题。这片土地原是保留给印第安人的,提案却授权政府再一次迫使印第安人出让土地,可是为印第安人说话的声音毕竟很小,引不起争执。但该地区全部位于 36 度 30 分界线以北,实行人民主权意味着取消密苏里妥协,这可是个要害。道格拉斯本人是个狂热的扩张主义分子,对奴隶制的道德层面无动于衷,他只想借助人民主权的方法来打消南方对于在这块土地上建州的顾虑,克服障碍,尽早向西扩张。他也想以此赢得南方支持,将横穿大陆的铁路线定在北方,直通他所在州的芝加哥。他自认为提案涉及地区不适合蓄奴制,自由州的居民会自然而然地把它排斥在外。南方则顺势提出公开取消密苏里妥协,道格拉斯也让步了。5 月,提案在两院通过,成为法律,设立内布拉斯加和堪萨斯两个领地,按人民主权原则进行组建,密苏里妥协正式取消。南方表示满意,北方理所当然群情激奋。

内布拉斯加位于自由州艾奥瓦以西,所以蓄奴制在那里扩展的可能性不大,实际上也没有发生麻烦。堪萨斯则不然,位于蓄奴州密苏里以西,争夺堪萨斯便成为南北双方冲突的焦点。密苏里的奴隶主和新英格兰的废奴主义者都赶往堪萨斯,好使自己一派在人数上占优势。在马塞诸塞,专门成立的"新英格兰移民援助协会"向愿意迁往堪萨斯的人提供资助,动员了一千多名移民。但多数移民还是来自接壤的自由州,当然还有不少土地投机商蜂拥而至。

1854 年秋,堪萨斯举行第一次选举,由于邻近的密苏里人越界投了非法的票,致使票数几倍于合法的投票人数目,结果选出一个拥护蓄奴制的议会,并提出一部奴隶法,规定凡帮助逃奴者将被处死。倾向南方的富兰克林·皮尔斯(1804～1869)总统批准了这一议会的合法性。

人数 3 倍于拥奴派的自由土地派自然不答应。他们另外组织了自己的政府,起草了自己的宪法,把奴隶制和自由黑人都排除在外。于是,堪萨斯就同时有了两个政府:设在利康普顿的蓄奴制政府和设在托皮卡的自由州政府,各有各的宪法、议会、州长和首府。堪萨斯成为南北战争前的一个小小缩影,双方都武装起来,时有摩擦发生。当皮尔斯总统否认托皮卡宪法后,拥奴派袭击了自由派的劳伦斯,由此引发了一场小规模的内战。

1856 年年初,56 岁的废奴主义者约翰·布朗闻讯赶来,他坚信不流血不足以制止罪恶。一天夜里,他带领包括儿子在内的一小队人向拥奴派发动突然袭击,砍死了 5 名并非奴隶主的南方人。堪萨斯内战随即升级,烧杀频繁,伤亡严重。路人相遇,举枪便问:"自由还是拥奴?"直到 9 月,联邦部队才终于在该地恢复了秩序。

詹姆斯·布坎南(1791～1886)任总统后,向堪萨斯派去第四位总督沃克,希望能通过表决定下一部宪法,以便该地可接纳为州,但沃克在两派间的斡旋未获成功。由于自由州派拒绝参加受蓄奴派操纵的投票表决,允许蓄奴制的利康普顿宪法获得通过。但 1858 年 1 月,自由州派占多数的新议会又否决了该宪法。然而布坎南却要求国会按利康普顿宪法接纳堪萨斯,这使道格拉斯也恼火了,接纳问题就此耽搁。一直到大部分南方州分离后,堪萨斯才终于在 1861 年以自由州加入联邦。

二、共和党的诞生

内布拉斯加法案没有解决任何问题,却重新挑起并加剧了暂时已平息的矛盾。北部反奴派感到忍无可忍,全国性的政党现在开始按地区重新组合。民主党的自由土地派和辉格党的良心派在反对内布拉斯加法案的旗帜下走到一起,在各地纷纷举行联合会议。在法案通过仅 6 周内,一个新的政党——共和党已经组成,美国历史上第三个政党制开始形成。

共和党的目标很明确,那就是将奴隶制遏制在已有的蓄奴州内,决不任其扩展。他们赞成自由土地,自由劳动,但他们并不是废奴派。在排斥奴隶制的同时,他们也想把自由黑人排斥在新州之外。共和党在北方的发展势头很强,得到了北方各州工业资本家的大力支持,到1856年已经在各州政府中都有自己的同仁。6月,共和党在费城开会,通过党的政纲,并提名反奴派弗里蒙特为总统候选人。共和党的政纲明确谴责废除密苏里妥协案,认为国会有权在领地内禁止奴隶制,并提出提高关税和国内改进工程等方面的要求。这些要求都符合北方工商业财团的利益要求。

民主党则在政纲中否认国会对领地内蓄奴的立法权,他们将《奥斯坦德宣言》策划者之一的布坎南提名为总统候选人。该宣言是1854年10月由美国驻西班牙公使索尔、驻法国公使梅森和驻英国公使布坎南在奥斯坦德磋商而成的一份秘密备忘录,意在促使西班牙放弃古巴,由美国来接手。它明显地代表了南方地主财团的土地扩张主义态度,遭到北方工商业财团的反对,连皮尔斯政府也否认这一宣言,但民主党的政纲却赞成合并古巴。弗里蒙特的主张符合北方工商业财团的利益,在竞选中赢得11个北方州,布坎南赢得其他5个北方州及全部南方州。此时的美国,农业财团依然处于多数州的主导地位,工商业财团的势力还不够强大。他当总统后还几次提到设法购买古巴。

三、德雷德·斯科特案

国会是否有权决定领地内的奴隶制问题是密苏里妥协是否合法的关键,也是共和党和民主党的主要争执之一。1857年,美国最高法院对斯科特一案的判决是对这一牵动所有人神经的问题的表态,引起全国震动。斯科特曾是一名黑奴,他的主人曾将他从密苏里带到自由州伊利诺伊和其他自由领地上生活过,主人死后,斯科特向密苏里法院要求自由,理由是他曾在自由土地上居住过。此案涉及两个政治上极端敏感的问题:一是黑人是否是公民?是否有权向联邦法院上诉?二是黑人奴隶在自由领地上旅居能否使他获得自由?这其中又涉及到领地上的奴隶制问题,即密苏里妥协的合法性。全国都翘首以待,等候最高法院的判决。

最高法院以6票对3票通过了首席法官塔尼的判决。塔尼宣判,第一,斯科特作为一个黑人,不具有合众国公民的权利。第二,密苏里妥协案不符合宪法,因为宪法第五条修正案否定国会有权未经适当的法律程序就剥夺私人财产。

裁决完全有利于南方利益,进一步激怒了北方财团,使他们对最高法院和总统的公正都失去信心。而且,他们有理由怀疑,按此推理,奴隶制是否会重新扩展到全国。最高法院原以为它的裁决能解决问题,结果关于奴隶制的辩论不仅没有平息,反而更加占据了美国政治的中心。

第三节 林肯当选与南北战争的爆发

美国的民主议会基本上还是代表上层资产阶级利益的精英民主政治,以农业为主体的南方州议会代表蓄奴农场主集团的利益,以工业为主体的北方州和部分西部州议会则代表工商业集团的利益,共和党基本上是维护工商业资本集团的利益的,也随着国家工业化发展的进程,工商业势力不断强大,也由此,共和党在美国历史上,在绝大多数时期,都处于执政地位。包括当代的克林顿与布什,也都属于共和党派,他们永远站在最有钱的阶级利益的立场上,以获得巨额的政治资金和竞选经费,又能打出看上去崇高的、进步的思想号召,也因此得到社会中间派的支持而获得多数票。

但是,在林肯时期,南北利益集团势均力敌,利益冲突巨大,解放黑奴有利于北方工业对廉价工人的需要,因为在城市里的生存成本很高,工业资本家蓄奴很不划算,而且管吃管住、管生老病死,这无异于工厂集体主义大锅饭制度,还不如发工资廉价雇佣自由劳工,所以,他们绝大多数都主动打破黑奴的"铁饭碗",把工厂的奴隶解放了,不再管他们了,只保留家庭服务性奴隶,家奴必然是管吃住的,家奴比雇工放心也划算,所以,北方工业财团只"解放"自己工厂里的黑奴,而不"解放"自己家庭里的服务性黑奴,而且北方工业的迅速发展,以及西部开发的移民,使廉价劳动力资源严重缺乏,于是主张解放南方的黑奴来解决工业劳动力缺乏的问题就成了北方工业财团的一致呼声,这一呼声也正好符合人类进步意义的需要。

但是对于农村来说,人的生存成本非常低廉,蓄奴和养牲口一样廉价,蓄奴非常划算,所以,在解放黑奴对于南方农场主来说无异于从他们家里掠夺财产。由此,南北富人集团的利益冲突日趋严重,并由此引发了为争夺奴役黑人劳工的利益冲突的南北战争。但是,北方工业财团的主张虽有掠夺地主财富的嫌疑,但是符合宪法保障人权的进步意义,因此是代表了"正义"的一方,而维护北方财团利益的林肯也因此在美国历史上留下了伟大的英名。

一、林肯当选总统

共和党在工业财团的支持下,很快产生了一位能清晰阐明自己政纲的领袖——亚伯拉罕·林肯(1809～1865)。1809年,林肯出生于肯塔基一个拓荒者的家庭,两岁后便随家数次迁移,从1831年起定居伊利诺伊,是个典型的西部移民。他出身贫寒,种过地,劈过栅栏,也当过兵。后来自学成才,成为律师。林肯一向热心参与政治,是忠实的辉格党人,也曾反对墨西哥战争。他不是废奴主义者,但强烈反对奴隶制,认为国会有权在领地禁止奴隶制。1856年,他因反对奴隶制的扩展而退出辉格党,加入共和党,很快成了党的主要领导人。林肯善于演说,态度诚恳,极有政治才能。他一再声称自己的政见都来自《独立宣言》,他信仰"人生而平等"的原则,声称对奴隶制深感厌恶。但是有趣的是,他自己的家奴却依然不予解放。

在1858年的国会选举中,林肯在伊利诺伊向全国闻名的大人物道格拉斯提出挑战,竞选参议员的位置。他们两人在州内巡回演说,围绕奴隶制和种族问题举行了7次著名的辩论。林肯迫使道格拉斯在奴隶制扩展的问题上表态,追问他斯科特一案判决后人民如何才能合法地制止其扩展。面对反对奴隶制扩展的北方财团,道格拉斯不得已回答说,判决虽然从理论上使奴隶制在领地上合法化,但那里的人民仍然有权不使用奴隶,将奴隶制排斥在外。这使他一时对付过去,但在下届的总统选举中却失去了南方的支持。在辩论中,林肯用"裂开的房子站不住"来形象地比喻联邦,他坚信美国政府不可能永远处于半自由半蓄奴的状态。林肯赢得了多数选票,但由于民主党在州议会中的优势,道格拉斯再次当选。这次竞选使林肯的知名度大大提高,开始成为全国性的政治人物——一个代表北方利益公开反对奴隶制的人。他坚决遏制奴隶制的观点使南方地主阶级对他感到恐惧,把他视为要夺走他们家庭财产的强盗。

一波未平,一波又起。1859年10月,堪萨斯通过一部禁止奴隶制的宪法,南方更觉受到威胁。仅仅10天之后,约翰·布朗又带领19人对弗吉尼亚哈泼斯渡口的联邦兵工厂发动突然袭击,企图夺取军火武装奴隶,煽动奴隶起义。他的行动没有得到响应。他和其他未战死的同伙在占领军火库后两天被捕,判处绞刑。临刑前他沉着镇静,对自己能为废奴而死感到自豪。布朗的暴动使南方奴隶主惊惶不安。在北方,反对奴隶制的人们却把他看作一位殉难的烈士,不少文化名人对他表示悼念和敬仰。

暴力的迹象也带到了国会。早在血染堪萨斯后,南方的国会议员就用手杖将反奴隶制的马塞诸塞参议员查尔斯·萨姆纳打得一伤几年。布朗被处死后,国会在选举众议院议长时又彼此谩骂,僵持达两个月之久,有些议员甚至带着枪去开会。早期的美国议会,也像帮会打架一样闹剧不断。

1860年大选将临,这次选举是美国政坛上四股力量的较量:南北民主党、共和党和护宪党。民主党于4月在查尔斯顿召开代表大会,他们在奴隶制问题上发生分裂。6月又在巴尔的摩重开代表大会,但仍未能达成一致。下南部的代表离去,自行召开代表大会,选举布雷肯里奇为总统候选人。留下的民主党人推选道格拉斯为总统候选人。

共和党于5月在芝加哥召开代表大会,提名林肯为总统候选人。林肯继续坚持遏制奴隶制的立场,但表示不会干扰目前已存在的蓄奴州,他还谴责了布朗采取武装袭击的非法行为。共和党的政纲包括了宅地法、提高关税和修筑太平洋铁路等经济方面的建议。解放黑奴解决北方工业劳工短缺问题,交通建设解决商品流通困难问题,这些都比较符合北方工商业资本家们的利益。因此,获得了北方各州代表的支持。

主要由南部温和派组成的护宪联合党也在巴尔的摩召开代表大会,选举贝尔为候选人,希望通过支持宪法来阻止分离。于是,一场总统的角逐就围着这四人展开。由于西部人口剧增,西部开发也多是工商业资本家的资本扩展和投入,西部的农业缺乏蓄奴势力对州议会的控制,因此共和党得到了工商业财团控制的北方和西部各州议会的支持,大获全胜,林肯以绝对优势当选为总统。

二、南方分离

在州权派势力最强,也是黑人数目超过白人,奴隶主占州人口比例最大的南卡罗来纳,代表地主阶级的州议会得知林肯当选后,立即于12月20日宣布分离。此后,下南部的佐治亚、亚拉巴马、佛罗里达、密西西比、路易斯安那和得克萨斯陆续宣布分离。这7个州在林肯就职前一个月的1861年2月于蒙哥马利市召开大会,成立美利坚同盟国。他们选举杰斐逊·戴维斯为总统,并通过同盟国宪法,强调州权并保护奴隶制。

当时美国共有33个州,其中15个是蓄奴州,另外8个蓄奴州并不认为林肯当选就必须分离,他们仍希望能通过妥协来解决问题,重新维持联邦。12月18日,肯塔基参议员克里坦登提议回到密苏里妥协案来,还是以36度30分的分界线一直向西延伸到太平洋,但是共和党不能接受这一扩展奴隶制的妥协。2月,弗吉尼亚州议会邀请各州代表到华盛顿开和平大会,但他们的努力也归于失败。南部同盟决意分离,在联邦内阁和军队中任职的南方成员纷纷辞职回南方效忠同盟,他们很快进入军事准备,决心打一场南方的独立战争。

当时尚未卸任的布坎南总统一面否认南方州有分离的权利,一面又否认联邦政府有用武力来对付分离独立的权利,建议双方妥协解决。他派船前往驻扎在萨姆特堡的联邦军队补充军需品,但船只受到同盟军的袭击,未能到达驻地。

当林肯到华盛顿任职时,戴维斯就任同盟国总统已有一周。林肯在就职演说中竭力安抚南方,他说,尽管南北对奴隶制的正当性有不同的看法,但他保证南方的合法权利不会受到侵犯,并答应继续执行联邦的法令,包括逃奴法在内,规劝他们回到联邦。同时,他也强调了联邦的不可分裂和永久性,坚定地表示分离独立是不合法的。作为总统,他必须"坚持、维护和捍卫"联邦。最后,林肯向南方指出,"内战这个重大的问题乃是掌握在你们的手中,而不是掌握在我的手中。"

美国南北的分歧由来已久,可以说从立国时就开始了。北方以制造业为主的经济要求保护性高关税,支持国内改进工程,并由此倾向于联邦主义和国家主义。而南方农业经济的利益则在于降低关税促进自由贸易,不愿动用国库的钱来修建对他们用处不是太大的国内改进工程。由于他们的地方利益与众不同,他们必须更提倡独立自主的州权。当然,南北最本质的矛盾还在于劳动制度的截然不同。南方的奴隶制到了19世纪中叶显得越来越落后,而他们却不得不以攻为守,对它大肆唱起赞歌来。这个一国两制的矛盾如果没有西部的扩张,也许还不至于如此爆发出来。现在,每当获得一片新土地,马上便面临奴隶制扩展的问题;每增加一个新州,便会面临蓄奴还是自由的问题,南北的政治平衡时时遭到威胁。领土扩张得越快,矛盾的激化也越烈。双方都想通过新领地和新州来扩大自己的力量,控制联邦政府,不扩展本身就意味着处于劣势。也由于对奴隶制扩展的不同立场,南北在西部扩张和土地政策上的态度也常有对抗。

从18世纪初到内战前夕,美国的领土翻了几倍,南北的冲突也不断升级,情绪日益激化。随着西部越来越和东北部认同,南方感到自己已逐渐成为少数派,其昔日的影响已一去不可复还了,于是断然采取率先分离的做法。分离的威胁虽然已经叫嚷了很多年,但一旦付诸实践,对南方却并不有利,他们将为此付出惨重的代价,因为他们的失败几乎是注定的。这不仅由于维护奴隶制的南方在道义上处于极其被动的地位,更在于随着工业化的发展进程,双方实力对比发展逆转,工业集团不断强大的力量必然要战胜农业集团。

北方在19世纪上半叶开始向工业化发展,到50年代后,发展尤为迅速。1860年南方分离时,北方拥有全美制造业的五分之四,铁路线的2/3,资金的3/4。他们能生产足够的钢铁、棉纱等不可缺少的军需物资。交通革命后,运河和铁路将西北部和东北部更紧密地连成一体。西北由于劳力短缺,扩大农场有困难,剩余资金也就更多地转入工商投资,在经济上和东北部更趋一致。更重要的是,东北和西北都是自由州,他们的人口总数超过2千万。

相比之下南方是农业经济为主,生产单一作物棉花,必须依赖北方或欧洲国家的购买。而英国此时却还库存有足够的棉花,不必为了棉花而影响向北方进口所需的麦子。南方的大部分工业品需从外面进口,但是却几乎没有海上力量。在11个同盟州中,人口不足1000万,其中还包括近400万奴隶,奴隶主也只占南方白人中的20%。四五十年代蜂拥而至的300万欧洲移民几乎都在北方落户,站在反奴隶制一边。1860年时,南方人口占全国人口的35%,但移民中却只有7%去了南方。在整个战争期间,北方调动兵力约200万,而南方只有它的一半。

此外,北方继承了原先合众国的一切体制机构,而南方却要完全从无到有筹建一个新国家。南方是在强调州权的理论上建立的,但它很快便会自食其果,发现自己的政令也经常受阻。更何况它还有400万奴隶要有人监视,时刻提防。当战争爆发后,双方在人力物力的补充上较量越趋明显。北方的经济开足马达,越打越适应。而南方则捉襟见肘,连食品也供应不上,终于被拖垮崩溃。

三、南北战争

1861年4月,林肯通知南方,北方船只将运送给养给南卡罗来纳州萨姆特堡的驻防军。12日,南军向萨姆特堡开火,迫使北军投降,正式打响南北战争的第一枪。15日,林肯号召各州派遣75000名民兵,服役三个月。5月,他感到战争将会持久,又招募45000名志愿兵,并鼓励黑人志愿者为解放他们的南方同胞参战。美国的海军主要在北方州的控制之下,于是他命令扩充海军,并封锁南方的海岸线,打击南方的进出口商船,使南方的工业品和生活用品供给产生短缺,农副产品也无法出口,重创南方的经济力量。

萨姆特堡开火后,其余蓄奴州必须迅速做出抉择,到底站在哪一边。特拉华始终忠诚地维护北方,弗吉尼亚、北卡罗来纳、阿肯色和田纳西相继加入南方政府。余下三个边界州肯塔基、密苏里和马里兰对此举棋不定,内部也分为两派。林肯深知其中要害,采用了包括军事管制在内的种种手段,支持各州内的联邦派,策略地使它们保持中立,留在联邦内,这对战争的胜负起到了不可估量的意义。

南方的目标是独立,所以战争一开始,南方主要是战略防御。而北方却必须深入敌对的南方土地去镇压叛乱。北方的目标主要有三:一是在东线攻占南军的首都里士满,二是在西线控制密西西比河,三是实行有效的海上封锁,迫使南方因物资匮乏而投降。

在东线战场上,北军企图迅速攻下距离华盛顿只有161公里的里士满。1861年7月,双方在均无充分准备的情况下,在布尔伦河匆匆打了第一仗,北军的进攻被南军挫败。此后三年,北军始终无甚进展,南军一次次把入境的北军打退,双方都伤亡惨重。其间罗伯特·李两次率领南军深入北方,但都被击败,一次是在马里兰境内的安提塔姆,发生在1862年9月,一天内在同一战场连打三仗,北军伤亡1.3万,南军伤亡1.1万。另一次是1863年7月在宾夕法尼亚的盖底斯堡,这次南军损失2.5万人,永远失去了进攻能力。北军的伤亡也不相上下,但北方的经济实力比南方强大,兵员得到不断补充,尤其是黑人士兵的参战。南军多是地主子弟的贵族士兵,而北军则是农民、失业工人和黑人,在战争的艰苦环境里,北军士兵比南方士兵更能吃苦耐劳,加上北方的经济优势,北军由刚开始的弱势,逐步逆转,成为强势。

西线的战事较为顺利,尤利塞斯·辛·格兰特(1822~1885)将军于1862年初即攻占田纳西的西部,打通北军南下之路,第二年2月联邦便得以在田纳西重建州政府。4月,双方在夏伊洛打了北美大陆上有史以来第一个大战役,各伤亡1万多人,同盟军阻止联邦军的企图失败。几周后,联邦军控制了新奥尔良。1863年7月,格兰特又占领维克斯堡,从而完全控制了密西西比河,将河西的阿肯色、路易斯安那、得克萨斯与河东的同盟切开,这在空军还没有出现的时代具有极重大的意义。1864年,林肯任命格兰特为联邦军的统帅,格兰特自己在东线对付李将军,让谢尔曼接管西线,对付约翰逊。

海上封锁以及海军对陆上作战的配合也相当重要。联邦封锁了从南卡罗来纳到佛罗里达的全部海岸。使南方的棉花出口从2亿美元降到400万美元。英国帮助南方政府设计建造战舰,企图突破封锁,它们也被用来攻击北方商船。南方政府还打捞起北方撤退前凿沉的"梅里麦克"号战船,将它装上铁甲于1862年3月出战,击毁了不少北方的木制战船。幸而联邦军造的一艘"蒙尼塔"号铁甲战船及时赶到,与之对抗。联邦海军还在密西西比河上帮助摧毁南方军,打通河道。

1864年又打了最后定局的几仗。谢尔曼于12月从佐治亚的亚特兰大进军萨凡纳,所过之处,留下一片焦土,同盟军溃不成军。格兰特在东线和李的弗吉尼亚军队打了11个月后,终于在1865年春攻下里士满。4月9日,李将军在阿波马托克斯向格兰特投降。不久,约翰逊也向谢尔曼投降,南北战争终于结束。

南北战争是美国历史上最大规模的战争,共死亡 60 万人,超过美国后来在两次世界大战中死亡人数的总和,而当时美国的总人口不过 3000 万。参战人员的死亡率为 1/4 强,其中有一个原因是战术上的。当时军工业的发展使兵器的杀伤能力得到极大提高,但指挥官们还是照用旧的战术,诸如在空地上大规模正面出击等人海战术,一仗下来,往往死伤几万,惨不忍睹。一位北方的参议员在看到战场的血腥场面后说,"如果战前我能看到这个景象,我再想维护联邦,也会说:'代价实在太大了,误入歧途的姐妹们,和平地走吧。'"

四、《解放宣言》

南北战争的起因并非为了解放奴隶,南方以维护州权提出分离,北方则是为了拯救联邦而战。当时北方民众的种族主义也许并不亚于南方,许多北方人限制奴隶制的目的就是要把黑人限制在南方。但不可否认,南北冲突的焦点是内在的利益冲突,表现在字面上的争执就是奴隶制问题。战前,北方资本家虽然在工厂里废除了奴隶制,但家奴并没有废除,也尊重南方人在蓄奴州内的权利而不去干涉。

随着战争的进展,继续保留奴隶制便显得越来越荒谬。到 1862 年秋,林肯觉得解放奴隶的时机已到,这一方面是出于打击奴隶主的军事需要,另一方面也是出于道义上的需要,改变战争的性质,使之由利益之争,成为一场符合道义上的解放战争,更有利于北方的国际形象。9 月 22 日林肯以总统的身份向报界直接发表《解放宣言》,宣布从 1863 年 1 月 1 日起,解放尚在反叛州内的所有奴隶,但联邦内蓄奴州的奴隶地位不变,因为这些州并未反叛,他无权结束它们的奴隶制。有人嘲讽林肯只是解放了他解放不了的奴隶,自己家的家奴却没有解放,林肯立马给自己的家奴办理自由证书。这多少也说明他更多的成分是个代表北方工业财团利益的政客,而不是发自内心的思想主张。

林肯的《解放宣言》一经发表,就绝不可能只限于一个地区了。而且它的直接效果也十分明显,鼓励了南方奴隶的大批北逃,起到了瓦解同盟军后院的作用,北逃的黑奴,没有找到工作的,就参加北军作战。而且,联邦军所到之处,南方奴隶纷纷前来投奔,联邦还专门组织了黑人连队,增加了北军的兵员和战斗力。青壮黑人士兵为解放自己的同胞和家人老小,以及对南方白人贵族的仇视而奋力作战,成为北军打败南军的一支重要力量。

在国际上,《解放宣言》提高了联邦的威望,也起到了阻止英法承认南方政府的可能。英国于 1833 年解放了全国的奴隶,所以它在道义上很难再支持南方维护奴隶制。何况英国虽然需要南方的棉花,但也需要北方的麦子,而且它估计南方要输,所以始终未承认南方的独立,北方争取英国中立的目的达到。法国的拿破仑三世企图插足北美,表示支持南方。他派军队去墨西哥扶植一个傀儡国王,南北战争结束后,美国陈兵边疆,墨西哥政府很快在总统的指挥下捉住了这个国王。俄国亚历山大二世于 1861 年解放了全部农奴,他当然要支持北方的立场,同时他也希望有一个强大的美国来对抗英国。1863 年,俄国军舰访问了纽约和旧金山,以示支持。俄国还表示愿意将阿拉斯加卖给美国,内战后,美国为了表示感激,于 1867 年同意购买。

林肯并不满足于《解放宣言》的发表,他知道必须将它写入宪法才不会有人怀疑它的合法性。经过多方努力,《解放宣言》的原则于 1865 年 1 月被正式作为宪法第十三条修正案在国会通过,规定合众国内不准有奴隶或强迫劳役存在。它于12月被宣布批准,奴隶制最终被合法地埋葬。遗憾的是,林肯却未能看到这一天。林肯在炮火连天的内战中竞选连任总统,1865年3月4日,他发表第二次就职演说,将4年残酷的内战比喻为美国为奴隶们250年无偿苦役所付出的代价。他以仁爱之心提出:"对谁也不怀恶意,宽厚善待所有人。"他一心考虑如何重建南方,医治战争的创伤。但就在南方投降后的几天,4月14日晚,一个南军的支持者、演员布思在福特剧院向正在看戏的林肯发出致命的一枪。合众国第一位总统死于暗杀,举国震惊哀悼。当载着林肯灵柩的火车由华盛顿缓缓驶向他的故乡伊利诺伊,2575公里的路途上处处是为他悲伤致敬的人民,尤其是刚获得解放的黑人。

第四节 战后对南方的重建与安抚

内战对南方的经济产生了巨大的破坏,奴隶逃跑,耕地和种植业荒废,农业经济几乎瘫痪,林肯对战后重建南方有一套自己的设想,并在田纳西和路易斯安那等州的重建中进行过试验。林肯认为,重建之权应在总统而不在国会,由总统运用战时权力并动用军队来协助完成。他的依据是,由于分离是不合法因而也是不可能的,所以南方从未真正脱离过联邦。国会无权干涉州内事务,只有作为统帅的总统在战争期间出于军事需要,才有权操作并完成前同盟州的重建。同时,他认为分离只是南方少数人的叛乱,重建应当本着宽容大度的精神,释弃旧嫌,除了个别前同盟的要员外,一般支持者只要宣誓忠于联邦便可被宽恕。当一个州内参加1860年选举的人中有10%进行了这样的宣誓后,该州便可重建,回到联邦。

一、约翰逊的重建政策

林肯的"百分之十方案"遭到共和党国会的批评和抵制,他们认为南方应该作为被征服者来对待,要让南方为分离付出代价。1864年7月,国会通过韦德—戴维斯法案,授权国会负责重建,对抗林肯的方案,但被林肯以搁置方式否决掉。

林肯遇刺后,林顿·贝·约翰逊(1808~1875)被意外地推上总统职位,可是他既无林肯善于妥协的政治才能,又无林肯在人民中的威望和对共和党国会的影响。约翰逊一直是个亲联邦的田纳西民主党人,由于他坚决而勇敢地维护联邦而受到林肯注意,在第二次竞选总统时把他放在选票上,以鼓励南方的联邦派。现在战胜的共和党人突然发现自己的总统席上坐着一位曾是奴隶主的后来归化的共和党人,他对战败的南方怀有过多的仁慈和同情。

1865年,国会从3月休会,要到12月才复会。约翰逊觉得在这段时间里,自己可以放开手来搞重建,让国会回来后接受既成事实。他大赦了包括许多前同盟领袖在内的所有向联邦宣誓效忠和同意废奴的南方人,接纳了返回的南方各州。至1865年底,南方各州基本上都重新成立了州政府,并选举了参议员和众议员来参加国会,甚至前南方政府副总统斯蒂芬斯也已经成了佐治亚州新当选的参议员。

二、国会的重建与安抚政策

国会两院当时均由激进的共和党人所控制,约翰逊的重建措施使他们深感震惊,首先,他们认为他侵犯了国会的权力,因为宪法规定只有国会才有权决定一个州的接纳与否,这当然包括已脱离过的南方诸州的重新接纳问题。其次,他们认为约翰逊对叛逆者过于宽容,不足以起到惩戒作用。此外,新建各州所制定的"黑人法规"包含大量歧视性的内容,不能保护这些新解放的自由民。当然,南方州如此容易地重进国会也威胁到共和党对国会的控制,尤其是奴隶解放后,原先按3/5计算的这部分人口将完全按人头计算,而忠于共和党的黑人又往往被剥夺选举权,南方岂不是在众议员的人数上将大占便宜?如果四年残酷的战争打完后,最终却由挑起事端又被击败的南方来控制国会,那也太荒谬了。

于是,共和党不顾约翰逊的反对,另外成立15人的重建联合委员会,通过了一系列法律来强化对南方的控制。其中最主要的有:1866年的民权法,规定黑人享有和白人同等的权利,并以联邦军队来强制实行此法。同年的自由民局法延长了成立于1865年3月的自由民局的任期,扩大了它的职权范围,规定该局负责向解放的奴隶提供生活必需品和教育,为他们寻找工作,保护他们的公民权益;并负责被没收土地的处理、建立医院和学校等重建事务。1866年还通过了宪法第十四条修正案,正式承认黑人的公民地位,享有公民的一切权利,对不执行此法的州给予惩罚;并规定凡国会未曾宽恕的原同盟领袖不得担任公职。在批准过程中,修正案遭到除田纳西外所有南方州的拒绝。

第二年,国会通过更为严厉的重建法令,由联邦军队直接进驻南方,监督执行重建法。一个南方州必须符合以下规定条件方能撤除军队、重入联邦:一是举行对黑人开放的普选,选出州制宪会议的成员;二是新宪法必须保证黑人的普选权;三是新宪法下的立法机构必须通过第十四条修正案。对1869年尚未达到这些要求的4个州,还必须通过保证黑人普选权的第十五条修正案。在如此强有力的措施保证下,到1870年时,所有前同盟州都被陆续重新接纳回联邦。

在南方重建的问题上,国会的所有提案几乎都是在约翰逊行使总统否决权的情况下以2/3多数通过的。约翰逊还在公开场合下谴责国会的重建方案,利用总统职权进行阻挠,他的作为使国会十分恼火。为了防止约翰逊彻底解体共和党的战时内阁,国会于1867年通过官员任期法,禁止总统不经参议院同意就罢免政府重要官员。约翰逊却在来年初马上罢免林肯内阁留下的最后一个成员——战争部长斯坦顿,以此来测试该法的有效性。众议院随即通过弹劾总统的决议,控告他"任职期间的重罪和轻罪",弹劾总统的事在美国历史上这还是第一次。审讯从1868年3月5日一直延续到5月26日,由最高法院首席法官主持,全体参议员担任法官。弹劾的成功必须有2/3的赞成票,由于7个共和党人和民主党人一起投了反对票,弹劾以一票之差失败,约翰逊被宣判无罪。好在总统的任期是有限的,激进共和党人很快支持格兰特将军在当年的大选中将他取而代之。

三、重建时期

南方的重建从1865年开始到1877年结束。在此阶段,北方力图按照他们的意愿去重建南方,而旧南方的势力则以各种方式对抗,以维持他们原先的社会格局和地位。

国会于1867年通过的重建法规定对南方实行军管,除了已被接纳的田纳西外,其余10个前同盟州分为5个军区,各由一名司令负责,统管治安、司法和民政大权,首先是包括黑人在内的选民登记。不少北方人被派去筹建这些新政府,也有一些是自愿去参加重建的教师、牧师、律师等专业人员。南下的北方人中有的是抱着高尚理想去热心帮助黑人的,也有人夹杂着投机利己的私心。由于他们大都用毛毡包装行李,被南方上层蔑称为"毡包客",而他们帮助重建的政府也就被称为"毡包客政府"。

实施重建法后,南方投票登记人数中黑人超过了白人。黑人在制宪会议中成了多数,他们当然支持解放了他们的共和党,这些缺乏文化和政治经验的昔日奴隶在北方人的领导下,参与起草宪法,组建政府。在1868和1869两年,各州重建政府均已选出。在战后普遍腐败的政治中,这些政府中确也存在着铺张腐化、弄虚作假的现象,但是在联邦军队的保护下,他们做了大量为南方开先河的好事。他们注重民权,实行普选,关心黑人,开办教育,并开始重视南方的工业发展,修建铁路等。

在重建时期,美国黑人的地位有了空前的提高。他们不仅从奴隶的状态下解放出来,成为公民,而且在联邦军队、共和党政府、民权法和自由民局的保护下,享受到了选举权和被选举权,一些黑人当选为州的议员。包括格兰特在内的几个联邦将军也曾试验过将没收来的反叛者的土地分给他们,于是"16公顷一头骡"成了这些自由民的理想。重建政府为黑人办学校,一向被剥夺受教育权的黑人终于有了学文化的机会。黑人无疑是重建政府最可靠的社会基础。

重建政府的另一社会基础是南方的联邦主义者,他们原本就反对分离。还有就是贫穷白人,他们从来不愿为了维护与己无关的奴隶制去打仗。重建彻底打乱了南方原有的阶级阵线,种植园主丧失了他们的主要财产——奴隶,丧失了他们的领导地位和尊严,这使贫苦白人感到前所未有的平等,因此比较愿意支持重建政府。他们当然遭到南方顽固派的攻击,被嘲讽为"孬种无赖"。

四、重建的结束

以大庄园主为首的旧南方上层虽然战败而归,失去了他们赖以生存的奴隶制和奴隶,但大都还保留着自己的土地和影响,他们不能接受重建所产生的翻天覆地的社会革命,无法忍受昔日的奴隶来参与统治他们。既然他们已经不能以合法的手段来改变重建的方式,他们中一些人便组织秘密社团,诉诸恐怖手段来恫吓黑人,迫使他们放弃选举,放弃公职。其中最著名最猖狂的就是三K党,党徒们蒙面夜聚,对敢于参政的黑人处以残酷私刑,焚毁他们的房子,威胁他们,制造恐怖气氛,使黑人再不敢行使自己的公民权利。对此,联邦政府于1871年通过三K党法,授权总统用军队镇压南方的暴力抵抗。格兰特总统也曾实施过这一法令,但并未能强制到底,将之斩草除根。

从北方来说,人们对南方的重建越来越感到厌烦。重建政府的腐败使正直的人们失望;想和南方做生意的人也想早日结束这种骚乱。政坛上那些为黑人权利说话的权势人物如萨姆纳参议员等也陆续去世或退出政界。再加上对经济等其他问题的关注渐渐转移了北方的视线,黑人民权问题便退到次要的地位。从政治力量的平衡来说,西北的发展已足以保证共和党的优势,控制南方便不再那么重要了。更何况北方人也并不希望自由民有足够的自由移居到北方来,南方的问题还是由南方人自己去解决吧。

北方人态度的转变使南方上层人物的复辟得以成功,他们自称为"拯救者",要把南方从毡包客和黑人的手里拯救出来。重建政府中的穷白人比较容易地倒戈回去,与"拯救者"重新联起手来维持白人优越的种族主义。在这场交易中被牺牲的是自由民的利益,他们虽然不再是奴隶,却毫无独立生活和自我保护的手段。将没收的土地分给自由民的做法很快被尊重私产的约翰逊总统制止了,连激进派对此也并未坚持。南方的黑人法规又对黑人就业制造种种障碍,最后他们只能成为"谷物分成制"中的佃农。"谷物分成制"是南方战后形成的农业生产关系,庄园主虽然还有土地,但已无资金来投资土地,雇佣劳力,进行生产。而自由民既无土地,又无资金,只有劳力。于是庄园主将土地分成小块,让自由民或穷白人耕种,有时也借给他们工具和房子,收成双方对半。而后者还必须从商人那里去借贷种子等,按商人的要求耕种棉花、烟草等单一作物。一年辛苦后地主拿去一半,再加上付租金,还债等,所剩无几,生活水平有的降到奴隶不如。他们仍然像奴隶一样依附于一小块土地以及土地的主人,只是现在他们不再集体干活了,而是以家庭为单位,分散耕作和生活了。

格兰特是一位杰出的将军,但作为总统却极其无能。他不能知人善任,对战后泛滥的实利主义和贪污腐败一筹莫展,他领导的政府以腐败著称,声誉日下。再加上1873年发生了美国前所未有的经济萧条,在1874年的国会选举中,战后不到十年的共和党竟然败北,民主党成了众议院的多数派。1876年,被腐败搞得焦头烂额的共和党提名俄亥俄州长拉瑟福德·伯·海斯(1822~1893)为候选人,他的最大优点就是名声清白。靠着挥舞"血衫",并答应南方"地方自治"的要求,海斯才险胜民主党候选人。他上任后不久便遵守诺言,从南方撤出联邦军队,重建政府随之垮台,重建时期就此告终。

五、南方的状态

共和党撤出,放手让南方自治,使南方在此后的大半个世纪中形成了其政治社会方面的特色,这是一个漫长的从奴隶制向现代过渡的时期。

首先在政治上,南方成了清一色的民主党,从1876年到1928年的五十多年中,没有一个南方州选举过共和党的总统,由此获得"坚固的南方"之称。

在社会生活中,南方种族主义泛滥,实施种族隔离和种族歧视。曾一度参政的黑人基本上被剥夺了宪法赋予他们的公民权利。南方白人阻挠实施宪法第14和15条修正案的花样是很多的,诸如文化测试、投票税等,轻而易举地将没钱没文化的黑人排斥在投票箱之外。为了让同样达不到标准的白人可以选举,他们专门设计了一个"祖父条款",规定必须父亲和祖父在1867年以前参加过选举的人才能有选举权。民主党根本拒绝吸收黑人,这样黑人就不可能在南方占统治地位的党派内产生任何影响。更具普遍意义的是,南方各州都实施种族隔离的吉姆·克罗法,规定在一切公共场合实行黑白分离,给黑人提供的设备自然一概不如白人的。与战前相比,多亏义务教育的法律,黑人教育总算开始发展起来,黑人有了自己的学校,还建立了几所黑人大学。

在经济上,战争造成的破坏需要投入大量人力物力才能恢复,而南方却缺少应有的手段。奴隶制的被摧毁迫使南方的经济秩序和生产关系从根本上发生变化,各阶级在适应上都是相当困难的。谷物分成制虽然弊病很多,但与奴隶制相比,多少鼓励了一点积极性。后来农作物也逐渐由单一发展为多种,耕种方法也有一定的革新。

最重要的是,南方人的观念开始改变了,他们认识到工业的优越性,也想采取北方人的资本主义价值观,走北方人的路了。他们以优惠的条件从北方和国外吸收资本,发展工业,修路办工厂,大批刚解放的奴隶正好提供了廉价劳力。南方的优势在煤矿和冶金,亚拉巴马的伯明翰成了南方的匹兹堡。南方的棉纺厂也发展较快,铁路线也延长了。但是南方的大部分工业属于粗加工,依附于东部。到1900年,南方的工业产品是内战前的四倍。尽管如此,在战后半个世纪内,南方无论在生产或生活上,一直落后于全国水平。一个新南方的诞生将历经艰难。

第五节　战后资本主义的发展

从内战后到19世纪末的40年间,是美国完成工业革命、迅猛发展资本主义的阶段。正是在这个既混乱又蓬勃的时代,美国奠定了经济实力的基础。美国从事制造业的人口增加了5倍,产值增加了10倍。重工业的发展尤为惊人,钢产量从1865年的1.9万吨上升到1900年的1000万吨。从1870年到1900年,国民生产总值翻了两番,美国从战前一个二流的工业国上升到世界第一强国。究其原因,当然是多方面的。首先,困扰美国政治达半个世纪之久的奴隶制问题终于彻底解决,南北纠纷取消,注意力得以集中到经济的发展。二是战争中北方的工业受到刺激,为进一步发展打下了基础。三是战后共和党长期执政,在立法上向东北部的工业资本倾斜,实行铁路补贴、高关税等政策。四是从东欧和南欧来的新移民潮为工厂提供了丰富的廉价劳力,同时又为市场提供了大量消费者。

南方农业集团的战败,为美国走向工业化道路减少了障碍,代表工商业利益的共和党的上台执政,为美国战后快速走向资本工业化道路注入了活力。随后的一系列工业化建设政策,都大力推动了美国工业化的进程。

一、铁路网的建成

要想富,先修路。工业要发展,交通能源是关键。能源由水力逐渐过渡到煤和石油后,厂址的选择便不再受水源限制,不过美国资本主义发展的龙头产业无疑是铁路。铁路虽然在内战前就有发展,但真正在全国联成四通八达的网络并发挥巨大的经济作用,那还是战后的事,铁路是战后整整一代人全身心投入的事业。1869年,美国第一条横亘大陆的铁路——联合太平洋一中央太平洋铁路在犹他州汇合,后来在它两侧又陆续修建了四条南北方向的铁路。到世纪末,铁路长度增加了9倍,美国已经拥有全世界最大的铁路网。

美国的铁路由私人企业创办和经营,它们的规模之大在美国历史上是空前的。1900年,铁路建设投资13个亿,而国民生产总值不过20个亿。到19世纪末,铁路所发行的股票债券超过160亿,而国债也才12亿。政府还拨款借贷,支持铁路公司,更重要的是赠予其大量公有土地,在铁路线左右各延伸16~64公里,总面积为俄亥俄州的5倍。其中一半可以由铁路公司随意出售,《宅地法》规定免费提供的65公顷由铁路公司出售时价格升到320美元,但6/7的新农场实际上都从铁路公司或投机商那里购得土地。经过多年的竞争,小公司逐渐被大公司兼并,最后由7大集团操纵全美2/3的铁路线。这些集团规模庞大、管理复杂、资金雄厚,联邦政府也自叹不如,它们对国家经济能产生举足轻重的影响。

为了实行有效的管理,铁路公司率先开展管理革命。公司聘请专业经理,将所有权和管理权分开,极大地提高了效率。同时在技术上也不断进行革新,如统一轨道宽窄,钢轨代替铁轨,设定标准时区,发明卧车车厢等,使铁路运行变得越来越安全、准时和价廉。铁路把东西南北联成一个巨大的全国性市场,原料产品都可畅通无阻地运往各地,不仅极大地促进了生产和消费的发展,甚至还改变了生产的地点和方式。铁路也进一步推动了移民的进程,给原先交通不便的大平原带去了无数的新居民。

然而,铁路公司的弊病也几乎同样惊人。为了在竞争中压倒对手,它们在票价和回扣上大做文章,弄虚作假、腐败舞弊之习以为常,引起顾客的强烈不满。个别州对之做出反应,对铁路公司进行监督整顿。可是最高法院却视之为违宪,裁定州政府无权过问州际商务,此权非国会莫属。但即便州际贸易法在1887年制定后,铁路公司也经常阳奉阴违。由于狂热地滥建与投机,铁路几度诱发全国性的经济危机,并终于在19世纪末陷入困境,最后由以摩根为首的金融财团来对之进行调整和改组。

二、科技发明

美国是一个地广人稀的国家,劳力从来就不富裕。内战后工业受到多方面刺激,科技作为生产力的意义就越发重要了。为了鼓励科技发明,美国宪法中就规定了发明者的权利并于1790年通过第一个专利法,1802年政府又专门成立了专利局。在70年代,每年取得专利权的发明就超过1.3万项。到八九十年代,每年则超过2.1万项。这些发明不仅促进了工农业的革命,而且彻底改变了人们的生活方式,开创了现代社会的面貌。20世纪日常生活中的基本必需如电灯、电话、电报、电影等,都是在这40年中诞生的。苏格兰移民贝尔发明了电话,贝尔公司于1885年创建了至今仍是世界排名第一的美国电报电话公司。

爱迪生当然是当时最负盛名的发明家。他从未受过多少正规教育,是又一个美国自学成才的典型。他在年轻时当过报务员,后来创建了自己的"发明工厂",边经商边从事科技研究,发明达数百项。他开办的照明公司和电灯厂轰动了全世界,人类从此可以在黑夜中创造白昼。美国当时的科技发明大都能直接应用于生产,帮助了工业革命的完成。

三、大企业和劳资矛盾

工业发展的规模和竞争的需要很快超出了个人财力的所能,"公司"这样一种新的生产组织便应运而生,以取代原先单一业主的方式。公司是注册的法人,它的资产通过股票投放市场,由持股者共同占有,共担风险。与单一业主相比,它的生命可以不受任何个人生命的影响。公司只承担有限责任,持股人如欲退出,只需出售股票,但不能要求将股票兑换现金。公司的失败倒闭都不能影响到个人的其他私产。这是一种能够在短期内筹集大额资金,长期存在,然而责任却有限的企业方式。

美国政府当时奉行的经济政策是只鼓励不管制的那种自由放任,企业之间的激烈竞争很快导致兼并,一是原料、生产、销售一条龙的纵向合并,二是企业间的横向合并。兼并的结果就是大企业的产生,个体小规模生产迅速演变为全国性大工业。这是一个大王大亨无法无天的时代,各行各业中都出现了巨头,铁路出了范德比尔特和希尔,钢铁出了卡内基,石油出了洛克菲勒,以及数百个程度不同的大资本家。他们善于经营,惯于利用各种合法及非法的手段去挤垮对手,取消竞争,实行兼并,逐渐将本行业中的可观部分掌握在自己手中,有效地控制价格、生产和销售,他们的经济行为达到影响甚至操纵国家经济命脉的地步。这些新经济体系中的天之骄子,人称"强盗男爵",他们是人格化了的资本。

企业兼并的方式是多样的,主要有联营和托拉斯。在联营中,同行业相互协调磋商,达到控制价格等目的。托拉斯由洛克菲勒首创,是垄断的更高形式,它将股票集中于一个董事会管理,从而取消竞争。这些规模比政府还大的垄断大企业使民众深感不安。美国钢铁公司握有的资本是联邦政府预算的三倍,财产的过分集中使人们有理由怀疑政府将落入大资本家的手中,少数人的个人利益在直接危及公共利益,民主将变成一种新的封建。经过朝野长期努力后,国会终于在1890年通过谢尔曼反托拉斯法,开始了反垄断的立法过程。

由于生产规模扩大,效率提高,成本下降,物价也随之下降,人民生活普遍有所提高。但是在成百上千的新贵崛起之时,贫困也正在恶化。美国立国后从未有过握有如此权势的人,也从未有过如此的贫富悬殊。1890年,美国最富的9%的人占有71%的财富。工业化的结果,曾经独立的劳动者变成了受雇于人的照看机器的工具,他们从劳动中得到的满足减少,劳动的异化和非人化加剧。在资本家眼中,他们的价值和机器相仿。工厂主为了压低成本,尽量剥削工人,迫使工人在极其恶劣的条件下,长时间地从事单调沉重的体力劳动,当时工人每周平均工资低于9美元,既无劳动保护法,又无失业救济。

由于机器生产所需手工技术减少,工人向资本家讨价还价的能力减弱。加之移民往往首先认同种族而非阶级,美国工会组织的成功率比较低。内战后,工人先后成立了几个全国性的工会组织,首先是1866年成立的全国劳工联盟,它主要保护技术工人,也吸收农民和女权主义者。但很快它便被1869年成立的劳动骑士团所取代,骑士团最初具有宗教秘密性,但它吸收一切劳动者,不分工种、种族或性别,只有银行家、律师、沙龙主和赌徒被排斥在外,1886年发展到70万成员。骑士团虽然原则上反对罢工,但还是发动了好几次罢工,争取8小时工作制,提出改善工作条件、男女同工同酬、废除童工等经济要求。和全国劳工联盟一样,骑士团也带有明显的乌托邦色彩,他们企图一劳永逸地结束雇工奴隶制,代之以工人自己组织的合作社。骑士团的领袖鲍德利的名言是,"使每个人成为他自己的主人"。然而他们创办的少数合作社却都以失败告终,到90年代,骑士团便销声匿迹了。

相比之下,1886年宣告成立的美国劳工联合会则显得更为成熟。劳联是个松散的工会联盟,各工会仍保持很大的自治权,可以单独发动罢工。第一任主席冈珀斯是英国移民,担任劳工领达40年之久,成为美国劳工界的代表人物。劳联只吸收技术工人,冈珀斯很清楚,非技术工人没有讨价还价的资本,他认为与其全体工人都失败,不如让其中一部分先赢,或许还能为其余部分带来好处。劳联组织了一系列重要的罢工,特别是在经济萧条、工资削减、工人失业的时期。八九十年代是美国劳工史上罢工的高潮,最有名的罢工发生在1894年芝加哥的普尔曼火车车辆厂,发起者是由尤金·德布斯领导的美国铁路工会,芝加哥以西的铁路工人全都参加了这次罢工。公司说动斯蒂芬·格·克利夫兰总统(1837~1908),以阻碍国家邮件投递为由,派遣2000名士兵前去镇压,造成伤亡。罢工失败后,领导者都被判处徒刑,但德布斯已经成为美国工人运动中最杰出的人物。

四、城市化进程

内战前的美国城市都以商业为主,战后由于工业的兴起和交通的发展,工业化的城市迅速崛起。随着美国从一个农业国变成工业国,人口也相对集中到城市。从1800年到1890年间,美国人口增长11倍,而城市人口增长86倍。1860年时,美国的城市人口为600万,到1900年增加了2400万。50万以上人口的城市也由2个增加到6个,发展最快的要数芝加哥。1890年,美国10大城市的人口占全国8%,但生产着全国40%的制成品。

城市人口猛增的来源主要是移民,其中小半是国内移民,大半是国外移民。由于美国农业的机械化,农业人口过剩,他们很难建立自己的新农场,而当农业雇工的收入又远不如当工厂工人,再加上城市生活的种种便利和享受,吸引了大量农村人口流入城市。但更多的还是国外移民,在内战后的40年中,数量估计达1400万,其中增加最快的是南欧和东欧的移民。铁路轮船的发展大大缩短了欧美间的距离,降低了旅程的费用,而这些新移民又一般不具有开办农场的资金,所以大都就地留在入关的东北部大城市中。到19世纪末,美国人口的1/3是城市人口,而城市人口中有1/3或2/5是移民。移民年龄以青壮年为多,结果占人口1/7的移民占了1/5的劳力。

城市的最早形式是"步行城市",住宅和工作地点都在步行的范围之内,居处主要围绕工厂,各阶层杂居很普遍。1870年后,有轨电车等新式交通工具出现,距离概念缩小,发展出"街车郊区",收入足够的人家便搬到郊区比较宽敞的住宅。种族与阶级的隔离从此明显起来,富人和穷人可以不必再相互照面。城市中心逐渐成为穷人聚居的地方,一家富人搬出的房子一下便住进许多家穷人。城市在向外延伸的同时又向上发展,摩天大楼成为大城市的象征。

当时美国城市的发展毫无计划,杂乱无章。对城市管理来说极为重要的街道照明、污水排放、垃圾处理等设施都极不完善。城市人口迅速膨胀,移民大量涌入,致使住房难以满足,房地产商乘机建造了大批简易公寓房子来牟取利润。这种房子极其拥挤嘈杂,采光通风都极差,甚至没有卫生设备,总是散发着臭味。都市贫民窟由此而生,它们不仅是传染病流行的好地方,也是犯罪率最高的场所。贫民窟是繁华背后的阴暗,随进步而来的堕落。

美国在立国之初制定的宪法为联邦和州的管理提供了依据,而新兴的城市却缺少立法,管理极差。当时城市权力大都掌握在党魁手中,他们为移民提供介绍工作、安排住处等实际服务,但这些人拉帮结派,权势颇大,有许多效忠于他们的人。纽约的坦曼尼会堂就是其中最有名的一个。党魁统治的弊端很多,这些人办事缺乏法律依据,霸着各项城市公用事业费用的支配特权,从中渔利,并把职位赏给自己手下的人作为酬劳。

城市的堕落引起美国中产阶级良心上的不安。从80年代末开始,城市改革团体慢慢出现,他们在贫民区开展福利和教育工作,设立专为穷人服务的济贫院50多所,其中设有托儿所、图书馆等。最负盛名的是简·亚当斯最早建于1886年的芝加哥赫尔会馆。改革者认识到仅有私人的慈善努力是远远不够的,他们不断促进城市的政治立法改革。1881年创立的全国文官制度改革联盟和1894年建立的全国城市联盟是各类团体中最重要的,它们有组织地提出改革城市的政治纲领,主张任人唯贤,加强选举,增强市长权力,采取委员会制度及由其任命的市执政管理制。一直到19世纪末,城市的党魁才终于被击败,改革派占了上风,将城市管理纳入法治的轨道。

五、边疆的结束

1890年,美国调查局宣布边疆已经结束。所谓"边疆",指的是每平方公里2~6人的居住地带。从300年前开始移民大西洋沿岸以来,美国的西部一直存在着辽阔无边的边疆地区。杰斐逊从他的理想农业国的观念出发,光是路易斯安那购地,他估计一千年也开垦不完。然而,到1840年,西部边境已经移到了密西西比河。只20年的工夫,又跳到了远西部的太平洋沿岸,而居于密苏里河和落基山之间的中西部大平原就成了美国地理上最后的边疆。到世纪末,在这片新西部土地上增加了8个新州。

每当美国准备拓疆开地时,首先必须对付的就是印第安人。当时在美国总数300万的印第安人中,有25万住在那里。大平原成了印第安人抵御白人的最后一块阵地。平原印第安人处于新石器时代,他们是游牧部落,骁勇善战,纵马于浩瀚无边的大平原上,以捕猎野牛为生。内战后期,美国便已在大平原上和印第安人交战数次。战后,政府和军队都能腾出手来解决西扩问题,彻底征服北美大陆上这最后一部分敢于抗争的印第安人。1865~1867年的苏族战争极其残酷,双方伤亡都很大,苏族也曾取得过局部胜利。然而,印第安人奋力获得的任何胜利都不足以挽救他们必败的命运。或者说,他们的暂时胜利都只是更快结束了他们对抗的能力。从1869~1874年,内战英雄谢尔曼率领军队和印第安人打了两百多仗。到1890年打完最后一仗时,印第安人已完全失去抵抗能力。除了白人军队的强大武力外,铁路建设等其他原因造成的野牛濒临灭绝也是对他们的致命打击,1865年在大平原上生活着大约1千万头野牛,到1890年时只剩下不到1000头,印第安人丧失了赖以生存的资源而不得不投降。

在对待印第安人的政策方面,美国政府中也有两派意见。东部温和派主张以安抚为主,西部强硬派则必欲诉诸武力。所谓安抚,也就是迫使印第安人放弃原先的土地及其游牧生活方式。当黑奴终于在法律上成为自由公民时,印第安人却仍然被迫处于种族隔离之中。海伦·杰克逊女士于1881年发表了《一个世纪的耻辱》一书,对白人对待印第安人的态度作了一定的反省,引起了一些良心发现,当然此时的印第安人也已经不足以构成威胁了。于是,国会在1887年通过旨在归化印第安人的"道斯法",解散保留地,瓦解部落,将土地分成65公顷的小块分给每户印第安家庭,让他们学习农耕。凡接受土地者,可以成为美国公民。但此项政策也未收到预想效果,半个世纪后,印第安人的土地2/3都到了白人手里,还保留的也大多是瘠土,他们成了日益富庶的美国人口中最贫困落后的一部分。在如何对待印第安人及其文化的态度和政策上,美国一直到20世纪才慢慢有了比较深刻的反思,学会容忍和尊重。

美国这段时期内与边疆相连的两件最富冒险精神和传奇色彩的事就是西部淘金和南部牛仔。自从1848年在加利福尼亚发现金矿后,淘金热逐渐东移,从内华达到蒙大拿的西部山区一再出现。每一传闻都能立马吸引成千上万的淘金者蜂拥而至,发财的念头简直使人发狂。

最初的淘金者大多单枪匹马地干,他们用最原始的手工方式把露在最表面的含金矿砂采掘淘洗干净就算了事。至于大部分有价值的金银矿都深埋在石英石内,必须投入大额资本,使用机器,修建矿井,才能将它们开采出来,这就要留给大公司来做了。每一个矿区开始时都杂居着不同种族的各类人物,他们乱哄哄地把"第一批横财"抢走后,往往留下一个空寂的死镇。淘金热不过延续了二三十年,到70年代末便大致告终,但它的戏剧性成为美国文化中令人难忘的篇章。

同样给人留下深刻印象的短期行为是牛仔。得克萨斯州南端是牛仔的故乡,但牛仔们不过是牧牛大王的雇工。得州饲养的是西班牙牛,它们长得十分彪悍,非常能适应大平原的生活。当时一头牛从得州运到北方出售,可以增加10倍的利润。内战后,牧牛大王们雇佣牛仔把大批大批的牛从得克萨斯一路赶到密苏里的铁路车站,以便运往北方,行程将近2414公里。牛仔们利用大平原敞开的草地和水源,骑着马一路放牧牛群。他们头戴宽边帽,身着紧身衣裤,在马背上走南闯北,孤独艰辛。他们不仅要控制庞大的牛群,还要随时准备对付各类偷牛贼。

1866年是牛仔时代开始的第一年,当年就往北赶去了25万头牛。在此后的20年间,总共赶去了500多万头。这是牧牛王国的时代,也是英雄牛仔的时代。只是好景不长,到了1885年,一连串的灾难使这一奇特现象突然中止。先是牛的数量供过于求,牛肉价格下跌。紧接着是两个寒冬夹着一个旱夏,牛群损失将近一半。再是铁路的发展,铁路虽是牧牛王国兴起的条件之一,但铁路也同样在破坏敞开的草地。更致命的是,它运来了一批又一批定居的农民,他们用新发明的有刺铁丝篱笆把自己的土地围起来。敞开的牧场从此消失,牛仔终于成为历史奇观。

六、农民反抗运动

1862年,国会通过《宅地法》,鼓励农民西迁拓荒。该法规定,每人可免费获得65公倾土地,凡耕作达5年者,土地即归耕者所有。此法和轮船铁路等的发展加在一起,刺激了大批移民前往中西部定居。在1860~1900年间,农场数激增一倍以上,产生了300万个新农场,耕地增加一倍。但新建的农场中有2/3以失败告终,主要因为大平原气候干旱,缺树少水,夏季酷热,冬季严寒,加之虫灾等天灾人祸,使移民极难适应,其艰苦程度非常人所能忍受。

问题的最后解决靠的是农业革命,一是农业机器的发明和使用;二是科学的耕作方法。人们先是学会使用机器挖深井解决水源,又研究出旱地栽培法,并引进合适的新品种来适应大平原的干旱。随着播种机、收割机、粉碎机等农业机器的广泛采用,沉重的体力劳动终于由机器来替代,土壤气候的困难也基本被克服。

农业革命的成功得力于政府和民间的通力合作,各种社会团体积极推广农业科学知识,并促使政府立法拨地成立农业院校,加强农业科技的研究,1862年还设立了农业部来指导农业生产。

农业革命使农业产量极大上升,从1860年到1900年,棉花产量上升了3倍,小麦上升了4倍。农业人口却明显下降,由全人口的80%降到40%。农业机械化减轻了农民的劳动,缩小了工农的差别,农民的生活也不再那么闭塞了。农业经历了一个质的变化,原先自给自足的小农场迅速向商业化的大农场发展,它们往往生产数量巨大的单一作物,满足国内外的市场需求。农业的机械化和市场化也带来了不利的方面,一是开办农场的投资大大增加,小农场难以维持,新开农场也更加困难,农场数量锐减,土地趋向集中,大量小农场主被迫放弃家业。二是产品完全依赖市场,生产者对产品失去控制,产量增加不一定意味着收入增加,有时甚至成反比,一个远方市场的变化可以直接影响农民的成败。

内战期间,战争的需求促使农产品价格上扬,农业经历了一番繁荣。战后由于需求急速下降,供大于求,价格随之大幅度下跌。生产越多,价格越跌,出现生产过剩现象。而世界市场上农产品的竞争也已变得更为激烈,情况都对农民不利。农民要维持农场必须有资金,却苦于找不到借贷。与此同时,工业品由于关税保护、垄断经营等原因而价格高昂,农民两面受压,叫苦连天。南方农民的情况也几乎同样糟糕,土地集中,大部分人都当雇农,靠抵押收成租地借贷,而棉花价格和小麦一样不断下跌。战后20年中,美国农民的生活一直在下降,到90年代达到最低谷。

为了改善处境,农民们联合起来行动,为自己争一份权利。他们先是在1867年组织了地区性的农民协进会,积极介入本州的政治,选出自己的议员。有几个中西部州通过立法,对铁路和粮商实行管理,却被最高法院判为违宪。农民协进会还组织各种合作社,提供粮食加工、包装、购销等服务,所得利润由会员分享。但此类合作社由于资金短缺,经营不力等原因很少成功。尽管如此,农民有组织的反抗行动对政府构成压力,迫使政府反省一贯的自由放任政策。美国人越来越认为政府有责任采取措施,解决铁路和垄断等社会问题,这对1887年通过州际贸易法起到了促进作用。

农民长期借债,便埋怨流通货币太少。他们要求通货膨胀,主张发行纸币和铸造银币。内战时,联邦政府曾发行4亿绿背纸币美元,它们的流通靠的是政府信誉而非硬货支持。战后,政府为了使纸币面值和硬通货持平,便逐步回收纸币,并于1875年立法,将纸币流通值限制在不到3.5亿,同时允许纸币兑换黄金。这样一来,通货更加增值坚挺。对此不满的农民组织绿背纸币党,要求取消该法,但未能获得成功。

农民反抗运动的下一个中心是白银。美国一直实行黄金白银双轨制,比价为16:1。由于政府征收白银有困难,国会于1873年通过铸币法,结束原先的双轨制,改用金本位单一制。白银价格因此骤然下降,反对者称之为"1873年罪恶"。银矿利益者要求恢复16:1的金银双轨制,农民以为多铸银币可以增加通货使之贬值,故而也支持白银。国会最后让步,于1878年和1890年两次通过有关购银法,规定政府每年须购白银数量,但均未收到预期效果。由于白银的大量开采,以银换金又十分合算,人们纷纷将白银和纸币去兑换黄金,致使国家黄金储备大跌,到1893年经济危机爆发时,储备量已降到最低点,而农民的利益却仍未得到保护。

愤愤不平的农民感到共和、民主两大党都已被东部工业和金融利益所把持,他们必须有自己的政党。于是他们在80年代后组织了人民党(又译平民党)。1892年,人民党制定的纲领主要包括以下方面:自由铸银币,增加流通货币;分级征税;铁路、电报、电话的国家所有;参议员的直接选举。在1892年的总统大选和1894年的国会选举中,人民党候选人都获得相当成功,所以他们颇有信心地投入1896年大选的准备工作。

农民和白银派控制了民主党大会,他们推选年轻的内布拉斯加众议员威·杰·布莱恩为总统候选人。布莱恩擅长演说,他的名言是:"你们不能把人类钉死在一个金十字架上"。布莱恩同时也是人民党的候选人,两党联合起来,准备在全国政治舞台上和共和党争个高低。然而,布莱恩虽竭尽全力,却难获成功,人民党不久也销声匿迹,这一变化完全出于经济的原因。

农民处境的缓和发生在1896年,由一些意外原因所促成。一是阿拉斯加及世界其他地方金矿的陆续发现和开采,使黄金储备得以充实,促使流通货币的增加。二是欧洲和印度等地农业的减产,使美国农产品在国际市场上的需求突然上升。三是大批欧洲移民的入境,增加了对农产品的消费。随着农产品价格的回升上涨,农民的政治热情下降,他们忙着以增产来迎接这一农业的大好时机。

七、镀金时代的政治

"镀金时代"是著名作家马克·吐温对内战后到进步时代这个阶段的称呼。这一时期的政治以腐败著称,与战前理想主义的改革时代形成鲜明对照。当时政坛上充满了各种庸俗交易,对党派的忠诚取代了意识形态之争,道德关注普遍减弱,理想丧失,物欲横流,腐败盛行,贫富悬殊,劳资冲突,美国似乎再不是它向来引以为自豪的穷人的乐园,一个自由平等的特殊社会。

战后的美国政坛并非是胜利的共和党人的一党专政,相反,民主党的势力颇为强大。但是,共和党毕竟能经常成功地"挥舞血衫"吃老本,处于明显的有利地位。从1860~1912年的半个多世纪中,民主党人除了克利夫兰一人当过两届总统外,所有总统都是共和党人。共和党成立时的基地在东北部和中西部,南方被解放的黑奴虽一度支持共和党,但由于很快失去参政的权利,在政治上便不再是一股力量。战后的共和党越来越代表东北部的工商者利益,支持高关税、金本位以及给予铁路公司优惠等政策,使中西部农业区离心离德。民主党的基地一如既往仍在南部,但东北部大城市中的移民以及赞成通货紧缩和低关税的商人也支持民主党。其实,两党都由保守派所控制,争论的焦点主要是关税、通货等具体经济问题。

对党的忠诚使许多地区具有固定的党派色彩,他们不问候选人是谁,几十年只按党派投票,这种地区在大选时反而不受重视。为了争取选票,候选人往往从那些犹豫不定的所谓"战略州"中产生,人选也往往是平衡的结果,所以这期间美国总统中少有杰出人物。更何况自从约翰逊和国会闹过后,总统一直处于国会之下,其独立地位受到损害。格兰特任总统期间政绩平平,内阁名声不佳,根本不可能改变这种局面,始终受制于党派。

当时的美国政治主要由掌握实权的党魁头头们所把持,强调对党魁个人的忠诚,党派胜利后实行分肥,党魁将官职作为酬劳的手段。这种政治上的腐败现象引起了社会民众的强烈不满,一些被称为"超然派"的自由主义改革家坚持反对这种官员任命方式长达20年之久,他们极力主张改革文官制度,提倡廉政建设。1877年海斯上任后曾多次使用否决权,使总统的权威有所提高。尽管他未能根本动摇政党分肥制,但也算尽其所能,为打击这一政治腐败开了个头。

共和党的詹姆斯·艾·加菲尔德(1831~1881)在1880年大选中获胜,他当总统后也力图显示其职位的权威,但不料上任才半年多便遭到一名精神错乱者暗杀,接替他的是副总统切斯特·艾·阿瑟(1829~1886)。阿瑟是纽约富豪,本人即是政党核心集团的要人,可是他当总统后却成了改革的促进力量。加菲尔德的遇刺震动全国,加剧了改革的呼声,主改派在他遇刺当年即成立了全国文官制度改革联盟。在阿瑟的支持下,国会于1883年初终于通过文官制度改革法,建立两党联合的三人文官制度专门委员会,对官员进行逐个甄别,并扩大功绩制度所涉及的工作种类,为摆脱这一腐败的政治现象铺平了道路。

在1884年大选中获胜的是民主党的克利夫兰,这是1/4个世纪以来共和党第一次输给民主党。克利夫兰任纽约州长时便以改革派著称,他不仅得到民主党的拥护,也得到共和党内超然派的支持。但他上任后不久,也不得不屈服于本党内分肥派的压力,毕竟民主党在野的时期已经很长了,决不想放弃这难得的机会。克利夫兰逐渐与超然派分离,他虽然仍在继续文官制度的改革,但同时又把相当数目的官职给了自己党内不称职的求职者。

1888年大选中争论的热点是关税改革。这次,共和党决心把失去的最高职位夺回来,他们推出的候选人是已故第九任总统、辉格党哈里森的孙子。本杰明·哈里森(1833~1901)上任后对文官制度改革不冷不热,还将不少职位还了人情。他要对付的一个少有的难题是10亿美元的财政盈余,这笔钱最后分别用于军人抚恤、收购白银以及国内改进工程等项目。哈里森任内最重要的立法是谢尔曼购银法和谢尔曼反托拉斯法(1890),后者是美国政府的第一个反托拉斯法。

民主党在1892年的大选中格外小心,居然使克利夫兰重返白宫,可惜迎接他的马上就是1893年的金融危机。克利夫兰未能看到危机的真实原因,仍然纠缠于金银之争。他把一切都归咎于白银,不惜任何代价来维护金本位。他虽然废除了谢尔曼购银法,但于事无补,对缓解危机毫无作用。于是他不得不采取出售公债的办法,结果未能奏效,反倒引起农民仇视。1894年是经济萧条最为严重的一年,公司倒闭,失业人数将近工人总数的五分之一。联邦政府对于饥饿的人们漠不关心,甚至动用正规部队镇压罢工工人,克利夫兰因此大失人心。

1896年，共和党利用经济危机造成的普遍不满，使威廉·麦金莱(1843~1901)当选总统。麦金莱明确表示赞成高关税和金本位。他的对手布莱恩周游全国，进行了600多次演说，试图唤醒国民良心，反对富豪统治，建立社会公正。但他毕竟经费不足，无法与大公司鼎力相助的麦金莱相比。而且布莱恩的怀旧恋农态度也未能获得劳工的支持，终于败给了麦金莱。布莱恩此后又两次当过民主党的总统候选人，但均未成功，最后出任伍德罗·威尔逊(1856~1924)总统的国务卿。

由于国际市场变化等多种原因，1897年后经济复苏。随着人民党和农民反抗运动的逐渐淡化，共和党又重新控制了参众两院，他们将关税再次提高，幅度达52%，并于1900年通过金本位制法，一代人为之争执不休的金银之争从此告终。

八、帝国主义的海外扩张

美国在1867年购买阿拉斯加后，几乎有1/4的世纪停止了扩张，忙于国内事务。经历过内战的一代只想享受些安宁，对扩张不感兴趣。可是当1890年边疆宣告结束后，美国又开始向海外扩张。

海外扩张的兴起与国际市场的争夺有关。美国从保护商业利益出发而发展海军，随后以军事实力为后盾，动辄进行威胁，迫使他国屈服，以便占据领地，夺取市场。海外扩张的另一个原因是转移视线，将国内的愤怒引向国外冒险。当然，从海外得到的好处又能用来缓解国内矛盾。这时期，美国一方面打出门罗主义的旗号，极力抵制英国等欧洲势力插足美洲，把对美洲国家的任何干涉视为对美国的干涉，力图将势力扩展到拉美各国，这是"我的就是我的"。另一方面，却又实行"你的还是我的"，抓紧机会将势力扩展到亚太地区。美国这个共和国成了一个十足的帝国。

首先是夏威夷问题。美国在立国后与中国发展贸易时就对夏威夷产生兴趣，一直想兼并之。经过长期努力，双方于1875年签订互惠条约，使夏威夷成为美国的蔗糖产地。从此，美国蔗糖市场的竞争及其关税政策便直接对夏威夷的经济和政治发生影响。加上当地白人商人和美国海军陆战队的参与，扩张主义者认为兼并的条件已经成熟。1893年2月，哈里森总统在卸任前向参议院提交了兼并的条约。但是接任的克利夫兰却认为大部分土著仍然支持夏威夷女王，不同意兼并。此外国内反对海外扩张的情绪也颇强烈，所以兼并未能实现，但不久发生的美西战争很快为兼并夏威夷扫清了障碍。

引起战争的是古巴问题。和夏威夷一样，古巴也是美国的蔗糖供应地。当古巴经济在美国影响下陷入困境后，古巴人与西班牙统治者发生暴力冲突，美国的扩张主义者便找到了"正当干涉的理由"，以此说服了怀有人道主义的反扩张主义者。1898年2月，美国"缅因号"战列舰在哈瓦那港突然爆炸，尽管原因并未查明，主战派却一致将其归咎于西班牙，国会立时拨款5000万作为国防经费。麦金莱总统向西班牙提出和平解决，条件是古巴独立。西班牙考虑到种种后果，迟迟不能同意，美、西终于在4月开战。战争延续了不到10周，西班牙于7月投降，美国大获全胜，不仅迫使西班牙放弃了对古巴的主权，从而控制了加勒比海海域，而且摧毁了西班牙在太平洋的海军，迫使它放弃了马尼拉。在1898年底的巴黎和会上，西班牙将菲律宾割让给美国，为此美国付给西班牙2000万美元。美国还获得了关岛、波多黎名等地。扩张主义者将此举视为"上帝的目的"，麦金莱总统则更为谦逊地称之为"白人的责任"。

在远东，欧洲列强此时正在加紧瓜分崩溃中的大清帝国，美国感到自己已经落后于英、俄、日等国。为了保住自己的市场和利益,美国于1899年照会各国,提出在华机会均等的门户开放政策,意在分享其他帝国主义已经获得的全部贸易权利。1900年,美国派遣了5000人参加侵华八国联军,攻入北京。在庚子赔款中,美国得到2500万,超过了为菲律宾付给西班牙的钱。这笔款子除了付给美国侨民的赔偿外大有剩余,于是便将一千多万退还中国,后来中国政府将它用于办学和派遣留学生等文化事业。经济的复苏和外交上的连连得手使麦金莱很容易地在1900年连选连任成功。

然而,美国毕竟不是只有一个声音的国家,即便在扩张主义最嚣张的时候,反帝的呼声也从未停止过。许多社会进步人士联合成立了"反帝同盟",反对和讽刺政府的帝国主义扩张政策。他们认为,海外扩张违反了美国立国的理想,那就是政府必须得到被统治者的同意。他们持"大陆主义"的态度,反对在大陆之外谋求领土。到了1900年,海外扩张已经成为事实,此时连共和党领袖们也承认,殖民扩张已不是一般美国人的愿望。

第六章
20世纪美帝国的崛起与全球霸权

毫无疑问,20世纪是美国世纪,欧洲和亚洲的战乱给美国带来了无限商机,在欧洲人忙于一战和二战的混战之际,美国提供了大量的军火和工业品,大大地发了一笔欧洲的国难财,也趁机扩充了美国在海外的霸权利益。为美国在全球的经济主导地位奠定了基础。苏美冷战又使一向争斗不断的资本主义世界变得异常和平与团结,美国是西方资本主义世界的老大,这一地位又为其赢得了在西方贸易和经济方面的绝对优势,这一切都为美国走向超级帝国和全球霸权奠定了基础。

第一节 "进步时代"的矛盾与改革

在美国历史上,自西奥多·罗斯福(1858~1919)任总统至1917年美国介入第一次世界大战这段时期,被称为"进步时代"。这是美国社会演进中又一次大规模的改革潮流,旨在整治经济飞速发展后产生的腐败、混乱和贫困。

一、进步与贫困

美国在内战后40年中的经济腾飞使国家基本上完成了工业化和城市化,这个不足8千万人口的国家拥有了人类历史上空前强大的生产能力和物质财富。这不能不说是一种进步,但这种进步带来的并非只是福音。在社会发生如此巨大的变化之后,必然引起财富和权力的重新分配,而分配的结果是日趋增长的贫富悬殊。一方面是财富的高度集中,在1900年,美国人口中的2%占据了国民财富的60%。大公司、大企业、大家族拥有惊人的财富和特权,而且还在迅速兼并。各行各业都呈现出垄断和专制的趋势,极少数的财团决定着国家的经济命脉,经济上的自由竞争几乎丧失。

另一方面则是贫困的急剧恶化,普通工人的生活改善远远落后于工业的发展。从19世纪末开始,中南欧移民大批涌入,人数已近千万。这些移民大多身无分文,只能聚居在大城市中,成为工厂的苦力。他们在极其恶劣的条件下长时间地从事单调机械的体力劳动,很少受到法律的保护,妇女儿童的状况尤为悲惨。他们生活在拥挤肮脏的贫民区内,那里展示的贫穷、愚昧、落后、罪恶成为各大城市中触目惊心的现象,激起了社会进步力量的一致批评和抗议。

进步的有识之士对社会的两极分化深感忧虑。早在1879年,亨利·乔治就在《进步与贫困》一书中提出美国总财富增长后个人贫穷加剧的问题。现在,更多的人以道德的秤杆在重新掂量物质进步的后果。美国人从祖先的清教和犯民时期开始，就习惯于将贫富和善恶联系起来考虑，认为富裕是上帝对善的赐予，而贫困则是对恶的惩罚。但是关心民众疾苦、具有改革思想的新闻工作者、社会工作者和文学家们，经过实地调查，写出越来越多的感人至深的作品，说明生活在贫民窟中的人们并非由于他们自己的懒惰过错而受穷，他们是社会不公正的牺牲品。在这些暴露性的纪实文学中，最引人注目的有雅各布·里斯的《另一半人怎样生活》(1890)和厄普顿·辛克莱的《屠场》(1906)。里斯是一个芬兰移民，他作为记者对纽约贫民区进行了详细的采访报道，在书中向美国中产阶级揭示了他们所不熟悉的另一半美国人口的苦难。辛克莱是个小说家，社会党员。他对大名鼎鼎的芝加哥肉类加工厂的屠宰场作了周密调查，揭露其恶劣的卫生条件和劳动条件，引起全国舆论哗然，竟使肉类销售一时减半，从而促成后来肉类检查法的通过。这类揭露黑幕的文字极大地唤醒了普通美国人的良心，改革的呼声从社会各阶层响起，要求政府更多地规范大企业，制定和协调有关法律，惩治政治和企业与政客的权钱交易，扩大民主，使人民具有更多保护和发展自身的权利。

二、民间改革潮流

解决贫困问题最直接的措施是开办济贫院，或称贫民宿舍，为城市中的无家可归者提供一个暂时栖息之处。开办济贫院的是一批年轻的志愿者，尤以妇女为主。他们大多出身中产阶级，受过良好的教育，相信社会公正和进步的理想。他们对城市贫困感到忍无可忍，在良心和道义的激励下，自愿献身于消除贫困愚昧的行动。他们向社会呼吁和募捐，以十分有限的资金开办济贫院，使无路可走的人不仅能获得一些基本的生活条件，还能受到一定的教育，为就业做准备。1886年创办的芝加哥赫尔会馆的青年妇女简·亚当斯荣获1931年的诺贝尔和平奖。到1900年，济贫院在各城市发展起来，总数已达400个左右。

济贫院同时也起到当地社会服务机构的作用，工作人员积极介入地方政治，为改善贫苦人民的生存环境而努力，诸如设立公共浴室，为儿童修建操场，以及关心道路照明、垃圾处理等公共事务。他们的行动不仅直接帮助了城市贫民，而且加强了全社会对贫困问题的关注，促使市政改革中有关立法的通过。

社会的分化使弱势集团越来越意识到自己的处境，使他们认识到联合起来争取公平和公正的必要。无根基的移民往往按原先的国籍和种族聚居，靠团结来维护自己的权益，并且慢慢学会通过政治行为来达到目的。

黑人也开始组织起来，反对种族压迫。当时绝大部分黑人还仍然留在南方农村，忍受着种族隔离的歧视，生活在恶劣的条件下。稍有反抗，等待他们的便是私刑。在北方，种族歧视也是一样，黑人是"永远无法同化"的被贩卖入境的移民。20世纪初，黑人开始出现向北方城市移居的趋向。1910年时，纽约等北方大城市的黑人都已接近10万，但基本上只能聚居在黑人区，不可能享有居住自由。1905年杜波依斯等少数黑人知识分子在尼亚加拉大瀑布附近召开会议，决定发起运动，将黑人团结起来，反对种族歧视，要求平等权利。"尼亚加拉运动"到1909年改组为"全国有色人种协进会"，从此，黑人开始了有组织的争取种族平等的斗争。"全国有色人种协进会"一直延续至今，在黑人民权运动中发挥了领导作用。

美国妇女在19世纪上半叶的改革中曾于1848年召开过女权大会，发表了女权宣言，但参与者只限于少数女界精英。20世纪初,美国妇女再次崛起,受教育和就业的妇女激增。中产阶级妇女和工厂女工纷纷组织起来,提出自己的政治要求和主张。她们的目标是多方面的,政治上她们集中精力,一个州一个州地争取妇女选举权,到1914年,她们已经在6个州达到目的。经济上,她们力争改善妇女儿童的劳动条件和报酬。在社会上,她们带头提倡禁酒,还主张通过节育来使妇女从沉重的家务中解放出来。这阶段有声有色的妇女运动培养了一代追求平等解放、投身事业和社会的新女性。

三、市政改革

美国在制定宪法之时还鲜有城市,所以相对联邦和州的立法而言,市镇的立法就比较薄弱,一般从属于州。内战后的40年中,城市人口从600万激增到3000万。随着城市的迅速扩展,产生了一系列亟须解决的新问题,如治安、照明、道路、住宅、学校、医院、消防、供水、卫生等等。城市作为一个独立的行政机构的权力明显扩大了,市政府迫切需要改善和强化管理。

当时,美国城市的权力大多掌握在一些党魁集团手中,这种状况陆续形成于19世纪下半叶。由于普选权的实现,一些以政治为营生的头头笼络在数量上占优势的城市贫民,尤其是新移民,陆续建立起自己的集团政治,这种政治因而也带有相当的阶级性和种族性。集团政治强调效忠于党派和领袖个人,然后以官职和市政建设项目合同作为犒赏,以饱私囊。集团人员确实为穷人、尤其是新移民提供不少实际服务,为他们找住所、找工作等,因而受到移民的支持。但是这种政治的中心是实利,为的是个人和自己集团的私利,少有法律约束,故而营私舞弊、贪污腐败现象泛滥。改革派称之为"罪恶的机器"。

这类机器中最有代表性的是纽约的坦曼尼会堂,他们在头头特威德的领导下赢得了纽约市的政权,并且长期有效地控制着。其他重要城市如波士顿,也由爱尔兰移民的后裔所把持。这类会堂从欧洲带来了严密的等级组织,自上而下,层层服从,最下面的喽啰活跃在基层。他们把城市分为许多邻里小区,一小区一小区地加以控制,主要是把城市中的选票和款项牢牢捏在自己集团手中,政府公职成了个人追名逐利的工具。一般说来,城市政治集团只关心与他们政治经济利益直接有关的当地事宜,对全国政治考虑甚少,更不关心意识形态问题,这是一批只讲实利和关系的政客。

集团政治的腐败引起了改革派的强烈不满,头头们的贪污大幅度增加了税收,一些行贿的建筑承包商使用劣质建材造成事故,选举中雇人多次投票等舞弊行为层出不穷,凡此种种,使他们渐渐失去人心,也促使改革派下决心采取行动来清除污浊,对城市政治加以彻底改革。

市政改革主要是通过改革选举程序和改变市政结构来达到。改革派在工商界、新闻界和其他中产阶级的支持下,立法取消了"区"的制度,改成在市的范围内进行选举。这样,原先素质较差的"区"代表就很难胜过市里素质更高的代表。市政府内则成立各种委员会,由专家组成,按现代企业的方式来管理。由于城市从属于州,市政改革往往得到在州立法议会中占多数的非城市代表的支持,他们向来对城市抱有反感。改革后的城市政府变得更集中、更精简、高效和廉洁了,同时也削弱了党派色彩,但也更像一个官僚机构,和一般平民、尤其是贫民的距离拉开了。

四、罗斯福的"公平施政"

1901年,就职才6个月的麦金莱总统遇刺身亡,43岁的副总统西奥多·罗斯福成为美国历史上最年轻的总统。罗斯福出身上层,毕业于哈佛大学,当过警察、牛仔,也是战斗英雄,很早就决定从政,在军政部门担任过不少职务,政治经验丰富。1898年罗斯福当选为纽约州长,他立志改革,表现出超越党派的独立性,使州党魁决心通过提名他为副总统候选人来摆脱他。

　　罗斯福精力过人,是一个能充分运用职权的总统。他的个人魅力和传奇色彩对群众富有感染力。他通过改组联邦机构。任命志同道合的联邦官员和专家顾问,强有力地推进他的改革措施。罗斯福将他的政治思想归纳为"公平施政",作为1904年的竞选口号。罗斯福并不反对大企业,但他认为为了公共利益,联邦政府有责任对工商业加以管理限制,取消各种不负责任的特权,维护普通个人的权益和机会,让不同阶层的利益都得到公平的对待。罗斯福在实施其政策时,排除两种极端的干扰,既谴责和打击不肯改革的"豪富巨奸",称之为"狂妄的愚蠢",也不同意要求取消私有制的社会主义。他基本上代表了中产阶级的进步势力,对美国正在形成的垄断经济进行改良,以保证社会的安定、繁荣和渐进。

　　罗斯福任内积极推行的国内政治首先是反托拉斯。从1897~1904年,美国在近80种工业中,一个大企业生产的产品占其总数的一半以上。近300家大企业占有全部私产的40%。罗斯福反对损害公共利益的大企业,反对垄断造成的不公平竞争,他认为关键是政府必须具有控制托拉斯的能力。他一上任就选中了打击目标,于1902年命令司法部长控告以约翰·皮·摩根等金融巨头为首的北方证券公司违反谢尔曼反托拉斯法。政府胜诉,公司被解散,罗斯福旗开得胜。此后,政府起诉的公司多达44家,联邦政府终于树立了自己对付托拉斯的权力,并成立了专门的公司管理局。罗斯福赢得了"托拉斯炸弹"的大名。

　　在解决劳资争端中,罗斯福也表现出同情劳工的新姿态,和克利夫兰总统派军队镇压普尔曼铁路工人罢工截然不同。在1902年的煤矿工人大罢工中。罗斯福逼迫资方将争端交付总统任命的委员会进行仲裁,和平解决问题。使双方都做出妥协,避免了武装冲突,成为白宫历史上的又一先例,罗斯福被视为劳工之友。

　　罗斯福另一重要的政绩是保护自然资源,这是他最富远见的作为。罗斯福本人是个鸟类学家,又在牧场上生活过,环保意识强烈。他划出公共领地,发展了一个庞大的国家自然保护区计划,并加强国家控制森林、矿藏、水力等自然资源的权力,设立森林局,建立各州保护自然资源委员会。1908年,罗斯福召开第一次全国保护自然资源代表大会,以后此项便成为例行州长年会的内容。全民生态意识的极大提高有利于更加合理长久地利用资源,不仅保护了人类的生态环境,也为经济的持续性发展创造了条件。

　　在外交上,罗斯福赞成新的"显然天命",具有强国意识,决意使美国在世界事务中发挥更重要的作用。他曾任海军次长,当总统后热衷于扩军备战,建立强大海军,设立总参谋部,将军队现代化。他自吹的外交原则是"手持大棒轻步走",在他认为是必要的时候,从来不惜挥动他的大棒,尤其在西半球。1904年,他将排斥欧洲干扰为主的门罗主义进一步发展成由美国来扮演国际警察。他将加勒比海视为美国的内湖,1902年从古巴撤军后继续保持干涉权。1903年又支持巴拿马独立于哥伦比亚,从而控制了巴拿马运河地区。在远东,罗斯福关心的是太平洋的均势,为了让日俄保持均势,维持原状,他不惜牺牲弱国。他一方面承认中国的领土完整,同时又承认日俄在华特权,对朝鲜则完全同意日本占领。1906年,他因为协调日俄战争而获得诺贝尔和平奖。

五、从罗斯福到塔夫脱

罗斯福虽然大权独揽,却主张权力有期,两任期满便拒绝接受总统候选人的提名。在他的支持下,威廉·霍·塔夫脱(1857~1930)战胜民主党的布赖恩,于1909年就任总统。

塔夫脱来自俄亥俄州,律师出身,由司法界进入政界,由于任菲律宾民政总督期间政绩卓著而仕途风顺。然而塔夫脱并不十分想当总统,他的司法头脑使他不赞成罗斯福扩大总统权力的做法,他在行动中要小心得多。在4年任内,塔夫脱提出了一倍于罗斯福7年任内所提出的反托拉斯诉讼案,通过了关于国会征收所得税的宪法第十六条修正案和关于普选参议员的第十七条修正案。但是他还是疏远了中西部的进步派,因为他支持有利于制造商的保护主义关税法和所得税法。在外交上,塔夫脱也更倾向于运用法律解决争端。

塔夫脱批准内政部长向私人出售一部分公地和水力基址,这事把罗斯福也惹恼了,加上其他一些事,罗斯福将塔夫脱视为东部老卫士派的代表。1910年民主党成为众议院多数党,进一步激化了共和党内的分歧。在1912年大选中,共和党陷于分裂。罗斯福重新出马竞选,纲领更趋激进,提出"新国家主义",主张加强联邦政府对工商业的管理和进一步推动直接民主,保守派因此指责罗斯福代表了"社会主义和革命"。由于塔夫脱控制着党的全国委员会,终于赢得提名,罗斯福派当即脱离共和党以表示愤慨。他们另立进步党,重新召开代表大会,提名罗斯福为总统候选人。因为罗斯福自称健壮得像头野鹿,所以进步党也称"野鹿党"。进步党的改革纲领是前所未有的,它提出了全面的社会福利规划,如联邦所得税、妇女最低工资、社会保险和工人补偿等,还主张扩大直接民主,如总统预选和妇女选举权等。

进步党的仓促上阵造成了竞选中的三足鼎立,大大有利于团结一致的民主党,以"新自由"为竞选纲领的伍德罗·威尔逊当选为总统,民主党还在参、众两院获胜。对塔夫脱来说,倒是终于摆脱了处境尴尬的总统职位。他于1921年实现了自己真正的愿望,被任命为最高法院首席法官,他回忆道:"我不记得我曾经当过总统。"

六、威尔逊的"新自由"

威尔逊是个政界学者,他的当选说明改革是众望所归。威尔逊出生于弗吉尼亚一个牧师家庭,毕业于普林斯顿大学,1902年被选为该校校长,任职期间便以推行教育改革闻名。1910年,威尔逊代表民主党竞选新泽西州州长成功,任职不到两年,就因为政绩显著而成为民主党总统候选人。他一举击败两个强劲对手,使民主党重新执掌政权。

相对罗斯福的"新国家主义"而言,威尔逊的"新自由"政纲更强调个人和州的权利。威尔逊认为为了限制"大企业"而过分加强政府机构的权力,只能造成"大政府"这另一罪恶。只要有了新的自由,便会有新的竞争机会,所以必须保证自由的经济和自由的政府。威尔逊反对大企业和豪富,主张政府对工商业的管理,欲以进步改良的方式维护一个民主的资本主义社会。

从威尔逊上任后到美国介入第一次世界大战的短短4年中,民主党陆续实现了计划中的进步改革措施。首先是1913年的降低关税,这也是民主党和共和党的一贯分歧。威尔逊亲自向国会发表演说,推动新关税法——"安德伍德—西蒙斯法"的通过,将税率平均下降15%左右,进口税下降25%~40%。为了弥补财政收入,在宪法第十六条修正案的基础上征收1%的公司税和7%的高收入个人累进所得税,这是美国有史以来在所得税问题上第一次确定符合社会公正的累进原则。

其次是同年底通过的联邦储备法,设立由政府任命的联邦储备委员会和地区储备银行,由中央控制银行系统,尤其是通货和信贷的权力,以免金融大权集中在私人手中,再度出现1907年那样的金融危机。该法成功地纠正了自杰克逊总统废除第二国家银行后的金融混乱局面和弊病,有效地改善和加强了金融管理。

威尔逊紧接着要求国会立法管理工业,继续打击托拉斯和不公平商业行为,加强对企业的监督,保护工会和工人。1914年通过的克莱顿法进一步强化了谢尔曼反托拉斯法,具体列出了不合法的商业行为和兼并方式,包括价格歧视、连锁董事会等。同年,又通过了联邦贸易委员会法来强化克莱顿法。在1916年竞选之年,面对重新团结起来的共和党,威尔逊连连出台新一轮的改革举措,成功地使国会通过联邦农场贷款条例和童工法,以及铁路工人8小时工作制的亚当森法,这些法律受到工会和农民组织的支持。至此,威尔逊的"新自由"立法大致达到目的,他本人也重新当选总统。

第二节　一次大战与大萧条

1914年夏,危机四伏的奥匈帝国向塞尔维亚宣战,欧洲各国间错综复杂的利害与同盟关系迫使各大国表明敌友立场,战事迅速蔓延成第一次世界大战。8月德国入侵中立国比利时,并深入法国北部。奥匈帝国和土耳其站在德国一边,成为同盟国。英法联合塞尔维亚的盟国俄国进行抵抗,成为协约国。双方沿着穿越比法境内483公里长的壕沟对峙,都企图把对方饿死在壕沟里。

一、从中立到参战

战争的严酷使美国人大为震惊,他们虽然更同情英法,但并不想直接介入战争。威尔逊一直自称奉行道义外交,倡导以谈判解决争端。他和大多数美国人一样,认为美国的主要责任在于完善自己的民主法治,为欧洲提供参照的榜样。尽管威尔逊在干涉墨西哥和其他拉美国家时并未犹豫不决,但对欧洲战火,他试图保持冷静克制,表示愿意从国际法和道义原则出发进行外交调解。他宣布美国保持中立,请求国人不仅在思想上,而且在行动中保持中立。

然而,保持中立并不是一件容易的事情。美国是一个移民国家,移民及其后裔大多还保持着与原先祖国的关系和感情,其中包括900万德裔和300万具有反英情绪的爱尔兰裔。威尔逊本人则是受英国思想教育长大的,他认为英国是在为全世界而战,他的政府要员也大多在感情上倾向协约国。

更重要的是政治和经济因素。威尔逊认为,作为中立国,美国应该享有使用海洋的权利,享有与交战国双方进行贸易的权利。但是由于立场的倾斜,美国与英法的贸易额远远超过与德国的,贷款更是如此。这样,作为世界最大出口国的美国对战争的结局就不可能保持真正中立的态度。为了阻挠美国运往德国的货物,英国采取封锁海面的做法。德国则采用当时最先进的武器——潜艇和鱼雷来进行反封锁。于是,美德之间不可避免地一再发生潜艇危机。先是美国乘客在协约国船只受到袭击时遇难,后来德国在1917年1月决定,对中立国和对敌国一样,进行无限制的潜艇战。

威尔逊在谈判失败后,只得与德国绝交。3月,德国潜艇击沉三艘美国船只。4月2日,威尔逊要求国会向德宣战。当时俄国已经爆发二月革命,推翻了沙皇。威尔逊为清除了支持协约国的一大障碍而高兴,宣称伟大的俄国人民已经摆脱独裁,世界争取自由的力量正在战斗。美国参战是为了结束一切战争,使世界变得更民主。

战时总动员需要时间,威尔逊和罗斯福不同,他始终厌恶扩军备战,甚至反对建立庞大的常备军。民主党在1916年大选时的口号还是"他使我们避免了战争"。参战后,美国实行选征兵役制,征兵面前人人平等,建立了一支300万应征兵和200万支援兵的军队,立即投入紧张的训练。1918年5月,德军已逼近巴黎。由于1917年11月俄国布尔什维克革命后单独与德讲和,退出战争,协约国无力抵御德军的进攻,上百万的美国远征军被派往欧洲作战。在6月～9月的几场大战役中,美英法合力击败了德国。一次大战的残忍在人类历史上是空前的,死亡人数高达1000万,而美国的死亡人数不到12万,只有英国的八分之一。但是美国最后参战的意义仍不可低估,它使疲惫的欧洲战场上的力量对比发生了决定性的变化。同时,美国海军使用驱逐舰为商船护航,保证了军队和战争物资供应线的畅通。战后威尔逊在法国受到热烈而盛大的欢迎,也说明了协约国对美国参战的感激。

参战给美国国内也带来了许多变化。首先是促进了生产的迅猛发展,各行各业都开足马力,生产战争所需物资。联邦政府加强了对经济的控制,陆续成立了战时工业委员会、燃料局、粮食局、铁路局、战时劳工局、就业局等,协调政府、企业、劳工等各方面的关系,提高效率,为战争服务。战争使企业利润上升了三倍,尽管有通货膨胀,工人的实际平均工资还是增加了20%,农民实际收入增加了25%。由于战争开始后欧洲停止移民,加上许多男子应征入伍,劳工的地位有所改善。政府采取避免罢工的原则,保证工人适当的工时和工资。到1918年底,美国工会成员增加了40%。在税收方面,大幅度提高了高收入者的累进所得税,使有能力的人承担更多的战争费用。

在意识形态方面,政府前所未有地加强了控制,设立了美国第一个宣传机构——公共信息委员会,号召自愿的新闻检查。处处是效忠美国、实现百分之百美国化的要求。任何悲观反战的不同意见都有可能被视为不爱国甚至叛国,内布拉斯加禁发威尔逊本人的著作《新自由》。反德情绪受到一再煽动,停止了教授德语和演奏德国音乐,波士顿禁演贝多芬的音乐。反间谍法、与敌通商法、惩治破坏活动法和惩治叛乱法等一系列法律的出台和实施基本上剥夺了公民的思想和言论自由。

二、凡尔赛和约与国际联盟

在如何缔结和约的问题上,英法和后来加入协约国的意大利都主张惩罚德国,索取高额赔款,并重新划定疆域。他们彼此签订秘密协议,准备分享战果。

威尔逊主张公正和平。他于1918年1月提出"14点方案",主要内容包括取消秘密外交,以公开方式缔结公开的和平条约;保证公海上的航行自由;平等贸易;裁减军备;各国殖民地的协调和殖民地人民的权益;欧洲的民族自决;建立独立的波兰等。最后一点建议是,根据专门公约成立一个普遍性的国际联合组织,各国相互保证政治独立和领土完整。只要德国接受这些原则,建立民主政府,它就可以重新成为国际大家庭中平等的一员。德国在求和时接受了这一方案,德皇退位,成立了共和国,并且将德军全部撤回到莱茵河以内。

但是,"14点方案"只是威尔逊单方面的意见,其他协约国并不赞成。威尔逊亲自率领美国代表团参加巴黎和会,会上英法意坚持各自的领土要求,并要德国承担战争的全部责任和损失。在连续几个月紧张的讨价还价之后,终于在凡尔赛签订和约,战胜国基本上满足了各自的领土要求,法国收回了阿尔萨斯—洛林,波兰独立,并建立莱茵河缓冲区。德国交出一切殖民地,实行非军事化,并支付巨额战争赔款。和约也包括了建立国际联盟的条款,同意以一种新秩序来结束国际上的无政府状态,促进合作,和平解决纠纷。

威尔逊对国际联盟寄予很大希望,视之为全球的道义联合及日后世界和平的保障,他没有料到来自国会的强大阻力。在1918年的选举中,共和党控制了国会的两院。两党中都有持孤立主义反对国联的强硬派,但为数并不多,大部分议员只要对协议稍加修改便可接受。但是出于党派考虑以及对威尔逊本人的不满,以洛奇为首的共和党多数派坚持必须附加强硬的保留条件才能接受,理由主要是防止国联对美国主权的干涉。

威尔逊对此感到愤怒,他毫不妥协,坚持必须以原样通过。为了唤起民众的支持,他于1919年9月开始在全国作巡回演说。他行程1287公里,作了37次演说,但三周后即中风躺倒,一病不起。在11月举行的参议院投票中,修正过的和未修正过的和约议案均遭否决。在许多民间组织的要求下,也为了满足英法的愿望,参议院于1920年3月又对修正案进行最后表决,威尔逊仍然指示民主党议员反对对议案作任何修正,结果和约以7票之差未能达到通过所需的三分之二多数,双方的不妥协派联手完成了对国联的拒绝。这对提出此方案的威尔逊是个沉重的打击,对他所代表的美国是个莫大的讽刺,对国联和国际和平也不能不说是个损失。威尔逊将1920年的总统选举视为对国联的全民表决,结果是令他悲伤的。当选的共和党总统沃伦·甘·哈定(1865~1923)拒绝参加国联,单独与德国签约讲和。

三、战后赤色恐惧

战争接近尾声时,美国已经开始从进步时代倒退。从1918年到1920年,美国掀起了赤色恐惧的浪潮。苏维埃政权的创立与巩固,第三国际在东欧一带的发展,加上战后罢工的重新开始,美国共产党的成立等,使美国产生极大的恐惧,并且把国内的任何恐怖危险活动都与共产主义挂起钩来,其实,倾向于共产主义的美国人主要是知识分子,从来也不到总人口的1%。威尔逊的司法部长帕尔默在赤色恐惧上大做文章,弄得处处草木皆兵,甚至在和平时期也不能批评政府。联邦调查局也在此时成立,被煽动的民众甚至支持政府进行搜捕和政治迫害。在帕尔默的命令下,从1919年底开始,几百名侨民被驱逐到苏联,6000人以赤色分子嫌疑被捕,其中最为轰动的是1920年在马塞诸塞州以杀人罪被捕的意大利无政府主义者萨柯和凡泽蒂。他们的审讯延续了6年,引起了社会的普遍关注,进步人士多方营救亦未见效,两人终于在1927年被处死,成为美国人权历史上的一大疑案。

战争所煽起的爱国热情很快发展到了狭隘的民族主义,从对德裔美国人的不信任发展到了对移民的普遍不信任,对自己种族的认同被认为是美国性不够的表现。原先的美国性指各民族在美国这个大熔炉中混合而成的一种崭新的民族性,现在则强调以盎格鲁—撒克逊为主的白人新教文化。赤色恐惧带动了一场新的排外高潮,美国以前的排外大多在归化成公民的条件上刁难,现在随着战后移民潮的重新来临,美国在入境上就开始把关。1921年2月,国会中主张限制移民的力量已具有2/3的多数,足够推翻威尔逊的否决,通过了种族歧视的移民配给法,旨在排斥他们认为不适合进入美国的不可同化的次等民族,即亚洲人和中南欧人。该法首先规定了每年移民的总数,减至相当于战前的2/5。其次规定各民族的份额,分别为该民族1910年在美国人数的3%。1924年的移民法又进一步将参照系数提前到1890年,也就是大批东南欧移民到来之前。这一歧视性的法律直到1965年才告结束。

战后,美国政府迅速撤销了各种控制经济的战时机构,放手让私人企业去进行转轨。过渡时期经济很容易失去平衡,结果是生产过剩,通货膨胀严重,失业人数增多,大批复员军人找不到工作。战时劳资间的休战也已结束,罢工浪潮再起,1919年成为罢工的高潮年,参加人数超过400万。但是政府现在开始支持资方,并且根据反工会的禁令,使用军队来阻止工人纠察队,罢工的成功率很低。1919年9月,波士顿警察罢工,导致三天社会秩序混乱,当时马塞诸塞州州长加尔文·柯立芝(1872~1933)动用民兵来恢复秩序,他的话成了一时名言:"任何人不准在任何时间、任何地方以罢工反对公共安全。"罢工被视为不是赤色也是粉色,是非美行为。在全国一片反工会情绪的影响下,1920年以后工会人数直线下降,到20年代末,工人的组织程度还不如1914年,工会在战争年间争取到的权利大多丧失殆尽。

与整个社会从进步时代的倒退相一致,美国的种族矛盾也再度激化。1900年时美国9/10的黑人在南方,战时由于缺乏劳力,以福特汽车公司为首的一些企业大张旗鼓地到南方招收黑人工人。战后种族主义者扬言赤色分子要煽动黑人暴动,掀起了新的种族迫害。1915年三K党在佐治亚州东山再起,10年后党徒发展到500万,以反对黑人、亚洲人、犹太人和天主教徒为己任,采用包括私刑在内的一切恐怖手段来恫吓他们的种族敌人以及白人同情者。他们无法无天,气焰嚣张,逐渐使一般美国人感到难以忍受。等到他们高层内部的腐败暴露后,新三K党的气数才算到头。

从1918年以后,老卫士掌权的共和党已经在美国政坛占了上风。民主党内部则意见分歧,进步与保守势力、西部和南部农村里的新教徒与东部城市中的天主教徒,各种派系实难调和。在1920年的大选中,共和党的哈定获胜。哈定是来自俄亥俄州的一匹黑马,他并不擅长于政治思想,但他能迎合选民对通货膨胀和工潮等的不满厌倦心理,许诺让国家"恢复正常"。由他开始,美国持续了长达12年的共和党执政,期间经济上自由放任,保护大企业,政府减少干预,恢复高额关税,降低最高个人所得税;外交上则倾向孤立主义。

哈定才智平平,虽然他任命了能干的国务卿查尔斯·休斯和商业部长赫伯特·胡佛(1874~1964),但也重用了不少唯利是图的亲友,结果内阁连出丑闻,几个部长都因贪污受贿进了大狱。哈定为此心力交瘁,一任未满便于1923年8月猝死于心脏病。哈定任内的重要政绩是1921年在华盛顿签订的五强海军条约,它是国际上第一次签订的裁军条约,规定了各强国海军主力舰的比例,多少缓和了太平洋的紧张局势。随后的九强合同则表示尊重中国的领土完整和国家独立。

四、汽车与爵士乐的时代

对共和党来说,幸运的是接替哈定的副总统柯立芝具有无可挑剔的正直名声。他及时处理了哈定任命的腐败官员,使白宫恢复了名誉,也使自己成为美国价值的代表者。柯立芝出生于新英格兰的佛蒙特,从小接受的清教伦理使贫富和善恶在他思想中连在了一起。他的名言是:"美国的事业就是企业。"虽然身为政府首脑,他却讨厌扩大政府权力,认为强化政府的监督必然会削弱人民的自由。他相信美国当时已经有了足够的改革立法,到了应该停止的时候了。在1924年的大选中,民主党中对改革失望的一派组成了新的进步党,推举罗伯特·拉福莱特为总统候选人。民主党的再次分裂使柯立芝轻而易举地重新当选,进一步推行他的保守主义政策,限制政府权限,反对援助农民,放任私有企业。保守的企业是共和党政府的支柱,保守的最高法院又为它的政策提供宪法依据。

在美国历史上,20年代被称为金色的20年代,经济上除了战后短暂的不景气,一直处于繁荣发达。国民生产总值在20世纪最初30年中提高了三倍,人均产值翻了一番。制造业中最惊人的是汽车工业,自从亨利·福特于1900年开动第一辆汽车后,到20年代汽车基本在美国普及。这主要应归功于福特的企业管理革命,将泰勒的合理化生产原理运用于实践之中。1913年,福特率先采用流水线操作,工人站在传送带旁,按照精确计算过的每道工序的时间进行安装。如此,一辆车的全部安装时间竟然缩短了90%。工人的劳动强度当然是明显增加了,但他们的工资也同样明显地增加了,达到每天5美元,一倍于当时工人的平均工资。同时,产量大幅度提高,车价大幅度下降,10年中价格降了一半。一个普通工人的年工资可以买三、四辆福特的T型小车,美国2/3的家庭有了汽车。

汽车工业的发展对美国经济文化的影响是难以估量的。从经济上说,它带动了钢铁、石油、橡胶、玻璃等其他产业,为美国1/4的工人提供了直接或间接的工作。如果加上街道、公路、快餐店等配套服务,那影响就更广泛了。汽车改变了美国人的生活方式,居住点从城市向郊外扩散,缩小了城乡区别。盛极一时的铁路慢慢衰落了,整个社会向汽车文化发展。

20年代是美国生活普遍提高的年代,除了汽车以外,电话、收音机、电冰箱、缝纫机、吸尘器、洗衣机等家用电器也迅速普及。从1929年开始,美国实行每周5天,每天9小时工作制,劳动人民的生活从一味工作逐渐转向注意消费享受。这是歌舞升平的年代,战争的残酷、理想的幻灭、生产的发展、收入的提高、闲暇的增多,都促使物质主义和享乐主义在社会上蔓延。人们取乐的方式很多——开车兜风、看电影、爵士乐,当然还有酒,尽管这是一个禁酒的时代。

美国历史上曾经有过几次禁酒运动,从杰克逊时代就已经开始,内战前部分州实行了禁酒。进步时代又出现了强劲的禁酒呼声,但意见难以一致,支持和反对的理由也各不相同。相对而言,农村比城市积极,妇女比男人坚定,土生土长的美国人比移民热情,中西部、西部和南部比东部强烈。争执多时的矛盾也许由于战争时期粮食需求增加而得以解决,1919年禁酒作为宪法第十八条修正案通过。在全国范围内由宪法规定禁酒这样的事,大概也只有美国尝试过,但还是失败了。禁酒的结果并不像某些人预料的那样,会使人们变得道德起来。相反,酒未禁,倒引起了私酒的泛滥,全国到处是私酒贩子和卖私酒的地方,法律受到人们公然的漠视而丧失尊严。同时,制造和贩卖私酒给黑社会提供了可乘之机,倒使他们财势两旺,乃至出现警匪一家的腐败。1933年,美国人终于对此获得共识,国会通过了第二十一条修正案,取消第十八条修正案。

电影在20年代迅速成为美国的大众消遣方式,一半以上人口平均每周看一次电影。洛杉矶由于气候条件适宜终年拍摄电影,建起了影城好莱坞,从此好莱坞成了全世界家喻户晓的名字。爵士乐源自黑人音乐,它与传统的西方白人音乐截然不同,它那强烈的节奏感和情绪化的即兴演奏被视为一种音乐上的叛逆。

具有叛逆精神的还有许多美国妇女,战争期间总是会使大批妇女走出家门,到社会上工作,这为妇女的解放创造了条件。作为对妇女在战时贡献的承认,国会于1920年通过了第十九条修正案,妇女终于拥有了争取多年的选举权。战后生活的提高和观念的改变使美国妇女在各方面都远较战前开放,她们受教育多了,独立性强了,裙子短了,社会活动忙了,新的女性出现了。

在文化方面,美国在战后也出现了一批具有批判精神的思想家和作家。在舍·安德森和格·斯泰因的影响下,以海明威、福克纳、菲茨杰拉德为首的"迷惘一代"文学家创作出了美国战后最好的文学。评论家门肯、埃·威尔逊等则以犀利的笔锋批判当时自满自足的时代精神,反对随波逐流,形成了一股反叛的潮流。

五、"大萧条"

柯立芝宣布不再参加 1928 年总统竞选后,共和党一致推举胡佛为总统候选人。胡佛生于艾奥瓦州,在斯坦福大学读的地质学,后来成为地矿专家。他很早便展露了自己的管理才能,一次大战时由于出色完成救援比利时和法国的工作而名扬全国,20 年代一直在共和党政府中任商业部长。由于经济的持续繁荣,胡佛作为执政党的候选人成功地战胜了民主党对手艾·史密斯。胡佛深信美国的繁荣根基扎实,他的名言是:"美国比以往任何时候都更接近于最终战胜贫穷。"但这句话很快便成了人们对他的嘲讽。

整个 20 年代,美国的经济保持着上升的趋势,人们在一味地乐观自信中忽视了经济发展已经留下的隐患。尽管建筑行业在 1927 年就开始不景气,但没有引起美国人足够的警惕,更无人将它视为工业衰退的征兆。1929 年春,股市还在大幅度上扬,比 1928 年初涨了 200 点。9、10 月间股市虽出现摇摆,但股民们并未意识到灾难即将来临。终于到了 10 月 24 日这个令人难忘的"黑色星期四",股市暴跌,惶恐的股民争相抛出 1300 万股,一天损失 3 亿美元。仅仅几天后的 29 日,又来了一次更大的崩溃,一天损失高达 14 亿。此后的股市下跌可谓势如破竹,已经毫无挽回的余地。从"黑色星期四"到 1932 年 7 月,工业股票的平均指数从 452 点降到了 58 点。

股市大崩溃引发了"大萧条",这是美国有史以来最可怕的一次经济危机,历时最长,打击最严重。从 1929 年到 1932 年,工业生产水平下降一半以上,失业人数从 400 万上升到 1200 万,全国国民收入从 810 亿降到 490 亿,劳工平均工资下降 40%,农场主的收入也减少了一半以上。企业破产,银行倒闭,在银行存款没有国家保护的情况下,每家银行的倒闭都意味着存户一生的积蓄付之东流。多少人失去了工作,失去了存款,失去了房子,失去了农场。美国到处可见无家可归者留宿街头,人们排长队提款,排长队找工作,排长队领取一份勉强充饥的救济食品。许多人凑合着住在破汽车里,住在空的下水道管子里,也有的住在包装箱搭成的掩体中,这些地方被讥讽地称为"胡佛寓所"。得天独厚的美国人从来没有如此规模地堕入贫穷的深渊,从来没有如此丧失过自信和自尊。年复一年,经济毫无起色,人们对复苏濒于绝望。

股市大崩溃的直接原因主要是大规模狂热而不顾后果的股票投机。由于 20 年代股票的不断升值,许多美国人将炒股视为迅速致富的捷径,他们不仅用自己的资金炒股,还通过经纪人借贷炒股。不仅私人炒股,企业也贷款炒股。如此买空卖空,只要股票一旦停止增值,马上会引起亏空的连锁反应,股市的崩溃其实只是迟早的事。然而,股市的失控并不一定引起经济大萧条,对美国这样一个生产力高度发展的国家来说,持续的大萧条必然还有多方面深层次的原因。

美国 20 年代的经济发展是以生产力的极大提高为基础的,尤其是大量耐用消费品如汽车、家电的生产,这有赖于大众的消费市场,大众的购买力。共和党执政 10 年,一直实行倾向企业的高关税低税收,政府最小限度地干预私人企业。资本主义到了垄断的阶段,政府的经济政策却从进步时代退回到自由放任,其结果必然是使财富集中于少数人手中,美国5%的人口占有了全国个人收入的1/3。极少数人的消费到底有限,而大众购买力的提高却越来越抵不上生产率的提高,产品积压滞销势必使利润下降,无利可图便影响投资,于是社会上的资金就不是去投资而是去投机。投资的下降当然直接影响生产,又随之减少就业,降低工资,大众的收入减少又进一步影响消费,形成恶性循环,难以突破。从1929年到1932年,利润从84亿降到了34亿,新的投资从100亿降到10亿,人们对投资完全丧失信心。

胡佛政府在股市崩溃时丝毫没有预见到这场灾难的深远。他一面不断呼吁人们镇静,扬言危机只是暂时和表面的,经济是"建立在健全和繁荣基础上的",日后更是将萧条的产生归罪于国外因素。同时,他也采取了一些措施,劝告企业界继续投资,尽量不要解雇工人,不要降低工资。但由于他从根本上不承认政府干涉企业的权利,所以只能劝告而无强制约束,个别听从劝告的企业很快发现独自坚持下去是完全不可能的。胡佛也发起了一些公共建设项目,规模虽比以往大得多,但要复兴当时的经济还远远不够。他后来成立了复兴金融公司,让联邦贷款给一些银行和企业,但仍然于事无补。

胡佛的经济观点直接影响了他的决策。他接受当时流行的观念,相信平衡预算,不敢赤字开支,不敢大规模兴建公共工程,除非那些能自己生利还本的项目。他又害怕政府权力的扩大,虽然他在1930年10月任命了一个紧急就业委员会,但仍始终坚持救济失业是地方政府和私人慈善事业的事,拒绝联邦政府采取统一的失业补助措施。但是如此广泛的失业已经不是地方和私人所能帮助的了,人民彼此之间也难有互助的能力。1932年春,约两万退伍军人及家属到达华盛顿,要求通过立即发放退伍补偿的法令。胡佛使用军队驱散了这个值得同情的群体中约两千名坚持不走的人,还造成伤亡,引起国民普遍反感。

30年代初的这场金融危机和经济萧条是全球性的,欧美之间相互影响。战后美国的贷款使德国有能力向英法进行战争赔偿,而英法又用这笔钱来向美国归还战债。经济的大衰退使各方都丧失了贷款和还债的能力,情况日趋严重。然而当时各国缺乏同舟共济的精神,都从一己之利出发来制定政策,采取货币贬值、保护性关税、设置国际贸易壁垒等,对缓解危机只能起到相反作用。1930年7月,欧美不得已达成紧急暂停偿付协定。到1932年,英法终于同意削减德国赔款,但美国还是不同意削减战债,只是同意延期支付。此时,法西斯极右势力已经逐渐在德意日占了上风。1931年日本陆军掌权,立即发动侵华战争,完全违反了1922年的华盛顿九国公约。中国向国联求助,但所有国家都表现软弱,美国也一样,采取不承认态度,停留于口头警告。1933年,希特勒的纳粹党统治了德国,全世界处于危难的边缘。

六、罗斯福的"新政"

1932年大选时,胡佛已经是全国最遭恨的人,他的名字成了悲惨绝望的同义词,共和党自然也名誉扫地。当时,美国1/3的非农业工人处于失业状态,急需变化。民主党推举的候选人、纽约州长富兰克林·德·罗斯福(1882~1945)把握了美国人的迫切愿望,许诺马上行动与变革。他的当选表明了美国人民决心抛弃共和党,等待着民主党可能带来的变革。

罗斯福出生于纽约的名门望族,毕业于哈佛大学和哥伦比亚大学法学院。他是西奥多·罗斯福总统的远亲,夫人埃利诺是这位前总统的亲侄女。罗斯福参加民主党,支持威尔逊,曾任海军次长。1920年他被推举为民主党副总统候选人,支持加入国联。1921年罗斯福不幸患脊髓灰质炎,尽管他坚毅地积极进行恢复锻炼,下肢却始终未能痊愈。但他还是有足够的勇气,坐着轮椅重新返回政界,1928年后担任纽约州长,任职期间继续推行进步主义的政策。大萧条开始后,罗斯福敢于动用州政府的资源救济贫苦失业者,深得民心,与胡佛领导下的联邦政府那种漠不关心形成鲜明对照。

罗斯福精力充沛,对人民热情洋溢,平易近人,富于领袖人物的个人魅力。同时,他精明强干,勇于试验,能充分运用手中的总统大权。他在身边网罗了一批专家学者作为智囊团,他的内阁成员有着不同的背景和不同的观点,这使他可以听到不同的声音和建议来进行比较,但他独自掌握决断权。

罗斯福在就职典礼上就给人民带来了朝气,他在就职演说中说,唯一恐惧的就是恐惧本身。他指责企业界的不负责任,强调关注处于经济金字塔底层被遗忘的人民。他要求赋予他只有战时才有的广泛的总统权力,以便对付大萧条的紧急情况。他允诺行动——立即行动,改变私人控制国家经济生活的状态,加强政府对经济的规划和干预。

罗斯福一上任便雷厉风行地实施新政。首先就是解决银行危机,在恐慌心理驱使下,人们急于提取现款。许多银行招架不住挤兑风潮,纷纷破产倒闭。罗斯福果断地宣布全国银行休假,然后再逐一进行核实,有能力者方能重新开业。此举速战速决,极大地恢复了人民对政府的信任。在此后的百日内,罗斯福接连出台15个重要法案,国会积极支持。其中包括紧急银行法、联邦紧急救济法、证券法、废止金本位法、啤酒法、农业调整法、工业复兴法等等。为了保证这些法律的具体执行,国会设立了一系列相应的机构,主要有联邦紧急救济管理局、农业调整管理局、全国复兴总署、公共工程署、田纳西河流域管理局等。

所有这些新政措施都是为了达到救济、复兴和改革的目的。在救济方面,政府通过直接发放救济、低息贷款、以工代赈等方式帮助失业者和贫穷无靠者。为了复苏经济,政府拨款几十个亿,扩大兴建公共工程,既改善了国内建设,又提供了就业,购买力亦随之提高,起到刺激生产的作用。在农业上,政府采取补贴的方式,使农场主减少耕地,减少生产,甚至不惜毁掉已经耕作的棉花,杀掉600万头小猪,迫使农产品价格回升。1935年又设立重新安置委员会,后改为农场保险管理局。到1936年,农业总收入增加一倍。在工业上,政府和企业共同制订规划,全国复兴总署提出"一揽子规约",让企业遵守总署规定的最低工资和最高工时标准,凡遵守者,给予蓝鹰徽,受到顾客的青睐。政府还鼓励工会与雇主谈判解决争端。

新政收效显著,到1935年,工业总产值比1933年增长200亿美元,就业工人增加400万,虽然还有900万失业者,但全国已经大致恢复了信心。1935年罗斯福又推出一连串的法律,以弥补先前法律的不足,加强新政的力度。重要的有保障失业者和老人福利的社会保险法、进一步提高富人税率并堵塞富人纳税漏洞的分级累进税收法、还有支持工人组织工会的瓦格纳劳工关系法,从此工会人数直线上升,1941年时会员达870万。同时,工会也改变了过去劳联那种单一的行业工会的组织形式,由约翰·刘易斯领导,在1936年成立了产业工人联合会,以产业为单位,并吸收被劳联排除在外的非熟练工和女工,大大增强了工会的战斗力。1937年美国钢铁公司工人发明静坐罢工,连续6周的罢工迫使公司让步。以后陆续的胜利使劳方在劳资冲突中成了不可忽视的力量,资方不再享有单方面作决定的特权。1938年还通过了有关工资和工时的公共劳动标准法。

罗斯福常召开记者招待会,通过媒介宣传他的政策。他还利用收音机的普及,经常性地向听众发表著名的"炉边谈话"。他沉着亲切的声音传到每个普通家庭,仿佛在和他们谈家常,将国家的情况及时通报给人民。罗斯福需要50个秘书回答他收到的大量人民来信,与他的前任相比,更多的人能与他直接通电话,罗斯福和人民保持的各种接触使他的新政获得广泛的理解和支持。1936年,罗斯福以绝对的压倒优势连选连任,只有缅因和佛蒙特两个州没有选他。

1937年后,美国经济又出现短期的衰退,罗斯福政府试验赤字预算,扩大公共开支,收到了较快的效果,虽然经济从未完全恢复,但1939年的国民生产总值超过了1937年。

新政大刀阔斧地进行改革,必然触及一些人的既得利益,也违背了一些人的传统观念。许多企业家的经济利益受到侵犯,他们对经济决策的垄断权被打破。也有人担心罗斯福在搞独裁,政府过多地干涉私人经济,会从根本上改变美国体制。由于保守派占多数的最高法院几次三番宣布新政法律违宪,罗斯福于1937年提出为每位年过七十的法官加派一名法官,以达到改造最高法院的目的。他此举的迂回做法引起不少人的怀疑,幸好最高法院后来自己改变了态度,认可了政府对经济具有一定的干预权,免去了一场政治斗争。但是到1938年,国会已经表现出明显的保守趋向,民主党中的保守派和共和党联盟反对新政,而境况改善了的民众也不再感到那么迫切的改革需要了。1939年,新政可以说已经基本停止,经济虽未完全复苏,但它的目的也已大致达到。至于美国最终摆脱大萧条,那是1939年战备开始后国防开支大幅度增加的功劳。

新政对美国的政治、经济、社会格局以及价值观念等诸方面进行了影响深远的改造。罗斯福大大加强了联邦政府和总统职位的权力,他的中间偏左的政治改变了原先美国政坛上的联盟,城市和黑人从支持共和党转到了支持民主党,工会成了新政和民主党的坚定盟友。在经济上,美国结束了资本主义自由放任的阶段,规定了公平竞争的规则,确认了政府管理工农业的权力,联邦预算和公共开支发挥着越来越大的作用。社会上的弱势集团地位提高了,工人通过工会、黑人通过许多新政法律的平等对待都成为新政的得益者。罗斯福任命了好几个黑人担任重要公职,还任命了美国第一位女部长——劳工部长弗朗西丝.珀金斯。热衷于社会活动、同情劳工的罗斯福夫人更是奔走于全国,树立了第一夫人的新形象,赢得国内外的普遍尊敬。社会保险法、联邦存款保险以及最低工资最高工时的规定等都使美国向福利国家的方向起步。新政的实现表明美国在自由放任的资本主义和社会主义之间走出了一条中间道路——有管制的资本主义,同时保持社会民主和个人自由。

第三节　从二次大战到美苏冷战

孤立主义在美国一向颇有市场,大萧条使国民的关注集中在国内经济,对外更趋保守。一次大战后的三届共和党政府都倾向孤立,愿意与欧洲贸易但不介入其事务,甚至对拉美国家也从老罗斯福的干预转为睦邻。

一、从孤立到介入

1928年,柯立芝政府的国务卿凯洛格和法国外交部长白里安推出凯洛格—白里安公约,宣布战争为非法,其后共有62个国家在公约上签字,包括德国、意大利和日本。凯洛格虽然因此荣获1929年的诺贝尔和平奖,公约带给普通美国人的却是一种虚假的安全感。面对欧洲法西斯的发展,美国人尽管忧虑,但犹如隔岸观火,并不足以打消他们的厌战情绪。当他们反思一次大战时,发现美国的参战毫无必要。1934~1936年,参议院的奈伊委员会就军火工业调查得出的结论是:银行家和军火商们出于自己的利益考虑,才将美国拖入战争。威尔逊知情不报,也扮演了一个不光彩的角色。如此,美国人更认为和平与保持中立是一致的,绝不想再次冒战争的危险。

有组织的孤立主义运动决心防止美国再度陷入欧洲战事。1935年国会否决了罗斯福提出的关于美国加入国际法庭的建议。从此连续三年通过中立法,禁止销售武器和贷款给任何交战国,禁止美国人乘坐交战国船只,美国商船也不准进入战区。他们自以为记取了历史的教训,这样做就可以把美国和欧洲分开,然而他们这种不分侵略者和被侵略者的做法只能使侵略者有恃无恐。

从20年代起,罗斯福就反对孤立主义的潮流。但作为总统,他的外交政策受制于孤立主义的国会。罗斯福对希特勒一贯反感,早就看透这个独裁者只能意味着战争威胁。1933年纳粹德国退出国联,进军莱茵河区,显然不再受任何条约协议的约束。为了平衡局势,美国和苏联正式建交。1935年10月,墨索里尼的意大利入侵埃塞俄比亚,此后事态急速发展,法西斯统治下的德意日组成轴心国,在东西方同时挑起战争,妄图用武力征服世界。1936年夏,西班牙内战爆发,以法朗哥为首的法西斯分子在德国和意大利的支持下,推翻了民主政府。1937年夏,日本大举进攻中国华北,并迅速占领中国东部沿海地区。罗斯福在芝加哥发表著名的隔离演说,声称世界上10%的人口正在威胁90%人口的和平、自由与安全,对侵略者实行隔离是必要的。但是美国的反战情绪仍然十分强烈,甚至对欧洲难民也无动于衷。

1938年3月,德国吞并奥地利,随即又向捷克提出领土要求。英法不敢接受希特勒的挑战,以为牺牲小国便可遏制他的侵略野心。在9月召开的慕尼黑会议上,英法同意德国吞并捷克的苏台德区,写下了西方民主国家和英国首相张伯伦本人历史上耻辱的一页。然而,言而无信的希特勒是不会受任何条约的限制的。1939年3月,德军入侵捷克。在8月23日苏德互不侵犯条约签字后,德国于9月1日进攻波兰。作为波兰的盟国,英法对德宣战,二次大战正式开始。

罗斯福虽然表示要继续努力使美国保持中立,但他明白这几乎是不可能的事情。面对国会孤立派的反对,他小心翼翼地避开矛盾,在法律的范围内逐步作出有利于制止法西斯的决定。1938年初,罗斯福要求增加国防经费,扩建现役军队,通过了美国和平时期的第一个征兵法。1939年底,中立法修正案在国会通过,将强制性武器禁运法改为以现购自运方式进行武器交易,即购买者支付现金并且自行负责将货物运走。这样就为英法从美国获得军用物资开了绿灯,因为英国仍然控制着海上通道。罗斯福公开表示要使美国成为"民主国家的兵工厂"。

1940年4月,德军进攻丹麦和挪威,英法束手无策,张伯伦辞去首相职务,温斯顿·丘吉尔上任。从5月10日开始,德军以闪电战迅速入侵荷兰、比利时、卢森堡和法国。300万法军防守的马其诺防线形同虚设,6月22日,法国投降,35万英军远征军侥幸撤回英国。罗斯福立即要求追加十多亿军费,年产军用飞机5万架。这时,他已和丘吉尔建立了密切的私人联系,随时准备援助孤军奋战的英国。由于他当时正在进行第三次总统竞选,必须避免非中立行动,所以很难有大作为。当德国空军轰炸英国后,他以行政命令的方式将50艘驱逐舰转让给英国。年底,英国再度告急,已无能力现购自运。罗斯福告诉美国公众,邻居家失火需要水龙,我们应该借给他而不是卖给他,美国应该给予英国"除战争外的一切援助"。这时,更多的美国人已经认清了希特勒的真面目,国会很快通过租借法案,取代原有的现购自运,授权总统可以向他认为对美国防务意义重大的国家以出售出租等方式提供军事物资,武器禁运的法律障碍终于得到克服。1941年5月,罗斯福宣布全国处于无限期的紧急状态。秋天,美德开始海上冲突。

但是英国现在的问题已经不仅是物资的匮乏,由它来单独对付暴虐的希特勒法西斯看来是不可能了。越来越多的美国人接受了罗斯福所说的"抱最好的希望,作最坏的准备"。正在这时,希特勒犯了一个战略错误。也许是他对英国的屈服失去信心,1941年6月,希特勒调军东向,大举进攻苏联。英法决定和苏联一起共同反对希特勒。8月,罗斯福和丘吉尔会晤,发表《大西洋宪章》,声明两国反对侵略、反对领土扩张,支持民族自决等原则。

最终迫使美国放弃孤立主义立场的是日本。1941年夏,日本入侵印度支那南部。作为惩罚,美国对日本实行石油和废铁禁运,并冻结日本在美国的财产。12月7日,正当美日双方还在继续谈判时,日军偷袭珍珠港美国军事基地,短短两小时内,美国损失惨重,太平洋舰队几近毁灭,飞机被炸近200架,人员死亡约2500名。罗斯福称之为奇耻大辱,全国群情激昂。第二天,美国对日宣战。12月11日,德意向美国宣战,美国全面投入第二次世界大战。

二、反法西斯的胜利

美国参战后面临的首要问题就是组织兵源和将经济转入战时。罗斯福于12月12日签署新的《选征兵役法》,规定所有18~64岁男子必须登记,20~44岁男子均将应征入伍。战争时期,美国军队人数达到1600万。

为了保证飞机武器的生产能够满足这次全球性的战争,美国成立了战时生产委员会,负责协调工业的转轨。1942年,军工生产在全国经济中的比例由15%迅速增至33%。战时粮食管理局、战时人力委员会、科学研究和研制局、物价管理局、战时劳工管理委员会、经济稳定局等机构相继成立,负责各自的工作,并相互协作,使全国适应战时状态。在需求的刺激下,美国的生产力突飞猛进,到停战时,国民生产总值从战前的997亿增加到2119亿,稳居世界第一。

随着生产的开足马力,失业等问题一扫而空。劳力的缺乏使就业冲破了许多原先的障碍,大批妇女和黑人走上了工作岗位,地位有明显提高,为战后的民权发展奠定了基础。4年战争中,工人的工资上升了40%多,各阶层收入的分配也较以前公平,两极分化的现象有所缓和。虽然战时实行必要的物价冻结和短缺生活物资的配给制,人民生活水平还是大大提高,二战使美国最终彻底摆脱了大萧条的窘迫和沮丧。美国在战争中所耗经费超过3200亿,来源主要有二:一是征税,尤其是大幅度地提高高收入阶层的所得税;二是发行战时公债。

在整个战争期间,英美苏三个盟国开始是双边会晤,到1943年底在德黑兰举行了第一次三国首脑会议。会议讨论了战后世界布局,发表了《德黑兰宣言》,英美承诺6个月内开辟第二战场。1945年2月胜利在望时,三巨头又在雅尔塔会晤,对德国和东欧的前途问题作了决定,美国在会上要求苏联明确承诺参加远东战争。会议还决定在4月于旧金山召开联合国会议。

美英苏三国都赞同"欧洲第一"的策略,打败希特勒始终是美国的第一关注。美国希望直接从法国进攻德国,但英国宁可避其锋芒,在外围进行蚕食。妥协的结果,英美于1942年11月进攻北非,蒙哥马利率领的英军和德怀特·戴·艾森豪威尔(1890~1969)率领的美军东西夹击,打败了隆美尔指挥的轴心国军队。第二年5月,敌人投降,盟军控制了地中海通道。

1943年春,苏军在经历了艰苦卓绝的斯大林格勒保卫战后,开始从防御转为反攻,陆续将德军赶出苏联,德军受到东西两方面的夹攻。同年9月,盟军攻入意大利,墨索里尼垮台,但驻意德军顽抗,盟军伤亡惨重,直到1944年中才攻下罗马。6月6日,美英军队在诺曼底登陆。8月25日,巴黎解放。1945年4月,希特勒自杀。5月苏军攻克柏林。5月7日,德国向盟军总司令艾森豪威尔将军投降。然而罗斯福却没有能活着看到这一天,4月12日他因脑溢血在第四次总统任期开始后不久逝世,接替他的是副总统哈里·杜鲁门(1884~1972)。

欧战结束后,日军在远东继续负隅顽抗,拒不接受波茨坦公告。为了避免估计中的大量人员伤亡,尽早结束战争,美国决定动用刚研制成功的原子弹。1945年8月,杜鲁门命令向日本先后扔下两颗原子弹,将广岛和长崎夷为平地。9月2日,日本投降,二次大战正式结束。在这场人类空前的大浩劫中,美国参战人数为1600万,占全国人口10%,伤亡100万以上,其中死者约30万。

1945年4月,50个国家的代表在美国旧金山开会,通过联合国宪章。这个新的国际组织以调解国际纠纷、维护和平为宗旨,必要时使用集体武装制止侵略行为。联合国设置各种机构,其中联合国大会为立法机构,安理会为执行机构。安理会成员由美、英、苏、法、中5个常任理事国和6个由选举产生的非常任理事国组成,常任理事国拥有否决权。如果说国联是一次大战后维护世界和平的一次失败的尝试,联合国面对二次大战的惨痛教训,决心成为一个更起作用的国际组织,重建国际新秩序,并提供一个交流和谈判的场合,使人类更有理性地解决争端,共同进步。这次,美国国会吸取当初拒绝国联的教训,在杜鲁门宪章上签字后很快予以通过,并在纽约为联合国提供场地。

从1945年11月开始,在美国倡议下设立的国际军事法庭分别在纽伦堡和东京对纳粹和日本战犯进行了为期约一年的审判,这些对人类犯下滔天大罪的人受到了应有的惩罚。

三、冷战的开始

二次大战刚结束,几乎随即便开始了东西方的冷战。战争耗尽了各国国力,欧洲普遍衰落,只剩下美苏两个超级大国。殖民地民族解放运动风起潮涌,这些国家独立后又往往在美苏间作出抉择,世界形成了以美苏为首的资本主义和社会主义两大阵营。两个阵营间逐渐发展成全面对抗的冷战状态,这其中不是没有误解,但显然存在着意识形态方面的一些根本分歧。

由于俄国在过去的一个世纪中三次遭受来自西欧的进攻,二次大战又伤亡惨重,斯大林对东欧国家的前途一直表示深切关注。战后东欧各国纷纷加入社会主义阵营,西方不由得感到紧张。一方面,社会主义阵营公开宣称将埋葬资本主义作为自己神圣的历史使命。另一方面,英美将两大营垒的对抗视为自由与奴役的较量。双方的冷战意识都已形成,昔日反法西斯的盟友成了冷战的对手。

美国为自己在二战中的表现感到自豪,对自己的实力感到满意,举国上下充满自信。他们认为自己不仅有责任,而且有能力充当"自由世界"的卫士。在他们看来,苏联共产主义正在全世界扩张,美国必须吸取慕尼黑绥靖政策的教训,针锋相对,决不让步。美国的外交一反传统的孤立主义,两党一致主张扮演国际宪兵的角色,对共产主义实行坚决的遏制政策。

1946年3月,丘吉尔在杜鲁门的陪同下,在密苏里州发表著名的"铁幕"演说。紧接着,杜鲁门就希腊局势提出"杜鲁门主义",扬言美国必须支持自由国家的人民反抗企图征服他们的武装少数派和外界压力,因为"极权主义制度"瓦解国际和平,因此也危害美国的安全。以此为根据,美国国会决定拨款援助希腊和土耳其维持各自的政权。

同年6月,国务卿乔治·马歇尔在哈佛大学毕业典礼上发表演说,提出后来以马歇尔计划著称的援助欧洲复兴计划,他表示这一政策并不针对任何国家或主义,而是针对饥饿、贫穷、绝望和混乱。国会积极支持,欧洲国家也很快作出反应,共有16个欧洲国家通过欧洲经济合作组织共同制订经济计划,美国在4年中向他们提供了120亿美元的援助,使这些国家的经济恢复并超过了战前水平。1957年,他们又建立了欧洲经济共同体,使美国对西欧的稳定及其对抗苏联东欧的能力感到放心。

战后德国由苏、美、英、法四国分管,1948年春,第一次柏林危机爆发。苏联切断西柏林与西方的水陆交通,美国采取空运向西柏林源源不断地提供物资将近一年,直到苏联解除封锁。1949年,西德和东德分别成为独立的国家。

杜鲁门在1949年的就职演说中又提出"第四点计划",将美援扩大到西欧盟国以外的拉美、中东、非洲和亚洲的发展中国家,以对抗苏联势力可能的扩张。1949年4月,北大西洋公约组织成立。10月,中国革命成功,美国自称"丢"了中国。同年苏联原子弹试验成功。第二年朝鲜战争爆发。1955年华沙条约组织成立。东西方虎视眈眈,美苏加紧核武器竞赛。世界上发生的一切,无论是政治、军事、经济、文化,都被纳入冷战的轨迹之中。

在战后日本,占领军最高司令道格拉斯·麦克阿瑟对日本的政治经济进行了一番民主改革,同时压抑其军事潜力。1947年后,随着冷战的进展,美国开始同意日本发展生产,并于1951年签订对日和约,结束占领状态,承认日本为一个主权国家,以双边协定的方式使美军继续留驻日本,从而使日本在冷战中成为美国在亚洲的一支重要力量。

在朝鲜半岛,美苏军队在战后以三八线为界分别进入朝鲜半岛,但双方未能就朝鲜的统一达成一致。1948年,美国首先承认南边的大韩民国,苏联遂承认北边的朝鲜民主主义人民共和国。

在国务卿杜勒斯的倡导下,美国在世界各地组织集体安全防御体系。在整个冷战时代,美国在近30个国家的4000多个基地保持着约100万的军队。在法国退出越南后,美国逐渐在那里取而代之。1954年,东南亚条约组织成立。同年美台共同防御条约签订,美国承担军事保卫台湾的责任。1955年,美国支持英国搞了个巴格达条约。1957年,"艾森豪威尔主义"出台,美国插手中东。1958年,古巴革命成功后,美国加紧推行美洲国家间的军事合作。1953年斯大林逝世后,冷战曾一度出现缓和的兆头,但并未取得实质性进展。1955年7月在日内瓦,苏联和西方首脑在战后首次接触,人们称之为"日内瓦精神"。1956年赫鲁晓夫应邀访美,和艾森豪威尔在戴维营会谈,又产生了"戴维营精神"之说。正当最高级会谈将于1960年5月16日在巴黎召开前几天,一架美国U—2型侦察机在苏联上空被击落,首脑会议随即取消。

对美国来说,冷战不仅意味着扩大国防开支两倍,增兵200万,而且在国内掀起了一场反共的歇斯底里。

四、麦卡锡主义

冷战的气氛使美国人怀疑国际共产主义渗透的无孔不入,这种怀疑的目光从国际事务转向国内,对共产党间谍的恐惧一步步达到了神经质的程度。1948年,有人向众议院非美活动调查委员会揭发前国务院官员阿尔杰·希斯为共产党间谍。希斯是新政成员,曾在雅尔塔会议中任罗斯福的顾问,1950年以伪证罪被判刑5年。在希斯案中,理查德·米·尼克松(1913~1999)作为委员会成员得以闻名全国,很快进入参议院。希斯判刑后才一个月,罗森堡夫妇被指控为苏联盗窃原子秘密,他们于1953年以战时间谍罪被处决。对于政府工作人员的忠诚信任成了全国关注的焦点。

早在希斯事件之前,在右翼的攻击下,杜鲁门已于1947年制定了一个联邦政府忠诚甄别计划,审查了全部250万联邦政府雇员,结果是两千人被迫辞职,两百人被解雇,尽管并未发现任何间谍阴谋。美国共产党自然是被怀疑和迫害的重点对象,但此风一刮,举国上下噤若寒蝉,唯恐受到牵连。这次赤色恐惧最终由威斯康星州的参议员约瑟夫·麦卡锡发展到疯狂的顶点,并从此以"麦卡锡主义"的名字载入史册。

1950年2月,麦卡锡在一次演说中煞有介事地宣称他手里握有一份205人的国务院中"共党"分子名单,他还暗示政府领导对此并非无知。参议院立即组成以泰丁斯为首的调查小组进行调查,经过几周的听证会后,小组宣布麦卡锡的指控纯属骗局。但是麦卡锡凭着他那翻云覆雨的能耐和厚颜无耻的煽动,不仅没有销声匿迹,反而倒打一耙,把泰丁斯说成亲共分子,泰丁斯因此在参议员竞选中落选,他自己倒在参议院站稳脚跟,呼风唤雨起来。

1950年9月,国会推翻杜鲁门的否决,通过麦卡锡国内安全法,成立颠覆活动控制委员会,对共产党在美国的活动严加追查,对移民也加强政治审查。杜鲁门不赞成如此草木皆兵,但也无法控制麦卡锡所代表的这一反共歇斯底里。1951年,麦卡锡甚至攻击马歇尔不忠诚,叛国20年,为敌人效劳。艾森豪威尔绝对讨厌这个人,但是在1952年的竞选中也不敢得罪他。1953年,麦卡锡利用普遍的宁右勿左的恐惧心理,达到了他的鼎盛期,当上了参议院政府工作委员会主席,在政府各部门追查"共党"分子和同情者,攻击国务院和驻欧情报机关,甚至开始焚烧所谓"禁书",其中包括托马斯·潘恩的著作,连喜欢无为而治的艾森豪威尔总统也不得不出面干预。

麦卡锡主义绝非孤立的现象,支持麦卡锡的组织遍布全国,他们为他喝彩,称赞他让美国警惕共产党颠覆的危险。联邦调查局也以维护国家安全为名迫害异端,原子弹之父奥本海默也成了迫害的对象。忠诚宣誓、开黑名单、告密、株连,种种手段都是美国历史上罕见的,严重剥夺了公民权利和自由,引起美国正直之士的强烈反感。

麦卡锡垮台的日子终于到了。1954年,他把矛头指向了陆军,指责陆军纵容共产党,陆军开始反击。从4月到6月的几十天中,陆军和麦卡锡之间在一系列电视听证会上辩论。麦卡锡以自己的丑恶表演击败了他自己。12月,参议院通过谴责麦卡锡"不光彩行为"的决议。

麦卡锡主义完全是冷战开始后美国又一次赤色恐惧心理的产物,随着朝鲜战争的结束,美国人的心理逐渐恢复正常,麦卡锡主义也寿终正寝,给英语增添了一个捕风捉影、随意指控、非法迫害的代名词,也留下了美国战后历史上值得思考的一段。在维护国家安全的名义下,有多少人受到迫害,多少人被吓得远离公共生活,躲进个人的小天地。幸运的是,麦卡锡毕竟不能无限期地存在下去,即使在麦卡锡参议员甚嚣尘上的日子里,还是有许多美国人勇敢地顶住了他所代表的这股邪风。

五、从杜鲁门到艾森豪威尔

杜鲁门出生于密苏里州农村,长期从事农业,一次大战时在驻法美军中服役。1935年后任参议员,支持罗斯福新政,在担任国务院研究国防计划特别委员会主席时因揭发军工界的浪费而闻名全国。杜鲁门上任后表示继续维护和推进新政,提出"公正施政"的纲领,旨在扩大社会保障,提高普通公民的就业和福利,保护少数民族权利,促进社会公正。

二次大战后美国经济由战时恢复到平时的过渡比较平稳,失业问题和通货膨胀得到较快的控制,保持了经济的繁荣。1944年的"美国士兵权利法案"为退伍军人提供免费教育,以积极的方式解决了退伍军人回归社会的问题。在1946年的国会选举中,共和党自1928年以来首次在两院占优势,保守主义在美国重新回潮。国会几次三番推翻杜鲁门的总统否决,通过了修正瓦格纳法的塔夫脱一哈特利法,减税法和关于禁止总统连任三届的第二十二条宪法修正案。

杜鲁门提出一系列自由主义的改革纲领向保守的国会挑战。作为1948年大选的竞选纲领,他继承并发展了罗斯福的新政,在种族平等方面采取了符合战后新形势的更积极的措施,允诺不分种族肤色,一切美国人生而平等的权利。杜鲁门的进步立场使他失去了部分南方民主党的选票,但他仍获得了民主党的提名。与他竞选总统的还有共和党的托马斯·杜威、进步党的亨利·华莱士和州权民主党的斯特罗姆·瑟蒙德。精力充沛的杜鲁门发动竞选攻势,行程4万多公里,在35天内演说356次。当《芝加哥论坛报》根据民意测验刊出杜威当选的号外时,选举结果表明杜鲁门才是胜者,杜鲁门举着这份号外的照片成了美国总统竞选中的一个喜剧性的场面。杜鲁门的当选说明美国人民继续支持新政削弱少数人经济特权的民主进程。在第二任期内,杜鲁门主要处理国际事务。

在1952年的大选中,杜鲁门退出竞选,支持伊利诺斯州州长艾德莱·史蒂文森。共和党则请出深受民众爱戴的前盟军总司令艾森豪威尔。虽然副总统候选人尼克松因竞选经费曾一度遇到些麻烦,但这位反共斗士凭着出色的口才挽救了自己。艾森豪威尔的当选结束了民主党执政20年的历史。

艾森豪威尔生于得克萨斯州,毕业于西点军校。二次大战中声名显赫,担任过北非盟军司令,欧洲盟军最高司令,被授予五星上将军衔,战后当过纽约哥伦比亚大学校长和北大西洋公约组织最高司令。作为总统,艾森豪威尔认为罗斯福和杜鲁门过分扩大了总统行政部门的职权。他要使三权分立的状况更符合他理解的宪法的规定。他提出"现代共和主义"的主张,主张对钱采取保守主义,对人采取自由主义,要在接受新政形成的社会经济现状的基础上,压缩公共开支,缩小联邦政府的功能。在他任期内美国发生几次经济衰退时,他都未采取有力干预措施,而是由地方和私人去发挥作用。艾森豪威尔的内阁号称"卡迪拉克内阁"(豪华汽车牌名),企业家占了多数,是"八个百万富翁加一个管子工"。

在艾森豪威尔执政两届的50年代,美国经历了几件重要的大事。一是人口的猛增,战后美国出现生育高峰,加上250万移民,共增加人口2800万。二是1956年制定的州际公路法,由联邦政府承担90%的费用,建成了四通八达的全国公路网,私人小汽车成了美国最主要的交通工具,随之而起的是一种独特的汽车文化。城市向郊区散开,郊区人口和城市人口相等。此外,民权运动的兴起是又一件令人瞩目的大事。

50年代的美国被称为"艾森豪威尔假寐期",社会上弥漫着战后求安逸的平庸风气。当时最有生机和进展的可以说是黑人民权运动。希特勒使种族优越论一败涂地,罗斯福于1941年成立了一个公平就业委员会,杜鲁门又进一步唤醒了种族平等的意识。参加过战争的黑人对平等有了更高的要求,也更懂得如何去争取平等。1954年5月,在布朗诉托皮卡教育局一案中,以厄尔·沃伦为首的最高法院否定了公立学校中种族"隔离然而平等"的说法,这对种族隔离严重的南方无疑是一大震动。最高法院要求一年后各地取消种族隔离政策,南方企图负隅顽抗。

随着时代的进步,种族问题已经提到日程上来了。一连串的事件把黑人民权运动推向高潮。1955年,亚拉巴马州蒙哥马利市的一位黑人妇女拒绝将座位让给白人,引发了一场延续一年之久的黑人罢乘运动,抗议公共交通中的种族隔离。青年牧师马丁·路德·金以非暴力抵抗为原则和策略,明智地领导了这场运动,博得了广泛的同情和支持,他本人也成为全美最有名的黑人领袖。

1957年,阿肯色州长调动国民警卫队去阻止小石城几名黑人小学生到中心小学入学,艾森豪威尔说服州长撤了军队。但是当黑人儿童入学时,仍受到白人的围攻,艾森豪威尔动用政府军队才把这批小学生送进学校。

与此同时,国会于1957年和1960年通过了重建时期以来最新的两个民权法,保证黑人选举权的实行。最高法院继续确认隔离即不平等的原则,并将其推广到其他公共场所。在平稳的表象下,深刻的变化正在美国社会中悄然发生。

第四节 面对当代的挑战

1960年的总统选举是一次别开生面的大选,候选人首次进行电视辩论。约翰·菲·肯尼迪(1917~1963)和尼克松前后4次同时登台,各自回答主持人提出的问题。当了8年副总统的尼克松代表着艾森豪威尔政府的延续,肯尼迪则提出挑战,提倡变化。他主张加强总统的权力和作用,政府应更多地干预经济和社会生活。他还批评艾森豪威尔政府在外交上的软弱,把古巴输给了共产主义,并使苏联在军事上有超前之势。肯尼迪以朝气蓬勃的姿态和理想主义的口号战胜了拘谨的反共斗士尼克松。

一、肯尼迪的"新边疆"精神

肯尼迪时年43岁,是美国历史上最年轻的当选总统,也是第一个天主教背景的总统。肯尼迪曾祖为爱尔兰移民,父亲约瑟夫支持新政,曾任罗斯福政府的驻英大使。肯尼迪毕业于哈佛大学政治系,二战时在海军服务立功。1946年成为众议员,1952年成为参议员。肯尼迪将改革更新的活力带进白宫,一扫50年代的沉闷,开创了60年代新的社会风气。

肯尼迪在就职演说中宣称火炬已经传给了出生于本世纪的新一代美国人,号召大家作出牺牲去捍卫自由,去战胜暴政、贫穷、疾病、战争等人类共同的敌人。他提出"新边疆"的口号,这个边疆不是地理上的概念,而是指开拓科技和社会的新机会。肯尼迪的智囊人物大多是学者和知识分子,被称为"出类拔萃之辈"。在肯尼迪执政的千日内,国内政策主要是振兴经济,发展高科技和提高社会福利。肯尼迪采取凯恩斯经济理论来解决经济问题,在经济萧条时他建议减税而不减政府开支。他的扩军备战和太空计划也收到了刺激经济的效果。

在肯尼迪必须与之打交道的国会中,占上风的仍是1938年形成的共和党和南方民主党同盟,肯尼迪不善于和他们周旋,故而他的政策常在国会受挫,通过的仅有社会保险法和最低工资法。肯尼迪表示关注贫困问题,要对城市贫民区进行清理,建立低收入住房制度,力图解决贫困之源。在他任内,南方民权运动已经形成声势,肯尼迪表示支持黑人争取平等权利的斗争,并将新的民权法案提交国会。1963 年春,马丁·路德·金领导了有 20 万黑人和白人参加的进军华盛顿大游行,目标是争取就业和自由。在华盛顿纪念碑前,金发表了著名的演说"我有一个梦想",号召不同种族的美国人相互融合,和平共处。游行热烈而有序,极富感召力,成为 60 年代轰轰烈烈的民权运动的一大高潮和里程碑。

肯尼迪的主要精力一直放在外交事务上,他深受冷战思维的支配,认为世界面临着自由与奴役的选择和决战。他建议以明智的态度来谈判解决核武库问题,但必须从实力地位出发,一再表示决不以自己的虚弱诱使别国轻举妄动。1961 年 4 月,他刚上任不久,便公然违反国际法,支持流亡在美的一千多名受过中央情报局训练的古巴人在猪湾登陆,向古巴政府发动进攻。此举仅三天便以失败告终,使肯尼迪倍感沮丧和耻辱,但也增强了他在外交上摆脱军界,独立做主的决心。

1962 年 10 月,美国侦察飞机发现苏联在古巴布置导弹发射场,肯尼迪认为这又是一次对美国意志和决心的考验。他向苏联发出最后通牒,限时撤出导弹,同时部署海上拦截。此后两周内,世界处于战争一触即发的紧张状态。赫鲁晓夫在关键时刻命令撤除导弹,条件是美国保证尊重古巴的独立。导弹危机使美苏双方进一步认识到核武器的恐怖,认识到相互猜忌和军备竞赛的可怕,白宫和克里姆林宫建立了热线,以促进互通信息。1963 年 7 月,英美苏三国签署禁止核武器条约(地下核试验除外),向控制核武器迈出了象征性的一步。

肯尼迪也同时在试探缓和的可能性。他和杜勒斯的思维不同,比较面对现实,不认为美国有能力来解决世界上的一切难题,准备接受一个多元化的世界。1961 年 6 月,他在维也纳会晤赫鲁晓夫时,表示希望摆脱军备竞赛,东西方进行对话。当时东柏林以每月 3 万人的速度迁往西柏林,赫鲁晓夫提出由东德接管西柏林的可能,肯尼迪一口拒绝,于是 8 月 13 日那天,东德于一夜间筑起了柏林墙。

肯尼迪是第一个对空间探索投入热情的美国总统,其中不乏冷战因素。1961 年 4 月,苏联载人宇宙飞船进入空间轨道。一个月内,肯尼迪宣布美国要在 10 年内登月。此诺言于 1969 年 7 月 20 日实现,阿波罗 11 号将阿姆斯特朗送上月球。

在维护美国作为自由世界领袖地位时,肯尼迪也看到了单纯显示武力的局限性,他希望在军备竞赛的同时进行建设性的和平竞赛,使别国人民比较容易接受。他在拉美搞争取进步同盟,与邻邦修好。他最具独创的举动是向发展中国家派遣和平队,由美国志愿青年为当地提供各种技术教育等和平性服务,帮助第三世界的经济和社会发展。在他看来,这是与共产主义阵营争夺中间地带的最佳途径。

1963 年 11 月 22 日,肯尼迪在得州达拉斯竞选。正当他在敞篷车中接受选民欢迎时,突遭枪杀,当场身亡。肯尼迪的遇刺引起全国乃至全世界的震惊,国内一片悲悼。凶手虽被捕,却在移交过程中又被击毙。国会任命最高法官沃伦为首组成专门调查组,他们动用了 500 人,历时 10 个月,得出的结论是暗杀纯系个人行为。但许多人对此表示怀疑,美国历史又留下了一个肯尼迪遇刺之谜。

二、约翰逊的"伟大社会"

肯尼迪遇刺后两小时,副总统林登·贝·约翰逊(1908~1973)便宣誓就任总统。约翰逊来自得克萨斯州,是个农民的儿子。他于1933年便当选为众议员,后来是二战中第一个参军的国会议员。1948年他当选为参议员,1953年成为参议院中多数派的民主党领袖。约翰逊虽无肯尼迪的领袖魅力,却具有在国会23年的立法经验,善于在议员中游说周旋。

约翰逊也主张强有力的总统权力,以此来推动他赞成的种族平等和社会福利。1964年,他以历史上最多的普选票当选总统,当时两院中的民主党均占2/3多数,十分有利于他政策的推进。同年5月,约翰逊提出"伟大社会"的政纲,认为人类已经有能力消灭战争、贫困、无知、不公正,来享受自由繁荣。当时全国正处于因肯尼迪遇刺而激起的道义愤慨中,再加上约翰逊和各种人打交道搞妥协的本事,在他任内通过了所有最主要的民权法和宪法修正案,使民权运动的成果以法律形式固定下来。其中包括减税法、1964年民权法、1965年选举权法、经济机会法、放宽移民法等,并设立了经济机会局、就业机会均等委员会等相应机构来保证法律的实施,在改革南方种族关系上其意义无异于第二次重建。伟大社会的受惠者还不仅是黑人,关于老年人医疗、青年人教育、改善城市居住条件等措施对当时三千万左右的美国穷人都应该说是福音。1965年9月,约翰逊还以行政命令,出台了有利于少数弱势集团的"赞助性反歧视法"(或称"肯定性行动"),规定凡受联邦政府经济资助的企业学校,必须吸收一定比例的少数民族和妇女。此举虽实施至今,但始终存在相当的争议,引起某些白人反对"反向歧视"的呼声,致使民主党在中途国会选举中失去一些席位。

在国内政策上采取进步立场的约翰逊在外交上却连连陷入困境。1965年多米尼加内战时,约翰逊派军队前去支持他认为是代表民主的一方,结果大大疏远了拉美国家,破坏了他们对美国刚在恢复的信任。最糟糕的当然还是越战,在约翰逊任内,美国派往越南的军队不断增加,越战逐渐美国化,国内分歧达到了南北战争后的顶点。战争的庞大消耗又影响了他的"伟大社会"的实现,民众已被激起的高希望和高期待受挫,暴力骚乱此起彼伏。当约翰逊在1969年下任时,他已经成为最不受欢迎的总统了。

三、马丁·路德·金与60年代的黑人民权运动

50年代的黑人民权运动主要在南方进行,目标是打破种族隔离。斗争的性质是法律和政治的,斗争的方式是非暴力的。马丁·路德·金是这一运动中涌现出来的代表人物和受尊敬的领袖,他要求的是种族的平等和融合。

60年代民权运动表现出不同的特点。首先,阵地由南向北,主战场移到北方。与南方乡村城镇的黑人相比,北方的黑人主要集中在大城市,长期居住在种族聚居的贫困区。他们很少有和白人相处的经验,也更不愿忍耐,他们的愤怒爆发起来更为强烈。其次是,北方的黑人至少在名义上已经具有法律和政治上的平等,他们要求的是更高层次的经济和社会地位的平等。

国会于1957年和1960年分别通过了两个民权法,主要是保证黑人的选举权。同时,民众自发的运动也在日趋发展。1961年北方的黑人和白人针对州际旅行中的种族隔离,联合发起了自由乘客运动。1962年,密西西比州立大学因一名黑人学生入学问题发生武装冲突,肯尼迪派了几百名联邦执法人员前往护送。1963年发生在伯明翰的白人种族主义者对民权运动的镇压可以说直接导致了1964年民权法的通过。

1963年震惊世界的进军华盛顿是非暴力民权运动的顶点,但从那以后,运动开始转向暴力。黑人民权运动中有一部分变得越来越激进,主张以暴抗暴的新一代黑人领袖开始登台,他们把马

丁·路德·金称为与白人妥协的汤姆叔叔。黑人穆斯林组织公开宣扬黑人种族主义,提出种族隔离的目标,要将黑白两族永远分离,建立独立的黑人政府。马尔科姆·艾克斯曾经是他们的发言人,但正当他的观点有所修正,认为黑白应该共处时,他于1965年2月被暗杀。1965年8月,洛杉矶的瓦兹黑人区发生骚乱,到处是抢劫和焚烧,暴力过后,留下34具尸体。1966年夏,大学生非暴力协调委员会领袖斯托克利·卡迈克尔提出"黑人权力"的口号,要摧毁西方文明的一切。同年,黑豹党成立,提倡种族隔离主义,要对白人实行报复和消灭,并引用"枪杆子里面出政权"的语录,号召黑人武装起来。该年芝加哥发生种族骚乱,第二年种族骚乱席卷北方各城市黑人区。1968年4月,主张非暴力的马丁·路德·金在孟菲斯演讲时遭暗杀后,又激起新一轮的骚乱。种族骚乱虽然是针对白人的,但由于发作地区通常在黑人区,所以受害者往往是黑人自己。这些自发的骚乱和新提出的种族理论未必有直接的联系,但引起了普遍的反感和恐惧。1968年以后,前后连续4年之久的种族骚乱终于慢慢平息。1968年,自由住房法通过,大城市中事实上的种族隔离逐渐被打破,约翰逊还任命了马歇尔为美国历史上第一位联邦最高法院的黑人法官。

60年代的黑人民权运动来势汹涌,空前猛烈地冲击了传统的美国社会及其观念。尽管其中有曲折有反复,黑人的状况仍然有待改善,但风暴过后,黑人的权利毕竟向前推进了一大步,公开的种族歧视言行在美国受到谴责。同时,黑白两个种族也明白了和平共处的必要。

四、青年反主流文化

二战后生育高峰(1946~1954)出生的一代到60年代已长大成人,引起青年人口的爆炸。60年代末,美国大学中的青年人数是农民的三倍,30岁以下的年轻人占了人口的一半。在美国历史上,这个年龄段的人还从未占有如此高的比例。

50年代末,美国西海岸的青年就开始对沉闷拘谨的现实表示不满,最有代表性的是"垮掉派"。这些年轻人留长发、吸大麻、讲粗话,反对中产阶级的价值标准,拒绝被纳入正统社会。但是"垮掉派"并不关心政治,只想逃避现代文明,以一种颓废的标新立异的方式来显示反叛。到60年代,这股反主流文化的风气逐渐形成气候,首先在大学校园中爆发出来。

1962年,争取民主社会大学生协会发表休伦港宣言,批判中央集权和精英统治,向现存秩序挑战,要求分享民主。他们还明确表示反对越战。1964年,学生动乱从加州开始,先是加州大学伯克利分校的言论自由运动,所谓"自由之夏",扬言打倒一切传统权威,反对一切束缚压抑,似乎马上要跨入伊甸园之门。年轻人以各种方式聚会,拒绝相信30岁以上的人,处处逆常规而行,以示区别于成年人的主流文化。

越战升级后,越来越多的青年将战争视为不义。由于征兵法的修改使大学生的缓役受到限制,许多人为逃避兵役而躲到加拿大,有的甚至公开焚烧征兵证以示抗议。他们和现存体制的矛盾日趋激烈,整个越战期间,大学闹事不断,学生占据校园,和当局派来的警察武斗,约有4000学生被捕,其中以俄亥俄州立肯特大学那次最为严重,死了4个学生。

青年中政治上的激进分子形成了新左派,到70年代,12%的学生自认是新左派,成员主要是白人中产阶级子女。他们之所以称为新左派是为了有别于30年代的老左派,他们将赫伯特·马尔库塞奉为主要的精神领袖,相信资本主义的变革已经把绝大部分美国工人纳入现存体制,无产阶级丧失了领导能力,必须由青年知识分子来承担新的历史使命,反抗后工业社会的压迫和压抑,拒绝服从任何权威。在1967~1968年间,新左派中的极端分子"气象员派"公开诉诸武力,制造了不少爆炸恐怖事件,激起了民众反感,也触犯了刑法,为社会所不容。尼克松上台后,对校园动乱采取了更为严厉的态度,至70年代初,新左派便基本消失了。

另一批对政治不大热衷的青年变成了嬉皮士,也称"花之子",因为他们把鲜花插在军人的枪口,以此反对战争。嬉皮士也大多为中产阶级子女,他们的反抗更注重性和道德层面,表现为为所欲为的生活方式,诸如群居、吸毒、摇滚乐。当时全美约有4万嬉皮士,生活在两百多个群居村里。从积极的方面说,嬉皮士提倡泛爱主义,鼓吹用爱而不是用战争来解决人类的问题,表现出一种天真幼稚的良好愿望,所以他们常常容易成为牺牲品。但另一方面,由于他们缺乏思想和理性,也容易盲从盲信,沦为邪恶的工具。1969年8月,发生在一个好莱坞女演员家中的恶性凶杀案里,4个凶手中有3个是女嬉皮士,使嬉皮士名声扫地。

青年反主流文化虽然一时影响颇大,也留下了一些长久的痕迹,例如社会加强了对青少年的重视,但青年毕竟是一个变化成长的时期,随着他们的成年、越战的结束,以及美国经济出现衰退,他们中的绝大部分不能不纳入正统,进入谋职谋生的人生道路,美国历史上最强劲的一次青年造反运动也就销声匿迹了。

五、女权运动

动荡的六、七十年代的最后一个高潮是女权运动。美国的女权运动发端于19世纪上半叶,产生了女权宣言。一次大战前后,妇女又共同奋斗,争取到了选举权。当时女性的优秀代表是罗斯福夫人、珀金斯部长这样关心公共事业的社会活动家。二次大战时,大批妇女参加社会工作,填补劳动力的空缺,以直接或间接的方式为战争服务。但战争一结束,妇女纷纷返回家庭,做起贤妻良母,事业型的新女性似乎过时了。

1963年出版的贝蒂·弗里丹的《女性奥秘》一书分析并否定了社会强加于女性的这一形象,促使妇女反省,争取平等平权。女性意识的觉醒一时成了势不可当的潮流,妇女们以"觉醒"小组的形式组织起来,相互交流思想和人生体验.发表文章,创办刊物,集会游行,以各种可能的方式反对男性中心的社会对女性各方面的歧视,不再做依附于丈夫和孩子的"第二性"。1966年6月,以弗里丹为首的妇女领袖创建了"全美妇女组织"。

与美国以往妇女运动不同的是,这次女权运动涉及的不仅仅是少数精英,而是一场有着广泛社会基础的声势浩大的群众运动。虽然最早发轫的是那些受过良好教育的郊区中产阶级妇女,但引起了社会的普遍响应,包括大量黑人劳动妇女。由于妇女的集体努力,美国妇女在就业平等、教育平等、同工同酬、生育自由、幼托便利等方面都取得了显著成果,社会地位也相应提高了。"肯定性行动"的对象也把妇女包括在内,对妇女的就业就学加以鼓励。随着妇女运动的深入,诉诸法律的性别歧视、性骚扰之类案件也大有增加的趋势。堕胎问题更是引起了全国性的分歧,一方主张妇女有权对自己的身体作出决定,自称选择自由派。另一方以谋杀为由坚决反对,自称维护生命派。双方的斗争有时达到白热化程度,甚至动用武力。堕胎成了美国一个激烈的政治问题,逼着每个政治人物表态。

妇女解放运动的影响是深远的。美国妇女的就业率超过一半,虽然与男子相比仍然处于职业和工资的较底层.但已有越来越多的妇女进入高层次的职位,进入领导和决策层次。70年代末,各州议会中的妇女占了十分之一。1984年,民主党推出了美国历史上第一个女性副总统候选人。

妇女走上社会,自然会引起家庭的变化。美国家庭的趋向一是家庭规模缩小,晚婚少育,每个家庭的平均子女数不到两个。二是家庭形式多样化,单亲家庭约占三分之一,重新组合的混合型家庭数量增多。离婚率虽然高,再婚率也很高,大部分美国人还是表示愿意两人共度人生。同居也被承认是一种可以接受的生活方式。三是双职工家庭很普遍,男子在家务和培育子女上分担更多的责任。尽管90年代出现妇女返归家庭的回潮,但再一次完全退回到以前的状态几乎是不可能了。女性意识的觉醒使妇女们感到了自己独立的人生价值,她们懂得这价值是不能轻易放弃的。

六、越战泥潭

在冷战的对峙中,美国在二战后支持法国维持其在越南的利益,虽不直接介入军事行动,但支付80%的战争经费。1954年5月,法国在奠边府惨败,从此撤出越南。日内瓦停战协议中商定,南北越南以北纬17度为军事分界,将于1956年7月举行大选后实行和平统一。

1955年,得到美国欣赏的吴庭艳废黜了法国扶植的傀儡国王保大,在南越自立为越南共和国总统,大量美元运向越南支持吴庭艳政权。早在1961年初,戴高乐就告诫过肯尼迪要吸取法国的教训,不要介入越南。但是肯尼迪不敢步杜鲁门"丢掉"中国的后尘再"丢掉"越南,同时他也高估了美国的力量,低估了越南人民的民族情绪和战斗决心。是年春,约翰逊作为副总统访问了越南,高度评价了吴庭艳。这时,越共已经开始发展壮大,而西贡政府却独裁腐败,越来越不得人心,颇有每况愈下之危,连佛教徒都不堪忍受,公开自焚抗议。肯尼迪派去了一支小型特种部队,向西贡军队传授反游击战策略,但是他拒绝派遣军队直接介入。1962年7月,肯尼迪指示五角大楼作好在1965年撤军的计划。1963年9月,肯尼迪宣称越南战争是越南人自己的战争,美国不可能去取代。10月间,他已撤出第一批军队,并决心在第二年大选后全部撤出。截至1963年底,美国在越南的军事顾问人数为1.6万多,历年来阵亡总数为73人。

1963年11月,南越军方在美国的默认下发动政变,杀死吴庭艳兄弟,美国对他们建立的政府寄予厚望。美国认为,尽管越南对美国极少直接利害关系,但是西贡政府的垮台将意味着自由世界在东南亚的垮台。约翰逊执政后,在军方的要求下,他不断增派去越南的美军。由于只有国会才有权宣战,所以约翰逊的派兵都对公众保密。直到1964年8月,约翰逊以"北部湾事件"为借口,迫使国会通过"北部湾决议",授权总统"采取一切必要措施击退对美国军队的武装进攻和制止进一步的侵略"。此后越战沿着美国化的方向不断升级,美方一步步陷入泥潭,难以自拔。1965年是越战大升级的一年。美国由于在丛林中难以发挥军事优势,便借重空中力量,实行大规模轰炸。杀戮的场面和伤亡的统计天天由电视屏幕从越南传回,激起一片反战呼声,美国舆论自内战后还从未如此对立,国家几乎为之分裂。到1968年大选时,反战派早已占上风,而且普遍认为这是一场赢不了的战争,约翰逊不得不放弃竞选连任。

尼克松上台后最紧迫的问题之一就是如何体面地从越南撤军。首先,他要使战争越南化,于是提出亚洲人自己治理亚洲的"尼克松主义"。从1969年到1972年,在越美军人数从54万降到6万,但是他又怕美国在越南公开认输会鼓励他的对手。1969年年初,他派B—52轰炸机轰炸柬埔寨,理由是越共利用柬埔寨作为攻击南越的基地和供应线。1970年3月,朗诺发动政变,赶走了中立的西哈努克亲王。1971年4月,美军进入柬埔寨。

轰炸柬埔寨激起了美国国内又一轮反战浪潮,约150万大学生游行示威表示抗议,250个机构不得不暂时关闭,震惊全国的州立肯特大学的惨案就发生在5月4日。6月,前五角大楼雇员向纽约时报记者泄露美国介入越南的秘密文件——《五角大楼文件》,舆论为之大哗。电视上又频频出现美军在越南的暴行,如1968年春在美莱村屠杀平民事件,使更多的美国人相信越战是道义上的错误。当时有3万至4万躲避征兵者逃往国外,部队里出现从未有过的士气低落,甚至还有许多逃兵。越战是美国历史上延续最久、反对最烈、失败最惨的一次战争,付出5.8万人的生命,花费高达3500亿美元。新式武器对付不了越共的游击战,美国被越战全面拖垮,二战后建立的自信彻底丧失。

1972年越共对南越发动春节攻势。尼克松下令报复,轰炸河内、海丰。与此同时,秘密谈判也在加紧进行。到8月,美国撤出全部在越地面部队。1973年1月,越美签订巴黎协议,美国不再坚持北越和美国同时撤离南越。1975年3、4月间,越共发动全面进攻,4月底西贡政府垮台。越南实现统一,西贡易名为胡志明市。

七、水门事件

尼克松在1962年竞选加州州长失败后,不少人认为他的政治生命已经结束。但凭着丰富的政治经验,他于1968年又东山再起,受到共和党中间派的青睐,当选为总统候选人。

民主党方面,芝加哥的提名大会开得一团糟,会场内麦卡锡和汉弗莱争夺,会场外学生和警察打斗。汉弗莱靠党组织的力量得到提名。当时唯一能受到黑人、反战派、工会、天主教徒等社会力量信任的是罗伯特·肯尼迪,他却在参加竞选之初就被暗杀。肯尼迪的遇刺大大增加了尼克松的机会,他战胜汉弗莱和民主党右翼分裂出的独立党候选人华莱士,以"结束战争"的口号赢得了大选。美国当时矛盾尖锐,外有越战和军备竞赛,内有种族冲突、犯罪猖獗、城市贫困化和暴乱,人们普遍感到缺乏安全感,希望政府采取强硬措施。这些矛盾,尤其是种族问题,使南部传统的民主党开始倒向共和党,白种蓝领工人也将种族关系置于阶级关系之上,转向共和党。尼克松指责约翰逊政府的容忍和放任,他要代表"沉默的大多数"出来维护"法律和秩序"。

尼克松生于加州,毕业于杜克大学法学院,二战时在海军服役。1946年尼克松成为众议员,因在非美活动调查委员会任职时对希斯一案的突破有功而成为全国性人物。1950年他当选为参议员,从1952年起担任了8年艾森豪威尔的副总统。尼克松与共和党历来的总统不同,主张强有力的总统权力,认为总统有责任阐明国家的价值和目标,并显示其意志。他执政后任命的4名最高法官都是持保守立场的,遂使原先以沃伦为首的倾向自由派的最高法院明显右转。

在经济政策上,尼克松继续了约翰逊的分享财政的做法,于5年中把联邦税收的300个亿拿出来,其中1/3拨给州,2/3拨给地方。当时美国经济上最主要的问题是通货膨胀,因为外国购买美国货越来越多,而能源问题也开始紧迫起来了。在外交上,尼克松重用基辛格,信奉均势理论。他利用中苏分歧,相继访问了北京和苏联。他打破了美国和中国20多年的僵局,在北京公报中承认一个中国的立场,为中国重返联合国打下了基础,此举得到美国国内的广泛支持,而他的反共名声又使他免受国内右派的攻击。

尼克松在外交上的成功使他越发倚仗秘密行动,独断专行的作风日益发展,对民主党多数的国会决议连连使用否决权。尼克松生性多疑,总觉得别人阴谋推翻他,他把自己的白宫班子扩大到肯尼迪时的三倍还多，只对他个人负责，人称帝王式的总统。他还企图利用总统职权搞垮政敌。联邦调查局为了自己的名声，拒绝了他要求的国内窃听，于是尼克松创造了后来颇有名声的白宫"管子工"组织，对批评政府的政敌、记者都监督起来。尼克松的政府被认为是美国最腐败的政府，成员中有40多人受到控告。1973年10月，副总统阿格纽因受贿偷税被判有罪，成为美国历史上第一个犯罪的副总统。其他内阁成员也接二连三地出问题。尼克松本人也有欠税问题，他还动用几百万公款修缮自己的别墅。阿格纽辞职后，尼克松任命杰拉尔德·鲁·福特（1913~）为副总统。

1972年大选时，尼克松本来稳操胜券，尤其是大选前一周，基辛格宣布巴黎谈判已近成功。民主党候选人乔治·麦戈文虽然深受弱势集团的拥戴，但根本不是尼克松的对手。可是共和党却神秘地派人去民主党总部所在地华盛顿水门饭店窃取文件，并安装窃听器。5名窃贼和2个管子工当场被抓获，其中一人被认出，竟然是争取总统连任委员会的安全工作负责人。但是尼克松出面否认此事，故未对竞选结果发生影响。然而掩盖之事被慢慢捅破，《华盛顿邮报》的两名年轻记者紧追不放。事实证明，尼克松至少在事发之后立即得知此事。参议院组成了以欧文为首的特别委员会，负责查清大选中的舞弊问题。为了弄清总统的参与程度，他们要求尼克松交出有关谈话的录音资料，因为他们得知尼克松从1971年2月开始将他的一切谈话录音收存。尼克松以行政特权为由拒绝交出，还命令司法部长将坚持此要求的特别起诉人撤职，弄得司法部正副部长相继辞职抗议。全美国都被激怒，报刊要求尼克松辞职，参议院准备提出弹劾。

1974年3月，联邦大陪审团对尼克松的几位得力助手提出起诉，将尼克松定为"参与阴谋者"。尼克松为争取主动，交出了已经加工过的录音带，其中关键的十几分钟被抹去了。即便如此，录音已足够证明尼克松是掩盖真相的策划人，正是他决意阻挠调查的进行。录音还暴露出尼克松无耻的政客面目，他说话粗鲁，对政治一副玩弄的口气，令国人愤慨。最高法院裁决，尼克松必须交出有关的一切录音带，录音表明他罪证确凿，并一直在说谎应付调查。国会中两党一致决定以阻挠公正、滥用职权、违背宪法等理由对他进行弹劾。尼克松见形势无可挽回，便于1974年8月9日辞职，成为美国历史上迄今唯一的辞职总统。

历时两年之久的水门事件使美国人对政治普遍感到失望。有人评论说，在两百年中，美国总统从不能说谎话的华盛顿堕落到不能说实话的尼克松，居然需要对人们发誓说自己不是骗子。国会也决心削弱总统权力。唯一使有些人感到欣慰的是，美国的宪法还在起作用。

尼克松辞职后由福特继任总统，成为美国第一个未曾经过民选就任的总统。福特出生于密歇根州，1941年获耶鲁大学法学学位，二战中也在海军服务过。福特从1948年起就接连13次当选众议员，本人品格无可挑剔。1965年，他成为国会少数派领袖。福特在政治上是中间派，在财政上倾向保守，赞成削减社会福利，增加国防开支。他在就职演说中告慰民众道："我们的宪法仍在运作，这里人民在治理国家。"他表示自己不是选举产生的总统，请求大家带着祝福来确认他为总统。

福特在上任一个月内，就完全地、无条件地、绝对地赦免了尼克松在任职期间"已犯下和可能犯下的"一切罪行，使他免于被起诉。为此，他接受了国会的询问，他阐述的理由是尼克松既然已经接受赦免，表明他已经承认有罪。全国应尽快医治水门事件造成的创伤，重新团结起来。但是此举引起国民普遍不满，人们怀疑其中有政治交易，更增加了对华盛顿的不信任，致使1974年的国会选举大大有利于民主党。福特还赦免逃兵，条件是24个月的公众服务，希望能将越战的创伤也同时治愈。

福特任内的1973~1975年是二战后美国持续时间最长的经济衰退，并同时出现通货膨胀，合称为"滞胀"。政府一开始实行紧缩政策，结果引起30年代以来最糟的衰退，失业率高达12%。于是政府转向开支，又引起高通货膨胀，实在不知如何应对。

福特任内最重要的立法大多与治理政治腐败有关。1974年通过了竞选改革法，限制私人捐款，由联邦出资支持两党竞选人。1976年各州政府纷纷通过阳光法，推行公开政治。出于对情报工作的不信任，国会又建立民众监督局，对中央情报局和联邦调查局这两个最大的情报机构进行整顿，使对秘密政治的治理法律化。

八、新保守主义的兴起

吉米·卡特(1924~)在1976年大选中的胜利仍然是美国选民对华盛顿不信任的反映，卡特最吸引人之处是他为自己建立的一个与华盛顿权势无涉的清白廉洁形象。卡特来自佐治亚州，1946年毕业于美国海军学院，曾服务于海军核潜艇，后退伍从事企业，1970年当选为佐治亚州长。卡特任州长时反对种族歧视，政治立场相当进步。卡特竞选时以道德为根本，保证不向人民撒谎，并提出改良政府，限制官僚的口号。他利用联邦的基金进行竞选，弥补了民主党资金一贯不如共和党的不足，成为内战后第一个从极南部来的总统，得到南部民主党和北部工业城市的拥护。卡特原名詹姆斯·厄尔·卡特，为表示自己的平民气质，自称吉米·卡特，他在宣誓就职后，别出心裁地沿着宾夕法尼亚大道步行到白宫。但是卡特不喜欢华盛顿的政客，在与国会合作时难以得心应手。

卡特就职第二天就对一万名逃避服兵役者无条件赦免，结束了越战遗留的创伤。在经济方面，1977年通过了社会保险法和最低工资法，计划在1981年达到最低工资每小时3.35美元。1978年通过了税收法。

卡特在外交上一反尼克松的均势理论，谴责不顾道义与极权政府联盟的做法。他提出人道外交，将人权问题视为"外交政策的灵魂"。他签订了巴拿马运河协议，定于2000年将运河主权归还给巴拿马。卡特最大的外交成功是调停埃及和以色列的关系，使双方于1978年在白宫签署协议，埃及以承认以色列的存在为条件换回了在1973年第四次阿以战争中失去的土地。1978年底，美国和中国正式建立外交关系。1979年初，美苏关系缓和，但是年底由于苏联出兵阿富汗，两国关系重又趋于紧张。

美国当时的经济仍处于滞胀状态。卡特先是采用增加支出的办法，结果通货膨胀达到18%，同时保持着高失业率，两者加在一起的"不适指数"一直居高不下。美国在30年代后人均收入第一次降到大部分欧洲国家之后。

更糟糕的是越来越明显的能源危机。当时美国人口占世界的6%，却消耗了30%的能源，每天消耗石油1600万桶以上，其中一半需要进口，相当部分来自阿拉伯国家。第四次阿以战争后，阿拉伯国家对支持以色列的美国实行石油禁运，美国油价上涨四倍，1978年伊朗革命后，油价又上涨一倍，加油站前排起了长队，石油危机成为棘手问题。此后的几届美国政府都用心解决能源危机，短期目标以节约为主，长期目标以开发其他能源为主，如核能、太阳能、风力等。到80年代初，美国的石油进口已经明显下降。1979年，宾夕法尼亚的三里岛核电站发生严重事故，引起人们对核电站的普遍反对，使能源发展转向合成燃料和太阳能。同时，人们对环境污染也越发敏感了，各州相继立法，使大气污染、水源污染得到一定的控制。

1979年11月爆发的伊朗人质危机是卡特任内的另一麻烦。美国一贯支持伊朗国王巴列维，视伊朗为美国在中东利益的支柱。1977年伊朗发生伊斯兰革命，拥戴宗教领袖霍梅尼。美国不顾伊朗新政府的警告，接纳了巴列维去美国，武装学生随即占领了德黑兰的美国大使馆，要求美国把巴列维交给他们审判，53名美国工作人员成为人质。半年后，美国曾设计了一次大胆的营救计划，牺牲了8名士兵，以失败告终。人质事件拖延了一年多，使美国人感到莫大的耻辱，而卡特的道义外交对此一筹莫展，卡特政府再没能从伊朗人质危机中重新振作起来。

卡特曾召开过一次各界代表的座谈会，讨论美国的问题到底出在什么地方。卡特认为是美国人民对自己丧失了信心，而人民的回答则是人民对政府丧失了信心。美国人在经历了动荡的六、七十年代、越战和水门事件后，感到一种普遍的不满，迫切需要变化，需要重新调整社会、肯定自我、树立信心。尤其突出的是中产阶级对福利制度感到不堪重负，他们要求削减税收、削减福利项目，希望社会变得更有秩序。卡特不可能在政策上有太大的变化，而他的自我批判精神也不足以抚慰人心，于是一种新的所谓"理想主义的保守主义"便应运而生，并且找到了一个自己的代表——里根。

罗纳德·威·里根生于伊利诺斯州，年轻时在好莱坞拍电影，做了28年的演员，拍过几十部影片，但从未达到一流。后来弃影从政，加入共和党。1967年里根当选为加州州长，1976年大选时差点成为候选人。1980年他在70高龄时，以绝对优势击败卡特，当选总统，并且使共和党自从1954年以来第一次在国会的一院占了多数。里根提出大规模压缩政府开支，以平衡联邦收支来解决经济的滞胀问题，政府少管事，放手让企业去干。在他看来，关键是取消那些纯属浪费、并且只会滋长懒惰的福利项目。里根的上台标志着美国对"伟大社会"的反拨，甚至是对"新政"的反拨，所以里根的当选亦被称为"里根革命"，是一次削减开支的革命，也是一次政治力量的重新组合，传统的自由派民主党发生了反戈。所谓"后联邦的新时代"就是反对国家的控制一切，缩小联邦政府的干预规模，转向州和地方政府，使政策更能适应各地情况。

里根在就职演说中批评税收制度的不合理，批评赤字财政是拿美国的未来作抵押。他宣称："政府并不是我们解决问题的救星，政府就是问题所在。"政府已经超出需要、过度膨胀，对人民生活造成干预侵扰。他号召国人不分朝野，一起承担责任。他的口号是理想主义和公平竞争的"新开端"，要使全体人民机会平等，还要使美国再度成为世界上自由的典范和希望的灯塔。里根执政后砍掉了350个亿的福利支出，5年内减税7500个亿。为了在外交上重振雄风，里根提出星球大战计划，拨出巨额军费，同时发展核武器和常规武器，造成赤字空前，远远超过他的前任们。里根帮富人的说法使民主党在1982年的国会选举中获胜。

在里根之后，历届美国政府不分党派，有一点是共同的，那就是在福利改革的问题上都更强调个人的责任。1993年，民主党的比尔·克林顿（1946— ）总统在就职演说中说："毫不付出就想从政府或从对方得到什么的恶劣习惯，已经到了必须破除的时候了。"新保守主义的势力显然在美国远未过时。

· 398 ·

第七章
美国的多元化移民社会与美国民主

　　美国是个典型的移民国家,移民将世界各国的种族和文化带到美国,在这里形成一个新的整体。美国的移民规模之大、持续时间之久、融合程度之深,都是人类历史上罕见的。立国后,美国接待源源不断来自各大洲的移民约4500万。现今2.5亿美国人中,除极少数土著外,全都是移民及其后裔。但是,美国的政治主体文化和国家主体思想却从来没有改变过,始终如一的继承着早期欧洲移民时代的特征。出现这种情况的主要原因,一方面是早期宪法的确立是建立在早期移民的思想基础上的,而宪法是国之大法,是不能轻易改动的,再者,美国的上层社会始终是传统的白人意识和家族,无论是洛克菲勒时代的财团,还是肯尼迪家族的政治传统,几乎都是早期移民时代的后裔,而来自世界各地的亚非拉人民,都是点点滴滴逐步移民过来的,虽然数量不少,但在政治领域和经济领域几乎感觉不到他们有任何力量,他们也很难进入这个阶层。所以,美国的民间文化思想可能是五花八门,但是社会上层主体思想和国家政治思想,依然是早期欧洲移民的特征。

　　美国移民中除了早期犯民和部分异教徒以及后来从非洲被迫贩卖至此的黑人外,大都是自愿迁移来的,是什么原因驱使他们来到这片新大陆呢?简单地说,无非是两种力量的相互作用:母国的推力和美国的引力。具体地说,有经济、宗教、政治、社会等各方面的原因,但最主要的仍然是经济的原因。在欧洲,农业革命提高了耕作的效率,土地兼并,产生大批多余的农业人口。工业革命的结果又使许多工人被机器取代,变成失业和无业游民。加之营养、卫生、医药等条件的改善,人口的自然增长加大,仅18世纪中到19世纪中,欧洲人口就增长了一倍,饥民不断增多,农民起义时有发生。社会隐伏着饥荒的危险和战争的危机。

　　美洲的发现和美国的建立为欧洲的人口危机提供了一个难得的安全阀,避免了中国式的周期性人口崩溃和战乱对人口的减灭以及对文明的摧毁,使欧洲得以顺利进入资本主义阶段。可以说,是美洲辽阔的土地拯救了欧洲的资本主义,如果没有欧洲向美洲的大移民,很难想象欧洲的工业进程能够顺利进行,减灭人口的人类战争,必将把欧洲的一切城市文明毁誉一旦。资本主义萌芽也将葬送在全面的饥民起义和欧洲大战的硝烟里。

下部　北美史

第一节　美国的移民政策

美国能提供的正是欧洲所缺乏的：廉价土地、就业机会、高工资等等。移民不仅能很快找到工作，而且不必等候太久，便有可能从政府那里廉价甚至无偿地获得一块自己的土地。

从宗教上说，欧洲存在着宗教迫害，美国则实行政教分离，公民享受法定的宗教自由。从政治上说，当欧洲仍是专制王朝的时候，美国已经是一个民主国家，民众具有更多的公民权利和参政机会。从社会上说，旧世界往往等级分明，阶级之间有很深的鸿沟，广大下层人民难以享受平等的社会地位和教育机会，而美国尚处于初创阶段，阶级分界不明显，加之机会和教育的相对平等，社会地位的提高要容易得多。这些因素在各个时期、各个国家、各个人身上的具体平衡就决定了一个移民的选择。总体而论，移民的目的是为了摆脱母国不尽如人意的状况，到美国来寻求机会、创造更自由更富裕的生活，移民的憧憬便构成了所谓的美国梦。

至于移民潮的时间和流量，还直接受到母国和美国的具体状况的影响，诸如战争、饥荒、经济危机、交通条件、信息流通等，各因素互动的作用决定了美国移民史中的波浪起伏。

一、殖民者

在1776年美国建国前来的移民被称为殖民者，这批最早的移民创建了殖民地，也创建了殖民地的制度，后来的移民不得不去适应他们的制度立法和文化风俗，而这时期的移民中90%以上是英国人，这就决定了美国的发展趋向。

北美最早的移民定居点是16世纪下半叶西班牙人在西南部和佛罗里达设立的。此后法国人沿密西西比河也设立了定居点。荷兰人17世纪初在哈得孙河流域建立了新荷兰和新阿姆斯特丹。瑞典人在特拉华河畔建立了新瑞典。新瑞典很快被新荷兰吞并，新荷兰又于1664年被英国吞并。英国人于1607年在詹姆斯敦建立第一个定居点，1620年后清教徒创建马塞诸塞海湾殖民地，从此英国便开始了持续的移民潮，奠定了以盎格鲁－撒克逊文化为主体的美国文化的基调，其中最主要的标志是白人新教英语文化。从1630年至1643年，约有2万移民定居新英格兰地区，其中4/5是英格兰和威尔士人。

1660年后，英王室反对从英格兰和威尔士移民，但鼓励别处向北美移民，于是一方面是从非洲贩运黑人，在1662年后的一个世纪里约有14万黑人被贩到北美，他们是美国最早的移民群之一。另一方面是欧洲其他地方的移民，从18世纪初开始数以千计地涌入，其中最大的群体有两个，第一个是人数约25万的苏格兰－爱尔兰人，他们祖上是前一个世纪从苏格兰迁移到北爱尔兰的新教徒，后来与当地人混血，这些移民大多为逃避宗教迫害和英国歧视而来，其中不少以契约奴身份支付旅资。他们大多成为阿巴拉契亚山区的拓荒者，散居肯塔基、田纳西一带，一是因为那里的土地最廉价，二是殖民地的人们也希望他们到西部边疆去对付印第安人。

第二个大群体是德国人，人数约20万，他们是殖民地最大的非英语族裔，遭到一些人的怀疑和反对，故而大多定居在社会较为宽容的大西洋沿岸中部，尤其是宾夕法尼亚，也有的径直去了边疆地区。德国移民由于语言不通，经常相聚而居，自成一体，他们耕作有方，小社会很是繁荣。殖民时期的移民还有来自英国的5万被放逐的犯人、3万来做工的穷人,来自爱尔兰的几千个信天主教的契约奴,以及为数不多的对英国不满的苏格兰人、法国的胡格诺教徒、犹太人等,殖民地当局迫使犹太人通过通婚放弃信仰,实行同化。这些移民渐渐地改变了殖民地的人口构成,1713年后非英裔人口增长了四倍。到独立战争时,在大约250万的总人口中,英裔只占52%,黑人占20%,其次是苏格兰-爱尔兰裔和德裔。

二、老移民

早于1890年代边疆封闭前来的移民习惯上称为老移民,他们主要来自西欧和北欧。独立战争后的一段时间内移民很少,1815年拿破仑战争结束,交通也渐渐方便了,于是从1820年开始,移民重新大量涌入。19世纪中每十年的递增速度是惊人的:1820年代的移民为14万多,1830年代就升到60万,1840年代又增到170万,1850年代为260万,内战时速度有所减慢,然而到1870年代又增到280万,1880年代更达到520万的空前高峰,这阶段的移民总数为1550万。

这批移民中仍以英国、德国和爱尔兰人居多,也有许多来自斯堪的那维亚的丹麦、挪威和瑞典、还有法属加拿大、瑞士、荷兰和中国等。这些人中有受宗教迫害的德国犹太人,有因1848年欧洲革命失败而被迫离开的自由主义者和知识分子,有逃离1850年代和1880年代两次土豆灾荒的爱尔兰饥民,有赶来参加1848年加州金矿热的淘金者,更有被1862年宅地法吸引来的渴望土地的农民。当时欧洲人口猛增,美国则正在加速进行工业化,挖运河、修铁路、开工厂,都需要大批劳力。刚发明的汽轮和火车更使欧洲到美国的旅途变得空前地简捷便宜,各州为了发展经济,还纷纷派人前往欧洲招工,预付路费。

在19世纪的老移民中,有许多因为宅地法获得土地,成了拓荒者,在中西部各州开设农场。也有的去了东北部的城市,进了工矿。还有一些散居在太平洋沿岸,其中有不少为修铁路而招来的华工。除华人等少数亚裔外,老移民在文化上和美国人比较相近,被认为较易同化。

三、新移民

从边疆关闭后至1930年代来的移民被称为新移民,他们主要来自东欧和南欧。1907年时,新移民已占移民总数的2/5。19世纪末至一次大战前是移民涌入的高峰,年移民数经常超过100万,1910年代共入境移民880万。在1/4个世纪中,新移民的总数就赶上了上一个世纪里来的老移民。

19世纪末,工业化和城市化的进程已经影响到东欧和南欧,引起大量工农业人口向美国流动。新移民中数量最多的是意大利人、犹太人、波兰人和匈牙利人,也有来自拉美和加拿大等地的。犹太人主要是为了逃避宗教迫害,因为东欧和俄国陆续发生上规模的反犹暴力,迫使大批犹太人投奔美国。也有一些是为了逃避一次大战时的强制兵役的。旅行的廉价快捷也产生了一些往返于两地的临时工,他们到美国打工只是为了挣钱回家改善生活。

新移民多属斯拉夫民族,在种族和信仰上比老移民与美国人相差更大。此时美国政府的赠地政策已经结束,新移民又大多身无分文,因此只有不足1/4的人能够进入农业,4/5的人都去了东北部和中西部的工业区,在工矿从事不熟练工种的劳动。他们聚居在城市里环境恶劣的贫民窟中,语言不通,文化不同,许多美国人感到他们简直难以同化,因此在呼吁城市改革的同时,也开始呼吁对移民的限制。

四、移民政策的变迁

美国最早的移民政策是1790年的归化法，它规定移民在美住满2年后即可归化为美国公民。联邦党执政后，出于对移民通常支持杰斐逊民主共和党的不满，于1795年将归化年限增到5年，后又增到14年。杰斐逊当总统后，于1802年将它恢复为5年，从此保持不变。

由于美国地多人少，劳力短缺，在很长时期内一直对移民抱欢迎态度。在自由女神的入口处，犹太女诗人埃玛·拉扎勒斯的诗句引起过无数移民的共鸣，这首题为《新的巨像》的诗写道："把你们拥挤土地上的不幸的'人渣'，穷困潦倒而渴望呼吸自由的芸芸众生，连同那些无家可归四处漂泊的人们送来，我高举明灯守候在这金色的大门。"美国一向被视为穷人的乐园、受压迫者的天堂。

但事物总有它的另一面，当一批移民定居成为美国人后，他们就可能对新来的移民挑剔指责，加以反对。英裔在1830年代就反对过爱尔兰移民，说他们是天主教；反对德国移民，嫌他们不能同化。反对新移民的另一个重要原因是移民可能成为他们就业的竞争对手。1850年代，美国出现了第一次排外高潮，代表者为秘密组织"一无所知党"，成员在受到询问时，一概回答不知道。该党以保卫新教为由，在东北部活动最猖狂。他们要求延长归化年限，限制选举权，明确提出限制移民。然而当时社会的焦点是奴隶制问题，一无所知党影响有限，不久便随着内战的逼近而消失了。

内战后的1875年，美国首次对移民采取有选择的区别对待，宣布一部分人为"不被需要者"，禁止入境。这些人包括罪犯、娼妓、白痴、精神病和传染病患者、一夫多妻者、激进分子，以及中国人和日本人。最早的限制移民法则是1882年由加州发起通过的"排华法"，当时东西大铁路已经贯通，参加修建的中国苦力在加州成了劳务市场中不受欢迎的竞争者，在以工会为首的反华势力的压力下，排华法得以通过，规定中国劳力不得再进入美国，中国人永远不能归化为美国公民，此法持续到二次大战时中国成为美国盟国后才被取消。1892年，美国将埃利斯岛设为移民的审查处，凡移民入境，必须先在此接受审查。1907年，加州又发生反日骚乱，美日之间缔结"君子协定"，日本答应不再发给劳务护照。

一次大战爆发后，美国掀起反德浪潮，强调做百分之百美国人，否则便是不爱国。三K党叫嚣新教白人的美国，孤立主义者也要求加强移民限制，加上俄国革命成功引起的赤色恐惧，1917年国会在推翻了威尔逊总统的否决后通过了识字考试法，要求移民必须具有阅读英文或本国文字的能力。

1921年，美国通过紧急配给法，规定西半球外的移民总数为每年35万，这是美国历史上第一次规定移民总数，移民数额按民族分配，各民族的移民配额为1910年人口统计中该民族居住在美国的移民总数的3%。由于这样计算的结果使新移民占的份额最大，1924年国会又对此进行修改，使之向老移民倾斜。新移民法将3%改为2%，配额按1890年的统计为基数。同年，还立法禁止一切亚洲移民，以保持国民构成。

大萧条开始后，限制移民的呼声更高了，1929年通过的民族配给法将每年的移民总数降至15万，各民族的配额按1920年的统计为基数，并规定每个民族每年至少有100人的名额。该法重申了禁止亚洲移民，对西半球移民继续保持开放。直到二战后，西半球国家才终于纳入配给法，大多一年只有100个名额，而西欧北欧的名额却经常空缺。整个1940年代，移民总数降到53万。

二次大战前后，美国接纳了约25万由国会特许的难民，主要是反纳粹反法西斯人士和犹太人。

到1956年,根据无家可归者法,一年可接纳配额外此类特殊移民60万。由于美国在冷战中以自由世界自居,其移民政策却具有明显的种族倾向,不免使之尴尬。1952年通过的"麦卡伦—沃尔特法"企图改变这一印象,将移民的条件从种族转到个人。该法规定西半球外的移民总数为每年15.4万。取消对亚洲移民的禁止,给予一定份额,一般为每年100人。对移民要按规定进行安全审查,禁止共产党员入境,并对不受欢迎的移民实行遣返。有技术的移民则可在该国的份额内优先入境。国会不顾杜鲁门总统的否决通过了"麦卡伦—沃尔特法",以后历届总统都曾要求重新修改移民法。

1965年移民法是一个具有实质性变化的法律,它废止了按种族配给的原则,将家庭团聚、对美国的价值和移民动机作为衡量移民的主要原则。该法规定东半球移民总数为每年17万,每个国家每年不得超过2万。移民条件有三:一是近亲在美国,二是科学家等有专长的人才或美国所需要的工人,三是难民和灾民。该法还第一次对西半球移民实行限制,规定总数为每年12万,但不具体区分国别,遵循先来先到的原则,1976年也改为每个国家一年不超过2万。1980年后移民不再区分东西半球,改成全球移民总数为每年32万。1965年移民法实施后,引起了又一次移民潮,这也和第三世界的发展变化有关。从1960年开始的30年中,移民达2000万,包括不在份额内的几十万直系亲属和难民,以及几百万非法移民。西欧移民明显减少,亚洲和拉美移民急剧上升,墨西哥、菲律宾和中国台湾名列前茅,更有大批墨西哥移民偷渡到美国,成为非法移民。1986年的移民改革控制法试图解决非法移民问题,一方面规定惩罚雇主,一方面对1982年前来美的非法移民实行大赦。到1992年,300万申请特赦中的大部分得到了美国国籍,但还是未能制止非法移民的暗流。

1990年的移民法将年度移民总数又增加了20万,每个国家人数升到2.5万,难民人数增加一倍。新移民法更有利于企业家和技术工,并规定了投资签证,每年为外国投资者保留一万名额。凡投资100万美元,创造至少10个全日制就业机会的申请者便可移民美国。在某些高失业率地区,投资额可降到50万。显然,美国已经越来越成为富人的乐园了。

第二节 一体多元的美国人民

在美国,种族的差别往往比阶级的差别更引人注目。虽然目前各种族内部都有相当悬殊的贫富不等,但作为整体来说,各种种族间仍然存在着比较明显的差距,具体表现在收入、职业、教育、住房、医疗等各个方面。1970年关于家庭收入的抽样调查显示,欧裔美国家庭的平均收入高于全美家庭收入的平均指数,尤以犹太人为最高,达到172%。而其他族裔中除了日裔和华裔外,均低于平均指数。根据1987年的统计,生活在贫困线以下的美国人占总人口的13.5%,但白人中生活在贫困线下的只占10.5%,拉美裔中这个百分比为28.2%,非裔中则达到33.1%。美国宪法早在建国时期就提出保障公民权利,但是美国近代的种族歧视和种族压迫却非常严重,保障的仅仅是白人男人的人权,美国早期的黑奴解放也落后于欧洲,直到上世纪50年代末黑人才有选举权,直到上世纪70年代妇女才有选举权。

一、人口构成

由于美国人种混杂,已有一半美国人无法确定自己的种族归属,因此不可能做到绝对精确。大

· 403 ·

致按人种肤色划分的话,在目前约2.5亿美国人中,欧裔白种人占绝大多数。少数民族中非裔黑种人最多,约占11%,拉美裔约占9%,亚裔黄种人比例不足3%,土著更是不足1%。

种族问题一向是美国最重要最敏感的社会问题之一。经过几个世纪的斗争和磨合,尤其是1960年代风云激荡的民权运动,法律上的平等问题可以说已经基本解决。为了弥补少数民族在历史上受到的不公正待遇,国会还通过了"赞助性反歧视法"的法律,规定了在就业、入学等方面的少数族裔比例,并限时限进度达到。该法至今仍在实施,但对此也一直众说纷纭,还不时出现白人对反向歧视的抱怨和诉讼案。

造成种族间财富和权力分配差异的原因是多方面的,历史、文化、地理都在同时起作用。各个种族迁移到美的时期不同,状况不同,移民的落脚点、居住地、谋生手段和社会地位也就各不相同。同时他们在母国环境中历史形成的性格气质、行为规范、价值观念等文化因素又会使他们在教育、职业、家庭等问题上采取不同态度和选择,这又影响到他们及其后代的发展前途和速度。客观地说,每个族裔都经历过一个艰苦的适应新大陆的过程,大多都要从社会的最底层开始,面对歧视,顽强奋斗,才能逐渐被美国社会所接纳而逐渐向上流动。由于移民时间的先后,还出现了一种反复多次的继承格局:当先来的一个移民群适应后从同族聚居发展到各自散居,从贫民窟升迁到居民区,从非熟练工种转入技术工种或专业职位,新来的一个移民群便马上去填补他们留下的空缺,又开始了新一轮的社会变迁。

二、土著

美国本土的土著为印第安人,后来由于领土扩展,才增加了阿拉斯加的爱斯基摩人和夏威夷的波利尼西亚人。目前美国土著人口大约200万。

印第安人很可能是在最后一个冰川期到达美洲,当英国人来到北美时,他们仍然过着原始公有制的部落生活。他们的人数最多估计为1000万,分为600多个部族,讲着200多种语言。白人的入侵开始了两种文明间三个多世纪的仇恨和战争,在这场对于北美生存空间的争夺战中,印第安人被彻底击败,他们人口锐减,陷入悲惨境遇。经过近期的恢复生养,印第安人250多个部族的总人口有所提高,约为150多万,大部分住在西部。

大凡白人移民刚到时,总有一二十年的相对和平时期。但白人不可避免的土地扩展势必引起和印第安人的武装冲突,战斗的结果总是白人获得最后的胜利,通过强迫签订协议和不再侵犯的诺言,逼印第安人让出土地。但白人破坏协议是迟早的事,等他们进一步侵犯印第安人领土时,战争便重新开始,印第安人又一次被战败,于是再签订协议,再违约。如此反复,印第安人被不断地往西驱赶。

18世纪殖民时期,英法争夺北美,各自拉拢印第安部族。法国在北美以毛皮贸易为主,只设点而不定居,因而与印第安人关系略好一些。英国为了表示姿态,于1763年规定以阿巴拉契亚山的西边为界,只准界东殖民。此举联络了与印第安人的关系,打败了法国,却激怒了殖民地人民,成为他们要求独立的理由之一。在美国革命中,印第安人往往帮助英国人,所以战后美国视之为战败一方,更加任意占其土地。

独立后美国对印第安人的政策主要分三个阶段,第一阶段是强迫西迁,主要标志为1830年的"印第安迁移法"。面对美国的西进,密西西比河以东的印第安人曾试图进行部落联合,并在1812

年第二次美英战争中站在英国一边,但他们没有成功,只好再往西退过密西西比河。曾以打败印第安人出名的杰克逊总统签署了印第安迁移法,该法将俄克拉何马定为印第安领地,东部印第安人必须迁去。当时南方有两个部族不愿迁移,他们已经接受了白人文化,自认为是主权国家,其中彻罗基人直接向联邦最高法院上诉。最高法院裁定印第安迁移法为非法,但是政府却无视法院裁决,动用军队,于1838年将印第安人逼走。他们一路步行,1/4的人死于这条"血泪路"上。19世纪40年代,被迫迁到那里的10万印第安人面对完全陌生的生存环境和西部印第安人的敌视,开始了极其痛苦的适应过程,从此陷入无穷的灾难之中。

印第安人的生存方式需要大片土地,而白人则认为他们在抛荒。内战后,印第安人失去了更多的土地,集中在更有限的保留地中。加之大平原的开发,铁路的修筑,印第安人赖以生存的野牛几近灭绝,更加难以维持生计。于是他们作绝望挣扎,和白人展开了一系列的战争,双方都有比较惨重的伤亡。1890年的伤膝战役结束了公开的战争,印第安人被彻底战败和大批屠杀,生活区被全部占领,再无反击能力,美国从此再也没有开放的边疆了。

第二阶段是从1870年代至1930年代的强迫同化。内战后,国会设立了美国印第安事务局,开始将印第安事务作为内部事务来处理。1871年,国会宣布与印第安部族协议的时代已经结束,从此国会将直接制定有关政策。1887年国会制定强迫同化的"道斯土地专有权法",俗称分地法,将保留区的土地分为小块,以与《宅地法》相同的数量分给每个印第安家庭65公顷,单身的可分一半。保留地分配后余下的地可以出售给非印第安人,但个人分得的土地在25年内不准出售或出租(此限制在1891年被取消)。接受土地成为自耕农的印第安人可以获得美国公民身份。此举目的一是改造印第安人为私有财产者;二是削弱其部族权,以联邦法替代部族法,使每个印第安人直接对联邦政府负责;三是进一步减少印第安人拥有的土地。1905年时,有一半印第安人成为美国公民。与此同时,为了使同化从幼年便开始,还开办了许多住宿学校和全日制学校,将印第安儿童与家庭隔离,学生不许穿民族服装,不许说自己的语言,学自己的历史,还要忘掉自己的宗教和习俗,全部美国化。

第三阶段是从1934年开始的部族恢复。罗斯福的新政包括一项对印第安人的新政,使新政的救援和就业计划适用于他们,并以自由主义的开明态度对待他们。1934年的"印第安重组法"取消了分地,将土地还给印第安部族,允许他们合作耕种。保留区可以进行自治,重大事情由部族公民表决决定。关闭寄宿学校,实行双语教育和宗教自由,鼓励印第安人保持自己的文化。

50年代,同化派在国会中又一度占了多数,他们在1953年规定了赔偿、终止和重新安置三项政策,对历史上印第安人因美国政府违约而遭受的损失加以赔偿;终止印第安部族的独立地位,印第安人成为普通公民;鼓励和安置印第安人进入工业生产行业。

和其他种族一样,印第安人的觉醒也已开始,他们组织了美国印第安运动,举行游行、上告和抗议,从70年代起在维护自己的权利和文化方面赢得了一系列诉讼案。1975年的"印第安自治法"将州政府的部分权力交给部族议会,鼓励各部族因地制宜地发展经济。实现自治后,印第安事务局应尽量减少干预。现在,约有1/4的印第安人生活在保留区里。印第安人在农业、工业、旅游和矿产方面都取得较大进展,尤其是矿产,美国1/5的石油和2/3的铀在他们的土地上。虽然如此,印第安人作为整体,还是落后于一般美国人,他们中有20%生活在贫困线下。

当1867年美国买下阿拉斯加后,爱斯基摩人也成了美国土著。他们属蒙古人种,很可能是在五千多年前从东北亚迁到北极海和白令海沿岸来的,分布在阿拉斯加、加拿大和格陵兰岛一带。他们终年生活在寒冷的北极圈内,只在短暂的夏季进行狩猎,他们的衣食用品几乎都从海兽身上获得,住的是用雪块搭成的雪屋。爱斯基摩人原本生活在原始公有制中,然而这半个世纪来,他们已经大大美国化了,石油带给他们丰厚的财富,孩子们在学校里受的是标准的美国教育。

夏威夷的波利尼西亚人大约是公元7世纪时从南太平洋岛迁来的,他们使用独木舟和故乡保持了几百年的联系后,便几乎与世隔绝。波利尼西亚人是棕色人种,社会组织相当完善,成立了王国。他们主要从事农业、渔业和航海,他们的双体木船可以进行远距离航行。1778年,英国探险家发现了夏威夷,随之而来的观光客带来了各种疾病,致使波利尼西亚人在半个世纪中人口减少了3/4。19世纪中,夏威夷发展甘蔗和菠萝种植园时,由于劳力不足,从中国、日本和菲律宾输入了移民。波利尼西亚人宽容好客,和移民相处融洽,现已相当现代化和美国化。花环和草裙舞是他们的传统,在一个名叫尼豪的小岛上,一切都还保留着原来的风貌。

三、欧裔

美国人口的大多数为欧裔,其中最大的英裔占15%,其余四大族裔为爱尔兰裔、德裔、犹太裔和意大利裔。英裔是美国最早的移民,他们带来了英语,带来了英国习惯法、代议制和审判制,盎格鲁—撒克逊白人新教文化长期居于领先地位,成为美国的主流文化。美国的移民史虽然是各民族融合的历史,但后来的移民都必须首先适应英裔的主流文化,目前美国人中约有2900万英裔。

爱尔兰人是最早的移民之一,殖民时期定居在山区边疆的苏格兰—爱尔兰移民是来自北爱尔兰的苏格兰血统的新教徒,并非现在所称的爱尔兰裔。所谓爱尔兰裔指的是凯尔特—爱尔兰人,他们是天主教徒,这两种爱尔兰人不仅互不相干,甚至带来了在故国时的敌对情绪。英国在17世纪征服爱尔兰后便实行惩罚性法律,直到1829年才废除。爱尔兰人在异族的严酷统治下,训练出一种私下组织起来进行反抗的才能,这使他们到美国后大显身手。

第一批爱尔兰移民于1820年代到达美国东北,他们大多是农民,没什么资金,只好停留在波士顿、纽约这样的入关城市,干最苦最累最危险的活,平均寿命只有40岁。1840年代,马铃薯歉收造成的饥荒饿死了爱尔兰300万人口中的100万,还活着的人携家带口大批逃往美国,他们占了这20年中美国移民总数的一大半。整个19世纪中,有400万爱尔兰人移居美国,主要分布在马塞诸塞、纽约、宾州和伊利诺伊四个州,其4/5居住在大都会地区,还有一些散居在他们参与修建的运河、公路和铁路沿线。美国有句老话:每根枕木下都埋葬着一个爱尔兰人。当时美国人认为他们穷困落后,不可同化。然而,经过几代人的集体努力,爱尔兰人发挥了他们的政治组织才能,利用美国的民选制度,逐渐掌握了所在地区的政权。1880年,波士顿选出第一位爱尔兰市长,随后又控制了纽约等一系列大城市的政权,这种状态一直维持到20世纪初的城市改革。在教权上,他们也同样成功,长期掌管着美国的天主教会。1960年,作为第四代移民的肯尼迪成为美国历史上第一个爱尔兰裔天主教总统。

一般来说,爱尔兰裔在政治上的成功并不一定意味着其他方面的成功。他们有善于辞令的传统,却未必重视教育,很少爱尔兰裔从事经商或学术,他们的社会进步速度在欧裔中是最慢的。但他们毕竟来得早,又没有语言障碍,两三代后大多陆续进入中产阶级,目前1600万爱尔兰裔的经济状况已经略高于美国的平均水准。

第七章 美国的多元化移民社会与美国民主

德裔目前约有2500万,人数仅次于英裔。18、19世纪当德国还处于各邦小诸侯统治时,德意志人便向北美移民。此后两个多世纪中,他们陆续来到美国,相对而言,不像有的民族那么集中。殖民时期的德裔大多由威廉·宾恩从德意志各邦招来,由于美国人发音的错误,被误称为宾夕法尼亚荷兰人。他们在边疆开荒种田,是出色的农场主和工匠。他们大多自成一体,至今仍有与世隔绝的阿密什人,过着当年的生活,拒不接受现代文明。独立时,德裔有300万,占殖民地人口的10%。

19世纪是德意志人移民最多的时期,共移民500万,集中在俄亥俄、伊利诺伊、威斯康星和密苏里四州。那些因为1848年革命失败而移民的德裔被称为1848年逃亡分子。德裔是反对奴隶制的坚定分子,他们中有30万人参加了联邦军。20世纪初,德裔加快了同化的速度。1930年代,为逃避纳粹,又有大批德国知识分子来美,成为美国科技文化领域的拔尖人物。德裔还给美国带来了啤酒、汉堡包、圣诞树等,他们在科学、医学、工业、教育、音乐等方面的成就也被广泛承认,他们的收入高出美国平均指数的11%。

犹太人自从公元70年被罗马帝国逐出故土,便开始了流落全球的寄人篱下的生活。虽然他们寄居的国度不同,但受到的歧视却大致相同。处于绝对少数的他们不得不逆来顺受,经常被隔离起来,在自己的孤岛内生活。由于他们没有拥有土地的权利,只好从事经商、放债等职业。18世纪后,他们的情况开始有不同程度的好转,在比较开明的西欧,犹太人开始享有政治权利。美国最早的犹太移民是从西班牙、葡萄牙迁来的赛发尔德犹太人,随之而来的是德国犹太人,称为阿什卡纳兹犹太人。美国革命时,犹太人不足3000。在东欧犹太人大批迁入前的1880年,美国犹太人口为50万,大多来自德国。他们散居在各地,当零售商和专业人员。在当年的货郎中,有些人发家成了富商大贾。

18世纪中,俄国占领了许多犹太人居住的东欧地区,对他们实行严酷的隔离管制和强迫同化,直到沙皇亚历山大二世才逐渐宽松。但是1881年亚历山大二世被刺,反犹骚乱迫使大批犹太人逃离。从1880年到1920年的40年间,共有200万犹太人迁移美国,其中75%来自俄国。他们最集中的聚居地就是纽约曼哈顿的东南端。东欧犹太人世世代代被隔离,保留着许多古老的习俗,穿着特别,举止粗俗,讲的是意第绪语,脸上还留着从隔离区带来的惶恐神情。他们难以散居,集居在贫民窟里,大多一家一户地将服装拿回家加工,被称为血汗工厂。早先来到的中产阶级犹太人现在已是居民区犹太人,后来的则被称为闹市区犹太人。

然而这些犹太人在收入、教育和职业方面的上升速度比其他种族要高出一倍。犹太人由于不能务农,长期生活在城市,且有经商传统,所以在适应美国城市的商业社会方面占了优势。再加上犹太人一向受歧视,十分珍惜美国所提供的机会和自由,犹太人之间的互助精神和慈善事业传统也有利于他们摆脱贫困。一般来说,他们比较同情弱者,在政治上先是倾向社会主义,后来倾向自由主义。此外,犹太人历来尊重知识,充分利用了美国的公共图书馆和公共教育。即便移民代未能提高受教育水平,第二、三代进入高等院校的比例也大大超过别的移民群。目前犹太人占美国人口的3%,在诺贝尔奖得主中却占了25%。大学教授中犹太人占10%,名牌大学中更占到30%。科学家、作家、富翁和影艺界中成功的犹太人数不胜数。

意大利人大批移居美国的时间和犹太人相仿,也在1880~1920年间,当时意大利也还没有统一。在此之前,美国约有5000意大利裔,大多来自比较富裕的北部,他们散居各地,不少是工匠小商,贩水果者尤为多。1880年,意大利移民首次超过1万,以后逐年上升,在20世纪的最初20年中共移民 300 万。这些移民主要来自贫困的意大利南部农业区,那里社会等级分明,农民贫穷无权。移民大多留居在东海岸大城市,有些从事食品店、餐馆的经营,更多的则依赖包工头介绍在工厂、矿井、石料场、捕鱼业里当劳工。还有一些到了加州,那里有一半人从事农业。

意大利裔视家庭家族利益高于一切,地区观念也很重,从同一地区来的人常聚居成一个小意大利。他们的互助会数量颇多,却从不合并,种族观念不如家族地区观念来得重,因此作为群体在政治上的进展不快。他们对天主教会也不如爱尔兰裔那么热中,教会势力不大,子女也很少送进教区学校学习。意大利裔重苦干,很自立,重视家族荣誉和互助,不到万不得已,不接受救济。现在,他们在收入上已经超过爱尔兰裔,政治上也开展起来了,逐渐在各方面融入美国社会。

四、非裔

美国黑人是北美最早的移民群之一,他们现在已经与非洲黑人大不相同。阿拉伯人在 8 世纪征服北非后,开始贩卖黑人为奴,送往西班牙和葡萄牙。欧洲人征服美洲后,许多人参与了在新大陆贩运黑奴这桩利润甚丰的买卖。在几个世纪中,估计有 1000 万黑人被强行卖到西半球,其中到达今天美国境内的有 40 万,18 世纪是黑奴买卖的高峰期。

现在美国约有黑人 3000 万,约占总人口的 11%。他们有三种不同的背景,一类是"自由的有色人"的后代,他们的先辈在内战前就是自由民。当首批黑奴于 1619 年到达弗吉尼亚时,他们的身份是契约奴,期满后有获得自由的可能,和其他殖民者没太大的区别。这批人肤色较浅,很早就适应了美国社会,接受教育比例高,成为黑人中的精英。1909 年,以威·爱·伯·杜波依斯为首的这批黑人领袖创立了全国有色人种协进会(NAACP),开始为黑人的种族进步而奋斗。

第二类是 1863 年被解放的黑奴的后代,他们是黑人中的大众。1661 年后,奴隶与否便以肤色区分,除了个别特殊情况,黑奴不再可能获得自由。美国革命时,黑人占人口的 18%。1808 年开始,美国禁止从国外进口奴隶,革命领袖们也大多主张废除奴隶制。但是从 1793 年轧棉机发明后,棉花种植成了南方不可抗拒的发展势头,奴隶制向西南方向转移,最后在极南部的几个州中牢牢扎下了根。在北方废除奴隶制后,奴隶制便成了南方的特殊问题。内战时,美国有 50 多万自由的有色人,黑奴则有 500 多万,他们长期被迫处于人身依附的状态,解放后一无土地二无资本三无教育,甚至连独立生活的能力也很缺乏。重建时期结束后,他们生活艰难,受歧视,被隔离,还要面对白人私刑报复的威胁。对南方所谓的"分离而平等"的种族隔离,最高法院于 1896 年宣判为合法。在如此不利的环境中,像布克·托·华盛顿这样一个奴隶出身的黑人领袖便从实际出发,号召黑人学习技能,加强训练,提高自身素质,改善种族的经济状况,而不强调意识形态,尽管他一贯主张黑人应享有平等的宪法权利。黑人大众起步晚,长期的奴隶制和种族歧视构成了他们上进的严重障碍,因而进步迟缓。

南方黑人在 19 世纪末 20 世纪初大举北上,到 1920 年,共有 75 万移居北方城市。北方第一次出现了黑人贫民窟,引起了北方社会的警惕甚至敌意。在南方,黑白两方被合法地隔离,在北方则处于实际上的隔离。从 1940 年到 1970 年代,又开始了第二次大迁徙,共有 400 万黑人离开南方农村来到北方城市,地理的跨度加上时间的跨度,适应过程无疑是极其艰难的。

第三类黑人来自西印度群岛,他们只占黑人总数的 1%,但收入却高出黑人收入平均数的一半。他们于 20 世纪初来到美国,大多住在纽约。由于他们在 1838 年就获得解放,比美国黑人早了一代,而且那里的奴隶制与美国不同,奴隶具备独立生活的经验,后来又有了城市生活的经验,因此适应美国生活比较成功。他们中专业人员、知名人士的比例大大高于一般黑人,有不少当上了纽约的警察、法官和行政官员。

二次大战后,美国黑人的进步加快。从1954年的布朗诉教育局胜诉后取消种族隔离到1964年民权法等的通过,黑人赢得了一系列立法的和政治的胜利,包括"赞助性反歧视法"。许多黑人利用美国士兵权利法上了高等学校。1990年,6/119的黑人具有大学以上的教育,是白人该比例的一半。黑人在音乐、体育、文学等方面都对美国文化作出了杰出贡献,三位美国黑人获得过诺贝尔奖,还有的当上最高法院法官、驻联合国大使、政府部长、教授等,一个新的黑人中产阶级也已出现。1994年时,南方有7000黑人在从政,国会有40个黑人议员。尽管有这些明显的进步,黑人的总体水平还是落后于美国其他族裔,表现在失业率高,就业率低,依靠福利的比例高,平均收入只有全国平均收入的62%。美国的种族矛盾主要围绕着黑人展开,非裔要完全融入美国社会还有待时日。

五、亚裔

目前美国有亚裔700多万,约占总人口的3%。亚裔主要来自中国、日本、韩国、印度、菲律宾和越南。最早成群来的亚裔是华人,被1840年代加州的淘金热吸引而来,从那时到实行《排华法案》的1882年,大约一共有37万华人到达美国。其中1/5留在夏威夷,其余在以加州为主的西海岸。1868年明治维新后,日本开始向外移民,从1880年代至1908年《君子协定》,移民约40万。日本人到美国比中国人晚了将近一代,他们中有1/3留在夏威夷,1/3留在加州。20世纪最初30年中,韩国、印度、菲律宾开始向美国移民,菲律宾移民数量最多,约有18万,其他移民不过1万。1924年移民法颁布后,亚洲移民被禁止,直到二次大战才开禁,此后有大批难民涌入。1965年移民法实行后,亚洲移民数目激增。越战后又涌入以越南人为主的东南亚移民。现在亚洲移民是美国增长最快的少数族裔。

二战前来美的华人大多来自广东台山,绝大部分为男性,他们留着长辫子,主要当农场劳工,还有1万多人参与了铺设太平洋中央铁路的路轨。由于语言不通,习惯不同,华人只能集居在一起,后来就形成了唐人街。华人中男女比例长期失调,在华人移民高潮的1890年男女比例为27比1,到1930年仍为4比1,唐人街的娼妓、鸦片和赌博众所周知。由于华人吃苦耐劳而所求甚少,遭到白人劳工敌视,美国工会带头反对华人。《排华法案》后,华人劳工被禁止入境,华人被禁止归化为美国公民,禁止上法庭作证反对白人,禁止与白人女子通婚。1913年的《外籍人土地法》又规定,不能申请成为公民的人不准在加州拥有土地,这样华人难以务农,开洗衣店和餐馆便成了他们的传统行业。华人得不到政府的支持,便自行组织起来,成立华人总会,自筹资金,发展经济,并保持自己的传统文化。第一代华人中不少返回了中国,也有的因为缺乏路资,被困在了美国,他们很不容易地坚持下来,并供子女上学。华人回避政治,默默工作学习,经济地位慢慢上升,受教育程度也随之提高,成功的华人陆续搬出了唐人街。

二战后来的华人大多来自香港和台湾,在1960年代中,由每年24万上升到44万。他们来自中国各个不同的地区,说的不再是广东话,而是国语。他们的背景也不同,大多有城市生活的经验,教育程度也高得多。在唐人街,他们显然不像老华侨那么循规蹈矩。现在,华裔作为整体,家庭平均收入已经高于美国的平均数12%,华裔受的教育多,有四分之一的就业华人是科学家、学者和工程技术人员,但唐人街在各种指数上则普遍落后。

日裔在美国的经历与华裔颇为相似,1909年《君子协定》禁止日本输出劳工后,又有1921年的女士协定,禁止日本妇女入境。珍珠港事件爆发后,在1942年3月至11月,有10万多日裔被关在加州至阿肯色州一带荒漠里的拘留营中,其中一半以上是在美国生长的公民。1944年,最高法院宣布此项拘留为违宪。二战中有30万日裔参战,表现勇敢,忠于美国。日裔一贯以勤奋创业、苦干节俭闻名,早期日裔多为农业工人和园丁,现在日裔已经融入美国社会,不存在清一色的日裔聚居区,在夏威夷日裔是最大的族裔。日裔家庭的平均收入超过美国平均数的32%,第三代日裔中有近90%的人上大学,从事专业性职业。

由于亚裔普遍的高收入、高教育、高就业率、低犯罪率和低福利享受率,美国媒介在1960年代开始将亚裔称为模范少数族裔。当然在亚裔中,状况也很不平衡,亚裔的人均收入仍然低于白人,但他们仍以进步快速令人瞩目。

六、拉美裔

美国目前有拉美裔2200万,约占总人口的9%,是第二大少数族裔。他们来自加勒比海和中南美,大多说西班牙语,宗教以天主教为主。拉美裔中墨西哥裔为最多,占60%,主要分布在西南各州。波多黎名裔占12%,大多住在纽约。古巴裔占5%,集中在佛罗里达,还有少量来自其他拉美国家。除巴西等个别例外,这些国家都曾处于西班牙殖民统治。西班牙殖民者基本上为男性,由此产生西班牙人、印第安人和非洲黑人混血的拉美人。拉美裔美国人中有西班牙人,但大多是混血。

美籍墨西哥人有500万之多,另有非法墨西哥移民200多万,其中有400万生活在美国西南五个州,一半在加州。最早的美国墨西哥人是随着美国对墨西哥土地的兼并而成为美国人的。拿破仑战争后,西班牙王朝瓦解,墨西哥获得独立,于1821年建国。1845年,移居墨西哥的美国人策划了得克萨斯的兼并。1849年墨西哥被美国战败后,几乎1/3的国土被迫割让给美国,这些土地后来成为美国的六个州和另外四个州的部分。对此,墨西哥人和政府都还记忆犹新。19世纪中期,有一批墨西哥人来参加西部淘金。世纪末,又有来修铁路的,还有许多是季节农工。

从20世纪开始,有过三次墨西哥人移民潮。第一次是世纪初的30年,当时墨西哥革命后引发内乱,1/10的墨西哥人迁移到美国,集中在得克萨斯、新墨西哥、亚利桑那和加州四地,大萧条结束了这次移民潮,成千上万的移民被强迫遣返,其中不少有美国国籍。二战开始后,由于劳力紧张,美国和墨西哥签订"临时劳工"计划,从墨西哥引进合同工。大批墨西哥人加入军队,进入军工生产,一些人战后受惠于士兵法案而受到高等教育,接近了主流文化。此计划于1964年正式结束,期间有400万未获得公民身份的墨西哥人被陆续遣返回国。第三次移民潮从60年代开始一直延续至今,60年代中就有44万墨西哥人合法移民美国,从此在数量上稳居移民榜首。同时,由于墨西哥和美国的工资差别悬殊,美墨之间又有3千多公里长的边境线,每年总有10多万墨西哥非法移民入境,其中有几万被遣返。因为最大的惩罚也不过是遣送回国,非法移民对此毫不在意。

波多黎名是加勒比海大安的列斯群岛最东端的一个热带岛屿,面积9000多平方公里,人口330多万,距离美国最近的本土佛罗里达也有一千多公里。波多黎名被西班牙统治了400年,1897年才获得自治权,但第二年美西战争后便归入美国版图,1917年后波多黎名人成为美国公民。二战后,波多黎各人获权自选总督和制定宪法。1967 年举行的公民投票表明,大多数波多黎各人赞成继续以免税的联邦地位留在美国而不独立。波多黎各人迁居美国本土也是二战后的事,由于机票降价,每年有 150 多万人来往于岛屿和本土之间,1970 年时居住在本土的波多黎各人有 150 万,相当于岛上的一半。他们绝大部分生活在纽约。

拉美裔的家庭平均收入约为美国平均数的 76%,墨西哥裔略高于波多黎各人。拉美裔受教育程度普遍偏低,从事的职业多为非熟练和半熟练工种。他们的家庭人口比一般美国家庭多,就业的妇女相应较少,这也是他们的家庭收入少的原因之一,享受福利的则较多。拉美裔大多不问政治,若投票就支持民主党。1960 年代后,他们的族裔意识增强,开始组织工会,涌现出本族的政治人物。但总的来说,他们的政治影响还与他们的人口不成比例,只是在实行双语教育等方面取得了一些成功。第二代拉美裔进步较大,通婚率提高,正处于逐渐适应美国文化的过程中。

第三节 合众国宪法

美国独立后与其说成为一个主权国家,不如说成了 13 个主权实体。原先反对英国统治的凝聚力消失后,邦联国会无权无财,难以应付国内外各种压力,甚至连基本的防务能力都不具备,合众国面临着存亡的危机。

一、宪法的目的和理论依据

1786 年年底,马塞诸塞州西部爆发了谢斯领导的农民起义,更是对美国敲响了警钟。大部分革命领导人达成共识:必须建立一个强大的统一政府,才能成为一个真正的国家,而不是 13 个独立州的松散邦联。1787 年 5 月,原本只有修改邦联条例作为唯一目的和权力的费城会议,在华盛顿、富兰克林、汉密尔顿和麦迪逊等人的领导下,开成了一个制宪会议,起草了一个全新的宪法,旨在建立一个全新的政府。它不再是各州的联盟,而是以公民个人为基础,能直接向全体公民个人行使权力的全国政府。这一具有革命性的更改决定了此后美国的发展,制宪者们被称为合众国的缔造者。如果说独立宣言确立了美国革命的理想,那么宪法就是以一部成文的根本大法来落实这些理想。

美国宪法的理论基础首先是人民主权论。1781 年通过的邦联条例只是州政府之间的契约,而宪法则直接以人民为基础。宪法的第一句话就是"我们,合众国的人民",再不是以各州的名义。正因为宪法是高于政府的,所以它不能由一般的议会来决定,必须由专门为此召开的制宪会议来制定和批准。政府的权力来自人民,目的在于保护人民的生命、自由、财产和追求幸福的权利。制宪的目的是确立政府,但政府并不为自身而存在,人民才是国家的主体和最终目的。

其次是天赋人权和社会契约论。美国宪法是在长期实践英国法律的经验上产生的,英国采取不成文法,而美国的一切法律都是成文法。宪法是社会的全体成员协商达成的契约,为的是"建立更完善的联邦,树立正义,保障国内安宁,提供共同防务,促进公共福利,并使我们自己和后代得享自由的幸福"。在宪法中,人民只是将自己的一部分天赋人权交给政府,使之具有必要的权威,而仍然保持了自己其他的权力。

在国体问题上,制宪者们并无太大的分歧,共和制是他们唯一认真考虑过的政体。他们既反对君主专制,也反对多数专制,同时考虑到美国疆域辽阔,因而决定不采用直接民主,而选择代议制民主,即人民不直接治理政府,而是选出代表来制定和执行法律。在这样的宪政民主政体中,民主是原则,也是程序。宪法不是笼统而抽象地谈论人民权利,而是具体落实到每一个公民,明确保障个人的基本尊严、价值、自由和权利。因为在制宪者们看来,个人才是社会和政府的最终目的。宪法的各种规定必须保证一个民选的政府始终处于人民的监督之下,保证人民自决自治的原则不至悄悄地被篡改。

制宪者们希望建立一个强大的全国政府,赋予它应有的权力来治理国家,但又不愿看到它强大得足以剥夺人民的自由,因此宪法遵循三权分立和制衡的原则。它谨慎地赋予政府的权力是分散而有限的,同时又用权力来制约权力,以野心来对抗野心,使其中每种权力都和其他权力相互制约,形成平衡。分权和制衡的目的在于监督权力,使之不至为害。制宪者们即便不全都持性恶论,也决不天真地认为人——尤其是掌权的人只能为善,更不信任权力机构。他们相信权力都有自我扩张的天性,必须加以限制和监督,即使是民选的执政者,若不受监督,也照样会无限扩张自己的权力,走向腐败。

美国宪法的理论依据是欧洲启蒙时代由洛克、孟德斯鸠等奠定的最先进的政治思想,制宪者们的特殊贡献在于精心制定了第一部切实可行的宪法,将这些原则付诸实践。

二、三权分立

制宪者们深信政府可以为害,于是将政府的巨大权力划分成若干小部分,致使任何决定不能由一方单独作出。哪怕处于多数的一派,也只能在有限的时间内控制政府的某个部分,而不可能同时控制全部权力。政府的权力分为立法、行政和司法三大部门,任何人只能在其中一个部门任职。三个部门的人员由独立而不同的方式在不同的时间和不同的范围内产生,因此具体负责的对象各不相同。权力划分后,各部门都具有宪法的和政治上的独立性。

宪法第一条第一款明确规定立法权归国会,国会由参议院和众议院组成。参议员由州议会选举产生,每州2名,任期为6年。参议员必须年满30岁,具有公民资格至少9年,并为该州居民。众议员人数按人口比例分配,当时为每三万人选举一名,由选民在自己的选区内选举产生,任期2年。众议员必须年满25岁,具有公民资格至少7年,并为该州居民。国会开会应有会议记录,不时公布于众,议员所投赞成票或反对票及其发言须明确记录在案。议员若有扰乱秩序行为,经2/3议员同意,可以将其开除。

第八款逐项明确规定了国会具有的权力,主要是设立机构、组织政府、制定法律、管理财务以及宣战的权力。具体的如规定并征收税金、捐税、关税及其他赋税以作国家防务和人民福利之用;铸造货币、确定度量衡标准;设置最高法院以下的各级法院;宣战和配备军队;保障著作和发明专利权等。权力的罗列意味着权力的有限,未罗列的权力均应被理解为国会所不具有的权力,国会若行使任何未规定的权力应被视为违宪。但为了使宪法有灵活应变的能力,最后加了一条"弹性条文",也称"默示权",规定国会具有"制定为行使上述各项权力和由本宪法授予合众国政府或其任何部门或官员的一切其他权力所必需而适当的一切法律"。

第九款规定了国会所不具有的权力,也就是被明确禁止的权力,如不得中止人身保护的特权、不得通过公民权利剥夺法案、不得授予任何贵族爵位等。

宪法第二条规定行政权归总统。美国实行典型的总统制，总统握有实权，有"民选的国王"之称。由于邦联国会的教训，制宪者们深感必须大权集中，有一位能令行禁止的行政首脑。总统的权力大致如下：执行法律、建议立法、否决国会的立法、处理外交、提名司法和行政官员以及统率军队等。在非常情况下，总统有权召集两院或任何一院开会。总统虽然对国会立法具有否决权，但对宪法修正案却不具否决权。总统人选必须出生时为美国公民，年满35岁，在美国居住至少14年。总统由选举人团选举产生，选举人由各州议会指定，其人数应与该州参议员和众议员的总数相等，但议员或政府官员不得被指定为选举人。

宪法第三条规定司法权属于最高法院和国会随时规定和设立的下级法院。司法权的适用范围包括宪法本身和其他合众国的法律、条约、涉外案件，以及以合众国为一方的诉讼和州际诉讼等。联邦法官由总统任命，参议院确认。法官一旦任职，只要行为端正，便可任职终身。

三、权力制衡

杰斐逊曾经说过："自由政府是建立在猜疑之上，而不是建立在信任之上的。"制宪者们精明地设置了种种障碍，使权力不能集中在任何一人或一个部门之手，以避免胡作非为或盲动。控制的办法主要是使每个部门都在别的部门中发挥一定作用，有能力延缓甚至阻止其他部门的行动，从而使它们相互制约，形成权力间的各种平衡。

但首先应该注意的是政府和人民之间的平衡。防止滥用职权的第一道防线当然是人民，人民掌握选举、监督和罢免官员的权力。国会由人民选举产生，对政府来说最重要的钱袋主要由民选的众议院来掌管，表达自由的权利保证了舆论监督的实施。总统虽然由选举人团产生，但选举人不得由议员或官员兼任，保证了立法和行政两大部门的人选由选民决定。

其次是联邦制。联邦和州各有自己的政府班子和立法。州政府的官员由各州自行选举产生，联邦政府无权任命州长或州级官员。州的立法虽然必须符合宪法，但是宪法保证州的领土与主权不受侵犯。两套平行的政府分别选举产生，联邦和州之间构成了又一种制衡。

宪法对政府三大部门间的制衡规定得更为详尽。在总统和国会之间，总统有权否决国会的立法，但是国会两院又能以2/3多数否定总统的否决。总统有权提名联邦法官和部长候选人以及缔结条约，但是都必须经过参议院的批准。国会可以通过弹劾将总统或法官免职，但必须达到三分之二多数。众议院独操弹劾权，参议院独操审判弹劾案之权。若总统受审，必须由最高法院首席法官主持审判。弹劾的结果只是免职，但被定罪的人，仍可依法受起诉、审判、判决和惩罚。除弹劾案外，总统有权对危害合众国的犯罪行为发布缓刑令和赦免令。

构成国会本身的两院之间也彼此制衡。参议院和众议院互有否决权，也就是说，任何立法必须由两院同时多数通过。一切征税案都由众议院提出，但法官和官员的任命都由参议员批准。众议员由选区人民直接选举产生，每2年选举一次，更换全部议员。参议员由州议会选举产生，每6年选举一次，只更换1/3的议员，由此保证国会的连续性。而总统是4年一选，在两次总统选举之间的议员选举称为中期选举。宪法规定，当第一批参议员产生后，尽快将其分为人数大致相等的三部分，一部分2年后改选，一部分4年后改选，一部分6年后改选，从此形成每次更换1/3的局面。

司法和其他两部门之间同样构成制衡。总统任命最高法院法官，但法官上任只要忠于职守，便可终身任职，这就保证他们不再受到任何权力或私利的牵制，以便作出公正的判决。最高法院有权对包括宪法在内的一切法律作出解释,从而导致了司法复审权的确立。法院有权宣布国会通过、总统签署的法律为违宪而非法,总统和国会都必须服从法院的判决。但是最高法院无权否定宪法修正案,国会若要否定最高法院对于某项法律的违宪判决,可以通过宪法修正案,这样便与法院无关。同时,国会有权对玩忽职守或犯罪的法官提出弹劾。

四、政教分离与军政分离

政教分离是美国立国的基本原则之一,也是对政府的重要制约,制宪者对此毫无异议。宪法第六条规定,"决不得以宗教信仰作为担任合众国属下任何官职或公职的必要资格。"第一条修正案又规定,国会不得确立国教或禁止宗教自由。

宪法规定,国会有权制定有关管理和控制陆海军队的各种条例,制定民兵组织、装备、训练和管理的办法。军队和民兵的职能是执行联邦法律,镇压叛乱和击退侵略。

美国总统为合众国的陆海军总司令,又是民兵奉召为合众国执行任务时的统帅。军队被置于国会和总统的直接控制下,只有执行联邦政府法律的责任而无权干预政治,更不能非法地用于派系之争。

五、公民的自由权

公民是国家的主体,政府的存在是为了维护公民的权利,因此宪法作为一个根本大法,不由议会批准通过,而必须由高于议会的权力——人民直接组成的制宪会议来批准,费城的制宪者们的这一决定是有意将宪法置于政府及其他一切法律之上。

1787年的美国人刚刚摆脱了一个强大的英国政府,因此很多人并不欢迎再建立一个强大的全国性政府。宪法制定后,虽然联邦党人以他们的威望、雄辩、精明和干练明显地压倒了反联邦派,但是仍然不得不作出妥协才使宪法得以通过。这妥协就是现在称为"权利法案"的第一至第十条修正案。联邦党人宣称,宪法本身赋予政府有限的权力,因此公民的这些权利已经包含在宪法之内了。但许多人还是担心公民的权利得不到保障,坚持将它们列入宪法,最后便以修正案的形式于1789年由第一届国会通过,1791年获得州的批准。

这十条修正案重申了州权和公民不受侵犯的权利,它们主要是宗教自由;言论自由;出版自由;和平集会自由;持有和携带武器的权利;住房不受侵犯的权利;人身、住所、文件、财物的安全保障;不受无理搜索拘留的权利;犯法时有受陪审团公开审判的权利等。并且重申,"宪法未授予合众国、也未禁止各州行使的权力,由各州各自保留,或由人民保留。"这等于再一次确认了合众国的权力来自人民和各州,人民和各州为了自身的利益,通过宪法这一契约的方式将自己的一部分权力赋予了合众国政府,但仍然保留了其他的权力。

六、宪法的民主化修正

制宪者们考虑到宪法是一部根本大法,涵盖面广,所以措辞简洁而笼统,全文不足5000字,留有充分的解释和修正的余地,使之能与时代一起进步。他们也考虑到宪法毕竟不宜经常变动,因此为宪法的修正设置了不少障碍。宪法的修正权在国会和各州,总统对宪法修正案无权否决,最高法院对修正案亦无司法复审权。

宪法的修正案可以用两种方式提出：一是国会两院的2/3多数提出修正要求，二是2/3的州提出要求召开制宪会议。批准的方式也有两种：一是3/4州的议会通过，二是3/4州的制宪会议通过。宪法修正案中经常写明必须在国会提交各州之日起7年内批准，否则无效。

迄今为止，美国一共通过了27条宪法修正案。10条权利法案是与宪法同时通过的，后来通过的有17条，其中第二十一条是取消第十八条的禁酒。分析这27条修正案，有的属于技术性的，如规定总统上任和国会开会的日期时间，总统与副总统的继任办法等，但总的趋势无疑是推动美国向民主化的方向发展。第十三条修正案废除了奴隶制，第十四条修正案给予被解放的奴隶以公民身份及同等法律保护，第十五条修正案给予被解放的奴隶中的成年男性以选举权，内战后制定的这三条修正案可以说为以后的修正案确定了大方向，促进了美国的民主化进程。第十六条授予国会征收所得税之权力，第十七条规定参议员由人民直接选举产生，第十九条给予妇女选举权，第二十二条规定总统任期不得超过两届，第二十四条取消某些州存在的限制选举的人头税，第二十六条将具有选举权的公民年龄从21岁降至18岁，第二十七条规定同届国会不得自行提高议员所得报酬。一条条修正案的制定使享有公民权和选举权的人数与1787年宪法制定时相比，增加了何止一倍，可以说逐步实行了普选制。正是美国宪法本身具有的灵活性和人民主权，使之得以合法地自我完善而不必诉诸革命，终于成为目前世界上使用最长久的成文宪法。

宪法禁止确立国教，美国也不存在统一的意识形态规定，在精神方面维系全体国民的主要是对其基本政治结构和价值观念的认同和信念，而宪法正是它们的集中体现。宪法第二条第一款规定，每一位总统就职时必须作如下宣誓："我庄严宣誓我一定忠实执行合众国总统职务，竭尽全力维护、保护和捍卫合众国宪法。"宪法是美国的核心，美国人心目中最神圣的权威，它包含着他们公认的自由平等公正。它具有最高的约束力，任何联邦的法律或州的宪法和法律都必须与之相符，任何国体政治的重大变动都必须经过宪法这一关，任何人都必须遵守宪法，不得超越其上。二百多年来，新事物新问题层出不穷，决非制宪者或任何人所能预见，世风、习俗和观念也随之变化。然而宪法却保持了基本不变，其中4/5的原文无须改动仍能适用。宪法所体现和保证的对于权力的控制监督、政府的稳定性、连续性、政府行为的正当程序和妥善决策等等，使美国的体制能不断地适应变化，跟上时代；使美国的发展，尤其是权力的转移，能相对平稳而合法地进行。

第四节　联邦制与司法制度

美国是先有州后有国，建国初期的美国人对本州的忠诚远胜于对合众国的忠诚。宪法确定了联邦制，划分了全国政府和州政府的权力范围，明文规定了它们所共有的权力以及各自所拥有的和被禁止的权力。全国政府和州政府的权力均由宪法授予，州权不是来自全国政府，因而不能由全国政府收回。全国政府和州政府构成联邦制中的二元，作为并列的同等主权实体实行共管。两个政府都由民选产生，都直接对人民行使权力，每个美国公民同时接受它们的治理。州之下还有市、县等地方政府，它们的设立和权力由州政府授予，合众国宪法中不作说明，州政府和地方政府之间只是单一制中的从属关系。现在，全国政府通常被不很确切地称为"联邦政府"。

一、双重政府

制宪者们确定联邦制政体首先是基于当时已经存在13个独立政府的现实,但他们也认为联邦制自有其不少优点。双重政府无疑使政府权力分散,符合防止专制、保护自由的制宪原则。人民可以通过对两个政府的不同态度促使其平衡,当他们的权益受到一个政府侵犯时,可以将另一个政府作为保护自己的工具。联邦制分州管理,因此不必在任何事情上都强求全国一致,这样既避免了统一标准的麻烦和弊病,有利于各州因地制宜地进行治理,又能鼓励各州成为小范围革新的场所,失败了损失有限,成功了推广全国。1920年通过的第十九条修正案赋予妇女选举权,而怀俄明的妇女则在1888年就开始享有选举权了。二百多年来的经验表明,由于联邦制下的权力分散,极大扩展了人民参政的机会和效果,符合美国人自治的观念和习惯,活跃了政治生活。

全国政府对州政府的责任由宪法第四条规定如下:全国政府保证各州实行共和政体,保护各州免遭入侵,并应州的请求平定内乱。各州之间的关系应该是相互尊重彼此的法律、文件和司法程序,各州公民享有同样的特权和豁免权。全国政府尊重各州的领土和主权,但新州必须由国会接纳方可加入联邦,各州无权以任何方式建立新州。当全国政府和州政府之间或各州政府之间在理解各自的职权上发生分歧时,由联邦最高法院裁决。

联邦法律至上的原则由宪法第六条作出规定:合众国法律和条约为全国最高法律,各州法官均应受其约束,当州的宪法和法律与之相抵触时,以联邦法律为准。第一条第十款还明文禁止州政府行使以下权力:缔结条约、参加同盟、发动战争、铸造发行货币、剥夺公民权利、授予贵族爵位、私自征收进出口税、和平时期保持军队等,州际协定须经国会批准方能生效。而全国政府在行使权力时也不得实际妨碍各州履行职责的能力。制宪者们认为,列出禁止各州行使的权力便已说明各州拥有未被禁止的权力,但由于各州的要求,第十条修正案将这一暗含的意思明确地表达了出来,规定凡未授予合众国,又未禁止各州行使的权力,由各州或人民保留。

联邦制中两个政府的关系一直是美国政治生活中一个重要问题,但无论是持国家主义观点的还是州权论者,都并非只是出于纯粹的理论考虑,而是含有具体政治内容的。合众国初期州权论者相对强大,不止一次地提出并尝试过对联邦法律的否决权。当南方极力维护奴隶制时,州权的喧嚣达到了顶点,终于导致分离。联邦在内战中的胜利使州权论者受到致命打击,从此无力与联邦政府抗衡,美国在精神上实现了真正的统一。但直到内战后,联邦政府和州政府分权分管的局面还是基本未变,联邦政府基本上只提供全国性的邮政服务,负责给州拨地建学校,修运河,筑铁路,对付印第安人,防卫边境,实行宅地法等。医疗、治安、商业管理等纯属州务。此后的一系列社会变迁,包括工业化、都市化、一次大战、大萧条等,尤其是罗斯福新政的实施,使联邦政府的权力逐步扩大到统管经济及社会保障,因为解决这些全国性甚至全球性的经济、政治和外交问题已经完全超出州政府的能力了。这时的联邦制中共有权增加,具有明显的合作关系。两个政府的权力同时增加了,而联邦政府的增扩更大,从新政开始的联邦拨款连续发展了40年,在州和地方政府中发挥很大作用。

20世纪70年代初这一趋势开始逆转,两党的保守派都要求回到二元的联邦制,尼克松在1972年提出"新联邦",推出联邦和州的"岁入分享"计划,项目拨款也改为一揽子拨款,使地方上有更多的支配自管权。但国会并不愿意放松对资金的支配权,1986年又恢复到原先的方式。里根上台后坚持削减联邦的国内开支,让更多的事情由州和地方去做,现在美国政府职能开支的2/3在州和地方。虽然联邦和州的关系并非一成不变,但联邦政府的作用在过去的二百多年里无疑一直在加强,和每个美国人的关系越来越密切。然而,联邦制的框架和原则基本上还是按照宪法所规定的形态存在着,州政府仍然活跃而有效地治理着各州。

联邦政府职能的扩大主要是通过它所拥有的三大权力——战争权、州际和对外贸易权、征税开支权,由于社会的变化,一件事所涉及的方方面面日益广泛,可以达到无所不包,现在只要宪法不明文禁止的事,联邦政府几乎都有权处理。例如战争动员肯定会涉及经济的各个部门,种族歧视极有可能妨碍州际贸易,如此类推,联邦政府对很多原本不属于它职权范围的事都有了介入的理由和机会。目前,联邦制的运作方式主要是联邦政府拨款,州政府办事,拨款成了联邦政府的主要干预手段。罗斯福新政前,联邦拨款只占州和地方政府开支的2%左右,现在则占到30%左右。60~80年代是联邦拨款猛增的20年,1960年只有50个联邦拨款项目,1980年增至500个,总支出超过800亿美元。这是因为联邦政府通过了大量有关医疗保健、教育、社会福利、环境保护、城市复兴等方面的法律和项目,州和地方政府必须依靠联邦拨款,才能兑现所定目标。

联邦拨款采取不同的方式,主要有分类拨款、项目拨款、整批拨款和岁入分享。前两种更接近于专款专用,后两种给予州和地方更多的自主权。联邦通过拨款时的附加条件和监督使用在实际上控制着它依法不能管理的事务,例如国会无权管理教育,但通过是否拨给州用于教育的专款,便可使学校实施赞助性反歧视法,中断拨款规定还给予国会撤回已拨款项的权力。但是,联邦政府也并非完全能通过拨款来控制州政府,实际操作更像是双方的讨价还价。国会议员都来自各州,代表着各州的利益,正是他们在决定联邦征税的总数,而且由于州与州之间的竞争,拨款一般都是平均的,也不统一规定使用方式。来自全国的联邦税收统一分配后用于各州,其实也是在贫富不同的州之间实行的一种平衡互助。

随着联邦预算赤字的不断上升,从卡特政府开始便在削减开支。到里根上台,更是将限制联邦政府规模、把权力还给各州作为他改革的目标。从此,无论共和党还是民主党的总统,都不得不限制联邦开支,以达到更好的财政收支平衡。

二、国会

国会由众议院和参议院构成,附设国会图书馆等机构。众参两院各有自己的一套班子和运作规则,既有相同之处,也有不同之处,相互协调配合。

各州众议员人数统一按人口比例分配,最早是3万选民中产生一名。但是从1929年开始,众议院人数确定为435名,按人口分配,因此当一个州人口下降时,该州的众议员名额也将随之下降,从而影响到它的总统选举人总数。

众议院每年要处理大量议案,不可能在全院范围内来研讨决策,因此采取委员会制。议案分门别类,首先交付各委员会调查论证。每个委员会都是一个独立的小权力中心,当它召开听证会时,有权传唤行政官员作证。现在众议院有22个常设委员会,每个委员会由30多名议员组成。委员会又有下属的小组委员会,总共有135个。众议院的首席官员是众议院议长,由多数党选定一位资深议员担任,多数党领袖协助他工作。议长是众议院中最有实权的人物,他有权将立法送交委员会、决定议案和议事程序、认可发言、指派议员参加特别委员会和协商委员会、选任议事规则委员会的大部分委员等。他的政治影响和幕后策划能力也非同一般。少数党也有一位领袖,当该党成为多数党时,他就成了众议院议长。委员会的委员常由各党全体议员开会协商选派,委员会主席和多数委员通常来自多数党,须有能力在该专门领域内进行工作。主席习惯上论资排辈,由资历最长的一位担任,但现在也改成选举产生。

参议院主要是个负责审查的院,对总统的行动和任命表示认可,它的规模比众议院小得多,开会时也更随便,有更多的时间进行辩论。参议员每州2名,总数为100名。参议院也分成委员会进行工作,现有16个常设委员会,每个委员会十几人或二十几人不等,每个参议员大约要在3个委员会的8个小组委员会任职。委员会中最重要的有外交委员会、财政委员会和拨款委员会等。

参议院议长由副总统兼任,他平时没有投票权,只有在双方票数相等时,才有权投下关键的一票。副总统缺席时,由多数党推举一名临时议长,由于参议院议长不起作用,一般由资历较浅的议员担任。参议院中最有影响的人物是多数党领袖,他可以决定议事日程。

宪法赋予国会很多权力,并且通过"必需而适当"这个条款赋予它一种应变的权力。但是在实际政治中,却是总统的权力一直在扩大。水门事件后,国会有意识地进行改革,努力恢复自己的权力,通过了一系列立法来加强对白宫的控制。除了立法外,国会还是选民的代表,要负责平衡地方、州和国家的关系。国会也是全国性的辩论场所,所有重大问题都要在这里辩明决策。在改革后的20多年间,国会的工作人员增加了4倍,达到3.2万多名,扩大了自己的情报来源,加强了进行独立预算研究和调查的能力,减少了对行政部门的依赖。但国会的工作人员并不都在华盛顿工作,为了便于和自己的选民保持联系,他们中有三分之一在家乡工作。

三、白宫

总统是美国唯一的一位由全国选民选出的官员,他所领导的行政部门是美国政府中最大的部门,有工作人员300万左右,分为国务院、财政部、国防部、司法部、内政部、农业部、商业部、劳动部、卫生与公众服务部、住房及城市发展部、交通部、能源部、教育部等13个部。部下设处、局、科、署等机构。正副部长和大使等最高一级的官员都由总统任命,参议院批准,但是99%的官员是通过文官考试后录用的。

总统内阁包括国务卿和主要部的部长,但美国内阁的作用常因总统个人的喜好而定,现在的总统往往更器重他的私人顾问。1939年后,总统的行政办公机构包括白宫办公厅、管理预算办公室、经济顾问委员会、国家安全委员会和中央情报局等。总统班子中有他的私人顾问,他们大多来自他的竞选班子,还有新闻秘书、国会联络人、演讲撰稿人及其他助手。此外,联邦政府还设有一些独立的行政机构来管理专门事务,如人事管理总署、州际商业委员会、联邦贸易委员会、联邦储备局、国家航空航天局、美国邮政总局和美国新闻总署等。

宪法赋予总统极大权力,除了执法、军事和外交外,他其实还有相当的立法权,因为宪法规定他必须随时向国会报告联邦情况,建议必要和妥善的措施供国会审议,并有权召集特别会议或宣布休会。总统所提出的建议往往就成为立法的依据或议案本身。总统还有权考虑优先拨款的事项,有的总统还使用行政权扣留拨款,从而在执法过程中将自己的意志凌驾于国会之上。虽然战争权属于国会,但是长期以来,总统通过行政命令调动部队,使美国实际上处于战争状态。鉴于越战的惨痛教训,国会于1973年通过战争权法,规定决定战争的权力属于国会。在外交上,宪法规定外交条约必须由参议院的2/3多数批准,总统为了避免这一麻烦,很容易使用行政协定来代替条约处理外交，因为行政协定根本不需要参议院批准。总统还握有否决权，否定两院通过的议案。他甚至不需使用否决权，只要将议案搁置10天不签，议案便自行作废。

四、联邦政府的立法决策程序

由于宪法在建立全国政府时考虑的主要是限制政府和保障民权，因此联邦政府立法程序的规定颇为复杂。同时国会的活动和辩论都是公开的，给人以一种吵吵嚷嚷、讨价还价的低效率印象。

所有议案都必须由参议院或众议院提出，每年议案数可在1.5万左右。当一项议案由一个众议员提出后，它在分类后首先交有关委员会的有关小组委员会审议，在这一关口上约有95%的议案就被淘汰。受到支持的议案便进入调查研究阶段，召开听证会听取意见，然后小组再讨论修改和投票表决，通过后便送到上级委员会。当上级委员会也审议赞同后，就送交众议院进行全院范围的辩论表决，如获通过，便将此议案送交参议院。

议案到参议院后，以上的全过程又再重复一遍。如果一项议案由参议院提出，也要经历同样的过程后送交众议院。当两院都在全院范围内审议批准后，便可送交总统签署。如果两院有分歧，便由一个两院共组的协商委员会来协调不同意见，最后产生一个妥协案，送交总统签署。总统对议案只能接受或者拒绝，不能做任何修改或批准其部分。当总统签署后，该议案便成为法律，通常以议案最初提出者命名。若遭总统否决，议案退回国会，但国会两院可以以2/3多数否定总统的否决，使议案照样成为法律，但一般来说，集合这样的多数并不容易。

从议案提出到成为法律，期间要经过十多道关卡，在任何一关上都很有可能被否定或延误掉。小组委员会、委员会、两院都有权不予通过，此外还有一些特殊的方式，一是总统的搁置否决，即在提案送交后10天不作处理，使它自然取消。二是参议员的冗长发言也可达到同样目的，在众议院中，议员的发言是有时间限制的，但参议员的发言时间不受限制。当一个参议员有意耽搁掉一项议案时，他可以发表喋喋不休的演说，阻挠会议进程。为了讨论别的问题，会议只好将这项议案撤下搁浅。当会议即将休会时，冗长发言更能产生威胁。几个议员如果联合起来，只需隔一段时间对发言人提出一个很长的问题，使他得到足够休息，他就可以继续冗长发言来达到目的。现在，参议院已对此进行改革，规定只要有五分之三多数即60位参议员投票赞成结束冗长发言，发言便只能再持续一个小时。

五、总统与国会的选举产生

联邦政府的三个部门中，除了司法官员是任命外，总统和国会都由民选产生。美国共有民选官员约52万，为世界之最。

宪法对担任总统职务的人只规定了三个条件：出生时为美国公民，至少35岁，在美国境内居住至少14年。总统由选举人团选出，每州选举人数等于该州参众两院议员总数。选举人团总票数为国会议员总数535张加上首都华盛顿特区的3张，总共是538张。选举人由州议会所定方式选派，但议员或官员不得任选举人。选举人在州内投票选出两名总统候选人，其中至少一人不能是本州居民。该名单和票数在签名封印后送交参议院议长，各州证明都到齐后由议长在两院全体会议上当众开拆，随即计票，得票最多又过半数者为总统，即至少270张。如无人过半数，由众议院从得票最多的5人中选举一人。如过半数者不止一人且票数相等，由众议院投票选举其中一人。选举时以州为单位,每州一票,票数过半即可。总统选出后,得票最多者为副总统,若出现票数相等,由参议员投票选出副总统。选举人的选举时间和他们选举总统的投票日期由国会确定,全国统一。经过二百余年的变迁,尤其是全国性政党和大众传媒的巨大影响,美国总统的选举虽然在形式上与宪法规定的差别不大,但实际操作却已经和以往很不相同了。

总统任期四年,因此每四年举行一次大选。大选过程可分为三个阶段:预选、政党的全国代表大会和秋季大选。

一般在大选前一年或一年半,准备竞选总统的人就要在记者招待会上正式宣布,在大选年的2~6月各党竞选人通过预选减至一人。预选的方式各州不同,20世纪以来,大部分州采用了总统预选,其余的州仍沿用旧式的核心会议即党的代表会议。总统预选也有开放和封闭等不同种类,实行开放预选的只有6个州,所有选民不论党派都可参加。实行封闭的只有登记的党员可以参加。有的州让选民投两张票:一张上写明要谁当总统,另一张选举出席政党全国代表大会的代表。有的州只投后一张票,但代表对总统的投票意向一般都比较明确。预选日期最早的州是新罕布什尔,因此格外令人注意。核心会议就是州的政党代表大会,代表们由对全体党员开放的投票区党代会逐级选举产生,每次会议上党员对候选人及竞选有关问题进行讨论,选举出席上一级会议的代表。核心会议日期最早的是艾奥瓦。当全国的预选和核心会议都举行之后,政党的候选人也就基本有了眉目。

政党的全国代表大会通常在7、8月份召开,政党公开举行全国代表大会的传统是由杰克逊时代的民主党开始的。虽然开会时候选人实际上已经决定,但全国代表大会还是一次重大的政党盛会,一般要开3、4天,会上提出全国委员会的报告、确定方针、通过政纲、弥合竞选时产生的分歧、显示全党的精诚团结。各州代表人数按该州选民比例分配,代表们基本上按选民的意愿投票。大会最后一天选出该党总统候选人,副总统候选人则由总统候选人提名,人选经常是为了达到平衡,争取更多选票,现在总统候选人往往在会前便已宣布他的竞选伙伴。

从8月下旬到11月初,总统候选人就忙于制定竞选策略,在全党的支持下,开动一切竞选机器进行宣传,扩大影响,并有选择地四处竞选,发表演说。所去之处往往是两党势均力敌,意见有争议,结果不明朗的地方,选票多的大州当然也是重点。从1960年起,总统候选人开始进行公开的电视辩论,使全国人民对他们有直观的了解。从1976年起,副总统候选人也开始进行电视辩论。

全国选举日定在11月初,选民们并不直接投票选举总统,而是在两份政党提出的选举人名单中进行选择。担任选举人大都表示一种荣誉,他们的倾向是明确的,所以选民们实际上也就是在选总统,这场选举称为"普选"。两份名单中得多数的那份为胜者,根据"胜者得全票"的原则,该州的全部选票都归它,因此争取像加州这样拥有最多选举人票的大州就格外重要。12月第二个星期三后的第一个星期一,获胜的选举人去各州首府,将选票投给本党的候选人。选票集中到众议院议长,两院在1月初计票,正式宣布下一届总统。1月20日,新总统宣誓就职,新的一届政府上任了。

参议员和众议员的选举往往更多地依靠个人而不是政党。参议员任期6年,每州2位,在全州范围内选出,竞争激烈,在正常情况下,每次只选举一位。第十七条修正案将参议员的选举由各州议会选举改为由人民直接选举。参议员出现缺额时,由州行政当局发布选举令进行补选,此前由州议会授权行政官员任命临时参议员。众议员每两年全部改选,在各自的选区内进行选举。竞选议员的人必须建立个人的竞选组织、筹集资金、雇请竞选专家总管、争取政党提名。他们除了广告宣传外,还须挨家挨户地进行个人接触和游说,内容以地方性的问题为主。如果获得提名,他们便可得到政党投票集团的支持,只是现在党派忠诚已经明显下降。众议员要和选民保持经常联系,奔走于家乡和华盛顿之间,相当辛苦,报酬也不高,因此竞争不如以往激烈。议员利用在职的知名度和特权,大约百分之八九十可以重新当选,一般可任职十几年甚至几十年,现在自动引退的议员也增多了。

美国选举中发现的问题很多,例如美国人对总统的期望很高,既要他作为行政首脑提供坚强有力富于创造性的领导,又要他作为精神领袖高瞻远瞩,能激发全民的想象和士气,还要能平易近人、品质高尚、足以为人师表。在外交上,总统又是国家的象征,要求他能维护世界和平,有大国领袖的气度。这些品格和能力加在一起,几乎就是完人了。但是目前的竞选方式却越来越成为对候选人辩才和体力等因素的考验比较,而这些未必是他们的职务所最需要的品质和才能。此外,像"胜者得全票"的原则是否能代表选民意愿也颇有争议。

但是,竞选中最令人担忧的还是竞选经费问题,竞选已经成了一项耗费巨资的政治活动。20世纪80年代初,一名众议员的竞选经费在50万到200万以上,一名参议员竞选可耗资100万到700万。尼克松在1972年大选中的花费达6000万。1976年全国所有竞选费用为17500万,到1980年则达到5亿。竞选资金主要来源于私人或集团捐款,他们会要求政治回报——谋求职位或通过有利于自己的法律等,这就造成政治上的舞弊和腐败。水门事件后,要求改革竞选筹款和政治资金管理的呼声越来越强烈,1974年国会通过了竞选改革法,设立联邦选举委员会,管理总统及议员的竞选资金筹集,候选人必须报告捐款开支实况。联邦可以向候选人提供一定的竞选资金,凡接受的总统候选人可以在全国代表大会前开支1500万,其中半数由联邦竞选基金提供。获得政党提名的候选人可以在大选中开支3000万国库资金。私人捐款也有了限制,一个人捐给一名候选人的款额不得超过1000美元,团体捐款不得超过5000美元。但是对个人或组织在不与竞选发生联系的单独活动中的开支不限。竞选筹款法限制了巨额捐款人的作用,并使捐款和开支公开化,但弊病和漏洞也还是很多,小额捐款的作用加大了,通过变换方式仍然可以集中巨款。单独开支不加限制是个大漏洞,对政治活动委员会日见增长的开支势力也还是无能为力。而且该法不适用于国会议员的选举。批评者说,富裕的候选人从中获益,不富裕的和独立的候选人处于不利地位。也有人认为,由政府资助竞选等于向选民征税却剥夺他们选举的权利。

六、州政府的构成与运作

美国的联邦政府在加强的同时,州和地方的政府也在加强,而且承担着更多的政府职能。虽然州政府的结构各有不同,但大致和联邦政府相似,都有一个成文宪法。州宪法一般很具体,因此长度往往超过联邦宪法,有的可长几倍,修改频率也更高,有的已经修改过两百多次。州宪法和联邦宪法一样,都遵循分权制衡的原则,州长负责行政,州议会负责立法,州法院负责司法。

除内布拉斯加外,美国所有的州议会都分为参众两院,规模各州不一。参议院通常有40人左右,一般任期为4年。众议院通常有100人左右,任期为2年。参议院议长一般由副州长担任,众议院议长由多数党领袖担任。根据合众国宪法,州有自主权,州议会拥有未授予其他机构的一切权力,负责征税拨款、建立并检查各种行政管理的机构、设立法庭、规定选举人资格、举行各级选举、进行案例调查、为选民提供服务等。州议会也和国会一样,以委员会的方式进行专业化的决策。大州的议会终年处于工作状态,小州的议会一般每年集会一次,会期2~3个月。两院议员均由州的全体选民选举产生,选举根据一人一票和公正的原则按选区进行。20世纪60年代前,农村和小镇在州议会中所占名额比例一直高于其人口比例,60年代重新划分选区后,规定同等代表名额代表同等人口,提高了城市的代表比例,从此每隔10年就根据新的人口调查结果重新划分选区。美国现在共有州议员7438名,他们大多为兼职,需要往返于州府和自己的选区之间,不仅辛苦,而且影响私人生活和工作,加之薪俸不高,大多不求连任,所以每届议会都有1/3为新人。原先议员多为中产阶级的白人男性,律师出身者最多。现在妇女和少数民族的议员人数增加,约占1/5。

州长为一州之长,具有最高行政权、财政预算权、任命权、否决权和赦免宽恕权。州长还有权召开州议会的特别会议,颁布具有法律效力的行政命令。州长也是州国民警卫队的总司令。与总统不同的是,州长的否决权包括项目否决权,可以否决议案的某些部分而保留其他部分。但是州长的任命权明显少于总统,州政府的官员大多选举产生,主要有州的检察长、州务卿、司库、审计官、学监等,他们相对独立于州长,党派也不那么重要。州长这一职务在美国独立后刚产生时,由于总督这一职务的联想而使人颇感疑虑,不愿委以重任。现在州长的职责在加强,为了保证配合成功,正副州长实行联袂选举。竞选州长的条件一般是年满30岁,在该州居住至少5年。州长任期4年,现任州长中律师出身的占了一大半,其次来自企业界。

每个州都有自己的最高法院,下属的有上诉法院和县市的初级法院。法官有任命的,但大多选举产生,因而对民意更为尊重。他们通常都有4~15年的固定任期,也更容易被罢免。作为法官,必须摆脱党派之见做到不偏不倚。对法官有规定的评估程序,专门的委员会负责处理法官的渎职行为。

在州的立法过程中,有组织的利益集团和州的政治行动委员会对州议会能施加很大影响。教师、劳工、各种经济势力和行业组织起来,进行大量的院外活动,促使法律的通过或否定。20世纪70年代以来,在州和地方一级的政治中,直接民主的方式正在出现和推广,其中包括创制权、公民否决权和罢免权。创制权允许任何个人或利益集团草拟州的法律或宪法修正案,然后征集同意者的签名,签名人数一般规定为上次选举投票选民数的5%~15%,签名数达到后,便与提案一起交给指定官员,等待在下次选举中投票表决。公民复决权是公民以多数否决立法的一种方式。罢免权是公民通过请愿书并征集签名来罢免那些由选举产生而任期未满的官员,不必提出控告和证明过失,签名数一般要求达到选举该官员选民数的25%。人们对这些直接立法的方式意见不一,有的怀疑公民是否有足够能力对各种问题作出准确判断,是否更容易为利益集团所操纵,并认为这样做有悖于代议制的原则。但实践结果表明,人民欢迎这样的参政机会。在20世纪80年代中,全国各州每两年就有大约250个问题通过公民投票表决,而且他们的判断也并非想象中的那么草率。

七、地方政府

美国50个州分为8.3万个地方政府,平均每州一千至两千个。地方政府没有主权,只是州政府的治理工具,由州的宪法或立法来划分地方政府的管辖区域并决定其权力,合众国宪法上根本没有提到地方政府。各州地方政府的构成大同小异,一般都逐级分为县、镇、市、教区、学区、特别区等,但同样一级的地方政府在不同的州可以意味着人口、面积及职能上的巨大差别。一个堪萨斯州的市可能只有二百人,而一个伊利诺伊的村子可能有6万人口。

第七章 美国的多元化移民社会与美国民主

美国共有三千多个县,其中农村县约 2400 个,大都市县约 600 个。县政府是州派出的代理行政机构,很少立法权,只是代表州执行法律和办理日常例行公事,诸如记录档案、签发执照、提供公共服务设施、管理交通、学校、消防、警察、供水、卫生、医院等。除了联邦政府和州政府的拨款外,县政府有权征收财产税来支付这些开支。县政府通常由一个 3~12 人的专员委员会或监督委员会和几个行政司法官员一起行使权力,他们都由民选产生。委员会成员都为兼职,他们决定如何征收地方税来支付各种项目的所需费用,通常也有决定土地使用方针和划分邮政分区等权力。行政司法负责人一般包括检察员、县书记员(或称县法庭书记员)、司库、卫生员、审计员等,各自负责一些相对独立的机构。县的首席行政官为县长,一般由选举产生。在有些地区,县又被划分成乡,在新英格兰称为镇,是该地区的历史产物,其每年一度的市镇会议被认为是直接民主的范例,全体选民可以参与商讨和决定当地的公共事务。

城市为人口稠密地区,至少应有几万人口,虽然个别地区也有几百人的城市。市政府都有特许状,只拥有明文授予的权力,但有一定的立法权。每个城市通常有一个由公民起草通过的公约或宪章,相当于该市的宪法,规定了政府的结构、官员的权限和选举办法。现在美国有半数的城市实行这种宪法性的地方自治。20 世纪初美国城市改革后,市政府的结构一般不外乎市长—议会制、委员会制和市议会—经理制三种,各有特点,适合不同的地区和公民。市议会实行一院制,议员人数在 2~50 人不等,各地通过按选区选举或全市性选举等不同方式产生。市议会经州的许可制定地方法律,市长对此有的有否决权,有的没有否决权。市长或经理有权根据官员提出的财政要求和该地的财源提出年度财政预算。以往县或市的财政支出主要靠财产税,但从 20 世纪 90 年代起,财产税所占支出比例降到 1/3,另外 1/3 来自州政府,1/10 来自联邦政府,其余的靠各种收费及销售税和所得税。州和联邦政府的拨款大多为项目拨款,主要用于缓解贫困和削减分配不均,从而对地方政策产生影响。

在市长—议会制中,市长权力又有强弱之分,市长权力大的一般由选民直接选举,权力弱的有可能在议员中选举产生。强的市长经常兼任政治领袖和行政长官,其权力一直在扩大。在委员会制中,一个 5 人市议会同时行使行政和立法权,他们中的一人担任市长。这种政府形式违背分权原则,一般只适用于小城市。现在许多中等城市都实行市议会—经理制,市长主持议会及礼仪场合,市议会相当于董事会,由他们任命一位专业人才当经理来管理城市。可想而知,不称职的经理是很容易被解聘的。

特别区是为了对付地区性问题由两州以上协商成立的行政单位,通常由选举或任命产生一个规模不大的管理委员会,处理当地的共同问题,发展地区经济。特别区往往设在特殊的地理区域或大都市的交界地段,现在这样的特别区已经有几千个之多。

美国的地方政府是最直接为人民提供服务的单位,但它们的管辖区域交错重叠,一个人有时可以同时受十几个政府的管理,要搞清楚哪个部门为哪些人提供哪种服务是一件相当复杂的事情,因此许多人诉诸院外活动来解决问题,社区的基层自助运动也很普遍。赞成多重政府的人认为这样民主,能使人民有更多的参政机会和实验空间。反对的人认为机会多得人民根本顾不上,主张中心城市与其邻区兼并,但也未必都能行得通。总的说来,美国人参与全国选举的热情远高于地方选举,但也不能低估地方和 50 个州的民主自治实验室的作用。

八、法治传统

美国早期移民是个犯人、流浪汉、异教徒组成的社会群体,道德自律很差,一直靠严酷的法律来维持社会秩序,即便如此犯罪率依然极高,道德自律低下和高犯罪率一直是美国的传统,所以,美国就形成了一个法律至上主义的国家,一切以宪法和法律为依据。政府的权力由宪法赋予,三权分立是围绕着法的分工。法占据着美国公共生活的中心,各个领域都有自己的法律。美国公民深受法的熏陶,利益集团和个人经常凭借诉讼来作为影响制定公共政策的手段,重大的政治社会问题迟早会成为一个司法问题得到解决,在这种情况下,全国等待最高法院的裁决来一锤定音。就法律对美国社会的支配程度而言,在西方国家中也是少见的。

法是社会得以正常运作的规则。在美国社会中,公民个人和政府各有自己的权力范围。公民之间、政府之间、公民和政府之间的关系由法来界定,当各方发生争执时,自然首先诉诸于法。美国人将法视为制约政府权力、保障公民权利、维护社会正义的手段,懂得利用法律的武器来捍卫自己的合法权益。总的说来,他们相信法的公正,依赖法的保护,在受到伤害时习惯于甚至热衷于上法庭解决纠纷。同时,他们也深知法的庄严,任何人必须服从法,没有人可以凌驾于法之上。

从殖民时期起,美国人就养成了依法办事的习惯,表现出对秩序和法律的热爱。美国的法治观念和司法制度大多源自英国。英国的法官本是国王的官员,在长期的司法实践中发展出了一套"普通法",或译"习惯法"。17世纪,北美各殖民地由于怨恨英国法官,更倾向于发展自己的司法制度。到了18世纪,英国习惯法成了英国国会反对王权的武器,殖民地人民也就更愿意接受和利用它来为自己争取自由。各殖民地都不同程度地吸收了普通法,并加以改造来适应本地情况。独立后,美国接受普通法作为司法的基础,但逐渐形成鲜明的美国司法特点——主要是成文宪法、联邦和州的双重司法以及司法复审权。

美国人认为,司法独立是保证司法公正的必要条件。司法独立已经形成一套制度,首先,法官享有宪法的保护。根据宪法第三条,法官只要尽忠职守,便可继续任职。国会和总统都不能以免职或裁减报酬来对法官施加影响,法官们的判断和倾向也不能成为弹劾他们的理由。其次,司法机构独立行使司法权。宪法规定,司法权属于最高法院和国会随时规定和设立的下级法院,政府的其他部门和机构不具有司法权。法院还有权确定审理和判案的程序规则,自己控制法官工作的环境。此外,司法有权对法官的不当行为采取纪律措施,在发生利害冲突时有权使用适当方法加以解决,例如法官与当事人或案件有牵连时采取回避。最后,司法判决的有效执行得到保证。这保证不仅来自制度,也来自全民的法律意识。

制宪者们认为,在政府的三大部门中,司法是最弱的,也是最被动的。法官们既无兵权财权,又无立法权,有的只是判断权。但他们想使司法部门对其他两个部门的权力发挥一定的监督和遏制作用,于是将宪法的解释权交给了它,由此延伸出对美国政治生活极为重要的司法复审权,使最高法院处于独立而显赫的地位。

司法复审权就是法院有权裁决国会的立法或总统的命令违反宪法而无效。最高法院的违宪裁决具有至高无上的意义,国会和总统必须接受并执行。司法复审权并未明文写在宪法中,在美国历史上,它是由最高法院首席法官约翰·马歇尔于1803年在马伯里诉麦迪逊一案中确立的。1800年第二任总统亚当斯在即将卸任前,匆忙将59名联邦党人任命为联邦法官,他的国务卿马歇尔还没来得及发完委任状便下任了,将剩下的17个移交给接替他的国务卿麦迪逊去发。新总统杰斐逊和麦迪逊对此都表示气愤,拒绝履行。马伯里等4名被任命的法官上告麦迪逊,要求最高法院指令麦迪逊发委任状,因为国会的1789年司法令已给予最高法院这一权力。

接手处理此案的正是当时已成为最高法院首席法官的马歇尔。如果他命令麦迪逊发委任状,很可能被拒绝,法院对此也毫无办法,而且麦迪逊还可能弹劾他。如果他放任麦迪逊,法院的权力就受到了挑战。马歇尔以他特有的精明写下了全体法官意见一致的裁决意见书,判定麦迪逊不发委任状是错的,法院可以命令官员尽职。但是,法院在本案中却无权命令,因为国会给它这一权力的法律本身是违宪的。该法说,法院可以发布此类命令作为初审司法权,但宪法中规定的最高法院初审司法权中并不包括此项,而对不包括在内的案件,最高法院只有上诉权。国会不能改变宪法,因而1789年司法令中的这部分是违宪而无效的。虽然麦迪逊没有被命令发委任状,但是最高法院的权力却得到了明确和扩大。马歇尔强调了解释法律是司法部门专有的职责,强调了任何违宪的法令都属无效,政府的其他部门在这个问题上都必须接受法院的裁决。从此,最高法院树立了自己作为宪法最终解释者的权威,通过行使司法复审权对美国的政治和社会生活产生了巨大影响。

在美国历史上,最高法院的这种积极干预态度在不同时期有不同的重点维护对象。在立国到内战时期,主要是确立联邦至上的原则,保证联邦政府具有足够的权力和保证联邦权力高于州权。从内战到罗斯福新政期间,主要是确定政府管理经济的权限。此后是维护公民权利,重新界定公民、联邦政府和州政府三者的权限。现在,由于大量民权法律的制定,最高法院的判决已经涉及美国公私生活的方方面面。

法院对公共事务的积极主动以及通过裁决来制定政策的能力也受到一些人的批评,他们称法官是未经选举的立法者,提出改革司法的建议。目前,对法院的限制主要有二,一是对法官的任命和弹劾,二是公共舆论的牵制。从美国的法律史可以看出,法律是在适应时代的变化中不断发展的,它们体现了社会变化了的价值观。任何与公共意志太相违背的裁决往往不得人心,因此也是难以实施和长久的。

九、双重司法系统

与联邦制相一致,美国的司法是双重司法,联邦和州各有一套自己的司法系统和管辖范围。宪法只规定了最高法院,将设立司法机构和确定司法管辖权的工作交给了国会。1789年,国会通过司法令,组建了下级联邦法院并规定了它们的司法权。根据宪法,法院的法官人数与管辖权是可以由国会随时改变的。州的司法系统由各州自行设立,实施州的宪法和法律。

联邦法院的司法管辖权主要包括宪法、联邦法律、州际纠纷、涉外纠纷等。联邦法院分为地区法院、巡回上诉法院和最高法院三级。最基层的一级为地区法院,它们遍布全美各州及领地,每州至少一个,目前共有92个,地区法官有五百多名。地区法院有初审权,主要处理违反了联邦法律的刑事和民事案,尤以民事居多,诸如税收、民权、破产、州际纠纷等。由于20世纪60年代后联邦法律的增加,涉及的民事案件也随之激增。地区法院一般只有一个地区法官来进行裁决,绝大部分案件都在地区这一级解决,只有极小部分可能上诉进入巡回上诉法院。

全美国分为11个巡回区,加上华盛顿特区,共设12个巡回上诉法院。上诉法院一般由3~5名法官组成,裁决至少需3名以上法官作出。巡回法院没有初审权,只受理所属巡回区内地区法院的上诉案件,办案地点可在区内巡回。上诉法院并不重新审理案件,只是复查地区法院对该案的裁决是否符合程序和法律等,已被证实无误的法律事实不予复查,除非提供新的证据。上诉法院的判决基本上为终判,但仍可以被最高法院推翻。

最高法院对涉及大使、公使、领事或以州为当事人的诉讼有初审管辖权,对其他案件只有上诉管辖权,因此主要受理下级联邦法院和州最高法院的上诉。作为全美司法系统的最高级,最高法院的裁决都是终判,只有宪法修正案或最高法院自己的重新判决才能将其推翻。宪法并未规定最高法院的法官人数,最初曾为6人,后来略经增删,稳定为9人,其中一人为首席法官。他们在递交的大量案件中自由裁量,挑选极小一部分进行处理,大约每年150件。这些案件大多涉及宪法、联邦法律和联邦条约,其裁决或能保证司法系统统一对法律的解释和遵循同一规则、或能有利于整个政府的运行、或能适用于大批同类公民,对广大公众具有意义。

联邦除了这三级法院外,还设有一些专业法院,处理如海关、专利权、税务等专门问题。1982年还设立了一个联邦巡回区上诉法院,统一各巡回法院在专业性案件上的裁决原则。

各级联邦法官均由总统提名,参议院批准,参议院的司法委员会负责审批法官人选。根据约定俗成的"参议员礼貌"惯例,联邦地区法官的人选只有在得到该州参议员的首肯后才会被通过。审核候选人时,参议院需要本人填写调查表,并经常向美国律师协会征询。最高法院法官执掌大权,任命尤为严格。总统往往挑选本党成员,并审查他的政治倾向、意识形态和司法哲学,以保证政策的合宪可行。但是法官一旦上任,必须依法断案,既不能凭自己的个人好恶,也不能屈从于他人的意愿,所以其态度未必与总统预想的一样。

州拥有独立的司法主权,各州有自己的宪法和法律,以及法院、警察、监狱等一整套司法系统,与联邦的司法系统共存。各州的司法结构和机构名称有所不同,一些具体的规定也很可能不一样,但大同小异,一般也都分为三级。最低一级为地方法院,处理小案件,一般不上诉,也没有陪审团。上一级为上诉法院或审判法院,通常分成各种不同的法庭处理不同类的刑事和民事案,一般有陪审团参与。州的最高法院受理下级法院的上诉,除非涉及宪法,其判决为终判。州的法官既有任命的,也有选举的,一般都有固定任期。州法官接受州司法委员会的调查,行为不端者可被惩处罢免。

从事司法工作的除法官外,还有大批律师,总数达65万。按人口比例,美国是拥有律师最多的国家。殖民时期,美国就有一支训练有素的律师队伍。在《独立宣言》的56个签名者中,有25人是律师。在参加制宪会议的55人中,有31人为律师,其中10人曾经担任过法官。现在,美国平均每440个成年人中就有一人是律师,在首都华盛顿这个比例达到64比1,国会议员中律师占三分之二。律师不仅在法庭上有需要,各种政治经济组织和社会个人也都需要律师,承担起草协议、遗嘱、填写税单等工作。他们在庭上作辩护,在庭外解决纠纷。从事律师职业的人一般都需要具有法学院的学位,然后通过有关考试,获得律师资格。由于各州法律不同,大部分律师只能在本州开业。律师有的为政府工作,有的为企业工作,但大部分都在律师事务所。事务所中的律师分为高级合伙人和初级合伙人,他们分配利润,此外还有领取固定工资的助手们。律师收费很高。是美国收入最高的职业之一。全美律师协会成立于1878年,全国有一半律师为其成员。该组织负责监督行业,保护行业利益,同时也规范成员的行为,是一个有势力的利益集团,能影响法官的任命和法律的改变。

十、法的种类

美国一切以法律为准则,而不以善恶为准则,只要不触犯法律条文就是合法,因为没有善恶道德观和道德自律意识,所以人们千方百计地去钻法律漏洞,甚至以身试法,如今的美国法律种类繁多堪称世界之最,即便如此犯罪率依然稳居世界榜首,繁杂的法律和庞大的律师和警察队伍,构成了美国庞大的法律体系,一个合格律师要读完博士再实习两年才能胜任,法律无止境的膨胀已经让学者们深感忧虑,如果不教化民众的善恶道德观,仅仅是以法律为准绳,以惩罚和制裁来维护社会秩序,那么这种状况发展下去迟早要崩溃,如果把所有细节都用法律规定下来,人们的一举一动都要在法律的制约和警察的监控和威慑之内,那么法律就成了无形的枷锁,束缚和制约一切,告诉你一万个不能做的前提和一万个能做的条件,然后说你是绝对自由的,那么这种自由也就成了一句空话。一些有眼光的学者开始探索东方的道德体系试图移植美国,但这又谈何容易,美国人四百多年的犯罪传统和犯罪意识又如何能轻易改变呢?

美国的文化思想与中国正好是对立的,中国文化是以道德为主体,法律为辅助,惩罚是手段而不是目的,目的是要人成为一个有道德高尚的好人,一个正人君子,所以一向主张批评教育而不主张一开始就严厉惩治,只有在累教不改时才会严厉制裁。中国儒家文化的目标是建立一个道德高尚的社会,是要置法律于无用武之地,是要警察和律师全部失业,是要弱化法律,教化百姓知礼义廉耻,争做好事不做坏事的理想的道德社会。在古代丰衣足食的年代里,中国社会无数次的出现过路不拾遗的道德风尚,明朝的清官寇准在西北做县太爷时期,任期三年无官司可打,犯罪率为零,寇准闲得发慌,把衙门里帮着办案的衙役和师爷全都辞退了,真正实现了"置法律于无用武之地"的社会道德理想,这正是中国儒家道德文化的伟大成就,这和美国只认法律和警察的文化截然相反,当强权制裁力量不足时就去犯罪,去掠夺,联合国无力制裁美国,他们就为所欲为,以莫须有的罪名去攻打南联盟,以栽赃陷害的手法去掠夺、去抢夺霸占伊拉克的石油资源,他们的先民可以随意掠夺屠杀犹太人,他们的犯罪传统和犯罪文化思想是无药可救的。所以美国必须是以法制立国,而中国必须是以道德立国,这是两种截然相反和对立的、互为消长关系的文化。

中国历史上也有过社会道德低落的时期,但那往往都是在饥饿年代发生的事情,贫穷是滋生犯罪的土壤,这是全世界共同的规律,是人类的本性,但是美国作为世界上最富有的国家之一,犯罪率却是世界第一,这就不能不让人担心其道德文化力量的没落了。美国人把犯罪率高的原因推到外来的少数民族有色人种身上,这显然是狡辩,美国的种族歧视很重,黑人和亚裔人种处于社会的最低层,美国贫富悬殊巨大,贫苦阶层的犯罪率高是人类的共同规律,但有色人种仅占美国人口的3%,又怎么能把高犯罪率推到美国有色人种身上呢?早期美国人几乎都是欧洲白人移民,犯罪率依然是世界第一,他们往谁身上推呢?欧洲移民罪犯们屠杀印第安人,霸占印第安人土地和家园,以犯罪起家,一个以欧洲罪犯、流浪汉、逃犯、异教徒组成的犯罪祖先,又以犯罪起家的以犯罪合法的民族,拥有如此犯罪传统文化的国家,是不可能有道德意识的,也只能是法制立国。所以,所谓的美国法制精神的另一层意思就是"犯罪精神"。

在这种犯罪文化的土壤里,必然把法律上升到至高无上的地步,才能保证社会秩序和国家秩序,因此,合众国设立宪法为根本大法,经最高法院认可的对宪法的解释陈述可以成为宪法性法律。由于双重司法系统,又有了联邦法和州法的区分,两者的关系是联邦法律至上,州法不能有违于联邦法律。

就法律的制定方式而言，可分为制定法和普通法。制定法是由法定的制定法规的部门所制定的法律，主要出自立法机构，但也包括条约和行政命令等。普通法为法官在长期司法实践中约定俗成的法，也就是遵守先例的判例法。当普通法不够用时，就运用衡平法加以补救。

就法的使用范围而言，可分为公法和私法。公法是规定国家权力行使的法律，私法是调整市民社会关系的法律。

就法的内容而言，法的类别就更多了。除了各种各样的专门法外，主要可概括为行政法、刑法和民法。行政法是对行政各部及其官员的规定，用以规范行政机构的组织和权限、行政决策的程序、规则和规章的制定程序、行政官员的职责、权利和义务，并对行政机构和官员的行为进行监督。

刑法以惩戒为目的，确定违反公共秩序的罪行并规定处罚。刑法大部分由各州制定并实施。

民法解决的主要是公民个人之间的纠纷，确定各方的合法权益。政府也可成为民事诉讼的一方。

第五节 党争与合作

1789年华盛顿就任总统时，美国还不存在政党。制宪过程中的两派之争已经结束，政府中当时都是联邦党人，他们真诚地认为派系是一种受野心和私利驱使的危险现象，必须努力加以克服。

一、政党的产生和发展

然而，政见的不同不可避免地导致了派系。政府中对汉密尔顿一系列经济政策持异议的人们很快聚集到了杰斐逊的周围，法国革命后欧洲局势的发展又加剧了两派的分歧。1793年，杰斐逊辞去国务卿职务，回到弗吉尼亚。他的追随者们自称民主共和党，暗指对方赞成君主制。汉密尔顿一派则继续联邦党的称号，暗指对方反对宪法。派系的对立使华盛顿深感忧虑，他在1796年的告别演说中就此郑重警告国民，认为派之争，尤其是以地区划分的派系之争，可能给美国这个新兴民族带来从猜忌到暴动的各种祸害。

在1796年大选中，民主共和党反对亚当斯，推举杰斐逊为候选人。杰斐逊败于亚当斯，出任副总统，这是美国历史上唯一的一次由两个不同党派的人出任正副总统。当亚当斯颁布了"客籍法"等四个连汉密尔顿都觉得是侵犯人权的法律后，民主共和党不仅没有被削弱，反而壮大了。1800年，杰斐逊当选总统，结束了12年的联邦党执政。

联邦党和民主共和党是美国第一次两党制，他们各自继承了早先联邦党人与反联邦党人的某些特点，同时又预示了以后两大党的基本差异。一般说来，联邦党人在北方为多，尤其是新英格兰地区，而民主共和党则以南部为主要基地。联邦党人更多属于有产阶级，尤其是工商界，他们相信富人、能人治国，惧怕过度民主。民主共和党的支持者则以农民、工人、小店主等普通人和新移民为多，认为政府要为普通人服务，提倡民主原则。在内政上，联邦党主张强大的中央政府，支持汉密尔顿的财政计划。民主共和党则主张州权，反对汉密尔顿的财政计划。在外交上，联邦党倾向英国，认为法国革命正是过度民主的噩梦。民主共和党则亲法，认为法国革命推翻国王、发表人权宣言、

第七章　美国的多元化移民社会与美国民主

宣传自由平等博爱,是进步的表现。但第一次两党制涉及的主要还是一些上层人物,而且双方都不认为分派是件好事,所以杰斐逊一上任便致力于消除党派之争。他在就职演说中宣称,意见分歧并不都是原则分歧,"我们都是共和党人,我们都是联邦党人"。

由于联邦党人反对1812年战争,他们在爱国情绪高涨的1816年大选中一败涂地,作为一个党派便从此消失。门罗总统上任后的1817~1823年间,是一段无党派之争的时期。到1824年大选时,四个候选人全是民主共和党的。亚当斯获胜后任命克莱为国务卿,杰克逊一派立即怀疑这两个候选人幕后有交易,感到愤愤不平。民主共和党由此分成两派,以亚当斯和克莱为首的是国家共和党,比较接近原先的联邦党。由杰克逊和范布伦领导的称为民主党,代表工农小业主等普通人利益,反对特权和强大的联邦政府。民主党在1828年的大选中遥遥领先,在南部和西部大获全胜。1832年,民主党召开全国代表大会,从此成为美国历史最悠久的政党。国家共和党有感于杰克逊的专断,称他为安德鲁国王,并借用18世纪英王反对派的称号自称辉格党,参加1836年大选,形成了美国历史上的第二次两党制。与第一次略有不同的是,这次有广泛的群众基础,成为真正的全国性两大党。

由于奴隶制引起的争论日趋恶化,民主党和辉格党都无法在党内达成一致,政党的重新改组在所难免。北方两党中的反奴派联合起来,在1854年成立了共和党,并于1856年第一次参加大选,至此辉格党消失。1860年,民主党分裂成南北两党参加选举,共和党的林肯获胜,使该党由第三党转为执政党。民主党和共和党的对立标志着美国第三次两党制的成熟,它基本延续至今。

二、民主党与共和党

内战后,共和党掌权达半个世纪之久,期间只有克利夫兰一个民主党人曾两度当选总统。1912年,由于老罗斯福组织进步党,分裂了共和党,民主党的威尔逊得以成为总统。

内战的另一后果就是党派基本上以地区划分,北方是共和党的地盘,南部则是铁板一块的民主党天下,只有少数几个州中存在着两党拉锯的局面。一次大战后共和党连续三任总统,政策上越来越倾向大企业利益。南方则继续排斥黑人,推行白人至上的种族主义。直到1928年。南方只选民主党候选人的做法才第一次出现突破,当时为了反对不赞成禁酒的天主教的史密斯当选,有四个南方州将选票投给了共和党的胡佛。

大萧条和新政组成了罗斯福联盟,民主党形成了全国性的多数,团结了东北部城市中的劳工以及中西部和南方的农村,尤其值得注意的是黑人从此转向了民主党。当时在民主党中,南方比较保守,其余地区则比较倾向自由派。在共和党中,中西部和西部的农村比较保守,而东北部则更趋自由派或中间派。

1960年代民权运动后,南方越发趋向保守。出于对民主党全国总部的自由派倾向的不满,他们在1968年支持亚拉巴马的种族隔离分子乔治·华莱士作为独立候选人参加总统竞选。此后,南方越来越选择共和党的总统。1972年,昔日的同盟11州全部选举尼克松,从此结束了南方长达一百年的民主党历史,而尼克松联盟主要是趋向保守的白人中产阶级联盟。虽然来自佐治亚的卡特在1972年曾使南方一度回到民主党,但1984年里根为共和党赢得了全部南方,使它成为一个保守的右翼政党,而西部历来是稳固的共和党地盘。不过在两党制的条件下,任何一党都不敢太走极端,为了团结中间温和派,共和党右翼也只能作些让步。

出于竞选的考虑,两党都在尽力结成最广泛的联盟,因此两党中都有从最极端的自由派到最极端的保守派间的各种人物。政党并不能完全反映根本的社会、经济、地理、宗教的差异,它们的立场、社会基础和选民都一直在变化。虽然现在民主党的支持者中更多的是城市中收入低、受教育少的那部分人,尤其是少数民族,但是在美国并不存在一个所谓"穷人的党"。两党的包容性如此之大,以至于不少人认为两党的区别正在模糊。党派意识和党派忠诚一直在下降,坚定的党员已经减少了1/3,而1/3以上的选民在投票时并不考虑自己的派别。无党派人士的重要性正在上升,受教育多收入高的年轻人更容易有意识地独立于两党之外,进行跳党跨党的选举。同时,由于总统预选等政治改革,候选人依赖政党的程度也一直在减少。

但是,两党还不是毫无区别的。共和党一直在维护企业利益,针对民主党新政所实施的一系列政府干预经济、建立社会保障等政策,共和党提出压缩政府、最低限度干预企业、实行高关税、将贫穷等社会问题交给私人去解决等主张。1960年代后,两党的争论更多地反映在赞成性反歧视法、社会福利、枪支管理、堕胎等问题上。从全国范围看,共和党越来越成为美国保守势力的政党,自称保守派的共和党人两倍于民主党人,其东北部自由派一翼的影响日趋减弱。民主党则处于中间至自由派的立场。两党目前可以说势均力敌,不存在一党完全压倒另一党的可能。

三、小党

美国人有结社的权利和传统,所谓的两党制并非法定。美国历史上成立过许多小党,有的存在至今,并且随时都可能有新的政党产生。

小党存在的根本原因总不免包含着对两大党及现行政府的不满,至少是不能认同,但具体的原因则是多样的。有的是意识形态的党,如社会工人党、工人世界党、共产党等,他们出于共同的信念走到一起,虽然成立多年,但考虑到自己的势单力薄,并不以竞选为目的。有的是专门针对一个问题的,如19世纪中叶一度存在的自由土壤党,1782年成立至今的禁酒党,这类党派在地方政治中尤为活跃。有的是出于经济抗议目的,如平民党,在世纪之交曾有相当声势,它基本上是代表农民利益的党。美国的劳工却未能成立政党,他们只是在两大党中挑选一个倾向劳工的候选人,新政后则更多地满足于成为民主党的一部分。当然,小党中最有影响的还是从大党分裂出来的派别,如1912年从共和党分裂出来的进步党,1968年从民主党分裂出来的美国独立党,它们比一般小党强大,但仍然很难赢得选举,经常只是使本党票数分裂而成全了另一党的胜利。但小党的存在并非没有意义,他们的一些有号召力的政治主张经常被两大党所吸取,诸如妇女选举权、累进制所得税等。

迄今为止,美国所谓的第三党竞选成功的只有成立之初的共和党,但它马上变成了两大党之一。美国小党不容易成功的原因很多,首先是美国的公众舆论对现行经济政治体制看法比较接近,分歧往往只表现在一些具体问题上,因此一个观点过于激进的党不大可能得到广泛支持。其次,选举制度也不利于小党。势单力薄的小党很难征集到候选人上选票所需要的足够签名,胜者得全票的规定更使小党争取到的少量选票也全部作废。由于小党获胜机会渺茫,选民们一般也不愿意把自己的选票浪费在小党候选人身上。

四、政党的组织与运作

由于美国政党的作用主要是竞选公职,因此和联邦制相适应,政党的组织也分为全国、州和地方三级,各级有自己的委员会。州和地方的政党一贯比较活跃,因为大部分的选举和政务在这两级进行。

政党的最高形式为全国代表大会,即总统候选人提名大会,每逢大选年举行一次,会期一般三到四天。日常机构是全国委员会,但很少开会,主要负责筹集资金,决定举行全国代表大会的时间、地点、代表人数、配额及选举方式。委员会主席的主要任务是部署总统竞选,当本党成员担任总统时,因为总统是当然的政党领袖,委员会主席也兼任白宫联络人。

美国的政党是世界上最古老的,但与其他一些国家相比,却又是比较弱的,其特点是组织松散,各自为政,既没有高度集中的全国性机构,也没有强烈的凝聚力或严格的纪律约束。直到1974年,两千多个民主党人集合在堪萨斯城,才制定出美国第一个成文的"党章",并设立中期党代表会议。美国的职业党员很少,所谓的党派认同或登记,也就是在选举时选择了该党的候选人名单,投了他们的票。由于每个党都极力争取最广泛的选票,所以不可能将入党变成一件要求严格审批的事情。州和地方的党组织与全国委员会有关系,但并不直接受其控制。实际上,全国委员会只是地方党的松散联盟,他们不干涉地方的活动,但为其提供一定的基金和服务。虽然在州或州以下的范围内,历史上也曾经有过控制严密的政党机器和专断独行的党魁,但美国从未存在过强大的全国性的政党组织。

从19世纪末开始,经过多次的文官制度和选举制度的改革,美国的政党政治已被逐渐削弱,近三四十年来更显衰落。威斯康星州于1903年率先在全州实行直接预选,削弱党魁操纵。原先由个别政党领袖关门商讨候选人的秘密会议,现在大多已改成直接诉诸选民的公开预选。候选人对政党的依赖减少,加上传媒等因素的作用,个人对政治的影响一直在加强。虽然候选人像贴标签一样都自报党派,但他的党不仅决定不了他的候选人地位,甚至也控制不了他们的竞选纲领和施政纲领。他们自己组织竞选班子,筹集竞选资金,在预选中大显身手,而全国提名大会只是对预选中成功的候选人的正式认可。事实上,大多数市镇的选举已经变得超越党派。

五、政党与政府

经政党提名通过的总统候选人一旦成为总统,便要宣誓效忠宪法而不是效忠政党。从政治上说,采取超党派的立场也无疑更有利于他的形象和威望。

美国的宪法从未提及政党,而且正是为了阻止政府成为派系的工具,制宪者们设计出精密的分权制衡。一个在国会占多数的政党并无权任命总统,而一个政党的成员当了总统也仍然不能控制国会。国会议员的选举完全通过不同的途径,更少受政党的控制,他们对政党和领袖的忠诚远不如对自己的州和选区的忠诚,况且议员也不能入阁进入行政部门。最高法院的法官们则由前任总统们任命,总统无权罢免他们。在美国政府中,经常出现一个党的总统必须和另一党占多数的国会打交道的局面。议员中一般有2/3随政党投票。两大党在参众两院都有自己的委员会负责协调政策,但两党的力量对比随着中期选举的结果也时常发生变化。总之,美国的政府只能是两大党的联合政府,不属于总统所在的那个党,这也造成了总统与国会之间常有的紧张关系。美国人出于对一党专制的恐惧,也有意识地在两大党中搞平衡,不让权力过于集中在一党手中。

总统有权任命本党成员担任公职,但必须获得参议院的批准。建国初期,美国政府的人事安排是超党派的,但从杰克逊总统开始,任命公职作为对本党党员的忠诚酬答便盛行起来。由于政府机构的不断扩大,联邦雇员越来越多,按政党授职的弊病也越来越明显。麦金莱总统遭到谋职未遂者暗杀一事促使国会于1883年通过了彭德尔顿文官法,将授职从政党控制改为择优录用,政府雇员实行公开招聘,保证公民担任公职的权利不受政治、宗教、种族等因素的影响。该法开始实行时,适用的联邦职位只有10%,现在已达到95%以上。总统面对大批求职者的压力减轻了,当然政党对政府的影响也同时削弱了。

1939年通过的哈奇法又进一步将政党和政治分开,禁止联邦政府雇员作为党的工作人员参与政治组织活动和政治竞选活动,包括筹集竞选资金、竞选党内职位、支持政党候选人、担任党代表大会代表等。随着选民素质的逐步提高,人们对政党机器那种以赢得选举为唯一目标而不择手段的做法普遍不再接受。而政府接手管理社会福利也使政党机器失去了昔日能得人心的那部分效力。

但政党机器的衰落只是政党存在方式的变化,并不意味着政党行将衰落。即使说衰落,也是与以往强烈的党派忠诚相对而言。政党现在仍然是美国政治中最活跃的力量。宪法使权力分散,政党却使权力集中,人们通过政党聚集在一起,原来分散的个人意愿和政见便形成了强有力的公众意志,然后通过选举获得权力,将政见化为政策法律得以贯彻。政党已演变成全国政治生活的组织者,其作用包括联合民众、挑选公职候选人、组织竞选、动员民众参与政治活动、平衡政策、对政府权力进行有效制约等,政党无疑是美国民主中不可或缺的部分。

第八章
飞速发展的美国经济、科技与文化艺术

美国在建国前,北美殖民地的经济附属于英国,主要作为英国的原料供应地和工业品市场,对外贸易也由英国管理。建国后,政治的独立也为经济赢得了独立和自由发展的机会,汉密尔顿的财政计划决意推动美国的工商业发展。18世纪末,美国的工业开始启动。但直到19世纪初,美国仍是一个农业国,95%的人口生活在农村。1812年的第二次对英战争后,由于进出口管制等因素的刺激,美国东北部率先开始了以纺织业为首的工业革命。与之配合的是从水力到蒸气的能源革命和从公路运河到铁路的交通运输革命。在这工业化的第一阶段,手工业作坊改变成了具有现代化生产特点的工厂,机器生产代替了手工,标准化的通用制生产方式取代了工匠的工艺。经过将近半个世纪的发展,东北部的工业初具规模,致使北方的雇工制工业经济与南方的奴隶制农业经济形成了势不两立的矛盾冲突。在雇佣黑人问题上产生了对立的利益之争,导致南北战争的爆发,最后以北方资本集团的胜利结束了这一争持,获得解放的黑人劳工补充了北方劳工的短缺,给北方工业经济增添了活力。

第一节 经济体制与经济自由制度

通过内战,美国的经济冲破了体制和法制的阻力,大大加速了现代化的进程。战前,农业产值在工农业总产值中占63%,而工业产值中轻工业产值又占70%左右。内战后美国持续半个世纪保持4%的平均年经济增长率,到19世纪末,已建成世界第一经济强国。1860年,美国的工业总产值只占世界工业总产值的6%,1900年则占到30%。同时国内的工业产值超过农业产值,1900年达到61%。1921年,美国的工业结构中重工业比重超过轻工业。同时,农业也通过技术革命完成了现代化。

一、经济发展与结构改革

两次世界大战加强了美国的经济地位,使其在整个20世纪中一直保持了超级大国的位置,在经济和科技上处于世界领先。从产业结构上说,美国的经济在50年代开始进入服务经济,即一半以上的就业机会和国民生产总值来自服务行业。1989年,美国在服务部门就业的人数占就业总人数的70%,生产总值也占国民生产总值的70%。

作为一个年轻的民族,美国能后来居上,在较短的历史时期内取得如此高速的经济发展,完成现代化进程，原因是很多的。首先，美国有得天独厚的地理环境和自然资源，为两大洋所环抱的地理位置使它多次免于战火的破坏，获得长期的和平统一环境。丰富的土地、森林、矿产和水资源为工农业的持续发展提供了原料和动力，源源不断的移民潮则提供了劳力和技术力量。美国的法治使政局相对稳定，较少人为干扰，其自由企业和自由市场制度有利于激励个人的奋斗精神和创业精神，科学技术的开发使用也推动了生产力的迅速发展。而美国政府为了促进和适应经济的发展，也始终在政策创新，以政府的扶植和调控来弥补私营经济和市场经济的不足。

二、自由主义的经济体制

美国人强调个人权利，首先是生命、自由和拥有财产的权利。在他们看来，私有财产神圣不可侵犯是因为财产是生命和自由的保障。他们接受亚当·斯密古典自由主义经济学的信条：每个人都有权追求自己的合法权益，进行谋求经济利益的活动，经济活跃和竞争的结果会使物价降低，消费者得利，社会也将最终受益。对私营企业，政府既不要去帮助，也不要去妨碍，只要维持自由竞争的秩序，市场这只看不见的手就能自然调节商品的供需。

私有财产制度决定了美国的经济以私营企业和自由市场为基础。其国民经济的大部分都由私人经营，包括钢铁、能源、航空、铁路、电讯、医疗等等，甚至军工产品也由政府向私营企业订购。在经济发展的早期，美国政府极少干预私人企业的活动，这不仅因为宪法只赋予国会管理州际贸易的权利，也是为了鼓励企业的发展。但为了促进经济，政府的态度实际上也不是完全的自由放任，而是采取多种方式来扶植和支持私人企业。例如给铁路公司大片赠地和补贴以刺激铁路的修建，维持高关税以保护国内制造业的发展，设立专利权以鼓励发明创造，实行宅地法以推动拓荒开疆。

但是，当企业发展到一定程度，自由竞争的结果必然导致垄断。内战后，企业兼并加剧，目的在于控制价格、生产和销售，取消竞争。垄断的方式主要有联营和托拉斯，联营是相互竞争的企业达成秘密协议，私下确定商品的产量和价格，并划分销售范围。这一形式在19世纪七八十年代的铁路经营中最为常见。托拉斯则是由石油业开创的，其他行业积极仿效。托拉斯将相互竞争的企业的股票集中到一个董事会，持股人换到托拉斯证券。董事会有权总体统筹，控制这些企业，取消彼此间的竞争。美国政府对垄断化的趋势采取了制止措施，以维护自由竞争的经济环境。1887年的州际贸易法将联营宣布为非法。1890年通过的谢尔曼法宣布托拉斯限制贸易而为非法，违者将受到严惩。西奥多·罗斯福是第一位强有力地推行反托拉斯法的总统，继任的威尔逊总统继续强化反垄断的政府行为，1914年通过的克莱顿反托拉斯法旨在加强谢尔曼法，将各类非法经营的兼并行为逐条列出，以便查处。同年，联邦贸易委员会成立，负责调查企业，进一步实施克莱顿法。

一次大战后，许多新兴工业如飞机、化学、电影、无线电等迅速发展起来，三届共和党政府采取了偏向企业的政策，大企业又成了政府的宠儿。然而接踵而来的大萧条是美国为自由放任付出的最大代价，历史宣告此路不通。大企业不负责任地追逐私利引起了国民对大企业的强烈愤恨，对他们垄断国民经济深感忧虑。大企业垄断市场，挤垮小企业，取消竞争，扰乱了自由经济正常的运作秩序。他们提高价格，降低质量，侵害消费者利益。他们控制劳务市场，加强剥削工人。他们还采取贿赂官员、收买选票等手段对政府施加影响。罗斯福政府的新政以前所未有的规模，通过大量立法和创建机构，全面干预经济，美国的经济从此进入由政府宏观调控的新阶段。

二次大战的非常时期又进一步巩固了政府对经济的管理，尽管艾森豪威尔在战后试图有所改变,但未能逆转。这一趋势到60年代达到顶峰,随着民权运动的高涨,联邦政府通过越来越多的社会福利的立法和项目,深入到经济范畴的各个方面。虽然到70年代末形势发生了变化,反对政府过分开支、过多干预的保守主义思潮逐渐占上风,但是美国政府对宏观经济的调控已成事实,而且达到了颇为成熟的地步。尽管少数大企业仍在国民经济中占有压倒优势的份额,但要取消竞争,实行垄断却也是不可能了,美国的经济早已从放任的自由企业改造成有限的自由企业。

在自由主义和保守主义两种经济学的争论中,各派的分歧不是在政府是否要调控经济上,而是在调控的程度上。目前,主张政府少干预企业的美国人占多数,他们认为少数由政府经管的企业正是企业中效率最差、浪费最大的。而且政府管得越多,政府机构必然随之庞大,而大政府正和大企业一样,是美国人所不信任的。社会福利的过多支出不仅加重了纳税人的负担,引起广大中产阶级的不满,而且对经济整体而言,对国民精神而言都会带来一定的负面影响。他们要求的是一种能鼓励创业精神、刺激公平竞争的自由企业和自由市场经济,政府的责任是保持这种竞争机制的存在。

三、政府对宏观经济的调控

美国的经济以私营为主,但生产公共产品的经济大多由国家直接控制,这类产品的80%由政府提供。不过政府对经济的干预并不在于扩大其公营部分或削弱其私营部分,而是主要通过财政和货币政策来调控宏观经济。

资本主义市场经济的发展,必然会出现周期性的繁荣—衰退—萧条—复苏。美国从内战到二次大战前就出现过1873年、1893年和1929年三次严重的经济衰退。二次大战后,这一周期也反复出现过多次,但由于从新政开始,政府吸取教训,实施了对宏观经济的调控,建立了必要的机构体系、政策法规,也取得了相应的经验,衰退的程度和持续时间得到了有效的控制。实际上,美国的经济已经从高度自由竞争的市场经济转化为政府有限干预型的混合经济。

以凯恩斯为代表的宏观经济学家认为,社会经济由个人、企业和政府三部分组成,消费、投资和政府支出则构成了社会的总需求。经济衰退的主要原因是总需求不足的供求失衡,表现为生产过剩、消费不足、投资下降、失业增加。这时,政府就要积极出面干预,采取膨胀性的财政和货币政策,通过兴办公益事业、增加社会福利、政府采购等手段,扩大财政支出,必要时实行赤字财政,以增加社会的总需求。同时,通过降低税率和扩大减免税范围、发行公债等政策来鼓励消费投资,平衡收入分配。在货币政策上,除了调低利率外,还可扩大货币的总供应量。当经济过热时,政府则应采取相反措施,促使经济发展适度。20世纪80年代,美国的经济面临持续的"滞胀",即衰退停滞与通货膨胀同时出现,经济学家对凯恩斯的理论提出了修正,建议政府更好地引导市场运转,稳定经济。

与联邦制相适应,美国政府的财政体制也分联邦、州和地方三级,各有自己的职权范围。政府收入的90%来自税收,联邦政府的收入占总财政收入的60%以上,它的支出也占全部财政支出的70%,主要用于社会福利和国防。通过财政收支的调节,国家不仅在调控经济的运作,而且在平衡财富的分配,保障社会的公平和安定。财政的管理由议会和政府共同参与,财政部、经济顾问委员会、行政管理和预算局一起协助总统指定和贯彻财政政策,包括每年度的财政预算提案,交拥有预算授予权的国会审批,参众两院还各有自己的拨款委员会。

美国政府的金融机构主要是建于1913年的联邦储备系统,它相当于一个庞大的中央银行,发行的联邦储备券即一般所称的美元。该系统的职能是控制货币的供给,储备政府的基金,监督银行的运行,防止银行的大量倒闭。它是银行的银行,同时为政府和商业银行服务。美国全国分为12个联邦储备区,每区设一个联邦储备银行,负责联系下属会员银行。凡联邦政府批准的国民银行必须成为会员,州政府批准的银行可以自愿参加,现有商业银行的80%以上都是会员银行。联邦储备委员会是这个体系的最高机构,由经总统任命、参议院确认的一位主席及6位委员组成,任期14年。委员会上任后便独立行使其权力,不一定和政府的经济政策完全一致,但和财政部配合密切。他们根据自己对经济状况的判断,制定货币政策,调节贴现率、准备率、开展公共市场上的政府债券买卖,整体控制社会货币供应量,配合财政政策,对付通货膨胀,稳定经济发展。

四、企业的经营管理

美国早期的制造业也是以家庭或合伙开办的作坊和工厂为主,但当生产规模发展到一定程度,家族式的企业经营便日趋不足。首先是资金有限,很难筹集到发展大企业的足够资金。二是责任无限,一旦亏本,殃及个人财产。三是个人的死亡可能导致企业的中断和倒闭。于是,公司制度应运而生,很快普及成企业的主要形式。

公司就是由州政府批发执照准于成立的企业组织,这种形式使一些合作的个人能作为单个法人经营企业,具有法人的权利和责任。通过公开出售的股票和债券,公司可以从社会筹集大量资金用于扩大发展。股东作为业主,得到股息分享利润,持债券者作为债权人获取利息。公司破产时,股东至多失去股票,他们的私人财产不受损失。他们若要终止投资,只需卖掉股票,便和公司无关。股东死后,股票可由继承人继承,公司的生命不再受业主的生命限制。然而公司作为州政府的产物,它的账务必须公开。公司还会产生双重纳税问题,股东个人纳税后,公司作为法人还要为获得的利润再一次交税。

内战后,美国相互竞争的公司不断以各种方式进行垄断性合并,虽然政府为了保护竞争,曾试图禁止垄断,但垄断的趋势不可逆转。于是政府从制止垄断改为补救其弊病,只要不对行业造成无端抑制的合并被视为合法。为了争取竞争中的有利地位,美国的企业界从19世纪末至20世纪70年代进行过三次大规模的生产和资本集中,打破旧格局,形成新格局。第一次发生在19世纪末,主要是同行业的兼并,公司越变越大。公司的所有权也开始和管理权分离,代表所有权的董事会聘请专业的经理人员来经营企业。第二次发生在一战后的20年代,这次是纵向合并,形成了从原料供应到生产加工和商品销售的一体化。第三次发生在二战后的50～70年代,这是一次跨行业跨疆域的混合合并,形成了大型的混合联合公司和跨国公司。在合并浪潮后的1974年,美国制造业中的422家大公司的资本占到行业总资本的68%,利润占71%。200家最大的公司平均每家经营11个部门,3500家母公司控制了国外2.5万家子公司。

曾经不可一世的如福特、洛克菲勒、卡内基等创办的家族式的公司已经由盛而衰,让位给金融家、金融集团和联合大企业,他们向公司投资来牟取利润,具体经营则由学习工商管理的专业人员负责。目前美国企业的核心层由五六百家金融寡头掌握的垄断性工业企业组成,其次是一大片中型企业,再其次是数量可观的小企业。这些小企业也许很快会倒闭或被兼并,但又会不断地涌现出来。在美国,对自由竞争怀有信念并有创业冒险精神的总是大有人在。小企业以服务性行业居多,具有较灵活的应变能力,还提供了不少的就业机会。1988年后美国增加的就业机会完全是由不足

500人的小企业提供的。

美国的国民经济主要掌握在简称"财团"的大大小小的金融资本垄断集团之手,财团一般由大银行大公司组成,包括商业银行、投资银行、保险公司及多家工商业大公司,资本雄厚,规模庞大,中心控制,跨国经营。实力最强的是那些老牌的东部财团,如洛克菲勒财团、摩根财团等,资本都在3000亿美元以上。西南部的财团主要在二战后兴起,与石油工业和新兴军事工业关系密切,较强的有美洲银行财团、得克萨斯财团等。中西部的财团相对较弱,以传统的铁路、钢铁、农业为基础,如芝加哥财团,较弱的克利夫兰财团也有300多亿的资产。

位于纽约曼哈顿岛南端的华尔街是美国的金融中心,这里聚集着众多的银行、证券公司、金融投资公司、股票代理公司、保险公司、律师事务所、商品交易所等。著名的纽约证券交易所创办于1792年,当时有些商人在此街头炒买炒卖新政府发行的债券和新银行的股票,19世纪的伊利运河债券和铁路股票使它逐步开放和兴旺起来,1921年建起今天的大楼。随着金融在经济中的日趋重要,它的发展也更趋迅速。现有交费会员1300多个,每年进行数万亿美元的交易,为数以万计的企业筹集资金。由于它的交易涉及美国大部分的股票和债券买卖,它随时调整颁布的道-琼斯30种工业股票平均价格指数能综合反映美国的经济状况。

现在美国的证券交易也不再是放任自流的。新政之初,国会为了防止操纵证券的行为,确保证券市场的公平诚实,规定上市的证券股票必须提供详细的公司财政状况。为贯彻该法规,国会又成立了证券和交易委员会,5名委员由总统任命、参议院批准,任期5年,同一政党的成员不能超过3人。一旦上任,它也是一个独立行使职权的机构,不受白宫和国会的管辖。

进入20世纪,美国的经济实力一直高居世界之首。从二次大战后到70年代,更是在资本主义世界处于独霸的绝对优势,美元和黄金一起成了国际储币。1949年,占世界人口6%的美国人生产了世界上50%的制造品、62%的石油、57%的钢和80%的汽车。在50年代初,美国在世界生产总值中占了45%。整个50~60年代,美国经济以4%到5%的速度增长,而通货膨胀保持在3%以下。

五、经济实力

70年代初,美国在世界生产总值中的比例降到25%,丧失了世界霸主的地位。这除了越战、石油危机、全球经济衰退、新经济强国崛起等外部原因外,还和美国长期推行凯恩斯主义和实行赤字财政有关。在以后的20年间,美国的国民生产总值(GNP)虽然仍稳居世界第一,但经济连年"滞胀",劳动生产率和国际竞争力都明显下降,外贸出现逆差,财政赤字猛增,债台高筑。1980年的通货膨胀率高达13.5%,1982年的失业率超过10%。1985年美国从世界上最大的债权国变成最大的债务国,外国在美投资1.5万亿美元,而美国在外投资只有1.2万亿美元。传统工业中汽车和钢铁受挫最严重,1980年日本顶替美国成为世界上头号汽车生产国,这一形势直到1992年才得以逆转。

面对衰退,美国采取的对策是:政府加强宏观调控、减税刺激投资储蓄、产业结构重新调整、经济管理制度创新、传统工业技术改造等等。从90年代初起,美国经济迅速回升,在整个90年代中进入持续发展状态,终于彻底扭转颓势。从1992年开始,国内生产总值(GDP)的增长率远高于日本和欧洲。GDP从1992年的62444亿美元上升到1995年的67390亿,年平均增长为2.6%。而通货膨胀率却稳步下降,低于3%。失业率从7.5%降到5.6%,财政赤字也逐年递减。在劳动生产率的增长速度上,美国也大大超过其他国家,国际竞争力又居世界首位。根据1998年世界贸易组织发布的世界贸易排名,美国稳居世界第一贸易国地位,商品进出口总额达15784亿美元,比第二位的德国高出66%还多。1997年GDP突破7万亿美元,经济增长高达3.8%。在国内经济实力、金融实力、基础建设、科技水平方面,美国都居世界首位。

更重要的是,美国在1993年提出"信息高速公路"计划后,计算机化网络化的程度大大提高。企业在计算机、电信及其他高技术设备投资的实际年增长率高达25%,产业结构优化,技术信息含量大幅增加。1996年,GDP的33%来自信息技术产业,而建筑只占14%,汽车只占4%。高技术产业已经取代钢铁、汽车、建筑等传统产业,成为经济持续增长的根本动力。经济增长的首要因素已不再是农业社会、工业社会中的土地资金等有形资产,而是科技、社科、管理科学、信息等无形资产。现在美国有上亿台电脑,其中40%都联网,遥遥领先于其他国家,2/3的工作人员从事与信息有关的工作。这一转变使美国抢先占据了世界新一轮科技竞争的制高点,正在从工业经济社会过渡到信息和知识型经济社会。由于知识经济的固有特点,美国经济运行出现了高投入、高产出、高盈利的良性循环。于是也就有了"新经济"之说,认为美国经济这种持续的低通胀增长已经超越了经济衰退期,出现了反周期繁荣。

美国政府在经济管理中也表现得更为成熟,基本上以市场导向为主,采取适度宏观调控。冷战结束后,联邦政府压缩军费开支,促使民用品的竞争力上升,同时加强经济全球化和贸易自由化,积极开拓国际市场,建立北美贸易自由区等,以获得廉价商品和广阔市场。政府本身实行精简机构,在1993~1997年间裁减雇员30万。政府对企业不仅减少干预、放松控制,还立法保护本国产业。最令人注意的是国会于1988年通过"综合贸易与竞争力法案",即特别301条款,授权总统可以单方面地采取制裁措施对付贸易对手。政府还紧缩行政开支,大力削减财政赤字,累积十几年的赤字大幅减少。1979年后,美联储的独立地位加强,它所实行的谨慎灵活的中性货币政策成为经济调控的重要杠杆。宏观货币政策的目标从过去单一控制通货膨胀改为以抑制通货膨胀为主,兼顾刺激经济增长和阻止失业扩大,实现低通胀率下的经济适度增长。

企业进行了跨世纪的改革,改组简化,将市场机制引进企业内部,各部门相对独立,压缩重叠层次,大幅裁员,提高效率。为了增强竞争能力,企业间还几次三番掀起兼并浪潮,1997年企业兼并涉及金额高达9000亿美元。近年来,企业生产率每年递增2.2%,制造业的效率比德国和日本高出10%~20%。越来越多的企业实行国际化经营,成为跨国公司。中小企业也很活跃,它们灵活应变,成为风险投资和开发高技术的尖兵,在保持经济活力和吸纳就业上发挥了巨大作用。美国企业还得益于政府的扶持政策,政府尽量减轻企业界的赋税,却把大量科研和教育工作承担下来,为企业提供无偿的人力资源,尤其是高科技人才,使美国企业轻装前进。在1998年全球最大的1000家公司中,美国公司占了480家。在排名前10位的公司中,美国有8家,其中位居榜首的通用电气公司的市场价值为2716.4亿美元,排名第10位的英特尔公司也有1211.6亿美元资产。

美国经济目前的问题是,政府的总债务在GDP中所占比重仍然过大,政府开支中有6%用于支付公债利息,1998年底欠外债1万亿美元。国民的储蓄率过低,只有4%~5%,而家庭消费债务却急剧增长。对外贸易中也还存在巨额逆差。

第八章　飞速发展的美国经济、科技与文化艺术

六、经济分布

美国地大物博，自然资源十分丰富。它的煤、石油、天然气、水力以及铜等金属的蕴藏量在世界上都名列前茅。在1992年的GNP中，农林渔占3%，采矿、能源、工业制造业、建筑等占35%，交通和服务业占62%。

中西部的大湖区诸州是美国传统的工业区。密歇根南部底特一带的汽车工业、宾州西部匹兹堡地区的钢铁工业都闻名于世。东北部也是老工业区，近年来一直在向电脑等高科技产品发展。西南部的工业发展最快，主要有航空航天、石油矿产、化工和高科技。美国各行业都有自己代表性的企业，它们实力雄厚，直接影响着国家的经济命脉，如通用汽车公司、福特汽车公司、埃克森公司、国际商用机器公司（IBM）、微软公司、通用电气公司、可口可乐公司等。

美国是世界上最大的粮食出口国和木材输出国，也是主要的水产品产地。美国47%的土地是耕地和牧草地，中西部是最重要的农业区，盛产玉米、小麦、畜类和乳制品。南部的传统作物是棉花、玉米、烟草，也饲养牛羊。西部的大平原生产小麦和牛，太平洋沿岸盛产葡萄等各类水果。西南山区和落基山一带以畜牧业为主。作为世界上最大的食品生产国，美国的玉米、小麦和肉类满足了全球15%的需要。由于农业和畜牧业的高度现代化和大农场生产经营，美国过剩的农产品需要依赖国际市场。

美国的森林面积占国土的33%，主要分布在西部，北方和南方也有一些。华盛顿州和缅因州是木材的主要产地。美国森林的70%为私有，20%为联邦政府所有或处于联邦政府的监督之下，其余由州和地方掌管。森林的2/3都在经营之中。

美国东临大西洋，西为太平洋，南有墨西哥湾，北有五大湖，内河湖泊也很多，渔业发达，水产品丰富。现在渔业占第一位的是阿拉斯加州，每年产值15亿美元，其次为路易斯安那州。传统的东北部渔业主要分布在马塞诸塞州海湾和缅因湾，现在产量下降为第三。

由于工业的高度自动化，以及劳动密集型生产的海外转移，从事一线生产的人口逐步减少，大量就业机会转向服务业。到了50年代后期，服务业发展很快，现在服务业和交通运输一起，占到GNP的62%和就业的70%，东北部的发展尤为迅速。服务行业的范围很广，主要有医疗、旅游、商业、娱乐、餐饮、公用事业、交通运输、金融保险、法律咨询、政府部门以及其他各类个人服务。服务业最需要的是管理人才，同时它也提供大量的就业机会，其中不少是非熟练工和小时工。从总体上讲，服务业的发展还有赖于工农业的发展。

七、国民收入

美国是世界上生活水平最高的国家之一，60%的家庭和个人属于中高收入。消费占国民生产总值的85%，其中食品、衣服的费用下降，而住房、医疗、教育的费用则不断上涨。用于积累的只占10%～20%，其中大部分用于不动产的投资。但是美国的贫富差距也是世界上最大的，因为社会对有色人种的歧视，有色人种大部分处在贫困阶层。尤其是90年代以来，贫富的分化更趋严重。由于技术转型，新就业机会大多需要掌握高科技的人，结果是一方面产生了一批高技术高收入的金领阶层，一方面又威胁到许多处于中间层的白领阶级，他们难以适应新的工作要求，甚至被计算机所取代。而政府教育投资对有色人种居住区的歧视现象，使有色人种的教育机会大大降低，加重了有

色人种的贫困。

1993年,4口之家年收入低于1.47万美元的为贫困户,全国有3200万人生活在贫困线之下,占总人口的14.5%,贫困率最高的是黑人、印第安人和拉丁裔人。贫困率最高的州是路易斯安那,为25.7%,最低的州是佛蒙特,为7.6%。现在就业中的小时工比例越来越大,1997年规定的每小时最低工资为5.15美元。由于经济的全球化和工会的日趋削弱,劳方为增加工资待遇而与资方斗争的能力已经大大削弱。

八、社会保障

美国人亲情观念淡漠,遇到困难时得不到亲友帮助,所以个人主义的自立自助意识很强,虽然民间的慈善事业由来已久,但直到大萧条后1935年社会保障法的出台,联邦政府才真正全面介入这一领域。社会保障体系的建立是罗斯福新政的硕果之一,使国民对生活有了安全感,这对社会的公正和稳定意义重大。目前美国国民生产总值中用于社会福利的部分约占21%。

从罗斯福开始,民主党一直是促进社会保障的代言人。从杜鲁门到约翰逊时期,美国的社会保障迅速发展扩大。尤其在60年代中,在建立"伟大社会"的鼓舞下,国会通过了一系列耗资巨大的社会保障和福利法案,如食品券法、老年医疗照顾和援助法案、中小学教育法、高等教育法、住房和城市发展法等。从60年代到80年代,美国在社会保障上的支出越来越大,许多人将此视为权利,形成依赖心理,国家财政也不堪重负。1970年,整个社会福利保障的政府开支为273亿美元,到1974年即上升为1372亿美元,占GNP的比例也由8.1%上升到10.1%。在70~80年代间,这项支出平均年增13%,大大超出了GNP的增长速度,造成巨大财政缺额。到1981年社会福利保障开支高达5505亿美元,分别占GNP的18.6%和政府财政的56.9%。

从尼克松开始,美国的社会福利保障制度进入调整阶段。1972年开始实行州和地方财政援助法,联邦和州分享税收,社会保障的一些职能由联邦转到州和地方政府。里根上台后更是试图紧缩福利开支,并改变经营方式,使其私营化和分散化。但到1988年,社会福利保障支出仍占联邦财政预算的46%,最后只有靠增税来解决。到了克林顿任内,改革社会保障体系已是朝野绝大部分美国人的共识。1996年8月,克林顿签署《社会福利改革法案》,将福利金限定为5年,并要求接受者在2年后至少每周工作20小时,还取消了合法移民的食品券等,这样在6年内可望削减600亿美元的福利开支,同时把市场竞争机制引入公共福利领域,使之自负盈亏,降低成本,保证质量和效率。

美国的社会保障体系相当庞杂,具有多元而非统一的特点,主要可分为公共和私营两部分,其中公共部分占70%。一般来说,联邦政府按项目拨款,而州政府必须拿出同样数目来相配,才能得到款项,所以各州的社会福利保障水平因贫富不同而有差距。

一般说来,社会保障是强制性交费后得到的保险,其中最主要的有三种:一是老年、遗属、残疾和健康保险;二是老年医疗照顾;三是失业保险。交纳费用由雇主和雇员分担,个人在一生的工作期间连续支付收入的7%左右,到65岁退休后便可每月得到约原工资的四分之一。在失业期间也可得到工资的四分之一,但只能享受26~39周。由于社会保障的公共部分数目有限,个人或雇主或工会还经常需要再在私人保险处投保来补足。由于医疗费用的不断上升以及人口老龄化等原因,美国的社会保障长期入不敷出,1982年造成财政赤字122亿美元。

社会福利属于免费帮助,不需交费,只向符合条件的需要者提供,其中包括救济、就业培训、住房、食品等。现在开支最大的福利项目是援助在贫困线下的有未成年子女家庭(AFDC),每年约提供 280 亿美元,现有 1400 万人接受此资助。第二大项目是老年医疗援助,对象为 65 岁以上的穷人。第三大项目是食品券,提供给营养不足的人,每月 70 美元,在 90 年代末有 2700 万人享受这一福利。其他还有住房、培训、幼儿日托、法律服务、学校午餐等不同形式的福利补助。

除公共和私营的社会福利保障外,还有许多自愿的慈善组织也在进行这项工作,其中有如洛克菲勒基金会和福特基金会这样的私人基金会,也有各种教会组织,以及分散的义务服务人员和服务中心,他们可被视为社会福利保障体系中的第三种力量。

美国对社会福利的争论已是政治生活中的一大热点。承担着政府绝大部分税收任务的中产阶级早就对这一制度的浪费、低效以及福利救济的合理性提出质疑。克林顿在竞选中便一再强调"被遗忘的中产阶级"利益。改革的总趋势一是责任下放,由联邦转向州和地方;二是福利方式由"救济福利"向"工作福利"转化,不让有工作能力的人长期依赖福利而生活。纯粹的福利改为暂时的帮助,使享受福利的阶段成为一个人工作前的准备阶段,由此促使人人自食其力。

第二节 科学技术与发明创造

1683 年成立的波士顿哲学会是北美大地上的第一个学术团体。据记载,美国殖民时期也曾有过 21 位英国皇家学会会员,其中名气最大的当然要数富兰克林,他曾四度担任英国皇家学会理事。富兰克林不仅做了著名的风筝实验并进而发明了避雷针,他对发展殖民地的科教事业也作出了重要贡献。1740 年,他参与创建了后来的宾夕法尼亚大学。1743 年他又参与组织了费城的美利坚促进实用知识哲学会,后改为美国哲学会,华盛顿、杰斐逊等均被邀请成为其会员。哲学会还在政府和社会的赞助下创办了医院、医科学校、天文台、图书馆和博物馆等。

一、科技发展

美国在独立之时虽然科技远远落后于欧洲,但却具有充分的发展潜力。首先,美国是 18 世纪理性时代的产物,在观念上认同于科学、自由、理性。美国社会的自由开放大大有利于科学的创新精神,科学家只需忠实于自然法和逻辑,便可追随自己的思路,大胆地进行怀疑否定,而不必担心王权的干涉和宗教的禁忌。立国者们十分看重知识,认为社会进步在很大程度上取决于科学的进步。他们在宪法第一条第八款中规定:"为促进科学和实用技艺的进步,对作家和发明家的著作和发明,在一定期限内给予专利权的保障。"而且,他们一致认为科学与教育应独立于政府而发展,以免受政府的限制和控制。

在建国后的最初半个多世纪,美国在科技上也处于草创阶段。1790 年国会通过了专利法,但从 1836 年现专利局成立到 1860 年内战前,登记在案的专利不过 3 万多件,着眼点也主要在功利。1793 年,惠特尼发明轧棉机,效率比手工劳动提高 50 倍。后来他又发明可替换标准化零件,带动了产品的批量生产。1802 年西点军校成立,成为培养科技人才的重要基地。1803 年刘易斯和克拉克受杰斐逊委托西行探险,调查路易斯安那购地的自然环境和资源。1807 年联邦政府设立第一个科研机构——海岸测量局。1846年,联邦政府用英国科学家詹姆斯·史密森的遗赠建立了史密森学会,由杰出的科学家约瑟夫·亨利担任第一任会长,并建立了史密森国家博物研究院。1848年,美国科学促进会成立。

随着工业革命的进展,美国科技发展的速度加快了。从1860年到1900年,专利局所发的专利特许激增到60多万件。即使在内战中,国会还通过了莫里尔授地法,赠地建农业学校,组建农业部,因为当时农业是科技的重点。1863年,国会立法创建了国家科学院,既作为国家的学术荣誉机构,又作为联邦政府的科学咨询机构。这段时期也是美国高校网络形成之时,美国的大学毕业生数量开始跃居世界首位。在19世纪的最后30年中,美国的科技发明全面开启,科研机构纷纷成立。除了美国气象局、地质调查局等政府机构,1872年,发明大王爱迪生创立了第一个私人研究所,日后成为通用电气公司的研究机构。当时电气方面的发明层出不穷,也正是在电气时代,美国经济由于科技领先而后来居上。

美国在19世纪中也产生了一些具有世界影响的科学家。人类学家刘易斯·亨利·摩根在1877年发表了《古代社会》一书,提出文化进化理论,科学地论述了文明的起源和进化。恩格斯认为摩根的唯物史观和达尔文的进化论、马克思的剩余价值论一样重要,并受其影响,写下了《家族、私有制和国家的起源》。数学物理学家乔舒亚·威·吉布斯是化学热力学的创始者之一,名列20世纪以前最有影响的十大物理学家。物理学家艾伯特·亚·迈克尔逊是美国第一位诺贝尔奖得主,曾任国家科学院院长,他对光速的研究与日后爱因斯坦提出相对论有渊源关系。生物学家托马斯·亨特·摩根也是诺贝尔奖得主,他用果蝇做试验,创建了染色体遗传理论。

进入20世纪,美国的科技仍以应用为主,但1902年成立的卡内基基金会和1913年成立的洛克菲勒基金会开始加强对基础研究的支持。两次世界大战对美国的科技发展起到了巨大的促进作用,战争导致了政府的干预和投入,国家利益最终决定了科技发展的方向和力度。一次大战开始后,联邦政府对科技的资助经费每4年翻一番。1916年,国家科学院成立全国研究理事会,协调不同的科研系统,开启跨学科跨机构的大型研究。一战后的20年间,贝尔实验室等一大批工业实验室和国家实验室宣告成立。新政时期,政府进一步明确了科研是重要的国家资源,并设立国家资源委员会来负责科研事项。1930年左右,美国的技术和应用科学已居世界前列。

二次大战期间,美国的科技发展日臻成熟。联邦政府将科研置于自己的控制之下,使其为战争服务。由于希特勒的崛起,大批欧洲科学家,尤其是德国科学家避难来到美国,极大地增强了美国的科研队伍。1939年爱因斯坦等移居美国,向美国军事机构指出原子能发展的重要意义。年底,罗斯福命令组织铀咨询委员会,1942年研制原子弹的曼哈顿工程秘密启动,聚集了几千名研究人员,动员10万人力,耗资20亿美元,历时3年,终于在1945年6月16日爆炸了第一颗原子弹。这标志着美国已经成为科技霸主,进入了大科学时代。

二次大战前,全世界获诺贝尔奖的科学家一共142位,其中美国20位,占14%。二战后1946~1994年,全世界获奖科学家人数达282位,其中美国150位,占总数的53%,在各国中名列第一。战后资本主义国家最重要的科技项目约有60%在美国首先研究成功,75%在美国首先应用。美国也是世界上输出技术最多的国家,年收入可达几十亿美元。美国在基础研究上也早已赶超欧洲,全世界科技文献中约有40%是美国科研人员的成果。

目前,美国位居世界科技中心,在现代科学的三大标志——原子能、电子计算机和空间技术上都居于领先地位。在生命科学中,美国科学家首先发现基因由 DNA 组成,并成功构造了 DNA 分子模式。1989 年,美国成立"国家人类基因组研究中心",1990 年国会批准实施人类基因组计划,投入资金 30 亿美元。美国在二战时开始研制电子计算机,于 1946 年造出第一台计算机 ENIAC,后来逐步升级,日趋先进。

二、科研体系

美国的科研机构分为四大体系:联邦政府研究机构、私人工业企业研究机构、高等院校研究机构和私人非营利研究机构。它们各占全国科研份额的 15%、70%、10% 和 3%。科研人员之比为 7%、76%、14% 和 3%。科研经费之比为 11%、72%、13% 和 4%。

联邦政府提供的科研经费最多,占全国科研经费的一半左右,但它尽量不建立独立的研究机构,而是以合同或资助的方式将科研项目委托给非政府的科研机构,只提供经费,不进行具体管理。以 1989 年为例,联邦政府的科研经费中只有 33% 拨给了政府所属的研究机构,倒有 52% 拨给私人工业企业的研究机构,其余 14% 拨给高校,1% 拨给非营利机构。

联邦政府直属的实验室进行必须由政府承担的科研项目,优先发展军事、空间、卫生、能源和基础科学。其中开发工作占 52%,应用工作占 28%,基础工作占 20%。在经费上,军事与民用之比约为 6 比 4。联邦政府各部门还资助一些研究中心,由非政府研究机构负责行政管理,也称为国家实验室,工作人员皆为政府雇员。目前联邦政府所属实验室约有 750 个,雇员 22 万。

美国没有独立而庞大的从事基础研究的科学院,基础研究有一半依靠高等院校。高校中教学和科研同时进行,相辅相成。在美国三千多所高校中,从事研究的主要是三百多所设有研究生院的大学,其中约 90 所大学的科研占了全部高校科研的 80% 以上,而最重要的 20 所大学又占了 50%。所以美国高校的科研主要是在 10% 的学校中进行的,其中又以麻省理工学院、约翰斯·霍普金斯大学、斯坦福大学、哈佛大学、加州大学、密歇根大学、芝加哥大学和威斯康星大学等最为重要。高校的科研以基础科学为主,占其研究的 66%,应用科学占 26%,开发工作占 8%。高校的科研经费主要来自联邦政府,约占 55%。其次为高校本身,再其次是州政府、非营利机构和工业企业。

现在美国联邦级的科研机构有国家科学院、国家工程科学院和国家医学科学院。它们都统属国家科研委员会。美国这种多元化的科研体系既有优点,也有缺点。优点是可以各自发挥长处,优势互补。缺点是缺乏有机联系,可能导致利益冲突,相互保密。

技术进步因素在美国经济增长中的比例已经越来越大。20 世纪 50 年代,美国经济增长中的投资因素为 80%,科技因素只占 20%。到 70 年代已是一半对一半。到 90 年代初,投资因素只占 30%,而科技因素占到 70%。1995 年美国除了整体技术实力世界第一外,在 27 个关键技术领域基本上处于领先,其中包括信息通讯、生物、医学、农业、环保等。

三、政府投入

对科技和知识的重视是美国人的共识,他们确信科技是美国社会发展和全球战略的关键。政府将科技投入看作对未来的投入,决心维持在所有科学知识前沿的领导地位。政府对科技的支持包括直接投资、设立科研机构加强领导、立法保护和鼓励科研及科研人员等。总统在内阁中设有国家科技委员会,在办公室中设有总统科技顾问委员会和科技政策办公室。

美国政府对科研投入的财力为世界之最,研究开发经费占联邦政府年度预算的比例长期保持在6%左右。全国科研经费的大部分由联邦政府提供。1950年代,联邦政府每年提供科研经费约50亿美元,到1960年上升为136亿。此后科研经费一直逐年增加,都占到GNP的2%以上。里根当政8年,国家科学基金会的预算增加了一倍,1989年联邦政府对科研的投入达到1324亿美元。1993年美国科研经费的总额为1608亿美元,占GNP的2.8%,超过日、德、英、法四国之和。

美国联邦政府13个部,50多个职能部门中有17个与科研关系密切,其中又以国防部、卫生与公共事业部、国家航空航天局、能源部、国家科学基金会和农业部这6个部门与科研关系最为密切,它们占据了研究与发展预算的95%。但它们将2/3以上的科研以合同或资助的形式拨给非政府科研机构去完成。

州政府对科研也非常重视,美国50个州中有38个州设置专门机构鼓励科技,并投资帮助未能得到联邦政府资助的科研领域。州政府一面尽量使本州的大学形成一流的科研体系,以便得到联邦政府的拨款;一面建立为本地工业发展服务的技术发展中心,以争取当地工业企业的支持。

美国积极培养科研人员,利用奖学金、资助、贷款等形式帮助学生完成学业,并通过竞争、考核、鉴定、晋级等方式选拔优秀人才。

除了加紧培养本国人才,美国还以各种方便和优惠条件鼓励外国科研人员移居美国。美国的博士后中有32%是外国人,留美的外国学生中有60%学的是理工。现在美国的科学家和工程师中有20%是外国移民,每年可为美国节省培养费7亿美元左右。在高级科学家和工程师中移民占10%,在美国全国科学院的院士中有20%是移民。同时,美国跨国公司在国外的子公司还充分利用了当地的人才资源,对美国来说很一般的工资往往对当地而言即是难得的高薪了。美国在全球科技人才的争夺中占尽了优势,尤其是对第三世界国家的优秀科技人员的吸引。

四、科学普及

科学思想在美国相当普及,美国各地都有自己的公共图书馆,完全免费为社会服务,馆藏内容丰富,从图书到音像资料都可借阅,也是科学普及的重要途径。

博物馆、科技馆中有的是综合性的,如科学博物馆、自然博物馆。有的是专门性的,如水族馆。这些博物馆设备先进,管理有方,在讲述系统的科学知识和历史发展的同时,还注意直观性和实践性,使人有亲临其境之感,有的还能亲自操作体验,提高了知识传播的效果。

第三节　教育体系

美国重视教育的传统从殖民时期便开始了。对教育最有热情的是新英格兰的清教移民。1642、1647、1648年,马塞诸塞殖民地连续通过教育法案,要求保证每个需要上学的人都能上学。到建国时,殖民地一共成立了9所学院。这些学院大多由宗教教派创办,由于当时政教合一,政府提供一定的资金。学院由终身制的校董们控制,以便不脱离教派影响。

建国后,合众国宪法只字未提教育,使教育掌握在地方手中。当时13个州中,有5个州的宪法提到了公立学校。

将教育与宗教分开的做法渐成趋势。1827年马塞诸塞州立法禁止公立学校传播宗教,随后又有9个州的宪法禁止拨款资助宗教学校。这促使移民在北方和中西部筹建了许多具有宗教色彩的私立学校。

在内战前的改革运动中,推广公共教育是一个重要内容。改革者们认为,良好的教育是良好社会的关键。被称为"美国公共教育之父"的霍勒斯·曼说过:"在一个共和国中,无知是犯罪。"教育对培养有纪律有教养有判断力的国民意义重大。在移民潮开始后,他们又把教育视为吸引外国优秀青年移民的最好方式,一次吸纳全世界的人才来服务美国。

内战前,南方教育落后。虽然南方白人上大学的比例高于北方3倍,但中小学的入学率却只有美国其余地方的一半。加上实际上学人数和天数等原因,南方白人接受的教育只有其余地方的1/5。更不用说大批黑人奴隶都是文盲。为了让奴隶驯服,不少州是明文禁止奴隶识字的。

内战中对教育影响最大的是1862年通过的莫里尔法案,亦称"赠地院校法案"。它规定每个州可按议员人数出售公地来资助教育,每有一名议员可出售1万多公顷公地。各州用这些资金至少建立一所大学。这类增地院校的课程应包括全部传统的课程,但须以农业、工艺等实用科学为主。受惠于这项法案,三四十所院校相应诞生,大批学生入学,由此出现了美国庞大的州立大学体系,联邦政府也从此介入高等教育。

内战后经济的飞速发展也促进了教育的发展,教育投资占国民生产总值的百分比从1860年的1.4增加到1900年的2.9。同时文盲人数下降,从20%下降到11%,工人素质明显提高。各州相继通过强制教育法,到1880年将近3/4的学龄孩子在学校读书。公立中学几乎普及,课程设置广泛,包括各种实用技能。黑人儿童也第一次有了上学的机会,但种族隔离政策的歧视,黑人学校条件比白人学校差得多,最高法院却承认所谓"隔离而平等"的狡辩。这一原则直到二次大战后1954年的"布朗诉教育局案"中才最终被推翻。

高等教育中发生的另一重大变化是女子上大学。男女同校在中西部开始较早,1833年奥伯林大学创办时就实行了男女同校,1858年艾奥瓦大学成为男女同校的第一个州立大学。东北部地区由于传统太强,难以改变,便新建了一系列女子学院。一些老牌的大学也设立了附属女校。20世纪初,美国教育又经历一次改革。约翰·杜威等教育改革家强调教育的意义,开办实验学校,改革课程,提倡学习实用本事,边干边学,并推广进步的引导式教育方法,注重学生个人的培养。职业学习、课余学习等也变得丰富起来。同时,职业教育也得到加强。1917年,国会立法扩大职业教育,联邦政府拨款兴办低于大学程度的职业学校。普通高中也开设职业课,便于学生毕业后直接就业。

二战后迎来了大学教育的又一次大发展,"1944年军人调整法案"引起高教中的重大变化,国家为退役军人提供教育资金,包括学费和生活费,因此接受高等教育的人数高达780万,占全部退役军人的48%。两年后,大学生中有一半是复员军人,许多出身贫寒的人成了家中第一个大学生。大学教育迅速扩大,不再是中上层社会的特权了。

第四节 文学艺术

北美土著印第安人的文学主要是口头传说,不为殖民者所认可,也从未进入美国文化的主流。一直到近半个世纪以来,印第安人的文化才开始受到重视,并逐渐形成一个专门的学术领域。

一、殖民时期的文化艺术

殖民早期,新英格兰实行政教合一,清教领袖大多身兼文化领袖,视文学为当然的宗教工具。他们的著作主要是神学研究,其次是移民历史,还留下了大量布道、书信和日记等第一手资料。马塞诸塞海湾殖民地的第一任总督约翰·温斯罗普在带领清教徒横渡大西洋的船上,作了题为《基督仁爱的典范》的演讲,对即将建立的一个尊卑有序、政教合一的社会作了阐述和论证。其他重要的清教作家还有科顿·马瑟和乔纳逊·爱德华兹等。最早的诗人有安·布莱斯特里特和爱德华·泰勒,他们颂扬上帝的伟大,感激上帝的恩泽,有时也捎带着赞美一下人间亲情。值得注意的是,殖民地第一个诗人布莱斯特里特是位女性,她出版了17世纪最受欢迎的美洲殖民地诗集,并表现出相当的女性意识。

新英格兰以外的殖民地更为世俗化,产生的文学中有的记载殖民地历史风貌,如约翰·史密斯的《弗吉尼亚纪实》;有的向欧洲介绍新大陆的新气象,如克莱弗克尔的《美国农民书札》。富兰克林的《致富之路》也流传甚广,其中的格言警句幽默风趣,代表了殖民地后期民间的实用智慧。

独立战争前后,在有关独立和国体的全民性大辩论中,涌现出大量的爱国演说和政论文章,脍炙人口的名篇有帕特里克·亨利的演说《不自由毋宁死》,托马斯·潘恩的小册子《常识》,杰斐逊执笔的《独立宣言》和汉密尔顿等人在宪法辩论中阐述民主体制的《联邦党人文献》。

二、民族文化的形成

美国独立后将近半个世纪,终于迎来了第一次文学上的繁荣。在浪漫主义运动的推动下,美国萌生了自己的民族文学。美国文学与其民族一样源自欧洲,但由于疆域辽阔,氛围自由,开拓艰辛,移民频繁,美国人发展出一种豪爽务实的性格,表现在文学上则是平民化、多元化、富于阳刚之气,充满对自由民主的热爱,追求以个人幸福为核心的美国梦的实现。

19世纪30年代,美国发生了一场深刻的思想解放运动,在观念上彻底冲破了狭隘加尔文教义的束缚,完成了对传统清教的扬弃。这场革命一方面更新了意识形态,使之适应已经开始的工业化进程,同时在文化精神上使美国摆脱了对欧洲的依赖,赢得了真正的独立。这次"美国文艺复兴"的中心是新英格兰的超验主义运动,它的产生深受欧洲浪漫主义思潮的影响,但它由一批美国的文化精英所发起,融会着美国这片土地的特点,是真正美国式的。超验主义者们崇尚自然,崇尚精神,强调直觉的认识作用,提倡人的自立自强,追求通过超越感性经验而达到的崭新精神境界。

三、南北战争后的文学

南北战争铲除了奴隶制,改变了美国的政治经济,也改变了美国人的生活方式。战后,美国的工业化和城市化迅速发展,移民浪潮涌入,西部边疆告终,南方重建困难,新的社会问题随之产生,战前的乐观主义受到战争的冲击,文学也由浪漫主义转向现实主义。

首先出现的是乡土文学。战前,文学似乎是东北部的特权。现在,南部种植园、西部矿区、中西部农场等地方色彩都进入文学,并由熟悉它们和生活其中的人把它们写出来。乡土文学经过30年的发展演变到1890年代便衰落了,汇入现实主义的主流。

马克·吐温和亨利·詹姆斯是美国19世纪后期两位最重要的作家,他们分别代表了美国西部的本土文学和东部的高雅文化。

进入20世纪,美国随着经济的强盛,越来越摆脱孤立主义,和国际社会连成一片。世纪初欧洲文坛掀起的现代主义思潮很快影响到美国,出现了现代派诗歌。对西方文明批判性的反思。

四、一次大战后的文学

一次大战后美国文学迎来了第二次繁荣,文坛上出现了被称为"迷惘的一代"的作家群,他们大多参加过战争,旅居过欧洲,当他们将曾经为之奋斗的高尚理想对照战争现实时,产生了一种幻灭和被愚弄的感觉。厄内斯特·海明威的《太阳照样升起》、《告别了武器》、《丧钟为谁而鸣》等小说描写的都是在欧战中失望的青年,他的作品一时传诵海内外,他的文风也为许多年轻作家所模仿。菲茨杰拉德的《了不起的盖茨比》写出了一个时代的特色,这是爵士乐的20年代,也是禁酒的年代,但人们过的是醉生梦死的生活,新贵和旧贵们为了虚荣而忙于钩心斗角。

另外一些小说家继承发展了现实主义的传统,有些还受到30年代左翼文学的影响,向社会制度提出了挑战。20年代后南方出现文艺复兴,涌现出一批有成就的作家。

30年代美国黑人文学发展迅速。30年代还出现过一批出色的文学评论家兼社会批评家,他们的文章对当时的文坛和社会都很有影响。

五、二次大战后的文学

战后首先出现的是一批反映二战的文学,由于冷战的加剧和麦卡锡主义的猖獗,战后文坛曾一度沉寂,但低潮过后,很快便出现了美国文学史上的第三次繁荣。

50年代,西部崛起了"垮掉派",这是一次企图冲破当时沉闷气氛的青年反文化运动,垮掉派们在生活方式上处处标新立异,表示对美国通行的行为规范、道德准则的蔑视,但他们在文学上留下的东西不多。

从60年代开始,美国文坛上一些才气斐然的作家,他们揭露官僚体制的可怖,讽刺现实社会的虚伪,嘲弄世界人生的荒诞。但与以往不同的是,这些小说开着毫无节制的玩笑,将悲愤阴沉绝望隐藏在玩世不恭的表面之下。小说艺术的这一创新和发展被称为"黑色幽默",它标志着美国人所谓天真时代的结束。在黑色幽默派眼里,世界是荒诞浓黑的,要根本改变世界是绝不可能的,但感伤的眼泪又过于幼稚,令人厌倦,唯有大笑才能宣泄痛苦,在他们那一阵阵可怕的狂笑中,有时也包含着毫不留情的自我嘲讽和厌恶。

在美国当代文学中,一个令人瞩目的现象就是犹太作家的数量和成就。美国已经是世界上犹太人最多的国家,而且犹太移民也已经到了能出作家的时候了。许多犹太作家如诺曼·梅勒,并不局限于传统的犹太主题,他们更多地汇入了美国的文化主流。有的则仍然带有比较明显的犹太文化色彩,将犹太人的受难上升到人类的受难,体现了将道德完善视为人生目的的犹太价值标准。

战后美国的黑人文学发展迅速,他们继承黑人独特的文化传统,表现出黑人自我意识的觉醒。

在当代女权运动中,也产生了一批女性意识很强的女作家,她们的作品社会性强,针对性强,自传性强,体现女性精神,构成了美国女权主义文学的传统。战后南方文学继续繁荣了一阵,一些优秀女小说家成了中坚力量。

当代的文学理论和批评十分活跃,30 年代重视文本研究的新批评派到 50 年代便失去权威,此后兴起的文论派别繁多,主要有结构主义、后结构主义、后现代主义、女权主义、新历史主义、解构主义等,呈现出多元化和多变的姿态。

第五节 大众文化

1638 年,殖民地的第一家印刷厂在马塞诸塞的坎布里奇建立,主要印刷一些赞美诗、教义问答之类为宗教服务的材料和识字课本,最令人印象深刻的是出版了《圣经》的印第安文译本。17 世纪末,在费城和纽约也陆续开办了印刷厂,但殖民地的出版物主要还是依赖从英国进口。

一、传媒的发展

殖民地最早的一次办报尝试是在 1690 年,本杰明·哈里斯在波士顿出版了一份国内外时事报,只办了一期便被当局查禁。到 18 世纪初,报纸开始涌现,还是集中在波士顿、费城和纽约,最早的有 1704 年发行的《波士顿时事通讯》、1719 年发行的《波士顿报》和费城《北美每周信使》。第一张比较综合性的报纸是富兰克林兄弟于 1721 年在波士顿办的《新英格兰报》。到 1765 年,发行的报纸已经达到 43 家。报纸在传播信息、促进独立、团结组织各殖民地人民上起了重要作用。最早的杂志也出现于此时,如安德鲁·布雷福德创办的《美国杂志》和本·富兰克林创办的《大众杂志》,它们主要供中产阶级消遣之用。

独立后,美国的报纸由于成为党派之争的工具,质量反而有所下降。18 世纪末联邦党人办的《美国新闻报》和共和党人办的《国家新闻报》开了这一传统的先河。进入 19 世纪,随着美国疆域扩展,人口增加,社会进步,书刊的大众市场日趋形成。高速印刷机的发明更是降低了印刷的成本,促进了出版业的发展,报纸也成为越来越强大的社会政治力量。1825 年后,新报刊大量涌现,大多由个人创办经营。1842 年平装本的出现使原先精装昂贵的书籍越来越平民化、商业化,畅销小说也开始流行,严肃作家对此感到困惑和沮丧。

19 世纪是个人办报的时期,产生了许多成功的办报人和美国第一批报业巨头,这些人不仅通过发行大量有特色的报纸对社会思想造成影响,而且往往身体力行投入政治,还参加竞选公职。1835 年,苏格兰移民詹·戈·贝内特出版了美国第一份现代报纸纽约《先驱报》,每份售价 1 美分。他在创刊号中宣布,报纸的职能"不是教诲读者,而是使读者警觉"。他声明不支持任何政党,不作任何党派或集团的代理人,也不参与任何选举活动。贝内特很重视新闻采集,在各地派驻记者,并使用先进的技术抢先传递消息。1841 年,霍勒斯·格里利创办《纽约每日论坛报》。作为辉格党的左翼机关报,《论坛报》主张改革,反对奴隶制,其社论颇有影响。马克思从 1851 年起,曾为该报撰稿10年之久。恩格斯也在该报发表过文章。1851年,亨利·雷蒙德与乔治·琼斯一起创办《纽约时报》,以新闻报道的准确诚实著称。格里利本人曾当过总统候选人。雷蒙德也曾担任过纽约州副州长和美国众议员。

进步时代的报纸开创了调查之风,揭露腐败等社会阴暗面,对当时的政治改革起到推波助澜的作用。个人办报一直延续到20世纪初。

20世纪上半叶,随着报业的扩大和越来越依赖广告收入,个人办报逐渐让位给了现代大企业,美国的报刊明显趋于垄断。1907年,美国有日报2600种,但到1945年只剩1750种,分属1300个城市,也就是说,大多数城市已经只剩一种报纸,不再存在竞争了。美国19世纪的传媒基本上以报纸为主,杂志期刊也有过一些,但杂志的影响和延续时间大多不如报纸,这一情况到20世纪才有变化。

20世纪最大的传媒是广播和电视,1920年开始正规的无线电广播,规定的竞选演说大概是第一个得到广播的竞选演说。很快,由广告资助广播的制度便形成了,广播媒体被资本集团所垄断。1926年全国广播公司成立,1930年哥伦比亚广播公司成立,电台数很快达到700多家,广播的听众超过了报纸的读者。

战后,电视发展迅速,像其余一切媒体——书、报刊、广播、电影——提出了强劲挑战。20世纪下半叶,无论在新闻信息或文化娱乐的传播上,电视无疑已经取得压倒优势。科技的发展使人类在世纪末又迎来了电脑引起的信息革命,网络传媒又展现开来。

二、媒体自由权被政府控制和金钱购买和支配

美国的传媒有三个特点,第一是绝大部分为私人所有;第二是主要靠广告支撑;第三是政府有权调控。大众传媒的形成因此也必须具备至少三个条件,首先是接受该传媒的手段必须是大众所能支付的,如大众买得起报纸、电视机,而使用时又不必付费,或只付很少的费;其次是大众要有一定的购买力,否则商家就不值得花钱做广告;第三是大众要有时间来接受媒体的传播,而现在随着工作时间的缩短,大众的闲暇正在增加。

大众传媒是大众的交流方式,在美国这个大众社会它铺天盖地,无处不在,是生活中不可或缺的重要部分。人民通过传媒获得信息、教育和消遣,而且是同样的信息、教育和消遣,这对像美国这样幅员辽阔、种族多元的国家来说,起到了难得的统一思想信念、价值观念、甚至趣味的作用。由于媒体影响巨大,美国的政客从不敢低估其作用,政治竞选的巨额资金主要花在购买媒体的话语权上,广告创造名牌,金钱打造总统,获得财团的资助和支持,是竞选成果的第一法宝。民选政治逐步失去了真实的含义,民意被财团资金购买的媒体所引导和控制。民选总统,演变成了商品化的"金钱打造总统"。总统当选后再回报"投资人",比如布什靠石油集团资助的巨额金钱上台,上台后立刻攻打伊拉克以回报石油集团。美国的民主已经变质。

三、电影业与好莱坞

电影发明于19世纪末,是当时科技发展的结果,也是欧美各国许多人共同努力的结果。1891年,爱迪生及其助手威廉·迪克逊成功地研制出一种供一人通过看片机观看的"电影视镜"。作为电影机的发明者,爱迪生公司赢得了专利权。他随后联合竞争者组成电影专利公司,企图控制电影

的生产和发行。但是比沃格拉夫公司生产了新的摄影机,避开了爱迪生的专利,很快也自产影片,形成各自的托拉斯系统。但爱迪生毕竟是个科技发明家,他只是把电影当作活动照片这样一种新鲜玩意,并不去探索电影作为一门独特艺术的表现手法。到1915年,爱迪生公司就停止了生产影片。

美国的电影制作最初是在纽约、芝加哥、费城等东部城市开始的,后来制片人在寻找外景时发现了南加州温暖的阳光和丰富的地貌,非常适合终年拍摄电影。同时也是为了逃避专利公司,一些独立制片人开始迁到这里,在好莱坞这个洛杉矶郊区小镇落户。很快,这里便聚集了许多制片公司,到1910年前后,美国电影的制作中心便从纽约转到洛杉矶,好莱坞成了美国电影的同义词。

1909年,首先来到好莱坞拍片的是戴维·沃克·格里菲斯,他也是默片时代对电影艺术作出巨大贡献的人,在美国被誉为"电影之父"。在他之前,无电影导演可言,摄影师就是一切。格里菲斯创造了电影语言,直到今天,人们仍能在电影中辨认出他开创的东西。

1921~1931年的十年是默片的黄金时代,电影业发展神速。好莱坞电影已经开始冲击世界各国,并从欧洲吸取经验和吸引各种人才,如后来成为巨星的查理·卓别林。卓别林是默片时代最享盛誉的喜剧明星。卓别林以悲喜剧的方式表现小人物与命运的抗争,他还在影片中针砭时弊,讽刺独裁统治,嘲弄现代文明的荒诞等,感动了无数观众。

默片在放映时往往配有音乐伴奏,所以并非完全无声。但直到1927年10月华纳公司上映音乐故事片《爵士歌手》,才开启了有声电影的历史。有声电影出乎意料地吸引观众,以至两年内观众数量几乎翻了一倍,好莱坞由此进入黄金时代,在30~40年代它以近7000部影片称霸世界影林。

在1916年后的10年中,电影迅速成为一个行业,出现了几百家小公司和几家大的制片公司,它们扩展制片厂,组建生产线。制片厂体制到三、四十年代达到全盛期。

电影所产生的广泛影响,引起了社会对其伦理问题的关注。由于宪法第一修正案保证表达自由,美国不存在联邦一级的审查机构。但有的地方政府有立法,也曾查禁过影片。为增强自我审查,1922年好莱坞成立了美国电影制片人和发行人协会,该会在1945年改名为美国电影协会。1930年协会在教会等方面的配合下,通过了被视为电影伦理法规的海斯法规,确定电影伦理的基本原则,严格限制表现凶杀淫秽等内容。影片必须有电影制片法委员会颁发的许可证才能上映,无证放映将面临被查禁的危险。

好莱坞批量生产出来的电影与其说是艺术品,不如说是大众娱乐品。电影拍摄成本高,风险大,制片商不敢轻易冒险,只能竭力使影片迎合观众品味,符合公认的价值标准,谁也不得罪。但观众的品味也难以捉摸,于是从保险出发,往往出现这样的情况,一个影片在商业上获得成功后,类似的影片就会一拥而上,直到观众看到呕吐为止。

好莱坞电影逐渐成为商业化类型电影,情节未必需要真实,但浪漫情调却不能没有,尤其要做到表面的完美无瑕,好将观众带到他们梦想的世界中去,由此好莱坞也被称为"梦幻工厂"。

20年代,好莱坞影片就已形成类型,到三、四十年代又得到强化,主要有故事片、纪录片、传记片、歌舞片等。

西部片也称牛仔片,以传奇化的美国西部开发为背景,尤其是内战后到边疆封闭这段时期,反映当时采矿、建铁路、养牛、和印第安人较量等状况。警匪片也就是犯罪片,描写一些向社会秩序挑战的硬汉类型。西部片的背景是雄浑的大自然加马背上的英雄,警匪片的背景是喧嚣的城市加汽车里的强盗。

对于好莱坞电影的俗套,好莱坞神童奥逊·威尔斯带头突破。1941年,他的《公民凯恩》成为美国第一部现代主义的优秀影片。这是一部非类型化的实验电影,一部创新之作,被誉为现代电影的里程碑。影片采取倒叙的方式,从不同角度描写了报业大亨凯恩的一生,内容丰富,结构新颖。其中既有真实纪录,又有抽象隐喻,摄影技巧上也十分成功。影片一问世就受到高度重视,1998年被评为美国电影史上百部最佳影片之首。

四、新好莱坞

40年代末50年代初,由于电视的出现,电影遇到了前所未有的危机。电影观众数量从40年代的每年40亿人次锐减到50年代的每年20亿人次,电影院纷纷关闭,有的大电影公司也不得不与其他产业合并。同时,好莱坞还经历了麦卡锡时期的黑名单冲击,400名艺术家受到排挤,社会影片大幅度减少,取而代之的是些平庸的作品。

为了渡过难关,美国电影努力从技术上进行革新来吸引观众,在1952~1954年间创造出了新的彩色电影、宽银幕、立体电影、全景电影、汽车影院等电影方式。进入60年代,美国90%的家庭拥有电视,电影观众降到每年10亿人次,从根本上动摇了好莱坞的制片体制。

独立制片人增多了,老导演又逐渐退出,一些青年导演尤其是学院派导演有了更多创新实验的机会。他们接受法国"新浪潮"电影运动的影响,开始改变风格,讲自己的故事,开创了六、七十年代的"新好莱坞"电影,新对旧的叛逆使好莱坞电影改变了一贯的乐观浪漫面貌。电影观众现在主要是青少年,一半的票房收入来自19岁以下的观众,他们对传统道德很是怀疑。新浪潮影片不再那么善恶分明,也避免皆大欢喜的结局,甚至缺少完整的故事情节。

从70年代到80年代,新好莱坞完成其使命。在这10年中,每年拍摄约200部影片。好莱坞电影树立了新的形象,与电视观众的竞争也达到了平衡,现在电影每年拥有10~12亿人次的观众,还有广阔的海外市场。美国电影在世界雄踞首位,全球上座率最好的一百部影片中美国影片要占到88部。好莱坞制片公司的面貌也随之改变了,现在形成7家跨国公司,控制着本土和国外的发行权,它们是华纳、环球、哥伦比亚、迪斯尼、派拉蒙、米高梅和20世纪福斯。

制片厂老板则要对股东负责,他们的责任是赚钱而不是艺术。小制片公司用自己的钱担风险,他们一般不拥有自己的设备而是租用大公司的设备,拍些成本不太昂贵的片子,因此可以更多关心艺术的创新。制片人是真正的实权人物,负责监督和组织影片制作的各个环节,他要开发剧本,雇佣导演和演员,筹集资金,权衡利润和艺术的平衡。更重要的是,他必须进行市场调查,弄清楚制片厂和观众到底想要什么,电影业的控制权不在影人而在商人。这种重商主义是电影容易循规蹈矩的重要原因,与其冒险不如拍些有赢利保障的片子。只有极少数导演有决定权,因为自己的经济成功可以自己出资拍片。

时代在演变,制片人和公众变得更宽容了,导演也因此有了更多的自由和个性。二战后,反文化的氛围首先在西部形成,受其冲击的电影界抱怨道德约束太多,电影开始探索一些以往不大涉及的社会题材,如吸毒、诱奸、强奸和同性恋等。60年代后,由于影片中性和暴力的增多,影片开始按观众年龄段分类。1968年设立电影制片法和定级管理委员会,将电影伦理的裁判权交给导演,不受国家直接干预。电影根据其内容分为四级:A级表示所有人可以观看,PG级表示17岁以下孩子必须有父母陪伴才能观看,R级是有限制的观众,X级是17岁以上观众。鉴于各地对淫秽的概念不同,1973年联邦最高法院将判决何为"淫秽"的权力交给地方法院。

五、奥斯卡奖

一年一度的奥斯卡奖是美国电影的隆重节日,于每年3月举行。1927年,由米高梅总裁梅耶和明星夫妇道格拉斯·范朋克和玛丽·壁克馥等发起,电影界成立美国电影艺术科学学院,宗旨是提高电影艺术和科学的质量,表彰成绩卓著者,加强部门协作,促进电影事业的发展。第一届学院奖评出了1927~1928年度的最佳影片、最佳导演和最佳男女主角奖等。奖品为一小型金色人像,后称奥斯卡,第四届后学院奖也因此称为奥斯卡奖,并以此扬名世界。捧走奥斯卡奖是每个影人的荣誉和愿望,一般说来评奖是公平的,由几千名评委投票产生,但也有些大明星却始终与它失之交臂。

电影是一门综合艺术,是科技、艺术和商业的有机结合,它给人类带来的影像思维是具有革命性的。由于它的易于被接受,电影一出现就注定要成为一种为亿万群众所欢迎的传媒方式。在短短一个世纪中,好莱坞成为美国大众文化的象征,对美国社会影响之大实在难以估量。在战争年代,它鼓舞士气。在萧条时期,它替代兑现不了的美国梦。电影一直在为大众的感情宣泄和感情激发服务,体现了大众的理想和梦幻。电影甚至为美国创造了一种共同的文化,或者说集体潜意识,还给美国人的审美观提供了统一的模式,展示了服饰举止的时尚风格。电影是美国人认识世界的途径,更是美国生活方式影响世界的手段,一个人不需要任何思想准备就可以领会好莱坞影片所要传达的信息。

电影不仅是艺术,更是庞大的娱乐业,美国的一大支柱产业。早在30年代,电影业作为十大产业之一,就能与钢铁汽车业相比。尽管有电视的挑战,到70年代,美国的电影观众就基本稳定在每年10亿人次。到1993年,美国电影的国内票房为52亿,发行收入为26亿,贸易顺差仅次于飞机制造出口,为美国第二行业。一部影片的成败有时可以决定一个制片厂的成败,制片人不得不慎之又慎。

第九章
美国的宗教信仰与科学精神

美国的今天的宗教,可谓五花八门,丰富多彩,但主体是基督教新教。基督教是一个大系统,其中又可分为罗马天主教、东正教与新教三大分支。若以宗派数量与信徒人数而论,新教当数第一。此外,各个宗教团体,无论背景如何,规模大小,其存在和发展都取决于基层教会。除少数教派外,基层教会决定着宗教团体的面貌。从社会服务到海外宣教,宗教团体的各种丰富资源均源于基层;从宗教观点到政治立场,宗教团体的大政方针均须得到基层教会的支持和认可。宗教团体的这种层层向下的"草根性",也是美国宗教的一大特点。这些特性与美国整个宗教的发展历史有着不可分割的关系,为此我们还得从早期宗教说起。

第一节 早期宗教

移民将各自的宗教带到北美,形成了殖民地纷繁复杂的宗教传统。最早在北美传播基督教的是西班牙、葡萄牙和法国的天主教传教士,他们在北美的西部和南部,即现在的得克萨斯、加利福尼亚、新墨西哥和佛罗里达等地,建立了一些天主教教堂。在英国殖民地中,1607年最早一批定居詹姆斯敦的移民属于英国国教。1620年乘坐五月花号到达普利茅斯的是清教中的脱离派,而1630年到达马塞诸塞海湾并开启清教徒大迁徙的清教移民则是留在英国国教内的非脱离派,但他们移民北美后便完全独立了。

一、清教发起与衰落

宗教改革动摇了罗马教廷的权威,随后英王亨利八世也由离婚案引发了与教廷的对抗。他拒绝承认教皇的权威,中断英国教会与教廷的联系,并于1534年让英国议会通过《至尊法案》,确立英王为英国教会的最高权力。他死后英国的宗教又几经波折,到伊丽莎白女王时,英国的新教化终于不可逆转。女王建立国教,制定教义,断绝与罗马教廷的联系,但保留了组织上的一统以及大主教、主教等教阶。女王的宗教改革并未完全成功,一方面天主教徒仍然存在,另一方面有些教徒认为改革还不彻底,保留教廷的教义和礼仪太多,必须继续净化国教,清除其天主教残余,恢复到原始基督教会的形式,这派教徒被称为清教徒。清教徒中大部分主张从内部去净化国教,也有少数坚决不入国教的"脱离派"。1603年詹姆士一世即位后,强调君权神授,强迫国民尊奉国教。到查尔斯一世上台后,清教徒处境越发艰难,被迫逃离英国。从1603年到1640年,大约有6万清教徒移居海外。

脱离派首当其冲成为迫害的对象。他们先是逃到荷兰，又从荷兰出发试图到达弗吉尼亚。但由于风暴的阻拦，他们不得不在马塞诸塞海湾科德角的普利茅斯登陆。1630年，在约翰·温斯罗普领导下的一批清教徒移民马塞诸塞海湾，他们逐渐使新英格兰成为清教徒的聚集地。他们在海上航行时，便发誓要将殖民地建成新的耶路撒冷，一个上帝的王国，作为全人类的灯塔。

清教的神学是加尔文宗。让·加尔文是宗教改革中仅次于路德的重要人物，他坚持路德的"因信称义"原则，将信仰视为得救的唯一途径，但他更加强调上帝的绝对权威和人的绝对沉沦。加尔文的上帝是位愤怒的上帝，随心所欲，要求人的绝对服从。人由于堕落不能自救，故必须依赖上帝的恩泽。加尔文宗的神学中心是"预定论"，即上帝按自己的意愿选择了少数人得救，一个人是否得救在他出生之前就由上帝决定了，与他本人的努力无关。既然如此，人的善行还有意义吗？答曰有，因为善行美德是得救的标志，每个人必须努力去表现。凡有此标志者，被称为"可见的圣人"。而必定得救的真正的圣人只有上帝知道，称为"不可见的圣人"。

清教徒还相信与上帝的信仰契约。上帝最先与亚当订立行为契约，只要亚当表现良好，便可在伊甸园中永享快乐。但亚当堕落而毁约，这第一次契约便作废了。上帝又与亚伯拉罕订立信仰契约，这次上帝要求人对他无限信仰作为拯救的条件。清教徒们将现世视为对来世的准备，将得救看作人生的最高愿望。他们要把一切奉献给上帝，以期得到上帝的恩泽。他们一心一意，热情坚定，充满献身精神，又毫不宽容异端，因为他们深信上帝是站在他们一边的。

18世纪初，北美殖民地的宗教情绪在科学大大发展的打击下已经明显退化了。17世纪下半叶，哥白尼、伽利略、培根、牛顿等科学家发现了一系列自然规律，鼓励了人们用理性去认识规律和适应规律的勇气。洛克又将自然法则运用于人，提出人的思想主要是由经验形成的，而非上帝的赐予。

人们开始用另一种眼光去看待世界，看待自己。原来宇宙是有规律可循的，并非由着上帝的兴致随意取舍。上帝现在倒更像个钟表匠，创造世界是让它按一定规律去运转。自然灾难也因此变得可以解释和防范了，不能再说成是上帝的发怒对人类的惩罚。

人们对外部世界有了更多的认识和把握后，就越来越不喜欢加尔文的那个报复心极强的愤怒的上帝，也不再愿意把自己看成是完全沉沦堕落、不可救药的罪人，牧师的恐吓失灵了。人们倾向于认为人是环境的产物，有能力完善自身。这种理性思维和自信自立的精神当然是对清教教义的打击极大，清教领袖想抵挡也抵挡不住。相当一批人开始信仰自然宗教，亦即自然神教，他们相信有创世者，却不接受神示。

经济在发展，时代在发展，随着生活变得越来越富足，社会也越来越世俗化。第二次对英战争结束后大批移民到来，使北美原本复杂的宗教更趋多元，这也使社会的宗教色彩淡化。宗教本身理性化，民众中普遍存在宗教淡漠。

二、第一次宗教狂热运动

18世纪三、四十年代，社会道德的堕落促使殖民地爆发出群众性的宗教热情，掀起了第一次宗教狂热运动。这场宗教狂热运动波及全部英属殖民地。先是在中部殖民地有牧师用地狱之火和永死来恐吓听众皈依上帝，接着是1735年春乔纳森·爱德华兹在马塞诸塞和康涅狄格河流域掀起令人震惊的皈依之风。他要让人们重新体验宗教的激情,感受上帝的权威。他在布道中大肆渲染上帝的愤怒和地狱的恐怖,警告和恐吓人们说,上帝毫不留情的惩罚将随时降临,牧师雄辩的口才征服了听众,当即就产生了效果,听众呼号呻吟着当即请求皈依上帝。

1739年,英国卫理公会牧师乔治·怀特菲德来到殖民地巡回布道。他不注重教义,在任何教堂和野外都能布道。他的布道语言优美生动,情感激越,听众如痴似醉,当场皈依。此后几年,他和北美的牧师们四处传播福音,收集皈依的灵魂,影响遍及各殖民地。直到1745年以后,这种宗教狂热才慢慢平息下来。

三、第二次宗教狂热运动

美国独立时,教会又经历了一次考验,在支持与反对独立的表态中难免会被牵涉到争端里去。公理会、长老会、浸礼会等支持独立,他们的教堂在战争中就可能受到英军破坏。而属于英国国教的圣公会则为爱国者所不满,圣公会的亲英派纷纷撤离,弗吉尼亚的牧师走了一大半。宗教卷入了政治斗争和战争漩涡。

独立革命对宗教的大冲击是多方面的,从经济上说,革命前大多数殖民地都有本地确立的宗教,费用由当地税款维持,革命后用公款维持教会的做法逐渐被取消。宪法关于不设国教和政教分离的原则确立后,政府不再养活教会,教会必须自谋生路。

1784年,美国的卫理公会教徒成立独立的美以美会,自己选举主教,不再需要英国的卫理公会授权神职。圣公会也成立全国范围的圣公会组织,甚至连天主教也在1790年有了第一位美国的主教。

从思想上说,一方面民众要求平等的呼声提高,教会的权威下降。另一方面,由于怀疑思潮、崇尚理性、政教分离的冲击,美国的宗教色彩日益淡薄,连昔日作为宗教摇篮的学院里也出现了宗教信仰危机。在美国清教大本营的新英格兰,尤其是文化重镇波士顿,宗教在向着自由主义的方向发展。

19世纪初,威廉·埃·钱宁牧师便开始调整产品结构,推销上帝的仁慈而不是上帝的愤怒,强调人的可完善性和自救的能力。由于守旧派坚决不与之"同流合污",自由派索性另立门户,于1825年成立美国唯一神教协会。唯一神教否认圣父、圣子、圣灵的三位一体,因而也称为上帝一位论。美国的宗教产品开始出现多元化消费的趋势。

西部正在拓荒,传教士随后跟进,去开拓新的灵魂消费市场,以满足人们灵魂空虚的需要。他们进入西部边疆后,销售业绩火爆,宗教奋兴运动达到巅峰,所到之处,激起一片皈依之风,牧师的收入大增。

拓荒者们驾车前来听道,野营布道会搭起帐篷,可以连续数天。1801年在肯塔基举行的一次野营布道会聚集了万人以上,马车就有1000多辆。布道激动人心,听众报之以强烈的情感反应,捶胸顿足、狂呼乱叫、手舞足蹈,乃至自杀,本次布道会的推销非常成功,获得捐献颇丰。

奋兴运动此起彼伏,如旋风般冲击着所有的宗教派系的市场占有率。旧教派分裂了,新教派诞生了,都是为了各自的生存和发展谋求新的出路。试验宗教共产主义的也不少,以震颤派为例,他们过的是集体生活,礼拜时抖动双手,让魔鬼从指尖上抖掉。还有许多人相信千禧年说,威廉·米勒几次预言世界末日将到,基督将再次降临,不少信徒捐出全部家财焦急地等待着末日的到来和自身的得救。最后米勒将日子定在1834年的3月21日,当天信徒们身穿白袍在屋顶或山坡上等待,但什么也没有等来。

预言屡屡未能兑现,已经囊空如洗的信徒们大为失望。但还是有一批人相信千禧年总要来的,只是什么时候来谁都不知道,基督复临派就此产生。更有一对福克斯姐妹,自称能与神灵交谈,传为奇闻,于是阴阳对话又成一派,为唯灵派。在宗教自由法的保护下,各种宗教骗子在北美大地自由发展,新的宗教产品不断推出,自由竞争的开拓各自的灵魂消费市场。

最富传奇性的还数后期圣徒会的摩门教。1830年,纽约州北部的约瑟夫·史密斯声称受到神谕,发现摩门经书,进而创建摩门教。摩门教组织严密,还实行一夫多妻,所到之处均遭敌视。他们由纽约北部一路退避到俄亥俄、密苏里和伊利诺伊,始终不得安宁。史密斯被捕后于1844年在伊利诺伊被暴徒在监狱里杀害,1846年,新首领杨伯翰带领15000名摩门教徒西行寻找福地,历经艰辛,终于在1847年到达荒漠之地盐湖城。他们引水灌溉,改造沙土,发展农业。来年加州的黄金热给他们带来了意外的好运,处于交通要道的盐湖城为来往过客提供物质服务,经济发展得颇为兴旺。1890年,他们宣布放弃一夫多妻的教义,遂被联邦视为合法而接纳。

第二次宗教狂热使美国教堂的人数猛增了一倍还多,教会收入也成倍增加。

四、达尔文思想对宗教的打击

19世纪科学的继续发展以及新学科的建立,使思想进一步自由化。人们越来越关注人类社会的环境和需求,更看重社会和经济力量的作用,而降低了上帝在人心目中的权威。老的学科如社会学、经济学、政治学、心理学等,都时兴科学实证作为真理的基础。新的学科如人类学、考古学、天文学、地理学等所获得的对自然和人类社会的认识,又往往构成对基督教基本教义的怀疑和挑战。

影响最大的莫过于达尔文的进化论了。当达尔文的《物种起源》于1859年发表时,正值内战逼近,美国人无暇顾及。战后进化论成为争论的中心,尤其是达尔文在1871年又发表了《人类的由来》,将进化论应用于人类的发展。进化论提出"物竞天择、适者生存的自然法则",生物通过自然选择,由低级向高级发展,连人类也包括在内。这一学说直接违反了《圣经〈创世记〉》里"上帝创造人类"的说法,圣经中说,上帝在6天内创世,人是由上帝按自己的样子创造的,各物种也是由上帝分别创造的。创世说是基督教理论的根基之一,达尔文的学说对《圣经》里的上帝创世说给予了致命的一击。一时间基督教信徒大大减少。

美国宗教界因进化论的冲击而丧失大片市场,于是开始改变原来的说法,对教义重新解释,并分成两派。自由派表示接受进化论思想,有的自称"基督教进化论者",他们自觉地对进化论与基督教信仰进行协调,将上帝说成是进化论背后的原动力,或用进化论的观念来重新解释创世记,解释圣经,使它们彼此不发生冲突,重新包装再推出新的灵魂产品,重拯失去了的灵魂市场。

他们还接受从欧洲引进的新型圣经学派,该派对圣经及其教义进行历史的考证和研究,提出圣经是由不同的传导人在不同时期创作的神话故事,最后汇编而成的册子,这无疑大大影响了圣经作为"上帝的话"的权威。自由派越来越倾向于将圣经视为一种宗教作家创作的神话故事,来隐喻或象征神的精神,而不是必须照办圣经的字句,不必把字字视为真理。

保守派则坚决拒绝进化论,认为是对上帝的亵渎。他们攻击达尔文主义是无神论,禁止教会学校宣讲进化论。他们要维护传统的教义,毫不动摇地一字一句地遵从圣经,阻止达尔文主义及其他新科学来破坏美国的宗教基础。

1895年,保守的尼亚加拉圣经会议提出检验正教的五条标准,亦称"基要主义"或"原教旨主义"宪章,它们是:圣经的绝对正确、基督耶稣的神性、圣灵感孕、基督代人赎罪和基督肉身再临,只有承认这五点的才是正统。当科学与宗教相悖时,他们认定宗教是正确的,科学是错误的。1907年,教皇庇护十世发布通谕谴责现代主义,从事考证的神职人员被迫保持沉默或被开除出教。

不少新的原教旨教派在美国成立,他们在教育落后的南方和西部的农村文盲中势力最强。不识字的农民们不知道什么达尔文进化论,依然信守传统的观念,认为只有在田地里工作的人才是上帝的选民。他们不愿意看到变化,对拥挤着外国人的"不道德"的城市向来抱有怀疑,对那里流行的自由主义思想更是防范严密,决不能容忍他们心爱的新教被现代化和自由化毁掉。南方的"圣经地带"重新兴起三K党,在1920年代党徒达到500万。他们鼓吹白人新教的优越,反对外国人、黑人、天主教,气焰十分嚣张。

但是现代主义在东北部和中西部已占优势,更多的宗教人士在用现代概念叙述古老的宗教信仰,特别是对神迹启示作出自然的或象征的解释,不再坚持圣经的绝对真理性。1925年在田纳西发生的斯科普斯"猴子审判案"是自由、保守两派的一次大交锋,使更多的人对愚顽偏执的宗教有了更好的认识。农业州田纳西州议会立法禁止在公立学校教授进化论,凡否定上帝造人、宣称人由低等动物演变而成就是刑事犯罪,抓起来判刑坐牢。代顿市中学教师斯科普斯违反了这一规定,受到起诉。在开庭中协助起诉那位中学教师的是曾经三次竞选总统的"伟大的平民"威廉·詹宁斯·布赖恩,辩护律师则是著名的刑事律师达罗,双方就当时主要的宗教问题进行了争论,引起全国轰动。结果教师斯科普斯被判有罪。欧洲曾经出现的宗教裁判所对异端的迫害,在美国似乎又重新出现。

原教旨主义者迫害信仰自由的做法持续了一段时间。为此奋斗终生的布赖恩不久便去世了,他的同党修建了一所以他命名的大学,作为原教旨主义的教育阵地。到20年代末,原教旨派衰落了,这一方面因为他们本身不得人心,更重要的原因是大萧条的爆发,人们的关注一下子转移到经济上去了,支持原教旨的主要是贫穷的农民,也没有钱去贡献牧师们了。

内战后的半个多世纪里,由斯宾塞从达尔文主义发展而成的社会达尔文主义在美国颇有市场。社会达尔文主义用进化论来解释社会发展和工业资本主义制度,强调人类竞争和淘汰的过程虽然残忍,但却是人类生存斗争之必须。种族主义者借此鼓吹盎格鲁-撒克逊种族的优越,企业家们借此赞美自由竞争,财阀们自认为是生存斗争中最适宜生存的佼佼者,由他们来掌握经济命脉才是最有利于美国民族的。达尔文主义助长了"富人蔑视穷人"、"白人歧视有色人种"、"优等人要消灭低等人"的西方黑旋风,希特勒依照达尔文主义掀起了种族优越论,二战随即爆发。一直到二战时反种族主义呼声高涨,社会达尔文主义才显得越来越不能被接受了。

五、教派的联合趋向

1830~1860年是美国新教派别林立的活跃时期。内战后,政府不再拨款给教会,教会全部要自谋生路,为谋求生存,各教派开始联合。自由化和现代化的结果,使教义的差别显得不那么重要了,太叫真的派别就会在自由竞争中被市场淘汰,所以越是自由化的教派在联合上越是积极。对社会问题的关注又削弱了宗教的神学意义,人们对神学意义已经不感兴趣,宗教开始转向对人道主义社会的关怀,并朝着这一目标走向联合,以求生存和发展。

首先是教派内部的和解和联合,北方长老会内部在1870年达成和解,北方的浸礼会在1909年合并。部分南北长老会在1906年进行了联合,1918年美国联合信义会成立,1939年卫理公会联合,1957年联合基督教会成立,1958年美国联合长老会成立,1960年美国路德教会成立。随后是新教教派之间的联合,很多地区达成了市一级和州一级的联合。

一部分自由派宗教人士更是将宗教往伦理文化方面推进,避开神学意义。内战后不久就有一位牧师将他的一位论教堂改成"独立自由教堂",筹建自由宗教协会,提倡宗教思想的完全自由和对神学的科学研究。1933年,这些人发表了一个人道主义宣言,承认宗教所发生的变化,认为世界是"自在"而非上帝"创造"的,人是自然的一部分,是在漫长的过程中逐渐形成的,彻底抛弃了圣经的原旨。宗教人道主义表示要以科学的精神和方法来重建人类的希望,为人类服务。基督教史的很多时间是与科学在战斗,到此,科学基本上取得了胜利,基督教开始生存和屈就于科学的羽翼之下。

世界范围的联合倾向在进入20世纪后发展很快。一次大战后英美新教派发起普世教会运动,或称教会再合一运动,提倡教会的普世性和教会一家,认为宗教是超国家超民族超阶级的,不仅新教各派之间可以联合,新教和天主教,甚至和犹太教,都可以相互合作交流。在这方面意义重大的是第二届梵蒂冈公议会,它由教皇约翰二十三世发起,于1962~1965年召开。这次会议为天主教适应现代社会作出了许多新的决定,如允许各国使用本国语言而不一定是拉丁语来进行弥撒,允许个人根据良心进行礼拜,允许广泛阅读《圣经》和俗人参与宗教,甚至还免除了犹太人对基督之死的责任,认为基督之死应由全人类来负责。这一切修正使天主教与新教和犹太教之间的交流变得更可行了。基督教的不断妥协,即显示了求生存的无奈,也显示了求变革的进步。

第二节 近代宗教与垮掉的一代

在当代美国,一方面是文化的普遍世俗化,另一方面则是宗教的复兴。一方面是各宗教和教派间的合作、教义之争减弱,另一方面则是宗教界在社会政治问题上的两极分化,各执一端。

二次大战后,美国经济繁荣,物质丰裕,社会向消费享乐型转化。现代科技的发展日新月异,对人类生活的影响越来越大。相比之下,宗教却显得与现代生活越来越不相干。随着人们的思维日趋科学理性,重视实证逻辑,对超自然的宗教不免感到难以接受。同时,战争的浩劫也使许多人丧失了对上帝的信仰,他们拒绝传统的上帝概念,对人性也不再那么乐观。在十分明显的世俗化社会中,尤其引人注意的是一批受过高等教育,在新闻界、政界、科技界和大学占据重要位置的所谓"新阶级"。他们倾向于世俗人文主义,对宗教态度冷漠,认为宗教已经不适应现代生活,甚至视之为反科学的落后迷信。由于他们对社会和媒体都颇有影响,也更加造成了普遍非宗教化的印象。

一、宗教的失落

二次大战后美国社会在世俗化的同时,信徒在人口中的比例大大下降,但随着欧洲移民人口的猛增,各教会的信徒都有所增加,尤以福音派为最。对许多新移民来说,刚刚经历的欧洲苦难和初到美国时的无助感,无助的灵魂使他们对宗教的需求更强烈了。战争、核竞赛、冷战所引起的焦虑,人生无目的无意义的感觉,道德的变迁和失落,家庭的不稳定,这些都促使人们转向宗教去寻求内心的平衡和宁静。

在各教派中,福音派由于强调宗教体验和感情、注重个人皈依和得救,最能满足这些人灵魂无助的需要。在大萧条时期教会大力推销"福音"产品,新政后教会承担的许多慈善救济工作由政府接手过去,教会的关注又过渡到在一个物质丰裕的时代为个人灵魂提供救赎服务。

50年代,美国失去了历史上一贯的新教一致性,形成了新教、天主教、犹太教三教为主的犹太—基督教传统。天主教从边缘进入主流,标志是1960年肯尼迪当选为总统,成为美国有史以来担任此职的第一个天主教徒。肯尼迪在竞选时一再强调他将维护宪法规定的政教分离原则,决不受天主教会的影响,并保证宗教的宽容和自由。到了60年代,美国的宗教更趋多元化,而且由新教的多元化或基督教的多元化向一种缺乏共同性的多元化发展。大量非欧洲移民的迁入,带来了犹太—基督教以外的各种宗教:伊斯兰教、佛教、道教、印度教等,更有无数分门别类的边缘小教会,宣传形形色色的信仰和崇拜,包括一些集体自杀性的邪教组织。

二、垮掉的一代

动荡的60年代是美国当代的一个分水岭,许多人感到越战是国家政策的道德沦丧,水门事件则是总统本人的道德沦丧。教会内左右两派也因对社会态度的不同而日趋分离。在内战后的很长时期内,新教自由派一直是美国宗教的主流,他们主张把信仰变为行动,积极投入社会改革。教会基层的一些信仰上帝、重视圣经的平民信徒虽然思想上相对保守,但也一直留在主流内。到了60年代,主流派的领导层积极支持社会变革,肯定激进派的革命精神,支持青年反对资本主义制度和中产阶级家庭价值观,对许多反传统的生活方式也采取了容忍态度。保守派却看不惯青年反文化运动,确信留长发、吸大麻、性解放是堕落。他们对妇女运动也看不惯,对社会福利计划,他们也觉得违反工作伦理。他们认为主流派教会领袖偏离了传统和共识,不再是旗手,应对社会和道德的崩溃负责。这一时期的青年史称精神垮掉的一代,也是基督教在青年中最没有市场的时期。

激进的社会产生激进的神学,一部分自由派转向"基督教无神论"或"激进派基督教",从根本上否定传统的上帝概念和宗教内容。如60年代中的"上帝之死"派认为,西方文化变化如此之大,上帝的存在与否已经和现代社会无关,个人必须在此基础上重新构筑自己的道德伦理。他们建议在科技和世俗的条件下重新发展出一种可以运作的基督教形式来,例如向耶稣学习对人类的爱和社会服务,而不去提及一个超验的神话般虚无的上帝。这种否定上帝存在的无神论新神学,自然令基层保守派大失所望,甚至愤怒不已。

如果说神学上的变化对一般信徒的影响还有限,那么最高法院的一系列判决所体现的自由派观点终于使保守派感到忍无可忍,其中主要是:1962年立法不准要求在公立学校进行日常祈祷,1963年政府不能强迫在学校念圣经,1971年禁止在公立学校自愿进行宗教仪式,1973年使堕胎合法化。

保守的福音派感到两千年的基督教道德全被否定了,世俗人文主义还与教会争夺学校这个教育下一代的阵地。保守派深感基督徒必须马上想出新招采取行动,恢复基督教的传统道德。作为反击,有人甚至提出,世俗人文主义也是一种宗教,也应将它从学校教育中清除出去。

保守派们担心政治自由派、最高法院以及世俗人文主义掌握的大众传媒会将联邦政府引入歧途,于是他们一反过去注重个人拯救的虔敬主义传统,积极投入政治行动。他们拥有一千多个电台、电视台,发动广泛的宣传攻势,院外游说频繁。1976年南浸礼会卡特的当选总统是美国福音派复兴的标志。不过卡特虽然是个重生的浸礼会信徒,他的社会政治主张却比较接近自由派,因此,新宗教右翼在1980年大选时和世俗保守派右翼联手,重新选择了里根作为他们政治上的代言人。

福音派的复兴可以视为具有宗教观念的美国人对60年代社会巨变的反应,他们看到一切权威都被怀疑,传统价值遭到否定,公共领域道德空虚,青年堕落,社会道德下滑,恢复道德成了社会的呼声,必须在宗教基础上谋求维持公共秩序的道德共识。他们希望全民族遵循上帝的原则,向经典传统复归,在宗教中重新发现权威、信仰和价值。福音派的特点是向人传福音、劝人归宗,所以他们发展最快,人数众多,成分也相当复杂。他们主张以圣经为基础,将福音运用到公共事务中去重建社会道德。

三、新教

美国是传统的新教国家,至今新教人口还占总人口的57%。新教是宗教改革的产物,从它诞生的时候起,就教派林立,各国移民又将这些教派都带到了美国。美国的几种主要宗教中,新教派别是最多的,最重要的有圣公会、路德会、长老会、公理会、浸礼会、卫理公会、贵格会等,它们在历史中形成了各自的传统和特点。

公理会又名联合基督教会,由美国公理会和福音改革教会在1957年合并而成。早年移居新英格兰的清教徒都是公理会的,后来随着美国领土西扩而传到西部,主要在东部和西部的城市里。公理会一直位居美国历史文化的主流。

公理会继承加尔文改造日内瓦的传统,有志将尘世改造成上帝之国,一贯以天下为己任,他们在独立战争、废奴运动、社会福音及各种改革中都走在头里,对进化论等现代科学思想很容易接受,公理会仍是自由派,支持妇女平等权利修正案,支持1973年堕胎法,支持同性恋权利,为他们设立专门教堂。美国公理会信徒以白人为主,呈老龄化趋势。

圣公会即英国国教,是新教中改革保留天主教教义礼仪最多的教派,因保留主教职位亦称为主教制教会。圣公会由首批英国移民带到弗吉尼亚,成为美国最早的新教教会,后来又成为弗吉尼亚等地的法定宗教。1789年,圣公会自主经营后,切断了与英国的联系,改名为"美国新教主教制教会"。1967年为了体现新教合一精神,它又删去"新教"两字,成为"美国主教制教会"。

圣公会比较集中在东部和大城市中。其成员中白人占95%,大多属于中上层社会,有明显的盎格鲁-撒克逊传统。会员受教育程度高,政界、金融界要人多,收入高,年龄也高。其中少数黑人信徒也是属于黑人的中上层。圣公会介于天主教与新教之间,比较注重礼拜礼仪,他们的教堂是哥特式的,还恢复了修院制度。圣公会在美国教会中属于自由派的顶层,思想一贯比较开放。美国早期领袖中就有不少属圣公会,如华盛顿、汉密尔顿、麦迪逊、门罗等。19世纪圣公会成员基本上都能接受进化论,对圣经持开放态度。

路德会由宗教改革领袖马丁·路德创建,因注重"因信称义",亦称"信义会",全世界的新教徒中约有一半属路德会。它很早便由北欧和德国移民带到北美,19世纪因几次移民潮而人数剧增,现在信徒仍比较集中在这些移民的后裔,后来也有从欧洲其他地方、甚至拉美和亚洲来的移民。

路德会成员在英国殖民地时,因民族不同一直习惯独处,和主流保持距离。也因为他们听从路德教诲,不相信世俗之国经过改善能成为上帝之国,所以不大参与政治,一直与热心政治的社会福音派保持距离。虽然他们认为奴隶制是道德犯罪,但也并不积极投入废奴运动。路德会注重传统和信纲,强调圣经权威高于教会权威,但保留不少如蜡烛、十字架等礼拜用具,教堂音乐也闻名于世。

长老会产生于16世纪的苏格兰,传入英国后成为清教的一派,神学上属加尔文宗。长老会的基本信条是威斯敏斯特信纲,由英国长期国会于1643～1648年间在威斯敏斯特召开宗教改革会议时制定,当时主张废除主教制,采用长老制。早在17世纪初,长老会就传入弗吉尼亚。独立战争时该会态度坚决,致使英国下院称美国独立为"长老会叛逆"。1788年长老会成立全国性组织"美国的长老会"。内战时长老会南北分裂,战后久久未能重新联合成"美国联合长老会"。1983年,该会与南方的"美国长老会"合并成"(美国)长老会"。

长老会信徒中多数为中上层阶级,教牧人员中大多为自由派中产阶级知识分子。长老会历史上以盎格鲁-撒克逊白人为主,现在黑人仍为少数。现有信徒330多万,遍布全美,以都市郊区为最多。

卫理公会由约翰·卫斯理及其兄弟查理于18世纪上半叶在英国创立。当时英国正值工业革命,劳苦大众无人关心。卫斯理在牛津大学组织"圣社",过严格的宗教生活,故被同学戏称为"循道者"。他们还去工矿向穷人布道。卫斯理本是圣公会会员,卫理公会只是其中一个会社,因此保持了不少圣公会的特点。独立战争时,卫斯理支持英国,反对独立,加之圣公会教牧人员又大量返回英国,美国的卫理公会就成为独立的教会,于1784年建立美以美会,积极向黑人传教,很快拥有大批黑人信徒。

1968年,卫理公会又与德裔的福音联合兄弟会合并,称为联合卫理公会,是美国卫斯理宗最大的教会。

浸礼会产生于17世纪英国逃往荷兰的清教徒中,具有反对官方宗教、追求宗教自由的传统。1836年,罗杰·威廉斯作为清教中的异端,在罗得岛创建北美第一个浸礼会。浸礼会的特点是用全身浸水的方式施洗,象征与耶稣同死,而从水中出来则象征再生。他们认为这正是新约中所描绘的耶稣在约旦河受洗的方式。但浸礼会只给成人而不给婴儿施洗,因为他们认为成人才能明白受洗的意义,并自觉运用自己选择宗教的自由。

浸礼会没有统一教义和自上而下的教会组织,他们相信宗教是人的灵魂与上帝的直接交流,不需要任何中介。南浸会在20世纪下半叶急剧发展,成为新教中最大的派别,有会众1500万,政治上影响也很大,不仅产生了马丁·路德·金这样伟大的黑人领袖,也出现了卡特和克林顿两个总统。

浸礼会目前是美国最大的教派,人数约2700万,美国新教徒中有1/3是浸礼会信徒。浸礼会也是黑人最多的教派,黑人将近90%属于浸礼会和卫理公会,而其中又有65%是浸礼会的。由于浸礼会在组织上实行公理制,强调各教堂的绝对自主,所以在奴隶制时代为黑人提供了自行聚会的最好机会。黑人浸礼会产生于第一次狂热运动,内战后迅速扩展,1880年成立全国性组织"美国全国浸礼会"。一次大战后,黑人浸礼会随着黑人的大迁徙而从南方向北方和西部发展,1916年又成立了"美国的全国浸礼会",这两个黑人浸礼会现有成员800多万。

贵格会本名公谊会，亦称教友派。"贵格"是别号，因其信徒在上帝的话语前震惊颤抖（贵格是英语"颤抖"一词的音译）而得名。贵格会由乔治·福克斯于17世纪中在英国创立，很快传入新英格兰，并为清教徒所不容和迫害。后来罗杰·威廉斯的罗得岛接纳了他们，但直到1681年威廉·宾恩取得宾夕法尼亚，贵格会才真正有了自己的地盘。

福克斯要求恢复基督教创始时的宗教生活，他否认教会和圣经是绝对权威，认为每个人都有上帝赐予的内心之光，能够在寻求内心之光中直接获得上帝的启示，不需任何中介。他反对原罪说，认为这是对恶的夸大。他相信人虽堕落，但仍属上帝，个人和社会都有可能达到完善，关键是如何发掘内心之光。

贵格会不设教堂，只有聚会处；不设专职的教牧人员，只有尽义务的信徒负责日常事务，称长老或监督。贵格会也反对一切圣礼，认为信徒的全部生活都是圣礼。他们也没有正式的教义信纲，只是遵循基督教的精神去爱上帝和人类。他们反对战争，认为战争只会带来仇恨的恶性循环。以前他们是和平主义者，坚决拒绝参战，现在改由个人良知来决定。他们拒绝起誓，哪怕在法庭上，因为他们认为这不仅违反圣经，而且违反常理，他们不会因为起了誓才说真话。

现在贵格会是个只有十多万人的小教派，但由于他们坚信人类平等，反对一切社会不公正，在美国历史上发挥过重要的作用。他们最早反对奴隶制，在1688年就宣布奴隶制为非法，禁止信徒蓄奴。他们最早实现男女平等，对各教派也一视同仁。他们一贯帮助社会底层，关心精神病人的状况，提倡监狱条件的改善，反对死刑。一次大战时，贵格会成立"美国公谊会服务委员会"，坚持进行国际救援和人道主义活动，获得1947年的诺贝尔和平奖。

四、天主教

天主教亦称罗马公教。在西罗马帝国于公元5世纪灭亡前后，罗马主教成为拉丁语地区的基督教西派教会领袖，并逐渐形成教皇体制。1054年，西派与希腊语地区的东派正式分裂，自称"公教"。天主教自认为至一、至圣、至公、使徒亲传，内部实行等级分明的教阶制度。

天主教最早由西班牙和葡萄牙的殖民者传入北美。英国天主教徒于1634年开始移居巴尔的摩勋爵的领地马里兰。北美英属殖民地是新教的天下，天主教处于弱势，不能不注意适应环境，他们公布宗教自由法案，希望政教分离，但还是受到压制，直到美国独立。此外，由于缺乏神职人员，天主教只能更多依赖平信徒，成立了平信徒教会理事会制，所以美国18世纪的天主教有一定的独立性，是比较美国化的。

19世纪欧洲天主教移民的到来，使美国的天主教变得罗马化了，但美国天主教在对待离婚、节育、同性恋和妇女权利方面也和梵蒂冈的表态相左，天主教徒的离婚率很高，再婚率也很高，教会都表示接受。大多数教徒认为节育是个人问题，教会不应干预，支持妇女拥有支配自己身体的权利，对同性恋也比较宽容。

美国早期的天主教大多来自爱尔兰、波兰、意大利和德国，以劳动大众为主，属于穷人的教会，并长期受到歧视。为了改善境遇，也为了保持教会的特点，他们一方面投入地方政治，一方面积极办教育，开设了许多教会学校。从20世纪初开始，他们的景况逐渐改变，不仅歧视消失，融入主流，并且成为美国最大的教会。美国天主教现有教堂2万个，教徒5800万，占美国人口四分之一强。

五、犹太教

犹太教是犹太人的宗教,他们信奉唯一真神雅赫维(基督教称之为耶和华),视犹太民族为真神的特选子民。犹太教的经典是旧约和塔木德,教义教规由摩西传授。犹太教和基督教信奉的是同一个上帝,不同在于犹太教不承认耶稣基督的神性,不承认人能通过耶稣得救,也不承认原罪。他们认为上帝是纯精神的,不能接受上帝的有形。犹太教实行割礼,安息日是星期六,神职人员称为拉比。犹太教也不传教。

美国最早的犹太教会堂建于1692年,早期的犹太人大多来自中北欧,19世纪初有不少德国犹太人来,世纪之交时从东欧和俄国迁入大批犹太移民,二次大战时又有许多欧洲犹太难民入境。现在美国有犹太教徒430万,一般属社会的中上层,收入和文化程度都比较高,思想开放宽容,关心社会,属于自由派。

美国犹太教分为三派:正统派、保守派和改革派。正统派固守传统的教义和礼仪,坚信圣经旧约是上帝意志的显现,祈祷时使用希伯来语,男女分开,严格遵守一切律法和习俗,仍在盼望弥塞亚的降临。正统派大多为东欧移民,与美国文化较为隔离。改革派大多为早期的中欧移民后裔,美国化程度高,拒绝犹太教中不适应现代文明的部分,信仰趋于理性化和科学化。礼拜时用英语,男女混坐,还有女拉比,并与非犹太教徒通婚。改革派是犹太教中的自由派。保守派是在1880年代从自由派中分裂出去的,属温和派,比较接近自由派的观点和做法,尤其是其中左翼重建主义派。不同在于保留更多基本的犹太信仰和传统。保守派大多为中产阶级,是犹太教中的大多数。

六、东正教

1054年基督教东西派教会分裂后,东派教会自称正教,以君士坦丁堡为中心。东正教没有教皇,牧首最高,君士坦丁堡的牧首称为"普世牧首",是名誉上的首席牧首。东正教也信奉三位一体,但与天主教不同的是认为圣灵只出自圣父而不出自圣子。东正教在礼仪上也比天主教更为烦琐复杂,崇拜圣像圣物,重视隐修而不提倡参与社会政治。

俄国人最早在阿拉斯加建东正教堂,阿拉斯加并入美国版图后,东正教沿着西海岸向南发展,20世纪初又进入纽约。十月革命后,美国的东正教脱离苏联独立,于1924年建立自己的组织。19世纪末和20世纪初的两次希腊移民潮后,俄国东正教在美国的首要地位被希腊东正教取代。

东正教现为美国第四大教,信徒约440万,分成20多个教会。除了俄裔和希腊裔信徒外,还有来自塞尔维亚、乌克兰、叙利亚、罗马尼亚等地的移民及其后裔。

七、其他宗教

美国是一个具有宗教传统的国家,再加上宗教自由和结社自由的缘故,各种各样的宗教组织和准宗教组织数以千计,公认的较大的宗教派别就有三百多个。除犹太—基督教传统外,主要还有各类新兴宗教、伊斯兰教、佛教、印度教和印第安人宗教。

新兴宗教中有一类是带有神秘色彩的,常与巫师、星相等有关,还有自称能与死者灵魂相通的通灵派。另一类是与科技有关,将现代科学的概念与宗教信仰和精神治疗等相结合。新兴宗教中颇有一些异端邪说,有伪科学伪宗教的味道,某些邪教的教主享有绝对权威,如以九百多人集体自杀震惊世界的人民圣殿教。

伊斯兰教由于其信仰和教规都很难为美国人接受,所以不容易进入主流。美国穆斯林人数少,以前主要是在19~20世纪之交时从阿拉伯、印度和巴基斯坦来的移民,他们基本上聚居在大城市中,形成独立的社区,保持自己独特的生活方式,与美国社会比较隔绝。后来伊朗革命后又来了一批移民,他们的层次较高。穆斯林建造的大大小小许多清真寺不仅是他们宗教礼拜之地,也是他们社会生活的中心。

佛教主要由日本、中国和东南亚国家传入,其中日本佛教的影响最大。佛教虽然并不受到美国主流文化的排斥,但主要还是局限于亚洲民族的人民。中国佛教在19世纪中就由华工带到加州,现在主要分布在各地唐人街和华人聚居之处。日本佛教先传入夏威夷,再传入加州,其中大乘佛教日莲正宗是美国第一大佛教团体,在20世纪70年代初会众达到20万。佛教禅宗在美国比较有名,白人参与比较多,有不少美国化的禅堂和坐禅中心。

印度教亦称"新婆罗门教",19世纪上半叶美国的超验主义者便对印度教及其经典《吠陀》发生兴趣。20世纪中后期,上百万印度移民到美国,印度教也发展起来。印度教中最为美国人所熟知的是瑜伽,一种通过静坐、修定、调节呼吸等达到"梵我同一"的修行方法,至少对放松神经大有好处。美国在六、七十年代,掀起了一阵瑜伽热、禅定热,现在也仍很热门。

印第安人的宗教主要是表达对大自然的崇拜,他们认为万物有灵,世俗和灵界合一。他们的图腾崇拜对象常常是赐给他们食物的动植物,他们在狩猎前后要举行隆重仪式,进行祭奠,穿戴模拟动物的面具和服饰跳神舞或太阳舞。他们也相信灵魂能出窍、能外游,精灵鬼魂能附体,生病时要请能与神灵沟通的萨满来驱鬼治病。

第三节 主要哲学与社会思潮

一、超验主义

1830年代,在美国新英格兰地区,尤其是波士顿一带,兴起了一场被称为超验主义运动的思想解放运动。虽然它直接涉及的只是极少数文化精英,但它对美国民族文化精神的形成具有开拓奠基的作用。从某种意义上说,它也是美国最早的一场青年文化运动。

这场运动首先是在宗教领域发起的,矛头所指是当时波士顿地区的宗教权威——唯一神教。唯一神教亦称一位论,信仰上帝一位而非三位一体,它本身就是对正统清教进行改革后的结果。从殖民时期开始,清教思想统治新英格兰长达200年之久。随着时代的发展,它不能不日显落伍,清教内部也逐渐分化成自由派、保守派和温和派。到18世纪末19世纪初,自由派的壮大终于演变成一次重大的神学改革。他们另立门户,改称唯一神教,全面否定正统加尔文教的原罪论、预定论和上帝选民论,重新调整上帝与人的关系,强调上帝的仁慈,充分肯定人的理性和尊严。1825年美国唯一神教协会的成立,标志着基督教内产生了最自由化的一派。

超验主义者中的男性大多毕业于哈佛大学和哈佛神学院,其中不少还当过唯一神教的牧师,并且后来又辞去神职。超验主义从异端发展为主流,成为真正的美国思想。经过年代的洗刷,当年运动的群体渐渐淡出,留下爱默生、梭罗等个别人物作为这股曾经激荡的思潮的优秀代表。

超验主义者对宗教的理解完全超越了传统的基督教,他们不仅否定原罪论、预定论和上帝选民论等正统加尔文教的严厉教义,同时也否定唯一神教所维护的传统基督教的教义和仪式。首先,他们认为宗教是精神的,是人的道德情绪的升华。宗教应该是激发人的灵魂而不是窒息人的灵魂,因而一切僵固消极的形式和教义都应被抛弃。在传统新英格兰的宗教社会中,人以上帝为中心,今世为来世作准备。超验主义者将它换成以人为中心,生活在今世。他们反对因循守旧,提出以个人的活的灵魂为尺度来重新衡量一切事物。在新英格兰社会从宗教向世俗转化之际,他们在意识形态上完成了由神学向人文主义的转变。

对于基督教会,超验主义者认为它已经被形式主义者所篡夺。他们将基督教分为传统的(或历史的)基督教和精神的基督教,反对传统的,提倡精神的,认为传统基督教由于过分讲究形式,已经不再是活的精神了。

终于,超验主义者将宗教完全变成纯精神的、个人的和伦理的。所有的宗教都是人的灵魂对道德情操的追求,因此基督教和别的宗教在本质上都是一样的。实际上,他们的宗教观走到了这一步,和无神论也已相去不远。难怪唯一神教的权威们大发雷霆,指责他们亵渎背叛了基督教,是"叛教的最新形式",是无神论者。而超验主义者自己也觉得不再适合留在教会中,因此大多辞去神职,脱离了与教会的关系。

超验主义者给予文学艺术极其崇高的地位,这在美国是前所未有的。爱默生说,他们要以大自然、文学和伟人生平来代替宗教对人的意义。由于他们的努力,新英格兰掀起了文艺复兴,迎来了美国文学的第一次高潮,产生了美国首批具有世界影响的大家。

超验主义者大都爱好文学,博览群书。他们不仅阅读传播欧洲文学,还翻译介绍亚洲的经典和文学,如印度的《摩奴法典》和《吠陀》、中国的《四书》、波斯的《琐罗亚斯德神谕》等,它们在美国都是首次介绍。超验主义者的世界性使他们成为美国最早关注和研究东方的学者。

二、个人主义

个人主义可以说是美国价值的核心,它根植于美国最早的意识形态——清教思想之中。在经历了各个时代的历史演变后,个人主义的价值观念已经渗透到美国社会的各个方面。

早期基督教具有反特权的思想,信奉人不论世俗地位高低,在上帝面前都是平等的罪人,因而得到贫民奴隶的拥护。而人的平等,即便是抽象意义上的平等概念,也是导致个人主义产生的重要基础之一。宗教改革打击了制度化的基督教,进一步解放了个人,清教作为宗教改革的直接产物,理所当然地继承了改革的这一成就。改革对个人的解放主要表现在两个方面,一是将信徒个人从罗马教廷森严的组织控制下解放出来,使教会成为信徒的自由联盟,使拯救成为个人的精神追求,不再需要依赖于教会。二是将信徒个人从罗马教会严密的思想控制下解放出来,肯定了个人的良心和判断,让信徒自己确定信仰,使个人的灵魂获得更多的自由与独立。原先只能由教会和教士解释的《圣经》,现在对所有信徒开放了,新教徒个人可以自由阅读上帝的旨意,作出自己的解释和判断。于是他们宁可听从自己的良心,而不是那个庞大的宗教机构。

移民北美的清教徒具有强烈的个人意识和反权威的传统。他们的公理会教会依据的是自治原则,他们对人类堕落的信念加强了对权力的监督限制,他们关于职业是上帝呼唤的理解有助于个人对自我价值的肯定,也增进了平等的观念。尽管他们的社会是建立在公共利益基础之上的,却始终能尊重个人的良心和理智,因为这是上帝赋予每个人的权利。在否定了罗马教会的权威之后,个人已经和上帝建立了直接的联系。清教徒严格的自律自省更是强化了他们关于个人的意识,这一切都为殖民地人民日后接受世俗的个人主义创造了思想上的条件。

19世纪末,当实用主义产生之时,美国传统的个人主义正面临严峻的挑战。此时的美国,边疆已经封闭,工业革命基本完成,资本和生产都日趋集中,新大陆的自由机会已经今非昔比。在新的历史条件下,实用主义者试图用新的思维来重新解释个人主义,他们在论述时将重点放在个人与社会的一致性上。

实用主义者看到了生产的社会化与个性及个人主义之间存在着内在矛盾。他们认为,美国已经进入机器时代和群体时代,一方面是崇拜科技,将科技视为目的而非手段。另一方面是崇拜金钱,物质主义泛滥。机器文明的特征就是机械化、标准化、合理化,伴随而来的是越来越多的趋同、合并和组织。这一切都导致对人的忽略,尤其是对个人的忽略,好像思想感情的一致也成为理想状态,不再需要发展每个人的个性和特殊性。传统的个人主义被严重歪曲,大机器大企业的文明造成了个人的失落与淹没,破坏了个人独立自由的感觉,取而代之的是困惑、无根、飘零之感。工业革命的结果使旧式个人主义徒存空壳,所以杜威说:"当务之急是构建一种与我们生活于其中的客观条件相符的新的个性。"

实用主义者并不否认个人的自由与权利,也不否认个人的利益与发展,但他们更重视在个人与社会之间维持一种健康的平衡。他们强调人的社会本质,认为人是不可能离开社会的,离开一个社会只不过意味着进入另一个社会。个人与社会同样重要,不可偏废。真正的个体性只能存在于社会环境中,真正的社会也只能通过个人的独创活动而得到维持与发展。他们反对极端的个人主义或"僵硬的个人主义",但坚决维护个人的不可替代性和独创性。在他们看来,社会的存在依赖于个人的活动,抹杀个人无异于摧毁社会。威廉·詹姆斯将此辩证关系归纳为:"没有个人的冲动,群体将停滞;没有群体的同情,那冲动将消失。"冲动是人的存在的表征,也是人类创造性活动的中心,冲动使社会免于僵化,但冲动本身即来自社会。杜威也说过:"要学会做一个人,个体就需要通过'给予—接受'这样的交流过程来成为一个具有个人特色的社会成员。这意思是指:他理解并乐于接受社会的信念、要求和方法;同时,他又能为社会注入新的、有机的活力,丰富人类的财富和价值。不过,这一过程是没有终点的,他必须反复参与这一过程。"

实用主义关于"自我"是社会性与个体性相统一的理论就是这种平衡的基础。实用主义者认为,"自我"的源泉和基础是社会性的,"自我"只能存在于与其他自我的关系之中。当个体受到同一群体中其他个体刺激时,便产生许多冲动,个体行为就是这些冲动的产物。个体行为间的相互作用则构成了持续不断的社会过程,"自我"和"心灵"正产生于这个过程中。个体在发展其行为时需要不断地以其他个体自居,以便反思自己的行为所可能引起的反应,从而随时修正自己的行为。所以,拥有自我意味着拥有把自己当作自己对象的特殊能力,是将个人与他人的外在交流转化为以他人自居的内在交流。一个人在这样以"普遍化的他人"自居时,也就接受了社会的共同标准,任何自我也因此同时包含了个体角度和社会角度。

实用主义者强调个人与社会的融合,反对极端个人主义,他们在新的形势下提出以社会控制来纠正放任的自由主义,从而为美国的国家干预政策作了理论铺垫。杜威在抨击僵硬的个人主义时说,它"是用被现有经济法律制度所发展起来的不平等的情况来说明个人的自由的。因此,它几乎是绝对地强调那些有力量获取金钱与物质的个人天然能力。……夸大少数人的经济自由而牺牲多数人的全面自由……"他因此提出:"社会控制,特别是对经济力量的控制,是保证个人自由(包括公民自由)所必需的。"说到底,自由精神的最终目的是给予个人更多的自由,把个人的潜力释放出来。实用主义者尝试着将现代科学思维这一有用的工具应用于人文,解放人的精神,更加充分地发挥个人的独立思考和创造性思维,为他人与社会作贡献。他们在这样做的时候,也使个人主义克服了一些消极部分,获得了新的社会内容。

三、自由主义

自由主义形成于17、18世纪的西方,是在与封建专制主义的激烈斗争中诞生的。英国大宪章、1688年光荣革命等限制王权的实践是自由主义的先声,但作为一种理论,它是在后来国民经济学和社会学的研究成果上产生的。自由主义是一种政治哲学,也是一种有关全部社会生活的意识形态和社会政治运动。自由主义的主要奠基者包括欧洲的斯宾诺莎、洛克、孟德斯鸠、康德、边沁、穆勒,以及美国的杰斐逊、麦迪逊等人。自由主义被认为主要是英美的传统,美国尤其被认为是自由主义思想得到最大贯彻的国家。

自由主义和个人主义是密切相连的,它关注的中心是个人最大可能的自由和权利。自由主义者认为自由与理性对个人来说最重要,自由是最高价值,个人自由就是不屈从外加的任意强制。在政治上,自由主义相信天赋人权,个人自主,主张限制政府权力,把国家职能局限于保护个人自由和权利。在经济上,古典自由主义也被称为自由放任主义,主张在生产资料私有制的基础上,实行自由企业、自由市场,反对政府干预经济。因为自由主义者将生产率看作繁荣的关键,在劳动分工的情况下,只有企业的自由竞争和彻底的自由贸易才能促成最低成本的产品,提高生产率,丰富全人类的物质生活。他们相信,只要保证普遍公正和个人自由,人类社会的自发秩序比有意安排的更好,每个人追逐私利的结果最终将有益于全社会。自由主义的理论基础之一就是将最大多数人的最大幸福作为道德评判标准的功利主义。

自由主义视个人自由为最终价值,尤其是思想和信仰的自由。在他们看来,自由思想与自由市场是不可分的。政治自由是思想自由的保障,经济自由又是政治自由的保障,而私有财产则是经济自由的保障,因此,自由主义者十分看重财产权,反对财产的公有制。自由主义也反对特权和不平等,因为由此引发的反抗和社会的不安定是妨碍全社会利益的。战争要打破正常的生产生活环境,造成破坏,并且各方为了避免经济受制于人,会被迫采取自给自足经济,有碍生产率的提高,因此自由主义者也是反对战争和暴力的,但他们并不是无条件的和平主义者,不反对反战的正义暴力。

从立国到将近19世纪末,美国得益于开放边疆的存在,经济上一直接近自由放任状态。当然也不是完全没有政府干预。在19世纪上半叶的杰克逊时期,自由主义主要表现在反对政治和经济特权,满足中下层对经济自由和平等的要求,继续放任发展的趋势。19世纪中叶的自由主义表现为摧毁奴隶制,解放生产力,资本主义在全国获得胜利。工业革命提高生产率,经济飞速发展。在与南方奴隶制的殊死搏斗中,自我奋斗的平民代表林肯精炼地将美国政府的性质归结为"民有、民治、民享",进一步维护了自由主义的传统。

现代自由主义亦称新自由主义,是20世纪的产物。它与古典自由主义在人权、自由、平等以及私有制等基本原则上并无分歧,不同在于更多地承认政府干预的意义。新保守主义者弗里德曼在《资本主义与自由》一书中说:"19世纪的自由主义者把扩大自由认为是改进福利和平等的最有效的方法。20世纪的自由主义者则把福利和平等看作自由的必然条件或是它的替代物。'以福利和平等的名义,20世纪的自由主义者逐渐赞成恰恰是古典自由主义所反对的国家干涉和家长主义政策的再度出现。"

在新自由主义的指导下,美国的社会福利计划大幅度增加,受益者甚众。自由主义也变得品牌繁多,非常复杂,彼此冲突相当激烈。强调自由的称为自由自由主义,强调权利的称为权利自由主义。到了70年代,随着经济的衰退,民权运动和越战的渐趋平息,政治风向开始右转,保守主义逐渐占了上风,在美国持续了50年的新自由主义开始走下坡路。

保守主义从本质上讲是维护已有的传统,而美国的传统就是自由主义,所以要明确区分美国的自由主义与保守主义不是一件容易的事情。

1980年的里根当选总统一般被认为是美国新保守主义运动的胜利,也可以说,是对从新政开始50年来自由主义政策的反弹。新保守主义认为自由主义的更多干预、更多管理、更多福利不解决问题,他们针锋相对提出:限制政府干预,大幅度降低税率,削减社会福利开支,鼓励私人企业发展。

当前美国两党中,民主党更接近新自由主义,代表中下层和弱势集团利益,要求政府干预,促进社会福利。共和党则更代表新保守主义,扬言要摧毁大政府,减少官僚,支持自由企业,维护传统。

激进主义的原意指的是对任何一种主义所持态度的彻底性,可见并不专指左派。美国是有激进主义传统的,最早移民普利茅斯的清教徒就是激进主义的。但现在说美国的激进主义,指的主要是左派——30年代的老左派和60年代的新左派,他们的特点是反对现存秩序。他们虽然有时声响很大,但在美国人口中却始终只占极少数,也只活跃于个别时期,而且从未在历届政府中占据过主导地位。

美国的激进主义在本质上也不是自由主义的真正对立物。传统的激进主义起源于社会的不平等不公正,30年代的老左派曾经倾向社会主义,动员工人阶级作为主体反对代表大企业利益的现存秩序。但是当经济开始繁荣后,左翼运动很快就分化了,典型的美国劳工领袖是顺应企业主潮流的产物。新左派自称是新马克思主义者,他们对老左派深表怀疑。新左派的基本出发点是个人,而非阶级。他们是从更激进的方面来批判以工业文明为主的现存秩序,指责它压制个性,使人异化,他们要求的是摆脱奴役,夺取自身解放,获得更多的个人自由、个人自治和个人空间。

四、实用主义

实用主义产生于19世纪末的美国,和任何一种能造成巨大社会影响的哲学思潮一样,它的产生和被接纳必须具备成熟的社会和思想条件。

首先,正如詹姆斯所指出的,实用主义的产生"是和过去50年来人们对科学真理所抱的旧观念的破产分不开的"。自然科学在19世纪下半叶的飞速发展,尤其是达尔文进化论的出现,使人耳目一新,极大地动摇了传统思想及传统思维方式的根基。科学的发展不仅结束了人类历史上的宗教时期,而且使人告别了单一固定的思维。现在人们明白了,世界上并不存在绝对的永恒的真理,即使科学理论也并非绝对正确,也可能被证明是错的,是可以不断修正改进的,这就引起了认识论上的飞跃,为重新定义真理奠定了思想基础。

自然科学的发展也对传统哲学提出了挑战。当时的哲学界中,无论何种派别,都是从概念到概念在进行研究。哲学家们热衷于抽象地争辩唯物主义与唯心主义、经验主义与理性主义,热衷于建立自己的体系,再将现实来适应其体系。哲学越来越脱离人类的实际生活,脱离普通民众。同时,与自然科学相比,传统的哲学研究方法也显得落后陈旧。对此,一些哲学家感到十分不满,他们迫切需要纠正哲学的研究内容和研究方向,使哲学能够重新和人生结合起来,为人类服务。

实用主义作为一种注重行动和效用的哲学,虽然其中有些思想来源于欧洲的先哲们,但它终于在美国形成独立的哲学体系和强劲的社会思潮,这决非偶然。美国几百年从无到有的开拓进取的历史、美国人讲究实际的作风以及反传统反权威的精神是实用主义得以产生发展的土壤。当时机成熟时,这种哲学首先在当时美国文化的中心——哈佛大学所在地的坎布里奇萌生出来,19世纪70年代实用主义的创始者们在这里发起成立了一个十几人的小型哲学探讨会,自称为"形而上学俱乐部"。

实用主义者们主要是通过对实在、思维、经验等概念进行重新解释来取消二元之争的。实用主义者把人看作行为的有机体,人的思想起源于动物对环境的反应,因此思想不过是人应付环境的工具,用以摆脱困惑,建立信念和行动习惯。实用主义将真理视为思想的一种,所以真理也是工具,但必须是有效用的工具。

实用主义者们将效果看得重于理论。他们认为所有的科学理论都不过是人的工具,用来调整人与环境的关系。真理也只是方便简单的工具,它是社会实践中人们所共同赞成和信任的观念,它是靠了依据它行动所产生的效果而成为真理的。与其他由人所发现的理论一样,真理不过是一种假设,它是否符合事实必须通过行动的效果来检验。

实用主义者虽然反对绝对主义,但并不就持相对主义。他们主张的是多元,承认和容忍差异的合法性,但要能辨别好坏。他们既反对道德绝对主义的那种独断专横的压制,也反对道德相对主义的那种不负责任的宽容。他们要从僵死的教条和抽象的原则中解放出来,提倡理性思考和思想开放。实用主义者从理论所导致的实际效果出发,认为真理是多元的。

实用主义在美国不仅是一种哲学,也是广泛的社会实践,这不仅由实用主义强调实践的本质所决定,也是由美国社会的特点所决定的。实用主义在美国的产生,其本身就如詹姆斯关于新真理形成的说法,是对美国人求实进取精神的继承和总结。实用主义协调了这一民族性格与美国社会发展的关系,终于发展为一种民族的精神,一种平民的哲学,表现在政治、经济、法律、教育等诸多领域。

一般说来,美国人是重经验、重实际的,他们关注社会现状和具体现实远胜于抽象的理论。他们不重思辨而重常识,不纠缠于概念定义的争论之中,对任何理论不是采取教条的态度,而是重其实际功效。在美国的政治竞选中,争论的大都是非常具体的问题,极少抽象的意识形态之辩。美国的历史是出现问题、解决问题的历史,能解决问题的方法不论是谁提出,都有被采用的可能。美国的司法遵循习惯法的判例法原则,重在先例。

美国人具有反传统的传统。他们认为真理不是绝对的,不是机械的条款,也不是一成不变的,必须得到个人和社会实践的不断证实。他们持发展进化的观点,反对僵化,鼓励探索。有时他们追求新奇到了标新立异的地步,有时他们明明在传统里,也自认为在反传统。

下部　北美史

美国人注重实干，不尚空谈。早年的拓荒精神一直延续下来，生活就是求生存求发展，适应和改造环境，使之更适合人类生活。美国人相信有所作为的观点，富于实验精神。立国制宪时，他们便将专利权写进了宪法，鼓励发明创造。今日人类文明中所普遍享受的东西，很大一部分由美国人所发明。他们的教育反对死记硬背，重实践和创新精神，受教育者具有更多使教育适合自己要求的灵活性。

美国人习惯于合法改革而不喜欢暴力革命。在美国几百年的政治中，每出现分歧，都会展开激烈的全民讨论，试图用协商的办法加以解决。除了在奴隶制问题上妥协失败外，一般都能使矛盾由尖锐趋向缓和。政权在不同的党派间移交时，也都能在法律的范围内进行，各自尊重选举结果而不必动用军队，诉诸武力。每当社会发生问题时，总会掀起改革之风，民间广泛参与，上下合作，合法地改变社会。也许正因为美国存在着和平改革的可能性，所以避免了不必要的社会动荡和暴力流血。美国工会也不同于欧洲工会，走的是改良主义的道路，他们回避社会主义主张，不另组工党，不企图推翻现存秩序，而是在现有的两党制基础上，利用选举等合法手段进行操作。他们追求的是现时现地的福利目标，遵循的是实用主义的改善路线。

第十章
从英国殖民统治到加拿大自治

在欧洲人对加拿大的探险中,较早也有较为丰富记载的是法国探险家、布列塔尼海员雅克·卡蒂埃。他在1534年、1535年至1536年两次对加拿大进行了探险。

卡蒂埃的探险为在加拿大进行殖民开发奠定了基础。由于他是较早对加拿大探险的欧洲人,所以加拿大东部的许多地名是由他命名的,甚至加拿大的国名也由于他而得到。在一次与易洛魁人的交谈中,易洛魁人使用了"加拿大"(Canada)一词来说明一个村庄,但是,卡蒂埃却误认为这一名词是指加拿大整个地区,并把这一名词带回了欧洲。从此,加拿大也就成为欧洲人心目中和欧洲人地图上加拿大国家的名字,并且一直流传下来。

加拿大的历史起源于原生的北美土著文化,后来衍生了法、英北美殖民地文化,建国后注重探索和发展自身特色,逐渐形成直到今天的以双语多元文化为特色的加拿大现代文化。现代加拿大的议会制度、法律、意识形态和道德准则主要是建立在英国传统之上。不列颠民族自击败法兰西民族之后,一直是这个国家占统治地位的民族,英语一直是加拿大的官方语言,也是使用人数最多、应用范围最广的语言,所以在现代加拿大文明发展过程中英国传统的影响是显而易见的,是任何一个民族群体所不能比拟的。

然而加拿大不是英国,加拿大就是加拿大。英国的影响最显著地表现在从1763年英国开始统治加拿大到1867年自治领成立的这一段历史时期。加拿大自治领的成立标志着她政治上的成熟。后来随着英国的衰弱,美国的强大,加拿大的成长,特别是由于移民的大量涌入造成的人口结构变化和不列颠人的相对比例不断减小,英国的影响也越来越小。从起源上讲,加拿大文明有土著文明的成分,有法兰西文明的成分,有美国和各大移民群体的影响。这些都和英国传统不同。加拿大政治上的联邦制,双语制,教育上的分省管理制,教育发展的模式和课程设置,对不同文化的宽容态度,利用法律保护少数民族权利,体育项目的发展(比如重美式足球而轻英式足球),以及在国际事务中较为中立的态度,等等,都与英国传统大相径庭。这些特点都是加拿大自身发展的结果。

加拿大原是法国的殖民地,法国在加拿大建立殖民地的目的是遏制英国在北美的扩张。法国在殖民策略上缺乏长远打算,采取保守主义政策并限制移民,所以在后来与英国的竞争中处于劣势,使加拿大成了以不列颠和法兰西两大民族为主体的英国殖民地。英国在加拿大的存在是针对新兴的美国。这些历史发展都导致了美、加两国文化的不同。美国是按《独立宣言》所体现的社会契约建立起来的;美国人由一个共同的理想和目标凝聚在一起。他们自以为有一种拯救其他民族命运的责任,在本国内部实行民主,而对其他弱小国家却指手画脚,干涉内政,推行侵略政策。与美国人的观点相比,由于加拿大不是社会契约的产物,所以加拿大人不存在强求一致的压力。加拿大从来没有侵略的意图,在国外也没有军事基地。多年来,加拿大人不像美国人那样以"拯救其他民族"为己任,而是一心关注自己国内的发展和人民的福利事业。与美国人把个人权利看得至高无上的观点相比,加拿大人更崇尚法律、秩序和民族群体权利。她对本国持不同政见者的态度比美国更加宽容。

加拿大不是英国,也不是美国,加拿大就是加拿大。建国后大约 140 年中,加拿大一直走着自己的特殊道路,默默地探索强国富民、公正平等的新途径。加拿大的大发展主要开始于第二次世界大战末期。

发展和完善高福利社会是加拿大文明的一大特色。加拿大人对他们的国家的福利制度是非常自豪的。一个完善的、合理的福利制度,即社会保障体系,不仅体现了一个国家人民的价值取向,即用什么样的再分配制度来弥补他们分配制度上的不足;而且体现了某种程度的社会公正。加拿大的福利制度在维护其本身的社会制度,促进社会发展,缓和社会矛盾和不平等方面都起到了积极作用,为全世界提供了宝贵的经验。

加拿大是西方七大工业强国中最年轻的国家,其市场经济的形成和发展不过 300 年的历史,但其经济发展成就却举世瞩目。而其经济发展的成就是和科技兴国战略分不开的。目前,加拿大的核能技术、计算机信息技术等高科技发展均领先于全世界。

加拿大的官方语言是英语和法语,这是有它的历史因素的。在美国建国之前,加拿大地区主要受英国和法国的统治。当时在北美进行殖民活动的欧洲国家有英国、法国、荷兰和西班牙。荷兰在哈得孙河流域的新阿姆斯特丹于 17 世纪中叶落入英国之手;西班牙把主要精力放在拉丁美洲,在北美的势力限于佛罗里达。这样,英、法就成了北美的主要争夺者。双方在土地、毛皮贸易、纽芬兰捕鱼权等一系列问题上存在矛盾,英国试图向北发展,而法国则一心往南扩大自己的地盘,由此引发多次殖民战争,法国在 18 世纪中期的七年战争中失去了新法兰西。

印第安人在英、法的殖民争夺中起过重要作用。印第安人一方面需要白人先进的火器和其他物资,另外也想获得盟友以对付敌对的部落,所以尽力在英、法之间周旋。而英、法殖民者为使自己在竞争中处于有利地位,也极力利用土著部落为其效力。他们以贸易为纽带,把印第安人拉入自己的营垒。

英国人在这种竞争中占有明显优势,因为英国的制造业发达,生产的货物质高价廉,颇受印第安人欢迎;而且英国人卖的朗姆酒比法国人的白兰地价格低得多,迎合土著人的需要。因此,英国在和印第安人的贸易中占据上风,特别是哈得孙湾公司打入加拿大以后,对法国构成更大的威胁。与英国人结盟的易洛魁人,长期阻止着新法兰西向南的扩展。

一般说来,北美的殖民争夺不过是英、法争夺欧洲霸权活动的一种延伸,殖民地的命运与其宗主国在欧洲的胜败息息相关。1689 年欧洲发生奥格斯堡联盟战争,在北美称之为威廉王之战,新法兰西和英属北美之间也展开交锋。英国人利用易洛魁人向北推进,威胁加拿大的边疆居民点。法国则试图以加拿大为基地,水陆两路并进,一举夺取英属殖民地,由于其海军太弱和加拿大实力甚小而作罢,结果只对新英格兰和纽约的边疆定居点进行一些血腥的洗劫。

英属殖民地进行报复,同时对阿卡迪亚和新法兰西发起袭击,前锋抵达蒙特利尔和魁北克附近,但最后无功而返。易洛魁人也同意与法国人媾和,新法兰西得以保全。1702 年欧洲爆发西班牙王位继承战争,殖民地的人称为安妮女王之战。

新法兰西对新英格兰发动袭扰,新英格兰人则对阿卡迪亚进行反袭击,占领了罗伊尔港。尽管新法兰西并未受到多大冲击,但根据 1713 年的《乌特勒支条约》,英国取得阿卡迪亚、纽芬兰和哈得孙湾,法国在北美的殖民利益第一次受到沉重打击,北美东部沿海的控制权几乎完全落入英国手中。尤其是阿卡迪亚的失去,使法国损失很大。以往法国对它不够重视,直到易手他人,才发现其价值。于是,法国下决心夺回这个大西洋沿岸的重要据点,在靠近新英格兰的地方兴建武装要塞路易斯堡,并力图使之成为移民定居点。1744 年发生的乔治王之战,即欧洲的奥地利王位继承战争,又在北美引起轩然大波。新法兰西得知欧洲开战的消息,立即从路易斯堡派兵进攻英属坎索,并威胁安那波利斯。新英格兰为解除威胁,于 1745 年组成一支 4000 人的队伍,在英国海军的配合下,发动对路易斯堡的远征,陆上围城,水上断绝其供给线,迫使守军投降。1746 年法国发动反攻,但未能夺回该要塞。英属殖民地还准备远征整个新法兰西,因未得到英国政府的支持而告吹。

1748 年欧战议和,路易斯堡归还法国。英、法争夺的阴影也笼罩着阿卡迪亚。英国入主这一地区后加紧了移民和开发。1749 年建立哈利法克斯,并向新斯科舍大量移民,其人数不久即超过原有法裔天主教居民。1750 年阿卡迪亚的人口达到 1 万人,农业进步很快,呈现比较兴旺的局面。但不幸的是,在英、法的殖民争夺中,阿卡迪亚首当其冲。新法兰西武装对新斯科舍的移民村落发动袭击、劫掠,小规模冲突一直不断。殖民当局还鼓动这里法裔居民反对英国统治。1755 年,英国人攻克一个法属要塞,发现守军中有 300 名阿卡迪亚人。阿卡迪亚当局认为这种行为有害于英属殖民地的安全,于是要求所有阿卡迪亚人宣誓效忠英国。但遭到大部分人的拒绝,当局对拒绝宣誓者实行大流放,8 年间约有 6000~10000 人被赶出家园,放逐到英属各个殖民地。这次行动使阿卡迪亚元气大伤。

第一节 战胜法国后的北美

在英国和法国七年的争夺战役中,法兰西战败,失去了他的北美的大多数土地,从此,法国失去了在北美的统治地位,大英帝国却越战越勇,奠定了他的北美的基础。魁北克城陷落以后,新法兰西的军队还进行了一段时间的抵抗,但是,大势已去。

一、英军战胜法军

1759~1760 年的冬天,为避开圣劳伦斯河的封冻季节,英国舰队暂时驶出了圣劳伦斯河。法军得以重新集结军队,包围了驻守魁北克城的英军。但是,当春天到来,冰河解冻时,英国舰队再次开进了圣劳伦斯河,又一次向法军发起猛烈进攻。法军被迫退守蒙特利尔。英军统帅杰弗里·阿默斯特指挥英军从东、南、西三个方面对蒙特利尔进行合围。此时,无论在军队数量还是武器装备方面，英军都大大超过了法军，新法兰西总督沃德勒伊别无选择，于1760年9月向英军投降。至此，英、法在北美几十年的激烈争夺，告一段落。

在五年的时间里，从俄亥俄河流域的丢克森要塞，经哈得逊－黎塞留走廊，直至路易斯堡和北美大陆的东北角，英、法之间在这片广袤的土地上进行了接连不断的激烈的战争。在这场战争中，博塞茹尔、奥斯威戈、卡里永、路易斯堡和魁北克是双方争夺的几个焦点。战争给新法兰西居民带来灾难。其中：阿卡迪亚人的命运是最悲惨的，他们不但战败牺牲，而且经历了被流放的痛苦。1763年，巴黎和约签订。根据和约，新法兰西居民不再被流放，他们成为英国王室的子民，并享有宗教和拥有财产的自由，也拥有平等交易的权利。

法国在北美殖民地的丧失，开启了英国对这片土地的统治时期。这是一段重要的建设时期。1760年以后，新移民来到这片土地上，他们开垦荒地、修筑道路、建设房屋、围起篱笆、盖建谷仓，一座座新城镇平地而起。在这段时期，成千上万的男男女女经受了严寒和恶劣天气的考验，他们的命运也随经济发展和政治动荡而变化。

二、取胜的各种原因

从新法兰西陷落到铁路时代以前，有三个因素影响了英属北美殖民地的生活。第一，在行政上，它是英国的殖民地，是"日不落王国"的边缘地带，受到英国国会的控制和英国政治制度的影响。第二，与此同时，它也在逐渐孕育着自己的政治因素。这种政治因素是从地方产生的，它是在处理实际事务中形成的一些有效机制。这些机制在殖民地形成一个网状的体系，为孕育一个新的国家奠定了基础。第三，1812年的加美战争和1837年的起义，在一定程度上说明了英国政治制度在殖民地的巨大影响；同时，它也暴露了这种制度的缺陷。因此，殖民地的人民力图对政治状况进行某种改造。

根据巴黎协定，1763年以后的北美领土被进行了重新划分。法国从北美大陆撤出，保留了在纽芬兰北岸的捕鱼权，以及对圣彼埃尔、密克隆、圭亚那、马提尼克、圣卢西亚和加德洛普等岛屿的所有权。在密西西比河以东，英国控制了从哈德逊湾到墨西哥湾的广大地区。西班牙控制着密西西比河的西部和南部，并声称对太平洋北部沿岸的控制权。俄国为了水獭毛皮贸易，占领着北美大陆的西北角——阿拉斯加。

三、占领与让步

1763年10月，英国国王宣布在这片新占的领土上建立它的行政制度，使魁北克成为英国的殖民地。其疆域大致包括从安蒂科斯蒂岛到渥太华河的加斯佩半岛和圣劳伦斯河整个流域。新斯科舍包括芬迪湾北部的陆地、圣约翰群岛和布雷顿角岛。拉布拉多半岛、安蒂科斯蒂岛以及迈格达伦群岛归入纽芬兰，成为那里的渔场。鲁珀特地区被确认属于哈得逊湾公司。英属北美大陆的其他地区，包括阿巴拉契亚山脉以西、大湖区以及一直向南延伸到阿巴拉契亚山脉与密西西比河之间地带的一大片三角地区是印第安人居住地，禁止移民进入定居。

对印第安人的这种让步并非慷慨，而是出于无奈。1763年夏天，印第安人部落向深入其内部的欧洲人的商栈发起了凶猛的进攻。在渥太华，印第安人首领彭梯亚克率领一批印第安人袭击了白人居住地，杀了2000多白人。这种暴力手段过后，殖民者与印第安人之间形成了新的局势：一方面,殖民者需要维持毛皮贸易,不断地向印第安人居住地深入;另一方面,进行毛皮贸易需要印第安人的帮助,他们也要安抚印第安人。所以,他们决定接受现状。1768年,对那些来自大西洋沿岸,居住在俄亥俄河以南的欧洲移民,英国殖民当局愿意提供食宿,使之从印第安人的领地撤出。然而,这只是暂时的权宜之计。6年以后,魁北克法案公布。根据这一法案,英国的殖民地可以扩张到原本是印第安人内地的毛皮贸易区(即大湖区盆地)和沿圣劳伦斯湾的海豹捕猎区。从那时起,这种大片的印第安人居住地就从地图上永远消失了。

然而,1763年以后版图上的这些调整并没有解决英属北美殖民地的困难,反而使那里的事务更趋复杂。本来,英国殖民当局希望经过一个长时期的治理能使新法兰西人英国化,但战败了的新法兰西人却希望能继续沿用法国民法典、维持领主制度以及罗马天主教,他们反对英国殖民当局对圣劳伦斯河流域殖民地所划的新疆界,因为它成为阻止他们继续向西扩展的障碍。他们更反对英国向殖民地人民征税,他们不愿意英国人用这笔钱作为长期与法国作战的费用,也不愿意用它来作为英国对新占领土地实施行政管理的支出。

对英国征税的反抗在美国已经开始。1773年12月,英国要求对运到波士顿的东印度公司的一船茶叶征税,遭到当地人的拒绝。当夜,人们把价值18000英镑的整船的茶叶倾入大海。作为报复,英国统治者于1774年下令封闭波士顿港,取消马塞诸塞的自治特许权,禁止新英格兰渔民在纽芬兰沿海捕鱼。同年,英国还公布了《魁北克案法》,把俄亥俄河和密西西比河之间的地区划归魁北克(即原新法兰西)。这些措施更加激怒了美国人民,成为独立战争的导火索。

四、美国独立时期

1775年6月,英军在波士顿附近的崩克山发起进攻,北美殖民地的人民进行了积极的迎击。战争打响之后,加拿大的两个殖民地,魁北克和新斯科舍,并没有响应,而是继续维持着与英国的贸易,也维护着英国的统治。这又大大激怒了美国人。1775年,一支美国军队从纽约北上,入侵了加拿大,试图用武力把魁北克变成美国的第14个州。当年秋天,圣约翰、蒙特利尔东南部落入美军手中,但对魁北克城的入侵却没有成功。第二年春天,入侵的美军被击退。1783年,战争结束。根据战后的凡尔赛和约,美国的13个州独立;英国在北美的殖民地被迫退到大湖区以北。也就是这片英属北美殖民地,成为日后加拿大立国的基础。

在北美大陆的北半部,土著人的数量超过欧洲移民,比例大约是2:1,在疆域上,也占据着比白人多的土地。这些土著人没有统一的组织,由于语言和传统的不同,他们是彼此分散的,在获取生活资料的手段上,也是各行其是。同样,数量不过10万的欧洲移民,由于来自不同的国度和文化背景,也从事着各不相同的经济活动,分散居住在不同的地区。大致上说,欧洲移民居住在两个地区,一是大西洋沿岸,另一个是圣劳伦斯河流域。除此之外,在东部的森林地区、大陆内部的广阔平原以及太平洋沿岸,居住着各种部落的印第安人。当然,这并不排除有零零星星的从事毛皮贸易的欧洲商人以及他们的商栈散落其间。

大西洋沿岸居民的生活方式受战争和经济因素的双重影响。按照英国官方传统的说法,纽芬兰是靠近大西洋沿岸一艘固定在海上的捕鱼船。由于这里的气候寒冷和生计艰难,欧洲移民在这里定居非常困难,因此,人口的发展很缓慢。尽管欧洲人在纽芬兰周围水域捕鱼已经有几个世纪,但那是一种季节性的迁移式作业,渔民春天离开欧洲,秋天返回。在英国,这种迁移式捕鱼业被看做是培育海员的途径,战争期间,政府往往从迁徙式渔民中征集海军。这一行业也非常有利可图,商人通过这种方式积累财富。

五、英格兰人稳居加拿大

开始,英国政府认为,居民在海岛定居无论对英国的安全还是国家利益都是一种威胁,所以并不鼓励。但由于在纽芬兰捕鱼有利可图,所以18世纪纽芬兰的捕鱼业发展很快,政府的反对也不能阻止那里的人口稳定增长。于是,英国船队担负起保卫纽芬兰捕鱼的任务。当船队在秋天离开欧洲的时候,船员们要签订两年至三年的合同,他们在纽芬兰要度过几个冬天,保卫海岸周边环境的安全,使夏天的捕鱼业得以顺利进行。这样做尽管艰苦,但与当时的德文岛和闹饥荒的爱尔兰相比,人们更宁愿去纽芬兰。这些人到那里生活了几年以后,许多人便在那里定居。有些人还找到了妻子,开始在那里过永久性生活。在18世纪60年代初,大约有八九千人在那里过冬,其中包括900名妇女和2000名儿童。

在新斯科舍,1755年阿卡迪亚人被放逐后留下的真空很快就被填充。10年之后,哈利法克斯以海港为中心,向四周扩展。城镇用木栅栏围着,在城镇边上点缀着树林、灌木和礁石,风景宜人。整个城镇错落有致,英国国教教堂的尖顶是最高建筑,显示着征服后新主人的威风。此时,在这里生活的有英国投资商、新英格兰来的商人,也驻扎着英国军队,人口已达三四千人。哈里法克斯历来是军事要地,军队是当地的重要人口,英国军官是城镇中最有影响的人物。在这之前,英国以此为根据地,向加拿大其他城镇派遣军队。英、法决战中,对魁北克城进攻的准备就是在这里进行的。作为军营,它的运行无疑促进了城镇的发展。

18世纪60年代,尽管由于英国削减了军费开支,使这里的人口减少了大约一半,但哈利法克斯依然是波士顿到魁北克之间最重要的港口。在这一时期,新英格兰人北上迁徙到芬迪湾或大西洋沿岸,从事农业或渔业。到1763年,从芬迪湾沿岸到利物浦,再到哈利法克斯的西南沿岸,零零散散的大约居住着9000名新移民。尽管如此,这里的生产状况并不乐观,农业和渔业仅仅是维持,几乎不能发展,大部分人只是勉强维生。由于这里的移民多来自新英格兰,所以,新斯科舍在许多方面严重依赖着新英格兰,与新英格兰有着多方面的联系。

18世纪60年代初期的魁北克,仍然是新法兰西时期的田园风光。在这里,封建土地制度依然存在,庄园主的宅邸豪华而坚固,天主教有很大势力,教堂在每个村庄都是主要建筑;居民的生活舒适而安逸,刷白的农舍、富庶的农庄以及散布其间的磨房和锯木场,等等。总之,北美的乡村风光与欧洲有很大不同。沿圣劳伦斯河流域,有很多农民,但在这里并不像欧洲,庄园主与农民的区别是微小的,个体农业是基本的生产形式。天主教势力虽然顽固,但由于教堂的分散和缺少教士,天主教的实际控制却很有限。18世纪中叶,在魁北克许多农民眼中,法国已被视为外国。这是由于这些法国人的后裔,经过几代在北美生活之后,他们对于欧洲和法国的情况已经全不了解。法裔加拿大人,大约有1/5居住在魁北克城、蒙特利尔和三河镇;另外大约有两万多居住在大湖区周围收集毛皮的乡村。在那里,他们与印第安女子结婚,他们的后代成为既非法裔,又非英裔的梅地人。在当时,梅地人受到英国官方的蔑视,是不受法律保护的流浪汉。

总之,对于英属北美各地的人来说,18世纪60年代是一个调整时期。英国军队的出现,标志着统治权已经发生改变。在蒙特利尔,讲英语的商人很快在商业中占了上风,英国人占有土地的情况也越来越普遍。在法律方面,法国和英国的司法制度并存,它们反映着不同的经济和社会价值,结果在商业和行政事务中引发了一系列的不确定和纷争。英国接管政权之后,毛皮贸易缓慢的恢复;战争给魁北克城造成的创伤也逐渐得到整治。对于大多数法裔加拿大人来说,1760年代的日常生活与以前相比,没有太大改变。

六、加拿大人对本土的认识

自从英国与法国争夺新法兰西的时候起,就有人开始了对这片土地的勘察。以前,除了少数的几个城镇之外,欧洲人对北美大陆的了解十分有限。那时候,往来于欧、美大陆的多是商人,而不是科学家。商人们所航行的水系是根据实用的原则进行记忆,很难在地图上标出。印第安人虽然也提供和描述了他们所知道的疆域图形,但却不系统也不全面。

1755年,英国制图家约翰·米切尔发表了他的北美地图。在这张地图上,他画了哈德逊湾、拉伯拉多平原、大西洋沿岸以及圣劳伦斯河的下游,具有一定的准确性。但是,他对大湖区的描述只是与现代版图大致相似,很不准确。在哈德逊湾西南部,他用一段注释填补了地图上的空白。他说:"我们还没有把新近听到的有关加拿大北部和大湖区的一些长长的土著人的地名嵌入地图,这是由于这些地方还没有实用价值,而且,也还没有明确的归属。"总之,在1763年,哈德逊湾以西的广大地区在欧洲人的观念中还一无所知。

但欧洲人对这片土地的无知,并不说明这片土地是空白。从大湖区到落基山脉,居住着5个从语言到文化不同的印第安人部落。加拿大地域边缘的森林地带,是奥吉布瓦人的领域。阿森尼布瓦内和西克雷人占据着今天的马尼托巴和萨斯喀彻温南部的地区。克雷人是森林和灌木丛地带的居民;阿森尼布瓦内人是灌木丛和草原地带的居民。但是,他们的经济生活有重叠的地方,他们在经济和文化上也有一些交换和往来。在阿森尼布瓦内和克雷地区的南部和西部,住着黑脚联盟的成员。他们是草原的狩猎者,完全依赖捕猎野牛。在野牛身上,他们不但获得食物、衣着,也从中获得盖房和制造生产工具的材料。再往北,在靠近北极的西部山区和哈德逊湾之间的广大地区,居住着讲阿萨巴斯卡语的印第安人。他们追随北美驯鹿的迁徙做季节性的流动,全部生存都依赖于这种动物。在这一时期,这5个部落与欧洲人都有接触,但他们的生活没有改变,依然遵循着传统信仰和传统的生活方式,顽强地保持着自治。

七、一些不受欧洲人影响的人

在太平洋岸边,也居住着讲不同语言的印第安人。这一点,当时欧洲人还不知道。除了阿萨巴斯卡人(他们大约有一万人,居住在落基山脉和海岸山脉之间地带的北部)之外,那里的印第安人讲着东部所不熟悉的语言。在他们内部,又细分为不同的语种。据专家估计,当时大约有10万印第安人居住在加拿大太平洋沿岸,他们大约讲着30种彼此不熟悉的语言,这些语言分别属于6个不同的语系。由于海岸富饶的自然环境,海达人、西姆山人、努特卡人、贝拉·库拉人、特林基特人、夸扣特尔人和萨利希人都各自有着精致、复杂和富有仪式的文化。河流、海洋和土地给他们提供了充足的食物,西海岸高大的杉树则提供了建房、造独木舟和容器的材料。他们的房屋背靠树林,面朝大海,形成北美印第安人独有的村落。此外,他们用黑色和其他颜色的玉进行雕琢,制成装饰品,戴在身上。

在北极圈的北部,住着因纽特人。他们人数不多,分布在马更些河三角洲和拉布拉多之间的地区。与居住在哈德逊湾以东的纳斯克皮人和蒙塔格尼人一样,在18世纪60年代,他们还始终不曾受到欧洲人的影响。在大湖区、圣劳伦斯河流域和东海岸,由于与欧洲人的广泛接触,印第安人的生活已经发生了很大变化,这与因纽特人形成了鲜明对照。经过与易洛魁人的战争以及出天花,尽管曾有一批奥吉布瓦人从休伦湖的北岸迁徙到伊利湖和安大略湖之间的半岛,但是,总的来讲这里印第安人的总数还是大大减少了,休伦联盟的力量也已大大削弱。在尼皮辛湖,1615年,还有700名到800名印第安人,150年以后,剩下不到200人。

由于迁徙、相互接触以及欧洲商品的流入,印第安人内部各部落之间在服饰和生活习惯上的差异也在减少,逐渐形成了较为统一的大湖区北部印第安人文化。新斯科舍印第安人的情况却与此相反,密克马克人和马勒赛特人本来人数就不多,在18世纪,一方面,由于疾病,使许多人死于非命;另一方面,与欧洲人的接触,使他们渐渐依赖于欧洲人的商品过活,失去了自己民族的独特性。在纽芬兰,裴欧休可人被从新斯科舍迁来的密克马克人和欧洲来的渔民驱赶到纽芬兰岛的内地,他们被禁止到海边从事捕鱼业,过着极不稳定、朝不保夕的生活。

第二节 加拿大政体的建立

英国在军事和外交上的胜利,使它在世界范围内建立了一个更加广阔的殖民帝国。殖民帝国的建立又为英国本土的经济发展输入了新鲜血液。英国人相信,依靠这个殖民体系,以殖民地作为原料产地和商品市场,英国可以成为世界的工厂,从而使财源滚滚流向英国。

一、加拿大的经济体系

在这个经济体系中,加拿大占有重要位置。加拿大具有丰富的资源,其中渔业资源和毛皮资源都是英国特别需要的。如渔业方面,除了提供大量的食用鱼之外,鲸鱼油可以点灯,鲸须可以做妇女的束胸。在矿产方面,有圣莫里斯的铁矿。其他资源还有圣劳伦斯河沿岸的大麻和亚麻以及木材等,这些原料都会大大减少英国对其他国家的依赖。加拿大还是英国的商品市场,英国商业官员谢尔本勋爵看到,由于英国占领了北美,从而获得了更加广阔的市场,英国棉布就有了更大的销路。他粗略地计算了一下,在加拿大这个严寒的国家,每年至少可以消耗价值20万英镑的棉布。

然而,这种美好的经济前景是建立在整个殖民帝国的商业是在英国垄断的前提之下的,美国革命却打破了这种垄断。出于对美国13个州商业发展的恐惧,谢尔本主张对美国的贸易加以限制,并由英属北美殖民地来取代新英格兰、纽约和宾夕法尼亚对西印度群岛的商品供应。英国的海军储备,特别是做绳索用的大麻和做桅杆用的白松,也不应该再从缅因州和马塞诸塞州进口,而应该由新不伦瑞克和圣劳伦斯河流域提供。此外,他还认为,不断增长着的英属北美市场应该为英国所独占,外国船只和商人不得进入其港口。

二、与英国的贸易关系

实际上,尽管英国有这种意图,但对北美贸易的这种限制并非易事。英属北美既不能完全满足对西印度群岛的商品供应,美国的谷物、牲畜和木材也照旧进入新不伦瑞克和新斯科舍。相反,英国对北美的贸易却反而受到了限制。这样,美国的海军储备、木材、牲畜、面粉和谷物允许进入西印度群岛,西印度产的朗姆酒(用甘蔗酿制的一种甜酒)、蔗糖、蜜糖、咖啡和其他商品也允许(而且是用英国的船只)运往美国。到18世纪后期,由于西印度群岛对美国商品的这种需求,英国只好宣布对美国船只开禁。

在其他方面,英国对贸易的垄断也告破产。由于美国渔民被允许在新斯科舍、拉布拉多和马格达伦群岛绵长、崎岖的海岸线上晾晒渔网,结果导致在这些地区出现了茶叶、朗姆酒、蔗糖和葡萄酒等的非法贸易。非法贸易的增长十分迅速,1787年,一位新斯科舍的商人说:"几乎没有一家没有美国货。"20年以后,纽芬兰的总督估计,在那里销售的90%的蜜糖是非法通过美国从法属西印度进口的。到19世纪初期,由于新斯科舍对石膏的需求与日俱增,在帕萨马阔迪湾的边疆水域,石膏贸易使这种黑市更加活跃。起初,英国当局试图打击这种非法贸易,但最终他们出于自己的考虑还是容忍了这种贸易。

在英国本土,试图保持一种封闭的、自给自足的商业体系很快便遭到失败。1795年以后,连续几年的农业歉收使面包的价格上涨,进口粮食势在必行。然而,殖民地却不能满足英国的粮食需求,横越大西洋运输的高额代价以及北美收成的波动,最终也抵消了英国给北美殖民地粮食进口的优惠关税。

三、自由贸易的发展

1803年,在英法之间,战争又起,导致双方关闭了一些欧洲的港口。当美国驶往欧洲的船只遭到英国的阻拦后,美国总统托马斯·杰斐逊也用关闭美国港口来进行报复。这样,就使从加勒比海驶来的英属北美的船只被阻截。然而,其结果并没有使贸易中断,却使美国商人用纵帆帆船和雪橇等其他运输工具来装载货物,填补了美、加之间运输上的空白。由于这种方式的运输,逐渐形成了一些"自由港",英、美双方的船只都可以在这些港口进行贸易。与此同时,拿破仑的大陆封锁政策严重阻碍了北欧的木材运往英国,于是,英属北美的木材在英国获得极优惠的关税,价格也疯狂地往上涨。从那时起,北美的木材业成为极其有利可图的事业,在相当长一段时间里,加拿大东部的广大地区不少人从事木材加工和运输业。

总之,在18世纪末和19世纪初,英属北美作为英国商业体系的一部分,直接受到英国与美国和欧洲政治、经济关系的影响,直接服从于英国的商业政策。尽管英国对北美的贸易曾进行了种种限制,但实际上,自由的贸易却或明或暗地始终在进行。而英属北美的贸易正是在这两种状况的交替变换中,逐步走向成熟,自成一体。

四、殖民地与英国的政治关系

在法律上,英属北美各殖民地的主权归英国国会。在每一个殖民地,设一个总督,作为英帝国与地方利益的中介;下设行政委员会和司法委员会,分别管理行政和司法方面的事务(1791年以前,魁北克除外),委员会成员由英王指定;各殖民地还由民选产生一个议会,代表殖民地的利益。除了这些中央的政治体系,治安法官由总督自行指定。治安法官的任务是:行使地方文职官员的职责,把行政权力扩展到每一个社区,并行使一定程度的地方管制。

在实际上,殖民地的行政程序并不与法律规定的完全一致。对殖民地的内部事务,英国议会实际上干预很少,在 18 世纪最后的 25 年尤其如此。1776 年以后,英国没有在加拿大征过税。1782 年以前,殖民地的事物由英国的商业委员会监督,这种监督只是宽泛的协调各部门,诸如财政部、海关和海军部之间的行动。商业委员会本是英国政府的一个部门,但在运行中,它的权限却逐渐扩大到管理海外殖民地。以后,内政部承担了这些职责。19 世纪初,由于战争的缘故,殖民地的事务分派给国务大臣负责,但国务大臣把主要精力关注在与法国的斗争上,对于那些不太紧迫的问题并没有花太多的精力。因此,实际上英国对殖民地的事务控制很松。1815 年,专门的殖民地事务部成立,但与以往相比,情况没发生多大改变。

总督,在理论上是英国王权的代表,在殖民地其权力是至高无上的。但实际上,这种至高无上的权力只具有精神上的影响。出于对自己未来前途的考虑,大多数总督都按照殖民地事务部的模式行事,对行政、司法和立法都很少干预。他们总是寻找一种温和和保守的方式,旨在既遵从上面的政策,又能应付日常事务。在行政事务中,行政委员会发挥了很大作用,他们大约每月开一次会,讨论那些重要的议案、发布法规和通过各部门提出的建议。

尽管总督有否决立法和解散民选的议会的权力,但他们往往不这样做,因为与民众支持的议会对立是很不明智的。虽然,总督有官员的任命权,但他们没有对待遇优厚的官职的任命权。一般说来,除了法定的开支之外,他们提出的任何开支都必须依靠议会通过,因此,他们很难按照自己的意愿行事。由于经费总是有限,作为民选的议员,他们关心的是那些与民众生活息息相关的事,如地方的道路、桥梁和学校,等等,他们不愿为那些崇高和遥远的目标投票。所以,作为总督必须认识到自己的权力是有限的,并顺从议会多数的意愿行事。

约翰·格雷夫斯·西姆科是上加拿大的第一任总督。他在任期间,有力地推动了当地经济和政治的发展。他按照英国的模式建设殖民地。他对当地的保守派和从美国来的效忠派发放固定的资助。他认识到,要关心普通定居者的疾苦和满足他们的需要,首先就得建立一种有效的土地分配制度。为实现在蛮荒的土地上建立一个有序的等级社会的理想,他鼓励人们定居,把大片的土地发放给那些性格坚毅、怀有抱负的人。时间不长,他就在当地培育起一群精英,并建设起一批按标准设计的城镇。

五、英国的总督和加拿大的议会

1791 年宪法把加拿大分为上、下加拿大两个省(圣劳伦斯河的上游为上加拿大省,大致相当于现在的安大略省;下游为下加拿大省,相当于现在的魁北克省)。它也给了总督和指定的行政委员会以支配王室保有地收入的权利。由于有了财政基础,总督可以不顾议会的反对而做自己要做的事。但经过一系列斗争,1831 年,地方收入的控制权最终落到议会手中。于是,在议会和行政委员会之间的敌视和斗争从此接连不断。

1837 年,在上、下加拿大都爆发了起义。在上加拿大,是由于总督弗朗西斯·邦德·海德无视议会和行政委员会的反对,在选举议会的过程中一意孤行,结果使保守党在议会中占了多数,因而引起改革派的反对。在下加拿大,英裔在经济上的成功遭到法裔的嫉妒和怨恨,结果导致法裔对行政和司法委员会中英裔商人的反对进一步升级。这样,作为下加拿大人口基础的法裔,也要求对政府机构实行改革。此外,经济环境的恶化、农业的歉收,以及由英国和美国银行的倒闭所引起的财政和商业危机,大大降低了加拿大人民的生活水平。这也成为1837年起义的一个直接导火线。

1837年,英国政府拒绝了殖民地激进派要议会掌握财政的要求,激进派以公开的抗议集会作为回应。在蒙特利尔,以帕皮诺为首,把下加拿大的形势与1775年美国的形势相比,号召人民进行一场革命。于是,在蒙特利尔发生了骚动,而且持续了一个夏天。在秋天,武装起来的激进派控制了蒙特利尔附近的乡村。11月,在城里发生了巷战。英国军队进行镇压,许多激进派领导人被逮捕,还有一些人逃往黎塞留。一个月以后,在圣·丹尼斯,起义军挫败了政府军的一次进攻。但是,由于起义军的组织不严密、武器缺乏和战略的欠缺,终于没能支持多久。最后,起义军中有几百人战死或受伤,500多人被监禁。帕皮诺和一些追随者逃往美国。1838年11月,起义军又发动了一次起义,这一次的规模比第一次要小,而且很快又被镇压。参与者中有12人被处决,58人被流放到澳大利亚。

在上加拿大,1837年12月初,威廉·莱昂·麦肯齐及其800多名追随者,趁上加拿大的英军被派往下加拿大进行镇压之际,向多伦多进发,试图按照美国的榜样推翻英国的统治,建立民主政府。起义军是没有经过训练的、扛着草叉、棍棒和枪支的杂牌军,起义前也没有进行很好的准备,所以,在起义发动之后不到20分钟,就被英国当局的地方军队给驱散了。起义失败以后,麦肯齐仍不罢休,继续纠集一些人马,在布兰特要塞发动了第二次起义,又很快遭到失败。再以后,麦肯齐逃往美国,他的两个副手被捕,被处以绞刑,其他几个支持者也被判了刑。

尽管起义失败了,但这是加拿大历史上唯一的一次起义,它对殖民地的政治发展起到一定的推动作用。1838年,在下加拿大面临修宪的情况下,英国政府派德拉姆勋爵到加拿大任总督,并负责规划加拿大未来的政治体制。德拉姆在做了一番调查之后,写了一份著名的报告,即德拉姆报告。在报告中,他认为起义所反映的是政府与人民之间的矛盾,他还认识到,在加拿大,最大的问题是英裔和法裔之间的矛盾,或者说上、下加拿大省之间的矛盾。这种矛盾不是经济上的,而是种族上的,是两个民族在一个国家内部的权利斗争。他还提出了解决办法,即用英裔的文化同化法裔加拿大人。他认为,如果能这样做,占多数的讲英语的代表就会在联合的议会中合法地占有优势。一旦法裔加拿大人成为少数,他们自然就会放弃自己的民族文化,整个加拿大就会统一。

六、趋于自治

在德拉姆报告中,还有一项重要内容,这就是对上加拿大保守派专权、腐败的批评。德拉姆坚持,在国内事务中,殖民地政府应该对选民负责,也就是说,行政权力应该来自议会的多数,并受到议会多数的支持。他主张建立市政府和最高法院,认为1791年宪法中,为建设英国国教教堂所给予的资助和给教士的保留地等条款,都应该废除,为了吸收新移民,应该修改土地和移民政策。他还认为,在英属北美,应鼓励一种统一的国家观念,用以抵抗美国的强大影响。

总之,德拉姆的报告在历史上有重要意义,它不但如实反映了当时加拿大的问题,而且按照英国议会制度的传统为加拿大未来的发展规划了蓝图。特别是从市政府开始,在殖民地建立英国式宪政的提议,对加拿大地方政府的产生极为重要,而以后,正是在这些地方政府的基础上,实行了自治,并逐渐生长出独立于英国的省政府,再发展到加拿大联邦政府。

1812年6月,美国对加拿大宣战。由于上加拿大有很多美国来的新移民,在美国人眼中,上加拿大似乎是美国的一个州。美国总统托马斯·杰斐逊相信,迁往加拿大的美国移民不会对那里的英国政权伏首听命,所以,认为征服上加拿大只是轻而易举的事。1812 年,在加拿大驻守的英国军队仅有 2200 人,在大湖区的西部,印第安人的抵抗也已经被美国所粉碎。毫无疑问,在力量对比上美国占优势。但是,战争并不像美国所设想的那样轻易取胜。在战争中,效忠派并不像杰斐逊所设想的那样倾向美国,他们不愿再回到美国的统治之下,而是参加了英属北美的军队与美国军队展开了勇敢的战斗。此外,英属北美的军队在布罗克将军的率领下,采取了灵活机动的战术,巧妙地利用了美国人与印第安人的矛盾。在两年多的时间里,英、美双方各有进退。1814 年,英国派了增援部队,向美军发动进攻,并取得相对胜利。但正如美国不能战胜加拿大一样,加拿大也不能战胜美国。1814 年底,战争就在这种僵持的状态中结束了。

第三节　来自世界各地的加拿大移民

1760~1840 年,是加拿大移民增长较快的时期,这与殖民地当局鼓励移民的政策有关。殖民当局认识到,殖民地经济的发展,既依赖经济资源,也依赖劳动力。1787 年加拿大首席法官史密斯写道:"人,而不是树构成这个国家的财富。"他列了一个等式,即:人 = 力量 + 繁荣。他认为,欧洲人所占疆土的大小是衡量成功和进步的尺度。在 1760 年到 1840 年的 80 年间,英属北美的欧洲人口增加了 16 倍。到 1841 年,那里的非土著人口已超过 150 万,与土著人口的对比成 10∶1。

一、欧洲移民

从 1760 年到 1800 年,对于欧洲人来说,移居英属北美是一种机遇。从长远看,英国政府并没有跨越大西洋,大批向北美移民的计划,它认为,那样做会削弱英国本土的力量,因此,英国国会对公民移居北美基本持反对态度。为此,在 1749 年哈里法克斯建立之后,英国官方一方面希望保护那里的天主教徒,即新斯科舍的阿卡迪亚人;另一方面,也鼓励外国来的新教徒,这些新教徒主要来自欧洲的莱茵河流域。出于保卫殖民地安全的考虑,当军团服役期满时,官方往往在北美解散这些军团,并鼓励士兵留在那里,把殖民地的土地分配给士兵。但是,1760 年以后的 15 年间,在上、下加拿大和新斯科舍定居的大多是从美国来的效忠派。虽然英属北美的文告宣布对于从马塞诸塞、康涅狄格、宾夕法尼亚和纽约州来的居民,在加拿大和新斯科舍都可以获得土地,但这些地方来的移民却主要去了新斯科舍。这是由于,当时阿巴拉契亚山脉以西的土地对于定居者来说还没有开放。从欧洲来的移民和毛皮商大多去了魁北克城和蒙特利尔。总的来讲,由于加拿大冬天寒冷,移民的数量非常有限。

有些人主动从欧洲吸引移民,他们通常是先在英属北美购买一大片地产,然后再去欧洲招徕移民。18 世纪 70 年代,新斯科舍有一位官员迈克尔·弗兰克林从英国约克郡农村招徕了大约 1000 名移民。由于英国的地租上涨,这些移民离开了农场,来到新斯科舍迈克尔·弗兰克林的地产上安家。10 年前,另一个投机商,亚历山大·麦克纽特也从爱尔兰说服了 600 人来到新斯科舍。这种大批的移民很快就被禁止了,其理由是对原居住国家的发展不利。但是,人们不顾法律的禁止,仍源源不断的有一些爱尔兰人来到纽芬兰从事渔业。1770 年以后,也有一些苏格兰高地来的移民在圣劳伦斯湾沿岸地区安了家。

二、美国移民

这一时期,加拿大移民中最重要的一部分来自美国。美国革命之后,13 州中反对美国独立,仍然效忠英国王室的居民来到加拿大,成了英属北美殖民地的公民,他们被称为"效忠派"。1783 年到 1784 年,大量的效忠派来到加拿大。其中,大约有 35000 人来到新斯科舍,9000 人去了魁北克。他们的到来使殖民地的人口结构发生了重要改变。在新斯科舍,人口增加了一倍。在芬迪湾的北部,1780 年,那里欧洲人的后裔还不过 1750 人,到这里来的效忠派就有 14000 人到 15000 人,这就使效忠派在新不伦瑞克这个殖民地占了多数。在圣约翰(1798 年后,改称爱德华王子岛)和布雷顿角(1784 年,成为一个单独的殖民地,直到 1920 年)这两个人迹罕至的小岛,大约有 1000 多效忠派安了家。在内陆,大约有 7000 名效忠派在伊利湖的北岸、尼亚加拉半岛、昆蒂湾周围以及圣劳伦斯河的北岸定居,那时,这些地区基本上还无人居住。在黎塞留河口、圣弗朗西斯湖岸边和渥太华河的下游,也有 1000 名到 2000 名移民定居下来。

作为一个群体,效忠派所具有的共性并不多。他们中有黑人、白人、易洛魁人;有受过教育的,也有没受过教育的;有富人,也有穷人。总之,他们来自于不同的民族,有着不同的生活方式。在他们中间,虽说有富人,但只是少数。大多数效忠派是普通人,是小农场主、工匠、劳工和其他劳动人民。在来到新斯科舍的效忠派中,大约有 3000 是黑人,他们移居这里,是为了逃脱奴隶的地位。但实际上,他们虽然在谢尔本、迪格比、切德巴克托和哈利法克斯等地定居下来,他们中却只有极少数摆脱了奴隶的地位。1792 年,他们中大约 1200 人离开了新斯科舍去了塞拉利昂。在移居大湖区北岸的人中,大约有 2000 名印第安人,他们主要是易洛魁六部落的人,属于莫霍克人,由首领约瑟夫·布兰特领导。他在格兰德河谷地区获得英国王室特许的土地,并以对英国王室效忠来作为回报。

无论效忠派移居加拿大的动机如何,大部分人在新环境下面临着困苦的生活:艰苦的劳动、衣食无着以及无处居住。可想而知,一下子那么多人涌入一个地区,随之产生的困难是自然而然的。成千上万的人需要救济,土地需要测量和分发,供给和住房的大量需求也使物价上涨。因此,在效忠派之间,即先到的和后到的效忠派之间,存在着紧张局势。由于上加拿大的总督西姆科赞赏和鼓励美国先锋派对农业的开拓精神。他希望加拿大的新移民也能像他们那样开垦加拿大的荒地,所以,他尽可能地为新移民准备了食品供应和廉价的土地。1791 年以后,从纽约和宾夕法尼亚涌入了大批移民。他们中有贵格派教徒、门诺派教徒以及其他的和平主义者。1776~1783 年之间,这些人在美国独立战争中是中立的,不受欢迎的人物,于是移居英属北美。到 1812 年,在上加拿大,大约有 80000 名居民,其中差不多 80% 的人多少带有美国的背景。但真正的效忠派及其后代却不到总数的 1/4。

像大部分移民一样,这些新移民相对都很年轻,年轻人和儿童占大多数,因此,这里的出生率大于死亡率。女性一般在 20 岁出头就结婚,而且,往往都要生几个孩子。于是,英属北美的出生率急剧增长。据新不伦瑞克一名传教士计算,在 1795~1800 年的 5 年之间,他就为 48 对夫妻举行了结婚仪式,其中曾为 295 个婴儿做了洗礼,却只为 17 个人做了临终祷告。在 18 世纪后期,由于民族和语言关系,虽然移居魁北克的人很少,但人口增长的情况与上述情况也差不多。总之,在整个 18 世纪,英属北美的人口以每 25~27 年翻一番的速度迅猛增长,平均每年增长了大约 2.8%。

三、英国移民

18世纪和19世纪之交,跨越大西洋的移民潮又高涨起来。起初,移民大多来自苏格兰高地,1815年以后,则来自整个英伦三岛,特别是爱尔兰。据官方最低估计,在19世纪前半期,有100万英国人移居北美殖民地。他们中60%是在1842年以前到来的。当时,英国小说家查尔斯·狄更斯在蒙特利尔,他对这里移民到来的情况有记载。他看到在码头上,新到的移民以几百人为一批,接踵而至,他们拖儿带女,携带着大大小小的箱子和行李,气势非常的壮观。

往北美大量移民是由于英国国内的环境变化引起的。当时,英国的人口增长速度大大高于欧洲其他国家。1780年,英国总人口还不过1300万人;1831年就超过了2400万人。与人口的增长同时,农业和工业革命也在摧毁着英国传统的生活方式。在英格兰,圈地运动之后,签订合同的个人持有地代替了过去的敞地、公有地和集体农业。在苏格兰,人们试图打破传统的宗族社会,把苏格兰谷地变为养羊的牧场。在爱尔兰,土豆的种植使乡村人口急剧膨胀,随之引起农场的一再细分,农场越来越小。到1821年,爱尔兰乡村人口的密度已经超过欧洲任何一个国家,成为最贫困和悲惨的地方,许多人成了无产者,教育水平低下,思想迷信,社会秩序混乱。起初,苏格兰的地主试图把失去土地的佃农重新安置在沿海一带,让他们从事渔业或海草灰业。

四、移民的推动作用

但1815年,海草灰业衰落了,人们又试图改进苏格兰高地的农业,提高其效率。这种改进的农业是大面积耕作,常常是以残酷的清除农地上的人口为前提。随着新品种的种植和农艺的改进,英国的农业获得了长足发展。在公有地上的放牧权被剥夺以后,公有地占有者、小土地所有者被迫进入了农业劳工的行列或迁居到正在发展中的城镇,也有人在乡村从事手工纺织业。但是,无论在乡村还是城镇,劳动力都大量过剩,工资非常低下,劳动条件恶劣,工作时间很长。例如,在家庭纺织机前工作的契约工人,开始时,他们还可以勉强生活,但到19世纪初,由于技术改进和工厂生产的加速,家庭生产很快被淘汰。加之1815年,英国与拿破仑战争的结束,使大量士兵复员,战争工业的停滞也使大量相关人员无事可做。总之,在这种条件下,必须有一个地方能容纳这大量过剩的人口,而且,最好还能为英国的工业生产提供原料、消费英国工业革命生产出来的大量商品。那么,答案只有一个,这就是迅速地扩大殖民地。

在1815年,开拓殖民地的好处在英国已人人皆知,官方指导的移民运动也从这时候开始了。当年2月,官方第一个关于移民的法律刊登在爱丁堡的报纸上。以后,通过官方、非官方的渠道,宣传的力度越来越大。政府通过各种议案,大土地所有者积极参与吸收移民,特别委员会对移民过程中的种种问题做出调查,以便不断改进,社会上的慈善部门也进行了积极的配合。经过所有这些力量的共同努力,制定出了移民法规来指导移民运动。这一时期,从英国往英属北美殖民地移民的规模是前所未有的。

五、艰难的移民

那时,横越大西洋的旅程非常艰苦。从英国到魁北克,海上的实际行程至少要30天,但一般来说,由于种种原因,整个行程却要持续11~12个星期。在开始阶段,船主提供的客运不能保证基本供应，人们拥挤在低矮、肮脏、空气不流通的船舱里，食物和水都没有保障。从1835年起，船主开始提供基本供应，这就是在旅途中提供水、饼干和燕麦片。运送移民的船通常也是运木材的船，船主去时把木材从殖民地运抵欧洲，回来时再把移民从欧洲运抵殖民地。当时一艘400吨的船，甲板大约30米长，8米宽，在甲板下面的船舱里，两边可以各摆放32个上、下铺的床位。在1803年，这样一艘船一次可以运输200名移民。到1828年，可能是中间加了一排床位，这样一艘船可以运输300名移民。由于许多船是超载运行，所以运输途中，事故屡屡发生。

船上恶劣的卫生条件也使疾病时常蔓延。在1820年，有一艘船，詹姆斯号，从爱尔兰的沃特福德开往哈里法克斯。船上共运送了160名乘客，当到达目的地时，有5人病死，被扔进大海；还有35人由于病得太重，不能继续前进被留在纽芬兰岛；其他人不同程度的得了斑疹伤寒。1832年夏天，霍乱流行，死亡和痛苦笼罩了整个开往英属北美殖民地的船队。尽管殖民当局在距离魁北克下游48公里的格罗斯岛建立了检疫站，所有到来的船一律要停下进行检疫，在魁北克和蒙特利尔两个城市也建立了健康委员会和检疫站，但是，疾病还是蔓延开来。在这两个城市，一个星期之内，就有250多人得病。不久，两个城市每天各有100多人死亡。在那段时期，所有的学校和商店都关了门，唯一开门的只有咖啡馆。9月，当流行病结束的时候，官方宣布，在魁北克城，因霍乱死亡的人数有3500多人；在蒙特利尔，有2000人；在上加拿大和东部省份，也有几百人。两年以后，又一场流行病蔓延，在上、下加拿大，共有1250人死亡；在新斯科舍和新不伦瑞克，也有不少人死于疾病。

六、移民中的精英

1801年～1815年，大约有10000名苏格兰人来到英属北美，其中不乏精英人物。有一位塞尔刻克的伯爵叫托马斯·道格拉斯，他在移民运动中起了先锋作用。他具有财产、精力，并深深执著于在北美开拓殖民地的事业。受当时政治经济学家的思想影响，他立志要在北美建立一个符合经济规律的苏格兰人居住地。1803年，他与800名移民一起，从赫布里底群岛来到爱德华王子岛，在那里，他申请了一块土地。第二年，他在上加拿大圣克莱尔湖附近又申请到一块土地。他想在这些土地上建立盖尔人的社区，使之成为抵抗美国扩张的屏障。但是，由于土地处在沼泽地带，对人的健康有损害，再加上当地政府对他的计划不感兴趣，他的计划很快就夭折了。1812年，塞尔刻克伯爵又从哈德逊湾公司得到一大片土地的资助，随之，他把兴趣转到西部。他在红河和阿西尼伯因河地区建立了另一个社区。到1815年，有350个苏格兰人来到红河地区。这里的居民经历了无数的艰难困苦，这些困苦有来自西北公司的反对，也有洪水和蝗虫灾害。19世纪20年代，在这里定居的人口得到发展，这不仅由于苏格兰人接连不断的到来，还由于退役军人在这里定居。此外，还有信奉天主教的梅地人的数量不断增长。最重要的是，塞尔刻克伯爵根据他这些冒险经历，在1805年出版了一本书，书名为《苏格兰高地人现状一瞥——移民的影响及其根源》。在书中，他对反移民运动的观点提出挑战，赞扬了移民运动中独立自主、艰苦奋斗的精神，书中还描述了在新斯科舍、爱德华王子岛和上加拿大，苏格兰人是如何建立农场，保持传统的生活方式，等等。当时，他这本书对鼓励英国国内的移民运动产生了很大影响。

第四节 加拿大趋于自治

19世纪四五十年代,英属北美殖民地呈分散多元状态。在中部,是上、下加拿大省;在大西洋沿岸是新不伦瑞克、新斯科舍、爱德华王子岛和纽芬兰。当时,虽然各殖民地建立了责任政府,但各殖民地是分别隶属于英国政府的统治之下,并没有形成一个统一的政府。此外,这两个地区也相互隔绝,没有什么联系。

一、多元而分散的加拿大

在各地的移民中,种族、语言和宗教的不同更加强了这种多元化状态。特别是圣劳伦斯河流域,由于是两个民族,使用两种语言,所以两种文化传统顽强的保持着,无论在宗教信仰还是生活方式上都呈现不同的外观。在其他地区,如上加拿大、新不伦瑞克、新斯科舍、爱德华王子岛和纽芬兰,虽然都说英语,但社会的分化现象普遍存在。盖尔语在许多地区流行;宗教长时期地把新斯科舍的苏格兰人分为两半。在东部,阿卡迪亚人、爱尔兰人、德国人的后裔以及从美国来的效忠派,使东部殖民地也呈现出五花八门的色彩。

各省之间,无论在经济还是政治上,都没有什么联系,相同的只是技术和生产方式。在捕鱼和伐木这两个最大的出口行业,技术的一致只带来同样的落后,并没有带来经济上的联系。当时,殖民地的主要人口是农民,他们的生活闭塞,许多农民不知道城市是什么样子。在加拿大和新不伦瑞克,农业与伐木业相互交叉,这就是说这些地区生产的粮食,供当地伐木业享用,因此,虽然是商品经济,但只在其内部周转,与外界却联系不多。还有地盾地区的印第安人,红河谷的梅地人,那里就更加落后,他们过着与加拿大和大西洋沿岸各省不同的生活。由于相距遥远、交通不便,彼此之间更没有什么联系。所以,此时的英属北美,是一个多元、分散的王国。

在这样一片分散、多元的土地上,具有联邦主义思想的人是勇敢的和有远见的。联邦主义是在1867年实现的,在那之后,才作为政治程序和一种思想认识,广泛为人们所接受。但在这之前,具有联邦主义思想的人是少数。联邦主义的实现无论是精神准备还是物质准备,都经历了较长一段的酝酿时期。

二、政治特征

联邦主义的基础是在1760～1840年之间奠定的。在这一时期,经济的发展,如毛皮贸易,不但使圣劳伦斯流域与西部连在一起,与此同时,加拿大乡村生活的基本形式也在这一时期确定。在政治方面,19世纪中期的英属北美殖民地与美国相比,不那么激进;与英国相比,又不那么保守,这种政治状况为联邦主义的实现做了政治准备。

加拿大人的政治特性与居民的组成成分分不开。在加拿大,占优势的英裔是由各种成分组成的。各种民族混合居住产生了新的社区,其结果使人们对各自的传统不再那么执著。此外,新的自然环境也使北美的社会与欧洲社会有所不同。如在北美,社区的人口不那么稠密,居民间的贫富差异也不那么大,尽管差异是存在的,但因为人人都可以获得土地,所以,只要劳动,就可以得到起码的温饱。加拿大不可能像美国那样,把个人主义、自由主义作为生活的绝对信念。因为在法裔加拿大社会,家庭、教区以及人口居住的集中,使人们具有较强的社区观念,对教士和领主也具有责任心和尊敬。

三、文化特征

在这里,人们对文化传统有很强的保留愿望。法裔的这些特点,使魁北克与其他殖民地区分开来,形成一种强烈的种族和地区观念,表现为强烈的省权意识。魁北克的这些特点,使加拿大不会等同于美国。在另外一些殖民地,如上加拿大,自由主义相对高涨,反对这种保守主义和省权意识。但在英裔加拿大人中,也存在着一种保守主义,其集中表现是对英国的效忠。这种效忠不仅是作为英联邦的成员,而且还包括在加拿大建立英国的教堂、对英国某些政治思潮的认同等。英裔加拿大人认为,只有坚持这些,才可以使加拿大的政治、社会和精神生活区别于美国,而且胜于美国。在法国思想家托克维尔看来,加拿大与美国之所以相区别,还有地理方面的因素。他认为,北方的严寒、酸性的土壤以及可居住地区的有限,很难使加拿大成为像美国那样的以自耕农为主的广大国家。也正由于这些自然特点,使加拿大人缺少美国开拓边疆时代的那种粗犷的和个人主义的冒险精神。相反,加拿大的自然条件使居民产生了一种集体主义意识,恶劣环境下的生存需要,也使加拿大人深知不断进步的重要,使他们养成了既不断努力进取,又求稳、怕乱的精神。

在英属北美这样一个地广人稀的国家,要把这些分散的殖民地联合起来,交通是最重要的手段。19世纪中期,是加拿大铁路建设的重要时期,这一时期的铁路建设受到英国的技术和资金的支持。当时,英国不少人通过公债的形式,投资于铁路建设。1849年,加拿大省通过了《铁路保证法》。在这个法案中,要求铁路建设公司与资金支持者之间签订合同,双方要把条件明确列入合同;规划完成和资金到位之后,还要得到殖民地或省议会的批准。在当时,为了更迅速的发展,每个市政府都希望铁路干线从自己的城镇通过,他们往往说服铁路公司改变路线,绕道经过他们的城镇。

四、地理特征

加拿大的第一条铁路是尚普兰-圣劳伦斯铁路,从蒙特利尔对岸的拉普赖里到黎塞留河上的圣-吉恩,全长23公里,于1836年完成。这是一条摇摇晃晃、质量不高的铁路,路基是木质的,铁轨铺在上面,由于技术欠佳,铁轨经常翘起来,十分危险。尽管这样,由于气候原因,铁路还只能在春天到秋天里运行。这条铁路的投资有20%是由约翰·莫尔森提供的,其他资金由当地筹集。到1851年,这条铁路得到改善,成为全年运行的铁路,并向南延伸到加美边境的中弗蒙特,成为世界上第一条国际铁路。当时,与这条铁路进行激烈竞争的是圣劳伦斯-亚特兰大的铁路,这条铁路从蒙特利尔到大西洋的不冻港——缅因州的波特兰,也是一条国际铁路。这条铁路由蒙特利尔和美国共同出资,于1853年完成。

19世纪40年代,加拿大的铁路建设得到大量的英国资本。这是由于经历了半个世纪的工业革命,英国已经积累了大量的私人资本,当时,向海外投资于铁路建设是有利可图的事。英国的铁路投资不仅限于英属北美,而且还有法国和美国。不仅资本出口,铁路建设的技术也出口。那时,英国铁路建设的优势在于:工程人员有准确的测量,使铁路的延伸保持在最小的坡度和弯度以及最好的修建等,如果有必要修建昂贵的桥梁、斜坡和隧道,他们会毫不犹豫地进行修建。其他国家的铁路技术却远远达不到这样的水平。这就意味着在开始修建时投资会是巨大的,但是,一旦建成,由于设施良好,运行的费用却不高。

铁路的建成,促进了经济与政治的联系。当时的英属北美,正是联邦思想的活跃时期。由于有了铁路,多伦多、蒙特利尔等城市出版的报纸,在几个小时之内就能到达其他城市,政治思潮得到了较快的传播。因此,可以说,修建铁路的过程,也是加拿大联邦形成的过程。从时间上来看,1876年,从哈里法克斯到魁北克城之间的铁路建成。在这段时间,恰巧是新不伦瑞克和新斯科舍两个殖民地加入联邦的时间。在爱德华王子岛,修建了219公里铁路,由于修建铁路的费用是从联邦借款,所以借贷的压力使这个省加入了联邦。到1885年,加拿大太平洋铁路建成,不列颠哥伦比亚省随之加入联邦。总而言之,铁路建设在加拿大联邦形成的过程中起到了重要的作用。它为在两洋之间建立一个幅员广阔的加拿大国家奠定了坚实的基础。

五、联邦的成立与议会的改革

联邦的成立,在一定程度上也是新发明、新技术出现的结果。在19世纪五、六十年代,加拿大出现了许多重要的发明。首先是汽船。1840年,第一艘横跨大西洋(从英国的利物浦到新斯科舍的哈里法克斯)、载有邮件的定期轮船开通。1858年,从爱尔兰到纽芬兰特里尼蒂湾的第一条海底电缆铺设;1866年,又铺设了第二条海底电缆。电缆的铺设成功使跨洋电报成为可能。电报和邮政的开通,使英属北美内部的交流更为便利。在当时,鼓吹联邦思想的政治家的信息是经过报纸、电报等媒介进行传播的,这对政治的发动和政党的形成起到至关重要的作用,推动了联邦的组成。

19世纪40~50年代,由于英国议会进行了改革,这对英属北美的政治也产生了影响,使那里的代议制得到了改进。在这一时期,殖民地的政治家们密切关注英国政坛的情况,希望像英国那样,通过实行政党制度来建立责任内阁。在这些政治家中,比较突出的有哈里法克斯的约瑟夫·豪和多伦多的罗伯特·鲍德温等。由于政治家的宣传和努力,这一时期,在殖民地也出现了一场政治体制改革运动。

在新斯科舍和加拿大这两个最早的殖民地,由于英国传统的影响,1847年经历了两次大选,保守派落榜,革新派掌权,使旧的政治体制开始崩溃。改革派政府控制了行政委员会,指定行政官员,开始主持政府工作。1849年,新政府受到了考验,在那一年,加拿大省政府通过了《起义损失法案》。这一法案得到改革派多数和富裕的法裔加拿大人的支持。法案中规定:对于1837年起义中军事行动所造成的财产损失,要进行补偿。但是,法案对于没有卷入起义的普通公民和积极参与起义行动的人,没有做仔细的区分,因此受到保守派的激烈反对,他们认为政府不应该对这些受到损失的公民进行赔偿。有一群保守派的暴徒,主要是英裔加拿大人,在蒙特利尔(当时还是加拿大省的首都)闹事,他们攻击了签署这一法案的总督埃尔金勋爵的家,并借助当时的煤气照明设施烧毁了议会大厦,使这座大楼成为烧黑的断垣残壁。由于他们的捣乱,1850年,首都不得不迁往多伦多。

加拿大省是一个独特的殖民地,它包括上、下加拿大两部分,从加斯佩伸展到萨尼亚,南北长有1600多公里。它所以成为一体,依仗着圣劳伦斯河的交通,从圣劳伦斯河口,逆流而上,直至加、美边界的大湖区。在这片广阔的土地上,分布着魁北克城、蒙特利尔、渥太华和多伦多等主要城市,这里是加拿大现代文明的发源地。此外,人工修造的运河和新修的铁路系统,更使这一地区连成一片。但是,由于英裔和法裔两个民族的语言、宗教、法律和教育的差异,这两个民族,或者说两个地区,即下加拿大(未来的魁北克)和上加拿大(未来的安大略)又是极不协调的。

六、经济问题

在经济上,二者也存在一些差别。上加拿大由于以英裔为主,所以工商业比较发达;下加拿大以法裔为主,还残存着庄园制度。1841年,尽管下加拿大的人口比上加拿大要多大约50%,但是,在省议会中,代表的席位却是相同的,而且,议会中不少人希望通过法律把法裔加拿大人的独特性取消,使加拿大逐渐演变为统一的说英语的国家,这就使法裔加拿大人的心理受到极大的伤害。然而,差异是根深蒂固的,事实证明这种企图根本不可能。最后,改革派人士罗伯特·鲍德温提出了一项建议,其宗旨是:上、下加拿大的联合必须建立在英裔和法裔双方利益的基础上。最后,他的建议为法裔改革派领袖路易·拉方丹所采取。

1858年,在加拿大省,出现了联邦主义运动。这一运动的直接导火线,一方面是1857年纽约股市暴跌所产生的经济影响;另一方面是加拿大省内部问题所引起的。当时,卡迪埃—麦克唐纳政府为了摆脱一些无谓的麻烦,主要是英裔和法裔之间的争执,将省的首都迁往渥太华。

七、政治问题

19世纪60年代初,加拿大省内部政治分歧日益加深,政党之间的权力斗争达到水火不相容的地步。1862年5月,由于拨款加强加拿大民兵的问题,保守党政府倒台。继任的政府也不比前任好,政策的改变和行政的失误很快就使他们走了下坡路。1864年6月,由于财政部长高尔特借款10万元用于修建铁路大干线,但这笔借款没有得到议会授权,因而引起反对派的极大喧嚣,泰凯—麦克唐纳政府被迫辞职。这一时期,双方斗争激烈,政府更迭频繁。从1861年~1864年,加拿大省经历了两次大选,4届政府。1864年6月14日,当第四届政府倒台之后,以大资本为后台的魁北克政治家们不知所措,他们不知道用什么方法来扭转僵局。有人把希望寄托在另一次的大选或另一届的政府上。但是,没有人知道是否会有起色。

保守派和改革派之间的这种僵局被乔治·布朗所打破。1864年,他提出一个新的方案,这就是把原来加拿大省的联邦扩大为整个英属北美殖民地的联邦,这是一种政府之间的联盟,其目的是要建立一个从海洋到海洋的伟大国家。在这样一个宏伟蓝图和艰巨任务面前,加拿大省内部的矛盾化解了。这一方案很快为包括麦克唐纳和卡蒂埃在内的许多政治家所接受。乔治·布朗的方案提出以后,得到诸多方面的支持,在大联合的原则下,各方面很快行动起来。在加拿大省4个主要政治派别中,有3派是大联合的支持者,它们是:卡蒂埃,代表法裔加拿大保守派;麦克唐纳,代表英裔加拿大保守派;布朗,代表改革派。第4派是法裔加拿大的中左翼,他们与天主教会有矛盾。1864年6月下旬,产生了联合内阁,这届内阁比以往几届内阁都强有力、都团结,他们的联邦主义政策得到议会中130个议席中92个的支持。这届政府成为联邦主义运动的真正推动力。

1864年9月,在爱德华王子岛的首府夏洛特敦,沿大西洋的几个殖民地召开会议,讨论它们的联盟问题。加拿大省政府及时得到这一消息,并适时地提出是否可以把大西洋各殖民地的小联合方案扩大。于是,1864年9月1日,他们乘维多利亚女王号船来到夏洛特敦的港口,加拿大省的代表参加了这次会议。在会上,他们慷慨陈述建立强大国家的大联合主张。此时,适逢美国内战刚刚结束,强大的美国北方军队战胜了南方,咄咄逼人,对英属北美造成了很大威胁。加拿大省的代表利用了这一形势,抓住这一时机,力陈建立联邦国家刻不容缓。他们的提议立刻获得新斯科舍和新不伦瑞克代表的支持,甚至一部分爱德华王子岛的代表也表示支持。

一个月以后,即1864年10月,所有出席夏洛特敦会议的代表在魁北克再次聚会,讨论建立大联邦的详细计划。出席这次会议的有来自新斯科舍、新不伦瑞克、爱德华王子岛、纽芬兰和加拿大省的33名代表,他们汇聚雄伟的可俯瞰圣劳伦斯河的魁北克议会大厦。这些人就是人们所称的联邦之父,他们中有麦克唐纳、高尔特、蒂利、塔伯、卡蒂埃、布朗和麦吉等。在这次会议上,麦克唐纳起了重要作用,他是会议的组织者和主要决议的起草人。经过16天的会议,大会通过了72条决议案,即魁北克决议。这个决议就是1867年英属北美法案的草案。

八、加拿大国家成立

在联邦主义运动发展的过程中,英国政府也起过积极作用。看到殖民地各省有强烈的联合意愿,英国政府适时地抓住时机。殖民大臣爱德华·卡德韦尔迅速做出反应,他以惊人的速度把殖民地的意愿纳入英国政府的政策。1864年12月初,卡德韦尔宣布联邦主义也是英国政府的政策,而且采取了许多措施使之付诸实现。他向英国派往夏洛特敦、圣约翰斯、弗雷德利克敦和哈里法克斯的总督施加影响,希望他们支持联合。他派遣专员到各殖民地去做工作,还替换了顽固反对这一政策的新斯科舍总督。他给爱德华王子岛和纽芬兰的总督施加压力,强迫他们改变观念。在新不伦瑞克,他促成了一次政变,排除了反对派。

在英国政府的大力支持下,加拿大、新斯科舍和新不伦瑞克3个殖民地的代表在1866年12月汇聚伦敦,召开协商联合的第三次会议。会上,各省代表与英国殖民部的官员对魁北克法案作最后的修订,决定给沿海省更多的补助金;讨论了联邦如何得到西部的广袤土地等。在这次会议上,加拿大、新斯科舍和新不伦瑞克3个殖民地决定组成一个新的实体,称加拿大自治领。

1867年2月,英国上院和下院正式批准了英属北美法案。同年3月29日,维多利亚女王在法案上签了字。7月1日,英属北美法案正式生效。根据法案,魁北克(原加拿大省东部)、安大略(原加拿大省西部)、新斯科舍和新不伦瑞克共同组成统一的联邦国家,定名加拿大自治领,首都设在渥太华。自治领第一届总理是约翰·麦克唐纳。从此,加拿大国成立,7月1日成了加拿大的国庆节。

第十一章

加拿大曲折的建国之路

　　加拿大自治领的建立为加拿大的统一迈出了坚实的一步,但是,自治领能否巩固,麦克唐纳联邦政府能否完成统一,不容盲目乐观。自治领诞生初期的形势表明,有利条件和不利因素并存。以约翰·麦克唐纳为首的联邦政府吸收了自由党人参加,突出强调政治上的联合团结,树立联合政府的形象;同时,明确以维护自治领的团结和实现统一为己任,以爱国主义自居,因而深得人心,并牢牢控制了政权,从而为实现加拿大的统一提供了可靠的保证。

　　从1867年加拿大联邦成立到第二次世界大战这数十年时间正是加拿大建国的重要历史时期,也是她创建物质文明和精神文明的重要时期。

第一节　加拿大的联邦政治

　　1867年11月,在第一届加拿大议会的第一次会议上,总督莫克勋爵说:"我们按照帝国议会所授予的联合法案的立法条款正在召开会议,来制定一个新的国家的基础。"一个新的国家就要诞生了。当时参加会议的代表,尤其是作为当时领导人的约翰·A·麦克唐纳完全理解这一壮举的深刻意义。当时英属北美殖民地的安大略、魁北克、新不伦瑞克和新斯科舍等四省已联合到一起,从而开始了加拿大历史上的新篇章。尽管大家对未来这个新国家的面貌还不十分清晰,但是他们要创建一个新的国家,这一点是十分清楚的。

一、联邦政治的形成

　　在建国之时,那些"联邦之父"所要考虑的问题是,需要建立一个什么样的国家,其实质是究竟要学英国的模式还是学美国的模式。按照某些加拿大政治学家的意见,加拿大联邦的政治框架就是在英国议会制度的基础上融进联邦的原则。

　　由于当时各省都业已存在着殖民地的省政府、省议会以及责任政府的形式和机构,而且在这些联邦的缔造者看来,美国内战是由于美国州的权力过大的缘故。因而麦克唐纳等人都倾向于接受政府的联邦形式,即允许以前的殖民地省政府保留某种政治和经济的独立,但他们认为这个新国家应该是一个高度集中的联邦。在具体形式上要取英国的总理-内阁制,而不是美国的总统-国会制。

　　英属北美法案规定,联邦政府的权力,主要包括掌管军队、邮政服务、铸币、一银行、捕鱼权、刑法、贸易和商业规章,以及通过直接税或间接税方式筹款等。省政府的权力有省内的税收、借贷、内政制度、公有土地、教育等。此外还有一些联邦和各省共有的权力,如联邦参与各省的司法行政、移民和农业等。总之,军事、财贸、税收的大权都掌握在联邦政府的手中。

二、联邦政治的框架

加拿大自治领政府实行议会内阁制,加拿大联邦议会由女王、参议院和众议院3个部分组成。总督代行女王职权。参议员由总理提名、总督以女王的名义任命产生,参议员席位根据各省及地区的人口比例和历史状况,按同等数量代表权的原则分配。众议院席位按人口比例原则在各省分配,由普选产生。联邦行政大权实际上掌握在总理和内阁手中。内阁由议会大选中获多数席位的政党组成,该党领袖由总督任命担任内阁总理,总理在议会中挑选本党议员任内阁成员,分别担任各部门的主要负责人。因而,内阁兼有行政、立法和监督的功能,是连接国家立法机关和行政机关的枢纽。

加拿大的联邦政治框架体现了西方民主制度的分权和司法独立等原则,然而它在许多方面与美国的联邦政治框架是不同的。美国的总统、国会和法院之间是一种相互制约、相互平衡的关系,而在加拿大,由于总理和内阁在众议院中都有席位,因而行政和立法的权力出现了某种程度的融合。换句话说,英国的议会制度是通过将权力集中到行政的手中来促进政府行为的,而美国的制度则是通过制约政府的行为来防止政府的权力过分集中,总统、众议院、参议院和法院之间按照它们的权力能够相互否决。

总之,这一切都说明一个国家的政治框架结构并不是某一天从天上掉下来的,而是一个国家的社会政治演进的自然结果。加拿大的联邦政治框架可以说是"英国的议会制度与美国的联邦主义的融合"。

三、加拿大的建国过程

加拿大的建国过程是一个和平协商的过程,既没有火与血的洗礼,也没有硝烟弥漫的战场,一切都在谈判、协商、辩论和妥协中解决。然而这并不是说加拿大建国的过程没有矛盾、冲突和斗争。加拿大政府面对的矛盾可以说是很多,也很尖锐,少数矛盾还发展到暴力冲突的地步。

首先就是与其母国大英帝国的矛盾。大英帝国对北美的殖民地各省一直是采取分而治之的策略,早期提出的上下加拿大联合,其内在的一个动机也是部分地为了同化法裔的加拿大人。开始时,帝国对殖民地兴起的联合运动并不那样热心,后来主要是来自南方的威胁实在太严重了。美国内战期间英国由于偏袒美国南方,与美国北方的关系弄得十分紧张,战争有一触即发之势。尔后,内战结束后来自美国的威胁仍有增无减。1865年初美国根据缔约条款的规定提出要终止或废除互惠条约。如果条约一旦终止,对北美殖民地的经济将是一个沉重的打击。在这种严峻的形势下,英国政府不得不考虑加拿大的防务问题。组成联防,形成统一的防卫力量无疑是最佳选择。而且,加拿大自治领成立后,宪法修改的批准权仍掌握在英国的枢密院手中,加拿大自治领还没有完全的主权和完全的外交权。因此,在以后的发展中,加拿大还有一个收回宪法、争取完全主权的斗争过程。

其次,是加拿大与美国的矛盾。南边的美国无论在人口、经济实力和军事力量上都大大地超过加拿大。有人用老鼠与大象来作比喻。所以,加拿大一方面离不开美国的资本、技术和市场,一方面又要警惕来自南方的扩张和渗透,而且在历史上就有过许多贸易摩擦和争夺土地的冲突。因此,如何处理好这方面的矛盾就成为加拿大政府的经常和重要的课题。有关自由贸易和保护关税的争议常常因与美国的贸易摩擦而产生。这些矛盾直到今天仍然存在。

国内的英裔与法裔之间的矛盾、移民政策问题、省政府与联邦政府的分权问题、土著人的问题,等等,这些矛盾都是一直困扰着加拿大政府的问题,其中英裔与法裔的矛盾还夹杂着宗教问题、学校的改革问题、语言的使用和教育问题,此外还有劳资矛盾,等等。英裔和法裔的矛盾是加拿大在建国过程中特有的而且是贯穿始终的一个矛盾,有人认为这是加拿大政府命中注定要面对的矛盾。

对建立一个国家来说,建立一些实实在在的机构,还只是一个国家的躯干。一个国家还需要灵魂和精神支柱。这就是建立一定的政治文化和贯穿在其中的政治思想。加拿大的政治文化和政治思想渊源与英国这些历史较长的国家一样,可以追溯到西方久远的文化传统和近代西方文明的发展。

四、政治文化和政治思想的渊源

西方学者路易斯·哈茨认为,在北美殖民地时期移民所形成的某些定居点,就像从其母国欧洲社会中分离出来的一个特殊的片断,带有其母国欧洲社会的特殊的意识形态特征和思想倾向,而且这种意识形态特征和思想倾向会凝化和固定化,形成一种意识形态上的垄断,而失去意识形态上的对立面。哈茨正是从这种概念出发,认为加拿大是一个英裔和法裔的二元社会而不同于美国和澳大利亚。随着社会的发展,这种孤立的片断的文化不得不与其他文化保持接触而转向文化的多元主义。

麦克唐纳是加拿大的联邦之父,也是加拿大的第一位总理,是保守党的政治代表。人们认为他是一位托利主义者,也是一位实用主义者,善于团结和处理矛盾。当时国内面临的最大政治问题就是加拿大是否要保持与母国英国的联系,是按照英国的模式来建国还是按照美国的模式来建国。对于这两个问题麦克唐纳都从保守主义的立场给予了回答。麦克唐纳认为,大不列颠北美现在和未来的最大利益就在于在大不列颠王权的名义下组成一个联邦。在他看来,如果我们想成为一个伟大的人民,成为一个伟大的民族,赢得世界的尊敬,反对我们的对手和保卫自己,我们就必须这样做。他还善于在托利主义和自由主义之间保持某种平衡或者相对的和谐。这表现在他对加拿大的工商业利益的关注和保护上。他所制定和执行的建国的国家政策体现了这一点。

"国家政策"是麦克唐纳用来指称他的旨在保护加拿大的制造业以促进国内经济发展的保护关税政策。这个词也是保守党用来强调国家利益代表国家各集团的利益的一个竞选的口号。人们有时也用它来泛指联邦之父们建造一个加拿大新国家的政策和计划。它的主要点包括向西移民拓展、建设大陆铁路和实施保护关税政策等。从联邦成立到19世纪末这几十年间,尽管有新斯科舍的约瑟夫·豪所领导的反联邦运动,有红河地区路易·里埃尔领导的二次武装起义,以及70年代经济的不景气,等等困难,新生的加拿大联邦仍在困难中前进,不仅巩固了刚刚形成的联合,而且实现了"从海洋到海洋"的版图扩张;此外,还建成了太平洋铁路,实施了保护关税政策,促进了国内经济的发展。

对于新斯科舍的反联邦运动,麦克唐纳政府坚决予以反对,英国政府也拒绝了反联邦派的要求。麦克唐纳的态度十分坚定,认为取消联邦这件事即使是讨论一下也是不行的。1868年他亲自与豪谈判。在做出了让豪进入联邦内阁和联邦政府给予该省一笔较大的联邦补助金之后,危机随之得到了解决。这就巩固了联邦的统一。红河地区的第一次起义(1868)基本上是以和平的手段平息的。第二次起义(1885)是用武力镇压的。这可以说是加拿大历史上少有的流血事件。不管怎样,总算是维持了国家的统一和安定。

1869年联邦政府购得哈得逊湾公司的全部领地。1870年加拿大自治领正式占有了这些领地。联邦政府以红河地区为中心建立了自治领的第5个省——马尼托巴省。这样,在当时与之毗连的不列颠哥伦比亚加入加拿大联邦的问题也就被提上日程。后来在自治领答应在两年内开始修建通往该地的太平洋铁路后,双方达成协议。1871年,不列颠哥伦比亚成为加拿大自治领的第6个省。爱德华王子岛在联邦政府答应替该岛偿还债务,修建省际铁路并给予一定数额的联邦补助金后,也于1873年加入联邦,成为自治领的第7个省。这样加拿大的版图大大地得到了扩展,实现了从海洋到海洋的梦想。

五、交通运输问题

在这样宏大的版图上要建立一个统一的国家,形成统一的经济和统一的市场,交通运输问题无疑是十分重要的。向西扩展移民,没有铁路这种便宜和快捷的交通工具,移民就得不到足够的供给,不能定居下来,其农产品等也无法进入市场。因此,建设太平洋铁路,沟通大陆东西部,是维护国家统一的根本手段和工具。它不仅有利于国内统一市场的形成,更有利于大量向西移民,联邦名副其实。1880年太平洋铁路公司成立,当时约有2000名华人参加了铁路的修筑。麦克唐纳政府给予太平公司大量的优惠条件和财政支持。如加拿大太平洋铁路公司将得到2500万美元现金与1012万公顷土地的政府资助。政府将已经完成和正在铺设的铁轨(总长约710公里,价值约3778万美元)无偿交给公司。合同要求全线须于1891年5月1日前竣工。经过了多年的努力,1885年11月7日全线铺轨工作完成,次年5月蒙特利尔与温哥华之间的客车开始营运。太平洋铁路的铺设鼓励了移民在铁路沿线定居,草原地区大批荒地得到开垦,西部土地出现了短期的繁荣。

1873年的经济危机和与美国互惠贸易谈判的失败使政府不得不从"有限制的自由贸易"政策转向保护关税政策。实施保护关税改革是麦克唐纳的国家政策。因为当时美国的工业产品大量倾销到加拿大,加拿大薄弱的工业基础尚不足以与美国的机械产品竞争。为了保护加拿大的尚不够强大的制造业,保护关税势在必行,否则将有更多的加拿大人移民到美国。保护关税不仅可以增加国家的财政收入,以支援铁路交通的建设,而且可以促进民族的制造业,创造就业机会,增强加拿大经济的独立性。1878年麦克唐纳再度执政。1879年通过关税法。对工业品征收的关税提高到25%～35%。其中半成品与工业原料征收10%～20%的税,工业设备与机械征收25%左右的税,消费品征收30%的税。

总之,向西移民拓展、建设大陆铁路和实施保护关税政策极大地促进了统一的加拿大经济的形成和发展。

六、移民问题

20世纪初,加拿大经历了历史上第三次移民浪潮,也是最大的一次移民浪潮。20世纪头10年的移民浪潮使加拿大人口增长近200万人。加拿大人口从1901年的537万人增至1911年的720万人。这些新移民主要来自美国、英国和欧洲大陆。为什么当时有这么多的人移民加拿大呢？因为当时美国对西部的开拓已告一段落，自由土地的消失使人们不得不把目光重新转向加拿大。从美国中西部进入加拿大的移民中许多人原来就是加拿大移民的后裔，他们转到加拿大寻求机会是十分自然的。因为随着铁路的建设和农业技术的发展，加拿大的草原省和西北地区这个名副其实的"谷仓"显示出巨大的吸引力。加拿大还实行优惠的土地政策，除了对铁路公司大量赠地外，还实行自由宅地制度。土地被划分为每65公顷一块，移民只需缴纳一定的手续费，并于规定的年限内开垦出这片土地，土地即归宅地者所有。铁路公司得到的大量赠地也被分割成宅地租给移民。这无疑对移民有巨大的吸引力，尤其是那些无地的农民。

所以，如果说麦克唐纳的国家政策还需要一定时间来加以实现的话，那么劳里埃的移民政策和土地政策正是朝着这个方向继续前进的，而且取得了相当的成功。

加拿大西部随着移民的大量迁入，还兴起了一些颇具规模的城镇。如温尼伯、萨斯喀通、里贾纳、埃德蒙顿等，人口一般都达到数万或10万人以上。

随着西部的开发，交通运输更显重要，因为谷物要运出来，生活必需品和工业品要运进去。20世纪初在劳里埃政府的领导下又兴起了铁路建设的热潮。当时，铁路既是国家统一的工具，又是经济繁荣的前提和保证。

在关税方面，自由党原来是鼓吹要降低关税和实行互惠政策的，后来劳里埃从执政党的地位出发，不得不修正自由党在野时的许多政策主张，最终接受保护关税原则，因为这样有利于工商业的发展，能够得到国内工商界的支持，从而巩固自由党的政权地位。劳里埃也对关税进行了某种调整。除了某些优惠外，整个保护结构得以保留。保护主义仍是关税的基本原则。

总之，保护关税、铁路网的建设和移民的大量涌入相互作用，促进了加拿大经济的稳定发展。劳里埃对国家的发展，充满了自信，他说过："19世纪是美国的世纪，20世纪将是加拿大的世纪。"

七、经济的发展

在20世纪最初的几十年中，随着经济的稳定发展，加拿大的社会面貌发生了很大变化。劳里埃相信发展是最好的政治，"20世纪将是加拿大和加拿大人发展的世纪"。

过去，在加拿大的公路和道路上跑的都是马车。不少加拿大的历史书籍都会提到加拿大一家名为麦克朗林的马车工厂。在汽车这种四轮怪兽出现之后，它还接受挑战大做广告。然而在汽车的猛烈冲击下，这家马车厂最终于1918年卖给了通用汽车公司，变成了一个也是制造汽车的工厂。因为新技术和生产组装线的引入极大地提高了汽车的生产能力。

这些汽车不仅有私人汽车，而且还有出租车、公共汽车、货车。这就使得人员的流动更加快捷和灵活。汽车也就取代火车成为城市间和城市到郊区之间的便捷的交通工具。汽车不能行驶在过去那种泥泞的道路上，因而汽车的另一个重要的影响就是促进全国公路网络的建设和市政道路的建设。汽车的出现也使冬天运用机械化的手段如汽车或拖拉机来进行扫雪。随之，城市也就出现了加油站。1908年，皇家石油公司开始在温哥华设立加油站。汽车制造和道路建设形成了巨大的产业。麦克朗林·别克汽车1911年在里贾纳出厂。当时的汽车非常昂贵，价值700加元。

城市的发展除了带来像贫困这样的社会问题外，同时也为发展一种丰富和多样的文化生活提供了可能和条件。加拿大在此期间城市文化的发展不仅意味着出现一些一流的艺术家,更主要的是创造了一些有深远影响的文化机构。城市人口的集中使机构的组织化有了可能,同时财力的集中也使这些机构有了相应的建筑来进行活动。例如多伦多的艺术博物馆出现于1900年,皇家安大略博物馆出现于1912年。加拿大的艺术俱乐部在多伦多于1907年组织起来。早于1891年,温哥华就有了能容纳1200人的歌剧院。多伦多的皇家亚历山大剧院于1906~1907年建成,拥有1525个座位。更为豪华舒适的是拥有2000个座位的温尼伯的步行者剧院(1907)。

八、其他方面的发展

在教育事业方面,人们提出了没有上帝的教育制度的口号,实现了教会与学校的分离。学校在规模和设施上都不再是过去农村的那种只有一间教室的学校。中等教育和高等教育都得到了发展。教育事业的发展,不仅提高了人的素质,而且也改变了人们的精神面貌。加拿大在进行着一场实质性的教育改革。

这段时期文化教育建设得到了突飞猛进的发展。在19世纪末,学校的教育体制和课程内容均大大落后于社会经济的发展需要,许多教育家和社会改革家强烈地要求加强学校对学生上课的管理以及对课程内容进行实质性的修改,以适应一个发达的社会和多样化经济的需要。到劳里埃时代结束时,如家政课、技术课、农业生产课已被纳入公共学校和中学的课程之中。在大学中还增设了许多新的专业,如纯科学、工程学、社会科学、林业、农业等专业。但当时的大学还只是一些精英们才能上,1904年注册的大学生仅7437人,女大学生就更少了。

文学艺术在这个时期也有较快的发展,民族文化逐步形成。如1894年,女作家玛格丽特·M·桑德斯所著《美丽的乔》在国际上颇有影响。画家詹姆斯·W.莫里斯为民族绘画作出了贡献。风景画家霍默·沃森在表现加拿大的美丽风光方面,风格自成一派。到20世纪20年代后期,加拿大已有100万辆以上的汽车和卡车,有50万门电话。电影和无线电收音机都相继出现,到1929年,全国约有85个无线电广播电台。1932年,政府还颁布了旨在国有化的广播法案,导致后来加拿大广播公司的成立。这些都极大地改变了人们的生活方式和消费方式。在农村也有了拖拉机和汽车,出现了一些专业化的农场,专门从事乳酪、乳油和肉类的生产。农村也不再封闭和与外界隔绝。完善的邮政投递系统随着交通工具的改进而发展起来,报纸和出版物能及时地投送到农村。农民能够读书和在俱乐部或教堂中讨论共同有兴趣的问题。甚至牧师都参加进来对争论的问题发表意见。总之,无论是在城市还是在农村,人们的社会生活都随着现代化的进程在改变。

第二节 加拿大的工农业

加拿大开始时是个农业国家,后来随着工业的发展,逐渐工业逐渐发展壮大起来。小麦一直是加拿大一项重要的出口商品,无论是向西开拓的日子还是现代化的今天,都是如此。20世纪最初的几十年期间,小麦的重要性尤为突出,小麦的生产和出口可以说与整个加拿大的经济发展是分不开的。从某种意义上说,小麦的生产和销售不仅使建设横贯大陆的铁路成为可能,而且也为大规模地向西移民开拓奠定了坚实的基础。移民能否在西部各省定居下来,在很大程度上取决于小麦生产和销售的好坏。

可是，小麦的生产和销售是受到许多因素的制约的。如气候的变化和自然灾害的出现以及小麦在世界市场上价格的波动，甚至小麦运输成本的高低，都对小麦的生产和销售产生直接的影响。

一、农业大国

在20世纪初的数十年间，在政府和众多小麦生产者的共同努力下，人们开始熟悉西部各省复杂的地理环境和气候条件，并引进美国开发西部的一些经验和技术，开始能够比较有效地来对付各种不确定的因素，提高小麦的产量和质量，使小麦在世界市场上更具有竞争力。

以盛产小麦著称、有加拿大"面包篮子"名声的萨斯喀彻温省为例，小麦经济的特点在该省表现得更为明显。该省属大陆性草原气候，冬季长而寒冷，夏季短而凉爽；一般来说南部比较温和，夏季炎热，无霜期为90天到120天，这就为农业发展提供了良好的自然条件。由于生长季节短，人们不得不寻找小麦的早熟品种，而且在这方面取得了进展。人们还寻找抗锈的麦种以减少麦秆锈病造成的损失，在这方面也取得成效。这就使得小麦经济一直到20世纪70年代末在全省经济中占统治地位。80年代后经济结构才发生变化，全省非农产品的价值开始超过农产品，其中矿产品占有很大比重。

西部大草原肥沃的土地将人力和资本吸引过来，使这个地区的人口从1901年占总人口的10%上升到20年代末约占25%。不仅如此，草原各省就业人口中60%以上的劳动力从事以小麦为主的农业生产。小麦种植面积从1901年的174万公顷增至1931年的1053多万公顷。1901年小麦的出口收益不足700万美元，而到了1921年就达到3.11亿美元，甚至在灾荒的1931年也超过1.18亿美元。小麦出口在出口贸易中所占的份额从1901年的不足4%到1911年增至16%，到1921年就超过25%，成为全国产值最大的出口产品。当然，人们在西部的开拓中也付出了不少学费，如因对新土地的自然气候条件不熟悉而错误地决定耕种的品种，以致影响到产量和质量，等等。总之，小麦经济的发展也不是一帆风顺的，尤其是一些灾害性气候的影响，更非人力所能随意改变的。

1914年，大草原省粮食收成不佳，经济萧条。第一次世界大战爆发后，对粮食的需求突然增加，小麦的价格急剧上升。1915年价格的上升和农业的丰收结束了萧条的威胁。大草原各省普遍出现了繁荣局面。1917～1919年小麦和面粉出口的平均值比1913年高出了2倍。

20世纪20年代，萧条又一次威胁加拿大经济。一战时为了满足战争对粮食的需要，大草原农民不得不用较高的价格来购买急速扩大再生产所需要的土地和设备，因此，农民负债经营，小麦经济成了高成本经济，只有持续的高水平收入才能偿还债务。幸运的是随着世界经济的好转，尤其是小麦运费和关税的下降，小麦生产又一次出现了高涨的形势。加拿大的小麦出口约占世界的50%。大草原人口在1926～1931年间增长了约30万人。小麦等继续统治着萨斯喀彻温和阿尔伯塔省的经济。在加拿大经济中小麦仍占有重要的地位。

小麦经济是从兴盛而逐步走向衰落的。由于小麦经济受到自然气候条件和国际市场价格波动的双重不确定因素的影响，因而它的发展，总是在高涨、萧条之中反复。20世纪30年代，加拿大的经济结构发生了较大的变化，工业化的进程加速了小麦在经济中所占地位的相对衰落。美国的农业保护主义几乎使得加拿大的小麦在美国没有市场。美国的投资重点也集中转移到加拿大的制造业、采矿业和其他工业方面。马尼托巴省和阿尔伯塔省均先后将重点从小麦转移到别的方面。就农业的内部结构而言,由于政府用补贴鼓励提高乳制品和畜牧产品的产量,对那些不生产小麦而转为生产杂粮的农民给予补偿。小麦在经济中的地位逐渐减小。1939 年大草原各省 2/3 的现金收益来自小麦,到 1942 年下降到不足 1/3。1942～1943 年阿尔伯塔省肉猪产出的现金收益出现了超出小麦收益的情况。可以这样说,小麦经济的时代结束了,加拿大经济对小麦的依赖性也从此相对减小了,但小麦仍是加拿大出口商品中的一项重要产品。

小麦生产无论从气候的自然条件,还是市场的供求关系都存在着许多不确定的因素,因而小麦生产在不少方面都需要政府的扶植和支持,加拿大在这方面有许多值得借鉴的经验。如政府直接给予救济和补贴,在信贷方面给予倾斜,在关税方面给予照顾,在运费方面予以优惠,从而增强小麦在国际市场上的竞争力。从小麦生产者本身的角度而言,重要的是形成一定的利益集团,以有利于跟政府的交流和沟通,以保障小麦生产者的利益。如萨斯喀彻温省在 20 世纪初期就成立过合作粮食仓库公司和粮食生产者联合公司。这些合作性质的公司都经营得很成功,其经营量一度达到草原各省小麦销售量的 1/3。1919 年,加拿大还成立了小麦委员会。它被任命为小麦在国内外市场的代理机构。尤其是在 30 年代萧条期间,该委员会在适应市场、调整出口和在处理小麦剩余库存方面都起到过重要的作用。但人们对政府集中管理小麦的销售安排的利弊还有不同的看法。

二、一战的推动作用

第一次世界大战对加拿大经济的拉动是全面的。加拿大不仅通过对战争作出的巨大贡献而争得较全面的国际地位,而且通过经济的发展开始步入工业化国家的行列。

长期以来,加拿大的经济基本上是小麦经济,出口的产品多为农产品和初级产品,一些工业产品主要从英美等国进口,因此,发展本国的工业和制造业就成为奠定加拿大国家经济基础的重要步骤。第一次世界大战为加拿大带来了这样的机遇。

我们知道,战争首先需要的是粮食和其他的乳制品和畜产品,加拿大在这方面生产条件优越,库存充足。战争的需求取代了和平时期世界市场的需求,这样,草原各省又重新恢复了过去的拓展扩张。从 1915 年起小麦和农产品价格的上涨,刺激了大片大片农田的出现。该年农业还获得大丰收,从而结束了过去萧条的局面。加拿大的小麦、面粉、家畜及肉类等出口均创造了历史上的最高纪录。草原各省的人口也不断增加,从 1911 年到 1921 年的 10 年间,人口就增加了近 60 万人。

战争还需要各种各样的军需品和设备,这对加拿大的工业和制造业是一种巨大的刺激。战争不仅使得萧条时曾一度闲置的设备又重新运转起来,失业工人也找到了工作,而且制造业在这一时期内有明显的增长。除了英国定购诸多的军需品和战争设备成为巨大刺激外,高涨的国内市场、远洋运费率的保护、欧洲进口产品的减少以及有利于制造业的关税政策都是这一时期制造业迅速发展的有利条件。这就大大加速了加拿大从单一的小麦经济向多样的工业化经济的转变。

第一次世界大战期间最主要的重武器是大炮,因而战争需要大量的炮弹和炸药。当时英国要求加拿大生产大批的炮弹以供应战争的需要。于是成立了一个炮弹委员会来保障和协调炮弹的生产,一些有关的制造业如钢铁公司、铁路修理车间以及其他的一些金属冶炼企业都被包括进来。不仅如此,加拿大还学会了生产炸药。这样就带动了一大批的企业。

1914 年战争开始时,加拿大才能生产 3000 发炮弹,而到 1916 年几乎能生产 2000 万发炮弹。其他的一些军需产品也有类似的迅猛增长的情况。加拿大的军事工业的迅速膨胀,需要大量的劳动力,因而大大缓解了原来的失业问题,再加上有的青年参军,到1915年失业现象似乎成为过去。1916年有185000人受雇于军需工业的生产部门。炮弹委员会后来由于被控告有投机行为而改为由大英军需部领导下的帝国军需部来执行。

1915年,加拿大还设有战时购买委员会和军需资源委员会来领导有关的生产销售活动。1918年进出口的批准权由战时贸易部来掌握。战时贸易部是内阁下面的一个部门,旨在加强商界与政府的合作,加拿大与美国的合作,减少一些内耗性的竞争。该部有权调控生铁的生产和燃料、电力及原材料的分配。这样,在战争军需生产的拉动下,加拿大钢铁制品在1917年~1919年期间产值比以前增加了2倍多。有色金属的产值同期也增加了1倍多。到战争结束时,镍钢、铅和锌的出口达2000余万美元,比1911年增加了1倍。安大略省和魁北克省在此期间工业迅速发展,农村人口向城市集中。大西洋各省的采矿业和造船业在战争的影响下也有很大的发展。

但是,第一次世界大战对加拿大的经济也带来了一些负面的影响。因为战争的开支是很大的,尤其是对一个只有800万人口的国家来说。因而,政府只有提高关税和其他的税收来应付战争的开销。首先是提高烟、酒和糖、咖啡的关税。1915年又对许多资源如铁路、船票和债务收入等征收特别税。到了1917年,政府甚至侵犯了原来属于省的直接税,为省和联邦政府的关系带来了不良的影响。从1914年到1920年,加拿大的税收增加了11.21亿美元。联邦政府的战争支出高达16.7亿美元,增加税收的部分仅占其1/4。政府在国内债务高达20亿美元。1913年,即战争之前,联邦的债务只有5.2亿美元,到1921年联邦的债务就高达35.2亿美元。同时,到1921年美国流入加拿大制造业和矿产业的资金也高达23亿美元。

总之,第一次世界大战对加拿大经济的拉动是主要的。加拿大由此而步入工业国家的行列。

三、步入工业社会

20世纪初的数十年间是加拿大迈步走向工业化的时期。在19世纪,加拿大一般只有一些作坊,而且人数都较少,只有五六个人。到了20世纪,随着科学技术的发展,以煤作为基本能源、以蒸汽机为基本动力的工业,已逐步让位给由电力、石油和内燃机带动的新的工业。汽车、电话等也逐步进入人们的生活。这些都促进着加拿大社会文明的全面进步。

标志着加拿大工业化进程的是新城市的出现和人口向城市集中。据统计,安大略省和魁北克的城市人口于1921年开始超过全省的农业人口。1919年,加拿大各大行业的产值,制造业占44%,农业占32%,工业产值开始超过农业的产值。此时,城市的街道上奔驰着汽车和卡车。1920年到1930年间,加拿大已购买了超过100万辆的汽车和卡车。加拿大人拥有50万部电话。有7亿美元用于建造发电厂。人们还有了收音机和电影院。安大略省还专门成立了一个水力发电委员会,开始执行一项"农村电气化计划"。总之,社会面貌和人们的生活发生了很大的变化。历史学家认为:"加拿大的繁荣主要是从美国流入财富的结果。"

加拿大的经济发展从一开始就存在着一个严重缺点,即依赖国外的资金和技术。加拿大在相当长的时期中,认为本国资本积累不足,国内金融市场无法提供大量的发展所需的资金,需要国外资金的进入。为了吸引外资,加拿大实行了外国资本可以自由进入的政策,而且在税收方面给予优惠。第一次世界大战之后,美英两国经济实力的对比有了明显的变化。美国由债务国转变为债权国,英国则丧失其世界金融中心的地位。加拿大对外贸的依赖也就由依赖英国而转向依赖美国。

这在对外贸易上也有所反映。而且这种转移随着美国实力的增强而不断发展。美国资本在加拿大的投资份额从1867年的7%增加到1930年的61%和1945年的70%,而英国资本所占的份额从1867年的93%下降为1930年的36%和1945年的25%。1926年外国资本对加拿大经济的控制程度是制造业35%,采矿与冶炼38%,铁路3%,其他公用事业20%。所谓"控制"是按50%以上的股本被谁持有来划分的。

加拿大的工业化进展正好赶上20世纪科学技术的发展。以发电、输电和用电为中心的技术革命正在发展,新的能源如石油和天然气开始受到重视,新的交通工具如汽车、卡车、飞机有了突飞猛进的发展,新的材料和加工方法也陆续进入到实际运用的行列,如铝、铝合金、合金钢得到了广泛的应用。这些都构成了加拿大工业化的重要内容,从而为以后整个加拿大的经济发展奠定了基础,再加上第一次世界大战这个催化剂,使加拿大的工业化得以实现而跻身于工业化国家的行列之中。

第一次世界大战直接导致加拿大铜、锌、镍等矿冶业的巨大发展,全国金属产值从1914年的不足1.29亿美元猛增到1918年的12.13亿美元。钢铁生产能力也从1914年的100万吨提高到1919年的2250万吨。加拿大在一战期间还生产了3000架军用教练飞机,制铝和制铝所需的发电事业也有相应的发展。

加拿大的煤储量1913年被估计为12100万吨,但其中90%分布在西部,而制造业发达的安大略和魁北克省几乎没有什么煤资源。加拿大的工业发展不得不依靠进口煤。这也是制约加拿大重工业发展的一个因素。但这两省都有大量的落差水位,廉价的水电资源使这两省得以发展纸浆、造纸以及非铁金属的冶炼业和加工业,主要的发电地区为圣劳伦斯河流域的尼亚加拉大瀑布。

纸浆和造纸业是加拿大最重要的工业,其产值、投资额、工资支出额和出口创汇量都是最高的。1920年加拿大的纸浆产量为196万吨。加拿大造纸业的发展主要依赖美国的广大市场和现代技术,到1950年加拿大供应的新闻纸超过520万吨,占世界总供应量一半以上。

总之,20世纪最初几十年间加拿大大踏步地迈向工业化。

第三节 一战时的社会发展状况

一个国家的物质文明建设与一个国家的精神文明建设是分不开的。加拿大的工业化和现代化与其他资本主义国家一样离不开劳资矛盾的处理。本节将着重从20世纪初加拿大的劳工运动及其相关的政治思潮出发,来探讨其对加拿大社会的发展和进步的影响。

在加拿大政治思潮当中,占主流地位的是自由主义,其右翼是保守主义,左翼则是与劳工运动有密切联系的社会主义。

一、加拿大的社会主义

加拿大的社会主义并不是传统的马克思主义的社会主义,而是一种英国式的费边社会主义和基督教社会主义。即使是这样的社会主义,在加拿大的政治生活中也不起重要作用,只是在一定的范围内流行。加拿大共产党由于人数极少,因而在加拿大的政治生活中不起什么作用。

19世纪末和20世纪初,当大批的手工艺者开始涌入加拿大时,他们不仅带来一定的工业技

第十一章　加拿大曲折的建国之路

艺,而且也带入了工联主义的意识和社会主义的思想。加拿大的社会主义思想同时还来自美国和以后从东欧、中欧来的移民。应该说社会主义在加拿大是有一定的社会基础的。

我们所介绍的是在加拿大土生土长的社会主义。这种社会主义对特权、对资本主义制度下分配的不公正持批评态度,但是,他们奉行的是一种通过议会道路、通过谈判对现行制度进行改良的阶级合作主义的政治哲学。因而,加拿大的社会主义或工联主义或社会民主主义很容易和福利自由主义或托利主义在许多具体问题上形成妥协甚至是合作。其中某些激进人士有时也主张要彻底改变现行制度,但那只是说说而已。总的说来,他们对资本主义制度变得愈来愈宽容和温和,具有更多的合作主义的色彩。有的加拿大学者认为,加拿大的劳工运动走的是一条反抗、妥协、适应的道路。

早期在加拿大传播社会主义思想、具有影响力的人物是伍兹沃思。20世纪20年代他是加拿大众议院的议员,30年代是平民合作联盟的领导人之一。伍兹沃思受到托利主义的集体主义很大的影响,同时也受到自由主义的某些影响。但他并不像托利主义那样热衷于特权,也不像自由主义那样强调自由。他核心的价值追求是"平等"、"更大的平等"。他把批判的矛头指向当时现行的制度,认为现行的社会制度是不公正的,特权阶级掠夺着群众,国家不是造福人民,而是为了满足少数领导人的野心而存在。他主张对现行制度进行彻底的改造。当时,人们把他看做革命者,有的污蔑他为"肮脏的布尔什维克","莫斯科雇佣的红色煽动者"。其实他并不是一位马克思主义者。他并不把阶级斗争看做是社会变革的动力。他拒绝马克思主义关于社会革命的观念。他主张社会的和平进化,不主张轻易地抛弃现存的一切,而是主张改造现存的事物使之符合工人的利益。他说过:"我们的理想不应是去创造一个新的组织,而是要将我们现存的一切进行社会化。"加拿大的社会主义实际上是建立在阶级合作之上的改良主义。

加拿大学者将伍兹沃思描绘成一位乌托邦的基督教社会主义者,同时也是一位和平主义者和社会进化论者。他对历史的盲目乐观使他认为第一次世界大战之后,一种新的社会秩序会建立起来,私有的资本主义制度会通过理性和合作的民主过程为工业社会的集体所有制所取代。他幻想通过人们之间建立起相对的经济平等来取代目前尖锐的不平等,从而取消一个阶级对另一个阶级的统治。

伍兹沃思说过:"无疑地我们将从其他国家和其他历史经验中获得教益,但是我个人相信,生长在加拿大的我们,应该以我们自己的方式来拯救自己。社会主义有如此多的变种以致我们都不知使用哪一个名称。乌托邦的社会主义、基督教的社会主义、马克思主义的社会主义、费边的社会主义,还有拉丁型的、德国型的、俄罗斯型的,为什么不来一个加拿大型的社会主义呢?"

在加拿大鼓吹阶级合作的人很多。如格兰特认为,今天的民主政体中富人和穷人为一些小小的利益而争吵,但合作将对大家都有好处。阶级冲突被克服了,这不仅是由于现代科学和经济的巨大生产力,而且是由于令人难以置信的政府所强化了的规则和规定所形成的复杂的网络的缘故。又如农民代表加兰1934年在有关市场法的众议院的辩论中说得就更明确。他主张通过合作的发展和基本工业的集体化来达到建立新的社会秩序的目标。他强调说:"我们整个的哲学是建立在合作发展的基础上的。"(1934年众议院辩论记录)可见,资本主义的精神文明总是为资本主义的稳定和发展服务的。

20世纪初期,加拿大经济虽然仍在发展,但由于大萧条和整个国际环境的影响,加拿大的劳工运动却日益高涨。这是加拿大历史上劳工运动比较活跃的时期。

二、劳工运动

加拿大早期的一些工会组织都是一些行会性质的组织。很可能早在1827年,魁北克就有工人协会存在。1844年在多伦多也有一个印刷工人工会成立。在19世纪50年代末的通货膨胀时期,砌砖工人、木工工人曾举行过罢工,印刷工人要求增加工资的要求也曾获得成功。随着加拿大和美国贸易的增加,两国的经济联系愈加密切,那时政府鼓励工人跨越国界进行流动,不少加拿大工人就是来自美国的移民。这样英国对加拿大劳工运动的影响就受到挑战,美国的劳工组织努力将其管辖范围延伸到加拿大,而且美国的劳工组织要么在加拿大城市建立分会,要么努力劝说加拿大工会隶属于他们。如1866年,多伦多印刷工会就同意隶属于美国的印刷工会联合会,所以,美国的工联主义对加拿大的劳工运动有深刻的影响。

1872年加拿大议会通过一条法令,规定不能仅因工会"阻碍商务"而认为它不合法。加拿大议会还试图规定在罢工等情况下工会可以做什么、不可以做什么。1873年,加拿大工会成立,这是加拿大工人将全国的工会统一成一个组织的首次尝试。政府希望通过谈判将劳工运动纳入合法的轨道,工会方面则希望通过联合行动,帮助罢工中的工会,或被雇主关闭工厂的工会加强其在谈判中的力量。随着工会会员的增加,1881年劳动骑士团在汉密尔顿召开第一次全国大会。但该组织后来并不具有建设性的影响力。1902年,加拿大全国行业和工人代表大会成立,后来成为加拿大工人联合会。之后,西部工会又成立一个名为大工会的组织。20世纪30年代又有一个名为工人联合同盟的劳工组织产生。总之,加拿大的劳工组织名目繁多,它们多与国际组织有联系,有的甚至就隶属于美国的某一劳工组织,缺乏统一的组织。

第一次世界大战虽然改善和拉动了加拿大的经济,但战争的庞大费用最终是要人民来负担的。从1915年到1918年,加拿大的家庭的平均费用上涨了50%,而平均的工资只提高了44%,这样就形成了实际工资每年有2%的下降。然而,这是就全国平均而言,西部一般物价更高。在一些非军事的工业部门如建筑、城市运输,工人的工资提高得更慢一些。因此,工人颇多怨言。统计显示,工人家庭每周的生活费用从1914年约14.5元上升到1918年的21.3元。这样,工人为了改善生活提高工资只有走罢工这条道路。

必须指出,在加拿大并不是所有的工人都参加工会。如1911年非农业的工资工人约为156万,其中只有13万3千人(约占8.5%)拥有工会会员的会员卡。当时加拿大的许多工会都参加加拿大贸易和劳工大会这一组织,而这一组织又是美国劳工联合会的成员。这些工会的指导思想是一种工联主义的思想,即工人要使用罢工和怠工这种经济力量来从资本家那里争得更高的工资、更少的工时、更好的养老金和工作条件。这些工会的成员也依据社会经济和失业的形势而有时增加有时减少。

1918年春天,加拿大第三大城市温尼伯发生工人游行。他们到市政府要求提高工资。谈判没有成功,5月7日工会开始号召它的成员进行罢工。温尼伯的贸易和劳工委员会采取了一条强硬的路线号召其工会成员支持罢工。罢工逐渐波及整个城市,形成了总罢工。要求增加工资的浪潮还曾波及到一些军工部门。1918年政府出台战时劳动政策,但收效甚微。1918年冬天,战争结束,失业大量增加,人们对经济前景没有信心,尤其是那些退伍军人对战后的动荡不安更感到失望。

1919年3月西部劳工会议开会,这是加拿大历史上最激进的一次劳工会议。受世界革命浪潮的影响,有人甚至主张取消资本主义制度。许多工会组织如贸易和劳工大会、美国劳工联合会,还有新成立的大工会都主张进行大罢工。这些都遭到加拿大政治家、新闻界、教会领袖的猛烈攻击。一场劳工运动与统治阶级的较量正在酝酿中。

1919年5月15日,温尼伯的工会开始号召罢工,并组成罢工委员会。罢工一开始,联邦政府就加以反对。反对罢工的商界和工业界领袖也组织起来,成立公民委员会。双方对峙的局面意味着一场冲突将不可避免。

当然,总罢工不能影响一个城市的基本生活供应。罢工开始后不久,罢工委员会与公民委员会和地方政府就商定,一些城市的最必要的生活服务如牛奶和面包的发送仍照常。这说明罢工还是很有秩序地进行的。1919年6月21日——流血的星期六——终于发生了,它使温尼伯城市瘫痪近6个星期。愤怒的罢工群众将街车的电源切断,企图将汽车翻了个,后来点燃了汽车。这时一队骑警约50人冲了过来,手中拿着警棍,腰中插有左轮手枪,企图驱散群众。群众用石块、砖头和瓶子与骑警周旋。有一名骑警从马上摔下来后遭群众围打。这时其他的警察就抽出左轮枪,按他们指挥员的命令向群众开枪。一人当场死去,一人严重受伤,还有其他一些人受轻伤。不久带着步枪、上了刺刀和机关枪的部队也赶到。一场冲突就这样在镇压中结束了。尽管加拿大人认为他们自己是热爱和平的人民,他们之间的矛盾都能够以协商、妥协的合法途径来解决,然而在20世纪初确实产生过严重的劳资冲突。加拿大的劳动人民面对着通货膨胀、失业、政府的镇压等种种压力,不得不起来为改善自己的生活而斗争。

此后,劳工运动走向低潮,走向谈判、妥协、合作的道路。

三、加拿大的自由主义

平民合作联盟是加拿大历史上第一个统一的面向全国的社会主义政党(简称CCF),成立于1932年。1958年平民合作联盟联合加拿大劳工大会发起新党运动。1961年新民主党正式宣告成立,成为目前加拿大的左翼政党。前面所介绍的伍兹沃思就是创立平民合作联盟的主要领导人。平民合作联盟是在大萧条的经济背景下出世的。当时面对经济危机,自由党和保守党均无良策,对现实的不满构成了一股强大的凝聚力,而伍兹沃思为代表的民主社会主义又显示了巨大的吸引力,于是在民主社会主义的旗帜下,工人农民和一部分中产阶级知识分子就组成这样一个社会基础并不一致的政党。

1932年8月,平民合作联盟在卡尔加里召开成立大会。1933年在里贾纳召开首次代表大会,并发表《里贾纳宣言》,即党的基本纲领。纲领对现存资本主义制度进行了激烈的批评,规定党的最高纲领是消灭资本主义制度,建立社会主义制度即平民合作社会,但又反对阶级斗争和暴力革命,主张通过议会道路,和平进入社会主义社会。后来到了1956年,又有一个《温尼伯声明》。从开始还有比较明确的社会改革目标逐步降低,最后变成一种随波逐流的思想,即使在社会改良方面也完全与福利自由主义取得一致。这样,平民合作联盟就从起初一个具有社会主义色彩的政党,最后变成与自由党、保守党等一样的选举政党,没有什么固定的思想原则,一切以能否多得选票为目的。

加拿大的社会主义不仅具有阶级合作主义的倾向,而且具有改良主义的倾向。更有甚者,其改良的具体主张还逐步与福利自由主义取得一致。这种倾向在二战之后加拿大逐步完善其福利制度的过程中,表现得尤为明显。平民合作联盟的领导人路易斯就是这样的人物。他认为:"如果农民、工人和中产阶级都能认识到他们的共同利益并团结成一个有效的政党,从他们自身的经验和需要出发制订纲领和原则,那么在这块土地上没有力量能阻止他们以建设一个以所有人的福利为基础的自由社会。"他还鼓吹要建立一个以增进自由为目标的具有动力和进步的社会。这说明加拿大的社会主义在自动地向自由主义靠拢。

在以后的新民主党的纲领中,首先提出的问题是"每人都有工作","每人都有得到医疗的权利"。这就是新民主党的平等观和集体主义。所谓平等就是医疗服务要不依个人的收入多少而转移,要为每个需要的公民平等提供。所谓集体主义就是这种医疗服务要覆盖整个社会。这样就与福利自由主义并无二致了。

可见,在加拿大社会中,自由主义和保守主义的意识形态是十分强大的,其他的意识形态是很容易被吸引和同化的。

从1929年到1945年的10多年间,加拿大经历了世界经济危机和第二次世界大战的考验。

四、加拿大的民族主义

二战期间加拿大人民的民族主义情绪再次高涨。这种民族主义意识表现在两个方面,一方面是加拿大人民对其族特性的意识,这种意识通过战争和加拿大国际地位的提高而得到加强。另一方面就是加拿大人民意识到有必要在外来文化尤其是美国文化的冲击下保持加拿大固有的文化特性。有的加拿大的艺术家和作家对加拿大在文学艺术中得不到充分的反映而感到愧疚,号召大家拿起笔来,写加拿大、画加拿大和唱加拿大。1921年,加拿大作家协会成立,旨在促进加拿大的写作。1937年还设立了极有威望的总督奖金。有名的七人画派也有意识地要创作一些反映加拿大风光和历史的画卷。从1920年到1940年加拿大有750部小说出版,有的小说还获得了国际声誉。这些小说都贯穿着现实主义的精神,因为作家们感到现实主义是反映加拿大环境和特有的加拿大民族主义内容的有效方式。

电影事业的发展是这个时期特有的内容。20世纪20年代,在加拿大电影还是无声的。到了1928年有声电影传入加拿大,电影开始成为最受大众欢迎的娱乐形式。各城市的电影院都迅速地增加。如魁北克1933年时只有133家电影院,到了1945年就增加到228家。这个时候电影片几乎都是美国的影片。电影院老板只问赚钱而不问影片是从何而来的。加拿大人也爱看美国影片。一些有识之士感叹道,加拿大没办法不成为美国文化帝国主义的受害者。其实,有的历史学家指出,好莱坞在成立之初和发展之时有不少加拿大演员的贡献。后来加拿大也开始发展自己的电影事业。魁北克省也开始从法国进影片,以增强法裔的民族主义和爱国主义情绪。

另一个比较突出的例子是冰球。冰球运动在加拿大是十分受人欢迎的。1909年加拿大就成立了加拿大冰球协会,1917年又在此基础上组成了国家冰球联盟。有趣的是大多数美国的冰球俱乐部都是由加拿大人所拥有或管理的,而且大多数运动员几乎全是加拿大人。这种文化上的互相渗透很值得人们去研究。

战争所加强的对民族特性的意识,以及人们在学校中所受到的教育,还有人们为了购车购房所进行的储蓄,这些有利的因素都在战后迸发出来,构成了加拿大战后的腾飞。

第十二章
二战后加拿大的飞速发展

第二次世界大战爆发时,加拿大经济还没有从大萧条的泥潭中挣脱出来。欧战之初,加拿大似乎勿需向自己的军队提供现代化的武器装备,而英国的订单还迟迟没有到来。英国政府的兴趣主要放在购买加拿大的粮食和原材料,而不愿鼓励加拿大战争工业的发展。因此曾有一段时期战争没有对加拿大经济产生迅速的刺激效果。但是,随着加拿大卷入战争程度的不断加深和英国战略物资的日益匮乏,对加拿大产品的要求也越来越多。法国的陷落与英国撤离欧洲大陆彻底改变了原来的布局。从此,加拿大的军事工业迅速起飞。几个月内,加拿大的军火生产规模和品种都达到了前所未有的水平,并带动了整个经济机器的运转。

从战争中走出来的加拿大与凋敝破败的西欧老牌资本主义国家相比,显得更为朝气蓬勃。国民生产总值从1939年的57亿元增加到1946年的120亿元,到1957年上半年超过了300亿元。继续执政的自由党政府以保持充分就业和防止战后经济衰退为主要纲领。幸运的是,预料中的战后衰退并未真正出现,失业人数也没有多大增加。从1945年到1948年的3年中,国民生产总值增加了25%以上。1948年虽然出现了一段短暂的衰退,但影响不大。1950年以后的7年中,加拿大经济基本上保持了稳步发展的势头,就业人数达到历史上的最高水平。

1952年3月30日《纽约时报》的编辑栏中以友好和羡慕的口气评估了加拿大经济成就:加拿大的1400万人口相当于美国1830年的人口数,当时美国年产值为9.25亿美元,而现在加拿大国民生产总值却达到了210亿美元。战后新的自然资源的开发推动了新的工业部门的兴起。1947年在阿尔伯达的埃德蒙顿地区发现了石油,在魁北克——拉布拉多边界开采了巨大铁矿。此后10年,加拿大铁的产量从不足200万吨增加到2100多万吨;原油产量从800万桶增至1.8亿桶;天然气从14.7亿立方米增加到62亿立方米;有色金属出口值在10年内增加了2倍。

总的来看,加拿大战后工业部门的发展仍保持着以往的传统,即以开发本国资源和为其他工业国提供原料和生产半成品为主。这在一定程度上体现了加拿大经济的殖民地特征。但是,战后加拿大的经济结构也出现一些新气象,较为突出的是服务性工业的发展,到1955年,这类工业的产值已占整个国民收入的一半,另外的1/6来自先进的制造业和建筑业,其余的1/3来自冶炼和加工工业。

在基础产业中,农业仍居于领先地位,但森林开发与采矿业也发展迅速。在8个领先的工业部门中,有7个与基础生产过程有关,只有汽车制造业是例外,而这个部门也主要依靠进口零部件。其他部门中的领先者是木纸浆和造纸业,产值从1946年的5.28亿元增加到1955年的16亿元。全世界新闻纸的一半以上产自加拿大。廉价充足的水电保证了纸浆与纸张以及铝的生产。加拿大的铝产量仅次于美国居世界第二位。

第一节 经济的复苏

加拿大是一个拥有997万平方公里的幅员辽阔的国家,是当今世界上7个发达的资本主义国家之一,也是世界上人民生活质量名列前茅的国家之一。

一、经济腾飞的体现

据1996年1月的统计,全国仅有2980万人。从历史上看,加拿大的经济,主要是农业经济。早在新法兰西时期,欧洲人对毛皮制品的热衷促进了毛皮贸易以及新法兰西经济的发展。有人甚至说,在很大程度上,加拿大是诞生在海狸背上的。加拿大自治领建立时,它也仅是以出口小麦、木材等原材料为主的农业国。后来虽有了现代工业,但仍不占主导地位。从第一次世界大战到第二次世界大战,加拿大虽是参战国,但没有受到战争的直接破坏,相反经济出现了战时的繁荣。一战期间,加拿大成为供应协约国的基本军需品的重要基地,小麦、面粉、肉类和奶制品的出口猛增。由于军械生产发展的需要,冶炼工业、机械工业也有了很大的发展。二战期间,情况也是如此。钢铁生产、输油管道、电子产品、合成橡胶等都得到发展。这就使加拿大成为一个具有一定实力的工业国,并为进一步发展成发达的工业强国奠定了基础。二战后,加拿大由于能够充分利用历史给予的难得的机遇,经济开始迅速增长。"在战前1920年至1939年,工业生产(包括矿业、电力和公用事业)总指数平均增长率为3.7%,而在战后1946年~1974年间则为5.3%。"

可以这样说,二战后加拿大进入了一个繁荣的时代,这是他们的先辈们从未梦想过的。正是在这战后的30年间,加拿大的社会面貌和城市面貌发生了根本的变化。"充分就业"、"收入稳定"、"新社会秩序"、"更加完善的社会福利"等,就是人们描述这个时期的一些概括。到80年代末,加拿大的生产总值虽然仍低于美国、日本和英国,然而它的生产总值已是5134亿美元,约占日本的1/4和美国的1/10,如按人口平均的国民生产总值,加拿大为19600美元,仅低于美国的20840美元。因此,加拿大已可以当之无愧地列为世界上最发达的国家之一。

二、经济增长的原因

加拿大战后经济起飞的具体原因可以从以下几个方面来分析:

首先,从政治上看,战后加拿大逐步走向完全的独立,这就为加拿大政府调控经济发展创造了良好的条件。

二战后世界的潮流发生了很大的变化,民族解放运动风起云涌。许多原来是殖民地的国家均纷纷独立。英国的实力在二战中受到严重的削弱,英联邦体制内有的地方宣布独立,有的地方虽与联邦保持关系,但原有的依附关系已变得极为松弛。在加拿大,可以说战后的经济发展促进了政治上走向更完全的独立,而政治上的完全独立又反过来加速经济的发展。

1946 年 7 月 1 日颁布的加拿大公民籍法，为"加拿大公民"下了定义。在历史上，美加边界附近移民的来回流动十分频繁，这就使得美国人和说英语的加拿大人之间的界限变得不易划清，因而明确界定加拿大公民的定义，在政治、经济和文化上均有重要的意义。

1949 年 12 月，上诉英国枢密院的规定被废除，加拿大最高法院成为终审法院。这在加拿大的司法独立方面走出了有决定性的一步。

1949 年的一项不列颠条款授权加拿大议会可以就联邦权利所及修改《不列颠北美法案》，但对于联邦权限之外诸如联邦与各省的权力划分、下院任期等重大领域仍无权修改，也就是说在这个广泛领域内的修宪权必须由英国议会来完成。而联邦和各省的关系问题，历来是加拿大政治经济诸多矛盾的焦点，因而如何收回宪法，使修改权覆盖整个宪法就成为加拿大走向完全独立的最关键的一步。

1981 年 12 月，联邦政府与魁北克省除外的 9 省政府就修宪问题达成协议。联邦议会通过加拿大宪法决议案。

1982 年 3 月 29 日，《英属北美法案》回归加拿大。加拿大议会通过《加拿大人权与自由宪章》使之成为宪法的组成部分。至此，加拿大获得了完全意义上的独立主权。

所有这些政治上的变革均为加拿大发展自身的民族经济，保持国家经济的持续发展创造了良好的条件。

其次，战后冷战时代的到来虽然为世界带来了不稳定的因素，但却为加拿大带来需求，带来市场，带来外国资本和技术。这些都是加拿大经济迅速发展的外部条件。

加拿大与美国从地缘政治和地缘经济的角度来看历来有密切的关系。战后随着冷战格局的形成，加拿大便很自然地卷入到美国为首的所谓"遏制共产主义扩张"的潮流之中。尽管在外交上加拿大努力实现其自主性，然而，从经济上考虑，加拿大从中也是能得到好处的。

人们不会忘记，战后美国发动了侵朝战争和侵越战争，这就需要囤购大规模的战略物资，以供应战争的需要和战略物资的储备。这样一来，就扩大了对加拿大原料产品的需求，这在客观上无疑大大刺激了加拿大经济的增长。

此外，美国还在西欧推行马歇尔计划，在亚洲积极地扶植日本。所以，战后西欧和日本等国经济的恢复和发展，也为加拿大的工矿产品提供了广阔的市场，从而对加拿大的战后经济发展起到了一定的推动和支持作用。

随着美国战后国民经济的军事化，美国资本利用其地缘的优势更如潮涌般地流入加拿大，尤其是对加拿大的工矿业进行大量的投资，以弥补美国国内资源的消耗和不足，这就为加拿大带来了大量的外国资本和技术，对加拿大经济的发展无疑是个极大的动力和刺激。

重视教育和科技在经济发展中的作用是一切发达国家的共同经验。道理很简单：经济发展需要高素质的劳动者和科技工作者。

三、教育事业

战后加拿大的教育事业得到了突飞猛进的发展，尤其是高等教育。1945 年之后加拿大有大批的复员兵进入高等学校学习。到 1949 年，复员兵的入学登记人数是战前学生人数的 3 倍。从 1945 年到 1961 年，加拿大中小学教师人数也成倍地增长，是过去的两倍多。尽管开始时，教学设备和师资都还赶不上需要，但是随着以后政府的不断投入，加拿大的教育事业有了长足的进展，从而为经济的起飞准备了必要的人员条件。到 90 年代初期，全国共有大学 89 所，专职教师 36700 名，全日制学生 514400 人，其中 63000 名为研究生。

可以这样说，加拿大是一个教育事业相当发达的国家。据 80 年代末的统计，全国 15 岁以上的人口中有 80% 以上受过中等或中专以上的教育，其中 1/3 受过高等教育。这就为创造物质文明和精神文明打下了良好的基础，也为迅速发展经济提供了可能。

四、科技的发展

在第二次世界大战期间，加拿大的科技有了重大的发展，并在某些重大的领域有所突破，进入了世界先进的行列，如与英、美联合的原子能研究以及新式飞机的研制等。这些都为战后加拿大科技的进一步发展奠定了基础。战后，世界进入了科技高速发展的时代，新技术、新材料、新能源层出不穷。加拿大政府在这段时间，抓住了机遇，增加了投资。如 1939 年战前的政府用于科技的研究与开发的经费才 500 万加元，而到了 1985 年，加拿大的科技研究与开发经费已高达 65.3 亿加元。不仅如此，政府还成立了许多专门的机构来指导和具体进行科技的研究与开发。如 1950 年成立的加拿大原子能有限公司，1966 年成立的加拿大科学委员会，1971 年成立的国家科学技术部，以及 1970 年成立的加拿大科学、技术和工程团体协会等。这些都使得加拿大在原子反应堆、卫星和卫星通讯技术、水力发电技术等方面处于先进的水平。科学技术成为加拿大战后经济迅速发展的直接因素。

五、人口增长状况

加拿大是个移民国家，它的人口的增长除了本身的出生率外，主要依靠移民。移民为加拿大的经济发展提供了充足的劳动力。

据 1986 年的统计，差不多每 6 个加拿大人中就有一个是在外国出生的。移民的数量 1987 年为 15 万人，1990 年达 20 万人。直到现在，随着经济的发展，每年还需有 10 多万移民，才能满足国内劳动力市场的需要。总的来说，加拿大政府通过移民政策来提高移民的素质，保持人口与经济增长之间的平衡。在战后的几十年间，加拿大政府曾多次调整移民政策。总的趋势是越来越强调移民的教育程度、文化水准和专业技能，以适应现代化社会发展的需要。加拿大学者这样指出，在加拿大的教育体系还不能培养出足以满足加拿大工业发展所需的人才时，移民就成为加拿大经济所必不可少的因素。许多高素质的移民担任了技术性和专业性很强的工作。同时移民还承担了许多加拿大人不愿意干的工作，如到西部、北方的工矿企业工作，或在大都市的建筑业工作等。

战后初期，加察大的移民数量并不多，1946 年才 7 万多人。后来随着经济的迅速发展，移民的数量大量增加，1957 年达到 28 万多人。

1950 年加拿大建立了公民和移民局，并于 1952 年通过了新的移民法，正式废除了种族歧视的移民政策。

有研究表明，从 1950 年到 1967 年，有 20 万名具有一定技术专长的美国人移居到加拿大。1953～1963 年，有 8 万名专业人员和高级技术人员从其他国家进入加拿大，从战后到 1963 年，移民加拿大的技术工人中有 2/3 来自英国和美国。

可见,知识移民的增加,对战后加拿大经济的发展起到了重要的作用。

六、工业和贸易的发展

加拿大经济发展走的是以其自然资源作为基础、以国际贸易作为基本导向的发展道路。这是加拿大经济发展的特点。

加拿大地大物博,堪称世界上人均占有自然资源最为丰富的国家之一。加拿大全国997万平方公里的国土中,约有13%可用于农业生产,但实际用于耕作的面积尚不到8%。加拿大拥有全世界15%的淡水湖,因此,水资源和水力资源都极其丰富,森林资源仅次于前苏联和巴西,约占国土面积的一半。此外矿藏等地下资源更是得天独厚,金、银、铜、铁、镍、锌、铅、钴、镁、铝、钛和铀等金属和有色金属藏量极丰。石油、天然气、钾碱、煤和盐等矿藏也有很大的藏量。因而,加拿大是世界上第4个最大的矿产国,仅次于前苏联、美国和南非。

加拿大的工业和制造业正是以这些自然资源的加工作为基础而发展起来的。生产的产品主要是木材、管道、纸张和各种各样的矿产品和石油产品。即使到了80年代,加拿大已成为一个发达国家之后,它的国内制造业和生产能力的1/4仍是以自然资源为基础的木材、纸张以及其他自然资源的初级产品。这些以自然资源为基础的各种制造业和加工业,还推动了加拿大的能源生产和交通运输业的发展,甚至对银行和金融事业也产生了间接的影响。

与这种以自然资源为基础相联系,加拿大经济发展的另一个特点就是以国际贸易作为经济发展的导向。加拿大财富的积累和资金的积累,离不开国际贸易。

加拿大是世界上最大的贸易国家之一,其进出口贸易约占世界市场的4%。它的出口商品和劳务约占其国民生产总值的30%,其中25%是商品,5%是劳务和对外投资收入。自60年代以来,加拿大的商品进出口贸易一直保持顺差,偶尔也有一年出现逆差。1995年,加拿大对外贸易总额为4788亿加元,比上年增长13%,占当年国内生产总值的比例由1994年的42.3%上升~61.4%,其出口是加拿大自1926年有统计史以来的最高纪录。

加拿大占世界贸易的份额,一般在4%左右波动,但加拿大人口在世界人口总数中所占的比重却不到1%,所以,按人口平均计算,加拿大是世界上贸易额最高的国家之一。

加拿大的对外贸易历来是以其丰富的自然资源作为基础的。两者密不可分、相互影响。最早出口的商品是毛皮、木材和农产品,以后随着其工业化的进展,纸浆、纸张、金属和其他矿产初级产品已占有重要的位置,二战后又加上石油、天然气、铀、硫煤、钾碱、电力和铁矿石等。以后随着现代化的进程,出口中逐渐增加许多技术含量较高的产品,如汽车及零配件、通讯设备、核电设备等。

七、经济的发展历程

一个多世纪以来,加拿大经济经历了从农业经济到工业经济,又从工业经济到现代化发达国家经济的深刻变化,因而从经济结构到就业人员都发生了很大的变化。在这一方面加拿大与其他发达国家的发展并无不同。加拿大经济这时无论是产值还是就业人员都发生了从第一产业和第二产业到第三产业的转移。

首先,加拿大农业所发生了深刻变化。加拿大的农业人口虽然从1891年的49.2%下降为1984年的7.1%,但农业的产值却大幅度的提高。如果说1931年加拿大农民的总收入是6.5亿加元,到 1989 年总收入已提高为 210 亿加元,约占加拿大全国总产值 6500 亿加元的 3%。如果把农产品加工、销售和出口合在一起,其产值约占全国总产值的 10%。所以,农业在加拿大的国民经济中仍占重要地位。据 1995 年的统计,农业就业人数为 43.1 万人,仅占就业人数的 3.9%。

小麦是加拿大最主要的大田作物,种植面积近 2810 万公顷,占耕地面积的 62%。加拿大是世界上第二小麦出口国,仅次于美国。加拿大的小麦主要产地是萨斯喀彻温省。据说全世界每年用于做面包的小麦中,有 1/10 来自该省,故有"世界面包篮子"的美名。

加拿大的农业之所以能取得如此巨大的成绩,主要应归功于从 50 年代起所实行的机械化。战后,粮食作物、饲料作物的播种、收割、储运、施肥、除草、喷洒农药以及牲畜、家禽的饲养逐步实现了机械化,再加上化肥的增施,这就大大提高了单产。此外,农业高产还与加拿大政府重视农业科学的研究和农业人才的培养有关。加拿大的农业部下设科研局,它在全国有 52 个研究机构。1986～1987 年度,联邦政府对自然科学的总支出为 33.29 亿加元,其中对农业部门的支出占 12.8%,居第二位;同一年度,在联邦一级的自然科学工作者中,从事农业方面的研究与开发的科技人员占第一位,为 28.1%。此外,加拿大还有农业稳定法,农场信贷公司为农场主提供财政方面的支持,因而,加拿大农业的高效发展是不奇怪的。

加拿大工业首先是从对自然资源的加工和开发冶矿业而发展起来的。加拿大政府也十分重视交通运输和能源工业的发展。然而作为加拿大国民经济主体的仍是制造业。二战后,加拿大制造业的内部结构发生了很大变化,除了传统的纺织、服装、食品加工、化工设备、机器制造、造船、汽车及汽车零件制造外,还发展起不少科技含量较高的新兴工业部门,如航天航空产品、核能发电、生物工程、环保工程等。原来就比较发达的通讯器材制造业又增加了新的内容如计算机、光纤通讯设备、程控交换机等高科技产品。加拿大的建筑业随着移民的到来和人们不断迁移到郊区居住以及新的地区的开拓,也有很大的发展。

八、制造业

与其他国家的发展经验一样,加拿大的制造业也是国民经济发展的龙头。它不仅为出口增加了新的内容,而且也能拉动其他经济部门的发展。有人这样说,制造业每增加 3 个从业人员,也能同时为服务业、资源开发业及加工工业各增加一个就业机会。只是加拿大的制造业发展极不平衡,多数分布在安大略省和魁北克省,西部各省也有一些。其中安大略省的制造业约占全国制造业产值的一半,魁北克省则占 1/4。这与这两省开发较早、人口较多有关。各种数据中表明,农林渔猎所占的地位不断下降,矿业增长最多,其次为建筑业、制造业,电力也有所增长。

在加拿大的制造业中,值得指出的是汽车工业、航空工业和通讯设备。加拿大是世界第 6 大汽车生产国。汽车制造公司基本上是美国三大汽车公司在加拿大的子公司。1995 年,汽车产量达 215 万辆。航空工业产品在世界上也居于领先地位。这些产品包括客机、商用飞机、商用直升机、飞行模拟宇航机、航空控制系统、电子操作系统、通讯联络系统及维修服务等。1995 年,航空产品出口达 80 亿加元。

九、其他方面的发展

水力发电本是加拿大的第一电力来源,但其所占比例已从 1994 年的 67% 下降为 56.2%,火力发电和核能发电有所上升。

加拿大的通讯事业极其发达,据1995年的统计,平均每1.5人就有一台电话机,平均每人每年打1361次电话。卫星通讯和光缆通讯也发展起来了。

此外,加拿大还是个能源消耗大国,人均能源消耗相当于5.84吨石油,比日本或欧洲人高出一倍多,比美国人高出7%,居西方工业国之首。这些都说明了加拿大人生活质量的一个侧面。据1994年统计,98.3%的家庭拥有彩电,25%的家庭有电脑。

总之,战后加拿大经济的腾飞,带来了加拿大历史上的一个繁荣时代。目前,加拿大经济虽有失业率高和财政收支不平衡、国债居高不下等困难,然而拥有丰富资源的加拿大的发展前景还是看好的。至少,她的条件和机遇要较其他资源不足的国家优越得多。

加拿大是一个自然资源丰富的国家,但却缺乏资本和技术。加拿大虽很重视关税保护政策,但其唯一的选择是吸引外国的资本和技术。据国际货币基金组织发表的数字,1971年加拿大进出口贸易总额为349亿美元,占当年世界贸易总额的5.4%,居世界第6位。若按人口平均计算,加拿大当属对外贸易额最高的国家之一。

十、加拿大与美国的密切关系

二战后,随着英国国力的衰落和美国经济势力的全面渗入,美国成为加拿大最大和最基本的贸易伙伴。加拿大在出口商品的结构上长期以来只是依靠一些原料和初级产品,直到二战后才逐步有所变化。加拿大曾经供应过世界市场上40%的小麦,2/3的新闻纸和40%的非铁金属。以致有的经济学家认为,加拿大的经济史在很大程度上是基于一种或少数几种出口商品的发展过程。

加拿大和美国的贸易关系在二战前就很密切,二战后由于冷战造成的政治格局,加拿大和美国形成了一种特殊的伙伴关系,两国既互相合作又不断发生一些小摩擦。加拿大的外贸政策也不时在保护关税和自由贸易之间摇摆不定,但总的来说还是执行的开放政策和自由贸易政策。美国资本和技术之所以要大举渗入加拿大,道理很简单:加拿大资源丰富,地理上毗连,交通方便,是一个不小的市场,而且加拿大工人的工资比美国低,电力等能源供应的价格又相对低廉,资本当然要流向这种利润较高的地方。

大量外资的涌入,尤其是美国资本的渗入给加拿大经济造成了许多负面的影响。

首先是许多经济部门被外国资本,尤其是美国资本所控制。如汽车工业中3家最大的公司、造纸工业(共15家)中最大的10家公司、石油与天然气中的全部13家公司、镍矿开采与冶炼中最大的3家公司、水泥部门中最大的3家企业,全都控制在外国资本、主要是美国资本手里。这些外国资本利用加拿大的资源发展本国的制造业,并不是利用加拿大的资源来发展加拿大的制造业,因而严重地制约着加拿大制造业的发展。据1963年统计,外国资本对加拿大经济的控制程度如下:制造业为60%,石油天然气为74%,采矿和冶炼为65%,而且其中70%~80%是美国资本。

其次,外国资本的渗入虽然促进了加拿大经济的发展,但却加剧了经济发展的不平衡性和不稳定性。因为这些外资企业的生产,下一步的投资意向都是由利润来导向的,不会也不可能考虑到加拿大的国家利益。由于这些决策都是在旧金山、纽约或东京的跨国公司的办公室里决定的,因而必然加深加拿大经济发展的不平衡,一旦撤资或改产又会成为某种不稳定的因素。

再次,外国资本的控制在一定条件下还会使加拿大的失业问题和财政收支恶化。加拿大是世界上外国资本渗透规模最大、范围最广、程度最深的国家,人均使用外国资本为1700美元(美国是88美元),是世界上最高的。这些外资的引入能够直接创造就业机会和有利于财政收支、尤其是国际收支的平衡,然而它在一定的条件下又会加重加拿大的失业问题和财政收支的恶化。

加拿大有得天独厚的资源,人口按1996年1月的统计才2980万人,要解决就业问题条件本来是优越的。然而就业形势近年来虽有改善,失业率仍居高不下。1995年就业人数比1994年增加21.4万人,但失业人数仍有142万人,失业率为9.5%。1995年加拿大的总债务达7230亿加元,人均负债额达2.43万加元,仅次于意大利和比利时。

失业和赤字本是一般国家经济上常面临的问题,原因是多方面的。然而在加拿大,外资控制的经济造成产业结构不合理,资源开发和加工工业过分庞大,这些都会加重解决这些问题的难度。如以石棉为例,从1964年到1969年,加拿大出口石棉纤维价值只有1600万元,而进口经国外加工过的石棉制品的价值却为4970万元,仅此一项就造成贸易逆差3370万元。又如50年代后期由于美国加紧采购铀矿,造成加拿大的采掘业中铀矿工业成为一个主要部门,到了60年代美国缩小了采购的规模,从而造成了这些部门的工人失业。这表明一旦世界市场上有什么波动,美国总公司在缩小其规模时,一般都"优先"让它的加拿大子公司停产与解雇工人。

加拿大为了抵消国际收支经常项目逆差,常常采用引进外资的办法。如吸引外资来加拿大直接办厂,或鼓励加拿大企业到美国资本市场上去推销加拿大的股票和债券。在这种条件下,外资流入越多,债务负担就越重,每年应偿还的债务和利息也越多,甚至会发展到年年举新债还旧债的地步。所有这些都加大了解决各类经济问题的难度。1976年8月19日的加拿大《环球邮报》写道:"日益增多的债务,使加拿大不同于美国、德国、日本和英国这些工业国家,它们都是拥有大量外国产权的净债权国。相反的,加拿大倒是走在巴西、墨西哥、智利这些非产油国的不发达国家的前面去了,这些国家都面临着日益增多的、快到危机程度的债务。"

外资的进入和控制不能不引起加拿大有识之士的担忧。他们把加拿大比作老鼠,把美国比作大象,担心加拿大为美国所吞并或再次沦为殖民地。因此,二战后美加的经贸关系一直是加拿大国内争论的一个焦点。在这方面,美加两国资本的矛盾和摩擦始终存在。一方面,美国市场对加拿大来说具有不可阻挡的诱惑力,加拿大不能不要美国的市场。1995年,双方贸易额达3707亿加元,占加拿大全部对外贸易额的77.4%。加拿大对美国的出口额为2018亿加元,占其出口额的79.6%。从美国的进口额为1689亿加元,占加拿大进口总额的75%,全年贸易顺差为329亿加元。这样大的比重说明其依赖程度的加深。另一方面,美国资本的大量渗入必然对加拿大的民族经济造成巨大的威胁。加拿大政府在这方面也采取了一系列的措施来保护自己的民族工业。

第一,在60年代,加拿大政府所采取的措施主要是对一些要害部门进行干预,以确保这些部门不再落入外资之手。如1960年提出的《加拿大人参加条款》,规定石油和天然气矿区只准租给年满21岁的加拿大居民和符合条件的加拿大公司(条件包括公司股份至少50%属加拿大居民所有等等)。1964年修改的《保险、信贷和信托公司法》规定非加拿大居民持有这些公司的股份不得超过25%,3/4的董事必须是加拿大正式居民等。

第二,在许多重要的经济部门建立国营公司,如加拿大国家铁路公司、加拿大航空公司、加拿大石油公司和加拿大广播公司等。但这些国营公司在经营上并不令人满意。1995年加拿大政府只得对最大的两条国有铁路"加拿大太平洋铁路"和"加拿大国有铁路"实行私有化,共获资23亿加元。

第十二章　二战后加拿大的飞速发展

第三,1973年11月,联邦议会通过外国投资审查法,用以甄别某项外国投资是否对加拿大有"重大利益"。甄别的准则包括:"对加拿大就业水平的影响;加拿大人参加的程度;对工艺发展的影响;对竞争的影响;以及是否符合加拿大经济与社会政策。"1985年又把加拿大投资审查局改为加拿大投资局,对一般性的外国投资放松一些,对出版和新闻等文化事业则仍控制较严。

1984年马尔罗尼上台之后,又放弃保护性的国家主义政策,实行全面的市场导向经济,实行自由贸易。他一方面说服加拿大人,使之相信外资对加拿大带来的好处;一方面保证加拿大再次向企业界开放。经过几年的谈判,1989年1月1日加美自由贸易协定生效。该协定对10年内逐步实现商品自由贸易做出一般性的规定;对消除劳务贸易和相互投资的障碍做出了规定;对解决双方贸易争端规定了有效规则及成立相应的机构;对消除汽车、能源、农产品、酒及酒精的关税专章作了具体的规定等。

在世界经济走向一体化的今天,闭关锁国的政策是不可取的,然而在开放政策的条件下如何来保护和发展民族经济仍是一个重要而不易解决的课题。

加拿大战后的几十年是加拿大人民走向富裕的时期。这种富裕的生活不仅表现在收入的增加上,而且表现在居住条件的改善、教育程度的提高、文化事业的发展和福利制度的完善等方面。

多年以来,加拿大政府投入了大量的资金用于住宅的建设。人们不仅希望有自己的房子,而且要求有比较舒适的房子。例如,人们理想的房子是每个孩子都有自己的卧室,在地下室还有一个地方可供休闲娱乐和孩子玩,有较大的客厅可以全家在一起看电视和聚会。

在战后,义务教育很快扩大到了中学。入学人数大量增加。1945年进入省管理的学校的人数是1741000人,到了1960～1961年学生人数已增加到3993125人。国家对公有学校每个学生的支出从1945到1948年就增加了3倍。成千的新学校修建起来。对教师的要求也从原来的受过一年到二年的教学训练提高到大学毕业。高等教育也得到很快的发展,到90年代初,全国共有大学89所。以魁北克为例,据统计,受高等教育的人数从1971年占总人口的9.8%上升到1981年的13.5%。

战后广播电视事业的发展是加拿大战后文化事业发展的重要的亮点之一。广播和电视这种强有力的大众传媒对国土辽阔、居住分散的加拿大人来说尤为重要。早在1952年电视刚出现不久的时候,皇家委员会的报告中就建议要尽快建立国家的电视服务系统;在经营中要避免过度的商业化和注意发展加拿大的内容和特点,而且国家要调控私有和公有传媒之间的竞争。此外,1951年皇家委员会关于文化发展的报告还支持扩大国家电影局、国家美术馆、国家博物馆、公共档案馆、议会图书馆、国家公园和设立历史遗迹局等。这些建议后来都得到逐步的实施。

加拿大不但每一个家庭都有一台电视机。电视节目的内容也经历了深刻的变化,从最初集中在娱乐上,发展到后来的多种多样的节目并存的局面,有新闻、连续剧、电影、运动、宗教、政治、选举,等等。1978年的调查显示,魁北克人每周平均要有25个小时坐在电视机的前面。电视这种群众传媒是如此的普及和强大,以致形成了这样的局面,即任何文化产品如果它想要传播到广大群众中去的话,它就要通过电视。

第二节 加拿大的公正与公平

加拿大国土辽阔,在自然地理上的差别就很大。它的人口和工业几乎都集中在南边天气较不寒冷的地区。这种地区差别既有它地理上的原因,也有其社会文化上的原因。

几十年来缩小各地区、各省之间的收入差别一直是加拿大公共政策中的一个热点问题。政府虽然采取了一些措施,但这种差别还没有根本的变化,仍在困扰着人们。由于地区收入差别的形成有诸多的原因,而且是在长期的历史过程中形成的,因而加拿大学术界对这个问题是仁者见仁,智者见智,没有比较一致的看法。

一、经济特点

地区收入差别的形成首先受自然资源和人口的影响。例如阿尔伯塔省石油的发现,无疑是该省人均收入增多的直接原因,又如不列颠哥伦比亚的森林和草原地区的麦地都是这些地区收入的重要来源,不然这里的人均收入将会大大地下降。另外,人口的相对集中,既是某一地区收入较高的一个结果,又会反过来促进该地区的发展。

其次是产业的集中和分布。加拿大经济一个突出的特点就是它65%的经济活动都是在中部魁北克省和安大略省进行的,大西洋沿岸4省只占总生产份额的5%,西部4省约占30%。也就是说加拿大的产业分布2/3在加拿大中部,1/3在西部。因而加拿大中部二省在加拿大经济中占极重要的地位。这种产业分布会影响人口的集中、失业率的高低以及人口文化素质的高低,而这些因素反过来又会促进地区经济发展的不平衡。

以1983年为例,大西洋沿岸4省仅有35%的人口就业,而全国的就业率为43%,安大略省却高达46%。据加拿大的经济委员会估计,仅这一事实就足以说明大西洋沿岸4省的人均收入大大低于全国人均收入水平的原因。

安大略、阿尔伯塔和不列颠哥伦比亚省都是对联邦财政转移作出贡献的较富有的省份,而经济落后省份的人均纯收入仅占安大略省的人均纯收入的44.5%。

二、具体措施

面对这样大的地区差别,加拿大采取了三大措施:实行社会福利和保障制度、实行联邦政府对省政府的财政转移、实行地区产业发展的补贴,其中主要起作用的,也是争论较大的是财政转移支付,即联邦政府向一些省提供资金以补贴这些省课税基础的较低值。

本来一个国家的政府从其财政收入中拨出一部分,将其转移到贫困落后的省份,许多国家的政府都这样做的。不过在加拿大,由于地区差别的存在,这个问题做得更为突出,很值得人们研究。就其背后的社会文化理念而言,它涉及社会公正问题。

我们知道,加拿大是实现资本主义市场经济的国家,而社会公正则是人类社会生活中的永恒主题,而公正总是相对于一定的社会制度和历史条件而言的,公正不可能超出其社会经济发展所能允许的水平。按照市场经济的说法,人们在市场上总是以商品所有者而相互进行商品交换,只不过有的拥有资本,有的拥有劳动力,有的拥有技术。在商品交换的意义上,人们都是自由、平等的,然而就其结果而言人们却是不自由、不平等的。加拿大社会也是这样,存在着很高的失业率,存在着数量不小的生活在贫困线之下的人们。有的人拥有财富、权力,而有的人则拥有很少财富、权力或者没有;有的人拥有发展较高的起点和良好的机会,而另一些人则不拥有。那么怎样来调整这种不平等,怎样来帮助社会中那些弱者或处于不利地位的人们呢?这就是在资本主义文明条件下如何来调节的问题。

三、帮助弱者

我们以加拿大历史上致力于宪政改革的特鲁多总理为例来说明资本主义文明条件下的这种理念。

特鲁多是一位自由主义的政治家。他认为自由是一个公正社会最重要的价值。自由的实现是公正社会的基本特征。在他看来,没有自由,人就不能指望实现他的发展和全部的潜能,因为失去了自由,一个人便不能主宰他自己的命运。他认为在一个公正的国家中,个人应有自由去实现其自身的价值,然而处处存在的不平等、各种条件的不平等却在妨碍人们去实现他们的目标。特鲁多并不想对资本主义社会进行大手术,相反他认为历史上许多关于理想社会对公正分配的追求常常是乌托邦。当他从政之后他想通过他的积极的政治活动来组织国家的运转,以实现更大的公正。

在他看来,加拿大是实现这种更大的机会平等的理想国家。因为加拿大是一个年轻而富有的国家,具有多元文化和联邦的框架。不仅如此,加拿大还拥有一种既非完全是自由主义又非完全是社会主义的政治传统,在私有经济部门和政府之间有一种不可分离的伙伴关系,而且国家保护弱者和处于不利地位的人。这些在他看来都是实现机会平等政策的理想的社会条件。特鲁多在他的竞选活动中把实现一个公正社会作为他的口号。他要建立一个强大的和统一的加拿大,对所有人实现机会平等的政策。他准备引入一种对资本所得征税的税种,实现医疗保险,改革刑法,实现更合时宜的国际政策,从而使人们更自由更平等。平等对他来说就是英裔和法裔的平等以及对每一个人的经济机会的平等。

可见,特鲁多所说的社会公正其内容主要是用机会平等来解释自由。他强调只有当我们有机会平等时才会有真正的自由,因而自由、平等、权利、机会等应一起发展。在他看来,国家既是指导市场的工具,又是对市场生产的财富进行再分配的工具。因为人们很清楚市场经济本身是决不会产生平等的。市场需求和机会平等的要求之间永远会存在矛盾,市场只会追求眼前利益而忽视贫困者的需要,因而对市场要加以调节,进行某种在不触动资本主义制度条件下的财富再分配。这是二战后在发达国家盛行的自由主义思想。

特鲁多的开明之处在于他抓住了这种思潮,并把它提高到宪法的基本精神的高度来认识,并在1982年制定的新宪章中巩固下来。当时公正的口号的主要内容是机会平等,对处于不利地位的人给予更多的照顾。

1982年的宪章中对与社会公正有关的条款作了这样的规定:"第2和第3小节不妨碍任何旨在改善一省之内处于不利的社会和经济地位的个人的条件的法律、计划或活动的实施,如果该省的就业率低于全国的就业率。"在关于公民平等权利的条款中规定:"第1小节不妨碍任何旨在改善处于不利地位的个人或集团,包括那些由于种族、民族、肤色、宗教、性别、年龄或精神和身体残疾等因素而处于不利地位的个人或集团的条件而制订的法律、计划或活动的实施。"这就是说,平等不仅是人人都有权受到同等的法律保护和益处,而且平等并不妨碍政策对处于不利地位的个人和集团的倾斜和照顾。这样对地区差别实行财政转移也就在情理和法律精神的要求之中。

所以,加拿大政府实行财政上的联邦主义,在富省和穷省之间实行财政转移,以此维护国家的统一和稳定。

三、加拿大的财政转移

加拿大关于公正和公平的观念,不仅要求在人际关系中对那些处于不利地位的个人和集团加以补偿,而且也要求对地区和省际的差异进行补偿。也就是说联邦政府在财政收入中要拨出相当大的一笔支出对落后和较贫穷的地区和省进行补偿。这种做法已经取得了全民的共识并在宪法的基本精神中加以确认。加拿大学者把这种做法称之为财政上的联邦主义,或者称之为再分配或财政转移或平等化。

1982年宪章中第36条款是专门关于平等化和地区差别的条款。它规定:"(1)在没有改变议会立法权限或省立法权限或它们在行使立法权限方面的任何权利的条件下,议会和立法机关连同加拿大政府和省政府均应致力于(a)为加拿大人民的福利而促进同等的机会;(b)发展经济以减少在机会方面的差别;(c)为所有加拿大人提供合理质量的基本公共服务。(2)议会和加拿大政府有责任实行平等报酬的原则以保证省政府有足够的收入在相对合理的税收水平的基础上提供相对合理的社会服务水平。"也就是说要保证在社会福利的实施上各省不因它们的经济发展水平不同而有太大的差别,各省的社会福利水平基本上要平等化。

在加拿大联邦的中央政府收入中用来作这种财政转移而再分配给贫穷的省和地区的支出所占的比例是相当大的。布鲁克指出,该支出约占联邦政府收入的40%左右。据加拿大百科全书所载,1985~1986年度财政总收入为1122.65亿加元,转移补助个人的有315.8亿加元,转移补助非居民的为18.5亿加元,转移补助其他政府的为208.4亿加元。这种比例的具体算法可能不尽相同,但有一点可以肯定,即用作这种财政转移的支出所占的比例是很大的。

毫无疑问,这种财政上的转移是成功的,对落后地区和省份的补偿也是必要的。它对于维护现行制度、缓解社会矛盾以及巩固国家的统一和稳定均有十分重要的意义。

当然,关于这种财政转移的做法,加拿大学术界和公众对此也有不同的意见,尤其是随着财政赤字和国债的增加,不同的声音更为强烈。

赞成的群众认为联邦政府每年用大量金钱来支付这种服务平等化的做法是加拿大人某种伟大的观念和伟大的价值的体现。它是加拿大这个国家的本质,是我们凝聚成一个民族的标志。然而,有人却对这种作法提出了质疑。他们认为这种平等化的项目的支付需要从质量、效率和平等以及需要等角度来考察。对贫困省的补助并不必然对穷人有益,平等化的支付也不会必然带来普遍的繁荣,事实上人们可以看出其中的一些弊端。

这些批评意见可归纳如下:

第一,它增加和扩大了省际斗争。因为在宪法中只规定了这种服务水平平等化的基本精神,而具体做法并无详细规定,因此联邦政府在确定对哪个省应实施补助、补助多少或哪个省是高于全国平均水平的应对此多作贡献等时就需要有一套非常复杂的计算程序。各省之间就常常为了这笔财政转移而讨价还价,争论不休。

第二,加拿大为了维持全国的福利和服务都大体在相当的合理水平上已造成了巨大的财政赤字,尤其是医疗费用逐年上升,已经达到很难维持的地步。

第三,这种财政转移是在现有的所有制的情况下进行的,因而它无助于一般老百姓收入的平等化。加拿大社会的两极分化仍在进行。如以国民平均收入的75%~150%为中间阶级的话,有材料表明加拿大的中间阶级正在缩小。中间阶级已从60年代占总人口的40%降到90年代的32%。有的人甚至认为国家有的补助实际上是在补助富人而不是补助穷人,而且低收入的人交税的比重更大,有人还认为国家是在刮穷人。

第四,平等化并没有导致人民收入的真正平等化,失业和靠福利制度生活的人数在增加;也没有真正促进落后地区的经济的发展,因而不能只考虑社会公正而不考虑效率。

总之,怎样从社会公正和效率之间找到一个恰当的结合点是不容易的。总的来说,加拿大政府的许多经验是有意义的,是其社会文明的一种体现。

第三节　文学艺术的发展

加拿大早期的作品出自旅游者和探险家之手。他们的文章风格质朴,没有任何渲染,介绍了当地风土人情,激发了人们到新世界旅游探险的兴趣。加拿大东部地区沿海省份是外来移民较早定居的地区,真正的文学作品首先在这些地方出现是顺理成章的事。美国独立战争之后,效忠英国政府的人麇集于纽约市,约有4万人迁居到魁北克和新斯科舍,其中不少人受过良好的教育,成了当地知识界的核心。19世纪初期,加拿大文学开始萌生。

雅克·卡蒂埃(1491~1557)曾三次到北美洲,后来出版的《雅克·卡蒂埃游记》中的作品主要是由他撰写的,文章内容涉及面广,评论有自己的见解,风格简练。他的作品是游记作品的典型,标志着加拿大法语文学的开端。

约瑟夫·豪(1804~1873)是当时沿海地区最有名气的文学人物,创办了报纸和文学刊物,自己经常写诗,后来收入《诗与散文》(1874)集里,还出版了《约瑟夫·豪演讲和公开书信集》(1858),有一定的历史价值。他利用报纸为他人发表文学作品,推动了当地文学事业的发展。

一、20世纪上半叶的文学

20世纪初期是加拿大文学进入全面发展的时期。加拿大小说真正崛起是20世纪上半叶的事,地方小说的全面发展为小说的真正独立和成熟奠定了基础,一批开拓型小说家崛起文坛,创作了一批优秀的现实主义小说,逐渐为20世纪下半叶小说沿多元化方向发展和走向世界铺平了道路。

地方文学的发展是民族文学形成的基础,地方作家崛起,创作了一批地方馨香浓郁的作品。露西·莫德·蒙哥马利(1874~1942)出生于爱德华王子岛,第一部长篇小说《绿山墙里的安妮》(1908)被认为是加拿大作家写的最畅销的一本书,塑造了一位活泼可爱的少女艺术家人物形象,真实地展现了当地生活情形。诺曼·邓肯(1871~1961)的《海路》(1903)等10部小说以纽芬兰地区为背景,地方色彩馥郁。威廉·弗雷泽(1857～1933)的《静寂的土地》(1907)以安大略省为背景。玛左·德拉洛奇(1879～1961)在小说《财产》(1923)一书中,把安大略农村写成了一个理想的地方,烘托出了田园牧歌式的氛围,描写得绘声绘色,因为作者非常熟谙这里的生活。他的《贾尔纳》(1927)等15部"贾尔纳"系列小说,以安大略省克拉森附近的一座叫"贾尔纳"的房子为背景,写英国移民家庭怀特奥克家族几代人的生活故事,时间跨度大,书中"英国味"甚浓,引起了激烈的争论,使其更加畅销。

加拿大西部地区是一片广阔无垠的土地,充满神秘和魅力,是作家笔耕的重点对象。特别是在20世纪20年代～40年代中间,一望无际的大草原成了文学创作中占主导地位的背景,地方小说更是如此。阿瑟·斯特林格(1874～1950)的草原三部曲《草原妻子》(1915)、《草原母亲》(1920)和《草原孩子》(1921)运用日记题材形式,怀着亲切的情感,通过写一位新英格兰上流社会女士在加拿大草原走上独立生活的道路,描写了当地的风土人情和开拓生活的艰辛。马丁·格兰杰(1874～1941)的《西部的林中人》(1908)生动逼真地描写了不列颠哥伦比亚林区生活的情形,对那里的工作方式、气候和高原都写得很细腻。罗伯特·斯特德(1880～1959)的《分地移民》(1916)写一对有理想的开拓者夫妇在马尼托巴的生活情景;《粮食》(1926)以讽刺的笔调写农村青年甘德的人生历程,小说反映了对草原人精神上发生的异化现象的看法。伯特伦·布鲁克(1888～1955)的长篇小说《眷恋土地》(1936)获首次颁发的总督文学奖,书中故事以马尼托巴一个农场为背景,写流动雇工的奋斗历程。劳拉·萨尔弗森(1890～1970)的《蒙昧的拓荒者》(1937)写北欧移民在加拿大西部地区定居题材,再次突出了和平主义主题,获总督文学奖。艾琳·贝尔德(1901～1981)的《约翰》(1937)是出色的社会问题小说,以经济大萧条为背景,写罢工斗争题材,展示了温哥华失业工人的困境和他们的愤怒情绪。他们要求经济改革和社会改革,但又迷信资本主义民主的神话,他们最后失败的结局是不可避免的。

在19世纪和20世纪之交,英国浪漫主义诗歌对加拿大诗歌影响依然很大。在20世纪二三十年代,加拿大诗人摈弃了上一个世纪束缚人的传统韵律和语言风格,摈弃了浪漫主义世界观,即冲破了浪漫主义诗歌的窠臼,开始沿着新的方向,写新的生活题材,创作新诗。他们从意象派诗人、自由体诗作家和英美诗人那里受到了启迪,拓宽了诗歌题材的概念和写作领域。

加拿大诗坛上有成就的诗人举不胜举。厄尔·伯尼(1904～1995)大器晚成,是因《戴维》一诗而声名鹊起的,两部诗集《〈戴维〉及其他诗》(1942)和《现在是时候了》(1945)都获得了总督文学奖。詹姆斯·里恩尼(1926～)是诗人兼剧作家,诗集《红色的心》(1949)、《黏着荨麻子的衣服》(1958)和《写给小镇的12封信》(1962)都获得了总督文学奖,1975年获得加拿大勋章。

二、当代文学

20世纪中叶在加拿大文学史上是走向成熟的过渡时期。第二次世界大战的爆发,是加拿大思想体系发生变化的契机,旧思想观念泯灭,新价值观念尚未产生,人们感到困惑,出现了"迷惘的一代"。各个小说家对旧小说模式产生质疑,独自寻觅和探索适合自己的创作形式,创作了一批优秀作品,出现了一批重要小说家。

休·麦克伦南(1907～1990)被称做是"第一个运用小说形式开创加拿大传统"的小说家,将自己的作品植根于加拿大生活土壤之中,即从自己熟悉的加拿大生活中汲取创作素材,探讨加拿大问题。第一部小说《气压上升》(1941)以哈利法克斯为背景,巧妙地把人物的命运跟国家的命运连接起来。《两种孤寂》(1945)和《悬崖》(1948)均获总督文学奖,前者以魁北克乡村和蒙特利尔市为背景,写加拿大统一问题,后者写美、加关系问题。《长夜漫漫》(1959)为作者创纪录地赢得了第五次总督文学奖。这部作品和《届时的声音》(1980)都是作者小说创作高峰的代表作。

辛克莱·罗斯(1908~1996)的主要文学成就是4部长篇小说和18篇短篇小说。《我和我的房子》(1941)已是加拿大文学中的一部经典著作,用日记体形式写成,故事以萨斯喀彻温省一个小镇为背景,写一位神父和艺术家的人生历程。小说以心理剖析和现实主义细节描写见长,还匠心地运用了象征主义手法。《井》(1958)和《黄金哗啦啦》(1970)写城市犯罪题材。《外科医生纪念医院》(1974)中主人公是一个敢于冲破传统观念,敢于按照自己的观念探索人生真谛和新的生活轨迹的人物形象,这在加拿大小说人物类型的发展过程中是一个里程碑。

加拿大小说在20世纪初叶是打基础的阶段,在20世纪中叶是民族特点逐渐形成的阶段,从60年代起是其走向成熟和开始全面发展的阶段,沿着多元化方向发展,取得辉煌成就,跻身世界文学之林。小说创作呈现出五彩缤纷的局面,突破传统,实验小说流行,后现代主义被接受,魔幻现实主义影响也波及北美洲,女权主义运动推动了女作家的小说创作。

玛格丽特·劳伦斯(1926~1987)是六、七十年代加拿大文学复兴时期举足轻重的作家。她从60年代初期开始以加拿大为背景,进行小说创作,从此进入了创作生涯的黄金时期,以自己出身的小镇为基础虚构了玛纳瓦卡镇,作为小说人物活动的背景,创作了4部长篇小说和1部短篇小说集。

20世纪50年代是加拿大诗歌发展史上的一个过渡时期,也是诗歌迅速发展的时期,老一代诗人继续发表更臻成熟的作品,一批才华横溢的年轻人崛起诗坛,成为重要诗人,诗作数目锐增。"神话派诗人"的出现特别举世瞩目,它以多伦多为中心,改变了过去英语诗歌以蒙特利尔为中心的不相称现象。探讨神话已成为当代文坛的一种时髦,在诗坛上更是如此。在60年代锋芒毕露的诗人更多。

加拿大写神话的诗人不胜枚举。杰伊·麦克弗森(1931~)的《船夫》(1957)获总督文学奖,作者以口语化诗体形式探索了神话主题,显示了她对西方文学传统的崇尚。她的《人类的四个时代》(1962)是专为年轻读者写的希腊神话故事。伦纳德·科恩的诗集《让我们比较神话》(1956)将作者的犹太文化传统置于基督教和古希腊这个大背景之下,他的不少诗写神话又写人。安妮·威尔金森(1910~1961)在其代表作《催眠曲》(1951)等诗集中,表明她对大自然变化和神话都非常敏感,即她以神话诗结构来抒发自己对大自然的感受。道格拉斯·戈登·琼斯(1929~)的第一部诗集《太阳上的霜》(1957)中的诗对神话进行了比较。作者在罗亚尔山上看到了希腊神赫耳墨斯,把"拥抱黄河水中月亮"的李白比作是希腊神那喀索斯,后者是因爱怜自己水中的影子憔悴致死的美少年,死后变成了水仙花。他还塑造了加拿大神话。

在60年代里,以温哥华蒂什杂志为中心的不列颠哥伦比亚新诗运动对加拿大诗歌的发展产生了重要影响。蒂什派诗人的作品受美国黑山派诗人的理论影响,强调诗歌口语化,要有生气,强调的是声音和开放的句型,要竭力冲破加拿大东部诗人学院式诗歌形式主义的窠臼。新诗运动确实发现、哺育和造就了一批年轻诗人,其中有乔治·鲍尔林、弗兰克·戴维、罗伯特·克罗茨、达芙妮·马拉特、苏姗·马斯格雷夫、莱昂内尔·卡恩斯和弗雷德·瓦赫等人,他们迄今活跃在加拿大诗坛上,为当代加拿大诗歌的发展做出了杰出的贡献。

第十三章
加拿大的政治与宪法

经过长久的的迅猛发展,现在的加拿大已经成为一个发达的资本主义国家。长期以来,加拿大的不稳定和外来移民的不断迁入,使得加拿大人民在政治上总是存在矛盾和争端。当然对为突出的就是英国人与法国人永无休止的矛盾。

一直以来,由于大量移民的迁入,使得加拿大成为一个多民族、多元化的社会,而加拿大始终没能成为一个独立的主权国家,英国政府不得不采取了很多顺应民意的政策。独立战争期间,美国的大多数英国拥护者纷纷撤到了加拿大境内,使得加拿大依旧保持着英国附属国的状态。

20世纪以来,加拿大社会各界都希望能够成为一个独立的国家,他们积极致力于从英国议会中收回宪法权,但由于联邦政府与各省政府在权力分配、宪法修正程序等问题上难以达成协议,因此在一个相当长的时间里,修宪权仍然把持在英国议会手中。

第一节 建国以来的加拿大

不少分析家把加拿大的民族与政治说成不列颠人与法兰西人之间的关系,虽然英法关系构成了加拿大民族与政治问题的框架,但是加拿大民族与政治比这种双元性更复杂,反映了这个移民国家100多年来的历史经验,也反映了这个国家的多样化。

回顾过去几十年历史,二战后的初期是加拿大民族与政治关系中的转折点。移民和少数民族随着人数的增长,政治和经济势力的增长,随着主流社会和国民经济的变化,在加拿大政治生活中担当越来越重要角色。随着移民源源涌入大、中城市,几大政党展开了争取选票的殊死斗争。保守党也认识到如果不争取移民和少数民族的支持,就不能取得政权。两大政党激烈争夺选民的时候,民族政治就不再处于政治斗争的边缘。移民情况的变化和非英语非法语民族势力的增长导致了把加拿大看成多元文化社会这样一个全新的概念。

一、建国初期(1870~1920)

民族在加拿大政治过程中所起的作用在各个历史时期是不断变化的。19世纪末到20世纪初,非英语非法语少数民族经济上贫穷,在社会上处于底层。随着条件的改善,他们的政治力量渐渐增长,由于各群体要改善或加强他们的社会地位及利益,政治家们要吸引和得到新群体的支持,各群体渐渐地建立起了紧密的关系。少数民族也要派代表参与政治过程,各党派也开始在少数民族中征募候选人和拉选票。这种发展过程的速度随党派、民族及地区而有所不同。

在19世纪,犹太政治家伊扎基尔·哈特被选为魁北克省议员(1808),但由于他的犹太背景而不能在议会就职。维多利亚的亨利·那森是第一位犹太人国会议员(1867)。波兰移民亚历山大·基尔考斯基也发挥过重要政治作用(1967)。但当时这三位政治家都是以个人身份参与的,并不是本民族群体的代表。当时少数民族人口只占总人口的8%,少数民族在政治舞台上还扮演不了重要角色。

建国初期,大西洋沿岸各省接收很少的移民,所以他们在地方政治中发挥的作用不大。虽然新斯科舍省有不少德裔,但他们已存在100多年,大部分已完全同化。黑人由于当时的种族隔离和贫穷以及主流社会的歧视,在政治上也发挥不了作用。只有在不莱顿角的矿工和炼铁工人中集中了一定的新移民。他们中有犹太人、克罗地亚人、乌克兰人、意大利人及非洲黑人,但他们并不能左右当地的主流政治。

20世纪初移民问题才成为魁北克人关注的问题。蒙特利尔聚居的犹太人和意大利人在加拿大是最多的,但仍不足以对政治施加太多影响。法裔的天主教和英裔的新教对他们的偏见也限制了他们的政治参与。意大利天主教徒和法裔天主教徒结成同盟;犹太人也拧成一股绳选举他们的代表进入省及联邦的议会。组织严密的犹太社区努力改善自己的社会地位。

安大略省在1920年以前有10%的人口是少数民族,其中德裔是最大的群体。他们虽然后来人口比例有所下降,但他们在几个中心城市和聚居区是举足轻重的群体。在安大略省柏林市,德裔人口占3/4,他们是许多政党争夺选民的目标,德国移民雨果·克兰兹被推举为市长(1869),后被选为第一个德国出生的国会议员(1878)。该地区的德裔控制着市政府一直到第二次世界大战期间。20世纪初,东欧和南欧的移民少而分散,形不成政治气候。在多伦多,保守党从1907年起就支持一家意大利人的报纸,1910年帮助组建了希伯来保守党人协会。但1920年前,移民在多伦多基本上是与政治无关的局外人,几乎无人争得一官半职。安大略省少数民族发挥较大的政治作用是第二次世界大战后的事。

相反,随着大批移民的涌入,西部草原各省在19世纪和20世纪之交民族政治斗争较为激烈。1911年时各省人口有30%左右属于少数民族。自由党作为当时的联邦执政党赢得许多新移民的支持,而保守党由于盎格鲁民族主义严重,疏远了大部分新移民。自由党通过扶植少数民族报纸得到新移民的好感。他们在少数民族中培植有影响的人物,先是作为非正式的中介人物,后来作为省级职位的候选人。

到1904年时,少数民族比例的增长以及密集的定居方式使少数民族代表有可能竞选,但由于经验不足、语言障碍和歧视,很少有人成功。比如在1905~1921年这段时期内,在阿尔伯塔省,出生于安大略的人占全省人口的15.4%,但在省议员中占56.2%;而出生于欧洲和亚洲的人占全省人口比例约14%,但在省议员中只有5.7%。

在西部草原三省中,乌克兰人是一个团结的、强大的、最有政治实力的群体。他们人数少但居住集中,鲜明的政治观点使他们能通过有组织的游说影响公共政策。由于省政府对他们提出的在公立学校中乌克兰语课程管理方面应享有更大的决策权的建议未能做出满意的答复,阿尔伯塔省自由党中的乌克兰成员很恼火,有4名党员在1913年作为独立人士参加竞选。虽然这4人均未成功,但另一位乌克兰自由党员安德鲁·桑德罗赢得一席位,成为加拿大第一位省议会的乌克兰议员。

中、西部各省少数民族通过支持各主要政党参与政治的同时,也组织激进的左翼政治运动,特别是犹太、乌克兰和芬兰人。1905 年俄国革命失败后流入加拿大的政治难民为左翼运动添加了能量。乌克兰和芬兰工人建立了加拿大社会民主党,在这两个群体和犹太群体中都建立了支部,出版各自的报纸,组织失业工人的运动。1915 年时该党拥有 5300 名党员,大都是东欧人和芬兰人。他们都支持加拿大共产党。

加拿大各地的政党尽力争取移民,在移民中拉选票。可不列颠哥伦比亚省的情况恰恰相反。所有政党都把限制亚洲移民作为竞选纲领,不给亚裔选举权,限制他们在经济上竞争。从 1870 年到 1950 年这 80 年间,该省的反亚洲人情绪很强。省工会认为亚裔夺走了白人工人的饭碗,降低了生活水平。1878 年到 1899 年省议会通过了 26 个限制亚洲人的法律。华人、日本人和印度人被法律排斥在政治生活之外,只能转向各自社区,建立各自自给自足的封闭的社区组织。唐人街就是这样诞生的。由于几乎没有任何政治权利,唐人街的政治主要是指向中国国内事态。华人希望看到一个强大的中国。这个时期孙中山先生曾三次访问加拿大,在华人中寻求革命的道义支持和财政支持。

二、1920 年到第二次世界大战结束(1920~1945)

在 20 世纪初到第二次世界大战期间,大批新的政治难民进入加拿大。外国政府也纷纷试图对他们在加拿大的同胞施加影响。当时加拿大严重的经济和社会状况加速了来自欧洲的少数民族的政治分化,这些民族有意大利人、匈牙利人、芬兰人、乌克兰人、克罗地亚人、爱沙尼亚人、拉脱维亚人和立陶宛人。30 年代大萧条中最大的受害者是少数民族群体,左翼和左翼政党在他们身上都能找到新的血液。

虽然不少移民群体把目光集中在当时的国际事件上,但在加拿大生存了一代人以上的老移民群体对国内政治越来越关注。随着地方上一些小党派的成功,草原各省有更多的乌克兰人和斯堪的纳维亚人被选进省议会,有几个还进入渥太华。不管怎么说,这些人毕竟是少数民族,大都是少数民族聚居的选区推举的,比如阿尔伯塔省的维格诺维尔的乌克兰人区或蒙特利尔、多伦多、温哥华市的犹太社区。这些议员在他们各自的党内只有有限的影响力。加拿大第一位乌克兰人议员,阿尔伯塔农场主联合会成员迈克尔·鲁克霍维奇主张开放的移民政策,但他的党却持相反态度。30 年代有两位自由党犹太议员,来自蒙特利尔的山姆·雅各布和多伦多的山姆·法克托要求接收来自德国的受纳粹迫害的犹太人,但自由党政府却无视他们的要求,反对难民进入加拿大。

少数民族政治家的影响力是有限的,二三十年代加拿大的本土主义继续影响着联邦政策。1923 年不列颠哥伦比亚省的政治家迫使联邦政府通过排华法案,1928 年又使日本移民数量限制在最低程度。在萨斯喀彻温省三 K 党曾发展到 20000 名成员,反对天主教,反对法裔和移民。大萧条时期出现过反犹太、反移民的本土主义思潮,认为移民造成失业率升高。有些政治家主张驱逐移民出境以便节省救济开支,限制激进主义增长。

在二战期间,德国纳粹党和意大利墨索里尼分子都试图在加拿大各自的同胞中拉拢同情者,但不是十分成功。相形之下,加拿大共产党在少数民族中却颇具吸引力,大萧条时期,共产党在工人中的支持达到高峰。加拿大共产党欢迎外语支持者,党内有外语工作者,并出版多语言报纸以便接触匈牙利人、捷克人、芬兰人、保加利亚人、意大利人、波兰人、俄罗斯人、斯洛伐克人、乌克兰人和犹太人。附属共产党的最大组织是乌克兰人劳工农民协会,它在1939年时在全国有201个支部,113个会堂和10000名成员。共产党内的芬兰人虽不如乌克兰人多,但也有同样重要的作用。加拿大芬兰人组织在1930年有74个支部,6000成员,并有自己的周报。尽管加拿大共产党内部有些矛盾,但还是为移民发表观点提供了渠道。加拿大共产党竞选成功的少数例子都是在东欧移民聚居的地区。在1926年,乌克兰人劳工农民协会领袖威廉·考利斯尼克成为温尼伯市政参议员,也是北美第一位当选的共产党人。许多移民,主要是乌克兰人、芬兰人和匈牙利人,在1937年参加了一个军团,出国参加西班牙内战,帮助西班牙共和军。

总之,在20世纪初到第二次世界大战期间,加拿大的各民族群体积极投身政治运动。各群体之间及内部发生了分化、联合的复杂情况。但如果看一看当选的少数民族议员或官员的数量增长情况,就会认识到加拿大各民族的政治融合在渐渐发生。

三、第二次世界大战的影响和战后移民(1945～1968)

在第二次世界大战爆发时,欧洲移民更关心的是欧洲事务。几个东欧少数民族,像马其顿人、亚美尼亚人和乌克兰人,都建立了强大的组织,支持自己祖国的解放事业,希望战争能导致他们祖国的独立,加拿大人对欧洲移民的歧视也不如第一次世界大战时强。许多移民群体已在加拿大站稳脚跟,有些移民群体原先的祖国属于同盟国,比如波兰人和华人,许多加拿大人把他们对故国的深情看成反法西斯战争的一部分,对他们的尊重也增加了。

二战期间,许多移民的故国处在侵略军占领之下,亲戚朋友需要食品和衣服,战争使这些持不同意识形态的群体走到一起,共同募捐救济,比如左翼和右翼的匈牙利人和克罗地亚人。战争也使一些夙敌走到一起,塞尔维亚人和克罗地亚人就联合为南斯拉夫进行战时救济活动。

由于战时的本土主义思潮,加拿大政府曾强行拘留过22000名日裔,逮捕过800名德裔和700名意裔侨民。战时和战后的发展缓解了对少数民族的歧视。对纳粹主义和种族灭绝行为的痛恨使加拿大人认识到"优等民族"观念的错误和反对种族主义行为的必要。加拿大移民法中和选举权上对少数民族的限制开始受到正义的人们的批评。加拿大在1944年签署了联合国宪章,1948年签署了国际人权宣言,国内政策中的种族主义成分开始受到审查。由于亚裔的游说和越来越多的白人公众的同情,中国人、日本人和印度人分别在1947年和1949年获得了选举权。联邦政府在1947年废止了排华法;在1951年允许小股南亚人移民加拿大。华人开始离开聚居区,分散到全国各地。

对移民的开明态度迎来了战后移民的高潮。加拿大从商业利益出发相信增加移民会刺激经济增长。工会曾经反对大规模移民,现在也开始赞同了。加拿大法语区对移民的传统敌视也瓦解了。从二战结束到1961年,210万名新移民涌入加拿大,使加拿大的非英语非法语民族人口猛增到全国人口的1/4。到了50年代,中欧、东欧和南欧移民在多伦多及安大略其他大城市形成了很强的选举势力,在有的选区能左右选举结果。面对新的国情,保守党改变了党的定义,不再是盎格鲁民族主义的党,开始和自由党激烈争夺少数民族和新移民的支持。民族政治从加拿大政治生活的边缘转变成了主流。

许多东欧移民纷纷建立了自己的民族主义和反苏组织。爱沙尼亚人、拉脱维亚人、立陶宛人、乌克兰人、白俄罗斯人、克罗地亚人、斯洛文尼亚人、马其顿人和亚美尼亚人希望他们的故国能重获自由,获得独立。尽管他们联合游说,但未能成功地争取到执政自由党总理的支持。但乌克兰人的组织在50年代取得了几次外交胜利。他们通过一名乌克兰自由党人议员约翰·德卡尔的游说,加拿大外交部同意加拿大广播公司国际节目向前苏联的乌克兰人进行广播。50年代的经济繁荣使这些群体的激进主义衰落了。

1955年安大略省的竞选是在两位犹太人之间激烈展开的。一位是多伦多市政参议员、保守党的艾伦·格罗斯曼;另一位是现任国会议员,共产党员索斯伯格。最后艾伦·格罗斯曼获胜,他在省议会任职20年,担任内阁部长15年。他和乌克兰裔议员约翰·亚兰科联手帮助保守党关注移民选民和争得移民的支持。

50年代自由党注意关心移民需求,争取移民支持,但是党内高层人员组成并没有反映出多民族的现实。1957年时,仍然没有犹太人和乌克兰人的内阁部长。在法官、参议院和最高层官员中少数民族比例仍然太小。在50年代,个别的犹太人、乌克兰人和冰岛人被任命过参议员,但意大利人和波兰人中还没出现过一位参议员。

但保守党随着约翰·迪芬贝克当选为党的领袖,开始在少数民族选民中得到重要突破。他来自多民族混居的选区,因此对种族歧视和二等公民的感情非常敏感。他的"一个加拿大"的观点和他所倡议的权利法案都强调所有人应得到平等的待遇。他在1960年作为总理在联合国大会发表演说谴责前苏联政府在国内对少数民族的压迫。以约翰·迪芬贝克为首的保守党采取多种措施与民族歧视和敌视作斗争。他任命了第一个乌克兰裔的内阁部长——奥沙瓦市前市长迈克尔·斯塔尔。约翰-迪芬贝克也向其他民族群体进行官方接触。在1957年联邦大选中,道格拉斯·郑(中文名郑天华)作为温哥华地区保守党代表,成功地成为加拿大历史上第一位华人国会议员。保守党政府在1962年改变了加拿大移民规定,几乎废除了所有的歧视性内容。

在20世纪50年代和60年代初,少数民族政治家们在市级和省级层次上已更加重要了。好几个少数民族聚居的城市都选出了少数民族市长,其中较为著名的有奥沙瓦市的乌克兰裔市长迈克尔·斯塔尔(1949),埃德蒙顿市长威廉·豪里拉克(乌克兰人,1951),温尼伯市长斯蒂芬·朱巴(乌克兰人,1956)。多伦多也有过两任犹太人市长那森·菲力普斯和菲力普·吉文斯。乌克兰人、犹太人和斯堪的纳维亚人开始有了内阁部长。在萨斯喀彻温省、马尼托巴省、安大略省和阿尔伯塔省分别在1952年、1955年、1958年和1962年产生了第一位乌克兰裔的内阁部长。乌克兰人的政治权利大大加强了。除了内阁中的代表性,少数民族在省议会的代表性也大大提高。这些成功是多种因素造成的:人数的增加,社会经济地位的提高和在加拿大出生的第二代移民的成熟。少数民族以竞选获胜为荣,力争能选出自己的代表,占据席位,增加自己的政治影响。

四、多元文化主义的胜利 (1968 ~ 1989)

在1969年采取了官方双语制之后,自由党越来越感觉到非英语非法语民族群体的不满。出于多种政治考虑,特鲁多政府在1971年10月宣布了双语框架内的多元文化政策。首先,自由党看到该党在西部地区的虚弱,西部地区把双语政策看成是过分偏袒法裔而无视西部的历史经验。至少乌克兰人认为特鲁多的政策偏向法裔,认为采取这个政策不是真心实意的。其次,自由党也充分意识到大都市的，特别是多伦多的少数民族的重要性，认为多元文化主义有助于该党维持自己的支持率。多元文化主义的确缓和了西部地区对官方双语制的不满。

多元文化政策为民族政策提供了前提，外交政策和移民政策也继续关注民族问题。多元文化部长职位的设立和多元文化计划的实施使先前少数民族关心而政府不感兴趣的计划有了合法性。联邦政府帮助不少民族群体成立了全国性组织，对立党派开始制定在全国大选中吸引少数民族的竞选纲领。在大城市移民集中的选区，移民夺取了不少市政府的席位，特别是在多伦多。从1972年到1990年，11位多元文化部长中有6位来自多伦多选区。联邦的多元文化政策促使好几省也采取相似的措施。安大略省和三个草原省首先接受了多元文化主义。

魁北克政府拒绝了联邦政府的多元文化主义，但在对待战后不同民族的移民问题上采取了宽容态度。接受移民最多的蒙特利尔市采取了尊重多元文化的措施。不过在语言问题上，1977年通过了101法案限制移民儿童选择语言的权利，强迫移民儿童上法语学校。为了保护法语的生存，魁北克省吸引讲法语的移民，比如海地人、越南人、北非的犹太人等，同时也欢迎具有天主教信仰的西班牙人、意大利人、葡萄牙人和拉美移民。魁北克省移民部长热拉尔·戈丹提出了"跨文化政策"，既考虑魁北克省多民族的现实，又支持与联邦多元文化政策类似的计划。

加拿大各省区对多元文化主义不同的反应，反映了当地的民族情况、特点和关系。联邦政府采纳多元文化政策表明几个主要少数民族具有越来越大的政治影响，尤其是最极力主张多元文化的乌克兰人。由于该政策，少数民族组织和领袖具有更多的政治合法性，这样，少数民族的影响进一步增强了。

多元文化主义取得成功的另一个表现是在1982年的加拿大权利与自由宪章中加进第27款。该款明文规定"本宪章的解释必须与保留和加强加拿大多元文化遗产的宗旨相一致"。这一规定使与多元文化主义相矛盾的其他法律规定成为无效。

随着移民规定的开放，又有许多新的移民群体来到加拿大。新移民中已有一半来自第三世界，包括智利、萨尔瓦多、南非、埃塞俄比亚、乌干达、印度、越南及其他地区，他们也带来了对全球发生的事件的各种政治观点。难民的政治观点虽是形形色色，但总体上是反共的难民，比如捷克、苏联、犹太、越南的难民；但加拿大也开始接受右翼政府迫害下的难民，比如智利、南非、海地和中美洲难民。

第三世界移民除了在国际事务上带来了新观点，也为多元文化主义提供了新的动力和理由。第三世界的非白人移民对种族主义和歧视特别关切，集体向政府游说要求更多的人权保障。在70年代初，由于这些"有色少数民族"的努力，国会专门成立了一个委员会负责处理这些问题。该委员会在1984年发表了题为《现在就平等》的报告，包括80条建议，有几条建议要求给传统上受歧视的"有色少数民族"以补偿性优待政策。

都市的政治家们看到"有色少数民族"新移民群体的力量，在市级、省级和联邦级大选期间及候选人提名大会上出现了争取少数民族选票的激烈斗争。有严密组织的少数民族在代表选举过程中能起到很明显的作用。政治家相互指责对方用免费提供会餐和交通工具、空头许诺、帮助亲属移民来加拿大等办法骗取少数民族选民的腐败做法。尽管少数民族的地位提高了，力量增加了，但新移民群体的领袖们主要当做主流社会政治家们的中间人，还不能亲自作为候选人参加竞选。

20世纪60年代到80年代日益增长的对有色民族的关注对加拿大最老的民族之一——黑人

具有重要意义。尽管由于人口分散、贫穷和地区差别,黑人试图建立一个持久的、稳定的全国性组织的尝试没有成功,但黑人在这30年中还是取得了不小的政治利益。加拿大各地通过的人权法案说明人们感到了美国的种族主义的不公正和潜在危险。60年代对黑人政治上的关切主要出于对可能发生的种族暴力的恐惧和对过去不公正的忏悔。60年代,新斯科舍一些黑人曾试图采取美国黑人建立黑人自尊心、争取黑人权利的暴力方式。像罗基·琼斯一类的青年领袖动员黑人群体向白人权力机构挑战,鼓动黑人改变只作招架的习惯。新斯科舍的白人政治家对新的黑人组织表示支持,比如黑人联合阵线。

同时,安大略省黑人的政治影响也扩大了。在20世纪60、70年代,加拿大黑人在美国人权活动家丹·希尔和美国黑人以及涌入多伦多的大批西印度群岛移民帮助下,通过都市种族关系同盟,社区报纸组成了重要的院外活动集团。黑人律师林肯·亚历山大的政治生涯就象征了黑人政治力量的成长。他在1968年当选汉密尔顿的议员,1980年被任命为保守党政府的联邦内阁成员,1985年成为安大略省总督。由于人数少,安大略省和新斯科舍省以外的黑人没有取得同样的进步。一个例外是西印度群岛来的黑人移民露丝玛丽·布朗。她在70年代作为不列颠哥伦比亚省新民主党内一个强有力的激进政治家崭露头角,在1975年差一点当上该党全国党魁。

80年代时,在加拿大农村、草原地区的第三、四、五代人中,民族渐渐失去了政治意义,但在接收移民的城市地区,在有雄厚基础的、较大的民族群体中,民族仍然发挥重要作用。在加拿大出生的人中,乌克兰和犹太裔继续在各级政府施展政治力量。少数民族的影响在外交政策方面也很明显,比如支持波罗的海三国独立运动的呼声表明加拿大是一个多民族的国家,地球上任何地方的事态发展都受到与那些地区有关系的加拿大人的关注。

随着少数民族力量的增长,过去政府对少数民族的不良行为受到重新审查。日裔在经过长期斗争后,终于在1988年从马尔罗尼政府得到了对第二次世界大战期间非法拘留日侨的赔偿。华裔也就20世纪初的华人人头税,乌克兰裔就第一次世界大战时所受的虐待提出索赔。

在民族关系、移民政策(尤其是难民政策)和多元文化主义问题上公众舆论常常是矛盾的。80年代一群锡克极端分子企图用暴力建立独立的锡克国时,公众对锡克人的反感猛增。1986年和1987年公众对越来越多的难民潮有所不满。虽然逃离斯里兰卡内战的泰米尔人和逃离专制右翼政府的中美洲难民有适当的政治避难理由,有些加拿大人认为移民法太松,有些不受欢迎的人假装成难民进入加拿大。加拿大人一方面想对受政治迫害的人伸出人道主义之手,但又怕难民在加拿大土地上继续他们故国的政治斗争,破坏加拿大的外交政策和民族团结。

自从20世纪初以来民族和政治的关系发生了很大变化。现在,各政党都尽力争夺非白人的支持,而不是把劲儿使在迎合种族主义舆论上。很多少数民族在第二次世界大战前弱小无力,现在积累了可观的政治力量。现在非英语非法语群体的成员有可能当国家总理。戴夫·巴雷特是犹太人,在1972～1975年间是不列颠哥伦比亚省长。另一犹太人大卫·路易斯在1971年到1975年间是新民主党全国党魁,黎巴嫩人乔·季兹在1985年是爱德华王子岛省长。这三个例子说明少数民族担任高官的障碍已经大大地减小了。1986年荷兰裔的比尔·旺达·沙姆成了第一位非英裔移民的省长。马尔罗尼总理内阁成员也完全是多民族的。1979年德裔埃德·施瑞耶被任命为加拿大总督,1989年乌克兰裔的雷伊·那狄辛也成了总督。7岁时从香港随父母移民加拿大的华裔女士伍冰枝也就任加拿大总督。

非英语非法语群体的政治融合已达到了一定程度,个人不再被看成只是个别民族群体的代表。少数民族的需求和关切越来越成了联邦政府各部所关心的一部分,各级公务员队伍也反映了全国人口的多样化情况,当然少数民族的比例不一定够得上他们在人口中的比例。整个20世纪中,非英语非法语民族大大地影响了公众以及各政党的政策和命运,这种局面还会继续下去。

第二节 加拿大的宪法

宪法是国家的根本大法,通常规定着一个国家的政治制度以及公民的基本权利和义务。加拿大是北美发达的资本主义国家,实行联邦制和议会制相结合的政治制度。加拿大在历史上曾长期是英国在北美的殖民地,又毗邻美国,因此,英国和美国两国的宪政制度对加拿大产生了深远的影响。比如,加拿大的联邦制就是模仿美国而来,而议会制则是效仿英国而来。加拿大联邦由10个省和3个地区构成。10个省是:不列颠哥伦比亚、阿尔伯塔、萨斯喀彻温、马尼托巴、安大略、魁北克、新斯科舍、爱德华王子岛、新不伦瑞克和纽芬兰。3个地区是:育空地区、西北地区、努纳维地区(该地区从西北地区分出,于1999年4月1日成立)。加拿大的3个地区大都地广人稀,位于北方寒冷地带。加拿大政府分为两级:联邦政府,省和地区政府。联邦政府为中央政府,地区政府与省政府平行,但不享有与省政府一样多的自治权。

加拿大的国家元首是英国女王,她在加拿大的代表是总督和各省的省督。但总督和各省的省督均没有实权,加拿大的国家政权掌握在联邦总理和内阁手中。

由于加拿大长期是英国的殖民地,因此加拿大的立宪权和修宪权长期把持在英国议会手中。加拿大历史上几乎所有的宪法性文件和法案都是在英国议会批准通过的。1867年加拿大建立联邦后,开始向独立的主权国家迈进,但是对外加拿大尚不是一个独立的国家。1931年《威斯敏斯特法》颁布之后,加拿大从而开始以一个独立的主权国家的面貌出现在世界舞台上,但立宪权、修宪权、司法权等仍然把持在英国手中。1949年加拿大获得了完整的司法权。1982年,经过特鲁多政府的努力,加拿大终于将立宪权和修宪权从英国手中收回。

加拿大有关公民基本权利的法律规定主要是1960年颁布的《加拿大权利法案》和1982年颁布的《加拿大公民权利和自由宪章》。《加拿大公民权利和自由宪章》是1982年新宪法的重要组成部分,它对加拿大公民的基本权利作了详尽的规定。

一、加拿大宪法的产生和发展

加拿大是通过和平、渐进、协商妥协的方式获得完整的立宪权和修宪权的。加拿大宪法和政治制度的发展大致经历了三个时期:新法兰西时期、英属北美时期和加拿大联邦时期。其中,新法兰西时期的宪政制度对今天加拿大影响较小。

加拿大的宪政制度可以追溯到法属殖民地时期或新法兰西时期(1608～1763)。当时,法国人在加拿大建立了类似法国的行省制度和政治法律制度。新法兰西政府的官员皆由法王任命和掌管。总督是殖民地政府的首脑,主要负责军事和殖民地的对外关系;主教主要负责殖民地的天主教事务,但也参加重大事务的决策;省长是中央政府在地方的代理人,负责殖民、财政、司法、社会秩序和正常的行政工作。由总督、省长、主教以及其他五名成员组成参议会,负责管理财政经费、司法和毛皮贸易等商业活动。

英国和法国"七年战争"(1756~1763)后,英国取代法国成为加拿大的统治者,开始推行英国的政治、法律制度,并建立起英国式的殖民统治。1763年10月7日,英国政府颁布了《王室公告》,这是英属北美殖民地第一部重要的宪法性文件。《王室公告》将英属加拿大划分为魁北克、新斯科舍、纽芬兰和鲁帕特兰四个部分;规定了在新殖民地建立英国式的议会制度和司法制度。废除法国民法典,代之以英国普通法。鼓励英国人向新殖民地移民,在允许信仰天主教的同时,大力推行英国国教。

《王室公告》的目的就是通过推行英国的政治、法律制度、语言、宗教和移民手段,使加拿大"英国化"。英国化政策在英裔居民占多数的地区是成功的,但在魁北克却遇到了顽强的抵抗。首先,魁北克法裔居民在感情上难以接受《王室公告》;其次,法国后裔对英国的政治、法律制度不熟悉,实际上也难于实施。于是他们纷纷向英王请愿,要求废除《王室公告》。由于法裔居民的顽强抵抗和北美13州独立浪潮兴起,英国政府担心魁北克会倒向北美13州,遂放弃在魁北克强行推行的英国化的政策,而是改变策略,对魁北克法裔做出让步,于1774年颁布了《魁北克法案》。

《魁北克法案》重新划定了魁北克的疆界,取消了在魁北克省建立的议会制政府;恢复了魁北克原有的法国民法传统,同时并行英国刑法;恢复了原天主教会的权力和特权,允许教会主教担任官职;保留原有的庄园制度,法语和英语同为官方语言。

《魁北克法案》起到了安抚魁北克法裔的作用,使魁北克在美国独立战争中继续保留在英属北美的殖民地中,但《魁北克法案》也为今天魁北克独立埋下了伏笔。北美独立战争的战火虽然没有燃烧到加拿大,但对加拿大也产生了不小的影响。独立战争后,大批效忠于英王的效忠派从美国涌入加拿大,造成加拿大的分裂。1784年新不伦瑞克从新斯科舍分立出来成立了一个新省,而进入魁北克的效忠派,则要求与法裔居民分立,建立新省。在这种情况下,1791年英国议会通过了《1791年宪法法案》。该法案将殖民地重新划分出两个新省,一个是以英裔居民为主的上加拿大省(安大略),一个是以法裔居民为主的下加拿大省(魁北克)。两省建立同样的议会制政府,各设一位省督、一个议会、一个行政委员会和一个司法委员会。各省之上是英王任命的总督,下设英国指定的行政、立法和司法机构。在法律制度上,上加拿大通行英国普通法,下加拿大则继续保持其法国民法传统。

从19世纪20年代开始,上、下加拿大发生了政治改革运动,改革派要求改革政治制度,扩大议会的实权,改变总督的独裁统治。改革运动还引发了上、下加拿大的起义,起义虽然被镇压了,但对英国政府震动很大。1838年英国政府任命德拉姆担任加拿大总督。德拉姆到任后,对起义事件进行了调查,于1839年向英国政府提交了《关于英属北美事务的报告》。在报告中,德拉姆认为,殖民地发生动乱的主要原因是政府被少数特权集团所把持,不能反映议会的愿望,政府与公众严重对立。因此,他主张在各省建立责任政府,给殖民地一定的自主权。此外,德拉姆认为,英裔与法裔之间的民族矛盾是引起殖民地动乱的另一个根源。因此,他主张加速推行"英国化"政策,将上、下加拿大合并成一个省,实行按人口比例进行选举的议会制。

英国议会采纳了德拉姆关于将两省合并的建议,于1840年7月23日颁布了《联盟法案》。1841年两省正式合并,定名为加拿大。德拉姆报告最初的目的是希望通过联合对魁北克实行同化政策,在实际上不仅这一目的没有实现,反而加深了法裔加拿大人的分离主义倾向。由于原上、下加拿大有着不同的民族、语言、文化和宗教,因此《联盟法案》只是在形式上将上、下加拿大统一起来,而本质上并无实质性的改变。联合议会通过的法律有时仅适用于某一地区,而不是整个省。不过,德拉姆报告中提出的在殖民地建立责任政府的主张最后还是得以实现。1848年,经过拉方丹和鲍德温等人的努力,加拿大省建立了责任政府,责任政府的建立意味着加拿大取得了有限的自治权。

随着加拿大政治、经济的发展和国际形势的变化,19世纪50年代~60年代,加拿大各地出现了联合趋势,各殖民地希望联合起来,建立联邦制国家。1864年,加拿大的联邦之父们三次在加拿大和英国召开了联合会议,经过协商和妥协,达成了一系列协议。联邦之父们以这些协议为基础,起草了《不列颠北美法案》提交英国议会。1867年3月29日,英国议会正式通过了这部法案,同年7月1日,法案正式生效。魁北克、安大略、新斯科舍、新不伦瑞克四个省共同组成了统一的联邦制国家,定为"加拿大自治领"。

1867年宪法法案是加拿大历史上最重要的一部成文宪法,它依照英国的政治制度确立了加拿大的基本政治制度,这一制度一直保持到今天。一百多年来,这部宪法多次修正,但基本内容保持不变,仍然是加拿大成文宪法中最重要的组成部分。1867年宪法法案的主要内容包括:由各省联合组成联邦,设立联邦议会和省议会;授予联邦议会设立新省以及改变省边界的权利;规定了联邦议会和省议会的立法权;规定最高行政权属于英王,由总督代行职权;设立掌握实际行政权的加拿大枢密院,即内阁;授予联邦议会设立加拿大最高法院的权力;英语和法语在联邦议会、联邦法院、省议会和省法院中享有平等地位;规定魁北克省中基督教少数民族和安大略省罗马天主教少数民族学校分治;保留魁北克特有的民法制度授予议会对财产和公民权利的管辖权;禁止各省间征收关税;授予省议会修改本省法律的权力;规定联邦政府对各省的某些管辖权,如对省督的任命、指导、免职权;各省通过的法律,联邦政府有权在一年内决定其是否通过,等等。

然而,1867年宪法并不是一部独立的主权国家的宪法,因为当时英王仍然是自治领的元首,英国政府掌握着加拿大制宪权、修宪权、最高司法权、外交权,等等,加拿大对外尚不是一个独立的国家。但1867年宪法使加拿大结成联邦,开始享有广泛的自治,并开始向独立的主权国家迈进。

加拿大联邦成立后不到10年,马尼托巴、不列颠哥伦比亚、爱德华王子岛等先后加入联邦,使加拿大基本上完成了从海洋到海洋的领土扩张。进入20世纪,随着加拿大经济的迅速发展,国力和民族自信心的增强,加拿大日益要求以一个独立主权国家的身份参与国际事务。第一次世界大战之后,加拿大以独立国家的身份签署了巴黎和平条约,不久又成为国际联盟和国际劳工组织的创始成员国。1923年,加拿大单独与美国签订了哈里巴特条约。1926年在英帝国会议上发表了有关自治领问题的《贝尔福公报》。贝尔福公报指出:"自治领在英帝国内部是自治社会,地位平等;虽以共同效忠英王相联系,但在内政、外交事务上互不统属。"

1931年英国政府颁布了《威斯敏斯特法》,该法使贝尔福公报法律化,使自治领取得与英国平等地位的这种变化合法化。从此自治领总督只代表英王,而不代表英国政府。自治领可以在其边界内改变帝国的法律,可以作为一个独立国家在其法律领域内充分行使权力,自治领的法律即使与英国法相冲突,也依然有效。《威斯敏斯特法》也保留了某些帝国的权利,例如只有英国才能为英联邦通过法律,虽然这些法律只有在得到自治领同意的情况下才能实施。对加拿大来说,英国议会被委托有权修改加拿大宪法,但只有应加拿大的请求才能行使这项权力。另外,英国枢密院司法委员会仍然是加拿大的最高上诉法院(加拿大直到1949年才获得完整的司法独立),因此加拿大的主权仍是不完整的。

20世纪以来,加拿大社会各界积极致力于从英国议会中收回宪法权,但由于联邦政府与各省政府在权力分配、宪法修正程序等问题上难以达成协议,因此在一个相当长的时间里,修宪权仍然把持在英国议会手中。

1980年2月,特鲁多总理重新上台执政以后,决心在任期之内收回并修改宪法。他于1980年6月和9月两次召集联邦和各省总理参加的宪法会议,但由于意见分歧较大,达不成协议,两次会议均不欢而散。在两次努力失败之后,特鲁多宣布渥太华将单方面向英国议会提请收回并修改宪法。从法律上讲,联邦议会两院有权要求英国议会将宪法权交还给加拿大。但根据宪法惯例,联邦议会在这样做之前,必须得到各省的同意。这样,特鲁多在1981年11月2日再次召开宪法会议。在这次宪法会议上,联邦政府与9个省政府于1981年11月5日在原则上就收回并修改宪法达成协议。这次会上魁北克省投了反对票,经加拿大最高法院裁决,魁北克不享有否决权,其反对无效。1981年12月,加拿大参众两院正式通过了经修改后的宪法决议案,并立即提交英国议会。1982年3月9日,英国议会批准了加拿大议会提交的《1982年宪法法案》,允许加拿大议会收回宪法,并拥有行使和修改自己宪法的全部权利。1982年4月17日,英国女王伊丽莎白二世亲赴渥太华,正式签署了《1982年宪法法案》。

《1982年宪法法案》是英国议会通过的最近也是最后一部有关加拿大的宪法法案。该法案标志着"英国议会对加拿大行使权力的终结"和加拿大获得全面、完整的主权。然而,该法案并未对加拿大联邦制度的基本原则作任何实质性的修改,国体、政体及联邦与各省权利的划分等重大问题仍然按照《1867年宪法》(即《不列颠北美法案》)的规定。《1982年宪法法案》的新意主要表现在增加了有关加拿大公民基本权利与自由的宪法性规定《加拿大公民权利与自由宪章》,以及有关宪法修改程序的规定。此外,由于魁北克省没有在《1982年宪法法案》上签字,因此这部宪法是一部不完整的宪法,这导致了加拿大的多次宪法危机。特别是1995年10月魁北克的公民表决,几乎使魁北克从加拿大联邦中分离出去。虽然1982年以来,加拿大联邦政府曾多次努力,试图使魁北克回到"宪法大家庭"中来,但至今未能如愿。因此,加拿大的宪法争端仍将持续下去。

二、加拿大宪政制度的主要特征

加拿大宪政制度在发展演变过程中,逐渐形成了一系列特征,主要有:

第一,保留着较多英国宪政制度的传统。

加拿大在历史上长期是英国的殖民地,英国在加拿大的殖民统治长达160多年(1763~1931)。加拿大与英国一样,长期实行君主立宪制和议会制,今天加拿大仍然是英联邦成员国,英国女王在名义上仍然是加拿大的国家元首。因此,在加拿大的宪政制度中,不难看出英国统治和英国宪政制度的痕迹。正如加拿大前最高法院法官博拉·拉斯金所指出:"早在两百多年前,英国的法律及法律制度就已经植根于这个当时还尚未诞生的加拿大国家之中了。英国传统首先是通过威斯敏斯特法的遥控和对殖民地总督的国内控制而得以保留,继而在加拿大立法和司法独立过程中得以存续,现在仍然在加拿大的法律中保持着普遍的活动。"

1867年加拿大联邦成立，联邦之父们起草了宪法，即《不列颠北美法案》。在法案的序言中，宪法起草者们希望加拿大拥有"一个与英国宪法原则相类似的宪法"。该法案仿照英国确立了加拿大的基本宪政制度，距今已有一百多年的历史。它虽然经过多次修正，但大部分条文至今仍然有效。该法案将英国宪法中的公平与基本自由的概念（如集会结社自由、言论出版自由等）、责任政府原则、法治原则和议会主权原则统统融入到了加拿大的宪法之中。《不列颠北美法案》所确立的政治制度也是仿效英国而来的，即实行议会制与君主立宪制相结合的政治制度。在政治制度上，加拿大与英国一样，也是"以权力集中为基础的"。政府实权掌握在内阁及总理（或者首相）手中，英王和总督只能根据总理（首相）及内阁的建议或者得到他们同意之后才能行事。在国家结构上，加拿大仿效美国建立了联邦制，但在中央政府与地方政府的关系上，加拿大却更接近于英国，而不是美国。也就是说，加拿大与英国一样，中央政府的权力往往大于地方政府；而不像美国，联邦政府与各州政府在某些方面是平行关系，而非隶属关系。例如加拿大联邦司法就高于各省司法，而不像美国联邦司法和各州司法是平行关系。

第二，成文宪法、不成文宪法兼而有之。

英国宪法主要由不成文的惯例、习惯、规则等构成，没有成文的宪法法典，没有修改宪法的特别程序，因而被称为柔性宪法和不成文宪法。美国在独立战争后，一反英国的这种不制定成文宪法的传统，从联邦到各州都制定了成文宪法，因而美国宪法被称为刚性宪法和成文宪法。加拿大宪法一方面继承了英国不成文宪法的传统，另一方面也吸收、借鉴了美国成文宪法的立法经验，因而兼具英、美宪法的特色，成文宪法与不成文宪法兼而有之。

加拿大宪法的成文部分主要是英国议会通过的有关加拿大的13项法案，如1867年的《不列颠北美法案》和1982年的《1982年宪法法案》等，其中核心部分仍然是《不列颠北美法案》。《不列颠北美法案》由序言和147条正文组成，它确立了加拿大的宪法原则和基本政治制度，其主要内容至今未变。《1982年宪法法案》也具有重要意义。首先，它明确指出，加拿大宪法是以上帝和一个独立主权国家的名义制定的，而不像《不列颠北美法案》开头所指出的宪法是根据英国法律原则制定，这表明加拿大从此获得了完整的立宪权和修宪全权。其次，《1982年宪法法案》载有《加拿大公民权利和自由宪章》，这部宪章类似美国联邦宪法颁布后不久制定的《权力法案》（即第一条至第十条宪法修正案），规定了今天西方国家公民所享有的基本权利。《宪章》共34条，规定所有加拿大公民享有宗教信仰、思想言论及集会结社自由，享有选举权和被选举权；享有受法律保护，生命、财产和人身不受侵犯的权利；享有选择英语、法语和少数民族语言接受教育的权利，等等。

除成文宪法外，不成文宪法也是加拿大宪法的重要组成部分。加拿大不成文宪法主要是一些起源于英国普通法的规则、宪法惯例以及议会规则，等等。这些习惯、惯例和规则虽然在成文宪法中没有载明，但在实际政治生活中却是必不可少的依据，如责任政府原则、有关信任投票的规定、总理的选举和职权、内阁的作用等在成文宪法中没有明文规定，但却存在于长期形成的宪法惯例和习惯中。因此，宪法惯例、习惯和不成文宪法与成文宪法同时并存，也是加拿大宪政制度的一大特色。

第三，主张非暴力的社会改良与进步。

加拿大宪政制度的另一个重要特征是反对暴力革命，主张用和平、协商手段解决争端。加拿大和美国都曾是英国在北美的殖民地，但由于美、加两国的社会发展道路不同，因而两国立宪的指导思想也有很大不同。由于美国是通过暴力革命方式推翻英国的殖民统治，走上独立发展道路的，因此美国的立宪指导思想就注重强调自由、平等,反抗暴政,反抗压迫。如美国独立战争期间通过的重要宪法性文件《独立宣言》中就曾指出:"我们认为这些真理是不言而喻的:人人生而平等,他们都被'造物主'赋予某些不可转让的权利,其中包括生命权、自由权和追求幸福的权利。为了保障这些权利,所以才在人们中间成立政府。而政府的正当权力,则需得到被统治者的同意。当任何形式的政府妨害了这种目的时,人民就有权来改变或废除它,以建立新的政府。"

加拿大的情况则与美国不同。由于加拿大是在英帝国和英联邦内部,通过和平手段,采取协商、妥协等方式赢得独立,逐渐获得国家主权的,因而加拿大在立宪的指导思想上就与美国有很多的不同。美国人主张暴力革命,强调自由、平等,加拿大人则主张"和平、秩序与良好的政府管理",强调"宪政制度下的专政";美国人主张彻底抛弃英国的宪法和政治制度,加拿大人则主张尽可能多地保留英国的宪法和政治制度。从历史上到现在,"和平、秩序与良好的政府管理"一直是加拿大宪法的宗旨和加拿大人追求的目标。从表面上,美国宪法制度似乎要革命和进步得多,加拿大的宪法制度则显得落后而保守。例如早在1783年美国就制定了独立的联邦宪法,而加拿大直到1982年才从英国议会手中取得全部的立宪权和修宪权。又如美国早在18世纪末就通过了第一条至第十条的宪法修正案,即所谓规定公民基本权利和自由的《权利法案》,而加拿大直到1982年才将《权利和自由宪章》写入宪法。但从社会发展的实际情况看,加拿大并不比美国逊色。在国际政治地位上,美、加都是西方七大工业国之一,都在国际事务中扮演着重要的角色;但加拿大人以热爱和平著称,美国人则以"国际宪兵"著称,因而美国国际形象不如加拿大。在经济发展水平和物质生活条件上,美、加不相上下。在社会稳定以及和谐程度上,美国则远不及加拿大;美国的离婚率、犯罪率均高于加拿大,社会治安以及种族矛盾等社会问题也比加拿大严重得多。

第四,加拿大宪法是一部不完整的宪法。

1982年加拿大宪法生效,但魁北克省借口该宪法没有照顾到魁北克的特殊利益而拒绝签署,使得魁北克省至今仍游离于"宪法大家庭"之外,并多次引发加拿大的宪法危机。魁北克是加拿大唯一的法语省份,保留着独特的语言、文化和法律制度。魁北克面积居各省之冠,人口约占全国的1/4,经济地位也十分重要。让这么一个大省徘徊于宪法大家庭之外,对于加拿大的统一和稳定十分不利。有鉴于此,加拿大政府自新宪法签署后,就从各方面积极努力,争取使魁北克尽早返回"宪法大家庭"。经过多方努力,1987年联邦政府总理马尔罗尼与各省的总理就魁北克加入联邦宪法问题达成了《米奇湖协议》。该协议基本上接受了魁北克提出的五项条件,正式确认魁北克为"特殊社会",并允许魁北克在今后加拿大最高法院的组成、移民、联邦政府的分摊项目等问题上享有一些特权。作为交换条件,魁北克省同意签署《1982年宪法法案》。1990年6月23日至批准该协议的最后期限,由于马尼托巴、新不伦瑞克和纽芬兰三省的反对,使该协议最终未能通过,各方面的努力成为泡影。

魁北克问题由来已久,主要是占人口一半以上的英裔和占人口1/4的法裔两大民族之间长期的矛盾和冲突造成的,两大民族的争端一直没有得到很好的解决。20世纪60年代,魁北克人党提出脱离加拿大联邦,成立魁北克共和国的主张。《米奇湖协议》的失败,更增强了魁北克的分离主义倾向,也使联邦宪法再次陷入危机之中。1993年10月,在加拿大全国大选中,主张魁北克独立的魁北克集团在拥有295个席位的众议院中获得54个席位,成为加拿大正式的反对党。第二年9月,雅可·帕里佐领导的魁北克人党在省议会选举中战胜了自由党,开始在魁北克执政,并许诺在一年之内就魁北克独立问题举行公民表决。1995年10月30日,魁北克省就该省前途问题举行了公民表决,结果联邦派以不到1%的微弱多数(50.6%)险胜分离派,使加拿大避免了分裂。这次公决虽以联邦派获胜而告终,但联邦派赢得并不轻松。两派的得票如此接近,充分反映了加拿大英裔、法裔之间的矛盾有增无减,以及魁独势力在魁北克仍有很大的市场。至于魁北克在将来是脱离联邦独立还是重返"宪法大家庭",消除宪法危机,尚难预料,只有拭目以待。

三、议会

议会是加拿大的立法机构,由加拿大女王(即英国女王伊丽莎白二世)及其在加拿大的代表总督、参议院和众议院组成。但女王和总督只是象征性的,并不实际参与立法。实际参与立法的是参议院和众议院,参议院也被称为上院,众议院有时也被称为下院。加拿大的议会制深受英国的影响。

1. 参议院

(1)参议院的构成

参议院是加拿大议会的重要组成部分,总督根据总理的提名任命参议院议员。参议院议员的最低年龄不得低于30岁,并且需要一定数量的固定资产。以前,参议院议员是终身制,但是,自从1965年以来,参议院议员工作到75岁必须退休。参议院议员必须居住在所代表的省和地区,如果参议员连续两次不参加议会的会议,就失去了参议员的资格。

加拿大参议院共有104名议员。其中,大西洋诸省,爱德华王子岛,新不伦瑞克、纽芬兰、新斯科舍共有议员30名。西部诸省,阿尔伯塔、不列颠哥伦比亚、马尼托巴、萨斯喀彻温四省共有参议员24名。魁北克省和安大略省各有24名参议员。西北地区、育空地区各有参议员一名。

(2)参议院的职能

加拿大参议院的职能与英国上院类似,与美国的参议院有较大的不同。参议院可以拟定全国财政事务议案之外的任何议案,可以修改和驳回任何议案,任何议案都必须经过参议院同意后才能成为法律。从理论上讲,参议院的权力非常重要,但是在过去的几十年里,参议院从来没有驳回任何议案,仅仅是对议案主要条款之外的部分做一些修改和补充。参议院的主要工作由各委员会负责,所有议案都由这些委员会逐条审定,并提出修改和补充意见。委员会的成员大多具有丰富的专业知识和工作经验。

2. 众议院

(1)众议院的构成

众议院是加拿大的重要立法机关,也是内阁赖以支持的重要机关。众议院的议员由选区的选民通过参加投票选举的方式而产生,在一般情况下,获得选票最多的候选人当选。如果在选举过程中因为辞职、死亡或者其他原因出现众议员职位空缺,还需要进行补缺选举。众议院共有295名议员,是由全国295个选区推选出来的。其中安大略省99名,魁北克省75名,不列颠哥伦比亚省32名,阿尔伯塔省26名,马尼托巴省和萨斯喀彻温省各14名,新斯科舍省11名,新不伦瑞克省10名,纽芬兰省7名,爱德华王子岛省4名,西北地区两名,育空地区一名,选区的数量根据各省的人口总数而增减,每个选区的选民人数以达千人为限。各省推选的众议院议员的总数不应低于各省在参议院的议员的总数。众议院议员没有固定的任职期限,但是一般任期为5年。

（2）众议院的职能

众议院是加拿大人民通过直接参加选举而推选出来的政府机关,因此众议院代表了各民族、各阶层、各宗教派别等的利益。众议院负责对拟订的议案进行详细的审定,负责监督内阁的工作,并为内阁选拔成员。如果内阁得不到众议院的支持,众议院对内阁通过不信任案时,可以迫使内阁总辞职。众议院有权决定议会的法规、法令,有权决定征税,核准预算,根据宪法条款或者向总督建议撤换法官,有权宣布国家的政策,因此众议院对加拿大的立法起着决定性的作用。

众议院产生后,首先由全体议员选举产生议长。过去,议长的人选由总理提出,总理在提名候选人之前通常要同反对党领袖磋商。从1986年起,议长改由议员秘密投票选举产生。某一议员当选议长后,必须放弃原来的党派观点而代表全体议员。议长的职责是主持众议院的日常事务,维持会场秩序和保护全体议员的利益。

众议院内设有各种委员会,分别负责监督政府各部门的工作和审议各方面的立法。联邦政府各部门,包括总理在内,对众议院负责并定期报告工作。众议院及其所属各委员会有权向政府各部门提出质疑、并要求做出解释。众议院可以通过预算拨款等途径影响政府的政策。如有必要还可采取否决预算法案来迫使政府下台。从这个意义上来讲,众议院的权力要比参议院大得多。

3. 立法程序

加拿大议会的一个主要职责是制定和通过各种立法来确保全体加拿大人民的利益和安全。众议院和参议院都可以提出立法,但大部分的立法都是由众议院提出的。因为加拿大宪法规定,任何有关财政预算方面的立法必须由众议院提出。

任何一个法案提出之后,都要经过众议院和参议院的仔细斟酌、辩论,有时还要修正后才能通过。具体的立法程序如下:

某一政府部门或议员提出动议,动议经众议院同意后就成为议案,众议院第一次审议议案称为"一读"。一读只读议案的名称,不进行辩论。

众议院第二次审议议案时称为"二读"。此时议会议员就议案进行原则性辩论。议案经二读后进入委员会审议阶段。在此阶段内,众议院的某一立法委员会就要逐字逐句地、逐条逐款地审议议案的每一个细节。若有必要就提出修改意见,并向众议院报告。议案进入到所谓的"报告阶段"。在报告阶段内,其他众议员也可就议案的具体条款提出修改意见。

接着,众议院就修改后的议案进行"三读"。议员们对修改后的议案再次进行辩论,如果没有意见就进行投票表决。众议院表决通过的议案要提交给参议院审议。参议院也要经过一读、二读、三读等程序通过议案。如果议案是由参议院首先提出的,也要经过上述程序,再送众议院审议。两院都通过的议案就成为法案,经总督签署后,就正式成为法律。

4. 省议会

加拿大的议会分为联邦议会和省议会两级。省议会由女王和女王的代表省督与省议院组成。各省督由总理推荐,总督任命。但女王和女王的代表省督并无实际立法职能。各省实际负责立法的是各省一院制议会。省议会议员也是由民选产生的。各省的议员名额和选举程序等不尽相同,由各省根据本省的实际情况决定。省议会议员的选举也采取政党制度,但不像联邦议会那样常常都由自由党和保守党这两个主要政党轮流执政。

四、总理和内阁

1. 总理

加拿大总理是加拿大国民政府的领袖。英国女王伊丽莎白二世,也是加拿大的女王,是加拿大的国家元首。根据总理的推荐,女王任命总督作为她在加拿大的代表。但实际上,总理领导加拿大政府的工作。

加拿大政府实行议会制,在这种制度下,众议院,也就是议会的下院的构成将决定谁将成为总理。传统上,在议会中占多数席位的政党领袖通常成为总理。几乎每一位总理都曾是众议院的议员。只有约翰·阿伯特爵士和麦肯齐·鲍威尔是例外,因为他们两人曾是加拿大参议院议员。

(1)总理的产生和任期。

加拿大每个政党的领袖或许都有那么一天会成为总理。举行大选有各种各样的原因。总理必须获得在议会中占多数席位的议员的支持才能担任职务。如果议会对总理的行政班子投不信任票,总理要么辞职,要么请求总督重新举行大选。总理有权决定大选日期,大选通常持续八周时间。如果总理领导的政党再次在议会中赢得多数,那么在议会中占多数席位的新党的领袖将通过总督的任命就任总理职位并宣誓就职。如果总理在任职期间死亡,则由总督任命他的后继者。加拿大总理每届任期4年,可以连选连任。因此,只要能当选,加拿大总理的任期实际上没有限制。加拿大历史上任期最短的总理为都波,他的任期只有69天,任期最长的总理为麦肯齐·金,任期时间为22年。

(2)总理的职权。

加拿大总理的职权虽然在宪法中并未提起,而实际上加拿大总理的职权与英国首相的职权极为类似。总理的职权主要有以下几个方面:第一,领导议会中的多数党。第二,制定和执行加拿大的内外政策。第三,在内阁的帮助下,领导加拿大政府。

总理是内阁的首脑,是加拿大行政权力的中心。总理有广泛的决定权,他可以建议解散众议院,任命内阁成员、各省的代理总督、参议院议员、法官、各委员会的成员和其他重要部门的官员。在做出决定和任命之前,总理一般都要征求内阁和其他重要官员的意见和建议。否则,如果总理经常一意孤行,则会在内阁、众议院和其他重要部门中面对更多的反对派,最终会导致下台。为了总理能够更好地工作,总理的大部分工作均由总理办公室负责,总理办公室一般由主任秘书、行政助理、立法助理、新闻助理和政策顾问等组成,负责安排总理的活动,接收和答复总理的信件,对总理做出的任命、决定、政策和主要政治活动提出意见和建议。

2. 内阁

(1)内阁的产生。

内阁是加拿大政府部门中最重要的机关,有"政府的心脏"之称。总理和内阁真正掌握着联邦的政权,而英王和英王的代表总督只是名义上的联邦首脑。内阁负责监督联邦政府的政策实施,内阁成员则负责监督政府各部门的工作。总理有组阁的权力,而且是内阁的负责人,内阁成员全部由总理任命。内阁成员一般都是议会议员,因为总理通常任命议会议员为内阁成员。总理也挑选一些非议会议员的人任命为内阁成员,但这些人必须在一定时间内取得议会议员的资格。政府各主要部门负责人一般都是内阁成员,如财政部长、外交部长、国防部长等。内阁的规模一般为20~30

人。

(2) 内阁的职能。

内阁对众议院负责,却自始至终都要受到众议院的支持。如果内阁得不到众议院的支持,内阁就要提出总辞职,或者提出建议新总督下令解散众议院,重新举行大选,以求得新当选的众议院的支持。每位内阁成员都应该对各自负责的政府部门的工作负责,负责监督和管理各自部门的工作。内阁成员作为一个整体,对国家的主要政策实施负责,在公众面前要保持观点的一致。内阁在制定和发展国家的对内对外政策方面起主导作用,对以总督的名义签发的各种行政法规、法令实施负责,内阁负责处理有关各省的事务,有权驳回各省的法规法令,内阁有权拟订大部分的议案,可以对各种议案的讨论通过起决定作用,对于政府的财政事务方面的议案,内阁有特定的权利,只有内阁首先拟订了政府的财政事务方面的议案,众议院才能进行讨论。内阁是连接国家立法机关和行政机关的枢纽,对立法具有重大的影响。

五、司法制度

司法机关在加拿大的政治制度中起着十分重要的作用。长期以来,加拿大与其他西方国家相比,犯罪率一直相对比较低,这与加拿大的司法制度比较完善有着密切的关系。根据修订的《不列颠北美法案》,加拿大的司法组织大致分为联邦司法和省司法两大系统。

1. 联邦司法系统

加拿大联邦司法机关设立的依据是1867年生效的《不列颠北美法案》(该法案1982年被改为《1867年宪法法案》)。该法案第101条规定:加拿大议会有权根据其需要设立加拿大最高上诉法院和其他高等法院。根据这一规定,设立了加拿大最高法院和联邦法院等联邦司法机关。

加拿大最高法院成立于1875年,是加拿大资格最老的法院之一。该法院设立初年,尚无完全独立的司法管辖权,某些重大案件需上诉到英国枢密院的司法委员会审理。随着加拿大日益走向独立自主,从1933年起,刑事案件不再向这个委员会上诉。自从1949年起,所有案件都不需要向这个委员会上诉。根据1949年修订的《最高法院条例》,确立加拿大的法院为独立的司法机关。从此,加拿大最高法院成为名符其实的最高级的终审上诉法院。

加拿大最高法院最初由一名大法官和5名陪审法官组成。1927年,法官人数增至7人。1949年随着向英国枢密院司法委员会上述制度的废除,法官增至9人,即目前的人数。根据有关法律规定,9名法官中至少应有3人由魁北克省任命。加拿大最高法院是有关刑事及民事案件常设终审上诉法院,其司法管辖包括魁北克省的私法以及其他9省的普通法。该法院负责审理各省上诉法院的上诉案,但不是每个上述案都审理,通常只审理涉及重大公众利益并为公众所普遍关心的案件,以及法律应用上有重大问题的案件。法院设在首都渥太华,案件公开审理。法官到庭的法定人数是5人,但大多数案件的审理9名法官全部到庭。最高法院除了负责审理各省的上诉案件之外,还有权决定联邦政府和省政府通过的法案是否违宪。属于联邦法院系统的法院还有加拿大联邦法院。联邦法院成立于1971年,其前身是1875年设立的财政法院。联邦法院负责审理联邦政府和省政府之间的讼争,针对联邦政府的诉讼、有关海事、专利、商标、著作权、税务方面的案件以及联邦委员会等机构的上诉案件。联邦法院分设上诉庭和审判庭两个法庭。上诉庭由大法官一人和其他法官9人组成,审判庭有陪审法官一人和其他法官13人组成。每名法官是该庭的当然成员,但不一定每次审理都到庭。联邦法院的法官必须居住在首都区或者它的附近,但法庭却可以设在加拿大的任何地方。同时,法庭的设置地点和开庭时间必须便于当事人诉讼。

2. 省司法系统

根据修订的《不列颠北美法案》第92条的规定,各省立法机关可以在本省内设立相应的刑事及民事法院。据此,各省可由低到高设立治安法院、郡和区法院、省最高法院、省上诉法院等司法机关。魁北克和新斯科舍政府对其所管辖的城市有代理权,因此这两个省还拥有市法院。加拿大各省没有统一的法院构成形式,不过虽然各省法院组织名称有所不同,但同一类型的法院,其司法管辖并没有太大的区别。各省(包括尚未获得省资格的育空地区、西北地区等)的法院组织通常都由刑事法院、民事法院及上诉法院三部分构成。

第一,刑事法院。各省的刑事法院大致包括治安法院、郡和区法院、省最高法院和青少年法院等。治安法院也叫做省法院,在魁北克则称为治安法庭。治安法院是加拿大最基层的刑事法院,由省政府任命的治安官和法官负责审理案件。治安法院审理轻微的刑事案件以及违反省、市有关法规的案件,同时它还有权初审比较严重的刑事案。郡法院和区法院是高于治安法院,拥有民事及刑事司法管辖权的法院。它是以郡和区为基础建立起来的,负责审理比治安法院所管辖的性质更严重的刑事案件,但无权审理最严重的刑事案件。郡法院还可以作为上诉法院审理治安法院的轻罪上述案。除魁北克省之外,各省都设有郡法院和区法院。省最高法院各省都有,负责审理诸如叛国、谋杀、强奸等最严重的刑事案,法院的法官定期到省内各地巡回办案。此外,各省还设有青少年法院,审理青少年犯罪案件。根据《青少年罪犯法》,年龄在12岁以上,18岁以下者为青少年。18岁以上者犯罪,与成年人同等对待。青少年法院有简易法院法官和治安法官负责审理,案件的审理通常不许新闻媒体报道,也不许公众旁听。

第二,民事法院。各省的民事法院通常包括小额赔偿法院、郡和区法院、省最高法院和遗嘱认证法院等。小额赔偿法院是各省最基层的民事法院,负责审理诉讼金额不大(通常在1000加元以下)的民事纠纷案。小额赔偿法院一般是非正式的法院,负责审理小额索赔,金额不大的合同纠纷以及损害赔偿(如轻微的机动车肇事引起的索赔)等,对于该法院的判决不服有权上诉。除魁北克省之外,各省都有郡或区法院审理小额赔偿法院无权审理涉及金额较大的民事案件,至于多少才算金额较大,各省没有统一的规定,但通常诉讼标准应在1000加元以上。郡法院的民事案件由联邦政府任命的法官负责审理。应诉讼参与人的请求,大多数案件都有法官和陪审团联合审理,不服郡法院的判决,可以上诉到该省的上诉法院。省最高法院负责审理超出郡和区法院司法管辖权之外的民事纠纷案。省最高法院的民事案由联邦政府任命的法官负责审理,在诉讼金额上没有限制。该法院管辖的案件(无论有没有陪审团)均由法院派出巡回法官审理,这些法官到省内各地法庭或者某些特殊城市中没有陪审团的法院巡回办案。对最高法院的判决不服可以上诉到本省的上诉法院。育空和西北地区,设立了同省最高法院相平行的审判法庭,即育空地区法院和西北地区最高法院。这两个法院所使用的诉讼规则很特别,育空地区法院采用不列颠哥伦比亚省的诉讼规则,而西北地区最高法院则采用阿尔伯塔省王座法院的诉讼规则。在加拿大大多数省还有遗嘱认证法院,负责审理同遗嘱或死者遗产管理有争议的案件。纽芬兰、魁北克、不列颠哥伦比亚以及爱德华王子岛四省没有此类法院,有关遗嘱的案件由该省的最高法院管辖。

第三,上诉法院。各省都设有有关刑事及民事案件的上诉法院,不过这些法院没有统一的名称。关于刑事上诉法院,除某些省的郡法院有权审理轻微刑事案件的上诉案件外,各省还设有上诉法院复审青少年法院、治安法院、郡法院、省最高法院的刑事上诉案。各省的刑事上诉案法院通常由著名法官组成的法官小组负责案件的审理,大多数法官所做的一致裁决即为该案件的判决。刑事案件的终审上诉法院是加拿大最高法院,它负责审理对省上诉法院裁决不服的上诉案。关于民事上诉法院,民事案件的上诉同刑事案件相比较要复杂得多。有时基层法院的案件无权直接上诉到省上诉法院。例如在安大略省,对小额赔偿法院裁决不服的上诉,只能上诉到作为安大略省最高法院一部分的独任法官法庭。不过对郡或区法院的判决不服,可以上诉至该省的上诉法院。对省最高法院的裁决不服,可以上诉至省上诉法院或者省最高法院上诉庭。同刑事案件一样,民事案件的终审上诉法院也是加拿大最高法院,它负责审理各省上诉法院的重大民事上诉案。

六、公民的基本权利

虽然在历史上加拿大的许多宪法性法律和宪法惯例都涉及公民的基本权利,但专门规定公民的基本权利的宪法性文件主要有两部,即1960年的《加拿大权利法案》和1982年的《加拿大权利和自由宪章》。

1. 《加拿大权利法案》

1960年,《加拿大权利法案》颁布。法案颁布后立即成为所有其他联邦制定必须接受的成文法典。任何联邦成文法都不得违反《加拿大权利法案》中所保护的公民的基本权利。法案在序言中指出:

加拿大议会确认加拿大国家建立的原则是:对崇高上帝的承认,对人类尊严和价值的承认,对自由的人和自由的国家在社会大家庭中地位的承认。还确认当自由建立在道德和精神价值以及法制的尊重的基础上时。个人和团体才能保持其自由。永远牢记《权利法案》中的这些原则以及由此而产生的人权和基本自由。《权利法案》应反映议会对其宪法权威的尊重和应保证在加拿大保护这些权利和自由。

《加拿大权利法案》中有关公民基本权利的规定主要体现在第一条和第二条中。《法案》第一条指出:特此承认和宣布,在加拿大已经存在并将继续存在下列人权和基本自由,不分种族、民族起源、肤色、宗教和性别:①个人的生命权、自由权、安全权和财产享有权,除非通过法律程序,否则不得被剥夺;②个人在法律面前平等并受到法律的保护;③宗教自由;④言论自由;⑤集会和结社自由;⑥出版自由。第二条规定:任何加拿大法律都不能被解释和适用于:①授权和实施对任何人的随意拘留、拘禁或者放逐;②强制或授权强制实施罕见的虐待和惩罚;③剥夺被逮捕和拘押者:(a)立即得到被捕或被拘押理由的通知的权利,(b)立即聘请和通知其律师的权利,(c)使用通过人身保护法令,确定对其拘押的有效性,若拘留不合法应予以释放的补救措施;④授权法庭、委员会、部或其他权力机关在否决某人为自己聘请律师辩护或者进行其他符合宪法保证时强迫某人举证;⑤剥夺某人与决定其权利和义务的基本公正原则相一致的公平听审权;⑥剥夺被指控有罪的某人,在通过独立和公平的法院的公开审理而证实其罪行之前,应被视为无罪的权利;⑦剥夺某人在法院、委员会、部或者其他法庭上,成为诉讼当事人一方或者证人时,如果听不懂或不会讲诉讼所使用的语言时,有得到翻译帮助的权利。

2. 《加拿大权利和自由宪章》

1960年《加拿大权利法案》宣告了加拿大公民自由法律发展的新时代。1982年颁布的《加拿大权利和自由宪章》在《加拿大权利法案》的基础上又有了新的发展。《加拿大权利与自由宪章》是1982年加拿大宪法的重要组成部分，其主要内容是：权利与自由的保障，基本自由，民主权利，迁徙权，法律上的权利，平等权利，加拿大的官方语言，少数民族语言的教育权利，宪章的实施，一般规定，宪章适用等。

《宪章》的第一条是限制性条款，规定：《加拿大权利和自由宪章》只有在自由民主社会中，确实证明其有理的法律所规定的合理限度内，保障该宪章中所规定的权利和自由。

第二条规定公民享有以下基本自由：意识和宗教自由；思想、信仰、观点和表达自由，包括新闻和其他大众传播媒体的自由；和平集会自由，结社自由。

第3条至第5条规定了议会选举制度。第6条规定了加拿大人的迁徙权。第7条至第14条涉及法律上的权利以及与加拿大刑事司法制度有关的人可享受的各种法律保护。如《宪章》第7条规定，任何人都享有生存权、自由权和人身的安全，如果不是根据基本公正原则，此权不得被剥夺。第8条规定：任何人有权不被非法搜查和拘捕。

第9条规定任何人有权不被随意拘留和监禁。

第10条规定：在遭到逮捕和拘留时，任何人有权：及时得知被拘捕的理由；得知有权及时聘请或者告知律师；享有《人身保护法令》所规定的如果拘捕不合法应被释放。

第11条规定：任何被指控有罪者享有下列权利：得到所犯具体罪状的通知，无故不得拖延。在合理的时间内得到审理。在诉讼中不被强迫自证其罪。在独立以及公正的法庭依法进行公平、公开的审理，证明其有罪之前，应被视为无辜。在没有正当原因时，其合理的保释不得被否决。如果最终宣判某人无罪，则不能再被审判；如果最终确认某人有罪并对其进行了惩罚，则不能再次被审判和惩罚。

第12条规定：任何人都有权不受残酷的惩处和虐待。

第14条规定，在任何审判中，听不懂或者不会讲法庭所使用的语言的当事人或者证人或者耳聋者，有权得到翻译的帮助。

第15条是有关平等权规定：任何人在法律面前一律平等，在种族、民族、肤色、宗教、性别、年龄、心理和生理能力方面不受歧视。

第16条至第22条是有关平等使用官方语言英语和法语的规定。第23条是有关少数民族语言教育权利的规定。

第24条是有关行政赔偿的规定。

第28条是有关男女平等的规定。

《加拿大权利和自由宪章》是加拿大《1982年宪法法案》中十分重要并最具新意的部分，它对加拿大公民的基本权利作了详尽的规定，是加拿大宪法发展的重要里程碑。